国家出版基金项目

艺术卷

09

李致忠 主编

北京国图书店有限责任公司
北京广臻文化艺术有限公司 编纂

中国历代图书总目

文物出版社

第九分册目录

绘　画

中国绘画作品

中国连环画作品

J0068787

悲惨的星期天　王大为等编绘
沈阳　辽宁美术出版社　1979 年　60 页　有图
10×13cm　统一书号：8117.1665　定价：CNY0.10
　　本书是中国现代连环画册。

J0068788

逼上梁山　（画册）尚羡智著；戴敦邦绘
石家庄　河北人民出版社　1979 年　16 页
24cm（27 开）统一书号：8086.1008　定价：CNY0.90
　　本书是根据古典文学名著《水浒》中的部分
章节编绘成的中国现代连环画册。

J0068789

逼上梁山　黄钟，王希平改编；任率英等绘
北京　人民美术出版社　1979 年　110 页　13cm（60 开）
统一书号：8027.7251　定价：CNY0.13
　　本书是中国现代连环画册。绘者任率英
（1911—1989），画家。原名散表，河北束鹿人。擅
长工笔画、连环画、年画。中国美术家协会会员，
中国连环画研究会顾问，北京东方书画研究社社
长，北京工笔重彩画协会副会长，北京中国画研
究会理事，北京工业大学书画协会顾问。代表作
品《嫦娥奔月》《洛神图》《梁红玉击鼓战金山》等。

J0068790

边防三少年　张发良原著；姬朝岚改编；浦炯绘
南京　江苏人民出版社　1979 年　62 页　13cm（60 开）
统一书号：8100.3.231　定价：CNY0.09
　　本书是中国现代连环画册。

J0068791

边防少年　张发良原著；杭克良等改编；曾成
金绘画
杭州　浙江人民出版社　1979 年　62 页　有图
10×13cm　统一书号：8103.411　定价：CNY0.09
　　本书是中国现代连环画册。绘者曾成金
（1947— ），画家。浙江平阳县人。毕业于浙江
美术学院附中，后考入浙江美术学院中国画系进
修学习。中国美术家协会会员，浙江省美术家协
会会员，平阳县美协主席。主要作品有《南雁荡
山水古诗画意百图》《曾成金中国画小品系列》
《百子新图》等。

J0068792

边境小英雄　罗邦武编文；杨智绘画
昆明　云南人民出版社　1979 年　27 页　有图
10×13cm　统一书号：R8116.860　定价：CNY0.09
（自卫还击战英雄故事 3）
　　本书是中国现代连环画册。

J0068793

边寨擒谍　王士美原著；胡乃江改编；林百石绘
北京　人民美术出版社　1979 年　70 页　有图
10×13cm　统一书号：8027.7184　定价：CNY0.12
　　本书是根据王士美小说《铁旋风》改编的中
国现代连环画册。

J0068794

扁鹊　张少武编；龙振海绘画

长春 吉林人民出版社 1979年 31页 13cm（60开）

统一书号：8091.940 定价：CNY0.06

　　本书是中国现代连环画册。

J0068795

冰山上的来客　车雯改编

北京 中国电影出版社 1979年 2版 267页

10×13cm 统一书号：8061.1283 定价：CNY0.44

（电影连环画册）

J0068796

捕狼记　王先艳编写；陆军绘画

南昌 江西人民出版社 1979年 74页 13cm（60开）

统一书号：8110.328 定价：CNY0.11

（江西革命斗争故事）

　　本书是中国现代连环画册。

J0068797

捕捉第十三头"瞎熊"　张金生改编；薛晓林

绘画

兰州 甘肃人民出版社 1979年 86页 13cm（60开）

统一书号：8096.696 定价：CNY0.11

　　本书是中国现代连环画册。

J0068798

不动脑筋的故事　安塞改编；冯长江绘画

太原 山西人民出版社 1979年 62页 有图

9×13cm 统一书号：18088.638 定价：CNY0.09

　　本书是中国现代连环画册。

J0068799

不怕鬼的故事　叶毓中编绘

北京 人民美术出版社 1979年 42页 15cm（48开）

统一书号：8027.7137 定价：CNY0.09

　　本书是中国现代连环画册。作者叶毓中

（1941—　），教授、画家。生于四川德阳，毕业

于四川美术学院中国画系人物专业。中国美术

家协会会员，新疆军区政治部文艺创作室美术创

作员，中央美术学院兼职副教授，民间美术系主

任、副院长。代表作品《大漠红日》《帕米尔人》，

出版有《叶毓中重彩集》《水墨集》。

J0068800

不怕鬼的故事　谢宝耿改编；顾炳鑫，刘旦宅

等绘画

上海 上海人民美术出版社 1979年 174页

13cm（60开）统一书号：8081.11483

定价：CNY0.20

　　本书是中国现代连环画册。

J0068801

不怕鬼的故事　叶毓中编绘

成都 四川人民出版社 1979年 20cm（32开）

统一书号：8118.586 定价：CNY0.25

　　本书是中国现代连环画册。

J0068802

不平静的山谷　崔前光改编；来玎珊绘画

杭州 浙江人民出版社 1979年 90页 13cm（60开）

统一书号：8103.469 定价：CNY0.12

　　本书是中国现代连环画册。

J0068803

不平静的山谷　崔前光原著；钮胜利改编；费

龙翔绘画

上海 上海人民美术出版社 1980年 86页

13cm（64开）统一书号：8081.12238

定价：CNY0.11

　　中国现代连环画册作品。

J0068804

不平静的山谷　崔前光原著；赵铁成改编；孙

耀盛绘画

太原 山西人民出版社 1983年 94页 10×13cm

统一书号：8088.1646 定价：CNY0.15

　　本书是根据《中国民间笑话选》改编的中国

现代连环画册。

J0068805

不屈不挠　任梅等改编；孟庆江绘画

北京 人民美术出版社 1979年 有图 13cm（60开）

统一书号：8027.7108 定价：CNY0.11

　　本书是中国现代连环画册。

J0068806

不让他掉队　白冰编文；史惠芳绘画

石家庄 河北人民出版社 1979年 62页

13cm（60开）定价：CNY0.09

本书是中国现代连环画册。

J0068807

不是小车的过错　张聚宁原著；朱羽改编；茅志云绘画

福州 福建人民出版社 1979年 56页 13cm（60开）统一书号：8173.261 定价：CNY0.08

本书是中国现代连环画册。

J0068808

不准出生的人　陈述改编；诸镝绘画

北京 人民美术出版社 1979年 134页 有图 10×13cm 统一书号：8027.7030 定价：CNY0.16

本书是中国现代连环画册。

J0068809

猜谜语　曾加元、李英豪、徐文正等编；周卡仪画

广州 广东人民出版社 1979年 有彩图 17×19cm 统一书号：R8111.2135 定价：CNY0.14

本书是中国现代连环画册。

J0068810

彩虹　波玉温原著；杨磊改编；朱岷甫绘画

昆明 云南人民出版社 1979年 70页 有图 10×13cm 统一书号：R8116.864 定价：CNY0.11

本书是中国现代连环画册。

J0068811

蔡文姬　木公改编；郭秀庚，邱小玉绘画

南昌 江西人民出版社 1979年 112页 13cm（60开）统一书号：8110.306 定价：CNY0.14

本书是中国现代连环画册。

J0068812

蔡文姬　吴廷琯，蒋长庚改编；范志泉，汪继声绘画

沈阳 辽宁美术出版社 1979年 126页 有图 13cm（60开）统一书号：8117.1757 定价：CNY0.20

本书是中国现代连环画册。

J0068813

蔡文姬　（剧照连环画）王毓祥编文；陈之平摄影

济南 山东人民出版社 1979年 58页 13cm（60开）

统一书号：8099.1810 定价：CNY0.11

本书是中国现代连环画册。

J0068814

蔡文姬　郭沫若原著；徐家宽，么文茹选编

天津 天津人民美术出版社 1979年 188页 13cm（60开）统一书号：8073.30385

定价：CNY0.28

（电影连环画册）

J0068815

蔡文姬　马立，胡霜改编；戴敦邦绘画

杭州 浙江人民出版社 1979年 63页 13cm（60开）统一书号：8103.437 定价：CNY0.09

本书是中国现代连环画册。

J0068816

蔡文姬　邢榕改编

北京 中国电影出版社 1979年 167页 13cm（60开）统一书号：8061.1335 定价：CNY0.29

（电影连环画册）

J0068817

草地哨声　竺乾华等改编；杨长胜等绘画

合肥 安徽人民出版社 1979年 40页 有图 10×13cm 统一书号：8102.1062 定价：CNY0.12

本书是根据同名故事改编的中国现代连环画册。

J0068818

草原歼匪　（上）张正义改编；苏朗，郭文涛绘画

兰州 甘肃人民出版社 1979年 144页 13cm（60开）统一书号：8096.668 定价：CNY0.18

本书是中国现代连环画册。绘者苏朗（1938— ），画家。原名严国保，湖北武汉人。就读于武昌艺师和西北师院艺术系。中国美术家协会会员，甘肃人民出版社副编审。代表作品有《黄河渡》《煦风吹不尽》《奶站笑语》等。绘者郭文涛（1941— ），画家。河北交河人，毕业于西北师范大学美术系。中国美术家协会会员，甘肃省美协副主席，兰州市美协主席，兰州市文联主席，兰州市政协副主席。代表作品《军长之路》（合作）、连环画《四明传奇》、国画《夕照图》。出版有《郭文涛画集》等。

J0068819

草原歼匪　（中）张正义改编；苏朗，郭文涛绘画
兰州 甘肃人民出版社 1980年 148页 13cm（64开）
统一书号：8096.706 定价：CNY0.18
　　本书是根据同名小说改编的中国连环画册。

J0068820

草原歼匪　（下）张正义改编；苏朗，郭文涛绘画
兰州 甘肃人民出版社 1980年 118页 13cm（64开）
统一书号：8096.745 定价：CNY0.17
　　本书是根据同名小说改编的中国连环画册。

J0068821

草原上的鹰　赵沨来改编；马清宇绘画
沈阳 辽宁美术出版社 1979年 80页 有图
10×13cm 统一书号：8117.1652 定价：CNY0.11
　　本书是中国现代连环画册。

J0068822

朝阳沟　杨兰春原著；缪德彰，胡廷楣改编；
贺友直绘画
上海 上海人民美术出版社 1979年 117页
13cm（60开）统一书号：8081.11779
定价：CNY0.46
　　本书是根据原著改编的中国现代连环画册。

J0068823

陈毅担架连　相惠编文；于新生绘画
济南 山东人民出版社 1979年 78页 有图
10×13cm 统一书号：8099.1901 定价：CNY0.10
　　本书是中国现代连环画册。绘者于新生
（1956—　），教授。生于山东寿光，毕业于山东
艺术学院。山东工艺美术学院造型艺术学院教
授，中国美术家协会会员，山东省美术家协会副
主席。代表作品有《于新生画集》《吉祥腊月》《荷
塘水清清》等。

J0068824

成语图画故事　张述忱，王计祥编文；贺友直
等绘画
石家庄 河北人民出版社 1979年 124页
13cm（60开）统一书号：8086.1044
定价：CNY0.15
　　本书是中国现代连环画册。

J0068825

诚实的孩子人人爱　陈镒康写；吴儆芦画
上海 少年儿童出版社 1979年 有图 15cm（40开）
统一书号：R10024.3643 定价：CNY0.13
　　本书是中国现代连环画册。

J0068826

赤壁大战　潘勤孟改编；刘锡永绘画
上海 上海人民美术出版社 1979年 2版 110页
10×13cm 统一书号：8081.3106 定价：CNY0.16
（《三国演义》连环画 23）

J0068827

赤壁之战　蒲增元等改编；徐正平等绘画
上海 上海人民美术出版社 1979年 117页
10×13cm 统一书号：8081.11467 定价：CNY0.14
（《三国演义》连环画）
　　绘者徐正平（1923—2015），连环画家。笔名
又飞，江苏阜宁人。上海连环画研究会理事。代
表作品有《复镖仇》《安史之乱》《桃园结义》《虎
牢关》《风雪夜归人》等。

J0068828

初升的太阳　孙维世原著；任梅，李兴起改编；
侯国良，吕敬人绘
北京 人民美术出版社 1979年 134页 13cm（60开）
统一书号：8027.7059 定价：CNY0.16
　　本书是中国现代连环画册。

J0068829

初战　解博学编绘
南昌 江西人民出版社 1979年 123页 13cm（60开）
定价：CNY0.16
（江西革命斗争故事）
　　本书是中国现代连环画册。

J0068830

除害　丁永淮编文；余南轩绘画
武汉 湖北人民出版社 1979年 62页 13cm（60开）
统一书号：8106.1944 定价：CNY0.09
　　本书是中国现代连环画册。

J0068831

除奸记　照日格巴图原著；张慧香改编；马长
江绘画

呼和浩特 内蒙古人民出版社 1979 年 102 页
13cm（60 开）统一书号：8089.67 定价：CNY0.15

　　本书是中国现代连环画册。绘者马长江
（1945—　　），包头钢铁稀土公司书画院专职
画家、副研究员、中国美术家协会内蒙古分会
理事。

J0068832

窗口　任可改编；中流等绘画
北京 人民美术出版社 1979 年 53 页 有图
10×13cm 统一书号：8027.6995 定价：CNY0.08

　　本书是中国现代连环画册。

J0068833

窗口　莫伸原著；孙剑影改编；徐育林绘
上海 上海人民美术出版社 1979 年 86 页 有图
10×13cm 统一书号：8100.3.201 定价：CNY0.15

　　本书是中国现代连环画册。

J0068834

窗口　莫伸原著；蒋德生编；丁亮盛绘
上海 上海人民美术出版社 1979 年 86 页 有图
10cm（64 开）统一书号：8081.11456
定价：CNY0.11

　　本书是中国现代连环画册。

J0068835

闯王旗　孙延令改编
北京 中国电影出版社 1979 年 117 页 10×13cm
统一书号：8061.355 定价：CNY0.21
（电影连环画册）

J0068836

春草闯堂　陈仁鉴编文；宗静风等绘画
福州 福建人民出版社 1979 年 109 页 13cm（60 开）
统一书号：8173.269 定价：CNY0.15

　　本书是中国现代连环画册。绘者宗静风
（1925—　　），画家、书法家、连环画家。扬州人。
作品有《春草闯堂》《三家福》《谢瑶环》《红梅
阁》等。

J0068837

春潮　（上）海笑原著；墨林等改编；友善等绘画
南京 江苏人民出版社 1979 年 126 页 有图
10×13cm 统一书号：8100.3.268 定价：CNY0.15

　　本书是中国现代连环画册。

J0068838

春来牵牛　汪宜蕾改编；叶坚铭，徐传鑫绘画
南京 江苏人民出版社 1979 年 76 页 13cm（60 开）
统一书号：8100.3.212 定价：CNY0.10

　　本书是中国现代连环画册。

J0068839

聪明的天鹅　黄伟鹏写；张光尹绘画
广州 广东人民出版社 1979 年 有彩图
15cm（40 开）统一书号：R8111.2111
定价：CNY0.12

　　本书是中国现代连环画册。

J0068840

聪明的药方　陈秋颖改编；高宝生绘
北京 人民美术出版社 1979 年 54 页 13cm（60 开）
统一书号：8027.1268 定价：CNY0.08

　　本书是中国现代连环画册。绘者高宝生
（1944—　　），连环画家。曾用笔名高禾。北京人，
北京艺术学院附中毕业。在中国少年儿童出版
社从事连环画创作。代表作品《铁木儿和他的队
伍》《两只小孔雀》《聪明的药方》等。

J0068841

翠云草　苗如茵原著；唐剑文改编；黄宗海绘画
南宁 广西人民出版社 1979 年 78 页 13cm（60 开）
统一书号：8113.548 定价：CNY0.10

　　本书是中国现代连环画册。

J0068842

达尔文　惠伊深编文；黄云松绘画
天津 天津人民美术出版社 1979 年 78 页
13cm（60 开）统一书号：8073.30352
定价：CNY0.11

　　本书是中国现代连环画册。

J0068843

达吉和她的父亲　王淑琴，张天仁改编；邢子
云绘画
沈阳 辽宁美术出版社 1979 年 142 页 13cm（60 开）
统一书号：8117.1787 定价：CNY0.22

　　本书是中国现代连环画册。

J0068844

打金枝
武汉 长江文艺出版社 1979年 32页 13cm（60开）
统一书号：10107.180 定价：CNY0.05
　　本书是中国现代连环画册。

J0068845

大河奔流　李晨声改编；段兰香摄影
天津 天津人民美术出版社 1979年 238页
10×13cm 统一书号：8073.30384 定价：CNY0.35
（电影连环画册）

J0068846

大江激浪　齐仕蓉编文；张志能绘画
成都 四川人民出版社 1979年 84页 13cm（60开）
统一书号：8118.498 定价：CNY0.12
　　本书是中国现代连环画册。

J0068847

大马哈鱼回娘家　章以武等原著；叶家斌编绘
广州 广东人民出版社 1979年 62页 有图
10×13cm 统一书号：8111.2132 定价：CNY0.09
　　本书是中国现代连环画册。绘者叶家斌
（1949—　），画家。广东中山人，毕业于广州美
院研究生班。任广东美术家协会理事、广东连
环画艺术委员会主任。主要作品有《斯库台三英
雄》《绿林神箭手》《中途岛之战》《变成石头的
人》等。

J0068848

大闹天官　（上集）刘进元编
北京 人民美术出版社 1979年 59页 10×13cm
统一书号：8027.7085 定价：CNY0.25
（电影连环画册）
　　根据上海美术电影制片厂同名动画片选编
的中国现代电影连环画作品。

J0068849

大闹天官　（下集）刘进元编
北京 人民美术出版社 1979年 71页 10×13cm
统一书号：8027.7086 定价：CNY0.29
（电影连环画册）
　　根据上海美术电影制片厂同名动画片选编
的中国现代电影连环画作品。

J0068850

大人国　（英）斯威夫特原著；马玲玲改编；程
十发，程多多绘画
上海 上海人民美术出版社 1979年 86页
10cm（64开）统一书号：8081.11508
定价：CNY0.11
　　本书是根据斯威夫特原著改编的中国现代
连环画册。

J0068851

大雁山　张启太改编；严庚辰绘画
哈尔滨 黑龙江人民出版社 1979年 152页
13cm（60开）统一书号：8093.540
定价：CNY0.20
　　本书是中国现代连环画册。

J0068852

大禹治水　杨新编；高适绘
北京 人民美术出版社 1979年 82页 13cm（60开）
统一书号：8027.7186 定价：CNY0.11
　　本书是中国现代连环画册。作者杨新
（1940—2020），书法家。湖南湘阴人，毕业于中
央美术学院。原故宫博物院副院长、研究员，中
国书法家协会会员，北京市博物馆学会副理事
长。出版有《杨新美术论文集》《扬州八怪》《中
国传统线描人物画》《中国绘画三千年》等。绘
者高适（1931—　），画家。笔名常人，江苏常州
人。上海美术家协会会员，曾任职于人民美术出
社、兴业幻灯制片厂等单位。连环画主要作品有
《不朽的人》《秋瑾》《鹰儿和红花花》。

J0068853

当红军去　钟明冰原作；王文钦改编；周荣初
绘画
成都 四川人民出版社 1979年 76页 13cm（60开）
统一书号：8118.497 定价：CNY0.11
　　本书是中国现代连环画册。

J0068854

党的女儿　林杉原著；潘彩英改编；红生绘画
沈阳 辽宁美术出版社 1979年 28页 10×13cm
统一书号：8117.1775 定价：CNY0.19
（学文化小画库）
　　本书是中国现代连环画册。

J0068855

党费 王愿坚原著；成莫愁编；桑麟康绘
上海 上海人民美术出版社 1979 年 61 页 有图
10×13cm 统一书号：8081.11674 定价：CNY0.08
　　本书是中国现代连环画册。

J0068856

刀光剑影 葛修翰编文；龚东明绘画
南京 江苏人民出版社 1979 年 74 页 有图
10×13cm 统一书号：8100.3.267 定价：CNY0.10
　　本书是中国现代连环画册。

J0068857

道尔顿 周嘉华编；李士仮绘画
北京 人民美术出版社 1979 年 88 页 有图
10×13cm 统一书号：8027.7250 定价：CNY0.15
　　本书是中国现代连环画册。

J0068858

底莫站长 高义大原著；王成荣编；张峻松绘
上海 上海人民美术出版社 1979 年 86 页 有图
10×13cm 统一书号：8081.11624 定价：CNY0.11
　　本书是中国现代连环画册。

J0068859

地下修械所 李道畅改编；罗镜泉，胡景德绘画
郑州 河南人民出版社 1979 年 118 页 13cm（60 开）
统一书号：8105.839 定价：CNY0.14
　　本书是中国现代连环画册。

J0068860

地质学家李四光 杨志春，杨永春编文；杨文
仁绘画
济南 山东人民出版社 1979 年 92 页 13cm（60 开）
统一书号：8099.1892 定价：CNY0.12
　　本书是中国现代连环画册。绘者杨文仁
（1941—　），画家。生于山东青岛，山东师范学
院艺术系中国画专业毕业。曾任泰安师范美术
教师、山东省艺术馆美术干部、山东师范大学美
术系教师，山东省美术馆一级美术师，山东省美
术家协会副主席。出版有《杨文仁花鸟画集》《杨
文仁国画精品集》《荷花画法》等。

J0068861

地质之光 徐迟，黄纲原著；吴秀楣等编绘
沈阳 辽宁美术出版社 1979 年 98 页 有图
10×13cm 统一书号：8117.1738 定价：CNY0.16
　　本书是中国现代连环画册。绘者吴秀楣
（1937—　），女，画家。辽宁沈阳人，毕业于鲁
迅美术学院中国画系。沈阳大学师范学院副教
授，沈阳美术家协会常务理事，辽宁中国画研究
会理事，中国美术家协会会员。代表作有《迟来
的春天》《清清的小溪》《滩石细语》《三女炼铁
炉》《腊梅》等。

J0068862

地质之光 岳杰改编；韦强绘画
杭州 浙江人民出版社 1979 年 78 页 13cm（60 开）
统一书号：8103.468 定价：CNY0.10
　　本书是中国现代连环画册。

J0068863

地质之光——记科学家李四光 《延安画刊》
记者编文；张平，祁今燕绘画
西安 陕西人民美术出版社 1979 年 54 页
13cm（60 开）统一书号：8199.85 定价：CNY0.10
（科学家的故事丛书）
　　本书是中国现代连环画册。

J0068864

第二次握手 张扬原著；罗杰锋改编；孙愚，
范生福绘画
上海 上海人民美术出版社 1979 年 150 页
13cm（60 开）统一书号：8081.11860
定价：CNY0.17
　　本书是中国现代连环画册。绘者孙愚
（1937—　），画家。浙江温州人。中国美术家协
会会员。曾在上海人民美术出版社从事连环画
创作，兼任上海大学巴士学院美术专业基础课程
教师。著有《钢笔画起步》，绘有连环画《野猫》
《巴黎圣母院》《海底两万里》《圣经的故事》《孤
岛历险记》等。绘者范生福(1939—　)，画家。
江苏无锡人。字森莆。中国美术家协会会员、艺
委会委员，上海非物质文化遗产连环画继承人，
上海美术家协会会员，《连环画艺术》编委。出版
有《连环画典藏：范生福作品（共 4 册）》。

J0068865

第七个莲花瓣 赵雅安编文；朱宗绘画
郑州 河南人民出版社 1979 年 有彩图

15cm（40开）统一书号：8105.833
定价：CNY0.18

　　本书是中国现代连环画册。

J0068866
钓鱼　鲍忠泽改编；王子和绘画
哈尔滨　黑龙江人民出版社　1979年　49页
13cm（60开）统一书号：8093.532　定价：CNY0.09

　　本书是中国现代连环画册。

J0068867
定军山　潘勤阵改编；朱光玉绘画
上海　上海人民美术出版社　1979年　2版　110页
10×13cm　统一书号：8081.3117　定价：CNY0.16
（《三国演义》连环画 30）

　　绘者朱光玉（1928— ），连环画家。生于上海，祖籍江苏盐城。作品有《岳飞传》《苏姣姣》《一代名优》《宋景诗》《林则徐》等。

J0068868
定四州　田衣，胡雁改编；徐进绘画
上海　上海人民美术出版社　1979年　3版　142页
10×13cm　统一书号：8081.2998　定价：CNY0.20
（《三国演义》连环画 16）

J0068869
东港谍影　沈耀庭改编
北京　中国电影出版社　1979年　147页　10×13cm
统一书号：8061.1339　定价：CNY0.26
（电影连环画册）

J0068870
东海人鱼　胡野檎，黄宗江原著；叶诗芳，张士亮改编；董洪元绘画
天津　天津人民美术出版社　1979年　112页
13cm（60开）统一书号：8073.30356
定价：CNY0.18

　　本书是中国现代连环画册。作者董洪元（1926— ），钢笔画家、连环画家。上海人。笔名红叶。钢笔连环画代表作品有高尔基"三部曲"。

J0068871
东进序曲　雷霆改编
北京　中国电影出版社　1979年　167页　10×13cm

统一书号：8061.1386　定价：CNY0.29
（电影连环画册）

J0068872
董存瑞　刘维仁改编；人毅绘画
沈阳　辽宁美术出版社　1979年　146页　有图
10×13cm　统一书号：8117.1644　定价：CNY0.21

　　本书是中国现代连环画册。

J0068873
董存瑞　明扬改编；杨克山绘
北京　人民美术出版社　1979年　38页　有彩图
15cm（40开）统一书号：8027.6950　定价：CNY0.21

　　本书是中国现代连环画册。

J0068874
董存瑞　雷霆改编
北京　中国电影出版社　1979年　187页　13cm（60开）
统一书号：8061.1349　定价：CNY0.32
（电影连环画册）

J0068875
董存瑞式的战斗英雄——李成文　周济人编文；雄闯绘
郑州　河南人民出版社　1979年　38页　10×13cm
统一书号：8105.935　定价：CNY0.06

　　本书是中国现代连环画册。作者周济人（1932— ），书法家。郑州教育学院中文系副教授，中国书法家协会会员，河南省书法家协会常务理事。

J0068876
董存瑞式的战斗英雄——李成文　姚文恺编文；肖征波绘画
昆明　云南人民出版社　1979年　54页　10×13cm
统一书号：R8116.861　定价：CNY0.10
（自卫还击战英雄故事 1）

　　本书是中国现代连环画册。

J0068877
董卓进京　上海人民美术出版社编文；陈光镒绘
上海　上海人民美术出版社　1979年　2版　150页
10×13cm　统一书号：8081.2982　定价：CNY0.21
（《三国演义》连环画 2）

　　绘者陈光镒（1916—1991），画宁。江苏南京

人。中国美协上海分会会员。代表作有《大闹天宫》《三国演义》《董卓进京》等。

J0068878
斗川岛　刘凤桥改编；刘廷相绘画
沈阳　辽宁美术出版社　1979年　106页　有图
9×13cm　统一书号：8117.1706　定价：CNY0.17
　　本书是中国现代连环画册。作者刘廷相，连环画家。出生于辽宁沈阳。创作作品有《万紫千红总是春》《旗委书记》《谁光荣》《红孩子连金法》《杨三姐告状》等。

J0068879
斗鲨　赵永鹏编文；宋仁贤绘画
济南　山东人民出版社　1979年　38页　13cm（60开）
统一书号：8099.1895　定价：CNY0.10
　　本书是中国现代连环画册。作者宋仁贤（1939— ），画家。山东荣城人。艺号牧云渔翁，堂号自品斋、闭门堂。师承顾生岳、周沧米、舒传熹等。烟台画院专业画家，国家一级美术师，中国美术家协会会员，山东书法家协会会员，山东省画院高级画师。画作有《试验田》《海岛民兵师》《海上劳模》等，出版有《宋仁贤画选》。

J0068880
斗鲨　晓黎改编
北京　中国电影出版社　1979年　147页　10×13cm
统一书号：8061.1375　定价：CNY0.26
（电影连环画册）

J0068881
斗熊　尚弓原著；金灼改编；丁世弼等绘画
天津　天津人民美术出版社　1979年　174页　有图
10×13cm　统一书号：8073.30348　定价：CNY0.20
　　本书是中国现代连环画册。

J0068882
夺盐记　潘治富编；潘喜良画
长春　吉林人民出版社　1979年　99页　13cm（60开）
统一书号：8091.956　定价：CNY0.13
　　本书是中国现代连环画册。

J0068883
夺舟记　刘家鹤改编；李存庄、李梨绘画
成都　四川人民出版社　1979年　82页　13cm（60开）

统一书号：8118.626　定价：CNY0.11
　　本书是中国现代连环画册。

J0068884
儿童画报　（1979.5　总第100期）天津人民美术出版社编辑
天津　天津人民美术出版社　1979年　有彩图
17×19cm　定价：CNY0.15
　　本书是中国现代连环画册。

J0068885
二士争功　陆士达改编；刘锡永绘画
上海　上海人民美术出版社　1979年　2版　149页
10×13cm　统一书号：8081.3249　定价：CNY0.21
（《三国演义》连环画 47）

J0068886
二月风暴　许德贵改编；罗中立编画
成都　四川人民出版社　1979年　100页　13cm（60开）
统一书号：8118.602　定价：CNY0.13
　　本书是中国现代连环画册。

J0068887
翻身的日子　邱湘亚，高彬改编；廖正华，张治华绘画
长沙　湖南人民出版社　1979年　142页　13cm（60开）
统一书号：8109.1167　定价：CNY0.17
　　本书是中国现代连环画册。

J0068888
反西凉　陆士达改编；李铁生绘画
上海　上海人民美术出版社　1979年　2版　166页
10×13cm　统一书号：8081.3111　定价：CNY0.23
（《三国演义》连环画 26）

J0068889
犯长安　上海人民美术出版社编绘
上海　上海人民美术出版社　1979年　3版　86页
10×13cm　统一书号：8087.2987　定价：CNY0.13
（《三国演义》连环画 6）

J0068890
范进中举　沙铁军改编；汪国新绘画
成都　四川人民出版社　1979年　70页　13cm（60开）
统一书号：8118.621　定价：CNY0.12

本书是中国现代连环画册。作者沙铁军（1942— ），编审。江苏如皋人，毕业于南京大学中文系。曾任湖北人民出版社文史编辑部主任，武汉作家协会会员，中国连环画研究会会员，湖北连环画研究会理事。代表作品有《中国古代战争》《长江三部曲》《青春之歌》《六十年的变迁》等。绘者汪国新（1947— ），国家一级美术师。湖北宜昌人。中央文史馆书画院研究员，文化部中国书画院国画院副院长，中国美协艺委会委员。代表作《长江三部曲》《长江万里风情图》《汪国新新绘全本三国演义》等。

J0068891

方志敏　徐章瑞编文；丘玮绘画
武汉　长江文艺出版社　1979年　158页　有图
10×13cm　统一书号：8107.336　定价：CNY0.19
　　本书是中国现代连环画册。

J0068892

方志敏的故事　叶惠元改编；林旭东，夏葆元绘画
天津　天津人民美术出版社　1979年　52页
15cm（40开）统一书号：8073.30328
定价：CNY0.30
　　本书是中国现代连环画册。作者叶惠元，改编的主要连环画作品有《燎原》《喜乐的山窝》《红色工会》等。

J0068893

放下武器的人　杨新民改编；张玉敏绘画
济南　山东人民出版社　1979年　62页　13cm（60开）
统一书号：8099.1909　定价：CNY0.09
　　本书是中国现代连环画册。

J0068894

飞兵激战龙源里　辛果编文；吴成槐等绘画
沈阳　辽宁美术出版社　1979年　120页　有图
10×13cm　统一书号：8117.1755　定价：CNY0.19
　　本书是中国现代连环画册。

J0068895

飞上科学的兰天——记科学家吴仲华的故事　杨志春等编文；周申绘画
济南　山东人民出版社　1979年　59页　有图
10×13cm　统一书号：8099.1891　定价：CNY0.09

本书是中国现代连环画册。

J0068896

淝水之战　黎文编文；邹越非绘画
上海　上海人民美术出版社　1979年　110页
10cm（64开）统一书号：8081.11401
定价：CNY0.13
　　本书是中国现代连环画册。

J0068897

风雪大别山　史超原著；刘惠民改编；李正平绘画
天津　天津人民美术出版社　1979年　95页
13cm（60开）统一书号：8073.30379
定价：CNY0.12
　　本书是中国现代连环画册。

J0068898

风雨罗霄路　唐涛等改编；王守志绘画
合肥　安徽人民出版社　1979年　62页　有图
10×13cm　统一书号：8102.1054　定价：CNY0.09
　　本书是中国现代连环画册。作者王守志（1941— ），画家。山东枣庄人，入合肥书画院学习。中国美术家协会会员，中国书法家协会会员，合肥市美术家协会主席，安徽省书法家协会艺术顾问。出版有《王守志画集》《王守志山水画集》《王守志写意花卉集》《王守志戏剧人物画集》《当代著名篆刻家作品精选》等。

J0068899

风雨罗霄路　李长华原著；冯子润改编并绘画
长春　吉林人民出版社　1979年　50页　13cm（60开）
统一书号：8091.949　定价：CNY0.07
　　本书是中国现代连环画册。

J0068900

风雨罗霄路　李长华原著；孙剑影改编；张天寿绘画
南京　江苏人民出版社　1979年　84页　13cm（60开）
统一书号：8100.3.213　定价：CNY0.11
　　本书是中国现代连环画册。

J0068901

风筝飘飘　蒋艾荃改编；戴培仁绘
合肥　安徽人民出版社　1979年　68页　有图

10×13cm 统一书号：8102.1056 定价：CNY0.10
　　本书是中国现代连环画册。

J0068902
风筝飘飘　周永镐原著；王乐群改编；姚勤绘画
哈尔滨 黑龙江人民出版社 1979 年 57 页
13cm（60 开）统一书号：8093.585
定价：CNY0.10
　　本书是中国现代连环画册。

J0068903
风筝飘飘　秦爽业编绘
武汉 湖北人民出版社 1979 年 90 页 有图
10×13cm 统一书号：8106.1948 定价：CNY0.11
　　本书是中国现代连环画册。

J0068904
风筝飘飘　周元镐原著；王金中改编；贺文跃绘画
南京 江苏人民出版社 1979 年 78 页 有图
10×13cm 统一书号：8100.3.203 定价：CNY0.10
　　本书是中国现代连环画册。

J0068905
风筝飘飘　周永镐原著；陆鸿道改编；费龙翔绘画
上海 上海人民美术出版社 1979 年 70 页
13cm（60 开）统一书号：8081.11453
定价：CNY0.09
　　本书是中国现代连环画册。

J0068906
凤仪亭　胡雁改编；徐正平，徐正方绘画
上海 上海人民美术出版社 1979 年 2 版 94 页
10×13cm 统一书号：8081.2988 定价：CNY0.14
（《三国演义》连环画 5）

J0068907
拂晓出击　群力编文；黄洪绘画
沈阳 辽宁美术出版社 1979 年 70 页 13cm（60 开）
统一书号：8117.1693 定价：CNY0.11
　　本书是中国现代连环画册。

J0068908
缚龙岭上战妖风　池正坤原著；于亚文编；刘恩鸿绘
上海 上海人民美术出版社 1979 年 86 页 有图
10×13cm 统一书号：8081.11437 定价：CNY0.11
　　本书是中国现代连环画册。

J0068909
嘎拉大爹　沈智群改编；周世范等绘画
沈阳 辽宁美术出版社 1979 年 56 页 13cm（60 开）
统一书号：8117.1659 定价：CNY0.10
　　本书是中国现代连环画册。

J0068910
甘露寺　王星北改编；汪玉山绘画
上海 上海人民美术出版社 1979 年 2 版 118 页
10×13cm 统一书号：8081.3109 定价：CNY0.17
（《三国演义》连环画 25）
　　作者王星北（1905—1973），连环画脚本文学家。浙江定海人。原名心葆。曾就读于定海公学。曾任上海私营北斗出版社经理、泰兴书局文字编辑、上海新美术出版社连环画文字编辑、上海人民美术出版社连环画编辑科副科长。绘者汪玉山（1910—1996），连环画家。江苏阜宁人，出生于上海。曾用名汪静亭。曾在华东人民出版社、新美术出版社、上海人民美术出版社任连环画创作员。作品有《二进宫》《丁黄氏》《野猪林》《三十三号魔星》《三女侠》等。

J0068911
钢骨铁筋颂　钟祥县文化局创作组
武汉 长江文艺出版社 1979 年 81 页 有图
13cm（60 开）统一书号：10107.181
定价：CNY0.10
　　本书是中国现代连环画册。

J0068912
高原风雪　徐勤鹏等改编；沈汉武绘
武汉 湖北人民出版社 1979 年 110 页 有图
10×13cm 统一书号：8106.1950 定价：CNY0.13
　　本书是中国现代连环画册。

J0068913
戈壁春风　（上）曲慧贞，李绪恩改编；黄维礼，孙吉昌绘画

济南 山东人民出版社 1979年 124页 13cm（60开）
统一书号：8089.1846 定价：CNY0.15

　　本书是中国现代连环画册。

J0068914

戈壁守井人 赵燕翼原著；朱安平改编；刘禾
生等绘画
南京 江苏人民出版社 1979年 101页 有图
10×13cm 统一书号：8100.3.194 定价：CNY0.13

　　本书是中国现代连环画册。

J0068915

革命家庭 钟志坚改编；韩和平，端木勇绘画
沈阳 辽宁美术出版社 1979年 144页 13cm（60开）
统一书号：8117.1749 定价：CNY0.22

　　本书是中国现代连环画册。作者钟志坚，改
编的连环画有《红岩》《古茜与德茜》等。绘者韩
和平（1932—2019），连环画家、教授。吉林东宁
人，毕业于中央美术学院华东分院绘画系。曾在
上海人民美术出版社从事连环画创作，历任上海
大学美术学院油画系副主任、副教授，艺术研究
所主任。作品连环画有《铁道游击队》《红岩》等。
绘者端木勇（1930— ），连环画家。上海人。艺
名米南。任职于上海人民美术出版社连环画创
作室。上海美术家协会会员。创作并出版了《霓
虹灯下的哨兵》《南京路上好八连》《回民支队》
等连环画作品。

J0068916

攻克济南 徐进信改编；袁大仪，王启民绘画
济南 山东人民出版社 1979年 112页 13cm（60开）
统一书号：8099.1904 定价：CNY0.13

　　本书是中国现代连环画册。

J0068917

攻克潍城 纪颐，牟北京编文；谭国信，杜春
艺绘画
济南 山东人民出版社 1979年 138页 15cm（40开）
统一书号：8099.1843 定价：CNY0.34

　　本书是中国现代连环画册。

J0068918

孤胆英雄 李耐因等原著；赵吉南改编；罗希
贤等绘画
上海 上海人民美术出版社 1979年 70页 有图

10×13cm 统一书号：8081.11730 定价：CNY0.09

　　本书是中国现代连环画册。

J0068919

孤胆英雄岩龙 杨新民改编；高少飞绘
济南 山东人民出版社 1979年 62页 13cm（60开）
统一书号：8099.1899 定价：CNY0.10

　　本书是中国现代连环画册。

J0068920

孤胆英雄岩龙 罗邦武编文；钟开天绘画
昆明 云南人民出版社 1979年 63页 有图
10×13cm 统一书号：R8116.859 定价：CNY0.10
（自卫还击战英雄故事 2）

　　本书是中国现代连环画册。

J0068921

古代寓言故事 （二）雁文山文；崔俊恒画
太原 山西人民出版社 1979年 54页 有图
10×13cm 统一书号：10088.632 定价：CNY0.10

　　本书是中国现代连环画册。作者崔俊恒
（1950— ），美术师。河北顺平人。山西大学艺
术系毕业。历任山西省雁北地区艺术馆馆长，山
西省青少年报刊社编辑、记者，山西省文联副主
席、山西省美术家协会主席，中国美术家协会会
员。代表作品有《酿蜜》《解放区的天》《梨花蜜》
《云淡风轻》等。

J0068922

古人勤学故事 林林等编文；刘旦宅等绘画
上海 上海人民美术出版社 1979年 11页 有图
10×13cm 统一书号：8081.11550 定价：CNY0.13

　　本书是中国现代连环画册。

J0068923

谷城会献 姚雪垠原著；陈贻恩改编；徐有武，
罗希贤绘画
上海 上海人民美术出版社 1979年 166页
10cm（64开）统一书号：8081.11721
定价：CNY0.20
（《李自成》连环画 4）

J0068924

骨肉情 许胤丰改编；盛元龙绘画
杭州 浙江人民出版社 1979年 93页 13cm（60开）

统一书号：8103.489 定价：CNY0.12

　　本书是中国现代连环画册。作者盛元龙（1949— ），美术师，画家。浙江鄞县人，毕业于中国美院国画系人物画专业。历任鄞县美协主席、鄞县越剧团二级美术师。代表作品有《众志成城》《海边》等，出版有《盛元龙画集》。

J0068925

故乡　鲁迅原著；韩和平绘
上海 上海人民美术出版社 1979 年 76 页
20cm（24 开）统一书号：8081.11800
定价：CNY2.40
（鲁迅小说连环画）
　　本书是根据鲁迅小说编绘的中国现代连环画册。

J0068926

故乡　鲁迅原著；韩和平绘
上海 上海人民美术出版社 1979 年 32 页
20cm（24 开）定价：CNY2.10
（鲁迅小说连环画）
　　本书是根据鲁迅小说编绘的中国现代连环画册。

J0068927

瓜棚下　常红改编；翟万英绘画
沈阳 辽宁美术出版社 1979 年 74 页 13cm（60 开）
统一书号：8117.1621 定价：CNY0.10
　　本书是中国现代连环画册。

J0068928

光荣　陈镇怀编绘
昆明 云南人民出版社 1979 年 有图 15cm（40 开）
统一书号：R7116.682 定价：CNY0.14
　　本书是中国现代连环画册。

J0068929

柜中缘
武汉 长江文艺出版社 1979 年 32 页 13cm（60 开）
统一书号：10107.189 定价：CNY0.05
　　本书是中国现代连环画册。

J0068930

桂桂　潘新宁编文；古月绘
南京 江苏人民出版社 1979 年 54 页 有图

10×13cm 统一书号：8100.3.207 定价：CNY0.08
　　本书是中国现代连环画册。

J0068931

海岛女民兵　赵瑞椿绘画；温州市文化局文艺创作组诗
杭州 浙江人民出版社 1979 年 16 页 有图
13×15cm 统一书号：8103.394 定价：CNY0.19
　　本书是中国现代连环画册。作者赵瑞椿（1935— ），画家。浙江温州人，毕业于中央美术学院。中国版画家协会会员，中国美术家协会会员。出版有《木刻技法》《网版技法》《论绘画速写》《素描基础训练的步骤与方法》。

J0068932

罕达犴的足迹　傅杰等改编；王纯信，王聪绘画
哈尔滨 黑龙江人民出版社 1979 年 140 页
13cm（60 开）统一书号：8093.554 定价：CNY0.24
　　本书是中国现代连环画册。作者王纯信（1939— ），画家。吉林通化人，毕业于通化教育学院。吉林省通化师范学院美术系主任、通化市美术家协会主席，中国书法家协会会员，吉林省美术家协会理事。作品有《福到农家》《长白山天池》《山民夜话》等。

J0068933

荷叶雷　李遵义改编；王景祥绘画
哈尔滨 黑龙江人民出版社 1979 年 52 页
13cm（60 开）统一书号：8093.522 定价：CNY0.09
　　本书是中国现代连环画册。

J0068934

贺龙的故事　（上）朱抗等编；钟增亚等绘画
北京 人民美术出版社 1979 年 有图 15cm（40 开）
统一书号：8027.7005 定价：CNY0.30
　　本书是中国现代连环画册。

J0068935

贺龙的故事　（下）朱抗等编；钟增亚等绘画
北京 人民美术出版社 1979 年 有图 15cm（40 开）
统一书号：8027.7197 定价：CNY0.26
　　本书是中国现代连环画册。

J0068936

黑牛　李永坚，龙泉改编；邹立贵绘

南昌 江西人民出版社 1979年 78页 13cm（60开）
统一书号：8110.292 定价：CNY0.11
　　本书是中国现代连环画册。

J0068937

红灯照　吕瑞明等原著；英民等改编；郑庆衡等绘
石家庄 河北人民出版社 1979年 134页 有图
10×13cm 统一书号：8086.1124 定价：CNY0.16
　　本书是中国现代连环画册。作者郑庆衡
（1939—1996），教授。河北玉田县人。中国美
术家协会会员，南开大学教授，东方文化艺术系
主任，天津市美术家协会理事。出版有《郑庆衡
画集》。

J0068938

红灯照　戴晓权改编；郭红雁绘
南京 江苏人民出版社 1979年 130页 有图
10×13cm 统一书号：8100.3.244 定价：CNY0.16
　　本书是中国现代连环画册。

J0068939

红灯照　王育生改编；何宁等绘
北京 人民美术出版社 1979年 109页 有图
10×13cm 统一书号：8027.7253 定价：CNY0.17
　　本书是中国现代连环画册。

J0068940

红电波　谢学潮原著；杨森，谭郁芳改编；吕
景富绘画
哈尔滨 黑龙江人民出版社 1979年 84页
13cm（60开）统一书号：8093.530
定价：CNY0.13
　　本书是中国现代连环画册。

J0068941

红军桃　谢世廉编文；何昌林绘画
成都 四川人民出版社 1979年 68页 13cm（60开）
统一书号：R8118.623 定价：CNY0.10
　　本书是中国现代连环画册。

J0068942

红军医生和小红　江崇仁原著；徐学廉改编；
赵虹等绘画
贵阳 贵州人民出版社 1979年 62页 13cm（60开）

统一书号：8115.706 定价：CNY0.09
　　本书是中国现代连环画册。

J0068943

红娘　（剧照连环画）华士明改编；范爱全，骆
仲琦摄影
南京 江苏人民出版社 1979年 92页 13cm（60开）
统一书号：8100.3.266 定价：CNY0.14
　　本书是中国现代连环画册。

J0068944

红娘子　姚雪垠著；杨永青编绘
北京 人民美术出版社 1979年 134页 13cm（60开）
统一书号：8027.7066 定价：CNY0.16
　　本书是中国现代连环画册。作者姚雪垠
（1910—1999），作家、小说家。出生于河南邓县。
毕业于河南大学。曾任中国作家协会名誉副主
席、湖北省文学艺术界联合会主席、湖北省作家
协会主席。代表作品有《李自成》《戎马恋》等。
绘者杨永青（1928—2011），画家。上海浦东人。
中国美术家协会儿童美术艺术委员会主任，中国
版画家协会会员，中国少年儿童出版社美术编
辑、编审。人物画有《屈原九歌长卷》《观音造像》
等，连环画作品有《女拖拉机手》《刘胡兰》《王
二小》《高玉宝》等。

J0068945

红旗谱　孙青改编
北京 中国电影出版社 1979年 197页 13cm（60开）
统一书号：8061.1303 定价：CNY0.34
　　本书是中国现代连环画册。

J0068946

红玉　张雨改编；张文忠绘画
成都 四川人民出版社 1979年 104页 12×13cm
统一书号：8118.565 定价：CNY0.24
（《聊斋》故事）
　　本书是中国现代连环画册。

J0068947

洪雁　飞雁，王会勤编文；马超绘画
天津 天津人民美术出版社 1979年 61页
13cm（60开）定价：CNY0.09
　　本书是中国现代连环画册。

J0068948

宏碧缘 （上集）郑伟改编；张涵毅等摄影
上海 上海人民美术出版社 1982 年 154 页
13cm（60 开）统一书号：8081.12677
定价：CNY0.28
　　本书是根据上海京剧一团创作演出的同名
京剧改编的中国现代连环画。

J0068949

宏碧缘 （下集）郑伟改编；张涵毅等摄影
上海 上海人民美术出版社 1982 年 132 页
13cm（60 开）统一书号：8081.12678
定价：CNY0.24
　　本书是根据上海京剧一团创作演出的同名
京剧改编的中国现代戏曲故事选集。

J0068950

狐狸和公鸡 姚天元等编文；孙建林绘画
长沙 湖南人民出版社 1979 年 13 页 13cm（60 开）
统一书号：8109.1156 定价：CNY0.05
　　本书是中国现代连环画册。

J0068951

湖边暗哨 崔坪原著；刘杰改编；杨秀坤绘画
哈尔滨 黑龙江人民出版社 1979 年 67 页
13cm（60 开）统一书号：8093.203
定价：CNY0.10
　　本书是中国现代连环画册。作者刘杰
（1940— ），祖籍山东。 师承著名画家韩美林。
毕业于解放军艺术学院。中国美术家协会会员。
作品有《金色飘带》《海峡系列油画》《向世界屋
脊进军》等。

J0068952

湖边歼匪 吴雪原原著；王金中编；梁元绘
南京 江苏人民出版社 1979 年 78 页 有图
10×13cm 统一书号：8100.3.200 定价：CNY0.10
　　本书是中国现代连环画册。

J0068953

湖上婚礼 济宁地区出版办公室文化局供稿；
杜建春编文；孙爱国绘画
济南 山东人民出版社 1979 年 76 页 有图
10×13cm 统一书号：8099.1822 定价：CNY0.10
　　本书是中国现代连环画册。

J0068954

湖上小八路 李品三改编；周永生绘画
济南 山东人民出版社 1979 年 110 页 13cm（60 开）
统一书号：8099.1873 定价：CNY0.14
　　本书是中国现代连环画册。绘者周永生
（1950— ），画家。生于青岛，毕业于青岛市美
术学校。中国美术家协会山东分会会员，山东省
连环画研究会理事，青岛市黄岛文化馆馆长兼青
岛油画院院长，青岛中华文化学院教授。连环
画作品有《孤岛长城》《晚霞》《岳飞》《成语故
事》《三国》《水浒》《红楼梦》《西游记》《聊斋
故事》等。

J0068955

湖上小八路 吴延科原著；毛亮英改编；谌孝
安绘画
上海 上海人民美术出版社 1979 年 94 页
13cm（60 开）统一书号：8081.11687
定价：CNY0.11
　　本书是中国现代连环画册。

J0068956

糊涂的小鲤鱼 （幼）嵇鸿写；陈清之画
上海 少年儿童出版社 1979 年 有彩图 17×19cm
统一书号：R10024.3635 定价：CNY0.14
（爱科学图画丛书）
　　本书是中国现代连环画册。

J0068957

虎口拔牙 刘维仁改编；高迁新，张国才绘画
沈阳 辽宁美术出版社 1979 年 74 页 13cm（60 开）
统一书号：8117.1645 定价：CNY0.10
　　本书是中国现代连环画册。

J0068958

虎口运枪 谈庆麟编文；张国权绘画
天津 天津人民美术出版社 1979 年 89 页
13cm（60 开）统一书号：8073.30368
定价：CNY0.12
　　本书是中国现代连环画册。

J0068959

虎牢关 罗贯中原著；吉志西改编；刘锡永画
上海 上海人民美术出版社 1979 年 2 版 110 页
10×13cm 统一书号：8081.2984 定价：CNY0.16

（《三国演义》连环画 3）

J0068960
虎门销烟　周红旗编文；汪家龄绘画
合肥　安徽人民出版社　1979年　52页　有图
10×13cm　统一书号：8102.1052　定价：CNY0.08
　　本书是中国现代连环画册。绘者汪家龄
（1944—2010），画家。江西婺源人。中国艺术研
究院特邀创作委员，黄山市美术家协会副主席，
黄山市中国画研究院副院长，中国美术家协会安
徽分会会员。擅长连环画。作品有《追牛》《三八
号》《红烛泪》等连环画，《哪吒闹海》《三战吕布》
等年画。

J0068961
虎穴擒敌　刘振礼改编；石恒谟，李全绘画
北京　北京出版社　1979年　118页　13cm（60开）
统一书号：8071.338　定价：CNY0.15
　　本书是中国现代连环画册。

J0068962
虎子送信　刘业通编文；尹庆芳绘画
石家庄　河北人民出版社　1979年　62页
13cm（60开）统一书号：8086.1027　定价：CNY0.09
　　本书是中国现代连环画册。作者刘业通
（1968—　），河北清苑人。毕业于天津美院，河
北师范大学美术系副主任。

J0068963
护宝记　杨明礼原著；曹积三改编；舒群绘画
长春　吉林人民出版社　1979年　136页　13cm（60开）
统一书号：8091.962　定价：CNY0.17
　　本书是中国现代连环画册。

J0068964
护线捉熊　李云章编；吴景山画
长春　吉林人民出版社　1979年　51页　有图
10×13cm　统一书号：8091.951　定价：CNY0.09
　　本书是中国现代连环画册。

J0068965
花大姐　尹玉茹编文；王敢绘画
石家庄　河北人民出版社　1979年　49页
13cm（60开）统一书号：8086.1015　定价：CNY0.07
　　本书是中国现代连环画册。

J0068966
花儿正红　朱利和等编绘
济南　山东人民出版社　1979年　58页　有图
10×13cm　统一书号：8099.1827　定价：CNY0.10
　　本书是中国现代连环画册。

J0068967
华国锋同志在战火纷飞的年代　杨育林改
编；张自武绘
武汉　湖北人民出版社　1979年　54页　有图
10×13cm　统一书号：8106.1954　定价：CNY0.08
　　本书是中国现代连环画册。

J0068968
华佗　李荣标编文；刘昌华绘画
南京　江苏人民出版社　1979年　70页　13cm（60开）
统一书号：8100.3.198　定价：CNY0.10
　　本书是中国现代连环画册。

J0068969
华佗　汪子春编；朱光玉绘
北京　人民美术出版社　1979年　67页　13cm（60开）
统一书号：8027.7105　定价：CNY0.12
（科学家故事）
　　本书是中国现代连环画册。

J0068970
华政委领咱打胜仗　聪聪诗；夏亮熹绘画
成都　四川人民出版社　1979年　25页　有图
15cm（40开）统一书号：R8118.567
定价：CNY0.15
　　本书是中国现代连环画册。

J0068971
华主席在湖南　史正吉编；刘根生绘
长春　吉林人民出版社　1979年　18页　有彩图
17×19cm　统一书号：8091.921　定价：CNY0.18
　　本书是中国现代连环画册。

J0068972
画皮　士明改编；裴国骧绘画
南京　江苏人民出版社　1979年　55页　13cm（60开）
统一书号：8100.3.223　定价：CNY0.20
（中国古典文学故事选）
　　依据中国古典小说《聊斋》改编的现代连环

画作品。

J0068973
画皮　杨礼未改编；叶毓中绘画
乌鲁木齐　新疆人民出版社　1979 年　58 页
13cm（60 开）定价：CNY0.11
　　根据中国古典小说《聊斋》改编的现代连环
画作品。

J0068974
皇帝的新装　鲁齐改编；韦智仁绘画
郑州　河南人民出版社　1979 年　62 页 13cm（60 开）
统一书号：8105.939 定价：CNY0.09
　　本书是中国现代连环画册。

J0068975
回民支队　李俊，马融，冯一夫原著；黄若谷
改编；景启民绘图
天津　天津人民美术出版社　1979 年　166 页
13cm（60 开）统一书号：8073.50338 定价：CNY0.21
　　本书是中国现代连环画册。绘者景启民
（1931—2005），连环画家。辽宁沈阳人，就读于
东北鲁艺（鲁迅美院前身）。任职于东北画报社。
连环画作品有《浑河水》《过草地》《绿色的矿
山》等。

J0068976
活着的黄继光　杨新民改编；徐福华绘画
济南　山东人民出版社　1979 年　34 页 13cm（60 开）
定价：CNY0.07
　　本书是中国现代连环画册。

J0068977
活捉麻狼　赵文进，马如基编文；张学乾绘画
兰州　甘肃人民出版社　1979 年　139 页 13cm（60 开）
统一书号：8096.697 定价：CNY0.17
　　本书是中国现代连环画册。作者张学乾
（1944—　），甘肃兰州人。西北师范大学敦煌艺
术学院美术系教授，中国美术家协会会员，中国
油画学会团体会员成员，甘肃美术家协会副主
席。出版有《张学乾美术作品选》《素描艺术在
线法》等著作。主要作品有《孩子　鸽子》《塬上
家什》《高原晴雪》等。

J0068978
火孩子　陈鹤琴写；王道珍等绘画
南京　江苏人民出版社　1979 年　有彩图
21cm（32 开）统一书号：8100.3.275
定价：CNY0.20
　　本书是中国现代连环画册。

J0068979
火红的枣林　周生军改编；陈延绘画
兰州 甘肃人民出版社 1979 年 101 页 13cm（60 开）
统一书号：8096.619 定价：CNY0.13
　　本书是中国现代连环画册。作者陈延
（1940—　），广东汕头大学美术设计系教授。

J0068980
火红的战旗　贺曙江编绘
合肥　安徽人民出版社　1979 年　60 页　有图
10×13cm 统一书号：8102.1061 定价：CNY0.09
　　本书是中国现代连环画册。

J0068981
火红的战旗　苏宰北，冯振国改编并绘画
兰州 甘肃人民出版社 1979 年 70 页 13cm（60 开）
统一书号：8096.666 定价：CNY0.09
　　本书是中国现代连环画册。

J0068982
火红的战旗　王天柱改编；韩德雅绘画
成都　四川人民出版社　1979 年　72 页 13cm（60 开）
统一书号：8118.582 定价：CNY0.11
　　本书是中国现代连环画册。绘者韩德雅
（1952—　），四川名山人。毕业于雅安地区师范，
后进修于四川美术学院国画系、中央美术学院国
画系。曾任美术教员、县文化馆美术干部。擅长
中国画、雕塑、年画。作品有《做新鞋》《乡趣》
《茶山春早》等。

J0068983
火龙洞　曹积三改编；袁殿民等绘画
长春 吉林人民出版社 1979 年 75 页 有图
10×13cm 统一书号：8091.926 定价：CNY0.10
　　本书是中国现代连环画册。

J0068984
火烧连营　林林改编；蒋萍绘画

上海　上海人民美术出版社 1979 年 3 版　174 页
10×13cm　统一书号：8081.3232　定价：CNY0.24
（《三国演义》连环画 33）

J0068985

火烧新野　王星北，潘勤孟改编；吴志明，叶
之浩绘画
上海　上海人民美术出版社 1979 年 2 版　96 页
10×13cm　统一书号：8081.5113　定价：CNY0.14
（《三国演义》连环画 19）

J0068986

火娃子　石川军原著；张瑞林等改编并绘画
合肥　安徽人民出版社 1979 年　54 页　有图
10×13cm　统一书号：8102.998　定价：CNY0.08
　　本书是中国现代连环画册。

J0068987

火娃子　华士明改编；胡博综绘画
哈尔滨　黑龙江人民出版社 1979 年　56 页
13cm（60 开）统一书号：8093.517　定价：CNY0.09
　　本书是中国现代连环画册。

J0068988

火焰山　孙剑影改编；宗静草绘画
南京　江苏人民出版社 1979 年　109 页 13cm（60 开）
统一书号：8100.3.247　定价：CNY0.14
　　本书是中国现代连环画册。作者孙剑影，作
家。江苏南京人。作品有《青春的史册》，改编
连环画有《大风歌》。绘者宗静草，江苏美术出
版社美编，与其兄合作有《宗静风宗静草连环画
作品》，包括《十五贯》《包公审石》《放鸭姑娘》
《黑黑和白白》《蝴蝶杯》等。

J0068989

火种　张惠卿改编；李雷绘画
沈阳　辽宁美术出版社 1979 年　53 页 13cm（60 开）
统一书号：8117.1612　定价：CNY0.09
　　本书是中国现代连环画册。

J0068990

机灵的小马车夫　海笑写；奚阿兴绘画
上海　少年儿童出版社 1979 年　有彩图　13×18cm
统一书号：R10024.3687　定价：CNY0.20
　　本书是中国现代连环画册。

J0068991

鸡的故事　陶英改编；白崇禄等绘画
沈阳　辽宁美术出版社 1979 年　33 页　有彩图
15cm（40 开）统一书号：8117.1679　定价：CNY0.22
　　本书是中国现代连环画册。

J0068992

激战之前　汪宜蕾改编；陆忠德绘画
南京　江苏人民出版社 1979 年　60 页　有图
10×13cm　统一书号：8100.3.255　定价：CNY0.09
　　本书是中国现代连环画册。作者陆忠德
（1950—　　），画家。上海周浦人。上海市徐悲鸿
艺术研究协会创作部主任，美协上海分会会员。
擅长画虎，被称为"江南虎王"。

J0068993

肩膀　王愿坚原著；竺乾华改编；华其敏绘画
北京　人民美术出版社 1979 年　29+23 页
有彩图 15cm（40 开）统一书号：8027.7100
定价：CNY0.28
　　本书是中国现代连环画册。作者竺乾华，著
有《你的脑子会转弯吗》《魔伞》《江湖红侠传》
（合作）、《聚歼魔鬼党》《古玩疑案》（改编）。绘
者华其敏（1953—　　），画家、教授。别名田乔、
果然、沙月。上海人，毕业于中央美术学院中国
画系研究生班。中央美术学院教授，中国美术家
协会会员。代表作品有《夸父图》《西门豹除巫》
《安详的艺术》等。

J0068994

艰苦的岁月　杨尚奎原著；杨羽仪改编；关振
旋绘画
广州　广东人民出版社 1979 年　110 页　有图
10×13cm　统一书号：8111.2103　定价：CNY0.14
　　本书是中国现代连环画册。

J0068995

鉴湖女侠　陆和苏改编；钱贵荪绘画
杭州　浙江人民出版社 1979 年　180 页　10×13cm
统一书号：8103.508　定价：CNY0.21
　　本书是根据柯灵《秋瑾传》改编的中国现代
连环画册。

J0068996

鉴真和尚　许凤仪，王汝金著文；王亦秋绘画

上海　上海人民美术出版社 1979 年 126 页
13cm（60 开）统一书号：8081.11768
定价：CNY0.15
　　本书是中国现代连环画册。

J0068997
江姐　杨美华摄影并编文
郑州 河南人民出版社 1979 年 198 页 13cm（60 开）
定价：CNY0.30
　　本书是中国现代连环画册。

J0068998
江姐　阎肃编；孟庆江绘
北京 人民美术出版社 1979 年 118 页 10×13cm
统一书号：8027.7206 定价：CNY0.19
　　本书是根据同名歌剧编的中国现代连环画册。

J0068999
江姐　空军政治部歌舞团原著；火华，金凤改
编；胡博综绘画
天津　天津人民美术出版社 1979 年 130 页
13cm（60 开）统一书号：8073.50341
定价：CNY0.15
　　本书是中国现代连环画册。

J0069000
江水滔滔　袁海庭改编；钱流等绘
合肥 安徽人民出版社 1979 年 180 页 有图
10×13cm 统一书号：8102.911 定价：CNY0.21
　　本书是中国现代连环画册。

J0069001
姜邓斗智　罗贯中原著；田衣改编；苏起峰，
陶干臣，李福宝绘画
上海 上海人民美术出版社 1979 年 118 页
10×13cm 统一书号：8081.3246 定价：CNY0.17
（《三国演义》连环画 45）

J0069002
姜维避祸　田衣改编；水天宏绘画
上海 上海人民美术出版社 1979 年 2 版 126 页
10×13cm 统一书号：8081.3248 定价：CNY0.18
（《三国演义》连环画 46）
　　作者水天宏（1910—1982），连环画家。浙江

宁波人。曾在上海人民美术出版社从事连环画
创作。参加大型连环画《三国演义》《聊斋志义》
《西汉演义》《东周列国故事》等的绘制工作，出
版连环画《艰苦朴素的程悦长》。

J0069003
姜维献书　罗贯中原著；胡雁改编；严绍唐，
李铁生画
上海 上海人民美术出版社 1979 年 3 版 94 页
10×13cm 统一书号：8081.3239 定价：CNY0.14
（《三国演义》连环画 38）

J0069004
交锋　刘永昌编文；刘祥成绘画
济南 山东人民出版社 1979 年 62 页 13cm（60 开）
定价：CNY0.09
　　本书是中国现代连环画册。

J0069005
交通员的女儿　李言敏编文；赵鸿恩等绘
合肥 安徽人民出版社 1979 年 68 页 有图
10×13cm 统一书号：8102.1065 定价：CNY0.10
　　本书是中国现代连环画册。

J0069006
骄杨颂　谭世贤编文；高济民，蔡循生绘画
郑州 河南人民出版社 1979 年 78 页 15cm（40 开）
统一书号：8105.863 定价：CNY0.17
　　本书是中国现代连环画册。

J0069007
脚步　齐振夏原著；石启忠等改编；于启平绘
图
南京 江苏人民出版社 1979 年 70 页 有图
10×13cm 统一书号：8100.3.256 定价：CNY0.10
　　本书是中国现代连环画册。

J0069008
脚步　齐振夏原著；姚关虎改编；毛震耀绘画
上海 上海人民美术出版社 1979 年 93 页
13cm（60 开）定价：CNY0.17
　　本书是中国现代连环画册。作者毛震耀
（1926—?），画家。浙江奉化人，毕业于苏州美
术专科学校西系。历任上海艺文书局《艺文画
报》编辑，上海少年儿童出版社儿童读物绘画创

作，上海人民美术出版社编辑。连环画代表作有《骆驼祥子》《脚步》《一级英雄杨连弟》《绿色钱包》《姊妹船》。

J0069009

接电台　振华，罗秋原作；夏祥镇改编；巫子强等绘画

贵阳 贵州人民出版社 1979年 74页 13cm（60开）

统一书号：8115.705 定价：CNY0.10

　　本书是中国现代连环画册。作者巫子强（1939— ），回族。生于云南昆明，毕业于四川美术学院油画专业。历任铜仁县文化馆馆长、铜仁县文化局局长、铜仁地区文联主席、贵州民族学院艺术系主任，贵州民族学院副教授。作品有《日日夜夜》《无辜者》《小鬼》等。

J0069010

节振国　王瑞改编；刘汉宗绘画

北京 人民美术出版社 1979年 169页 13cm（60开）

定价：CNY0.19

　　本书是中国现代连环画册。与河北人民出版社合作出版。

J0069011

金翅膀　惠伊深编文；于化鲤绘画

天津 天津人民美术出版社 1979年 103页 13cm（60开）统一书号：8073.30361

定价：CNY0.17

　　本书是中国现代连环画册。作者于化鲤（1933— ），画家。又名于化，天津人。曾任天津人民美术出版社副总编。主要作品有《于化鲤漫画作品选集》《宝船》《有朋自远方来》等。

J0069012

金唇树　孙克捷原作；陈春荣改编；徐荣呆，关乃平绘画

北京 北京出版社 1979年 58页 13cm（60开）

统一书号：8071.312 定价：CNY0.09

　　本书是中国现代连环画册。

J0069013

金瓜儿银豆儿　赵燕翼写；柯明画

上海 少年儿童出版社 1979年 有彩图 17×19cm

统一书号：R10024.3629 定价：CNY0.23

　　本书是中国现代连环画册。作者柯明

（1922—2014），画家。就读于国立杭州艺术专科学校西画科。曾任《新华日报》美术编辑、江苏人民出版社高级美术编审，中国美术家协会理事，少儿美术艺委会委员，中国出版工作者协会装帧艺术研究会常务理事。水墨画作品有《阿福》《荷花灯》等。

J0069014

金色的大雁　（彩色剪纸）史永康，缪德彰改编；上海美术电影制片厂供稿

上海 上海人民美术出版社 1979年 77页 10×13cm 统一书号：8081.11239 定价：CNY0.22（电影连环画册）

J0069015

金田起义——太平天国故事　刘文英编文；萧平，萧和绘画

南京 江苏人民出版社 1979年 86页 13cm（60开）

统一书号：8100.3.238 定价：CNY0.11

　　本书是中国现代连环画册。

J0069016

金玉姬　郭宝祥改编；姚洪发绘画

沈阳 辽宁美术出版社 1979年 117页 13cm（64开）

统一书号：8117.1764 定价：CNY0.19

　　本书是中国现代连环画册。

J0069017

金珠　吴一声改编；杜庆元绘画

哈尔滨 黑龙江人民出版社 1979年 113页 13cm（60开）统一书号：8093.597 定价：CNY0.16

　　本书是中国现代连环画册。

J0069018

锦鸡　唐庚改编；陈白一，陈明大绘

长沙 湖南人民出版社 1979年 88页 13cm（60开）

统一书号：8109.1161 定价：CNY0.16

　　本书是中国现代连环画册。

J0069019

京郊之战　姚雪垠原著；王永祥改编；张义潜绘画

西安 陕西人民美术出版社 1979年 126页 13cm（60开）统一书号：8199.65 定价：CNY0.19（《李自成》连环画 1）

J0069020

惊涛万里　　吴若增改编；毛文彪绘画
天津　天津人民美术出版社　1979 年　126 页
13cm（60 开）统一书号：8073.30418
定价：CNY0.16
　　本书是中国现代连环画册。作者毛文彪
（1950—　　），美术家。浙江奉化人。擅长油画、
宣传画。海军政治部创作室美术创作员。主要
作品有《期望》《郑和下西洋》《远航归来》等。

J0069021

井冈小山鹰　　胡细生改编；易至群，胡祺绘画
南昌　江西人民出版社　1979 年　76 页　13cm（60 开）
定价：CNY0.10
（江西革命斗争故事）
　　本书是中国现代连环画。绘者易至群
（1938—　　），画家。别名易子，湖南邵阳人，毕
业于广州美术学院国画系，同年留校任教，曾任
江西《南昌晚报》美术编辑、武汉画院一级美术
师、海南大学艺术学院教授。代表作品有《村史》
《豆选》等。

J0069022

警觉的草原　　刘晓滨原著；李菁改编；王可伟，
段忠谦绘画
太原　山西人民出版社　1979 年　78 页　13cm（60 开）
统一书号：8088.1249　定价：CNY0.21
　　本书是中国现代连环画册。

J0069023

警长的儿女　　（美）查·契斯纳特原著；陶洁翻
译；肖坚富，杨光中改编；雷德祖绘画
南京　江苏人民出版社　1979 年　70 页　13cm（60 开）
统一书号：8100.3.262　定价：CNY0.09
　　本书是中国现代连环画册。

J0069024

九个炊事员　　李国俊改编；刘文等绘
广州　广东人民出版社　1979 年　44+22+41 页
有图　10×13cm　统一书号：8111.1992
定价：CNY0.12
（红军长征故事连环画）
　　本书是中国现代连环画册。

J0069025

九个炊事员　　谢方祠原作；高晨钟改编；高先
贵绘画
贵阳　贵州人民出版社　1979 年　45 页　13cm（60 开）
统一书号：8115.710　定价：CNY0.09
　　本书是中国现代连环画册。

J0069026

九号郡城的战斗　　孟伟哉原著；张钟龄改编；
阴衍江绘
天津　天津人民美术出版社　1979 年　152 页
13cm（60 开）统一书号：8073.30367
定价：CNY0.18
　　本书是中国现代连环画册。作者阴衍江
（1940—2011），画家。中国美术家协会会员，一
级画师，黑龙江美术出版社专业画家，黑龙江文
史馆馆员。

J0069027

居里夫人　　曹积三编；李肇宏绘画
长春　吉林人民出版社　1979 年　121 页　有图
10×13cm　统一书号：8091.1010　定价：CNY0.15
　　本书是中国现代连环画册。

J0069028

巨蟒河　　杨春田编文；韩兴业绘画
呼和浩特　内蒙古人民出版社　1979 年　94 页
13cm（60 开）定价：CNY0.14
　　本书是中国现代连环画册。

J0069029

砍刀连长　　83313 部队一连故事组原作；竺乾
华改编；沈在召绘画
福州　福建人民出版社　1979 年　64 页　13cm（60 开）
统一书号：8173.253　定价：CNY0.09
　　本书是中国现代连环画册。

J0069030

抗联小交通　　万捷改编；林百石绘画
长春　吉林人民出版社　1979 年　78 页　有图
10×13cm　统一书号：8091.948　定价：CNY0.10
　　本书是中国现代连环画册。作者林百石
（1946—　　），画家。吉林临江人，毕业于吉林艺
术学院美术系。历任长春市美术家协会副主席、
吉林日报社美术部主任编辑、书画院副秘书长，

中国美术家协会会员，中国出版工作者协会装帧艺术研究会会员。作品有《秋声》《悟道图》《观沧海》等。

J0069031

科学家的童年　陈日朋编文；吴景文等画
长春 吉林人民出版社 1979 年 78 页 13cm（60 开）
统一书号：8091.959 定价：CNY0.11
　　本书是中国现代连环画册。

J0069032

空城计　田衣改编；徐正平绘画
上海 上海人民美术出版社 1979 年 2 版 102 页
10×13cm 统一书号：8081.5360 定价：CNY0.15
（《三国演义》连环画 37）

J0069033

孔雀胆　郭沫若原著；刘汉佐改编；王企玫绘画
天津 天津人民美术出版社 1979 年 122 页
13cm（60 开）统一书号：8073.30346
定价：CNY0.15
　　本书是中国现代连环画册。

J0069034

苦菜妹　黄则根编文；施友义绘画
福州 福建人民出版社 1979 年 58 页 13cm（60 开）
统一书号：8173.268 定价：CNY0.08
　　本书是中国现代连环画册。绘者施友义（1947— ），画家。笔名石奇，福建平潭人。中国美术家协会福建分会会员，曾任福建出版集团编审、华艺出版社副社长。出版有《施友义国画选》《侯官县烈女歼仇》《千里送京娘》《千古名媛》。

J0069035

跨江击刘表　上海人民美术出版社编文；徐一鸣，屠全枫绘画
上海 上海人民美术出版社 1979 年 2 版 102 页
10×13cm 统一书号：8081.2985 定价：CNY0.15
（《三国演义》连环画 4）
　　本书是根据古典小说《三国演义》改编的中国现代连环画册。

J0069036

矿山风云　李学诗原著；陈梅鼎改编；金奎，

蒋克余绘画
上海 上海人民美术出版社 1979 年 182 页
13cm（60 开）统一书号：8081.11722
定价：CNY0.21
　　本书是中国现代连环画册。

J0069037

矿山小八路　李瑞林原著；任愚颖改编；贺成，王启钧绘画
南京 江苏人民出版社 1979 年 172 页 13cm（60 开）
统一书号：8100.3.226 定价：CNY0.20
　　本书是中国现代连环画册。

J0069038

蓝天防线　张恩波编文；邵殿英选编
沈阳 辽宁美术出版社 1979 年 166 页 13cm（60 开）
统一书号：8117.1702 定价：CNY0.29
（电影连环画册）

J0069039

老猎手新传　竺乾华改编；王小林绘
合肥 安徽人民出版社 1979 年 60 页 有图
10×13cm 统一书号：8102.1069 定价：CNY0.09
　　本书是中国现代连环画册。

J0069040

老山追匪　越城原著；王志梧改编；刘文国等绘
南宁 广西人民出版社 1979 年 62 页 有图
10×13cm 统一书号：8113.441 定价：CNY0.09
　　本书是中国现代连环画册。

J0069041

勒维烈和亚当斯　刘金沂编；马程绘
北京 人民美术出版社 1979 年 58 页 有图
10×13cm 统一书号：8027.7146 定价：CNY0.11
　　本书是中国现代连环画册。

J0069042

雷雨　（剧照连环画）曹禺编剧；曹震云摄影
上海 上海人民美术出版社 1979 年 174 页
13cm（60 开）统一书号：8081.11831
定价：CNY0.30
　　本书是中国现代连环画册。

J0069043

冷酷的心　索立改编
北京　中国电影出版社　1979 年　147 页　10×13cm
统一书号：8061.1387　定价：CNY0.26
（电影连环画册）

J0069044

梨树沟大捷　王朝玉，杨志远编文；张洪飞绘画
沈阳　辽宁美术出版社　1979 年　70 页　13cm（60 开）
统一书号：8117.1688　定价：CNY0.10
　　本书是中国现代连环画册。

J0069045

黎明的枪声　廖振原著；贾永盛改编；刘振林
等绘画
沈阳　辽宁美术出版社　1979 年　214 页　13cm（60 开）
统一书号：8117.1701　定价：CNY0.31
　　本书是中国现代连环画册。

J0069046

黎明风暴　四川人民出版社改编；李万春等画
成都　四川人民出版社　1979 年　112 页　13cm（60 开）
统一书号：R8118.601　定价：CNY0.15
（《红岩》连环画集）
　　本书是中国现代连环画册。

J0069047

黎勇打豹　罗德祯原著；姜春鸣改编；朱成梁画
南京　江苏人民出版社　1979 年　62 页　有图
10×13cm　统一书号：8100.3.195　定价：CNY0.09
　　本书是中国现代连环画册。

J0069048

李白　王国安编；高适绘画
上海　上海人民美术出版社　1979 年　102 页
13cm（60 开）统一书号：8081.11457
定价：CNY0.12
　　本书是中国现代连环画册。

J0069049

李郭交兵　上海人民美术出版社编绘
上海　上海人民美术出版社　1979 年　2 版　118 页
10×13cm　统一书号：8081.5306　定价：CNY0.17
（《三国演义》连环画 8）
　　本书是根据古典小说《三国演义》改编的中

国现代连环画册。

J0069050

李时珍　张慧剑原著；张国信改编；韩伍绘画
石家庄　河北人民出版社　1979 年　142 页
13cm（60 开）统一书号：8086.1042
定价：CNY0.23
　　本书是依据李时珍的故事改编的中国现代
连环画册。

J0069051

李时珍　秦云海编绘
郑州　河南人民出版社　1979 年　110 页　有图
10×13cm　统一书号：8105.903　定价：CNY0.14
　　本书是依据李时珍故事改编的中国现代连
环画册。

J0069052

李时珍　张慧剑原著；华士明改编；鞠伏强绘
南京　江苏人民出版社　1979 年　117 页　13cm（60 开）
统一书号：8100.3.193　定价：CNY0.14
　　本书是依据李时珍的故事改编的中国现代
连环画册。

J0069053

李四光　霍达编文；王为政绘画
上海　上海人民美术出版社　1979 年　165 页
13cm（60 开）统一书号：8081.11502
定价：CNY0.19
　　本书是描绘当代中国地质学家李四光
战斗一生的现代连环画作品。绘者王为政
（1944—　），教授、画家。字北辰，江苏丰县人。
中国美术家协会会员，中国作家协会会员，俄罗
斯美术家协会荣誉会员，北京画院艺术委员会委
员，北京齐白石艺术研究会副会长。代表作品有
《听画》《傲骨》《瑞士之旅》《王为政画集》等。

J0069054

荔枝树下　凌珊原著；孙鸣改编；黄启茂绘画
南宁　广西人民出版社　1979 年　56 页　13cm（60 开）
统一书号：8113.498　定价：CNY0.08
　　本书是中国现代连环画册。

J0069055

连心锁　（上）柏石山改编；李永志绘画

沈阳 辽宁美术出版社 1979年 134页 13cm（60开）
统一书号：8117.1794 定价：CNY0.21
　　本书是中国现代连环画册。

J0069056
连心锁　（下）柏石山改编；朱忠福绘画
沈阳 辽宁美术出版社 1982年 118页 13cm（60开）
统一书号：8117.2045 定价：CNY0.18
　　本书是中国现代连环画册。

J0069057
梁大娘　汪宜蕾改编；阿晓绘画
南京 江苏人民出版社 1979年 46页 有图
10×13cm 统一书号：8100.3.234 定价：CNY0.07
　　本书是中国现代连环画册。

J0069058
两个小八路　李心田原著；刘福堂改编；魏凤
才绘
哈尔滨 黑龙江人民出版社 1979年 108页
13cm（60开）统一书号：8093.553 定价：CNY0.15
　　本书是中国现代连环画册。

J0069059
两个小八路　屈启发，山仁编选
西安 陕西人民出版社 1979年 126页 13cm（60开）
统一书号：8094.662 定价：CNY0.19
（电影连环画册）

J0069060
两个小八路　朱虹改编
北京 中国电影出版社 1979年 147页 10×13cm
统一书号：8061.1285 定价：CNY0.25
（电影连环画册）

J0069061
两路突围　姚雪垠原著；杨兆林改编；施大畏，
崔君沛绘画
上海 上海人民美术出版社 1979年 182页
10cm（64开）统一书号：8081.11447
定价：CNY0.21
（《李自成》连环画 3）

J0069062
两兄弟　华士明编文；朱成梁绘画
南京 江苏人民出版社 1979年 有图 21cm（32开）
统一书号：8100.3.251 定价：CNY0.22
　　本书是中国现代连环画册。作者朱成梁
（1948—　　），绘本作家。中国美术家协会会员。
作品有《两兄弟》《屋檐下的腊八粥》《团圆》等。

J0069063
两张纸条　开华，霆昭原作；王德亮改编；胡
立贤等绘画
郑州 河南人民出版社 1979年 70页 13cm（60开）
统一书号：8105.826 定价：CNY0.09
　　本书是中国现代连环画册。

J0069064
列宁的故事　纪思改编；许荣初等绘画
沈阳 辽宁美术出版社 1979年 有图 15cm（40开）
统一书号：8117.1731 定价：CNY0.28
　　本书是中国现代连环画册。作者许荣初
（1934—　　），出生于江苏武进，就读于东北鲁迅
文艺学院美术部绘画系。曾任鲁迅美术学院学
术委员会主任、辽宁省美术家协会副主席。

J0069065
猎虎记　李自由，曾关心编文；殷本崇，何桃
君绘画
长沙 湖南人民出版社 1979年 62页 13cm（60开）
统一书号：8109.1248 定价：CNY0.09
　　本书是中国现代连环画册。

J0069066
猎人的眼睛　宋廷宾，杨之庆改编；于天绘画
兰州 甘肃人民出版社 1979年 54页 13cm（60开）
统一书号：8096.639 定价：CNY0.08
　　本书是中国现代连环画册。

J0069067
林冲　黄苗子文；张光宇绘画
天津 天津人民美术出版社 1979年 有图
17cm（40开）统一书号：8073.50135
定价：CNY0.55
　　本书是中国现代连环画册。作者张光宇
（1900—1965），画家、教授。江苏无锡人。现代
中国装饰艺术的奠基者之一，执教于中央美术学
院、中央工艺美术学院，中国美术家协会理事。
著有《张光宇插图集》，创作设计动画影片《大闹

天宫》。

J0069068

林家铺子　文飘改编
北京 中国电影出版社 1979 年 137 页 10×13cm
统一书号：8061.1344 定价：CNY0.24
（电影连环画册）

J0069069

林则徐　文飘改编
北京 中国电影出版社 1979 年 177 页 10×13cm
统一书号：8061.1301 定价：CNY0.30
（电影连环画册）

J0069070

伶仃洋上捉蟹记　区荣光编文；梁祥绘画
广州 广东人民出版社 1979 年 70 页 有图
10×13cm 统一书号：8111.2131 定价：CNY0.10
　　本书是中国现代连环画册。

J0069071

岭下战鼓　张国庆原著；姜衍忠改编，陈长贵
绘画
长春 吉林人民出版社 1979 年 95 页 有图
10×13cm 统一书号：8091.950 定价：CNY0.13
　　本书是中国现代连环画册。

J0069072

刘三姐　友元选编
北京 人民美术出版社 1979 年 178 页 有图
10×13cm 统一书号：8027.7082 定价：CNY0.28
　　本书是中国现代连环画册。

J0069073

流浪者　（上）朱虹改编
北京 中国电影出版社 1979 年 167 页 10×13cm
统一书号：8061.1351 定价：CNY0.29
（电影连环画册）

J0069074

流浪者　（下）索成立改编
北京 中国电影出版社 1979 年 127 页 10×13cm
统一书号：8061.1352 定价：CNY0.23
（电影连环画册）

J0069075

龙牙颗颗钉满天　（苗族民间故事）肖甘牛编
文；王培堃，叶芝绘画
上海 上海人民美术出版社 1979 年 54 页
13cm（60 开）统一书号：8081.11712
定价：CNY0.07
　　本书是中国现代连环画册。

J0069076

卢瑟福——卓越的原子核物理学家　（科学
家故事）约翰·罗兰原著；姜炳炘改编；孙贤陵，
冯怀荣绘
北京 人民美术出版社 1979 年 58 页 13cm（60 开）
统一书号：8027.7309 定价：CNY0.11
　　现代科学家故事连环画作品。

J0069077

卢象升抗清　张剑萍改编；项维仁绘画
济南 山东人民出版社 1979 年 136 页 13cm（60 开）
统一书号：8099.1868 定价：CNY0.20
（《李自成》故事选 1）
　　作者张剑萍（1928—　　），山东省鄄城县人。
曹州书画院副院长、副研究员，山东省第五届文
联委员，山东省第二届书法家协会理事，菏泽地
区首届书法家协会主席，中国书法家协会会员，
山东泰山国画研究院名誉院长，湖南中国武陵书
画家协会名誉主席，南京徐悲鸿画院艺术顾问。
代表作品有《古诗行草集萃》《五体书前后赤壁
赋》。绘者项维仁（1947—　　），画家、国家一级
美术师。生于山东青岛市。中国美术家协会会
员，中国工艺美术学会会员，中国连环画研究会
理事，山东画院特聘高级画师，青岛书画研究院
副院长。代表作品有《共鸣》《柳毅传书》等。

J0069078

鲁班　杨本生编文；苏华，苏家杰绘画
南京 江苏人民出版社 1979 年 127 页 10×13cm
定价：CNY0.15
（中国古代科学家）
　　本书是中国现代连环画册。作者苏家杰
（1947—　　），画家。广州美术学院版画系结业。
广东省美术家协会会员，花城出版社美术编辑室
主任。作品有《百猫图谱》《友谊花开》等。

J0069079

鲁班　尤振洪，王家振编文；叶永森绘画
天津　天津人民美术出版社　1979年　81页
15cm（40开）统一书号：8073.30349
定价：CNY0.15
（古代科学家 丛书）
　　本书是中国现代连环画册。

J0069080

鲁班的故事　刘洁彰，吴玉龄编文；王学明绘画
石家庄　河北人民出版社　1979年　75页
13cm（60开）定价：CNY0.10
　　本书是中国现代连环画册。作者王学明
（1943—　　），美术编辑。天津人，毕业于河北省
美术学院。历任师范学校美术教员、报社美术编
辑、衡水地区画院院长，中国美术家协会会员。
连环画代表作品有《三断奇案》等，出版有《买海
居诗选》《王学明画集》等。

J0069081

鲁迅的青少年时代　黄侯兴编；夏葆元，林旭
东绘
北京　人民美术出版社　1979年　106页　15cm（40开）
统一书号：8027.7207 价：CNY0.26
　　本书是中国现代连环画册。

J0069082

鲁迅的童年　张震麟编文；庄弘醒绘画
南京　江苏人民出版社　1979年　136页　10×13cm
统一书号：6100.3.265 定价：CNY0.21
（鲁迅的故事）
　　本书是中国现代连环画册。

J0069083

鲁迅在日本　张震麟编文；潘鸿海，顾盼绘画
南京　江苏人民出版社　1979年　66页　10×13cm
统一书号：8100.3.225 定价：CNY0.12
（鲁迅的故事）
　　本书是中国现代连环画册。

J0069084

洛嘎　张文永编绘
成都　四川人民出版社　1979年　64页　13cm（60开）
统一书号：R8118.633 定价：CNY0.09
　　本书是中国现代连环画册。

J0069085

吕梁英雄传　（上）王力军改编；史殿生绘画
哈尔滨　黑龙江人民出版社　1979年　162页
13cm（60开）统一书号：8093.534 定价：CNY0.21
　　根据同名小说节编的现代连环画作品。

J0069086

吕梁英雄传　（下）王力军改编；史殿生绘画
哈尔滨　黑龙江人民出版社　1979年　147页
13cm（60开）统一书号：8093.535 定价：CNY0.19
　　根据同名小说节编的现代连环画作品。

J0069087

吕梁英雄传　马烽等原著；王承华等改编；季
源业等绘画
天津　天津人民美术出版社　1979年　157页　有图
10×13cm 统一书号：8073.30392 定价：CNY0.20
　　根据同名长篇小说节编的现代连环画作品。

J0069088

绿竹园风云　赵洪恩改编；李勤学绘画
沈阳　辽宁美术出版社　1979年　81页　13cm（60开）
统一书号：8117.1125 定价：CNY0.11
　　本书是中国现代连环画册。

J0069089

马拉松　杨春曦编绘；徐锡林绘
北京　人民体育出版社　1979年　62页　13cm（60开）
统一书号：8015.1768 定价：CNY0.13
　　本书是中国现代连环画册。作者徐锡林，擅
绘连环画。主要作品有《吝啬鬼》《危险的路》《岳
母刺字》等。

J0069090

马兰花　欢路改编；段伟君绘
北京 人民美术出版社　1979年　128页　13cm（60开）
统一书号：8027.7096 定价：CNY0.24
　　本书是根据民间故事改编的中国现代连环
画册。

J0069091

马跃檀溪　罗贯中原著；上海人民美术出版社
改编；王亦秋画
上海　上海人民美术出版社　1979年　2版　118页
10×13cm 统一书号：8081.2999 定价：CNY0.18 元

（《三国演义》连环画 17）

J0069092
麦海机声　孟书清原著；姜长祚编；张骏绘
上海　上海人民美术出版社 1979 年 70 页 有图
10×13cm 统一书号：8081.11443 定价：CNY0.09
　　本书是中国现代连环画册。

J0069093
卖瓜计　聪聪作诗；何能绘画
昆明　云南人民出版社 1979 年 30 页 有图
15cm（40 开）统一书号：R8116.810
定价：CNY0.20
　　本书是中国现代连环画册。

J0069094
卖小鸡的故事　武秋海编文；马焕民等绘画
石家庄　河北人民出版社 1979 年 54 页 有图
10×13cm 统一书号：8086.1029 定价：CNY0.08
　　本书是中国现代连环画册。

J0069095
毛泽东同志在陕北　阎长林原著；丁峥，吴传
书改编；郑家声绘画
上海　上海人民美术出版社 1979 年 70 页
19cm（32 开）统一书号：8081.11826
定价：CNY1.20
　　本书是中国现代连环画册。

J0069096
毛主席的故事　（二）谢大海等编；李舒云等
北京　人民美术出版社 1979 年 有图 15cm（40 开）
统一书号：8027.6961 定价：CNY0.21
　　本书是中国现代连环画册。

J0069097
茅山下　望昊原著；方文改编；戈申绘画
南京　江苏人民出版社 1979 年 78 页 13cm（60 开）
统一书号：8100.3.239 定价：CNY0.10
　　本书是中国现代连环画册。

J0069098
煤城怒火　（上）孙桂田改编；杨绍路等绘画
济南　山东人民出版社 1979 年 176 页 15cm（40 开）
统一书号：8099.1812 定价：CNY0.33

本书是中国现代连环画册。

J0069099
煤城怒火　（下）孙桂田改编；杨绍路等绘画
济南　山东人民出版社 1979 年 136 页 15cm（40 开）
统一书号：8099.1813 定价：CNY0.27
　　本书是中国现代连环画册。

J0069100
蒙城激战　安征编文；周申绘画
济南　山东人民出版社 1979 年 117 页 13cm（60 开）
统一书号：8099.1839 定价：CNY0.14
　　本书是中国现代连环画册。

J0069101
蒙古族小八路　云照光原著；哈斯巴根改编；
关巍，李晓军绘画
呼和浩特　内蒙古人民出版社 1979 年 118 页
13cm（60 开）定价：CNY0.17
　　本书是中国现代连环画册。

J0069102
米克　杨明渊原著；张宝蔚改编；裴国骥绘画
南京　江苏人民出版社 1979 年 53 页 13cm（60 开）
统一书号：8100.3.263 定价：CNY0.08
　　本书是中国现代连环画册。作者张宝蔚
（1939— ），画家。江苏苏州市人，毕业于南京
师范大学美术系。中国美术家协会会员。出版
有《张宝蔚画集》等。绘者裴国骥（1946— ），
一级美术师。出生于无锡，祖籍浙江省宁波市。
南京艺术学院附中美术科毕业。任职于无锡市
文联美术创作室，无锡市书画院，无锡市美协副
主席兼秘书长。作品有《补天》《包孕吴越》《春
夜》等。

J0069103
密林中的火光　李迪编；晁锡第绘画
北京　人民美术出版社 1979 年 134 页 有图
10×13cm 统一书号：8027.6975 定价：CNY0.16
　　本书是中国现代连环画册。

J0069104
苗岭风雷　吴秀英改编；徐有武等绘
天津　天津人民美术出版社 1979 年 118 页 有图
10×13cm 统一书号：8073.30360 定价：CNY0.14

本书是中国现代连环画册。

J0069105

庙基的秘密　曲敬彬，尹其超文；杜恒范画
济南　山东人民出版社 1979年 72页 13cm（60开）
统一书号：8099.1881 定价：CNY0.10
　　本书是中国现代连环画册。

J0069106

明珠　徐飞改编；胡永凯绘画
杭州　浙江人民出版社 1979年 86页 13cm（60开）
统一书号：8103.473 定价：CNY0.12
（西湖民间故事）
　　本书是中国现代连环画册。作者胡永凯
（1945— ），画家。生于北京。中国美术家协会
会员，中国国家画院研究员，中央文史研究馆书
画院艺术委员会委员，文化部国韵文华书画院艺
委会副主席，中国人民对外友好协会艺术交流院
研究员，香港新美术学会创始会长。代表作品有
《消夏》《荷韵》《小米碗》《雪狮子》等。

J0069107

模范民兵营长——孙天柱　袁伟，朱兴华编
文；王西京，于永锦绘
西安　陕西人民出版社 1979年 122页 13cm（60开）
统一书号：8094.653 定价：CNY0.15
　　本书是中国现代连环画册。作者王西京
（1946— ），一级美术师。陕西西安人。中国美
术家协会理事，中国美协中国画艺委会委员，中
国画学会副会长，陕西美术家协会名誉主席等。
主要作品有《王西京作品集》《中国历史人物画
传》等。

J0069108

模范人民武装干部——扎江　陈建朝编文；
赵希玮绘画
成都　四川人民出版社 1979年 85页 13cm（60开）
统一书号：8118.496 定价：CNY0.12
　　本书是中国现代连环画册。

J0069109

魔园　章以武等原作；张吉平改编；陈文光等绘
广州　广东人民出版社 1979年 43页 有图
10×13cm 统一书号：8111.2134 定价：CNY0.07
　　本书是中国现代连环画册。

J0069110

母亲　（4）高尔基原著；金宗美注释
上海　上海译文出版社 1979年 29页 13cm（60开）
统一书号：9188.33 定价：CNY0.05
　　本书是依据高尔基原著《母亲》改编的中
国现代连环画册。作者高尔基（Maxim Gorky,
1868—1936），苏联文学家、诗人、评论家。全名
玛克西姆·高尔基。曾任苏联作家协会主席。代
表作品有《海燕》《母亲》《童年》《在人间》《我
的大学》。

J0069111

母亲　（5）高尔基原著；朱有钰注释
上海　上海译文出版社 1979年 19页 13cm（60开）
统一书号：9188.34 定价：CNY0.04
　　本书是依据高尔基原著《母亲》改编的中国
现代连环画册。

J0069112

拇指姑娘　马连芬改编；高海绘画
合肥　安徽人民出版社 1979年 21页 有彩图
15cm（40开）统一书号：R8102.920
定价：CNY0.11
　　本书是中国现代连环画册。

J0069113

木偶奇遇记　（意）科罗狄原著；徐调孚译；宁
宁改编；张达平，甘武炎绘画
南宁　广西人民出版社 1979年 143页 13cm（60开）
统一书号：R8113.537 定价：CNY0.23
　　本书是中国现代连环画册。

J0069114

穆桂英大战洪州　赵兵改编
天津　天津人民美术出版社 1979年 118页
13cm（60开）统一书号：8073.30347
定价：CNY0.20
（电影连环画册）

J0069115

纳拉　王兰原著；罗惠卿编绘
呼和浩特　内蒙古人民出版社 1979年 60页
13cm（60开）统一书号：8089.84 定价：CNY0.11
　　本书是中国现代连环画册。

J0069116

南原突围　姚雪垠原著；王永祥改编；李世南，梅凯绘画

西安　陕西人民美术出版社　1979 年　158 页

13cm（60 开）统一书号：8199.89 定价：CNY0.25

（《李自成》连环画　2）

J0069117

南原之战　姚雪垠原著；陈葵光改编；马建邦绘画

长春　吉林人民出版社　1979 年　124 页　13cm（60 开）

统一书号：8091.1027 定价：CNY0.16

　　本书是依据姚雪垠原著《李自成》改编的中国现代连环画册。

J0069118

难忘的航行　郭宪伟改编；程国英绘画

成都　四川人民出版社　1979 年　31 页　15cm（40 开）

定价：CNY0.12

　　本书是中国现代连环画册。

J0069119

难忘的战斗　（上册）杨一峰，肖仁改编；孙福林，王恒玉绘画

哈尔滨　黑龙江人民出版社　1979 年　96 页

13cm（60 开）统一书号：8193.526 定价：CNY0.14

　　本书是中国现代连环画册。

J0069120

难忘的战斗　（下册）杨一峰，邓会光改编；孙福林，王恒玉绘画

哈尔滨　黑龙江人民出版社　1979 年　78 页

13cm（60 开）统一书号：8093.567 定价：CNY0.12

　　本书是中国现代连环画册。

J0069121

霓虹灯下的哨兵　田烈改编；曹震云，陈春轩摄影

上海　上海人民美术出版社　1979 年　2 版　220 页

13cm（60 开）统一书号：8081.5424 定价：CNY0.37

（电影连环画册）

J0069122

牛郎织女　张济改编

北京　中国电影出版社　1979 年　127 页　10×13cm

统一书号：8061.1374 定价：CNY0.23

（电影连环画册）

J0069123

农夫和蛇　童意编；高向阳画

长春　吉林人民出版社　1979 年　有图　13×18cm

统一书号：R8091.1015 定价：CNY0.11

　　本书是中国现代连环画册。

J0069124

女交通员　徐景改编；邵殿英选片

沈阳　辽宁美术出版社　1979 年　206 页　10×13cm

统一书号：8117.1677 定价：CNY0.38

（电影连环画册）

J0069125

女篮 5 号　石景麟改编；孙逊绘画

沈阳　辽宁美术出版社　1979 年　110 页　13cm（60 开）

统一书号：8117.1748 定价：CNY0.18

　　本书是中国现代连环画册。

J0069126

女篮 5 号　文飘改编

北京　中国电影出版社　1979 年　137 页　10×13cm

统一书号：8061.1364 定价：CNY0.24

（电影连环画册）

J0069127

女委员长　赵海洲编文；廖先吾，曾泽祥绘画

长沙　湖南人民出版社　1979 年　78 页　13cm（60 开）

统一书号：8109.1106 定价：CNY0.10

　　本书是中国现代连环画册。

J0069128

欧阳海　湖南人民出版社改编；邓立衍等绘画

长沙　湖南人民出版社　1979 年　86 页　13cm（60 开）

统一书号：8109.1155 定价：CNY0.11

　　本书是中国现代连环画册。

J0069129

欧阳海　窦洪振编；许全群，刘白鸿绘

北京　人民美术出版社　1979 年　78 页　13cm（60 开）

统一书号：8027.7198 定价：CNY0.10

　　本书是中国现代连环画册。

J0069130

盼圆棒　詹万佑，刘寅才改编；于绍文，聂昌
硕绘画
北京　北京出版社　1979年　58页　13cm（60开）
统一书号：8071.341　定价：CNY0.09
　　本书是中国现代连环画册。

J0069131

七巧板　陶白虹设计；郑孟煦绘画
上海　少年儿童出版社　1979年　有彩图
15cm（40开）统一书号：R7024.2　定价：CNY0.11
　　本书是中国现代连环画册。

J0069132

奇怪的脚印　（科学幻想故事）纯洁改编；许
康荣绘画
昆明　云南人民出版社　1979年　59页　13cm（60开）
统一书号：R8116.862　定价：CNY0.10
　　本书是中国现代连环画册。

J0069133

奇怪的旅客　牟怀柯写；韩硕画
上海　少年儿童出版社　1979年　20cm（32开）
统一书号：R10024.3664　定价：CNY0.15

J0069134

千里走单骑　吴其柔，田衣改编；陈光镒绘画
上海　上海人民美术出版社　1979年　3版　142页
10×13cm　统一书号：8081.2996　定价：CNY0.20
（《三国演义》连环画　14）
　　绘者陈光镒（1916—1991），画家。江苏南京
人。中国美协上海分会会员。代表作有《大闹天
宫》《三国演义》《董卓进京》等。

J0069135

枪　袁海庭等改编；周黎绘
合肥　安徽人民出版社　1979年　38页　有图
10×13cm　统一书号：8102.985　定价：CNY0.11
　　本书是中国现代连环画册。

J0069136

枪击杨八癫　腾越编文；陈和莲绘画
成都　四川人民出版社　1979年　66页　13cm（60开）
统一书号：8118.502　定价：CNY0.10
　　本书是中国现代连环画册。

J0069137

强渡汉水　姚雪垠原著；奚崇德改编；崔君沛
绘画
上海　上海人民美术出版社　1979年　165页
10cm（64开）统一书号：8081.11625
定价：CNY0.20
（《李自成》连环画　12）

J0069138

乔老爷上轿　丁国联改编；夏书玉绘画
上海　上海人民美术出版社　1979年　110页
13cm（60开）统一书号：8081.11575
定价：CNY0.13
　　本书是根据同名川剧编绘的中国现代连环
画册。

J0069139

桥断车飞　梦海编文；王宏剑绘画
郑州　河南人民出版社　1979年　78页　13cm（60开）
统一书号：8105.850　定价：CNY0.10
　　本书是中国现代连环画册。

J0069140

巧购马鞍　苏一宁编绘
呼和浩特　内蒙古人民出版社　1979年　62页
有图　10×13cm　统一书号：8089.81
定价：CNY0.11
　　本书是中国现代连环画册。

J0069141

巧胜敌副官　喻德荣改编；欧阳桦绘画
贵阳　贵州人民出版社　1979年　57页　13cm（60开）
统一书号：8115.717　定价：CNY0.12
　　本书是中国现代连环画册。

J0069142

亲人　李生权编画
长春　吉林人民出版社　1979年　18页　有彩图
13×19cm　统一书号：8091.944　定价：CNY0.17
　　本书是中国现代连环画册。

J0069143

擒敌　张德俊等编绘
南京　江苏人民出版社　1979年　15页　有彩图
15cm（40开）统一书号：8100.3.233

定价：CNY0.13

　　本书是根据《解放军报》通讯改编的中国现代连环画册。作者张德俊（1946—　），画家。江苏海安人，毕业于南京艺术学院美术系。曾任常州市刘海粟美术馆馆长、中国美协年画艺委会委员等职。主要作品有《凤仪亭》《天翻地覆慨而慷》《紫金山顶的瑰宝》等。

J0069144

擒孟达　潘勤孟改编；杨青华绘画

上海　上海人民美术出版社 1979年 3版 94页 10×13cm 统一书号：8081.3236 定价：CNY0.14（《三国演义》连环画 36）

J0069145

青年近卫军　王素改编；华三川绘

北京 人民美术出版社 1979年 500页 13cm（60开）统一书号：8027.6982 定价：CNY0.75

　　本书是根据苏联同名小说改编的中国现代连环画册。绘者华三川（1930—2004），画家。浙江镇海人。中国美协会员，上海美术家协会理事，上海少年儿童出版社专业画家，上海市文史研究馆馆员。代表作品《华三川仕女画集》《华三川绘新百美图》《锦瑟年华》等。

J0069146

青年近卫军　（2）朱善长注释

上海　上海译文出版社 1979年 25页 有图 13cm（60开）统一书号：9188.25 定价：CNY0.04

　　本书是依据苏联同名小说改编的中国现代连环画册。

J0069147

青年数学家陈景润　杨永春，杨志春编文；王立志绘画

济南 山东人民出版社 1979年 60页 13cm（60开）统一书号：8099.1819 定价：CNY0.10

　　本书是中国现代连环画册。绘者王立志（1941—　），教授、画家。笔名庚辰子，堂号颐庐，山东烟台人，祖籍山东昌邑。毕业于山东艺术专科学校美术专修科。历任山东艺术学院教授、山东艺术学院艺术研究所所长、山东当代国画研究院副院长，山东画院高级画师，中国美术家协会会员，山东省美术家协会理事。作品有《大刀记》《山菊花》《迎春花》等。

J0069148

青石峰的战斗　刘庆民写；许金国绘画

上海 少年儿童出版社 1979年 有图 15cm（40开）统一书号：R10024.3593 定价：CNY0.13

　　本书是中国现代连环画册。

J0069149

秋瑾　培绪，祖良改编；郭荣绘

南京 江苏人民出版社 1979年 90页 13cm（60开）统一书号：8100.3.199 定价：CNY0.12

　　本书是中国现代连环画册。

J0069150

秋收霹雳　李笃才编文；魏志刚，张跃绘画

天津 天津人民美术出版社 1979年 131页 13cm（60开）统一书号：8073.30394 定价：CNY0.17

　　本书是中国现代连环画册。作者魏志刚（1950—　），生于河北省保定市，毕业于天津美术学院。中国美术家协会会员，中国油画学会会员，天津美术家协会会员，天津人民美术出版社编审。画作有《野火烧不尽》《犬漠孤灵》《满月》《大漠组画》等。主要著作有《魏志刚油画作品选》《风景油画全程训练》《水粉风景—原野遗韵》。

J0069151

屈原　董子畏编文；刘旦宅绘画

上海　上海人民美术出版社 1979年 2版 118页 有图 10×13cm 统一书号：8081.5037 定价：CNY0.14

　　本书是中国现代连环画册。作者董子畏（1911—1962），浙江海宁人，定居上海。笔名田衣，又名秉璋。肄业于上海光华大学中文系。曾任华东人民美术出版社(后改为上海人民美术出版社)连环画脚本编辑、连环画编辑科副科长等职。编有《铁道游击队》《屈原》《风波》《地下少先队》等。绘者刘旦宅（1931—2011），教授、画家。原名浑，又名小粟，后改名旦宅，别名海云生。浙江温州人。曾在上海市大中国图书局、上海教育出版社、上海人民美术出版社绘画，上海师范大学美术系主任。代表作品《曹雪芹生平》《琵琶行》《刘旦宅聊斋百图》《石头记人物画册》等。

J0069152

拳打镇关西　孙剑鸣改编；郭勇绘画

南京 江苏人民出版社 1979 年 78 页 13cm（60 开）
统一书号：8100.3.231 定价：CNY0.10
（中国古典文学故事选）
　　中国古典小说连环画作品。

J0069153
群英会　潘勤孟改编；凌涛绘画
上海 上海人民美术出版社 1979 年 2 版 126 页
10×13cm 统一书号：8081.3105 定价：CNY0.18
（《三国演义》连环画 22）

J0069154
人欢马叫　菅宏山改编；吴懋详绘画
郑州 河南人民出版社 1979 年 110 页 有图
10×13cm 统一书号：8105.942 定价：CNY0.13
　　本书是中国现代连环画册。

J0069155
人民的歌手　莫伸原著；贺书昌改编，兆钟伟
绘画
北京 北京出版社 1979 年 59 页 有图
10×13cm 统一书号：8071.313 定价：CNY0.09
　　本书是中国现代连环画册。

J0069156
人民的歌手　莫伸原著；海兰改编；王怀庆等
绘画
石家庄 河北人民出版社 1979 年 86 页
13cm（60 开）统一书号：8086.1140
定价：CNY0.11
　　本书是中国现代连环画册。

J0069157
人心　李惠文原著；张国信改编；刘建平绘
天津 天津人民美术出版社 1979 年 93 页 有图
10×13cm 统一书号：8073.30339 定价：CNY0.12
　　本书是中国现代连环画册。

J0069158
人造卫星　夏龙年编；石瀛潮绘画
上海 上海教育出版社 1979 年 有彩图
15cm（40 开）统一书号：7150.2173
定价：CNY0.22
　　本书是中国现代连环画册。

J0069159
日食和月食　崔振华编文；邓静如等绘画
石家庄 河北人民出版社 1979 年 55 页 有彩图
15cm（40 开）统一书号：8086.1128
定价：CNY0.32
　　本书是中国现代连环画册。

J0069160
榕树寨　符茂炎等改编；巫治平等绘画
广州 广东人民出版社 1979 年 85 页 有图
10×13cm 统一书号：8111.2054 定价：CNY0.10
　　本书是中国现代连环画册。

J0069161
三摆服务台　李思洲编文；张庭，王法堂绘画
济南 山东人民出版社 1979 年 70 页 13cm（60 开）
统一书号：8099.1870 定价：CNY0.10
　　本书是中国现代连环画册。作者王法堂
（1943— ），画家。山东潍坊人，结业于山东艺
术学院美术系。山东画院高级画师，中国美术家
协会会员，潍坊市美术家协会副主席，诸城市文
化馆副研究馆员、副馆长。作品有《春华秋实》
《正月里》《人勤奶香》《骑虎不下》，出版有《王
法堂作品集》等。

J0069162
三打祝家庄　高铁林，修明改编；阴衍江绘画
哈尔滨 黑龙江人民出版社 1979 年 122 页
13cm（60 开）统一书号：8093.570
定价：CNY0.17
　　本书是中国现代连环画册。作者阴衍江
（1940—2011），画家。中国美术家协会会员，一
级画师、黑龙江美术出版社专业画家，黑龙江文
史馆馆员。

J0069163
三个"法庭"　费声福编绘
北京 人民美术出版社 1979 年 57 页 13cm（60 开）
统一书号：8027.7248 定价：CNY0.09
　　本书是根据严家其哲学幻想小说《宗教·理
性·实践》改编的中国现代连环画册。作者费声
福（1927— ），编辑。祖籍浙江慈溪，毕业于中
央美术学院。历任中国连环画出版社编审、《中
国连环画》副主编，中国美术家协会连环画艺术
委员会副主任，中国连环画研究会常务理事兼秘

书长。作品有《神火》《游赤壁》。

J0069164

三顾茅庐　田衣改编；李青华绘画
上海　上海人民美术出版社　1979 年 2 版 134 页
10×13cm　统一书号：8081.3101　定价：CNY0.19
（《三国演义》连环画 18 ）

J0069165

三国归晋　章程改编；张令涛，胡若佛绘画
上海　上海人民美术出版社　1979 年 2 版 93 页
10×13cm　统一书号：8081.3250　定价：CNY0.14
（《三国演义》连环画 48 ）

J0069166

三河大捷　台益燕编文；何保全绘画
合肥　安徽人民出版社　1979 年 92 页　有图
10×13cm　统一书号：8102.1070　定价：CNY0.12
　　本书是中国现代连环画册。

J0069167

三让徐州　上海人民美术出版社编绘；江玉山绘
上海　上海人民美术出版社　1979 年 2 版 158 页
10×13cm　统一书号：8081.299　定价：CNY0.22
（《三国演义》连环画 7 ）
　　作者汪玉山（1910—1996），连环画家。江苏
阜宁人，出生于上海。曾用名汪静星。曾在华东
人民出版社、新美术出版社、上海人民美术出版
社任连环画创作员。作品有《二进宫》《丁黄氏》
《野猪林》《三十三号魔星》《三女侠》等。

J0069168

三元里的怒火　周红旗编文；陈光华绘画
合肥　安徽人民出版社　1979 年 60 页　有图
10×13cm　统一书号：8102.1068　定价：CNY0.09
　　本书是中国现代连环画册。

J0069169

三战王牌　王忠瑜原著；王乐群改编；李俊琪
绘
哈尔滨　黑龙江人民出版社　1979 年 112 页
13cm（60开）统一书号：8093.599　定价：CNY0.16
　　本书是根据长篇小说《鹰击长空》改编的中
国现代连环画册。作者李俊琪（1943—　），教
授。号大道轩主人，河北乐亭人。天津美术家协

会副主席，中国美术家协会会员，天津南开大学
教授、研究生导师，美国传记研究院研究员。著
作有《中国历代诗家图卷》《中国历代兵家图卷》
《中国历代文学家画传》《李俊琪画集》等。

J0069170

山春子　张步真，罗好生改编；欧阳智绘画
长沙　湖南人民出版社　1979 年 78 页 13cm（60开）
统一书号：8109.1166　定价：CNY0.10
　　本书是中国现代连环画册。

J0069171

山呼海啸　（上）严霞峰改编；陈水远绘画
南昌　江西人民出版社　1979 年 132 页　有图
10×13cm　统一书号：8110.295　定价：CNY0.17
　　本书是中国现代连环画册。

J0069172

山湾堡的斗争　唐凤宽改编；硕志真绘画
哈尔滨　黑龙江人民出版社　1979 年 83 页　有图
10×13cm　统一书号：8093.547　定价：CNY0.12
　　本书是中国现代连环画册。

J0069173

山寨火种　陶沙改编；如花绘画
贵阳　贵州人民出版社　1979 年 126 页 13cm（60开）
统一书号：8115.731　定价：CNY0.25
　　本书是中国现代连环画册。

J0069174

杉林怒火　刘欧生编文；王西林绘图
南昌　江西人民出版社　1979 年 94 页 13cm（60开）
统一书号：8110.316　定价：CNY0.13
（江西革命斗争故事）
　　本书是中国现代连环画册。

J0069175

珊瑚岛上的死光　蔡滨鸿改编；翁开恩绘图
福州　福建人民出版社　1979 年 88 页 13cm（60开）
统一书号：8173.260　定价：CNY0.11
　　本书是中国现代连环画册。绘者翁开恩
（1939—　），教授。号竹啸庄人，福建莆田人。
福建师范大学美术系副教授，福建画院、福州画
院、福建政协画师，中国美术家协会会员，福建
美协理事。出版有《翁开恩画集》《翁开恩写生》

《翁开恩画辑》等。

J0069176

珊瑚岛上的死光　童恩正原著；李衍平改编；谢森，柒万里绘画
南宁 广西人民出版社 1979年 102页 13cm（60开）
统一书号：8113.546 定价：CNY0.16
　　本书是中国现代连环画册。

J0069177

珊瑚岛上的死光　童恩正著；刘英民改编；刘世铎绘画
石家庄 河北人民出版社 1979年 126页 有图
10×13cm 统一书号：8086.1069 定价：CNY0.15
　　本书是中国现代连环画册。

J0069178

珊瑚岛上的死光　王梦改编；熊治国等绘画
长沙 湖南人民出版社 1979年 133页 13cm（60开）
定价：CNY0.16
　　本书是中国现代连环画册。

J0069179

珊瑚岛上的死光　（科学幻想故事）诸镇南改编；邵劲，陆韵卿绘
南昌 江西人民出版社 1979年 114页 13cm（60开）
定价：CNY0.15
　　本书是中国现代连环画册。

J0069180

珊瑚岛上的死光　童恩正原著；郜宗彦等编绘
北京 群众出版社 1979年 100页 13cm（60开）
统一书号：10067.169 定价：CNY0.14
　　本书是中国现代连环画册。

J0069181

闪光的剑　理由原著；于公介等改编；江云绘画
上海 上海人民美术出版社 1979年 78页
13cm（60开）统一书号：8081.11729
定价：CNY0.10
　　本书是中国现代连环画册。

J0069182

闪光的琴弦　杨美清原著；方锦龄改编；黄统荣，秦宏懿绘画

广州 广东人民出版社 1979年 76页 13cm（60开）
定价：CNY0.09
　　本书是中国现代连环画册。

J0069183

闪光的石头　蒋冠祥改编；朱新龙绘
合肥 安徽人民出版社 1979年 68页 有图
10×13cm 统一书号：8102.999 定价：CNY0.10
　　本书是中国现代连环画册。

J0069184

伤痕　卢新华原著；王日青改编，苏华绘画
广州 广东人民出版社 1979年 76页 有图
10×13cm 统一书号：8111.1989 定价：CNY0.10
　　本书是中国现代连环画册。

J0069185

伤痕　润青改编；杨利禄等绘
西安 陕西人民美术出版社 1979年 62页 有图
10×13cm 统一书号：8199.64 定价：CNY0.08
　　本书是根据同名小说改编的中国现代连环画册。

J0069186

伤痕　卢新华编；齐雁绘
上海 上海人民美术出版社 1979年 78页 有图
10×13cm 统一书号：8081.11651 定价：CNY0.10
　　本书是根据卢新华同名短篇小说编绘的中国现代连环画册。收入78幅图。

J0069187

伤逝　（涓生的手记）任伍改编；姚有信绘画
北京 人民美术出版社 1979年 70页 19cm（36开）
定价：CNY1.80
　　本书是根据鲁迅小说改编的中国现代连环画册。绘者姚有信（1935—1997），画家。浙江湖州人。上海华东美术出版社专业画家，在浙江美术学院国画系师从潘天寿，后又师从程十发攻连环画创作。连环画作品有《伤逝》《刘胡兰小时候的故事》《戊达吉和她的父亲》《聂耳》等。

J0069188

商洛整军　姚雪垠原著；王永祥改编；钱运选绘
西安 陕西人民美术出版社 1979年 150页
13cm（60开）定价：CNY0.22

（《李自成》连环画 3）

J0069189
上天驾星星　南京市文联编
南京 江苏人民出版社 1979年 40页 有图
15cm（40开）统一书号：10100.299
定价：CNY0.10
　　本书是中国现代连环画册。

J0069190
上学　宋一平改编；韩家悦绘画
沈阳 辽宁美术出版社 1979年 90页 有图
10×13cm 统一书号：8117.1646 定价：CNY0.12
　　本书是中国现代连环画册。

J0069191
尚炯访金星　姚雪垠原著；陈贻恩改编；罗希贤绘画
上海 上海人民美术出版社 1979年 181页
10cm（64开）统一书号：8081.11734
定价：CNY0.21
（《李自成》连环画 11）

J0069192
韶山青松——毛福轩烈士　曾立平编文；钱生发等绘
南京 江苏人民出版社 1979年 110页 有图
10×13cm 统一书号：8100.3.210 定价：CNY0.13
（雨花台革命烈士故事）
　　本书是中国现代连环画册。绘者钱生发，连环画家。绘有连环画《80年代》《小萝卜头》《在轮船上》等。

J0069193
少年英雄何运刚　吴若增编文；刘希立等绘画
天津 天津人民美术出版社 1979年 77页
13cm（60开）统一书号：8073.30374
定价：CNY0.10
　　本书是中国现代连环画册。

J0069194
舌战群儒　潘勤孟改编；汤义方绘画
上海 上海人民美术出版社 1979年 2版 126页
10×13cm 统一书号：8081.3104 定价：CNY0.18
（《三国演义》连环画 21）

J0069195
神秘的教堂　鲁冬青改编；孙愚绘画
南京 江苏人民出版社 1979年 110页 13cm（60开）
统一书号：8100.3.271 定价：CNY0.14
　　本书是中国现代连环画册。绘者孙愚（1937—　），画家。浙江温州人。中国美术家协会会员。曾在上海人民美术出版社从事连环画创作，兼任上海大学巴士学院美术专业基础课程教师。著有《钢笔画起步》以及连环画《野猫》《巴黎圣母院》《海底两万里》《圣经的故事》《孤岛历险记》等。

J0069196
神圣的使命　王亚平原作；振东改编；吴家华绘画
贵阳 贵州人民出版社 1979年 68页 15cm（40开）
统一书号：8115.714 定价：CNY0.15
　　本书是中国现代连环画册。绘者吴家华（1932—　），版画家。出生于贵州贵阳，毕业于贵阳师范学院艺术科美术专业，并留校任教。中国美术家协会、版画家协会、藏书票研究会会员，贵州版画研究会副会长，贵州民族学院特聘客座教授。代表作品有《吴家华版画选集》。

J0069197
神圣的使命　王亚平原著；赵岗改编；何进绘画
西安 陕西人民美术出版社 1979年 126页
13cm（60开）统一书号：8199.105 定价：CNY0.15
　　本书是中国现代连环画册。

J0069198
审妻　晓黎改编
北京 中国电影出版社 1979年 167页 10×13cm
统一书号：8061.1357 定价：CNY0.29
（电影连环画册）

J0069199
生命曲　章以武等原著；相惠改编；华拂尘绘
广州 广东人民出版社 1979年 62页 有图
10×13cm 统一书号：8111.2130 定价：CNY0.09
　　本书是中国现代连环画册。

J0069200
十八天　沈承山改编；张惠斌绘画
沈阳 辽宁美术出版社 1979年 89页 13cm（60开）

统一书号：8117.1639 定价：CNY0.14

　　本书是中国现代连环画册。作者张惠斌（1942—　），画家、国家一级美术师。山东济南人。历任中国美术家协会会员，锦州市中国画研究会会长，副研究馆员。出版有《张惠斌书画集》《张惠斌画集》等。

J0069201

十五贯　王肇歧改编；贺友直绘画
上海 上海人民美术出版社 1979年 142页
13cm（60开）统一书号：8081.11454
定价：CNY0.16

　　本书是根据明代冯梦龙《醒世恒言》、小说《十五贯戏言成巧祸》、京剧《十五贯》改编绘制的中国现代连环画册。

J0069202

十五贯　（剧照连环画）朱素臣原著；谷英改编；尹福康，曹震云摄影
上海 上海人民美术出版社 1979年 134页
13cm（60开）统一书号：8081.11308
定价：CNY0.24

　　本书是中国现代连环画册。摄影尹福康（1927—　），摄影家。江苏南京人。曾任上海人民美术出版社副编审、上海市摄影家协会副主席。主要作品有《烟笼峰岩》《向荒山要宝》《晒盐》《工人新村》等。

J0069203

石榴花　李迪编文；段存信等绘画
昆明 云南人民出版社 1979年 81页 13cm（60开）
统一书号：R8116.817 定价：CNY0.14

　　本书是中国现代连环画册。

J0069204

石门平叛　姚雪垠原著；钱兴凤改编；徐有武绘画
上海 上海人民美术出版社 1979年 166页
10cm（64开）统一书号：8081.11510
定价：CNY0.20
（《李自成》连环画 6）

J0069205

石屋擒妖　邰贵武改编；金祖章绘画
哈尔滨 黑龙江人民出版社 1979年 44页

13cm（60开）统一书号：8093.541 定价：CNY0.08

　　本书是中国现代连环画册。

J0069206

食粮　王愿坚原著；屈解改编；杜滋龄绘画
呼和浩特 内蒙古人民出版社 1979年 62页
13cm（60开）定价：CNY0.11

　　本书是中国现代连环画册。

J0069207

史前世界旅行记　徐青山编；刘丹插图
南京 江苏人民出版社 1979年 49页 有图
19cm（32开）统一书号：10100.300
定价：CNY0.17
（儿童科学文艺丛书）

　　本书是中国现代连环画册。

J0069208

曙光　王育生改编；马廷奎绘
北京 人民美术出版社 1979年 198页 13cm（60开）
统一书号：8027.7216 定价：CNY0.22

　　本书是中国现代连环画册。

J0069209

双双眼睛亮晶晶　李德麟文；段蓓华画
杭州 浙江人民出版社 1979年 有彩图 10×13cm
统一书号：R10103.98 定价：CNY0.14

　　本书是中国现代连环画册。

J0069210

霜妹子　黎汝清原著；缪法宝等绘画
南京 江苏人民出版社 1979年 16页 有彩图
15cm（40开）统一书号：8100.3.253
定价：CNY0.13

　　本书是中国现代连环画册。

J0069211

谁是"18"号？　张东平原著；秦宗贤改编；顾盼，潘鸿海绘画
石家庄 河北人民出版社 1979年 71页
13cm（60开）定价：CNY0.09

　　本书是中国现代连环画册。

J0069212

谁是078？　杜维轩改编；马林绘画

西安 陕西人民美术出版社 1979 年 190 页
13cm（60 开）统一书号：8199.24 定价：CNY0.27

    本书是中国现代连环画册。

J0069213

谁是大力士 张晓豫，张士增编绘
北京 人民美术出版社 1979 年 22 页 有图
13cm（60 开）统一书号：8027.7166 定价：CNY0.09

    本书是据日本民间故事改编的中国现代连环画册。

J0069214

谁是十八号 张克明改编；张友绘画
沈阳 辽宁美术出版社 1979 年 102 页 13cm（60 开）
统一书号：8117.1814 定价：CNY0.17

    本书是中国现代连环画册。

J0069215

水缸 曹治泉原著；尚在学改编；阴衍江绘画
长春 吉林人民出版社 1979 年 45 页 13cm（60 开）
统一书号：8091.957 定价：CNY0.07

    本书是中国现代连环画册。作者阴衍江
（1940—2011），画家。中国美术家协会会员，一
级画师，黑龙江美术出版社专业画家，黑龙江文
史馆馆员。

J0069216

水淹七军 田衣改编；汪玉山，冯墨农绘画
上海 上海人民美术出版社 1979 年 3 版 110 页
10×13cm 统一书号：8081.3118 定价：CNY0.16
（《三国演义》连环画 31）

J0069217

水珠儿 陈鹤琴写；杨辅京绘画
南京 江苏人民出版社 1979 年 有图 21cm（32 开）
统一书号：8100.3.274 定价：CNY0.20

    本书是中国现代连环画册。

J0069218

斯巴达克思 （上）马丛文，杭景秋改编；郑毓
敏绘画
杭州 浙江人民出版社 1979 年 102 页 13cm（60 开）
统一书号：8103.411 定价：CNY0.14

    本书是中国现代连环画册。

J0069219

斯巴达克思 （一）李宝靖改编；雷德祖绘画
南宁 广西人民出版社 1979 年 188 页 11×15cm
精装 统一书号：8113.494 定价：CNY0.29

    本书是根据同名原著改编的本书是中国现
代连环画册。收入 766 幅图。共 4 册。叙述了
公元前 1 世纪 70 年代，罗马奴隶主极其残酷地
剥削和压迫奴隶，以斯巴达克思为首的角斗士们
无法忍受奴隶主的残酷压迫，举行了大规模的
起义。

J0069220

斯巴达克思 （二）李宝靖改编；雷德祖绘画
南宁 广西人民出版社 1980 年 194 页 19cm（60 开）
统一书号：8113.565 定价：CNY0.47

    本书是根据同名原著改编的中国现代连环
画册。

J0069221

斯巴达克思 （二）李宝靖改编；雷德祖绘画
南宁 广西人民出版社 1980 年 194 页 13cm（60 开）
统一书号：8113.566 定价：CNY0.23

    本书是根据同名原著改编的中国现代连环
画册。

J0069222

斯巴达克思 （三）李宝靖改编；雷德祖绘
南宁 广西人民出版社 1981 年 166 页 19cm（32 开）
定价：CNY0.44

    本书是根据同名原著改编的中国现代连环
画册。

J0069223

斯巴达克思 （三）李宝靖改编；雷德祖绘
南宁 广西人民出版社 1981 年 166 页 13cm（60 开）
统一书号：8113.667 定价：CNY0.20

    本书是根据同名原著改编的中国现代连环
画册。

J0069224

斯巴达克思 （四）李宝靖改编；雷德祖绘
南宁 广西人民出版社 1982 年 190 页 13cm（60 开）
统一书号：8113.747 定价：CNY0.31

    本书是根据同名原著改编的本书是中国现
代连环画册。

J0069225

四渡赤水　吴厚信编绘

长春 吉林人民出版社 1979年 20页 19cm（32开）

定价：CNY0.22

　　本书是中国现代连环画册。

J0069226

松伢子历险记　鲁之洛改编；张治华绘画

长沙 湖南人民出版社 1979年 102页 有图

10×13cm 统一书号：8109.1227 定价：CNY0.13

　　本书是中国现代连环画册。

J0069227

送瓜记　曹积三改编；齐林家等绘画

沈阳 辽宁美术出版社 1979年 66页 有图

10×13cm 统一书号：8117.1730 定价：CNY0.11

　　本书是中国现代连环画册。

J0069228

送盐　廖振原著；吴时学改编；丁世谦绘画

成都 四川人民出版社 1979年 116页 有图

10×13cm 统一书号：R8118.634 定价：CNY0.19

　　本书是中国现代连环画册。作者吴时学（1939— ），书画家。四川乐至县人。大学文化。曾任遂宁市艺术馆副馆长、遂宁市文化艺术志办公室副主编、《遂宁文化报》副主编。四川省美术家协会会员，四川省民间文艺家协会会员，四川省群众文化学会会员，四川省美术家协会漫画艺术研究会副会长，省美协漫画艺委会委员，遂宁市美术家协会副主席。作品有《比》《旅游写生》《揭穿骗局》，连环画《春风暖尤坪》《火生和爷爷》《独生娃》。绘者丁世谦（1944— ），四川遂宁人。擅长中国画、连环画。遂宁市美协主席。主要作品有《上学路上》《游春去》《合奏曲》等。出版有《丁世谦画选》和连环画册十余部。

J0069229

孙悟空三打白骨精　徐光荣配诗；张洪赞绘画

沈阳 辽宁美术出版社 1979年 23页 25×25cm

统一书号：8117.1632 定价：CNY0.50

　　本书是中国现代连环画册。作者徐光荣（1941— ），作家。辽宁辽阳人，毕业于沈阳教育学院大学中文系。辽宁省作家协会创联室副主任，《群众文艺》编辑部主任，辽宁美术出版社编委，省作家协会创作联络部副主任，省作家协会创作研究部作家。著有《心灵的窗口》《徐光荣诗选》《传神的眼睛》《美神的召唤》《关东笑星》等。

J0069230

笋妹　吴继平编画

南京 江苏人民出版社 1979年 62页 有图

10×13cm 统一书号：8100.3.218 定价：CNY0.09

　　本书是中国现代连环画册。

J0069231

他还在战斗　李遵义改编；姚洪斌绘画

长春 吉林人民出版社 1979年 49页 13cm（60开）

统一书号：8091.947 定价：CNY0.07

　　本书是中国现代连环画册。

J0069232

他还在战斗　赵云舞改编；张宝蔚绘画

南京 江苏人民出版社 1979年 68页 13cm（60开）

统一书号：8100.3.227 定价：CNY0.09

　　本书是中国现代连环画册。

J0069233

探亲记　曹治淮原著；钟玉成改编；韩喜增绘画

石家庄 河北人民出版社 1979年 59页 有图

10×13cm 统一书号：8086.1022 定价：CNY0.08

　　本书是中国现代连环画册。绘者韩喜增（1942— ），河北邢台人。毕业于中央美术学院年画、连环画系研究生班，受教于冯真教授、杨先让教授。擅长连环画、年画。中国美术家协会会员，国家一级美术师。曾任河北省美术家协会副主席、邢台市文联副主席、邢台市美术家协会主席。代表作品《人民的好总理》《虎子》《雄狮》。

J0069234

唐太宗　（中国古代政治家）白东轩等编文；项维仁绘画

上海 上海人民美术出版社 1979年 142页

10cm（64开）统一书号：8081.11654

定价：CNY0.17

　　本书是中国现代连环画册。

J0069235

桃花扇　沙鸥改编

北京 中国电影出版社 1979年 177页 10×13cm

统一书号：8061.1334　定价：CNY0.30
（电影连环画册）

J0069236
桃李竞艳　孙志中编文；徐小龙绘画
郑州　河南人民出版社　1979年　68页　有图
10×13cm　统一书号：8105.911　定价：CNY0.09
　　本书是中国现代连环画册。绘者徐小龙
（1945—　　），教师、画家。河南巩义人。任职于
巩义市人民文化馆，中国美术家协会会员，中国
美术家协会河南分会会员。出版有《中原画风·徐
小龙国画卷》《杜甫行迹》《北宋九朝帝王》《河
洛民俗风情画卷》等。

J0069237
桃园结义　上海人民美术出版社编文；徐正
平，徐宏达绘画
上海　上海人民美术出版社　1979年　2版　102页
10×13cm　统一书号：8081.2981　定价：CNY0.15
（《三国演义》连环画　1）

J0069238
天京锄奸记　郭存孝编文；陆廷栋绘画
南京　江苏人民出版社　1979年　109页　10×13cm
统一书号：8100.3.209　定价：CNY0.13
（太平天国的故事）
　　本书是中国现代连环画册。

J0069239
天水关　田衣改编；赵三岛绘画
上海　上海人民美术出版社　1979年　2版　150页
10×13cm　统一书号：8081.3235　定价：CNY0.21
（《三国演义》连环画　35）

J0069240
甜蜜的事业　冯霞，蓝春荣改编；祈建等摄影
济南　山东人民出版社　1979年　118页　13cm（60开）
定价：CNY0.20
（剧照连环画册）
　　中国现代剧照连环画作品。

J0069241
甜蜜的事业　周民震原著；刘秋霖，秦志钰改编
天津　天津人民美术出版社　1979年　147页
10×13cm　统一书号：8073.30413

定价：CNY0.25
（电影连环画册）

J0069242
甜蜜的事业　诚然改编
北京　中国电影出版社　1979年　137页　10×13cm
统一书号：8061.1377　定价：CNY0.24
（电影连环画册）

J0069243
铁壁岛　邱胜贤编绘
南昌　江西人民出版社　1979年　94页　有图
10×13cm　统一书号：8110.289　定价：CNY0.12
　　本书是根据同名小说改编的中国现代连环
画册。

J0069244
铁虎除奸　海汀改编；石豁意绘画
沈阳　辽宁美术出版社　1979年　66页　13cm（60开）
统一书号：8117.1708　定价：CNY0.11
　　本书是中国现代连环画册。

J0069245
铁虎锄奸　张玉生编文；翟长安绘画
郑州　河南人民出版社　1979年　62页　13cm（60开）
统一书号：8105.874　定价：CNY0.09
　　本书是中国现代连环画册。

J0069246
铁笼山　罗贯中原著；田衣改编；徐一鸣，屠
全枫画
上海　上海人民美术出版社　1979年　2版　102页
10×13cm　统一书号：8081.3245　定价：CNY0.15
（《三国演义》连环画　44）

J0069247
铁血山　52863部队政治处编文；薛强绘画
天津　天津人民美术出版社　1979年　111页
13cm（60开）统一书号：8073.30342
定价：CNY0.14
　　本书是中国现代连环画册。

J0069248
停战以后　文飘改编
北京　中国电影出版社　1979年　218页　13cm（60开）

统一书号: 8061.1284 定价: CNY0.36
（电影连环画册）

J0069249
通过大凉山　廖小勉改编; 于秉正绘画
广州 广东人民出版社 1979年 40页 有图
10×13cm 统一书号: 8111.1963 定价: CNY0.08
（红军长征故事连环画）
　　中国现代连环画作品, 包括《通过大凉山》
《党岭山下》两个故事。绘者于秉正(1938—),
画家、教授。山东人, 毕业于广州美术学院版画
系。广州美术学院教授, 广州美术学院学术委员
会委员, 广州美术学院教育系主任。代表作品《太
阳·鸽子》《炼泥歌》《三目水》《荷塘夜月》等,
出版有《于秉正油画水彩作品选集》《绘画构图
与创作》《素描实践与鉴赏》等。

J0069250
通天洞　尹玉如编文; 梁旭绘画
石家庄 河北人民出版社 1979年 66页
13cm(60开) 统一书号: 8086.1072 定价: CNY0.09
　　本书是中国现代连环画册。

J0069251
铜豆子　邱恒聪编文; 汤云鹤绘画
南昌 江西人民出版社 1979年 103页 有图
10×13cm 统一书号: 8110.294 定价: CNY0.15

（江西革命斗争故事）
　　本书是中国现代连环画册。

J0069252
铜墙铁壁　姚建峰改编; 高光明绘画
乌鲁木齐 新疆人民出版社 1979年 59页
13cm(60开) 统一书号: 8098.117 定价: CNY0.09
　　本书是中国现代连环画册。

J0069253
童工仇　裴愉发编; 陈小培绘
上海 上海人民美术出版社 1979年 94页 有图
10×13cm 统一书号: 8081.11607 定价: CNY0.11
　　本书是中国现代连环画册。

J0069254
童年　在人间　我的大学　（高尔基故事连环

画）董洪元画
北京 人民美术出版社 1979年 3册 13cm(60开)
统一书号: 8027.6981 定价: CNY0.56
　　本书是根据高尔基同名自传体小说和
电影编绘的中国现代连环画册。作者董洪元
(1926—), 钢笔画家、连环画家。上海人。笔
名红叶。钢笔连环画代表作品有《高尔基》三
部曲。

J0069255
童心　陈桂珍改编; 韩伍等绘画
南京 江苏人民出版社 1979年 70页 有图
10×13cm 统一书号: 8100.3.273 定价: CNY0.20
　　本书是中国现代连环画册。

J0069256
童心　（剧照连环画）任颂华改编; 曹震云, 许
志刚摄影
上海 上海人民美术出版社 1979年 158页
13cm(60开) 统一书号: 8081.11565
定价: CNY0.28
　　本书是中国现代连环画册。

J0069257
潼关大战　张剑萍改编; 周申绘画
济南 山东人民出版社 1979年 124页 13cm(60开)
统一书号: 8099.1844 定价: CNY0.18
（《李自成》故事选 2）
　　作者张剑萍(1928—), 山东省鄄城县人。
曹州书画院副院长、副研究员, 山东省第五届文
联委员, 山东省第二届书法家协会理事, 菏泽地
区首届书法家协会主席, 中国书法家协会会员,
山东泰山国画研究院名誉院长, 湖南中国武陵书
画家协会名誉主席, 南京徐悲鸿画院艺术顾问。
代表作品有《古诗行草集粹》《五体书前后赤壁
赋》。绘者周申(1943—), 连环画家。浙江诸
暨人, 毕业于中央美术学院附中。山东菏泽地区
展览馆艺术馆美术干部, 山东美术出版社美术编
辑, 中国美术家协会会员。代表作品有《四笔阎
王账》《中国历史演义故事画——宋史》《当代连
环画精品集·周申》等。

J0069258
突破"肉丝网"　肖缤编文; 陈玉先等绘画
杭州 浙江人民出版社 1979年 52页 13cm(60开)

统一书号: 8103.444 定价: CNY0.09

本书是中国现代连环画册。绘者陈玉先 (1944—)，国画家、美术家。安徽淮南人。历任《解放军报》副主编、中国美术家协会艺术委员会副主任。代表作品《井冈山斗争》《红灯记》《红色娘子军》《草原儿女》。专著有《速写技法》《陈玉先插图作品选》《陈玉先中国画》。

J0069259

团结的种子 李彦清编文; 崔谷平绘画
乌鲁木齐 新疆人民出版社 1979年 82页
13cm(60开) 定价: CNY0.14
本书是中国现代连环画册。

J0069260

退蛋 邓献彬编文; 邓显尧绘画
武汉 湖北人民出版社 1979年 32页 有图
15cm(40开) 统一书号: 8106.1945 定价: CNY0.11
本书是中国现代连环画册。

J0069261

瓦尔特保卫萨拉热窝 吴其柔改编
上海 上海人民美术出版社 1979年 206页
10×13cm 统一书号: 8081.11303 定价: CNY0.35
(电影连环画册)

J0069262

瓦尔特保卫萨拉热窝 顾成, 张定华改编
杭州 浙江人民出版社 1979年 130页 13cm(60开)
统一书号: 8103.422 定价: CNY0.16
本书是中国现代连环画册。

J0069263

瓦夏一家 刘征泰原著; 严文俊改编; 王桂保绘画
郑州 河南人民出版社 1979年 70页 有图
10×13cm 统一书号: 8105.838 定价: CNY0.09
本书是中国现代连环画册。

J0069264

万家灯火 陈英杰改编
北京 中国电影出版社 1979年 187页 10×13cm
统一书号: 8061.1343 定价: CNY0.33
(电影连环画册)

J0069265

万山红遍 (上) 黎汝清原著; 贾玉书改编; 刘二刚等绘画
南京 江苏人民出版社 1979年 140页 有图
10×13cm 统一书号: 8100.3.202 定价: CNY0.17
本书是中国现代连环画册。

J0069266

万山红遍 (中) 黎汝清原著; 贾玉书改编, 刘二刚绘画
南京 江苏人民出版社 1980年 156页 有图
13cm(60开) 统一书号: 8100.3.294
定价: CNY0.19
本书是中国现代连环画册。

J0069267

万山红遍 (下) 黎汝清原著; 贾玉书改编, 刘二刚绘画
南京 江苏人民出版社 1980年 158页 有图
13cm(60开) 统一书号: 8100.3.325
定价: CNY0.19
本书是中国现代连环画册。

J0069268

万水千山 葛修翰改编; 尹士圣绘画; 中国人民解放军83405部队供稿
南京 江苏人民出版社 1979年 98页 有图
10×13cm 统一书号: 8100.3.194 定价: CNY0.12
本书是根据同名话剧改编的中国现代连环画册。

J0069269

万水千山 佟文焕改编; 李德胜绘画
沈阳 辽宁美术出版社 1979年 122页 13cm(60开)
统一书号: 8117.1711 定价: CNY0.19
本书是中国现代连环画册。

J0069270

王冠的秘密 周嘉华改编; 刘永凯绘
北京 人民美术出版社 1979年 78页 13cm(60开)
统一书号: 8027.7083 定价: CNY0.11
本书是中国现代连环画册。

J0069271

王冕学画 少年儿童出版社编; 韩硕绘画

上海 少年儿童出版社 1979 年 1 册 有彩图
15cm（40 开）统一书号：R10024.3654
定价：CNY0.11
　　本书是中国现代连环画册。

J0069272
望日莲　张克明改编；郭德福绘
沈阳 辽宁美术出版社 1979 年 86 页 有图
10×13cm 统一书号：8117.1622 定价：CNY0.11
　　本书是中国现代连环画册。

J0069273
望乡　（日本故事影片）（日）广泽荣,（日）熊井
启原著；甘礼乐改编
上海 上海人民美术出版社 1979 年 173 页
13cm（60 开）统一书号：8081.11626
定价：CNY0.30
　　本书是中国现代连环画册。作者甘礼乐
（1923—　　），连环画家。上海人，曾用笔名余峥。
作品有普希金的《驿站长》，巴尔扎克的《夏倍上
校》等。

J0069274
威镇群敌——贺龙同志在湘鄂西的故事
余军改编；吴国威，颜国强绘画
长沙 湖南人民出版社 1979 年 102 页 13cm（60 开）
定价：CNY0.13
　　本书是中国现代连环画册。

J0069275
为了周总理的嘱托　穆青等原著；王永豪等
改编绘画
太原 山西人民出版社 1979 年 72 页 有图
10×13cm 统一书号：10088.639 定价：CNY0.11
　　本书是中国现代连环画册。

J0069276
为什么　（俄）列夫·托尔斯泰原著；古与改编；
于成业等绘
杭州 浙江人民出版社 1979 年 94 页 有图
10×13cm 统一书号：8103.473 定价：CNY0.12
　　本书是中国现代连环画册。

J0069277
为中华崛起而读书　杨力行改编及绘画

武汉 长江文艺出版社 1979 年 16 页 有图
15cm（40 开）统一书号：8107.338
定价：CNY0.18
　　本书是中国现代连环画册。

J0069278
桅灯　欣武原著；张展改编
南宁 广西人民出版社 1979 年 58 页 13cm（60 开）
统一书号：8113.487 定价：CNY0.08
　　本书是中国现代连环画册。

J0069279
伟大的历程　魏国禄原著；刘维仁改编；赵华
胜，王启禄绘画
沈阳 辽宁美术出版社 1979 年 72 页 26cm（16 开）
统一书号：8117.1686 定价：CNY2.50
　　本书是中国现代连环画册。

J0069280
我国古代科学家　（上）徐公度改编；张咏等
绘画
武汉 湖北人民出版社 1979 年 22 页 有图
10×13cm 统一书号：8106.1951 定价：CNY0.11
　　本书是中国现代连环画册。

J0069281
我国古代科学家　（下）徐公度改编；陈绪初
绘画
武汉 湖北人民出版社 1979 年 124 页 13cm（60 开）
统一书号：8106.2011 定价：CNY0.10
　　本书是中国现代连环画册。

J0069282
我和小花狗　山石编；黄菊芬等绘画
广州 广东人民出版社 1979 年 1 册 有彩图
15cm（40 开）统一书号：R8111.1985
定价：CNY0.23
　　本书是中国现代连环画册。

J0069283
我们村里的年轻人　青予改编
北京 中国电影出版社 1979 年 177 页 10×13cm
统一书号：8061.1345 定价：CNY0.30
（电影连环画册）

J0069284
我们村里的年轻人 （续集）青予改编
北京 中国电影出版社 1979 年 147 页 10×13cm
统一书号：8061.1346 定价：CNY0.26
（电影连环画册）

J0069285
我长大了 江沛扬编绘
长沙 湖南人民出版社 1979 年 30 页 有插图
13×18cm 统一书号：8109.1171 定价：0.16
　　本书是中国现代连环画册。

J0069286
巫山神女 李华章改编；汪国新绘画
武汉 湖北人民出版社 1979 年 69 页 13cm（60开）
统一书号：8106.1987 定价：CNY0.15
　　本书是中国现代连环画册。

J0069287
五胞胎 钟子芒原著；胡翀改编
广州 广东人民出版社 1979 年 41 页 13cm（60开）
统一书号：8111.1965 定价：CNY0.06
　　本书是中国现代连环画册。

J0069288
五丈原 上海人民美术出版社改编；冯墨农绘
上海 上海人民美术出版社 1979 年 2 版 118 页
10×13cm 统一书号：8081.3234 定价：CNY0.17
（《三国演义》连环画 42）

J0069289
武松打虎 孙剑影改编；鞠伏强绘画
南京 江苏人民出版社 1979 年 70 页 13cm（60开）
统一书号：8100.3.264 定价：CNY0.10
（中国古典文学故事选）

J0069290
误入白虎堂 施耐庵原著；阿秀，阿南改编；
颜梅华绘画
上海 上海人民美术出版社 1979 年 114 页
13cm（60开）统一书号：8081.11521
定价：CNY0.14
（水浒故事）
　　依据中国古典小说《水浒》改编的现代连环
画作品。作者施耐庵（约 1296—约 1370），原名

彦端，字肇瑞，号子安，别号耐庵。代表作品《水
浒传》。作者颜梅华（1927—　　），国画家。号雪
庵，斋号琴斋。浙江乐清人。代表作品有《比目鱼》
《白秋练》《白蛇传》《风云初记》等。

J0069291
雾都报童 杨明生改编；胡博综绘画
哈尔滨 黑龙江人民出版社 1979 年 84 页
13cm（60开）统一书号：8093.589 定价：CNY0.13
　　本书是中国现代连环画册。

J0069292
雾都报童 李遵义编；朱大海画
长春 吉林人民出版社 1979 年 48 页 15cm（40开）
定价：CNY0.13
　　本书是中国现代连环画册。

J0069293
雾都报童 张振和改编；张兆涵，许震凯绘画
济南 山东人民出版社 1979 年 156 页 13cm（60开）
统一书号：8099.1910 定价：CNY0.22
　　本书是中国现代连环画册。

J0069294
雾都报童 邹洪根，尚玉芹改编；郭敦绘画
西安 陕西人民美术出版社 1979 年 158 页
13cm（60开）统一书号：8199.74 定价：CNY0.18
　　本书是中国现代连环画册。绘者郭敦
（1932—　　），画家。陕西城固人，毕业于西北艺
术学院。历任中国名家画院副院长、西安美术家
协会副主席，西安中国画院一级美术师。主要作
品有《钟馗的威慑》《活捉黑风》《李白的诗韵》
《济公的幽趣》等。

J0069295
雾都报童 陆扬烈文；张昌洵画
杭州 浙江人民出版社 1979 年 142 页 有图
9×13cm 统一书号：8103.442 定价：CNY0.17
　　本书是中国现代连环画册。作者张昌洵
（1940—　　），画家。浙江吴兴人。中学高级美术
教师，中国美术家协会会员。主要作品有《灯》
《画等号》《航海家麦哲伦》等。

J0069296
西安事变 （剧照连环画）李保名等改编；陶

俊峰摄影
济南 山东人民出版社 1979年 146页 13cm(60开)
定价：CNY0.28
　　本书是中国现代连环画册。

J0069297
西安事变 成山等改编；李绍云摄影
西安 陕西人民美术出版社 1979年 185页
13cm(60开)统一书号：8199.96 定价：CNY0.30
(剧照连环画)
　　本书是中国现代连环画册。

J0069298
西瓜炮 刘征泰原著；王金中改编；董凤章绘
天津 天津人民美术出版社 1979年 62页 有图
10×13cm 统一书号：8073.30355 定价：CNY0.09
　　本书是中国现代连环画册。

J0069299
西瓜战 魏学征编文；李存庄绘画
成都 四川人民出版社 1979年 68页 13cm(60开)
统一书号：8118.521 定价：CNY0.10
　　本书是中国现代连环画册。

J0069300
西厢记 洪曾玲改编；王叔晖绘
北京 人民美术出版社 1979年 2版 128页
20cm(32开)统一书号：8027.1238 定价：CNY1.00
　　本书是中国现代连环画册。

J0069301
希望 萧育轩原著；陈俊杰改编；蔡世明等绘画
合肥 安徽人民出版社 1979年 84页 有图
10×13cm 统一书号：8102.989 定价：CNY0.11
　　本书是根据萧育轩同名小说改编的中国现
代连环画册。

J0069302
霞庄烽火 李有保等编文；肖鸥鸣等绘画
南昌 江西人民出版社 1979年 94页 有图
10×13cm 统一书号：8110.332 定价：CNY0.14
(江西革命斗争故事)
　　本书是中国现代连环画册。

J0069303
夏伯阳 孙剑影，孙剑鸣编文；章文熙，孙为
国绘画
南京 江苏人民出版社 1979年 141页 13cm(60开)
统一书号：8100.3.215 定价：CNY0.17
　　本书是中国现代连环画册。

J0069304
夏伯阳 (苏)瓦西里耶夫兄弟原著；文文改编；
罗兴绘画
上海 上海人民美术出版社 1979年 2版 150页
13cm(60开)统一书号：8081.5372
定价：CNY0.18
　　本书是中国现代连环画册。

J0069305
险滩飞渡 李达滨改编；廖连贵绘画
武汉 湖北人民出版社 1979年 62页 有图
10×13cm 统一书号：8106.1941 定价：CNY0.09
　　本书是根据贺孝贵著《按时交货》改编的中
国现代连环画册。绘者廖连贵(1932—)，国家
一级美术师。广西贵港市人，毕业于华中师范大
学美术系，并留校任教。中国美术家协会会员，
湖北省美术院专业画家，湖北水墨画院院士，
湖北书画院院士。作品有《高原千里踪》《瑶老
庚》《东坡夜游图》《勇进》《版纳的笑声》等。

J0069306
献身 陆文夫原著；马荣华改编；赵虹绘画
贵阳 贵州人民出版社 1979年 70页 13cm(60开)
统一书号：8115.739 定价：CNY0.12
　　本书是中国现代连环画册。

J0069307
湘江怒吼 汪广润改编；肖玉磊绘画
合肥 安徽人民出版社 1979年 38页 有图
14cm(64开)统一书号：8102.1057 定价：CNY0.10
　　本书是根据《毛主席青年时期的故事》部分
章节改编的中国现代连环画册。

J0069308
祥林嫂 沫欣等选编；王怡等摄影
上海 上海人民美术出版社 1979年 142页 有图
10×13cm 统一书号：8081.11684 定价：CNY0.25
　　根据同名小说改编的本书是中国现代连环

画册。

J0069309
响水东流　黄凌云编文；宋玉贵，齐林家绘画
沈阳　辽宁美术出版社 1979年 187页 13cm（60开）
统一书号：8117.1789 定价：CNY0.28
　　本书是中国现代连环画册。

J0069310
向雷锋同志学习　中国人民革命军事博物馆编
天津　天津人民美术出版社 1979年 有图
15cm（40开）统一书号：8073.30325
定价：CNY0.21
　　本书是中国现代连环画册。

J0069311
萧莱马　潘吉星编；袁浩绘
北京　人民美术出版社 1979年 78页 有图
10×13cm 统一书号：8027.7178 定价：CNY0.14
　　本书是中国现代连环画册。

J0069312
小霸王孙策　王星北改编；蒋萍等绘画
上海　上海人民美术出版社 1979年 2版 118页
10×13cm 统一书号：8081.2989 定价：CNY0.17
（《三国演义》连环画 9）

J0069313
小鲴鱼找阿姨　刘承荫编；钱峰插图
南京　江苏人民出版社 1979年 28页 有图
19cm（24开）统一书号：10100.271
定价：CNY0.13
（儿童科学文艺丛书）
　　中国现代连环画。

J0069314
小闯　王滋华改编；杨剑华绘
合肥　安徽人民出版社 1979年 148页 有图
10×13cm 统一书号：8102.1000 定价：CNY0.18
　　本书是中国现代连环画册。

J0069315
小二黑结婚　王逸改编
北京　中国电影出版社 1979年 127页 10×13cm
统一书号：8061.1390 定价：CNY0.23

（电影连环画册）
　　作者王逸（1933—　　），辽宁辽阳人，号无知者。辽宁中国画研究会理事、副研究员。出版有《中国当代美术精品集——王逸专集》《王逸师生国画作品选》《王逸中国画长卷——关东野韵》《美术家王逸》等。

J0069316
小海马的奇遇　柯明，保彬插图
南京　江苏人民出版社 1979年 41页 有图
19cm（32开）统一书号：10100.284
定价：CNY0.17
（儿童科学文艺丛书）
　　本书是中国现代连环画册。作者柯明（1922—2014），画家。就读于国立杭州艺术专科学校西画科。任《新华日报》美术编辑、江苏人民出版社高级美术编审，中国美术家协会理事，少儿美术艺委会委员，中国出版工作者协会装帧艺术研究会常务理事。水墨画作品《阿福》《荷花灯》等。作者保彬（1936—　　），蒙古族，国画家。江苏南通人，毕业于南京艺术学院美术系并留校任教。南京艺术学院院长，中国美术家协会会员，江苏美术家协会理事。主要作品有《鹤寿图》《华夏魂》《嫦娥奔月》等。专著有《纵横挥洒》《保彬画集》《黄山奇松》。

J0069317
小猴学吹笛　北京市教育局幼儿教育研究室供稿；姜成安绘
北京　北京出版社 1979年 10页 有彩图
19cm（32开）统一书号：8071.314
定价：CNY0.19
　　本书是中国现代连环画册。

J0069318
小猴摘枣　刘秉刚等文；于华里等画
天津　天津人民美术出版社 1979年 有彩图
17×19cm 统一书号：8073.30340 定价：CNY0.21
　　本书是中国现代连环画册。

J0069319
小花鹿归队　刘文郁编；侯钦孟画
北京　人民美术出版社 1979年 14页 有彩图
13cm（60开）统一书号：8027.7249 定价：CNY0.14
　　本书是中国现代连环画册。

J0069320

小花鹿学本领　贺宜原作；兆裴编绘
太原 山西人民出版社 1979 年 28 页 有图
9×13cm 统一书号：8088.644 定价：CNY0.14
　　本书是中国现代连环画册。

J0069321

小花猫的故事　刘名远原著；张绍旻改编；谷
照恩绘
石家庄 河北人民出版社 1979 年 38 页 有图
10×13cm 统一书号：8086.1010 定价：CNY0.10
　　本书是中国现代连环画册。作者张绍
旻，改编有连环画《西游记》等。绘者谷照恩
（1939— ），河北宁晋人。曾任石家庄日报社和
建设报社美术编辑、河北少年儿童出版社美术编
辑。擅长连环画、插图。作品有《棉花医生》《将
军的末日》《鲤鱼洲的枪声》等。

J0069322

小画家　彭国良编绘
天津 天津人民美术出版社 1979 年 有彩图
9×19cm 统一书号：8073.30383 定价：CNY0.12
（图画故事 14）
　　本书是中国现代连环画册。

J0069323

小黄龙　徐飞改编；罗希贤绘画
杭州 浙江人民出版社 1979 年 34 页 有图
10×13cm 统一书号：8103.470 定价：CNY0.14
　　本书是中国现代连环画册。

J0069324

小砍刀（上）尚扬等改编并绘画
武汉 湖北人民出版社 1979 年 88 页 有图
10×13cm 统一书号：8106.1416 定价：CNY0.12
　　本书是根据勤耕《小砍刀的故事》改编的中
国现代连环画册。作者尚扬（1936— ），画家。
四川开县人，毕业于湖北艺术学院美术系，研究
生。湖北人民出版社美术编辑，湖北美术学院教
授、副院长，华南师范大学美术研究所所长，首
都师范大学美术系教授、硕士研究生导师，中国
油画学会副主席，中国美术家协会理事，中国美
术家协会油画艺术委员会会员。代表作品《黄河
船夫》《爷爷的河》《二十八宿图》》。

J0069325

小鹿青青的故事　庄月江改编；张世明绘画
杭州 浙江人民出版社 1979 年 62 页 13cm（60开）
统一书号：8103.445 定价：CNY0.09
　　本书是根据陈士濂同名童话改编的中国现
代连环画册。

J0069326

小明的作业本　徐宝信编
郑州 河南人民出版社 1979 年 有彩图
15cm（40开）统一书号：8105.928
定价：CNY0.18
　　本书是中国现代连环画册。

J0069327

小牧民巴特尔　苗刚编文；胡正伟绘图
银川 宁夏人民出版社 1979 年 63 页 13cm（60开）
统一书号：8157.317 定价：CNY0.10
　　本书是中国现代连环画册。作者胡正伟
（1941— ），美术家。宁夏银川人，曾进修于广
州美术学院、中央美术学院中国画进修班。曾任
宁夏书画院副院长，中国美术家协会会员，宁夏
美术家协会副主席。主要作品有《苏武牧羊》《塔
塔尔族》《知心话》《风沙中》等。

J0069328

小石头　梅主，郑世俊改编；贺宣华绘画
长沙 湖南人民出版社 1979 年 62 页 13cm（60开）
统一书号：8109.1201 定价：CNY0.09
　　本书是中国现代连环画册。

J0069329

小铁头夺马记　蔡维才原著；高风改编；谢志
高绘
石家庄 河北人民出版社 1979 年 129 页
13cm（60开）统一书号：8086.1126
定价：CNY0.19
　　本书是中国现代连环画册。

J0069330

小图书的故事　汝田文；那启明绘画
天津 天津人民美术出版社 1979 年 有彩图
15cm（40开）统一书号：8073.30351
定价：CNY0.14
　　本书是中国现代连环画册。作者那启明

（1936—　）满族，北京人。擅长民间美术。1958年毕业于中央美术学院附中。现任天津杨柳青画社编辑部主任，编审。作品《白求恩》获三届全国年画美展二等奖，《团结图》获五届全国年画美展三等奖，《多彩夕阳》获中华人民共和国成立45周年美展佳作奖，《喜迎春》等作品入选第四届、五届全国年画展和第六、七届、八届全国美展。1994年被中央文化部、新闻出版署评为"优秀年画编辑"，中国美术家协会会员。

J0069331

小武工队员根子　肖坚富等编文；孙庆国绘
南京　江苏人民出版社　1979年　25页　有图
10×13cm　统一书号：8100.3.189　定价：CNY0.11
　　本书是中国现代连环画册。

J0069332

小学数学口算表　邱学华编
上海　上海教育出版社　1979年　26页　有图
10×13cm　统一书号：7150.2069　定价：CNY0.06
　　本书是中国现代连环画册。

J0069333

小游击队员　王愿坚原著；赵俊琦改编；叶坚铭，徐传鑫绘画
石家庄　河北人民出版社　1979年　63页
13cm（60开）统一书号：8086.1141　定价：CNY0.09
　　本书是中国现代连环画册。

J0069334

小侦察　焦贵府改编；秘金通绘画
郑州　河南人民出版社　1979年　78页　有图
10×13cm　统一书号：8105.897　定价：CNY0.10
　　本书是中国现代连环画册。

J0069335

小侦察　孙法智改编；潘直亮绘画
武汉　湖北人民出版社　1979年　82页　13cm（60开）
统一书号：8106.1956　定价：CNY0.11
　　本书是中国现代连环画册。绘者潘直亮（1941—　），编辑。湖北汉阳人。历任湖北孝感市文联副主席、市美协主席，孝感画院院长，中国美术家协会会员，孝感市美术家协会名誉主席。作品有《杨靖宇》《恋》《献寿》，主要专著有《潘直亮佛教题材水墨作品选集》等。

J0069336

辛十四娘　蒲松龄原著；林彦改编；张令涛等绘画
天津　天津人民美术出版社　1979年　72页　有图
10×13cm　统一书号：8073.30397　定价：CNY0.13
　　本书是中国现代连环画册。

J0069337

新来的书记　姜立林等原著；程锦川编；谢永康绘
上海　上海人民美术出版社　1979年　94页　有图
10×13cm　统一书号：8081.11448　定价：CNY0.11
　　本书是中国现代连环画册。

J0069338

新一代最可爱的人　曾纪荣改编；潘嘉俊等绘图
长沙　湖南人民出版社　1979年　76页　13cm（60开）
定价：CNY0.10
　　本书是中国现代连环画册。

J0069339

幸福的会见　（毛泽东同志视察大冶铁矿和大冶钢厂纪实）黄石市美术学习班集体创作；石俊，李北桂文；丁昌祥等绘
武汉　湖北人民出版社　1979年　有彩图　18×19cm
统一书号：8106.1949　定价：CNY0.28
　　本书是中国现代连环画册。

J0069340

幸福花　周丰年，周谅量原著；丁峥改编；叶雄绘画
上海　上海人民美术出版社　1979年　86页
13cm（60开）统一书号：8081.11666
定价：CNY0.11
　　本书是中国现代连环画册。绘者叶雄（1950—　），连环画家。笔名夏草、古寅，上海崇明人，毕业于上海大学美术学院国画系专科。中国美术家协会上海分会会员，上海连环画研究会理事，上海黄浦画院画师，上海老城厢书画会常务理事。代表作品有《竹林七贤图》《子夜》《郑板桥造像》《咆哮的黑龙江》等。

J0069341

熊猫　明扬选编

北京 人民美术出版社 1979年 47页 13cm（60开）
统一书号：8027.7068 定价：CNY0.16
（电影连环画册）

J0069342
许凤　心白改编；胡少飞，周竞画
杭州 浙江人民出版社 1979年 204页 13cm（60开）
统一书号：8103.443 定价：CNY0.24
　　本书是中国现代连环画册。

J0069343
学校门前的风波　杭景秋改编；赵仁年，胡若军绘画
杭州 浙江人民出版社 1979年 62页 有图
9×13cm 统一书号：8103.439 定价：CNY0.09
　　本书是中国现代连环画册。

J0069344
雪貂　姜衍忠编；马建邦画
长春 吉林人民出版社 1979年 137页 13cm（60开）
定价：CNY0.17
　　本书是中国现代连环画册。

J0069345
雪花飘飘　石美鼎等绘画
成都 四川人民出版社 1979年 有彩图
15cm（40开）统一书号：R8118.599
定价：CNY0.17
　　本书是根据小说《送药》改编的中国现代连环画册。

J0069346
雪夜擒敌　曹积三改编；刘大为绘
呼和浩特 内蒙古人民出版社 1979年 62页
有图 10×13cm 统一书号：8089.78
定价：CNY0.11
　　根据峻防小说《草原小哨兵》改编的本书是中国现代连环画册。

J0069347
雪夜擒谍　佟文焕等改编；洪良绘画
沈阳 辽宁美术出版社 1979年 82页 有图
10×13cm 统一书号：8017.1616 定价：CNY0.11
　　本书是中国现代连环画册。

J0069348
血染的小纸包　刘庆民写；单锡和画
上海 少年儿童出版社 1979年 有彩图
15cm（40开）统一书号：R10024.3628
定价：CNY0.14
　　本书是中国现代连环画册。作者单锡和
（1940—　　），画家。江西高安人，毕业于南京艺
术学院油画系。任教于上海东华大学。上海服
饰协会理事，全国工艺美术教学专业委员会委
员。擅长水粉画、年画和装饰画。主要作品有《夏
夜静静》《浓浓情怀》等，著有《单锡和装饰油画
集》《单锡和线描装饰画》等。

J0069349
驯马擒敌　杨计斗文；卢万元画
太原 山西人民出版社 1979年 78页 13cm（60开）
统一书号：8088.1237 定价：CNY0.13
　　本书是中国现代连环画册。

J0069350
哑巴伙计　计树棻原著；杰锋改编；张品操绘
画
上海 上海人民美术出版社 1979年 126页
13cm（60开）统一书号：8081.11634
定价：CNY0.15
　　本书是中国现代连环画册。绘者张品操
（1936—　　），画家、美术教育家，生于浙江省安
吉县，祖籍安徽桐城。毕业于浙江美术学院中国
画系，并留校任教。现为中国美术学院教授、中
国美术家协会会员。代表作连环画《小兵张嘎》。
著有《水墨人物画技法》《国画人物画法》《聚焦
浙派·张品操作品集》《张品操速写》等书。

J0069351
胭脂　巍峨双戈编剧；任佩改编；曹霞云摄影
上海 上海人民美术出版社 1979年 134页 有图
10×13cm 统一书号：8081.11864 定价：CNY0.23
　　本书是根据蒲松龄《聊斋志异》中同名小说
改编的中国现代连环画册。

J0069352
扬眉剑出鞘　刘启端编绘
广州 广东人民出版社 1979年 45页 有图
13cm（60开）统一书号：8111.2067 定价：CNY0.08
　　本书是根据同名报告文学改编的中国现代

连环画册。作者刘启端（1938—　　），画家。广
东潮阳人。岭南美术出版社副编审，广东省出版
工作者协会装帧艺术委员会会员。出版有连环
画《鲁迅传》《彭湃》《叶挺》《黄兴》《寸土不让》
等，国画作品有《百牛图》《百马图》《刘启端画
选》《刘启端画集》等。

J0069353
羊城暗哨　孙青改编
北京 中国电影出版社 1979年 117页 10×13cm
统一书号：8061.1373 定价：CNY0.21
（电影连环画册）

J0069354
杨门女将　匡荣改编；张伯诚绘
沈阳 辽宁美术出版社 1979年 142页 13cm（60开）
统一书号：8117.1780 定价：CNY0.22
　　本书是中国现代连环画册。

J0069355
洋葱头历险记　（意）约·罗大里原著；小平改
编；陈永镇绘画
天津 天津人民美术出版社 1979年 164页
13cm（60开）统一书号：8073.30375
定价：CNY0.26
　　本书是中国现代连环画册。绘者陈永镇
（1936—　　），浙江乐清人。毕业于中国美术学院
（浙江美院）。中国美术家协会理事，中国儿童美
术艺委会委员，安徽省美协副主席。主要作品有
《还是一样》《再给你带上一个》等。

J0069356
瑶山歼敌　剑峰原著；牟怀柯编；胡若军绘
上海 上海人民美术出版社 1979年 86页 有图
10×13cm 统一书号：8081.11664 定价：CNY0.11
　　本书是中国现代连环画册。收入86幅图。

J0069357
药　鲁迅原著；陈逸飞绘
上海 上海人民美术出版社 1979年 32页
20cm（24开）统一书号：8081.11801
定价：CNY2.10
（鲁迅小说连环画）
　　本书是根据鲁迅小说编绘的中国现代连环
画册。作者鲁迅（1881—1936），中国现代文学家、

思想家。生于浙江绍兴，祖籍河南汝南县。原姓
周，幼名樟寿，字豫山，后改为豫才，青年以后
改名树人。公费留学日本，五四新文化运动的
重要参与者。发表中国史上第一篇白话小说《狂
人日记》，代表作还有小说集《呐喊》《彷徨》，杂
文集《华盖集》《三闲集》等。著作收入《鲁迅全
集》。绘者陈逸飞（1946—2005），油画家，导演。
生于浙江宁波，祖籍浙江镇海。毕业于上海市
美术专科学校。曾在上海油画雕塑创作室就职。
油画作品有《黄河颂》《占领总统府》《踱步》《周
庄》等。

J0069358
野鸭洲　鲁冬青编文并摄影
长沙 湖南人民出版社 1979年 142页 13cm（60开）
定价：CNY0.23
　　本书是中国现代连环画册。

J0069359
叶塞尼娅　一苇编文
天津 天津人民美术出版社 1979年 178页
10×13cm 统一书号：8073.30415 定价：CNY0.30
（电影连环画册）

J0069360
叶塞尼娅　黄兴华改编
北京 中国电影出版社 1979年 186页 10×13cm
定价：CNY0.32
（电影连环画册）

J0069361
夜钓七星鳗　梁泊原著；金坚编；苏正刚绘
上海 上海人民美术出版社 1979年 54页 有图
10×13cm 统一书号：8081.11426 定价：CNY0.07
　　本书是中国现代连环画册。绘者苏正刚
（1937—1993），画家。上海人。中国美术家协会
会员，中国版画协会会员。擅长连环画、版画、
中国画。

J0069362
夜访谷城　张剑萍改编；王福增，黄恩涛绘画
济南 山东人民出版社 1979年 117页 13cm（60开）
统一书号：8099.1872 定价：CNY0.17
（《李自成》故事选 4）
　　作者张剑萍（1928—　　），山东省鄄城县人。

曹州书画院副院长、副研究员，山东省第五届文联委员，山东省第二届书法家协会理事，菏泽地区首届书法家协会主席，中国书法家协会会员，山东泰山国画研究院名誉院长，湖南中国武陵书画家协会名誉主席，南京徐悲鸿画院艺术顾问等。代表作品有《古诗行草集萃》《五体书前后赤壁赋》。绘者王福增（1946—　），满族，画家。山东郓城人，祖籍河北雄州，号山东大愚。河北省美术家协会会员，中国画研究会会员，香港国际书画中国艺术研究院理事，国家一级美术师，山东画院高级画师，曹州美协副主席。作品有《绿荫垂江》《相依》《幽林》《淀上人家》《故乡的河》等。绘者黄恩涛（1948—　），山东济宁人，毕业于山东艺术学院美术系。山东省巨野县文化馆馆长，文联副主席，研究馆员，中国书画协会会员，中国美术家协会会员，国家一级美术师，中国人物画艺术委员会委员，中国连环画、插图艺术委员会委员。主要作品有《红色喇叭家家响》《社社队队粮满仓》《我是工地点炮手》。

J0069363
一场拳击　丁方明原著；赵震改编；林国光绘画
郑州　河南人民出版社　1979年　38页　有图　15cm（40开）统一书号：8105.918　定价：CNY0.11
　　本书是中国现代连环画册。

J0069364
一场新奇的球赛　开里编；孙少楷绘画
长春　吉林人民出版社　1979年　31页　有图　15cm（40开）统一书号：R8091.974　定价：CNY0.12
（儿童科学幻想连环画辑）
　　本书是中国现代连环画册。

J0069365
一袋金币　（美）马克·吐温著；王根泉改编；殷光宇绘画
上海　上海人民美术出版社　1979年　110页　13cm（60开）统一书号：8081.11405
定价：CNY0.13
　　本书是根据马克·吐温原著改编的中国现代连环画册。

J0069366
一江春水向东流　（上集　八年离乱）何坪改编

北京　中国电影出版社　1979年　87页　10×13cm
统一书号：8061.1340　定价：CNY0.17
（电影连环画册）

J0069367
一江春水向东流　（下集　天亮前后）周成正改编
北京　中国电影出版社　1979年　98页　10×13cm
统一书号：8061.1341　定价：CNY0.18
（电影连环画册）

J0069368
一路同行　陈显荣等编文；刘成湘绘
济南　山东人民出版社　1979年　78页　有图
10×13cm　统一书号：8099.1853　定价：CNY0.12
　　本书是中国现代连环画册。

J0069369
一网打尽　黄彦编文；郭艾绘画
呼和浩特　内蒙古人民出版社　1979年　70页
10×13cm　定价：CNY0.11
（电影连环画册）

J0069370
一张火车票　波涛编文；章开森绘画
合肥　安徽人民出版社　1979年　54页　有图
10×13cm　统一书号：8102.1074　定价：CNY0.08
　　本书是中国现代连环画册。

J0069371
一支铅笔　达加改编；中国电影公司供稿
北京　人民美术出版社　1979年　48页　有图
10×13cm　统一书号：8027.7044　定价：CNY0.09
　　本书是根据北京科学教育电影制片厂同名电影改编的中国现代连环画册。

J0069372
一只鱼篓　岩石改编；小溪绘画
沈阳　辽宁美术出版社　1979年　37页　有图
10×11cm（80开）统一书号：8117.1786
定价：CNY0.06
　　本书是中国现代连环画册。

J0069373
义送摇旗　张剑萍改编；毕群生，周申绘画

济南 山东人民出版社 1979年 93页 13cm（60开）
统一书号：8099.1880 定价：CNY0.13
（《李自成》故事选 3）

J0069374
吟公主　（日）依田义贤编剧；冈崎宏三摄影；
王逸改编
北京 中国电影出版社 1979年 117页 10×13cm
统一书号：8061.1402 定价：CNY0.21
（电影连环画册）

J0069375
银河曲　欧阳辉改编；刘玮武绘画
长沙 湖南人民出版社 1979年 127页 13cm（60开）
统一书号：8109.1159 定价：CNY0.15
　　本书是中国现代连环画册。

J0069376
英雄的乡土　晋庆玉原著；赵永祥改编；赫荣
铭，吾人绘画
哈尔滨 黑龙江人民出版社 1979年 142页
13cm（60开）统一书号：8093.546 定价：CNY0.19
　　本书是中国现代连环画册。

J0069377
鹰击长空　芮衡之改编；黄振永绘画
沈阳 辽宁美术出版社 1979年 118页 有图
10×13cm 统一书号：8117.1743 定价：CNY0.19
　　本书是中国现代连环画册。作者黄振永
（1930—　），四川成都人。擅长宣传画、年画。
曾在空军美术训练班学习。沈阳军区美术创作员，
成都军区空军政治部创作员。作品有《我爱祖国
的蓝天》，年画《幽谷飞瀑》《海之歌》等。

J0069378
迎着革命风暴——鲁迅在浙江　张震麟编
文；潘鸿海，顾盼绘画
南京 江苏人民出版社 1979年 66页 10×13cm
统一书号：8100.3.197 定价：CNY0.12
（鲁迅的故事）
　　本书是中国现代连环画册。

J0069379
勇敢的小蜜蜂　吕术改编；禹晓荣绘画
武汉 湖北人民出版社 1979年 32页 有彩图

17×19cm 统一书号：8106.1982 定价：CNY0.31
本书是中国现代连环画册。

J0069380
幽灵岛　薛熹改编；梁平波，盛二龙绘画
杭州 浙江人民出版社 1979年 62页 有图
10×13cm 统一书号：8103.507 定价：CNY0.09
　　本书是中国现代连环画册。

J0069381
尤三姐　白墨改编
天津 天津人民美术出版社 1979年 148页
10×13cm 统一书号：8073.30363
定价：CNY0.25
（电影连环画册）

J0069382
尤三姐　索成立改编
北京 中国电影出版社 1979年 117页 10×13cm
统一书号：8061.1296 定价：CNY0.21
（电影连环画册）

J0069383
于无声处　宗福先原著；孙锦常改编；叶家斌
绘画
广州 广东人民出版社 1979年 152页 10cm（64开）
定价：CNY0.19
　　本书是中国现代连环画册。作者孙锦常
（1935—　），笔名南雁。浙江宁波人，毕业于复
旦大学新闻系。曾任岭南美术出版社总编室主
任、副总编辑，广东省新闻出版局机关刊物《书
报刊》主编，广东作协会员。编撰出版《岭南风
物传说画笺》等。绘者叶家斌（1949—　），画家。
广东中山人，毕业于广州美院研究生班。广东美
术家协会理事，广东连环画艺术委员会主任。主
要作品有《斯库台三英雄》《绿林神箭手》《中途
岛之战》《变成石头的人》等。

J0069384
于无声处　刘亚东改编；兰天等绘画
武汉 湖北人民出版社 1979年 118页 13cm（60开）
统一书号：8106.1953 定价：CNY0.14
　　本书是中国现代连环画册。

J0069385

于无声处　宗福先原著；杨本生改编；丁红章
等绘画

南京 江苏人民出版社 1979年 174页 13cm（60开）

定价：CNY0.20

本书是中国现代连环画册。

J0069386

于无声处　缪德彰改编；高适，张仁康绘画

南京 江苏人民出版社 1979年 125页 13cm（60开）

定价：CNY0.15

本书是中国现代连环画册。绘者高适
（1931—　），画家。笔名常人，江苏常州人。上
海美术家协会会员，曾任职于人民美术出社、兴
业幻灯制片厂。连环画主要作品有《不朽的人》
《秋瑾》《鹰儿和红花花》。绘者张仁康，连环画
家。绘有《沟》《龙潭波涛》《群英会画库（3）》等。

J0069387

于无声处　（剧照连环画）李德顺编文；高敏
摄影

济南 山东人民出版社 1979年 80页 13cm（60开）

定价：CNY0.14

本书是中国现代连环画册。

J0069388

于无声处　宗福先编剧；王永祥改编；张应铭
摄影

西安 陕西人民美术出版社 1979年 168页
13cm（60开）统一书号：8199.40

定价：CNY0.25

（剧照连环画册）

中国现代剧照连环画作品。

J0069389

于无声处　宗福先原著；丁扬编；赵仁年绘

上海 上海人民美术出版社 1979年 110页 有图
10×13cm 统一书号：8081.11503 定价：CNY0.13

本书是根据原著改编的中国现代连环画册。

J0069390

鱼鹰姑娘　李言敏改编；李广林绘

合肥 安徽人民出版社 1979年 68页 有图
10×13cm 统一书号：8102.1051 定价：CNY0.10

本书是根据同名小说改编的中国现代连环

画册。

J0069391

渔光曲　蔡楚生原著；小云改编；赵静东绘

天津 天津人民美术出版社 1979年 107页 有图
10×13cm 统一书号：8073.30356 定价：CNY0.14

本书是中国现代连环画册。绘者赵静东
（1930—　），人物画家，天津人，毕业于中央美
术学院。历任北京通俗读物出版社编辑、天津人
民美术出版社副编审。作品《中华女儿经》《战
斗的青春》《连心镇》《儿女风尘记》等。出版有
《赵静东人物画选》《五个儿童抓特务》等。

J0069392

渔牌　谈庆麟原著；李土极绘

天津 天津人民美术出版社 1979年 87页 有图
10×13cm 统一书号：8073.30396 定价：CNY0.11

本书是中国现代连环画册。

J0069393

愉快的早晨　山石写；陈庆心绘画

广州 广东人民出版社 1979年 有彩图
15cm（40开）统一书号：R8111.2144

定价：CNY0.12

本书是中国现代连环画册。

J0069394

狱中斗争　（方志敏的故事）丁凯编文；李开
邦绘画

南昌 江西人民出版社 1979年 92页 13cm（60开）
统一书号：8110.327 定价：CNY0.13

（江西革命斗争故事）

本书是中国现代连环画册。

J0069395

预防近视眼　吴秀昌编文；刘启文绘画

石家庄 河北人民出版社 1979年 29+8页
有图 15cm（40开）统一书号：8086.1070

定价：CNY0.10

中国现代医疗卫生连环画作品。作者刘启
文（1940—　），国家一级美术师。原名刘起文，
河北石家庄人，祖籍保定。河北美协会员，石门
画院院长。

J0069396

元宝案　于乾浩改编；陈安民绘画
长沙　湖南人民出版社　1979年　94页　13cm（60开）
统一书号：8109.1213　定价：CNY0.12
　　本书是中国现代连环画册。

J0069397

元元见到了孙悟空　季国刚编文；李永长绘画
兰州　甘肃人民出版社　1979年　38页　13cm（60开）
统一书号：8096.665　定价：CNY0.21
　　本书是中国现代连环画册。作者李永长
（1940—　），原名李科秀，甘肃武威市人，就读
于兰州艺术学院。历任敦煌艺术学院副院长、美
术系主任、甘肃省美协副主席、甘肃省美术教育
研究会副会长等职。代表作品有《风沙线上》《赤
子情》《金秋》等。出版有《陈胜斗孔鲋》《元元
见到了孙悟空》。

J0069398

辕门射戟　潘勤孟改编；凌涛绘画
上海　上海人民美术出版社　1979年　2版　166页
10×13cm　统一书号：8081.2990　定价：CNY0.23
（《三国演义》连环画 10）

J0069399

月光下的战斗　材音博彦编文；程旭光绘画
呼和浩特　内蒙古人民出版社　1979年　78页
13cm（60开）定价：CNY0.12
　　本书是中国现代连环画册。

J0069400

粤海忠魂　陈残云等原著；邓福星改编；雷德
祖绘画
天津　天津人民美术出版社　1979年　140页
13cm（60开）统一书号：8087.30395
定价：CNY0.18
　　本书是中国现代连环画册。作者邓福星
（1945—　），书画家，美术教育家。河北固安人，
毕业于中国艺术研究院研究生班，获博士学位。
中国艺术研究院研究员、博士生导师，中国画学
会副会长。绘画作品《周总理永远和我们在一
起》《梅花欢喜漫天雪》《五体千字文》，论著《美
术概论》等。绘者雷德祖（1942—1991），连环画
家、编辑。生于广西南宁。毕业于广西艺术学
院。中国美术家协会会员，广西美术家协会副

主席，中国连环画研究会常务理事，《美术界》主
编。代表作有《斯巴达克思》《世界名著连环画
丛书》等。

J0069401

运药记　胡天启编文；李明堂等绘画
石家庄　河北人民出版社　1979年　70页　有图
10×13cm　统一书号：8086.1090　定价：CNY0.09
　　本书是中国现代连环画册。

J0069402

在23号高地上　杨新民改编；刘书军绘画
济南　山东人民出版社　1979年　54页　13cm（60开）
统一书号：8099.1925　定价：CNY0.08
　　本书是中国现代连环画册。

J0069403

在大熊猫的故乡　袁林编文；李蔷生绘画
上海　上海人民美术出版社　1979年　94页
13cm（60开）统一书号：8081.11627
定价：CNY0.11
　　本书是中国现代连环画册。

J0069404

在大熊猫的故乡　袁林原著；王时一改编；窦
世魁绘画
天津　天津人民美术出版社　1979年　94页　有图
10×13cm　统一书号：8073.30353　定价：CNY0.12
　　本书是中国现代连环画册。

J0069405

在国境线的密林里　黄玉臣等改编；史殿生
等绘画
哈尔滨　黑龙江人民出版社　1979年　54页
13cm（60开）定价：CNY0.09
　　本书是中国现代连环画册。

J0069406

在秘密交通线上　杨光伟改编；单柏钦绘画
广州　广东人民出版社　1979年　84页　有图
10×13cm　统一书号：8111.2128　定价：CNY0.12
　　根据山歌剧《彩虹》改编的现代连环画作品。

J0069407

在燃烧的大地上　杨沫原著；王乐群改编；范

正隆等绘画
哈尔滨 黑龙江人民出版社 1979年 67页
13cm(60开) 统一书号：8093.542 定价：CNY0.10
　　本书是中国现代连环画册。

J0069408
铡美案 郑士金改编
天津 天津人民美术出版社 1979年 148页
10×13cm 定价：CNY0.25
（电影连环画册）

J0069409
詹天佑 （1861—1919）樊培绪编文；刘芸生
绘画
南京 江苏人民出版社 1979年 94页 13cm(60开)
定价：CNY0.12
　　本书是中国现代连环画册。

J0069410
战备瓜 陆扬烈文；励国仪绘
杭州 浙江人民出版社 1979年 15页 有彩图
10×13cm 统一书号：8103.397 定价：CNY0.09
　　本书是中国现代连环画册。

J0069411
战斗的历程 张子嘉改编；查加伍绘画
武汉 湖北人民出版社 1979年 114页 15cm(40开)
定价：CNY0.22
　　本书是中国现代连环画册。绘者查加伍
（1950— ），编辑。别名穆明、三夷。湖北京山
人，毕业于湖北美术学院师范系。曾在湖北人民
出版社、京山县文化馆工作。历任湖北美术出
版社副社长、湖北美协连环画、插图艺委会副主
任。代表作品有《战斗的历程》《乱世风云》《苦
肉记》等。

J0069412
战马长鸣 陆扬烈编文；陈国强绘画
上海 上海人民美术出版社 1979年 78页
13cm(60开) 定价：CNY0.10
　　本书是中国现代连环画册。

J0069413
战旗永红 红雨改编
郑州 河南人民出版社 1979年 70页 有图

10×13cm 统一书号：8105.858 定价：CNY0.20
　　本书是中国现代连环画册。

J0069414
战长沙 王星北改编；徐正平绘画
上海 上海人民美术出版社 1979年 2版 94页
10×13cm 统一书号：8081.3108 定价：CNY0.14
（《三国演义》连环画 24）
　　作者王星北(1905—1973)，连环画脚本文学
家。浙江定海人。原名心葆。曾就读于定海公学。
曾任上海私营北斗出版社经理、泰兴书局文字编
辑、上海新美术出版社连环画文字编辑、上海人
民美术出版社连环画编辑科副科长等职。绘者
徐正平(1923—2015)，连环画家。笔名又飞，江
苏阜宁人。上海连环画研究会理事。代表作品
有《复镖仇》《安史之乱》《桃园结义》《虎牢关》
《风雪夜归人》等。

J0069415
张骞 谭一寰原著；胡国瑞，黄午生编绘
南京 江苏人民出版社 1979年 86页 10×13cm
统一书号：8100.3.257 定价：CNY0.11
（中国古代科学家）
　　本书是中国现代连环画册。

J0069416
张献忠反谷城 张剑萍改编；周申绘画
济南 山东人民出版社 1979年 75页 13cm(60开)
定价：CNY0.12
（《李自成》故事选 5）

J0069417
张志新 吴文焕改编；韩敏等绘
上海 上海人民美术出版社 1979年 94页 有图
10×13cm 统一书号：8081.11786 定价：CNY0.11
　　本书为中国现代连环画册。收入 94幅图。

J0069418
长坂坡 潘勤孟改编；刘锡永绘画
上海 上海人民美术出版社 1979年 2版 109页
10×13cm 定价：CNY0.16
（《三国演义》连环画 20）

J0069419
长青松 沈乔生编文；金稼仿，沈健德绘画

上海　上海人民美术出版社　1979 年　94 页
13cm（60 开）统一书号：8081.11362
定价：CNY0.11
　　　本书是中国现代连环画册。

J0069420
长征　马正泉改编；盛元龙，周时奋画
杭州　浙江人民出版社　1979 年 174 页 13cm（60 开）
定价：CNY0.20
　　　本书是根据话剧《万水千山》改编的中国现代连环画册。

J0069421
针锋相对　董阳声改编；孙愚绘画
上海　上海人民美术出版社　1979 年　174 页
13cm（60 开）定价：CNY0.19
　　　本书是中国现代连环画册。作者孙愚（1937— ），画家。浙江温州人。中国美术家协会会员。曾在上海人民美术出版社从事连环画创作，兼任上海大学巴士学院美术专业基础课程教师。著有《钢笔画起步》，连环画《野猫》《巴黎圣母院》《海底两万里》《圣经的故事》《孤岛历险记》等。

J0069422
针锋相对　重庆市话剧团原著；袁伟大改编；李殿忠绘
天津　天津人民美术出版社　1979 年　141 页　有图
10×13cm　统一书号：8073.30377　定价：CNY0.17
　　　本书是中国现代连环画册。

J0069423
真假孙悟空　华士明编文；潘小庆绘画
南京　江苏人民出版社 1979 年　20 页　有彩图
21cm（32 开）定价：CNY0.22
　　　本书是中国现代连环画册。

J0069424
真纳和牛痘　马表改编；阿裘绘
北京　人民美术出版社 1979 年 58 页 13cm（60 开）
统一书号：8027.7080　定价：CNY0.09
　　　本书是中国现代连环画册。

J0069425
真正的爱情　沙铁军改编；陈贻福绘

武汉　湖北人民出版社　1979 年　70 页　有图
10×13cm　统一书号：8106.2019 定价：CNY0.10
　　　本书是中国现代连环画册。作者沙铁军（1942— ），编审。江苏如皋人，毕业于南京大学中文系。历任湖北人民出版社文史编辑部主任，武汉作家协会会员，中国连环画研究会会员，湖北连环画研究会理事。代表作品有《中国古代战争》《长江三部曲》《青春之歌》《中国古代战争》《六十年的变迁》等。绘者陈贻福（1927— ），编辑。湖北武汉人。先后担任封面设计、年画编辑、大型画册编辑，曾任《中南农民》期刊美术编辑、长江文艺出版社、湖北美术出版社美术编辑，副编审。连环画作品有《小砍刀》《雷雨》《归来》《我的前半生》。长篇漫画有《管得宽画传》。

J0069426
震中之花　张宋等编文；范余增绘画
石家庄　河北人民出版社 1979 年 54 页　有图
10×13cm　统一书号：8086.1104　定价：CNY0.08
　　　本书是中国现代连环画册。

J0069427
正气长存（高波烈士的故事）张震麟编文；
孙庆国绘画
南京　江苏人民出版社 1979 年　70 页　有图
10×13cm　统一书号：8100.3.248　定价：CNY0.10
　　　本书是中国现代连环画册。

J0069428
正义的还击
广州　广东人民出版社　1979 年　32+21 页　有图
10×13cm　统一书号：8111.2140　定价：CNY0.21
（自卫反击战连环画）
　　　本书是中国现代连环画册。

J0069429
郑成功收复台湾　李鲁编；吴景希绘
福州　福建人民出版社 1979 年 115 页 17×18cm
定价：CNY0.75
　　　本书是反映郑成功收复台湾的历史功绩的
本书是中国现代连环画册。

J0069430
郑成功收复台湾　李鲁编文；吴景希绘画

福州 福建人民出版社 1979年 115页 13cm(60开)
统一书号：8173.258 定价：CNY0.15

J0069431

郑和 马允伦原著；沈为宁改编；黄贤安，宣善铭绘画
南京 江苏人民出版社 1979年 67页 10×13cm
定价：CNY0.09
（中国古代科学家）
　　本书是中国现代连环画册。

J0069432

政归司马氏 田衣改编；冯墨农绘画
上海 上海人民美术出版社 1979年 2版 134页
10×13cm 统一书号：8081.3244 定价：CNY0.19
（《三国演义》连环画 43）

J0069433

纸条的故事 开华，霆昭原著；张增木改编并绘画
石家庄 河北人民出版社 1979年 62页 有图
10×13cm 统一书号：8086.1028 定价：CNY0.09
　　本书是中国现代连环画册。

J0069434

纸条儿的秘密 洪云改编；李子纯绘画
沈阳 辽宁美术出版社 1979年 62页 13cm(60开)
定价：CNY0.11
　　本书是中国现代连环画册。

J0069435

纸条儿和纸条儿 开华，霆昭原著；华士明改编；杨雨青绘画
南京 江苏人民出版社 1979年 62页 有图
10×13cm 定价：CNY0.09
　　本书是中国现代连环画册。

J0069436

纸条儿和纸条儿 刘家鹤改编；李家衡绘画
成都 四川人民出版社 1979年 63页 13cm(60开)
定价：CNY0.10
　　本书是中国现代连环画册。

J0069437

智闯险关 毕必成，周兴发编文；李维山绘画

南昌 江西人民出版社 1979年 110页 13cm(60开)
定价：CNY0.16
　　本书是中国现代连环画册。

J0069438

智捣黑店 彭信理改编；唐明生绘画
长沙 湖南人民出版社 1979年 86页 13cm(60开)
统一书号：8109.1214 定价：CNY0.11
　　本书是中国现代连环画册。

J0069439

智歼顽敌 胡兴模改编；孟英声绘
成都 四川人民出版社 1979年 50页 有图
9cm(128开) 统一书号：R8118.627
定价：CNY0.13
　　根据《江淮烽火》部分内容改编的现代连环画作品。

J0069440

智擒"双头虎" 周宗奇原著；李海朝改编；高国宪等绘画
太原 山西人民出版社 1979年 78页 13cm(60开)
定价：CNY0.12
　　本书是中国现代连环画册。

J0069441

智擒敌师长 王沪鹰改编；丁如树等绘
合肥 安徽人民出版社 1979年 54页 有图
10×13cm 统一书号：8102.982 定价：CNY0.08
　　根据姚岭良同名快板书改编的现代连环画作品。

J0069442

智擒黑田 陈超编文；陈全胜绘画
南京 江苏人民出版社 1979年 17页 有彩图
15cm(40开) 统一书号：8100.3.272
定价：CNY0.13
　　本书是中国现代连环画册。绘者陈全胜（1950— ），画家。出生于青岛，祖籍山东文登市。历任中国美协理事、山东美协副主席、山东美术家协会副主席，国家一级美术师，深圳大学艺术学院客座教授。代表作有连环画《辛弃疾》《梦中缘》等，特种邮票《三国演义》《聊斋志异》。

J0069443

智炸军火车 路鸣原著；常明改编；是有福绘画
南京 江苏人民出版社 1979年 70页 13cm（60开）
统一书号：8100.3.269 定价：CNY0.10

　　本书是中国现代连环画册。

J0069444

智捉"貂熊" 宋廷宾，杨云庆改编；吴迅绘画
呼和浩特 内蒙古人民出版社 1979年 48页
13cm（60开）定价：CNY0.09

　　本书是中国现代连环画册。

J0069445

智捉"黑眼皮" 刘天剑编文；焦岩峰绘
济南 山东人民出版社 1979年 62页 13cm（60开）
定价：CNY0.09

　　本书是中国现代连环画册。

J0069446

中国成语故事 （第1册）杨兆林等编文；贺
友直等绘画
上海 上海人民美术出版社 1979年 100页
10cm（64开）定价：CNY0.14

　　本书是依据中国成语故事改编的现代连环
画。作者杨兆林，改编的主要连环画作品有《中
国诗歌故事》《汤姆和疯子》《神灯》等。绘者贺
友直（1922—2016），连环画家。出生于上海，祖
籍浙江宁波。上海人民美术出版社编审，曾任连
环画艺术委员会主任、上海市美术家协会第四届
副主席、中国连环画研究会第二届副会长等职。
代表作品《朝阳沟》《山乡巨变》等。

J0069447

中国成语故事 （第2册）于玉生编文；黄全
昌等绘画
上海 上海人民美术出版社 1979年 91页
10cm（64开）统一书号：8081.11671
定价：CNY0.13

　　本书是依据中国成语故事改编的现代连
环画。

J0069448

中国成语故事 （第3册）李光羽编文；高适
等绘画
上海 上海人民美术出版社 1979年 99页

10cm（64开）统一书号：8081.11672
定价：CNY0.14

　　本书是依据中国成语故事改编的现代连
环画。

J0069449

中国成语故事 （第4册）仓阳卿等编文；中
流等绘画
上海 上海人民美术出版社 1979年 90页
10cm（64开）定价：CNY0.13

　　本书是依据中国成语故事改编的现代连
环画。

J0069450

中国成语故事 （第5册）李大发等编文；赵
仁年等绘画
上海 上海人民美术出版社 1979年 91页
10cm（64开）定价：CNY0.13

　　本书是依据中国成语故事改编的现代连
环画。

J0069451

中国成语故事 （第6册）仓阳卿等编文；姚
有信等绘画
上海 上海人民美术出版社 1979年 108页
10cm（64开）定价：CNY0.14

　　本书是依据中国成语故事改编的现代连
环画。

J0069452

中国成语故事 （第7册）赵吉南等编文；戴
敦邦等绘画
上海 上海人民美术出版社 1979年 108页
10cm（64开）定价：CNY0.14

　　本书是依据中国成语故事改编的现代连环
画。作者赵吉南，改编有连环画《东方欲晓》《渡
江侦察记》《列车飞奔》《西游记绘画本》《水浒
传连环画》等。绘者戴敦邦（1938—　　），国画家，
教授。号民间艺人。江苏丹徒人，毕业于上海第
一师范学校。历任《中国少年报》《儿童时代》美
术编辑，上海交通大学人文学院教授等。主要作
品《水浒人物一百零八图》《戴敦邦水浒人物谱》
《戴敦邦新绘红楼梦》《戴敦邦古典文学名著画
集》等，连环画代表作品有《一支驳壳枪》《水上
交通站》《大泽烈火》《蔡文姬》等。

J0069453

中国成语故事 （第 8 册）李剑雄等编文；导越迹等绘画

上海　上海人民美术出版社　1979 年　100 页　10cm（64 开）定价：CNY0.13

　　本书是依据中国成语故事改编的现代连环画。

J0069454

中国成语故事 （第 9 册）仓阳卿等编文；潘鸿海等绘画

上海　上海人民美术出版社　1979 年　108 页　10cm（64 开）统一书号：8081.11790　定价：CNY0.14

　　本书是依据中国成语故事改编的现代连环画。

J0069455

中国成语故事 （第 10 册）张炳隅等编文；关景宇等绘画

上海　上海人民美术出版社　1979 年　100 页　10cm（64 开）定价：CNY0.13

　　本书是依据中国成语故事改编的现代连环画。

J0069456

中国成语故事 （第 11 册）李光羽等改编；项维仁等绘画

上海　上海人民美术出版社　1980 年　110　有图　13cm（60 开）统一书号：8081.11862　定价：CNY0.14

　　本书是依据中国成语故事改编的现代连环画。

J0069457

中国成语故事 （第 12 册）李光羽等改编；范一辛等绘画

上海　上海人民美术出版社　1980 年　110 页　有图　13cm（60 开）统一书号：8081.11863　定价：CNY0.14

　　本书是依据中国成语故事改编的现代连环画。

J0069458

中国成语故事 （第 13 册）吴文焕等编文；江南春等绘

上海　上海人民美术出版社　1980 年　128 页　13cm（64 开）定价：CNY0.16

　　本书是依据中国成语故事改编的现代连环画。

J0069459

中国成语故事 （第 14 册）于玉生等编文；范生福等绘

上海　上海人民美术出版社　1980 年　118 页　13cm（64 开）统一书号：8081.11933　定价：CNY0.15

　　本书是依据中国成语故事改编的现代连环画。

J0069460

中国成语故事 （第 15 册）浦增元等改编；吴大成等绘画

上海　上海人民美术出版社　1980 年　110 页　有图　13cm（60 开）统一书号：8081.11934　定价：CNY0.14

　　本书是依据中国成语故事改编的现代连环画。

J0069461

中国成语故事 （第 16 册　兵贵神速）吴添汗编文；刘国辉绘画

上海　上海人民美术出版社　1980 年　126 页　10cm（64 开）定价：CNY0.16

　　本书是依据中国成语故事改编的现代连环画。

J0069462

中国成语故事 （第 17 册　卷土重来）任正先等编文；陈谷长等绘画

上海　上海人民美术出版社　1980 年　134 页　10cm（64 开）定价：CNY0.16

　　本书是依据中国成语故事改编的现代连环画。

J0069463

中国成语故事 （第 18 册　长驱直入）甘礼乐等编文；戴敦邦等绘画

上海　上海人民美术出版社　1980 年　10cm（64 开）统一书号：8081.12160　定价：CNY0.15

依据中国成语故事改编的现代连环画。

J0069464

中国成语故事 （第19册 乐不思蜀）钱兴凤编文；徐恒瑜等绘画

上海 上海人民美术出版社 1980年 118页 13cm（64开）定价：CNY0.15

　　本书是依据中国成语故事改编的现代连环画。绘者徐恒瑜（1944— ），国画家、连环画家、一级美术师。四川邛崃人。中国美术家协会会员，四川省美术家协会副主席，中国美协连环画艺委会委员。连环画代表作有《李慧娘》《水牢仇》等。

J0069465

中国成语故事 （第20册 鸡鸣狗盗）庄威等编文；刘国辉等绘画

上海 上海人民美术出版社 1980年 146页 10cm（64开）定价：CNY0.18

　　本书是依据中国成语故事改编的现代连环画。

J0069466

中国成语故事 （第21册 鸡犬升天）于玉生等编文；谷长等绘画

上海 上海人民美术出版社 1981年 154页 10cm（64开）定价：CNY0.19

　　本书是依据中国成语故事改编的现代连环画。

J0069467

中国成语故事 （第22册 好好先生）陆士达等编文；潘鸿海等绘画

上海 上海人民美术出版社 1981年 126页 10cm（64开）定价：CNY0.16

　　本书是依据中国成语故事改编的现代连环画。作者陆士达，连环画家，主要作品有《说岳故事选绘画本》《中国历史人物故事连环画》等。绘者潘鸿海（1942— ），艺术家。上海人，毕业于浙江美术学院油画系。历任浙江人民美术出版社美术记者、美术编辑、编辑部主任、副总编，《富春江画报》负责人，浙江画院院长。代表作品有《又是一个丰收年》《鲁迅》。

J0069468

中国成语故事 （第23册 抱薪救火）吴添汗等编文；徐恒瑜等绘画

上海 上海人民美术出版社 1981年 142页 10cm（64开）定价：CNY0.17

　　本书是依据中国成语故事改编的现代连环画。作者徐恒瑜（1944— ），国画家、连环画家、一级美术师。四川邛崃人。中国美术家协会会员， 四川省美术家协会副主席，中国美协连环画艺委会委员。连环画代表作有《李慧娘》《水牢仇》等。

J0069469

中国成语故事 （第24册 多谋善断）吴添汗等编；徐正平等绘

上海 上海人民美术出版社 1981年 150页 10cm（64开）定价：CNY0.18

　　本书是依据中国成语故事改编的现代连环画。

J0069470

中国成语故事 （第25册 开诚布公）于玉生编文；谌孝安绘

上海 上海人民美术出版社 1981年 134页 有图 10×13cm 统一书号：8081.12743 定价：CNY0.16

　　本书是依据中国成语故事改编的现代连环画。

J0069471

中国成语故事 （第26册 一叶障目）周南等编；贺友直等绘

上海 上海人民美术出版社 1982年 126页 13cm（60开）定价：CNY0.16

　　本书是依据中国成语故事改编的现代连环画。

J0069472

中国成语故事 （第27册 余音绕梁）丁国联编文；张景源绘

上海 上海人民美术出版社 1982年 134页 有图 10×13cm 统一书号：8081.12650 定价：CNY0.16

　　本书是依据中国成语故事改编的现代连环画。

J0069473

中国成语故事 （第28册　磨穿铁砚）任正先
等编；徐坷等绘
上海　上海人民美术出版社　1982年　126页
13cm（60开）统一书号：8081.12651
定价：CNY0.16

　　本书是依据中国成语故事改编的现代连
环画。

J0069474

中国成语故事 （第29册　振臂一呼）杨兆林
编文；施大畏绘
上海　上海人民美术出版社　1982年　134页　有图
10×13cm　统一书号：8081.12652　定价：CNY0.16

　　本书是依据中国成语故事改编的现代连
环画。

J0069475

中国成语故事 （第30册　机不可失）吴添汗
等编；杨杰等绘
上海　上海人民美术出版社　1982年　142页
13cm（60开）定价：CNY0.17

　　本书是依据中国成语故事改编的现代连
环画。

J0069476

中国成语故事 （第31册　礼贤下士）吴添汗
等编；陆华等绘
上海　上海人民美术出版社　1982年　150页
13cm（60开）定价：CNY0.18

　　本书是依据中国成语故事改编的现代连
环画。

J0069477

中国成语故事 （第32册　黄袍加身）钱兴凤
等编；卢延光等绘
上海　上海人民美术出版社　1982年　142页
13cm（60开）定价：CNY0.17

　　本书是依据中国成语故事改编的现代连
环画。

J0069478

中国成语故事 （第33册　卖剑买牛）钱兴凤
等编；张新国等绘
上海　上海人民美术出版社　1982年　142页

13cm（60开）定价：CNY0.17

　　本书是依据中国成语故事改编的现代连
环画。

J0069479

中国成语故事 （第34册　一箭双雕）金文明
等编；王士坚等绘
上海　上海人民美术出版社　1983年　150页
13cm（60开）定价：CNY0.18

　　本书是依据中国成语故事改编的现代连
环画。

J0069480

中国成语故事 （第35册　别开生面）金文明
等编；志平等绘
上海　上海人民美术出版社　1983年　150页
10cm（64开）统一书号：8081.13046
定价：CNY0.18

　　本书是依据中国成语故事改编的现代连
环画。

J0069481

中国成语故事 （第36册　覆水难收）杨兆林
等编；徐恒瑜等绘
上海　上海人民美术出版社　1983年　153页
13cm（60开）定价：CNY0.19

　　本书是依据中国成语故事改编的现代连环
画。作者杨兆林，改编的主要连环画作品有《中
国诗歌故事》《汤姆和疯子》《神灯》等。绘者徐
恒瑜（1944— ），国画家、连环画家、一级美术
师。四川邛崃人。中国美术家协会会员，四川省
美术家协会副主席，中国美协连环画艺委会委
员。连环画代表作有《李慧娘》《水牢仇》等。

J0069482

中国成语故事 （第37册　一饭千金）甘礼乐
等编；杜滋龄绘
上海　上海人民美术出版社　1983年　126页
13cm（60开）定价：CNY0.16

　　本书是依据中国成语故事改编的现代连环
画。作者甘礼乐（1923— ），连环画家。上海人，
曾用笔名余峥。作品有普希金的《驿站长》，巴尔
扎克的《夏倍上校》等。绘者杜滋龄（1941— ），
教授。生于天津，毕业于中国美术学院中国画系
研究生班。中国画学会副会长，中国艺术研究院

博士生导师，南开大学教授，天津美术家协会副主席。代表作品《帕米尔初雪》《古老的歌》《大漠行》等。

J0069483

中国成语故事 （第38册 近水楼台）仓阳卿等编；李世南等绘

上海 上海人民美术出版社 1983年 126页 10cm（64开）定价：CNY0.16

　　本书是依据中国成语故事改编的现代连环画。

J0069484

中国成语故事 （第39册 听人穿鼻）张晖编；谷安等绘

上海 上海人民美术出版社 1983年 142页 10cm（64开）定价：CNY0.17

　　本书是依据中国成语故事改编的现代连环画。

J0069485

中国成语故事 （第40册 相煎太急）甘礼乐等编；志平等绘

上海 上海人民美术出版社 1983年 150页 10cm（64开）定价：CNY0.18

　　本书是依据中国成语故事改编的现代连环画。

J0069486

中国成语故事 （第41册 山鸡舞镜）甘礼乐等编；徐恒瑜等绘

上海 上海人民美术出版社 1983年 174页 10cm（64开）定价：CNY0.21

　　本书是依据中国成语故事改编的现代连环画。绘者徐恒瑜（1944—　），国画家、连环画家、一级美术师。四川邛崃人。中国美术家协会会员，四川省美术家协会副主席，中国美协连环画艺委会委员。连环画代表作有《李慧娘》《水牢仇》等。

J0069487

中国成语故事 （第42册 回光返照）钱兴凤等编；吴大成等绘

上海 上海人民美术出版社 1983年 190页 10cm（64开）定价：CNY0.23

　　本书是依据中国成语故事改编的现代连

环画。

J0069488

中国成语故事 （第43册 南柯一梦）初辛等编；王根发等绘

上海 上海人民美术出版社 1983年 174页 10cm（64开）定价：CNY0.21

　　本书是依据中国成语故事改编的现代连环画。作者王根发，导演。生于上海。上海美术电影制片厂导演、动画设计，中国电影家协会、中国电视家协会会员。导演有《琴岛海尔》《神弓传奇》《灵童天使》等动画片。

J0069489

中国成语故事 （第44册 东窗事发）仓阳卿等编；刘健等绘

上海 上海人民美术出版社 1983年 182页 10cm（64开）定价：CNY0.22

　　本书是依据中国成语故事改编的现代连环画。

J0069490

中国成语故事 （第45册 虚有其表）甘礼乐等编；吴大成等绘

上海 上海人民美术出版社 1983年 198页 10cm（64开）定价：CNY0.24

　　本书是依据中国成语故事改编的现代连环画。作者甘礼乐（1923—　），连环画家。上海人，曾用笔名余峥。作品有普希金的《驿站长》，巴尔扎克的《夏倍上校》等。绘者吴大成（1945—　），画家。擅长中国人物画。以书法入画。曾在复旦大学学习美学。上海美术出版社专职画家。上海美术家协会会员，上海市民盟书画会副会长，上海民间书画会顾问，老城厢书画会副会长，上海百草画院画师，上海人民美术出版社创作员。出版有彩色连环画《黄粱一梦》《晴雯》，彩色插图本"四大名著"、"唐诗宋词元曲"、《聊斋》等。

J0069491

中国成语故事 （第一册）甘礼乐等编；卢敦良等绘

上海 上海人民美术出版社 1984年 1040页 21cm（32开）定价：CNY4.75，CNY7.60（精装）

　　本书是《中国成语故事》连环画，全套50册，每册又包括八至十多个单独标题的成语故事，合计约 500 余则。

J0069492

中国成语故事 （第二册）甘礼乐等编辑；卢敦良等绘

上海　上海人民美术出版社　1984 年　1041—2220 页　20cm（32 开）定价：CNY8.30

　　本书是中国现代连环画册。

J0069493

中国成语故事 （第三册）甘礼乐等编辑；卢敦良等绘

上海　上海人民美术出版社　1984 年　2221—3679 页　20cm（32 开）定价：CNY9.80

　　本书是中国现代连环画册。

J0069494

中国古代成语故事 （一）陆良，温戈编文；李世南等绘画

郑州　河南人民出版社　1979 年　108 页　13cm（60 开）统一书号：8105.877　定价：CNY0.14

　　本书是中国现代连环画册。作者李世南（1940—　　），画家。生于上海，祖籍浙江绍兴。中国美术家协会会员，国家一级美术师，中国国家画院特聘研究员，陕西国画院名誉院长，深圳书院专业画家。代表作《开采光明的人》《长安的思念》《南京大屠杀 48 周年祭》等。

J0069495

中国古代成语故事 （二）陆良，温戈编文；李世南等绘画

郑州　河南人民出版社　1979 年　162 页　13cm（60 开）定价：CNY0.19

　　本书是中国现代连环画册。

J0069496

中国古代成语故事 （三）陆良，司国贤编文；王桂保等绘画

郑州　河南人民出版社　1979 年　64 页　13cm（60 开）定价：CNY0.15

　　本书是中国现代连环画册。

J0069497

中国古代成语故事 （四）司国贤，陆良编文；秦云海等绘画

郑州　河南人民出版社　1979 年　52 页　13cm（60 开）定价：CNY0.13

　　本书是中国现代连环画册。

J0069498

中国古代成语故事 （五）司国贤，陆良编文；秦云海等绘画

郑州　河南人民出版社　1980 年　100 页　13cm（64 开）统一书号：8105.951　定价：CNY0.14

　　本书是中国现代连环画册。

J0069499

中国古代科学家 红兵文；冯远画

沈阳　辽宁人民出版社　1979 年　61 页　19cm（32 开）定价：CNY0.54

　　本书是中国现代连环画册。作者冯远（1952—　　），教授、画家。生于上海，祖籍江苏无锡。作品有《望夫妹》《母子图》《新疆风情写生》《今生来世》，出版有《二十一世纪中国艺术家·冯远》《笔墨尘缘》。

J0069500

中国古代科学家的故事 欧治渝等编绘

成都　四川人民出版社　1979 年　67 页　13cm（60 开）定价：CNY0.14

　　本书是中国现代连环画册。

J0069501

中国古建筑 安怀起等编绘

上海　上海教育出版社　1979 年　有图　15cm（40 开）统一书号：7150.2179　定价：CNY0.22

　　本书是中国现代连环画册。

J0069502

中原女烈 张耀中等编文；杨艾湘等绘画

长沙　湖南人民出版社　1979 年　86 页　有图　10×13cm　统一书号：8109.1240　定价：CNY0.12

　　本书是中国现代连环画册。

J0069503

忠诚 王逸改编

北京　中国电影出版社　1979 年　127 页　10×13cm　定价：CNY0.23

（电影连环画册）

J0069504

周恩来青少年时代 陈国英编文；姚重庆绘画

天津 天津人民美术出版社 1979年 121页
15cm（40开）定价：CNY0.51

　　本书是中国现代连环画册。绘者姚重庆
（1943— ），山东济南人。毕业于中央美术学院
附中。擅长油画、连环画、年画。天津人民美术
出版社美术编审，中国出版社工作部协会年画艺
术委员会秘书长。主要作品《彭大将军》《油画
展厅》《周恩来的青少年时代》等。

J0069505

周恩来同志在长征路上 魏国禄原著；余嘉
敏改编；汪观清绘

上海 上海人民美术出版社 1979年 86页
19cm（32开）定价：CNY0.80

　　本书是中国现代连环画册。作者汪观清
（1931— ），艺术家。号耕莘堂主，安徽歙县人。
上海人民美术出版社副编审，中国美术家协会会
员，上海市美术家协会理事。出版有《汪观清画
集》《怎样画牛》《名家教画》等。

J0069506

周总理的故事 （二）周偁，祖石编

北京 人民美术出版社 1979年 15+10+11页
有彩图 15cm（40开）统一书号：8027.7031
定价：CNY0.21

　　本书是中国现代连环画册。

J0069507

周总理在河南 李统仁，马凤超编文；王桂保
等绘画

郑州 河南人民出版社 1979年 73页 15cm（40开）
统一书号：8105.861 定价：CNY0.23

　　本书是中国现代连环画册。

J0069508

周总理在重庆 懋勤等编文；张启文绘画

成都 四川民族出版社 1979年 53页 有图
13×15cm 统一书号：8118.563 定价：CNY0.25

　　本书是中国现代连环画册。

J0069509

周总理在重庆 懋勤等编文；张启文绘画

成都 四川民族出版社 1980年 53页 有图
13×15cm 统一书号：M8140.38 定价：CNY0.25
（藏汉连环画）

　　本书是中国现代连环画册。

J0069510

珠山歼敌 沙铁军改编；丁世弼绘画

武汉 湖北人民出版社 1979年 102页 13cm（60开）
定价：CNY0.13

　　本书是中国现代连环画册。作者沙铁军
（1942— ），编审。江苏如皋人，毕业于南京大
学中文系。湖北人民出版社文史编辑部主任，武
汉作家协会会员，中国连环画研究会会员，湖北
连环画研究会理事。代表作品有《中国古代战
争》《长江三部曲》《青春之歌》《中国古代战争》
《六十年的变迁》等。绘者丁世弼（1939—2018），
画家、国家一级美术师。字仲宜，江西南昌人。
中国美术家协会会员，江西省美术家协会副主
席。代表作有《渔岛怒潮》《秋瑾》《陈赓大将》
《红楼梦》等。

J0069511

诸葛亮 蒲增元等编；徐有武绘

上海 上海人民美术出版社 1979年 150页 有图
10×13cm 统一书号：8081.11778 定价：CNY0.18

　　本书是中国现代连环画册。

J0069512

诸葛装神 罗贯中原著；王星北改编；凌涛画

上海 上海人民美术出版社 1979年 2版 102页
10×13cm 统一书号：8081.3242 定价：CNY0.15
（《三国演义》连环画 41）

J0069513

猪八戒吃西瓜 包蕾编文；邓柯绘

上海 上海人民美术出版社 1979年 92页
13cm（60开）统一书号：8081.11464
定价：CNY0.11

　　本书是中国现代连环画册。绘者邓柯
（1936— ），画家。原籍江苏苏州市，生于上海。
原名邓国泰。中国美协会员，天津美协理事。曾
任天津美术出版社美术编辑、天津画院创作干
部。主要作品有《雨》《码头》《小猴种玉米》等。

J0069514

猪八戒新传 （上集）包蕾原著；章淑萍，张红

兵改编；杨晓晖绘画

南京 江苏人民出版社 1979 年 35+73 页

有图 10×13cm 统一书号：8100.3.261

定价：CNY0.14

　　本书是中国现代连环画册。

J0069515

猪八戒学本领　　包蕾原著；阎正编绘；刘壮安等绘画

西安 陕西人民美术出版社 1979 年 79 页

13cm（60 开）定价：CNY0.10

　　本书是中国现代连环画册。

J0069516

煮酒论英雄　　冯若梅，田衣改编；李铁生绘画

上海 上海人民美术出版社 1979 年 3 版 118 页

10×13cm 统一书号：8081.2993 定价：CNY0.17

（《三国演义》连环画 12）

J0069517

祝福　鲁迅原著；黄英浩绘

上海 上海人民美术出版社 1979 年 62 页

20cm（24 开）统一书号：8081.11799

定价：CNY1.80

（鲁迅小说连环画）

　　绘者黄英浩（1949—　），油画家。浙江镇海人，出生上海。上海油画雕塑研究院专业油画家，文汇报文艺部美术编辑。主要作品有鲁迅小说连环画《祝福》《一件小事》，巴金文学作品《秋天里的春天》《寒夜》插图等。

J0069518

壮族人民的好儿子　　杨新民改编；成湘，心亮绘画

济南 山东人民出版社 1979 年 54 页 13cm（60 开）

定价：CNY0.09

　　本书是中国现代连环画册。

J0069519

追穷寇　洪树林改编；邵劭等绘

合肥 安徽人民出版社 1979 年 124 页 有图

10×13cm 统一书号：8102.1055 定价：CNY0.15

　　根据李晓明原著改编的现代连环画作品。

J0069520

追踪千里　曾纪荣改编；廖正华绘画

长沙 湖南人民出版社 1979 年 102 页 13cm（60 开）

定价：CNY0.15

　　本书是中国现代连环画册。作者廖正华（1946—　），画家。湖南益阳人，结业于浙江美院国画系。现任湖南省美术家协会理事、湖南省连环画艺术委员会副主任、湖南省益阳市美术家协会主席，湖南益阳群众艺术馆副研究馆员。主要作品《边城》《万朵花开四月八》《醉乡》《芙蓉镇》等作品。

J0069521

走麦城　吴其柔，田衣改编；严绍唐绘画

上海 上海人民美术出版社 1979 年 2 版 142 页

10×13cm 统一书号：8081.3119 定价：CNY0.20

（《三国演义》连环画 32）

　　绘者严绍唐（1912—1979），又名家驯。江苏吴县洞庭西山人。擅长连环画，代表作品有《金玉奴》《走麦城》《姜维献书》《刺庆忌》等。

J0069522

祖冲之　毛永煌编文；宗静草绘画

南京 江苏人民出版社 1979 年 77 页 10×13cm

定价：CNY0.15

（中国古代科学家）

　　本书是中国现代连环画册。绘者宗静草，江苏美术出版社美编，与其兄合作有《宗静风宗静草连环画作品》，包括《十五贯》《包公审石》《放鸭姑娘》《黑黑和白白》《蝴蝶杯》等。

J0069523

祖冲之　邹洪根改编；乔玉川绘画

西安 陕西人民美术出版社 1979 年 70 页

13cm（60 开）定价：CNY0.10

（科学家的故事 丛书）

　　本书是中国现代连环画册。作者乔玉川（1938—　），毕业于西安美术学院中国画系。中国美术家协会会员，中央文史馆书画研究员，陕西省美术家协会顾问，终身艺术委员会委员。出版专著《乔玉川画集》《乔玉川栾川写生集》《乔玉川人物画集》《乔玉川栾川山水画集》等。

J0069524

祖冲之　谭一寰原著；陈沫改编；颜梅华，颜

志强绘画
天津　天津人民美术出版社　1979 年　70 页
15cm（40 开）定价：CNY0.15
（古代科学家）
　　本书是中国现代连环画册。作者颜梅华
（1927—　　），国画家。号雪庵，斋号琴斋。浙江
乐清人。代表作品有《比目鱼》《白秋练》《白蛇
传》《风云初记》等。

J0069525
祖国的骄傲　（自卫反击战连环画）
广州　广东人民出版社　1979 年　123 页　13cm（60 开）
统一书号：8111.2138　定价：CNY0.17
　　本书是中国现代连环画册。

J0069526
最后一课　白敬周编绘
北京　人民美术出版社　1979 年　27 页　有图
13×15cm　统一书号：8027.7129　定价：CNY0.10
　　根据法国都德同名小说改编的本书是中国
现代连环画册。

J0069527
作客之前　戴光炬等编文；汪国新绘画；宜昌
市商业局政治处供稿
武汉　湖北人民出版社　1979 年　62 页　有图
10×13cm　统一书号：8106.1942　定价：CNY0.09
　　本书是中国现代连环画册。

J0069528
"不称心"的姐夫　庚寅原著；文碧改编；晁
锡弟绘
北京　人民美术出版社　1980 年　86 页　13cm（64 开）
定价：CNY0.11
　　中国现代连环画。

J0069529
"九一三"凌晨的战斗　韩京承等改编；周长
春绘
福州　福建人民出版社　1980 年　82 页　有图
10×13cm　统一书号：8173.369　定价：CNY0.12
　　中国现代连环画，书中描绘在林彪叛逃事件
中，飞行中队长机智勇敢，用生命和鲜血，保全
了党和国家的机密文件的故事。

J0069530
"请各位蚂蚁注意"　迟叔昌原著；许芯仁编；
何玉门等绘
上海　上海人民美术出版社　1980 年　46 页　有图
10×13cm　统一书号：8081.11944　定价：CNY0.14
　　根据科学故事改编的中国现代连环画。

J0069531
"小马虎"历险"疏忽国"　苏敦勇改编；李春
绘画
沈阳　辽宁美术出版社　1980 年　66 页　有图
13cm（60 开）统一书号：8117.1972　定价：CNY0.11
　　中国现代连环画

J0069532
"小马虎"历险"疏忽国"　小野原著；木之华
改编；宋虎立等绘画
太原　山西人民出版社　1980 年　31 页　有图
10×13cm　统一书号：8088.1341　定价：CNY0.07
　　中国现代连环画

J0069533
"小伞兵"和"小刺猬"　孙幼忱编；秦一真等绘
上海　上海人民美术出版社　1980 年　46 页
有彩图　10×13cm　统一书号：8081.11915
定价：CNY0.14
　　中国现代连环画。

J0069534
"一○三"落网记　马健翎，黄俊耀原著；张
连寿改编；张鹏绘画
西安　陕西人民美术出版社　1980 年　158 页
13cm（64 开）统一书号：8199.162　定价：CNY0.24
　　本书是中国现代连环画册。

J0069535
51 号兵站　王传江改编；徐思绘画
沈阳　辽宁美术出版社　1980 年　105 页　13cm（64 开）
统一书号：8117.1967　定价：CNY0.16
　　本书是中国现代连环画册。作者徐思
（1927—2006），年画家、漫画家、连环画家。笔
名子冶、何溪。辽宁桓仁人。中国美术家协会会
员。代表作品有《51 号兵站》《战袍姻缘》《水漫
金山寺》等。

J0069536
603 号的秘密　景文原著；叶晓雯改编；韦智仁绘画
南宁 广西人民出版社 1980 年 94 页 13cm（64 开）
定价：CNY0.12
　　本书是中国现代连环画册。

J0069537
67 谋害案　南辕改编；季源业绘画
天津 天津人民美术出版社 1980 年 106 页
13cm（64 开）统一书号：8073.30436
定价：CNY0.14
　　本书是中国现代连环画册。

J0069538
9 号的秘密　章以武原作；马骥改编；华尘绘画
广州 广东人民出版社 1980 年 86 页 有图
10×13cm 统一书号：8111.2215 定价：CNY0.13
　　中国现代连环画。

J0069539
阿 Q 正传　鲁迅原著；赵延年绘
上海 上海人民美术出版社 1980 年 61 页
20cm（32 开）统一书号：8081.12148
定价：CNY1.80
（鲁迅小说连环画）
　　本书是根据鲁迅小说《阿 Q 正传》编绘的中国现代连环画册。绘者赵延年（1924—2014），教授、版画家。生于浙江湖州，就读于上海美专学习木刻。浙江美术学院教授，浙江版画家协会名誉会长，浙江漫画研究会顾问。作品有《负木者》《鲁迅先生》《起来饥寒交迫的奴隶》等，出版有《赵延年版画选》。

J0069540
阿基米得的故事　方强改编；董达荣，于保勋绘画
福州 福建人民出版社 1980 年 62 页 13cm（64 开）
定价：CNY0.09
　　本书是中国现代连环画册。

J0069541
阿里巴巴和四十大盗　鲁业廉改编；刘文颉绘画
合肥 安徽人民出版社 1980 年 23 页 有彩图

10×13cm 统一书号：R8102.1153 定价：CNY0.14
　　本书是根据《一千零一夜》改编的中国现代连环画册。

J0069542
阿里巴巴和四十大盗　张键改编；王惟震绘画
北京 北京出版社 1980 年 59 页 13cm（64 开）
统一书号：8071.350 定价：CNY0.09
　　中国现代连环画册。根据《一千零一夜》中的同名故事改编。

J0069543
阿斯拜克　沈凯原著；陈之华改编；朱黎黎绘画
南京 江苏人民出版社 1980 年 54 页 有图
10×13cm 统一书号：8100.3.310 定价：CNY0.11
　　根据《智歼"红毛熊"》的故事改编的连环画。

J0069544
啊！摇篮　石晓华改编
北京 中国电影出版社 1980 年 157 页 13cm（64 开）
定价：CNY0.27
（电影连环画）
　　本书是中国连环画册。

J0069545
爱打扮的鸵鸟爸爸　王坚改编；钱家骍绘
上海 上海人民美术出版社 1980 年 46 页
有彩图 10×13cm 统一书号：8081.11869
定价：CNY0.17
　　本书是中国现代连环画册。

J0069546
爱科学的孩子　陈日朋等编文；雷子君等绘画
长春 吉林人民出版社 1980 年 121 页 13cm（64 开）
定价：CNY0.18
　　本书是中国现代连环画册。

J0069547
爱情的波折　林微润原作；文编等改编；陈健绘画
福州 福建人民出版社 1980 年 59 页 有图
10×13cm 统一书号：8173.302 定价：CNY0.08
　　本书是中国现代连环画册。

J0069548
爱情的位置　刘心武原著；叶惠元改编；殷恩光绘画
上海　上海人民美术出版社　1980年　78页
13cm（64开）定价：CNY0.10
　　本书是中国连环画册。作者叶惠元，改编的主要连环画作品有《燎原》《喜乐的山窝》《红色工会》等。绘者殷恩光，连环画家。上海美协常务理事，国家一级美术师。连环画代表作品有《闻一多》等。

J0069549
安徽农作物新品种　（水稻、小麦、油菜）安徽省种子公司编
合肥　安徽科学技术出版社　1980年　26页　有图
10×13cm　统一书号：16200.13　定价：CNY0.06
　　本书是介绍安徽农作物新品种的连环画册。

J0069550
安徒生的童年　叶君健原著；舒君改编；高燕，谭晓春绘
北京　人民美术出版社　1980年　94页　13cm（64开）
统一书号：8027.7580　定价：CNY0.15
　　本书是根据《鞋匠的儿子》改编的中国现代连环画册。

J0069551
傲蕾·一兰　叶楠原著；董乃德改编；周永生，谭国信绘画
济南　山东人民出版社　1980年　158页　13cm（64开）
定价：CNY0.24
　　根据同名电影剧本改编的中国现代连环画册。

J0069552
傲蕾·一兰　（上）鲍芝芳改编
北京　中国电影出版社　1980年　147页　13cm（64开）
统一书号：8061.1477　定价：CNY0.26
（电影连环画册）

J0069553
傲蕾·一兰　（下）鲍芝芳改编
北京　中国电影出版社　1980年　147页　有图
13cm（60开）统一书号：8061.1565　定价：CNY0.26
（电影连环画册）

J0069554
奥瑟罗　（英）莎士比亚原著；李白英改编；江云绘画
上海　上海人民美术出版社　1980年　195页
13cm（64开）定价：CNY0.22
（莎士比亚戏剧连环画）

J0069555
八一风暴　王瑞改编；王征等绘画
北京　人民美术出版社　1980年　188页　有图
13cm（60开）统一书号：8027.6993　定价：CNY0.27
　　中国现代革命故事连环画册。绘者王征（1938—　），画家。浙江温岭人，毕业于浙江美术学院中国画系。曾任浙江博物馆美术员、北京人民美术出版社编辑、济南军区美术员，杭州浙江工艺美校高级讲师、校长，中国美术家协会会员。作品有《红楼梦》《三国演义》《金瓶梅》。出版有《国画人物画法》等。

J0069556
巴把和官家　（彝族民间故事）谈治华改编；何伊华，何正元绘画
贵阳　贵州人民出版社　1980年　62页　13cm（64开）
统一书号：8115.783　定价：CNY0.11
　　本书是中国现代连环画册。

J0069557
巴黎圣母院　颖萱改编；王新斌，曹淑琴绘画
长春　吉林人民出版社　1980年　104页　13cm（64开）
定价：CNY0.15
　　本书是中国现代连环画册。

J0069558
巴黎圣母院　（法）维克多·雨果原著；何青改编；杨逸麟绘画
天津　天津人民美术出版社　1980年　168页
13cm（64开）定价：CNY0.26
（外国文学名著选编）
　　中国现代连环画册。绘者杨逸麟（1931—　），画家、教授。河北迁安人，毕业于中央美术学院绘画系。中国美术家协会会员，中央美术学院教授。代表作品有《一颗铜钮扣》《卡门》《周恩来画卷》等。

J0069559
拔"钉子"　文芒改编；袁峰绘
南京 江苏人民出版社 1980年 118页 13cm（64开）
定价：CNY0.15
　　本书是根据小说《茁壮成长》改编的中国现代连环画册。

J0069560
拔哥的故事　（下集）肖明改编
北京 中国电影出版社 1980年 147页 13cm（64开）
统一书号：8061.1438 定价：CNY0.26
（电影连环画册）

J0069561
霸王别姬　林林编文；姚延林绘画
上海 上海人民美术出版社 1980年 94页
13cm（64开）定价：CNY0.12
　　本书是中国连环画册。绘者姚延林，主要连环画作品有《霸王别姬》《养牛的人》《河神娶媳妇》等。

J0069562
白光　鲁迅原著；贺友直绘
上海 上海人民美术出版社 1980年 72页
20cm（24开）统一书号：8081.12144
定价：CNY2.30
（鲁迅小说连环画）
　　根据鲁迅小说编绘的本书是中国现代连环画册。

J0069563
白虎山歼敌记　张波改编；梁启德绘
天津 天津人民美术出版社 1980年 83页 有图
13cm（60开）统一书号：8073.30465
定价：CNY0.12
　　中国现代连环画册。

J0069564
白居易　许祖龙编文；耒汶阳等绘画
南京 江苏人民出版社 1980年 110页 有图
13cm（60开）统一书号：8100.3.348
定价：CNY0.14
　　中国现代连环画册。

J0069565
白卷先生　陈屿原著；吴其柔改编；苏正刚绘画
上海 上海人民美术出版社 1980年 142页 有图
13cm（60开）统一书号：8081.11898
定价：CNY0.17
　　中国现代连环画册。作者苏正刚（1937—1993），画家。上海人。中国美术家协会会员，中国版画协会会员。擅长连环画、版画、中国画。

J0069566
白蛇传　赵振堂改编；葛立英摄影
济南 山东人民出版社 1980年 86页 13cm（64开）
统一书号：8099.1936 定价：CNY0.15
　　本书是根据同名剧本编绘的中国现代连环画册。

J0069567
柏林之围　（法）都德原著；童孟侯改编；刘耀真等绘画
上海 上海人民美术出版社 1980年 28页 有图
13cm（60开）统一书号：8081.11783
定价：CNY0.09
　　根据原著改编的中国现代连环画作品，包括《柏林之围》《最后一课》两篇小说。

J0069568
半分之差　刘德璋编绘
郑州 河南人民出版社 1980年 44+24页 有图
13cm（60开）统一书号：8105.1017
定价：CNY0.09
　　本书是中国现代连环画册。

J0069569
宝贝　丁正泉原著；晓业改编；杨雨青绘
南京 江苏人民出版社 1980年 62页 有图
13cm（60开）统一书号：8100.3.347
定价：CNY0.09
　　本书为中国连环画册。绘者杨雨青（1944—　），国家一级美术师。出生于江苏无锡，毕业于南京艺术学院附中。中国美术家协会会员，无锡市书画院国家一级美术师，专业从艺60载。代表作品有《红肚兜儿》《水牛图》《卖驴》等。

J0069570
宝岛历险记　（英）史蒂文生原著；练文修改编；

张明超绘画

福州 福建人民出版社 1980年 162页 13cm（64开）

定价：CNY0.21

　　本书是中国连环画册。

J0069571

宝莲灯　张雨改编；赵映炯，吴绪经绘画

成都 四川人民出版社 1980年 100页 13cm（64开）

统一书号：R8118.730 定价：CNY0.16

　　本书是根据同名川剧、舞剧改编的中国连环画册。绘者吴绪经（1945— ），教授。生于四川成都，四川省教育学院美术系教授，中国美术家协会会员，中国电影家协会会员。作品有《竞技图》《虎门销烟》《一个共产党员的送葬行列》等。

J0069572

宝莲灯　王昌彦改编

北京 中国戏剧出版社 1980年 156页 13cm（64开）

统一书号：8069.97 定价：CNY0.26

（戏剧连环画）

　　本书是根据同名戏曲电影改编的中国连环画册。

J0069573

豹子头林冲　岳宗周，朱希江改编；孙景全等绘画

济南 山东人民出版社 1980年 116页 有图 13cm（60开）统一书号：8099.1949 定价：CNY0.15

　　本书是根据京剧《逼上梁山》改编的中国现代连环画册。

J0069574

豹子湾战斗　刘维仁改编；李宁远绘画

沈阳 辽宁美术出版社 1980年 142页 有图 13cm（60开）统一书号：8117.1849 定价：CNY0.21

　　本书为中国连环画册。

J0069575

暴风骤雨　（上）张启太改编；王纯信绘画

哈尔滨 黑龙江人民出版社 1980年 86页 13cm（60开）定价：CNY0.13

　　本书是中国现代连环画册。作者王纯信（1939— ），画家。吉林通化人。毕业于通化教育学院。吉林省通化师范学院美术系主任，通化市美术家协会主席，中国书法家协会会员，吉林省美术家协会理事。作品有《福到农家》《长白山天池》《山民夜话》等。

J0069576

悲哀的拳王　竺乾华改编；雷德祖绘画

杭州 浙江人民美术出版社 1980年 126页 13cm（64开）统一书号：8156.30 定价：CNY0.15

　　本书是根据美国电影《出卖灵肉的人》改编的中国现代连环画册。作者竺乾华，著有《你的脑子会转弯吗》《魔伞》《江湖红侠传》（合作）、《聚歼魔鬼党》《古玩疑案》（改编）。绘者雷德祖（1942—1991），连环画家、编辑。生于广西南宁，毕业于广西艺术学院。中国美术家协会会员，广西美术家协会副主席，中国连环画研究会常务理事，《美术界》主编。代表作有《斯巴达克思》《世界名著连环画丛书》等。

J0069577

悲惨世界　（法）维克多·雨果原著；张定华，陆和荪改编；张定华绘画

杭州 浙江人民美术出版社 1980年 150页 13cm（64开）定价：CNY0.18

　　本书是中国连环画册。

J0069578

北斗　憪言改编

北京 中国电影出版社 1980年 177页 10×13cm 定价：CNY0.30

（电影连环画册）

J0069579

贝尔——电话发明家的故事　王秉龙编绘

北京 人民美术出版社 1980年 68页 有图 13cm（60开）统一书号：8027.7513 定价：CNY0.12

　　中国现代连环画册。作者王秉龙（1943— ），生于山西祁县。中国戏剧家协会会员，北京美术家协会会员。擅长楷书、魏碑、行书。出版《科学发明家故事》《明史演义》等多部连环画册。改编拍摄并出版了几百种传统戏曲年画，被称为中国戏曲年画摄影第一人。

J0069580

被出卖的女儿　刘克原原作；于秀溪改编；马程绘

北京 人民美术出版社 1980年 158页 13cm（64开）

定价: CNY0.18

根据原作《丫丫》改编的本书是中国现代连环画册。作者于秀溪(1939—)，作家、诗人、书法家。原名于秀锡。河北灵寿县人，毕业于广播学院新闻系。曾任中国美术出版社副编审、《连环画报》主编，中国诗书画院研究员。主要作品有《哪吒传》《岳云寻父记》《审美心理学》等。绘者马程(1940—)，连环画家。辽宁大连人，毕业于鲁迅美术学院中国画系。曾任人民美术出版社连环画编辑室副主任。作品有《鲁智深》《封神演义》《清宫演义》等。

J0069581

奔向延安 彭振梁编文；程翔绘画

武汉 湖北人民出版社 1980年 110页 有图 13cm(60开) 统一书号：8106.2098 定价：CNY0.16

中国现代连环画册。

J0069582

逼婚记 罗杰锋改编

北京 中国戏剧出版社 1980年 125页 13cm(64开) 定价：CNY0.21

(戏剧连环画册)

根据同名电影改编的本书是中国现代连环画册。

J0069583

逼上梁山 戴俊贤编文；李智绘画

郑州 河南人民出版社 1980年 106页 14cm(48开) 定价：CNY0.18

本书是根据同名京剧改编的中国现代连环画册。

J0069584

逼上梁山 章霖改编；阴衍江绘画

哈尔滨 黑龙江人民出版社 1980年 96页 13cm(60开) 定价：CNY0.14

本书是根据同名京剧改编的中国现代连环画册。作者阴衍江(1940—2011)，画家。中国美术家协会会员，一级画师，黑龙江美术出版社专业画家，黑龙江文史馆馆员。

J0069585

逼上梁山 胡霜改编；孙昌茵绘画

杭州 浙江人民美术出版社 1980年 126页

13cm(60开) 定价：CNY0.15

本书是中国连环画册。绘者孙昌茵(1943—)，画家。原籍中国浙江温州，现居加拿大。加拿大中国美术协会副主席，加拿大当代艺术研究院院长，多伦多美术学院名誉院长。代表作品有连环画《白蛇传》、油画《百年华工血泪路》，出版有《孙昌茵水墨人体》《线描人体》《怎样使用油画刀》《孙昌茵油画艺术》等。

J0069586

比丘国 吴承恩原著；陈平夫改编；叶之浩，徐进绘画

石家庄 河北人民出版社 1980年 2版 60页 13cm(64开) 统一书号：8086.1197 定价：CNY0.11

J0069587

彼岸 杜宣原著；褚伯承编；徐学初绘

上海 上海人民美术出版社 1980年 150页 有图 13cm(60开) 统一书号：8081.11925

定价：CNY0.17

本书是中国现代连环画册。绘者徐学初(1968—)，教授。生于浙江桐庐，毕业于上海戏剧学院舞台美术系。就职上海市戏曲学校舞美设计及舞美班。作品有《大卫·科波菲尔》《汤姆大伯的小屋》《红与黑》等多部中外世界名著连环画。

J0069588

毕生 廖公弦，戴明贤原作；罗马改编；宋剑锋绘画

贵阳 贵州人民出版社 1980年 106页 13cm(64开) 定价：CNY0.16

本书是中国现代连环画册。作者戴明贤(1935—)，编辑。生于贵州安顺。历任《友谊》杂志编辑、贵州人民广播电台新闻部编辑、贵阳市川剧团编剧，《花溪》月刊副主编，编审。出版作品有《岔河涨水》《九疑烟尘》《戴明贤书法篆刻集》等。

J0069589

毕昇 廖公弦，戴明贤原著；鲁冬青改编；刘昌华绘画

南京 江苏人民出版社 1980年 86页 10×13cm 定价：CNY0.11

(中国古代科学家)

本书是中国现代连环画册。

J0069590
毕昇 王士俊编文；于绍文等绘画
天津 天津人民美术出版社 1980年 66页 有图
15cm（40开）统一书号：8073.30422
定价：CNY0.16
　　中国现代连环画册。绘者于绍文（1939—　），
画家。山东烟台人。曾任人民文学出版社美术
编辑室副主任，副编审。代表作品有《贫嘴张大
民的幸福生活》《陈毅之帅》《佛教画藏》等。

J0069591
碧海恩仇 张定华等改编；刘君等摄影
北京 中国戏剧出版社 1980年 123页 有图
13cm（60开）统一书号：8069.105
定价：CNY0.21
　　本书是根据同名曲剧改编的中国现代连环
画册。

J0069592
碧血凝剑 高天华改编；郭召明等绘画
武汉 湖北人民出版社 1980年 86页 有图
13cm（60开）统一书号：8106.2078 定价：CNY0.12
　　本书是根据《扬眉剑出鞘》改编的中国现代
连环画册。

J0069593
边防擒敌 张志忠，王永乐编文；李云德绘画
济南 山东人民出版社 1980年 82页 13cm（64开）
统一书号：8099.1943 定价：CNY0.11
　　中国现代连环画册。

J0069594
边防少年 张发良原作；张国信改编；李诗唐
等绘
太原 山西人民出版社 1980年 94页 有图
13cm（60开）统一书号：8088.630
定价：CNY0.14
　　中国现代连环画。

J0069595
边塞风啸 许特生原著；姚承勋改编；李灼绘画
乌鲁木齐 新疆人民出版社 1980年 95页
13cm（64开）定价：CNY0.16

本书是根据同名小说改编的中国现代连环
画册。

J0069596
蝙蝠 晓黎改编
北京 中国电影出版社 1980年 117页 13cm（64开）
定价：CNY0.21
（电影连环画册）

J0069597
表 （苏）连卡·班台莱耶夫；董青冬绘画
北京 人民美术出版社 1980年 78页 有图
13cm（60开）统一书号：8027.7458 定价：CNY0.11
　　本书是中国现代连环画册。

J0069598
滨海谍案 牟怀柯原著；张键改编；陆汝浩绘
石家庄 河北人民出版社 1980年 75页
有图 13cm（60开）统一书号：8086.1201
定价：CNY0.10
　　本书是中国现代连环画册。

J0069599
滨海谍影 彭信理改编；钟增亚绘画
长沙 湖南美术出版社 1980年 86页 13cm（64开）
统一书号：8233.13 定价：CNY0.13
　　中国现代连环画册。作者钟增亚（1940—
2002），画家。又名钟亚，湖南衡阳人，广州美术
学院中国画系毕业。任职于衡阳市文化馆，中国
书法家协会理事，中国美术家协会理事，湖南省
书协主席，湖南书画研究院院长。国画《楚人》
《三峡史诗》。出版有《钟增亚中国画选集》《钟
增亚速写集》。

J0069600
槟榔寨歼匪记 奚海改编；钟开天绘
昆明 云南人民出版社 1980年 78页 有图
13cm（60开）统一书号：8116.906
定价：CNY0.12
　　本书是中国现代连环画册。作者钟开天
（1942—　），画家。中国美术家协会会员，云南
新闻美协副会长，云南民族画院副院长。代表作
品有《绿色瑰宝》《山花烂漫》《江山多娇图》等。

J0069601

兵临城下　尚文改编；长春电影制片厂摄制
上海　上海人民美术出版社　1980年　174页
13cm（64开）统一书号：8081.11462
定价：CNY0.30
　　本书是根据同名电影改编的中国现代连环画册。

J0069602

乒坛名将容国团　艾立国编文；艾民有，吴燕生绘画
石家庄　河北人民出版社　1980年　86页
13cm（64开）统一书号：8086.1330定价：CNY0.11
　　本书是中国现代连环画册。作者艾民有（1937—　），油画家。上海人，毕业于中央美术学院油画系。在海军政治部创作室从事专业美术创作，中国美术家协会会员，国家一级美术师。主要作品有《返航》《传经》《看海洋》等。

J0069603

搏斗　萧育轩原著；崔亚斌改编；李勤学，杜凤宝绘画
沈阳　辽宁美术出版社　1980年　102页　13cm（64开）
定价：CNY0.16
　　中国现代连环画册。作者杜凤宝（1946—　），插图画家。辽宁辽阳市人，毕业于鲁迅美术学院。辽宁春风文艺出版社美术编辑室主任，中国美术家协会会员。

J0069604

不灭的篝火　张隽一改编；刘宝仲绘画
长春　吉林人民出版社　1980年　98页　有图
13cm（60开）统一书号：8091.1084
定价：CNY0.15
　　本书是中国现代连环画册。

J0069605

不怕鬼的故事　（五则）汪玉良改编
兰州　甘肃人民出版社　1980年　112页　13cm（64开）
定价：CNY0.18
　　中国现代连环画册。

J0069606

不平常的遭遇　陈登科等原作；童介眉改编并绘画
石家庄　河北人民出版社　1980年　61页
13cm（64开）定价：CNY0.09
　　本书是中国现代连环画册。作者童介眉（1940—　），浙江镇海人。人民美术出版社副编审，《连环画报》副主编，中国美术家协会会员，中国出版协会连环画艺术委员会常务委员兼副秘书长。出版《世界人体化妆艺术》《现代外国插图艺术》等画集。作品有油画《把木材运往建设工地》，中国画《花开时节》，连环画《队长的娘》等。

J0069607

不是为了爱情　殷伟，陈丽编文
成都　四川人民出版社　1980年　174页　13cm（64开）
统一书号：R8118.911　定价：CNY0.29
　　本书是中国现代连环画册。

J0069608

不准出生的人　王颖原著；徐云麟改编；罗兴绘画
上海　上海人民美术出版社　1980年　149页　有图
13cm（60开）统一书号：8081.12131
定价：CNY0.17
　　本书是中国现代连环画册。

J0069609

布衣毕昇　石流文；包抑绘画
郑州　河南人民出版社　1980年　62页　有图
13cm（60开）统一书号：8105.1031　定价：CNY0.10
　　本书是中国现代连环画册。

J0069610

彩虹姐姐　（低）尤异写；韩伍画
上海　少年儿童出版社　1980年　有彩图　17×19cm
统一书号：R10024.3729　定价：CNY0.23
（爱科学图画丛书）
　　本书是中国现代连环画册。

J0069611

蔡文姬　郭沫若原作；任宝贤改编；孟庆江绘
北京　人民美术出版社　1980年　46页　13cm（64开）
定价：CNY0.23
　　本书是中国现代连环画册。

J0069612

蔡文姬 郭沫若原著；李光羽改编；项维仁绘画
上海 上海人民美术出版社 1980 年 150 页
10cm（64 开）定价：CNY0.18

根据同名历史剧编绘的本书是中国现代连环画册。

J0069613

蔡文姬 郭沫若原著；任愚颖改编；李俊昌绘画
昆明 云南人民出版社 1980 年 85 页 13cm（64 开）
定价：CNY0.13

中国现代连环画册。

J0069614

苍蝇要尾巴 张小燕改编；姜成安等绘画
成都 四川人民出版社 1980 年 有彩图 13×15cm
统一书号：R10118.290 定价：CNY0.13

本书是中国现代连环画册。

J0069615

曹操的故事 龙懋勤改编；罗中立绘画
成都 四川人民出版社 1980 年 59 页 有图
10cm（64 开）统一书号：R8118.681
定价：CNY0.12

本书是中国现代连环画册。

J0069616

曹操割发 孙剑影改编；黄午生绘画
南京 江苏人民出版社 1980 年 78 页 13cm（64 开）
定价：CNY0.11

本书是中国连环画册。

J0069617

草地门巴 史中里改编；叶坚铭，徐传鑫绘画
沈阳 辽宁美术出版社 1980 年 136 页 13cm（64 开）
统一书号：8117.1976 定价：CNY0.20

中国现代连环画册。

J0069618

草地上的电波 李株原著；党永庵改编；何润
民绘画
西安 陕西人民美术出版社 1980 年 110 页
13cm（64 开）定价：CNY0.14

本书是根据小说《茫茫的草地》改编的中国
现代连环画册。绘者何润民（1947— ），画家、

教师。陕西合阳人。西安美院副教授、院学术委
员会委员，后任西安美术学院附属中等美术学校
校长。代表作品有《老照壁》《牧歌》等。

J0069619

草地晚餐 刘心科编文；钱生发等绘画
长春 吉林人民出版社 1980 年 62 页 有图
13cm（60 开）统一书号：8091.1042 定价：CNY0.10

本书是中国现代连环画册。

J0069620

草原上的孩子 吕先奇原著；梓人改编；吴山
明绘画
乌鲁木齐 新疆人民出版社 1980 年 148 页
13cm（64 开）统一书号：8098.121 定价：CNY0.26

本书是根据同名小说改编的中国现代连环
画册。

J0069621

草原英雄 （上集）李遵义改编；李俊琪绘画
沈阳 辽宁美术出版社 1980 年 132 页 15cm（64 开）
定价：CNY0.32

本书是中国连环画册。绘者李俊琪
（1943— ），教授。号大道轩主人，河北乐亭人。
天津美术家协会副主席，中国美术家协会会员，
南开大学教授、研究生导师，美国传记研究院研
究员。著作有《中国历代诗家图卷》《中国历代
兵家图卷》《中国历代文学家画传》《李俊琪画
集》等。

J0069622

草原英雄 （下集）李遵义改编；李俊琪绘画
沈阳 辽宁美术出版社 1980 年 134 页 15cm（64 开）
定价：CNY0.32

本书是中国连环画册。

J0069623

草原英雄 （上册）李遵义改编；李骏琪绘
沈阳 辽宁美术出版社 1982 年 132 页 13cm（60 开）
定价：CNY0.19

本书是中国现代连环画册。

J0069624

草原英雄 （下册）李遵义改编；李骏琪绘
沈阳 辽宁美术出版社 1982 年 134 页 13cm（60 开）

定价：CNY0.19

　　本书是中国现代连环画册。

J0069625

茶花女　（上）（法）小仲马原著；李白英等改编；陈俭绘画

上海　上海人民美术出版社　1980年　165页

13cm（64开）定价：CNY0.29

　　本书是中国连环画册。

J0069626

茶花女　（下）（法）小仲马原著；李白英等改编；陈俭绘画

上海　上海人民美术出版社　1980年　332页

13cm（64开）定价：CNY0.29

　　本书是中国连环画册。

J0069627

嫦娥奔月　江苏省锡剧团编导组编剧；王锡春等改编；周仓志等摄影

南京　江苏人民出版社　1980年　204页　有图

10×13cm　统一书号：8100.3.357　定价：CNY0.25

　　本书是中国现代连环画册。摄影周仓志，摄影连环画有《李太白与杨贵妃》，黄梅戏《女驸马》四连拍，锡剧《嫦娥奔月》等。

J0069628

唱对台戏　（古人勤学苦练的故事）朱冰改编；施大畏等绘画

西安　陕西人民美术出版社　1980年　84页

13cm（64开）统一书号：8199.173　定价：CNY0.20

　　本书是中国连环画册。绘者施大畏（1950—　　），画家。浙江吴兴人，毕业于上海大学美术学院国画系。国家一级美术师，曾任上海国画院执行院长、中国美术家协会副主席，中国美协国画艺委会委员，上海美协国画艺委会主任，上海大学美术学院兼职教授。代表作《暴风骤雨》《国殇》《皖南事变》《归途——西路军妇女团纪实》。

J0069629

沉冤　王亚平著；刘亚东改编；丁世弼绘画

武汉　湖北人民出版社　1980年　126页　13cm（64开）

统一书号：8106.2076　定价：CNY0.18

　　本书是中国现代连环画册。根据《神圣的使命》改编。绘者丁世弼（1939—2018），画家、国家一级美术师。字仲宜，江西南昌人。中国美术家协会会员，江西省美术家协会副主席。代表作有《渔岛怒潮》《秋瑾》《陈赓大将》《红楼梦》等。

J0069630

陈景润　徐伟敏，郑平著文；王立志绘画

上海　上海人民美术出版社　1980年　117页　有图

13cm（60开）统一书号：8081.11815

定价：CNY0.14

　　本书是中国现代连环画册。

J0069631

陈毅同志的故事　沈尧伊改编并绘画

天津　天津人民美术出版社　1980年　20页　有图

17cm（40开）统一书号：8073.30378

定价：CNY0.40

　　本连环画内容包括：夜走油山、雪夜办公、糯米草、竹杠等故事。作者沈尧伊（1943—　　），画家。浙江镇海人，毕业于中央美术学院。中国人民大学徐悲鸿艺术学院教授，中国美术家协会会员，北京美术家协会理事，连环画艺术委员会主任。代表作品《而今迈步从头越》《革命理想高于天》《地球的红飘带》等。

J0069632

陈毅在赣粤边　周倜编；蔡超绘

北京　人民美术出版社　1980年　88页　15cm（64开）

定价：CNY0.25

　　本书是中国现代连环画册。作者周倜（1936—　　），山西平陆人。中国书法家协会会员，中山书画社社员，北京秦文学会常务理事。作者蔡超（1944—　　），国家一级美术师。上海嘉定人。擅长中国画人物创作，兼攻山水、花鸟以及连环画。历任南昌画院院长、江西博物馆馆长、江西省美术家协会主席、中国美术家协会江西分会理事。代表作品有《集思》《扶臂》《天地间》《众志成城》《毛主席在农村调查》等。

J0069633

成皋之战　林林编文；瞿谷寒绘画

上海　上海人民美术出版社　1980年　110页

10cm（64开）定价：CNY0.14

　　本书是中国现代连环画册。绘者瞿谷寒（1938—　　），画家。生于上海浦东，就读于扬州

艺术学校学习美术。上海美术家协会会员,上海连环画研究会会员,上海民盟书画院画师。代表作品有《宋史演义》连环画,《少小离家老大回》《瞿谷寒画集》等。

J0069634

成语故事　艾明编文;李文龙绘画
太原 山西人民出版社 1980年 142页 13cm(64开)
统一书号:18088.1340 定价:CNY0.19
　　本书是中国现代连环画册。

J0069635
成语故事选　(一)孙建中编文;季鑫焕等绘画
济南 山东人民出版社 1980年 68页 13cm(64开)
定价:CNY0.11
　　本书是中国现代连环画册。

J0069636
成语故事选　(二)孙建中编文;童继贤绘画
济南 山东人民出版社 1980年 94页 13cm(64开)
定价:CNY0.14
　　本书是中国现代连环画册。

J0069637
成语故事选　(三)孙建中编;季鑫焕等绘
济南 山东人民出版社 1981年 13cm(64开)
定价:CNY0.16
　　本书是中国现代连环画册。

J0069638
成语故事选　(四)孙建中编;季鑫焕等绘
济南 山东人民出版社 1981年 13cm(64开)
定价:CNY0.17
　　本书是中国现代连环画册。

J0069639
成语故事选　(五)孙建中编;于守万等绘
济南 山东人民出版社 1981年 13cm(64开)
定价:CNY0.16
　　本书是中国现代连环画册。

J0069640
成语故事选　(六)孙建中编;季鑫焕等绘
济南 山东人民出版社 1981年 13cm(64开)
统一书号:8099.2272 定价:CNY0.16

本书是中国现代连环画册。

J0069641
成语故事选　(七)孙建中编;于守万等绘
济南 山东人民出版社 1981年 13cm(64开)
定价:CNY0.18
　　本书是中国现代连环画册。

J0069642
成语故事选　(八)孙建中编;项维仁等绘
济南 山东人民出版社 1982年 76页 13cm(60开)
定价:CNY0.14
　　本书是中国现代连环画册。

J0069643
成语故事选　(九)孙建中编;季鑫焕等绘
济南 山东人民出版社 1982年 84页 13cm(60开)
定价:CNY0.15
　　本书是中国现代连环画册。

J0069644
成语故事选　(十)孙建中编;周峰等绘
济南 山东人民出版社 1982年 92页 13cm(60开)
定价:CNY0.16
　　本书是中国现代连环画册。

J0069645
成语故事选　(十一)孙建中编;陈全胜等绘
济南 山东美术出版社 1984年 102页 13cm(60开)
统一书号:8332.313 定价:CNY0.22
　　本书包括10个成语故事组成的连环画。

J0069646
成语图画故事　(二)张帆编文;王亦秋绘画
石家庄 河北人民出版社 1980年 126页
13cm(64开)定价:CNY0.17
　　本书是中国现代连环画册。作者张帆,改编的主要连环画作品有《回民支队》《甲午海战》《敌后武工队》等。绘者王亦秋(1925—　　),连环画家。又名王野秋,浙江镇海人。前锋出版社美术编辑,上海人民美术出版社连环画创作室创作员,副审编。主要作品有《杨门女将》《小刀会》《马跃檀溪》《李逵闹东京》《清兵入塞》等。

J0069647

叱咤风云　徐英杰编文；朱贻德等绘画

石家庄　河北人民出版社　1980年　102页　有图

13cm（60开）统一书号：8086.1184

定价：CNY0.13

　　本书是中国连环画作品。

J0069648

冲锋在前——记战斗英雄胡绪清　雷河编

文；雄闯绘画

郑州　河南人民出版社　1980年　54页　13cm（64开）

统一书号：8105.947　定价：CNY0.07

　　本书是中国现代连环画册。

J0069649

崇祯借饷　姚雪垠原著；奚崇德改编；崔君沛

绘画

上海　上海人民美术出版社　1980年　190页

10cm（64开）定价：CNY0.22

（《李自成》连环画 10）

J0069650

丑小鸭　（丹）安徒生原著；吴廷琯等改编

上海　上海人民美术出版社　1980年　46页　有图

13×15cm　统一书号：8081.11761　定价：CNY0.27

（安徒生童话）

J0069651

丑小鸭　胡明改编；陈祖骥绘画

成都　四川人民出版社　1980年　37页　有图

10×13cm　统一书号：R8118.689　定价：CNY0.07

J0069652

臭秦桧　路平改编；王耀南绘画

杭州　浙江人民美术出版社　1980年　66页

13cm（64开）定价：CNY0.10

（西湖民间故事）

　　本书是中国连环画册。

J0069653

出卖灵肉的人　傅溪鹏改编；何韵兰等绘画

北京　人民体育出版社　1980年　124页　有图

13cm（60开）统一书号：8015.15

定价：CNY0.18

　　根据同名电影改编的本书是中国现代连环

画册。绘者何韵兰（1937—　　），女，教授、画家。

浙江海宁人，中央戏剧学院舞台美术系副教授，

中国美术家协会会员，北京市女美术家联谊会会

长。作品有《信念》《溯》《京剧脸谱》等，出版

有《韵兰集》《何韵兰作品集》。

J0069654

初探大别山　刘广会改编；丁世弼绘画

哈尔滨　黑龙江人民出版社　1980年　74页

13cm（64开）统一书号：8093.586　定价：CNY0.11

　　本书是中国现代连环画册。

J0069655

初探大别山　王余九原著；汪宜蕾改编；尹士

圣绘画

南京　江苏人民出版社　1980年　76页　13cm（64开）

统一书号：8100.3.318　定价：CNY0.11

　　本书是中国现代连环画册。

J0069656

除妖记　齐仕荣改编；施易昌绘画

成都　四川人民出版社　1980年　51页　有图

10cm（64开）统一书号：R8118.687　定价：CNY0.08

　　本书是根据同名电影改编的中国现代连环

画册。

J0069657

雏凤凌空　陈心朋编文；葛立英摄影；山东省

京剧团供稿

济南　山东人民出版社　1980年　88页　13cm（64开）

定价：CNY0.15

　　本书是中国现代连环画册。

J0069658

雏鸟出壳的故事　秦牧原著；黄昌明改编；余

连如绘画

南京　江苏人民出版社　1980年　62页　13cm（64开）

定价：CNY0.09

　　本书是中国现代连环画册。

J0069659

雏鹰展翅　蒋太禄编绘

长沙　湖南美术出版社　1980年　70页　13cm（64开）

定价：CNY0.12

　　本书是中国连环画册。

J0069660
穿越封锁线　毛亮英改编；樊玉民绘画
西安 陕西人民美术出版社 1980 年 62 页
13cm（64 开）定价：CNY0.10
　　本书是根据小说《通向延安的路》改编的中国现代连环画册。

J0069661
船下的秘密　杨文达原著；晁岱超改编；周峰绘画
济南 山东人民出版社 1980 年 62 页 13cm（64 开）
定价：CNY0.09
　　本书是根据《鱼鹰初试》改编的中国现代连环画册。

J0069662
春草闯堂　徐晓平编绘
上海 上海人民美术出版社 1980 年 118 页
13cm（64 开）定价：CNY0.14
　　本书是中国现代连环画册。

J0069663
春歌　李克灵等原著；陈南藻编；李绍然等绘
上海 上海人民美术出版社 1980 年 142 页
有图 13cm（60 开）统一书号：8081.11876
定价：CNY0.17
　　本书是中国现代连环画册。

J0069664
春香传　徐少伯改编；李成勋，陈光宗绘画
沈阳 辽宁美术出版社 1980 年 126 页 13cm（64 开）
统一书号：8117.1745 定价：CNY0.20
　　本书是中国连环画册。

J0069665
蠢驴子过河　郑伯侠改编；王传义绘画
武汉 湖北人民出版社 1980 年 7 页 有彩图
13cm（60 开）统一书号：8106.2008 定价：CNY0.08
　　本书是中国现代连环画册。

J0069666
聪明牌铅笔　苏敦勇改编；李春绘
沈阳 辽宁美术出版社 1980 年 58 页 13cm（64 开）
统一书号：8117.1826 定价：CNY0.10
　　本书是中国连环画册。

J0069667
从奴隶到将军　（上）梁信原著；张震钦改编；王建绘
天津 天津人民美术出版社 1980 年 133 页
13cm（64 开）定价：CNY0.17
　　本书是中国现代连环画册。

J0069668
从奴隶到将军　（下）梁信原著；张震钦改编；王建绘
天津 天津人民美术出版社 1980 年 108 页
13cm（64 开）定价：CNY0.15
　　本书是中国现代连环画册。

J0069669
从奴隶到将军　（上集）晓黎，沈佳良改编
北京 中国电影出版社 1980 年 147 页 13cm（64 开）
定价：CNY0.26
（电影连环画册）

J0069670
从奴隶到将军　（下集）晓黎，沈佳良改编
北京 中国电影出版社 1980 年 117页 13cm（64开）
定价：CNY0.21
　　本书是中国现代连环画册。

J0069671
翠微亭　沈汉改编；秀公绘画
南京 江苏人民出版社 1980 年 84 页 13cm（64 开）
定价：CNY0.12
　　本书是中国连环画册。

J0069672
错断葫芦案　曹雪芹原著；王承华改编；诸葛增仁绘画
天津 天津人民美术出版社 1980 年 96 页
13cm（64 开）定价：CNY0.15
（中学生库 初中语文 第六册）
　　本书是中国连环画册。

J0069673
达尔文　张秉伦等编；董福章绘画
北京 人民美术出版社 1980 年 148 页 有图
13cm（60 开）统一书号：8027.7569 定价：CNY0.24
　　本书是中国现代连环画册。

J0069674
大渡河　王暾改编
天津　天津人民美术出版社　1980年　176页
13cm（64开）定价：CNY0.30
　　根据同名电影改编的本书是中国现代连环
画册。

J0069675
大公鸡和漏嘴巴　姚正平写；朱延令绘画
上海　少年儿童出版社　1980年　有图　15cm（40开）
统一书号：R10024.3733　定价：CNY0.11
　　本书是中国现代连环画册。

J0069676
大海捞针　（低）《小朋友》编辑部编
上海　少年儿童出版社　1980年　有彩图　17×19cm
统一书号：R10024.3707　定价：CNY0.23
　　本书是中国现代连环画册。

J0069677
大军西进　吴若增改编；代卫绘画
天津　天津人民美术出版社　1980年　161页
13cm（64开）统一书号：8073.30386
定价：CNY0.20
　　本书是中国现代连环画册。

J0069678
大闹天宫　吴时学改编；赵映闶绘画
成都　四川人民出版社　1980年　96页　有图
13cm（60开）统一书号：R8118.720　定价：CNY0.20
（西游记故事）
　　根据中国古典小说《西游记》改编的现代连
环画作品。

J0069679
大闹通天河　辛胡改编；姜堃绘画
长沙　湖南美术出版社　1980年　110页　13cm（64开）
定价：CNY0.16
（西游记连环画　12）

J0069680
大破莲花洞　辛胡改编；廖正华绘画
长沙　湖南美术出版社　1980年　126页　13cm（64开）
统一书号：8233.18　定价：CNY0.18
（西游记连环画　8）

　　绘者廖正华（1946—　），画家。湖南益阳人。
结业于浙江美院国画系。湖南省美术家协会理
事，湖南省连环画艺术委员会副主任，湖南省益
阳市美术家协会主席，湖南益阳群众艺术馆副研
究馆员，益阳市美协主席。主要作品《边城》《万
朵花开四月八》《醉乡》《芙蓉镇》等作品。

J0069681
大墙下的红玉兰　从维熙原著；顾璧改编；王
重义绘
上海　上海人民美术出版社　1980年　134页
13cm（64开）定价：CNY0.16
　　本书是中国现代连环画册。

J0069682
大桥争夺战　张绍旻改编；吴成槐绘画
石家庄　河北人民出版社　1980年　134页　有图
13cm（60开）统一书号：8086.1204
定价：CNY0.16
　　本书是根据湛芳同志的中篇小说《桥》改编
的中国现代连环画。作者张绍旻，改编有连环画
《西游记》等。绘者吴成槐（1943—　），满族，编
辑。辽宁沈阳人。辽宁民族出版社社长兼总编辑，
辽宁美术家协会、辽宁摄影家协会会员。连环画
作品有《南下路上》《大桥争夺战》，编辑设计图
书《海外藏明清绘画珍品——沈周卷》《20世纪
中国摄影文献》。

J0069683
大嫂和二嫂　王洪立原著；张自生编绘
福州　福建人民出版社　1980年　62页　有图
13cm（60开）统一书号：8173.294
定价：CNY0.09
　　本书是中国现代连环画册。

J0069684
大雁和蜜蜂　王文森诗；宋景惠画
长春　吉林人民出版社　1980年　有彩图　10×13cm
统一书号：R8091.1040　定价：CNY0.09
　　本书是中国现代连环画册。

J0069685
大义灭亲　（东周列国故事）冯梦龙原著；卢
汶编绘
银川　宁夏人民出版社　1980年　86页　13cm（64开）

定价: CNY0.11

本书是中国现代连环画册。绘者卢汶（1922—2010），连环画家。原名卢世宝，出生于上海市，籍贯浙江鄞县。代表作品《蜀山剑侠传》《三国演义》。

J0069686

大鹰岭 商羽改编；邹世俊，王良瑜绘画

成都 四川人民出版社 1980年 87页 13cm（64开）

定价: CNY0.13

本书是根据同名美术片脚本改编的中国现代连环画册。

J0069687

大鹰岭的战斗 谢伯齐改编；谢伯齐绘画

武汉 湖北人民出版社 1980年 94页 13cm（64开）

定价: CNY0.16

本书是中国现代连环画册。

J0069688

大禹治水 （中国古代神话故事连环画）袁珂原著；张炳隅改编；丁荣魁绘画

上海 上海人民美术出版社 1980年 70页 13cm（64开）统一书号：8081.12204

定价: CNY0.09

J0069689

带枪的新娘 王润生改编；于兴安绘画

哈尔滨 黑龙江人民出版社 1980年 96页 13cm（64开）定价: CNY0.14

本书是根据同名歌剧改编的中国现代连环画册。

J0069690

戴铃铛的猫 大苗改编；曾佑瑄画

北京 人民美术出版社 1980年 22页 有图 13cm（60开）统一书号：8027.7486 定价: CNY0.12

本书是根据刘峰同名故事改编的中国现代连环画册。

J0069691

戴手铐的"旅客" 杨帆，丁楠改编；邹邦生等绘画

长沙 湖南美术出版社 1980年 174页 13cm（64开）

定价: CNY0.24

本书是中国连环画册。

J0069692

丹心谱 苏叔阳原著；任宝贤等改编；关景宇，赵宝林绘

北京 人民美术出版社 1980年 230页 13cm（64开）

定价: CNY0.26

J0069693

胆剑篇 曹禺，梅阡，于是之原著；汪澄改编；宗静草绘画

南京 江苏人民出版社 1980年 148页 有图 10×13cm 统一书号：8100.3.339 定价: CNY0.18

本书是中国现代连环画册。

J0069694

胆剑篇 （上集）徐景改编；朱光玉绘画

沈阳 辽宁美术出版社 1980年 120页 13cm（64开）

统一书号：8117.1954 定价: CNY0.18

本书是中国连环画册。作者徐景，主要改编的连环画作品有《流浪者》《女交通员》《红色交通站》等。绘者朱光玉（1928— ），连环画家。生于上海，祖籍江苏盐城。作品有《岳飞传》《苏姣姣》《一代名优》《宋景诗》《林则徐》等。

J0069695

胆剑篇 （下集）徐景改编；朱光玉绘画

沈阳 辽宁美术出版社 1980年 164页 13cm（64开）

统一书号：8117.1955 定价: CNY0.24

本书是中国连环画册。

J0069696

胆剑篇 邱扬改编；程十发绘图

北京 人民美术出版社 1980年 2版 100页 19cm（32开）统一书号：8027.4079 定价: CNY1.00

本书是根据著名话剧《胆剑篇》改编的中国现代连环画册。

J0069697

党的好女儿张志新

沈阳 辽宁美术出版社 1980年 56页（12开）

统一书号：8117.1845 定价: CNY0.70

J0069698

灯花 洪汛涛写；韩伍绘画

上海 少年儿童出版社 1980年 有彩图
15cm（40开）统一书号：R10024.3754
定价：CNY0.29

　　本书是中国现代连环画册。绘者韩伍
（1936— ），画家。浙江杭州人，毕业于行知艺
术学校。中国美术家协会会员，儿童时代社《哈
哈画报》主编，上海市美协理事。作品有《五彩路》
《微湖山上》《灯花》等，出版有《韩伍画集》《小
巷童年》《诗经彩绘》等。

J0069699

灯花姑娘　　王西元改编；林百石绘画
长春 吉林人民出版社 1980年 32页 有图
13cm（60开）统一书号：8091.1024 定价：CNY0.10

　　本书是中国现代连环画册。绘者林百石
（1946— ），画家。吉林临江人，毕业于吉林艺
术学院美术系。长春市美术家协会副主席，吉
林日报社美术部主任编辑，书画院副秘书长，中
国美术家协会会员，中国出版工作者协会装帧艺
术研究会会员。作品有《秋声》《悟道图》《观沧
海》等。

J0069700

等到满山红叶时　　沈佳良改编；沈西林，陈永
钧摄影
南京 江苏人民出版社 1980年 180页 13cm（64开）
定价：CNY0.23

　　本书是中国连环画册。

J0069701

敌后奇袭　　吴龙才编绘
长春 吉林人民出版社 1980年 100页 有图
13cm（60开）统一书号：8091.215 定价：CNY0.15

　　本书是根据石言、冠潮原著《狂风暴雨日》
改编的中国现代连环画册。

J0069702

地下城堡的毁灭　　（对越自卫还击故事）莫义
同编文；李建琛绘画
南宁 广西人民出版社 1980年 70页 13cm（64开）
定价：CNY0.09

　　本书是中国现代连环画册。

J0069703

地质之光　　王计祥改编；陶穗洪绘画

广州 广东人民出版社 1980年 97页 有图
13cm（60开）统一书号：8111.2148 定价：CNY0.13

　　本书是中国现代连环画册。

J0069704

第二次握手　　（上集）丁楠改编；冯淑生，贺安
成绘画
长沙 湖南美术出版社 1980年 142页 13cm（64开）
定价：CNY0.20

　　本书是中国连环画册。

J0069705

第二次握手　　张扬原著；赵剑改编；关庆留绘
画
西安 陕西人民美术出版社 1980年 174页
13cm（64开）定价：CNY0.21

　　本书是中国连环画册。

J0069706

第二次握手　　张扬原著；李硕儒等改编；沈尧
伊绘画
天津 天津人民美术出版社 1980年 140页 有图
13cm（60开）统一书号：8073.30464
定价：CNY0.18

　　本书是中国现代连环画册。绘者沈尧伊
（1943— ），画家。浙江镇海人，毕业于中央美
术学院。曾任中国人民大学徐悲鸿艺术学院教
授，中国美术家协会会员，北京美术家协会理
事，连环画艺术委员会主任。代表作品《而今
迈步从头越》《革命理想高于天》《地球的红飘
带》等。

J0069707

第十颗星星　　郑子铭改编；王重义等绘画
福州 福建人民出版社 1980年 92页 13cm（64开）
定价：CNY0.12

　　本书是中国连环画册。根据小说《神圣的使
命》改编。绘者王重义（1940— ），画家、编辑。
生于浙江鄞县。曾任人民美术出版社创作员，浙
江人民出版社、浙江少年儿童出版社美术编辑、
室主任、副编审，浙江美术家协会会员。与兄弟
王重英合作创作多部连环画。主要作品有《海军
少尉巴宁》《天山红花》《以革命的名义》《十里
洋场斗敌记》《战争在敌人心脏》等。

J0069708

第一课 惠元改编；李忠良绘画
北京 北京出版社 1980年 58页 13cm（64开）
定价：CNY0.09
　　本书是中国连环画册。

J0069709

第一站 苏维贤改编并绘画
武汉 湖北人民出版社 1980年 62页 有图
13cm（60开）统一书号：8106.2095 定价：CNY0.10
　　本书是根据阳春同名小说改编的中国现代
连环画册。

J0069710

点金术 （美）霍桑原著；杨苡翻译；毛永煌改
编；顾盼，潘鸿海绘画
南京 江苏人民出版社 1980年 62页 13cm（64开）
统一书号：8100.3.303 定价：CNY0.09
　　本书是根据同名童话编绘的中国现代连环
画册。

J0069711

电报之谜 尤天然原著；郭宪伟改编；程国英
绘画
成都 四川人民出版社 1980年 30页 有图
15cm（40开）统一书号：R8118.798 定价：CNY0.22
　　本书是中国现代连环画册。

J0069712

淀宝潭 听涛编文；陈光镒绘画
福州 福建人民出版社 1980年 64页 13cm（64开）
定价：CNY0.09
　　本书是中国连环画册。作者陈光镒（1916—
1991），画家。江苏南京人。中国美协上海分会
会员。代表作有《大闹天宫》《三国演义》《董卓
进京》等。

J0069713

东海人鱼 黄宗江等编剧；肖荣改编；冯和平
等摄影
北京 中国戏剧出版社 1980年 92页 有图
10×13cm 统一书号：8069.89 定价：CNY0.17
　　本书是根据中央戏剧学院表演系76级儿童
剧演员班毕业演出改编的中国现代连环画册。

J0069714

东进！东进！ 所云平，史超原著；贾黎改
编；胡博综绘画
北京 人民美术出版社 1980年 158页 有图
13cm（60开）统一书号：8027.7473 定价：CNY0.18
　　本书是根据所云平、史超同名剧本改编的中
国现代连环画册。

J0069715

东进！东进！ 所云平，史超原著；王肇歧改
编；侯德剑绘画
上海 上海人民美术出版社 1980年 182页
13cm（64开）定价：CNY0.20
　　绘者侯德剑（1949— ），画家，江苏南通
人。南通书法国画研究院院长，南通市美术家
协会主席，中国美术家协会会员，国家一级美术
师，江苏省政协书画室特聘画师。擅长中国画、
连环画。作品有连环画《东进、东进》，中国画《牛
戏图》等。

J0069716

东进！东进！ 白桦原著；刘惠民改编；丁世
弼绘画
天津 天津人民美术出版社 1980年 168页
13cm（64开）定价：CNY0.21
　　本书是中国现代连环画册。

J0069717

冬冬买糖 金芜改编；冀维静绘画
沈阳 辽宁美术出版社 1980年 17页 有图
15cm（40开）统一书号：8117.1852 定价：CNY0.14
　　本书是中国连环画册。

J0069718

斗蛇 李明信编文；翟煜平等绘画
太原 山西人民出版社 1980年 102页 有图
13cm（60开）统一书号：8088.1355 定价：CNY0.14
　　本书是中国现代连环画册。

J0069719

杜甫 （中国古代文学家的故事）李荣标编文；
贺成绘画
南京 江苏人民出版社 1980年 110页 13cm（64开）
定价：CNY0.14
　　本书是中国现代连环画册。绘者贺成

（1945—　），国家一级美术师。字峰然，号古杨。出生于山东枣庄，毕业于南京艺术学院。中国美术家协会会员，中华诗词学会会员，江苏省艺术研究院研究员，江苏省国画院人物画创研所原所长等。代表作品《共和之光》《欲与江山共娇》《马背上的歌》《辛亥风云》等。

J0069720
杜十娘　刘仲舒改编；方隆昌绘画
武汉　湖北人民出版社　1980年　94页　13cm（64开）统一书号：8106.2114　定价：CNY0.14
　　本书是根据古代白话小说《杜十娘怒沉百宝箱》改编的中国现代连环画册。绘者方隆昌（1944—　），湖北武汉人。毕业于湖北艺术学院。中国美术家协会、中国装帧艺术研究会、中国连环画研究会会员，湖北美术编辑研究会会长。主要作品有中国画《喂猪》、连环画《向警予》《宋史故事》等。

J0069721
杜十娘　伍未折改编；刘廷相绘画
沈阳　辽宁美术出版社　1980年　90页　13cm（64开）定价：CNY0.14
　　本书是中国现代连环画册。绘者刘廷相，连环画家。出生于辽宁沈阳。创作作品有《万紫千红总是春》《旗委书记》《谁光荣》《红孩子连金法》《杨三姐告状》等。

J0069722
杜十娘　沙铁军改编；汪国新绘画
成都　四川人民出版社　1980年　96页　13cm（64开）定价：CNY0.14
　　本书是中国现代连环画册。

J0069723
短尾巴的小花鹿
福州　福建人民出版社　1980年　62页　有图　17cm（40开）统一书号：10173.163
定价：CNY0.23
（儿童科学文艺丛书·科学童话集）
　　本书是中国现代连环画册。

J0069724
夺枪　何昕改编；史殿生绘画
哈尔滨　黑龙江人民出版社　1980年　160页

13cm（64开）定价：CNY0.23
　　本书是中国现代连环画册。绘者史殿生，就读于中央美术学院。中国美术家协会会员，国家一级美术师，北京师范大学中国画创作高级研究生班导师，北京红旗书画院副院长，益昌画院顾问。作品有《盛装》《岁月》《高士图》等。

J0069725
恶梦　一苇编文；中国电影公司供稿
天津　天津人民美术出版社　1980年　158页　13cm（64开）统一书号：8073.30482
定价：CNY0.27
　　根据美国同名电影改编的中国连环画作品。

J0069726
儿童画报　（1980.7　总第114期）天津人民美术出版社编辑
天津　天津人民美术出版社　1980年　有彩图　17×19cm　定价：CNY0.15
　　本书是中国现代连环画册。

J0069727
二六七号牢房　（捷）尤·伏契克原著；王时一改编；张洪年绘画
天津　天津人民美术出版社　1980年　54页　13cm（64开）统一书号：8073.30483
定价：CNY0.09
（中学生画库　初中语文　第五册）
　　中国现代连环画册。

J0069728
二泉映月　吴炳伟，毛震耀编文；毛震耀绘画
上海　上海人民美术出版社　1980年　102页　13cm（64开）定价：CNY0.13
　　本书是中国现代连环画册。收入102幅图。

J0069729
发明大王　任骋改编；林国光绘画
郑州　河南人民出版社　1980年　158页　13cm（64开）定价：CNY0.21
　　本书是中国现代连环画册。

J0069730
法官和他的刽子手　（瑞士）弗·杜仑马特著；张佩芬译；欧阳刚，龙光沛改编；欧阳桦绘画

贵阳 贵州人民出版社 1980 年 124 页 13cm（64 开）
统一书号：8115.789 定价：CNY0.19
　　中国现代连环画册。

J0069731
法官与刽子手　（瑞士）弗里德利希·杜仑马特原著；龙懋勤改编；何昌林绘
成都 四川人民出版社 1980 年 107 页 有图
13cm（60 开）统一书号：R8118.783 定价：CNY0.15
　　本书是中国现代连环画册。

J0069732
范进中举　吴敬梓原著；张国信改编；季源业绘画
天津 天津人民美术出版社 1980 年 63 页 有图
10×13cm 统一书号：8073.30449 定价：CNY0.11
（中学生画库 初中语文 第五册）
　　中国现代连环画册。

J0069733
方方登月　林愿等原著；徐友声绘
天津 天津人民美术出版社 1980 年 86 页 有图
13cm（60 开）统一书号：8073.30484
定价：CNY0.12

J0069734
方腊　潘英乔编文；章飙等绘画
合肥 安徽人民出版社 1980 年 78 页 13cm（64 开）
定价：CNY0.10
　　本书是中国现代连环画册。

J0069735
方志敏　（老一辈革命家）杨际萱编；蔡超等绘
北京 人民美术出版社 1980 年 98 页 有照片
13cm（60 开）统一书号：8027.7544 定价：CNY0.17
　　本书是中国现代连环画册。

J0069736
芳芳和小达达　胡银康写；何艳荣绘画
上海 少年儿童出版社 1980 年 有图 15cm（40 开）
统一书号：R10024.3672 定价：CNY0.11
　　本书是中国现代连环画册。

J0069737
飞蝶之谜　王晓明编文；梁平波绘画

杭州 浙江人民美术出版社 1980 年 52 页
13cm（64 开）定价：CNY0.09
　　本书是中国现代连环画册。

J0069738
飞行爆炸队　王桂安编文；立志等绘画
济南 山东人民出版社 1980 年 52 页 13cm（64 开）
定价：CNY0.09
　　本书是中国现代连环画册。

J0069739
飞向冥王星　叶永烈原著；周洁正改；邓柯绘画
长沙 湖南人民出版社 1980 年 70 页 13cm（64 开）
定价：CNY0.12

J0069740
飞向冥王星的人　叶永烈原著；胡益仁改编；丁新媛绘画
合肥 安徽人民出版社 1980 年 78 页 13cm（64 开）
统一书号：8102.107 定价：CNY0.10
　　本书是中国现代连环画册。

J0069741
飞向冥王星的人　叶永烈原著；郑子铭改编；王秋霞等绘
福州 福建人民出版社 1980 年 78 页 有图
10×13cm 统一书号：8173.365 定价：CNY0.11
　　本书是根据同名科学幻想小说改编的中国现代连环画。

J0069742
飞向冥王星的人　叶永烈原著；徐英杰改编；王双贵绘画
石家庄 河北人民出版社 1980 年 118 页
13cm（64 开）定价：CNY0.15
　　本书是中国现代连环画册。

J0069743
飞向冥王星的人　叶永烈原著；本生改编；章毓霖，丁红章绘画
南京 江苏人民出版社 1980 年 62 页 13cm（64 开）
　　本书是中国现代连环画册。

J0069744

飞向未来　永礼改编

天津　天津人民美术出版社　1980年　118页

13cm（64开）定价：CNY0.21

J0069745

匪巢覆灭记　吴传仪，贺曼清改编；邓辉楚绘画

长沙　湖南美术出版社　1980年　86页　13cm（64开）

定价：CNY0.13

　　本书是中国连环画册。绘者邓辉楚（1944—　），画家。湖南新邵人，毕业于湖南师范大学。湖南书画研究院特聘画师，历任湖南少年儿童出版社副编审、湖南湘风书画艺术院院长、北京恒辉书画艺术院院长，中国美术家协会会员。代表作品《山顶人家》《张家界》《雾漫苗山》等，出版《邓辉楚山水画集》等。

J0069746

匪穴擒敌　孙怀川，张永武改编；杨松杰，杨秀坤绘画

哈尔滨　黑龙江人民出版社　1980年　62页

13cm（64开）定价：CNY0.11

　　本书是根据故事《智擒顽匪》改编的中国连环画册。

J0069747

丰收之忧　季恩寿原著；顾朴编绘

北京　人民美术出版社　1980年　48页　13cm（64开）

统一书号：8027.7489　定价：CNY0.09

　　本书是根据《一张提单》编绘的中国现代连环画册。

J0069748

风波亭　子聪改编；汪玉山，汪剑虹绘

北京　人民美术出版社　1980年　2版　108页

13cm（64开）定价：CNY0.18

（岳传　15）

　　本书是中国现代连环画册。

J0069749

枫洛池　王家达改编；王天一绘画

兰州　甘肃人民出版社　1980年　150页　13cm（64开）

统一书号：8096.718　定价：CNY0.21

　　中国现代连环画册。绘者王天一（1926—2013），国家一级美术师。甘肃成县人。曾任甘肃画院副院长，中国美术家协会会员。作品有《鱼鹰》《雄鹰》《巡逻归来》等，出版有《花鸟画技法浅说》《王天一花鸟画集》《魏晋墓碑画》等。

J0069750

封神榜　（一）李瑞来编导；叶惠元改编；陈小力摄影

北京　中国戏剧出版社　1980年　124页　13cm（64开）

定价：CNY0.21

（戏剧连环画）

　　本书是根据上海京剧二团演出本编绘的中国连环画册。

J0069751

烽火里程　沈尧伊编绘

天津　天津人民美术出版社　1980年　34页

有彩图　17×19cm　统一书号：8073.30490

定价：CNY0.41

　　本书系中国现代连环画作品，展现了周恩来同志在长征途中的卓越表现。作者沈尧伊（1943—　），画家。浙江镇海人，毕业于中央美术学院。曾任中国人民大学徐悲鸿艺术学院教授，中国美术家协会会员，北京美术家协会理事，连环画艺术委员会主任。代表作品《而今迈步从头越》《革命理想高于天》《地球的红飘带》等。

J0069752

烽火乌拉银河　（上）俊然原著；蔺太改编；衣晓白绘画

哈尔滨　黑龙江人民出版社　1980年　190页

13cm（64开）定价：CNY0.24

　　本书是根据小说《长长的乌拉银河》改编的中国连环画册。

J0069753

烽火乌拉银河　（下）俊然原著；蔺太改编；魏凤才绘画

哈尔滨　黑龙江人民出版社　1980年　190页

13cm（64开）定价：CNY0.24

J0069754

凤梨与凤姑　肖甘牛改编；叶芝等绘

福州　福建人民出版社　1980年　82页　有图

10×13cm　统一书号：8173.366　定价：CNY0.11

本书是根据台湾高山族民间故事编绘的中国现代连环画册。

J0069755

夫妻桥　昃杳改编；张文忠绘画

成都 四川人民出版社 1980年 101页 有图 13cm（60开）统一书号：R8118.702 定价：CNY0.15

　　本书是中国现代连环画册。

J0069756

孵娃娃　王延凤编；刘浩等绘画

成都 四川人民出版社 1980年 10页 有彩图 12×13cm 统一书号：R8118.841 定价：CNY0.15

　　本书是中国现代连环画册。

J0069757

伏牛决策　姚雪垠原著；奚崇德编；桑麟康绘

上海 上海人民美术出版社 1980年 110页 有图 13cm（60开）统一书号：8081.11899

定价：CNY0.14

（《李自成》连环画 13）

J0069758

伽里略　惠伊深编文；杨建友，赵奇绘画

天津 天津人民美术出版社 1980年 86页 13cm（64开）定价：CNY0.15

（外国科学家丛书）

　　本书是中国现代连环画册。

J0069759

改名儿　张福奎编

福州 福建人民出版社 1980年 58页 有图 19cm（32开）统一书号：10173.164 定价：CNY0.22

（儿童科学文艺丛书·科学相声集）

　　本书是中国现代连环画册。

J0069760

赶部队　高天华改编；曹小强绘画

武汉 湖北人民出版社 1980年 30页 有图 13cm（60开）统一书号：8106.2061 定价：CNY0.18

　　本书是根据故事《脚步》改编的中国现代连环画。

J0069761

钢铁向导　石流改编；马国强绘画

郑州 河南人民出版社 1980年 58页 13cm（64开）定价：CNY0.14

　　中国现代连环画作品，包括《钢铁向导》《英雄民兵闯敌阵》《统裙之歌》3个故事。

J0069762

高夫人东征　李言敏改编；汪家龄绘画

合肥 安徽人民出版社 1980年 114页 13cm（64开）定价：CNY0.15

　　本书是根据历史小说《李自成》部分章节改编的中国连环画册。绘者汪家龄（1944—2010），画家。江西婺源人。中国艺术研究院特邀创作委员，黄山市美术家协会副主席，黄山市中国画研究院副院长，中国美术家协会安徽分会会员。擅长连环画。作品有《追牛》《三八号》《红烛泪》等连环画，《哪吒闹海》《三战吕布》等年画。

J0069763

高老庄　吴承恩原著；卢光照改编；陈缘督，朱丹枫绘画

石家庄 河北人民出版社 1980年 2版 54页 13cm（64开）统一书号：8086.1198 定价：CNY0.10

　　本书是中国连环画册。

J0069764

戈壁春风　（下）刘学江原著；曲慧贞，李绪恩改编；黄维礼，孙吉昌绘画

济南 山东人民出版社 1980年 102页 13cm（64开）定价：CNY0.13

J0069765

哥仑布　胡霜编；黄云松绘

杭州 浙江人民美术出版社 1980年 126页 13cm（64开）统一书号：8156.14 定价：CNY0.15

　　本书是中国连环画册。

J0069766

哥伦布　（世界名人传）蓝海编文；胡若军绘画

上海 上海人民美术出版社 1980年 86页 有图 13cm（60开）统一书号：8081.12083

定价：CNY0.11

　　本书是中国现代连环画册。

J0069767

格萨尔王　赵梓雄改编；董建国等摄影

北京 中国戏剧出版社 1980 年 121 页 有图 13cm（60 开）统一书号：8069.94 定价：CNY0.21

　　本书是中国现代连环画，根据同名京剧改编。

J0069768

工厂企业防尘防毒　上海市劳动局劳动保护处编；黄耀等绘画

上海 上海科学技术出版社 1980 年 81 页 有图 13×15cm 统一书号：15119.2080 定价：CNY0.25

　　本书是中国现代连环画册。

J0069769

攻打那横山　吴有恒原著；王帆等改编；洪斯文等绘画

广州 岭南美术出版社 1980 年 142 页 有图 10×13cm 统一书号：8111.1918 定价：CNY0.24

（山乡风云录 一）

　　本书是中国现代连环画册。

J0069770

孤胆歼敌　陶端庄改编；张殿云绘画

呼和浩特 内蒙古人民出版社 1980 年 70 页 有图 13cm（60 开）统一书号：8089.88 定价：CNY0.12

　　本书是中国现代连环画册。

J0069771

孤胆英雄　焦贲改编；王奇志绘

福州 福建人民出版社 1980 年 80 页 有图 10×13cm 统一书号：8173.292 定价：CNY0.11

　　本书是根据《人民日报》《中国青年报》报道改编的中国现代连环画。

J0069772

孤胆英雄岩龙　律己改编；张永太绘画

石家庄 河北人民出版社 1980 年 62 页 13cm（64 开）定价：CNY0.09

　　根据新华社《中国青年报》通讯改编的中国连环画作品。作者张永太（1940—2014），画家。曾用名张焕瑾，笔名陆岩，字子瑜，别号潇河散人，山西榆次人，毕业于广州美术学院。中国艺术研究院创作员、调研员，中国美术家协会会员，中国连环画研究会理事，美协山西分会理事。作品有《太行凯歌》《洪浪丹心》《爱民模范

谢臣》等，连环画作有《阿妈尼》等 。

J0069773

姑苏春　树棻原著；张宝蔚编绘

南京 江苏人民出版社 1980 年 174 页 13cm（64 开）定价：CNY0.20

J0069774

古窟之春　贾仲岛原著；沈祖培改编；胡博综绘画

天津 天津人民美术出版社 1980 年 163 页 13cm（64 开）定价：CNY0.20

　　本书是中国现代连环画册。

J0069775

古人勤学的故事　李英敏改编；王弘力绘画

沈阳 辽宁美术出版社 1980 年 112 页 13cm（64 开）统一书号：8117.1885 定价：CNY0.17

　　本书是中国现代连环画册。绘者王弘力（1927—2019），连环画家。生于天津，祖籍山东蓬莱。中国美术家协会会员，沈阳文史馆馆员，历任《辽西画报》《辽西文艺》编辑，辽宁美术出版社编审。代表作品有连环画《十五贯》《天仙配》等。

J0069776

故乡　鲁迅原著；张国信改编；孙为民，赵雁朝绘画

天津 天津人民美术出版社 1980 年 62 页 13cm（64 开）定价：CNY0.12

（中学生画库 初中语文 第三册）

　　本书是中国现代连环画册。

J0069777

瓜果谣　乐小英画；圣野诗；《儿童科学画库》编委会编辑

长春 吉林人民出版社 1980 年 有彩图 17×19cm 统一书号：R8091.1029 定价：CNY0.29

　　本书是中国现代连环画，系儿童科学画库。

J0069778

怪老头　刘真写；汪观清画

上海 少年儿童出版社 1980 年 有彩图 13×19cm 统一书号：R10024.3705 定价：CNY0.20

　　本书是中国现代连环画册。作者汪观清

（1931—　　），艺术家。号耕莘堂主，安徽歙县人。上海人民美术出版社副编审，中国美术家协会会员，上海市美术家协会理事。出版有《汪观清画集》《怎样画牛》《名家教画》等。

J0069779
关公战黄忠　沙铁军改编；汪国新绘画
长沙 湖南美术出版社 1980年 94页 13cm（64开）
统一书号：8233.26 定价：CNY0.14
　　本书是中国现代连环画册。

J0069780
官渡之战　费成康编；徐纯中绘
上海 上海人民美术出版社 1980年 133页 有图 13cm（60开）统一书号：8081.11854
定价：CNY0.16
　　本书是中国现代连环画册。作者徐纯中（1947—　　），教授。生于上海，祖籍浙江镇海。中央美术学院硕士，日本东京艺术大学博士，美国注册建筑师。复旦大学和上海大学教授，上海炎黄画院院长。代表作品《金训华》《辫子刘》《爱之海》等。

J0069781
归心似箭　索成立改编
北京 中国电影出版社 1980年 137页 13cm（64开）
定价：CNY0.24
　　本书是中国现代连环画册。

J0069782
龟兔两次赛跑　张宁改编并绘画
武汉 湖北人民出版社 1980年 19页 有彩图 15cm（40开）统一书号：8106.2020 定价：CNY0.13
　　本书是中国现代连环画册。作者张宁（1942—　　），画家。上海市人，湖北省美术家协会会员，中国连环画研究会组建人之一。

J0069783
果菲飞车记　黄珍编译；黄河清描绘
北京 中国文联出版公司 1980年 62页 有图 10×13cm
（卡通连环画选）

J0069784
海底"警犬"　王亚法原著；杨昌胜改编；杨昌胜，邱允爱绘图
福州 福建人民出版社 1980年 62页 13cm（64开）
统一书号：8173.290 定价：CNY0.09
　　本书是根据《海豚"阿回"》改编的中国连环画册。

J0069785
海陆空气象队　赵宋生，叶韶荣改编并绘画
昆明 云南人民出版社 1980年 29页 13cm（64开）
统一书号：R8116.908 定价：CNY0.07
　　根据《欢乐岭前的考试》改编的本书是中国现代连环画册。

J0069786
海马　开里编；魏淑兰绘画
长春 吉林人民出版社 1980年 31页 有图 15cm（40开）统一书号：R8091.1037
定价：CNY0.13
（儿童科学幻想连环画辑）
　　本书是中国现代连环画册。

J0069787
海马　安塞文；国荃绘画
太原 山西人民出版社 1980年 38页 有彩图 10×13cm 统一书号：8088.1325 定价：CNY0.16
　　本书是中国现代连环画册。

J0069788
海瑞　（人物传记故事）沈为宁编文；刘芸生绘画
南京 江苏人民出版社 1980年 117页 13cm（64开）
定价：CNY0.15
　　本书是中国连环画册。

J0069789
海瑞罢官　李遵义改编；吴景田绘画
长春 吉林人民出版社 1980年 70页 13cm（64开）
统一书号：8091.1071 定价：CNY0.11
　　本书是中国连环画册。

J0069790
海瑞罢官　吴晗原著；李长兴，金少洲改编；李长兴摄影
济南 山东人民出版社 1980年 94页 13cm（64开）
定价：CNY0.16
　　本书是根据同名剧本改编的中国现代连环

画册。

J0069791

海瑞罢官　吴晗原著；李大发改编；黄全昌绘画
上海　上海人民美术出版社　1980 年　126 页
13cm（64 开）统一书号：8081.12201
定价：CNY0.15
　　本书是中国连环画册。

J0069792

海外归来的人　吴继承原著；李红喜改编；姜
伟摄影
济南　山东人民出版社　1980 年　78 页　13cm（64 开）
定价：CNY0.13
　　本书是根据同名剧本改编的中国现代连环
画册。摄影者姜伟（1932—　　），摄影家。江苏涟
水人。在山东人民出版社从事摄影工作，中国摄
影家协会、中华全国新闻工作者协会会员。

J0069793

海王星　曲波原著；肖冰改编；王启民，袁大
仪绘画
济南　山东人民出版社　1980 年　78 页　13cm（64 开）
统一书号：8099.1947　定价：CNY0.11
　　本书是根据曲波小说《戎萼碑》改编的中国
现代连环画册。

J0069794

含羞草　刘绍棠原著；徐建中改编；罗远潜绘画
广州　广东人民出版社　1980 年　94 页　有图
10×13cm　统一书号：8111.2220　定价：CNY0.13
　　本书是中国现代连环画册。

J0069795

含羞草　刘绍棠原著；徐建中改编；罗远潜绘画
广州　广东人民出版社　1980 年　94 页　13cm（64 开）
定价：CNY0.13
　　本书是中国现代连环画册。

J0069796

含羞草　刘绍棠原著；徐建中改编；罗远潜绘画
南京　江苏人民出版社　1980 年　110 页　13cm（64 开）
定价：CNY0.14
　　本书是中国现代连环画册。

J0069797

荷花淀　孙犁原著；王长海改编；梁长林，陈
文骥绘
北京　人民美术出版社　1980 年　54 页　13cm（64 开）
统一书号：8027.7299　定价：CNY0.23
　　本书是中国连环画册。绘者梁长林（1951—
1983），画家。吉林白城人。毕业于中央美术学
院中国画系，留校任教。主要作品有《故乡行》
《春雨》《板桥小像》《吕梁游击队》《荷花淀》等。
陈文骥（1954—　　），教授。上海人，毕业于中央
美术学院版画系，任中央美术学院民间美术系教
师。作品有《蓝色的天空，灰色的环境》《光既逝》
《椅子，炉子》等。出版有《陈文骥人体》等。

J0069798

贺龙在湘鄂西　李晴改编；曾晓浒等绘画
上海　上海人民美术出版社　1980 年　134 页
13cm（64 开）定价：CNY0.16
　　本书是中国现代连环画册。作者李晴，女，
深圳大学艺术学院艺术系任教。作品有《李晴画
集》等。绘者曾晓浒（1938—2015），画家。出生
于四川成都，毕业于广州美术学院国画系。年幼
时观张大千先生作画，得张肇铭、王霞宙、端木
梦锡、关山月、黎雄才先生的指导。画作有《韶
山》《南天独秀》《放木排》。著作有《曾晓浒画集》
《曾晓浒陆露音画集》。

J0069799

黑风山　吴承恩原著；来诵芬改编；张鹿山绘
石家庄　河北人民出版社　1980 年　2 版　94 页
13cm（64 开）定价：CNY0.14
　　本书是中国连环画册。

J0069800

黑黑在诚实岛　郑渊洁原著；谢若松改编；毛
用坤，庄敏瑾绘画
贵阳　贵州人民出版社　1980 年　32 页　13cm（64 开）
定价：CNY0.08
　　本书是根据同名童话改编的中国现代连环
画册。

J0069801

黑三角　戴英改编；邵殿英选编；刘铎文编；
张有美编
沈阳　辽宁美术出版社　1980 年　142 页　13cm（64 开）

统一书号：8117.1725 定价：CNY0.25
（电影连环画册）

J0069802
黑三角 李英杰原著；缪德彰改编；胡震国，
王守中绘画
上海 上海人民美术出版社 1980年 158页
13cm（64开）统一书号：8081.11912
定价：CNY0.18
　　根据电影剧本《酷热的夏天》改编的中国连
环画作品。作者胡震国，连环画家。曾任上海工
艺美术职业学院美术系主任。

J0069803
黑水英魂 王炼等原著；方吉莲改编；王宝兴
等绘画
上海 上海人民美术出版社 1980年 142页
13cm（64开）定价：CNY0.25
　　本书是中国连环画册。收入142幅图。

J0069804
衡山英烈 杨春峰改编；陈水远绘
天津 天津人民美术出版社 1980年 92页 有图
13cm（60开）统一书号：8073.30431
定价：CNY0.13
　　本书是中国现代连环画册。

J0069805
红宝石 肖冰改编；孙少楷绘画
长春 吉林人民出版社 1980年 60页 13cm（64开）
定价：CNY0.10
　　本书是中国现代连环画册。

J0069806
红潮 （上 火烧据点）祝自明改编；潘小庆等绘
福州 福建人民出版社 1980年 130页 有图
13cm（60开）统一书号：8173.334 定价：CNY0.16
　　本书是中国现代连环画册。绘者潘小庆
（1941— ），图书封面设计家。江苏无锡人，就
读于苏州艺专。先后任江苏人民出版社美编室
主任、江苏少年儿童出版社副社长、江南诗画院
常务理事。作品入选《中国出版年鉴》《中国现
代美术全集》等。专集《潘小庆书装艺术》。

J0069807
红潮 （中 炸船夺枪）祝自明改编；潘小庆等绘
福州 福建人民出版社 1980年 130页 有图
13cm（60开）统一书号：8173.333 定价：CNY0.16
　　本书是中国现代连环画册。

J0069808
红潮 （下 匪巢复灭）祝自明改编；潘小庆等绘
福州 福建人民出版社 1980年 134页 有图
10×13cm 统一书号：8173.337 定价：CNY0.16
　　本书是中国现代连环画册。

J0069809
红灯照 乔迈编文；温国良绘
长春 吉林人民出版社 1980年 150页 有图
13cm（60开）统一书号：8091.1041 定价：CNY0.19
　　本书是中国现代连环画册。

J0069810
红灯照 吴稣编文；周申绘画
上海 上海人民美术出版社 1980年 196页
13cm（64开）定价：CNY0.22
　　本书是根据同名京剧改编的中国现代连环
画册。

J0069811
红红的雨花石 海笑原著；胡雁编；邵勋绘
上海 上海人民美术出版社 1980年 134页 有图
13cm（60开）统一书号：8081.12199
定价：CNY0.16
　　本书是中国现代连环画册。

J0069812
红烂漫 聂立珂原著；吉国祥改编；陶长华绘画
上海 上海人民美术出版社 1980年 110页 有图
13cm（60开）统一书号：8081.12098
定价：CNY0.13
　　本书是中国现代连环画册。

J0069813
红香 张智同原著；安可均改编；王胜利绘画
兰州 甘肃人民出版社 1980年 102页 13cm（64开）
定价：CNY0.13
　　本书是根据同名小说改编的中国现代连环
画册。

J0069814

红小鬼笋妹　何允龙改编；郭德福，郭德存绘画
沈阳 辽宁美术出版社 1980年 90页 13cm（64开）
统一书号：8117.1978 定价：CNY0.14
　　本书是中国现代连环画册。

J0069815

红玉　（清）蒲松龄原著；呆红星，杨长瀛改编；
杨文仁绘画
济南 山东人民出版社 1980年 78页 13cm（64开）
定价：CNY0.10
（聊斋志异故事选）
　　本书是中国现代连环画册。

J0069816

红玉　（清）蒲松龄原著；呆红星，杨长瀛改编；
杨文仁绘
济南 山东美术出版社 1984年 新1版 78页
13cm（64开）定价：CNY0.14
（《聊斋志异》连环画丛书 聊斋志异故事选 4）

J0069817

红玉　蒲松龄原著；王瑞芳改编；郑家声绘画
上海 上海人民美术出版社 1980年 54页
13cm（64开）定价：CNY0.08
　　本书是中国现代连环画册。

J0069818

洪湖风云　白桦原著；石景林改编；柏芳景绘画
沈阳 辽宁美术出版社 1980年 102页 13cm（64开）
统一书号：8117.1893 定价：CNY0.16
　　本书是中国连环画册。

J0069819

洪湖奇遇　王德新改编；贾兴桐等绘画
成都 四川人民出版社 1980年 30页 有图
13cm（60开）统一书号：8118.782 定价：CNY0.11
　　本书是中国现代连环画册。

J0069820

侯小密和小猕猴　杨书案改编；王又文等绘画
天津 天津人民美术出版社 1980年 72页 有图
13cm（60开）统一书号：8073.30426
定价：CNY0.11
　　本书是中国现代连环画册。

J0069821

后羿射日　孙佳讯原著；吴其柔改编；吴冰玉
绘画
上海 上海人民美术出版社 1980年 54页 有图
13cm（60开）统一书号：8081.12040
定价：CNY0.08
　　本书是中国古代神话故事的连环画。

J0069822

狐狸的梦
成都 四川民族出版社 1980年 20页 有图
13cm（60开）统一书号：M8140.40 定价：CNY0.22
　　中国现代连环画。

J0069823

狐狸和白鹤　江林改编
成都 四川人民出版社 1980年 有彩图
13cm（60开）统一书号：R8118.719 定价：CNY0.10
（伊索寓言）
　　中国现代连环画。

J0069824

狐狸和灰狼　刘淑英，李森林著
太原 山西人民出版社 1980年 31页 有彩图
10×13cm 统一书号：8088.1310 定价：CNY0.14
　　中国现代连环画。

J0069825

湖边的战斗　高晶继编文；李学荣绘画
济南 山东人民出版社 1980年 94页 13cm（64开）
定价：CNY0.13
　　本书是中国现代连环画册。

J0069826

蝴蝶梦　晓黎改编
北京 中国电影出版社 1980年 177页 13cm（64开）
定价：CNY0.30
（电影连环画册）
　　作者晓黎，主要改编的电影连环画作品有
《佐罗》《从奴隶到将军》《海之恋》《今夜星光灿
烂》等。

J0069827

蝴蝶泉　闻艺改编；陈之川绘画
昆明 云南人民出版社 1980年 31页 15×13cm

统一书号：8116.916 定价：CNY0.24

　　本书是根据郭沫若同名诗歌改编的中国现代连环画。绘者陈之川（1940—　），女，作家。浙江瑞安人，毕业于北京大学历史系。中国美术学院副教授。创作小说《天亮以后说分手》《瑞安名胜古诗选》。

J0069828

虎胆英雄 （对越自卫还击故事）李延柱编；陈以忠绘

南宁 广西人民出版社 1980年 78页 13cm（64开）定价：CNY0.10

　　中国现代连环画册。绘者陈以忠（1940—　），编辑。广东化州人，毕业于广西艺术学院美术系。《广西日报》高级编辑，漓江画院副院长，中国人才研究会艺术家学部委员会委员，中国美术家协会广西分会常务理事等职。出版有《报刊美编学》《实用图案设计》。

J0069829

虎口养伤 袁继仁改编；秦国良，袁继仁绘画

南京 江苏人民出版社 1980年 78页 13cm（64开）统一书号：8100.3.301 定价：CNY0.11

　　中国现代连环画。

J0069830

虎口侦察 李井涛改编；李井涛绘画

武汉 湖北人民出版社 1980年 62页 有图 10×13cm 统一书号：8106.2103 定价：CNY0.11

　　根据小说《虎口侦察记》改编的中国现代连环画册，

J0069831

虎穴锄奸 杨沫原著；刘惠民改编；刘建平绘画

天津 天津人民美术出版社 1980年 94页 13cm（64开）定价：CNY0.13

　　中国现代连环画册。

J0069832

虎穴夺枪 岳炳皓编文；江声海绘画

福州 福建人民出版社 1980年 84页 13cm（64开）定价：CNY0.11

　　中国现代连环画册。

J0069833

虎穴逃生 杨艺编文；王征绘画

济南 山东人民出版社 1980年 118页 13cm（64开）统一书号：8099.2059 定价：CNY0.15

　　中国现代连环画册。

J0069834

花果山取经记 李亮编文；浦家祥绘

石家庄 河北人民出版社 1980年 46页 有彩图 10×13cm 统一书号：8086.1187 定价：CNY0.08

　　本书是中国现代连环画册。

J0069835

花木兰 惠伊深改编；杨淑涛绘画

天津 天津人民美术出版社 1980年 123页 13cm（64开）定价：CNY0.19

　　（中学生画库，初中语文第三、四册）

　　本书是中国连环画册。

J0069836

花木兰 李宝云改编

北京 中国戏剧出版社 1980年 92页 有图 13cm（60开）统一书号：8069.87 定价：CNY0.17

　　本书是中国现代连环画册。

J0069837

花鱼洞 赵晓澜编文；谭百辛等绘

昆明 云南人民出版社 1980年 54页 有图 10×13cm 统一书号：R8116.868 定价：CNY0.10

（自卫还击战英雄故事 4）

　　本书是中国现代连环画册。

J0069838

华佗 张宝林编文；张锡武等绘画

天津 天津人民美术出版社 1980年 96页 有图 15cm（40开）统一书号：8073.30417 定价：CNY0.22

　　本书是中国现代连环画册。作者张宝林，选编的主要作品有中国历代名家绘画撷珍《马》《猫》《鸽》等。作者张锡武（1927—　），画家。字青松，河北河间人。天津国画研究所副所长，天津杨柳青画社副编审，中国美术家协会会员。代表作品《淀上渔歌》《李时珍问药图》，出版有《张锡武画选》《牡丹的画法》等。

J0069839
画壁 （清）蒲松龄原著；丁元改编；黄子希绘画
天津　天津人民美术出版社　1980年　39页
13cm（64开）定价：CNY0.08
（《聊斋》故事）
　　中国现代连环画册。

J0069840
画皮　（聊斋志异故事选）（清）蒲松龄原著；张
峻声改编；项维仁绘画
济南　山东人民出版社　1980年　62页　13cm（64开）
定价：CNY0.10
　　中国现代连环画册。

J0069841
画皮　（清）蒲松龄原著；吴秀英，定兴改编；
郭秀赓绘画
天津　天津人民美术出版社　1980年　62页
13cm（64开）定价：CNY0.11
（《聊斋》故事）
　　本书是中国现代连环画册。

J0069842
画扇判案　路平改编；顾炳鑫，韩和平绘画
杭州　浙江人民美术出版社　1980年　76页
13cm（64开）统一书号：8156.116　定价：CNY0.12
（西湖民间故事）
　　中国现代连环画册。本书包括《画扇判案》
《东坡肉》两个故事。绘者顾炳鑫（1923—2001），
美术家。笔名甘草、朽木，江苏宝山人。中国美
术家协会理事，上海美术家协会主席团委员，上
海美协连环画艺委会主任。代表作品有连环画
《渡江侦察记》《列宁在十月》等。绘者韩和平
（1932—2019），连环画家、教授。吉林东宁人，
毕业于中央美术学院华东分院绘画系。曾在上
海人民美术出版社从事连环画创作，上海大学
美术学院油画系副主任、副教授，艺术研究所主
任。作品连环画有《铁道游击队》《红岩》等。

J0069843
换鞋记　吴其琅改编；苏家芬等画
广州　广东人民出版社　1980年　64页　有图
13cm（60开）统一书号：8111.2159　定价：CNY0.10
　　本书是中国现代连环画册。作者苏家芬
（1945—　　　），女，广东新会人，毕业于广州美术

学院工艺系。广东轻工职业技术学院副教授，中
国美协会员，广东美协理事。作品有《何芷故事
选》《煤油灯下的欢乐》《猎鲨者》《笑画》《苏家
芬水彩画集》等。

J0069844
黄巢起义　陆达人编文；颜梅华绘画
上海　上海人民美术出版社　1980年　134页
13cm（64开）统一书号：8081.11870
定价：CNY0.16
　　本书是中国现代连环画册。作者颜梅华
（1927—　　　），国画家。号雪庵，斋号琴斋。浙江
乐清人。代表作品有《比目鱼》《白秋练》《白蛇
传》《风云初记》等。

J0069845
黄道婆　雷冰改编；黄慧玲绘画
西安　陕西人民美术出版社　1980年　108页
13cm（64开）定价：CNY0.15
　　本书系中国连环画册。包括《黄道婆》《"药
王"孙思邈》两个故事。

J0069846
黄帝与蚩尤　袁珂原著；石景麟改编；张培成
绘画
上海　上海人民美术出版社　1980年　70页
13cm（64开）定价：CNY0.09
（中国古代神话故事连环画）
　　作者石景麟，著有《音乐家的故事》，与孙铁
生合绘有连环画《东进序曲》，改编有连环画《女
娲补天》《肖尔布拉克》。绘者张培成（1948—　　　），
画家、一级美术师。江苏太仓人，毕业于中央美
术学院。上海市美术家协会副主席，上海中国画
院兼职画师，上海大学美术学院、上海师范大学
美术学院兼职教授。中国美术家协会会员。代
表作品有《微风》《农家》《沃土》，出版有《张培
成画集》。

J0069847
黄河东流　李准原著；冬人改编；李重新绘画
石家庄　河北人民出版社　1980年　206页　有图
13cm（60开）统一书号：8086.1273　定价：CNY0.23
　　本书是中国现代连环画册。

J0069848

黄昏前的雷雨　王季改编；钟庸绘画
昆明　云南人民出版社　1980年　54页　有图
13cm（60开）统一书号：8116.885　定价：CNY0.1
　　本书是根据刘博《扎尔金少校的黄昏》改编的中国现代连环画。

J0069849

黄杨擒龙　刘志远改编；卢望明绘画
长沙　湖南美术出版社　1980年　62页　13cm（64开）
统一书号：8233.40　定价：CNY0.11
　　本书是中国连环画册。

J0069850

黄英　（清）蒲松龄原著；杨淼改编；张锡武绘画
天津　天津人民美术出版社　1980年　70页
13cm（64开）定价：CNY0.12
（《聊斋》故事）
　　中国现代连环画。绘者张锡武（1927—　），画家。字青松，河北河间人。天津国画研究所副所长，天津杨柳青画社副编审，中国美术家协会会员。代表作品《淀上渔歌》《李时珍问药图》，出版有《张锡武画选》《牡丹的画法》等。

J0069851

毁灭　（苏）法捷耶夫原著；水世戴改编；董福章绘画
天津　天津人民美术出版社　1980年　184页
13cm（64开）定价：CNY0.23
（外国文学名著选编）
　　本书是中国连环画册。

J0069852

婚礼　张翠兰等改编
北京　中国电影出版社　1980年　147页　13cm（64开）
定价：CNY0.26
　　本书是中国连环画册。

J0069853

活捉"花斑豹"　李燕荪编文；王柏生绘画
福州　福建人民出版社　1980年　98页　13cm（64开）
定价：CNY0.12
　　本书是中国连环画册。

J0069854

火山挖掘机　苏鸣编译；黄河清描绘
北京　中国文联出版公司　1980年　92页　有图
10×13cm
（卡通连环画选）

J0069855

火烧敌机　何联文改编；王东斌等绘画
西安　陕西人民美术出版社　1980年　80页
13cm（64开）定价：CNY0.13
　　中国现代连环画。

J0069856

火烧机场　刘立山改编；翟万英绘画
沈阳　辽宁美术出版社　1980年　90页　13cm（64开）
统一书号：8117.1827　定价：CNY0.14
　　本书是中国现代连环画册。

J0069857

火烧冷风硐　贵州大学中文系，贵州迎春矿政治部原著；龙国义改编；巫子强绘画
贵阳　贵州人民出版社　1980年　70页　13cm（64开）
定价：CNY0.12
　　本书是中国现代连环画册。作者巫子强（1939—　），回族。生于云南昆明，毕业于四川美术学院油画专业。历任铜仁县文化馆馆长、铜仁县文化局局长、铜仁地区文联主席，贵州民族学院艺术系主任，贵州民族学院副教授。作品有《日日夜夜》《无辜者》《小鬼》等。

J0069858

火烧林家寨　安可均改编；何山绘画
兰州　甘肃人民出版社　1980年　85页　13cm（64开）
定价：CNY0.13
　　本书是中国现代连环画册。

J0069859

火娃　张自强改编
北京　中国电影出版社　1980年　87页　13cm（64开）
统一书号：8061.1405　定价：CNY0.17
（电影连环画册）
　　作者张自强（1933—2014），字子牛，甘肃秦安人。曾任陕西师范大学档案馆副馆长，副研究馆员，中国老年书画研究会、中国书画艺术家协会、陕西国际书画篆刻研究会会员，陕西省华夏

文化艺术交流中心书画研究员，陕西师大书画研究会理事，湖南省直机关书画协会高级书画师，香港东方文化中心馆员等职。

J0069860

火网 王世阁原著；马敏然编；赵文元绘
上海 上海人民美术出版社 1980年 134页 有图
13cm（60开）统一书号：8081.12070
定价：CNY0.16
　　本书是中国现代连环画册。

J0069861

鸡姑娘 张步禹改编；简繁绘画
合肥 安徽人民出版社 1980年 20页 有彩图
15cm（40开）统一书号：R8102.1072
定价：CNY0.12
　　本书是中国现代连环画册。

J0069862

基督山恩仇记 冯锋，易豫改编
天津 天津人民美术出版社 1980年 197页
13cm（64开）定价：CNY0.32
　　本书是根据法国同名宽银幕电影选编的中国连环画册。

J0069863

基度山伯爵 （上）（法）大仲马原著；沙铁军，朱敏霞改编；刘希立绘画
武汉 湖北人民出版社 1980年 126页 13cm（64开）
定价：CNY0.17
　　本书是中国连环画册。

J0069864

基度山伯爵 （上）（法）大仲马原著；马立改编；汪晓曙，杨广生绘图
南昌 江西人民出版社 1980年 126页 13cm（64开）
定价：CNY0.17
　　本书是中国连环画册。

J0069865

基度山恩仇记 （第一册）（法）大仲马原著；李大发改编；孙愚绘画
合肥 安徽人民出版社 1980年 206页 10cm（64开）
定价：CNY0.36
　　本书是中国连环画册。

J0069866

基度山伯爵 （中）（法）大仲马原著；沙铁军，朱敏霞改编；刘希立绘
武汉 湖北人民出版社 1981年 221页 13cm（64开）
定价：CNY0.29
　　本书是中国现代连环画册。

J0069867

基度山伯爵 （下）马立改编；汪晓曙等绘
南昌 江西人民出版社 1981年 158页 13cm（64开）
统一书号：8110.463 定价：CNY0.21
　　本书是中国现代连环画册。

J0069868

基度山恩仇记 （第二册）（法）大仲马原著；李大发改编；孙愚绘
合肥 安徽人民出版社 1981年 206页 13cm（64开）
定价：CNY0.30
　　本书是中国现代连环画册。

J0069869

基度山伯爵 （下）（法）大仲马原著；沙铁军，朱敏霞改编；刘希立，方兴绘
武汉 湖北人民出版社 1982年 222页 13cm（60开）
定价：CNY0.29
　　本书是中国现代连环画册。

J0069870

基度山恩仇记 （1）（法）大仲马原著；伍积文改编；吕享文绘画
哈尔滨 黑龙江人民出版社 1980年 178页
13cm（64开）定价：CNY0.23
　　本书是根据大仲马著《基督山伯爵》改编的中国连环画册。

J0069871

基度山恩仇记 （2）（法）大仲马原著；伍积文改编；吕享文绘画
哈尔滨 黑龙江人民出版社 1980年 158页
13cm（64开）统一书号：8093.658 定价：CNY0.30
　　本书是根据大仲马著《基督山伯爵》改编的中国连环画册。

J0069872

基度山恩仇记 （1）（法）大仲马原著；蒋学

模译；华士明改编；侯德剑，袁锋绘画
南京 江苏人民出版社 1980年 142页 13cm（64开）
定价：CNY0.18
　　本书是中国连环画册。

J0069873
基度山恩仇记 （2）（法）大仲马原著；蒋学
模译；苗杰改编；顾乐夫，徐育林绘画
南京 江苏人民出版社 1980年 158页 13cm（64开）
定价：CNY0.19
　　本书是中国连环画册。

J0069874
基度山恩仇记 （3）（法）大仲马编著；蒋学
模译；许祖良改编
南京 江苏人民出版社 1981年 174页 10×13cm
统一书号：8100.3.441 定价：CNY0.20
　　本书是中国现代连环画册。

J0069875
基度山恩仇记 （4）（法）大仲马原著；华士
明改编；顾乐夫绘
南京 江苏人民出版社 1981年 166页 13cm（64开）
定价：CNY0.20
　　本书是中国现代连环画册。

J0069876
基度山恩仇记 （5）（法）大仲马编著；蒋学
模译；苗杰改编
南京 江苏人民出版社 1981年 158页 10×13cm
统一书号：8100.3453 定价：CNY0.19
　　本书是中国现代连环画册。

J0069877
基度山恩仇记 （6）（法）大仲马原著；蒋学
模译；王竞蓉等绘
南京 江苏人民出版社 1982年 182页 13cm（60开）
统一书号：8100.3.477 定价：CNY0.23
　　本书是中国现代连环画册。

J0069878
激战崔家洼 石洪林改编；杨一明绘画
北京 北京出版社 1980年 58页 13cm（64开）
定价：CNY0.09
　　本书是中国连环画画册。

J0069879
吉鸿昌 石在改编；黄云松，郑凯军绘画
杭州 浙江人民美术出版社 1980年 174页
13cm（64开）定价：CNY0.21
　　本书是根据同名电影文学剧本改编的中国
现代连环画册。

J0069880
吉鸿昌 王逸改编
北京 中国电影出版社 1980年 187页 13cm（64开）
定价：CNY0.32
（电影连环画册）
　　作者王逸（1933—　　），辽宁辽阳人，号无知
者。辽宁中国画研究会理事、副研究员。出版有
《中国当代美术家精品集——王逸专集》《王逸师
生国画作品选》《王逸中国画长卷——关东野韵》
《美术家王逸》等。

J0069881
计盗紫金铃 （中国古典文学故事选）孙剑影
改编；宗静草绘画
南京 江苏人民出版社 1980年 102页 13cm（64开）
统一书号：8100.3.285 定价：CNY0.13
　　本书是中国现代连环画册。

J0069882
家 巴金原著；曹禺编剧；周特生，余凌云导演
上海 上海人民美术出版社 1980年 189页
13cm（64开）定价：CNY0.33
　　本书是中国连环画册。原著为巴金的同名
长篇小说，根据江苏省话剧团演出本编绘。收入
189幅图。作者周特生（1918—2008），作曲家。
江苏省话剧团导演。革命歌曲《我们愿把牢底坐
穿》的曲作者，创作并执导了《热血》《刺花灯罩》
等40多部大型话剧。

J0069883
甲午海战 竺乾华改编；赵文玉绘画
杭州 浙江人民美术出版社 1980年 150页
13cm（64开）统一书号：8156.109 定价：CNY0.19
　　本书是中国现代连环画册。

J0069884
假话国历险记 （1）（意）姜尼·罗大里原著；
任溶溶译；邓柯编绘

天津　天津人民美术出版社　1980 年　有图
17×19cm　统一书号：8073.30463　定价：CNY0.20
　　本书是中国现代连环画册。

J0069885
假装老实的狼　郑伯侠改编；岑龙绘画
武汉　湖北人民出版社　1980 年　8 页　有彩图
13cm（60 开）统一书号：8106.2009　定价：CNY0.09
　　本书是中国现代连环画册。

J0069886
奸细　郑维庆改编；李希广，逊敏绘画
哈尔滨　黑龙江人民出版社　1980 年　136 页
13cm（64 开）定价：CNY0.20
　　本书是中国现代连环画册。

J0069887
歼匪记　沙舟原著；姜春鸣改编；章毓霖等绘
画
南京　江苏人民出版社　1980 年　78 页　有图
13cm（60 开）统一书号：8100.3.312
定价：CNY0.11
　　本书是中国现代连环画册。

J0069888
间谍落网记　刘博原著；孙建中改编；周申绘画
济南　山东人民出版社　1980 年　70 页　13cm（64 开）
定价：CNY0.10
　　本书是根据《扎尔金少校的黄昏》小说改编
的中国现代连环画册。

J0069889
建都天京　村晓编文；陆廷栋绘画
南京　江苏人民出版社　1980 年　94 页　有图
10×13cm　统一书号：8100.3.276　定价：CNY0.12
（太平天国的故事）
　　本书是中国现代连环画册。

J0069890
鉴真　（日）真人元开原著；梧柏，蒋华改编；
钱世明词曲；吴棣绘
北京　人民美术出版社　1980 年　54 页　13cm（64 开）
定价：CNY2.10
　　本书是根据《唐大和尚东征传》改编的中国
现代连环画册。

J0069891
江防图　江鹰原著；程德源改编；苏耕绘画
济南　山东人民出版社　1980 年　88 页　13cm（64 开）
定价：CNY0.12
　　本书是根据同名故事改编的中国现代连环
画册。绘者苏耕（1943—　），画家。生于山东荣
成。原名苏永畔。毕业于山东艺专，后结业于中
央美院。威海画院专职画家、副院长、副书记，
中国美术家协会会员，国家一级美术师，作品有
《大街小巷》《铁路哨兵》《童心》《在艺术的故乡
里》等。

J0069892
江畔风云　粟公魁，刘梦山编文；王清明绘画
哈尔滨　黑龙江人民出版社　1980 年　126 页
13cm（64 开）统一书号：8093.608　定价：CNY0.17
　　本书是中国现代连环画册。

J0069893
将相和　郁生编文；何宁绘画
北京　宝文堂书店　1980 年　57 页　13cm（64 开）
统一书号：8070.6　定价：CNY0.12
　　本书是根据同名戏曲改编的中国现代连环
画册。

J0069894
将相和　（历史故事）韩广源改编；王学明绘画
石家庄　河北人民出版社　1980 年　62 页
13cm（64 开）统一书号：8086.1327
定价：CNY0.10
　　本书是根据《史记·廉颇蔺相如列传》改编
的中国连环画册。绘者王学明（1943—　），美术
编辑。天津人，毕业于河北省美术学院。曾任师
范学校美术教员、报社美术编辑，衡水地区画院
院长，中国美术家协会会员。连环画代表作品有
《三断奇案》等，出版有《买海居诗选》《王学明
画集》等。

J0069895
将相和　俞栋成，朱敏霞改编；李乃蔚绘画
武汉　湖北人民出版社　1980 年　38 页　13cm（64 开）
定价：CNY0.10
　　本书是根据《史记·廉颇蔺相如列传》改编
的中国连环画册。绘者李乃蔚（1957—　），画家。
生于重庆，籍贯北京，毕业于湖北美术学院。武

汉画院一级美术师，中国美术家协会会员，中国画学会创会理事，中国工笔画学会理事，湖北省美协理事，武汉市美协副主席。出版有《新世纪中国艺术家画库李乃蔚》。

J0069896

将相和　张叶舟改编；陈全胜绘画

沈阳　辽宁美术出版社　1980年　121页　13cm（64开）统一书号：8117.1995　定价：CNY0.19

　　本书是中国连环画册。

J0069897

娇娜　（清）蒲松龄原著；丁元改编；张令涛，胡若佛绘画

天津　天津人民美术出版社　1980年　82页 13cm（64开）统一书号：8073.30403

定价：CNY0.14

（《聊斋》故事）

　　本书是中国现代连环画册。

J0069898

骄傲的〇　鲁克编写；张福春绘画；《儿童科学画库》编委会编辑

长春　吉林人民出版社　1980年　有彩图　17×19cm 统一书号：R8091.1025　定价：CNY0.32

　　本书是中国现代连环画册。

J0069899

焦尸案　吉可改编；张品操绘画

长沙　湖南美术出版社　1980年　62页　13cm（64开）统一书号：8233.3　定价：CNY0.11

　　本书是中国连环画册。作者张品操（1936—　），画家、美术教育家，生于浙江省安吉县，祖籍安徽桐城。毕业于浙江美术学院中国画系人物，并留校任教。现为中国美术学院教授，中国美术家协会会员。代表作连环画《小兵张嘎》。著有《水墨人物画技法》《国画人物画法》《聚焦浙派·张品操作品集》《张品操速写》等书。

J0069900

截枪　魏甫特改编；阴衍山绘画

哈尔滨　黑龙江人民出版社　1980年　70页 13cm（64开）定价：CNY0.11

　　本书是中国连环画册。

J0069901

姐妹情深　王季改编；裴文璐绘

昆明　云南人民出版社　1980年　44页　有图 13cm（60开）统一书号：8116.915　定价：CNY0.10

　　作者裴文璐（1944—　），出生于昆明，中国美术家协会会员，云南艺术学院客座教授，云南省公安厅文联书画院名誉院长。代表作品有《瑞丽江畔》《赶摆》。

J0069902

界山恩仇　龙圣明编绘

南宁　广西人民出版社　1980年　82页　13cm（64开）定价：CNY0.11

　　本书是根据《界山樵声》小说编绘的中国连环画册。作者龙圣明（1944—　），广西融水人。广西科技书画院副院长，广西艺术学院副教授，中国美术家协会会员。作品有《曙光》《牛》《瑶山丰年》，出版有《中国当代幽默画家作品选》《桑吉纳－红棕素描》等。

J0069903

借亲配　郝幼权改编；范志泉绘画

沈阳　辽宁美术出版社　1980年　57页　13cm（64开）统一书号：8117.1958　定价：CNY0.10

　　本书是中国连环画册。

J0069904

金凤凰的传说　植谋等编绘

南宁　广西人民出版社　1980年　79页　13cm（64开）定价：CNY0.10

（民间故事）

　　中国现代连环画册。

J0069905

金斧头　弓超改编；豁志绘画

北京　北京出版社　1980年　27页　有彩图 19cm（32开）统一书号：8071.344　定价：CNY0.28

　　本书是中国现代连环画，由北京市教育局幼儿教育研究室供稿。

J0069906

金钢钻的故事　朱吉成改编；李渝，何继中绘画

贵阳　贵州人民出版社　1980年　74页　13cm（64开）统一书号：8115.794　定价：CNY0.13

中国现代连环画册。

J0069907

金花路　葛翠林写；田原画

上海 少年儿童出版社 1980年 有彩图 17×19cm

统一书号：R10024.3714 定价：CNY0.23

　　本书是中国现代连环画册。作者田原（1925— ），漫画家，一级美术师。祖籍江苏溧水，生于上海。原名潘有炜，笔名饭牛。中国美术家协会、中国书法家协会、中国版画家协会、中国记者协会、中国漫画家协会会员，中国工艺美术协会理事，东南大学、深圳大学教授。书画作品有《陋室铭》，出版有《中国民间玩具》《田原硬笔书法》等，设计动画片有《熊猫百货商店》等。

J0069908

金箭号返航　张绍旻改编；王美芳，赵国经绘画

天津 天津人民美术出版社 1980年 62页 13cm（64开）定价：CNY0.10

　　中国现代连环画册。作者张绍旻，改编有连环画《西游记》等。绘者王美芳（1949— ），女，高级画师。北京人，毕业于中央美术学院附中。天津工艺美术设计院高级画师，天津画院院外画家。擅长中国画。作品有《蒙山腊月》《王贵与李香香》《做嫁衣》《正月》《太阳、雪山和我》。绘者赵国经（1950— ），一级画师。出生于河北景县，毕业于天津美术学院绘画系。中国美术家协会会员，连环画艺术委员会委员，天津美术家协会副主席，天津美术出版社美术编辑，连环画编辑室主任。年画代表作品有《烽火连三月》《做嫁衣》等。

J0069909

金窟末日　王镇原著；缪德彰编；导越迹绘

上海 上海人民美术出版社 1980年 166页 有图 13cm（60开）统一书号：8081.12043

定价：CNY0.19

　　本书是根据话剧《人城》编绘的中国现代连环画册。

J0069910

金勒麦斯山口　沈凯原著；孙建中改编；杨杰绘画

济南 山东人民出版社 1980年 70页 13cm（64开）

统一书号：8099.2055 定价：CNY0.12

　　根据同名小说改编中国现代连环画册。作者杨杰（1959— ），浙江少年儿童出版社文艺室美术编辑。

J0069911

金色的短笛　余国振编文；詹敏等绘画

南昌 江西人民出版社 1980年 108页 有图 13cm（60开）统一书号：8110.331 定价：CNY0.16

　　本书是中国现代连环画册。

J0069912

金山虎赶集　江漾改编；孙达明绘画

哈尔滨 黑龙江人民出版社 1980年 36页 13cm（64开）定价：CNY0.11

　　中国现代连环画册。

J0069913

金田起义　黄彦编文；洪斯文，黄文庆绘画

广州 广东人民出版社 1980年 107页 10cm（64开）

定价：CNY0.20

（太平天国历史连环画）

J0069914

紧箍咒　卢光照改编；盛锡珊绘画

石家庄 河北人民出版社 1980年 2版 72页 有图 13cm（60开）统一书号：8086.1192

定价：CNY0.11

　　本书是中国现代连环画，1962年1月第1版。作者卢光照（1914—2001），河南汲县（今卫辉市）人，毕业于北平国立艺术专科学校。曾任人民美术出版社编辑，北京齐白石艺术函授学院名誉院长，北京花鸟画研究会名誉会长，中央文史馆馆员。代表作品《大展鸿图》《松鹰》《鸡冠花雄鸡》。绘者盛锡珊（1925—2015），画家，北京人。中国美术家协会、中国戏剧家协会会员，中国国家话剧院、中国青年艺术剧院一级舞美设计师。舞美设计作品有《东方红》《文成公主》《红色娘子军》。出版有《中国历史故事》《风筝》《晴雯》《紧箍咒》《老北京市井风情画集》等。

J0069915

进军九峰山　孔临川改编；李希广，孙明绘画

哈尔滨 黑龙江人民出版社 1980年 93页

13cm（64开）定价：CNY0.14

本书是中国现代连环画册。

J0069916

井冈红缨　孙海浪等原著；孙海浪编；易至群绘
上海 上海人民美术出版社 1980年 118页 有图
13cm（60开）统一书号：8081.11795
定价：CNY0.14

本书是中国现代连环画册。绘者易至群
（1938— ），画家。别名易子，湖南邵阳人，毕
业于广州美术学院国画系，同年留校任教，任职
于江西《南昌晚报》（美术编辑）、武汉画院，一
级美术师，海南大学艺术学院教授。代表作品有
《村史》《豆选》等。

J0069917

井陉之战　陈绍棣编；刘天炜绘
北京 人民美术出版社 1980年 78页 13cm（64开）
统一书号：8027.7419 定价：CNY0.13

本书是中国现代连环画册。

J0069918

警长的儿女　（美）契斯纳特原著；黄雪芝改编；
颜铁良绘画
天津 天津人民美术出版社 1980年 71页
13cm（64开）定价：CNY0.11

本书是中国连环画册。

J0069919

九龙杯　徐源原著；刘洲洲改编；姜吉维，吴
以达绘画
北京 人民体育出版社 1980年 124页 13cm（64开）
统一书号：8015.14 定价：CNY0.18

本书是中国现代连环画册。

J0069920

救救她　赵国庆原著；吴文焕改编；周波，其
丹绘画
广州 广东人民出版社 1980年 155页 13cm（64开）
定价：CNY0.20

本书是根据同名话剧改编的中国连环画册。

J0069921

救救她　朱上海，贺松寿改编；朱上海摄影
南京 江苏人民出版社 1980年 189页 13cm（64开）

定价：CNY0.23

本书是根据南京市话剧团演出的同名话剧
改编的中国现代连环画册。

J0069922

救救她　赵国庆编剧；陈体江改编；曹震云
摄影
上海 上海人民美术出版社 1980年 134页 有图
13cm（60开）统一书号：8081.12164
定价：CNY0.24

本书是根据上海人民艺术剧院演出本改编
的中国现代连环画册。

J0069923

救救她　赵国庆编剧；若竹改编；张祖道，吴
钢摄影
北京 中国戏剧出版社 1980年 156页 13cm（64开）
定价：CNY0.26
（戏剧连环画册）

根据长春话剧院演出本改编的中国连环画
作品。摄影张祖道（1922— ），纪实摄影家。
生于湖南浏阳，就读于西南联大社会学系，毕业
于清华大学社会学系。《新观察》杂志摄影记者，
中国摄影家协会理事，出版有《江村纪事》。

J0069924

聚宝盆　李群芳改编；徐育恩绘画；《武汉儿
童》编辑部供稿
武汉 湖北人民出版社 1980年 25页 有彩图
13cm（60开）统一书号：R8106.2041
定价：CNY0.16

本书是中国现代连环画册。

J0069925

聚合草　（连环画）余楠明文；傅靖生画
北京 农业出版社 1980年 32页 13×18cm
统一书号：16144.2173 定价：CNY0.34

本书为有关农业方面的中国连环画。

J0069926

卷席筒　董振业，贾保虎编文并摄影；西安电
影制片厂供稿
郑州 河南人民出版社 1980年 124页 13cm（64开）
统一书号：8105.1004 定价：CNY0.20

本书是中国现代连环画册。

J0069927

军军的牙齿　上海市牙病中心防治所卫生教育馆编；庞先强等绘画

上海　上海教育出版社 1980 年　有彩图

15cm（40 开）统一书号：7150.2241 定价：CNY0.15

　　本书是中国现代连环画册。

J0069928

君子国与两面国　邱国华，芷雨改编；高适绘画

福州　福建人民出版社 1980 年 101 页 13cm（64 开）

定价：CNY0.16

（镜花缘故事 2）

　　本书是中国现代连环画册。

J0069929

看看认认　（一）蔡俊传编；沈绍伦绘画

上海　上海教育出版社 1980 年　有彩图

13cm（60 开）统一书号：7150.2233 定价：CNY0.22

　　本书是中国现代连环画册。

J0069930

看看想想　（儿童游戏）张祉浩编；琅琅绘画

昆明　云南人民出版社 1980 年　有彩图 17×19cm

统一书号：8116.918 定价：CNY0.30

　　本书是中国现代连环画册。

J0069931

看图识字　安徽人民出版社编；陈士修画

合肥　安徽人民美术出版社 1980 年　有彩图

15cm（40 开）统一书号：R8102.1063

定价：CNY0.36

　　本书是中国现代连环画册。

J0069932

康熙题匾　徐飞改编；徐有武绘画

杭州　浙江人民美术出版社 1980 年　68 页

13cm（64 开）统一书号：8156.4 定价：CNY0.10

（西湖民间故事）

　　本书是中国现代连环画册。

J0069933

考考你　（三）张祉浩编；王肖生绘画

武汉　湖北人民出版社 1980 年　94 页　有图

15cm（40 开）统一书号：R7106.1539

定价：CNY0.19

　　本书是中国现代连环画册。

J0069934

考考你　张振河编写

太原　山西人民出版社 1980 年 38 页 有图

15cm（40 开）统一书号：R7088.838 定价：CNY0.20

　　本书是中国现代连环画册。

J0069935

考验　罗广斌，杨益言原著；陈正杰改编；袁吉中绘画

成都　四川人民出版社 1980 年　78 页　有图

13cm（60 开）统一书号：R8118.733 定价：CNY0.12

（《红岩》连环画集）

　　本书是中国现代连环画册。

J0069936

科学家的童年　石峰编文；李殿忠绘

呼和浩特　内蒙古人民出版社 1980 年　84 页

有图 13cm（60 开）统一书号：8089.95

定价：CNY0.14

　　本书是中国现代连环画册。

J0069937

科学与"魔术师"　（科学幻想故事）章以武，未燎原著；相惠改编；刘成湘绘画

济南　山东人民出版社 1980 年　70 页 13cm（64 开）

定价：CNY0.10

　　本书是中国连环画册。根据《长生水》小说改编。

J0069938

克格勃之谜　赵锡山，陈铭编文；李云德绘画

济南　山东人民出版社 1980 年　62 页 13cm（64 开）

统一书号：8099.2077 定价：CNY0.11

　　本书是中国现代连环画册。

J0069939

空中奇案　福建人民出版社编辑

福州　福建人民出版社 1980 年　76 页　有图

19cm（32 开）统一书号：R10173.158

定价：CNY0.26

（儿童科学文艺丛书）

　　本书是中国现代连环画册。

J0069940
孔乙己　鲁迅原著；杜学忠改编；杜滋龄绘画
天津　天津人民美术出版社　1980年　104页
13cm（64开）定价：CNY0.14
（中学生画库　初中语文　第五册）
　　本书是中国连环画册。

J0069941
扣马山激战　路正等编文；王相成等绘画
郑州　河南人民出版社　1980年　76页　有图
13cm（60开）统一书号：8105.1021　定价：CNY0.10
　　中国现代连环画作品，包括《扣马山激战》
《无畏七勇士》《英雄通讯兵：海水干》3个故事。

J0069942
苦海余生　上海电影译制版厂编文
北京　中国电影出版社　1980年　177页　13cm（64开）
定价：CNY0.30
（电影连环画册）

J0069943
苦难的心　萧何改编
北京　中国电影出版社　1980年　177页　13cm（64开）
定价：CNY0.30
（电影连环画册）

J0069944
苦恼人的笑　吴天忍等改编
北京　中国电影出版社　1980年　127页　13cm（64开）
统一书号：8081.1478　定价：CNY0.23
（电影连环画册）

J0069945
腊八粥　吴仲熊编绘
成都　四川人民出版社　1980年　有彩图
15cm（40开）统一书号：R8118.734　定价：CNY0.17
　　本书是中国现代连环画，系民间传说。

J0069946
蓝宝石　（福尔摩斯探案）（英）柯南道尔原著；
汪宜蕾改编；庄弘醒绘画
南京　江苏人民出版社　1980年　62页　13cm（64开）
定价：CNY0.09
　　本书是中国现代连环画册。

J0069947
劳山道士　（清）蒲松龄原著；王育生改编；杜
大恺绘画
北京　人民美术出版社　1980年　38页　有彩图
13cm（60开）统一书号：8027.7483　定价：CNY0.19
　　本书是中国现代连环画册。

J0069948
劳山道士　（清）蒲松龄原著；王安云改编；陈
谷长绘画
上海　上海人民美术出版社　1980年　46页
13cm（64开）定价：CNY0.07
　　本书是中国现代连环画册。

J0069949
劳山道士　亮采改编；杨麟翼绘画
成都　四川人民出版社　1980年　19页　12×13cm
统一书号：R8118.732　定价：CNY0.12
（《聊斋》故事）
　　本书是中国现代连环画册。

J0069950
雷达找牛　刘也等原著；阙昌禄改编；吴丹波
等绘画
福州　福建人民出版社　1980年　56页　有图
13cm（60开）统一书号：8173.322　定价：CNY0.08
　　本书是中国现代连环画册。

J0069951
泪痕　蕾珍改编
天津　天津人民美术出版社　1980年　147页
13cm（64开）定价：CNY0.20

J0069952
泪痕　文飘改编
北京　中国电影出版社　1980年　177页　13cm（64开）
定价：CNY0.30
（电影连环画册）

J0069953
泪血樱花　郑锡同，陈建原著；朱上海等改编；
朱上海，李洽卿摄影
南京　江苏人民出版社　1980年　185页　13cm（64开）
统一书号：8100.3.300　定价：CNY0.24
　　本书是中国连环画册。南京市话剧团演出

本编绘。

J0069954

李白　（中国古代文学家的故事）李荣标编文；
刘昌华绘画
南京 江苏人民出版社 1980年 120页 13cm（64开）
定价：CNY0.15
　　本书是中国现代连环画册。

J0069955

李白和杜甫　白桦，郑君里原著；杨礼末改编；
叶毓中绘画
成都 四川人民出版社 1980年 152页 有图
18cm（15开）统一书号：8118.822 定价：CNY0.48
　　本书是中国现代连环画册。

J0069956

李冰　李荣标编文；徐修余绘画
南京 江苏人民出版社 1980年 70页 10×13cm
统一书号：8100.3.340 定价：CNY0.10
（中国古代科学家）
　　本书是中国现代连环画册。

J0069957

李时珍　杨新编；林镛等绘画
北京 人民美术出版社 1980年 88页 有图
13cm（60开）统一书号：8027.7481 定价：CNY0.15
　　本书是中国现代连环画册。

J0069958

李四光　张暖忻原著；于秀溪改编；黄云松绘
北京 人民美术出版社 1980年 177页 13cm（64开）
定价：CNY0.22
　　本书是中国现代连环画册。根据《沧桑大
地》改编。收入 177 幅图。描写中国著名地质
科学家李四光一生不懈追求，取得卓越成就的
故事。画家以钢笔勾线的手法，生动地刻画了
人物形象。

J0069959

李四光　叶惠元改编
北京 中国电影出版社 1980年 147页 13cm（64开）
定价：CNY0.26
（电影连环画册）
　　作者叶惠元，改编的主要连环画作品有《燎

原》《喜乐的山窝》《红色工会》等。

J0069960

李天保娶亲　王秉龙改编；杨奇摄影
北京 中国戏剧出版社 1980年 125页 有图
13cm（60开）统一书号：8069.45 定价：CNY0.21
　　本书是根据同名电影改编的中国现代连环
画册。

J0069961

李岩起义　姚雪垠原著；张炳隅改编；罗希贤绘
上海 上海人民美术出版社 1980年 174页
10cm（64开）统一书号：8081.11950
定价：CNY0.21
（《李自成》连环画 14）

J0069962

李自成　卞福顺改编；朱光玉绘画
沈阳 辽宁美术出版社 1980年 78页 13cm（60开）
定价：CNY0.13
　　本书是中国现代连环画册。

J0069963

李自成　（1）卞福顺改编；朱光玉，朱建平绘画
沈阳 辽宁美术出版社 1980年 166页 13cm（60开）
统一书号：8117.1613 定价：CNY0.24
　　本书是中国现代连环画册。

J0069964

李自成　（2）卞福顺改编；朱光玉，朱建平绘画
沈阳 辽宁美术出版社 1980年 166页 13cm（60开）
定价：CNY0.24
　　本书是中国现代连环画册。

J0069965

李自成　（3）卞福顺改编；朱光玉，朱建平绘画
沈阳 辽宁美术出版社 1980年 166页 13cm（60开）
定价：CNY0.24
　　本书是中国现代连环画册。

J0069966

李自成　（4）卞福顺改编；朱光玉，朱建平绘画
沈阳 辽宁美术出版社 1980年 166页 13cm（60开）
定价：CNY0.24
　　本书是中国现代连环画册。

J0069967

李自成 （5）卜福顺改编；李林祥绘画
沈阳 辽宁美术出版社 1980年 190页 有图
13cm（60开）统一书号：8117.1828 定价：CNY0.28
　　本书是中国现代连环画册。

J0069968

李自成 （6）卜福顺改编；郭德福，郭德存绘画
沈阳 辽宁美术出版社 1981年 150页 13cm（60开）
定价：CNY0.22
　　本书是中国现代连环画册。

J0069969

李自成 （7）卜福顺改编；辛宽良绘画
沈阳 辽宁美术出版社 1980年 130页 13cm（60开）
统一书号：8117.1810 定价：CNY0.20
　　本书是中国现代连环画册。作者卜福顺，曾
任辽宁民族出版社美术教育编辑室主任。绘者
辛宽良（1941— ），画家。山东海阳人。毕业
于鲁迅美术学院版画系。擅长连环画、年画。曾
任辽宁美术出版社美术编辑。代表作品有《真
假美猴王》《夜幕下的哈尔滨》《李自成》《西游
记》等。

J0069970

李自成 （8）卜福顺改编；辛宽良绘画
沈阳 辽宁美术出版社 1981年 218页 13cm（60开）
定价：CNY0.31
　　本书是中国现代连环画册。

J0069971

李自成 （9）卜福顺改编；朱光玉绘画
沈阳 辽宁美术出版社 1981年 166页 13cm（60开）
定价：CNY0.24
　　本书是中国现代连环画册。

J0069972

李自成 （10）卜福顺改编；李福来绘
沈阳 辽宁美术出版社 1982年 110页 13cm（60开）
定价：CNY0.17
　　本书是中国现代连环画册。

J0069973

李自成 （11）卜福顺改编；朱光玉，朱建平绘画
沈阳 辽宁美术出版社 1980年 166页 13cm（60开）

定价：CNY0.24
　　本书是中国现代连环画册。

J0069974

李自成 （12）卜福顺改编；辛宽良绘画
沈阳 辽宁美术出版社 1981年 162页 13cm（60开）
定价：CNY0.24
　　本书是中国现代连环画册。

J0069975

丽塔的遭遇 赵锡山编文；王庆平绘画
济南 山东人民出版社 1980年 62页 13cm（64开）
定价：CNY0.09
　　本书是中国现代连环画册。

J0069976

荔枝的传说 黄瑞金等改编；翁开恩绘画
福州 福建人民出版社 1980年 62页 有图
13cm（60开）统一书号：8173.359 定价：CNY0.09
（福建民间故事）
　　本书是中国现代连环画册。绘者翁开恩
（1939— ），教授。号竹啸庄主人，福建莆田人。
福建师范大学美术系副教授，福建画院、福州画
院、福建政协画师，中国美术家协会会员，福建
美协理事。出版有《翁开恩画集》《翁开恩写生》
《翁开恩画辑》等。

J0069977

梁山伯与祝英台 卢相荣编文；李觉，来玳珊
绘画
杭州 浙江人民美术出版社 1980年 104页
13cm（64开）统一书号：8156.11 定价：CNY0.13
　　本书是中国现代连环画册。

J0069978

两个小八路 李心田原著；赵春堂改编；赵春
堂，季源业绘画
石家庄 河北人民出版社 1980年 118页
13cm（64开）定价：CNY0.15
　　本书是中国现代连环画册。

J0069979

两个小八路 李心田原著；朱其昌改编；郭德
训绘画
上海 上海人民美术出版社 1980年 134页

13cm（64开）定价：CNY0.16

　　本书是中国现代连环画册。

J0069980

两条半枪闹革命　丁凯编写；蔡超绘画

南昌　江西人民出版社 1980年 78页 13cm（64开）

定价：CNY0.12

（江西革命斗争故事）

　　本书是中国现代连环画册。

J0069981

两张布告　覃绍宽改编；陈有天绘画

南宁　广西人民出版社 1980年 82页 13cm（64开）

统一书号：8113.595 定价：CNY0.11

　　本书是中国现代连环画册。

J0069982

两张彩票　周全友，丁立平编绘

南京　江苏人民出版社 1980年 70页 13cm（64开）

定价：CNY0.10

　　本书是中国现代连环画册。

J0069983

两张电影票　白燕编著；高海画

北京　人民美术出版社 1980年 22页 有图

15cm（40开）统一书号：8027.7432 定价：CNY0.12

　　本书是根据李德文同名小说改编。中国现代连环画册。

J0069984

聊斋志异故事

济南　山东人民出版社 1980年 5册（344页）

13cm（64开）定价：CNY0.55

（《聊斋志异》连环画丛书）

　　中国现代连环画作品，包括《画皮》《青凤》《胭脂》《红玉》《小翠》。

J0069985

燎原　郭宝祥改编；邵殿英选片

沈阳　辽宁美术出版社 1980年 162页 13cm（64开）

定价：CNY0.28

　　本书是中国现代连环画画册。

J0069986

猎火记　刘碧玛改编；李荣山，刘斌绘

北京　人民美术出版社 1980年 62页 13cm（64开）

统一书号：8027.7397 定价：CNY0.10

　　本书是中国连环画册。根据《"北京人"的故事》改编。

J0069987

猎人占布　益西单增编；韩书力绘画

北京　人民美术出版社 1980年 40页 有图

13cm（60开）统一书号：8027.7568 定价：CNY0.43

　　本书是中国现代连环画册。

J0069988

林冲雪夜上梁山　陆泽之，金雪尘作

上海　上海人民美术出版社 1980年 ［1］张

76cm（2开）定价：CNY0.14

　　本作品是中国现代年画。作者金雪尘（1904—1996），画家。上海嘉定人。曾任上海图片出版社、上海人民美术出版社特约记者。代表作有《武松打虎》《春江花月夜》《金鱼舞》。

J0069989

林海雪原　（中）曲波原著；南原改编；赵明钧绘画

沈阳　辽宁美术出版社 1980年 190页 13cm（64开）

统一书号：8117.1970定价：CNY0.28

　　本书是中国现代连环画册。

J0069990

林海雪原　（下）曲波原著；南原改编；赵明钧绘画

沈阳　辽宁美术出版社 1982年 186页 有图

10×13cm 统一书号：8117.2140 定价：CNY0.27

　　本书是中国现代连环画册。

J0069991

林海雪原　（上）曲波原著；南原改编；赵明钧绘画

沈阳　辽宁美术出版社 1984年 重印本 188页

有图 10×13cm 统一书号：8117.1651

定价：CNY0.27

　　本书是中国现代连环画册。

J0069992

林海雪原　曲波著；南原改编；赵明钧绘

沈阳　辽宁美术出版社 1996年 2版 3册

9 × 13cm　ISBN：7-5314—1537-2　定价：CNY8.20
　　本书是中国现代连环画册。

J0069993
临危不惧　韩恩荣编绘
济南　山东人民出版社　1980年　62页　13cm（64开）
定价：CNY0.09
　　本书是中国连环画册。根据李崇德、刘松林
革命回忆录编绘。

J0069994
刘志丹的青少年时代　刘力真，张光原著；
张连寿改编；刘永杰绘画
西安　陕西人民美术出版社　1980年　78页
13cm（64开）定价：CNY0.11
　　本书是中国现代连环画册。

J0069995
流浪者　（上）徐景改编；邵殿英选片
沈阳　辽宁美术出版社　1980年　174页　13cm（64开）
统一书号：8117.1815　定价：CNY0.30
　　本书是中国连环画册。

J0069996
流浪者　（下）徐景改编；邵殿英选片
沈阳　辽宁美术出版社　1980年　174页　13cm（64开）
统一书号：8117.1816　定价：CNY0.30
　　本书是中国连环画册。

J0069997
柳暗花明　陈登科等原著；任宝贤改编；裴开
新等绘画
北京　人民美术出版社　1980年　166页　有图
13cm（60开）统一书号：8027.7471　定价：CNY0.19
　　本书是根据陈登科、鲁彦周等原著编绘的中
国现代连环画册。

J0069998
柳暗花明　涂家宽，战强编
北京　中国电影出版社　1980年　177页　13cm（64开）
定价：CNY0.30
（电影连环画册）

J0069999
六号门　张孝鸣改编；金稼仿等绘画

上海　上海人民美术出版社　1980年　158页　有图
13cm（60开）统一书号：8081.12174
定价：CNY0.18
　　本书是中国现代连环画册。

J0070000
六和填江　徐飞改编；戴宏海绘画
杭州　浙江人民美术出版社　1980年　82页
13cm（64开）定价：CNY0.11
（西湖民间故事）
　　本书是中国现代连环画册。

J0070001
龙门暴动　赵九伶改编；常林林绘画
沈阳　辽宁美术出版社　1980年　126页　有图
13cm（60开）统一书号：8117.1956　定价：CNY0.19
　　本书是中国现代连环画册。

J0070002
鲁滨孙飘流记　笛福原著；李建新改编；黄云
松绘画
石家庄　河北人民出版社　1980年　174页
13cm（64开）统一书号：8086.1180
定价：CNY0.20
　　本书是中国连环画册。

J0070003
鲁迅的青少年时代　（连环画册）黄侯兴编；
夏葆元，林旭东绘
北京　人民美术出版社　1980年　106页　22cm（30开）
统一书号：8027.7207　定价：CNY1.60

J0070004
陆军海战队　赛时礼原著；陈梅鼎改编；赵仁
年，罗希贤绘画
上海　上海人民美术出版社　1980年　150页
13cm（64开）定价：CNY0.17
　　本书是中国现代连环画册。收入150幅图。

J0070005
陆游　（中国古代文学家的故事）华桦改编；邹
越非绘画
南京　江苏人民出版社　1980年　126页　13cm（64开）
定价：CNY0.15
　　本书是中国现代连环画册。

J0070006

陆游　贺卓君编文；吴山明，刘国辉绘画
上海　上海人民美术出版社　1980年　142页
13cm（64开）定价：CNY0.17

　　本书是著名诗人陆游传记连环画册。收入142幅图。绘者吴山明（1941—　），画家。生于浙江浦江县，毕业于中国美术学院中国画系人物专业。中国美术学院学术委员会委员，中国画系教授、博士生导师，造型艺术学部主任。代表作品有《意笔人物画选》等，著作有《吴山明意笔人物线描集》《吴山明画集》等。绘者刘国辉（1940—　），教师、画家。江苏苏州人。毕业于浙江美术学院中国画系研究生班。历任浙江美术学院副教授、中国美术学院教授，学术委员会委员，中国人物画高级研修班工作室导师。出版有《刘国辉画集》。

J0070007

伦敦奇遇　佟史改编；肖闵绘画
杭州　浙江人民美术出版社　1980年　142页
13cm（64开）统一书号：8156.32　定价：CNY0.17

　　本书是中国现代连环画册。根据英国电影《百万英镑》改编。

J0070008

罗川儿　晓业改编；庄弘醒绘画
南京　江苏人民出版社　1980年　126页　13cm（64开）
定价：CNY0.15

　　中国现代连环画册。

J0070009

洛阳大捷　姚雪垠原著；张炳隅改编；王亦秋绘
上海　上海人民美术出版社　1980年　166页
13cm（64开）定价：CNY0.20
（《李自成》连环画15）

　　本书是中国连环画册。共27册。据同名长篇小说改编绘制而成。以写明末李自成为首的农民起义军为主，兼写明清之间的民族战争。每一分册为一个完整的故事，合起来则反映了当时波澜壮阔的历史。

J0070010

吕梁英雄传　（第一集）江舟改编；张明堂绘画
太原　山西人民出版社　1980年　156页　有图
13cm（60开）统一书号：8088.1356　定价：CNY0.22

　　本书是中国现代连环画册。绘者张明堂（1941—　），画家。山西寿阳人，毕业于山西艺术学院美术系。山西省美术院专职画家，陕西国画院一级美术师。代表作品有《晓色初动》《战太行》《知心话儿说不尽》《东渡黄河》《月是故乡明》等。绘有连环画《吕梁英雄传》。

J0070011

吕梁英雄传　（第二集）江舟改编；张明堂绘画
太原　山西人民出版社　1981年　167页　有图
10×13cm　统一书号：8088.1454　定价：CNY0.22

　　本书是中国现代连环画册。

J0070012

吕梁英雄传　（第四集）江舟改编；张明堂绘画
太原　山西人民出版社　1982年　142页　有图
10×13cm　统一书号：8088.1562　定价：CNY0.19

　　本书是中国现代连环画册。

J0070013

吕梁英雄传　（第三集）马烽，西戎原著；江舟改编；王錞绘画
太原　山西人民出版社　1983年　150页　13cm（60开）
统一书号：8088.1561　定价：CNY0.20

　　本书是中国现代连环画册。

J0070014

绿水丹心　谭凯军改编；唐源源绘画
长沙　湖南人民出版社　1980年　78页　13cm（64开）
定价：CNY0.12

　　本书是中国连环画册。

J0070015

绿野仙踪　（美）佛·巴姆原著；虞伟民改编；潘宝珠绘画
上海　上海人民美术出版社　1980年　94页
13cm（64开）定价：CNY0.12

　　本书是中国连环画册。收入94幅图。

J0070016

妈妈牺牲以后　钟标龙改编；连唯民绘画
福州　福建人民出版社　1980年　64页　有图
13cm（60开）统一书号：8173.374　定价：CNY0.09

　　本书是中国现代连环画册。

J0070017

马莲花　张树勤改编；何保全绘画
合肥 安徽人民出版社 1980年 78页 13cm(64开)
定价：CNY0.10
　　本书是中国现代连环画册。根据同名童话诗改编。

J0070018

马神医选徒弟　张岳健绘
北京 人民美术出版社 1980年 22页 有图
13cm(60开) 统一书号：8027.7321 定价：CNY0.11
　　本书是中国现代连环画，根据广播电台《小喇叭》节目编绘。

J0070019

马戏团　孙渝峰，李成葆改编
北京 中国电影出版社 1980年 117页 13cm(64开)
定价：CNY0.21
　　本书是中国现代连环画册。

J0070020

玛瑙鏖兵　姚雪垠原著；于玉生改编；方瑶民绘
上海 上海人民美术出版社 1980年 182页
10cm(64开) 统一书号：8081.11848
定价：CNY0.22
　　本书是中国现代连环画册。

J0070021

麦雨　唐宗龙编文；王井绘画
福州 福建人民出版社 1980年 74页 13cm(64开)
定价：CNY0.10
　　本书是中国现代连环画册。绘者王井
(1917—2002)，连环画家。浙江余杭人。原名王
志根，笔名王子耕。创作古典题材连环画有《加
令记》《见龙王》《法云寺会妻》等，现代题材连
环画有《幸福的道路》《英雄小八路》《红领巾
炮》等。

J0070022

卖财神木像的人　郑伯侠改编；魏国经绘画
武汉 湖北人民出版社 1980年 5页 有彩图
19cm(32开) 统一书号：8106.2002 定价：CNY0.11
　　本书是中国现代连环画册。

J0070023

卖炭翁　白居易原著；李寿山，惠伊深改编；
林百石绘画
天津 天津人民美术出版社 1980年 87页
13cm(64开) 定价：CNY0.14
(中学生画库 初中语文 第一册)
　　本书是中国连环画册。

J0070024

满江红　张春峰改编；汪玉山绘画
石家庄 河北人民出版社 1980年 2版 75页
13cm(64开) 定价：CNY0.10
　　本书是中国连环画册。作者张春峰
(1929—　　)，书画家。笔名武艺，号西园，居号
泥香草堂。出生于河北武强县。毕业于河北省
艺术干部学校。曾任河北美术出版社副社长、纽
约东西方艺术家协会民俗艺术委员会副主席、
中国台湾国宝画院教授。主要作品有《雄鹰图》
《母子虎》《草书虎字》等。绘者汪玉山(1910—
1996)，连环画家。江苏阜宁人，出生于上海。曾
用名汪静星。曾在华东人民出版社、新美术出版
社、上海人民美术出版社任连环画创作员。作品
有《二进宫》《丁黄氏》《野猪林》《三十三号魔
星》《三女侠》等。

J0070025

满江红　范钧宏，吕瑞明原著；任梅改编；墨
浪绘
北京 人民美术出版社 1980年 98页 13cm(64开)
定价：CNY0.13
　　本书是根据同名剧本改编中国连环画册。

J0070026

漫游蜜蜂王国　王耀祥等改编；张清岩绘画
福州 福建人民出版社 1980年 48页 有图
13cm(60开) 统一书号：8173.311 定价：CNY0.07
　　本书是中国现代连环画册。

J0070027

毛主席看戏　水年编写；姬国强画
上海 少年儿童出版社 1980年 有彩图 17×19cm
统一书号：R10024.3711 定价：CNY0.14
　　本书是中国连环画册。

J0070028

没有牙齿的老狼　王世兴编；王大奎等绘画
银川 宁夏人民出版社 1980年 66页 13cm（64开）
统一书号：8157.330 定价：CNY0.10
　　本书是中国现代连环画册。

J0070029

美人鱼　雪莎改编；范崇岷绘画
西安 陕西人民美术出版社 1980年 94页
13cm（64开）定价：CNY0.13
　　本书是中国连环画册。根据安徒生童话《海的女儿》改编。

J0070030

梦狼　匡荣改编；王弘力绘画
沈阳 辽宁美术出版社 1980年 60页 13cm（64开）
定价：CNY0.14
　　本书是中国连环画册。绘者王弘力（1927—2019），连环画家。生于天津，祖籍山东蓬莱。中国美术家协会会员，沈阳文史馆馆员，曾任《辽西画报》《辽西文艺》编辑，辽宁美术出版社编审。代表作品有连环画《十五贯》《天仙配》等。

J0070031

米龙老爹　（法）莫泊桑原著；顾延培改编；魏景山绘画
上海 上海人民美术出版社 1980年 94页
13cm（64开）统一书号：8081.12213
定价：CNY0.12
　　本书是中国现代连环画册。

J0070032

秘密　张秋生诗；陶子厚绘画
长春 吉林人民出版社 1980年 有图 13×18cm
统一书号：8091.1008 定价：CNY0.14
　　本书是中国现代连环画册。

J0070033

秘密图纸　陈曦改编；张昌洵绘画
杭州 浙江人民美术出版社 1980年 125页
13cm（64开）定价：CNY0.15
　　本书是中国连环画册。根据同名电影改编。绘者张昌洵（1940—　），画家。浙江吴兴人。中学高级美术教师，中国美术家协会会员。主要作品有《灯》《划等号》《航海家麦哲伦》等。

J0070034

密林哨兵　杨叙南，陶锦生原著；毛亮英改编；朱光荣绘画
兰州 甘肃人民出版社 1980年 77页 10cm（64开）
定价：CNY0.12
　　本书是中国连环画册。根据同名科学幻想小说改编．

J0070035

密林深处　王家男编文；王廷家绘画
长春 吉林人民出版社 1980年 94页 13cm（64开）
定价：CNY0.14
　　本书是中国连环画册。

J0070036

摸花轿　晓蕾改编
北京 中国戏剧出版社 1980年 125页 13cm（64开）
定价：CNY0.21
（戏剧连环画）
　　本书是中国连环画册。

J0070037

磨盘山　徐文初原著；胡运枝改编；汪国新绘画
武汉 湖北人民出版社 1980年 46页 有图
13cm（60开）统一书号：8106.2079 定价：CNY0.08
　　本书是中国现代连环画册，据徐文初著同名民间故事改编。

J0070038

魔鬼角的歌声　白虹编文；梁平波绘画
杭州 浙江人民美术出版社 1980年 102页
13cm（64开）定价：CNY0.14
（科学幻想故事）
　　本书是中国连环画册。

J0070039

魔园　章以武，黄升民原著；童国峰改编；徐丕烈，谢世果绘画
武汉 湖北人民出版社 1980年 30页 13cm（64开）
统一书号：R8106.2084 定价：CNY0.13
　　本书是中国连环画册。根据同名科学幻想小说改编。

J0070040

莫愁女　张弦执笔；张震麟编剧；计大为改编；

文长生等摄影
南京 江苏人民出版社 1980年 191页 13cm(64开)
统一书号：8100.3.319 定价：CNY0.24
　　本书是中国连环画册。根据南京市越剧团演出本编绘。

J0070041
木兰从军　龙光沛改编；张世申绘画
贵阳 贵州人民出版社 1980年 32页 13cm(64开)
定价：CNY0.07
　　本书是中国现代连环画册。

J0070042
木偶奇遇记　张元锦改编；丁仃等绘画
福州 福建人民出版社 1980年 145页 13cm(64开)
统一书号：8173.309 定价：CNY0.14
　　本书是中国现代连环画册。根据意大利同名童话改编。绘者丁仃(1933—1999)，画家、国家一级美术师。上海人。中国美协常务理事，福建省画院名誉院长。代表作品有《樱花仕女》《迎春》《祝亨福下乡》等。

J0070043
木偶奇遇记　(意)科罗狄·罗伦济尼原著；徐调孚翻译；金浪改编；刘露薇绘画
广州 广东人民出版社 1980年 157页 13cm(64开)
统一书号：8111.2260 定价：CNY0.22
　　本书是中国现代连环画册。

J0070044
木偶奇遇记　(意)科罗狄原著；张若改编；吴文渊绘画
天津 天津人民美术出版社 1980年 171页 13cm(64开) 统一书号：8073.30382
定价：CNY0.22
　　本书是中国现代连环画册。

J0070045
牧鹅少年马季　樊运琪编绘
济南 山东人民出版社 1980年 94页 13cm(64开)
定价：CNY0.15
　　中国现代连环画册。根据匈牙利民间故事编绘。

J0070046
牧童阿扎提　李井亚改编；王西京绘画
乌鲁木齐 新疆人民出版社 1980年 44页
13cm(64开) 定价：CNY0.11
　　中国现代连环画册。本书还包括《聪明的牧羊人》故事。绘者王西京(1946—　　)，一级美术师。陕西西安人。中国美术家协会理事，中国美协中国画艺委会委员，中国画学会副会长，陕西美术家协会名誉主席。主要作品有《王西京作品集》《中国历史人物画传》等。

J0070047
墓场与鲜花　肖平原著；杨嵩改编；张崇政绘画
南京 江苏人民出版社 1980年 62页 有图 13cm(60开) 统一书号：8100.3.278
定价：CNY0.09
　　本书是中国现代连环画册。

J0070048
哪吒闹海　抒晨等编文；史久仁绘画
石家庄 河北人民出版社 1980年 46页 有彩图 10×13cm 统一书号：8086.1186 定价：CNY0.18
　　本书是中国现代连环画，据《封神演义》片段改编。

J0070049
南瓜记　石凌鹤原著；涂介华改编；郭秀庚绘画
南昌 江西人民出版社 1980年 126页 13cm(64开)
定价：CNY0.17
　　本书是根据同名剧本改编中国连环画册。

J0070050
南国烽烟　罗旋编文；刘世群等绘画
南昌 江西人民出版社 1980年 152页 13cm(64开)
定价：CNY0.20
(江西革命斗争故事)
　　根据同名小说改编的本书是中国现代连环画册。

J0070051
南疆战旗红　李成文等编绘，吴平凡改编
成都 四川人民出版社 1980年 23+25+32页 有图 13cm(60开) 统一书号：R8118.717
定价：CNY0.12

本书根据《董存瑞式的战斗英雄》《孤胆英雄》等故事改编的连环画。

J0070052

南梁烽火 李健彤原著；袁烈洲改编，张绰绘
天津 天津人民美术出版社 1980年 70页 有图
13cm（60开）统一书号：8073.30499
定价：CNY0.11
   本书是据《刘志丹》片断编绘的中国现代连环画。

J0070053

难忘的航行 林正让改编；吴自强绘画
福州 福建人民出版社 1980年 33页 有图
13cm（60开）统一书号：8173.299 定价：CNY0.11
   本书是中国现代连环画册。绘者吴自强
（1943— ），画家。祖籍浙江杭州，又名吴声。
生于江苏苏州，毕业于浙江美术学院工艺美术
系。杭州画院专业画家，中国美术家协会会员，
浙江人民出版社美术编辑。主要作品有《傲雪》
《春酣》《西湖诗词画意百图》《古诗画诗》《长恨
歌二十图》等。

J0070054

你明白了什么？ 梁植改编；程惠钊绘画
武汉 湖北人民出版社 1980年 23页 有图
15cm（40开）统一书号：8106.2001 定价：CNY0.14
   本书是中国现代连环画册。

J0070055

你是谁 滕书霞编写；王美芳绘画
天津 天津人民美术出版社 1980年 有彩图
17×19cm 统一书号：8073.30406 定价：CNY0.20
   本书是中国现代连环画，系幼儿知识画册。

J0070056

聂小倩 张羽改编；张文忠绘画
成都 四川人民出版社 1980年 77页 12×13cm
统一书号：R8118.753 定价：CNY0.17
（《聊斋》故事）
   本书是中国现代连环画册。

J0070057

牛顿 史青编；胡克礼，恽南平绘
北京 人民美术出版社 1980年 78页 13cm（64开）

定价：CNY0.14
（科学家故事）
   本书是描写英国伟大的科学家牛顿在天文
学、数学、物理学方面的重大贡献的中国现代连
环画册。收入78幅图。

J0070058

牛郎织女 （古代神话）王亚平诗；张岳健画
北京 人民美术出版社 1980年 118页 13cm（64开）
定价：CNY0.19
   本书是中国现代连环画册。

J0070059

牛虻 吉志西改编；胡克礼绘画
沈阳 辽宁美术出版社 1980年 157页 13cm（64开）
统一书号：8117.1747 定价：CNY0.24
   本书是中国现代连环画册。

J0070060

牛虻 （上集）（爱尔兰）伏尼契原著；丁国联改
编；王永强，胡志荣绘画
上海 上海人民美术出版社 1980年 126页 有图
10×13cm 统一书号：8081.12191 定价：CNY0.22
   本书是中国现代连环画册。收入213幅图。
共2册。根据爱尔兰作家伏尼契同名小说编绘。
全书用西洋黑白水墨画表现，人物造型参考同名
苏联影片。

J0070061

牛牛 樊庆荣，樊悦编文；谭黎东绘画
沈阳 辽宁美术出版社 1980年 28页 有彩图
15cm（40开）统一书号：8117.1851 定价：CNY0.20
   本书是中国现代连环画册。

J0070062

牛市的战斗 奋永原著；夏祥镇改编；田世信，
宋承德绘画
贵阳 贵州人民出版社 1980年 78页 13cm（64开）
定价：CNY0.13
   本书是中国现代连环画册。

J0070063

牛头山 徐光玉改编；陈惠冠绘画
北京 人民美术出版社 1980年 2版 131页
13cm（64开）统一书号：8027.1698

定价: CNY0.22
（岳传 8）
　　本书是根据《说岳全传》改编的中国现代连环画册。绘者陈惠冠（1935— ），浙江余姚人。中国美术家协会会员，中国版协连环画艺术委员会副主任委员。擅长连环画。作品有《牛头山》《仙人岛》《黄河飞渡》等。

J0070064
农村生活速写　贺友直绘画
武汉 湖北人民出版社 1980 年 54 页 有图 17×19cm 统一书号: 8106.1989 定价: CNY0.45
　　本书是中国现代连环画册。

J0070065
怒打假国丈　吴承恩原著；大鲁改编；张令涛等绘画
上海 上海人民美术出版社 1980 年 70 页 有图 13cm（60 开）统一书号: 8081.1723 定价: CNY0.09
　　本书是中国现代连环画册。

J0070066
怒发冲冠　缪德彰，江行编文；高适等绘画
南昌 江西人民出版社 1980 年 92 页 13cm（64 开）
定价: CNY0.14
　　本书是中国连环画册。

J0070067
怒吼吧黄河　诚然改编
北京 中国电影出版社 1980 年 147 页 13cm（64 开）
统一书号: 8061.1446 定价: CNY0.26
（电影连环画册）

J0070068
怒江飞虹　绛边加错原著；从早改编；张文永绘画
成都 四川人民出版社 1980 年 87 页 13cm（64 开）
定价: CNY0.12
　　本书是中国连环画册。

J0070069
女儿国　吴承恩原著；陈平夫改编；钱笑呆，曹增潮绘画
石家庄 河北人民出版社 1980 年 2 版 106 页 13cm（64 开）定价: CNY0.16

　　本书是中国现代连环画册。1961 年 9 月出第 1 版。

J0070070
女驸马　（戏剧连环画）肖逸改编
北京 中国戏剧出版社 1980 年 125 页 13cm（64 开）
定价: CNY0.21
　　本书是中国现代连环画册。根据同名戏曲电影改编。

J0070071
女娲补天　（中国古代神话故事连环画）袁珂原著；石景麟改编；胡永凯绘画
上海 上海人民美术出版社 1980 年 62 页 13cm（64 开）统一书号: 8081.12039
定价: CNY0.09
　　本书是根据同名中国古代神话故事改编的中国现代连环画册。作者石景麟，著有《音乐家的故事》，与孙铁生合绘有连环画《东进序曲》，改编有连环画《女娲补天》《肖尔布拉克》。绘者胡永凯（1945— ），画家。生于北京。中国美术家协会会员，中国国家画院研究员，中央文史研究馆书画院艺术委员会委员，文化部国韵文华书画院艺委会副主席，中国人民对外友好协会艺术交流院研究员，香港新美术学会创始会长。代表作品有《消夏》《荷韵》《小米碗》《雪狮子》等。

J0070072
女侦察员　袭长风改编；王建绘画
杭州 浙江人民美术出版社 1980 年 126 页 13cm（64 开）定价: CNY0.17
　　本书是中国现代连环画册。

J0070073
欧阳修练字　亮亮写；陈望秋，秋明画
上海 少年儿童出版社 1987 年 18cm（15 开）

J0070074
潘朵娜的匣子　叶君健改写；高燕画
北京 北京出版社 1980 年 47 页 有彩图 17×19cm 统一书号: 8071.333 定价: CNY0.40
（希腊神话故事选）
　　本书是中国现代连环画册。

J0070075

叛逆　惠人改编

北京 中国电影出版社 1980年 147页 13cm(64开)

统一书号：8061.1447 定价：CNY0.26

（电影连环画册）

J0070076

胖胖和半半　洪汛涛原著；孙剑鸣改编；永成

绘画

南京 江苏人民出版社 1980年 94页 有图

13cm(60开) 统一书号：8100.3.304

定价：CNY0.11

　　本书是中国现代连环画册。

J0070077

咆哮的黑龙江　金正磐改编；叶雄绘画

银川 宁夏人民出版社 1980年 152页 13cm(64开)

统一书号：8157.332 定价：CNY0.18

　　本书是根据电影文学剧本《傲蕾·一兰》改

编的中国现代连环画册。叙述 17世纪中叶，沙

皇俄国派遣"远征队"入侵中国黑龙江流域。达

斡尔族姑娘傲蕾·一兰临危受命，痛创敌军的

故事。

J0070078

裴奇的奇遇　魏峰著文；李殿忠绘画

天津 天津人民美术出版社 1980年 93页

13cm(64开) 定价：CNY0.13

　　本书是中国连环画册。

J0070079

朋友　王群，范爱全改编；周仓志等摄影

南京 江苏人民出版社 1980年 220页 13cm(64开)

定价：CNY0.27

　　中国现代连环画册。根据中国人民解放军

南京部队政治部前线话剧团演出本编绘。摄影

者周仓志，摄影连环画有《李太白与杨贵妃》、黄

梅戏《女驸马》四连拍、锡剧《嫦娥奔月》等。

J0070080

彭德怀的故事　景希珍原著；王肇歧编，韩和

平等绘

上海 上海人民美术出版社 1980年 99页 有图

10cm(64开) 统一书号：8081.12141

定价：CNY0.15

　　本书是刻画彭德怀热爱人民、关心群众、廉

洁奉公、严于律己的形象的中国现代连环画。收

入 106幅图。根据革命回忆录《在彭总身边》部

分内容改编。

J0070081

澎湃　（老一辈革命家）王曼，杨永编；刘启端，

潘晋拔绘

北京 人民美术出版社 1980年 158页 13cm(64开)

定价：CNY0.25

　　本书是中国连环画册。

J0070082

碰壁　石军改编；徐麟如绘画

南昌 江西人民出版社 1980年 73页 13cm(64开)

定价：CNY0.14

（《聊斋》故事 1）

　　中国现代连环作品，包括《碰壁》《蟋蟀恨》

《马骏的故事》。

J0070083

披荆斩棘的人　王玉春编文；曲佩林，王立志

绘画

济南 山东人民出版社 1980年 62页 13cm(64开)

定价：CNY0.09

　　本书是中国现代连环画册。

J0070084

鄱湖风浪　宋崇风改编；郑庆蘅绘

天津 天津人民美术出版社 1980年 93页 有图

13cm(60开) 统一书号：8073.30439

定价：CNY0.13

　　本书是中国现代连环画册。

J0070085

破襄阳　朱玉龙改编；葛志仁绘画

合肥 安徽人民出版社 1980年 142页 13cm(64开)

定价：CNY0.17

　　本书是根据历史小说《李自成》部分章节改

编的中国连环画册。

J0070086

普里希别叶夫中士　（俄）契诃夫原著；孙为

平，孙为民编绘

北京 群众出版社 1980年 42页 13cm(64开)

统一书号：10067.190 定价：CNY0.12

　　本书是根据同名小说改编中国连环画册。

J0070087

普通党员　　邓波编文；程宝泓等绘

武汉　湖北人民出版社　1980年　80页　有图
13cm（60开）统一书号：8106.2116 定价：CNY0.18

　　本书是中国现代连环画，包括《和群众心连心》《不能特殊》《公私之间》《过生日》等刘少奇生前12个小故事。

J0070088

七品芝麻官　（电影连环画）牛得草原著；刘秋霖，秦志钰改编

天津　天津人民美术出版社　1980年　117页
13cm（64开）统一书号：8073.30442
定价：CNY0.21

　　本书是中国现代连环画册。根据同名电影选编。

J0070089

七品芝麻官　　王逸改编

北京　中国电影出版社　1980年　137页　10×13cm
统一书号：8061.1479 定价：CNY0.24
（电影连环画册）

J0070090

戚继光平倭　　傅文金，闻边编文；黄小金绘画

福州　福建人民出版社　1980年　110页 13cm（64开）
定价：CNY0.14

　　本书是中国连环画册。

J0070091

齐天大圣　　来诵芬改编；刘汉宗绘

石家庄　河北人民出版社　1980年　2版　70页
有图　13cm（60开）统一书号：8086.1183
定价：CNY0.10

　　本书是中国现代连环画，本书于1964年7月出第1版。

J0070092

奇怪的《101》　贺书昌改编；许全群绘画

北京　人民体育出版社　1980年　187页　有图
13cm（60开）统一书号：8015–13 定价：CNY0.26

　　本书是中国现代连环画册。

J0070093

奇怪的火光　　黄玉臣等改编；高庆年绘

福州　福建人民出版社　1980年　65页　有图
10×13cm 统一书号：8173.285 定价：CNY0.09

　　本书是中国现代连环画，根据李永胜小说《边疆两夜》改编。

J0070094

奇怪的苹果　　陈燕慈原著；土金泰编绘

北京　人民美术出版社　1980年　22页　有彩图
13cm（60开）统一书号：8027.7487 定价：CNY0.13

　　本书是中国现代连环画册。绘者王金泰（1945—　），当代书画家。号甫元，生于北京，祖籍山东。中国少年儿童出版社《中学生》杂志美术编辑，中国美术家协会北京分会会员，中华孔子学会会员，中国书画家联谊会理事。出版有《中华少年精英百图》《古诗童趣图》《金泰画集》《中华佛禅文化百图》等。

J0070095

奇怪的潜水员　　缪士编；原小民封面、插图

南京　江苏人民出版社　1980年　85页　有图
19cm（32开）统一书号：10100.357
定价：CNY0.30
（儿童科学文艺丛书·科学幻想故事）

　　本书是中国现代连环画册。

J0070096

奇怪的信号弹　　林泉改编；周良之绘画

成都　四川人民出版社　1980年　69页　有图
10×13cm 统一书号：R8118.799 定价：CNY0.11

　　本书是中国现代连环画册。

J0070097

奇袭延陵镇　　杨云庆改编；刘俊元画

沈阳　辽宁美术出版社　1980年　62页　有图
13cm（60开）统一书号：8117.1848 定价：CNY0.11

　　本书是中国现代连环画册。作者杨云庆（1933—　），曾任黑龙江省作家协会会员，散文家协会会员，老年作家协会会员。作品有《杨云庆文集》（上、下）等。

J0070098

奇异的蜜蜂　　叶永烈原著；艾莓改编；俞梦彦等绘图

福州 福建人民出版社 1980 年 51 页 有图
13cm（60 开）统一书号：8173.349 定价：CNY0.08
　　本书是中国现代连环画，根据《一只奇怪的
蜜蜂》科学幻想小说改编。

J0070099
奇冤一案　肖平原著；张光奎改编，邓泰和绘画
石家庄 河北人民出版社 1980 年 62 页 有图
10×13cm 统一书号：8086.1321 定价：CNY0.09
　　本书是中国现代连环画册。

J0070100
气贯长虹——邓中夏烈士　艾子悦编文；赵
明等绘画
南京 江苏人民出版社 1980 年 92 页 有图
10cm（64 开）统一书号：8100.3.323
定价：CNY0.12
　　本书是中国现代连环画册。

J0070101
气象学家竺可桢　杨志春编文；杨绍路，周永
生绘画
济南 山东人民出版社 1980 年 54 页 13cm（64 开）
统一书号：8099.2074 定价：CNY0.09
　　本书是中国现代连环画册。

J0070102
契诃夫　戴晓权编文；于成业，高丽雅绘画
南京 江苏人民出版社 1980 年 102 页 13cm（64 开）
定价：CNY0.13
（外国文学家的故事）
　　本书是中国连环画册。

J0070103
枪的故事　康模生编文；沈在召绘画
福州 福建人民出版社 1980 年 74 页 13cm（64 开）
定价：CNY0.10
　　中国现代连环画。

J0070104
强渡大渡河　孙亮改编；杨在溪，陆嘉陵绘画
天津 天津人民美术出版社 1980 年 71 页
13cm（64 开）统一书号：8073.30423
定价：CNY0.11
　　本书是中国连环画册。

J0070105
强项令　黄午生改编；胡国瑞绘画
南京 江苏人民出版社 1980 年 62 页 13cm（64 开）
定价：CNY0.09
　　本书是中国连环画册。

J0070106
瞧这一家子　索立改编
北京 中国电影出版社 1980 年 177 页 13cm（64 开）
定价：CNY0.30
（电影连环画册）

J0070107
巧渡金沙江　肖应棠原作；俞伯秋改编；吴光
鼎绘画
贵阳 贵州人民出版社 1980 年 57 页 13cm（64 开）
定价：CNY0.10
　　本书是中国现代连环画册。

J0070108
巧哥儿　单学鹏原著；陈列改编
长沙 湖南美术出版社 1980 年 126 页 有图
10×13cm 统一书号：8233.738 定价：CNY0.27
　　本书是中国现代连环画册。

J0070109
巧计擒文富　姚雪垠原著；钱兴凤编，崔君沛绘
上海 上海人民美术出版社 1980 年 158 页 有图
13cm（60 开）统一书号：8081.11832
定价：CNY0.19
（《李自成》连环画 七）

J0070110
巧袭伪民团　（红军长征故事）徐继涛编文；
黄蕴愉绘画
昆明 云南人民出版社 1980 年 24 页 有图
13cm（60 开）统一书号：R8116.888 定价：CNY0.08
　　本书是中国现代连环画册。

J0070111
巧砸葫芦礁　任红举原著；胡翀改编；叶鸣绘画
郑州 河南人民出版社 1980 年 61 页 13cm（64 开）
定价：CNY0.09
　　本书是中国现代连环画册。

J0070112

巧捉残敌　萧坚富等编文；孙为国绘画
南京 江苏人民出版社 1980 年 62 页 有图
13cm（60 开）统一书号：8100.3.317
定价：CNY0.09
　　本书是中国现代连环画册。

J0070113

勤俭的二小　张志勇改编；谷照恩绘画
石家庄 河北人民出版社 1980 年 62 页 有图
13cm（60 开）统一书号：8086.1320
定价：CNY0.11
　　本书是中国现代连环画册。

J0070114

青春之歌　（上册）杨沫原著；石山改编；刘亚
民绘画
哈尔滨 黑龙江人民出版社 1980 年 138 页
13cm（60 开）定价：CNY0.18
　　中国现代连环画册。

J0070115

青凤　（聊斋志异故事选）（清）蒲松龄原著；张
峻声改编；张兆函，周申绘画
济南 山东人民出版社 1980 年 62 页 13cm（64 开）
定价：CNY0.10
　　本书是中国现代连环画册。

J0070116

青凤　闻征编文；李鸿远等绘画
太原 山西人民出版社 1980 年 53 页 有图
13cm（60 开）统一书号：8088.1385 定价：CNY0.10
　　本书是中国现代连环画，根据《聊斋志异》
改编。

J0070117

青铜宝剑　高鲁冀著文；赵俊生绘画
天津 天津人民美术出版社 1980 年 95 页
13cm（64 开）统一书号：8073.30491
定价：CNY0.13
　　中国现代连环画册。

J0070118

青铜剑　孟德富改编绘画
成都 四川人民出版社 1980 年 19 页 有图

10cm（64 开）统一书号：R8118.698 定价：CNY0.06
　　本书是中国现代连环画，据高鲁冀《青铜箭
头》改编。内容包括《青铜剑》《曙人 "事件"》两
个故事。

J0070119

青蛙王子　闻云芳改编；陈和连绘画
成都 四川人民出版社 1980 年 83 页 10cm（64 开）
统一书号：R8118.725 定价：CNY0.12
　　本书是根据民间故事改编的中国现代连环
画，内容包括《青蛙王子》和《鹿姑》两个故事。

J0070120

清宫外史　（光绪亲政记）杨村彬编导；叶惠
元改编；刘贞员，陈岱宗摄影
北京 中国戏剧出版社 1980 年 188 页 13cm（64 开）
统一书号：8069.50 定价：CNY0.30
　　本书是中国连环画册。根据上海戏剧学院
进修班演出本编绘。

J0070121

清官的故事　（一）于秀溪改编；王秉龙等绘画
北京 宝文堂书店 1980 年 126 页 13cm（64 开）
定价：CNY0.21
　　本书是根据同名戏曲《卧虎令》《铡驸马》
《审诰命》改编的中国连环画册。

J0070122

秋瑾　柯灵原著；吴戈改编；吴山明，刘国辉绘
北京 人民美术出版社 1980 年 158 页 10×13cm
定价：CNY0.25
　　本书是中国连环画册。根据原著剧本《秋瑾
传》改编。

J0070123

秋收霹雳　赵寰等原著；庞加兴等改编；李德
钊绘画
广州 广东人民出版社 1980 年 126 页 有图
13cm（60 开）统一书号：8111.2224 定价：CNY0.17
　　本书是中国现代连环画，据广州部队战士话
剧团同名话剧改编。

J0070124

取枪记　孙吉敏，张军功改编；孙达明绘画
哈尔滨 黑龙江人民出版社 1980 年 54 页

13cm（64开）定价：CNY0.09

　　中国现代连环画册。

J0070125

拳打镇关西　丁国联改编；赵仁年绘画

上海　上海人民美术出版社　1980年　94页

13cm（64开）统一书号：8081.11865

定价：CNY0.12

（水浒故事）

　　绘者赵仁年（1939—　），画家。江苏阜宁人。中国美术家协会会员，上海美术家协会会员，日本东西方艺术振兴会常务理事，原上海侨友经济协会东舟美术家联谊会副会长。代表作品有《诸葛亮探亲》等。

J0070126

热血浇开英雄花　王琴等改编；吴富佳等绘画

沈阳　辽宁美术出版社　1980年　27页　有图

13cm（60开）统一书号：8117.1834　定价：CNY0.15

　　本书是中国现代连环画册。

J0070127

人鱼公主　（丹）安徒生原著；张钟龄改编；张鸾绘画

天津　天津人民美术出版社　1980年　62页

13cm（64开）统一书号：8073.30496

定价：CNY0.10

　　本书是中国现代连环画册。

J0070128

人证　万家春改编；邵殿英选片

沈阳　辽宁美术出版社　1980年　182页　13cm（64开）

定价：CNY0.31

　　本书是中国现代连环画册。

J0070129

人证　毛志毅改编

天津　天津人民美术出版社　1980年　175页

13cm（64开）定价：CNY0.28

　　本书是根据日本同名电影选编，中国现代连环画册。中国电影公司供稿。

J0070130

乳燕飞　午言改编

北京　中国电影出版社　1980年　147页　13cm（64开）

定价：CNY0.26

（电影连环画册）

J0070131

萨吉和白玛　杨星火原著；蔡家骏改编；段海云绘画

上海　上海人民美术出版社　1980年　94页　有图

13cm（60开）统一书号：8081.11921

定价：CNY0.12

　　本书是中国现代连环画册。绘者段海云，女，美术教师。毕业于河南大学艺术系。河南省实验中学任教。优质课《纸浮雕》《艺术与科学》获奖。辅导学生作品《思》《蛇紫嫣红》获奖。

J0070132

三闯虎狼关　肖肖原作；未雨等编词；陈初良绘画

福州　福建人民出版社　1980年　52页　有图

13cm（60开）统一书号：8173.301　定价：CNY0.08

　　本书是中国现代连环画册。绘者陈初良（1944—　），画家。福建闽侯人，毕业于厦门工艺美术学院绘画系。福州画院专职画家，国家一级美术师。代表作《海岳雄峙》《花草美人秋》《郁郁乡情》等。出版有《陈初良画集》《四季古诗》《陈初良线描》等。

J0070133

三次突击　陈廷一编文；吴绍人等绘画

石家庄　河北人民出版社　1980年　66页　有图

13cm（60开）统一书号：8086.1322　定价：CNY0.09

　　本书是中国现代连环画册。

J0070134

三打陶三春　方位津改编；华莹，吴钢摄影

北京　宝文堂书店　1980年　87页　10×13cm

定价：CNY0.17

　　本书是中国现代连环画册。根据同名京剧改编。

J0070135

三斗冷欣　陈乃祥改编；邵劬绘

南京　江苏人民出版社　1980年　102页　有图

13cm（60开）统一书号：8100.3.305

定价：CNY0.13

　　本书是中国现代连环画册。

J0070136

三怪客　（英）哈代原著；戴晓权改编；雷德祖绘画

南京 江苏人民出版社 1980年 70页 13cm（64开）

统一书号：8100.3.359 定价：CNY0.10

　　本书是中国现代连环画册。

J0070137

三国故事　（下集）罗贯中原著；白宇选编；戴敦邦绘

北京 人民美术出版社 1980年 80页 13cm（64开）

定价：CNY0.23

　　作者白宇（1952— ），画家。河南安阳人。安阳师专艺术系毕业。鹤壁市青年美术家协会副主席，鹤壁黄河书画院院长，河南省美术家协会会员。主要作品有《高山有情》《轻音图》等。绘者戴敦邦（1938— ），国画家，教授。号民间艺人。江苏丹徒人，毕业于上海第一师范学校。曾任《中国少年报》《儿童时代》美术编辑，上海交通大学人文学院教授。主要作品《水浒人物一百零八图》《戴敦邦水浒人物谱》《戴敦邦新绘红楼梦》《戴敦邦古典文学名著画集》等，连环画代表作品有《一支驳壳枪》《水上交通站》《大泽烈火》《蔡文姬》等。

J0070138

三调芭蕉扇　繁一改编；刘佐钧，杨敦仪绘画

长沙 湖南美术出版社 1980年 110页 13cm（64开）

统一书号：8233.56 定价：CNY0.16

（西游记连环画 15）

J0070139

三王子盗仙水　王志冲译编；徐乐乐绘画

南京 江苏人民出版社 1980年 78页 有图 13cm（60开）统一书号：8100.3.336

定价：CNY0.11

　　本书是中国现代连环画册。作者王志冲（1936— ），翻译家。籍贯上海，笔名冰火、天飞。中国翻译家协会会员、作协会员。译作有《第一个劳动日》《冒名顶替》《海底外星人》《酸奶村的冬天》《入地艇》《忘却城》等。

J0070140

三炸龙桥　朱永锴改编；罗镜泉等绘画

郑州 河南人民出版社 1980年 78页 有图

13cm（60开）统一书号：8105.1018 定价：CNY0.10

　　本书是中国现代连环画册。绘者罗镜泉（1937— ），教授。生于广东兴宁，毕业于湖北艺术学院美术系。历任河南大学美术系教师，华南师范大学美术学院教授，中国美术家协会会员。代表作品有《妇女队长》《金色洪湖》《夜深人未静》《老人》等。

J0070141

扫平假西天　徐淦改编；朱光玉绘画

长沙 湖南美术出版社 1980年 70页 13cm（64开）

统一书号：8233.12 定价：CNY0.12

（西游记连环画 17）

　　作者徐淦，主要改编的连环画作品有《镜花缘》《奇妙的公鸡》《熙凤弄权》《祝福》等。绘者朱光玉（1928— ），连环画家。生于上海，祖籍江苏盐城。作品有《岳飞传》《苏姣姣》《一代名优》《宋景诗》《林则徐》等。

J0070142

森林打猎记　李庆奎编文；张辛国绘画

石家庄 河北人民出版社 1980年 62页

13cm（64开）定价：CNY0.09

　　本书是中国连环画册。绘者张辛国（1926— ），编辑。河北安平人，就读于中央美术学院。河北美术出版社总编辑、编审，中国美术家协会会员，河北美术家协会顾问。出版有《怎样画鹿》《张辛国动物画集》《百鹿图》等。

J0070143

沙海银光　哲中原著；李春福改编；童介眉绘画

北京 人民美术出版社 1980年 78页 有图

13cm（60开）统一书号：8027.7365 定价：CNY0.10

　　本书是中国现代连环画，据《骆驼背上听来的故事》改编。

J0070144

沙荒风雷　高侃改编；徐甲英绘画

沈阳 辽宁美术出版社 1980年 142页 有图

13cm（60开）统一书号：8117.1850 定价：CNY0.21

　　本书是中国现代连环画册。

J0070145

沙漠擒匪　庄稼改编；尹桂馥绘画

哈尔滨 黑龙江人民出版社 1980年 48页

13cm(64开)统一书号:8093.612 定价:CNY0.09

本书是中国现代连环画册。作者庄稼(1931—),工艺美术大师。普宁人。曾任广东佛山石湾美术陶瓷厂副厂长兼创作室主任和艺术顾问、中国工艺美术学会雕塑研究会副会长、广东省工艺美术学会副理事长、佛山美术家协会主席等职。代表作品有《诗圣杜甫》《汉武帝》《弃官寻母》等。

J0070146

傻蛋蛋和恐龙的牙齿 李耀华等编;卢延光等绘画
广州 广东人民出版社 1980年 107页 有图
13cm(60开)统一书号:8111.2133 定价:CNY0.15
本书是中国现代连环画册。

J0070147

山城风云 沙铁军改编;汪国新绘画
武汉 湖北人民出版社 1980年 174页 13cm(64开)
定价:CNY0.24
本书是中国现代连环画册。

J0070148

山呼海啸 (下)严霞峰改编;陈水远绘画
南昌 江西人民出版社 1980年 141页 有图
10×13cm 统一书号:8110.342 定价:CNY0.19
本书是中国现代连环画册。

J0070149

山岭火光 叶辛,谢飞原作;丁朝北改编;张幼农,徐学廉绘画
贵阳 贵州人民出版社 1980年 86页 13cm(64开)
统一书号:8115.786 定价:CNY0.13
本书是中国现代连环画册。

J0070150

山乡风云 朱萱,王静改编
北京 中国电影出版社 1980年 137页 13cm(64开)
定价:CNY0.24
(电影连环画册)

J0070151

山乡风云录 (第一集)吴有恒原著;王帆等改编;洪斯文等绘画
广州 广东人民出版社 1980年 142页 有图

13cm(60开)统一书号:8111.1918 定价:CNY0.21

J0070152

珊瑚岛上的死光 童恩正原著;袁海庭改编;王其钧绘画
合肥 安徽人民出版社 1980年 110页 10×13cm
定价:CNY0.17
本书是中国连环画册。

J0070153

珊瑚岛上的死光 童恩正原著;王吉祥改编;宋飞等绘画
广州 广东人民出版社 1980年 126页
13cm(60开)定价:CNY0.16
本书是中国连环画册。

J0070154

珊瑚岛上的死光 杨冲改编、绘画
武汉 湖北人民出版社 1980年 64页 13cm(60开)
统一书号:8106.2010 定价:CNY0.08
中国现代连环画册。

J0070155

珊瑚岛上的死光 童恩正原著;于秀溪改编;秦龙绘
北京 人民美术出版社 1980年 118页
13cm(60开)统一书号:8027.7457
定价:CNY0.19
本书是中国连环画册。作者童恩正(1935—1997),考古学家、科幻作家。出生于湖南宁乡,四川大学毕业。先后在峨眉电影制片厂、四川大学、美国匹茨堡大学任职。四川省政协常务委员,中国科学文艺委员会主任委员。代表作品有《珊瑚岛上的死光》《在时间的铅幕后面》《雪山魔笛》等。作者于秀溪(1939—),作家、诗人、书法家。原名于秀锡。河北灵寿县人,毕业于广播学院新闻系。曾任中国美术出版社副编审、《连环画报》主编、中国诗书画院研究员。主要作品有《哪吒传》《岳云寻父记》《审美心理学》等。绘者秦龙(1939—),连环画画家。生于成都,毕业于中央工艺美术学院。中国美术家协会会员,中国美协插图装帧艺术委员会副主任,人民出版社美术编辑。连环画作品《希腊神话的故事》《秦龙画集》。

J0070156

珊瑚岛上的死光　江舟编文；武尚功画
太原　山西人民出版社　1980 年　102 页　有图
13cm（60 开）统一书号：8088.1311 定价：CNY0.13
　　本书是中国现代连环画，据同名科学幻想小
说改编。

J0070157

珊瑚岛上的死光　孙安文原著；马林绘画
西安　陕西人民美术出版社　1980 年　102 页
13cm（60 开）定价：CNY0.14
　　本书是中国连环画册。根据同名科学幻想
小说改编。

J0070158

珊瑚岛上的死光　童恩正原著；大鲁改编；罗
盘绘画
上海　上海人民美术出版社　1980 年　158 页
13cm（60 开）统一书号：8081.11850
定价：CNY0.18
　　本书是中国连环画册。绘者罗盘（1927—
2005），连环画家。原名罗孝芊，出生于上海市，
福建闽侯人。代表作品《草上飞》《战上海》。

J0070159

伤痕　侯宏改编；李长兴摄影
济南　山东人民出版社　1980 年　86 页　13cm（64 开）
定价：CNY0.15
　　本书是中国现代连环画册。

J0070160

韶山的歌　郑成义诗；王菊生画
长沙　湖南人民出版社　1980 年　有彩图　17×19cm
统一书号：8109.1236 定价：CNY0.22
　　本书是中国现代连环画册。

J0070161

少年笔耕　（意）亚米契斯等原著；冯永杰改编；
胡震国等绘画
上海　上海人民美术出版社　1980 年　40 页　有图
13cm（60 开）统一书号：8081.11060
定价：CNY0.10
　　本书是中国现代连环画册。收入 40 幅图。
包括《少年笔耕》《晚安！教员先生》两个小故
事。绘者胡震国，连环画家。曾任上海工艺美术

职业学院美术系主任。

J0070162

少年鼓手的命运　（外国少年儿童故事）（苏）
盖达尔原著；顾光改编；吴瑞龙绘画
上海　上海人民美术出版社　1980 年　110 页
13cm（60 开）统一书号：8081.12196
定价：CNY0.13
　　本书是中国现代连环画册，收有 110 幅图。

J0070163

少年时代　葛修翰改编；钱生发，罗希贤绘画
南京　江苏人民出版社　1980 年　94 页　13cm（64 开）
定价：CNY0.12
（郭沫若的故事 1）
　　本书是中国现代连环画册。绘者钱生发，连
环画家。绘有连环画《80 年代》《小萝卜头》《在
轮船上》等。绘者罗希贤（1946—　 ），连环画家。
广东东莞人。上海美术出版社美术创作员，上海
著名民俗画、连环画家，共绘制了 150 多部连环
画。作品有《火种》《蔡锷》等。

J0070164

少奇同志回延安　闻永编；孟庆江绘画
北京　人民美术出版社　1980 年　58 页　有图
13cm（60 开）统一书号：8027.7462 定价：CNY0.11
　　本书是中国现代连环画册。

J0070165

哨所枪声　张永昌编文；郝存祥绘画
呼和浩特　内蒙古人民出版社　1980 年　70 页
13cm（60 开）统一书号：8089.90 定价：CNY0.12
　　本书是中国连环画册。

J0070166

哨所枪声　李凤琪编文；王德绘画
济南　山东人民出版社　1980 年　70 页　13cm（60 开）
统一书号：8099.1948 定价：CNY0.10
　　本书是中国连环画册。

J0070167

深山探险记　嵇鸿原著；王里编绘
北京　人民美术出版社　1980 年　62 页　有图
13cm（60 开）统一书号：8027.7322 定价：CNY0.26
　　本书是中国现代连环画册。

J0070168

神兵怒火　李仁改编；陈忠琳，崔晓冬绘画
哈尔滨 黑龙江人民出版社 1980年 127页
13cm（64开）定价：CNY0.17
　　本书是中国连环画册。

J0070169

神灯　鲁业廉改编；高万佳绘画
合肥 安徽人民出版社 1980年 110页 10cm（64开）
定价：CNY0.16
　　本书是中国连环画册。

J0070170

神甫、卢布和狐狸　力冈译；未雨改编；洪浩
然绘画
福州 福建人民出版社 1980年 66页 13cm（64开）
定价：CNY0.10
　　本书是中国连环画册。根据《俄罗斯童话》
改编。

J0070171

神秘的立体油画　苏鸣编译；王玲描绘
北京 中国文联出版公司 1980年 78页 有图
10×13cm 定价：CNY0.23
（卡通连环画选）

J0070172

神秘的马希纳　卡尔·汉茨·图瑟原著；泉水
等改编；刘世铎绘画
石家庄 河北人民出版社 1980年 78页
13cm（64开）定价：CNY0.11
　　本书是中国连环画册。

J0070173

神秘的棋手　魏峰著文；曾佑瑄绘画
天津 天津人民美术出版社 1980年 80页
13cm（64开）定价：CNY0.12
　　本书是中国连环画册。

J0070174

神农鞭药　袁珂原著；李白英改编；胡永凯绘
画
上海 上海人民美术出版社 1980年 53页
13cm（64开）定价：CNY0.08
（中国古代神话故事连环画）

J0070175

神女　（清）蒲松龄原著；冯育坤改编；叶永森
绘画
天津 天津人民美术出版社 1980年 72页
13cm（64开）定价：CNY0.12
（《聊斋》故事）
　　本书是中国连环画册。

J0070176

神奇的"天鹅"　马天白原著；叶苏改编；威华
绘
北京 人民美术出版社 1980年 58页 有图
13cm（60开）统一书号：8027.7415 定价：CNY0.09
　　本书是中国现代连环画册。

J0070177

神圣的使命　王亚平原著；贾梦元，单纪兰改
编；张增木绘画
石家庄 河北人民出版社 1980年 118页
13cm（60开）统一书号：8086.1276
定价：CNY0.15
　　本书是中国连环画册。

J0070178

生活的颤音　王逸改编
北京 中国电影出版社 1980年 177页 13cm（64开）
定价：CNY0.30
（电影连环画册）

J0070179

生死牌　武耀强改编；王叔晖绘
北京 人民美术出版社 1980年 2版 35页
19cm（小32开）定价：CNY0.93
　　本书根据同名湖南花鼓戏改编的现代连环
画册。收入35幅图。

J0070180

生死未卜　叶永烈原著；竺乾华改编；池长尧
绘画
杭州 浙江人民美术出版社 1980年 86页
13cm（64开）统一书号：8156.17 定价：CNY0.11
　　本书是中国现代连环画册。

J0070181

失踪了的星星　祖慰，敦德原著；日青改编；

陈文杰绘画
广州 广东人民出版社 1980年 70页 13cm（64开）
定价：CNY0.11
　　本书是中国现代连环画册。

J0070182
狮子峰阻击战 （中集 东方）魏巍原著；杜维轩改编；关庆留绘画
西安 陕西人民美术出版社 1980年 174页
13cm（64开）定价：CNY0.21
　　本书是中国连环画册。

J0070183
狮子和大象 大麦原著；高峻莹改编，邬强绘画
北京 人民美术出版社 1980年 30页 有图
13cm（60开）统一书号：8027.7305 定价：CNY0.14
　　本书是中国现代连环画册。

J0070184
狮子回头望虎丘 夏维淳编绘
南京 江苏人民出版社 1980年 20页 有彩图
21cm（32开）定价：CNY0.22
　　本书是中国现代连环画册。

J0070185
十二品正官 徐朝夫原著；华士明改编；胡博综绘画
南京 江苏人民出版社 1980年 62页 13cm（64开）
统一书号：8100.3.346 定价：CNY0.09
　　本书是中国现代连环画册。

J0070186
十天 王逸改编
北京 中国电影出版社 1980年 147页 10×13cm
定价：CNY0.26
（电影连环画册）

J0070187
石鼓洞 李铁生等编文绘画
昆明 云南人民出版社 1980年 54页 有图
10×13cm 统一书号：R8116.907 定价：CNY0.10
　　本书是中国现代连环画册。

J0070188
石头梦 李准原著；方文改编，苏立群绘画

南京 江苏人民出版社 1980年 62页 有图
13cm（60开）统一书号：8100.3.330
定价：CNY0.09
　　本书是中国现代连环画册。

J0070189
石玉贞 韩双东编文；苏华绘画
郑州 河南人民出版社 1980年 78页 有图
13cm（60开）统一书号：8105.1023 定价：CNY0.10
　　本书是中国现代连环画册。

J0070190
世界近代和现代建筑 安怀起等编绘
上海 上海教育出版社 1980年 有图 15cm（40开）
统一书号：7150.2290 定价：CNY0.24
　　本书是中国现代连环画册。

J0070191
世界上最早的邮票 郭宪伟改编；程国英绘画
成都 四川人民出版社 1980年 16页 有图
15cm（40开）统一书号：R8118.843 定价：CNY0.12
　　本书是中国现代连环画册。

J0070192
暑假作业 （三年级）常州市教育局教研室编
南京 江苏人民出版社 1980年 64页 13×18cm
统一书号：7100.056 定价：CNY0.15
　　本书为中国连环画作品。

J0070193
曙光 （上集）许琦等改编
北京 中国电影出版社 1980年 137页 13cm（60开）
统一书号：8061.1403 定价：CNY0.24
（电影连环画册）

J0070194
曙光 （下集）许琦等改编
北京 中国电影出版社 1980年 147页 13cm（60开）
统一书号：8061.1409 定价：CNY0.26
（电影连环画册）

J0070195
双尖山之战——《东方》 （上集）魏巍原著；
杜维轩改编；关庆留绘画
西安 陕西人民美术出版社 1980年 166页

13cm（64开）定价：CNY0.21

　　本书是中国现代连环画册。

J0070196

双玉蝉　邓超尘编文；顾士友改写；戴宏海绘画
福州 福建人民出版社 1980年 87页 13cm（64开）
定价：CNY0.12

　　本书是中国现代连环画册。

J0070197

谁棒?　安伟邦文；苗地绘画
北京 中国少年儿童出版社 1980年 有图
13×18cm 统一书号：R8056.242 定价：CNY0.14
（小学生守则丛书）

　　本书为中国连环画作品。

J0070198

谁丢了尾巴　鲁克原著；阿白改编；刘微等绘画
上海 上海人民美术出版社 1980年 46页 有图
10×13cm 统一书号：8081.11796 定价：CNY0.17

　　本书是中国现代连环画册。

J0070199

谁是罪人　王亚平原著；高远改编；胡斌绘
北京 人民美术出版社 1980年 110页 13cm（64开）
统一书号：8027.7463 定价：CNY0.17

　　本书是中国连环画册。根据原著小说《神圣
的使命》改编。

J0070200

谁在吹喇叭? 宁宁和丁丁　宋宝山绘制
沈阳 辽宁美术出版社 1980年 64页 有彩图
7×19cm 统一书号：8117.1867 定价：CNY0.18
（儿童漫画集 1）

J0070201

谁之罪　孙均，祥文编文；杜连仁绘画
沈阳 辽宁美术出版社 1980年 106页 13cm（64开）
定价：CNY0.16

　　本书是中国连环画册。

J0070202

水浒故事　（上集）施耐庵，罗贯中原著；宇白
选编；罗中立等绘画
北京 人民美术出版社 1980年 143页 13cm（64开）

定价：CNY0.24

　　依据中国古典小说《水浒》改编的现代连环
画作品。

J0070203

水浒故事　（下集）施耐庵，罗贯中原著；白宇
选编；韩硕等绘
北京 人民美术出版社 1980年 144页 13cm（64开）
定价：CNY0.24

　　依据中国古典小说《水浒》改编的现代连环
画作品。

J0070204

水晶鞋与玫瑰花　吕文霖复制摄影；赵万顺
编文
天津 天津人民美术出版社 1980年 158页
13cm（64开）定价：CNY0.26

　　本书是中国现代连环画册。作者赵万顺
（1959—　　），字一帆，生于甘肃天水甘谷县，毕
业于河南大学美术系。新疆文化艺术研究会副
会长，新疆文化艺术研究会担任副会长，新疆丝
路书画院执行院长，中国美协新疆创作中心。

J0070205

水珠　闻艺改编；何永明绘图
昆明 云南人民出版社 1980年 31页 有图
13cm（60开）统一书号：8116.904 定价：CNY0.07

　　本书是中国现代连环画，据民间故事改编。

J0070206

舜的故事　袁珂原著；毛亮英改编；张景源等
绘画
上海 上海人民美术出版社 1980年 62页
13cm（64开）统一书号：8081.12290
定价：CNY0.09
（中国古代神话故事连环画）

J0070207

司令与木匠　宝录等原著；张宝蔚改编；汤继
明绘画
南京 江苏人民出版社 1980年 62页 有图
13cm（60开）统一书号：8100.3.355
定价：CNY0.09

　　本书是中国现代连环画册。

J0070208

司马迁　武锋等改编；陈冬至绘画
石家庄 河北人民出版社 1980 年 110 页 有图
13cm（60 开）统一书号：8086.1335 定价：CNY0.16
　　本书是中国现代连环画册。

J0070209

司马迁　张珉编文；高适绘画
上海 上海人民美术出版社 1980 年 110 页
13cm（64 开）定价：CNY0.14
　　本书是关于史学家司马迁奋斗历程的中国
现代连环画册。收入 110 幅图。

J0070210

丝路花雨　马廷勋，晏建中诗；李明强画
兰州 甘肃人民出版社 1980 年 58 页
19cm（32 开）统一书号：8096.719 定价：CNY0.45
　　本书是中国现代连环画册。根据甘肃省歌
舞团创作演出的同名舞剧改编。

J0070211

斯巴达克思　（意）拉·乔万尼奥里原著；吴一
声改编；柳公和绘画
哈尔滨 黑龙江人民出版社 1980 年 187 页
13cm（64 开）定价：CNY0.24

J0070212

死光　童恩正原著；孙剑影改编；阎志强，武
建华绘画
南京 江苏人民出版社 1980 年 118 页 13cm（64开）
定价：CNY0.15
　　本书是中国现代连环画册。

J0070213

死神的火焰　孙开里编绘
长春 吉林人民出版社 1980 年 126 页 有图
13cm（60 开）统一书号：8091.1095 定价：CNY0.18
　　本书是中国现代连环画，据电影剧本《珊瑚
岛上的死光》改编。

J0070214

四海无家　石钦编；司徒绵等绘画
广州 广东人民出版社 1980 年 84 页 有图
13cm（60 开）统一书号：8111.2149 定价：CNY0.12

本书是中国现代连环画册。

J0070215

四签名　（英）柯南道尔原著；钱唐改编；于成
业，高丽雅绘画
福州 福建人民出版社 1980 年 158 页 13cm（64 开）
定价：CNY0.19
（福尔摩斯探案故事）

J0070216

宋士杰　潘勤孟编文；姜建忠，陈宁绘画
上海 上海人民美术出版社 1980 年 118 页
13cm（64 开）定价：CNY0.14
　　本书是中国现代连环画册。收入 118 幅图。

J0070217

孙膑斗庞涓　王素一，汤式稼改编；罗希贤
绘画
杭州 浙江人民美术出版社 1980 年 126 页
13cm（64 开）定价：CNY0.17
　　本书是中国现代连环画册。根据《周东列国
志》改编。

J0070218

孙武子演阵　黄午生改编；保彬绘
南京 江苏人民出版社 1980 年 54 页 有图
13cm（60 开）统一书号：8100.3.343
定价：CNY0.08
　　本书是中国现代连环画册。绘者保彬
（1936—　），蒙古族，国画家。江苏南通人，毕
业于南京艺术学院美术系并留校任教。南京艺
术学院院长，中国美术家协会会员，江苏美术家
协会理事。主要作品有《鹤寿图》《华夏魂》《嫦
娥奔月》等。专著有《纵横挥洒》《保彬画集》《黄
山奇松》。

J0070219

孙悟空出世　吴承恩原著；励艺夫改编；邓柯绘
北京 人民美术出版社 1980 年 128 页 13cm（64 开）
统一书号：8027.7416 定价：CNY0.16
（西游记故事）

J0070220

孙悟空学本领　史而已改编；乐小英等绘
南京 江苏人民出版社 1980 年 60 页 有图

13cm（60开）统一书号：8100.3.354
定价：CNY0.09
　　本书是中国现代连环画册。

J0070221
锁海歼敌　　夏元学编文；宋德风绘画
济南　山东人民出版社　1980年　70页　13cm（64开）
统一书号：8099.2044　定价：CNY0.10
　　本书是中国现代连环画册。

J0070222
他们在相爱　　音容改编
天津　天津人民美术出版社　1980年　148页
13cm（64开）定价：CNY0.26
（电影连环画）
　　本书是中国现代连环画册。根据同名电影
选编。

J0070223
她俩和他俩　　傅敬恭等改编
北京　中国电影出版社　1980年　177页　13cm（64开）
定价：CNY0.30
（电影连环画册）

J0070224
塔拉池的少年们　　巴格勒改编；马衡麟绘画
兰州　甘肃人民出版社　1980年　119页　13cm（64开）
定价：CNY0.14
　　本书是中国连环画册。

J0070225
塔拉斯的火炬　　刘博编文；陈宗舜绘画
沈阳　辽宁美术出版社　1980年　110页　15cm（64开）
定价：CNY0.27
　　本书是中国现代连环画册。

J0070226
太空里的强盗　　罗丹原著；梁可改编；叶家斌
绘画
广州　广东人民出版社　1980年　83页　13cm（64开）
统一书号：8111.2147　定价：CNY0.12
　　本书是中国现代连环画册。

J0070227
太空里的强盗　　陈天升改编；杨冲绘画

武汉　湖北人民出版社　1980年　26页　有图
10×13cm　统一书号：8106.2085　定价：CNY0.14
　　本书是中国现代连环画，据《湘江文艺》
1979年一至二期罗丹著同名小说改编.

J0070228
贪玩的小雁　　童雪芝编绘
太原　山西人民出版社　1980年　27页　有彩图
15cm（40开）统一书号：8088.1296　定价：CNY0.20
　　本书是中国现代连环画册。

J0070229
探宝历险记　　叶丹，李伟梁原著；李民兴改编；
季鑫焕绘画
济南　山东人民出版社　1980年　70页　13cm（64开）
统一书号：8099.2041　定价：CNY0.10
　　本书是中国连环画册。根据电影剧本《贡献》
改编。

J0070230
唐人街上的传说　　宝石林编文；赵国经，王美
芳绘画
天津　天津人民美术出版社　1980年　94页
13cm（64开）定价：CNY0.13
　　本书是中国连环画册。

J0070231
糖公鸡的故事　　王玉成改编；王金泰绘画
北京　北京出版社　1980年　12页　有彩图
19cm（32开）统一书号：8071.358　定价：CNY0.16
　　本书是中国现代连环画册。

J0070232
掏"鼠洞"　　崔洪昌原著；李建新改编；崔建设
绘画
石家庄　河北人民出版社　1980年　70页
13cm（64开）定价：CNY0.10
　　本书是中国连环画册。

J0070233
逃亡者　　（英）罗伯特·奥尼尔原著；陈渊节译；
艾莓改编；鸿海绘图
福州　福建人民出版社　1980年　89页　有图
13cm（60开）统一书号：8173-335　定价：CNY0.12
　　本书是中国现代连环画册。

J0070234

桃金娘　肖甘牛等编文；叶芝等绘画

武汉 湖北人民出版社 1980年 62页 有图

13cm(60开) 统一书号：8106.2093 定价：CNY0.10

　　本书是中国现代连环画册。

J0070235

淘金记　索成立改编

北京 中国电影出版社 1980年 127页 13cm(64开)

定价：CNY0.23

(电影连环画册)

J0070236

特别代号　陈工一原著；胡耀华，成珊改编；

董兆惠绘画

兰州 甘肃人民出版社 1980年 110页 13cm(64开)

统一书号：8096.771 定价：CNY0.16

　　本书是中国连环画册。根据同名剧本改编。

J0070237

天山的红花　梁学忠改编；姜陆等绘画

乌鲁木齐 新疆人民出版社 1980年 181页

13cm(64开) 定价：CNY0.30

　　根据同名童话诗改编。根据欧琳同名电影

剧本改编。绘者姜陆(1951—　　)，美术编辑、教

师。天津人，毕业于天津美术学院。天津美术学

院院长，并为中国美术家协会理事、版画艺术委

员会副主任。代表作品有《初雪》《到夏牧场去》

《哈萨克妇女》等。

J0070238

天竺国　陈平夫改编；郑家声绘画

石家庄 河北人民出版社 1980年 2版 95页

13cm(64开) 定价：CNY0.14

　　根据同名童话诗改编连环画。

J0070239

田田采蜜　张从海诗；张庚画

石家庄 河北人民出版社 1980年 58页 有图

10×13cm 统一书号：8086.1179 定价：CNY0.08

　　本书是中国现代连环画册。

J0070240

铁弓缘　沙鸥改编

北京 中国电影出版社 1980年 177页 13cm(64开)

定价：CNY0.30

(电影连环画册)

　　本书是中国连环画册。

J0070241

通向延安的路　成星原著；王日青改编；许钦

松绘画

广州 广东人民出版社 1980年 86页 13cm(64开)

统一书号：8111.2265 定价：CNY0.13

　　本书是中国连环画册。

J0070242

通向延安的路　成星原著；陈梅鼎改编；王纯

言绘画

上海 上海人民美术出版社 1980年 86页 有图

13cm(60开) 统一书号：8081.12118

定价：CNY0.11

　　本书是中国现代连环画册。收入86幅图。

J0070243

童第周　理由原著；理由，于公介改编；姜荣

根绘画

上海 上海人民美术出版社 1980年 70页

13cm(64开) 定价：CNY0.09

　　本书是描述中国科学家童第周生平的连环

画册。收入70幅图。

J0070244

统裙担架　杨新民改编；段锡绘画

昆明 云南人民出版社 1980年 45页 13cm(64开)

定价：CNY0.10

(自卫还击战英雄故事 6)

　　本书是中国连环画册。绘者段锡(1946—　　)，

彝族，美术编辑。生于云南个旧市，《云南日报》

主任编辑，云南省美术家协会理事，中国美术

家协会云南分会会员。著有《红土高原的画卷》

《1910年的列车》等。

J0070245

痛苦与欢乐　冬木，崇仁改编；常林林绘画

沈阳 辽宁美术出版社 1980年 102页 有图

13cm(60开) 统一书号：8117.1790 定价：CNY0.16

　　本书是中国现代连环画册。

J0070246

痛苦与欢乐　白桦原著；陈镇江改编，陈云华,王重义绘画

上海　上海人民美术出版社　1980 年　134 页　有图

13cm（60 开）统一书号：8081.11771

定价：CNY0.11

　　本书是中国现代连环画册。

J0070247

突袭尚河桥　明传亮原著；敏博改编；刘端,马廷奎绘画

天津　天津人民美术出版社　1980 年　66 页

13cm（64 开）统一书号：8073.30427

定价：CNY0.10

　　本书是中国连环画册。

J0070248

吐尔逊的故事　陆柱国原著；郑刚改编；朱新龙绘画

合肥　安徽人民出版社　1980 年　134 页　13cm（64 开）

定价：CNY0.16

　　本书是中国现代连环画册。

J0070249

吐尔逊的故事　陆柱国原著；陈云高改编；柴廷枢绘画

西安　陕西人民美术出版社　1980 年　126 页

13cm（64 开）定价：CNY0.16

　　本书是中国现代连环画册。根据同名小说改编。

J0070250

外国科学家　（一）松鹰改编；周长江等绘画

上海　上海人民美术出版社　1980 年　142 页

13cm（64 开）定价：CNY0.17

　　本书是中国现代连环画册。

J0070251

外国科学家　（二）张庆麟编；钱自成等绘

上海　上海人民美术出版社　1981 年　134 页

13cm（64 开）定价：CNY0.17

　　本书是中国现代连环画册。

J0070252

外国科学家　（三）蔡漪澜, 张庆麟编；成立等绘

上海　上海人民美术出版社　1984 年　45 页

13cm（64 开）定价：CNY0.25

　　本书是外国科学家故事连环画。包括 5 个故事。

J0070253

王若飞在狱中　杨植霖原著；甘礼乐改编；谌孝安绘画

上海　上海人民美术出版社　1980 年　142 页

13cm（60 开）统一书号：8081.12130

定价：CNY0.17

　　本书是描绘中国共产党的著名领导人王若飞事迹的中国现代连环画册。收入 142 幅图。

J0070254

王生访道　葛万明编绘

长春　吉林人民出版社　1980 年　50 页　有图

13cm（60 开）统一书号：8091.934　定价：CNY0.09

　　本书是中国现代连环画，据《聊斋志异》"崂山道士"改编。

J0070255

王羲之的传说　陈玮君编文；罗希贤, 庞先健绘画

杭州　浙江人民美术出版社　1980 年　86 页

13cm（64 开）定价：CNY0.11

　　本书是中国现代连环画册。绘者罗希贤（1946—　），连环画家。广东东莞人。上海美术出版社美术创作员。上海著名民俗画、连环画家,共绘制了 150 多部连环画。作品有《火种》《蔡锷》等。绘者庞先健（1951—　），画家。浙江杭州萧山人。擅长中国画、连环画。中国美协连环画艺术委员会委员。作品有《明清故事精选》《中国风俗图像解说》《三国大计谋》等。

J0070256

王昭君　曹禺原著；于秀溪改编；孟庆江绘画

兰州　甘肃人民出版社　1980 年　158 页　13cm（64 开）

定价：CNY0.22

　　本书是中国现代连环画册。根据同名话剧改编。

J0070257

王昭君　曹禺原著；韩学金改编；李久洪绘画

武汉　湖北人民出版社　1980 年　158 页　13cm（64 开）

定价：CNY0.22

　　本书是中国现代连环画册。

J0070258

王昭君　曹禺原著；吴宗尧改编；张晓飞绘画
南京 江苏人民出版社 1980年 184页 13cm（64开）
统一书号：8100.3.290 定价：CNY0.24

　　本书是中国现代连环画册。

J0070259

王昭君　曹禺；辛观地改编；徐有武绘画
杭州 浙江人民美术出版社 1980年 189页
13cm（64开）定价：CNY0.23

　　本书是中国现代连环画册。根据同名剧本
改编。

J0070260

望日莲　徐光耀原作；周贵良改编；张冰洁绘画
石家庄 河北人民出版社 1980年 66页
13cm（64开）定价：CNY0.09

　　本书是中国连环画册。

J0070261

望日莲　徐光跃原著；崔存思改编；聂文生，
阎正绘画
天津 天津人民美术出版社 1980年 70页
13cm（64开）定价：CNY0.11

　　本书是中国连环画册。

J0070262

威尼斯商人　（英）莎士比亚原著；胡宝安改编；
周申绘画
济南 山东人民出版社 1980年 86页 13cm（64开）
定价：CNY0.12

　　本书是中国连环画册。根据英国同名喜剧
改编。

J0070263

威尼斯商人　甘礼乐改编；徐福德绘画
上海 上海人民美术出版社 1980年 117页
13cm（64开）定价：CNY0.21
（莎士比亚戏剧连环画）

　　本书是中国连环画册。

J0070264

威震峡谷七勇士　理由原著；张晓鸥改编；招
炽挺绘
北京 人民美术出版社 1980年 94页 13cm（64开）
定价：CNY0.15

　　本书是中国连环画册。根据同名报告文学
改编。

J0070265

为奴隶的母亲　柔石原著；晓业改编，刘国辉
绘画
南京 江苏人民出版社 1980年 78页 有图
13cm（60开）统一书号：8100.3.350
定价：CNY0.11

　　本书是中国现代连环画册。

J0070266

为奴隶的母亲　柔石原著；盛增祥编绘
上海 上海人民美术出版社 1980年 62页 有图
15cm（40开）统一书号：8081.12133
定价：CNY0.27

　　本书是中国现代连环画册。

J0070267

未来在召唤　赵梓雄原著；秦节改编；冯正梁
等绘画
上海 上海人民美术出版社 1980年 142页 有图
13cm（60开）统一书号：8081.12136
定价：CNY0.17

　　本书是中国现代连环画册。收入142幅图。
绘者冯正梁（1954— ），画家、教授。生于上海，
上海师范大学艺术学士，美国弗吉尼亚州莱德佛
大学艺术硕士。美国水彩画会、中国水彩画会、
美国色粉画协会会员，莱德佛大学教授。

J0070268

魏徵和唐太宗　陈绍棣编；高适绘
北京 人民美术出版社 1980年 77页 13cm（64开）
统一书号：8027.2570 定价：CNY0.11

　　本书是中国连环画册。

J0070269

文成公主　吴廷琯改编；刘旭绘画
沈阳 辽宁美术出版社 1980年 162页 13cm（64开）
定价：CNY0.24

本书是中国现代连环画册。

J0070270

文成公主　　方勇敏编；窦世魁绘
上海　上海人民美术出版社　1980 年　92 页　有图
13cm（60 开）统一书号：8081.12027
定价：CNY0.12
　　本书是描绘唐朝汉藏和亲文成公主远嫁松
赞干布故事的连环画。共收入 92 幅图。

J0070271

我的叔叔于勒　　（法）莫泊桑原著；靳蓉改编；
孙为民绘画
天津　天津人民美术出版社　1980 年　62 页　有图
13cm（60 开）统一书号：8073.30489
定价：CNY0.11
　　（《中学生画库》（初中语文）第六册）。
　　本书是中国现代连环画。

J0070272

我国的珍贵动物　　上海教育出版社编；李蔷
生等绘画
上海　上海教育出版社　1980 年　1 册　有图
15cm（40 开）统一书号：7150.2250 定价：CNY0.26
　　本书是中国现代连环画册。

J0070273

乌白旗　　陈宗盘编文；觉本氏改写；王企玫绘画
福州　福建人民出版社　1980 年　90 页　13cm（64 开）
统一书号：8173.289 定价：CNY0.12
　　本书是中国现代连环画册。

J0070274

乌江东去　　夏祥镇改编；盛鹤年绘画
贵阳　贵州人民出版社　1980 年　106 页　13cm（64 开）
定价：CNY0.20
　　本书是中国现代连环画册。根据同名故事
改编。绘者盛鹤年(1938—2010)，连环画家，江
苏江阴人，上海市美术家协会会员。出版有《扬
州除霸》《白描人物十招》《中国画白描基础》
《中国古代人物线描画谱》等。

J0070275

无花果　　叶文玲编；叶雄绘
上海　上海人民美术出版社　1980 年　94 页　有图

13cm（60 开）统一书号：8081.11861
定价：CNY0.12
　　本书是中国现代连环画册。

J0070276

五天五夜　　王永江改编；陈人玉绘画
武汉　湖北人民出版社　1980 年　34 页　有图
13cm（60 开）统一书号：8106.2038 定价：CNY0.12
　　本书是中国现代连环画册。

J0070277

舞男与舞女　　（英）威廉·骚墨赛·毛姆原著；
罗永文，吴佩新等改编，方昉绘画
上海　上海人民美术出版社　1980 年　86 页　有图
13cm（60 开）统一书号：8081.12132
定价：CNY0.11
　　本书是中国现代连环画册。

J0070278

雾都报童　　陆扬烈等原著；张争平改编；马振
声等绘画
北京　人民美术出版社　1980 年　58 页　有图
15cm（40 开）统一书号：8027.7323 定价：CNY0.30
　　本书是中国现代连环画，据陆扬烈、冰夫同
名小说改编。

J0070279

西安事变　　张红年编绘
北京　人民美术出版社　1980 年　158 页 13cm（64 开）
统一书号：8027.7363 定价：CNY0.25
　　本书是中国现代连环画册。根据甘肃省话
剧团同名话剧编绘。

J0070280

西出阳关　　（八场历史剧）吴启泰编剧；蔡渝
歌等改编；冀增援等摄影
天津　天津人民美术出版社　1980 年　155 页
13cm（64 开）定价：CNY0.26
　　本书是中国现代连环画册。

J0070281

西园记　　王洪雁改编
杭州　浙江人民美术出版社　1980 年　142 页
13cm（64 开）定价：CNY0.23
　　本书是中国现代连环画册。根据同名电影

选编。

J0070282
下次开船港历险记　严文井原著；李玲修改编；刘泽岱绘画
天津　天津人民美术出版社　1980 年　206 页
13cm（64 开）统一书号：8073.30485
定价：CNY0.25
　　本书是中国现代连环画册。

J0070283
仙人岛　（清）蒲松龄原著；王君改编；张玮绘画
天津　天津人民美术出版社　1980 年　54 页
13cm（64 开）定价：CNY0.10
《聊斋》故事）
　　本书是中国现代连环画册。

J0070284
仙桃树　上海轻机公司创作组原作；徐晓平编绘
福州　福建人民出版社　1980 年　72 页　有图
13cm（60 开）统一书号：8173.337　定价：CNY0.10
　　本书是中国现代连环画册。

J0070285
仙桃树　吴时学改编；任光祥等绘画
成都　四川人民出版社　1980 年　80 页　有图
13cm（60 开）统一书号：R8118.716　定价：CNY0.12
　　本书是中国现代连环画册。

J0070286
县太爷挨打　张存杰改编；张文学等绘
石家庄　河北人民出版社　1980 年　59 页
13cm（60 开）统一书号：8086.1312　定价：CNY0.10
　　本书是中国现代连环画册。

J0070287
湘岭怒火　（上册）张广昌改编；丁德邻绘画
南京　江苏人民出版社　1980 年　101 页　有图
13cm（60 开）统一书号：8100.3.295
定价：CNY0.13
　　本书是中国现代连环画，根据电影文学作品《狂澜曲》改编。绘者丁德邻（1943—　），画家。江苏南京人。毕业于南京艺术学院。中国美术家协会会员，常州市美术家协会副主席，原常州

刘海粟美术馆副馆长。主要作品有《水》《山那边》《后山》等。

J0070288
湘岭怒火　（下册）张广昌改编；丁德邻绘画
南京　江苏人民出版社　1980 年　118 页　有图
13cm（60 开）统一书号：8100.3.320
定价：CNY0.15
　　本书是中国现代连环画，根据电影文学作品《狂澜曲》改编。

J0070289
萧楚女　王少普编文；钱贵荪绘画
上海　上海人民美术出版社　1980 年　102 页
13cm（64 开）统一书号：8081.12029
定价：CNY0.13
　　本书是描述中国共产党早期领导人萧楚女革命斗争事业的连环画册。

J0070290
小八路顾杰　铁玉宽改编；马廷奎绘
北京　人民美术出版社　1980 年　78 页　有图
13cm（60 开）统一书号：8027.7545　定价：CNY0.14
　　本书是中国现代连环画册。

J0070291
小报务员　毛亮英改编；张永典绘画
天津　天津人民美术出版社　1980 年　94 页
13cm（64 开）定价：CNY0.13
　　本书是中国现代连环画册。

J0070292
小北找爷爷　叶笠等改编；董建国等摄影
北京　中国戏剧出版社　1980 年　92 页　有图
13cm（60 开）统一书号：8069.104　定价：CNY0.17
　　本书是中国现代连环画，根据中央戏剧学院、中国儿童艺术剧院联合主办、中央戏剧学院（76）儿童剧演员班演出本编绘。

J0070293
小闯　丹江原著；金坚，王良莹改编；王根富，骆行沙绘画
上海　上海人民美术出版社　1980 年　134 页
13cm（64 开）定价：CNY0.16
　　本书是中国现代连环画册。

J0070294

小刺猬去做客 （低）杨楠写；叶乃飞画
上海 少年儿童出版社 1980年 1册 有彩图
17×19cm（24开）统一书号：R10024.3680
定价：CNY0.20
（爱科学图画丛书）
　　本书是中国现代连环画册。

J0070295

小粗心 施冬原作；陆新森编绘
石家庄 河北人民出版社 1980年 39页 有图
10×13cm 统一书号：8086.1195 定价：CNY0.09

J0070296

小翠 （聊斋志异故事选）（清）蒲松龄原著；张
振和改编；周申绘画
济南 山东人民出版社 1980年 70页 13cm（64开）
统一书号：8099.2059 定价：CNY0.10
　　本书是中国现代连环画册。

J0070297

小狮狮历险记 竺乾华编文；朱皓华绘
郑州 河南人民出版社 1980年 69页 有图
13cm（60开）统一书号：8105.1031 定价：CNY0.10
　　本书是中国现代连环画册。

J0070298

小狮狮历险记 姜文丽改编；栾录璋绘画
沈阳 辽宁美术出版社 1980年 62页 有图
13cm（60开）统一书号：8117.1999 定价：CNY0.11
　　本书是中国现代连环画册。

J0070299

小国王奇遇记 科洛马原著；范延生译；徐恒
进改编
北京 人民美术出版社 1980年 46页 有彩图
13cm（60开）统一书号：8027.7524 定价：CNY0.27
　　本书是中国现代连环画册。

J0070300

小红帽 吴若竹改编；周宪彻绘画
北京 北京出版社 1980年 12页 有彩图
19cm（32开）统一书号：8071.330 定价：CNY0.15
（娃娃乐园）
　　本书是中国现代连环画，由北京市教育局幼

儿教育研究室供稿 根据沙·贝尔同名童话改编。

J0070301

小花 晓黎改编
北京 中国电影出版社 1980年 177页 10×13cm
定价：CNY0.30
（电影连环画册）

J0070302

小花学本领 杨楠编文；陈永镇绘画
石家庄 河北人民出版社 1980年 18页 有彩图
13cm（60开）统一书号：8086.1350 定价：CNY0.20
　　绘者陈永镇（1936—　），浙江乐清人，毕业
于中国美术学院（浙江美院）。中国美术家协会
理事，中国儿童美术艺委会委员，安徽省美协副
主席。主要作品有《还是一样》《再给你带上一
个》等。

J0070303

小花鸭 史天骋编文；何国华绘
天津 天津人民美术出版社 1980年 52页 有图
10×13cm 统一书号：8073.30407 定价：CNY0.09
　　本书是中国现代连环画册。

J0070304

小火炬 （1980.8　总第99期）福建人民出版
社编辑
福州 福建人民出版社 1980年 24页 有彩图
17×19cm（24开）定价：CNY0.10
　　本书为中国连环画作品。

J0070305

小火炬 （1980.10　总第101期）福建人民出
版社编辑
福州 福建人民出版社 1980年 24页 有彩图
17×19cm（24开）定价：CNY0.10
　　本书为中国连环画作品。

J0070306

小火炬 （1983.3　总第130期）福建人民出版
社编辑
福州 福建人民出版社 1983年 24页 有图
17×19cm（24开）定价：CNY0.12
　　本书是中国现代连环画册。

J0070307

小金马 （上册）李涌编；增哲等绘
石家庄 河北人民出版社 1980 年 134 页
13cm（64 开）定价：CNY0.16
　　本书是中国现代连环画册。

J0070308

小金马 （下册）李涌编；增哲等绘
石家庄 河北人民出版社 1981 年 134 页 有图
10×13cm 统一书号：8086.1470 定价：CNY0.16
　　本书是中国现代连环画册。

J0070309

小灵通漫游记　纪元瑶等改编；朱延龄绘
石家庄 河北人民出版社 1980 年 70 页 有图
13cm（60 开）统一书号：8086.1218 定价：CNY0.39
　　本书是中国现代连环画册。

J0070310

小灵通漫游未来　叶永烈原著；潘彩英改编；
杜建国，毛用坤绘画
沈阳 辽宁美术出版社 1980 年 150 页 13cm（64 开）
定价：CNY0.23
　　本书是中国现代连环画册。

J0070311

小灵通漫游未来　叶永烈原著；董耀根改编；
蔡一鸣，丁纯一绘画
上海 上海人民美术出版社 1980 年 86 页
13cm（64 开）定价：CNY0.11
　　本书是中国现代连环画册。

J0070312

小灵通奇遇记　胡霜编著；黄席珍绘画
南昌 江西人民出版社 1980 年 94 页 13cm（64 开）
统一书号：8110.405 定价：CNY0.14
　　本书是中国现代连环画册。

J0070313

小鹿格桑　周艳炀著
拉萨 西藏人民出版社 1980 年 1 册 有彩图
17×19cm（24 开）统一书号：R10170.59
定价：CNY0.30
　　本书是中国现代连环画册。

J0070314

小猫钓鱼　金近写；陈永镇绘画
上海 少年儿童出版社 1980 年 1 册 有彩图
15cm（40 开）统一书号：R10024.3693
定价：CNY0.11
　　本书是中国现代连环画册。绘者陈永镇
（1936— ），浙江乐清人，毕业于中国美术学院
（浙江美院）。中国美术家协会理事，中国儿童美
术艺委会委员，安徽省美协副主席。主要作品有
《还是一样》《再给你带上一个》等。

J0070315

小迷糊　石山改编；丁深绘
北京 人民美术出版社 1980 年 30 页 有彩图
12cm（50 开）统一书号：8027.7455 定价：CNY0.16

J0070316

小米拉　万斌生编文；张榕山绘画
南昌 江西人民出版社 1980 年 62 页 有图
10×13cm 统一书号：8110.296 定价：CNY0.13
　　本书是中国现代连环画册。

J0070317

小明的奇遇　郭治原著；杜勤来改编；关景宇，
赵宝林绘画
石家庄 河北人民出版社 1980 年 54 页
13cm（64 开）统一书号：8086.1299
定价：CNY0.08
　　本书是中国现代连环画册。

J0070318

小蓬尾巴　严慧编；冯健男绘
上海 上海人民美术出版社 1980 年 45 页 有图
10×13cm 统一书号：8081.11891 定价：CNY0.14
　　本书是中国现代连环画册。

J0070319

小神笔　马歌今原著；邵正夫改编，邵正夫等绘
上海 上海人民美术出版社 1980 年 46 页 有图
10×13cm 统一书号：8081.11961 定价：CNY0.07
　　本书是中国现代连环画册。

J0070320

小水珠　灯灯编剧；李笑群作曲
南宁 广西人民出版社 1980 年 20 页 有图

13cm（60开）统一书号：R8113.580 定价：CNY0.05
　　本书是中国现代连环画，根据童话歌舞剧，根据林植峰《荷叶上的珍珠》改编。

J0070321
小兔喝水　刘德璋编绘
郑州 河南人民出版社 1980年 18页 有图
13cm（60开）统一书号：8105.972 定价：CNY0.10
　　本书是中国现代连环画，根据寓言《小白兔的教训》改编。

J0070322
小兔子彼得的故事　吴云初等画；敏慧译文
上海 上海教育出版社 1980年 47页 有图
13cm（60开）统一书号：7150.2320 定价：CNY0.24
　　本书是中国现代连环画册。

J0070323
小乌龟出世记　大麦改编；熊南清等绘
上海 上海人民美术出版社 1980年 46页
有彩图 10×13cm 统一书号：8081.11868
定价：CNY0.17
　　本书是中国现代连环画册。

J0070324
小谢　（清）蒲松龄原著；小戈改编；张令涛，胡若佛绘画
天津 天津人民美术出版社 1980年 72页
13cm（64开）统一书号：8073.30398
定价：CNY0.13
（《聊斋》故事）
　　本书是中国现代连环画册。

J0070325
小熊猫当木匠　丁午编绘
北京 人民美术出版社 1980年 118页 有图
10×13cm 统一书号：8027.7581 定价：CNY0.15
　　本书是中国现代连环画册。

J0070326
小学生守则图　陈德彬绘图
昆明 云南人民出版社 1980年 10页 有图
13cm（60开）统一书号：7116.736 定价：CNY0.05
　　本书是中国现代连环画册。

J0070327
小英雄雨来　张玉珊改编；王玉良等绘画
沈阳 辽宁美术出版社 1980年 106页 13cm（64开）
定价：CNY0.16
　　本书是中国现代连环画册。绘者王玉良（1949— ），画家、教授。清华大学美术学院绘画系教授，中国美术家协会会员，庞薰琹艺术研究会副主任，清华大学张仃艺术研究会委员，清华大学吴冠中艺术研究会学术委员会委员。

J0070328
小游击队员　曹积三改编；张成思绘画
沈阳 辽宁美术出版社 1980年 74页 有图
10×13cm 统一书号：8117.1880 定价：CNY0.12
　　本书是中国现代连环画册。

J0070329
小游击队员石星　曹积三改编；张成思绘画
沈阳 辽宁美术出版社 1980年 74页 13cm（64开）
统一书号：8117.1880 定价：CNY0.12
　　本书是中国现代连环画册。

J0070330
小字辈　原著；白波改编
北京 中国电影出版社 1980年 147页 13cm（64开）
定价：CNY0.26
（电影连环画册）

J0070331
笑画　（第一集）艾鸣，孙锦常编文；陈衍宁等绘画
广州 广东人民出版社 1980年 101页 13cm（60开）
统一书号：8111.2228 定价：CNY0.15
　　本书为中国连环画作品。

J0070332
笑画　（第二集）艾鸣等编文；宋飞等绘画
广州 广东人民出版社 1980年 100页 13cm（60开）
统一书号：8111.2229 定价：CNY0.15
　　本书为中国连环画作品。

J0070333
笑画　（第三集）艾鸣等编文；林墉等绘画
广州 广东人民出版社 1980年 94页 13cm（60开）
统一书号：8111.2230 定价：CNY0.14

本书为中国连环画作品。

J0070334
笑画 （第四集）艾鸣，孙锦常编文；陈衍宁绘
广州 广东人民出版社 1980年 121页 14cm（64开）
定价：CNY0.20
　　本书是中国现代连环画册。

J0070335
笑画 （第五集）艾鸣，孙绵常编文；陈衍宁等
绘画
广州 广东人民出版社 1980年 119页 13cm（60开）
统一书号：8111.2333 定价：CNY0.18
　　本书为中国连环画作品。

J0070336
笑画 （第六集）艾鸣，孙锦常编文；陈衍宁，
卢延光等绘
广州 岭南美术出版社 1981年 109页 13cm（64开）
统一书号：8111.2335 定价：CNY0.20
　　本书是中国现代连环画册。

J0070337
笑画 （第七集）孙绵常编文；覃奕汉等绘画
广州 岭南美术出版社 1981年 91页 13cm（60开）
统一书号：8260.0075 定价：CNY0.17
　　本书为中国连环画中幽默题材。

J0070338
笑画 （第八集）孙绵常编文；陈树斌等绘画
广州 岭南美术出版社 1981年 85页 13cm（60开）
统一书号：8260.0074 定价：CNY0.17

J0070339
笑画 （第九集）孙锦常编；谢景等绘
广州 岭南美术出版社 1981年 109页 13cm（64开）
定价：CNY0.21
　　本书是中国现代连环画册。

J0070340
笑画 （第十集）孙锦常编文；伍启中等绘画
广州 岭南美术出版社 1981年 165页 有图
13cm（60开）统一书号：8260.0083 定价：CNY0.28
　　本书为中国连环画中幽默题材《笑画》的第
10集。

J0070341
笑画 （第十一集）孙锦常编文；苏家芬等绘画
广州 岭南美术出版社 1982年 109页 有图
13cm（60开）统一书号：8260.0253 定价：CNY0.20
　　本作品是中国现代连环画。

J0070342
笑画 （第十二集）孙锦常编文；贺友宜等绘画
广州 岭南美术出版社 1982年 104页 有图
13cm（60开）统一书号：8260.0350 定价：CNY0.20
　　本作品是中国现代连环画。

J0070343
新儿女英雄传 （上）袁静等原著；李惠芬等
改编；孟喜元绘画
南京 江苏人民出版社 1980年 126页 有图
13cm（60开）统一书号：8100.3.277
定价：CNY0.15
　　本书是中国现代连环画册。

J0070344
新儿女英雄传 （下）袁静等原著；李惠芬等
改编；孟喜元绘画
南京 江苏人民出版社 1980年 110页 有图
13cm（60开）统一书号：8100.3.326
定价：CNY0.14
　　本书是中国现代连环画册。

J0070345
新儿女英雄传 （上册）袁静等原著；毛志毅
改编；赵兵绘画
天津 天津人民美术出版社 1980年 141页
13cm（64开）统一书号：8073.30444
定价：CNY0.18
　　本书是中国连环画册。

J0070346
新儿女英雄传 （中册）孔厥，袁静原著；毛
志毅改编；赵兵凯，赵千红绘
天津 天津人民美术出版社 1982年 158页
13cm（60开）统一书号：8073.30684
定价：CNY0.20
　　本书是中国现代连环画册。

J0070347

新儿女英雄传　（下册）孔厥等原著；毛志毅改编；赵兵凯，赵千红绘画
天津　天津人民美术出版社　1982 年　110 页　有图
10×13cm　统一书号：8073.30691　定价：CNY0.15
　　本书是中国现代连环画册。

J0070348

星球大战　周金灼改编；宋飞等绘画
广州　科学普及出版社广州分社　1980 年　142 页
13cm（64 开）定价：CNY0.25
　　本书是中国连环画册。根据美国同名科学幻想电影小说改编。

J0070349

幸福的泼水节　倪金奎文；袁运生绘
昆明　云南人民出版社　1980 年　1 册　27cm（16 开）
统一书号：8116.818　定价：CNY1.20
　　本书是中国现代连环画册。作者袁运生（1937—　），画家、教授。生于江苏南通，毕业于中央美术学院油画系董希文工作室。曾任中央工艺美术学院、中央美术学院壁画系教师，中央美术学院油画系第四画室主任、教授。主要作品有首都机场壁画《泼水节，生命的赞歌》《人类寓言》，油画《水乡的记忆》《眼睛》《追 - 末班车》等。出版有《运生素描》《袁运生素描集》《袁运生画集》等。

J0070350

凶手　（伦敦冬天的一个童话）金涛原作；张鲁滨改编；于成业，高丽雅绘画
福州　福建人民出版社　1980 年　70 页　13cm（64 开）
定价：CNY0.10
　　本书是中国现代连环画册。

J0070351

徐霞客　钟为编绘
西安　陕西人民美术出版社　1980 年　92 页
13cm（64 开）定价：CNY0.13
　　本书是中国连环画册。

J0070352

许衡不吃梨　亮亮写；杨永清画
上海　少年儿童出版社　1987 年　有彩图
18cm（32 开）定价：CNY0.10

J0070353

学姐姐　陈宝元写；尹家琅绘画
上海　少年儿童出版社　1980 年　1 册　有彩图
15cm（40 开）统一书号：R10024.3689
定价：CNY0.11
　　本书是中国现代连环画册。

J0070354

学习共产主义战士张志新　姜旗编辑
北京　人民美术出版社　1980 年　1 册　有彩图
19cm（32 开）统一书号：8027.7341　定价：CNY0.55
　　本书是中国现代连环画册。

J0070355

学校　（苏联）盖达尔原著；吴瑞金改编，吴瑞龙绘画
上海　上海人民美术出版社　1980 年　205 页　有图
13cm（60 开）统一书号：8081.12015
定价：CNY0.23
　　本书是中国现代连环画册。

J0070356

学艺　姜成安编绘
沈阳　辽宁美术出版社　1980 年　20 页　有彩图
13cm（60 开）统一书号：8117.1846　定价：CNY0.11
　　本书是根据同名童话故事改编的中国现代连环画。

J0070357

雪花　望安写；吴克柔绘画
上海　少年儿童出版社　1980 年　1 册　有彩图
15cm（40 开）统一书号：R10024.3745
定价：CNY0.13
　　本书是中国现代连环画册。

J0070358

雪山恩仇记　顾工原著；顾城配诗；关庆留等绘
北京　人民美术出版社　1980 年　133 页　13cm（64 开）
统一书号：8027.7431　定价：CNY0.16
　　本书是中国连环画册。

J0070359

雪山魔笛　（科学幻想故事）童恩正原著；郑子铭改编；翁开恩等绘

福建　福建人民出版社　1980年　74页　有图
13cm（60开）统一书号：8173.312　定价：CNY0.10
　　本书是中国现代连环画册。

J0070360
雪山魔笛　晓棠改编；王弘力绘画
沈阳　辽宁美术出版社　1980年　70页　13cm（64开）
定价：CNY0.12
　　本书是中国连环画册。

J0070361
血染烽火台　齐临，白杉改编；裴茗绘画
哈尔滨　黑龙江人民出版社　1980年　166页
13cm（64开）定价：CNY0.21
　　本书是中国现代连环画册。

J0070362
血与火的洗礼　张惟等原著；方彦富改编，施
友义绘
福州　福建人民美术出版社　1980年　147页　有图
13cm（60开）统一书号：8173.320　定价：CNY0.17
　　本书是中国现代连环画册。

J0070363
哑巴伙计　翟从森改编；肖玉磊绘画
合肥　安徽人民出版社　1980年　134页　13cm（64开）
统一书号：8102.1065　定价：CNY0.16
　　本书是中国连环画册。

J0070364
胭脂　（聊斋志异故事选）（清）蒲松龄原著；张
峻声改编；窦世魁绘画
济南　山东人民出版社　1980年　62页　13cm（64开）
定价：CNY0.10
　　本书是中国连环画册。

J0070365
胭脂　蒲松龄原著；缪德彰编；赵仁年绘
上海　上海人民美术出版社　1980年　94页　有图
13cm（60开）统一书号：8081.12100
定价：CNY0.12
　　本书是中国现代连环画册。

J0070366
胭脂　蒲松龄原著；任佩改编；曹震云摄影

上海　上海人民美术出版社　1980年　134页　有图
10×13cm　统一书号：8081.11864　定价：CNY0.23
　　本书为中国连环画作品。

J0070367
胭脂　（清）蒲松龄原著；小戈改编；戴仁绘画
天津　天津人民美术出版社　1980年　62页
13cm（64开）定价：CNY0.11
（《聊斋》故事）
　　本书是中国现代连环画册。作者小戈。主
要连环画作品有《杨广下扬州》《对花枪》《胭脂》
《火烧河楼》等。绘者戴仁（1934—　　），浙江温州
人。中国美术家协会会员，浙江省美术家协会理
事，浙江省科普艺术协会理事。主要作品有连环
画《三个勇士》《棠棣之花》《胭脂》等。

J0070368
胭脂　蒲松龄原著；王建中，何培新改编；戴
敦邦，诸庭樵绘画
杭州　浙江人民美术出版社　1980年　70页
13cm（64开）定价：CNY0.11
　　本书是中国连环画册。根据同名小说改编。

J0070369
扬眉剑出鞘　徐景改编；胡克札等绘画
沈阳　辽宁美术出版社　1980年　86页　有图
13cm（60开）统一书号：8117.1861　定价：CNY0.14
　　本书是中国现代连环画册。

J0070370
杨儿救亲人　矫健原著；段云勤改编；王德力，
李乐玉绘画
济南　山东人民出版社　1980年　54页　13cm（64开）
统一书号：8099.1942　定价：CNY0.09
　　本书是中国现代连环画册。根据《小白杨》
故事改编。

J0070371
杨靖宇　杨野改编；关键，王劲涛绘画
哈尔滨　黑龙江人民出版社　1980年　100页
13cm（64开）定价：CNY0.14

J0070372
杨靖宇　王国忠编文；潘直亮绘画
武汉　湖北人民出版社　1980年　142页　13cm（64开）

定价：CNY0.22

　　本书是中国现代连环画册。

J0070373
杨靖宇将军　王玎编文；陈曦光等绘
长春 吉林人民出版社 1980年 121页 有图
13cm（60开）统一书号：8091.1031 定价：CNY0.18
　　本书是中国现代连环画册。

J0070374
杨门女将　人民美术出版社编；王叔晖绘
北京 人民美术出版社 1980年 94页 19cm（32开）
统一书号：8027.6847 定价：CNY0.90
　　本书是根据同名古典小说改编的中国现代
连环画。

J0070375
杨三姐告状　孙宏华改编；吴钢等摄影
北京 中国戏剧出版社 1980年 93页 有图
13cm（60开）统一书号：8069.86 定价：CNY0.17
　　本书是中国现代连环画册。

J0070376
野蜂出没的山谷　李迪编；刘永凯，孙慕玲绘画
长春 吉林人民出版社 1980年 142页 13cm（64开）
统一书号：8091.1098 定价：CNY0.20
　　本书是中国连环画册。

J0070377
野火烧不尽　劼秉改编；薛行彪绘画
福州 福建人民出版社 1980年 87页 有图
13cm（60开）统一书号：8173.321 定价：CNY0.11
　　本书是中国现代连环画册。

J0070378
夜渡黄河　蔡维才原著；张欣之改编；杜滋龄，
季源业绘画
南京 江苏人民出版社 1980年 110页 13cm（64开）
定价：CNY0.14
　　中国现代连环画。

J0070379
夜海夺粮　詹福利改编；陈居茂绘画
广州 广东人民出版社 1980年 75页 有图
13cm（60开）统一书号：8111.2129 定价：CNY0.11

　　本书是中国现代连环画，根据同名广东人民
革命斗争故事改编。

J0070380
夜袭机场　长春电影制片厂供稿
济南 山东人民出版社 1980年 118页 13cm（64开）
定价：CNY0.19
　　中国现代连环画册。

J0070381
夜袭拉敏　柯家兆编文；肖征波等绘画
昆明 云南人民出版社 1980年 17+16+26页
有图 13cm（60开）统一书号：R8116.867
定价：CNY0.11
（自卫还击战英雄故事）
　　本书是中国现代连环画，内容包括英雄卫生
员、钢筋铁骨。

J0070382
一场拳击　于方明原著；许同祥等改编；姜中
雄绘
石家庄 河北人民出版社 1980年 54页 有图
13cm（60开）统一书号：8086.1332 定价：CNY0.08
　　本书是中国现代连环画册。

J0070383
一出好险的戏　苏敦勇改编；马寒松绘画
沈阳 辽宁美术出版社 1980年 62页 有图
13cm（60开）统一书号：8117.1800 定价：CNY0.11
　　本书是中国现代连环画册。绘者马寒松
（1949— ），画家。天津人。中国美术家协会会
员，天津美术家协会理事，红桥区政协书画家联
谊会副会长，天津人民出版社任美术编辑、副编
审。代表作品《聪明的青蛙》《兔娃娃》《豹子哈
奇》《封神演义》等。

J0070384
一幅马克思像　黄骏原著；竺乾华改编，丁世
谦绘画
成都 四川人民出版社 1980年 52页 有图
10cm（64开）统一书号：R8118.696 定价：CNY0.09
　　本书是中国现代连环画册。

J0070385
一幅壮锦　肖甘牛编文；王培堃等绘画

广州 广东人民出版社 1980 年 118 页 有图
13cm（60 开）统一书号：8111.2158 定价：CNY0.16

　　本书是中国现代连环画册。作者肖甘牛
（1905—1982），作家。广西桂林人，毕业于上海
大学文学院中文系。曾任中国民研会理事。代
表作品有《壮锦里的花纹》《悲讯》《金耳环和
铁锄头》《眼泪河》《韦拔群》等。绘者王培堃
（1940—　　），漫画家。广西柳州人，毕业于广西
师范学院。曾任职于广西柳州市群众艺术馆、柳
州《新天地画刊》编辑部，中国美术家协会会员，
中国美术家协会连环画艺术委员会委员。代表
作品《书的故事》《小精灵画传》《书童山》。

J0070386
一幅壮锦　钟蜀珩绘画
昆明 云南人民出版社 1980 年 38 页 13cm（64 开）
统一书号：8116.884 定价：CNY0.08

　　本书是中国现代连环画册。根据云南民间
故事改编。作者钟蜀珩（1946—　　），女，满族，
教授、画家。辽宁人，毕业于中央工艺美术学
院装潢系。曾任昆明师范学院教师、清华大学美
术学院教授，中国美术家协会会员。作品有《西
北印象》《傣家女》等，译著有《素描的潜在要
素》等。

J0070387
一个牧羊人　安仪改编；张子虎绘画
合肥 安徽人民出版社 1980 年 15 页 有彩图
15cm（40 开）统一书号：R8102.1077
定价：CNY0.10

　　本书是中国现代连环画册。

J0070388
一双绣花鞋　况浩文原著；陈兴明，陈有发改
编；曹震云摄影
上海 上海人民美术出版社 1980 年 174 页
13cm（64 开）定价：CNY0.30

　　本书是中国现代连环画册。根据四川人民
艺术剧院演出，李佩，庞家声编剧演出本编绘。

J0070389
一网打尽　丁亚祺文；晓猛绘
太原 山西人民出版社 1980 年 118 页 有图
10×13cm 统一书号：8088.1312 定价：CNY0.15

J0070390
一线天　路平改编；高志岳绘画
杭州 浙江人民美术出版社 1980 年 30 页
13cm（64 开）统一书号：8156.29 定价：CNY0.10
（西湖民间故事）

　　本书是中国现代连环画册。

J0070391
一支手枪　肖坚富，陆苇编文；吴元奎绘画
南京 江苏人民出版社 1980 年 70 页 13cm（64 开）
定价：CNY0.10

　　本书是中国现代连环画册。

J0070392
伊索寓言故事　任芳琴改编；李灼绘画
乌鲁木齐 新疆人民出版社 1980 年 67 页
13cm（64 开）定价：CNY0.14

　　本书是中国现代连环画册。根据《伊索寓言》
改编。

J0070393
义和拳　（一 群雄聚义）冯骥才等原著；张钟
龄改编；刘希立等绘
天津 天津人民美术出版社 1980 年 158 页 有图
13cm（60 开）统一书号：8073.30414
定价：CNY0.23

　　本书是中国现代连环画册。

J0070394
义和拳　（二 龙头激战）冯骥才，李定兴原著；
张钟龄改编；赵国经绘
天津 天津人民美术出版社 1981 年 150 页
13cm（64 开）定价：CNY0.21

　　本书是中国现代连环画册。

J0070395
义和拳　（三 火牛破雷）冯骥才，李定兴原著；
张钟龄改编；赵国经绘
天津 天津人民美术出版社 1981 年 151 页
13cm（64 开）定价：CNY0.21

　　本书是中国现代连环画册。

J0070396
义和拳　（四 义旗不倒）冯骥才，李定兴原著；
张钟龄改编；赵国经绘

天津　天津人民美术出版社　1982 年　150 页
13cm（60 开）统一书号：8073.30677
定价：CNY0.21
　　本书是中国现代连环画册。

J0070397
驿站长　（俄）普希金原著；甘礼乐改编；蒋宝
鸿绘画
上海　上海人民美术出版社　1980 年　78 页
13cm（64 开）定价：CNY0.10
　　本书是根据俄国大诗人普希金原著改编的
中国连环画册。收入 78 幅图。

J0070398
意大利姑娘　马尔兹原著；林亚雄改编；叶坚
铭，徐传鑫绘画
天津　天津人民美术出版社　1980 年　88 页
13cm（64 开）统一书号：8073.30411
定价：CNY0.12
　　本书是中国连环画册。

J0070399
姻缘　孔捷生原作；林正让改编；苏家杰绘画
福州　福建人民出版社　1980 年　64 页　13cm（64 开）
统一书号：8173.310　定价：CNY0.09
　　本书是中国连环画册。作者苏家杰
（1947—　），画家。广州美术学院版画系结业。
广东省美术家协会会员，花城出版社美术编辑室
主任。作品有《百猫图谱》《友谊花开》等。

J0070400
姻缘　孔捷生原著；杨光伟改编；谭安昌，张
伟健绘画
广州　广东人民出版社　1980 年　109 页　13cm（64 开）
定价：CNY0.14
　　本书是中国连环画册。根据同名小说改编。

J0070401
姻缘　孔捷生原著；杨新周改编；陈云华，王
重义绘画
上海　上海人民美术出版社　1980 年　86 页
13cm（64 开）统一书号：8081.11910
定价：CNY0.11
　　本书是中国连环画册。

J0070402
尹灵芝　张含保等诗；王怀基绘画
太原　山西人民出版社　1980 年　126 页　有图
10cm（64 开）统一书号：8088.1366　定价：CNY0.17
　　本书是中国现代连环画册。

J0070403
隐形人　王国忠改编；丘玮绘画
武汉　湖北人民出版社　1980 年　92 页　13cm（64 开）
定价：CNY0.14
　　本书是中国连环画册。根据同名科学幻想
小说改编。绘者丘玮（1949—　），美术编辑。别
名阿兴，福建上杭人。曾任江西人民出版社、江
西美术出版社美术编辑。作品连环画《送棉被》
《秦始皇的专利》《光辉的旗帜》。

J0070404
英雄船工队　敏斌等原作；胡运良改编；张楚
雾等绘画
福州　福建人民出版社　1980 年　80 页　有图
13cm（60 开）统一书号：8173.331　定价：CNY0.10
　　本书是中国现代连环画册。

J0070405
英雄的雁　何允龙改编；王一鸣等绘画
沈阳　辽宁美术出版社　1980 年　28 页　有彩图
13cm（60 开）统一书号：8117.1793　定价：CNY0.15
　　本书是中国现代连环画册。绘者王一鸣
（1945—2009），花鸟画家。辽宁盖州人。辽宁
盖州市文联主席，高级工程师，中国美术家协会
会员。

J0070406
英雄坦克手　龙懋勤改编；张文忠绘画
成都　四川人民出版社　1980 年　104 页　13cm（60 开）
统一书号：R8118.699　定价：CNY0.15
　　本书是中国现代连环画册。

J0070407
英雄小八路　陈葵光改编；朱大海等绘画
长春　吉林人民出版社　1980 年　150 页　13cm（64 开）
定价：CNY0.21
　　中国现代连环画册。

J0070408

樱　姜赠璜，索成立改编
北京　中国电影出版社 1980年 177页 13cm（64开）
定价：CNY0.30
（电影连环画册）
　　本书是中国连环画册。

J0070409

鹰神　（大西洋底来的人）柏石山改编；吴秀楣
绘画
沈阳　辽宁美术出版社 1980年 70页 13cm（64开）
　　本书是中国现代连环画册。绘者吴秀楣
（1937—　　），女，画家。辽宁沈阳人，毕业于鲁
迅美术学院中国画系。沈阳大学师范学院副教
授，沈阳美术家协会常务理事，辽宁中国画研究
会理事，中国美术家协会会员。代表作有《迟来
的春天》《清清的小溪》《滩石细语》《三女炼铁
炉》《腊梅》等。

J0070410

永远进击　张震麟编文；陈德西绘画
南京　江苏人民出版社 1980年 76页 有图
13cm（60开）统一书号：8100.3.279
定价：CNY0.13
（鲁迅的故事）
　　中国现代连环画。

J0070411

勇敢的女游击队长　李玉芝改编；思沁，胡德
尔绘画
呼和浩特　内蒙古人民出版社 1980年 166页
13cm（64开）统一书号：8089.75 定价：CNY0.24
　　本书是中国连环画册。根据电影文学剧本
《蒙根花》改编。

J0070412

勇擒红孩儿　邵泰芳改编；陈安民绘画
长沙　湖南美术出版社 1980年 126页 13cm（64开）
定价：CNY0.18
（西游记连环画 10）

J0070413

勇于献身的共产主义战士——杨建章　张
文源编绘
成都　四川人民出版社 1980年 19页 有图

13cm（60开）统一书号：R8118.669 定价：CNY0.10
　　本书是中国现代连环画册。

J0070414

游击队长　曲波原著；朱鹏改编；关庆留绘画
西安　陕西人民美术出版社 1980年 120页
13cm（64开）统一书号：8199.69 定价：CNY0.16
　　本书是中国连环画册。

J0070415

有尾巴的风筝　（中）裴慎勤写；叶飞画
上海　少年儿童出版社 1980年 有彩图
19cm（32开）统一书号：R10024.3774
定价：CNY0.19
　　本书是中国现代连环画册。

J0070416

于琪破妖　汤式稼编文；黄山绘画
南昌　江西人民出版社 1980年 80页 13cm（64开）
定价：CNY0.12
　　本书是中国现代连环画册。包括《李超学技》
《胭脂狱》两个故事。

J0070417

渔夫的儿子　丛培智改编；郭红雁绘画
南京　江苏人民出版社 1980年 62页 13cm（64开）
定价：CNY0.09
　　本书是中国连环画册。

J0070418

渔夫的故事　郭森改编；叶玮芹绘画
天津　天津人民美术出版社 1980年 84页
13cm（64开）统一书号：8073.30479
定价：CNY0.14
（中学生画库 初中语文 第一册）

J0070419

渔港风波　崇吉改编；闵广生绘画
沈阳　辽宁美术出版社 1980年 66页 13cm（64开）
定价：CNY0.11
　　本书是中国连环画册。

J0070420

渔镇烽火　周卓文编文；周卓文，孙庆国绘画
福州　福建人民出版社 1980年 80页 13cm（64开）

定价: CNY0.10

　　本书是中国连环画册。

J0070421

与魔鬼打交道的人　师征编剧；曹震云摄影

上海　上海人民美术出版社　1980年　189页

13cm(64开)定价: CNY0.33

　　本书是中国连环画册。

J0070422

玉龙岭　曼生原著；毛永煌等改编，吴桐春绘画

南京　江苏人民出版社　1980年　78页　有图

13cm(60开)统一书号: 8100.3.328

定价: CNY0.11

　　本书是中国现代连环画册。

J0070423

狱中迎春　罗文斌，杨益言原著；王文钦等编；

李万春绘

成都　四川人民出版社　1980年　73页　有图

13cm(60开)统一书号: R8118.697 定价: CNY0.11

(《红岩》连环画集)

　　本书是中国现代连环画册。

J0070424

遇鬼记　张治华编绘

长沙　湖南美术出版社　1980年　94页 13cm(64开)

统一书号: 8233.2 定价: CNY0.14

　　本书是中国连环画册。

J0070425

遇险逢亲人　成星原著；王瑞华改编，解永钧绘

石家庄　河北人民出版社　1980年　62页　有图

13cm(60开)统一书号: 8086.1300 定价: CNY0.09

　　本书是中国现代连环画册。

J0070426

寓言故事　(七则)刘耀中改编；王又文等绘画

郑州　河南人民出版社　1980年　有图 13cm(60开)

统一书号: 8105.974 定价: CNY0.12

　　本书是中国现代连环画册。

J0070427

原子与爱情　李维新编剧；肖和平摄影

北京　中国戏剧出版社　1980年　156页 13cm(64开)

定价: CNY0.26

(戏剧连环画册)

　　本书是中国连环画册。根据中国人民解放

军部政治部文工团话剧团演出本编绘。

J0070428

约法三章　江行，缪德彰编文；钟莲生，邓泰

和绘画

南昌　江西人民出版社　1980年　96页 13cm(64开)

统一书号: 8110.340 定价: CNY0.15

　　本书是中国现代连环画册。

J0070429

月亮的故事　吴仲熊编绘

成都　四川人民出版社　1980年　19页　有彩图

15cm(40开)统一书号: R8118.723 定价: CNY0.22

　　本书是中国现代连环画册。

J0070430

岳母刺字　马保超改编；潘真等绘画

郑州　河南人民出版社　1980年　134页 10×13cm

定价: CNY0.18

(《说岳全传》连环画之一)

　　绘者潘真(1929—　)，别名慕蒁，河北交河

人。历任河北美术出版社美编及编辑室主任、副

编审。作品有《小憩林阴下》《秋收场上》《斗杀

西门庆》《清风十里展画屏》等。出版有《潘真山

水画集》。

J0070431

岳云　高梅仪改编；陈光镒，马英绘

北京　人民美术出版社　1980年　2版 161页

13cm(64开)定价: CNY0.26

(岳传 9)

　　中国现代连环画册。作者陈光镒(1916—

1991)，画家。江苏南京人。中国美协上海分会

会员。代表作有《大闹天宫》《三国演义》《董卓

进京》等。

J0070432

岳云　望梅等改编；司马小萌摄影

北京 中国戏剧出版社　1980年　124页 13cm(64开)

定价: CNY0.21

(戏剧连环画)

　　根据中国儿童艺术剧院演出本编绘。

J0070433
越王勾践 汤式稼改编；徐有武绘画
杭州 浙江人民美术出版社 1980 年 102 页
13cm（64 开）统一书号：8156.31 定价：CNY0.14
　　本书是中国连环画册。根据《东周列国志》
等改编。

J0070434
云青马 温中和改编；刘卓贤绘画
呼和浩特 内蒙古人民出版社 1980 年 34 页
有彩图 10×13cm 统一书号：8089.98
定价：CNY0.17
　　本书是中国现代连环画册。

J0070435
云栈收八戒 徐淦；张治华绘画
长沙 湖南美术出版社 1980 年 62 页 13cm（64 开）
定价：CNY0.11
　　根据同名童话诗改编。

J0070436
砸钟事件 李云章改编；吴景山绘画
长春 吉林人民出版社 1980 年 72 页 13cm（64 开）
定价：CNY0.12
　　本书是中国连环画册。

J0070437
在密林中 李自由编文；胡抗，王琼绘画
长沙 湖南人民出版社 1980 年 118 页 13cm（64 开）
统一书号：8109.1263 定价：CNY0.17
　　本书是中国现代连环画册。

J0070438
早春二月 姜文丽改编；邵殿英选片
沈阳 辽宁美术出版社 1980 年 158 页 有图
13cm（60 开）统一书号：8117.1881 定价：CNY0.28
　　本书是中国现代连环画册。

J0070439
扎尔金少校的黄昏 刘博原作；张鲁滨改编；
王重义等绘画
福州 福建人民出版社 1980 年 60 页 13cm（64 开）
定价：CNY0.08
　　根据同名童话诗改编。

J0070440
斩包勉 李江改编；解博学绘画
南昌 江西人民出版社 1980 年 81 页 13cm（64 开）
定价：CNY0.12
　　中国现代连环画册。

J0070441
斩马谡 孙剑影改编；高顺康绘画
南京 江苏人民出版社 1980 年 78 页 13cm（64 开）
统一书号：8100.3.329 定价：CNY0.11
（中国古典文学故事选）
　　中国现代连环画册。

J0070442
战地寒衣 肖士太编文；林美岚绘
南昌 江西人民出版社 1980 年 126 页 有图
13cm（60 开）统一书号：8110.333 定价：CNY0.17
　　本书是中国现代连环画册。作者林美岚
（1940— ），字山凤，江西武宁人，毕业于江西
九江师范。曾任中小学美术教师、江西九江市群
众艺术馆美术干部，副研究馆员。江西美协理事。
作品有《党是阳光我是花》《喜庆丰年》《鸟语花
香》等。出版有《林美岚人物画选》。

J0070443
战地红缨 石文驹原著；缪德彰等改编；张纪
平等绘画
上海 上海人民美术出版社 1980 年 166 页 有图
13cm（64 开）统一书号：8081.12035
定价：CNY0.19
　　本书是根据原著改编的连环画。包括 166
幅图。作者张纪平，中国现代连环画画家。

J0070444
战斗的航次 风帆原著；苏长仙改编；蒋晓东，
梁惠统绘画
南宁 广西人民出版社 1980 年 89 页 13cm（64 开）
统一书号：8113.613 定价：CNY0.12
　　本书是中国连环画册。

J0070445
战斗的渔村 蒋冠祥等改编；冯玉瑾等绘画
合肥 安徽人民出版社 1980 年 124 页 有图
13cm（60 开）统一书号：8102.1064 定价：CNY0.15
　　本书还包括《湖上芦哨》故事。

J0070446

战斗英雄——山达　艾轩编绘
成都　四川人民出版社　1980年　17页　有彩图
13cm（60开）统一书号：8118.668 定价：CNY0.10
　　本书是中国现代连环画册。

J0070447

战斗在敌人心脏里　吕铮原著；润青改编；何
进，郑波绘画
西安　陕西人民美术出版社　1980年　190页
13cm（64开）定价：CNY0.23
　　本书是中国连环画册。

J0070448

战斗在敌人心脏里　吕铮原著；范若由改编；
金奎绘画
上海　上海人民美术出版社　1980年　158页
13cm（64开）定价：CNY0.18
　　根据原著改编的连环画册，收入158幅图。
作者金奎（1936—　），连环画家。江苏人。上海
人民美术出版社创作干部。主要作品《红岩》。

J0070449

战斗在无名高地　马常忠改编；李人毅绘画
沈阳　辽宁美术出版社　1980年　106页　有图
13cm（60开）统一书号：8117.1908 定价：CNY0.16
　　本书是中国现代连环画册。

J0070450

战俘　韩少功原著；袁安森改编；黄永镇绘画
成都　四川人民出版社　1980年　83页 13cm（64开）
统一书号：8118.775 定价：CNY0.15
　　本书是中国连环画册。

J0070451

战火中的少年　郑子铭改编；李舒云等绘图
福州　福建人民出版社　1980年　75页　有图
13cm（60开）统一书号：8173.313 定价：CNY0.10

J0070452

张骞　陈绍棣编；王弘力绘
北京　人民美术出版社 1980年 148页 13cm（64开）
定价：CNY0.18
（科学家故事）
　　本书是中国现代连环画册。

J0070453

长发妹　刘义，王玉成改编；赵成民绘画
北京　北京出版社　1980年　27页　有彩图
19cm（32开）统一书号：8071.343 定价：CNY0.26
（娃娃乐园）
　　本书是中国现代连环画，北京市教育局幼儿
教育研究室供稿。

J0070454

长发妹　肖甘牛创编；王培塑绘画
南宁　广西人民出版社　1980年　62页　有图
13cm（60开）统一书号：8113.615 定价：CNY0.09
　　本书是中国现代连环画，系侗族民间故事。

J0070455

长空"利剑"　周建华，李文复编文；宋丕瑚绘画
济南　山东人民出版社 1980年 126页 13cm（64开）
统一书号：8099.1944 定价：CNY0.21
　　本书是中国现代连环画册。由济南空军政
治部文化部供稿。

J0070456

长驱直入　甘礼乐等编文；戴敦邦等绘
上海　上海人民美术出版社　1980年　143页
10cm（64开）定价：CNY0.15
（中故事国成语）
　　本书是中国现代连环画册。作者甘礼乐
（1923—　），连环画家。上海人，曾用笔名佘峥。
作品有普希金的《驿站长》，巴尔扎克的《夏倍上
校》等。绘者戴敦邦（1938—　），国画家，教授。
号民间艺人。江苏丹徒人，毕业于上海第一师范
学校。曾任《中国少年报》《儿童时代》美术编辑，
上海交通大学人文学院教授。主要作品《水浒人
物一百零八图》《戴敦邦水浒人物谱》《戴敦邦新
绘红楼梦》《戴敦邦古典文学名著画集》等；连环
画代表作品有《一支驳壳枪》《水上交通站》《大
泽烈火》《蔡文姬》等。

J0070457

找书包　杨光中等编文；蔡康非等绘画
南京　江苏人民出版社　1980年　62页　有图
10×13cm 统一书号：8100.3.360 定价：CNY0.09
　　本书是中国现代连环画册。

J0070458

赵一曼　潘彩英改编；陈永智绘画

沈阳 辽宁美术出版社 1980年 126页 13cm（64开）

统一书号：8117.1964 定价：CNY0.19

　　本书是中国连环画册。

J0070459

珍妃泪　杨子江改编；傅春方，王惟摄影

北京 中国戏剧出版社 1980年 156页 13cm（64开）

定价：CNY0.26

（戏剧连环画册）

　　本书是中国连环画册。根据北京曲艺曲剧团演出本编绘。

J0070460

珍珠　何昌林，尤懋勤改编；何昌林绘画

成都 四川人民出版社 1980年 79页 有图 13cm（60开）统一书号：R8118.695 定价：CNY0.11

　　本书是中国现代连环画，根据同名小说改编。

J0070461

真好玩　刘维国整理；蔡一鸣画

石家庄 河北人民出版社 1980年 38页 有图 15cm（40开）统一书号：R13086.60

定价：CNY0.10

　　本书是中国现代连环画册。

J0070462

真假两猴王　丁楠改编；邓立衍，邓大鹰绘画

长沙 湖南美术出版社 1980年 78页 13cm（64开）

统一书号：8233.15 定价：CNY0.12

（西游记连环画 14）

　　根据中国古典小说《西游记》改编的现代连环画作品。

J0070463

真假孙悟空　陈平夫改编；宗静风，周静秋绘画

石家庄 河北人民出版社 1980年 80页 13cm（64开）定价：CNY0.12

　　本书是中国连环画册。

J0070464

真假孙悟空　李以恭等摄

南京 江苏人民出版社 1980年 4张 53cm（4开）

定价：CNY0.36

J0070465

真假孙悟空　华士明改编；汪文华等摄影

南京 江苏人民出版社 1980年 92页 13cm（64开）

定价：CNY0.13

　　本书是中国连环画册。根据江苏省京剧团演出本编绘。

J0070466

真假唐僧　潘勤孟改编；汪玉山等绘画

石家庄 河北人民出版社 1980年 2版 70页 有图 13cm（60开）统一书号：8086.1182

定价：CNY0.10

　　本书是中国现代连环画，1960年3月第1版。作者潘勤孟，美术家、连环画家。改编连环画有《三国演义》《中国历史人物故事连环画》等。绘者汪玉山（1910—1996），连环画家。江苏阜宁人，出生于上海。曾用名汪静星。曾在华东人民出版社、新美术出版社、上海人民美术出版社任连环画创作员。作品有《二进宫》《丁黄氏》《野猪林》《三十三号魔星》《三女侠》等。

J0070467

征服细菌的故事　万华原著；汪遵孝改编；陆世斌绘画

昆明 云南人民出版社 1980年 58页 13cm（64开）

统一书号：R8116.865 定价：CNY0.11

　　中国现代连环画册。根据《征服病菌的道路》改编。

J0070468

郑成功在台湾　刘筱改编；于骏治绘画

银川 宁夏人民出版社 1980年 77页 13cm（64开）

定价：CNY0.11

J0070469

纸　（中国古代四大发明的今昔）姚世迦编文；严启生绘画

上海 上海人民美术出版社 1980年 78页 13cm（64开）定价：CNY0.10

　　本书是中国现代连环画册。

J0070470

智闯独龙镇　贾晓晨编；庞先健绘

上海　上海人民美术出版社 1980 年 78 页 有图
13cm（60 开）统一书号：8081.11963
定价：CNY0.10
　　本书是中国现代连环画册。收入 78 幅图。

J0070471
智闯独龙镇　贾晓晨原著；赵铁城改编；薛强
绘画
天津　天津人民美术出版社 1980 年 67 页
13cm（64 开）定价：CNY0.10
　　本书是中国连环画册。

J0070472
智斗黑田　张顺国改编；张希华，杨德衡绘画
沈阳　辽宁美术出版社 1980 年 62 页 13cm（64 开）
定价：CNY0.11
　　本书是中国连环画册。

J0070473
智斗皮老虎　日升原著；李侃改编；龙山农绘画
南宁　广西人民出版社 1980 年 76 页 13cm（64 开）
统一书号：8113.558 定价：CNY0.10
　　本书是中国连环画册。

J0070474
智慧之光　司国贤编文；王桂保绘画
郑州　河南人民出版社 1980 年 102 页 13cm（64 开）
定价：CNY0.15
　　本书是中国连环画册。

J0070475
智激美猴王　吴承恩原著；吉志西改编；郑家
声绘画
上海　上海人民美术出版社 1980 年 2 版 126 页
13cm（64 开）定价：CNY0.15
　　本书是中国连环画册。本书于 1958 年 5 月
出第 1 版。

J0070476
智歼黑蜂　李洁，李纯改编；陈德彬等绘画
昆明　云南人民出版社 1980 年 46 页 有图
13cm（60 开）统一书号：8116.889 定价：CNY0.90
　　本书是中国现代连环画册。

J0070477
智歼顽敌——记战斗英雄潘细腊　张明武
文；蔡循生绘画
郑州　河南人民出版社 1980 年 38 页 有图
13cm（60 开）统一书号：8105.1013 定价：CNY0.11
　　本书是中国现代连环画，本书还收有《董存
瑞式的战斗英雄陶少文》。

J0070478
智降狮猁王　曹作锐改编；唐明生绘画
长沙　湖南美术出版社 1980 年 110 页 13cm（64 开）
定价：CNY0.16
（西游记连环画 9）
　　根据中国古典小说《西游记》改编的现代连
环画作品。作者曹作锐（1923—　），编辑。别名
愚谷，河北武清人。擅长连环画编辑及理论研究。
《连环画艺术》副主编，中国连环画研究会常务理
事，中国美术家协会会员。出版有《连环画编写
探幽》，连环画脚本《智降狮猁王》《懒龙伸腰》。

J0070479
智擒伪县长　徐继涛编；张志平绘画
昆明　云南人民出版社 1980 年 18 页 有彩图
15cm（40 开）统一书号：R8116.887 定价：CNY0.14
　　本书是中国现代连环画册。

J0070480
智取军火船　魏育民改编；童介眉绘画
哈尔滨　黑龙江人民出版社 1980 年 94 页
13cm（64 开）统一书号：8093.652
定价：CNY0.15
　　本书是中国连环画册。

J0070481
智取张家寨　姚雪垠原著；张剑萍改编；毕群
生绘画
济南　山东人民出版社 1980 年 100 页 13cm（64 开）
定价：CNY0.13
（《李自成》故事选 6）

J0070482
智杀土豪　谢发根改编；岗阳波绘画
南昌　江西人民出版社 1980 年 84 页 13cm（64 开）
定价：CNY0.13
（江西革命斗争故事）

本书是中国现代连环画册。

J0070483

智亭山　姚雪垠原著；杨兆林编，韩硕绘
上海　上海人民美术出版社　1980 年　166 页　有图
13cm（60 开）统一书号：8081.11946
定价：CNY0.20
（《李自成》连环画 8）

J0070484

中国成语寓言故事　（一）邹洪根编文；高民生等绘画
西安　陕西人民美术出版社　1980 年　123 页
13cm（64 开）定价：CNY0.38
　　本书是中国现代连环画册。

J0070485

中国成语寓言故事　（二）邹洪根编；肖德洲等绘
西安　陕西人民美术出版社　1982 年　140 页
13cm（60 开）定价：CNY0.20
　　本书是中国现代连环画册。

J0070486

中国古代科学家　（续集）李光羽，谢宝耿编文；贺友直绘画
上海　上海人民美术出版社　1980 年　133 页
13cm（64 开）统一书号：8081.11837
定价：CNY0.16
　　本书是中国现代连环画册。

J0070487

中国青年的楷模　（恽代英烈士的故事）张贵强编文；孙庆国绘
南京　江苏人民出版社　1980 年　118 页　有图
13cm（60 开）统一书号：8100.3.349
定价：CNY0.15
　　本书是中国现代连环画册。

J0070488

中华人民共和国婚姻法图解　贺友直，汪观清绘画
上海　上海人民美术出版社　1980 年　37 页　有图
13×15cm　统一书号：8081.12327　定价：CNY0.09
　　本书是中国现代连环画册。

J0070489

中华人民共和国治安管理处罚条例图解
辽宁美术出版社绘
沈阳　辽宁美术出版社　1980 年　68 页　有图
13cm（60 开）统一书号：8117.1969　定价：CNY0.12
　　本书是中国现代连环画册。

J0070490

重返青山　黄兆荣改编；江文炳，高学冠绘画
福州　福建人民出版社　1980 年　68 页　有图
13cm（60 开）统一书号：8173.284　定价：CNY0.09
　　本书是中国现代连环画册。

J0070491

周兰嫂　周倜编；周道银绘画
北京　人民美术出版社　1980 年　98 页　有图
13cm（60 开）统一书号：8027.7552　定价：CNY0.17
　　本书是中国现代连环画册。作者周倜
（1936—　），山西平陆人。中国书法家协会会员，中山书画社社员，北京秦文学会常务理事。

J0070492

周总理在云南民族学院　戴家麟编文；叶公贤绘画
昆明　云南人民出版社　1980 年　14 页
25cm（小 16 开）统一书号：8116.820
定价：CNY0.28
　　本书是中国现代连环画册。

J0070493

朱德同志在井冈山　谢储生原著；张晓林改编；施大畏绘
上海　上海人民美术出版社　1980 年　110 页
19cm（32 开）统一书号：8081.11822
定价：CNY1.90
　　本书讲述了 1928 年 1 月，朱德率领南昌起义的队伍来到井冈山，和毛泽东会师，成立工农红军第四军的现代连环画。收入 110 幅图。作者施大畏（1950—　），画家。浙江吴兴人，毕业于上海大学美术学院国画系。国家一级美术师，曾任上海国画院执行院长、中国美术家协会副主席，中国美协国画艺委会委员，上海美协国画艺委会主任，上海大学美术学院兼职教授。代表作有《暴风骤雨》《国殇》《皖南事变》《归途——西路军妇女团纪实》。

J0070494

朱军长的草鞋　黄学文改编

福州 福建人民出版社 1980年 有图 13cm（60开）

统一书号：8173.348 定价：CNY0.09

　　本书是中国现代连环画，内容包括《朱军长的草鞋》（浩石等绘）、《一条绑带》（育培画）、《一双草鞋》（浩石画）、《两个孩子》（俊龙画）。

J0070495

珠还合浦　陈培栋编文；邓二龙绘画

南宁 广西人民出版社 1980年 100页 13cm（64开）

统一书号：8113.584 定价：CNY0.13

　　本书是中国连环画册。

J0070496

猪八戒探山　曾凡益改编；陈白一等绘画

长沙 湖南人民出版社 1980年 86页 13cm（64开）

定价：CNY0.13

　　本书是中国连环画册。

J0070497

猪八戒新传　（下集）包蕾原著；杨晓晖绘画

南京 江苏人民出版社 1980年 150页 有图

10×13cm 统一书号：8100.3.302 定价：CNY0.18

　　本书是中国现代连环画，本集内容包含猪八戒学本领和猪八戒回家。

J0070498

猪八戒学本领　薛雪编绘

南京 江苏人民出版社 1980年 17页 有彩图

21cm（32开）定价：CNY0.20

　　本书是中国现代连环画册。

J0070499

竹斗笠的秘密　黎汝清原著；魏振东改编；李跃滨绘画

哈尔滨 黑龙江人民出版社 1980年 46页

13cm（64开）定价：CNY0.08

　　本书是中国现代连环画册。作者黎汝清（1928—2015），作家。山东博兴县人。曾任南京军区前线歌舞团编剧、军区政治部文艺创作室创作员，中国作家协会会员。著有长篇小说《海岛女民兵》《皖南事变》等，儿童文学集《秘密联络站》，诗歌散文集《在祖国的土地上》等，电影文学剧本《长征》等，评论集《黎汝清研究专集》等。

J0070500

筑路　（苏）奥斯特洛夫斯基原著；王承华改编；雷德祖绘画

天津 天津人民美术出版社 1980年 102页

13cm（64开）定价：CNY0.14

（中学生画库 初中语文 第三册）

　　本书是中国连环画册。

J0070501

转战陕北　本吉，阳子编文；杜滋龄，刘希立绘画

石家庄 河北人民出版社 1980年 110页

13cm（64开）定价：CNY0.14

　　中国现代连环画册。作者阳子，主要改编的连环画作品有《痴情郎巧遇红云女》《天降雨钱见人心》《周妹巧戏张三郎》等。

J0070502

追鱼　龙东改编

北京 中国戏剧出版社 1980年 125页 有图

10×13cm 统一书号：8069.91 定价：CNY0.21

　　本书是中国现代连环画，根据同名戏曲电影改编。

J0070503

卓别麟　（世界名人传）缪德彰编文；江云绘画

上海 上海人民美术出版社 1980年 126页

13cm（64开）定价：CNY0.15

　　中国现代连环画册。收入126幅图。外国历史人物传记连环画册。卓别林是一位卓越的电影艺术大师，生于英国一个贫穷的歌唱艺人家庭。1913年他登上影坛，为美国好莱坞的影片公司拍摄了他的第一部影片《谋生》。本书的绘画形式为线描与黑块相结合，线条流畅，黑白对比强烈，形象亦具个性。

J0070504

最后一课　都德原著；张国信改编；白敬周绘画

天津 天津人民美术出版社 1980年 87页

13cm（64开）统一书号：8073.30481

定价：CNY0.13

（中学生画库存 初中语文 第二册）

　　本书是中国连环画册。

J0070505

最后一幕　海力改编；赵国经绘画

天津　天津人民美术出版社 1980 年　100 页

13cm（64 开）定价：CNY0.14

　　本书是中国连环画册。

J0070506

昨天的战争　（一）张玉珊改编；王晋泰绘画

沈阳　辽宁美术出版社 1980 年 182 页 13cm（64 开）

定价：CNY0.26

　　本书是中国连环画册。

J0070507

昨天的战争　（二）张玉珊改编；王晋泰绘画

沈阳　辽宁美术出版社 1981 年 146 页 13cm（64 开）

定价：CNY0.22

　　本书是中国现代连环画册。

J0070508

昨天的战争　（三）刘维仁改编；王晋泰绘

沈阳　辽宁美术出版社 1982 年 162 页 13cm（60 开）

定价：CNY0.24

　　本书是中国现代连环画册。

J0070509

昨天的战争　（四）刘维仁改编；王晋泰绘

沈阳　辽宁美术出版社 1982 年 158 页 13cm（60 开）

定价：CNY0.23

　　本书是中国现代连环画册。

J0070510

佐罗　晓黎改编

北京　中国电影出版社 1980年 147页 13cm（64 开）

统一书号：8061.1448　定价：CNY0.26

（电影连环画册）

　　本书是中国现代连环画册。

J0070511

"飞毯"　（科学幻想）于秀溪改编；关景宇，赵宝林绘

北京　人民美术出版社 1981 年 98 页 13cm（64 开）

定价：CNY0.13

　　本书是中国现代连环画册。

J0070512

"黑豹计划"的破灭　田虹改编；张鹏绘

西安　陕西人民美术出版社 1981 年 142 页

13cm（64 开）定价：CNY0.18

　　本书是中国现代连环画册。

J0070513

"虎"眼之谜　王天柱改编；李犁绘画

成都　四川人民出版社 1981 年 65 页　有图

10×13cm 统一书号：R8118.818 定价：CNY0.09

　　本书是根据小说《"黑虎"的眼睛》改编的中国现代连环画册。

J0070514

金刚石　北京电视台长春电影制片厂译制；北京电视台改编

北京　北京出版社 1981 年　125 页　有图

10×13cm 统一书号：8071.339 定价：CNY0.22

　　根据朝鲜惊险系列故事片《无名英雄》之三改编的现代连环画。

J0070515

"科学的"绑架　笑冰等改编；林峥明等绘画

广州　科学普及出版社广州分社 1981 年 76 页

13cm（64 开）统一书号：13051.60032

定价：CNY0.14

　　本书是中国现代连环画册。

J0070516

"三八线"上的战斗——《东方》（下集）杜维轩改编；关庆留绘画

西安　陕西人民美术出版社 1981 年　190 页

13cm（64 开）定价：CNY0.23

　　本书是中国现代连环画册。绘者关庆留（1935— ），笔名阿留。广东顺德人。毕业于西安军医大学。曾在解放军总后勤部政治部后勤杂志社任副科长，中国美术家协会会员。作品有《捉麻雀》《风雪高原》，连环画《智取华山》等。

J0070517

"小马虎"历险记　王德省等改编；何润民等绘

西安　陕西人民美术出版社 1981 年　132 页

13cm（64 开）定价：CNY0.17

　　本书是中国现代连环画册。绘者何润民（1947— ），画家、教师。陕西合阳人。西安美

院副教授，院学术委员会委员，西安美术学院附属中等美术学校校长。代表作品有《老照壁》《牧歌》等。

J0070518
"友谊号"案件　董广田改编；周永生，张北平绘
济南　山东人民出版社　1981 年　94 页　13cm（64 开）
统一书号：8099.2199　定价：CNY0.15
　　本书是中国现代连环画册。

J0070519
"小呼啦"夺枪记　黄学文改编；纪乃进等绘
福州　福建人民出版社　1981 年　72 页　有图
10×13cm　统一书号：8173.387　定价：CNY0.11
　　本书是中国现代连环画，根据罗会明小说改编。

J0070520
《小学生守则》图册　张耀等绘画
天津　天津人民美术出版社　1981 年　有彩图
10×13cm　统一书号：8073.30623　定价：CNY0.10
　　本书是中国现代连环画册。

J0070521
阿 Q 正传　（戏剧连环画）韩勇改编；孙宏华，晓丁摄影
北京　中国戏剧出版社　1981 年　157 页　13cm（64 开）
定价：CNY0.26

J0070522
阿 Q 正传二百图　鲁迅原著；裘沙，王伟君编绘
北京　人民美术出版社　1981 年　1 册（203 页）
17×18cm　统一书号：8027.7781　定价：CNY2.50
　　本书系中国现代连环画，本册收有《阿 Q 正传》200 图。

J0070523
阿凡提　（电影连环画）索立改编
北京　中国电影出版社　1981 年　125 页　13cm（64 开）
定价：CNY0.21

J0070524
阿凡提的故事　马超编绘
长沙　湖南人民出版社　1981 年　[54] 页

13cm（64 开）统一书号：8109.1307
定价：CNY0.09
　　本书是中国现代连环画册。

J0070525
阿格拉宝物　（英）柯南道尔原著；绕翠岚改编；黄云松绘画
广州　岭南美术出版社　1981 年　142 页　13cm（64 开）
定价：CNY0.20
（福尔摩斯探案选）
　　本书是中国现代连环画册。

J0070526
阿里巴巴和四十大盗　刘治贵改编；徐芒耀绘画
武汉　湖北人民出版社　1981 年　82 页　13cm（64 开）
定价：CNY0.13
　　本书是中国现代连环画册。

J0070527
阿里巴巴和四十大盗　程中岳改编；马寒松绘画
沈阳　辽宁美术出版社　1981 年　70 页　13cm（64 开）
定价：CNY0.12
　　本书是中国现代连环画册。作者马寒松（1949—　），画家。天津人。中国美术家协会会员，天津美术家协会理事，红桥区政协书画家联谊会副会长，天津人民出版社任美术编辑、副审。代表作品《聪明的青蛙》《兔娃娃》《豹子哈奇》《封神演义》等。

J0070528
阿扎与哈利　胡家辉改编；杨乃美，周建志绘画
沈阳　辽宁美术出版社　1981 年　118 页　13cm（64 开）
统一书号：8117.2617　定价：CNY0.18
　　本书是中国现代连环画册。

J0070529
爱国词人——辛弃疾　陈云高改编；王鸿绪绘
西安　陕西人民美术出版社　1981 年　126 页
13cm（64 开）定价：CNY0.16
　　本书是中国现代连环画册。

J0070530
爱华山　马保超改编；潘真等绘
郑州 河南人民出版社 1981年 118页 10×13cm
定价：CNY0.17
(《说岳全传》连环画之二)
　　本书是根据古典小说《说岳全传》改编的中
国现代连环画册。绘者潘真(1929—　)，别名慕
莼，河北交河人。河北美术出版社美编及编辑室
主任、副编审。作品有《小憩林阴下》《秋收场上》
《斗杀西门庆》《清风十里展画屏》等。出版有《潘
真山水画集》。

J0070531
爱情与遗产　(电影连环画)索立改编
北京 中国电影出版社 1981年 147页 13cm(64开)
定价：CNY0.26

J0070532
安徒生　陈积奖改编；谢颖绘
上海 上海人民美术出版社 1981年 126页
13cm(64开)定价：CNY0.15
　　本书是描绘安徒生童话创作生涯的中国现
代连环画册。收入126幅图。

J0070533
八哥复仇记　徐康改编；吴元奎绘
南京 江苏人民出版社 1981年 62页 有图
10×13cm 统一书号：8100.3.448 定价：CNY0.09
　　本书是中国现代连环画册。

J0070534
八卦莲花掌　李栋，许宗强编
广州 岭南美术出版社 1981年 134页 13cm(64开)
统一书号：8260.0091 定价：CNY0.21
　　本书是中国现代连环画册。

J0070535
八女投江　颜一烟原著；璜璜改编；李林祥绘
天津 天津人民美术出版社 1981年 100页 有图
10×13cm 统一书号：8073.30527 定价：CNY0.14
　　本书是中国现代连环画册。

J0070536
巴黎的恩怨　丁巩改编；胡克礼，恽南平绘
沈阳 辽宁美术出版社 1981年 150页 13cm(64开)

定价：CNY0.22
(基度山伯爵 4)
　　书是中国现代连环画册。作者恽南平，绘制
的主要连环画作品有《罗马狂欢节》《复仇与宽
恕》《复活》等。

J0070537
巴黎圣母院　(电影连环画)肖仁舒改编
北京 中国电影出版社 1981年 177页 13cm(64开)
统一书号：8061.1514 定价：CNY0.26
　　本书是中国现代连环画册。

J0070538
巴列金的悲欢　哈斯巴根等改编；王玉泉绘
画
呼和浩特 内蒙古人民出版社 1981年 78页
有图 10×13cm 统一书号：8089.111
定价：CNY0.13
(达斡尔族民间故事 二)
　　本书是中国现代连环画册。

J0070539
巴林海滩斗水母　(大西洋底来的人)鱼翔改
编；徐锡林绘
沈阳 辽宁美术出版社 1981年 66页 13cm(64开)
定价：CNY0.11
　　本书是中国现代连环画册。

J0070540
巴山夜雨　(电影连环画)晓蕾改编
北京 中国电影出版社 1981年 177页 13cm(64开)
统一书号：8061.1667 定价：CNY0.30
　　本书是中国现代连环画册。

J0070541
巴士德　贾克刚编；赵正阳绘
天津 天津人民美术出版社 1981年 80页
13cm(64开)定价：CNY0.12
(外国科学家丛书)
　　本书是中国现代连环画册。

J0070542
巴士奇遇结良缘　(电影连环画)魏童改编
北京 中国电影出版社 1981年 141页 72开(72开)
定价：CNY0.21

本书是中国现代连环画册。

J0070543

巴斯克维尔的猎犬 （福尔摩斯探案故事）
（英）柯南道尔原著；张世恭改编；张文永绘
成都 四川人民出版社 1981 年 175 页 13cm（64 开）
定价：CNY0.26
本书是中国现代连环画册。

J0070544

白莲花 于杰等编；应福缩，郑宏摄
郑州 中州书画社 1981 年 166 页 13cm（64 开）
定价：CNY0.29
本书是中国现代连环画册。

J0070545

白龙公主 （藏族民间故事）张雨，槐山改编；
黄永镇绘
成都 四川人民出版社 1981 年 106 页 13cm（64 开）
统一书号：8118.1012 定价：CNY0.13
本书是中国现代连环画册。

J0070546

白娘子 魏民改编；施江城绘
武汉 湖北人民出版社 1981 年 102 页 13cm（64 开）
定价：CNY0.15
本书是中国现代连环画册。

J0070547

白蛇传 （戏剧故事）田汉原著；张绍旻改编；
王健，王月琴绘
石家庄 河北人民出版社 1981 年 118 页
13cm（64 开）定价：CNY0.16
本书是中国现代连环画册。

J0070548

白蛇传 路南改编；孟庆江绘
北京 人民美术出版社 1981 年 158 页 13cm（64 开）
统一书号：8027.7729 定价：CNY0.18
本书是中国现代连环画册。

J0070549

白蛇传 上海昆剧团原著；历建祖改编；孙昌
茵绘
上海 上海人民美术出版社 1981 年 150 页

13cm（64 开）统一书号：8081.12512
定价：CNY0.17
本书是中国现代连环画册。收入 150 幅图。

J0070550

白蛇传 徐飞改编；颜梅华，颜志强绘
杭州 浙江人民美术出版社 1981 年 134 页
13cm（64 开）统一书号：8156.161
定价：CNY0.17
（西湖民间故事）
本书是中国现代连环画册。作者颜梅华
（1927—　　），国画家。号雪庵，斋号琴斋。浙江
乐清人。代表作品有《比目鱼》《白秋练》《白蛇
传》《风云初记》等。

J0070551

白蛇传 （电影连环画）上海电影制片厂改编
北京 中国电影出版社 1981 年 147 页 13cm（64 开）
定价：CNY0.26
本书是中国现代连环画册。

J0070552

白雪公主 （德）格林；徐礼娴改编；徐锡林绘画
天津 天津人民美术出版社 1981 年 62 页 有图
10×13cm 统一书号：8073.30575 定价：CNY0.11
本书是中国现代连环画册。

J0070553

白衣少年——聊斋志异故事选 （清）蒲松
龄原著；红星，长瀛改编；李宗林绘
济南 山东人民出版社 1981 年 62 页 13cm（64 开）
定价：CNY0.11
本书是中国现代连环画册。

J0070554

白盈盈之死 林啸编；宋飞等绘
广州 岭南美术出版社 1981 年 122 页 13cm（64 开）
定价：CNY0.22
（刑事侦察连环画）

J0070555

百合花 （电影连环画）钱学格改编
北京 中国电影出版社 1981 年 125 页 13cm（64 开）
统一书号：8061.1734 定价：CNY0.21
本书是中国现代连环画册。

J0070556

百花仙子　李汝珍原著；邱国华，芷雨改编；崔君沛，林海萍绘

福州 福建人民出版社 1981年 86页 13cm（64开）

定价：CNY0.14

（镜花缘故事 1）

　　本书是中国现代连环画册。

J0070557

百鸟衣　李华章改编；汪国新绘

武汉 湖北人民出版社 1981年 102页 13cm（64开）

定价：CNY0.15

　　本书是中国现代连环画册。

J0070558

斑竹泪　朱力士编；谌孝安，徐海琳绘

长沙 湖南人民出版社 1981年 63页 13cm（64开）

定价：CNY0.08

　　本书是中国现代连环画册。

J0070559

半截观音戏唐僧　孙五杰改编；张丛林绘

哈尔滨 黑龙江人民出版社 1981年 130页 13cm（64开）定价：CNY0.20

（西游记故事）

　　根据中国古典小说《西游记》改编的现代连环画作品。

J0070560

包公铡国舅　白虹改编；徐有武绘

杭州 浙江人民美术出版社 1981年 125页 13cm（64开）统一书号：8156.63 定价：CNY0.16

（《三侠五义》连环画丛书）

J0070561

包公铡侄　（包公的故事）雪希编；陈光华绘

合肥 安徽人民出版社 1981年 94页 13cm（64开）

定价：CNY0.13

　　本书是中国现代连环画册。

J0070562

包公掷砚　戴新墨改编；张增木绘

郑州 中州书画社 1981年 62页 13cm（64开）

定价：CNY0.10

　　本书是中国现代连环画册。

J0070563

宝船　毛永煌改编；赵文元绘画

南京 江苏人民出版社 1981年 70页 13cm（64开）

定价：CNY0.10

　　本书是中国现代连环画册。绘者赵文元（1946—　），国家一级美术师。生于江苏镇江，就读于浙江美术学院国画系、解放军艺术学院美术系、中央美术学院国画系。江苏省美术家协会副主席，江苏省徐悲鸿研究会副会长，中国画马艺术研究会副会长。代表作品有《女兵》《丫丫》《雪顿节》等。

J0070564

宝船　老舍原著；励艺夫改编；于化鲤绘

天津 天津人民美术出版社 1981年 58页 有图 10×13cm 统一书号：8073.30512 定价：CNY0.11

　　本书是中国现代连环画册。作者于化鲤（1933—　），画家。又名于化，天津人。曾任天津人民美术出版社副总编。主要作品有《于化鲤漫画作品选集》《宝船》《有朋自远方来》等。

J0070565

宝黛初会　吴其柔改编；杨秋宝绘画

上海 上海人民美术出版社 1981年 110页 10×13cm 定价：CNY0.20

（《红楼梦》连环画之二）

　　本书是根据古典小说《红楼梦》改编的中国现代连环画册。

J0070566

宝莲灯　（戏剧故事）昌言原作；高化民等改编；雷金池绘画

石家庄 河北人民出版社 1981年 110页 13cm（64开）统一书号：8086.1442 定价：CNY0.15

　　本书是中国现代连环画册。

J0070567

宝笙　肖甘牛编文；王菊生绘画

天津 天津人民美术出版社 1981年 54页 13cm（64开）定价：CNY0.09

　　本书是中国现代连环画册。

J0070568

宝瓶喷泉　李彤等编文；林峥明绘画

广州 岭南美术出版社 1981年 102页 有图

10×13cm 统一书号: 8260.0120 定价: CNY0.18

　　本书是中国现代连环册。

J0070569

宝石头 （清）蒲松龄原著；张剑萍改编；李学荣绘画

济南 山东人民出版社 1981年 62页 13cm（64开）定价: CNY0.11

　　本书是中国现代连环画册。系聊斋志异故事选。

J0070570

宝象国 吴承恩原著；王力军改编；孙福林绘画

哈尔滨 黑龙江人民出版社 1981年 155页 13cm（64开）定价: CNY0.22

（西游记故事）

　　根据中国古典小说《西游记》改编的现代连环画作品。

J0070571

宝玉受笞 高幼佩改编；杨秋宝绘画

上海 上海人民美术出版社 1981年 118页 10×13cm 统一书号: 8081.12665 定价: CNY0.21

（《红楼梦》连环画之五）

　　本书是根据古典小说《红楼梦》改编的中国现代连环画册。

J0070572

保镖 李式来改编；冼小前绘画

南宁 广西人民出版社 1981年 86页 13cm（64开）定价: CNY0.11

　　本书是中国现代连环画册。作者冼小前（1955— ），书画家。笔名廉人，原籍广东，毕业于广西艺术学院。中国美术家协会会员，中国书法家协会会员，中国书法艺术研究院特聘书画家，广西美术出版社副编审、书法编辑部主任。作品有油画《春望》《八桂英华》《法卡边防》等。

J0070573

保尔·柯察金 （电影连环画）力力改编

北京 中国电影出版社 1981年 2版 117页 13cm（64开）定价: CNY0.21

J0070574

报春花 （戏剧连环画）崔德志改编；邹毅摄影

北京 宝文堂书店 1981年 156页 13cm（64开）统一书号: 8070.38 定价: CNY0.26

　　本书是中国现代连环画册。

J0070575

暴风骤雨 （下）张启太改编；于海江绘

哈尔滨 黑龙江人民出版社 1981年 79页 13cm（60开）定价: CNY0.13

　　本书是中国现代连环画册。

J0070576

暴风骤雨 吴虹改编；林钧相绘

沈阳 辽宁美术出版社 1981年 174页 13cm（60开）定价: CNY0.25

　　本书是中国现代连环画册。

J0070577

暴风骤雨 （上）周立波原著；杨根相改编；施大畏绘

上海 上海人民美术出版社 1981年 190页 10×13cm 定价: CNY0.22

　　本书是反映哈尔滨地区农村土地改革故事的中国现代连环画。全2册，共收入372幅图。

J0070578

暴风骤雨 （下）周立波原著；杨根相改编；施大畏绘画

上海 上海人民美术出版社 1981年 182页 有图 10×13cm 统一书号: 8081.12736 定价: CNY0.21

　　本书是中国现代连环画，共收入372幅图。反映中国哈尔滨地区农村土地改革运动的故事。

J0070579

悲惨世界 （2）（法）维克多·雨果原著；张定华、陆和苏改编；张定华绘

杭州 浙江人民美术出版社 1981年 142页 13cm（64开）统一书号: 8156.62 定价: CNY0.18

　　本书是中国现代连环画册。

J0070580

北斗 徐礼娴改编；张惠斌绘

沈阳 辽宁美术出版社 1981年 162页 13cm（64开）定价: CNY0.24

本书是中国现代连环画册。作者张惠斌（1942—　），画家、国家一级美术师。山东济南人。中国美术家协会会员，锦州市中国画研究会会长、副研究馆员。出版有《张惠斌书画集》《张惠斌画集》等。

J0070581

北规雄　叶森编；石嵋绘
西宁 青海人民出版社 1981年 20页 13cm（60开）
统一书号：8097.431 定价：CNY0.07
　　本书是中国现代连环画册。

J0070582

北极光下的幽灵　安可君改编；佘国纲，宋武征绘
兰州 甘肃人民出版社 1981年 150页 13cm（64开）
定价：CNY0.21
　　本书是中国现代连环画册。

J0070583

逼上梁山　鲁南改编；郑新羽绘
沈阳 辽宁美术出版社 1981年 146页 13cm（60开）
定价：CNY0.22
　　本书是中国现代连环画册。

J0070584

彼加　王亮功改编；芦世耀，红生绘画
南昌 江西人民出版社 1981年 122页 13cm（64开）
统一书号：8110.427 定价：CNY0.17
　　本书是中国现代连环画册。

J0070585

毕昇　廖公弦等原著；高远改编；谢振瓯绘
北京 人民美术出版社 1981年 108页 有图
10×13cm 统一书号：8027.7828 定价：CNY0.14
　　本书是中国现代连环画册。

J0070586

碧岛谍影　叶永烈原著；张志光改编；涂宗岳绘
广州 科学普及出版社广州分社 1981年 126页
13cm（64开）统一书号：8051.60060
定价：CNY0.20
（"科学福尔摩斯"系列连环画之二）

J0070587

碧血黄花　（广州黄花岗的故事）方志钦编；陶穗洪，邱旋绘
广州 岭南美术出版社 1981年 128页 有图
10×13cm 统一书号：8260.0136 定价：CNY0.20
　　本书是中国现代连环画册。

J0070588

碧血溅常州　村晓编；丁德邻，张德俊绘
南京 江苏人民出版社 1981年 100页 13cm（60开）
定价：CNY0.13
（太平天国历史连环画）
　　作者丁德邻（1943—　），画家。江苏南京人，毕业于南京艺术学院。中国美术家协会会员，常州市美术家协会副主席，原常州刘海粟美术馆副馆长。主要作品有《水》《山那边》《后山》等。作者张德俊（1946—　），画家。江苏海安人，毕业于南京艺术学院美术系。曾任常州市刘海粟美术馆馆长，中国美协年画艺委会委员。主要作品有《凤仪亭》《天翻地覆慨而慷》《紫金山顶的瑰宝》等。

J0070589

碧血山阳　肖冰编文；马建邦绘画
南京 江苏人民出版社 1981年 110页 有图
10×13cm 统一书号：8100.3.431 定价：CNY0.14
　　本书是中国现代连环画册。

J0070590

边防风云　丛英奇编；史殿生等绘
哈尔滨 黑龙江人民出版社 1981年 98页
13cm（64开）定价：CNY0.15
　　本书是中国现代连环画册。作者史殿生，就读于中央美术学院。中国美术家协会会员，国家一级美术师，北京师范大学中国画创作高级研究生班导师，北京红旗书画院副院长，益昌画院顾问。作品有《盛装》《岁月》《高士图》等。

J0070591

卞和三献宝　林正让改编；王井绘
福州 福建人民出版社 1981年 78页 13cm（64开）
统一书号：8173.392 定价：CNY0.11
　　本书是中国现代连环画册。

J0070592

变法斗三仙　林一本改编；吴国威绘画
长沙 湖南美术出版社 1981年 126页 13cm（64开）
定价：CNY0.16
（西游记连环画 11）

　　根据中国古典小说《西游记》改编的现代连
环画作品。绘者吴国威（1939— ），版画家。
湖南常宁人。别名吴卓宇。湖南文艺学院肄业。
常宁市文联主席，副研究馆员。中国美术家协会
会员，中国版画家协会会员。湖南省美协四届理
事，湖南省美协版画艺委会成员，湖南省版画研
究会副会长，衡阳市美协主席。作品有《欢乐的
山谷》《同心同德》《福在人间》《瑶家风情》等。
获得了全国版画界最高奖——鲁迅版画奖。

J0070593

表　翠雪编文；秦宏懿，黄统荣绘画
广州 岭南美术出版社 1981年 130页 有图
10×13cm 统一书号：8111.2248 定价：CNY0.21

　　本书是中国现代连环画册。作者黄统荣
（1943— ），二级美术设计师。生于浙江。历任
广东省电影家协会常务副主席、广东省电影录像
资料馆馆长。美术作品有《海外赤子》《逆光》《山
菊花》等。

J0070594

滨城谍影　刘明学，吴湘军改编；张金武绘
哈尔滨 黑龙江人民出版社 1981年 93页
13cm（64开）统一书号：8093.692
定价：CNY0.15

　　本书是中国现代连环画册。

J0070595

病榻论相　潘勤孟改编；李天心等绘画
上海 上海人民美术出版社 1981年 109页
10×13cm 统一书号：8081.12656 定价：CNY0.13
（东周列国故事）

　　本书是中国现代连环画册。

J0070596

播火记 （上）梁斌原著；尚羡智改编；刘端绘
画
石家庄 河北美术出版社 1981年 194页 有图
10×13cm 统一书号：8087.295 定价：CNY0.25

　　本书是中国现代连环画册。

J0070597

播火记 （下）梁斌原著；尚羡智编，刘端绘
石家庄 河北人民出版社 1981年 170页 有图
10×13cm 统一书号：8086.1498 定价：CNY0.22

　　本书是中国现代连环画册。

J0070598

搏浪少年　徐峰编；宋齐鸣，刘兴昌绘
济南 山东人民出版社 1981年 62页 13cm（64开）
定价：CNY0.12

　　本书是中国现代连环画册。

J0070599

不和眼镜交朋友　郭荣安诗；何艳荣，俞理画
北京 人民美术出版社 1981年 有彩图
13cm（60开）统一书号：8027.7790
定价：CNY0.14
（小花朵画库）

　　本书是中国现代连环画册。

J0070600

不能抛弃她　彭瑞高编；潘直亮绘
北京 人民体育出版社 1981年 94页 13cm（64开）
定价：CNY0.15

　　本书是中国现代连环画册。绘者潘直亮
（1941— ），编辑。湖北汉阳人。湖北孝感市文
联副主席、市美协主席，孝感画院院长，中国美
术家协会会员，孝感市美术家协会名誉主席。作
品有《杨靖宇》《恋》《献寿》主要专著有《潘直亮
佛教题材水墨作品选集》等。

J0070601

不要靠拢我　绍六原著；赵云舞改编；张宝蔚绘
郑州 中州书画社 1981年 62页 13cm（64开）
统一书号：8219.8 定价：CNY0.10

　　本书是中国现代连环画册。

J0070602

采薇　司国贤改编；朱连威绘画
郑州 中州书画社 1981年 94页 13cm（64开）
定价：CNY0.14

　　本书是中国现代连环画册。

J0070603

彩虹　波玉温原著；杨磊改编；朱岷甫绘

昆明 云南人民出版社 1981 年 2 版 70 页
15cm（64 开）定价：CNY0.18
　　　本书是中国现代连环画作品。

J0070604

彩云归　姜文丽改编；武宝智摄
沈阳 辽宁美术出版社 1981 年 134 页 13cm（64 开）
统一书号：8117.2037 定价：CNY0.23
　　　本书是中国现代连环画册。

J0070605

彩云归　王云高，李栋编；梁宝光，中吟绘
上海 上海人民美术出版社 1981 年 158 页
13cm（64 开）统一书号：8081.12629
定价：CNY0.18
　　　本书是中国现代连环画册。收入 158 幅图。

J0070606

蔡锷与小凤仙　（戏剧连环画）孙玫改编；顾
棣，潘大为摄
北京 宝文堂书店 1981 年 154 页 13cm（64 开）
定价：CNY0.26
　　　本书是中国现代连环画册。摄影顾棣
（1929—　 ），摄影家。生于河北阜平。《山西画报》
原总编辑，山西省摄影家协会原副主席。合作编
著的图书有《中国解放区摄影史料》《崇高美的
历史再现》《中国摄影史》《沙飞纪念集》等。

J0070607

蔡文姬　郭沫若著；任宝贤绘
北京 人民美术出版社 1981 年 46 页 19cm（32 开）
统一书号：8027.7420 定价：CNY1.70
　　　本书是中国现代连环画册。收入 46 幅图。

J0070608

残雷　（电影连环画）晓黎改编
北京 中国电影出版社 1981 年 147 页 13cm（64 开）
定价：CNY0.26

J0070609

蚕花娘子　徐飞改编；华三川，华玲玲绘画
杭州 浙江人民美术出版社 1981 年 ［68］页
13cm（64 开）统一书号：8156.19 定价：CNY0.10
（西湖民间故事）
　　　本书是中国现代连环画册。

J0070610

仓海历险　傅杰改编；丁世弼绘画
哈尔滨 黑龙江人民出版社 1981 年 158 页
13cm（64 开）定价：CNY0.24
　　　本书是中国连环画册。作者丁世弼（1939—
2018），画家、国家一级美术师。字仲宜，江西南
昌人。中国美术家协会会员，江西省美术家协会
副主席。代表作有《渔岛怒潮》《秋瑾》《陈赓大
将》《红楼梦》等。

J0070611

曹雪芹　钟怀编；梅汉珍绘
广州 岭南美术出版社 1981 年 106 页 13cm（64 开）
定价：CNY0.18
　　　本书是中国现代连环画册。

J0070612

草原的儿子　裴大元改编；杜连仁绘画
沈阳 辽宁美术出版社 1981 年 60 页 13cm（64 开）
定价：CNY0.10
　　　本书是中国现代连环画册。

J0070613

柴郎成亲　张绍旻改编；王宇文绘
石家庄 河北人民出版社 1981 年 102 页
13cm（64 开）定价：CNY0.14
　　　本书是中国现代连环画册。作者张绍旻，改
编有连环画《西游记》等。

J0070614

铲平王　黄大铣原著；凤村改编；方瑶民等绘
福州 福建人民出版社 1981 年 162 页 13cm（64 开）
统一书号：8173.440 定价：CNY0.23
　　　本书是中国现代连环画册。

J0070615

嫦娥奔月　吴其柔改编；吴冰玉绘
上海 上海人民美术出版社 1981 年 54 页
13cm（64 开）定价：CNY0.08
（中国古代神话故事连环画）
　　　绘者吴冰玉（1934—　 ），江苏无锡人。毕业
于华东艺专。上海美术家协会会员，上海人民美
术出版社画家，上海连环画研究会会员。擅长连
环画、中国画。多次参加全国美展及上海市美展。
作品绢本彩色藏族连环画《青蛙骑手》多次获奖。

J0070616
嫦娥奔月　程中岳改编；徐有武绘
杭州 浙江人民美术出版社 1981年 134页
13cm（64开）定价：CNY0.17
　　本书是中国现代连环画册。

J0070617
抄检大观园　杨根相改编；赵延平，冯正梁
绘画
上海 上海人民美术出版社 1981年 190页
10×13cm 统一书号：8081.12670 定价：CNY0.32
（《红楼梦》连环画之十）
　　作者杨根相，主要改编的连环画作品有《暴
风骤雨》《红灯记》《蛙女》等。

J0070618
朝阳花　马忆湘原著；赵吉南编，陆小弟等绘
上海 上海人民美术出版社 1981年 166页 有图
10×13cm 统一书号：8081.12574 定价：CNY0.19
　　本书是中国现代连环画册。收入166幅图。

J0070619
车水马龙　（电影连环画）王逸改编
北京 中国电影出版社 1981年 125页 13cm（64开）
统一书号：8061.1665 定价：CNY0.21
　　本书是中国现代连环画册。

J0070620
陈毅出山　郁声改编；雷德祖绘
北京 人民美术出版社 1981年 158页 13cm（64开）
定价：CNY0.24
　　本书是中国现代连环画册。

J0070621
陈毅市长　（戏剧连环画）胡思庆，姜节安改
编；应日隆，姜节安摄影
北京 宝文堂书店 1981年 157页 13cm（60开）
定价：CNY0.26

J0070622
陈毅市长　（电影连环画）沙叶新原著；陆健
真选编；周宰元等摄影
上海 上海人民美术出版社 1981年 174页 有图
10×13cm 统一书号：8081.12571 定价：CNY0.30

J0070623
陈玉成战六合　陶和之，方正编文；范生福
绘画
南京 江苏人民出版社 1981年 60页 10×13cm
统一书号：8100.3.369 定价：CNY0.09
（太平天国的故事）
　　本书是中国现代连环画册。

J0070624
陈州放粮　王吉祥改编；吴元奎绘画
南京 江苏人民出版社 1981年 78页 13cm（64开）
定价：CNY0.11
　　本书是中国现代连环画册。

J0070625
陈州放粮　（包公审案的故事）廖文编文；赵
仁年等绘画
南宁 漓江出版社 1981年 110页 13cm（64开）
定价：CNY0.17
　　本书是中国现代连环画册。

J0070626
成见作怪　宋丕胜，牛双印编绘
石家庄 河北人民出版社 1981年 有图
10×13cm 统一书号：8086.1508 定价：CNY0.10
　　本书是中国现代连环画册。包括假充内行、
成见作怪、毛遂自荐三个故事。

J0070627
诚实人之死　惠锡华改编；李蕾绘画
福州 福建人民出版社 1981年 66页 13cm（64开）
统一书号：8173.448 定价：CNY0.11
　　本书是中国现代连环画册。

J0070628
城里来的表妹　严霞峰编文；胡正言绘画
南昌 江西人民出版社 1981年 有图 10×13cm
统一书号：8110.420 定价：CNY0.14
　　本书是中国现代连环画，内容包括一张公共
汽车票、一本小册子、一对好朋友等故事。

J0070629
程咬金卖扒　余音改编；吉宝绘
成都 四川人民出版社 1981年 88页 10×13cm
定价：CNY0.13

（《说唐》之七）

　　本书是中国现代连环画册。

J0070630

迟到的春天　（电影连环画）晓黎改编
北京　中国电影出版社　1981年　147页　13cm（64开）
定价：CNY0.26

J0070631

迟开的花朵　（戏剧连环画）胡炼龄，韩双东
改编；曹西林，邹毅摄影
北京　中国戏剧出版社　1981年　156页　13cm（64开）
统一书号：8069.96　定价：CNY0.26

J0070632

仇大娘　徐金元改编；郭秀庚绘
南京　江苏人民出版社　1981年　94页　13cm（64开）
定价：CNY0.12

　　本书是中国现代连环画册。绘者郭秀庚
（1942—　　），湖北黄冈人，毕业于湖北艺术学院。
中国美术家协会会员，江西美术出版社副编审，
曾任《小猕猴智力画刊》社副主编，江西书画院
特聘画家，南昌画院特聘画家。作品有连环画《南
瓜记》《蔡文姬》和年画《八千里路云和月》等。

J0070633

丑小鸭　安徒生原著；毛志毅改编，姜成安等绘
天津　天津人民美术出版社　1981年　61页　有图
10×13cm　统一书号：8073.30506　定价：CNY0.10

　　本书是中国现代连环画册。

J0070634

出卖灵肉的人　张志光改编；姜正豪绘
广州　岭南美术出版社　1981年　126页　10cm（64开）
定价：CNY0.23

　　本书是中国现代连环画册。

J0070635

出米岩　（桂林山水传说）黄革胜编绘
南宁　漓江出版社　1981年　39页　13cm（64开）
统一书号：8256.14　定价：CNY0.08

　　本书是中国现代连环画册。

J0070636

锄奸记　陈真明改编；木土绘

哈尔滨　黑龙江人民出版社　1981年　54页
13cm（64开）定价：CNY0.10

　　本书是中国现代连环画册。

J0070637

楚科奇海底的秘密——大西洋底来的人

祥文改编；潘胜奎绘
沈阳　辽宁美术出版社　1981年　66页　13cm（64开）
定价：CNY0.11

　　本书是中国现代连环画册。

J0070638

传奇英雄罗宾汉　孙映通原著；张志光改编；
吴劲潮绘
广州　科学普及出版社广州分社　1981年　126
页　13cm（64开）定价：CNY0.20

　　本书是中国现代连环画册。

J0070639

船舶与舰艇　侯小戈编绘
武汉　湖北人民出版社　1981年　34页　有彩图
13×18cm　统一书号：8106.2156　定价：CNY0.33

　　本书是中国现代连环画册。

J0070640

闯江湖　（戏剧连环画）海力改编；宫同泉摄
北京　宝文堂书店　1981年　177页　13cm（64开）
定价：CNY0.30

　　本书是中国现代连环画册。

J0070641

春江谍影　程德源改编；王树枫，赵家全绘画
济南　山东人民出版社　1981年　102页　13cm（64开）
统一书号：8099.2291　定价：CNY0.16

　　本书是中国现代连环画册。

J0070642

春秋配　高炼改编；刘廷相绘画
沈阳　辽宁美术出版社　1981年　122页　13cm（64开）
定价：CNY0.18

　　本书是中国现代连环画册。作者刘廷相，连
环画家。出生于辽宁沈阳。创作作品有《万紫千
红总是春》《旗委书记》《谁光荣》《红孩子连金
法》《杨三姐告状》等。

J0070643

春旺和九仙姑　张正新改编；吴继平绘画
南京　江苏人民出版社　1981年　70页　13cm（64开）
定价：CNY0.10
　　本书是中国现代连环画册。

J0070644

春香传　（电影连环画）韦明改编
北京　中国电影出版社　1981年　177页　13cm（64开）
定价：CNY0.26
　　中国现代连环画作品

J0070645

唇亡齿寒　水登改编；胡若军绘
合肥　安徽人民出版社　1981年　86页　13cm（64开）
统一书号：8102.1168　定价：CNY0.12
　　本书是中国现代连环画册。

J0070646

唇亡齿寒　（东周列国故事）潘勤孟改编；施
大畏，韩硕绘
上海　上海人民美术出版社　1981年　85页
13cm（64开）统一书号：8081.12584
定价：CNY0.11
　　本书是中国现代连环画册。

J0070647

辞郎洲　连裕斌编文；许旭奎绘画
广州　岭南美术出版社　1981年　106页　有图
10×13cm　统一书号：8260.0077　定价：CNY0.18
　　本书是中国现代连环画册。根据林澜、魏启
光、连裕斌原著潮剧改编。

J0070648

慈禧出逃　王景延编；邹越非，李宁远绘
南京　江苏人民出版社　1981年　106页　13cm（64开）
定价：CNY0.14
　　本书是中国现代连环画册。

J0070649

聪明的使者　王永江改编；魏成德绘
武汉　湖北人民出版社　1981年［99页］
13cm（64开）定价：CNY0.15
　　本书是中国现代连环画册。

J0070650

从魔窟里逃出来的人　肖冰改编；张玉敏绘
济南　山东人民出版社　1981年　70页　13cm（64开）
统一书号：8099.2205　定价：CNY0.12
　　本书是中国现代连环画册。

J0070651

从奴隶到将军　（上集　电影连环画）张波改
编；邵殿英选片
沈阳　辽宁美术出版社　1981年　150页　13cm（64开）
定价：CNY0.26
　　本书是中国现代连环画册。

J0070652

从奴隶到将军　（下集　电影连环画）张波改
编；邵殿英选片
沈阳　辽宁美术出版社　1981年　138页　13cm（64开）
定价：CNY0.24
　　本书是中国现代连环画册。

J0070653

从水手到囚徒　丁巩改编；胡克礼，恽南平绘
沈阳　辽宁美术出版社　1981年　134页　13cm（64开）
统一书号：8117.2044　定价：CNY0.20
（基度山伯爵　1）
　　本书是中国现代连环画册。

J0070654

促织　（清）蒲松龄原著；王育生改编；施大畏，
韩硕绘
北京　人民美术出版社　1981年　54页　12×13cm
统一书号：8027.7795　定价：CNY0.31
（《聊斋》故事）
　　本书是根据《聊斋志异》改编的中国现代连
环画册。

J0070655

打店　张振原著；鞠如凡改编，贲道立等绘画
南京　江苏人民出版社　1981年　62页　有图
10×13cm　统一书号：8100.3.414　定价：CNY0.09
　　本书是中国现代连环画册。

J0070656

打狼　夏桂楣编文；韩金保绘
呼和浩特　内蒙古人民出版社　1981年　42页

有图　10×13cm　统一书号：8089.101
定价：CNY0.13
　　　本书是中国现代连环画册。

J0070657
大地妈妈的孩子　刘厚明原著；陈金城改编；
刘传芳绘画
天津　天津人民美术出版社　1981年　54页　有图
10×13cm　统一书号：8073.30559　定价：CNY0.09
　　　本书是中国现代连环画册。

J0070658
大发明家的一生　（上）徐霭编；汪观清等绘
石家庄　河北人民出版社　1981年　126页
13cm（64开）定价：CNY0.18
　　　本书是中国现代连环画册。

J0070659
大发明家的一生　（下）徐霭编；汪观清等绘
石家庄　河北人民出版社　1981年　126页
13cm（64开）定价：CNY0.18
　　　本书是中国现代连环画册。

J0070660
大风歌　梁任编；邹越非绘
福州　福建人民出版社　1981年　122页　13cm（64开）
统一书号：8173.396　定价：CNY0.18
（通俗前后汉演义 7）
　　　本书是中国现代连环画册。绘者邹越非，
（1934—　），连环画家。生于江苏镇江，就读于
上海连环画学习班。上海美术家协会创作员，
上海教育出版社美术编辑，上海社会科学院出
版社美术编辑。代表作品有《蔷薇花案件》《孙
小圣与猪小能》，出版有《龙江颂》《通俗前后汉
演义》。

J0070661
大风歌　孙剑影，孙剑鸣改编；顾乃深，顾宝
新绘
南京　江苏人民出版社　1981年　174页　13cm（64开）
统一书号：8100.3.399　定价：CNY0.20
　　　本书是中国现代连环画册。

J0070662
大懒虫历险记　詹同画

成都　四川少年儿童出版社　1981年　75页
17cm（40开）统一书号：R8247.7　定价：CNY0.35
　　　本书是中国现代连环画册。

J0070663
大浪淘沙　叶永珍，杨根相改编；钱贵苏绘
上海　上海人民美术出版社　1981年　190页
13cm（64开）定价：CNY0.22
　　　本书是中国现代连环画册。收入190幅图。

J0070664
大闹花灯　戈牧编；于骏治绘
北京　中国曲艺出版社　1981年　126页　13cm（64开）
定价：CNY0.18
（传统评书连环画《兴唐传》3）

J0070665
大闹灵霄殿　李春法改编；马显龙绘画
长春　吉林人民出版社　1981年　31页　有图
15cm（40开）统一书号：R8091.1129
定价：CNY0.12
　　　本书是中国现代连环画册。

J0070666
大闹天宫　（电影连环画）李竞弱改编；王世
荣，段孝萱摄
上海　上海人民美术出版社　1981年　134页
13cm（64开）定价：CNY0.42
　　　本书是中国现代连环画册。收入158幅图。
运用夸张变形并敷重彩的绘画形式，讲述了孙
悟空闹龙宫智取金箍棒、怒砸御马监、大闹蟠桃
园、偷盗御用金丹4个故事。

J0070667
大闹五台山　胡雁改编；赵仁年绘
上海　上海人民美术出版社　1981年　134页
13cm（64开）统一书号：8081.12563
定价：CNY0.16
（水浒故事）
　　　根据中国古典小说《水浒》改编的现代连环
画作品。

J0070668
大闹五庄观　赵永祥改编；孙明绘
哈尔滨　黑龙江人民出版社　1981年　106页

13cm（64开）定价：CNY0.16
（西游记故事）

　　根据中国古典小说《西游记》改编的现代连环画作品。

J0070669
大篷车　陈勤群等改编；茅志云等绘画
福州 福建人民出版社 1981年 110页 有图
10×13cm 统一书号：8173.469 定价：CNY0.16
　　本书是中国现代连环画册。

J0070670
大篷车　陈勤群，茅志云改编；旸团君，茅志云绘
福州 福建人民出版社 1981年 110页 13cm（64开）
定价：CNY0.16
　　本书是中国现代连环画册。

J0070671
大篷车　（印度故事影片）张一峰选编
上海 上海人民美术出版社 1981年 142页
13cm（64开）定价：CNY0.25
　　本书是中国现代连环画册。

J0070672
大战碧波潭　傅玉泉改编；卢望明绘
长沙 湖南美术出版社 1981年 86页 13cm（64开）
统一书号：8233.108 定价：CNY0.13
（西游记连环画 16）
　　根据中国古典小说《西游记》改编的现代连环画作品。

J0070673
大战红孩儿　柯玉生改编；魏积扬绘
天津 天津人民美术出版社 1981年 126页
13cm（64开）定价：CNY0.18
（《西游记》故事）
　　根据中国古典小说《西游记》改编的现代连环画作品。

J0070674
大战通天河　刘梦山改编；孙明绘
哈尔滨 黑龙江人民出版社 1981年 126页
13cm（64开）定价：CNY0.19
（西游记故事）

　　根据中国古典小说《西游记》改编的现代连环画作品。

J0070675
大战鸳鸯泺　李宝柱编；孟喜元绘
石家庄 河北人民出版社 1981年 86页
13cm（64开）定价：CNY0.11
　　本书是中国现代连环画册。绘者孟喜元
（1943—　　），河北省曲阳县人，毕业于内蒙古财贸干部进修学院，结业于浙江美术学院国画人物进修班。内蒙古人民出版社美术编辑室主任，国家一级美术师，内蒙古自治区文史研究馆馆员，中国美术家协会会员，中国连环画研究会常务理事。代表作品有《幸福晚年》《囤日》，出版有《艺用人体摄影图谱》《孟喜元画集》等。

J0070676
带枪的新娘　岫石改编；赵奇，李振华绘画
沈阳 辽宁美术出版社 1981年 150页 13cm（64开）
统一书号：8117.2022 定价：CNY0.22
　　本书是中国现代连环画册。

J0070677
带手铐的"旅客"　吴一声改编；庞先健绘画
哈尔滨 黑龙江人民出版社 1981年 152页
13cm（64开）定价：CNY0.22
　　本书是中国现代连环画册。

J0070678
带手铐的侦察员　纪明原著；许绍基改编；岑圣权绘画
广州 岭南美术出版社 1981年 102页 13cm（64开）
定价：CNY0.17
　　本书是中国现代连环画册。绘者岑圣权
（1951—　　），画家。广东阳春人。又名今山子。先后就读于广州美术学院及暨南大学中国人物画研究生班。中国美术家协会会员，广东省楹联书画院副院长。主要作品有《珠海惊涛》《我的儿子安珂》《蔡廷锴－1932春.上海》等。

J0070679
带血的谷子　韩勇等编剧，邹济潮导演；长河改编，晓丁摄影
北京 宝文堂书店 1981年 187页 有图
10×13cm 统一书号：8070.73 定价：CNY0.30

本书是中国现代连环画,根据江苏省话剧团演出本编绘。

J0070680
带血的头巾　肖斌华改编;钱贵苏,陈淦绘画
天津 天津人民美术出版社 1981年 110页
13cm(64开)统一书号:8073.30537
定价:CNY0.15
　　本书是中国现代连环画册。

J0070681
戴手铐的"旅客"　涂家宽改编;邵瑞刚,段震中绘
北京 人民美术出版社 1981年 158页 13cm(64开)
定价:CNY0.24
　　本书是中国现代连环画册。绘者段震中(1944—),河南滑县人,毕业于中央工艺美术学院。中国电影家协会会员,中国电影美术学会会员,北京电影制片厂美术设计师。担任过数十部影片和多部电视剧的美术设计,主要有《元帅之死》《四个小伙伴》等。

J0070682
戴手铐的旅客　江浚改编;王伟国摄影
天津 天津人民美术出版社 1981年 148页 有图
10×13cm 统一书号:8073.30545 定价:CNY0.26
　　本书是中国现代连环画册。根据同名电影改编。

J0070683
戴手铐的旅客　(电影连环画)李新改编
北京 中国电影出版社 1981年 147页 13cm(64开)
定价:CNY0.26

J0070684
戴手铐的侦查员　童心改编;林百石绘
长春 吉林人民出版社 1981年 95页 13cm(64开)
定价:CNY0.15
　　本书是中国现代连环画册。

J0070685
黛玉葬花　吴其柔改编;徐晓平绘
上海 上海人民美术出版社 1981年 190页
10×13cm 统一书号:8081.12664
定价:CNY0.32

(《红楼梦》连环画之四)
　　根据古典小说《红楼梦》改编的本书是中国现代连环画册。

J0070686
党员登记表　峻青原著;高幼佩改编;余家乐绘
上海 上海人民美术出版社 1981年 94页
13cm(64开)定价:CNY0.12
　　本书是中国现代连环画册。收入94幅图。讲述了1943年,日寇侵占山东莱山区,中共党组织转入秘密活动,区委书记老赵领导群众与敌人进行隐蔽斗争。由于叛徒告密,不幸被捕。作者余家乐,连环画家。

J0070687
刀痕的来历　梅绍武译;王复刚编绘
南京 江苏人民出版社 1981年 94页 13cm(64开)
定价:CNY0.12
　　本书是中国现代连环画册。

J0070688
盗虎符　(东周列国故事)冯村改编;李成勋绘
上海 上海人民美术出版社 1981年 101页
13cm(64开)定价:CNY0.13
　　本书是中国连环画册。

J0070689
灯花　肖甘牛编;王培堃绘
南宁 广西人民出版社 1981年 54页 13cm(64开)
定价:CNY0.08
　　本书是中国现代连环画册。

J0070690
灯花　洪汛涛原著;谢树森改编;高云,高云慧绘
南京 江苏人民出版社 1981年 62页 13cm(64开)
定价:CNY0.09
　　本书是中国现代连环画册。

J0070691
地脚镇的枪声——大西洋底来的人　辛果改编;高玉新绘
沈阳 辽宁美术出版社 1981年 82页 13cm(64开)
统一书号:8117.2143 定价:CNY0.13
　　本书是中国现代连环画册。

J0070692
地下尖兵 （电影连环画）任羽改编
北京 中国电影出版社 1981年 127页 13cm（64开）
定价：CNY0.23
　　本书是中国现代连环画册。

J0070693
第二次握手 楠林改编；陈宜明等绘
哈尔滨 黑龙江人民出版社 1981年 148页
15cm（64开）定价：CNY0.35
　　本书是中国现代连环画册。

J0070694
第二次握手 （下集）丁楠改编；贺安成，冯椒生绘
长沙 湖南美术出版社 1981年 94页 13cm（64开）
定价：CNY0.13
　　本书是中国现代连环画册。

J0070695
第二次握手 高援改编；景启民绘
沈阳 辽宁美术出版社 1981年 114页 13cm（64开）
定价：CNY0.17
　　本书是中国现代连环画册。绘者景启民
（1931—2005），连环画家。辽宁沈阳人。就读于
东北鲁艺（现鲁迅美院前身），任职于东北画报
社。连环画作品有《浑河水》《过草地》《绿色的
矿山》等。

J0070696
第二次握手 （电影连环画）吴慧明改编
北京 中国电影出版社 1981年 157页 13cm（64开）
定价：CNY0.26
　　本书是中国现代电影连环画作品。

J0070697
第二块血迹 （英）柯南道尔原著；黄永东改编；
罗日明绘
广州 岭南美术出版社 1981年 79页 13cm（64开）
统一书号：8260.015 定价：CNY0.14
（福尔摩斯探案选）
　　本书是中国现代连环画册。

J0070698
第二十一个俘虏 （科学幻想）翟从森改编；

盛济坤绘
贵阳 贵州人民出版社 1981年 100页 13cm（64开）
定价：CNY0.16
　　本书是中国现代连环画册。

J0070699
第三女神 鲁光，王丁原作；云子改编；刘秉贤绘
福州 福建人民出版社 1981年 120页 13cm（64开）
定价：CNY0.18
　　本书是中国现代连环画册。

J0070700
第十个弹孔 左文强编绘
西宁 青海人民出版社 1981年 67页 有图
10×13cm 统一书号：8097.453 定价：CNY0.10
　　本书是中国现代连环画册。

J0070701
第十个弹孔 （电影连环画）晓黎改编
北京 中国电影出版社 1981年 147页 13cm（64开）
统一书号：8061.1566 定价：CNY0.26
　　本书是中国现代连环画册。

J0070702
第一百个新娘 刘玉山改编；游振国摄影
北京 人民音乐出版社 1981年 92页 有图
10×13cm 统一书号：8026.3908 定价：CNY0.17
　　本书是中国现代连环画册。根据同名歌剧
改编。作者刘玉山（1940—　 ），美术编辑。生于
北京，毕业于中央美术学院版画系。国家艺术教
育委员会委员，中国美术家协会会员，人民美术
出版社美术编辑。出版有《刘玉山画集》《刘玉
山速写集》《刘玉山黑白画作品集》《江南写生
集》等。

J0070703
钉钯宴 吴承恩原著；赵永祥改编；孙福林绘画
哈尔滨 黑龙江人民出版社 1981年 127页
13cm（64开）统一书号：8093.699
定价：CNY0.19
（西游记故事）
　　本书是根据中国古典小说《西游记》改编的
现代连环画。

J0070704

东方鹰术大王 许金焰，张望编；许金焰，张望编

南昌 江西人民出版社 1981年 156页 13cm（64开）

定价：CNY0.21

　　本书是中国现代连环画册。

J0070705

东进！东进！ 朱墨改编；顾曾平，翁富荣绘

南京 江苏人民出版社 1981年 168页 13cm（64开）

定价：CNY0.20

　　本书是中国现代连环画册。

J0070706

东进！东进！ 汪涛改编；张卫民绘

杭州 浙江人民美术出版社 1981年 182页

13cm（64开）定价：CNY0.22

　　本书是中国现代连环画册。

J0070707

东岭朝霞 （桂林山水传说）李肇隆，秦焕艺编；邬永柳等绘

南宁 漓江出版社 1981年 42页 13cm（64开）

统一书号：8256.10 定价：CNY0.07

　　本书是中国现代连环画册。

J0070708

董宣 李剑雄编；肖侠绘

上海 上海人民美术出版社 1981年 102页

13cm（64开）定价：CNY0.13

　　本书是中国现代连环画册。收入102幅图。

J0070709

动物趣闻 王今栋编绘

郑州 河南人民出版社 1981年 11页 有彩图

15cm（40开）统一书号：8105.1037 定价：CNY0.26

　　本书是中国现代连环画册。作者王今栋（1932—2013），画家、一级美术师。北京人。河南省文史研究馆馆员，河南省美术家协会副主席，中国美术家协会会员，中国画家协会理事等。代表作品《今栋山水画》。

J0070710

窦女 蒲松龄原著；王君改编；谢志高绘画

天津 天津人民美术出版社 1981年 75页 有图

10×13cm 统一书号：8073.30580 定价：CNY0.13

　　本书是中国现代连环画册。作者王君（1938—　），中国书法家协会河北分会和中国硬笔书法协会会员。作者谢志高（1942—　），画家、国家一级美术师。生于上海，中央美术学院硕士毕业，后留校任教。曾任中国画研究院创作研究部主任。代表作品《水墨仕女画技法》《战海河》《欢欢喜喜过个年》《春蚕》等。

J0070711

独踹唐营 余音改编；吉宝等绘画

成都 四川人民出版社 1981年 98页 10×13cm

统一书号：8118.998 定价：CNY0.15

（《说唐》之十九）

　　本书是中国现代连环画册。

J0070712

杜十娘 冯梦龙原著；丁国联改编

合肥 安徽人民出版社 1981年 70页 13cm（64开）

统一书号：8102.1142 定价：CNY0.11

　　本书是中国连环画册。

J0070713

杜十娘怒沉百宝箱 管荃改编；朱光玉绘画

福州 福建人民出版社 1981年 108页 13cm（64开）

定价：CNY0.17

（古代白话小说连环画丛书）

　　本书是中国连环画册。

J0070714

渡江侦察记 （电影连环画）李煜改编

北京 中国电影出版社 1981年 177页 13cm（64开）

统一书号：8061.1666 定价：CNY0.30

　　本书是中国现代连环画册。

J0070715

断桥悲欢 何军等原著；林微润改编，王奇志绘

福州 福建人民出版社 1981年 98页 有图

10×13cm 统一书号：8173.454 定价：CNY0.15

　　本书是中国现代连环画册。

J0070716

敦厚的诈骗犯 （日）西村京太郎原著；白宇改编；费声福绘

北京 人民美术出版社 1981年 92页 13cm（64开）统一书号：8027.7791 定价：CNY0.12

　　本书是中国现代连环画册。作者白宇（1952— ），画家。河南安阳人。安阳师专艺术系毕业。鹤壁市青年美术家协会副主席，鹤壁黄河书画院院长，河南省美术家协会会员。主要作品有《高山有情》《轻音图》等。作者费声福（1927— ），编辑。祖籍浙江慈溪。毕业于中央美术学院。中国连环画出版社编审，曾任《中国连环画》副主编、中国美术家协会连环画艺术委员会副主任、中国连环画研究会常务理事兼秘书长。作品有《神火》《游赤壁》。

J0070717

敦厚的诈骗犯 （日）西村京太郎原著；李大发改编；黄强根绘

上海 上海人民美术出版社 1981年 94页 13cm（64开）统一书号：8081.12310 定价：CNY0.12

　　本书是中国现代连环画册。根据原著改编的连环画。收入94幅图。

J0070718

夺刀 叶金华改编；朱振芳，柴山林绘

太原 山西人民出版社 1981年 166页 13cm（64开）定价：CNY0.22

　　本书是中国现代连环画册。作者朱振芳，国家二级美术师。河北武安人。中国美术家协会河北省分会会员。绘有连环画《朱德血战三河坝》《夺刀》《战地红缨》和年画《我们班里好事多》。

J0070719

夺锦楼 （清）李渔原著；马梅改编；曹子铎，梁皓绘

广州 岭南美术出版社 1981年 48页 13cm（64开）定价：CNY0.11

　　本书是中国现代连环画作品，选自《十二楼》。作者李渔（1611—约1679），清代戏曲理论家、作家。字笠鸿、谪凡，号笠翁，浙江兰溪人。代表作品《闲情偶寄》《笠翁十种曲》《无声戏》《十二楼》《笠翁对韵》《肉蒲团》等。

J0070720

恶梦 （美国故事影片）

上海 上海人民美术出版社 1981年 110页 13cm（64开）定价：CNY0.20

　　本书是中国现代连环画作品，华云选编。

J0070721

恩与仇 傅建民改编；王崇秋摄

北京 广播出版社 1981年 147页 13cm（64开）统一书号：8236.006 定价：CNY0.27 （电视戏曲片连环画）

J0070722

二泉映月 （电影连环画）魏童改编

北京 中国电影出版社 1981年 141页 72开（72开）定价：CNY0.21

　　本书是中国现代连环画册。

J0070723

二月 柔石原著；小戈改编；胡博综绘

天津 天津人民美术出版社 1981年 149页 有图 10×13cm 统一书号：8073.30572 定价：CNY0.19

　　本书是中国现代连环画册。作者小戈。主要连环画作品有《杨广下扬州》《对花枪》《胭脂》《火烧河楼》等。绘者胡博综（1941— ），编审。江苏无锡人。中国美协会员，江苏美术出版社副总编、编审，中国美协连环画艺委会委员，江苏省美协理事。连环画作品有《十二品正官》《倪焕之》《要是我当县长》等。

J0070724

二月风暴 李遵义改编；林树昭绘画

沈阳 辽宁美术出版社 1981年 90页 13cm（64开）定价：CNY0.14

　　本书是中国现代连环画册。

J0070725

伐妮娜与烧炭党人 阎为民改编；张昌洵，黄云松绘

福州 福建人民出版社 1981年 85页 13cm（64开）统一书号：8173.434 定价：CNY0.13

　　本书是中国现代连环画册。

J0070726

伐子都 卢汶改编；于骏治绘

银川 宁夏人民出版社 1981年 77页 13cm（64开）定价：CNY0.11

　　本书是中国现代连环画册。作者卢汶

（1922—2010），连环画家。原名卢世宝，出生于
上海市，籍贯浙江鄞县。代表作品《蜀山剑侠传》
《三国演义》。绘者于骏治，连环画家。作品有《龙
门山　东周列国故事》等。

J0070727

法官与刽子手　（瑞士）弗·杜仑马特原著；靳
立华改编；叶坚铭，徐传鑫绘画
天津　天津人民美术出版社　1981年　135页
13cm（64开）定价：CNY0.17
　　本书是中国现代连环画册。

J0070728

法庭内外　（电影连环画）王逸改编
北京　中国电影出版社　1981年　125页　13cm（64开）
定价：CNY0.21
　　本书是中国现代连环画册。

J0070729

范进中举　继凡改编；赵仁年绘画
沈阳　辽宁美术出版社　1981年　78页　13cm（64开）
统一书号：7161.0021　定价：CNY0.13
　　本书是中国现代连环画册。

J0070730

方志敏　石景麟改编；李永志绘
沈阳　辽宁美术出版社　1981年　122页　13cm（64开）
定价：CNY0.18
　　本书是中国现代连环画册。

J0070731

放鸭童　刘宝俊改编；刘瑞琴等摄影
北京　广播出版社　1981年　125页　有图
10×13cm　统一书号：8236.021　定价：CNY0.22
　　本书是根据车适同名电视剧改编的中国现
代连环画。

J0070732

飞吧，足球　晓黎改编；樊林绘
北京　中国电影出版社　1981年　137页　13cm（64开）
统一书号：8061.1550　定价：CNY0.26
　　本书是中国现代连环画册。

J0070733

飞碟之谜　王良瑜，万焕奎绘画

成都　四川人民出版社　1981年　23页　有彩图
15cm（40开）统一书号：8118.965　定价：CNY0.16
　　本书是中国现代连环画册。根据《国外科技
动态》《科学实验》等杂志上有关资料改编。

J0070734

飞虎反关　许仲琳原著；郑士金改编，马寒松
绘画
天津　天津人民美术出版社　1981年　94页　有图
10×13cm　统一书号：8073.30587　定价：CNY0.15
（封神演义故事）
　　本书是中国现代连环画册。作者马寒松
（1949—　　），画家。天津人。中国美术家协会会
员，天津美术家协会理事，红桥区政协书画家联
谊会副会长，天津人民出版社任美术编辑、副编
审。代表作品《聪明的青蛙》《兔娃娃》《豹子哈
奇》《封神演义》等。

J0070735

飞虎反商归周　王益砾改编；戴敦邦等绘
杭州　浙江人民美术出版社　1981年　182页
13cm（64开）定价：CNY0.22
　　本书是中国现代连环画册。

J0070736

飞马追踪　葆青改编；刘建平，朱帆绘
天津　天津人民美术出版社　1981年　94页
13cm（64开）定价：CNY0.13
　　本书是中国现代连环画册。作者朱帆
（1931—2006），原名朱铁民，天津日报主任编辑，
天津美术家协会理事，中国美术家协会会员。出
版有《朱帆舞台写生集》等。

J0070737

飞伞神枪　何凤鸣等编文；巫成金绘
郑州　中州书画社　1981年　86页　有图
10×13cm　统一书号：8219.7　定价：CNY0.13
　　本书是中国现代连环画册。作者巫成金
（1955—　　），画家、教授。四川三台人，毕业于
四川美术学院。中国美术家协会会员，中国美术
家协会四川分会理事，四川省美术家协会中国画
艺委会委员，四川大学艺术学院教授、硕士生导
师。出版有《巫成金画集》《巫成金跨世纪丛书》
《巫成金速写集》等。

J0070738

飞向蓝天　刘延龄编文；李兆宏绘画
长春 吉林人民出版社 1981年 126页 有图
10×13cm 统一书号：8091.1115 定价：CNY0.18
　　本书是中国现代连环画册。

J0070739

飞燕曲　（电影连环画）索立改编
北京 中国电影出版社 1981年 137页 13cm（64开）
统一书号：8061.1693 定价：CNY0.24
　　本书是中国现代连环画册。

J0070740

淝水之战　柳莎编；黄河清绘
武汉 湖北人民出版社 1981年 66页 13cm（64开）
定价：CNY0.11
　　本书是中国现代连环画册。

J0070741

粉蝶　蒲松龄原著；林彦改编；叶永森绘画
天津 天津人民美术出版社 1981年 72页 有图
10×13cm 统一书号：8073.30581 定价：CNY0.12
　　本书是中国现代连环画册。

J0070742

丰丰历险记　韩双东改编；李江鸿绘画
太原 山西人民出版社 1981年 102页 有图
10×13cm 统一书号：8088.1457 定价：CNY0.14
　　本书是根据童话《丰丰在明天》改编的中国
现代连环画。

J0070743

风暴　（电影连环画）柳兰改编
北京 中国电影出版社 1981年 157页 13cm（64开）
统一书号：8061.1698 定价：CNY0.26
　　本书是中国现代连环画册。

J0070744

风波　鲁迅原著；韩辛绘
上海 上海人民美术出版社 1981年 24幅
20cm（24开）统一书号：8081.12582
定价：CNY1.65
（鲁迅小说连环画）
　　根据鲁迅小说编绘的本书是中国现代连环
画册。作者韩辛（1955—　 ），壁画家。上海人。

毕业于中央美院壁画系，后入美国加州大学艺术
院。代表作品有《洋房》《抓革命》《外婆》《妈妈》
《梅英》《华政委在吕梁山》等。出版有画集《推
开过去》。

J0070745

风雷　（上）陈登科原著；王正改编；李洪勋绘画
合肥 安徽人民出版社 1981年 158页 有图
10×13cm 统一书号：8102.1167 定价：CNY0.19
　　本书是中国现代连环画册。

J0070746

风雷　（下）陈登科原著；王正改编；李洪勋绘
合肥 安徽人民出版社 1982年 174页 13cm（60开）
定价：CNY0.22
　　本书是中国当代连环画作品。

J0070747

风雪　（上集）陈登科原著；王正改编；李洪勋
绘
合肥 安徽人民出版社 1981年 158页 13cm（64开）
定价：CNY0.19
　　本书是中国现代连环画册。

J0070748

风雨罗霄路　韩剑锐，曾宪宇改编；仲礼等绘
哈尔滨 黑龙江人民出版社 1981年 52页
13cm（64开）定价：CNY0.09
　　本书是中国现代连环画册。

J0070749

风雨如磐　宗和等编文；刘启端绘画
广州 岭南美术出版社 1981年 135页 有图
10×13cm 统一书号：8260.0067 定价：CNY0.21
　　本书是中国现代连环画册。

J0070750

风雨桃花洲　邵劭改编绘画
合肥 安徽人民出版社 1981年 78页 13cm（64开）
定价：CNY0.11
　　本书是中国现代连环画册。

J0070751

枫·和平玫瑰的故事藤野先生　（《连环画
报》作品选）陈宜明编绘；连环画报编辑

北京 人民美术出版社 1981年 77页 19cm（32开）
统一书号：8027.7566 定价：CNY3.25
　　本书是中国现代连环画册。

J0070752
封三娘　徐金元改编；裴国骧绘画
南京 江苏人民出版社 1981年 78页 13cm（64开）
定价：CNY0.26
（中国古典文学故事选）
　　本书是中国现代连环画册。

J0070753
封三娘　（清）蒲松龄原著；石鲍改编；李振坤
绘画
济南 山东人民出版社 1981年 78页 13cm（64开）
定价：CNY0.13
（《聊斋志异》连环画丛书 聊斋志异故事选）

J0070754
疯僧戏宰相　枫林改编；曾红鹰，李慧光绘画
南宁 广西人民出版社 1981年 122页 13cm（64开）
统一书号：8113.690 定价：CNY0.15
　　本书是中国现代连环画册。

J0070755
烽火桥头　杨遇春编绘
长春 吉林人民出版社 1981年 127页 13cm（64开）
定价：CNY0.18
　　本书是中国连环画册。

J0070756
烽火岁月　石钟玉改编；易至群绘
南昌 江西人民出版社 1981年 174页 13cm（64开）
定价：CNY0.23
　　本书是中国连环画册。绘者易至群
（1938—　），画家。别名易子，湖南邵阳人，毕
业于广州美术学院国画系，同年留校任教，曾任
江西《南昌晚报》美术编辑，一级美术师，海南大
学艺术学院教授。代表作品有《村史》《豆选》等。

J0070757
烽火戏诸侯　（中国历史故事）立华改编；何
宁绘
北京 人民美术出版社 1981年 35页 13cm（64开）
统一书号：8027.7725 定价：CNY0.08

本书是中国连环画册。

J0070758
烽火戏诸侯　（东周列国故事）水登改编；朱
光玉绘
上海 上海人民美术出版社 1981年 126页
13cm（64开）统一书号：8081.12351
定价：CNY0.15
　　本书是中国现代连环画册。作者水登
（1930—　），画家。原名廖其澄，四川达县人。
曾任绵阳市文联副秘书长、市美协主席，绵阳市
书画院二级美术师。绘画作品有《山寨》《草原
上的格桑花》《披查尔瓦的老人》等。出版有《廖
其澄水彩画集》《廖其澄花鸟画集》。绘者朱光玉
（1928—　），连环画家。生于上海，祖籍江苏盐
城。作品有《岳飞传》《苏妲妲》《一代名优》《宋
景诗》《林则徐》等。

J0070759
凤仙　（清）蒲松龄原著；吴同宾改编；王建绘
天津 天津人民美术出版社 1981年 62页
13cm（64开）定价：CNY0.11
（《聊斋》故事）
　　本书是中国现代连环画册。

J0070760
伏龙寺　陈平改编；张唐山绘
石家庄 河北人民出版社 1981年 2版 62页
13cm（64开）定价：CNY0.10
（西游记 23）
　　本书是根据中国古典小说《西游记》改编的
现代连环画作品。

J0070761
伏龙寺　吴承恩原著；赵万顺改编；华克齐绘
天津 天津人民美术出版社 1981年 94页
13cm（64开）定价：CNY0.15
（《西游记》故事）
　　本书是根据中国古典小说《西游记》改编的
现代连环画作品。

J0070762
伏妖救群婴　邵泰芳改编；李儒光，蔡德林绘
长沙 湖南美术出版社 1981年 70页 13cm（64开）
统一书号：8233.121 定价：CNY0.12

（西游记连环画 20）
　　本书是根据中国古典小说《西游记》改编的现代连环画作品。

J0070763
芙瑞达　于土原著；蒋陈阡等编绘
广州　岭南美术出版社　1981年　86页　有图
10×13cm　统一书号：8111.2346　定价：CNY0.15
　　本书是中国现代连环画册。

J0070764
复仇　（电影连环画）上海电影译制厂改编
北京　中国电影出版社　1981年　109页　13cm（64开）
定价：CNY0.19
　　本书是中国现代连环画册。

J0070765
复仇的光焰　李民兴改编；杨杰绘画
济南　山东人民出版社　1981年　78页　13cm（64开）
定价：CNY0.13
　　本书是中国现代连环画册。

J0070766
复活之后　马保超改编；王占武绘画
郑州　中州书画社　1981年　62页　13cm（64开）
统一书号：8219.52　定价：CNY0.10
　　本书是中国现代连环画册。

J0070767
甘国宝与王莲莲　傅文金改编；张自生绘画
福州　福建人民出版社　1981年　92页　有图
10×13cm　统一书号：8173.398　定价：CNY0.13
　　本书是中国现代连环画册。根据传统闽剧改编。

J0070768
赶场　四川人民出版社编
成都　四川人民出版社　1981年　39页　有图
14cm（64开）统一书号：10118.396
定价：CNY0.09
　　本书是根据《峨眉演唱》第5册改编的中国连环画。

J0070769
港城保卫战　高仁岐改编；薛强绘

天津　天津人民美术出版社　1981年　118页　有图
10×13cm　统一书号：8073.30573　定价：CNY0.16
　　本书是中国现代连环画册。

J0070770
高加索山的囚犯　朱彦原著；竺乾华改编；陈研绘
福州　福建人民出版社　1981年　[116页]
13cm（64开）统一书号：8173.450
定价：CNY0.17
　　本书是中国现代连环画册。

J0070771
高老庄　（明）吴承恩原著；励艺夫改编；邓柯绘画
北京　人民美术出版社　1981年　88页　有图
10×13cm　统一书号：8027.7638　定价：CNY0.15
　　本书是根据西游记故事编绘的中国现代连环画。

J0070772
高文举　蔡尤本原作；知希改编；陈丹旭绘
福州　福建人民出版社　1981年　70页　13cm（64开）
定价：CNY0.10
　　本书是中国现代连环画册。

J0070773
高原歼匪记　赵定平编文；张修竹绘
石家庄　河北人民出版社　1981年　134页　有图
10×13cm　统一书号：8086.1506　定价：CNY0.18
　　本书是中国现代连环画册。

J0070774
格斗　（美）杰克·伦敦原著；许德贵改编；何昌林绘画
成都　四川人民出版社　1981年　78页　有图
10×13cm　统一书号：R8118.956　定价：CNY0.13
　　本书是中国现代连环画册。

J0070775
格斗英雄　董季群编文；徐波绘画
石家庄　河北人民出版社　1981年　82页　有图
10×13cm　定价：CNY0.11
　　本书是中国现代连环画册。

J0070776

格兰特船长的儿女 （上）（法）凡尔纳原著；落霞改编；陈烟帆绘
北京 人民美术出版社 1981年 2版 154页
13cm（64开）统一书号：8027.1521
定价：CNY0.19
本书是根据原著改编的现代连环画作品，1958年5月出第1版。收入442幅图。

J0070777

格兰特船长的儿女 （中）（法）凡尔纳原著；落霞改编；陈烟帆绘
北京 人民美术出版社 1981年 2版 148页
13cm（64开）统一书号：8027.2444
定价：CNY0.19
本书是根据原著改编的现代连环画作品。

J0070778

格列佛漫游小人国 李庶译；明扬改编；夏书玉绘
北京 人民美术出版社 1981年 78页 13cm（64开）
定价：CNY0.11
本书是根据原著改编的现代连环画作品

J0070779

葛巾 （清）蒲松龄原著；田彩改编；秦宏懿，黄统荣绘
广州 岭南美术出版社 1981年 44页 13cm（64开）
定价：CNY0.11
（《聊斋》故事连环画）

J0070780

庚娘 （清）蒲松龄原著；王君改编；陈惠冠绘画
天津 天津人民美术出版社 1981年 76页
13cm（64开）定价：CNY0.13
（《聊斋》故事）
本书是中国现代连环画册。作者王君（1938— ），中国书法家协会河北分会和中国硬笔书法协会会员。作者陈惠冠（1935— ），浙江余姚人。中国美术家协会会员，中国版协连环画艺术委员会副主任委员。擅长连环画。作品有《牛头山》《仙人岛》《黄河飞渡》等。

J0070781

公正舆论 （戏剧连环画）冯志臣译；朱以中改编；夏航等摄
北京 宝文堂书店 1981年 125页 13cm（64开）
统一书号：8070.72 定价：CNY0.21

J0070782

功满取经回 古月改编
长沙 湖南美术出版社 1981年 77页 13cm（64开）
定价：CNY0.12
（西游记连环画 25）
根据中国古典小说《西游记》改编的现代连环画作品。

J0070783

孤星血泪 （电影连环画）冯锋，范杰改编
北京 中国电影出版社 1981年 147页 13cm（64开）
定价：CNY0.26
本书是中国现代连环画册。

J0070784

姑苏丹心 村晓编文；陆廷栋绘画
南京 江苏人民出版社 1981年 164页 有图
10×13cm 统一书号：8100.3.371 定价：CNY0.20
本书是中国现代连环画册。

J0070785

姑苏激战 翟从森改编；王其钧绘画
合肥 安徽人民出版社 1981年 174页 13cm（64开）
定价：CNY0.20
本书是中国现代连环画册。

J0070786

古代科学家故事 何允龙改编；李文福等绘
沈阳 辽宁美术出版社 1981年 88页 13cm（64开）
定价：CNY0.13
本书是中国现代连环画册。

J0070787

古代笑话 李遵义改编；谢志高等绘
石家庄 河北人民出版社 1981年 126页
13cm（64开）定价：CNY0.18
本书是中国现代连环画册。

J0070788

古邸之怪　（英）柯南道尔原著；周金灼改编；
于成业绘
广州 岭南美术出版社 1981年 147页 13cm（64开）
统一书号：8111.2344 定价：CNY0.27
（福尔摩斯探案选）
　　本书是根据原著改编的现代连环画册。

J0070789

古塔魔影　李润山，陆扬烈原著；陆明改编；
张宝蔚绘
南京 江苏人民出版社 1981年 174页 13cm（64开）
定价：CNY0.20
　　本书是中国现代连环画册。

J0070790

古玩店里的黑影　（刑事侦察故事）王文锦，
岑之京编；宋飞等绘
广州 岭南美术出版社 1981年 60页 13cm（64开）
定价：CNY0.11
　　本书是中国现代连环画册。

J0070791

古峡迷雾　童恩正，沈寂原著；朱安平改编；
秀公，新昌绘
南京 江苏人民出版社 1981年 142页 13cm（64开）
定价：CNY0.17
　　本书是中国现代连环画册。作者沈寂
（1924—2016），编剧。别名汪崇刚，曾用名汪波。
出生于上海，祖籍浙江奉化人。肄业于上海复旦
大学西洋文学系。曾任上海电影制片厂一级编
剧。出版小说集《两代图》《盐场》《红森林》等。

J0070792

谷城风云　姚雪垠原著；王永祥改编；钱运选，
樊玉民绘画
西安 陕西人民美术出版社 1981年 174页
13cm（60开）统一书号：8199.277 定价：CNY0.21
（《李自成》连环画 4）

J0070793

怪人　（科学幻想故事）雷似祖编绘
南宁 广西人民出版社 1981年 50页 13cm（64开）
定价：CNY0.08
　　本书是中国现代连环画册。

J0070794

关汉卿　陈大海改编；卢延光绘画
广州 岭南美术出版社 1981年 111页 13cm（64开）
定价：CNY0.20
　　本书是中国现代连环画册。

J0070795

棺材之谜　刘红改编；陈水远绘
南昌 江西人民出版社 1981年 157页 13cm（64开）
定价：CNY0.21
　　本书是中国现代连环画册。

J0070796

归心似箭　甄曾改编；李俊琪绘
沈阳 辽宁美术出版社 1981年 170页 13cm（64开）
定价：CNY0.25
　　本书是中国现代连环画册。作者李俊琪
（1943—　　），教授。号大道轩主人，河北乐亭人。
天津美术家协会副主席，中国美术家协会会员，
天津南开大学教授、研究生导师，美国传记研究
院研究员。著作有《中国历代诗家图卷》《中国
历代兵家图卷》《中国历代文学家画传》《李俊琪
画集》等。

J0070797

鬼山黑影　叶永烈原著；钟诚改编；张伟健绘画
广州 科学普及出版社广州分社 1981年 94页
13cm（64开）统一书号：8051.60052
定价：CNY0.15
　　本书是中国现代连环画作品，系"科学福尔
摩斯"系列连环画之一。

J0070798

鬼新郎　陈晓东改编；潘鸿海绘画
福州 福建人民出版社 1981年 90页 13cm（64开）
定价：CNY0.14
　　本书是中国现代连环画册。作者潘鸿海
（1942—　　），艺术家。上海人，毕业于浙江美术
学院油画系。历任浙江人民美术出版社美术记
者、美术编辑、编辑部主任、副总编，《富春江画
报》负责人，浙江画院院长。代表作品有《又是
一个丰收年》《鲁迅》。

J0070799

鲧伯取土　伊黎编文；张培成绘画

上海 上海人民美术出版社 1981 年 46 页 有图
10×13cm 统一书号：8081.12497 定价：CNY0.07
　　本书是中国现代连环画册。

J0070800
过昭关 （东周列国故事）冯若梅改编；刘斌
昆绘
上海 上海人民美术出版社 1981 年 126 页
13cm（64 开）统一书号：8081.12373
定价：CNY0.15
　　本书是中国现代连环画册。

J0070801
哈辛托去美国 白木编文；徐新绘画
天津 天津人民美术出版社 1981 年 117 页
13cm（64 开）定价：CNY0.18
　　本书是中国现代连环画册。

J0070802
还魂记 汤显祖原著；史端武改编；笑雨绘画
南昌 江西人民出版社 1981 年 103 页 13cm（64 开）
定价：CNY0.15
　　本书是中国现代连环画册。

J0070803
还珠洞 （桂林山水传说）李冠国编绘
南宁 漓江出版社 1981 年 42 页 13cm（64 开）
定价：CNY0.07
　　本书是中国现代连环画册。

J0070804
海盗 浅草改编；黄云松绘
福州 福建人民出版社 1981 年 114 页 有图
10×13cm 统一书号：8173.462 定价：CNY0.16
　　本书是中国现代连环画册。

J0070805
海盗船长 廖文改编；梁启德绘
南宁 漓江出版社 1981 年 126 页 13cm（64 开）
统一书号：8256.16 定价：CNY0.16
　　本书是中国现代连环画册。

J0070806
海的女儿 王战军改编；高济民绘
郑州 中州书画社 1981 年 158 页 13cm（64 开）

定价：CNY0.22
　　本书是中国现代连环画册。

J0070807
海底两万里 （上）何泥改编；孙愚绘
沈阳 辽宁美术出版社 1981 年 126 页 13cm（64 开）
定价：CNY0.19
　　本书是中国现代连环画册。作者孙愚
（1937— ），画家。浙江温州人。中国美术家协
会会员。曾在上海人民美术出版社从事连环画
创作，兼任上海大学巴士学院美术专业基础课程
教师。著有《钢笔画起步》，连环画《野猫》《巴
黎圣母院》《海底两万里》《圣经的故事》《孤岛
历险记》等。

J0070808
海底两万里 （中）何泥改编；孙愚绘
沈阳 辽宁美术出版社 1982 年 110 页 13cm（60 开）
定价：CNY0.17
　　本书是根据法国作家儒勒·凡尔纳同名科学
幻想小说改编的本书是中国现代连环画册。

J0070809
海底两万里 （下）何泥改编；孙愚绘
沈阳 辽宁美术出版社 1984 年 141 页 13cm（64 开）
定价：CNY0.22
　　根据法国儒勒·凡尔纳同名科学幻想小说改
编的连环画。

J0070810
海底两万里 （上）（法）儒勒·凡尔纳原著；卞
福顺改编；黄云松绘
天津 天津人民美术出版社 1981 年 125 页
13cm（64 开）定价：CNY0.18
　　本书是中国现代连环画册。

J0070811
海底两万里 （下）（法）儒勒·凡尔纳原著；卞
福顺改编；黄云松绘
天津 天津人民美术出版社 1981 年 126 页
13cm（64 开）定价：CNY0.18
　　本书是中国现代连环画册。

J0070812
海底魔瓶——大西洋底来的人 卞福顺改

编；沈建国绘

沈阳 辽宁美术出版社 1981年 78页 13cm（64开）

统一书号：8117.2118 定价：CNY0.13

　　本书是中国现代连环画册。

J0070813

海魂 （电影连环画）周成正改编

北京 中国电影出版社 1981年 2版 177页

13cm（64开）定价：CNY0.30

　　本书是中国现代连环画册。

J0070814

海角幽灵 杨叙南原著；康宇改编；叶坚绘

广州 科学普及出版社广州分社 1981年

90页 13cm（64开）定价：CNY0.15

　　本书是中国现代连环画册。

J0070815

海姐和海妹 阿牧编绘

合肥 安徽人民出版社 1981年 110页 13cm（64开）

定价：CNY0.14

　　本书是中国现代连环画册。

J0070816

海娘 张哲改编；祁力摄

南京 江苏人民出版社 1981年 189页 13cm（64开）

定价：CNY0.23

　　本书是中国现代连环画册。

J0070817

海青天 （戏剧故事）吴晗原著；奚海改编；戴敦邦，王白水绘

石家庄 河北人民出版社 1981年 118页

13cm（64开）定价：CNY0.16

　　本书是中国现代连环画册。

J0070818

海瑞罢官 冯复加改编；赵华胜绘

北京 人民美术出版社 1981年 102页 13cm（64开）

定价：CNY0.16

　　本书是中国现代连环画册。

J0070819

海市蜃楼 孙锦常编；叶家斌绘

南宁 广西人民出版社 1981年 82页 13cm（64开）

统一书号：8113.608 定价：CNY0.11

　　本书是中国现代连环画册。作者孙锦常（1935— ），笔名南雁。浙江宁波人，毕业于复旦大学新闻系。曾任岭南美术出版社总编室主任、副总编辑，广东省新闻出版局机关刊物《书报刊》主编，广东作协会员。编撰出版《岭南风物传说画笺》等。绘者叶家斌（1949— ），画家。广东中山人，毕业于广州美院研究生班。广东美术家协会理事，广东连环画艺术委员会主任。主要作品有《斯库台三英雄》《绿林神箭手》《中途岛之战》《变成石头的人》等。

J0070820

海外奇遇 晓业改编；王勉绘

南京 江苏人民出版社 1981年 62页 13cm（64开）

定价：CNY0.09

　　本书是中国现代连环画册。

J0070821

海洋中的生命 朱敏霞改编；张咏绘

武汉 湖北人民出版社 1981年 有图 10×13cm

统一书号：8106.2155 定价：CNY0.11

　　本书是中国现代连环画册。叙述了奔忙不息的鱼群、珍珠宝贝、海鸟、世界上最大的动物、海豚的启示等故事。

J0070822

海之恋 （电影连环画）晓黎改编

北京 中国电影出版社 1981年 137页 13cm（64开）

定价：CNY0.24

　　本书是中国现代连环画册。

J0070823

邯郸之围 奋永编文；罗远潜绘画

广东 岭南美术出版社 1981年 94页 有图

10×13cm 统一书号：8260.0092 定价：CNY0.17

　　本书是中国现代连环画册。

J0070824

含羞草 刘绍棠原著；刘绳改编；田茂怀绘画

石家庄 河北人民出版社 1981年 70页

13cm（64开）统一书号：8086.1375

定价：CNY0.09

　　本书是中国现代连环画册。作者田茂怀（1948— ），画家。河北衡水人。河北省画院特

聘画师，河北省科技大学客座教授，河北书画院副主席，台湾艺术协会荣誉理事。

J0070825

罕见的邮票　林国聪，程天良改编；王根发绘画
上海　上海人民美术出版社　1981 年　86 页
13cm（64 开）定价：CNY0.11

　　本书是中国现代连环画册。收入 86 幅图。作者王根发，导演。生于上海。上海美术电影制片厂导演、动画设计，中国电影家协会、中国电视家协会会员。导演有《琴岛海尔》《神弓传奇》《灵童天使》等动画片。

J0070826

好事多磨　张惠钧选编；周福星等摄影
上海　上海人民美术出版社　1981 年　158 页　有图
10×13cm　统一书号：8081.12487　定价：CNY0.28

　　本书是中国现代连环画册。上海电影制片厂供稿。

J0070827

喝延河水长大的　李文龙改编；施大畏绘
天津　天津人民美术出版社　1981 年　179 页
13cm（64 开）定价：CNY0.22

　　本书是中国现代连环画册。

J0070828

河南古代科学家　贾品改编；吴懋祥等绘
郑州　河南人民出版社　1981 年　86 页　有图
10×13cm　统一书号：8105.1046　定价：CNY0.14

　　本书介绍了河南籍的古代科学家，包括天文学家一行、机械工程专家杜诗、医学家张仲景、水利专家孙叔敖、植物学家吴其浚、建筑工程专家李诫等。

J0070829

贺龙借枪　傅长虹编文；黄华榜绘
武汉　湖北人民出版社　1981 年　134 页　有图
10×13cm　统一书号：8106.2231　定价：CNY0.19

　　本书是中国现代连环画册。

J0070830

黑胡椒落网记　（上）吕行改编；翟万英绘
沈阳　辽宁美术出版社　1981 年　106 页　13cm（64 开）
统一书号：8117.2039　定价：CNY0.16

　　本书是中国现代连环画册。

J0070831

黑胡椒落网记　（下）吕行改编；翟万英绘
沈阳　辽宁美术出版社　1981 年　154 页　13cm（64 开）
统一书号：8117.2040　定价：CNY0.23

　　本书是中国现代连环画册。

J0070832

黑人鞋匠　周春芽编绘
成都　四川人民出版社　1981 年　24 页　有彩图
13cm（60 开）统一书号：R8118.808　定价：CNY0.16

　　本书是根据同名故事改编的中国现代连环画册。

J0070833

黑珍珠——球王贝利　张昌炎等编文；古月等绘
成都　四川人民出版社　1981 年　63 页　有图
10×13cm　统一书号：R8118.968　定价：CNY0.11

　　本书是中国现代连环画册。

J0070834

亨利·亚当的奇遇　韩长兴改编；丁宁原绘画
济南　山东人民出版社　1981 年　102 页　13cm（64 开）
定价：CNY0.16

　　本书是中国现代连环画册。作者丁宁原（1939— ），山东青州人，毕业于山东艺术专科学校美术系。中国美术家协会会员，山东省美术家协会副主席，山东师范大学艺术系教授。主要作品有《重见光明》《出工》《胜似春光》《灵岩秋色》。出版《丁宁原速写作品》《丁宁原俄罗斯写生》等。

J0070835

红灯照　海滨改编；李钟录，王立贤绘画
沈阳　辽宁美术出版社　1981 年　126 页　13cm（64 开）
统一书号：8117.2147　定价：CNY0.19

　　本书是中国现代连环画册。

J0070836

红孩儿　吴承恩原著；赵吉南改编，陈国强绘画
上海　上海人民美术出版社　1981 年　118 页　有图
10×13cm　统一书号：8081.12661　定价：CNY0.14

　　本书是中国现代连环画册。

J0070837
红葫芦 刘元尚改编；叶坚铭绘画
天津 天津人民美术出版社 1981年 94页 13cm（64开）定价：CNY0.15
本书是中国连环画册。绘者叶坚铭（1933—1998），字路蒉。浙江宁波人。擅长版画、连环画。曾任天津人民美术出版社美术编辑、《故事画报》编辑室主任。主要作品有《出路》《有趣的故事》《钻》《日出》等。

J0070838
红军鼓楼 伍发积编文；吴烈民绘
南宁 广西人民出版社 1981年 70页 有图 10×13cm 统一书号：8113.666 定价：CNY0.10
本书是中国现代连环画册。

J0070839
红菱艳 （电影连环画）易豫，闻兆煃改编
北京 中国电影出版社 1981年 137页 13cm（64开）统一书号：8061.1711 定价：CNY0.24
本书是中国连环画册。

J0070840
红楼二尤 （戏剧连环画）晓蕾改编；杨杰，王崇秋摄影
北京 宝文堂书店 1981年 125页 13cm（64开）定价：CNY0.21
本书是中国连环画册。摄影者杨杰（1959— ），浙江少年儿童出版社文艺室美术编辑。

J0070841
红牡丹 （电影连环画）朱虹，李育柏编文
天津 天津人民美术出版社 1981年 148页 13cm（64开）定价：CNY0.26
本书是中国现代连环画册。

J0070842
红牡丹 （电影连环画）索立改编
北京 中国电影出版社 1981年 147页 13cm（64开）定价：CNY0.26
本书是中国现代连环画册。

J0070843
红帔女 易乡等改编；李万春绘画
成都 四川人民出版社 1981年 94页 12×13cm 统一书号：R8118.979 定价：CNY0.19
（《聊斋》故事）
本书是中国现代连环画册。

J0070844
红旗谱 梁斌原著；尚羡智改编
石家庄 河北人民出版社 1981年 201页 13cm（64开）统一书号：8086.1374 定价：CNY0.23
根据原著改编的连环画。收入201幅图。

J0070845
红玉 徐金元改编；叶永森绘
南京 江苏人民出版社 1981年 54页 有图 10×13cm 统一书号：8100.3.428 定价：CNY0.08
（中国古典文学故事选）
本书是根据蒲松龄《聊斋志异》同名故事改编的中国现代连环画。

J0070846
侯官县烈女歼仇 （古代白话小说连环画）王剑改编；施友义绘画
福州 福建人民出版社 1981年 122页 13cm（64开）定价：CNY0.19
本书是中国现代连环画册。

J0070847
喉咙卡夺粮 程曲流编绘
昆明 云南人民出版社 1981年 62页 有图 10×13cm 定价：CNY0.12
本书是中国现代连环画册。

J0070848
猴子充霸王 肖甘牛创编；王培堃等绘画
成都 四川人民出版社 1981年 71页 有图 10×13cm 统一书号：R8118.1053 定价：CNY0.09
本书是中国现代连环画册。

J0070849
后稷播种 袁珂原著；石景麟改编；张景源，王根发绘
上海 上海人民美术出版社 1981年 70页 13cm（64开）统一书号：8081.12375 定价：CNY0.09

（中国古代神话故事连环画）

J0070850
后羿　熊燕辉编；胡斌昌等绘
南昌　江西人民出版社　1981年［89页］
13cm（64开）定价：CNY0.14
　　本书是中国现代连环画册。

J0070851
狐狸的礼物　水安敏编；刘文颉画
北京　人民美术出版社　1981年　14页　有彩图
13cm（60开）统一书号：8027.7450 定价：CNY0.14
　　本书是中国现代连环画册。

J0070852
葫芦谷口激战　赵启亚等编文；孙海晨绘画
呼和浩特　内蒙古人民出版社［1981年］78页
有图　10×13cm　统一书号：8089.108
定价：CNY0.13

J0070853
葫芦谷口激战　赵启亚，陈雁序编；孙海晨绘
呼和浩特　内蒙古人民出版社　1981年　78页
13cm（64开）定价：CNY0.13
　　本书是中国现代连环画册。

J0070854
葫芦信　贾若改编；孔令生绘
昆明　云南人民出版社　1981年　75页　13cm（64开）
统一书号：R8116.990 定价：CNY0.14
　　本书是中国现代连环画册。

J0070855
糊涂爹娘　（戏剧连环画）思今改编；晓丁摄影
北京　宝文堂书店　1981年　157页　13cm（64开）
定价：CNY0.26
　　本书是中国现代连环画册。摄影者晓丁，擅
长摄影。主要作品有连环画《封神榜》《阿Q正
传》《少帅张学良》。

J0070856
虎口余生　许震编文；刘泽文，王启民绘画
济南　山东人民出版社　1981年　62页　13cm（64开）
定价：CNY0.11
　　本书是中国现代连环画册。

J0070857
花轿计　陈祯伟改编；李德钊，黄务华绘画
南宁　广西人民出版社　1981年　47页　13cm（64开）
定价：CNY0.07
　　本书是中国连环画册。

J0070858
花开花落　（电影连环画）晓黎改编
北京　中国电影出版社　1981年　117页　13cm（64开）
定价：CNY0.21
　　本书是中国连环画册。

J0070859
花木兰　张德原著；韩双东改编；胡勃，刘大
为绘画
石家庄　河北人民出版社　1981年　134页
13cm（64开）定价：CNY0.18
　　本书是中国连环画册。

J0070860
花墙会　（电影连环画）晓黎改编
北京　中国电影出版社　1981年　147页　13cm（64开）
统一书号：8061.1670 定价：CNY0.26
　　本书是中国连环画册。

J0070861
花为媒　周笃佑改编；杨福音等绘画
长春　吉林人民出版社　1981年　94页　13cm（64开）
定价：CNY0.14
　　本书是中国连环画册。作者杨福音
（1942—　　），美术师。湖南长沙人。广州书画研
究院高级画师，广州书画研究院副院长，湖南师
大美术学院客座教授，杨福音艺术馆馆长。

J0070862
花仙　朱孝达编文；龙震海绘画
长春　吉林人民出版社　1981年　94页　13cm（64开）
定价：CNY0.14
（《聊斋》故事）
　　本书是中国连环画册。

J0070863
花枝俏　（电影连环画）晓黎改编
北京　中国电影出版社　1981年　147页　13cm（64开）
统一书号：8061.1661 定价：CNY0.26

本书是中国连环画册。

J0070864

华元卫宋　潘勤孟改编；韩黎坤绘画
上海　上海人民美术出版社 1981 年 93 页 有图
10×13cm 统一书号：8081.12546 定价：CNY0.12
（东周列国故事）

　　本书是中国现代连环画册。作者潘勤孟，
美术家、连环画家。改编连环画有《三国演义》
《中国历史人物故事连环画》等。绘者韩黎坤
（1938—　），画家。江苏苏州人，毕业于浙江美
术学院版画系研究生班，留校任教。曾任浙江人
民美术出版社美术编辑，浙江美术学院教授，中
国美术学院版画系主任、学术委员会副主任、博
士生导师，中国版画家协会常务理事。代表作品
有《夕照峥嵘》《韩黎坤画人体》，出版有《韩黎
坤画人体》等。

J0070865

画中人　张键改编；尹庆芳绘画
石家庄　河北人民出版社 1981 年 134 页
13cm（64 开）定价：CNY0.18
　　本书是中国现代连环画册。

J0070866

欢迎你归来　徐杭生，春生改编；曹震云摄影
上海　上海人民美术出版社 1981 年 166 页
13cm（64 开）定价：CNY0.29
　　本书是中国现代连环画册。

J0070867

欢迎您归来　王承刚编剧；徐抗生改编；曹震
云摄影
上海　上海人民美术出版社 1981 年 166 页 有图
9×13cm 统一书号：8081.12567 定价：CNY0.29
　　本书为中国连环画。

J0070868

宦娘　郭庚才改编；刘芸生绘画
南京　江苏人民出版社 1981 年 [76]页
13cm（64 开）统一书号：8100.3.438
定价：CNY0.27
（中国古典文学故事选）
　　本书是中国现代连环画册。

J0070869

宦娘　（清）蒲松龄原著；陈元宁改编；叶毓中
绘画
天津　天津人民美术出版社 1981 年 78 页
13cm（64 开）统一书号：8073.30534
定价：CNY0.13
（《聊斋》故事）
　　本书是中国现代连环画册。

J0070870

皇帝和六弦琴　（意）姜尼·罗大里原著；邓柯
改编及绘画
上海　少年儿童出版社 1981 年 38 页 有图
10×13cm 统一书号：R10024.3932 定价：CNY0.12
　　本书是中国现代连环画册。作者邓柯
（1936—　），画家。原籍江苏苏州市，生于上海。
原名邓国泰。中国美协会员，天津美协理事。曾
任天津美术出版社美术编辑、天津画院创作干
部。主要作品有《雨》《码头》《小猴种玉米》等。

J0070871

黄道婆——古代纺织革新家的故事　揭培
礼编；陈成斗绘
北京　人民美术出版社 1981 年 88 页 13cm（64 开）
定价：CNY0.12
　　本书是中国现代连环画册。

J0070872

黄道周与洪承畴　孙英龙，翟卜编；陈光镒绘
福州　福建人民出版社 1981 年 78 页 13cm（64 开）
定价：CNY0.11
　　本书是中国现代连环画册。作者陈光镒
（1916—1991），画家。江苏南京人。中国美协上
海分会会员。代表作有《大闹天宫》《三国演义》
《董卓进京》等。

J0070873

黄风岭　潘勤梦改编；池振亚绘画
石家庄　河北人民出版社 1981 年 78 页 有图
10×13cm 统一书号：8086.1523 定价：CNY0.12
（《西游记》9）
　　根据中国古典小说《西游记》改编的现代连
环画作品。

J0070874

黄金海岸 秦牧原著；李大发改编；区锦生绘

广州 岭南美术出版社 1981年 146页 13cm(64开)

统一书号：8260.0111 定价：CNY0.23

本书是中国现代连环画册。

J0070875

黄金海岸 秦牧原著；费敏璋改编；赵隆义，张仁康绘

上海 上海人民美术出版社 1981年 150页 13cm(64开) 统一书号：8081.12374

定价：CNY0.17

本书是中国现代连环画册。收入150幅图。

J0070876

黄桥保卫战 黄宣林原著；王金中改编，刘建平绘画

天津 天津人民美术出版社 1981年 78页 有图 10×13cm 统一书号：8073.30562 定价：CNY0.12

本书是中国现代连环画册。

J0070877

黄桥决战 张振和改编；许震凯绘

济南 山东人民出版社 1981年 158页 13cm(64开)

定价：CNY0.22

本书是中国现代连环画册。作者张振和(1944—)，笔名江河。毕业于山东大学中文系，历任菏泽日报社党委书记、总编辑，高级编辑。山东省散文学会副会长，中国地市报研究会副会长，市人大常委，市作家协会名誉主席。1993年加入中国作家协会。著有《鲁西南史话》《贫困地区的翻身之路》《古今三十名人传》，合著出版了《水泊梁山民间故事》《历史大观园》《中国古典诗词大词典》《中国古代文章学词典》《历代散文大观》等。

J0070878

黄天荡 马保超改编；潘真等绘

郑州 中州书画社 1981年 110页 10×13cm

定价：CNY0.16

(《说岳全传》连环画之五)

本书是根据古典小说《说岳全传》改编的中国现代连环画册。绘者潘真(1929—)，别名慕莼，河北交河人。历任河北美术出版社美编及编辑室主任，副编审。作品有《小憩林阴下》《秋收

场上》《斗杀西门庆》清风十里展画屏》等。出版有《潘真山水画集》。

J0070879

黄洋擒苍龙 姚鲁彦改编；周发书绘

贵阳 贵州人民出版社 1981年 60页 13cm(64开)

定价：CNY0.11

本书是中国现代连环画册。

J0070880

黄英姑 (电影连环画)索立改编

北京 中国电影出版社 1981年 125页 13cm(64开)

定价：CNY0.21

本书是中国现代连环画册。

J0070881

谎祸 董新民编改；周淑丽摄影

北京 宝文堂书店 1981年 154页 有图 10×13cm 统一书号：8070.80 定价：CNY0.26

本书是根据河南豫剧院三团演出的豫剧《谎祸》摄影资料改编的中国现代连环画。

J0070882

回来吧罗兰 (科学幻想)王文智改编；聂崇瑞绘

北京 人民美术出版社 1981年 108页 13cm(64开)

统一书号：8027.7815 定价：CNY0.18

本书是中国现代连环画册。

J0070883

回民支队 (上)刘树强编文；夏连雨等绘

石家庄 河北人民出版社 1981年 150页 有图 10×13cm 统一书号：8086.1366 定价：CNY0.17

本书是中国现代连环画册。

J0070884

悔恨 (法)莫泊桑原著；王永乐改编；谭国信，周永生绘

济南 山东人民出版社 1981年 62页 13cm(64开)

定价：CNY0.11

本书是中国现代连环画册。

J0070885

会说话的泥娃娃 峪崎改编；毛用坤绘

南京 江苏人民出版社 1981年 62页 有图

10×13cm 统一书号：8100.3.372 定价：CNY0.09

　　本书是根据刘厚明著《大地妈妈的孩子》改编的中国现代连环画。

J0070886

魂牵万里月　师征编剧；曹震云等摄影

上海　上海人民美术出版社　1981年　142页　有图 10×13cm 统一书号：8081.12604 定价：CNY0.25

　　本书是中国现代连环画册。

J0070887

活包公　张道余原作；裴政潮改编；乔德珑，龙康华绘画

贵阳　贵州人民出版社　1981年　94页　13cm（64开） 统一书号：8115.810 定价：CNY0.15

　　本书是中国现代连环画册。

J0070888

活捉敌司令　金宝仁编文；韦丁宁绘画

石家庄　河北人民出版社　1981年　110页 13cm（64开）定价：CNY0.14

　　本书是中国现代连环画册。

J0070889

活捉匪司令　郑文彬编文；罗干才绘画

南昌　江西人民出版社　1981年　142页　13cm（64开） 定价：CNY0.20

　　本书是中国现代连环画册。

J0070890

活捉山魔王　杨云庆，宋廷宾改编；李皓，杨宝恒绘画

沈阳　辽宁美术出版社　1981年　122页　13cm（64开） 定价：CNY0.19

　　本书是中国现代连环画册。

J0070891

火龙袍　于汤编；达平，武炎绘

南宁　漓江出版社　1981年　105页　13cm（64开） 定价：CNY0.14

（民间故事）

　　本书是中国现代连环画册。

J0070892

火云洞　吴承恩原著；李白英改编；池振亚绘

石家庄　河北人民出版社　1981年　2版　86页 13cm（64开）统一书号：8086.1349

定价：CNY0.12

　　本书是中国现代连环画作品。

J0070893

火云洞　吴承恩原著；杨野改编；乔常义绘

哈尔滨　黑龙江人民出版社　1981年　132页 13cm（64开）统一书号：8093.679

定价：CNY0.20

（西游记故事）

　　根据中国古典小说《西游记》改编的现代连环画作品。

J0070894

货郎与小姐　（戏剧连环画）李书英改编；张强，王连城摄影

北京　宝文堂书店　1981年　125页　13cm（64开） 定价：CNY0.21

　　本书是中国现代连环画册。摄影者王连城 （1943—　　），画家。生于山东胶州，毕业于曲阜师范大学美术教育专业，结业于山东艺术学院油画系、中国美院花鸟进修班。山东诸城市文化馆副研究馆员，中国美术家协会会员，山东美术家协会会员，山东书画研究院特聘教授。出版有《画家王连城自选作品集》，画作有《耄耋新婚》《亲人在前方》《风筝之一》等。

J0070895

机器人福里戴　（英）约翰·基帕克思原著；立正改编；赵鸣绘画

武汉　湖北人民出版社　1981年　62页　有图 10×13cm 统一书号：8106.2194 定价：CNY0.10

　　本书是中国现代连环画册。

J0070896

机器医生和电子狗　刘谦等原著；未亥子等改编，毛用坤等绘画

太原　山西人民出版社　1981年　22页　有图 10×13cm 统一书号：8088.1376 定价：CNY0.10

　　本书是中国现代连环画册。

J0070897

鸡肉案　凌镇浪改编；丘允爱绘画

福州　福建人民出版社　1981年　74页　13cm（64开）

统一书号：8173.401 定价：CNY0.11

本书是中国现代连环画册。

J0070898

基督山伯爵 （上 电影连环画）魏童改编

北京 中国电影出版社 1981 年 141 页

72 开（72 开）定价：CNY0.21

J0070899

基督山伯爵 （下 电影连环画）魏童改编

北京 中国电影出版社 1981 年 141 页

72 开（72 开）定价：CNY0.21

J0070900

基度山恩仇记 （3）伍积文改编；吕享文绘

哈尔滨 黑龙江人民出版社 1981 年 186 页

13cm（64 开）定价：CNY0.27

J0070901

基度山恩仇记 （4）伍积文改编；吕享文绘

哈尔滨 黑龙江人民出版社 1981 年 208 页

13cm（64 开）定价：CNY0.29

J0070902

基度山恩仇记 （5）伍积文改编；吕享文绘

哈尔滨 黑龙江人民出版社 1981 年 184 页

13cm（64 开）定价：CNY0.26

J0070903

基度山恩仇记 （6）伍积文改编；吕享文绘

哈尔滨 黑龙江人民出版社 1981 年 188 页

13cm（64 开）定价：CNY0.27

J0070904

激浪飞筏 涂白玉编文；张旺清绘

合肥 安徽人民出版社 1981 年 78 页 有图

10×13cm 统一书号：8102.1170 定价：CNY0.11

本书是中国现代连环画册。

J0070905

激流余波 纪元琪改编；杨文仁绘

北京 人民美术出版社 1981 年 149 页 13cm（64 开）

统一书号：8027.7830 定价：CNY0.22

本书是中国现代连环画册。

J0070906

激战腊子口 海洋，启和改编；刘柏荣，程宝泓绘画

武汉 湖北人民出版社 1981 年 46 页 有图

10×13cm 统一书号：8106.2200 定价：CNY0.08

本书是中国现代连环画册。

J0070907

激战流沙河 郑世俊改编；廖正华绘

长沙 湖南美术出版社 1981 年 62 页 13cm（64 开）

定价：CNY0.12

（西游记连环画 4）

J0070908

激战王家站 刘立山编；林百石，关鉴绘

天津 天津人民美术出版社 1981 年 118 页

13cm（64 开）定价：CNY0.16

本书是中国现代连环画册。

J0070909

计盗紫金铃 陈平夫改编；池振亚绘

石家庄 河北人民出版社 1981 年 2 版 114 页

13cm（64 开）定价：CNY0.16

本书是中国现代连环画作品。

J0070910

计害皇后 （封神演义故事）云天改编；陈宁绘

南昌 江西人民出版社 1981 年 126 页 13cm（64 开）

统一书号：8110.469 定价：CNY0.18

本书是中国现代连环画册。

J0070911

计闹钉耙宴 徐淦改编；朱光玉绘

长沙 湖南美术出版社 1981 年 126 页 13cm（64 开）

定价：CNY0.18

（西游记连环画 22）

作者徐淦，主要改编的连环画作品有《镜花缘》《奇妙的公鸡》《熙凤弄权》《祝福》等。绘者朱光玉（1928—　　），连环画家。生于上海，祖籍江苏盐城。作品有《岳飞传》《苏姣姣》《一代名优》《宋景诗》《林则徐》等。

J0070912

计取老鹰洞 向渊泉改编；邓辉楚绘

长沙 湖南美术出版社 1981 年 94 页 13cm（64 开）

定价：CNY0.13

　　本书是中国现代连环画册。绘者邓辉楚（1944—　），画家。湖南新邵人，毕业于湖南师范大学。湖南书画研究院特聘画师，湖南少年儿童出版社副编审，湖南湘风书画艺术院院长，北京恒辉书画艺术院院长，中国美术家协会会员。代表作品《山顶人家》《张家界》《雾漫苗山》等。出版《邓辉楚山水画集》等。

J0070913

计斩坐山虎　张剑萍改编；黄恩涛绘
济南　山东人民出版社　1981年　125页　13cm（64开）
统一书号：8099.2223　定价：CNY0.18
（《李自成》故事选 8）
　　本书是中国现代连环画册。

J0070914

寂静中的战斗　北京电视台长春电影制片厂译制；北京电视台改编
北京　北京出版社　1981年　141页　有图
10×13cm　统一书号：8071.340　定价：CNY0.25
　　本书是中国现代连环画册。系朝鲜惊险系列故事片《无名英雄》之四。

J0070915

加鲁岛上风波——大西洋底来的人　祥文改编；齐林家，李福臣绘
沈阳　辽宁美术出版社　1981年　62页　13cm（64开）
定价：CNY0.11
　　本书是中国现代连环画册。

J0070916

挟捉犀牛怪　古月改编；蒋太禄绘画
长沙　湖南美术出版社　1981年　86页　13cm（64开）
定价：CNY0.13
（西游记连环画 23）

J0070917

家　（电影连环画）丁冬改编；许琦摄
北京　中国电影出版社　1981年　173页　13cm（64开）
定价：CNY0.27

J0070918

袷袢姑娘　峻极原著；王旭编绘
乌鲁木齐　新疆人民出版社　1981年　38页

13cm（64开）统一书号：8098.144 定价：CNY0.10
　　本书是中国连环画册。

J0070919

甲午风云　（电影连环画）陈澈改编
北京　中国电影出版社　1981年　237页　13cm（64开）
定价：CNY0.39
　　本书是中国现代连环画册。

J0070920

奸细　（电影连环画）索立改编
北京　中国电影出版社　1981年　147页　13cm（64开）
定价：CNY0.26
　　本书是中国现代连环画册。

J0070921

间隙与奸细　（戏剧连环画）李文方改编；宋挥摄
北京　中国戏剧出版社　1981年　127页　13cm（64开）
统一书号：8069.109　定价：CNY0.26
　　本书是中国现代连环画册。

J0070922

箭环记　刘治贵改编；王晋元绘
昆明　云南人民出版社　1981年　94页　13cm（64开）
定价：CNY0.16
　　本书是中国现代连环画册。绘者王晋元（1939—2001），国画家。生于河北乐亭，毕业于中央美术学院中国画系，师承叶浅予、李苦禅、郭味蕖、田世光教授。曾任云南省美术家协会主席、文联副主席、云南画院院长、中国美术家协会理事兼中国画艺委会委员、中国画研究院院务委员等职务。作品有《井冈杜鹃红似火》《猎》《舞龙蛇》，出版有《王晋元画选》等。

J0070923

江湖红侠传　胡益仁，竺乾华编；汪继声，汪溪绘
南昌　江西人民出版社　1981年　100页　13cm（64开）
定价：CNY0.15
　　本书是中国现代连环画册。

J0070924

将军河畔的战斗　管桦原著；林春华改编；祝林恩绘

哈尔滨 黑龙江人民出版社 1981 年 169 页
13cm（64 开）统一书号：8093.760 定价：CNY0.25
　　本书是中国现代连环画册。

J0070925
将相和 （中国历史故事）立华改编；王重英，
王重圭绘
北京 人民美术出版社 1981 年 54 页 13cm（64 开）
定价：CNY0.08
　　本书是中国现代连环画册。

J0070926
将相和 张悟贤，王世泽改编；薛铸，田明绘画
西安 陕西人民美术出版社 1981 年 62 页
13cm（64 开）定价：CNY0.09
　　本书是中国现代连环画册。

J0070927
姜子牙 （封神演义故事）许仲琳原著；李天麻
改编；曹留夫绘画
天津 天津人民美术出版社 1981 年 94 页
13cm（64 开）定价：CNY0.15
　　本书是中国现代连环画册。

J0070928
讲文明树新风 （漫画作品选）上海人民美术
出版社编
上海 上海人民美术出版社 1981 年 48 页
13×18cm 统一书号：8081.12576 定价：CNY0.15
　　本书为中国现代漫画连环画。

J0070929
教场演武 余音改编；韩德雅，李犁绘
成都 四川人民出版社 1981 年 90 页 10×13cm
定价：CNY0.14
（《说唐》之三）
　　本书是中国现代连环画册。

J0070930
接官记 顾朴编绘
北京 人民美术出版社 1981 年 58 页 13cm（64 开）
统一书号：8027.7622 定价：CNY0.11
　　本书是中国现代连环画册。

J0070931
揭竿起义 戈兵改编；赵贵德绘画
石家庄 河北人民出版社 1981 年 102 页 有图
10×13cm 统一书号：8086.1509 定价：CNY0.14
　　本书是中国现代连环画册。

J0070932
姐妹易嫁 （清）蒲松龄原著；王君改编；张荣
章等绘
天津 天津人民美术出版社 1981 年 86 页
10×13cm 统一书号：8073.30566 定价：CNY0.14
（《聊斋》故事）
　　本书是中国现代连环画册。

J0070933
解放石家庄 李峰祝著；赵振录，李应奇改编；
辛国绘
石家庄 河北人民出版社 1981 年 162 页 有图
10×13cm 统一书号：8086.1497 定价：CNY0.21
　　本书是中国现代连环画册。

J0070934
借兵沱罗寨 余音改编；王世贵绘画
成都 四川人民出版社 1981 年 84 页 10×13cm
统一书号：8118.985 定价：CNY0.13
（《说唐》之六）
　　本书是中国现代连环画册。

J0070935
借饷银 张剑萍改编；王福增绘
济南 山东人民出版社 1981 年 148 页 13cm（64 开）
定价：CNY0.21
（《李自成》故事选 7）
　　本书是中国现代连环画册。作者张剑萍
（1928—　　），山东省鄄城县人。曾任曹州书画院
副院长，副研究员，山东省第五届文联委员，山
东省第二届书法家协会理事，菏泽地区首届书法
家协会主席，中国书法家协会会员，山东泰山国
画研究院名誉院长，湖南中国武陵书画家协会名
誉主席，南京徐悲鸿画院艺术顾问。代表作品有
《古诗行草集粹》《五体书前后赤壁赋》。绘者王
福增（1946—　　），满族，画家。山东郓城人，祖
籍河北雄州，号山东大愚。河北省美术家协会会
员，中国画研究会会员，香港国际书画中国艺术
研究院理事，国家一级美术师，山东画院高级画

师，曹州美协副主席。作品有《绿荫垂江》《相依》《幽林》《淀上人家》《故乡的河》等。

J0070936

今夜星光灿烂 （电影连环画）晓黎改编
北京 中国电影出版社 1981年 147页 13cm（64开）
统一书号：8061.1474 定价：CNY0.26
　　本书是中国现代连环画册。

J0070937

金兜洞 吴承恩原著；侯国良绘画；孙吉敏，张功军改编
哈尔滨 黑龙江人民出版社 1981年 132页
13cm（64开）定价：CNY0.20
（西游记故事）
　　根据中国古典小说《西游记》改编的现代连环画作品。

J0070938

金鸡岭 洪斯文，黄文庆编绘
广州 岭南美术出版社 1981年 46页 有图
13cm（60开）统一书号：8260.0137 定价：CNY0.17
　　本书是中国现代连环画册。系广东风物传说连环画。

J0070939

晋文图霸 （东周列国故事）林林改编；瞿谷寒绘画
上海 上海人民美术出版社 1981年 126页
13cm（64开）定价：CNY0.15
　　本书是中国现代连环画册。作者瞿谷寒（1938— ），画家。生于上海浦东，就读于扬州艺术学校学习美术。上海美术家协会会员，上海连环画研究会会员，上海民盟书画院画师。代表作品有《宋史演义》连环画，《少小离家老大回》《瞿谷寒画集》等。

J0070940

荆轲刺秦 丁犁编文；王井绘画
福州 福建人民出版社 1981年 78页 13cm（64开）
定价：CNY0.13
　　本书是中国现代连环画册。绘者王井（1917—2002），连环画家。浙江余杭人。原名王志根，笔名王子耕。创作古典题材连环画有《加令记》《见龙王》《法云寺会妻》等，现代题材连

环画有《幸福的道路》《英雄小八路》《红领巾炮》等。

J0070941

荆轲刺秦王 李白英改编；徐谷安绘画
上海 上海人民美术出版社 1981年 117页 有图
10×13cm 统一书号：8081.12723 定价：CNY0.14
（东周列国故事）
　　本书是中国现代连环画册。绘者徐谷安（1943— ），一级美术师、美术评论家、字画鉴证专家。别名大风、谷冰、禅心，斋名禅风听雨斋。生于上海。 毕业于浙江美术学院。少年儿童出版社资深美术编辑，世界教科文组织联合协会首席艺术家，中国艺术学院教授，中国书画研究会副会长。代表作品有《天光》《山水》等。

J0070942

精奇里烽火 王民生，李宗勤，裴晨改编；郭艾绘画
呼和浩特 内蒙古人民出版社 1981年 78页
有图 9×13cm 统一书号：8089.99
定价：CNY0.13
　　本书是中国现代连环画册。

J0070943

精奇里江烽火 叶楠原著；田兴华改编；晁锡弟绘
天津 天津人民美术出版社 1981年 162页
13cm（64开）统一书号：8073.30511
定价：CNY0.20
　　本书是中国现代连环画册。

J0070944

警察局长的自白 姜忠亚编文
天津 天津人民美术出版社 1981年 182页
13cm（64开）定价：CNY0.30
　　本书是中国现代连环画册。

J0070945

警察局长的自白 （电影连环画）上海电影译制片厂改编
北京 中国电影出版社 1981年 141页
72开（72开）定价：CNY0.21

J0070946
九三年 （上）赵侃改编；杨逸麟绘画
天津　天津人民美术出版社　1981 年　141 页
13cm（60 开）定价：CNY0.20
　　本书是中国现代连环画册。

J0070947
九三年 （下）赵侃改编；杨逸麟绘画
天津　天津人民美术出版社　1981 年　283 页
13cm（60 开）定价：CNY0.20
　　本书是中国现代连环画册。

J0070948
九纹龙史进　施耐庵，罗贯中原著；维朴，徐
淦改编
北京　人民美术出版社　1981 年　107 页　10×13cm
统一书号：8027.7903　定价：CNY0.17
　　本书是中国现代连环画册。系《水浒传》第
1 册。

J0070949
酒店里的恶狗　封秋昌改编；陈惠冠等绘画
石家庄　河北人民出版社　1981 年　30 页　有图
10cm（64 开）统一书号：8086.1438　定价：CNY0.12
　　本书是中国现代连环画，根据中国古代寓言
故事改编。作者陈惠冠（1935—　　），浙江余姚人。
中国美术家协会会员，中国版协连环画艺术委员
会副主任委员。擅长连环画。作品有《牛头山》
《仙人岛》《黄河飞渡》等。

J0070950
酒店里的恶狗　封秋昌改编；陈惠冠等绘
石家庄　河北人民出版社　1981 年　86 页
13cm（60 开）定价：CNY0.15
　　本书是中国现代连环画册。

J0070951
酒井　杲杳改编；张志能绘
成都　四川人民出版社　1981 年　60 页　13cm（64 开）
定价：CNY0.10
　　本书是中国现代连环画册。

J0070952
救救她　崔凯改编；吴景山绘
沈阳　辽宁美术出版社　1981 年　110 页　13cm（64 开）

定价：CNY0.17
　　本书是中国现代连环画册。

J0070953
巨鹿大战　钱婺编；耀伟等绘
福州　福建人民出版社　1981 年　99 页　13cm（64 开）
统一书号：8173.391　定价：CNY0.16
（通俗前后汉演义　1）
　　本书是中国现代连环画册。

J0070954
巨艇的沉没　竺乾华改编；刘文绘
郑州　中州书画社　1981 年　86 页　有图
10×13cm　统一书号：8219.81　定价：CNY0.13
　　本书是中国现代连环画册。

J0070955
聚歼顽匪　陈明改编；卢德平绘
哈尔滨　黑龙江人民出版社　1981 年　154 页
13cm（64 开）定价：CNY0.22
　　本书是中国现代连环画册。

J0070956
倦绣图　（清）蒲松龄原著；贾民改编；江栋良绘
天津　天津人民美术出版社　1981 年　62 页
13cm（64 开）统一书号：8073.30528
定价：CNY0.11
（《聊斋》故事）
　　本书是中国现代连环画册。

J0070957
决裂了的爱情　李日君，王振刚编；王启民，
刘泽文绘
济南　山东人民出版社　1981 年　86 页　13cm（64 开）
定价：CNY0.14
　　本书是中国现代连环画册。

J0070958
绝唱　（电影连环画）余乐改编
北京　中国电影出版社　1981 年　141 页　13cm（64 开）
定价：CNY0.23

J0070959
掘地见母　（东周列国故事）林林改编；项维
仁绘

上海 上海人民美术出版社 1981年 101页
13cm（64开）定价：CNY0.13

本书是中国现代连环画册。

J0070960

掘墓鞭尸 （东周列国故事）纪鲁改编；徐有武，朱岷甫绘
上海 上海人民美术出版社 1981年 141页
13cm（64开）定价：CNY0.17

本书是中国现代连环画册。

J0070961

卡尔曼 （法）梅里美原著；王文韶改编；杨逸麟绘
天津 天津人民美术出版社 1981年 136页
13cm（64开）统一书号：8073.30584
定价：CNY0.20

本书是中国现代连环画作品，根据外国文学名著选编。

J0070962

看守与囚徒 齐平原作；丁犁改编；李蕾，陈年绘画
福州 福建人民出版社 1981年 112页 13cm（64开）
定价：CNY0.14

本书是中国现代连环画册。作者陈年（1876—1970），画家。字半丁，浙江山阴（今绍兴）人。曾任中国美术家协会理事、北京画院副院长、中国画研究会会长。代表作品有《卢橘夏熟》《高枝带雨压雕栏》《惟有黄花是故人》等。

J0070963

看图识字 蔡俊传编；郭润林画
上海 上海教育出版社 1981年 12×13cm
统一书号：7150.2387 定价：CNY0.22
（娃娃画丛）

本书为中国现代连环画。

J0070964

可笑的猎人 刘一兵编；江村画
北京 人民美术出版社 1981年 14页 有彩图
13cm（60开）统一书号：8027.7989
定价：CNY0.14

本书是中国现代连环画册。

J0070965

孔雀胆 云声改编；邵子振绘
哈尔滨 黑龙江人民出版社 1981年 141页
13cm（60开）定价：CNY0.21

本书是中国现代连环画册。

J0070966

孔雀胆 阎肃改编；赵仁年等绘
北京 人民美术出版社 1981年 125页 有图
10×13cm 统一书号：8027.7808 定价：CNY0.15

本书是中国现代连环画册。根据郭沫若同名话剧改编。

J0070967

孔雀东南飞 邓忠祥改编；丘玮绘
武汉 湖北人民出版社 1981年 62页 13cm（64开）
统一书号：8106.2225 定价：CNY0.11

本书是中国现代连环画册。绘者丘玮（1949—　　），美术编辑。别名阿兴，福建上杭人。历任江西人民出版社美术编辑，江西美术出版社。作品连环画《送棉被》《秦始皇的专利》《光辉的旗帜》。

J0070968

孔雀东南飞 汪文华等摄；高阳，沈为宁改编
南京 江苏人民出版社 1981年 132页 13cm（64开）
统一书号：8100.3.382 定价：CNY0.17

本书是中国现代连环画册。

J0070969

孔雀东南飞 邵甄，吴廷瑄编；王叔晖绘
北京 人民美术出版社 1981年 2版 68页
13cm（64开）统一书号：8027.874
定价：CNY0.10

本书是中国现代连环画作品，1954年8月出第1版。作者吴廷瑄，连环画家。作者王叔晖（1912—1985），女，国画家。字郁芬，生于天津，祖籍浙江绍兴。历任出版总署美术科员、新华书店总管理处美术室图案组组长、人民美术出版社连环画创作组组长。代表作《西厢记》《林黛玉》《夜宴桃李园》《杨门女将》等。

J0070970

孔雀姑娘 肖甘牛编；陈白一等绘
长沙 湖南人民出版社 1981年 77页 13cm（64开）

定价: CNY0.10

　　本书是中国现代连环画册。作者肖甘牛（1905—1982），作家。广西桂林人，毕业于上海大学文学院中文系。曾任中国民研会理事。代表作品有《壮锦里的花纹》《悲讯》《金耳环和铁锄头》《眼泪河》《韦拔群》等。绘者陈白一（1926—2014），美术师。湖南邵阳人，毕业于华中艺专。湖南书画研究院院长，中国当代工笔画学会副会长，湖南省美术家协会顾问，湖南师范大学艺术学院客座教授。代表作品《小港堵口图》《听壁脚》《喜丰收》《工农联盟》等。

J0070971
孔雀姑娘　金星编；风琴等绘
西宁 青海人民出版社 1981年 51页 15cm（64开）
定价: CNY0.12
　　本书是中国现代连环画册。

J0070972
孔乙己　鲁迅原著；程十发绘
北京 人民美术出版社 1981年 2版 24页 18cm（15开）统一书号: 8027.1330 定价: CNY1.10
　　本书是中国现代连环画册。

J0070973
恐怖的脚步声　张永改编；于天绘画
兰州 甘肃人民出版社 1981年 74页 13cm（64开）
统一书号: 8096.774 定价: CNY0.12
　　本书是中国现代连环画册。作者张永（1969—　），河南杞县人，任职于中共郑州市委宣传部对外宣传处。

J0070974
恐怖的森林　吴其柔改编；尤先瑞绘画
上海 少年儿童出版社 1981年 141页 有图 10×13cm 统一书号: R10024.3933 定价: CNY0.17
　　本书是中国现代连环画册。

J0070975
恐龙考察记　李侃改编；龙山农等绘画
郑州 中州书画社 1981年 62页 有图 10×13cm 统一书号: 8219.88 定价: CNY0.10
　　本书是中国现代连环画册。

J0070976
寇准罢官　尹元洪改编；高玉新绘
沈阳 辽宁美术出版社 1981年 58页 13cm（64开）
定价: CNY0.10
　　本书是中国连环画册。

J0070977
寇准背靴　（戏剧连环画）李学庭改编；梁祖宏摄
北京 宝文堂书店 1981年 122页 13cm（64开）
统一书号: 8070.84 定价: CNY0.21
　　本书是中国连环画册。

J0070978
狂人日记　鲁迅原著；张怀江绘
上海 上海人民美术出版社 1981年 40幅 20cm（24开）统一书号: 8081.12580
定价: CNY1.30
（鲁迅小说连环画）
　　根据鲁迅小说编绘的中国现代连环画册。作者张怀江（1922—1989），版画家、教授。原名隆超，笔名施木、槐岗等。浙江乐清人，毕业于上海美术专科学校，从版画家野夫学习木刻。曾任杭州西湖艺专版画系讲师，浙江美术学院教务长、教授。代表作有《鲁迅和方志敏》《农村妇女》等。

J0070979
蓝色档案　华永正等原著；杨光伟改编；罗兴绘
广州 岭南美术出版社 1981年 72页 13cm（64开）
定价: CNY0.13
　　本书是中国现代连环画册。

J0070980
蓝色的包围圈　章以武，未燎原著；东柯改编；苏家芬绘
广州 岭南美术出版社 1981年 50页 13cm（64开）
定价: CNY0.11
　　本书是中国现代连环画册。作者苏家芬（1945—　），女，讲师。广东新会人，毕业于广州美术学院工艺系。广东轻工职业技术学院副教授，中国美协会员，广东美协理事。作品有《何芷故事选》《煤油灯下的欢乐》《猎鲨者》《笑画》《苏家芬水彩画集》等。

J0070981

狼儿王子　王素一等改编；贾文涛绘

天津 天津人民美术出版社 1981 年 30 页 有图
10×13cm 统一书号：8073.30561 定价：CNY0.11

　　本书是中国现代连环画册。

J0070982

狼穴的爆炸声　史雷编；四喜绘画

南宁 广西人民出版社 1981 年 80 页 13cm（64 开）
统一书号：8113.724 定价：CNY0.12

　　本书是中国现代连环画册。

J0070983

朗莎雯波　（戏剧连环画）方铎改编；舒鸿钧
等摄

北京 宝文堂书店 1981 年 125 页 13cm（64 开）
定价：CNY0.21

　　本书是中国现代连环画册。

J0070984

浪山海战　艾扬原著；袁烈州改编；吴敏绘画

天津 天津人民美术出版社 1981 年 127 页 有图
10×13cm 统一书号：8073.30509 定价：CNY0.16

　　本书是中国现代连环画册。作者袁烈州
（1939— ），画家。上海人，祖籍宁波。毕业于
中央美术学院美术史论系。天津人民美术出版
社编审，中国美术家协会会员，中原书画研究院
艺术顾问。出版有《袁烈州画集》，主要作品有《黄
河之惊魂》《挟天地之风雷》《黄河在呼唤》《大
涛澎湃》等。作者吴敏（1931— ），画家。擅长
宣传画。浙江平湖人。1949 年参军，海军政治部
创作室创作员。1983 年获全国宣传画创作荣誉
奖。作品有《敌人磨刀我们也要磨刀》《神圣的
使命》《光荣：万里海疆的保卫者》等。

J0070985

劳山道士　蒲松龄原著；张章改编；唐永利绘画

石家庄 河北人民出版社 1981 年 59 页
13cm（64 开）定价：CNY0.10

　　本书是中国现代连环画册。

J0070986

劳山道士　（清）蒲松龄原著；红星，长瀛改编；
童继贤，周永生绘画

济南 山东人民出版社 1981 年 62 页 13cm（64 开）

定价：CNY0.11

（聊斋志异故事选）

　　本书是中国现代连环画册。

J0070987

老鼋渡河　吴承恩原著；张雨改编；张文忠绘

成都 四川人民出版社 1981 年 101 页 13cm（64 开）

定价：CNY0.16

（《西游记》故事 9）

　　根据中国古典小说《西游记》改编的现代连
环画作品。

J0070988

老马识途　刘丁辰等编；刘文远等绘

长春 吉林人民出版社 1981 年 121 页 13cm（64 开）
统一书号：8091.1123 定价：CNY0.18

（成语故事 3）

　　本书是中国现代连环画册。

J0070989

勒肖与壮锦　黎国璞，张波编；翁文忠，邓二
龙绘

南宁 广西人民出版社 1981 年 33 页 13cm（64 开）

定价：CNY0.06

　　本书是中国现代连环画册。

J0070990

雷锋　姜维朴等改编；费声福等绘

北京 人民美术出版社 1981 年 2 版 104 页
13cm（64 开）定价：CNY0.18

　　本书是中国现代连环画作品，1963 年 3 月
出第 1 版。作者姜维朴（1926—2019），编辑。山
东黄县人，毕业于山东大学文艺系。历任人民美
术出版社《连环画报》编辑室主任、副主编，中
国连环画出版社总编辑。代表作品有《鲁迅论连
环画》《要摄取事物的本质》《连环画艺术论》等。
作者费声福（1927— ），编辑。祖籍浙江慈溪，
毕业于中央美术学院。历任中国连环画出版社
编审、《中国连环画》副主编、中国美术家协会连
环画艺术委员会副主任、中国连环画研究会常务
理事兼秘书长。作品有《神火》《游赤壁》。

J0070991

泪痕　（电影连环画）少敏，超忆改编

太原 山西人民出版社 1981 年 142 页 13cm（64 开）

统一书号：8088.1381 定价：CNY0.23

本书是中国现代连环画册。

J0070992

李白与杜甫　白桦，郑君里原著；褚福章，张炬改编；高适绘画

西安 陕西人民美术出版社 1981年 166页 13cm（64开）定价：CNY0.20

本书是中国现代连环画册。

J0070993

李冰和都江堰　高兴奎改编；尹桂馥绘画

西宁 青海人民出版社 1981年 52页 有图 10×13cm 统一书号：8097.454 定价：CNY0.09

本书是中国现代连环画册。

J0070994

李尔王　叶建森改编；沈汉武绘画

武汉 湖北人民出版社 1981年 134页 13cm（60开）统一书号：8106.2215 定价：CNY0.19

本书是中国现代连环画册。

J0070995

李慧娘　王肇岐改编；徐恒瑜绘画

上海 上海人民美术出版社 1981年 110页 19cm（32开）定价：CNY0.43

本书根据戏曲《李慧娘》《红梅阁》等改编的本书是中国现代连环画册。作者徐恒瑜（1944—　），国画家、连环画家、一级美术师。四川邛崃人。中国美术家协会会员，四川省美术家协会副主席，中国美协连环画艺委会委员。连环画代表作有《李慧娘》《水牢仇》等。

J0070996

李慧娘　（戏剧连环画）未泯改编；张强，王连城摄影

北京 文化艺术出版社 1981年 125页 10×13cm 定价：CNY0.21

本书是中国现代连环画册。

J0070997

李逵　杨燕杰改编；黄非绘画

南昌 江西人民出版社 1981年 150页 13cm（64开）定价：CNY0.20

本书是中国现代连环画册。

J0070998

李陵碑　张令涛，胡若佛绘；赵建明改编

北京 人民美术出版社 1981年 2版 94页 10×13cm 统一书号：8027.1709 定价：CNY0.15

《杨家将》之四）

本书是中国现代连环画作品，1960年3月出第1版。

J0070999

李马渡康王　肖坚富，陆苇改编；丁德邻绘画

南京 江苏人民出版社 1981年 126页 13cm（64开）统一书号：8100.3.420 定价：CNY0.16

本书是中国现代连环画册。作者丁德邻（1943—　），画家。江苏南京人。毕业于南京艺术学院。中国美术家协会会员，常州市美术家协会副主席，原常州刘海粟美术馆副馆长。主要作品有《水》《山那边》《后山》等。

J0071000

李牧之死　（东周列国故事）王星北改编；钱贵荪绘画

上海 上海人民美术出版社 1981年 109页 13cm（64开）定价：CNY0.13

本书是中国现代连环画册。作者王星北（1905—1973），连环画脚本文学家。浙江定海人。原名心葆。曾就读于定海公学。曾任上海私营北斗出版社经理，泰兴书局文字编辑，上海新美术出版社连环画文字编辑，上海人民美术出版社连环画编辑科副科长。绘者钱贵荪（1936—　），美术编辑。浙江吴兴人。毕业于中国美术学院。浙江人民美术出版社美术编辑、副编审。浙江省人物画研究会会员，西泠书画院特聘画师。作品有连环画《鉴湖女侠》，水粉组画《浩气长存贯长虹》，国画组画《萧楚女》。著有技法书《速写起步》等。

J0071001

李商隐　（中国古代文学家的故事）叶明编文；邹越清，邹越非绘画

南京 江苏人民出版社 1981年 126页 13cm（64开）统一书号：8100.3.457 定价：CNY0.15

本书是中国现代连环画册。

J0071002

李时珍　刘维仁改编；郭秀庚，邱小玉绘画

沈阳 辽宁美术出版社 1981 年 118 页 13cm（64 开）
定价：CNY0.18

　　本书是中国现代连环画册。

J0071003

李时珍　林绍明编文；刘旦宅绘画
上海 上海人民美术出版社 1981 年 86 页
19cm（32 开）统一书号：8081.12325
定价：CNY2.30

　　本书是中国现代连环画册。收入 86 幅图。
彩墨画。描绘李时珍从小爱好医药，继承家学，
研究药物，重视临床，主张革新，跋山涉水，寻
觅药草，亲尝甘苦，并向农民、樵夫、药农等请
教的故事。李时珍发现旧《本草》书中错误甚多，
于是用毕生精力修订《本草》，在其 61 岁时，著
成《本草纲目》。

J0071004

李自成　（7）姚雪垠原著；定兴等改编，赵奇
等绘画
天津 天津人民美术出版社 1980 年 146 页 有图
10×13cm 统一书号：8073.30448 定价：CNY0.21
　　本书是中国现代连环画册。

J0071005

李自成　（6）姚雪垠原著；定兴等改编，赵奇
等绘画
天津 天津人民美术出版社 1981 年 168 页 有图
10×13cm 统一书号：8073.30544 定价：CNY0.24
　　本书是中国现代连环画册。

J0071006

李自成　（8）姚雪垠原著；定兴等改编，赵奇
等绘画
天津 天津人民美术出版社 1982 年 127 页 有图
10×13cm 统一书号：8073.30605 定价：CNY0.18
　　本书是中国现代连环画册。

J0071007

李自成　（10）姚雪垠原著；定兴等改编；赵奇
等绘画
天津 天津人民美术出版社 1982 年 117 页 有图
10×13cm 统一书号：8073.30544 定价：CNY0.18
　　本书是中国现代连环画册。

J0071008

李宗仁归来　赵岗改编；关庆留绘画
西安 陕西人民美术出版社 1981 年 158 页
13cm（64 开）统一书号：8199.335 定价：CNY0.19

　　本书是中国现代连环画册。绘者关庆留
（1935—　　），笔名阿留。 广东顺德人，毕业于西
安军医大学。曾任解放军总后勤部政治部后勤
杂志社副科长，中国美术家协会会员。作品有《捉
麻雀》《风雪高原》，连环画《智取华山》等。

J0071009

立功赎罪　新轩编文；保彬绘画
南京 江苏人民出版社 1981 年 102 页 有图
10×13cm 统一书号：8100.3.436 定价：CNY0.13

　　本书是中国现代连环画册。绘者保彬
（1936—　　），蒙古族，国画家。江苏南通人，毕
业于南京艺术学院美术系并留校任教。南京艺
术学院院长，中国美术家协会会员，江苏美术家
协会理事。主要作品有《鹤寿图》《华夏魂》《嫦
娥奔月》等。专著有《纵横挥洒》《保彬画集》《黄
山奇松》。

J0071010

莲花洞夺宝　吴承恩原著；吴若增改编；于化
鲤绘画
天津 天津人民美术出版社 1981 年 94 页
13cm（64 开）统一书号：8073.30547
定价：CNY0.15
（《西游记》故事）

　　本书是中国现代连环画册。

J0071011

梁山伯与祝英台　司徒佩韦改编；王叔晖绘
北京 人民美术出版社 1981 年 2 版 118 页
13cm（64 开）定价：CNY0.15

　　本书是中国连环画册。于 1954 年 4 月出第
1 版。

J0071012

猎虎记　施耐庵原著；丁国联改编；凌涛绘
上海 上海人民美术出版社 1981 年 94 页
13cm（64 开）定价：CNY0.12
（水浒故事）

　　根据中国古典小说《水浒》改编的现代连环
画作品。

J0071013

猎人格桑　张雨编文；彭先诚绘画
成都　四川人民出版社　1981年　50页　有图
10×13cm　统一书号：8118.966　定价：CNY0.08
　　本书是中国现代连环画册。根据藏族民间
传说改编。绘者彭先诚(1941—　　)，教师，一级
美术师。四川成都人，毕业于成都第二师范学校。
四川省诗书画院一级美术师，中国美术家协会会
员、四川美术家协会理事。代表作品《凉山小市》
《西厢画意》《长恨歌》等。

J0071014

猎熊打虎射野猪　左耳改编；苏田等绘
福州　福建人民出版社　1981年　86页　有图
10×13cm　统一书号：8173.370　定价：CNY0.11
　　本书是中国现代连环画册。

J0071015

林冲　王以忱改编；关鉴绘画
长春　吉林人民出版社　1981年　102页　13cm(64开)
统一书号：8091.1096　定价：CNY0.15
　　本书是中国现代连环画册。

J0071016

林启容　沈国我编文；吕建陶，黄本贵绘画
南昌　江西人民出版社　1981年　128页　13cm(64开)
定价：CNY0.18
　　本书是中国现代连环画册。

J0071017

灵芝姑娘　韩双东改编；豁志绘画
郑州　河南人民出版社　1981年　46页　有图
10×13cm　统一书号：8105.1060　定价：CNY0.08
　　本书是中国现代连环画册。

J0071018

绫巾缘　(清)蒲松龄原著；王君改编；王亦秋绘
天津　天津人民美术出版社　1981年　92页
13cm(64开)定价：CNY0.15
(《聊斋》故事)
　　本书是中国现代连环画册。

J0071019

刘邦登基　古与编文；耀伟等绘画
福州　福建人民出版社　1981年　117页　有图

10×13cm　统一书号：8173.468　定价：CNY0.19
(通俗前后汉演义　六)
　　本书是中国现代连环画册。

J0071020

流沙河　(明)吴承恩原著；励艺夫改编；邓柯绘
北京　人民美术出版社　1981年　118页　13cm(64开)
统一书号：8027.7881　定价：CNY0.19
(西游记故事)

J0071021

柳西游击队　宏程原作；林正让改编；郑征泉
绘画
福州　福建人民出版社　1981年　68页　有图
10×13cm　统一书号：8173.386　定价：CNY0.11
　　本书是中国现代连环画册。

J0071022

柳毅传书　李朝威原著；韩玉中改编；曹天舒
绘画
郑州　中国书画社　1981年　94页　13cm(64开)
定价：CNY0.14
　　本书是中国现代连环画册。

J0071023

六号门　佟文焕改编；李德庆绘
沈阳　辽宁美术出版社　1981年　110页　13cm(64开)
定价：CNY0.17
　　本书是中国现代连环画册。

J0071024

龙凤怨　陈春轩，徐斌摄
上海　上海人民美术出版社　1981年　158页
13cm(64开)统一书号：8081.12341
定价：CNY0.28
　　本书是中国现代连环画作品。

J0071025

龙岗战火　年青山改编；扈栞绘
哈尔滨　黑龙江人民出版社　1981年　175页
13cm(64开)定价：CNY0.25
　　本书是中国现代连环画册。

J0071026

龙宫得宝　励艺夫改编；邓柯绘

北京 人民美术出版社 1981年 108页 13cm（64开）
统一书号：8027.7637 定价：CNY0.18
（西游记故事）

J0071027

龙宫奇遇　郭子宣改编；窦世魁绘
济南 山东人民出版社 1981年 78页 13cm（64开）
定价：CNY0.13
（聊斋志异故事选）

　　本书是中国现代连环画册。作者郭子宣
（1923— ），山东潍坊人，毕业于潍坊市职工业
余大学。曾任潍坊市图书馆副馆长。中国书法
家协会会员，中国博物馆学会会员，中国老年书
画研究会会员，山东省摄影家协会会员，山东
省博物馆、考古、民俗学会会员，绘者窦世魁
（1942— ），国家一级美术师。别名石岭，号岩
松斋主，山东青岛人，毕业于青岛艺术专科学校
美术专业。中国美术家协会会员，青岛市美术家
协会副主席、顾问，青岛书画研究院副院长、中
国书画学会名誉主席。代表作品有连环画《唐赛
儿》等。

J0071028

龙宫石　蒲松龄原著；陈耘改编
广州 广东人民出版社 1981年 10×13cm
统一书号：8111.2365 定价：CNY0.22
　　中国现代连环画作品，包括《画中良马》《狐
毒》《小猎狗》。

J0071029

龙虎斗　梁信原著；张绍城绘；张绍城，孙锦
常改编
广州 岭南美术出版社 1981年 190页 13cm（64开）
统一书号：8260.0063 定价：CNY0.30
（龙虎风云记 1）
　　本书是中国现代连环画册。

J0071030

龙口夺珠　肖天智编绘
贵阳 贵州人民出版社 1981年 94页 13cm（64开）
定价：CNY0.15
　　本书是中国现代连环画册。作者肖天智，连
环画家。就职于彭县文化馆。创作连环画作品
有《治虫》《苦妹儿》《狄仁杰传奇》《三盗合欢
瓶》等。

J0071031

龙门山　（东周列国故事）田衣改编；于骏治绘
上海 上海人民美术出版社 1981年 101页
13cm（64开）定价：CNY0.13
　　本书是中国现代连环画册。

J0071032

卢沟桥的炮声　庄眉改编；杜滋龄绘画
南京 江苏人民出版社 1981年 138页 13cm（64开）
定价：CNY0.17
　　本书是中国连环画册。

J0071033

芦沟桥的炮声　庄眉改编；杜滋龄绘
南京 江苏人民出版社 1981年 138页 有图
10×13cm 统一书号：8100.3.459 定价：CNY0.17
　　本书是中国现代连环画，根据杨沫长篇小说
《东方欲晓》改编。

J0071034

庐山恋　（电影连环画）上海电影制片厂改编
北京 中国电影出版社 1981年 177页 13cm（64开）
统一书号：8061.1604 定价：CNY0.30

J0071035

鲁迅在厦门　张震麟编；翁开恩绘
南京 江苏人民出版社 1981年 62页 10×13cm
定价：CNY0.11
（鲁迅的故事）

　　本书是中国现代连环画册。绘者翁开恩
（1939— ），教授。号竹啸庄人，福建莆田人。
福建师范大学美术系副教授，福建画院、福州画
院、福建政协画师，中国美术家协会会员，福建
美协理事。出版有《翁开恩画集》《翁开恩写生》
《翁开恩画辑》等。

J0071036

鲁智深　施耐庵，罗贯中原著；高梅仪改编；
马程绘画
北京 人民美术出版社 1981年 155页 10×13cm
统一书号：8027.7904 定价：CNY0.24
（《水浒传》2）

　　绘者马程（1940— ），连环画家。辽宁大连
人，毕业于鲁迅美术学院中国画系。曾任人民美
术出版社连环画编辑室副主任。作品有《鲁智深》

《封神演义》《清宫演义》等。

J0071037
陆军海战队　张友改编；阴衍山绘画
哈尔滨 黑龙江人民出版社 1981 年 133 页
13cm（64 开）统一书号：8093.754 定价：CNY0.20
　　本书是中国现代连环画册。

J0071038
鹿衔草　彭荆风原著；鄢自垠改编；裴文璐绘
昆明 云南民族出版社 1981 年 122 页 13cm（64 开）
定价：CNY0.15
　　本书是中国现代连环画册。作者裴文璐
（1944— ），出生于昆明。中国美术家协会会员，
云南艺术学院客座教授，云南省公安厅文联书画
院名誉院长。代表作品有《瑞丽江畔》《赶摆》。

J0071039
簏山传奇　（湖南民间故事）徐淦编；刘岩石
等绘
长沙 湖南美术出版社 1981 年［122 页］
13cm（64 开）定价：CNY0.18

J0071040
峦城歼敌记　况浩文原著；鲁冬青改编；庄弘
醒绘画
南京 江苏人民出版社 1981 年 110 页 13cm（64 开）
统一书号：8100.3.449 定价：CNY0.14
　　本书是中国现代连环画册。

J0071041
乱判葫芦案　钱志清改编；杨秋宝绘画
上海 上海人民美术出版社 1981 年 94 页
10×13cm 定价：CNY0.17
（《红楼梦》连环画之一）
　　本书是根据古典小说《红楼梦》改编的中国
现代连环画册。

J0071042
乱世擒魔　（电视剧连环画）艾琳改编
北京 宝文堂书店 1981 年 125 页 13cm（64 开）
定价：CNY0.21
　　本书是中国现代连环画册。

J0071043
罗刹海市　（清）蒲松龄原著；金浪改编；余霖，
波涛绘画
广州 岭南美术出版社 1981 年［84］页
13cm（64 开）定价：CNY0.17
　　本书是中国现代连环画作品，系古典文学作
品选。

J0071044
罗马狂欢节　丁巩改编；胡克礼，恽南平绘画
沈阳 辽宁美术出版社 1981 年 146 页 13cm（64 开）
统一书号：8117.2156 定价：CNY0.22
（基度山伯爵 3）
　　本书是中国现代连环画册。

J0071045
罗密欧与朱丽叶　（英）莎士比亚原著；李迪
改编；华其敏绘画
北京 中国戏剧出版社 1981 年 78 页 13cm（64 开）
定价：CNY0.14
　　本书是中国现代连环画册。作者李迪
（1950— ），河北滦南县人。中国作家协会会员。
著有《遥远的槟榔寨》《野蜂出没的山谷》《这里
是恐怖的森林》等。绘者华其敏（1953— ），画
家、教授。别名田乔、果然、沙月。上海人，毕
业于中央美术学院中国画系研究生班。中央美
术学院教授，中国美术家协会会员。代表作品有
《夸父图》《西门豹除巫》《安详的艺术》等。

J0071046
洛阳令　路继贤编；熊孔成画
郑州 河南人民出版社 1981 年 118 页 13cm（64 开）
定价：CNY0.17
　　本书是中国现代连环画册。

J0071047
洛阳桥　（福建民间故事）梦玄编文；古干，于
绍文绘画
福州 福建人民出版社 1981 年 106 页 13cm（64 开）
定价：CNY0.17
　　本书是中国现代连环画册。绘者古干
（1942— ），画家。中国美术家协会会员，中国
现代书画学会会长，世界书法家协会荣誉顾问。
绘者于绍文（1939— ），画家。山东烟台人。曾
任人民文学出版社美术编辑室副主任，副编审。

代表作品有《贫嘴张大民的幸福生活》《陈毅之帅》《佛教画藏》等。

J0071048

绿海天涯 （电影连环画）叶楠编剧；哑迫改编；查祥康，张永正摄

南京 江苏人民出版社 1981年 164页 13cm（64开）

统一书号：8100.3.415 定价：CNY0.21

　　本书是中国现代连环画册。

J0071049

绿色的钱包 刘厚明等原著；陈元山改编，毛震耀绘画

上海 上海人民美术出版社 1981年 78页 有图

10cm（64开）统一书号：8081.12564

定价：CNY0.1

　　本书是中国现代连环画册。作者毛震耀（1926—？），画家。浙江奉化人，毕业于苏州美术专科学校西画系。曾任上海艺文书局《艺文画报》编辑、上海少年儿童出版社儿童读物绘画创作、上海人民美术出版社编辑。连环画代表作有《骆驼祥子》《脚步》《一级英雄杨连弟》《绿色钱包》《姊妹船》。

J0071050

绿色钱包 刘厚明原著；陈元山改编；毛震耀绘

上海 上海人民美术出版社 1981年 78页

13cm（64开）定价：CNY0.10

　　本书是中国现代连环画册。

J0071051

绿野仙踪 （美）英·弗·鲍姆原著；白玉改编；徐锡林绘

北京 人民美术出版社 1981年 70页 13cm（64开）

定价：CNY0.10

　　本书是中国现代连环画册。

J0071052

马克白斯 （戏剧连环画）中央戏剧学院导演师资进修班集体改编；孙铁，于速摄

北京 宝文堂书店 1981年 189页 13cm（64开）

统一书号：8070.67 定价：CNY0.30

J0071053

蛮帅部落的后代 彭荆风原著；黄亦波改编，邓泰和绘画

南京 江苏人民出版社 1981年 126页 有图

10×13cm 统一书号：8100.3.381 定价：CNY0.15

　　本书是中国现代连环画册。

J0071054

玫瑰香奇案 周康渝编文；何保全等绘画

石家庄 河北人民出版社 1981年 110页 有图

10×13cm 统一书号：8086.1474 定价：CNY0.13

　　本书是中国现代连环画册。

J0071055

梅花巾 （电影连环画）索立改编

北京 中国电影出版社 1981年 137页 13cm（64开）

定价：CNY0.24

J0071056

梅岭星火 绍武等原著；朱墨改编；陈慧荪绘画

南京 江苏人民出版社 1981年 158页 有图

10×13cm 统一书号：8100.3.365 定价：CNY0.19

　　本书是中国现代连环画册。

J0071057

煤城游击队 （上集）邓会光改编；杨秀坤绘

哈尔滨 黑龙江人民出版社 1981年 143页

13cm（64开）统一书号：8093.674 定价：CNY0.21

　　本书是中国现代连环画册。

J0071058

煤城游击队 （下集）江漾改编；杨秀坤绘

哈尔滨 黑龙江人民出版社 1981年 141页

13cm（64开）统一书号：8093.675 定价：CNY0.21

　　本书是中国现代连环画册。

J0071059

美猴王出世 郑世俊改编；吴国威等绘画

长沙 湖南美术出版社 1981年 110页 13cm（64开）

定价：CNY0.16

　　本书是中国现代连环画册。

J0071060

美猴王寻师学艺 刘萌瑜改编；苏剑雄绘画

南宁 广西人民出版社 1981年 68页 13cm（64开）

定价: CNY0.09

本书是中国现代连环画册。

J0071061

美猴王重游花果山　黎国璞编文; 金溜昌等绘

天津 天津人民美术出版社 1981 年 62 页 有图 10×13cm 统一书号: 8073.30574 定价: CNY0.11

本书是中国现代连环画册。

J0071062

美人鱼的歌声　(大西洋底来的人) 刘光, 何泥改编; 徐锡林, 张希华绘画

沈阳 辽宁美术出版社 1981 年 [97] 页 13cm(64 开) 统一书号: 8117.2132 定价: CNY0.15

本书是中国现代连环画册。

J0071063

蒙根花　云照光等原著; 牟怀珂改编; 丁斌曾绘

上海 上海人民美术出版社 1981 年 142 页 13cm(64 开)定价: CNY0.17

本书是中国现代连环画册。作者丁斌曾 (1927—2001), 连环画画家。浙江绍兴人, 毕业于中央美术学院华东分院。曾任上海人民美术出版社创作员,《中国连环画大系》美术编辑。作品有《铁道游击队》《老爹打猎》《沙家浜》等。

J0071064

孟尝君　(东周列国故事) 潘勤孟改编; 叶毓中绘画

上海 上海人民美术出版社 1981 年 109 页 13cm(64 开)定价: CNY0.13

本书是中国现代连环画册。作者潘勤孟, 美术家、连环画家。改编连环画有《三国演义》《中国历史人物故事连环画》等。绘者叶毓中 (1941—　　), 教授、画家。生于四川德阳, 毕业于四川美术学院中国画系人物专业。中国美术家协会会员, 新疆军区政治部文艺创作室美术创作员, 中央美术学院兼职副教授, 民间美术系主任、副院长。代表作品《大漠红日》《帕米尔人》, 出版有《叶毓中重彩集》《水墨集》。

J0071065

孟学三问龙王　童咏芹编文; 叶维, 越非绘画

长沙 湖南人民出版社 1981 年 80 页 有图 10×13cm 统一书号: 8109.1319 定价: CNY0.10

本书是中国现代连环画册。

J0071066

迷路的孩子　庄子明文; 乐小英绘画

北京 中国少年儿童出版社 1981 年 有图 13×19cm 统一书号: R8056.264 定价: CNY0.15

本书是中国现代连环画册。小学生守则丛书之一。

J0071067

迷人的侧影　(美)欧·亨利原著; 王天桢改编; 李殿忠绘画

天津 天津人民美术出版社 1981 年 [61] 页 13cm(64 开) 统一书号: 8075.30599 定价: CNY0.11

本书是中国现代连环画册。

J0071068

迷雾案　晨钟, 吴山改编; 雷德祖绘画

杭州 浙江人民美术出版社 1981 年 174 页 13cm(64 开)定价: CNY0.21

本书是中国现代连环画册。

J0071069

谜岛　康平, 伟跃译编; 肖佳禾画

昆明 云南人民出版社 1981 年 30 页 13cm(64 开) 定价: CNY0.08

本书是中国连环画册。

J0071070

秘密窟的宝藏　丁巩改编; 胡克礼, 恽南平绘

沈阳 辽宁美术出版社 1981 年 146 页 13cm(64 开) 统一书号: 8117.2046 定价: CNY0.22

(基度山伯爵 2)

本书是中国现代连环画册。

J0071071

秘密文件　王家达改编; 陈延, 张海如绘

兰州 甘肃人民出版社 1981 年 110 页 13cm(64 开) 定价: CNY0.16

本书是中国现代连环画册。

J0071072
密林笛声　邹积衡改编；杜恒范绘
济南 山东人民出版社 1981 年 70 页 13cm（64 开）
统一书号：8099.2225 定价：CNY0.12
　　本书是中国连环画册。

J0071073
密林枪声　曹积三编；李林祥绘画
石家庄 河北人民出版社 1981 年 62 页 有图
10×13cm 统一书号：8086.1352 定价：CNY0.09
　　本书是中国现代连环画，根据赵燕翼《草原新传奇》改编。

J0071074
蜜蜂计　林林改编；朱惟明绘画
上海 上海人民美术出版社 1981 年 110 页 有图
10×13cm 统一书号：8081.12469 定价：CNY0.14
（东周列国故事）
　　本书是中国现代连环画册。

J0071075
民警家的"贼"　（戏剧连环画）刘资等编剧；
燕宁钟改编；宋挥摄
北京 中国戏剧出版社 1981 年 123 页 13cm（64 开）
定价：CNY0.21
　　本书是中国现代连环画册。

J0071076
明末英雄张苍水　李光耀，潘国钧改编；傅伯
星，来汶阳绘画
杭州 浙江人民美术出版社 1981 年 141 页
13cm（64 开）统一书号：8156.163 定价：CNY0.18
　　本书是中国现代连环画册。

J0071077
魔岛之谜　唐世民编译；黄英浩绘
南京 江苏人民出版社 1981 年 214 页 13cm（64 开）
定价：CNY0.24
　　本书是中国现代连环画册。

J0071078
魔鬼湖捕龙记　郑文贤改编；伍时雄绘
广州 科学普及出版社广州分社 1981 年 78 页
13cm（64 开）定价：CNY0.13
　　本书是中国现代连环画册。

J0071079
魔鬼三角与"UFO"　（科学幻想）寿伦健编绘
长沙 湖南美术出版社 1981 年 86 页 13cm（64 开）
定价：CNY0.13
　　本书是中国现代连环画册。

J0071080
魔鬼三角之谜　（科学幻想故事）（西班牙）柯
蒂斯·加兰原著；白嘉荟改编；华拂尘绘
广州 岭南美术出版社 1981 年 117 页 13cm（64 开）
统一书号：8111.2336 定价：CNY0.20
　　本书是中国现代连环画册。

J0071081
魔海的秘密　潘晋拔，刘启端改编；刘启端绘
广州 岭南美术出版社 1981 年 158 页 13cm（64 开）
定价：CNY0.24
　　本书是中国现代连环画册。作者潘晋拔
（1939—　），美术编审。广东兴宁市永和镇人，
毕业于广州美术学院中国画系。先后在广州美
院中国画系、广东画院、广东省博物馆工作，广
东省作家协会《作品》编辑部美术编审。出版有
《中国电脑画》画集。作者刘启端（1938—　），画
家。广东潮阳人，岭南美术出版社副编审，广东
省出版工作者协会装帧艺术委员会会员。出版
有连环画《鲁迅传》《彭湃》《叶挺》《黄兴》《寸
土不让》等，国画《百牛图》《百马图》《刘启端
画选》《刘启端画集》等。

J0071082
魔马　汤式稼改编；徐友声绘
天津 天津人民美术出版社 1981 年 86 页 有图
10×13cm　统一书号：8073.30556 定价：CNY0.14
　　本书是中国现代连环画册。

J0071083
魔瓶　明扬，金玉改编；明锐绘
呼和浩特 内蒙古人民出版社 1981 年 ［68 页］
13cm（64 开）定价：CNY0.12
　　本书是中国现代连环画册。

J0071084
魔伞　竺乾华改编；刘进绘画
郑州 河南人民出版社 1981 年 46 页 有图
10×13cm 统一书号：8105.1088 定价：CNY0.08

本书是中国现代连环画册。

J0071085

魔影　李润山等原著；许道静改编，杨浩石绘
福州　福建人民出版社　1981 年　106 页　有图
10×13cm　统一书号：8173.453　定价：CNY0.15
　　本书是中国现代连环画册。

J0071086

墨　（日）有吉佐和子原著；李品三改编；季鑫
焕绘
济南　山东人民出版社　1981 年　62 页　13cm（64 开）
定价：CNY0.11
　　本书是中国现代连环画册。

J0071087

墨西哥人　（美）杰克·伦敦原著；马玲玲改编；
张培础绘
上海　上海人民美术出版社　1981 年　126 页
13cm（64 开）　统一书号：8081.12495
定价：CNY0.15
　　本书是中国现代连环画册。

J0071088

牡丹亭　汤显祖原著；晓梅改编；曲延强，陈
亚非绘画
合肥　安徽人民出版社　1981 年　126 页　13cm（64 开）
定价：CNY0.16
　　本书是中国现代连环画册。

J0071089

牡丹仙女　（聊斋志异故事选）（清）蒲松龄原
著；张兆涵改编绘画
济南　山东人民出版社　1981 年　62 页　13cm（64 开）
定价：CNY0.11
（《聊斋志异》连环画丛书）

J0071090

木木　（俄）屠格涅夫原著；虹光改编；沈汉武绘
天津　天津人民美术出版社　1981 年　70 页
13cm（64 开）定价：CNY0.11
　　本书是中国现代连环画册。

J0071091

穆公求贤　（东周列国故事）潘勤孟改编；张

景祥绘
上海　上海人民美术出版社　1981 年　94 页
13cm（64 开）统一书号：8081.12539
定价：CNY0.12
　　本书是中国现代连环画册。

J0071092

穆桂英　（上集）史果原著；方文改编；宗静草绘
南京　江苏人民出版社　1981 年　190 页　13cm（64 开）
定价：CNY0.22
　　本书是中国现代连环画册。

J0071093

穆桂英　（下集）史果原著；方文改编；宗静草绘
南京　江苏人民出版社　1981 年　166 页　13cm（64 开）
定价：CNY0.20
　　本书是中国现代连环画册。

J0071094

南方铁路之战　（电影连环画）
济南　山东人民出版社　1981 年　102 页　13cm（64 开）
统一书号：8099.2210　定价：CNY0.17
　　本书是中国现代连环画册。

J0071095

南阳关　余音改编；丁世谦绘画
成都　四川人民出版社　1981 年　92 页　10×13cm
定价：CNY0.14
（《说唐》之五）
　　本书是中国现代连环画册。作者余音
（1962—　），纪实文学家。安徽寿县人。中国史
记研究会会员，《家庭》《知音》《报告文学》等多
家报刊签约作家。代表作品《传销内幕揭秘》《维
和高官传奇》《中国维和警察》《特稿采写宝典》。
绘者丁世谦（1944—　），四川遂宁人。擅长中国
画、连环画。遂宁市美协主席。主要作品有《上
学路上》《游春去》《合奏曲》等。出版有《丁世
谦画选》和连环画册十余部。

J0071096

南洋血泪　董当年编文；丁世弼绘画
武汉　湖北人民出版社　1981 年　126 页　13cm（64 开）
定价：CNY0.18
　　本书是中国现代连环画册。

J0071097

闹朝击犬　（东周列国故事）林林改编；徐有
武绘画

上海　上海人民美术出版社　1981年　110页
13cm（64开）定价：CNY0.13

　　本书是中国现代连环画册。

J0071098

闹花灯　余音改编；孙文光绘画

成都　四川人民出版社　1981年　78页　10×13cm
统一书号：8118.983　定价：CNY0.12
（《说唐》之四）

　　本书是中国现代连环画册。

J0071099

闹县城　刘夫海编文；谷中良绘画

石家庄　河北人民出版社　1981年　62页
13cm（64开）定价：CNY0.09

　　本书是中国现代连环画册。

J0071100

内奸　方之原著；宗尧等改编，李苇成等绘

南京　江苏人民出版社　1981年　126页　有图
10×13cm　统一书号：8100.3.374　定价：CNY0.16

　　本书是中国现代连环画册。

J0071101

内奸　郑谋梅改编；胡震国，王守中绘

上海　上海人民美术出版社　1981年　126页
13cm（64开）定价：CNY0.15

　　本书是中国现代连环画册。收入126幅图。

J0071102

能高山的传说　肖甘牛等编文；王培堃等绘
图

广州　岭南美术出版社　1981年　35页　有图
10×13cm　统一书号：8260.0084　定价：CNY0.20

　　本书是中国现代连环画，内容系台湾高山族
民间故事。

J0071103

妮妮的婚礼　从早改编；蒋宜勋绘画

成都　四川人民出版社　1981年　76页　有图
10×13cm　统一书号：8118.1006　定价：CNY0.10

　　本书是中国现代连环画册。

J0071104

廿一世纪大地震　（科学幻想故事）章以武，
未燎原著；高寿龄改编；白光诚绘

广州　岭南美术出版社　1981年　78页13cm（64开）
统一书号：8111.2349　定价：CNY0.14

　　本书是中国现代连环画册。

J0071105

鸟树　李其美写；汪福民绘画

上海　少年儿童出版社　1981年　有图　15cm（40开）
统一书号：R10024.3907　定价：CNY0.12

　　本书是中国现代连环画册。

J0071106

聂小倩　（清）蒲松龄原著；郭子宣改编；杨文
仁绘画

济南　山东人民出版社　1981年　78页13cm（64开）
定价：CNY0.13

（《聊斋志异》连环画丛书　聊斋志异故事选）

J0071107

您的人生是最美好的　（高士其的故事）张志
光编文；梅汉珍绘画

广州　岭南美术出版社　1981年　93页　有图
9×13cm　统一书号：8111.2247　定价：CNY0.17

　　本书是中国现代连环画册。

J0071108

牛郎织女　张键编；刘汉宗绘

石家庄　河北人民出版社　1981年　78页
13cm（64开）定价：CNY0.11

　　本书是中国现代连环画册。

J0071109

牛虻　（下集）丁国联改编；王永强，胡志荣绘

上海　上海人民美术出版社　1981年　213页
13cm（64开）定价：CNY0.36

　　本书是中国现代连环画册。

J0071110

牛头山　马保超改编；潘真等绘

郑州　河南人民出版社　1981年　118页　10×13cm
统一书号：8105.1102　定价：CNY0.17

（《说岳全传》连环画之四）

J0071111
弄假成真　平衡编文；胡震国，王守中绘画
石家庄 河北人民出版社 1981 年 93 页
13cm（64 开）定价：CNY0.14
　　本书是中国连环画册。

J0071112
奴隶的儿子　高缨原著；青萍改编；万一兵，
韩德雅绘
成都 四川人民出版社 1981 年 127 页 13cm（64 开）
统一书号：8118.930 定价：CNY0.15
（云崖初暖 1）
　　本书是中国现代连环画册。

J0071113
怒江飞虹　绛边加错原著；从早改编，张文永
绘
成都 四川人民出版社 1981 年 87 页 有图
10×13cm 统一书号：MR8140.47 定价：CNY0.23
　　本书是中国现代藏汉文字对照的连环画。

J0071114
怒杀西门庆　王延海改编；刘馗绘画
沈阳 辽宁美术出版社 1981 年 184 页 13cm（64 开）
定价：CNY0.28
　　本书是中国现代连环画作品，系《武松》
之一。

J0071115
怒斩洋妖　刘金岭改编；刘俊元绘画
沈阳 辽宁美术出版社 1981 年 74 页 13cm（64 开）
定价：CNY0.12
　　本书是中国现代连环画册。

J0071116
诺贝尔　邢润川，张秉伦编；袁浩，方斐娜绘
北京 人民美术出版社 1981 年 118 页 13cm（64 开）
统一书号：8027.7685 定价：CNY0.19
（科学家故事）
　　本书是中国现代连环画册。

J0071117
女兵　（电影连环画）姚连生改编
北京 中国电影出版社 1981 年 157 页 13cm（64 开）
定价：CNY0.26

本书是中国现代连环画册。

J0071118
女驸马　（电影连环画）孙青改编
北京 中国电影出版社 1981 年 2 版 117 页
13cm（64 开）定价：CNY0.21
　　本书是中国现代连环画册，1960 年 2 月出
第 1 版。

J0071119
女理发师　（电影连环画）马捷改编
北京 中国电影出版社 1981 年 2 版 93 页
13cm（64 开）定价：CNY0.17
　　本书是中国现代连环画册，1963 年 5 月出
第 1 版。

J0071120
女游击队长　李英儒原著；刘绳改编；王飒绘
石家庄 河北人民出版社 1981 年 142 页
13cm（64 开）统一书号：8086.1439
定价：CNY0.17
　　本书是中国现代连环画册。

J0071121
女友　李晓宁改编；王小滨等摄影
南京 江苏人民出版社 1981 年 125 页 有图
10×13cm 统一书号：8100.3.432 定价：CNY0.16
　　本书是中国现代连环画册。

J0071122
攀龙附凤　（戏剧连环画）李学庭，褚书智改
编；梁祖宏摄
北京 宝文堂书店 1981 年 123 页 13cm（64 开）
定价：CNY0.21
　　本书是中国现代连环画册。

J0071123
盘丝洞　吴承恩原著；卢光照改编；胡若佛绘
石家庄 河北人民出版社 1981 年 2 版 51 页
13cm（64 开）定价：CNY0.09
　　本书是中国现代连环画作品，1960 年 6 月
出第 1 版。作者卢光照（1914—2001），河南汲县
（今卫辉市）人，毕业于北平国立艺术专科学校。
历任人民美术出版社编辑，北京齐白石艺术函授
学院名誉院长，北京花鸟画研究会名誉会长，中

央文史馆馆员。代表作品《大展鸿图》《松鹰》《鸡冠花雄鸡》。绘者胡若佛（1908—1980），连环画家、国画家。浙江余姚人。本名国华，字大空，号谷华，自署十卉庐主。曾就学于上海美专、新华艺专。创作了大量优秀的连环画，成为经典之作。代表作有《红楼梦》《杨家将》《三国演义》等。

J0071124

盘丝洞　孙吉敏，张功军改编；孙明绘
哈尔滨 黑龙江人民出版社 1981 年 91 页
13cm（64 开）统一书号：8093.748
定价：CNY0.15
（西游记故事）

J0071125

蟠桃会　李春法改编；袁惠民绘画
长春 吉林人民出版社 1981 年 31 页 有图
15cm（40 开）统一书号：R8091.1127
定价：CNY0.12
（《美猴王》连环画 5）
　　本书是中国现代连环画册。

J0071126

叛国者　（电影连环画）晓黎改编
北京 中国电影出版社 1981 年 137 页 13cm（64 开）
定价：CNY0.24

J0071127

澎湃的故事　卢权编；曾宪龙，杜应强绘
广州 岭南美术出版社 1981 年 157 页 10cm（64 开）
定价：CNY0.28
　　本书是中国现代连环画册。

J0071128

碰了钉子以后　夏殿臣改编；贺传永绘
济南 山东人民出版社 1981 年 62 页 13cm（64 开）
统一书号：8099.2279 定价：CNY0.12
　　本书是中国现代连环画册。

J0071129

皮司令　马凤超编；徐天佑绘
郑州 河南人民出版社 1981 年 134 页 13cm（64 开）
定价：CNY0.19
　　本书是中国现代连环画册。

J0071130

平顶山　潘勤孟改编；池振亚绘画
石家庄 河北人民出版社 1981 年 98 页 有图
10×13cm 统一书号：8086.1425 定价：CNY0.15
（西游记 13）
　　根据中国古典小说《西游记》改编的现代连环画作品。

J0071131

平顶山　潘勤孟改编；池振亚绘
石家庄 河北人民出版社 1981 年 98 页
13cm（64 开）定价：CNY0.15
（西游记 13）
　　根据中国古典小说《西游记》改编的现代连环画作品。

J0071132

鄱湖擒妖　宋崇风原著；张宝蔚改编；张淮绘画
南京 江苏人民出版社 1981 年 70 页 有图
10×13cm 统一书号：8100.3.419 定价：CNY0.10
　　本书是中国现代连环画册。

J0071133

破釜沉舟　张沛贤等编文；华天章等绘画
长春 吉林人民出版社 1981 年 124 页 13cm（64 开）
统一书号：8091.1124 定价：CNY0.18
　　本书是中国现代连环画册。

J0071134

仆人、财主和强盗　黄学文改编；旸团君绘画
福州 福建人民出版社 1981 年 88 页 有图
10×13cm 统一书号：8173.399 定价：CNY0.13
　　本书是中国现代连环画，根据法国电影改编。

J0071135

浦江红侠传　阿章原著；沈深改编；陈云华等绘
上海 上海人民美术出版社 1981 年 190 页
13cm（64 开）定价：CNY0.22
　　本书是根据同名小说编绘的连环画作品。收入 190 幅图。

J0071136

七绝山　陈平夫改编；池振亚绘画

石家庄 河北人民出版社 1981年 2版 59页
13cm（64开）定价：CNY0.09
　　本书是中国现代连环画册，于1960年7月
出第1版。

J0071137
七色花　（苏）卡塔耶夫原著；海歌改编；张正
平等绘画
南京 江苏人民出版社 1981年 37页 有彩图
10×13cm 统一书号：8100.3.458 定价：CNY0.17
　　本书是中国现代连环画册。

J0071138
奇峰异洞　贾克刚等改编；李锦德等绘
天津 天津人民美术出版社 1981年 87页 有图
10×13cm 统一书号：8073.30526 定价：CNY0.12
　　本书是中国现代连环画册。

J0071139
奇怪的"凶手"　青竹改编；成湘，维芳绘画
济南 山东人民出版社 1981年 134页 13cm（64开）
统一书号：8099.2103 定价：CNY0.19
　　本书是中国现代连环画册。

J0071140
奇妙的旅行　叶永烈原著；赵万顺改编；马超
绘
天津 天津人民美术出版社 1981年 126页 有图
10×13cm 统一书号：8073.30560 定价：CNY0.16
　　本书是中国现代连环画册。

J0071141
奇普里安·波隆贝斯库　（电影连环画）晓月
改编
北京 中国电影出版社 1981年 177页 13cm（64开）
定价：CNY0.26
　　本书是中国现代连环画册。

J0071142
奇人怪想　叶永烈原著；骆大可改编
广州 科学普及出版社广州分社 1983年 94页
13cm（64开）统一书号：8051.60224
定价：CNY0.15
（"科学福尔摩斯"系列连环画之六）

J0071143
奇异的蝴蝶　余克德改编；王晓明绘
天津 天津人民美术出版社 1981年 85页 有图
10×13cm 统一书号：8073.30553 定价：CNY0.14
　　本书是中国现代连环画册。

J0071144
千丈山　韩双东改编；阮诚等绘画
武汉 湖北人民出版社 1981年 78页 有图
10×13cm 统一书号：8106.2226 定价：CNY0.12
　　本书是中国现代连环画，根据小说《农奴战》
编绘。

J0071145
悭吝人　（戏剧连环画）肖德生改编；晓丁摄
北京 宝文堂书店 1981年 125页 13cm（64开）
定价：CNY0.21
　　本书是中国现代连环画册。

J0071146
钱商　（美）阿瑟·海雷原著；张炎冰改编；张
崇政绘
南京 江苏人民出版社 1981年 150页 13cm（64开）
定价：CNY0.18
　　本书是中国现代连环画册。

J0071147
强盗覆灭记　魏峰著文；王力生，王又文绘
天津 天津人民美术出版社 1981年 79页
13cm（64开）统一书号：8073.30536
定价：CNY0.12
　　本书是中国现代连环画册。

J0071148
墙头记　（戏剧故事）辰耳改编；王永扬绘
石家庄 河北人民出版社 1981年 62页
13cm（64开）定价：CNY0.10
　　本书是中国现代连环画册。作者王永扬
（1934—　），画家。浙江鄞县人，出生于上海。
杭州国立艺术专科学校绘画系毕业。中国美术
家协会会员，中国版画家协会会员，天津美术家
协会常务理事。作品有《白求恩》《农村小景》《今
天苦战为了万年幸福》《灯芯绒》等。

J0071149

墙头马上　汤立一，路彤改编；李以恭等摄

南京 江苏人民出版社 1981年 132页 13cm（64开）

定价：CNY0.17

　　本书是中国现代连环画册。

J0071150

乔厂长上任记　蒋子龙原著；吴明改编；胡震国，王守中绘

上海 上海人民美术出版社 1981年 118页

13cm（64开）统一书号：8081.12345

定价：CNY0.14

　　本书是中国现代连环画册。收入118幅图。根据《乔厂长上任记》和《班车》两篇小说改编。

J0071151

桥隆飙（上）韩秀岚改编；季源业，季津业绘画

天津 天津人民美术出版社 1981年 165页

13cm（60开）统一书号：8073.30568

定价：CNY0.21

　　本书是中国现代连环画册。

J0071152

桥隆飙（下）韩秀岚改编；季源业，季津业绘画

天津 天津人民美术出版社 1981年 165页

13cm（60开）统一书号：8073.30569

定价：CNY0.21

　　本书是中国现代连环画册。

J0071153

巧斗黄袍怪　曹作锐改编；阿刘，慕玲绘

长沙 湖南美术出版社 1981年 134页 13cm（64开）

定价：CNY0.19

（西游记连环画 7）

　　根据中国古典小说《西游记》改编的现代连环画作品。作者曹作锐（1923—　），编辑。别名恩谷，河北武清人。擅长连环画编辑及理论研究。《连环画艺术》副主编，中国连环画研究会常务理事，中国美术家协会会员。出版有《连环画编写探幽》，连环画脚本《智降狮猁王》《懒龙伸腰》。

J0071154

巧渡金沙江　啸海改编；汪国新绘画

成都 四川人民出版社 1981年 60页 有图

11×13cm 统一书号：R8118.977 定价：CNY0.10

　　本书是中国现代连环画册。

J0071155

巧攻葛家堡　梅德生编；盛亮贤绘

上海 上海人民美术出版社 1981年 102页 有图

10×13cm 统一书号：8081.12643 定价：CNY0.13

　　本书是中国现代连环画册。作者盛亮贤（1919—2008），画家。上海青浦人。曾从事电影动画及中学美术教学工作，曾任职于上海新美术出版社，任上海人民美术出版社连环画创作室科长等职。连环画作品有《三字经》《枯木逢春》《木匠迎亲》《寻人》《三国演义》等。

J0071156

钦差大臣　黄建中改编；王书朋绘画

武汉 湖北人民出版社 1981年 174页 13cm（64开）

定价：CNY0.23

　　本书是中国现代连环画册。

J0071157

钦差大臣　陆和荪改编；胡振宇绘画

杭州 浙江人民美术出版社 1981年 110页

13cm（64开）定价：CNY0.15

　　本书是中国现代连环画册。作家胡振宇（1939—　），画家。浙江宁波人。浙江美术学院油画系毕业，国家选派赴比利时皇家美术学院留学。历任浙江美院油画系主任、造型学部副主任。代表作品有《功》《一生难忘1976》《峥嵘岁月》《百年沧桑》《白求恩》，出版有《胡振宇油画作品》画册。

J0071158

秦吉了　（清）长白浩子原著；肖云改编；周道银绘

北京 人民美术出版社 1981年 54页 13cm（64开）

统一书号：8027.7809 定价：CNY0.08

　　本书是中国现代连环画册。

J0071159

秦琼发配　李云编文；付伯星等绘画

北京 中国曲艺出版社 1981年 126页 13cm（64开）

定价：CNY0.18

（传统评书连环画《兴唐传》2）

J0071160
秦琼卖马　黄学文改编；王井绘画
福州 福建人民出版社 1981 年 134 页 10×13cm
定价：CNY0.20
（《说唐前传》之一）
　　本书是中国现代连环画册。

J0071161
秦琼卖马　小戈编文；付伯星等绘画
北京 中国曲艺出版社 1981 年 126 页 13cm（64 开）
定价：CNY0.18
（传统评书连环画《兴唐传》1）

J0071162
秦香莲　（戏剧故事）杨兆祥改编；罗希贤绘画
石家庄 河北人民出版社 1981 年 126 页
13cm（64 开）统一书号：8086.1346
定价：CNY0.17
　　本书是中国现代连环画册。

J0071163
琴童　卢萍编文；李崇峻等摄影
天津 天津人民美术出版社 1981 年 117 页 有图
10×13cm 统一书号：8073.30530 定价：CNY0.21
　　本书是中国现代连环画册。

J0071164
琴童　（电影连环画）王逸改编
北京 中国电影出版社 1981 年 147 页 13cm（64 开）
定价：CNY0.26

J0071165
青春之歌　（电影连环画）霍毓杰，陈彻改编
北京 中国电影出版社 1981 年 2 版 207 页
13cm（60 开）定价：CNY0.35

J0071166
青梅　徐金元改编；聂秀功绘画
南京 江苏人民出版社 1981 年 62 页 有图
10×13cm 统一书号：8100.3.450 定价：CNY0.26
（中国古典文学故事选）
　　本书是中国现代连环画，根据蒲松龄著《聊
斋志异》改编。

J0071167
青梅　（清）蒲松龄原著；吴同宾改编；王弘力
绘画
天津 天津人民美术出版社 1981 年 70 页
13cm（64 开）定价：CNY0.12
（《聊斋》故事）
　　本书是中国现代连环画册。

J0071168
清宫外史　曹震云，谢新发摄
上海 上海人民美术出版社 1981 年 189 页
13cm（64 开）统一书号：8081.12323
定价：CNY0.33
　　本书是中国连环画册。由贯文改编。摄影
者谢新发，擅长年画摄影。主要作品有《节日欢
舞》《风光摄影》《怎样拍摄夜景》等。

J0071169
晴雯　孙剑鸣改编；宗静草绘
南京 江苏人民出版社 1981 年 62 页 13cm（64 开）
定价：CNY0.09
（中国古典文学故事选）
　　本书是中国现代连环画册。

J0071170
晴雯　潘彩英改编；丁世弼绘
沈阳 辽宁美术出版社 1981 年 154 页
19cm（小 32 开）定价：CNY0.45
（《红楼梦》人物故事）
　　本书是中国现代连环画册。作者丁世弼
（1939—2018），画家、国家一级美术师。字仲宜，
江西南昌人。中国美术家协会会员，江西省美术
家协会副主席。代表作有《渔岛怒潮》《秋瑾》《陈
赓大将》《红楼梦》等。

J0071171
秋翁遇仙记　熊平改编；汪国新绘画
长沙 湖南美术出版社 1981 年 70 页 13cm（64 开）
统一书号：8233.131 定价：CNY0.12
　　本书是中国现代连环画册。

J0071172
秋翁遇仙记　（明）冯梦龙原著；金浪改编；邹
莉绘画
广州 岭南美术出版社 1981 年 85 页 13cm（64 开）

统一书号：8260.0071　定价：CNY0.16

　　本书是中国现代连环画册。

J0071173

屈原 （文学家的故事）劳炯基编文；江恩莲绘画

广州　岭南美术出版社　1981年　85页　13cm（64开）

定价：CNY0.18

　　本书是中国现代连环画册。

J0071174

屈原 （电影连环画）肖仁舒改编

北京　中国电影出版社　1981年　177页　13cm（64开）

定价：CNY0.26

　　本书是中国现代连环画册。

J0071175

曲项兵 亮采改编；夏亮熹绘画

成都　四川人民出版社　1981年　12页　12×13cm

统一书号：8118·973　定价：CNY0.18

（《聊斋》故事）

　　根据《农人》改编的本书是中国现代连环画册。

J0071176

鹊桥仙 卓晓宁，贾德荣改编；颜小行等摄影

南京　江苏人民出版社　1981年　125页　有图

10×13cm　统一书号：8100.3.400　定价：CNY0.16

　　本书是中国现代连环画册。

J0071177

群芳谱 （电影连环画）若竹改编

北京　中国电影出版社　1981年　177页

72开（72开）统一书号：8061.1587

定价：CNY0.26

　　本书是中国现代连环画册。1

J0071178

群英聚义 余音改编；陈和莲绘

成都　四川人民出版社　1981年　98页　10×13cm

定价：CNY0.15

（《说唐》之八）

　　本书是中国现代连环画册。作者余音（1962—　），纪实文学家。安徽寿县人。中国史记研究会会员，《家庭》《知音》《报告文学》等多家报刊签约作家。代表作品《传销内幕揭秘》《维和高官传奇》《中国维和警察》《特稿采写宝典》。绘者陈和莲（1941—　），四川江津县人，毕业于西南师范学院美术专科。中国美术家协会会员，四川省美术家协会理事。擅长国画、连环画、年画。主要作品有《碧血春秋》《左老的山村》《清清溪水》等。

J0071179

人变狐狸 吴荆父改编；陈文光等绘画

广州　广东人民出版社　1981年　32页　有图

10×13cm　统一书号：8111.2366　定价：CNY0.22

（聊斋故事选）

　　本书是中国现代连环画册。

J0071180

人和狮 鲁宝元，叶小沫编译；庚东海绘画

北京　科学普及出版社　1981年　60页　13cm（64开）

定价：CNY0.11

　　本书是中国现代连环画册。

J0071181

人鱼 李如澍改编；郑泉松绘画

南昌　江西人民出版社　1981年　158页　13cm（64开）

统一书号：8110.419　定价：CNY0.21

　　本书是中国现代连环画册。

J0071182

日月潭 柯宝鸿编绘

福州　福建人民出版社　1981年　38+28页　有图

10×13cm　统一书号：8173.473　定价：CNY0.11

　　本书是中国现代连环画，内容系台湾民间故事。

J0071183

瑞普的奇遇 张廷琛改编；胡若军，谌孝安绘

上海　上海人民美术出版社　1981年　54页

13cm（64开）定价：CNY0.08

　　本书是中国现代连环画册。

J0071184

三百年沉冤 张伦改编；刘淼绘画

福州　福建人民出版社　1981年　79页　13cm（64开）

定价：CNY0.11

　　本书是中国现代连环画册。作者张伦，任职

于陕西省戏曲研究院。

J0071185

三打陈黑鬼　黄鹤逸原著；何标瑞改编；龚绅绘
南昌　江西人民出版社　1981年　94页　有图
10×13cm　统一书号：8110.464　定价：CNY0.14
　　本书系根据台湾民间故事编绘的连环画。

J0071186

三打东兰　杨军编文；陈有天绘
[南宁]　广西人民出版社　1981年　110页　有图
10×13cm　统一书号：8113.669　定价：CNY0.14
　　本书是中国现代连环画册。

J0071187

三盗御杯　（武侠故事）昨飞编；井田绘
长春　吉林人民出版社　1981年　146页　13cm（64开）
统一书号：8091.1206　定价：CNY0.21
　　本书是中国现代连环画册。

J0071188

三滴血　（电影连环画）王逸改编
北京　中国电影出版社　1981年　117页　13cm（64开）
定价：CNY0.21
　　本书是中国现代连环画册。

J0071189

三断奇案　刘仲武改编；王学明绘
石家庄　河北人民出版社　1981年　126页
13cm（64开）定价：CNY0.17
　　本书是中国现代连环画册。作者刘仲武
（1945—　　），河北霸县(现霸州市)人。中国戏曲
表演学会常务理事，河北省戏剧家协会副主席，
河北省戏剧家协会顾问，艺术指导委员会委员，
河北省京剧票友协会副主席兼秘书长。绘者王
学明(1943—　　)，美术编辑。天津人，毕业于河
北省美术学院。曾任师范学校美术教员、报社美
术编辑、衡水地区画院院长、中国美术家协会会
员。连环画代表作品有《三断奇案》等，出版有《买
海居诗选》《王学明画集》等。

J0071190

三过八路屋　魏金永原作；中兴改编；段秀苍
等绘画

石家庄　河北人民出版社　1981年　70页　有图
10×13cm　统一书号：8086.1473　定价：CNY0.09
　　本书是中国现代连环画册。

J0071191

三化铜钱　洪浩配诗；姚奎画
北京　人民美术出版社　1981年　有彩图
13cm（60开）统一书号：8027.7787　定价：CNY0.14
　　本书是根据民间故事改编的中国现代连
环画。

J0071192

三会陈黑　王新富改编；秦云海绘
郑州　中州书画社　1981年　86页　13cm（64开）
定价：CNY0.13
　　本书是中国现代连环画册。

J0071193

三剑客　赵元星改编；于成业绘画
广州　岭南美术出版社　1981年　150页　13cm（64开）
定价：CNY0.24
　　本书是中国现代连环画册。作者于成业
（1950—　　），画家。山东文登人。中国美术家
协会广东分会会员，人民日报神舟书画院画师。
代表作品有《五洲乐》《千禧年》《古堡女奴》等。

J0071194

三借芭蕉扇　虞行先改编；曹留夫绘
天津　天津人民美术出版社　1981年　126页
13cm（64开）统一书号：8073.30540
定价：CNY0.18
（《西游记》故事）
　　根据中国古典小说《西游记》改编的现代连
环画作品。

J0071195

三难苏东坡　白木编文；吴井田绘
长春　吉林人民出版社　1981年　33页　有图
10×13cm　统一书号：8091.1190　定价：CNY0.13
　　本书是中国现代连环画，根据小说集《警世
通言》中的"王安石三难苏学士"改编。

J0071196

三难苏学士　涂介华改编；钱贵荪绘画
南昌　江西人民出版社　1981年　61页　13cm（64开）

定价: CNY0.10

　　本书是中国现代连环画册。

J0071197

三十六计 (一 胜战计) 郝幼权编; 王云鹏等绘

长春 吉林人民出版社 1981年 118页 13cm(64开)

定价: CNY0.18

　　本书是中国现代连环画册。

J0071198

三十六计 (二 敌战计) 郝幼权编; 张成久等绘画

长春 吉林人民出版社 1981年 118页 有图 10×13cm 统一书号: 8091.1197 定价: CNY0.18

　　本书是中国现代连环画册。

J0071199

三十六计 (三 攻战计) 郝幼权编; 张亚力等绘

长春 吉林人民出版社 1981年 118页 13cm(64开)

定价: CNY0.18

　　本书是中国现代连环画册。

J0071200

三十六计 (四 混战计) 郝幼权编; 于敦厚等绘画

长春 吉林人民出版社 1981年 118页 有图 10×13cm 统一书号: 8091.1199 定价: CNY0.18

　　本书是中国现代连环画册。

J0071201

三十六计 (五 并战计) 郝幼权编; 鲍太祥等绘画

长春 吉林人民出版社 1981年 118页 有图 10×13cm 统一书号: 8091.1200 定价: CNY0.18

　　本书是中国现代连环画册。

J0071202

三十六计 (六 败战计) 郝幼权编; 戴春起等绘画

长春 吉林人民出版社 1981年 118页 有图 10×13cm 统一书号: 8091.1201 定价: CNY0.18

　　本书是中国现代连环画册。

J0071203

三探魔鬼湖 邱国华改编; 王弘力, 秋耘绘

福州 福建人民出版社 1981年 82页 13cm(64开)

统一书号: 8173.394 定价: CNY0.11

　　本书是中国现代连环画册。

J0071204

三战尉迟恭 朱羽改编; 傅伯星, 黄明绘

福州 福建人民出版社 1981年 114页 10×13cm

定价: CNY0.18

(《说唐前传》之六)

　　本书是中国现代连环画册。作者朱羽, 连环画艺术家。作品有《近代中国演义(下)》《中国传统连环画精选》《林则徐戒烟》《大闹铁佛寺》《现代故事画库·坪寨风雷》等。

J0071205

三只鸟的记号 薛维维译编; 胡亦画

北京 人民美术出版社 1981年 14页 有彩图 13cm(60开) 统一书号: 8027.7951 定价: CNY0.14

　　本书是中国现代连环画册。根据外国童话改编。

J0071206

森林之王 黄蕴愉编绘

昆明 云南人民出版社 1981年 22页 有彩图 13cm(60开) 统一书号: R8116.946 定价: CNY0.16

　　本书是中国现代连环画, 根据同名故事改编。

J0071207

杀婿逐主 (东周列国故事) 潘勤孟, 王星北改; 徐谷安, 于骏治绘

上海 上海人民美术出版社 1981年 142页 13cm(64开) 统一书号: 8081.12620

定价: CNY0.17

　　本书是中国现代连环画册。

J0071208

沙海明珠 哲中原著; 海力改编; 潘丁丁等绘

石家庄 河北人民出版社 1981年 77页 有图 10×13cm 统一书号: 8086.1370 定价: CNY0.10

　　本书是中国现代连环画册。绘者潘丁丁 (1936—1999), 画师。广东南海人, 毕业于西安美院油画系, 后在中央美术学院铜版画工作室进修。擅长水粉画、中国画。新疆军区创作组美术创作员, 新疆画院一级画师。作品有《走亲戚》

《沙路》等。　出版有《潘丁丁画册》《潘丁丁新疆速写集》《龟兹线描集》《丝路华彩画集》。

J0071209

沙鸥 （电影连环画）姚瑶改编

北京 中国电影出版社 1981年 147页 13cm（64开）

定价：CNY0.26

　　本书是中国现代连环画册。

J0071210

砂器 （电影连环画）小戈编文；吕霖翻拍制作

天津 天津人民美术出版社 1981年 158页

10×13cm 定价：CNY0.26

J0071211

砂器 （电影连环画）肖明改编

北京 中国电影出版社 1981年 177页 10×13cm

定价：CNY0.26

J0071212

鲨鱼侦察兵 胡乃江改编；孙少楷绘画

长春 吉林人民出版社 1981年 63页 有图

15cm（40开）统一书号：R8091.1184

定价：CNY0.19

　　本书是中国现代连环画册。

J0071213

山乡风云 （电影连环画）鲁冬青改编

南京 江苏人民出版社 1981年 165页 13cm（64开）

统一书号：8100.3.388 定价：CNY0.20

　　本书是中国现代连环画册。

J0071214

珊瑚岛的秘密 高彦德译；何为改编

成都 四川少年儿童出版社 1981年 91页

10×13cm 统一书号：R8247.230 定价：CNY0.25

　　本书为中国连环画。

J0071215

珊瑚笛 肖甘牛，黄田英创编；高志岳绘画

杭州 浙江人民美术出版社 1981年 94页

13cm（64开）定价：CNY0.13

　　本书是中国现代连环画册。

J0071216

上海姑娘 （电影连环画）张翠兰改编

北京 中国电影出版社 1981年 157页 13cm（64开）

定价：CNY0.26

　　本书是中国现代连环画册。

J0071217

上尉的女儿 （俄）普希金原著；亭录等改编；于成业，高丽雅绘

南京 江苏人民出版社 1981年 230页 13cm（64开）

定价：CNY0.26

　　本书是中国现代连环画册。

J0071218

少年鲍里斯 王亮功改编；徐冬林绘

南昌 江西人民出版社 1981年 158页 13cm（64开）

统一书号：8110.417 定价：CNY0.21

　　本书是中国现代连环画册。

J0071219

佘赛花 史果原著；汪文光改编；罗盘，何进绘画

南京 江苏人民出版社 1981年 158页 13cm（64开）

定价：CNY0.19

　　本书是中国现代连环画册。

J0071220

社戏 鲁迅原著；赵宗藻绘画

上海 上海人民美术出版社 1981年 12幅

20cm（24开）定价：CNY0.90

（鲁迅小说连环画）

　　根据鲁迅小说编绘的本书是中国现代连环画册。作者赵宗藻（1931— ），版画家。就读于苏州美术专科学校和南京大学美术系。历任中国美术学院版画系主任、副院长，中国版画协会副主席。代表作有《婺江边上》《四季春》《乡干集会》《黄山松》等。

J0071221

深夜静悄悄 （戏剧连环画）若竹改编；张祖道摄

北京 中国戏剧出版社 1981年 156页 13cm（64开）

统一书号：8069.113 定价：CNY0.26

　　本书是中国连环画册。作者张祖道（1922— ），纪实摄影家。生于湖南浏阳，就读

于西南联大社会学系，毕业于清华大学社会学系。《新观察》杂志摄影记者，中国摄影家协会理事，出版有《江村纪事》。

J0071222

神灯　许德贵，吴平凡改编；张修竹绘画
成都　四川人民出版社　1981 年　111 页　有图
10×13cm　统一书号：8118.1011　定价：CNY0.13
　　本书是中国现代连环画，内容系阿拉伯民间故事。

J0071223

神灯　曹振鸿改编；胡永凯绘画
杭州　浙江人民美术出版社　1981 年　94 页
13cm（64 开）定价：CNY0.13
　　本书是中国现代连环画册。

J0071224

神锅　石文改编；李真跃等绘画
太原　山西人民出版社　1981 年　79 页
13cm（64 开）定价：CNY0.13
　　本书是中国现代连环画册。

J0071225

神箭手　曹立改编；马德林绘画
呼和浩特　内蒙古人民出版社　1981 年　78 页
有图　10×13cm　统一书号：8089.112
定价：CNY0.13
（达斡尔族民间故事　3）
　　本书是中国现代连环画，内容系达斡尔族民间故事。

J0071226

神猎手　浅草改编；黄云松绘画
福州　福建人民出版社　1981 年 94 页 13cm（64 开）
统一书号：8173.402　定价：CNY0.13
　　本书是中国现代连环画册。

J0071227

神马驹　滑国璋编文；刘兆平绘
呼和浩特　内蒙古人民出版社　1981 年　78 页
有图　10×13cm　统一书号：8089.106
定价：CNY0.13
　　本书是中国现代连环画册。

J0071228

神秘岛　（上集）黄云松，韩幼文改编；黄云松绘画
杭州　浙江人民美术出版社　1981 年　174 页
13cm（64 开）统一书号：8156.36 定价：CNY0.22
　　本书是中国现代连环画册。

J0071229

神秘岛　（下集）黄云松，韩幼文改编；黄云松绘画
杭州　浙江人民美术出版社　1981 年　182 页
13cm（64 开）统一书号：8156.37 定价：CNY0.22
　　本书是中国现代连环画册。

J0071230

神秘的大佛　薛蔚改编；王耀伟等绘画
福州　福建人民出版社　1981 年　118 页 13cm（64 开）
统一书号：8173.383　定价：CNY0.15
　　本书是中国现代连环画册。

J0071231

神秘的失踪　（科学幻想）刘咏原著；闵谊改编；苏家杰绘画
福州　福建人民出版社　1981 年　122 页 13cm（64 开）
定价：CNY0.18
　　本书是中国现代连环画册。作者苏家杰（1947—　），画家。广州美术学院版画系结业。广东省美术家协会会员，花城出版社美术编辑室主任。作品有《百猫图谱》《友谊花开》等。

J0071232

神秘的信号　丁楠等编文；张松茂绘画
长沙　湖南美术出版社　1981 年　118 页 13cm（64 开）
统一书号：8233.111　定价：CNY0.17
　　本书是中国现代连环画册。

J0071233

神秘武器　苏策原著；魏彤改编；杨在溪等绘
天津　天津人民美术出版社　1981 年　67 页　有图
10×13cm 统一书号：8073.30554 定价：CNY0.10
　　本书是中国现代连环画册。

J0071234

神秘衣　彭信理改编；柴万里绘画
长沙　湖南美术出版社　1981 年　94 页　13cm（64 开）

定价：CNY0.14

　　本书是中国现代连环画册。绘者柒万里（1954—　　），苗族，教授，画家。生于广西南宁，毕业于广西艺术学院美术系。历任广西艺术学院设计学院院长、教授、硕士研究生导师，兼任新岭南书画研究院院长，广西美术家协会副主席，广西民族书画院副院长。编著有《最新人体线描引导》《仕女白描画谱》《山水白描画谱》《黑白画》等。

J0071235

神秘衣　　钱方改编；王晓明绘画
杭州　浙江人民美术出版社 1981年 86 页
13cm（64 开）定价：CNY0.12
　　本书是中国现代连环画册。

J0071236

神女峰的迷雾　　卢谱，蒙显刚编绘
南宁 广西人民出版社 1981年 96 页 13cm（64开）
统一书号：8113.676 定价：CNY0.15
　　本书是中国现代连环画册。

J0071237

神女峰的迷雾　（电影连环画）王逸改编
北京 中国电影出版社 1981年 147页 13cm（64开）
统一书号：8061.1606 定价：CNY0.26
　　本书是中国现代连环画册。

J0071238

神奇的电波　　张东平原著；徐庆宜改编；陈镝，郑高空绘画
广州 岭南美术出版社 1981年 54 页 13cm（64开）
定价：CNY0.12
　　本书是中国现代连环画册。

J0071239

神奇的冠岩　（桂林山水传说）钟建星原著；郑际浩改编；黄宗海绘画
南宁 漓江出版社 1981年 54 页 13cm（64开）
定价：CNY0.08
　　本书是中国现代连环画册。

J0071240

神射手威廉·退尔　　王素一改编；阮诚绘画
南昌 江西人民出版社 1981年 13cm（64开）

定价：CNY0.14
　　本书是中国现代连环画册。

J0071241

神圣的使命　　卞福顺改编；杨兴林，曲绮章绘画
沈阳 辽宁美术出版社 1981年 126页 13cm（60开）
定价：CNY0.19
　　本书是中国现代连环画册。

J0071242

神仙枪　　涂白玉编文；张瑞林绘画
合肥 安徽人民出版社 1981年 78页 有图
10×13cm 统一书号：8102.1196 定价：CNY0.12
　　本书是中国现代连环画册。

J0071243

神医传奇　　王吉祥改编；徐小昆绘画
西安 陕西人民美术出版社 1981年 158 页
13cm（64开）定价：CNY0.20
（科学家的故事丛书）

J0071244

神州风雷　　庞加兴等改编；张健昌等摄影
广州 岭南美术出版社 1981年 152 页 有图
10×13cm 统一书号：8111.2263 定价：CNY0.25
　　本书是中国现代连环画册。

J0071245

神州风雪　　庞加兴，孙锦常改编；张健昌，欧阳西摄影
广州 岭南美术出版社 1981年 152页 13cm（64开）
定价：CNY0.25
　　本书是中国现代连环画册。

J0071246

沈括　　俞润生编文；鞠伏强绘画
南京 江苏人民出版社 1981年 106 页 10×13cm
定价：CNY0.13
（中国古代科学家）
　　本书是中国现代连环画册。

J0071247

沉默的人　（电影连环画）冯锋，戴学庐改编
上海 上海人民美术出版社 1981年 102 页
13cm（64 开）统一书号：8081.12357

定价：CNY0.19

J0071248

沈小霞相会出师表　韩喧改编；傅伯星绘画
福州　福建人民出版社　1981 年　128 页　有图
10×13cm　统一书号：8173.455　定价：CNY0.19
（古代白话小说连环画）

　　本书是中国现代连环画册。绘者傅伯星
（1939—　），浙江湖州人，毕业于浙江美术学院
附中。杭州市美术家协会理事，曾任浙江日报
社主任、美术编辑。主要作品有《菊花》《兴唐
传》等。

J0071249

生死恋　（电影连环画）成玉，魏童改编
北京　中国电影出版社　1981 年　177 页　13cm（64 开）
定价：CNY0.26

　　本书是中国现代连环画册。

J0071250

生死未卜　（科学幻想）赵宏改编；王可伟画
太原　山西人民出版社　1981 年　78 页　13cm（64 开）
定价：CNY0.13

　　本书是中国现代连环画册。

J0071251

尸魔戏唐僧　石山改编；五丰绘
长沙　湖南美术出版社　1981 年　62 页　13cm（64 开）
统一书号：8233.136　定价：CNY0.11
（西游记连环画 6）

　　根据中国古典小说《西游记》改编的现代连
环画作品。

J0071252

失落的发明　周笃佑改编；张青渠绘
长沙　湖南美术出版社　1981 年　78 页　13cm（64 开）
定价：CNY0.12

　　本书是中国现代连环画册。

J0071253

失去影子的人　袁烈州改编；顾盼，潘鸿海绘
南京　江苏人民出版社　1981 年　86 页　13cm（64 开）
定价：CNY0.12

　　本书是中国现代连环画册。作者袁烈州
（1939—　），画家。上海人，祖籍宁波。毕业于

中央美术学院美术史论系。天津人民美术出版
社编审，中国美术家协会会员，中原书画研究院
艺术顾问。出版有《袁烈州画集》，主要作品有《黄
河之惊魂》《挟天地之风雷》《黄河在呼唤》《大
涛澎湃》等。

J0071254

失踪了的侦察英雄　毛亮英改编；郭文涛绘
兰州　甘肃人民出版社　1981 年　150 页　13cm（64 开）
定价：CNY0.20

　　本书是中国现代连环画册。

J0071255

狮驼洞　吴承恩原著；王力军改编；侯国良绘画
哈尔滨　黑龙江人民出版社　1981 年　160 页
13cm（64 开）定价：CNY0.23
（西游记故事）

　　根据中国古典小说《西游记》改编的现代连
环画作品。

J0071256

狮驼伏三魔　周笃佑改编；陈安民绘画
长沙　湖南美术出版社　1981 年　118 页　13cm（64 开）
统一书号：8233.64　定价：CNY0.17
（西游记连环画 19）

　　根据中国古典小说《西游记》改编的现代连
环画作品。

J0071257

狮驼岭　吴承恩原著；张宝林改编；马寒松绘画
天津　天津人民美术出版社　1981 年　126 页
13cm（64 开）定价：CNY0.18
（《西游记》故事）

　　根据中国古典小说《西游记》改编的现代连
环画作品。绘者马寒松（1949—　），画家。天津
人。中国美术家协会会员，天津美术家协会理事，
红桥区政协书画家联谊会副会长，天津人民出版
社任美术编辑、副编审。代表作品《聪明的青蛙》
《兔娃娃》《豹子哈奇》《封神演义》等。

J0071258

十二小英雄　康兴龙改编；刘海志绘
武汉　湖北人民出版社　1981 年　102 页　有图
10×13cm　统一书号：8106.2125　定价：CNY0.15
　　本书是中国现代连环画册。

J0071259

十五贯 匡荣改编；王弘力绘画

沈阳 辽宁美术出版社 1981年 54页 13cm（64开）

定价：CNY0.13

　　本书是中国现代连环画册。绘者王弘力（1927—2019），连环画家。生于天津，祖籍山东蓬莱。中国美术家协会会员，沈阳文史馆馆员，曾任《辽西画报》《辽西文艺》编辑，辽宁美术出版社编审。代表作品有连环画《十五贯》《天仙配》等。

J0071260

十字街头 （电影连环画）毕挥改编

北京 中国电影出版社 1981年 2版 117页 13cm（64开）统一书号：8061.250 定价：CNY0.21

　　本书是中国现代连环画册。

J0071261

石成学艺 张士杰原著；飞雁改编；武海鹰绘

石家庄 河北人民出版社 1981年 70页 13cm（64开）定价：CNY0.10

　　本书是中国现代连环画册。作者武海鹰（1944—　　　），画家。擅长中国画、年画。河北永清人，就学于中央美术学院。河北省永清县文化馆副研究馆员。年画作品《周总理请客》《胜芳花灯》获全国美展奖项，《六子争鱼》《为国争光》《连年有余》入选全国美展。

J0071262

石猴出世 吴承恩原著；高铁林改编；李维康绘

哈尔滨 黑龙江人民出版社 1981年 163页 13cm（64开）定价：CNY0.24

（西游记故事）

　　根据中国古典小说《西游记》改编的现代连环画作品。

J0071263

石田镇烽火 关胜武改编；金祖章绘

哈尔滨 黑龙江人民出版社 1981年 126页 13cm（64开）统一书号：8093.668 定价：CNY0.19

　　本书是中国现代连环画册。

J0071264

石头梦 于秀溪改编；于大武绘

北京 人民美术出版社 1981年 86页 13cm（64开）

定价：CNY0.11

　　本书是中国现代连环画册。

J0071265

石彦与凤凰 晁秀峰编；徐景贤绘

济南 山东人民出版社 1981年 70页 13cm（64开）

定价：CNY0.12

　　本书是中国现代连环画册。

J0071266

史前生物的奥秘 时墨庄编文；王今栋绘

郑州 河南人民出版社 1981年 61页 有图 10×13cm 统一书号：8105.1052 定价：CNY0.10

　　本书是中国现代连环画册。作者王今栋（1932—2013），画家、一级美术师。北京人。河南省文史研究馆馆员，河南省美术家协会副主席，中国美术家协会会员，中国画家协会理事。代表作品《今栋山水画》。

J0071267

手表的故事 陈永先编文；唐小禾绘画

武汉 湖北人民出版社 1981年 19页 有彩图 15cm（40开）统一书号：8106.2094 定价：CNY0.16

　　本书是中国现代连环画册。绘者唐小禾（1941—　　　），画家。祖籍湖北武昌，生于四川江津县。毕业于湖北艺术学院美术系。历任湖北美术学院院长、湖北省美术院副院长、湖北省美术家协会主席、中国美术家协会壁画艺术委员会主任。代表作品有《在大风大浪中前进》《葛洲坝人》《火中的凤凰》《楚乐》等。

J0071268

殊死搏斗 阳春原著；无极改编，徐麟如绘

南昌 江西人民出版社 1981年 134页 有图 10×13cm 统一书号：8110.481 定价：CNY0.18

　　本书是中国现代连环画册。

J0071269

曙光 白桦原著；金伯弢改编；蔡超，陈一文绘

上海 上海人民美术出版社 1981年 166页 13cm（60开）统一书号：8081.12342

定价：CNY0.19

　　本书是中国现代连环画册。收入166幅图。

J0071270

摔跤大王　若希改编、绘画
呼和浩特　内蒙古人民出版社　1981 年　62 页
有图　10×13cm　统一书号：8089.102
定价：CNY0.12
　　本书是中国现代连环画册。

J0071271

双龙会　赵建明改编；张令涛，胡若佛绘
北京　人民美术出版社　1981 年　2 版　102 页
10×13cm　定价：CNY0.16
(《杨家将》之三)
　　本书是中国现代连环画作品，1959 年 3 月
出第 1 版。绘者张令涛(1903—1988)，连环画艺
术家。浙江宁波人，毕业于上海美专。上海文史
馆馆员，中国美术家协会会员，在商务印书馆编
辑所担任美术编辑，代表作品有《杨家将》《红楼
梦》《猎虎记》《三国归晋》《女娲补天》《东周列
国志》等。绘者胡若佛(1908—1980)，连环画家、
国画家。浙江余姚人。本名国华，字大空，号谷
华，自署十卉庐主。曾就学于上海美专、新华艺
专。创作了大量优秀的连环画，成为经典之作。
代表作有《红楼梦》《杨家将》《三国演义》等。

J0071272

双勇士　谷祖永改编；李小山绘
南京　江苏人民出版社　1981 年　70 页　13cm(64 开)
统一书号：8100.3.439　定价：CNY0.10
　　本书是中国现代连环画册。

J0071273

谁的本领大　崔有明翻译改编；谢世果绘画
武汉　湖北人民出版社　1981 年　12 页　有彩图
13cm(60 开)统一书号：8106.1952　定价：CNY0.12
　　本书是中国现代连环画册。根据《硬度的一
个故事》改编。

J0071274

谁是朋友　尹其超改编；张建华绘
济南　山东人民出版社　1981 年　62 页　13cm(64 开)
定价：CNY0.12
　　本书是中国现代连环画册。

J0071275

谁是凶手　(瑞士)弗里德利希·杜仑马特原著；

杨杰改编；王肇达绘
杭州　浙江人民美术出版社　1981 年　102 页
13cm(64 开)定价：CNY0.14
　　本书是中国现代连环画册。

J0071276

水乡女英雄　刘凤桥改编；王大鹏绘
沈阳　辽宁美术出版社　1981 年　114 页　13cm(64 开)
统一书号：7161.0005　定价：CNY0.17
　　本书是中国现代连环画册。绘者王大鹏
(1946—　)，教授。山东临沂人，教授、研究员，
中国美术家协会天津分会会员。

J0071277

司马迁　郭启宏原作；蔡中运改编；盛鹤年绘
贵阳　贵州人民出版社　1981 年　88 页　13cm(64 开)
定价：CNY0.15
　　本书是中国现代连环画册。绘者盛鹤年
(1938—2010)，连环画家，江苏江阴人，历任上
海市美术家协会会员。出版有《扬州除霸》《白
描人物十招》《中国画白描基础》《中国古代人物
线描画谱》等。

J0071278

司马迁　吴赤锋编文；陈永锵绘画
广州　岭南美术出版社　1981 年　94 页　有图
10×13cm　统一书号：8260.0085　定价：CNY0.17
　　本书是中国现代连环画册。绘者陈永锵
(1948—　)，画家。生于广州，祖籍广东南海西
樵。毕业于广州美术学院国画系研究生班。广
州市文化局副局长兼广州画院院长，广东美术家
协会副主席，中国国家画院研究员，岭南画派纪
念馆名誉馆长。作品有《南天开阔好纵横》《南
粤雄风》《岭南花》《雄姿英发》。

J0071279

丝路花雨　吕振模等摄
南京　江苏人民出版社　1981 年　76 页　13cm(64 开)
统一书号：8100.3.370　定价：CNY0.32
　　本书是中国现代连环画册。

J0071280

斯特拉之死　(英)毛姆原著；方荣欣改编；叶
家斌绘画
南京　江苏人民出版社　1981 年　94 页　有图

10×13cm 统一书号：8100.3.421 定价：CNY0.12
　　本书是中国现代连环画册。

J0071281
死神手里的报告　孟听伯改编；沃宝华绘画
长春 吉林人民出版社 1981 年 31 页 有图
15cm（40 开）统一书号：R8091.1133
定价：CNY0.12
　　本书是中国现代连环画，根据周昆同名科学幻想小说改编。

J0071282
四面楚歌　刘丁辰等编；戴春起等绘
长春 吉林人民出版社 1981 年 123 页 13cm（64 开）
定价：CNY0.18
（成语故事 2）
　　本书是中国现代连环画册。

J0071283
四气王半夜　邢念编；刘泽岱等绘
石家庄 河北人民出版社 1981 年 102 页
13cm（64 开）定价：CNY0.14
　　本书是中国现代连环画册。绘者刘泽岱
（1938—　），美术设计师。唐山人，毕业于北京
电影学院美术系。中国影协上海分会会员，中国
美协上海分会会员，上海漫画学会会员。木偶片
设计有《桑哥哥》《黑熊奇遇记》《小裁缝》《马蜂
窝》，动画片《大扫除》《蚂蚁和大象》等。

J0071284
四签名　（英）柯南道尔原著；李敏媛，孙剑影
改编；杨晓晖绘
南京 江苏人民出版社 1981 年 198 页 13cm（64 开）
统一书号：8100.3.445 定价：CNY0.23
（福尔摩斯探案 1）
　　本书是中国现代连环画册。

J0071285
四探无底洞　辛胡改编；唐明生绘
长沙 湖南美术出版社 1981 年 126 页 13cm（64 开）
定价：CNY0.16
（西游记连环画 21）
　　根据中国古典小说《西游记》改编的现代连
环画作品。

J0071286
嵩口司　陈仁鉴原作；张铁民改编；王井绘
福州 福建人民出版社 1981 年 113 页 13cm（64 开）
定价：CNY0.14
　　本书是中国现代连环画册。

J0071287
嵩岭激战　陈炜萍改编；黄继葵绘画
福州 福建人民出版社 1981 年 66 页 有图
10×13cm 统一书号：8173.385 定价：CNY0.09
　　本书是中国现代连环画册。

J0071288
宋襄公　林林改编；徐谷安绘画
上海 上海人民美术出版社 1981 年 110 页 有图
10×13cm 统一书号：8081.12510 定价：CNY0.13
（东周列国故事）
　　本书是中国现代连环画册。

J0071289
搜孤救孤　（东周列国故事）林林改编；汤义
方绘
上海 上海人民美术出版社 1981 年 126 页
13cm（64 开）统一书号：8081.12354
定价：CNY0.15
　　本书是中国现代连环画册。

J0071290
苏轼　（中国古代文学家的故事）俞润生编文；
迎春绘画
南京 江苏人民出版社 1981 年 126 页 13cm（64 开）
定价：CNY0.15
　　本书是中国现代连环画册。

J0071291
苏武牧羊　王世泽改编；邵梦龙绘画
西安 陕西人民美术出版社 1981 年 62 页
13cm（64 开）定价：CNY0.10
　　本书是中国现代连环画册。

J0071292
苏小妹　（戏剧连环画）梁星乔，孙和平改编；
孙和平摄影
北京 宝文堂书店 1981 年 117 页 13cm（64 开）
定价：CNY0.21

J0071293

鲧伯取土　伊黎编；张培成绘

上海　上海人民美术出版社　1981 年　46 页
13cm（64 开）统一书号：8081.12497
定价：CNY0.07
（中国古代神话故事连环画）

J0071294

隋文帝惩子　彭士杰编；郑庆衡等绘

石家庄　河北人民出版社　1981 年　70 页 13cm
（64 开）定价：CNY0.11
　　　　本书是中国连环画册。

J0071295

随周恩来副主席长征　魏国禄原作；彭忠民
改编；高先贵绘

贵阳　贵州人民出版社　1981 年　88 页 13cm（64 开）
定价：CNY0.14
　　　　本书是中国连环画册。

J0071296

孙膑下山　林汉达原著；少波改编；于水，吴
声绘画

哈尔滨　黑龙江人民出版社　1981 年　87 页
13cm（64 开）统一书号：8093.701
定价：CNY0.14
　　　　本书是中国现代连环画册。

J0071297

孙庞斗智　李白英改编；朱岷甫绘画

上海　上海人民美术出版社　1981 年　146 页　有图
10×13cm　统一书号：8081.12556 定价：CNY0.17
（东周列国故事）
　　　　本书是中国现代连环画册。

J0071298

孙悟空大闹通天河　文松改编；车进绘画

杭州　浙江人民美术出版社　1981 年　63 页
13cm（64 开）定价：CNY0.10
（《西游记》故事）
　　　　根据中国古典小说《西游记》改编的现代连
环画作品。

J0071299

孙悟空皈正　繁一改编；林明深绘画

长沙　湖南美术出版社　1981 年　102 页 13cm（64 开）
统一书号：8233.162 定价：CNY0.16
（西游记连环画 2）
　　　　根据中国古典小说《西游记》改编的现代连
环画作品。

J0071300

孙悟空义救难婴　刘荫瑜改编；邓福觉绘画

南宁　广西人民出版社　1981 年　61 页 13cm（64 开）
定价：CNY0.09
　　　　本书是中国现代连环画册。

J0071301

孙中山　（上集　中国近代史故事）迟森编文；
王征绘画

上海　上海人民美术出版社　1981 年　142 页　有图
10×13cm　统一书号：8081.12746 定价：CNY0.17
　　　　本书是描绘孙中山革命斗争经历的中国现
代连环画。收入 284 幅图。绘者王征（1938—　　），
画家。浙江温岭人，毕业于浙江美术学院中国画
系。浙江博物馆美术员，北京人民美术出版社编
辑，济南军区美术员，杭州浙江工艺美校高级讲
师、校长，中国美术家协会会员。作品有《红楼
梦》《三国演义》《金瓶梅》。出版有《国画人物
画法》等。

J0071302

他们在相爱　（电影连环画）王逸改编

北京　中国电影出版社　1981 年　147 页 13cm（64 开）
统一书号：8061.1537 定价：CNY0.26

J0071303

他是谁　时永福编；于绍文绘

北京　人民美术出版社　1981 年　78 页 13cm（64 开）
定价：CNY0.11
　　　　本书是中国现代连环画册。

J0071304

**他死在黎明之后——为真理献身的青年英
雄史云峰**　乔迈编文；耿兴阳绘画

长春　吉林人民出版社　1981 年　62 页　有图
10×13cm　统一书号：8091.1191 定价：CNY0.10
　　　　本书是中国现代连环画册。

J0071305
她从雾中来 （电影连环画）王彬改编
北京 中国电影出版社 1981年 156页 13cm（64开）
定价：CNY0.26

J0071306
她配戴团徽吗 李日君改编；姜华庆绘画
济南 山东人民出版社 1981年 62页 13cm（64开）
定价：CNY0.12
　　本书是中国现代连环画册。

J0071307
塔拉斯的火炬 高正改编；潘喜良绘画
长春 吉林人民出版社 1981年 86页 有图
10×13cm 统一书号：8091.1131 定价：CNY0.14
　　本书是中国现代连环画册。

J0071308
太尔亲王 杨春峰改编；陆军绘
南昌 江西人民出版社 1981年 94页 13cm（64开）
统一书号：8110.490 定价：CNY0.14
　　本书是中国现代连环画册。

J0071309
太平镇血案 乔好贤编文；谌孝安绘画
郑州 中州书画社 1981年 102页 有图
10cm（64开）统一书号：8219.47 定价：CNY0.15
　　本书是中国现代连环画册。

J0071310
太史谏崔杼 龙光沛改编；高先贵，吴邦泰绘
贵阳 贵州人民出版社 1981年 45页 13cm（64开）
定价：CNY0.09
　　本书是中国现代连环画册。

J0071311
太阴山 可蒙改编；刘斌昆绘画
上海 上海人民美术出版社 1981年 101页 有图
10×13cm 统一书号：8081.12594 定价：CNY0.13
（东周列国故事）
　　本书是中国现代连环画册。

J0071312
太子艾赫山 冯国伟编绘
乌鲁木齐 新疆人民出版社 1981年 62页

13cm（64开）定价：CNY0.10
　　本书是中国现代连环画册。

J0071313
探索号被劫 魏峰著；潘鸿海绘
天津 天津人民美术出版社 1981年 106页
13cm（64开）统一书号：8073.30519
定价：CNY0.14
　　本书是中国现代连环画册。

J0071314
探长贝尔拉赫 吴荃改编；詹忠效画
广州 科学普及出版社广州分社 1981年 60页
13cm（64开）定价：CNY0.11
　　本书是中国现代连环画册。

J0071315
唐公主和亲 邬和镒改编；方楚雄等绘
长沙 湖南美术出版社 1981年 86页
13cm（64开）定价：CNY0.13
　　本书是中国现代连环画册。作者方楚雄
（1950— ），广东普宁人，毕业于广州美术学院
并留校任教，中国美术家协会会员。主要作品有
《牧鸭》《水禽》《翠蝶兰》等。出版《方楚雄画选》
《方楚雄画集》等。

J0071316
唐僧收徒 吴承恩原著；高铁林改编；阴衍江绘
哈尔滨 黑龙江人民出版社 1981年 148页
13cm（60开）定价：CNY0.22
（西游记故事）
　　根据中国古典小说《西游记》改编的现代连
环画作品。

J0071317
棠棣之花 郭沫若原著；张隽一改编；邓平绘
长春 吉林人民出版社 1981年 94页 13cm（64开）
统一书号：8091.113 定价：CNY0.14
　　本书是中国现代连环画册。

J0071318
逃亡者 （英）罗伯特·奥尼尔原著；葛明贻改
编；叶坚铭绘画
南京 江苏人民出版社 1981年 70页 13cm（64开）
定价：CNY0.10

本书是中国现代连环画册。

J0071319

逃亡者 （英）罗伯特·奥尼尔原著；立德改编；
俞晓庆绘

北京 人民美术出版社 1981年 86页 13cm（64开）
定价：CNY0.14

　　本书是中国现代连环画册。

J0071320

逃亡者 钮胜利改编；钱自成等绘画

西安 陕西人民美术出版社 1981年 102页
13cm（64开）定价：CNY0.14

　　本书是中国现代连环画册。

J0071321

讨狐记 （清）蒲松龄原著；陈显荣改编；丁宁
源绘

济南 山东人民出版社 1981年 78页 13cm（64开）
定价：CNY0.13

（《聊斋志异》连环画丛书 4）

J0071322

特种部队 周郁辉，丛竹原著；于文清改编；
梅云绘

南京 江苏人民出版社 1981年 134页 13cm（60开）
定价：CNY0.16

　　本书是中国现代连环画册。

J0071323

啼笑因缘 郁茹改编；刘国辉绘

杭州 浙江人民美术出版社 1981年 174页
13cm（64开）统一书号：8156.162 定价：CNY0.21

　　本书是中国现代连环画册。

J0071324

天池捉鳖 辛胡改编；宁香仁绘

长沙 湖南美术出版社 1981年 126页 13cm（64开）
定价：CNY0.16

　　本书是中国现代连环画册。

J0071325

天涯断肠人 （剧照连环画）徐微改编；徐斌
等摄

上海 上海人民美术出版社 1981年 157页

13cm（64开）定价：CNY0.28

　　摄影者徐斌，擅长摄影。主要作品有年历
《算一算》《喜悦》《小演员》等。

J0071326

天云山传奇 （电影连环画）闻敏改编

北京 中国电影出版社 1981年 173页 13cm（64开）
统一书号：8061.1663 定价：CNY0.28

　　本书是中国现代连环画册。

J0071327

一条白绫带 刘新生编；赵贵荣绘

沈阳 辽宁美术出版社 1981年 122页 13cm（64开）
统一书号：8117.2038 定价：CNY0.18

　　本书是中国现代连环画册。

J0071328

铁臂扫群奸 （中国武术连环画）洪湖改编；
叶家斌，郭慈绘

广州 岭南美术出版社 1981年 150页 13cm（64开）
定价：CNY0.23

　　本书是中国现代连环画册。绘者叶家斌
（1949—　　），画家。广东中山人，毕业于广州美
院研究生班。任广东美术家协会理事、广东连
环画艺术委员会主任。主要作品有《斯库台三英
雄》《绿林神箭手》《中途岛之战》《变成石头的
人》等。

J0071329

铁旦 刘支喜，朱德星编绘

昆明 云南人民出版社 1981年 78页 有图
10×13cm 统一书号：8116.981 定价：CNY0.12

　　本书是中国现代连环画册。

J0071330

铁道游击队 （电影连环画）孙韵清改编

北京 中国电影出版社 1981年 2版 187页
13cm（64开）统一书号：8061.135 定价：CNY0.32

　　本书是中国现代连环画作品，1957年9月
出第1版。

J0071331

铁弓李贵 （广东民间故事）徐建中编；李全
民绘

广州 岭南美术出版社 1981年 [128页]

13cm（64 开）定价：CNY0.23

　　本书是中国现代连环画册。

J0071332

铁扇公主　吴承恩原著；张启太改编；乔常义绘

哈尔滨 黑龙江人民出版社 1981 年 165 页

13cm（64 开）定价：CNY0.25

（西游记故事）

　　本书是中国现代连环画册。

J0071333

铁扇公主　张鸾作

天津 天津人民美术出版社 1981 年 76cm（2 开）

定价：CNY0.16

　　根据中国古典小说《西游记》改编的现代连
环画作品。作者张鸾（1924—　　），女。别名张
米玖，天津人。天津人民美术出版社从事创作，
编审。作品有木版画《鲁迅和一个工厂》《五子
爱清洁》《娃娃戏少林寺》《小胜儿》《小笛和水
罐》等。

J0071334

听来的故事　哲中编文；冯怀荣，孙贤玲绘画

乌鲁木齐 新疆人民出版社 1981 年 93 页

13cm（64 开）定价：CNY0.15

　　本书是中国现代连环画册。

J0071335

通天河除妖　王时一改编；王治华绘

天津 天津人民美术出版社 1981 年 94 页

13cm（64 开）统一书号：8073.30549

定价：CNY0.15

（《西游记》故事）

　　根据中国古典小说《西游记》改编的现代连
环画作品。

J0071336

童年　高尔基原著；甘礼乐编；傅骏绘

上海 上海人民美术出版社 1981 年 198 页 有图

10×13cm 统一书号：8081.12683 定价：CNY0.34

　　本书是中国现代连环画册。

J0071337

童年　（苏）高尔基原著；甘礼乐改编；傅骏绘

上海 上海人民美术出版社 1981 年 198 页

13cm（64 开）定价：CNY0.34

　　本书是中国现代连环画册。

J0071338

统一六国　（东周列国故事）李白英改编；双
林，杨火才绘画

上海 上海人民美术出版社 1981 年 102 页

13cm（64 开）定价：CNY0.13

　　本书是中国现代连环画册。

J0071339

偷吃人参果　丁南改编；罗玉祥绘

长沙 湖南美术出版社 1981 年 86 页 13cm（64 开）

定价：CNY0.13

（西游记连环画 5）

　　根据中国古典小说《西游记》改编的现代连
环画作品。

J0071340

投奔闯王　张剑萍改编；毕群生绘画

济南 山东人民出版社 1981 年 94 页 13cm（64 开）

统一书号：8099.2221 定价：CNY0.15

（《李自成》故事选 9）

　　本书是中国现代连环画册。

J0071341

土耳其的蛇刀　（瑞士）弗里德利希·杜伦马
特原著；王才博等改编；王桂保绘

广州 岭南美术出版社 1981 年 114 页 有图

10×13cm 统一书号：8260.0106 定价：CNY0.18

　　本书是根据《法官和他的刽子手》改编的现
代连环画。

J0071342

土寨怒火　张兴文编；潘直亮绘

武汉 湖北人民出版社 1981 年 94 页 13cm（64 开）

定价：CNY0.14

　　本书是中国现代连环画册。绘者潘直亮
（1941—　　），编辑。湖北汉阳人。历任湖北孝感
市文联副主席、市美协主席，孝感画院院长，中
国美术家协会会员，孝感市美术家协会名誉主
席。作品有《杨靖宇》《恋》《献寿》主要专著有《潘
直亮佛教题材水墨作品选集》等。

J0071343

吐尔逊的故事　陈华籦改编；史殿生绘

沈阳 辽宁美术出版社 1981年 158页 13cm（64开）

定价：CNY0.23

　　作者史殿生，就读于中央美术学院。中国美术家协会会员，国家一级美术师，北京师范大学中国画创作高级研究生班导师，北京红旗书画院副院长、益昌画院顾问。作品有《盛装》《岁月》《高士图》等。

J0071344

吐尔逊的奇遇　（上集）陆柱国原著；苗杰改编，朱成梁绘画

南京 江苏人民出版社 1981年 110页 有图

10×13cm 统一书号：8100.3.433 定价：CNY0.16

　　本书是中国现代连环画册。作者朱成梁（1948—　），绘本作家。中国美术家协会会员。作品有《两兄弟》《屋檐下的腊八粥》《团圆》等。

J0071345

吐尔逊的奇遇　（下集）陆柱国原著；苗杰改编；周一清绘

南京 江苏人民出版社 1981年 118页 13cm（64开）

定价：CNY0.15

　　本书是中国现代连环画册。

J0071346

团圆　杨声灿原著；霜木改编；黄家恒绘画

广州 岭南美术出版社 1981年 93页 有图

10×13cm 统一书号：8260.0109 定价：CNY0.16

　　本书是中国现代连环画册。

J0071347

退避三舍　刘丁辰等编文；孙延村等绘画

长春 吉林人民出版社 1981年 124页 13cm（64开）

统一书号：8091.1125 定价：CNY0.18

（成语故事 5）

　　本书是中国现代连环画册。

J0071348

瓦岗寨　余音改编；张自启绘

成都 四川人民出版社 1981年 86页 10×13cm

定价：CNY0.13

（《说唐》之十）

　　本书是中国现代连环画册。

J0071349

完璧归赵　张叶舟改编；陈全胜绘画

沈阳 辽宁美术出版社 1981年 102页 13cm（64开）

定价：CNY0.24

　　本书是中国现代连环画册。

J0071350

王府怪影　计红绪，计三猛原著；马程绘

北京 人民美术出版社 1981年 128页 13cm（64开）

定价：CNY0.26

　　本书是中国现代连环画册。

J0071351

王府鬼影　王云高编；杜滋龄绘

南宁 漓江出版社 1981年 122页 13cm（64开）

统一书号：8256.17 定价：CNY0.18

　　本书是中国现代连环画册。

J0071352

王熙凤大闹宁国府　石玉昆改编；范爱全，骆仲琦摄

南京 江苏人民出版社 1981年 156页 13cm（64开）

定价：CNY0.20

　　本书是中国现代连环画册。

J0071353

王昭君　曹禺原著；陈长明改编；笑雨，汤云绘

上海 上海人民美术出版社 1981年 230页

13cm（64开）定价：CNY0.26

　　本书是中国现代连环画册。收入 230 幅图。

J0071354

王昭君　曹禺原著；李大发改编；施大畏等绘画

成都 四川人民出版社 1981年 138页 有图

10×13cm 统一书号：8118.1015 定价：CNY0.23

　　本书是中国现代连环画册。

J0071355

王者　李振国改编；赵宋生绘

昆明 云南人民出版社 1981年 76页 13cm（64开）

定价：CNY0.14

　　本书是现代中国连环画作品。

J0071356

王子复仇记　（英）莎士比亚原著；志中改编；

胡克文绘

北京 人民美术出版社 1981年 118页 13cm（64开）

统一书号：8027.7829 定价：CNY0.15

本书是中国现代连环画册。

J0071357

王子与贫儿 （美）马克·吐温原著；明扬改编；徐锡林绘

北京 人民美术出版社 1981年 142页 13cm（64开）

定价：CNY0.17

本书是中国现代连环画册。

J0071358

王佐断臂 马保超改编；潘真等绘画

郑州 中州书画社 1981年 118页 10×13cm

统一书号：8219.90 定价：CNY0.17

（《说岳全传》连环画之六）

J0071359

望夫云 郁声改编；舒鸿钧等摄影

北京 宝文堂书店 1981年 125页 有图

10×13cm 统一书号：8070.57 定价：CNY0.21

本书是中国现代连环画，根据同名白剧改编。

J0071360

望娘滩 铁丁改编；黄大华，桑麟康绘

天津 天津人民美术出版社 1981年 62页

13cm（64开）定价：CNY0.11

本书是中国现代连环画。绘者黄大华（1934—　），水彩画家。浙江鄞县人。中国美术家协会会员。上海人民美术出版社编辑，上海百草画院常务副院长。从事连环画创作，编辑出版连环画近三百种。绘者桑麟康（1957—　），画家。浙江鄞县人，就读于上海市轻工业专科学校美术系。在上海市农垦工商联合企业总公司天山商场担任美工。作品有《同学》《我们唤醒了沉睡的大地》《养鸡图》等。

J0071361

危机 北京电视台长春电影制片厂译制；北京电视台改编

北京 北京出版社 1981年 125页 有图

10×13cm 统一书号：8071.342 定价：CNY0.22

（朝鲜惊险系列故事片《无名英雄》6）

本书是中国现代连环画，系朝鲜惊险系列故事片《无名英雄》之六。

J0071362

危险的较量 北京电视台等译制

北京 北京出版社 1981年 141页 有图

10×13cm 统一书号：8071.341 定价：CNY0.25

（朝鲜惊险系列故事片《无名英雄》5）

本书是中国现代连环画，朝鲜惊险系列故事片《无名英雄》之五。

J0071363

威尼斯商人 （戏剧连环画）管正美改编；张强、王连城摄影

北京 中国戏剧出版社 1981年 125页 13cm（64开）

统一书号：8069.72 定价：CNY0.21

J0071364

微笑中的阴影 北京电视台改编

北京 北京出版社 1981年 141页 13cm（64开）

定价：CNY0.25

（朝鲜惊险系列故事片《无名英雄》7）

本书是中国现代连环画册。

J0071365

魏文侯 （东周列国故事）李白英改编；卢辅圣绘

上海 上海人民美术出版社 1981年 94页

13cm（64开）定价：CNY0.12

本书是中国现代连环画册。绘者卢辅圣（1949—　），编辑。浙江东阳人，毕业于浙江美术学院中国画系。历任《朵云》《书法研究》主编，上海书画出版社总编辑，中国美术家协会会员，上海美术家协会顾问。代表作品有中国画《旧游》，连环画《钗头凤》。

J0071366

文成公主 陈雷等改编；周仓志等摄影

南京 江苏人民出版社 1981年 220页 有图

10×13cm 统一书号：8100.3.416 定价：CNY0.27

本书是中国现代连环画，根据江苏省话剧演出本编绘，田汉编剧，王凤、田野导演。摄影周仓志，摄影连环画有《李太白与杨贵妃》、黄梅戏《女驸马》四连拍、锡剧《嫦娥奔月》等。

J0071367

文天祥　王亮功编文；汤云鹤，冯金玲绘
南昌　江西人民出版社　1981年　102页　13cm（64开）
统一书号：8110.479　定价：CNY0.15
　　　　本书是中国现代连环画册。

J0071368

我爱画画　（上）王子健等编画
上海　少年儿童出版社　1981年　1册　有图
13×18cm（36开）统一书号：R8024.21
定价：CNY0.12
　　　　本书是中国现代连环画册。

J0071369

我爱画画　（下）王子健等编画
上海　少年儿童出版社　1981年　1册　有图
13×18cm（36开）统一书号：R8024.21
定价：CNY0.12
　　　　本书是中国现代连环画册。

J0071370

我的大学　（苏）高尔基原著；冯若梅改编；贝
家骧绘画
上海　上海人民美术出版社　1981年　182页
13cm（64开）定价：CNY0.31
　　　　本书是根据苏联作家高尔基原著改编的本
书是中国现代连环画册。收入182幅图。绘者
贝家骧（1953—　），画家。上海人，祖籍苏州。
毕业于上海师范大学美术系，后留校任教。代表
作品有《中国扇子》（组画）等。

J0071371

我的儿子　（电影连环画）吴美玉改编
北京　中国电影出版社　1981年　93页　13cm（64开）
统一书号：8061.1712　定价：CNY0.17
　　　　本书是中国现代连环画册。

J0071372

我肯嫁给他　（戏剧连环画）杨欣等改编；晓
丁摄影
北京　宝文堂书店　1981年　125页　13cm（64开）
定价：CNY0.21
　　　　本书是中国现代连环画册。

J0071373

卧虎令　吴路寿改编；严启生绘
北京　人民美术出版社　1981年　110页　13cm（64开）
定价：CNY0.14
　　　　本书是中国现代连环画册。

J0071374

卧龙山除妖　张京生，方茂明编文；张正刚绘
画
合肥　安徽人民出版社　1981年　142页　10cm（64开）
定价：CNY0.21
　　　　本书是中国现代连环画册。作者张京生
（1940—　），画家。生于北京，毕业于中央美术
学院油画系。天津美术学院教授、硕士生导师，
中国美术家协会会员。

J0071375

卧薪尝胆　（历史故事）曹治淮改编；豁志绘画
石家庄　河北人民出版社　1981年　94页
13cm（64开）定价：CNY0.14
　　　　本书是中国现代连环画册。

J0071376

无敌的战士　辛果编；刘端，吴成槐绘
沈阳　辽宁美术出版社　1981年　112页　13cm（64开）
统一书号：8117.1984　定价：CNY0.17
　　　　本书是中国现代连环画册。

J0071377

无底洞　吴承恩原著；张绍旻改编；高同宝绘
石家庄　河北人民出版社　1981年　94页
13cm（64开）定价：CNY0.13
（西游记 30）
　　　　根据中国古典小说《西游记》改编的现代连
环画作品。绘者高同宝（1937—　），美术编辑。
曾用笔名高鹏。河北晋州市人，毕业于河北美术
学院（现天津美术学院）。曾在河北美术出版社、
河北教育出版社做美术编辑。主要作品有《无底
洞》《龙宫借宝》《流沙河》《高同宝画集》等。

J0071378

无底洞　（西游记戏曲故事）西安易俗社编；秦
豫摄
西安　陕西人民美术出版社　1981年　2张
76cm（2开）定价：CNY0.36

中国戏曲连环画。

J0071379

吴越春秋　劳炯基改编；梁镇雄绘画

广州 岭南美术出版社 1981 年 106 页 有图

10×13cm 统一书号：8260.0132 定价：CNY0.18

（东周列国志选）

本书是中国现代连环画册。

J0071380

伍参献策　（东周列国故事）李白英，潘勤孟

改编；于骏治绘

上海 上海人民美术出版社 1981 年 118 页

13cm（64 开）定价：CNY0.14

本书是中国现代连环画册。

J0071381

伍大斩蟒　潘中亮编绘

贵阳 贵州人民出版社 1981 年 56 页 13cm（64 开）

统一书号：8115.808 定价：CNY0.10

本书是中国现代连环画册。

J0071382

武陵山下　张永如改编；曾晓浒绘画

长沙 湖南美术出版社 1981 年 222 页 13cm（64 开）

定价：CNY0.30

本书是中国现代连环画册。

J0071383

武松　（上）刘延龄改编；吕世荣绘画

长春 吉林人民出版社 1981 年 126 页 有图

10×13cm 统一书号：8091.1112 定价：CNY0.37

（《水浒》人物）

J0071384

武松　（中）刘延龄改编；城光绘画

长春 吉林人民出版社 1981 年 94 页 有图

10×13cm 统一书号：8091.1113 定价：CNY0.15

（《水浒》人物）

J0071385

武松　（下）刘延龄编文；刘宝仲绘画

长春 吉林人民出版社 1981 年 102 页 有图

10×13cm 统一书号：8091.1114 定价：CNY0.31

（《水浒》人物）

J0071386

武松　熊燕辉改编；陈慧荪绘画

南昌 江西人民出版社 1981 年 158 页 13cm（64 开）

定价：CNY0.21

本书是中国现代连环画册。

J0071387

武松　（二 兄弟话别情）李蠡改编

北京 中国电影出版社 1981 年 147 页 有图

10×13cm

本书是根据电视连续剧《武松》改编的连

环画。

J0071388

舞台枪声　何延虹编文；魏奎仲绘画

石家庄 河北人民出版社 1981 年 86 页 有图

10×13cm 统一书号：8086.1441 定价：CNY0.11

本书是中国现代连环画册。

J0071389

舞台生涯　（电影连环画）索立改编

北京 中国电影出版社 1981 年 147页 13cm（64 开）

统一书号：8061.1531 定价：CNY0.26

本书是中国现代连环画册。

J0071390

悟空拜师　吴菲改编；黄秀樱绘画

长春 吉林人民出版社 1981 年 31 页 有图

15cm（40 开）统一书号：8091.1108 定价：CNY0.12

本书是中国现代连环画册。

J0071391

悟空大破双魔洞　（明）吴承恩原著；郭子宣

改编；焦岩峰绘

济南 山东人民出版社 1981 年 123页 13cm（64 开）

定价：CNY0.18

（《西游记》故事选 1）

J0071392

悟空擒玉兔　方仿改编；张治华绘

长沙 湖南美术出版社 1981 年 110 页 13cm（64 开）

定价：CNY0.16

（西游记连环画 24）

J0071393

雾都谍影 （英）柯南道尔原著；徐庆宜改编；
蚁美楷绘
广州 岭南美术出版社 1981年 77页 13cm（64开）
统一书号：8260.0119 定价：CNY0.14
（福尔摩斯探案选）

本书是中国现代连环画册。作者蚁美楷
（1938— ），画家。广东澄海人，毕业于北京艺
术师范学院。吉林艺术学院美术系教师，广州美
术学院副教授。代表作品《打稻场上》《待鱼归》
《炎黄子孙》等。

J0071394

西安事变 洪涛改编；苏朗画
兰州 甘肃人民出版社 1981年 206页 10cm（64开）
定价：CNY0.32

本书是中国现代连环画册。作者苏朗
（1938— ），画家。原名严国保。湖北武汉人，
就读于武昌艺师和西北师院艺术系。中国美术
家协会会员，甘肃人民出版社副编审。代表作品
有《黄河渡》《煦风吹不尽》《奶站笑语》等。

J0071395

西湖公主 （清）蒲松龄原著；孙克传，张法银
改编；孙雨田绘
济南 山东人民出版社 1981年 70页 13cm（64开）
定价：CNY0.12
（《聊斋志异》连环画丛书 4）

绘者孙雨田（1948— ），研究员。笔名山野、
别署恋蒲斋。生于山东济宁，毕业于山东师范大
学美术系。淄博书画院副研究馆员，山东画院高
级画师，中国美术家协会会员。出版作品有《蒲
松龄》《七彩绫》《汉武帝》《粘年糕》等。

J0071396

西湖主 舒瑛改编；刘国辉绘
南京 江苏人民出版社 1981年 30页 13cm（64开）
统一书号：8100.3.427 定价：CNY0.14
（中国古典文学故事选）

本书是中国现代连环画册。

J0071397

西梁国 吴承恩原著；徐礼娴改编；刘振亭绘画
天津 天津人民美术出版社 1981年 126页 有图
10×13cm 统一书号：8073.30537 定价：CNY0.18

（《西游记》故事）

根据中国古典小说《西游记》改编的现代连
环画作品。

J0071398

西施 张弘等编剧；楠刚等摄影
南京 江苏人民出版社 1981年 132页 有图
10×13cm 定价：CNY0.17

本书是中国现代连环画册。根据江苏省昆
剧院演出本编绘。作者张弘（1959— ），湖南宁
乡人。生于武汉，毕业于广州美术学院中国画系。
广州美院美术教育系系主任、教授、硕士研究生
导师，中国美术家协会会员，广东美术家协会理
事。作品有《新港》《日月盈昃》《不灭的火焰》
《十月秋染山》《日落而息》。

J0071399

西施 张弘等编剧；徐礼娴改编；周仓志等摄影
天津 天津人民美术出版社 1981年 117页 有图
10×13cm 统一书号：8073.30533 定价：CNY0.20

本书是中国现代连环画册。根据江苏省昆
剧院演出的同名昆剧改编。摄影周仓志，摄影连
环画有《李太白与杨贵妃》、黄梅戏《女驸马》四
连拍、锡剧《嫦娥奔月》等。

J0071400

西施泪 双戈等编剧；叶天荣等摄影
上海 上海人民美术出版社 1981年 158页 有图
9×13cm（64开）统一书号：8081.12628
定价：CNY0.28

本书是中国现代连环画册。摄影者叶天荣，
擅长摄影。主要作品有《杭州云溪》《巾帼英雄》
《鼓浪屿之春》等。

J0071401

西天取经 张启太改编；孙福林，乔常义绘
哈尔滨 黑龙江人民出版社 1981年 157页
13cm（64开）统一书号：8093.743
定价：CNY0.23
（西游记故事）

根据中国古典小说《西游记》改编的现代连
环画作品。

J0071402

希光复仇记 鄢自垠改编；齐熙耀绘画

昆明 云南人民出版社 1981年 94页 有图
9×13cm（64开）统一书号：R8116.991
定价：CNY0.16
　　本书是中国现代连环画册。

J0071403
熙凤弄权　徐淦改编；李宁远，丁纯一绘
上海 上海人民美术出版社 1981年 102页
13cm（64开）统一书号：8081.12600
定价：CNY0.18
（《红楼梦》连环画之三）
　　本书是根据古典小说《红楼梦》改编的中国
现代连环画册。

J0071404
蟋蟀　（清）蒲松龄原著；易子改编；周波绘
广州 岭南美术出版社 1981年 91页
13cm（64开）定价：CNY0.18
（古典文学作品选）
　　本书是中国现代连环画册。绘者周波
（1940— ），画家。曾用名周胤波。广东潮阳人，
毕业于广州美术学院中国画系。广州美术学院
国画系教师，广东及中国美术家协会会员。主要
作品有《蕉鸭图》《戏水图》《退潮》等。

J0071405
蟋蟀　蒲松龄原著；白虹改编；郁芷芳绘
上海 上海人民美术出版社 1981年 46页
13cm（64开）定价：CNY0.07
　　本书是中国现代连环画册。

J0071406
席方平——聊斋志异故事选　（清）蒲松龄原
著；鸿雪改编；展之余绘
济南 山东人民出版社 1981年 78页 13cm（64开）
定价：CNY0.13
　　本书是中国现代连环画册。

J0071407
喜盈门　辛显令编剧；赵焕章导演；程世余等
摄影
上海 上海人民美术出版社 1981年 158页 有图
10×13cm 统一书号：8081.12595 定价：CNY0.28
　　本书是中国现代连环画册。

J0071408
喜盈门　（电影连环画）王逸改编
北京 中国电影出版社 1981年 147页 13cm（64开）
定价：CNY0.27
　　本书是中国现代连环画册。

J0071409
峡山猿踪　（广东风物传说连环画）孙锦常，
周泽优编文；苏小华，刘仁毅绘画
广州 岭南美术出版社 1981年 66页
13cm（64开）统一书号：8260.0078
定价：CNY0.14

J0071410
仙人岛——聊斋志异故事选　纪震改编；杨
文仁绘
济南 山东人民出版社 1981年 70页 13cm（64开）
定价：CNY0.12
（《聊斋志异》连环画丛书）

J0071411
仙乳泉　（台湾高山族民间故事）肖甘牛编；王
培堃，杨永琚绘
石家庄 河北人民出版社 1981年 87页
13cm（64开）定价：CNY0.12
　　本书是中国现代连环画册。

J0071412
先生和弟子　易希高编；广俊绘
西宁 青海人民出版社 1981年 51页 13cm（64开）
统一书号：8097.432 定价：CNY0.09
　　本书是中国现代连环画册。

J0071413
献忠入川　姚雪垠原著；杨兆林改编；桑麟康绘
上海 上海人民美术出版社 1981年 165页
10cm（64开）定价：CNY0.20
（《李自成》连环画 16）
　　绘者桑麟康（1957— ），画家。浙江鄞县人，
就读于上海市轻工业专科学校美术系。在上海
市农垦工商联合企业总公司天山商场担任美工。
作品有《同学》《我们唤醒了沉睡的大地》《养鸡
图》等。

J0071414

乡场上　何士光原著；胡廷楣改编；胡振宇绘
上海　上海人民美术出版社　1981年　54页
13cm（64开）定价：CNY0.08
　　本书是中国现代连环画册。收入54幅图。

J0071415

香罗帕　（电视剧连环画）王福顺改编；王崇秋
摄影
北京　广播出版社　1981年　117页　有图
10×13cm　统一书号：8236.003　定价：CNY0.22

J0071416

香玉　（清）蒲松龄原著；雪松改编；周申绘画
济南　山东人民出版社　1981年　78页　13cm（64开）
统一书号：8099.2092　定价：CNY0.13
（《聊斋志异》连环画丛书　聊斋志异故事选）

J0071417

湘南风火　欧阳辉改编；彭本人等绘
长沙　湖南美术出版社　1981年　13cm（64开）
定价：CNY0.11
　　本书是中国现代连环画册。绘者彭本人
（1945—　），编辑。湖南桂阳人，毕业于湖南师
范学院美术系。擅长中国画、连环画。中国美术
家协会会员。主要作品有《中国姑娘》《三十八
颗人头》《欧阳海》《银妆》《两代人》等。

J0071418

向警予在溆浦　常红改编；苏兴斌绘
沈阳　辽宁美术出版社　1981年　78页　13cm（64开）
定价：CNY0.13
　　本书是中国现代连环画册。

J0071419

向彭军团长求援　蒋石麟编；胡博综等绘
南昌　江西人民出版社　1981年　62页　有图
10×13cm　统一书号：8110.480　定价：CNY0.10
　　本书是中国现代连环画册。

J0071420

象倌传奇　黄岭编；陈水远绘
南昌　江西人民出版社　1981年　158页　13cm（64开）
统一书号：8110.475　定价：CNY0.20
　　本书是中国现代连环画册。

J0071421

象群归来　沈石溪原著；秋扬改编；申根源绘
贵阳　贵州人民出版社　1981年　108页　13cm（64开）
定价：CNY0.16
　　本书是中国现代连环画册。

J0071422

萧鱼会　杨兆林改编；高志岳绘画
上海　上海人民美术出版社　1981年　125页　有图
10×13cm　统一书号：8081.12496　定价：CNY0.15
（东周列国故事）
　　本书是中国现代连环画册。

J0071423

崤山之战　吴枫改编；黄穗中绘
广州　岭南美术出版社　1981年　94页　13cm（64开）
定价：CNY0.17
（东周列国志选）
　　本书是中国现代连环画册。

J0071424

小兵张嘎　（电影连环画）张翠兰改编
北京　中国电影出版社　1981年　157页　13cm（64开）
统一书号：8061.1707　定价：CNY0.26
　　本书是中国现代连环画册。

J0071425

小姑望东郎　（桂林山水传说）钟建星原著；
李蕾改编；梁启德绘
南宁　漓江出版社　1981年　53页　13cm（64开）
定价：CNY0.08
　　本书是中国现代连环画册。

J0071426

小金马　李涌原著；轻舟改编；王晋泰绘
太原　山西人民出版社　1981年　142页　有图
10×13cm　统一书号：8088.1458　定价：CNY0.19
　　本书是中国现代连环画册。

J0071427

小雷音寺　吴承恩原著；路哥改编；陈云波绘
石家庄　河北人民出版社　1981年　2版　62页
13cm（64开）统一书号：8086.1367　定价：CNY0.10
（西游记24）
　　根据中国古典小说《西游记》改编的现代连

环画作品。

J0071428

小灵通漫游未来　叶永烈原著；竺乾华改编；
孟石初等绘画
合肥 安徽人民出版社 1981 年 94 页 有图
10×13cm 统一书号：8102.1157 定价：CNY0.12
　　本书是中国现代连环画册。

J0071429

小马虎历险"疏忽国"（儿童连环漫画）陈
镕康改编；杜建国，毛用坤绘画
石家庄 河北人民出版社 1981 年 30 页 有图
10×13cm 统一书号：8086.1354 定价：CNY0.12
　　本书是中国现代连环画册。绘者杜建国
（1941— ），广东澄海人。笔名常开、一览等。
中国美术家协会会员，中国动画学会会员，上海
美术家协会漫画艺术委员会委员。上海少年报
编辑。主要作品有《小兔非非》《象哥哥》《小熊
和小小熊》等。绘者毛用坤（1936— ），漫画家。
浙江宁波人。创办上海少年报和《好儿童》画报，
任美术组长、画报编辑部主任，副编审。作品有
连环画《大扫除》《周总理在少年宫》《小灵通漫
游未来》、连环画漫画《海虹》等。

J0071430

小梅　（清）蒲松龄原著；张振和改编；陆成法，
陆小弟绘
济南 山东人民出版社 1981 年 70 页 13cm（64开）
定价：CNY0.12
（《聊斋志异》连环画丛书 4）

J0071431

小三子参军　杜春雷改编；郑小鹏绘
哈尔滨 黑龙江人民出版社 1981 年 85 页
13cm（64开）统一书号：8093.719 定价：CNY0.14
　　本书是中国现代连环画册。

J0071432

小铁子　顾笑言编；关启明画
长春 吉林人民出版社 1981 年 168 页 有图
10×13cm 统一书号：8091.1188 定价：CNY0.24
　　本书是中国现代连环画册。

J0071433

小学生文明礼貌图册
天津 天津人民美术出版社 1981 年 1 册
有彩图 13cm（60开）统一书号：8073.30570
定价：CNY0.09

J0071434

小英雄王璞　韩盼山，丁殿民原著；赵建国改
编；刘根涛，赵建国绘
石家庄 河北人民出版社 1981 年 118 页
13cm（64开）定价：CNY0.14
　　本书是中国现代连环画册。

J0071435

小制作　蔡一鸣编绘
呼和浩特 内蒙古人民出版社 1981 年 1 册
有图 10×13cm 统一书号：7089.137
定价：CNY0.09
　　本书是中国现代连环画册。

J0071436

谢瑶环　黄钟改编；薛方绘
北京 人民美术出版社 1981 年 118 页 13cm（64开）
统一书号：8027.7985 定价：CNY0.15
　　本书是中国现代连环画册。

J0071437

辛伯达航海　陈树彬编绘
广州 广东人民出版社 1981 年 127 页 有图
10×13cm 统一书号：8111.2362 定价：CNY0.22
　　本书是中国现代连环画册。系《一千零一夜》
故事选。

J0071438

辛弃疾　斯奋编文；巫治平绘画
广州 岭南美术出版社 1981 年 106 页 有图
10×13cm 统一书号：8260.0073 定价：CNY0.25
　　本书是中国现代连环画册。

J0071439

辛弃疾　于祥改编；盛元龙绘画
杭州 浙江人民美术出版社 1981 年 93 页
13cm（64开）定价：CNY0.13
　　本书是中国现代连环画册。作者盛元龙
（1949— ），美术师，画家。浙江鄞县人。毕业

于中国美院国画系人物画专业。鄞县美协主席，鄞县越剧团二级美术师。代表作品有《众志成城》《海边》等，出版有《盛元龙画集》。

J0071440

辛十四娘 （清）蒲松龄原著；张剑萍改编；黄山绘画

济南 山东人民出版社 1981年 78页 13cm（64开）

统一书号：8099.2254 定价：CNY0.13

（聊斋志异故事选 16）

J0071441

新道德"三字经" 施大畏等绘

上海 上海人民美术出版社 1981年 45页 有图 13cm（60开）统一书号：8081.12585 定价：CNY0.09

　　作者施大畏（1950— ），画家，浙江吴兴人。毕业于上海大学美术学院国画系。国家一级美术师，上海国画院执行院长，中国美术家协会副主席，中国美协国画艺委会委员，上海美协国画艺委会主任，上海大学美术学院兼职教授。代表作《暴风骤雨》《国殇》《皖南事变》《归途——西路军妇女团纪实》。

J0071442

新道德三字经 （绘图本）沈阳部队某团一连编文；王纯言绘图

上海 上海人民出版社 1981年 96页 有图 14cm（64开）统一书号：3074.596 定价：CNY0.12

　　本书是中国现代连环画册。

J0071443

新儿女英雄传 （上）孔厥，袁静原著；李大振改编；辛鹤江绘

石家庄 河北人民出版社 1981年 170页 13cm（64开）定价：CNY0.20

　　本书是中国现代连环画册。作者辛鹤江（1941— ），河北安新人，毕业于天津美术学院。擅长中国画。河北美协副主席，连环画研究会副会长，河北美术出版社社长兼总编辑、编审。代表作有《棉农来访》《周总理和小演员在一起》《敌情急》《老英雄回到雁翎队》等。

J0071444

新少年 （1981.4）辽宁新少年杂志社编辑

沈阳 辽宁新少年杂志社 1981年 16页 有图 17×19cm（24开）定价：CNY0.07

　　本书为中国连环画册。

J0071445

新珠 秋次郎改编；池长尧绘

福州 福建人民出版社 1981年 182页 13cm（64开）定价：CNY0.26

　　本书是中国现代连环画册。

J0071446

星球大战 黄戈改编；恺君绘画

长沙 湖南美术出版社 1981年 110页 13cm（64开）统一书号：8233.149 定价：CNY0.15

　　本书是中国现代连环画册。

J0071447

刑场上的婚礼 谭勋，谢燕辛编；陈保平，杨德润绘

广州 岭南美术出版社 1981年 136页 13cm（64开）定价：CNY0.23

　　本书是中国现代连环画册。

J0071448

刑场上的婚礼 黄宁婴原著；丁国联改编，叶雄绘

上海 上海人民美术出版社 1981年 158页 有图 10×13cm 统一书号：8081.12607 定价：CNY0.18

　　本书是根据原著改编的中国现代连环画册。收入158幅图。作者叶雄（1950— ），连环画家。笔名夏草、古寅。上海崇明人，毕业于上海大学美术学院国画系专科。中国美术家协会上海分会会员，上海连环画研究会理事，上海黄浦画院画师，上海老城厢书画会常务理事。代表作品有《竹林七贤图》《子夜》《郑板桥造像》《咆哮的黑龙江》等。

J0071449

刑场上的婚礼 （电影连环画）王逸改编

北京 中国电影出版社 1981年 147页 13cm（64开）统一书号：8061.1541 定价：CNY0.26

　　本书是中国现代连环画册。

J0071450

胸绣崖 肖甘牛编；丁昌祥绘画

武汉 湖北人民出版社 1981 年 26 页 有彩图
15cm（40 开）统一书号：R8106.2130
定价：CNY0.21
　　本书是中国现代连环画册。

J0071451
宣传画页
天津 天津人民美术出版社 1981 年 10 页
有彩图 15cm（40 开）统一书号：8073.70025
定价：CNY0.40
　　本书是中国现代连环画册。

J0071452
学拼音 （1）孙修章，丁俐丽编写；甫元绘画
设计
北京 人民美术出版社 1981 年 1 册 有彩图
17×19cm（24 开）统一书号：7236.005
定价：CNY0.24
　　本书是中国现代连环画册。

J0071453
学拼音 （2）孙修章，丁俐丽编写；王庆生绘
画设计
北京 人民美术出版社 1981 年 1 册 有彩图
17×19cm（24 开）统一书号：7236.006
定价：CNY0.24
　　本书是中国现代连环画册。作者王庆生
（1943— ），记者、编辑。江苏南京人，从事报
社编辑和记者工作。

J0071454
学拼音 （5）孙修章编写
北京 人民美术出版社 1981 年 有彩图 18×17cm
统一书号：7236.009 定价：CNY0.24
　　本书是中国现代连环画册。

J0071455
雪青马 （电影连环画）吴培民，李太山改编
南京 江苏人民出版社 1981 年 181 页 13cm（64 开）
定价：CNY0.23
　　有周福星剧照。

J0071456
雪山少年 赵学兵原著；黄亦波改编，陈剑英绘
南京 江苏人民出版社 1981 年 70 页 有图

10×13cm 统一书号：8100.3.402 定价：CNY0.10
　　本书是中国现代连环画册。

J0071457
血溅美人图 （戏剧连环画）霆钧改编；胡旗
等摄
北京 文化艺术出版社 1981 年 140 页 13cm（64 开）
定价：CNY0.24

J0071458
血溅美人图 （电影连环画）蒋宗原改编
北京 中国电影出版社 1981 年 147 页 13cm（64 开）
定价：CNY0.26
　　本书是中国现代连环画册。

J0071459
血泪情深 赵永祥改编；王恒东绘
哈尔滨 黑龙江人民出版社 1981 年 133 页
13cm（64 开）统一书号：8093.772 定价：CNY0.20
　　本书是中国现代连环画册。

J0071460
血宇的研究 李敏媛，孙剑影改编；杨晓晖绘
南京 江苏人民出版社 1981 年 158 页 13cm（64 开）
定价：CNY0.19
（福尔摩斯探案 1）
　　本书是中国现代连环画册。

J0071461
血字的研究 刘笑改编；陈长贵绘
长春 吉林人民出版社 1981 年 124 页 13cm（64 开）
定价：CNY0.18
（福尔摩斯探案）
　　本书是中国现代连环画册。

J0071462
寻找流失的海水——大西洋底来的人 胡
家辉改编；王重义等绘画
沈阳 辽宁美术出版社 1981 年 74 页 13cm（64 开）
定价：CNY0.12
　　绘者王重义（1940— ），画家、编辑。生于
浙江鄞县。曾任人民美术出版社创作员，浙江人
民出版社、浙江少年儿童出版社美术编辑、室主
任，副编审，浙江美术家协会会员。与兄弟王重
英合作创作多部连环画。主要作品有《海军少尉

巴宁》《天山红花》《以革命的名义》《十里洋场斗敌记》《战争在敌人心脏》等。

J0071463

丫小姐　李伯元原著；根毅改编；童介眉绘
天津　天津人民美术出版社　1981年　70页
13cm（64开）统一书号：8073.30558
定价：CNY0.12
（《官场现形记》选辑）
　　本书是中国现代连环画册。

J0071464

哑巴皇帝　梁兴汉编文；俞梦彦绘画
福州　福建人民出版社　1981年　60页　13cm（64开）
定价：CNY0.09
　　本书是中国现代连环画册。作者俞梦彦
（1943— ），教授。浙江杭州人，毕业于福建师
大美术学院。福建师大美术系副教授，中国美术
家协会会员，福建省教育画院院常委会副主任。
出版有《工笔人物画技法》《俞梦彦画集》《俞梦
彦速写选》《俞梦彦专辑》。

J0071465

胭脂　杲杳改编；张文忠绘画
成都　四川人民出版社　1981年　79页　12×13cm
统一书号：8118.842　定价：CNY0.17
（《聊斋》故事）
　　本书是中国现代连环画册。

J0071466

胭脂　（电影连环画）张翠兰，柏柳改编；周荣震摄
北京　中国电影出版社　1981年　173页　13cm（64开）
定价：CNY0.28

J0071467

胭脂　（剧照）
北京　中国电影出版社　1981年　2张　76cm（2开）
定价：CNY0.26
　　本作品是中国现代年画。

J0071468

鄢能学画　李月芬等编；何纬仁绘
南宁　广西人民出版社　1981年　74页　13cm（64开）
统一书号：8113.693　定价：CNY0.10

本书是中国现代连环画册。

J0071469

晏子相齐　（东周列国故事）潘勤孟改编；陈国强绘
上海　上海人民美术出版社　1981年　94页
13cm（64开）定价：CNY0.12
　　本书是中国现代连环画册。

J0071470

燕归来　（电影连环画）邱以仁等摄；陆健真选编
上海　上海人民美术出版社　1981年　158页
13cm（64开）定价：CNY0.28

J0071471

燕归来　（电影连环画）王逸改编
北京　中国电影出版社　1981年　147页　13cm（64开）
定价：CNY0.26

J0071472

阳湖支队　王汝昆编文；岳海波，朱铭绘画
济南　山东人民出版社　1981年　118页　13cm（64开）
定价：CNY0.17
　　本书是中国现代连环画册。绘者岳海波
（1955— ），教授。生于山东济南，毕业于山东
艺术学院美术系。历任山东艺术学院美术系副
教授，中国美术家协会会员。代表作《当代连环
画精品集·岳海波》《送子上学》《盘古开天地》。
绘者朱铭（1937—2011），教授。江苏泰州人。
毕业于山东师范大学艺术系。山东艺术学院教
授，中国美术家协会会员，山东美协理事，山东
省广告协会副会长。

J0071473

杨七郎打擂　赵建明改编；张令涛，胡若佛绘
北京　人民美术出版社　1981年　2版　134页
10×13cm　统一书号：8027.1707　定价：CNY0.20
（《杨家将》之二）
　　本书是中国连环画册。于1958年6月出第
1版。

J0071474

杨幺义军　胡本昱编文；宋定国绘画
长沙　湖南美术出版社　1981年　125页　13cm（64开）

定价: CNY0.16

本书是中国现代连环画册。

J0071475

杨业归宋 张令涛, 胡若佛绘; 赵建明改编

北京 人民美术出版社 1981 年 2 版 126 页

10×13cm 定价: CNY0.19

(《杨家将》之一)

本书是中国连环画册。于 1958 年 2 月出第 1 版。

J0071476

野火春风斗古城 李英儒原著; 王佩家改编; 常玉昌, 张桂芝绘

哈尔滨 黑龙江人民出版社 1981 年 145 页

13cm(64 开) 统一书号: 8093.653

定价: CNY0.22

本书是中国现代连环画册。

J0071477

野火春风斗古城 (电影连环画) 文飘改编

北京 中国电影出版社 1981 年 207 页 13cm(64 开)

统一书号: 8061.1145 定价: CNY0.35

J0071478

野火春风斗古城 (上) 李英儒原著; 戈兵改编; 马廷奎, 马铭绘

石家庄 河北人民出版社 1981 年 166 页

13cm(64 开) 统一书号: 8086.1437

定价: CNY0.19

本书是中国现代连环画册。

J0071479

野妹子 马正泉改编; 盛元富绘

杭州 浙江人民美术出版社 1981 年 134 页

13cm(64 开) 定价: CNY0.17

本书是中国现代连环画册。绘者盛元富, 美术高级编辑, 创作有《浙江人民革命斗争故事》《野妹子》《红衣女侠》《夜袭阳明堡》等。

J0071480

野天鹅 沙铁军改编; 庞希泉, 曹芳伯绘

北京 北京出版社 1981 年 104 页 13cm(64 开)

定价: CNY0.17

本书是中国现代连环画册。作者沙铁军

(1942—), 编审。江苏如皋人, 毕业于南京大学中文系。湖北人民出版社文史编辑部主任, 武汉作家协会会员, 中国连环画研究会会员, 湖北连环画研究会理事。代表作品有《中国古代战争》《长江三部曲》《青春之歌》《中国古代战争》《六十年的变迁》等。作者庞希泉(1941—), 美术编辑。山东潍坊人, 毕业于中央工艺美术学院装饰绘画系。曾任山东潍坊市第二印染厂美术设计、北京报社美术编辑, 中国美术家协会会员, 北京美术家协会会员。出版有《庞希泉中国画》《希泉画猫精品》《庞希泉中国画作品集》等。

J0071481

野天鹅 (丹麦)安徒生原著; 陈吉蓉改编; 贾文涛绘

天津 天津人民美术出版社 1981 年 77 页

13cm(64 开) 定价: CNY0.12

本书是中国现代连环画册。

J0071482

野猪林 施耐庵原著; 赵金发改编; 戴红倩等绘画

上海 上海人民美术出版社 1981 年 110 页 有图

10×13cm 统一书号: 8081.12340 定价: CNY0.13

本书是中国现代连环画册。作者施耐庵(约 1296—约 1370), 原名彦端, 字肇瑞, 号子安, 别号耐庵。代表作品《水浒传》。

J0071483

夜明珠的传说 谈庆麟编文; 夏书玉, 邓泰和绘画

天津 天津人民美术出版社 1981 年 86 页

13cm(64 开) 统一书号: 8073.30614

定价: CNY0.14

本书是中国现代连环画册。

J0071484

夜袭黄庙 杨力原著; 付凌云编绘

郑州 河南人民出版社 1981 年 78 页 有图

10×13cm 统一书号: 8105.1049 定价: CNY0.12

本书是中国现代连环画册。

J0071485

夜莺 青萍改编; 张修竹绘画

成都 四川人民出版社 1981 年 46 页 有彩图

13cm（60开）统一书号：R8118.728 定价：CNY0.28
　　本书是中国现代连环画册。

J0071486
夜总会上　（英）威·骚·毛姆原著；刘亚君改
编；杨逸麟绘画
天津　天津人民美术出版社 1981年 63页
13cm（64开）定价：CNY0.10
　　本书是中国现代连环画册。

J0071487
一出好险的戏　金近改编；管齐骏绘
上海　上海人民美术出版社 1981年 62页 有图
10×13cm 统一书号：8081.12355 定价：CNY0.18
　　本书是中国现代连环画册。

J0071488
一堆财宝　刘治贵改编；陆世斌绘
昆明　云南人民出版社 1981年 46页 有图
10×13cm 统一书号：8116.987 定价：CNY0.10
　　本书是中国现代连环画册。

J0071489
一个美国飞行员　鲁冬青改编
南京　江苏人民出版社 1981年 164页 有图
10×13cm 统一书号：8100.3.387 定价：CNY0.20
　　本书是中国现代连环画册。

J0071490
一个美国飞行员　（电影连环画）夏建国改编
广州　岭南美术出版社 1981年 142页 13cm（64开）
定价：CNY0.26
　　本书是中国现代连环画册。

J0071491
一个美国飞行员　（电影连环画）索成立改编
北京　中国电影出版社 1981年 147页 13cm（64开）
定价：CNY0.26
　　本书是中国现代连环画册。

J0071492
一虎守九牛　（桂林山水传说）潘荣才改编；
李先志、李先宏绘画
南宁　漓江出版社 1981年 62页 13cm（64开）
统一书号：8256.6 定价：CNY0.09

　　本书是中国现代连环画册。

J0071493
一件小事　鲁迅原著；黄英浩绘
上海　上海人民美术出版社 1981年 20幅
20cm（24开）统一书号：8081.12682
定价：CNY1.10
（鲁迅小说连环画）
　　本书是根据鲁迅小说编绘的中国现代连环
画册。

J0071494
一颗铜钮扣　竺光译文；杨逸麟编绘
天津　天津人民美术出版社 1981年 287页
13cm（60开）定价：CNY0.35
　　本书是中国现代连环画册。绘者杨逸麟
（1931— ），画家、教授。河北迁安人，毕业于
中央美术学院绘画系。中国美术家协会会员，中
央美术学院教授。代表作品有《一颗铜钮扣》《卡
门》《周恩来画卷》等。

J0071495
一双绣花鞋　丁楠改编；雷德祖绘
长沙　湖南美术出版社 1981年 158页 13cm（64开）
定价：CNY0.22
　　本书是中国现代连环画册。

J0071496
一条怪鱼　刘治贵改编；朱岷甫绘图
昆明　云南人民出版社 1981年 45页 13cm（64开）
统一书号：8116.924 定价：CNY0.09
　　本书是中国现代连环画册。

J0071497
伊索寓言　（上册）张明改编；陈永镇画
北京　中国少年儿童出版社 1981年 26cm（16开）
定价：CNY0.48
　　作者陈永镇（1936— ），浙江乐清人。毕业
于中国美术学院（浙江美院）。中国美术家协会
理事，中国儿童美术艺委会委员，安徽省美协副
主席。主要作品有《还是一样》《再给你带上一
个》等。

J0071498
伊索寓言　（图画 下册）张明改编；陈永镇画

北京 中国少年儿童出版社 1981年 26cm（16开）
定价：CNY0.48

J0071499

夷吾争位 （东周列国故事）林林改编；赵仁
年绘
上海 上海人民美术出版社 1981年 134页
13cm（64开）统一书号：8081.12509
定价：CNY0.16

　　本书是中国现代连环画册。作者赵仁年
（1939—　），画家。江苏阜宁人。中国美术家协
会会员，上海美术家协会会员，日本东西方艺术
振兴会常务理事，原上海侨友经济协会东舟美术
家连谊会副会长。代表作品有《诸葛亮探亲》等。

J0071500

贻顺哥烛蒂　邓超尘，陈明镥原作；江世庸改
编；苏田等绘画
福州 福建人民出版社 1981年 118页 有图
10×13cm 统一书号：8173.458 定价：CNY0.18
（福建戏剧 一）

　　本书是中国现代连环画册。

J0071501

义激美猴王　吴承恩原著；郑士金改编；段纪
夫绘
天津 天津人民美术出版社 1981年 94页
13cm（64开）定价：CNY0.15
（《西游记》故事）

　　根据中国古典小说《西游记》改编的现代连
环画作品。

J0071502

驿站长　（俄）普希金原著；贾克刚改编；张安
武绘画
天津 天津人民美术出版社 1981年 70页
13cm（64开）统一书号：8073.30477
定价：CNY0.11

　　本书是中国现代连环画册。

J0071503

阴谋的破产　程业浩改编；查加伍绘画
武汉 湖北人民出版社 1981年 70页 13cm（64开）
定价：CNY0.11

　　本书是中国现代连环画册。

J0071504

阴谋与仇恨　晨曲改编；徐甲英绘画
沈阳 辽宁美术出版社 1981年 162页 13cm（64开）
定价：CNY0.24

　　本书是中国现代连环画册。

J0071505

隐形人　（科学幻想）梁固改编；韦文峰，里森绘
南宁 广西人民出版社 1981年 94页 13cm（64开）
定价：CNY0.12

　　本书是中国现代连环画册。

J0071506

英雄铁甲　郝嘉贤改编，绘画
长沙 湖南美术出版社 1981年 78页 13cm（64开）
统一书号：8233.158 定价：CNY0.11

　　本书是中国现代连环画册。

J0071507

英语实验教材　李勤，丁沽编著；李长春等绘画
北京 教育科学出版社 1981年 82页 有图
10×13cm 统一书号：K7232.76 定价：CNY0.16

　　本书是中国现代连环画册。外文书名：
English Book One, A Beginners' Course.

J0071508

婴宁　张峻声改编；周串绘
济南 山东人民出版社 1981年 78页 13cm（64开）
定价：CNY0.13
（《聊斋志异》连环画丛书 4）

J0071509

婴宁　蒲松龄原著；陈元宁改编；钱贵苏绘画
天津 天津人民美术出版社 1981年 70页 有图
10×13cm 统一书号：8073.30595 定价：CNY0.12

　　本书是中国现代连环画册。

J0071510

萤火虫　刘宝俊改编；李耀忠等摄影
北京 广播出版社 1981年 116页 有图
10×13cm 统一书号：8236.009 定价：CNY0.24

　　本书是根据周锴同名电视剧改编的中国现
代连环画册。

J0071511

应声阿哥 严亭亭等原著；刘抒编；陈伟东绘
上海 上海人民美术出版社 1981 年 110 页 有图
10×13cm 统一书号：8081.13895 定价：CNY0.16
　　本书是中国现代连环画册。

J0071512

永不熄灭的闪光——记青年英雄朱文奇事迹 仓小义，马桂永编；张鸿宝等绘
济南 山东人民出版社 1981 年 70 页 13cm（64 开）
统一书号：8099.2241 定价：CNY0.12
　　本书是中国现代连环画册。

J0071513

永不消逝的电波 （电影连环画）任羽改编
北京 中国电影出版社 1981 年 2 版 117 页
13cm（64 开）定价：CNY0.21
　　本书是中国现代连环画作品。

J0071514

永恒的爱情 （电影连环画）晓黎改编
北京 中国电影出版社 1981 年 146 页 13cm（64 开）
定价：CNY0.26

J0071515

勇斗青牛精 沙铁军改编；汪国新绘画
长沙 湖南美术出版社 1981 年 118 页 13cm（64 开）
定价：CNY0.18
（西游记连环画 13）
　　根据中国古典小说《西游记》改编的现代连
环画作品。

J0071516

油山游击战 单澄平原著；张立人改编；张学乾绘画
兰州 甘肃人民出版社 1981 年 126 页 13cm（64 开）
统一书号：8096.778 定价：CNY0.15
　　本书是中国现代连环画册。

J0071517

幼儿识字 （1）黄人颂等编；金渭昌绘画
上海 上海教育出版社 1981 年 有彩图
15cm（40 开）统一书号：7150.2511 定价：CNY0.21

J0071518

于江打狼 李振国改编；陈德彬绘
昆明 云南人民出版社 1981 年 43 页 13cm（64 开）
定价：CNY0.10
　　本书是中国现代连环画册。

J0071519

于志杰除妖 黄文庆改编；欧锦生等绘画
广州 广东人民出版社 1981 年 有图 10×13cm
统一书号：8111.2364 定价：CNY0.20
（聊斋故事选）
　　本书是中国现代连环画册。

J0071520

鱼藏剑 （东周列国故事）纪鲁改编；汤义方绘画
上海 上海人民美术出版社 1981 年 118 页
13cm（64 开）定价：CNY0.14
　　本书是中国现代连环画册。

J0071521

鱼鹰姑娘 李学中原著；高晨钟改编；廖志惠绘画
贵阳 贵州人民出版社 1981 年 58 页 13cm（64 开）
统一书号：8115.799 定价：CNY0.11
　　本书是中国现代连环画册。

J0071522

与魔鬼打交道的人 童青改编
南京 江苏人民出版社 1981 年 149 页 13cm（64 开）
定价：CNY0.19
　　本书是中国现代连环画册。

J0071523

与魔鬼打交道的人 （电影连环画）晓月改编
北京 中国电影出版社 1981 年 177 页 13cm（64 开）
定价：CNY0.30
　　本书是中国现代连环画册。

J0071524

玉瓶记 刘玉松编；姜华庆绘
济南 山东人民出版社 1981 年 62 页 13cm（64 开）
定价：CNY0.11
　　本书是中国现代连环画册。

J0071525

欲擒故纵 （科学幻想）孙锦常改编；王其钧绘
南京 江苏人民出版社 1981年 126页 13cm（64开）
统一书号：8100.3.422 定价：CNY0.15
　　本书是中国现代连环画册。

J0071526

欲擒故纵 （科学幻想）胡天正改编；钟贤昶绘
广州 科学普及出版社广州分社 1981年 62页
13cm（64开）统一书号：13051.60024
定价：CNY0.11
　　本书是中国现代连环画册。

J0071527

欲擒故纵 曹奋改编；于秉正绘
广州 岭南美术出版社 1981年 94页 13cm（64开）
统一书号：8111.2347 定价：CNY0.17
　　本书是中国现代连环画册。作者于秉正
（1938— ），画家、教授。山东人，毕业于广州
美术学院版画系。广州美术学院教授，广州美术
学院学术委员会委员，广州美术学院教育系主
任。代表作品《太阳·鸽子》《炼泥歌》《三目水》
《荷塘夜月》等，出版有《于秉正油画水彩作品选
集》《绘画构图与创作》《素描实践与鉴赏》等。

J0071528

喻皓 （古代建筑家的故事）钱加婆编；来汶
阳，付伯星绘
北京 人民美术出版社 1981年 ［58页］
13cm（64开）定价：CNY0.11
　　本书是中国现代连环画册。系科学家故事。
收入58幅图。描写北宋建筑家喻皓在建筑上善
于巧思，大胆革新并注重实践的故事。

J0071529

元恒告状 （东周列国故事）林林改编；胡博
宗，王孟奇绘
上海 上海人民美术出版社 1981年 109页
13cm（64开）统一书号：8081.12470
定价：CNY0.13
　　本书是中国现代连环画册。

J0071530

元帅之死 （电影连环画）涂家宽改编
北京 中国电影出版社 1981年 177页 13cm（64开）

定价：CNY0.30
　　本书是中国现代连环画册。作者涂家宽
（1940— ），摄影师、导演。湖北武汉人，毕业
于北京电影学院摄影系。北京电影制片厂高级
摄影师，中国电影家协会会员，电影摄影师学会
理事。拍摄影片有《女飞行员》《三朵小红花》《水
兵之歌》《南征北战》《侦察兵》等。

J0071531

袁世凯窃国记 （上集）吴其柔编文；胡志荣
绘画
上海 上海人民美术出版社 1981年 142页 有图
13cm（60开）统一书号：8081.12747
定价：CNY0.17
　　本书是中国现代连环画册。系中国近代史
故事。

J0071532

袁世凯窃国记 （下集）吴其柔编；胡志荣绘
上海 上海人民美术出版社 1983年 158页
13cm（60开）定价：CNY0.19
（中国近代史故事）
　　本书是中国历史故事连环画。

J0071533

远探水晶山 谢周改编；潘顺康绘画
昆明 云南人民出版社 1981年 46页 有图
10×13cm 统一书号：R8116.989 定价：CNY0.10
　　本书是中国现代连环画册。

J0071534

月宫姑娘和铁匠 （日本民间故事）王志冲译
编；丁晓峰绘
南京 江苏人民出版社 1981年 78页 13cm（64开）
统一书号：8100.3.404 定价：CNY0.11
　　本书是中国现代连环画册。作者王志冲
（1936— ），翻译家。籍贯上海，笔名冰火、天
飞。中国翻译家协会会员，作协会员。译作有《第
一个劳动日》《冒名顶替》《海底外星人》《酸奶
村的冬天》《入地艇》《忘却城》等。

J0071535

月亮宝石 杨一华改编；林加冰，冯玉瑾绘
合肥 安徽人民出版社 1981年 142页 13cm（64开）
定价：CNY0.18

本书是中国现代连环画册。

J0071536

月秀山下的阴影　郑清川, 陈寓中改编; 兆钟伟, 曾琦绘
北京 北京出版社 1981 年 104 页 13cm（64 开）
统一书号: 8071.366 定价: CNY0.17
　　本书是中国现代连环画册。

J0071537

岳飞（上）汪涛改编; 施大畏, 韩硕绘画
杭州 浙江人民美术出版社 1981 年 142 页
13cm（64 开）定价: CNY0.19
　　本书是中国现代连环画册。

J0071538

岳飞（下）汪涛改编; 施大畏, 韩硕绘
杭州 浙江人民美术出版社 1982 年 142 页
13cm（60 开）定价: CNY0.18
　　本作品是根据清代钱彩《说岳全传》改编的中国现代连环画。

J0071539

云翠仙　蒲松龄原著; 周艾文改编; 叶之浩绘画
天津 天津人民美术出版社 1981 年 41 页 有图
10×13cm 统一书号: 8073.30472 定价: CNY0.09
　　本书是中国现代连环画册。

J0071540

云青马　温中和改编; 刘卓贤绘
呼和浩特 内蒙古人民出版社 1981 年 34 页
13cm（64 开）定价: CNY0.17
　　本书是中国现代连环画册。

J0071541

云雨星的故事　胡天启改编; 双印绘
石家庄 河北人民出版社 1981 年 46 页
13cm（64 开）统一书号: 8086.1353
定价: CNY0.08
（民间故事）
　　本书是中国现代连环画册。

J0071542

砸鹰碑　王承春改编; 苏耕, 周峰绘画
济南 山东人民出版社 1981 年 119 页 13cm（64 开）
定价: CNY0.17
　　本书是中国现代连环画册。作者苏耕
（1943—　　），画家。原名苏永畔。生于山东荣成,
毕业于山东艺专, 后结业于中央美院。威海画院
专职画家、副院长、副书记, 中国美术家协会会
员, 国家一级美术师。作品有《大街小巷》《铁路
哨兵》《童心》《在艺术的故乡里》等。

J0071543

在敌后　北京电视台改编供稿
北京 北京出版社 1981 年 141 页 13cm（64 开）
定价: CNY0.25
（朝鲜惊险系列故事片《无名英雄》1）
　　本书是中国现代连环画册。

J0071544

在海上　白俊华改编; 董仲恂绘
乌鲁木齐 新疆人民出版社 1981 年 47 页
13cm（64 开）定价: CNY0.10
　　本书是中国现代连环画册。

J0071545

在旧城墙下　北京电视台改编供稿
北京 北京出版社 1981 年 141 页 13cm（64 开）
统一书号: 8071.338 定价: CNY0.25
（朝鲜惊险系列故事片《无名英雄》2）
　　本书是中国现代连环画册。

J0071546

在人间　（苏）高尔基原著; 潘世聪改编; 王申生绘
上海 上海人民美术出版社 1981 年 166 页
13cm（64 开）定价: CNY0.29
　　本书是根据苏联作家高尔基原著改编的中
国现代连环画册。收入 166 幅图。作者高尔基
（Maxim Gorky, 1868—1936）, 苏联文学家、诗
人、评论家, 全名玛克西姆·高尔基。曾任苏联作
家协会主席。代表作品有《海燕》《母亲》《童年》
《在人间》《我的大学》。绘者王申生（1950—　　）,
国家一级美术师。生于上海, 祖籍江西上饶。连
环画作品有《我的童年》《战争与和平》《刑场上
的婚礼》《李大钊》等。

J0071547

怎样培育鱼苗鱼种　湖南省水产科学研究所编
长沙　湖南科学技术出版社　1981 年　86 页　有图
13cm（60 开）统一书号：16204.43　定价：CNY0.20
　　本书是中国现代连环画册。

J0071548

赠绨袍　（东周列国故事）李白英改编；杜滋龄
绘
上海　上海人民美术出版社　1981 年　142 页
13cm（64 开）定价：CNY0.17
　　本书是中国现代连环画册。

J0071549

铡庞国舅　（包公故事）韩秋生改编；李俊昌绘
昆明　云南人民出版社　1981 年　60 页 13cm（64 开）
统一书号：8116.985　定价：CNY0.12
　　本书是中国现代连环画册。

J0071550

摘取明珠的人　于单明改编；徐加昌绘
沈阳　辽宁美术出版社　1981 年　31 页 15cm（64 开）
定价：CNY0.22
　　本书是中国现代连环画册。

J0071551

斩断熊爪　刘博原著；李菁改编；马增千绘画
太原　山西人民出版社　1981 年　70 页 13cm（64 开）
定价：CNY0.11
　　本书是中国现代连环画册。

J0071552

斩蛇精　王天柱等诗；张启文等画
成都　四川人民出版社　1981 年　58 页　有图
10×13cm　统一书号：8118.1111　定价：CNY0.09
　　本书是中国现代连环画册。

J0071553

斩妖龙　张正新改编；王孟奇绘画
南京　江苏人民出版社　1981 年　86 页 13cm（64 开）
定价：CNY0.11
　　本书是中国现代连环画册。绘者王孟奇
（1947—　　），画家、教授。生于江苏无锡市，毕
业于南京艺术学院国画专业。上海大学美术学
院教授、博士生导师，南京艺术学院客座教授，

上海国画院画师。出版有《王孟奇画集》《王孟
奇画册》《二十世纪下半叶中国新文人画精品
选·王孟奇》等。

J0071554

战病菌　万景华原著；陈元山改编；费嘉绘画
上海　上海人民美术出版社　1981 年　126 页
13cm（64 开）统一书号：8081.12583
定价：CNY0.15
　　本书是中国现代连环画册。

J0071555

战洞庭　马保超改编；赵贵德等绘画
郑州　中州书画社　1981 年　106 页　10×13cm
定价：CNY0.16
（《说岳全传》连环画之三）
　　本书是根据古典小说《说岳全传》改编的中
国现代连环画册。

J0071556

战斗英雄的故事　高晨钟，刘志奇编文；张正
刚绘画
贵阳　贵州人民出版社　1981 年　[45]页
13cm（64 开）定价：CNY0.09
　　本书是中国现代连环画册。

J0071557

战绩　王广福改编；董金绘画
郑州　河南人民出版社　1981 年　78 页 13cm（64 开）
统一书号：8105.1059　定价：CNY0.12
　　本书是中国现代连环画册。

J0071558

张飞审西瓜　颜霞青改编；颜梅华绘
上海　上海少年儿童出版社　1981 年　30 页　有图
10×13cm　统一书号：R10024.3909　定价：CNY0.09
　　本书是中国现代连环画册。作者颜梅华
（1927—　　），国画家。号雪庵，斋号琴斋。浙江
乐清人。代表作品有《比目鱼》《白秋练》《白蛇
传》《风云初记》等。

J0071559

张衡　金伯戣编文；叶雄绘画
上海　上海人民美术出版社　1981 年　102 页
13cm（64 开）定价：CNY0.13

本书是中国现代连环画册。收入102幅图。作者叶雄（1950—　），连环画家。笔名夏草、古寅，上海崇明人。毕业于上海大学美术学院国画系专科。中国美术家协会上海分会会员，上海连环画研究会理事，上海黄浦画院画师，上海老城厢书画会常务理事。代表作品有《竹林七贤图》《子夜》《郑板桥造像》《咆哮的黑龙江》等。

J0071560

张骞　谭一寰原著；俞沛铭改编；苏正刚，黄大华绘画

上海　上海人民美术出版社　1981年　126页

13cm（64开）定价：CNY0.15

本书是中国现代连环画册。收入126幅图。绘者苏正刚（1937—1993），画家。上海人。中国美术家协会会员，中国版画协会会员。擅长连环画、版画、中国画。绘者黄大华（1934—　），水彩画家。浙江鄞县人。上海人民美术出版社编辑，上海百草画院常务副院长、中国美术家协会会员。从事连环画创作，编辑出版连环画近三百种。

J0071561

张骞的故事　吴若增改编；钱贵苏绘画

杭州　浙江人民美术出版社　1981年　126页

13cm（64开）统一书号：8156.35　定价：CNY0.16

本书是中国现代连环画册。

J0071562

张老贵打鱼　王中年原著；曹继铎改编；陆新森绘画

石家庄　河北人民出版社　1981年　46页

13cm（64开）定价：CNY0.08

本书是中国现代连环画册。作者王中年（1943—　），满族，画家。辽宁凤城人，曾用名王忠年。毕业于鲁迅美术学院附中，进修于广州美术学院。曾任本溪市平山区文化馆美术组长、代馆长。作品有《飞流直下》《秋》《初春》《林海雪原》《峡江图》等。

J0071563

张仪欺楚　（东周列国故事）陆士达改编；张新国绘画

上海　上海人民美术出版社　1981年　126页

13cm（64开）定价：CNY0.15

本书是中国现代连环画册。作者陆士达，

连环画家，主要作品有《说岳故事选绘画本》《中国历史人物故事连环画》等。绘者张新国（1962—　），画家。生于河北平山县。中国美术家协会河北分会会员，中韩文化艺术专家委员会委员，平山画院名誉院长。作品有《快乐的家园》《柏坡春晖》《荷塘清趣》等。

J0071564

长平之战　（历史故事）韩广源改编；王树立绘

石家庄　河北人民出版社　1981年　76页

13cm（64开）统一书号：8086.1341

定价：CNY0.11

本书是中国现代连环画册。

J0071565

长平之战　（东周列国故事）李白英改编；罗希贤绘

上海　上海人民美术出版社　1981年　118页

13cm（64开）统一书号：8081.12367

定价：CNY0.14

本书是中国现代连环画册。

J0071566

赵盾背秦　（东周列国故事）林林改编；导越迹绘画

上海　上海人民美术出版社　1981年　134页

13cm（64开）定价：CNY0.16

本书是中国现代连环画册。

J0071567

着魔王子　林进改编；高临安绘画

昆明　云南人民出版社　1981年　70页　有图

10×13cm　统一书号：R8116.1039　定价：CNY0.14

本书是根据《一千零一夜》同名故事改编的中国现代连环画册。

J0071568

珍珠玉　曹金铸，鲁丁编文；崔存忠绘画

郑州　中州书画社　1981年　70页　13cm（64开）

定价：CNY0.11

本书是中国现代连环画册。

J0071569

真假猴王　吴承恩原著；栗公魁改编；胡立滨绘画

哈尔滨 黑龙江人民出版社 1981 年 88 页
13cm（64 开）定价：CNY0.14
（西游记故事）
　　根据中国古典小说《西游记》改编的现代连
环画作品。

J0071570
真假孙悟空　　吴承恩原著；励艺夫改编；张伯
元绘画
天津 天津人民美术出版社 1981 年 126 页
13cm（64 开）统一书号：8073.30539
定价：CNY0.18
（《西游记》故事）
　　根据中国古典小说《西游记》改编的现代连
环画作品。

J0071571
真假特派员　　崔晟，汪平编文；宇南，山路绘画
福州 福建人民出版社 1981 年 86 页 13cm（64 开）
定价：CNY0.11
　　本书是中国现代连环画册。

J0071572
真假王子　　殷志扬改编；周全友，丁立平绘画
南京 江苏人民出版社 1981 年 126 页 13cm（64 开）
定价：CNY0.15
　　本书是中国现代连环画册。

J0071573
郑板桥罢官　　许凤仪，王汝金编；王亦秋绘
北京 人民美术出版社 1981 年 102 页 13cm（64 开）
定价：CNY0.13
　　本书是中国现代连环画册。

J0071574
郑成功收复台湾　　方白原著；张国信改编；陈
云华，王重圭绘画
西安 陕西人民美术出版社 1981 年 174 页
13cm（64 开）定价：CNY0.21
　　本书是中国现代连环画册。

J0071575
芝麻官审诰命　　吕国庆改编；童介眉绘
北京 人民美术出版社 1981 年 126 页 13cm（64 开）
统一书号：8027.7759 定价：CNY0.15

　　本书是中国现代连环画册。

J0071576
直罗之战　　胡邦明编文；王晋泰等绘
石家庄 河北人民出版社 1981 年 126 页 有图
10×13cm 统一书号：8086.1516 定价：CNY0.17
　　本书是中国现代连环画册。

J0071577
纸上谈兵　　方德民等编文；吕世荣等绘画
长春 吉林人民出版社 1981 年 123 页 13cm（64 开）
定价：CNY0.18
（成语故事 1）
　　本书是中国现代连环画册。

J0071578
纸上谈兵　　鱼翔改编；马忠群等绘画
沈阳 辽宁美术出版社 1981 年 ［126］页
13cm（64 开）定价：CNY0.21
（成语故事集 1）
　　本书是中国现代连环画册。

J0071579
智闯独龙镇　　王文钦改编；曾胜利绘
昆明 云南人民出版社 1981 年 62 页 13cm（64 开）
统一书号：8116.970 定价：CNY0.12
　　本书是中国现代连环画册。

J0071580
智捣敌穴　　佟文焕改编；杨宝恒绘
沈阳 辽宁美术出版社 1981 年 116 页 13cm（64 开）
定价：CNY0.18
　　本书是中国现代连环画册。

J0071581
智盗紫金铃　　王梦改编；聂南溪绘
长沙 湖南美术出版社 1981 年 102 页 13cm（64 开）
定价：CNY0.15
（西游记连环画 18）
　　本书是根据中国古典小说《西游记》改编的
现代连环画作品。作者聂南溪（1934—2011），中
国画大师。湖南人。湖南师范大学艺术学院院长、
教授，中国美术家协会会员，国家教委艺术教育
委员会委员。作品有《藏女》《赶场去》《品优图》
《武陵情》等，出版有《聂南溪白描人物选》《聂

南溪中国画集》。

J0071582
智斗　丹江原著；竺乾华改编；张万夫绘
郑州 中州书画社 1981 年 94 页 13cm（64 开）
定价：CNY0.14
　　本书是中国现代连环画册。作者竺乾华，著
有《你的脑子会转弯吗》《魔伞》《江湖红侠传》
（合作）、《聚歼魔鬼党》《古玩疑案》（改编）。绘
者张万夫（1939—　），画家。河北怀来人。毕业
于天津美院。天津人民美术出版社连环画编辑
室编辑，画册编辑室主任，编审。版画作品有《支
援农业第一线》等，论著有《汉画石、画像砖浅
析》等。

J0071583
智斗害人精　陶端庄改编；史殿生绘
呼和浩特 内蒙古人民出版社 1981 年 94 页
13cm（64 开）定价：CNY0.15
（达斡尔族民间故事 1）
　　本书是中国现代连环画册。作者史殿生，就
读于中央美术学院。中国美术家协会会员，国家
一级美术师，北京师范大学中国画创作高级研究
生班导师，北京红旗书画院副院长，益昌画院顾
问。作品有《盛装》《岁月》《高士图》等。

J0071584
智慧之光　（爱迪生的故事）竹梅改编；蒋明绘
哈尔滨 黑龙江人民出版社 1981 年 115 页
13cm（64 开）统一书号：8093.670 定价：CNY0.17
　　本书是中国现代连环画册。

J0071585
智破桃园堡　吴有恒原著；谭勋，王帆改编；
区本泉，黄穗中绘
广州 岭南美术出版社 1981 年 148 页 10cm（64 开）
定价：CNY0.29
（山乡风云录 2）
　　本书是中国现代连环画册。作者区本泉，绘
有连环画《智擒八虎》，绘插图的有《潮州歌册：
白蛇传》。

J0071586
智擒间谍船　邹积衡编；宋德风绘
济南 山东人民出版社 1981 年 62 页 13cm（64 开）

定价：CNY0.11
　　本书是中国现代连环画册。

J0071587
智取华山　（电影连环画）柳兰改编
北京 中国电影出版社 1981 年 177 页 13cm（64 开）
统一书号：8061.1702 定价：CNY0.30
　　本书是中国现代连环画册。

J0071588
智取生辰纲　施耐庵，罗贯中原著；徐淦改编；
罗中立绘
北京 人民美术出版社 1981 年 130 页 13cm（64 开）
定价：CNY0.20
（水浒 6）
　　依据中国古典小说《水浒》改编的现代连环
画作品。

J0071589
智取生辰纲　丁国联改编；颜梅华绘
上海 上海人民美术出版社 1981 年 134 页
13cm（64 开）定价：CNY0.16
（水浒故事）
　　依据中国古典小说《水浒》改编的现代连环
画作品。收入 134 幅图。作者颜梅华（1927—　），
国画家。号雪庵，斋号琴斋。浙江乐清人。代表
作品有《比目鱼》《白秋练》《白蛇传》《风云初
记》等。

J0071590
智取张家寨　姚雪垠原著；王永祥改编；钟为，
高裕德绘
西安 陕西人民美术出版社 1981 年 126 页
13cm（64 开）定价：CNY0.16
（《李自成》连环画 5）

J0071591
智审潘仁美　赵建明改编；张令涛，胡若佛绘
北京 人民美术出版社 1981 年 142 页
10×13cm 统一书号：8027.7712 定价：CNY0.21
（《杨家将》之五）
　　本书是中国现代连环画册。

J0071592
智探敌情　蔡淑湘改编；蔡国栋绘

沈阳 辽宁美术出版社 1981 年 114 页 13cm（64 开）
定价：CNY0.17

　　本书是中国现代连环画册。

J0071593

智抓"舌头"　郭鸿印等编；郭春台等绘
呼和浩特 内蒙古人民出版社 1981 年 62 页
13cm（64 开）定价：CNY0.15

　　本书是中国现代连环画册。

J0071594

中国古代办案的故事　（一）马保超改编；朱
志勇等绘
西安 陕西人民美术出版社 1981 年 102 页
13cm（64 开）统一书号：8199.318 定价：CNY0.14

　　本书是中国现代连环画册。

J0071595

中国古代办案的故事　（二）马保超改编；王
家民等绘
西安 陕西人民美术出版社 1983 年 ［140］页
13cm（60 开）统一书号：8199.507 定价：CNY0.23

　　本书是中国历史故事连环画。

J0071596

中国古代办案的故事　（三）马保超改编；胡
卫民等绘
西安 陕西人民美术出版社 1983 年 122 页
13cm（60 开）统一书号：8199.525 定价：CNY0.19

　　本书是中国历史故事连环画。

J0071597

中国古代办案的故事　（四）马保超改编；董
为民，贺惠群绘
西安 陕西人民美术出版社 1983 年 ［108］页
13cm（60 开）统一书号：8199.524 定价：CNY0.17

　　本书是中国历史故事连环画。

J0071598

中国古代科学家的故事（续）　周昌华等编绘
成都 四川人民出版社 1981 年 85 页 13cm（64 开）
定价：CNY0.12

　　本书是中国现代连环画册。

J0071599

中国古代寓言　李灼绘
乌鲁木齐 新疆人民出版社 1981 年 58 页
13cm（64 开）定价：CNY0.12

　　本书是中国现代连环画册。

J0071600

中国古代寓言故事　（一）雷冰改编；贺友直
等绘
西安 陕西人民美术出版社 1981 年 13cm（64 开）
定价：CNY0.21

　　本书是中国现代连环画册。

J0071601

中国诗歌故事　（第一册）王国安编；李世南
等绘
上海 上海人民美术出版社 1981 年 10×13cm
统一书号：8081.12572 定价：CNY0.14

　　本书是中国现代连环画册。全套共 14 册，
共收入 1779 幅图。采撷历代诗话、词话、《唐诗
纪事》《元诗纪事》《宋诗纪事》以及其他笔记、
史传、方志等著作中有关资料绘编而成。作者李
世南（1940—　），画家。生于上海，祖籍浙江绍
兴。中国美术家协会会员，国家一级美术师，中
国国家画院特聘研究员，陕西国画院名誉院长，
深圳书院专业画家。代表作《开采光明的人》《长
安的思念》《南京大屠杀 48 周年祭》等。

J0071602

中国诗歌故事　（第二册）王国安编；刘旦宅
等绘
上海 上海人民美术出版社 1981 年 103 页
10×13cm 定价：CNY0.14

J0071603

中国诗歌故事　（第三册）王国安，杨兆林编；
刘国辉等绘
上海 上海人民美术出版社 1982 年 118 页
10×13cm 定价：CNY0.14

J0071604

中国诗歌故事　（第四册）杨兆林等改编；徐
恒瑜绘画
上海 上海人民美术出版社 1982 年 126 页
10×13cm 统一书号：8081.13002 定价：CNY0.15

J0071605
中国诗歌故事 （第五册）杨兆林改编；冯节等绘
上海 上海人民美术出版社 1983 年 134 页
10×13cm 定价: CNY0.16

J0071606
中国诗歌故事 （第六册）杨兆林等编；沈行工等绘
上海 上海人民美术出版社 1983 年 157 页
10×13cm 定价: CNY0.18

J0071607
中国诗歌故事 （第七册）王国安等编；顾炳鑫等绘
上海 上海人民美术出版社 1983 年 146 页
10×13cm 统一书号: 8081.13460 定价: CNY0.19

J0071608
中国诗歌故事 （第八册）仓阳卿等编；李世南等绘
上海 上海人民美术出版社 1983 年 133 页
10×13cm 定价: CNY0.16
　　全套共 14 册, 是本书是中国现代连环画册。共收入 1779 幅图。采撷历代诗话、词话、《唐诗纪事》《元诗纪事》《宋诗纪事》以及其他笔记、史传、方志等著作中有关资料编绘而成。最早的如春秋时的《诗经》、战国时的《乌鹊歌》。唐朝是诗歌创作的鼎盛时期, 选录较多。晚清有章太炎的《狱中赠邹容》等。每一分册选 8 首, 每首诗歌的难解处均有注释。

J0071609
中国诗歌故事 （第九册）仓阳卿等编文；贾德江等绘
上海 上海人民美术出版社 1984 年 164 页
10×13cm 定价: CNY0.24

J0071610
中国诗歌故事 （第十册）仓阳卿等编文；华其敏等绘
上海 上海人民美术出版社 1984 年 150 页
10×13cm 定价: CNY0.23

J0071611
中国诗歌故事 （第十一册）金文明编文；韩和平等绘
上海 上海人民美术出版社 1984 年 158 页
10×13cm 定价: CNY0.24

J0071612
中国诗歌故事 （第十二册）仓阳卿等编；张安朴等绘
上海 上海人民美术出版社 1985 年 165 页
10×13cm 定价: CNY0.37
　　作者张安朴(1947—　　), 画家。上海嘉定人。上海美术家协会理事, 上海硬笔画研究会会长, 上海《解放日报》社美术编辑部主任。主要作品有《书籍是知识的窗户》《希望的田野》《光辉的前程》等。

J0071613
中国诗歌故事 （第十三册）金文明编；施大畏等绘
上海 上海人民美术出版社 1985 年 29 页
10×13cm 定价: CNY0.37

J0071614
中国诗歌故事 （第十四册）仓阳卿等编；李世南等绘
上海 上海人民美术出版社 1985 年 10×13cm
定价: CNY0.40

J0071615
中国诗歌故事 　徐哨等编文；黄大华等绘
上海 上海人民美术出版社 1996 年 4 册
20cm(32 开)精装 ISBN: 7-5322—1447-8
定价: CNY98.00
　　本书是中国现代连环画册。

J0071616
中游记 （《西游记》续篇 第一册）韩双东文；孙以增, 王晖画
北京 中国旅游出版社 1981 年 118 页 13cm(64 开)
统一书号: 8179.152 定价: CNY0.22
　　本书是中国现代连环画册。绘者孙以增(1941—2013), 漫画家, 毕业于中央工艺美术学院装饰美术系。曾任北京日报美术编辑。作品有《寻找位置的小星星》《祝福新编》等。绘者王

晖，女，工笔画画家、一级美术师。生于辽宁大连。毕业于中央工艺美术学院。中国美术家协会会员，中国美协重彩画研究会会员，中国工笔画学会会员，中国女画家协会会员，北京重彩画会会员，国际女画家协会会员。代表作品《和谐家园》《细雨》《小莺》等。

J0071617

中游记 （《西游记》续篇 第二册）纪流文；赵宝林，江皓画
北京 中国旅游出版社 1983 年 126 页 13cm（60开）统一书号：8179.300 定价：CNY0.22
　　本书是中国古典小说连环画。

J0071618

忠诚战士 任其钟编文；韩玉华绘画
合肥 安徽人民出版社 1981 年 78 页 13cm（64开）统一书号：8102.1191 定价：CNY0.12
　　本书是中国现代连环画册。

J0071619

忠贞之心 陆扬烈原著；李子明改编；雷德祖绘画
天津 天津人民美术出版社 1981 年 62 页 有图 10×13cm 统一书号：8073.30552 定价：CNY0.10
　　本书是中国现代连环画册。

J0071620

种梨 （清）蒲松龄原著；王育生改编；吴山明绘
北京 人民美术出版社 1981 年 29 页 12×13cm 统一书号：8027.7794 定价：CNY0.19
（《聊斋》故事）
　　本书是根据《聊斋志异》改编的中国现代连环画册。

J0071621

重耳复国 （东周列国故事）林林改编；倪绍勇等绘画
上海 上海人民美术出版社 1981 年 150 页 13cm（64开）定价：CNY0.17
　　本书是中国现代连环画册。

J0071622

周总理在广东的故事 黎显衡编；杨尧绘
广州 岭南美术出版社 1981 年 37 页 15cm（64开）

定价：CNY0.12
　　本书是中国现代连环画册。

J0071623

纣王无道 王益砾编文；戴敦邦等绘画
杭州 浙江人民美术出版社 1981 年 166 页 13cm（64开）统一书号：8156.114 定价：CNY0.21
（《封神演义》故事）
　　本书是中国现代连环画册。

J0071624

朱德尔寻宝 秦原改编；王培堃绘
广州 广东人民出版社 1981 年 115 页 13cm（64开）定价：CNY0.22
（《一千零一夜》故事选）
　　本书是中国现代连环画册。

J0071625

朱元璋 （人物传记故事）张震麟编；汪拔如绘
南京 江苏人民出版社 1981 年 190 页 13cm（64开）定价：CNY0.22
　　本书是中国现代连环画册。

J0071626

猪八戒出家 吴承恩原著；乡桥等改编，石嘉琦绘画
天津 天津人民美术出版社 1981 年 94 页 有图 10×13cm 统一书号：8073.30542 定价：CNY0.15
　　本书是中国现代连环画册，系《西游记》故事。

J0071627

猪八戒自封齐天佛 诸志祥等写；吴云初等绘画
成都 四川少年儿童出版社 1981 年 有彩图 12×13cm 统一书号：R8247.18 定价：CNY0.28
　　本书是中国现代连环画册。作者诸志祥（1941—2015），笔名浩谷。浙江绍兴人，1961 年毕业于上海市第四师范学校。曾任上海《少年报》编辑，《作家与企业家报》负责人。1990 年加入中国作家协会。著有中篇童话《八戒回乡》《挂领带的牛》《猴医生治病》《黑猫警长》（已改编为动画片剧本并录制播出）、《黑猫警长与外星人》等 10 部。

J0071628

猪八戒自封齐天佛　诸志祥等写；严林画
成都　四川少年儿童出版社　1983 年　46 页
有彩图　10×13cm　统一书号：R8247.116
定价：CNY0.07
（猪八戒外传）
　　　　本书是中国现代连环画册，系《西游记》
故事。

J0071629

竹青　（清）蒲松龄原著；吴同宾改编；罗希贤，
钱自成绘
天津　天津人民美术出版社　1981 年　62 页
13cm（64 开）统一书号：8073.30529
定价：CNY0.11
（《聊斋》故事）
　　　　本书是中国现代连环画册。

J0071630

祝福　鲁迅原著；徐淦改编；永祥等绘
北京　人民美术出版社　1981 年　58 页　17×18cm
统一书号：8027.5894　定价：CNY0.80
　　　　本书是中国现代连环画册。

J0071631

祝福　徐淦改编；永祥等绘
北京　人民美术出版社　1981 年　2 版　58 页
13cm（64 开）定价：CNY0.80
　　　　本书是中国现代连环画册。

J0071632

祝你们幸福　王梦改编；莫湘怡绘画
长沙　湖南美术出版社　1981 年　86 页　13cm（64 开）
定价：CNY0.13
　　　　本书是中国现代连环画册。

J0071633

抓舌头　董国才改编；张宝贵绘画
沈阳　辽宁美术出版社　1981 年　62 页　13cm（64 开）
定价：CNY0.11
　　　　本书是中国现代连环画册。

J0071634

庄严的大门　（电视剧连环画）马斌改编；武
宝智摄

北京　广播出版社　1981 年　157 页　13cm（64 开）
统一书号：8236.004　定价：CNY0.25
　　　　本书是中国现代连环画册。

J0071635

状元与乞丐　（戏剧连环画）姚清水，祁宗丁
编剧；竺楠改编；晓丁摄影
北京　宝文堂书店　1981 年　147 页　13cm（64 开）
定价：CNY0.26

J0071636

追捕　（电影连环画）肖仁舒改编
北京　中国电影出版社　1981 年　177 页　13cm（64 开）
定价：CNY0.26

J0071637

子弹与勋章　鲁艺改编；盛元富绘
福州　福建人民出版社　1981 年　102 页　13cm（64 开）
定价：CNY0.15
　　　　本书是中国现代连环画册。绘者盛元富，美
术高级编辑，创作有《浙江人民革命斗争故事》
《野妹子》《红衣女侠》《夜袭阳明堡》等。

J0071638

自豪吧，母亲！　（电影连环画）晓黎改编
北京　中国电影出版社　1981 年　147 页　13cm（64 开）
统一书号：8061.1659　定价：CNY0.26

J0071639

自满的马夫　杨春峰改编；潘小庆，钟文斌绘
南昌　江西人民出版社　1981 年　13cm（64 开）
定价：CNY0.16
　　　　本书是中国现代连环画册。绘者潘小庆
（1941—　），图书封面设计家。江苏无锡人，就
读于苏州艺专。先后任江苏人民出版社美编室
主任、江苏少年儿童出版社副社长，江南诗画院
常务理事。作品入选《中国出版年鉴》《中国现
代美术全集》等。专集《潘小庆书装艺术》。绘者
钟文斌（1943—　），画家。笔名文石，江西新余
市人。毕业于江西文化艺术学院美术系。中国
美术家协会会员，中国艺术研究院艺术市场研
究中心特聘书画师，江西省书画院特聘画家，江西
美术出版社副编审。

J0071640

邹忌和齐威王　王素一改编；占敏，邓泰和绘画
南昌 江西人民出版社 1981年 78页
13cm（64开）定价：CNY0.12

　　本书是中国现代连环画册。

J0071641

走钢索的老人　台益燕，李治芳编文；马程绘画
武汉 湖北人民出版社 1981年 70页 13cm（64开）
统一书号：8106.2217 定价：CNY0.11

　　本书是中国现代连环画册。

J0071642

走向深渊　（埃及故事影片）
上海 上海人民美术出版社 1981年 110页
13cm（64开）定价：CNY0.20

　　本书是中国现代连环画作品，由戴学庐
选编。

J0071643

走向深渊　（电影连环画）肖明改编
北京 中国电影出版社 1981年 147页 13cm（64开）
定价：CNY0.26

　　本书是中国现代连环画册。

J0071644

最后一幅肖像　陈放原作；严左改编；振德，
玉坤绘
福州 福建人民出版社 1981年 114页 13cm（64开）
定价：CNY0.16

　　本书是中国现代连环画册。

J0071645

醉八仙　绕翠岚改编；张绍城，丽华绘
广州 岭南美术出版社 1981年 158页 13cm（64开）
定价：CNY0.26
（中国武术连环画）

J0071646

昨天　白丁改编；谢智良绘画
武汉 湖北人民出版社 1981年 39页 有图
13cm（60开）统一书号：8106.2211 定价：CNY0.17

　　本书是中国现代连环画册。根据赵忠等著
同名相声改编。作者白丁（1946—2013），二级
美术师。原名赵联祥。河北黄骅市人，毕业于上

海大学美术学院国画系。上海大学艺术中心副
主任，上海市美术家协会会员，华侨书画院副院
长，上海海上书画院原副院长。著有《山水国画》。

J0071647

昨天的战争　（一）刘明德编文；李勤学，潘树
绘画
长春 吉林人民出版社 1981年 174页 有图
10×13cm 统一书号：8091.1116 定价：CNY0.25

　　本书是中国现代连环画册。

J0071648

昨天的战争　（二）刘明德编文；勤学阳阶绘画
长春 吉林人民出版社 1983年 144页 有图
13cm（60开）统一书号：8091.1473 定价：CNY0.22

　　本书是中国现代连环画册。

J0071649

做纸花的姑娘　（戏剧连环画）（法）巴尔扎克
编；吴福荣改编；张祖道摄
北京 中国戏剧出版社 1981年 156页 13cm（64开）
统一书号：8069.108 定价：CNY0.26

　　本书是中国现代连环画册。摄影张祖道
（1922—　　），纪实摄影家。生于湖南浏阳，就读
于西南联大社会学系，毕业于清华大学社会学
系。《新观察》杂志摄影记者，中国摄影家协会理
事，出版有《江村纪事》。

J0071650

"007"号间谍　韩幼文改编；于成业绘
福州 福建人民出版社 1982年 126页 10×13cm
统一书号：8173.545 定价：CNY0.18

　　本书是根据英国电影故事改编的现代连环
画册。

J0071651

"3796"号逃犯　刘博原著；李建新改编，石
书贤绘画
石家庄 河北人民出版社 1982年 70页 有图
10×13cm 统一书号：8086.1536 定价：CNY0.11

　　本书是中国现代连环画。

J0071652

"捣蛋鬼"当英雄　（对越自卫还击故事）雷铎
编；廖泽怡绘

南宁 广西人民出版社 1982 年 90 页 13cm（60 开）
统一书号：8113.698 定价：CNY0.13
　　中国现代连环画。

J0071653
"飞毯"的风波　魏雅华原著；沈志冲改编；韩和平，陈伟东绘画
南京 江苏人民出版社 1982 年 110 页 有图
10×13cm 统一书号：8100.3.531 定价：CNY0.16
　　中国现代连环画。

J0071654
"三人行动"案件　（大西洋底来的人）刘光改编；潘胜奎绘
沈阳 辽宁美术出版社 1982 年 54 页 10×13cm
统一书号：7161.0037 定价：CNY0.10
　　根据现代科学幻想故事改编的中国现代连环画。

J0071655
"神龟"的故事　郭俊竹改编；梁丙卓绘
郑州 中州书画社 1982 年 86 页 有图
10×13cm 统一书号：8219.234 定价：CNY0.13
　　中国现代连环画。

J0071656
"四〇七"案件　叶永烈原作；吴秀英改编；方震国，王守中绘
石家庄 河北美术出版社 1982 年 62 页
10×13cm 统一书号：8087.162 定价：CNY0.10
　　根据现代科幻故事改编的中国现代连环画。

J0071657
1+1=3　牛犇，王定华选编
上海 上海人民美术出版社 1982 年 78 页 有图
10×13cm 统一书号：8081.13184 定价：CNY0.15
　　本书是中国现代影剧连环画作品，根据同名电视剧选编。

J0071658
R4 之谜　晓黎改编
北京 中国电影出版社 1982 年 117 页 13cm（60 开）
统一书号：8061.1943 定价：CNY0.21
　　电影故事连环画。

J0071659
TATA 之谜　钱志清编；叶雄绘
银川 宁夏人民出版社 1982 年 110 页 10×13cm
ISBN：8157.381 定价：CNY0.14
　　本书是中国现代连环画册。作者钱志清，改编有连环画《现代戏剧连环画典藏本》《中国历代画家》《红楼梦》等。绘者叶雄（1950—　），连环画家。笔名夏草、古寅，上海崇明人，毕业于上海大学美术学院国画系专科。中国美术家协会上海分会会员，上海连环画研究会理事，上海黄浦画院画师，上海老城厢书画会常务理事。代表作品有《竹林七贤图》《子夜》《郑板桥造像》《咆哮的黑龙江》等。

J0071660
阿 Q 正传　午言改编
北京 中国电影出版社 1982 年 157 页 13cm（60 开）
统一书号：8061.1890 定价：CNY0.26
　　电影故事连环画。

J0071661
阿宝　郭衡宝改编、摄影
北京 宝文堂书店 1982 年 93 页 13cm（60 开）
定价：CNY0.18

J0071662
阿宝　张峻声，丁建民改编；杨文仁绘
济南 山东人民出版社 1982 年 70 页 10×13cm
统一书号：8099.2415 定价：CNY0.12
（《聊斋志异》连环画丛书 六 聊斋志异故事选 30）
　　根据古典小说《聊斋志异》原著改编的连环画作品。

J0071663
阿达尼罗　李维群原著；曹作锐改编；马程绘
北京 农村读物出版社 1982 年 102 页 10×13cm
统一书号：8267.4 定价：CNY0.15
（民间故事连环画库·彝族民间故事）
　　根据中国彝族民间故事改编的连环画作品。作者曹作锐（1923—　），编辑。别名愚谷，河北武清人。擅长连环画编辑及理论研究。《连环画艺术》副主编，中国连环画研究会常务理事，中国美术家协会会员。出版有《连环画编写探幽》，连环画脚本《智降狮猁王》《懒龙伸腰》。作者马

程(1940—)，连环画家。辽宁大连人，毕业于鲁迅美术学院中国画系。曾任人民美术出版社连环画编辑室副主任。作品有《鲁智深》《封神演义》《清宫演义》等。

J0071664
阿凡提的故事　李昆改编；世雄，俞明绘
广州 科学普及出版社广州分社 1982 年 93 页
10×13cm 统一书号：8051.60103 定价：CNY0.15
中国现代连环画。

J0071665
阿古顿巴　纪华改编；罗伦张等绘
北京 人民美术出版社 1982 年 80 页 10×13cm
统一书号：8027.7976 定价：CNY0.11
（藏族民间故事）
根据藏族民间故事改编的中国现代连环画。

J0071666
阿丽玛　钟理文改编
北京 中国电影出版社 1982年 177页 13cm(60开)
统一书号：8061.1868 定价：CNY0.30
电影故事连环画。

J0071667
阿南历险记　姚钧改编；胡勃绘
北京 中国少年儿童出版社 1982 年 70 页 有图
10×13cm 统一书号：R8056.311 定价：CNY0.12
本书是中国现代连环画册。作者姚钧，主要改编的连环画作品有《书剑恩仇录》《雪鹅》《鱼公主》等。绘者胡勃(1943—)，教授。字冲汉，笔名野风，山东莱州人。内蒙古师范大学美术系毕业，留校任教，后任中央美术学院教授，中国美术家协会会员。代表作品有《夜色》《蓝色的早晨》《湘溪》《静影沉碧》等。

J0071668
阿勤和阿花　吴梦起原著；黄亦波编文；叶飞绘画
石家庄 河北美术出版社 1982 年 30 页 有彩图
10×13cm 统一书号：8087.159 定价：CNY0.15
本书是中国现代连环画册。

J0071669
阿双　王玉琳编剧改编；孙宏华摄影
北京 中国戏剧出版社 1982 年 124 页 有图
10×13cm 统一书号：8069.293 定价：CNY0.21
根据贵州黔剧团演出的同名黔剧改编的中国现代连环画。

J0071670
阿绣　蒲松龄原著；徐涂改编；毛国富等绘画
天津 天津人民美术出版社 1982 年 85 页 有图
10×13cm 统一书号：8073.30668 定价：CNY0.14
根据蒲松龄原著改编的中国现代连环画。绘者毛国富(1937—)，画家。浙江宁波人。浙江省宁波市展览馆美工，市甬剧团画师，宁波市展览馆美术总设计，中国美术家协会会员。主要作品：《中国之春》《东方涛》《湖光春色》《海底世界》《西双版纳》等。

J0071671
阿鹰公子　曹积三改编；陈水远绘
沈阳 辽宁美术出版社 1982 年 158 页 13cm(60开)
统一书号：7161.0137 定价：CNY0.23
根据电影《幽谷恋歌》改编的连环画。

J0071672
啊！野麦岭　方玉强选编
上海 上海人民美术出版社 1982 年 126 页 有图
10×13cm 统一书号：8081.13089 定价：CNY0.22
根据日本同名故事影片选编的本书是中国现代连环画册。

J0071673
埃米尔捕盗记　华广博改编；丁立平绘
长沙 湖南少年儿童出版社 1982 年 79 页 有图
10×13cm 统一书号：R8280.10 定价：CNY0.10
本书是中国现代连环画册。

J0071674
艾里甫与赛乃姆　索立改编
北京 中国电影出版社 1982 年 125 页 10×13cm
统一书号：8061.1934 定价：CNY0.21
中国现代电影故事连环画作品。

J0071675
艾丽莎公主　李松等编绘
福州 福建人民出版社 1982 年 42+42 页 有图
10×13cm 统一书号：8173.487 定价：CNY0.13

根据安徒生童话改编中国现代连环画，其中包括淡墨痕改编的《牧猎人》。作者李松（1932—　），中国美术家协会理事、理论委员会委员，中国画研究院院务委员。

J0071676

爱吹牛的小白兔　旭昌，维正编写；吴湘麟绘
南京　江苏人民出版社　1982年　28页　有图
10×13cm　统一书号：8100.3.496　定价：CNY0.13
　　中国现代连环画。

J0071677

爱美的公鸡
北京　人民美术出版社　1982年　14页　有图
10×13cm　统一书号：8027.8218　定价：CNY0.14
　　中国现代连环画

J0071678

爱情啊，你姓什么？　胡立德选编；马林发等摄影
上海　上海人民美术出版社　1982年　110页　有图
10×13cm　统一书号：8081.12822　定价：CNY0.20
　　中国现代连环画，由上海电影制片厂供稿，李天济编剧。

J0071679

爱情啊，你姓什么？　王逸改编
北京　中国电影出版社　1982年　147页　13cm（60开）
统一书号：8061.1676　定价：CNY0.26
　　电影故事连环画。

J0071680

爱情从这里开始　李德文编文；王振山摄影
西宁　青海人民出版社　1982年　139页　有图
10×13cm　统一书号：8097.473　定价：CNY0.23
　　中国现代连环画。摄影王振山，摄影记者。山东人，新华通讯社主任记者，中国新闻摄影学会会员。

J0071681

爱情与黑暗　海力改编；黄云松，张昌洵绘
石家庄　河北美术出版社　1982年　125页
10×13cm　统一书号：8087.147　定价：CNY0.14
　　根据捷克奥切纳舍克著《罗密欧、朱丽叶与黑暗》改编的中国现代连环画。

J0071682

爱与仇　（俄）普希金原著；王天祯改编；张安武绘
天津　天津人民美术出版社　1982年　125页
10×13cm　统一书号：8073.30698　定价：CNY0.16
（外国文学名著选编）
　　根据俄文原著改编的中国现代连环画。

J0071683

暗斗　叶永烈原著；宋雄飞改编；费嘉绘
北京　科学普及出版社　1982年　91页　10×13cm
统一书号：8051.1010　定价：CNY0.18
（科学福尔摩斯系列连环画）
　　中国现代连环画。

J0071684

暗渡陈仓　薛熹等编文；朱子容绘画
福州　福建人民出版社　1982年　92页　10×13cm
统一书号：8173.493　定价：CNY0.16
（通俗前后汉演义　3）
　　根据古典小说改编的，本书是中国现代连环画册。作者朱子容，编审。浙江永康人。浙江人民美术出版社副编审。代表作品有木刻《来帮忙》。编著《江山多娇》《面向未来》《鹏程万里》《边陲小花》《花香千里》等。

J0071685

傲蕾·一兰　（上集）叶楠原著；周元骏改编；胡克文绘画
上海　上海人民美术出版社　1982年　157页　有图
10×13cm　统一书号：8081.12721　定价：CNY0.18
　　连环画作品，根据原著改编。

J0071686

傲蕾·一兰　（下集）叶楠原著；周元骏改编，胡克文绘画
上海　上海人民美术出版社　1982年　142页　有图
10×13cm　统一书号：8081.12722　定价：CNY0.18

J0071687

奥德赛　吴若增改编；徐刚绘
天津　天津人民美术出版社　1982年　142页
10×13cm　统一书号：8073.30700
定价：CNY0.20
　　中国现代连环画作品，根据希腊神话《奥德

赛》改编。

J0071688
八百鞭子　任朴原著；吕荫樾改编；苏诗敏绘
石家庄 河北美术出版社 1982年 54页 有图
10×13cm 统一书号：8087.145 定价：CNY0.09
　　根据原著改编的，本书是中国现代连环
画册。

J0071689
八哥复仇记　谭勋，谢燕章改编；罗国贤绘画
广州 岭南美术出版社 1982年 有图 13cm（60开）
统一书号：8260.0277 定价：CNY0.22
（广东民间故事）
　　中国现代连环画作品，根据胡南整理的故事
改编。

J0071690
八姐闯幽州　喻岳衡改编；张治华绘
长沙 湖南美术出版社 1982年 78页 13cm（64开）
统一书号：8233.245 定价：CNY0.13
（北宋杨家将连环画 之五）
　　本书是中国现代连环画册。

J0071691
八女投江　温野改编；张永新等绘
沈阳 辽宁美术出版社 1982年 62页 13cm（64开）
统一书号：7161.0140 定价：CNY0.11
　　本书是中国现代连环画册。

J0071692
八十天环游地球　王松生，高济民改编；李锛绘
郑州 中州书画社 1982年 126页 13cm（60开）
统一书号：8219.125 定价：CNY0.17
　　本书是中国现代连环画册。

J0071693
八仙闹海　李英群改编；姚柏，肖梅清绘
广州 岭南美术出版社 1982年 94页 13cm（60开）
统一书号：8260.0304 定价：CNY0.18
　　本书根据潮剧同名剧目改编的中国现代连
环画作品。

J0071694
八勇士　唐孝改编；丁世谦绘

成都 四川人民出版社 1982年 62页 64cm（3开）
统一书号：8118.1234 定价：CNY0.09
　　本书是中国现代连环画册。

J0071695
巴尔扎克　张震麟编；戚新国画
南京 江苏人民出版社 1982年 102页 有图
10×13cm 统一书号：8100.3.579 定价：CNY0.15
（外国文学家的故事）
　　本书是中国现代连环画册。

J0071696
巴列金的悲欢　哈斯巴根，孙大业改编；王玉
泉绘
呼和浩特 内蒙古人民出版社 1982年 78页
13cm（60开）统一书号：8089.111 定价：CNY0.13
（达斡尔族民间故事 之二）
　　本书是中国现代连环画册。

J0071697
白川将军覆灭记　李冰改编；单绘生，秦永春绘
沈阳 辽宁美术出版社 1982年 70页 13cm（60开）
统一书号：7161.0014 定价：CNY0.12
　　本书是根据革命故事《清晨的凯歌》改
编的本书是中国现代连环画册。作者李冰
（1962—　　），《创业者》杂志美术编辑。绘者秦永
春（1936—　　），高级美术师。中国美术家协会会
员，中国电影家协会会员，沈阳市美术家协会副
主席，沈阳市美术家协会顾问。作品《丰收忙》
《蝙蝠》《天云山传奇》，出版有《中国当代美术家
精品集——秦永春》。

J0071698
白莲花　午言改编
北京 中国电影出版社 1982年 157页 13cm（60开）
统一书号：8061.1826 定价：CNY0.26
　　本书是中国现代连环画册。

J0071699
白纱巾　韩双东改编；唐伟凡摄影
北京 宝文堂书店 1982年 125页 有图
10×13cm 统一书号：8070.119 定价：CNY0.23
　　本书是中国现代连环画册。

J0071700

白蛇传 邹向前改编；姜录绘

哈尔滨 黑龙江人民出版社 1982 年 111 页
13cm（60 开）定价：CNY0.17

　　本书是现代中国画作品，根据同名京剧改编。

J0071701

白蛇传 王肯词；李瑞生画

长春 吉林人民出版社 1982 年 67 页 19cm（32 开）
统一书号：8091.1313 定价：CNY0.85

　　本书是中国现代连环画册。作者李瑞生（1938—2018），美术教育家、美术家。生于吉林省，毕业于长春电影学院。曾在长春电影制片厂从事设计工作，任教于吉林艺术学院美术系和深圳大学。作品有连环画《金牛山》，彩色画册《小护青年》《孙悟空三打白骨精》《白蛇传》等。

J0071702

白银案 王友林原著；谢春望改编，王怀骐等绘画

广州 岭南美术出版社 1982 年 70 页 有图
10×13cm 统一书号：8260.0307 定价：CNY0.15

　　本书是中国现代连环画册。

J0071703

白银案 谢春望改编；王怀骐，刘端绘

广州 岭南美术出版社 1982 年 74 页 13cm（60 开）
统一书号：R260.0307 定价：CNY0.15

　　本书是根据王友林编的同名小说改编的中国现代连环画。

J0071704

白盈盈之死 吴帆编文；颂公绘画

长春 吉林人民出版社 1982 年 124 页 10×13cm
统一书号：8091.1286 定价：CNY0.18

　　本书是中国现代连环画册。

J0071705

白玉娘忍苦成夫 林秀平改编；吴声，于水绘

福州 福建人民出版社 1982 年 94 页 13cm（60 开）
定价：CNY0.14

（古代白话小说连环画）

　　绘者吴声（1943— ），国家一级美术师。又名自强。生于浙江杭州，毕业于中国美术学院。

中国美术家协会会员。出版专著有《吴声人物画技法》《吴声画集》《诗画缘》《吴声古诗词画意》《唐人诗意百图》等。绘者于水（1955— ），画家。生于北京。毕业于中国艺术研究院研修班。中国艺术研究院研究员，中国美术家协会会员。代表作品有《于水画集》《于水人物卷》等。

J0071706

百草滩歼匪记 李景堂改编；李人毅，邱汉桥绘

沈阳 辽宁美术出版社 1982 年 150 页 13cm（60 开）
统一书号：7161.0121 定价：CNY0.22

　　本书是中国现代连环画册。

J0071707

百花公主 红枫编剧；孔敏等摄影

上海 上海人民美术出版社 1982 年 157 页 有图
10×13cm 统一书号：8081.12959 定价：CNY0.28

　　中国现代连环画作品，根据上海市静安越剧团演出的同名越剧改编，由孔敏等导演。

J0071708

百里奚相秦 刘延龄编文；张连贵绘画

长春 吉林人民出版社 1982 年 78 页 有图
10×13cm 统一书号：8091.1310 定价：CNY0.12
（东周列国 8）

　　本书是中国现代连环画册。

J0071709

百万马克 蒋良琛编剧，文忠山导演；钱鹤鸣等摄影

南京 江苏人民出版社 1982 年 203 页 有图
10×13cm 统一书号：8100.3.552 定价：CNY0.28

　　本书是中国现代连环画册。根据上海市卢湾区文化馆话剧团演出的同名话剧改编。

J0071710

百万英镑 （美）马克·吐温原著；竺少华改编，殷光宇绘

上海 上海人民美术出版社 1982 年 118 页 有图
10×13cm 统一书号：8081.12648 定价：CNY0.14

　　本书是中国现代连环画册。根据马克·吐温短篇小说《一张一百万英镑的钞票》编绘而成，内收 118 幅图。作者竺少华，著有《上古神话系列小说》，编文的连环画有《版纳》《红枫岭上》等。绘者殷光宇（1931— ），画家。安徽合肥人，

毕业于中央美术学院华东分院绘画系。浙江美术学院副教授。作品有《透视·美术卷——中国艺术教育大系》等，译作有《运动人体画法》，编著教材《绘画透视》等。

J0071711

半屏山 刘润编；胡永凯绘

石家庄 河北美术出版社 1982年 62页 13cm（60开）统一书号：8087.155 定价：CNY0.13

本书是中国现代连环画册。

J0071712

包公巧断无尸案 冯海荣改编；李建琛，唐兴华绘

贵阳 贵州人民出版社 1982年 65页 13cm（60开）定价：CNY0.12

本书是中国现代连环画册。

J0071713

包公自责 莹洁，昭菱改编；孟庆江绘

北京 中国戏剧出版社 1982年 94页 13cm（60开）定价：CNY0.14

本书是根据同名扬剧改编的中国戏剧故事连环画。

J0071714

包拯三掷砚 蒋星煜原著；蒋金燕改编；费龙翔绘画

上海 上海人民美术出版社 1982年 62页 有图 10×13cm 统一书号：8081.12758 定价：CNY0.09

本书是中国现代连环画册。

J0071715

宝刀 扬肃生编绘

乌鲁木齐 新疆青年出版社 1982年 61页 13cm（60开）定价：CNY0.13

（维吾尔民间故事）

本书是中国现代连环画册。

J0071716

宝岛 （英）史蒂文森原著；何成改编；雷德祖绘

北京 人民美术出版社 1982年 174页 13cm（60开）统一书号：8027.8226 定价：CNY0.26

本书是中国现代连环画册。

J0071717

宝井 杲向真著；田原绘画

合肥 安徽人民出版社 1982年 有彩图 17×19cm 统一书号：8102.1182 定价：CNY0.39

本书是中国现代连环画册。

J0071718

宝镜 戍林改编；何宁，崔君沛绘

北京 人民美术出版社 1982年 62页 13cm（60开）定价：CNY0.11

本书是中国现代连环画册。

J0071719

宝猫与仙瓢 于汤编；宋文龙，王立民绘

南宁 广西人民出版社 1982年 104页 13cm（60开）定价：CNY0.15

（民间故事）

中国现代连环画作品，内容包括《装傻》《宝猫与仙瓢》《气焦卒》等四个故事。

J0071720

宝碗 曹宝明编写；郭怀仁等绘

北京 人民美术出版社 1982年 130页 13cm（60开）定价：CNY0.16

本书是中国现代连环画册。

J0071721

宝玉出走 竺少华改编；丁世弼绘

上海 上海人民美术出版社 1982年 118页 10×13cm 统一书号：8081.13058 定价：CNY0.21

（《红楼梦》连环画之十六）

根据古典小说《红楼梦》改编的本书是中国现代连环画册。作者竺少华，著有《上古神话系列小说》，编文的连环画有《版纳》《红枫岭上》等。绘者丁世弼（1939—2018），画家、国家一级美术师。字仲宜，江西南昌人。中国美术家协会会员，江西省美术家协会副主席。代表作有《渔岛怒潮》《秋瑾》《陈赓大将》《红楼梦》等。

J0071722

宝玉瞒赃 徐哨改编；汪继声绘

上海 上海人民美术出版社 1982年 134页 10×13cm 定价：CNY0.23

（《红楼梦》连环画之八）

J0071723

保卫延安 （上册）杜鹏程原著；穆兰改编；王胜利，刘白鸿绘

兰州 甘肃人民出版社 1982年 174页 13cm（60开）

统一书号：8096.787 定价：CNY0.23

　　本书是中国现代连环画册。

J0071724

保卫延安 （下册）杜鹏程原著；穆兰改编；王胜利，刘白鸿绘

兰州 甘肃人民出版社 1982年 174页 13cm（60开）

统一书号：8096.885 定价：CNY0.23

　　本书是中国现代连环画册。

J0071725

保卫延安 （上集）杜鹏程原著；冯复加改编；侯德钊，赵建明绘

北京 人民美术出版社 1982年 142页 13cm（60开）

统一书号：8027.8368 定价：CNY0.22

　　本书是中国现代连环画册。

J0071726

保卫延安 （下集）杜鹏程原著；冯复加改编；侯德钊，赵建明绘

北京 人民美术出版社 1982年 150页 13cm（60开）

统一书号：8027.8369 定价：CNY0.23

　　本书是中国现代连环画册。

J0071727

保卫延安 （上）杜鹏程原著；范成璋改编；雷德祖，雷似祖绘

杭州 浙江人民美术出版社 1984年 150页 13cm（60开）定价：CNY0.23

J0071728

保卫延安 （下）杜鹏程原著；范成璋改编；雷德祖，雷似祖绘

杭州 浙江人民美术出版社 1984年 150页 13cm（64开）定价：CNY0.23

J0071729

保卫延安 杜鹏程原著；忠清，锡琳编文；李兆虬绘

南昌 21世纪出版社 1991年 150页 18cm（小32开）ISBN：7–5391—0546–1

定价：CNY1.55

（革命英雄主义丛书 儿童绘画本）

J0071730

报春花 崔德志原著；秦节改编；蔡超等绘画

上海 上海人民美术出版社 1982年 134页 有图 10×13cm 统一书号：8081.11986 定价：CNY0.16

　　本书是中国现代连环画册。

J0071731

悲惨世界 （上集）盛尚文编摄

南京 江苏人民出版社 1982年 158页 13cm（60开）

统一书号：8100.3.486 定价：CNY0.22

　　电影故事连环画。

J0071732

悲惨世界 （下集）盛尚文编摄

南京 江苏人民出版社 1982年 186页 有图 10×13cm 统一书号：8100.3.487 定价：CNY0.25

　　本书是中国现代连环画册。

J0071733

悲惨世界 （1）陆和荪，张定华改编；张定华绘

杭州 浙江人民美术出版社 1982年 158页 13cm（60开）统一书号：8156.13 定价：CNY0.18

　　本书是中国现代连环画册。

J0071734

悲惨世界 （上）孙渝峰改编

北京 中国电影出版社 1982年 125页 13cm（60开）

统一书号：8061.1811 定价：CNY0.21

　　电影故事连环画。

J0071735

悲惨世界 （下）孙渝峰改编

北京 中国电影出版社 1982年 141页 13cm（60开）

统一书号：8061.1812 定价：CNY0.23

　　电影故事连环画。

J0071736

北部湾的风波 孙宝堂编绘

南京 江苏人民出版社 1982年 110页 有图 10×13cm 统一书号：8100.3.535 定价：CNY0.16

　　本书是中国现代连环画册。

J0071737

北上　庞加兴改编；邹毅摄影

广州　岭南美术出版社　1982 年　152 页　有图

10×13cm　统一书号：8260.0276　定价：CNY0.28

　　　　本书是中国现代连环画作品，根据战士话剧团演出，李伯钊创作剧，树元、李滨、杨绍明执笔的同名话剧改编。

J0071738

贝多芬　甘礼乐编；崔君沛，金冈绘

上海　上海人民美术出版社　1982 年　142 页

13cm（60 开）统一书号：8081.13082

定价：CNY0.17

　　　　本书是世界名人传系列的中国现代连环画册。收入 142 幅图。

J0071739

贝佳和小红帽子　馥耘文；钱欣等画

石家庄　河北人民出版社　1982 年　62 页　有图

7×10cm　统一书号：R8086.1680　定价：CNY0.07

（儿童电影连环画 4）

　　　　本书是根据苏联动画片改编的现代连环画。

J0071740

被爱情遗忘的角落　朱丹改编；刘玮武绘

长沙　湖南美术出版社　1982 年　102 页　13cm（60 开）

统一书号：8233.303　定价：CNY0.14

　　　　本书是中国现代连环画册。作者朱丹，美术理论家、画家和书法家、诗人。

J0071741

被爱情遗忘的角落　索立改编

北京　中国电影出版社　1982 年　147 页　13cm（60 开）

定价：CNY0.26

　　　　电影故事连环画。

J0071742

被扑灭的死光　龙光沛改编；陈筑培绘

贵阳　贵州人民出版社　1982 年　68 页　13cm（60 开）

统一书号：8115.883　定价：CNY0.09

　　　　本书是中国现代连环画册。

J0071743

被通缉的人　史颂光改编；朱子荣绘

郑州　中州书画社　1982 年　126 页　13cm（60 开）

统一书号：8219.194　定价：CNY0.18

　　　　本书是中国现代连环画册。

J0071744

比丘国　吴承恩原著；剑敏改编，杨晓晖绘画

南京　江苏人民出版社　1982 年　78 页　有图

10×13cm　统一书号：8100.3.493　定价：CNY0.12

　　　　本书是中国现代连环画册。

J0071745

比丘国　吴承恩原著；李敏媛改编；杨晓辉绘

南京　江苏人民出版社　1982 年　78 页　13cm（60 开）

统一书号：8100.3.493　定价：CNY0.12

（中国古典文学故事选）

　　　　本书是中国现代连环画册。

J0071746

彼得的影子　李扬发改编；陈玮，薛强绘

南昌　江西人民出版社　1982 年　126 页　13cm（60 开）

统一书号：8110.563　定价：CNY0.18

　　　　本书是根据小说《彼得·史勒密尔的奇怪故事》改编的现代连环画作品，

J0071747

毕昇　索立改编

北京　中国电影出版社　1982 年　125 页　13cm（60 开）

统一书号：8061.1831　定价：CNY0.21

　　　　电影故事连环画。

J0071748

弼马温　励艺夫改编；徐余兴绘

北京　人民美术出版社　1982 年　78 页　13cm（60 开）

统一书号：8027.8117　定价：CNY0.14

（西游记故事）

　　　　根据中国古典小说《西游记》改编的现代连环画作品。

J0071749

碧岛擒敌　何泥改编；于沙绘

沈阳　辽宁美术出版社　1982 年　122 页　13cm（60 开）

统一书号：7161.0142　定价：CNY0.18

　　　　本书是中国现代连环画册。

J0071750

碧海截宝　崔振玉，相惠改编；刘成湘绘

济南 山东人民出版社 1982年 110页 13cm（60开）
定价：CNY0.17
　　电影故事连环画。

J0071751

碧梧岭麟猊相争　洪兵改编；高适绘
福州 福建人民出版社 1982年 97页 13cm（60开）
统一书号：8173.532 定价：CNY0.15
（《镜花缘》故事 之四）
　　本书是中国现代连环画册。

J0071752

碧霞仙子　尹丕杰编；何国华绘
石家庄 河北美术出版社 1982年 102页
13cm（60开）统一书号：8087.193 定价：CNY0.15
（民间故事）
　　本书是中国现代连环画册。

J0071753

边城名将　梁任编文；邹越非等绘画
福州 福建人民出版社 1982年 123页 有图
10×13cm 统一书号：8173.528 定价：CNY0.20
（通俗前后汉演义 13）
　　本书是中国现代连环画册。

J0071754

边寨擒贼　韩秋生编；雷著华画
重庆 重庆出版社 1982年 125页 13cm（60开）
统一书号：8114.24 定价：CNY0.16
　　本书是中国现代连环画册。

J0071755

鞭赶三青石　（北京传说）古源等改编；王秉
龙等绘
北京 中国旅游出版社 1982年 115页 15cm（40开）
统一书号：8179.194 定价：CNY0.23
　　本书是中国现代连环画册。

J0071756

邠阳城救驾　喻岳衡改编；贺宣华绘
长沙 湖南美术出版社 1982年 70页 13cm（60开）
统一书号：8233.242 定价：CNY0.11
（北宋杨家将连环画 之二）

J0071757

波月洞　郭烽明改编；刘汉宗绘画
石家庄 河北美术出版社 1982年 90页 有图
10×13cm 统一书号：8087.140 定价：CNY0.14
（《西游记》十二）
　　根据中国古典小说《西游记》改编的现代连
环画作品。

J0071758

搏斗　李宝靖编；梁启德绘
南宁 广西人民出版社 1982年 134页 13cm（60开）
统一书号：8113.770 定价：CNY0.23
　　本书是中国现代连环画册。

J0071759

捕盗记　许道静改编；董达荣绘
福州 福建人民出版社 1982年 80页 有图
10×13cm 统一书号：8173.504 定价：CNY0.13
　　本书是根据爱丽斯·克斯特涅的《埃米尔捕
盗记》改编的现代连环画作品，

J0071760

捕盗记　孙锦常改编；林国光绘画
郑州 中州书画社 1982年 78页 有图
10×13cm 统一书号：8219.190 定价：CNY0.12
　　本书是中国现代连环画册。

J0071761

捕虎记　黄汉改编；王奇志绘画
福州 福建人民出版社 1982年 68页 有图
10×13cm 统一书号：8173.597 定价：CNY0.11
　　本书是中国现代连环画作品，根据化介、昌
耀同志的革命回忆录改编。

J0071762

捕蛇将军的后代　郑炎编绘
长春 吉林人民出版社 1982年 15+14页 有图
10×13cm 统一书号：8091.1312 定价：CNY0.10
　　本书是中国现代连环画作品，包括：《捕蛇
将军的后代》《懒猪》《谁最有力量》《天鹅借衣》
《小松鼠》。

J0071763

捕蛇者的后代　雷锐改编；李燕华绘
天津 天津人民美术出版社 1982年 102页

13cm（60开）统一书号：8073.30634

定价：CNY0.14

　　本书是中国现代连环画册。包括：《捕蛇将军的后代》《懒猪》《谁最有力量》《天鹅借衣》《小松鼠》。

J0071764

不该凋谢的玫瑰　陈玉改编

北京 中国电影出版社 1982年 125页 13cm（60开）

统一书号：8061.1703 定价：CNY0.21

　　本书是中国现代连环画册。

J0071765

不灭的篝火　磨墨改编；赵旷等绘

武汉 湖北人民出版社 1982年 78页 有图

10×13cm 统一书号：8106.2323 定价：CNY0.12

　　本书是中国现代连环画册。

J0071766

不宜动土　（笑话之一）吴添汗，程中岳改编；张景源等绘

上海 上海人民美术出版社 1982年 102页

13cm（60开）统一书号：8081.12998

定价：CNY0.13

　　本书是中国现代连环画册。

J0071767

蔡九赔鸭　江成孝，宋西廷编剧；杨子江改编；费文麓摄影

北京 中国戏剧出版社 1982年 60页 有图

10×13cm 统一书号：8069.325 定价：CNY0.12

　　本书是中国现代连环画作品，由湖北省汉川县汉剧团演出，江成孝编剧。

J0071768

草船借箭　王永祥改编；戴培仁绘画

合肥 安徽人民出版社 1982年 62页 有图

10×13cm 统一书号：8102.1174 定价：CNY0.11

　　本书是中国现代连环画作品，根据《中国古典文学故事》改编。

J0071769

草蛉　李澄晖编辑；黄邦一摄影

北京 中国农业出版社 1982年 62页 有图

10×13cm 统一书号：8144.9 定价：CNY0.28

　　本书是中国现代连环画作品，根据同名科教电影改编，中国农业电影制片厂供稿。

J0071770

草原歼匪　何昕改编；张鸿飞，韩丽娟绘

哈尔滨 黑龙江人民出版社 1982年 180页

13cm（60开）定价：CNY0.26

　　本书是中国现代连环画册。

J0071771

草原怒火　楚伦巴根改编；巴雅尔绘

呼和浩特 内蒙古人民出版社 1982年 110页

13cm（60开）统一书号：8089.118 定价：CNY0.16

　　本书是中国现代连环画册。

J0071772

曾头市　施耐庵，罗贯中原著；张友鸾改编；罗希贤绘画

北京 人民美术出版社 1982年 147页 10×13cm

统一书号：8027.7922 定价：CNY0.23

（《水浒》20）

　　依据中国古典小说《水浒》改编的现代连环画作品。

J0071773

查抄贾府　赵福昌改编；杨秋宝绘

上海 上海人民美术出版社 1982年 174页

10×13cm 定价：CNY0.30

（《红楼梦》连环画之十四）

　　根据古典小说《红楼梦》改编的本书是中国现代连环画册。

J0071774

钗头凤　郝幼权编；丹赤绘

长春 吉林人民出版社 1982年 126页 13cm（60开）

统一书号：8091.1327 定价：CNY0.19

　　本书是中国现代连环画册。

J0071775

钗头凤　何培新改编；孟庆江绘画

北京 人民美术出版社 1982年 54页 有图

10×13cm 统一书号：8027.7936 定价：CNY0.08

　　本书是中国现代连环画册。

J0071776
豺狼的覆没 （英）K. 罗斯原著；区荣光改编；苏家杰绘画
广州 岭南美术出版社 1982 年 93 页 有图
10×13cm 统一书号：8260.0175 定价：CNY0.16
　　本书是中国现代连环画作品，根据电影《豺狼的日子》改编。作者苏家杰（1947— ），画家。广州美术学院版画系结业。广东省美术家协会会员，花城出版社美术编辑室主任。作品有《百猫图谱》《友谊花开》等。

J0071777
嫦娥 蒲松龄原著；白藻改编；牛双印绘画
天津 天津人民美术出版社 1982 年 86 页 有图
10×13cm 统一书号：8073.30563 定价：CNY0.14
　　本书是中国现代连环画册。

J0071778
晁盖 张玉来编文；张亚力绘画
长春 吉林人民出版社 1982 年 126 页 有图
10×13cm 统一书号：8091.1326 定价：CNY0.19
本书是中国现代连环画册。

J0071779
晁盖 张玉来编；张亚力绘
长春 吉林人民出版社 1985（印）年 126 页
13cm（60开）统一书号：8091.1326
定价：CNY0.37
（《水浒》人物）
　　依据中国古典小说《水浒》改编的现代连环画作品。

J0071780
沉冤记 白木改编；赵书权绘
长春 吉林人民出版社 1982 年 78 页 13cm（60开）
统一书号：8091.1279 定价：CNY0.12
（古代故事选）
　　本书是中国现代连环画作品，根据《喻世明言》"沈小霞巧会出师表"改编。

J0071781
陈景润四探数学山 林玉树等改编；林玉宇绘画
福州 福建人民出版社 1982 年 86 页 有图
10×13cm 统一书号：8173.551 定价：CNY0.14
本书是中国现代连环画作品，根据《皇冠上的明珠》改编。

J0071782
陈毅出山 丁一三原著；哈淑洁改编；王临友绘
哈尔滨 黑龙江人民出版社 1982 年 102 页
13cm（60开）定价：CNY0.16
　　本书是中国现代连环画，根据同名话剧改编。

J0071783
陈毅出山 鲁南改编；苗再新绘
沈阳 辽宁美术出版社 1982 年 158页 13cm（60开）
定价：CNY0.23
　　本书是中国现代连环画册。

J0071784
陈毅市长 王逸改编
北京 中国电影出版社 1982 年 147页 13cm（60开）
定价：CNY0.26
　　电影故事连环画。

J0071785
成仙 徐金元改编；柯玲，柏生绘画
南京 江苏人民出版社 1982 年 70 页 有彩图
10×13cm 统一书号：8100.3.554 定价：CNY0.29
　　本书是中国现代连环画作品，根据蒲松龄著《聊斋志异》改编。

J0071786
城防图 孙法智改编；曹天舒绘画
武汉 长江文艺出版社 1982 年 78 页 有图
10×13cm 统一书号：8107.348 定价：CNY0.12
　　本书是中国现代连环画册。

J0071787
城濮之战 （东周列国故事）李光羽改编；贾德江绘
上海 上海人民美术出版社 1982 年 125 页
13cm（60开）统一书号：8081.12791
定价：CNY0.15
　　本书是中国当代连环画作品。

J0071788

程咬金劫皇杠　辛冰改编；生林，董建绘
北京 中国曲艺出版社 1982年 126页 13cm（60开）
定价：CNY0.18
（传统评书连环画《兴唐传》7）
　　　　作者辛冰，擅长连环画改编。主要作品有
《单雄信招亲》《战斗的青春》《巧布迷魂阵》等。

J0071789

程咬金劫王贡　林正让改编；王重圭，王重英绘
福州 福建人民出版社 1982年 130页 10×13cm
统一书号：8173.486 定价：CNY0.20
（《说唐前传》之三）
　　　　本书是中国现代连环画册。

J0071790

程咬金招亲　洪竹林改编摄影
北京 中国戏剧出版社 1982年 157页 13cm（60开）
统一书号：8069.368 定价：CNY0.28
　　　　本书是中国现代连环画，根据湖南电视台录
制的同名戏曲艺术片改编。

J0071791

赤壁之战　张少武编；周申绘
长春 吉林人民出版社 1982年 190页 13cm（60开）
定价：CNY0.26
　　　　本书是中国现代连环画册。

J0071792

赤壁之战　（1）罗贯中原著；吴廷琯，吴端蒙
改编；张成思绘画
沈阳 辽宁美术出版社 1982年 118页 9×13cm
统一书号：7161.0049 定价：CNY0.18
　　　　本书是中国现代连环画册。

J0071793

赤壁之战　（2）罗贯中原著；吴廷琯，吴端蒙
改编；李德庆绘画
沈阳 辽宁美术出版社 1982年 110页 10×13cm
统一书号：7161.0050 定价：CNY0.18
　　　　本书是中国现代连环画册。

J0071794

赤壁之战　（3）姚祥发绘
沈阳 辽宁美术出版社 1982年 146页 13cm（60开）

定价：CNY0.22
　　　　本书是中国现代连环画册。

J0071795

赤壁之战　（4）张成思绘
沈阳 辽宁美术出版社 1982年 142页 13cm（60开）
定价：CNY0.21
　　　　本书是中国现代连环画册。

J0071796

赤子忠魂　刘铭文编文；李江鸿等绘
太原 山西人民出版社 1982年 117页 有图
10×13cm 统一书号：8088.1490 定价：CNY0.16
　　　　本书是中国现代连环画册。

J0071797

仇恨夫妻　严朴勤，朱国芳改编；何兆欣，周
培良摄影
南京 江苏人民出版社 1982年 173页 13cm（60开）
统一书号：8100.3.490 定价：CNY0.23
　　　　本书是根据甬剧《三篙恨》改编的中国现代
连环画。

J0071798

仇侣　邹向前改编；季源业，季津业绘
沈阳 辽宁美术出版社 1982年 182页 13cm（60开）
定价：CNY0.26
　　　　本书是根据同名电影文学剧本改编的中国
现代连环画。

J0071799

出使西域　吴启泰原著；徐建中改编，江恩莲
绘画
广州 岭南美术出版社 1982年 118页 有图
10×13cm 统一书号：2860.0362 定价：CNY0.21
　　　　本书是中国现代连环画作品，根据电影文学
剧本《张骞》改编。

J0071800

初出茅庐　学之等编文；李生权等绘画
长春 吉林人民出版社 1982年 123页 有图
10×13cm 统一书号：8091.1225 定价：CNY0.18
（成语故事 9）
　　　　本书是中国现代连环画册。

J0071801

除霸迎闯王 水登改编；黄小金绘

杭州 浙江人民美术出版社 1982年 118页

13cm(60开) 统一书号：8156.202 定价：CNY0.15

　　本书是根据京剧《日月雌雄镖》改编的中国现代连环画。

J0071802

除三怪 张绍旻改编；关鉴绘画

长春 吉林人民出版社 1982年 63页 有图

10×13cm 统一书号：R8091.1330 定价：CNY0.10

（B型美猴王连环画 7）

J0071803

锄奸记 李筱峰原著；杨嵩改编；沈启鹏绘

南京 江苏人民出版社 1982年 69页 有图

10×13cm 统一书号：8100.3.470 定价：CNY0.11

　　本书是中国现代连环画册。绘者沈启鹏（1946—　　），画家。南通美术家协会主席，南通书画研究院院长。代表作品《大汛》《海子牛》《二月二回娘家》。

J0071804

楚汉成皋之战 黄建中编；苏维贤绘

武汉 长江文艺出版社 1982年 140页(60开)

统一书号：8107.362 定价：CNY0.20

（中国历代战争故事画丛）

J0071805

楚灵王 （东周列国故事）吴其柔改编；郭兵，惠丽绘

上海 上海人民美术出版社 1982年 126页

13cm(60开)定价：CNY0.15

　　本书是中国现代连环画册。

J0071806

楚天风云 索立改编

北京 中国电影出版社 1982年 141页 13cm(60开)

定价：CNY0.23

　　电影故事连环画。

J0071807

楚吴之战 刘延龄编；戴成有绘

长春 吉林人民出版社 1982年 88页 13cm(60开)

定价：CNY0.13

（东周列国 之十二）

　　本书是中国现代连环画册。

J0071808

船长女儿的遭遇 （美）尤金·奥尼尔原著；丁鹏改编；孙宏华，于速摄影

北京 中国戏剧出版社 1982年 156页 13cm(60开)

定价：CNY0.26

　　本书是美国戏剧故事连环画，根据中央戏剧学院表演系1978级学生演出的同名话剧改编。

J0071809

闯幽州 孙长江，张惠民编；李宁远绘

郑州 中州书画社 1982年 134页 13cm(60开)

统一书号：8219.188 定价：CNY0.19

（杨家将 之三）

　　本书是中国现代连环画册。

J0071810

创业史 （上）柳青原著；刘四成改编；庞先健绘画

上海 上海人民美术出版社 1982年 158页 有图

10×13cm 统一书号：8081.12992 定价：CNY0.18

　　本书是中国现代连环画册。

J0071811

创业史 （下）柳青原著；刘四成改编；庞先健绘画

上海 上海人民美术出版社 1982年 150页 有图

10×13cm 统一书号：8081.12993 定价：CNY0.17

　　本书是中国现代连环画册。

J0071812

吹过校园的风 车适改编；秦少华等摄影

武汉 广播出版社 1982年 125页 有图

10×13cm 统一书号：8236.068 定价：CNY0.22

　　本书是电视剧连环画，中国广播艺术团电视剧团供稿。

J0071813

春草闯堂 陈冀翎改编；晓丁摄影

北京 宝文堂书店 1982年 117页 13cm(60开)

定价：CNY0.21

　　本书是中国古典戏曲连环画，根据福建省仙游鲤声剧团演出的同名戏改编。

J0071814
春草闯堂　敦谦改编；牛双印绘
石家庄　河北美术出版社　1982 年　130 页
13cm（60 开）定价：CNY0.18
　　本书是中国古典戏曲故事连环画。

J0071815
春秋楼的故事　刘耀中编；苏西映绘
郑州　中州书画社　1982 年　78 页　13cm（60 开）
统一书号：8219.203 定价：CNY0.13
（中州风物故事）
　　本书是中国现代连环画册。作者刘耀中，
年画家，代表作有《风雪配》等。绘者苏西映
（1940—　），河南光山人。光山县文化馆美术师，
河南省美术家协会会员，大别山书画研究院名誉
院长。作品有《深山古树》《荷花舞》《玉莲公主》
《中华魂》等。出版有《唐伯虎智圆梅花梦》《玉
蜻蜓》。

J0071816
唇亡齿寒　张沛贤等编；木佳广等绘
长春　吉林人民出版社　1982 年　123 页 13cm（60 开）
定价：CNY0.18
（成语故事 10）
　　本书是中国现代连环画册。

J0071817
雌雄剑　王素一等编文；望阳绘画
南京　江苏人民出版社　1982 年　94 页　有图
10×13cm 统一书号：8100.3.543 定价：CNY0.14
　　本书是中国现代连环画册。

J0071818
刺官棒　于永全等原著；韩双东改编；谷照恩
等绘
石家庄　河北美术出版社　1982 年　84 页 13cm
（60 开）统一书号：8087.136 定价：CNY0.13
　　本书是中国现代连环画册。

J0071819
从渔民到科学家　塞之改编；石恒谟绘画
郑州　中州书画社　1982 年　94 页　有图
9×13cm 统一书号：8219.200 定价：CNY0.14
　　本书是中国现代连环画作品，描写十八世纪
俄国杰出的科学家蒙诺索夫在青少年时期勤勉

好学的故事。

J0071820
促织　黄元柱改编；刘景全绘
济南　山东人民出版社　1982 年　62 页 13cm（60 开）
定价：CNY0.11
（《聊斋志异》连环画丛书之六　聊斋志异故事选
26）

J0071821
促织　（清）蒲松龄原著；杨新改编；戴宏海绘
天津　天津人民美术出版社　1982 年　68 页
13cm（60 开）统一书号：8073.30578
定价：CNY0.12
（《聊斋》故事）
　　本书是中国现代连环画册。

J0071822
翠衣国　（清）长白浩歌子原著；范芸改编，张
春新绘
成都　四川人民出版社　1982 年　56 页　有图
10×13cm 统一书号：8118.1256 定价：CNY0.09
　　本书是中国现代连环画册。

J0071823
错中错　戈柳编；黄慧玲绘
福州　福建人民出版社　1982 年　93 页 13cm（60 开）
定价：CNY0.15
　　本书是根据京剧《花田错》改编的中国现代
连环画。

J0071824
达尔文
北京　海洋出版社　1982 年　142 页　13cm（60 开）
定价：CNY0.25
　　电视剧连环画。

J0071825
妲己进宫　（封神演义故事）云天，秋谷改编；
胡若君绘
南昌　江西人民出版社　1982 年 102 页 13cm（60 开）
定价：CNY0.15
　　本书是中国现代连环画册。

J0071826

打草惊蛇　羽化编；博综等绘

南宁　漓江出版社 1982 年 94 页 13cm（60 开）

统一书号：8256.46 定价：CNY0.14

（兵法三十六计丛书 5）

　　中国现代连环画作品，包括《打草惊蛇》《借尸还魂》《调虎离山》3 个故事。

J0071827

打碗记　姜邦彦，乐民编剧改编；费文麓摄影

北京　中国戏剧出版社 1982 年 61 页 有图

10×13cm 统一书号：8069.296 定价：CNY0.12

　　本书是戏剧连环画，根据江苏省淮剧团演出的同名淮剧改编。

J0071828

大地的女儿　陈元山改编；郑志岳绘

上海　上海人民美术出版社 1982 年 62 页

13cm（60 开）定价：CNY0.09

　　本书是中国当代连环画作品。

J0071829

大地的深情　凌儿等改编；袁骏等摄影

北京　中国戏剧出版社 1982 年 93 页 有图

10×13cm 统一书号：8069.345 定价：CNY0.17

　　本书是中国当代连环画作品。

J0071830

大地深情　凌儿，晨原改编；袁骏等摄影

北京　中国戏剧出版社 1982 年 93 页 13cm（60 开）

定价：CNY0.17

　　电影故事连环画，根据同名电视剧改编。

J0071831

大渡河之战　曹积三改编；赵华胜绘

沈阳　辽宁美术出版社 1982 年 194 页 13cm（60 开）

统一书号：7161.0007 定价：CNY0.27

　　本书是中国现代连环画册。

J0071832

大佛下的电影　何民琦文；卢延光画

广州　科学普及出版社广州分社 1982 年 77 页

13cm（60 开）定价：CNY0.13

　　本书是中国现代连环画，根据电影《神秘的大佛》改编。

J0071833

大海作证　李宏林原著；袁玮大改编，沈尧伊绘

天津　天津人民美术出版社 1982 年 126 页 有图

10×13cm 统一书号：8073.30618 定价：CNY0.16

　　本书是中国当代连环画作品。绘者沈尧伊（1943— ），画家。浙江镇海人，毕业于中央美术学院。曾任中国人民大学徐悲鸿艺术学院教授，中国美术家协会会员，北京美术家协会理事，连环画艺术委员会主任。代表作品《而今迈步从头越》《革命理想高于天》《地球的红飘带》等。

J0071834

大虎　韦晶编文；庄永兴等摄影

天津　天津人民美术出版社 1982 年 118 页 有图

11×13cm 统一书号：8073.30702 定价：CNY0.23

　　本书是中国当代连环画作品，根据同名电影片改编。

J0071835

大江怒涛　汪广润编；赵鸿恩绘

合肥　安徽人民出版社 1982 年 110 页 13cm（60 开）

统一书号：8102.1148 定价：CNY0.15

　　本书是中国当代连环画作品。

J0071836

大名府　施耐庵，罗贯中原著；李树平改编；朱光玉绘画

北京　人民美术出版社 1982 年 203 页 10×13cm

统一书号：8027.7921 定价：CNY0.30

（《水浒》19）

　　根据中国古典小说《水浒》改编的现代连环画作品。绘者朱光玉（1928— ），连环画家。生于上海，祖籍江苏盐城。作品有《岳飞传》《苏姣姣》《一代名优》《宋景诗》《林则徐》等。

J0071837

大漠枪声　曼玲改编；蒋振华绘

北京　人民美术出版社 1982 年 142 页 有图

10×13cm 统一书号：8027.8221 定价：CNY0.22

　　本书是中国当代连环画作品，根据电影文学剧本《贡献》改编。作者蒋振华（1941— ），画家、美术评论家。生于江苏丰县，毕业于中央美院版画系。中国美术家协会会员，中国版画家协会理事，新疆版画研究会会长，新疆美术家协会秘书

长。作品有《龟兹古渡》《海市蜃楼》等。

J0071838

大闹登州　洛军编；刘戈，陈茗绘

北京 中国曲艺出版社 1982年 126页 13cm（60开）

统一书号：8227.008 定价：CNY0.18

（传统评书连环画《兴唐传》8）

J0071839

大闹金兜洞　李建新改编；刘海志绘

石家庄 河北美术出版社 1982年 102页

13cm（60开）定价：CNY0.15

（《西游记》之十九）

　　根据中国古典小说《西游记》改编的现代连环画作品。

J0071840

大闹上官桥　石门编；肖星绘

北京 中国曲艺出版社 1982年 62页 13cm（60开）

定价：CNY0.11

　　本书是中国当代连环画作品。

J0071841

大闹天宫　曾积三改编；陆成法绘画

长春 吉林人民出版社 1982年 63页 有图

10×13cm 统一书号：R8091.1263 定价：CNY0.10

（B型美猴王连环画 2）

　　美书是中国当代连环画作品。

J0071842

大闹天津卫　张孟良原著；孟良，飞雁改编；

雷金池，陈继荣绘

石家庄 河北美术出版社 1982年 138页

13cm（60开）定价：CNY0.20

（《血溅津门》之一）

　　本书是中国当代连环画作品。

J0071843

大篷车　殷宝华改编；邵殿英选片

沈阳 辽宁美术出版社 1982年 194页 13cm（60开）

定价：CNY0.33

　　本书是中国现代连环画册。

J0071844

大篷车　李成葆改编

北京 中国电影出版社 1982年 157页 13cm（60开）

定价：CNY0.26

　　本书是中国现代连环画册。

J0071845

大破天门阵　喻岳衡改编；廖正华绘

长沙 湖南美术出版社 1982年 86页 13cm（60开）

统一书号：8233.247 定价：CNY0.13

（北宋杨家将连环画 7）

J0071846

大破袭　许焕岗，王文秀改编；杨文仁，岳海

波绘

长沙 湖南美术出版社 1982年 118页 13cm（60开）

定价：CNY0.16

（《桥隆飙》之四）

　　本书是中国当代连环画作品。

J0071847

大圣扬威　吴承恩原著；庄努等改编，赵映闿

绘画

成都 四川人民出版社 1982年 116页 有图

10×13cm 统一书号：8118.1122 定价：CNY0.17

（《西游记》故事之二）

J0071848

大义灭亲　（东周列国故事）马洪林改编；朱

光玉绘

上海 上海人民美术出版社 1982年 86页

13cm（60开）统一书号：8081.12654

定价：CNY0.11

　　本书是中国当代连环画作品。

J0071849

大禹治服洪水　王吉祥改编；赵明钧绘

沈阳 辽宁美术出版社 1982年 82页 13cm（60开）

定价：CNY0.13

（中国远古神话故事 四）

　　本书是中国当代连环画作品。绘者赵明钧

（1938— ），满族，连环画艺术家。笔名孤竹古

道居士。生于辽宁省锦州市，籍贯辽宁省锦州市。

作品有《我们村里年轻人》《毛主席好战士——

雷锋》《收伏白龙马》等。

J0071850

大战马堂镇　王传珍，腾毓旭改编；刘铁权，周卫绘

沈阳　辽宁美术出版社　1982年　194页　13cm（60开）

定价：CNY0.28

　　本书是中国当代连环画作品。

J0071851

大战瓦桥关　冉一改编；马方洛绘

福州　福建人民出版社　1982年　84页　10×13cm

统一书号：8173.391　定价：CNY0.14

（《杨家将演义》之五）

　　根据古典小说《杨家将演义》改编的本书是中国现代连环画册。

J0071852

黛玉焚稿　钱志清改编；戴敦邦等绘

上海　上海人民美术出版社　1982年　166页

10×13cm　定价：CNY0.28

（《红楼梦》连环画之十三）

　　本书是根据古典小说《红楼梦》改编的中国现代连环画册。作者钱志清，改编有连环画《现代戏剧连环画典藏本》《中国历代画家》《红楼梦》等。绘者戴敦邦（1938—　），国画家，教授。号民间艺人。江苏丹徒人，毕业于上海第一师范学校。曾任《中国少年报》《儿童时代》美术编辑，上海交通大学人文学院教授。主要作品有《水浒人物一百零八图》《戴敦邦水浒人物谱》《戴敦邦新绘红楼梦》《戴敦邦古典文学名著画集》等；连环画代表作品有《一支驳壳枪》《水上交通站》《大泽烈火》《蔡文姬》等。

J0071853

丹凤朝阳　凯湄改编

北京　中国电影出版社　1982年　156页　13cm（60开）

定价：CNY0.26

　　本书是中国现代连环画册。

J0071854

当代人　筱篁改编

北京　中国电影出版社　1982年　145页　13cm（60开）

统一书号：8061.1941　定价：CNY0.26

　　电影故事连环画。作者筱篁，主要改编的连环画作品有《白鸽》《霍元甲》《三个和尚》等。

J0071855

岛上历险记　杭景秋译编；徐冬林绘

南昌　江西人民出版社　1982年　150页　有图

10×13cm　统一书号：8110.566　定价：CNY0.19

　　本书是中国当代连环画作品。

J0071856

到坟墓里睡觉　凌纾编文；曲建方绘画

成都　四川少年儿童出版社　1982年　62页　有图

7×10cm　统一书号：R8247.70　定价：CNY0.05

（《小小连环画》36）

　　本书是根据新疆维吾尔族民间故事改编的中国现代连环画作品。

J0071857

到小公鸡家做客　杨磊改编；王又文等绘画

郑州　中州书画社　1982年　18页　有图

13cm（60开）统一书号：8219.196　定价：CNY0.12

　　本书是中国当代连环画作品。

J0071858

盗魂　叶永烈原著；林张改编；雷坦绘

广州　科学普及出版社广州分社　1982年　62页

13cm（60开）统一书号：8051.60085

定价：CNY0.11

（"科学福尔摩斯"系列连环画之三）

J0071859

盗钯设宴　吴承恩原著；庄努等改编，张文忠绘画

成都　四川人民出版社　1982年　104页　有图

10×13cm　统一书号：8118.1126　定价：CNY0.15

（《西游记》故事之十七）

　　本书是中国当代连环画作品。

J0071860

灯节降魔　吴承恩原著；庄努，槐山改编；赵映闽绘画

成都　四川人民出版社　1982年　88页　有图

10×13cm　统一书号：8118.1059　定价：CNY0.13

（《西游记》故事之十八）

J0071861

登坛拜将　江行，廖德彰编；任白言等绘

南昌　江西人民出版社　1982年　13cm（60开）

定价：CNY0.21

　　本书是中国当代连环画作品。

J0071862

邓中夏 许锦根改编；蔡延年绘

天津 天津人民美术出版社 1982 年 111 页 有图

10×13cm 统一书号：8073.30663 定价：CNY0.15

　　本书是中国当代连环画作品。

J0071863

敌后武工队 （上册）颜枫改编；王玉良等绘

沈阳 辽宁美术出版社 1982年 194页 13cm（60开）

统一书号：7161.0056 定价：CNY0.28

　　本书是中国当代连环画作品。绘者王玉良（1949— ），画家、教授。清华大学美术学院绘画系教授，中国美术家协会会员，庞薰琹艺术研究会副主任，清华大学张仃艺术研究会委员，清华大学吴冠中艺术研究会学术委员会委员。

J0071864

敌后武工队 （中册）颜枫改编；王玉良等绘

沈阳 辽宁美术出版社 1982年 166页 13cm（60开）

统一书号：7161.0057 定价：CNY0.24

　　本书是中国当代连环画作品。

J0071865

敌后武工队 （下册）颜枫改编；王玉良等绘

沈阳 辽宁美术出版社 1982年 170页 13cm（60开）

统一书号：7161.0058 定价：CNY0.25

　　本书是中国当代连环画作品。

J0071866

敌后侦察 竺乾华改编；丁世弼绘

杭州 浙江人民美术出版社 1982年 158页 13cm（60开）定价：CNY0.19

　　本书是中国当代连环画作品。作者竺乾华，著有《你的脑子会转弯吗》《魔伞》《江湖红侠传》（合作）、《聚歼魔鬼党》《古玩疑案》（改编）。绘者丁世弼（1939—2018），画家、国家一级美术师。字仲宜，江西南昌人。历任中国美术家协会会员，江西省美术家协会副主席。代表作有《渔岛怒潮》《秋瑾》《陈赓大将》《红楼梦》等。

J0071867

地球仍在转动 （伽利略的故事）张志光改编；洪白云等绘画

广东 岭南美术出版社 1982 年 94 页 有图

10×13cm 统一书号：8260.0353 定价：CNY0.16

　　本书是中国当代连环画作品。

J0071868

地下交通站 夏云心原著；许焕岗改编；刘建平绘

天津 天津人民美术出版社 1982年 86 页 有图

10×13cm 统一书号：8073.30653 定价：CNY0.12

　　本书是中国当代连环画作品。作者许焕岗，主要编文的连环画作品有《神秘追踪》《营救少女》《智取马帮》等。

J0071869

地下王国 周培灿改编；李松等绘

福州 福建人民出版社 1982 年 106 页 有图

10×13cm 统一书号：8173.586 定价：CNY0.15

　　本书是根据苏联波戈列利斯基的《黑母鸡》改编的当代连环画作品。绘者李松（1932— ），中国美术家协会理事、理论委员会委员，中国画研究院院务委员。

J0071870

地下印刷所 吴志远改编；关永伟摄影

北京 广播出版社 1982 年 125 页 13cm（60开）

统一书号：8236.041 定价：CNY0.22

（电视译制片连环画《黑名单上的人》4）

　　电视剧连环画。

J0071871

帝国反击战——《星球大战》续篇 周金灼改编；宋飞等绘

广州 科学普及出版社广州分社 1982 年 126 页 13cm（60开）定价：CNY0.20

　　本书是中国当代连环画作品。

J0071872

第三个被谋杀者 王逸改编

北京 中国电影出版社 1982年 141页 13cm（60开）定价：CNY0.23

　　电影故事连环画。

J0071873

东不拉的传说　马德元编；王金安，王国玲绘
乌鲁木齐　新疆人民出版社　1982 年　60 页
13cm（60 开）定价：CNY0.10
　　本书是中国当代连环画作品。

J0071874

东方　（上集）魏巍原著；王文莹，冯复加改编；
费长富等绘
北京　人民美术出版社　1982 年　238 页　有图
9×13cm　统一书号：8027.8265　定价：CNY0.34
　　本书是根据魏巍同名小说改编的中国当代
连环画作品。

J0071875

东方　（下集）王文莹，冯复加改编；费长富等绘
北京　人民美术出版社　1982 年　182 页　13cm（60 开）
定价：CNY0.27

J0071876

东方英豪　红铁改编；杜庆元绘
哈尔滨　黑龙江人民出版社　1982 年　121 页
13cm（60 开）统一书号：8093.700
定价：CNY0.18
　　本书是中国当代连环画作品。

J0071877

东邻女　戈明编改；费文麓摄影
北京　中国戏剧出版社　1982 年　125 页　有图
10×13cm　统一书号：8069.289　定价：CNY0.21

J0071878

东胜神洲　庄努，槐山改编；黄永镇绘
成都　四川人民出版社　1982 年　108 页　13cm（60 开）
定价：CNY0.16
（《西游记》故事之一）

J0071879

东洋魔女　（第一集）何华等改编；潘俊等
绘制
广州　科学普及出版社广州分社　1982 年　142 页
13cm（60 开）统一书号：8214.6　定价：CNY0.25
　　本书是根据日本电视片《排球女将》改编
的电视戏曲片连环画。本书与知识出版社合作
出版。

J0071880

东洋魔女　（第二集）何华等改编；潘俊等绘制
广州　科学普及出版社广州分社　1982 年
140 页　13cm（60 开）统一书号：8214.7
定价：CNY0.25

J0071881

东洋魔女　（第三集）何华等改编；潘俊等绘制
广州　科学普及出版社广州分社　1983 年
124 页　13cm（60 开）统一书号：8214.8
定价：CNY0.21

J0071882

东洋魔女　（第四集）何华等改编；潘俊等绘制
广州　科学普及出版社广州分社　1983 年　110 页
13cm（60 开）定价：CNY0.19
　　本书是根据日本电视片《排球女将》改编的
连环画。本书与知识出版社合作出版。

J0071883

东洋魔女　（第五集）何华等改编；潘俊等绘制
广州　科学普及出版社广州分社　1983 年　126 页
13cm（60 开）定价：CNY0.21
　　本书是根据日本电视片《排球女将》改编的
连环画。本书与知识出版社合作出版。

J0071884

东洋魔女　（第六集）何华等改编；潘俊等绘制
广州　科学普及出版社广州分社　1983 年　110 页
13cm（60 开）定价：CNY0.19
　　本书是根据日本电视片《排球女将》改编的
连环画。本书与知识出版社合作出版。

J0071885

东洋魔女　（第七集）何华等改编；潘俊等绘制
广州　科学普及出版社广州分社　1983 年　110 页
13cm（60 开）定价：CNY0.19

J0071886

东洋魔女　（第八集）何华等改编；潘俊等绘制
广州　科学普及出版社广州分社　1983 年
110 页　13cm（60 开）定价：CNY0.19
　　本书是根据日本电视片《排球女将》改编的
连环画。本书与知识出版社合作出版。

J0071887

东洋魔女 （第九集）何华等改编；潘俊等绘制
广州 科学普及出版社广州分社 1983 年 110 页
13cm（60 开）定价：CNY0.19

J0071888

东洋魔女 （第十集）何华等改编；潘俊等绘制
广州 科学普及出版社广州分社 1983 年 126 页
13cm（60 开）统一书号：8214.22 定价：CNY0.19

J0071889

东洋魔女 （第十一集）何华等改编；潘俊等
绘制
广州 科学普及出版社广州分社 1983 年 126 页
13cm（60 开）定价：CNY0.21

J0071890

董存瑞 任楚才改编；葛振纲等绘画
成都 四川少年儿童出版社 1982 年 93 页 有图
10×13cm 统一书号：R8247.55 定价：CNY0.12
（英雄谱·战斗英雄故事）
　　本书是中国当代连环画作品。

J0071891

斗狼记 张体文改编；牛春晓剪纸
合肥 安徽人民出版社 1982 年 54 页 有图
10×13cm 统一书号：8102.1137 定价：CNY0.10
　　本书是根据同名美术电影剧本改编的中国
当代连环画作品。

J0071892

斗熊记 毛亮英改编；王威绘
沈阳 辽宁美术出版社 1982 年 190 页 13cm（60 开）
定价：CNY0.28
　　本书是中国当代连环画作品。

J0071893

窦娥冤 赵震宇改编；秘金通绘
郑州 中州书画社 1982 年 94 页 13cm（60 开）
统一书号：8219.122 定价：CNY0.14
　　本书是中国当代连环画作品。

J0071894

杜甫 翠雪编文；罗远潜等绘画
广州 岭南美术出版社 1982 年 135 页 有图

10×13cm 统一书号：8260.0356 定价：CNY0.23
（文学家的故事）
　　本书是中国当代连环画作品。

J0071895

杜牧 李鸣球编文；来汶阳绘画
南京 江苏人民出版社 1982 年 126 页 有图
10×13cm 统一书号：8100.3.541 定价：CNY0.17
　　本书是中国当代连环画作品。

J0071896

杜十娘 金戈改编
北京 中国电影出版社 1982 年 147 页 13cm（60 开）
定价：CNY0.26
　　电影故事连环画。

J0071897

蹲鸡窝的孩子 少华译编；应培绘画
成都 四川少年儿童出版社 1982 年 有彩图
8×9cm 统一书号：R8247.35 定价：CNY0.07
　　本书是中国当代连环画作品。

J0071898

尔虞我诈 张沛贤等编；王兴吉等绘
长春 吉林人民出版社 1982 年 123 页 13cm（60 开）
统一书号：8091.1222 定价：CNY0.18
（成语故事 6）
　　本书是中国当代连环画作品。

J0071899

二进湖州城 何动改编；裴国骧编画
广州 科学普及出版社广州分社 1982 年 93 页
13cm（60 开）定价：CNY0.16
　　本书是根据刘肇森《陈太守二进湖州城》改
编的中国当代连环画作品。

J0071900

二进荣国府 谭先宏改编；冯正梁，赵延平绘
上海 上海人民美术出版社 1982 年 110 页
10×13cm 定价：CNY0.20
（《红楼梦》连环画之六）

J0071901

二女争夫 陈仕元，张云青编剧；陈文，陈寓
中改编；晓丁摄影

北京 中国戏剧出版社 1982年 125页 13cm(60开)
定价：CNY0.21
　　本书是根据广州粤剧院二团演出的同名粤
剧改编的中国现代连环画。

J0071902
二商 蒲松龄原著；辛冰改编；赵春堂等绘画
天津 天津人民美术出版社 1982年 62页 有图
10×13cm 统一书号：8073.30715 定价：CNY0.11
　　本书是中国当代连环画作品。作者辛冰，擅
长连环画改编。主要作品有《单雄信招亲》《战
斗的青春》《巧布迷魂阵》等。

J0071903
二商 （清）蒲松龄原著；辛冰改编；赵春堂，
赵德树绘
天津 天津人民美术出版社 1982年 62页
13cm(60开)定价：CNY0.11
（《聊斋》故事）
　　本书是中国当代连环画作品。

J0071904
发髻的故事 潘琦编；肖辽沙绘
南宁 漓江人民出版社 1982年 60页 13cm(60开)
统一书号：8256.56 定价：CNY0.10
（民间故事）
　　本书是中国当代连环画作品。

J0071905
法网恢恢 许道静改编；赵一东等绘
福州 福建人民出版社 1982年 122页 13cm(60开)
定价：CNY0.17
　　本书是根据苏立群小说《第六双足迹》改编
的中国当代连环画作品。

J0071906
法西斯细菌 夏衍编剧
上海 上海人民美术出版社 1982年 141页
13cm(60开)定价：CNY0.25
　　本书是根据江苏省话剧团演出的同名话剧
改编的本书是中国现代连环画册。

J0071907
凡人小事 李晓宁改编；晓明摄影
南京 江苏人民出版社 1982年 125页 有图

10×13cm 统一书号：8100.3.492 定价：CNY0.18
　　本书是中国当代连环画作品。

J0071908
反山东 余音改编；万一兵，韩德雅绘
成都 四川人民出版社 1982年 86页 10×13cm
统一书号：8118.988 定价：CNY0.13
（《说唐》之九）
　　本书是中国现代连环画册。

J0071909
反正前后 葛修翰改编；钱生发等绘画
南京 江苏人民出版社 1982年 129页 有图
10×13cm 统一书号：8100.3.532 定价：CNY0.17
（郭沫若的故事之二）
　　本书是中国当代连环画作品。

J0071910
范滂 仓阳卿编；卢辅声绘
上海 上海人民美术出版社 1982年 110页
13cm(60开)定价：CNY0.13
　　本书系中国当代连环画作品。收入110幅图。

J0071911
方世玉打擂台 （上集）黄宗祥等编绘
南宁 广西人民出版社 1982年 202页 10×13cm
统一书号：8113.737 定价：CNY0.23
　　本书是中国现代连环画册。

J0071912
飞狗阿灵 阳羊文；方润南画
石家庄 河北人民出版社 1982年 62页 有图
7×10cm 统一书号：R8086.1678 定价：CNY0.07
（儿童电影连环画 2）

J0071913
飞行交响曲 文友改编
北京 中国电影出版社 1982年 147页 13cm(60开)
统一书号：8061.1731 定价：CNY0.26
　　本书是中国现代连环画册。

J0071914
飞马勇士 方瑜，孟海鹏编；雷中岫，李留海绘
乌鲁木齐 新疆人民出版社 1982年 159页
13cm(60开)定价：CNY0.20

本书是中国当代连环画作品。

J0071915

飞向蓝天 王世阁原著；刘光改编；宋宏刚，
王建能绘
石家庄 河北人民出版社 1982年 62页
13cm(60开) 定价：CNY0.10
本书是中国当代连环画作品。

J0071916

飞向太平洋 午言改编
北京 中国电影出版社 1982年 147页 13cm(60开)
定价：CNY0.21
本书是中国现代连环画册。

J0071917

匪窝里的战斗 谢荣编；西林，敬平绘
银川 宁夏人民出版社 1982年 61页 13cm(60开)
统一书号：8157.390 定价：CNY0.10
本书是中国当代连环画作品。

J0071918

汾酒的传说 文景明编文；王捷三绘画
太原 山西人民出版社 1982年 有图 10×13cm
统一书号：8088.1476 定价：CNY0.13
本书是中国当代连环画作品。

J0071919

丰收 叶紫原著；吴其柔改编
上海 上海人民美术出版社 1982年 142页
13cm(60开)定价：CNY0.17
本书是中国当代连环画作品。收入142幅图。

J0071920

丰收 叶紫原著；吴其柔编，谌孝安绘
上海 上海人民美术出版社 1982年 142页 有图
10×13cm 统一书号：8081.12776 定价：CNY0.17
本书是中国当代连环画作品。收入142幅图。

J0071921

风波亭 闻会改编；贺中绘
哈尔滨 黑龙江人民出版社 1982年 156页
13cm(60开) 统一书号：8093.781
定价：CNY0.23
本书是中国当代连环画作品。

J0071922

风波亭 马保超改编；潘真等绘
郑州 中州书画社 1982年 134页 10×13cm
统一书号：8219.198 定价：CNY0.19
(《说岳全传》连环画之七)

J0071923

风雪夜归人 吴祖光编剧；洪麦恩改编；孙宏
华摄影
北京 中国戏剧出版社 1982年 157页 13cm(60开)
定价：CNY0.28
本书是根据中国青年艺术剧院演出的同名
话剧改编的本书是中国现代连环画册。

J0071924

冯烂王智闯敌关卡 何仁改编；乐明祥绘
武汉 长江文艺出版社 1982年 102页 有图
10×13cm 统一书号：8107.371 定价：CNY0.15
本书是根据鄂国培所著《漩流》改编的中国
当代连环画作品。

J0071925

凤归来 曹宏慈等原著；车大敬改编；曾平绘
南京 江苏人民出版社 1982年 110页 有图
10×13cm 统一书号：8100.3.533 定价：CNY0.16
本书是中国当代连环画作品。

J0071926

凤求凰 吴祖光编剧；新光改编；吴刚摄影
北京 中国戏剧出版社 1982年 125页 13cm(60开)
统一书号：8069.362 定价：CNY0.23
本书是中国现代连环画册。

J0071927

奉天讨罪 刘延龄编；吕世荣绘
长春 吉林人民出版社 1982年 102页 13cm(60开)
定价：CNY0.15
(东周列国之三)
本书是中国当代连环画作品。

J0071928

夫人属牛 (笑话之二)张企荣改编；方瑶民
等绘
上海 上海人民美术出版社 1982年 126页
13cm(60开)定价：CNY0.15

本书是中国当代连环画作品。作者张企荣，连环画艺术家。作品有《中国四大古典文学名著（连环画·袖珍版）》《杨宗保之死》等。绘者方瑶民（1933— ），江苏无锡人。毕业于华东艺术专科学校绘画系。少年儿童出版社编辑、编审。上海美术家协会会员。主要作品有编绘《世界文学名著》连环画丛书。

J0071929

伏兵马陵道 （东周列国志选）区荣光编；卢德平绘

广州 岭南美术出版社 1982年 102页 13cm（60开）

统一书号：8260.0278 定价：CNY0.18

　　本书是中国当代连环画作品。

J0071930

俘虏 （法）莫泊桑原著；韩旭改编；李永文绘

天津 天津人民美术出版社 1982年 98页 13cm（60开）定价：CNY0.14

（外国文学名著选编）

　　本书是中国当代连环画作品。

J0071931

釜底抽薪 羽化编；李先志等绘

南宁 漓江出版社 1982年 91页 13cm（60开）

定价：CNY0.14

（兵法三十六计丛书 7）

　　中国现代连环画作品，包括《釜底抽薪》《浑水摸鱼》《金蝉脱壳》3个故事。

J0071932

父子情深 王逸改编

北京 中国电影出版社 1982年 125页 13cm（60开）

定价：CNY0.21

　　本书是中国现代连环画册。

J0071933

赴汤蹈火 张允德改编；贺传永绘

济南 山东人民出版社 1982年 62页 13cm（60开）

统一书号：8099.2287 定价：CNY0.11

　　本书是根据沈寂著的小说《开学第一课》改编的中国当代连环画作品。

J0071934

伽蓝殿 兆林编；辛进等绘

南昌 江西人民出版社 1982年 75页 13cm（60开）

定价：CNY0.17

　　本书是中国当代连环画作品。

J0071935

嘎达梅林 （连环画）钟志诚改编；许勇等绘画

沈阳 辽宁美术出版社 1982年 193页 19cm（32开）

统一书号：7161.0122 定价：CNY0.80

　　本书是根据蒙古民间叙事长诗《嘎达梅林》改编的中国当代连环画作品。

J0071936

甘工鸟 陈俊年改编；邓子芳等绘画

广州 岭南美术出版社 1982年 37页 有图 13cm（60开）统一书号：8260.0218 定价：CNY0.20

（广东民间故事）

　　本书是根据杜桐同名叙事诗改编的中国当代连环画作品。绘者邓子芳（1948— ），书画家。生于海南海口市，祖籍琼山市。海南省美术家协会副主席，中国美术家协会会员，中国版画家协会理事，海南日报社主任编辑、摄影美术部副主任等职。版画作品有《新雏声声》《黎族女教师》《碧海绿岛》等。

J0071937

敢抛头颅换公正 平衡编；卢延光等绘

石家庄 河北美术出版社 1982年 70页 13cm（60开）统一书号：8087.143

定价：CNY0.12

　　本书是中国当代连环画作品。

J0071938

钢铁冶炼轧制安全生产 上海市劳动局劳动保护处编；魏忠善等绘画

上海 上海科学技术出版社 1982年 123页 有图 13×15cm 统一书号：15119.2241 定价：CNY0.29

　　本书是中国当代连环画作品。绘者魏忠善（1950— ），画家。江苏人，进修于上海戏剧学院。曾任职于上海劳动局宣传教育中心、华东师范大学艺术教育系、上海市美术家协会创作展览部。代表作品有《王家坪桃林茶馆》，连环画《三字经》《康熙大帝画传》等。

J0071939

钢铁战士 晓黎改编

北京 中国电影出版社 1982年 125页 13cm（60开）
定价：CNY0.21
　　电影故事连环画。

J0071940
钢与渣　王素一，吴金娥改编；江云绘
南昌 江西人民出版社 1982年 158页 13cm（60开）
定价：CNY0.22
　　本书是根据苏联波波夫同名长篇小说改编
的中国当代连环画作品。

J0071941
高峰奇迹　涂万松改编；夏莹等绘
郑州 中州书画社 1982年 102页 有图
10×13cm 统一书号：8219.204 定价：CNY0.15
　　本书是根据叶永烈著《世界最高峰上的奇
迹》改编的中国当代连环画作品。

J0071942
高机与吴三春　陈玮君改编；徐君陶绘
杭州 浙江人民美术出版社 1982年 102页
13cm（60开）统一书号：8156.193
定价：CNY0.14
　　本书是中国当代连环画作品。

J0071943
高老头　（法）巴尔扎克原著；丁立平改编；秀
公，聂磊绘
南京 江苏人民出版社 1982年 142页 13cm（60开）
定价：CNY0.19
　　本书是中国当代连环画作品。

J0071944
高老头　（法）巴尔扎克原著；王成荣改编；方
昉，陈纪仁绘
上海 上海人民美术出版社 1982年 261页
13cm（60开）定价：CNY0.29
　　本书是根据同名小说编绘的中国当代连环
画作品。共261幅图。共2册。

J0071945
高老头　（法）巴尔扎克原著；吴秀英改编；张
定华绘
天津 天津人民美术出版社 1982年 157页
13cm（60开）定价：CNY0.22

（外国文学名著选编）
　　本书是中国当代连环画作品。

J0071946
高老庄　钱志清改编；颜梅华绘
上海 上海人民美术出版社 1982年 78页
13cm（60开）定价：CNY0.10
（西游记故事）
　　作者钱志清，改编有连环画《现代戏剧连环
画典藏本》《中国历代画家》《红楼梦》等。绘者
颜梅华（1927—　　　），国画家。号雪庵，斋号琴斋。
浙江乐清人。代表作品有《比目鱼》《白秋练》《白
蛇传》《风云初记》等。

J0071947
斋僧遇难　庄努，槐山改编；肖天智绘
成都 四川人民出版社 1982年 90页 13cm（60开）
统一书号：8118.1127 定价：CNY0.14
（《西游记》故事之十九）
　　绘者肖天智，连环画家。就职于彭县文化馆。
创作连环画作品有《治虫》《苦妹儿》《狄仁杰传
奇》《三盗合欢瓶》等。

J0071948
高士其　叶永烈原著；贾秉恒改编；桑麟康绘
上海 上海人民美术出版社 1982年 118页
13cm（60开）定价：CNY0.14
　　本书是描绘中国当代科普作家的连环画作
品。收入118幅图。

J0071949
高唐州　卢光照改编；徐有武绘
北京 人民美术出版社 1982年 99页 13cm（60开）
定价：CNY0.16
　　本书是中国当代连环画作品。作者卢光照
（1914—2001），河南汲县（今卫辉市）人，毕业于
北平国立艺术专科学校。曾任人民美术出版社
编辑，北京齐白石艺术函授学院名誉院长，北京
花鸟画研究会名誉会长，中央文史馆馆员。代表
作品《大展鸿图》《松鹰》《鸡冠花雄鸡》。绘者
徐有武（1942—　　　），画家。浙江永康人。中国美
术家协会会员。代表作品有《送鱼》《徐有武画
集》《中国佛教图像解说》《古代仕女画法》等。

J0071950
哥白尼　揭培礼编；胡祖清绘
北京　人民美术出版社　1982年　108页　15cm（40开）
统一书号：8027.8052　定价：CNY0.18
　　作者胡祖清，连环画家。作品有《剑与火》
《十八亩地》等。

J0071951
鸽异　蒲松龄原著；林彦改编；陈冬至绘画
天津　天津人民美术出版社　1982年　62页　有图
10×13cm　统一书号：8073.30657　定价：CNY0.11
　　本书是中国当代连环画作品。

J0071952
革命军中马前卒　叶元编剧；鲍芝芳选编；罗
从周摄影
上海　上海人民美术出版社　1982年　140页　有图
9×13cm　统一书号：8081.13024　定价：CNY0.25
　　本书是中国现代连环画册。

J0071953
格兰特船长的儿女　（上册）朱伟明绘
沈阳　辽宁美术出版社　1982年　154页　13cm（60开）
定价：CNY0.23
　　本书是中国现代连环画册。

J0071954
格兰特船长的儿女　（中册）韩黎坤绘
沈阳　辽宁美术出版社　1982年　146页　13cm（60开）
定价：CNY0.22
　　本书是中国现代连环画册。

J0071955
格兰特船长的儿女　（下册）李以泰绘
沈阳　辽宁美术出版社　1982年　174页　13cm（60开）
定价：CNY0.25
　　本书是中国现代连环画册。

J0071956
葛巾　钱志清改编；贺友直绘画
成都　四川人民出版社　1982年　46页　12×13cm
统一书号：8118.1115　定价：CNY0.11
（《聊斋》故事）
　　本书是中国现代连环画册。作者钱志清，
改编有连环画《现代戏剧连环画典藏本》《中国

历代画家》《红楼梦》等。绘者贺友直（1922—
2016），连环画家。出生于上海，祖籍浙江宁波。
曾任上海人民美术出版社编审、连环画艺术委员
会主任、上海市美术家协会第四届副主席、中国
连环画研究会第二届副会长等职。代表作品《朝
阳沟》《山乡巨变》等。

J0071957
葛巾　（清）蒲松龄原著；辛冰改编；庞先健绘
天津　天津人民美术出版社　1982年　78页
13cm（60开）定价：CNY0.11
（《聊斋》故事）
　　本书是中国现代连环画册。

J0071958
葛嫩娘　阿英原著；张月华改编；恩源，捷安绘
南京　江苏人民出版社　1982年　86页　13cm（60开）
统一书号：8100.3.499　定价：CNY0.13
　　本书是中国现代连环画册。作者阿英
（1900—1977），现代著名剧作家、文艺批评家。
安徽芜湖人，别名钱杏邨、钱德赋。著有诗歌、
小说、散文，尤以戏剧成就最高，代表作品有历
史剧《李闯王》等，著有《阿英文集》。

J0071959
工人阶级的好女儿赵春娥　张若愚编文；段
文斌绘画
郑州　中州书画社　1982年　126页　有图
10×13cm　统一书号：8219.341　定价：CNY0.18
　　本书是中国现代连环画册。

J0071960
工人阶级的女儿——赵春娥　张若愚编；段
文斌绘
郑州　中州书画社　1982年　126页　13cm（60开）
定价：CNY0.18
　　本书是中国现代连环画册。

J0071961
攻打边家寨　申跃中编文；赵思温等绘画
石家庄　河北美术出版社　1982年　94页　有图
10×13cm　统一书号：8087.196　定价：CNY0.14
　　本书是中国现代连环画册。作者赵思温
（1940—　），国家一级美术师。甘肃省民乐县
人，入中央民族大学艺术系学习。曾任河北省廊

坊市群艺馆馆员，廊坊画院院长，中国美术家协会河北分会理事，河北省花鸟画研究会副会长，河北省廊坊画院常务副院长，文化部民族文化基金会常务理事，河北廊坊市美协副主席。代表作品有《高风亮节》《双鹰图》《高鸣图》《国色天香》等。

J0071962
攻守同盟　学之等编；吕世荣等绘
长春 吉林人民出版社 1982年 115页 13cm（60开）统一书号：8091.1224 定价：CNY0.18
　　本书是中国现代连环画册。

J0071963
宫梦弼　（清）蒲松龄原著；操作锐改编；孙昌茵绘
天津 天津人民美术出版社 1982年 86页 13cm（60开）定价：CNY0.14
（《聊斋》故事）
　　本书是中国现代连环画册。绘者孙昌茵（1943— ），画家。原籍中国浙江温州，现居加拿大。加拿大中国美术协会副主席，加拿大当代艺术研究院院长，多伦多美术学院名誉院长。代表作品有连环画《白蛇传》、油画《百年华工血泪路》，出版有《孙昌茵水墨人体》《线描人体》《怎样使用油画刀》《孙昌茵油画艺术》等。

J0071964
姑娘的心愿　宗玉改编；蒋太禄绘
长沙 湖南美术出版社 1982年 94页 13cm（60开）定价：CNY0.13
　　本书是中国现代连环画册。

J0071965
姑娘的心愿　筱篁改编
北京 中国电影出版社 1982年 141页 13cm（60开）统一书号：8061.1870 定价：CNY0.23
　　电影故事连环画。作者筱篁，主要改编的连环画作品有《白鸽》《霍元甲》《三个和尚》等。

J0071966
姑苏春　芮衡之改编；丁德邻绘
沈阳 辽宁美术出版社 1982年 166页 13cm（60开）定价：CNY0.24
　　本书是中国现代连环画册。作者丁德邻

（1943— ），画家。江苏南京人。毕业于南京艺术学院。中国美术家协会会员，常州市美术家协会副主席，原常州刘海粟美术馆副馆长。主要作品有《水》《山那边》《后山》等。

J0071967
古堡的秘密　（英）伊妮德·布莱顿原著；晨光改编；胡博综等绘画
上海 少年儿童出版社 1982年 142页 有图 10×13cm 统一书号：R10024.4082 定价：CNY0.17
　　本书是中国现代连环画册。

J0071968
古堡枪声　魏峰著；潘鸿海绘
天津 天津人民美术出版社 1982年 77页 13cm（60开）统一书号：8073.30617 定价：CNY0.13
　　本书是中国现代连环画册。

J0071969
古玛河春晓　（上）沈凯原著；吴文焕改编；丁世弼绘
上海 上海人民美术出版社 1982年 142页 13cm（60开）定价：CNY0.17
　　本书是根据同名小说编绘的本书是中国现代连环画册。共收入276幅图。作者丁世弼（1939—2018），画家、国家一级美术师。字仲宜，江西南昌人。中国美术家协会会员，江西省美术家协会副主席。代表作有《渔岛怒潮》《秋瑾》《陈赓大将》《红楼梦》等。

J0071970
古玛河春晓　（下）沈凯原著；吴文焕改编；丁世弼绘画
上海 上海人民美术出版社 1982年 134页 有图 10×13cm 统一书号：8081.12885 定价：CNY0.16
　　本书是根据同名小说编绘的本书是中国现代连环画册。共收入276幅图。

J0071971
古隧道的秘密　征衣改编；雷淑娟绘画
广州 广东人民出版社 1982年 158页 有图 10×13cm 统一书号：8111.2377 定价：CNY0.27
　　本书是中国现代连环画册。

J0071972

古图奇踪　朱玉琪, 施鹤群原著; 黄莺改编;
郭慈绘
广州 岭南美术出版社 1982年 134页 13cm(60开)
定价: CNY0.21
　　本书是中国现代连环画作品, 系科学幻想
故事。

J0071973

古砚记　梁晓声原著; 双双改编, 张宝蔚绘
南京 江苏人民出版社 1982年 62页 有图
10×13cm 统一书号: 8100.3.567 定价: CNY0.11
　　本书是中国现代连环画册。

J0071974

古洋河畔的战斗　杨野改编; 李洪泽绘
哈尔滨 黑龙江人民出版社 1982年 178页
13cm(60开)统一书号: 8093.785
定价: CNY0.25
　　本书是根据小说《战斗的青春》改编的中国
现代连环画册。

J0071975

固氮蓝藻　李少华等改编; 廖树生摄影
北京 农业出版社 1982年 78页 有图
10×13cm 统一书号: 8144.8 定价: CNY0.33
　　本书是根据同名科教影片改编的中国现代
连环画册。

J0071976

顾此失彼　燕枫改编
北京 中国电影出版社 1982年 125页 13cm(60开)
定价: CNY0.21
　　电影故事连环画。

J0071977

顾正红　戚未全编; 毛震耀绘
上海 上海人民美术出版社 1982年 54页 有图
10×13cm 统一书号: 8081.13015 定价: CNY0.08
　　本书是描绘中国工人领袖顾正红在"五卅"
运动中的英雄事迹的现代连环画作品。收入54
幅图。作者毛震耀(1926—?), 画家。浙江奉化
人, 毕业于苏州美术专科学校西画系。历任上海
艺文书局《艺文画报》编辑, 上海少年儿童出版
社儿童读物绘画创作, 上海人民美术出版社编

辑。连环画代表作有《骆驼祥子》《脚步》《一级
英雄杨连弟》《绿色钱包》《姊妹船》。

J0071978

关汉卿　田汉原著; 田水低改编; 王靖洲绘
北京 人民美术出版社 1982年 2版 126页
有图 10×13cm 统一书号: 8027.2836
定价: CNY0.15
　　本书是根据田汉同名话剧改编的中国现代
连环画册。收入126幅图。描写关汉卿在创作《窦
娥冤》的过程中, 和艺人朱廉秀等一起, 向元朝
官吏做斗争的故事。

J0071979

关门捉贼　羽化编; 龙圣明等绘
南宁 漓江出版社 1982年 88页 13cm(60开)
定价: CNY0.13
(兵法三十六计丛书 8)
　　中国现代连环画作品, 包括《关门捉贼》
《远交近攻》《假途伐虢》个故事。作者龙圣明
(1944—　　), 广西融水人。广西科技书画院副
院长, 广西艺术学院副教授, 中国美术家协会会
员。作品有《曙光》《牛》《瑶山丰年》, 出版有
《中国当代幽默画家作品选》《桑吉纳－红棕素
描》等。

J0071980

管仲拜相　(东周列国故事) 可蒙改编; 黄全
昌绘
上海 上海人民美术出版社 1982年 126页
13cm(60开)统一书号: 8081.12764
定价: CNY0.15
　　本书是中国现代连环画册。

J0071981

管仲与鲍叔牙　文正改编; 朱世明绘画
广州 岭南美术出版社 1982年 99页 有图
10×13cm 统一书号: 8260.0333 定价: CNY0.18
　　本书是中国现代连环画作品, 根据《东周列
国志》改编。

J0071982

归来　冯晓改编; 陈贻福绘
武汉 长江文艺出版社 1982年 126页 有图
10×13cm 统一书号: 8107.358 定价: CNY0.18

本书是中国现代连环画作品,根据小说《乡魂》改编。

J0071983
归宿　午言改编
北京 中国电影出版社 1982 年 125 页 13cm(60 开)
定价:CNY0.21
　本书是中国现代连环画册。

J0071984
诡计多端　叶永烈原著;孙雄飞改编;张卫健,
周海鸣绘
广州 科学普及出版社广州分社 1982 年 126 页
13cm(60 开)统一书号:8051.60123
定价:CNY0.20
(科学幻想系列连环画 8)

J0071985
诡秘的海域　胡根原著;射映改编;何岸绘
广州 岭南美术出版社 1982 年 118 页 13cm(60 开)
定价:CNY0.19
　本书是中国现代连环画作品,科学幻想故事
系列。绘者何岸(1957—),画家。广东广州人,
进修于广州美术学院油画系,南海舰队军人俱乐
部美术员。代表作品有《关怀》等。

J0071986
国王打喷嚏　(匈牙利)塔·土洛克原著;潘勤
孟改编,钱欣等绘
上海 上海人民美术出版社 1982 年 102 页 有图
10×13cm 统一书号:8081.12981 定价:CNY0.13
　本书是根据匈牙利作家塔·土洛克原著改编
的现代连环画册。收入 102 幅图。

J0071987
国王选子　夏浩然改编;赵志方等画
北京 人民美术出版社 1982 年 14 页 有彩图
13cm(60 开)折页装 统一书号:8027.8165
定价:CNY0.14
　本书是根据朝鲜民间故事改编的中国现代
连环画册。

J0071988
过江龙　江萍原作;射映等改编;范新生,邱
页绘画

广州 岭南美术出版社 1982 年 150 页 有图
10×13cm 统一书号:8260.0313 定价:CNY0.23
　本书是根据同名话剧改编的中国现代连环
画册。

J0071989
哈克历险记　(美)马克·吐温原著;杨根相改
编,胡若军绘画
上海 上海人民美术出版社 1982 年 158 页
19cm(32 开)统一书号:8081·13173
定价:CNY0.27
(少年儿童画库)
　本书是根据美国作家马克·吐温原著改编的
中国现代连环画册。作者杨根相,主要改编的连
环画作品有《暴风骤雨》《红灯记》《蛙女》等。

J0071990
海狼突击队　(英)詹姆斯·李索尔原著;杜敏
荣改编;张达平绘
南宁 漓江出版社 1982 年 94 页 13cm(60 开)
统一书号:8256.52 定价:CNY0.14
　本书是中国现代连环画册。作者张达平
(1945—),广西博白人。师从著名岭南派画家
黄独峰。曾任广西美术出版社副总编、广西书画
研究会副会长、广西文物收藏家协会副会长等
职。主要作品有《苗山新绣》《狼孩》《木偶奇遇
记》等。

J0071991
海囚　(上集)晓黎改编
北京 中国电影出版社 1982 年 125 页 13cm(60 开)
定价:CNY0.21
　电影故事连环画。

J0071992
海囚　(下集)晓黎改编
北京 中国电影出版社 1982 年 125 页 13cm(60 开)
定价:CNY0.21
　电影故事连环画。

J0071993
海瑞巧办胡公子　许凤仪改编;郭荣绘画
南京 江苏人民出版社 1982 年 70 页 有图
10×13cm 统一书号:8100.3.522 定价:CNY0.11
　本书是中国现代连环画册。

J0071994

海上侦察兵　章明原著；王良莹改编；刘为民
等绘画

上海　上海人民美术出版社　1982年　110页　有图
10×13cm　统一书号：8081.12881　定价：CNY0.13

　　本书是中国现代连环画册。

J0071995

海市蜃楼　孙锦常编；叶家斌绘

南宁　广西人民出版社　1982年　2版　82页
13cm（60开）定价：CNY0.12

　　本书是中国现代连环画册。作者孙锦常
（1935—　　），笔名南雁。浙江宁波人，毕业于复
旦大学新闻系。曾任岭南美术出版社总编室主
任、副总编辑，广东省新闻出版局机关刊物《书
报刊》主编，广东作协会员。编撰出版《岭南风
物传说画笺》等。绘者叶家斌（1949—　　），画家。
广东中山人。毕业于广州美院研究生班。广东
美术家协会理事，广东连环画艺术委员会主任。
主要作品有《斯库台三英雄》《绿林神箭手》《中
途岛之战》《变成石头的人》等。

J0071996

海誓　关守忠原著；李仁晓改编；金奎绘

上海　上海人民美术出版社　1982年　150页
13cm（60开）统一书号：8081.13188
定价：CNY0.17

　　本书是中国现代连环画册。作者金奎
（1936—　　），连环画家。江苏人。上海人民美术
出版社创作干部。主要作品《红岩》。

J0071997

韩信破赵之战　梅德生编；穆明绘

武汉　长江文艺出版社　1982年　100页　13cm（60开）
定价：CNY0.15

（中国历代战争故事画丛）

J0071998

好事多磨　王逸改编

北京　中国电影出版社　1982年　141页　13cm（60开）
定价：CNY0.23

　　电影故事连环画。

J0071999

合家欢　刘含真改编；刘含真等摄影

北京　农村读物出版社　1982年　189页　13cm（60开）
定价：CNY0.32

　　本书是中国现代连环画册。

J0072000

和黑猩猩交朋友　张锋改编；庾东海绘

北京　科学普及出版社　1982年　94页　13cm（60开）
统一书号：8051.1014　定价：CNY0.20

　　本书是中国现代连环画册。

J0072001

荷花三娘子　蒲松龄原著；江浚改编；吴大威
绘画

天津　天津人民美术出版社　1982年　69页　有图
10×13cm　统一书号：8073.30701　定价：CNY0.12

　　本书是中国现代连环画册。

J0072002

荷叶山　潮洪编；刘宝平绘

北京　人民美术出版社　1982年　62页　有图
10×13cm　统一书号：8027.8349　定价：CNY0.09

　　本书是中国现代连环画册。作者刘宝平
（1942—　　），满族，书画家，书法家、收藏家。出
生于内蒙古哲里木盟，毕业于内蒙古师范学院艺
术系。中国美术家协会展览部编审，一级美术师，
中国美术家协会、中国版画家协会会员。代表作
品有《党的恩情说不完》《老驼馆》《雁北行》《新
娘》《草原花香客人到》等。

J0072003

黑才女巧难秀才　黄群雄改编；卢汶，刘斌昆绘

福州　福建人民出版社　1982年　118页　13cm（60开）
统一书号：8173.509　定价：CNY0.18

（《镜花缘》故事之三）

　　本书是中国现代连环画册。

J0072004

黑龙潭　赵布克等改编；赵宝林等绘

北京　中国旅游出版社　1982年　113页　15cm（40开）
定价：CNY0.23

（北京传说）

　　本书是中国现代连环画册。

J0072005

黑马谍案　毛亮英改编；于沙绘

沈阳 辽宁美术出版社 1982年 170页 13cm（60开）
统一书号：7161.0043 定价：CNY0.25

　　本书是根据长篇小说《第二方案》改编的本
书是中国现代连环画册。

J0072006

黑水河　李彦君改编；张冰洁绘
石家庄 河北美术出版社 1982年 62页
13cm（60开）定价：CNY0.10
（《西游记》之十六）

J0072007

黑死案　李家衡改编、绘画
广州 科学普及出版社广州分社 1982年 64页
13cm（60开）定价：CNY0.13

　　本书是根据科幻小说《黑色的死亡》改编的
本书是中国现代连环画册。

J0072008

黑郁金香　（法）大仲马原著；晓燕改编；顾盼绘
南京 江苏人民出版社 1982年 171页 13cm（60开）
定价：CNY0.23

J0072009

红骨烈火　（郭刚琳烈士的故事）陆苇编；龚
东明绘
南京 江苏人民出版社 1982年 70页 13cm（60开）
统一书号：8100.3.476 定价：CNY0.11

J0072010

红河泪　徐慎原著；吴采改编；罗贻绘
北京 人民美术出版社 1982年 70页 有图
10×13cm 统一书号：8027.8227 定价：CNY0.10

　　本书是中国现代连环画册。作者罗贻
（1932—　），教授。曾用名罗话珍。出生于江西
赣州市，毕业于中央美术学院华东分院。中央民
族学院艺术系油画专业教师，中国美术家协会会
员。代表作品有《不朽的藏乡》《塔吉克之鹰》等。

J0072011

红军刀的故事　张郁，秦生贤编；任振江绘
银川 宁夏人民出版社 1982年 93页 13cm（60开）
定价：CNY0.13

　　本书是中国现代连环画册。

J0072012

红蓝姑娘　徐淦改编；许全群绘
北京 农村读物出版社 1982年 70页 13cm（60开）
定价：CNY0.13
（民间故事连环画库·壮族民间故事）

　　作者徐淦，主要改编的连环画作品有《镜花
缘》《奇妙的公鸡》《熙凤弄权》《祝福》等。绘者
许全群（1943—　），画家。河南鲁山县人，毕业
于北京艺术学院附中。曾任职于人民美术出版
社创作室，中国美术家协会会员，吉隆坡艺术学
院客座教授。出版有《许全群画集》《许全群水
墨作品精选》等。

J0072013

红楼二尤　黄奕加改编；项维仁绘
上海 上海人民美术出版社 1982年 198页
10×13cm 统一书号：8081.12968 定价：CNY0.33
（《红楼梦》连环画之九）

J0072014

红楼奇斗　周佐恩等编文；郭同江绘
广州 岭南美术出版社 1982年 70页 有图
10×13cm 统一书号：8260.0337 定价：CNY0.13

　　本书是中国现代连环画册。绘者郭同江
（1925—2003），连环画家。广东东莞人。中国
美术家协会会员，广东分会理事，东莞市美协主
席。主要作品有《开工之前》《喜雨》《渔女春秋》
《学撒网》《除田草》《珠江河畔》等。

J0072015

红牡丹　高吉杰等改编；董为民，贺惠群绘
西安 陕西人民出版社 1982年 126页
13cm（60开）定价：CNY0.16

　　本书是中国现代连环画册。

J0072016

红娘　王逸改编
北京 中国电影出版社 1982年 87页 13cm（60开）
定价：CNY0.17

　　电影故事连环画。

J0072017

红旗谱　（上）梁斌原著；赵继良改编；胡振宇
绘画
上海 上海人民美术出版社 1982年 158页 有图

10×13cm 统一书号：8081.13174 定价：CNY0.18

　　本书是中国现代连环画册。作家胡振宇（1939— ），画家。浙江宁波人。浙江美术学院油画系毕业，国家选派赴比利时皇家美术学院留学。历任浙江美院油画系主任、造型学部副主任。代表作品有《功》《一生难忘1976》《峥嵘岁月》《百年沧桑》《白求恩》，出版有《胡振宇油画作品》画册。

J0072018

红旗谱　（下）梁斌原著；赵继良改编；胡振宇绘画

上海 上海人民美术出版社 1982年 150页 有图 10×13cm 统一书号：8081.13175 定价：CNY0.17

　　本书是中国现代连环画册。

J0072019

红文宴　李汝珍原著；芷雨等改编；崔君沛绘画

福州 福建人民出版社 1982年 86页 有图 10×13cm 统一书号：8173.578 定价：CNY0.14

（镜花缘故事 十）

　　本书是中国现代连环画册。

J0072020

红线记　李潜改编；李子纯绘

沈阳 辽宁美术出版社 1982年 154页 13cm（60开）统一书号：7161.0119 定价：CNY0.23

　　本书是中国现代连环画册。

J0072021

鸿门宴　肖进改编；高适绘

北京 人民美术出版社 1982年 78页 13cm（60开）定价：CNY0.11

（中国历史故事）

　　本书是中国现代连环画册。

J0072022

猴子和狐狸　黄振业文；王烈画

南京 江苏人民出版社 1982年 26页 有彩图 13cm（60开）统一书号：8100.3.507

定价：CNY0.13

　　本书是中国现代连环画册。

J0072023

后羿射日除凶　王吉祥改编；张成思绘

沈阳 辽宁美术出版社 1982年 106页 13cm（60开）统一书号：7161.0113 定价：CNY0.16

（中国远古神话故事之三）

　　本书是中国现代连环画册。

J0072024

呼延赞落草　张珍芳改编；高吟春，常人绘

福州 福建人民出版社 1982年 110页 10×13cm 定价：CNY0.18

（《杨家将演义》之一）

　　根据古典小说《杨家将演义》改编的中国现代连环画册。

J0072025

狐嫁女　李恩州改编；牟桑绘

济南 山东人民出版社 1982年 62页 13cm（60开）定价：CNY0.11

（《聊斋志异》连环画丛书之七 聊斋志异故事选33）

　　作者牟桑（1942— ），教授。生于山东日照，毕业于山东师范学院艺术系。中国美术家协会会员，山东建筑大学艺术系教研室主任、教授。作品有《举士奇创》《农林益鸟》《林黛玉魁夺菊花诗》，专集有《花卉写生集》《中国太湖石写生集》。主编《全国高校建筑学科教师美术作品集》。

J0072026

狐狸和猴子　赵祥改编；詹同，詹莹绘画

北京 中国少年儿童出版社 1982年 14页 有彩图 10cm（64开）统一书号：R8056.319 定价：CNY0.06

　　本书是中国现代连环画册。

J0072027

狐狸开汽车　冰子改编；熊南清绘画

成都 四川少年儿童出版社 1982年 62页 有图 7×10cm 统一书号：R8247.30 定价：CNY0.05

（小小连环画 13）

J0072028

胡服骑射　大声改编；胡明军绘

西安 陕西人民美术出版社 1982年 86页 13cm（60开）定价：CNY0.12

　　本书是中国现代连环画册。

J0072029

葫芦僧判断葫芦案　曹雪芹原著；宋德秋等改编；桂润年绘画

长沙 湖南少年儿童出版社 1982年 50页 有图 10×13cm 统一书号：R8280.24 定价：CNY0.16

　　本书是根据《中学语文画库》初中第六册改编的中国现代连环画册。

J0072030

蝴蝶谷　（童话）肖甘牛编著；叶芝绘

武汉 湖北人民出版社 1982年 62页 有图 10×13cm 统一书号：8106.2336 定价：CNY0.10

　　本书是中国现代连环画册。

J0072031

蝴蝶兰　洪寿仁，陈韩星原著；胡翀改编；徐有武，徐有刚绘

杭州 浙江人民美术出版社 1982年 134页 13cm（60开）统一书号：8156.209

定价：CNY0.17

　　本书是中国现代连环画册。

J0072032

虎呆和虎英　常庚西编；宁大明绘

石家庄 河北美术出版社 1982年 78页 有图 10×13cm 统一书号：8087.138 定价：CNY0.12

　　本书是中国现代连环画册。作者宁大明（1943— ），画家，教授。河北乐亭人，毕业于天津美术学院。曾任石家庄丝弦剧团舞台美术设计，河北师范大学美术系教师，中国美术家协会会员，河北书装研究会常务理事。作品有中国画《高风亮节》《先驱》，年画《领袖和人民》。

J0072033

虎胆英雄　（对越自卫还击战）李延桂编；陈以忠绘

南宁 广西人民出版社 1982年 2版 78页 13cm（60开）统一书号：8113.589

定价：CNY0.12

　　本书是中国现代连环画册。作者陈以忠（1940— ），编辑。广东化州人，毕业于广西艺术学院美术系。《广西日报》高级编辑，漓江画院副院长，中国人才研究会艺术家学部委员会委员，中国美术家协会广西分会常务理事等职。出版有《报刊美编学》《实用图案设计》。

J0072034

虎父与犬子　杜良编文；陈汉中绘画

广州 岭南美术出版社 1982年 94页 有图 10×13cm 统一书号：8260.0223 定价：CNY0.17

　　本书是根据《东周列国志》改编的中国现代连环画册。

J0072035

虎口拔牙　孙吉敏，张功军改编；李复兴绘

哈尔滨 黑龙江人民出版社 1982年 48页 13cm（60开）定价：CNY0.09

　　本书是中国现代连环画册。

J0072036

虎口巧接头　钱英智编；钱生发等绘

长春 吉林人民出版社 1982年 126页 13cm（60开）统一书号：8191.1338 定价：CNY0.21

（特殊巡官之一）

　　本书是中国现代连环画册。

J0072037

虎丘恋　（清）黄周星原著；范芸改编；韩和平，何进绘

南京 江苏人民出版社 1982年 70页 13cm（60开）定价：CNY0.11

　　本书是中国现代连环画册。

J0072038

虎鲨人臂　王亚法原著；黄莺等改编；陈清港绘画

广州 岭南美术出版社 1982年 87页 有图 10×13cm 统一书号：8260.0363 定价：CNY0.15

　　本书是根据王亚法同名科幻小说改编的中国现代连环画册。

J0072039

花斑索命带　（英）柯南道尔原著；吴文焕改编；潘鸿海，刘小平绘

广州 岭南美术出版社 1982年 123页 13cm（60开）统一书号：8260.0136 定价：CNY0.20

（福尔摩斯探案选）

　　本书是中国现代连环画册。

J0072040

花丛中的大炮　（波兰爱国音乐家肖邦的故

事）安诚信编；黄英浩等绘
北京 人民音乐出版社 1982年 70页 有图
10×13cm 统一书号：8026.3890 定价：CNY0.13
　　本书是中国现代连环画册。

J0072041
花打朝　何凌云改编；兰河，孙德侠摄影
北京 中国戏剧出版社 1982年 125页 13cm（60开）
定价：CNY0.21

J0072042
花开花落　高廷伦编；杨辛媛选片
天津 天津人民美术出版社 1982年 146页
13cm（60开）定价：CNY0.26
　　电影故事连环画。

J0072043
花墙会　马国立，李康生改编；刘新民，李康生摄影
武汉 长江文艺出版社 1982年 118页 13cm（60开）
定价：CNY0.22
　　电影故事连环画。

J0072044
花烛恨　白良，马玉科编剧；王云光改编；孙宏华，于速摄影
北京 中国戏剧出版社 1982年 125页 13cm（60开）
统一书号：8069.302 定价：CNY0.21
　　本书是中国现代戏剧故事连环画。

J0072045
华丽的家族　冯锋改编
南京 江苏人民出版社 1982年 150页 13cm（60开）
定价：CNY0.21
　　电影故事连环画，根据日本同名电影改编。

J0072046
宦娘　孙中晓改编；史正绘
济南 山东人民出版社 1982年 78页 13cm（60开）
定价：CNY0.13
（《聊斋志异》连环画丛书之六）

J0072047
宦娘　胡骅改编；王连城，邹毅摄影
北京 文化艺术出版社 1982年 125页 13cm（60开）

定价：CNY0.22
　　本书是中国戏剧故事连环画，原名《春江琴魂》。

J0072048
皇帝战蚩尤　郑荣华改编；陈晋荣绘
天津 天津人民美术出版社 1982年 86页
13cm（60开）定价：CNY0.14
　　本书是中国现代连环画册。

J0072049
皇亲国戚　庄稼，袁丁改编；宋挥摄影
北京 中国戏剧出版社 1982年 117页 13cm（60开）
统一书号：8069.343 定价：CNY0.21
　　本书是根据同名龙江剧改编的中国现代戏剧故事连环画。

J0072050
黄帝大战蚩尤　王吉祥改编；赵明钧绘
沈阳 辽宁美术出版社 1982年 110页 13cm（60开）
定价：CNY0.17
（中国远古神话故事之二）
　　本书是中国现代连环画册。

J0072051
黄帝战蚩尤　袁川编；二龙，文忠绘
南宁 广西人民出版社 1982年 125页 13cm（60开）
定价：CNY0.18
（中国历史故事连环画 第2集）

J0072052
黄飞虎斗妖　水登改编；庞先健绘画
上海 少年儿童出版社 1982年 62页 有图
10×13cm 统一书号：R10024.4039 定价：CNY0.09
（封神榜人物故事 3）
　　本书是中国现代连环画册。作者水登（1930—　），画家。原名廖其澄，四川达县人。曾任绵阳市文联副秘书长、市美协主席，绵阳市书画院二级美术师。绘画作品有《山寨》《草原上的格桑花》《披查尔瓦的老人》等。出版有《廖其澄水彩画集》《廖其澄花鸟画集》。绘者庞先健（1951—　），画家。浙江杭州萧山人。擅长中国画、连环画。中国美协连环画艺术委员会委员。作品有《明清故事精选》《中国风俗图像解说》《三国大计谋》等。

J0072053
黄粱梦　刘瑞峰等改编；吴大成绘
石家庄 河北美术出版社 1982 年 102 页
15cm（40 开）定价：CNY0.29
　　本书是中国现代连环画册。

J0072054
黄粱梦　刘瑞峰等改编；吴大成绘
石家庄 河北美术出版社 1982 年 13cm（60 开）
统一书号：8087.205 定价：CNY0.15
　　本书是中国现代连环画册。

J0072055
黄粱梦　肖冰改编；王经春，尹毅绘
济南 山东人民出版社 1982 年 78 页 13cm（60 开）
统一书号：8079.2414 定价：CNY0.13
（《聊斋志异》连环画丛书 六 聊斋志异故事选 29）

J0072056
黄粱一梦　方德民等编；曹文汉等绘
长春 吉林人民出版社 1982 年 126 页 13cm（60 开）
定价：CNY0.18
（成语故事 7）
　　本书是中国现代连环画册。作者曹文汉
（1937—　），教授。北京人，毕业于中央美术学
院版画系。曾任吉林省艺术学院美术系教师，东
北师范大学美术系教授，中国美术家协会会员，
中国版画家协会会员，中国藏书票艺委员会委
员，吉林省作家协会会员。作品有《上市场》《毕
加索》《莎士比亚》等。论著有《古元传》《版画
技法与鉴赏》《古元的木刻艺术》《中国新兴木刻
的延安学派》等。

J0072057
挥起战刀的炮手们　王汶石原著；马天白编；
蒋宝鸿等绘
上海 上海人民美术出版社 1982 年 102 页 有图
10×13cm 统一书号：8081.12950 定价：CNY0.13
　　本书是中国现代连环画册。

J0072058
回民支队　（下）刘树强编文；夏连雨等绘
石家庄 河北美术出版社 1982 年 150 页 有图
10×13cm 统一书号：8087.149 定价：CNY0.21
　　本书是中国现代连环画册。

J0072059
会飞的马　凌纾编文；曲建方绘画
成都 四川少年儿童出版社 1982 年 61 页 有图
7×10cm 统一书号：R8247.71 定价：CNY0.05
（《小小连环画》37）
　　根据新疆维吾尔族民间故事改编的中国现
代连环画册。

J0072060
婚介所所长　姚钧改编；广野，郁吉绘
成都 四川人民出版社 1982 年 62 页 13cm（60 开）
统一书号：8118.1274 定价：CNY0.09
　　本书是根据林文恂小说《老乐这个人》改编
的本书是中国现代连环画册。

J0072061
婚礼中的枪声　张仪改编；陆鹤龄绘
合肥 安徽人民出版社 1982 年 103 页 13cm（60 开）
定价：CNY0.14
　　本书是根据花鼓灯剧《玩灯火的婚礼》改编
的是中国现代连环画册。

J0072062
混血姑娘　江月改编；贺惠贤，杨先绘
昆明 云南人民出版社 1982 年 92 页 13cm（60 开）
定价：CNY0.16

J0072063
火并王伦　顶国联改编；徐正平绘
上海 上海人民美术出版社 1982 年 102 页
13cm（60 开）定价：CNY0.13
（水浒故事）
　　本书是中国现代连环画册。

J0072064
火狐　（英）克·托马斯原著；张世恭改编；陈
玉先等绘
成都 四川人民出版社 1982 年 93 页 13cm（60 开）
统一书号：8118.1110 定价：CNY0.14
　　本书是中国现代连环画册。绘者陈玉先
（1944—　），国画家、美术家。安徽淮南人。历
任《解放军报》副主编、中国美术家协会艺术委
员会副主任。代表作品《井冈山斗争》《红灯记》
《红色娘子军》《草原儿女》专著《速写技法》《陈
玉先插图作品选》《陈玉先中国画》。

J0072065

火牛阵 （东周列国志选）文政编；姜正豪绘
广州 岭南美术出版社 1982年 57页 13cm（60开）
定价：CNY0.13
　　本书是中国现代连环画册。

J0072066

火牛阵 （东洲列国故事）王星北改编；窦世魁
绘
上海 上海人民美术出版社 1982年 125页
13cm（60开）定价：CNY0.15
　　本书是中国现代连环画册。作者王星北
（1905—1973），连环画脚本文学家。浙江定海
人，原名心葆，曾就读于定海公学。曾任上海私
营北斗出版社经理、泰兴书局文字编辑、上海
新美术出版社连环画文字编辑、上海人民美术
出版社连环画编辑科副科长等职。作者窦世魁
（1942—　），国家一级美术师。别名石岭，号岩
松斋主，山东青岛人，毕业于青岛艺术专科学校
美术专业。中国美术家协会会员，青岛市美术家
协会副主席、顾问，青岛书画研究院副院长，中
国书画学会名誉主席。代表作品有连环画《唐赛
儿》等。

J0072067

火牛阵 方振益编；潘直亮绘
武汉 长江文艺出版社 1982年 124页 13cm（60开）
定价：CNY0.18
（中国历代故事画丛）

J0072068

火烧阿房 钱婺编文；黄小金绘画
福州 福建人民出版社 1982年 116页 有图
10×13cm 统一书号：8173.469 定价：CNY0.19
（通俗前后汉演义 2）
　　本书是中国现代连环画册。

J0072069

火烧碑的传说 贺忠信改编；泽康绘
西安 陕西人民美术出版社 1982年 62页
13cm（60开）统一书号：8199.400
定价：CNY0.10
　　本书是中国现代连环画册。

J0072070

火烧琵琶精 石山改编；马程绘
北京 人民美术出版社 1982年 108页 13cm（60开）
定价：CNY0.17
（《封神演义》故事 4）

J0072071

火线结良缘 艾馨改编；长虹绘
长沙 湖南美术出版社 1982年 86页 13cm（60开）
统一书号：8233.306 定价：CNY0.12
　　本书是中国现代连环画册。

J0072072

火焰山 吴承恩原著；杨根相编；郁芷芳绘
上海 上海人民美术出版社 1982年 110页 有图
10×13cm 统一书号：8081.13069 定价：CNY0.13
　　本书是中国现代连环画册。

J0072073

火云洞 张绍旻改编；刘端绘画
长春 吉林人民出版社 1982年 63页 有图
10×13cm 统一书号：R8091.1264 定价：CNY0.10
（B型美猴王连环画 6）
　　作者张绍旻，改编连环画《西游记》等。

J0072074

火种 （上册）艾明之原著；李大发改编；罗希
贤绘
上海 上海人民美术出版社 1982年 198页
13cm（60开）定价：CNY0.22
　　本书是根据原著改编的连环画。全2册，共
收入396幅图。

J0072075

火种 （下册）艾明之原著；李大发改编；罗希
贤绘画
上海 上海人民美术出版社 1982年 198页 有图
10×13cm 统一书号：8081.12775 定价：CNY0.22

J0072076

击剑台上的怪客 王才博，王爱红改编；司徒
绵绘
广州 岭南美术出版社 1982年 126页 13cm（60开）
统一书号：8260.0355 定价：CNY0.20
　　本书是中国现代连环画册。

J0072077

击瓯楼　叶庆瑞编；徐凡绘

银川 宁夏人民出版社 1982 年 62 页 13cm（60 开）

定价：CNY0.09

（古代民间故事选）

　　本书是中国现代连环画册。

J0072078

箕姆卡　（苏）盖达尔原著；郭庚才改编；周全
友绘画

南京 江苏人民出版社 1982 年 94 页 有图
10×13cm 统一书号：8100.3.517 定价：CNY0.14

　　本书是中国现代连环画册。

J0072079

激战大门岛　关胜武改编；翁家澎绘

哈尔滨 黑龙江人民出版社 1982 年 110 页
13cm（60 开）统一书号：8093.759

定价：CNY0.14

　　本书是中国现代连环画册。

J0072080

激战无名川　（上册）卞福顺改编；冯玉太，李
秀玲绘

沈阳 辽宁美术出版社 1982 年 154 页 13cm（60 开）

定价：CNY0.23

　　本书是中国现代连环画册。

J0072081

激战无名川　（下册）卞福顺改编；冯玉太，李
秀玲绘

沈阳 辽宁美术出版社 1982 年 190 页 13cm（60 开）

定价：CNY0.28

　　本书是中国现代连环画册。

J0072082

激战之前　龙凤伟编；吴宪生绘

济南 山东人民出版社 1982 年 70 页 13cm（60 开）

定价：CNY0.12

　　本书是中国现代连环画册。作者吴宪生
（1954—　　），画家。安徽宁国人，就读于中国美
术学院，后留校任教。曾任中国美术学院成教学
院院长、中国画系硕士导师、教授，中国美术家
协会会员，浙江省美术家协会理事，浙江画院特
聘画家。代表作品《思》《水墨人物画》，著作有

《人体线条素描》《吴宪生水墨人体画选》《素描
教学新论》。

J0072083

吉普赛少年　殷宝华改编；邵殿英选片

沈阳 辽宁美术出版社 1982 年 110 页 13cm（60 开）

统一书号：7161.0159 定价：CNY0.20

　　电影故事连环画。

J0072084

吉卜赛少年　王逸改编

北京 中国电影出版社 1982 年 109 页 13cm（60 开）

统一书号：8061.1881 定价：CNY0.19

　　电影故事连环画。

J0072085

吉鸿昌　（上册）姚向东绘

沈阳 辽宁美术出版社 1982 年 130 页 13cm（60 开）

定价：CNY0.20

　　本书是中国现代连环画册。

J0072086

吉鸿昌　（下册）袁殿民等绘

沈阳 辽宁美术出版社 1982 年 146 页 13cm（60 开）

定价：CNY0.22

　　本书是中国现代连环画册。

J0072087

吉鸿昌　陈立德原著；俞沛铭编；罗盘绘

上海 上海人民美术出版社 1982 年 210 页 有图
10×13cm 统一书号：8081.12990 定价：CNY0.24

　　本书是中国抗日英雄吉鸿昌英勇斗争一生
的真实写照的连环画作品。收入 210 幅图。

J0072088

吉鸿昌的故事　（1 大刀将军）周骧良原著；
李道畅改编；赵国经等绘画

郑州 中州书画社 1982 年 142 页 有图
10×13cm 统一书号：8219.86 定价：CNY0.19

　　本书是中国现代连环画册。

J0072089

吉鸿昌的故事　（2 心向红军）周骧良原著；
李道畅改编；王美芳等绘画

郑州 中州书画社 1982 年 142 页 有图

10×13cm 统一书号：8219.148 定价：CNY0.20

　　本书是中国现代连环画册。

J0072090

吉鸿昌的故事 （3 长城烽火）周骥良原著；
李道畅改编；赵国经，王美芳绘

郑州 中州书画社 1982 年 158 页 13cm（60 开）
定价：CNY0.22

　　本书是中国现代连环画册。

J0072091

吉鸿昌就义前后 周金灼编文；詹忠效绘

广州 岭南美术出版社 1982 年 49 页 19cm（32 开）
定价：CNY0.20

　　本书是中国现代连环画册。

J0072092

疾风落叶 邹向前改编；乐锋，于兴安绘

哈尔滨 黑龙江人民出版社 1982 年 148 页
13cm（60 开）统一书号：8093.786
定价：CNY0.22

　　本书是中国现代连环画册。

J0072093

计盗紫金铃 张建辉改编；乐小英等绘画

长春 吉林人民出版社 1982 年 63 页 有图
10×13cm 统一书号：R8091.1334 定价：CNY0.10
（B 型美猴王连环画 16）

　　作者张建辉（1955—　　），一级美术师。字乐石，静心斋主。中华炎黄文化研究会同根同梦文化委员会会员。绘者乐小英（1921—1984），原名乐汉英，笔名守松、锹嘉，浙江镇海人。先后任《大报》《亦报》美术编辑和《新民晚报》美术组组长，中国美术家协会上海分会漫画组组长。主要作品有《刘胡兰》《五彩路》《乐小英儿童连环画选》等，出版有《大家做好事》《动脑筋爷爷》《乐小英儿童漫画集》等。

J0072094

济公斗蟋蟀 （清）郭小亭原著；甘礼乐改编；
黄非绘

合肥 安徽人民出版社 1982 年 78 页 13cm（60 开）
统一书号：8102.1202 定价：CNY0.12

　　本书是中国现代连环画册。

J0072095

祭蛋 曹作锐改编；王继贤绘

北京 农村读物出版社 1982 年 62 页 13cm（60 开）
定价：CNY0.12

（民间故事连环画库·西双版纳民间故事）

　　作者曹作锐（1923—　　），编辑。别名愚谷，河北武清人。擅长连环画编辑及理论研究。《连环画艺术》副主编，中国连环画研究会常务理事，中国美术家协会会员。出版有《连环画编写探幽》，连环画脚本《智降狮狸王》《懒龙伸腰》。

J0072096

贾岛还俗 钱世明原著；常兴改编；刘业通绘

石家庄 河北美术出版社 1982 年 110 页
13cm（60 开）定价：CNY0.16

J0072097

贾奉雉 蒲松龄原著；张钟龄改编；孙国庆等
绘画

天津 天津人民美术出版社 1982 年 70 页 有图
10×13cm 统一书号：8073.30649 定价：CNY0.12

　　本书是中国现代连环画册。

J0072098

贾家楼 小贝编；顾增平等绘

北京 中国曲艺出版社 1982 年 126 页 13cm（60 开）
统一书号：8227.009 定价：CNY0.18

（传统评书连环画《兴唐传》9）

J0072099

贾秀才 张建萍改编；孙墨龙绘

济南 山东人民出版社 1982 年 62 页 13cm（60 开）
定价：CNY0.11

（《聊斋志异》连环画丛书之六 聊斋志异故事选27）

　　作者孙墨龙（1931—　　），画家。号枕砚斋主，生于山东招远。曾任山东省《青年报》美术编辑，山东美术馆专业画家、创作部主任，山东省画院一级美术师。代表作《中国画技法精粹·雪梅》《孙墨龙花鸟人物画选》《怎样写隶书》。

J0072100

假婿乘龙 王新富改编；沙莎，周淑丽摄影

郑州 中州书画社 1982 年 101 页 有图
10×13cm 统一书号：8219.89 定价：CNY0.19

本书是根据郑州市豫剧团演出的同名豫剧改编的中国现代连环画册。

J0072101

坚贞不屈——刘亚生烈士的故事　张震麟编文；金立德绘画

南京 江苏人民出版社 1982年 102页 有图 10×13cm 统一书号：8100.3.475 定价：CNY0.14

本书是中国现代连环画册，讲述雨花台革命烈士故事。作者金立德（1931— ），画家。浙江镇海人。上海教育学院教授，上海国际交流画会副会长，中国水彩画家协会副会长，中国美术家协会会员。作品有《钢堡》《黄土地》等。

J0072102

艰难的岁月　许丰胤原著；陈梅鼎改编；何润民绘

上海 上海人民美术出版社 1982年 110页 有图 10×13cm 统一书号：8081.12644 定价：CNY0.13

本书是中国现代连环画册。收入110幅图。绘者何润民（1947— ），画家、教师。陕西合阳人。曾任西安美院副教授、院学术委员会委员，西安美术学院附属中等美术学校校长。代表作品有《老照壁》《牧歌》等。

J0072103

检察官　罗华俊等原著；彭瑞高改编；汪观清绘

上海 上海人民美术出版社 1982年 150页 13cm（60开）统一书号：8081.12901 定价：CNY0.17

本书是中国现代连环画册。

J0072104

检察官　赵洪彬改编

北京 中国电影出版社 1982年 157页 13cm（60开）统一书号：8061.1805 定价：CNY0.26

电影故事连环画。

J0072105

剑魂　尧尧改编

北京 中国电影出版社 1982年 125页 13cm（60开）定价：CNY0.21

电影故事连环画。

J0072106

鉴湖女侠　王元美编剧；春城改编；曹震云，姜节安摄影

上海 上海人民美术出版社 1982年 189页 13cm（60开）定价：CNY0.33

本书是根据上海人民艺术剧院二团演出的同名话剧改编的中国现代连环画。

J0072107

江南雪　毛亮英改编；李宁绘

沈阳 辽宁人民出版社 1982年 170页 13cm（60开）定价：CNY0.25

本书是中国现代连环画册。

J0072108

江南一叶　何文义等改编；星河绘

天津 天津人民美术出版社 1982年 134页 有图 10×13cm 统一书号：8073.30695 定价：CNY0.17

本书是中国现代连环画册。

J0072109

将军的末日　阮章竞原著；贾秉恒改编；龙照恩绘

天津 天津人民美术出版社 1982年 93页 13cm（60开）统一书号：8073.30571 定价：CNY0.13

本书是中国现代连环画册。

J0072110

将相和　苏传禄改编；叶家和绘

合肥 安徽人民出版社 1982年 62页 13cm（60开）定价：CNY0.10

本书是中国现代连环画册。

J0072111

将相和　司马迁原著；张雨改编；瞿谷寒绘

成都 四川人民出版社 1982年 90页 13cm（60开）定价：CNY0.12

本书是中国现代连环画册。

J0072112

降妖追宝　张绍旻改编；丁荣魁绘画

长春 吉林人民出版社 1982年 63页 有图 10×13cm 统一书号：R8091.1267 定价：CNY0.10 （B型美猴王连环画 13）

作者张绍昊，改编有连环画《西游记》等。

J0072113

骄傲的小燕子　赵祥改编；钱家骅绘画
北京　中国少年儿童出版社　1982年　14页　有图
10cm（64开）统一书号：R8056.317　定价：CNY0.06
　　本书是中国现代连环画册。

J0072114

焦赞锄奸　陈雄改编；常人，高吟春绘
福州　福建人民出版社　1982年　118页　10×13cm
统一书号：8173.566　定价：CNY0.19
（《杨家将演义》之十二）
　　根据古典小说《杨家将演义》改编的中国现
代连环画册。

J0072115

觉醒　史芳等改编；钟增亚绘
长沙　湖南美术出版社　1982年　86页　13cm（60开）
定价：CNY0.12
　　本书是中国现代连环画册。作者钟增亚
（1940—2002），画家。又名钟亚。湖南衡阳人，
广州美术学院中国画系毕业。任职于衡阳市文
化馆，中国书法家协会理事，中国美术家协会理
事，湖南省书协主席，湖南书画研究院院长。作
品有国画《楚人》《三峡史诗》。出版有《钟增亚
中国画选集》《钟增亚速写集》。

J0072116

结婚现场会　菊子改编
北京　宝文堂书店　1982年　61页　13cm（60开）
统一书号：8070.88　定价：CNY0.12
　　电视剧连环画。

J0072117

解放石家庄　文友改编
北京　中国电影出版社　1982年　173页　13cm（60开）
定价：CNY0.28
　　电影故事连环画。

J0072118

解珍　解宝　张玉来编文；吴冰玉绘画
长春　吉林人民出版社　1982年　62页　有图
10×13cm　统一书号：8091.1324　定价：CNY0.22
　　本书是中国现代《水浒》人物连环画。

J0072119

解珍解宝　张玉来编；吴冰玉绘
长春　吉林人民出版社　1982年　62页　13cm（60开）
统一书号：8091.1324　定价：CNY0.10
（《水浒》人物）
　　根据中国古典小说《水浒》改编的现代连环
画作品。

J0072120

界山恩仇　龙圣明编绘
南宁　广西人民出版社　1982年　2版　82页
13cm（60开）定价：CNY0.12
　　本书是中国现代连环画册。作者龙圣明
（1944—　　），广西融水人。广西科技书画院副
院长，广西艺术学院副教授，中国美术家协会会
员。作品有《曙光》《牛》《瑶山丰年》，出版有
《中国当代幽默画家作品选》《桑吉纳－红棕素
描》等。

J0072121

金兜洞　吴承恩原著；赵吉南改编；赵仁年
绘画
上海　上海人民美术出版社　1982年　102页　有图
10×13cm　统一书号：8081.13209　定价：CNY0.13
　　本书是中国现代连环画册。作者赵吉南，改
编有连环画《东方欲晓》《渡江侦察记》《列车飞
奔》《西游记绘画本》《水浒传连环画》等。绘者
赵仁年（1939—　　），画家。江苏阜宁人。中国美
术家协会会员，上海美术家协会会员，日本东西
方艺术振兴会常务理事，原上海侨友经济协会东
舟美术家联谊会副会长。代表作品有《诸葛亮探
亲》等。

J0072122

金兵入中原　李遵义改编
沈阳　辽宁美术出版社　1982年　170页　10×13cm
定价：CNY0.25
（《岳飞传》之三）
　　根据古典小说《岳飞传》改编的本书是中国
现代连环画册。

J0072123

金刀令公　孙长江，张惠民编；李维定绘
郑州　中州书画社　1982年　142页　13cm（60开）
定价：CNY0.20

（杨家将之一）

　　本书是中国现代连环画册。

J0072124

金兜洞　赵吉南改编；郁芷芳绘

上海　上海人民美术出版社　1982年　102页
13cm（60开）定价：CNY0.13

（《西游记》绘画本）

　　作者赵吉南，改编有连环画《东方欲晓》《渡
江侦察记》《列车飞奔》《西游记绘画本》《水浒
传连环画》等。

J0072125

金凤凰　钟建星原著；李侃改编；汪国新，张
文祥绘

南宁　漓江出版社　1982年　64页　13cm（60开）
统一书号：8256.54　定价：CNY0.10

（《桂林山水传说》连环画丛书）

J0072126

金佛案　岑之京，王文锦原著；沈国辉改编；
张准绘

南京　江苏人民出版社　1982年　13cm（60开）
定价：CNY0.16

　　本书是中国现代连环画册。

J0072127

金佛像失窃案　陈荣杓，许斌魁改编；胡博
亚，刘进绘

福州　福建人民出版社　1982年　96页　13cm（60开）
定价：CNY0.15

　　本书是中国现代连环画册。

J0072128

金桂之死　范若由改编；杨秋宝绘

上海　上海人民美术出版社　1982年　126页
10×13cm　定价：CNY0.22

（《红楼梦》连环画之十二）

J0072129

金沙江边石蛙村　徐淦改编；陈成斗绘

北京　农村读物出版社　1982年　62页　13cm（60开）
统一书号：8267.5　定价：CNY0.12

（民间故事连环画库・纳西族民间故事）

J0072130

金银岛　（英）斯蒂文生原著；胡廷楣改编，韩
伍等绘画

上海　上海人民美术出版社　1982年　110页　有图
10×13cm　统一书号：8081.12952　定价：CNY0.13

　　本书是根据同名小说改编的现代连环画作
品，收入110幅图。

J0072131

晋楚城濮之战　袁海庭编；孙恩道绘

武汉　长江文艺出版社　1982年　76页　13cm（60开）
定价：CNY0.12

（中国历代战争故事画丛）

J0072132

晋阳秋　（上集）慕湘原著；李大发编；柴山林绘

太原　山西人民出版社　1982年　126页　10×13cm
统一书号：8088.1560　定价：CNY0.18

　　本书是中国现代连环画册。

J0072133

荆轲刺秦王　（东周列国志选）文政改编；陈
庆心绘

广州　岭南美术出版社　1982年　70页　13cm（60开）
统一书号：8260.0338　定价：CNY0.14

　　本书是中国现代连环画册。

J0072134

荆轲刺秦王　杨有园改编；杨春瑞绘

北京　人民美术出版社　1982年　83页　13cm（60开）
统一书号：8027.8242　定价：CNY0.11

（中国历代故事）

　　本书是中国现代连环画册。

J0072135

精卫与瑶姬　袁珂原著；潘勤孟改编，张景源
绘画

上海　上海人民美术出版社　1982年　53页　有图
10×13cm　统一书号：8081.13022　定价：CNY0.08

　　本书是中国现代连环画册。

J0072136

警察柴田的兼差　（日）西村京太郎原著；赵
元星改编；陈挺通绘

广州　岭南美术出版社　1982年　140页　13cm（60开）

统一书号: 8260.0263 定价: CNY0.22

　　本书是中国现代连环画册。

J0072137

镜花缘 （一）李汝珍原著; 徐淦改编; 王震坤
等绘画

长沙 湖南少年儿童出版社 1982年 126 页 有图
10×13cm 统一书号: R8280.15 定价: CNY0.18

　　本书是中国现代连环画册。

J0072138

镜花缘 （二）（清）李汝珍原著; 徐淦改编; 王
震坤等绘

长沙 湖南少年儿童出版社 1983年 126 页
13cm（60开）定价: CNY0.18

　　本书是中国现代连环画册。

J0072139

镜花缘 （三）（清）李汝珍原著; 徐淦改编; 陈
剑科等绘

长沙 湖南少年儿童出版社 1983年 126 页
13cm（60开）定价: CNY0.21

　　本书是中国现代连环画册。

J0072140

镜花缘 （四）（清）李汝珍原著; 徐淦改编; 王
中秀等绘

长沙 湖南少年儿童出版社 1983年 126 页
13cm（60开）定价: CNY0.21

　　本书是中国现代连环画册。

J0072141

镜花缘 （五）徐淦改编; 王中秀等绘

长沙 湖南少年儿童出版社 1985年 126 页
13cm（60开）定价: CNY0.21

　　中国现代连环画。

J0072142

镜花缘 （六）徐淦改编; 王中秀等绘

长沙 湖南少年儿童出版社 1985年 124 页
13cm（60开）定价: CNY0.21

　　中国现代连环画。

J0072143

九号住宅 纪康改编; 姚宏斌绘

长春 吉林人民出版社 1982年 154页 13cm（60开）
统一书号: 8091.1296 定价: CNY0.22

　　本书是中国现代连环画册。

J0072144

九羽衫 讯河搜集整理; 赵开荣改编; 高先贵
绘

贵阳 贵州人民出版社 1982年 123页 13cm（60开）
定价: CNY0.11

（布依族民间故事）

　　本书是中国现代连环画册。

J0072145

桔乡情 张林等编剧; 黔登改编; 孙宏华摄影

北京 中国戏剧出版社 1982年 88 页 有图
10×13cm 统一书号: 8069.185 定价: CNY0.17

　　本书是中国戏剧连环画作品。作者张林
（1936—　），中国曲艺家协会会员，黑龙江省曲
艺理论研究会会长，艺术学会理事，剧协、音协、
地方戏学会会员。

J0072146

锯碗丁 王琴, 袁斐改编; 孙宏华, 于速摄影

北京 中国戏剧出版社 1982年 125页 13cm（60开）
统一书号: 8069.326 定价: CNY0.21

　　本书是中国现代戏剧故事连环画，根据中国
评剧院一团演出的评剧改编。

J0072147

决斗 丁巩改编; 胡克礼, 恽南平绘

沈阳 辽宁美术出版社 1982年 150页 13cm（60开）
定价: CNY0.22

（基督山伯爵 7）

　　本书为世界现代连环画作品，由辽宁美术出
版社出版。

J0072148

决胜千里歼顽敌 田克敏编; 刘学训绘

西安 陕西人民美术出版社 1982年 158 页
13cm（60开）统一书号: 8199.357
定价: CNY0.19

　　本书是中国现代连环画册。

J0072149

绝唱 易豫, 吴美玉改编

天津 天津人民美术出版社 1982 年 116 页
13cm（60 开）定价：CNY0.20
　　电影故事连环画，根据日本同名影片改编。

J0072150
绝域功罪　钱婺编；姚耐，石夫绘
福州 福建人民出版社 1982 年 140 页 13cm（60 开）
定价：CNY0.20
（通俗前后汉演义 之十五）
　　本书是中国现代连环画册。

J0072151
卡桑德拉大桥　艾琪军，闵唯改编
南京 江苏人民出版社 1982 年 141 页 13cm（60 开）
定价：CNY0.19
　　本书是中国现代连环画册。

J0072152
卡桑德拉大桥　春禾改编
天津 天津人民美术出版社 1982 年 156 页
13cm（60 开）定价：CNY0.28
　　本书是中国现代连环画册。

J0072153
卡桑德拉大桥　上海电影制片厂改编
北京 中国电影出版社 1982 年 125 页 13cm（60 开）
定价：CNY0.21
　　本书是中国现代连环画册。

J0072154
卡图艳救弟弟　徐淦改编；于大武绘
北京 农村读物出版社 1982 年 78 页 13cm（60 开）
统一书号：8267.7 定价：CNY0.13
（民间故事连环画库·鄂伦春族民间故事）
　　本书是中国现代连环画，《卡图艳救弟弟》
原名《白嘎拉山的故事》。

J0072155
开市大吉　航鹰原著；王成荣编，张培础绘
上海 上海人民美术出版社 1982 年 94 页 有图
10×13cm 统一书号：8081.12813 定价：CNY0.12
　　本书是中国现代连环画册。

J0072156
开锁　谢欣原著；徐明灿编，殷恩光等绘

上海 上海人民美术出版社 1982 年 94 页 有图
10×13cm 统一书号：8081.13141 定价：CNY0.12
　　本书是中国现代连环画册。

J0072157
开天辟地　袁川编；李冠国绘
南宁 广西人民出版社 1982 年 115 页 13cm（60 开）
统一书号：8113.788 定价：CNY0.17
（中国历史故事连环画 第 1 集）
　　本书是中国现代连环画册。

J0072158
开拓者　蒋子龙原著；蓝翔编，胡震国等绘
上海 上海人民美术出版社 1982 年 134 页 有图
10×13cm 统一书号：8081.12958 定价：CNY0.16
　　本书是中国现代连环画作品，共收入 134 幅
图画。

J0072159
砍雷公　（唐）裴铏原著；徐淦改编；胡博综，
高云绘
广西 漓江出版社 1982 年 40 页 13cm（60 开）
定价：CNY0.07
　　本书是中国现代连环画册。

J0072160
康熙访宁夏　金正盘改编；杨步升绘
银川 宁夏人民出版社 1982 年 110 页 13cm（60 开）
定价：CNY0.15
　　本作品是中国现代连环画，根据同名越剧演
出本改编。

J0072161
抗金凯旋　马保超改编；潘真绘
郑州 中州书画社 1982 年 134 页 10×13cm
定价：CNY0.19
（《说岳全传》连环画之八）

J0072162
抗日英雄杨靖宇　毛亮英改编；胡乃敏等绘
沈阳 辽宁美术出版社 1982 年 134 页 13cm（60 开）
统一书号：7161.0070 定价：CNY0.20
　　本书是中国现代连环画册。

J0072163

考场　马怀金改编；马堪岱摄影

湖南 广播出版社 1982 年 157 页 有图

10×13cm 统一书号：8236.023 定价：CNY0.26

（电视剧连环画）

J0072164

柯棣华大夫　高梁原著；赵吉南编，余家乐绘

上海 上海人民美术出版社 1982 年 134 页 有图

10×13cm 统一书号：8081.13204 定价：CNY0.16

　　本书是描绘印度援华医疗队柯棣华大夫在中国抗日战争中做出很大贡献的现代连环画作品。收入 134 幅图。

J0072165

科学家的故事　何允龙改编；陈忠舜等绘

沈阳 辽宁美术出版社 1982 年 130 页 13cm（60 开）

定价：CNY0.20

　　本书是中国现代连环画册。

J0072166

孔雀东南飞　上海电视台供稿

北京 广播出版社 1982 年 157 页 13cm（60 开）

定价：CNY0.26

　　电视戏曲片连环画。

J0072167

孔雀公主　铁庄改编

北京 中国电影出版社 1982 年 189 页 13cm（60 开）

定价：CNY0.30

　　本书是中国现代连环画册。

J0072168

孔乙己　鲁迅原著；方增选绘

上海 上海人民美术出版社 1982 年 32 幅

20cm（24 开）统一书号：8081.12581

定价：CNY2.20

（鲁迅小说连环画）

　　根据鲁迅小说编绘的本书是中国现代连环画册。作者方增先（1931—　　），国画家。浙江兰溪人，毕业于浙江杭州国立艺术专科学校。上海美术馆馆长，中国美术家协会常务理事。出版画集《方增先人物画》《方增先水墨画诗意画》《方增先古装人物画集》等，专著有《怎样画水墨人物画》《结构素描》《人物画的造型问题》等。

J0072169

恐怖的晚餐会　丁巩改编；荣淑铭绘

沈阳 辽宁美术出版社 1982 年 146 页 13cm（60 开）

统一书号：7161.0046 定价：CNY0.22

（基督山伯爵 5）

　　本书是中国现代连环画册。

J0072170

枯木逢春　筱篁改编

北京 中国电影出版社 1982 年 147 页 13cm（60 开）

定价：CNY0.26

　　电影故事连环画。作者筱篁，主要改编的连环画作品有《白鸽》《霍元甲》《三个和尚》等。

J0072171

苦果　晓黎改编

北京 中国电影出版社 1982 年 147 页 13cm（60 开）

定价：CNY0.26

　　电影故事连环画。

J0072172

苦难的琴师　高铁林改编；陈宗林，崔晓东绘

哈尔滨 黑龙江人民出版社 1982 年 108 页

13cm（60 开）统一书号：8093.769 定价：CNY0.17

　　本书是中国现代连环画册。作者崔晓东（1953—　　），教授，画家。出生于黑龙江齐齐哈尔市，祖籍江苏扬州。中央美院硕士毕业。曾任北京煤炭管理干部学院讲师，中央美术学院中国画学院教授、山水系系主任，中国美术家协会会员，炎黄艺术馆馆长。出版有《崔晓东山水画集》等。

J0072173

狂飙支队　年青山改编；李骏琪绘

哈尔滨 黑龙江人民出版社 1982 年 161 页

13cm（60 开）定价：CNY0.24

　　本书是中国现代连环画册。

J0072174

矿长　周顺理改编；程衡摄影

北京 广播出版社 1982 年 125 页 有图

10×13cm 统一书号：8236.070 定价：CNY0.22

　　本书是中国现代电视剧连环画。

J0072175

来自银河系的姑娘　元兴改编；水淼绘
广州 科学普及出版社广州分社 1982 年 112 页
13cm（60 开）统一书号：8051.60087
定价：CNY0.18

　　本书是中国现代连环画作品，根据周维科学
幻想小说《她，来自银河系》改编。

J0072176

莱特兄弟　（飞机发明家的故事）管正美编；
李加，高宝生绘
北京 人民美术出版社 1982 年 108 页 13cm（60 开）
定价：CNY0.14

　　本书是科学家故事系列。本书是中国现代
连环画册。收入 108 幅图。生动地描绘了莱特
兄弟发明飞机的艰苦过程。

J0072177

蓝色档案　索立改编
北京 中国电影出版社 1982 年 177 页 13cm（60 开）
定价：CNY0.30

　　电影故事连环画。

J0072178

蓝色项链　刘迟改编；黄镇中绘画
福州 福建人民出版社 1982 年 142 页 有图
10×13cm 统一书号：8173.510 定价：CNY0.20

　　本书是中国现代连环画作品，根据小说《吐
尔逊的故事》改编。

J0072179

狼王洛波　严左改编；黄云松绘
福州 福建人民出版社 1982 年 86 页 13cm（60 开）
统一书号：8173.539 定价：CNY0.14

　　本书是中国现代连环画作品，根据加拿大
欧·汤·西顿著同名小说改编。

J0072180

老兵新传　孙青改编
北京 中国电影出版社 1982 年 157 页 13cm（60 开）
定价：CNY0.26

　　电影故事连环画。

J0072181

老鼠嫁女　鲁风诗；缪印堂，缪惟画

北京 人民美术出版社 1982 年 11 页 有彩图
13cm（60 开）统一书号：8027.8166 定价：CNY0.14

　　本书是中国现代连环画册。作者鲁风
（1939— ），国家一级美术师。本名杨守森，山
东郓城人，毕业于贵州大学艺术系。贵州画院
专职创作人员。曾任贵州新闻图片社社长，中
国美术家协会会员，贵州美术家协会副主席，贵
州花鸟画研究会会长，山东曹州书画院名誉院
长。代表作品《鲁风花鸟画集》《鲁风写意花鸟
画集》。绘者缪印堂（1935—2017），著名漫画家。
江苏南京人。中国科普研究所高级工艺美术师，
中国美协漫画艺委会委员，中国美术家协会漫画
艺委员会副主任，《漫画月刊》高级顾问，北京电
影学院动画学院客座教授。漫画作品有《啊，危
险》《讲经》《矛盾的统一》等。著作有《缪印堂
漫画选》《漫画艺术入门》《科学漫画创作概论》
等。绘者缪惟（1965— ），图书出版策划人、插
图画家、平面设计师，漫画家。出生于北京，毕
业于中央工艺美术学院。任职于中国少年儿童
新闻出版总社，中国美术家协会会员，中国展示
设计家协会会员。作品有《小给船》《叶圣陶童
话》《叶圣陶儿歌》。

J0072182

昌得官　根毅改编；徐进绘
天津 天津人民美术出版社 1982 年 103 页
13cm（60 开）统一书号：8073.30555
定价：CNY0.16
（官场现形记选辑）

　　本书是中国现代连环画册。绘者徐进
（1960— ），工笔画家。北京人。徐悲鸿第三代
入室弟子。曾任中央美术学院教授，美国哥伦比
亚大学客座教授。代表作品有《贵妃赏花》《黛
玉初进大观园》等，出版《徐进画集》。

J0072183

雷锋　朱芸芳编文；汪观清绘画
南京 江苏人民出版社 1982 年 84 页 有图
10×13cm 统一书号：8100.3.467 定价：CNY0.12

　　本书是中国现代连环画册。作者汪观清
（1931— ），艺术家。号耕莘堂主，安徽歙县人。
上海人民美术出版社副编审，中国美术家协会会
员，上海市美术家协会理事。出版有《汪观清画
集》《怎样画牛》《名家教画》等。

J0072184

雷神和闪神　唐宗龙编；陈松林绘

杭州 浙江人民美术出版社 1982年 124页

13cm（60开）统一书号：8156.197 定价：CNY0.16

　　本书是中国现代连环画册。

J0072185

雷雨　沙铁军改编；陈贻福绘

南京 江苏人民出版社 1982年 174页 13cm（60开）

定价：CNY0.23

　　本书是中国现代连环画，根据曹禺同名话剧

改编。

J0072186

雷震子轰鹿台　水登改编；赵仁年绘画

上海 少年儿童出版社 1982年 62页 有图

9×13cm 统一书号：R10024.4087 定价：CNY0.09

（封神榜人物故事 3）

　　本书是中国现代连环画册。作者水登

（1930—　），画家。原名廖其澄，四川达县人。

曾任绵阳市文联副秘书长、市美协主席，绵阳市

书画院二级美术师。绘画作品有《山寨》《草原

上的格桑花》《披查尔瓦的老人》等。出版有《廖

其澄水彩画集》《廖其澄花鸟画集》。绘者赵仁年

（1939—　），画家。江苏阜宁人。中国美术家协

会会员，上海美术家协会会员，日本东西方艺术

振兴会常务理事，原上海侨友经济协会东舟美术

家联谊会副会长。代表作品有《诸葛亮探亲》等。

J0072187

泪血樱花　曲代学改编；吴春友绘

沈阳 辽宁美术出版社 1982年 138页 13cm（60开）

统一书号：7161.0071 定价：CNY0.21

　　本书是中国现代连环画册。

J0072188

李冰斗蛟　陈元宁文；张汝为画

天津 天津人民美术出版社 1982年 18页

有彩图 13cm（60开）统一书号：8073.30703

定价：CNY0.24

　　本书是中国现代连环画册。作者张汝为

（1944—　），画家，国家一级美术师。浙江镇海

人。历任中国美术家协会会员，天津美协顾问，

天津画院专职画家。主要作品有《共产主义是千

秋万代的崇高事业》《大海的女儿》等。

J0072189

李尔王　（英）莎士比亚原著；李白英改编；江

云绘

上海 上海人民美术出版社 1982年 180页

13cm（60开）定价：CNY0.21

（莎士比亚戏剧连环画）

J0072190

李慧娘　沙洁改编

北京 中国电影出版社 1982年 137页 13cm（60开）

统一书号：8061.1795 定价：CNY0.24

　　电影故事连环画。

J0072191

李逵　张艾莉改编；华鹏绘画

长春 吉林人民出版社 1982年 190页 有图

10×13cm 统一书号：8091.1325 定价：CNY0.27

（《水浒》人物）

　　根据中国古典小说《水浒》改编的现代连环

画作品。

J0072192

李逵　张玉米改编；张亚力画

长春 吉林人民出版社 1982年 126页 有图

10×13cm 统一书号：8091.1326 定价：CNY0.19

　　本书是中国现代连环画作品，属于《水浒》

人物系列。作者张亚力（1950—　），编辑。吉林

长春人，毕业于鲁迅美术学院附中。吉林美术出

版社编辑室主任，副编审。插图作品《死神》《神

秘的女人》《港台小说》等，书籍装帧作品《水浒

人物》《书刊插图艺术集》，作品有《克韦尔》《巴

巴》《瓜亚萨明》《苏轼二赋》等。

J0072193

李逵　张艾莉编；华鹏绘

长春 吉林人民出版社 1982年 190页 13cm（60开）

定价：CNY 0.27

（《水浒》人物）

　　根据中国古典小说《水浒》改编的现代连环

画作品。

J0072194

李逵下山　新平改编；刘永凯，刘炬绘

北京 人民美术出版社 1982年 115页 13cm（60开）

统一书号：8027.7915 定价：CNY0.18

（《水浒》之十三）

根据中国古典小说《水浒》改编的现代连环画作品。

J0072195

李清照　沈为宁编文；张晓飞绘画

南京　江苏人民出版社　1982年　94页　有图

10×13cm　统一书号：8100.3.480　定价：CNY0.13

J0072196

李清照　金文明编；胡永凯绘

上海　上海人民美术出版社　1982年　134页

13cm（60开）定价：CNY0.16

本书是李清照传记连环画，收入134幅图。

J0072197

李清照　索立改编

北京　中国电影出版社　1982年　127页　13cm（60开）

定价：CNY0.23

电影故事连环画。

J0072198

李世民登极　余音改编；任兆祥绘

成都　四川人民出版社　1982年　90页　10×13cm

定价：CNY0.14

（《说唐》之二十二）

本书是中国现代连环画册。

J0072199

李娃传　王素一改编；姚逸之绘画

南昌　江西人民出版社　1982年　64页　有图

10×13cm　统一书号：8110.577　定价：CNY0.19

本书是中国现代连环画册。

J0072200

李娃传　王素一改编；姚逸之绘

南昌　江西人民出版社　1982年　133页　13cm（60开）

定价：CNY0.19

中国现代连环画作品，包括《李娃传》《白秋练》。

J0072201

李秀成大战杭州　张叶舟编；永远绘

杭州　浙江人民美术出版社　1982年　182页

13cm（60开）统一书号：8156.183　定价：CNY0.22

本书是中国现代连环画册。

J0072202

李自成　（9）王传义等绘

天津　天津人民美术出版社　1982年　144页

13cm（60开）定价：CNY0.21

本书是中国现代连环画册。

J0072203

理想还是美丽的　刘川编剧；张哲导演，任镇北等摄影

南京　江苏人民出版社　1982年　150页　有图

10×13cm　统一书号：8100.3.527　定价：CNY0.21

本书是中国现代连环画作品，根据中国人民解放军南京部队政治部前线话剧团演出的同名话剧改编。

J0072204

鲤鱼挂壁　（桂林山水传说）李肇龙编；陈以忠绘

南宁　漓江出版社　1982年　50页　13cm（60开）

统一书号：8256.32　定价：CNY0.08

本书是中国现代连环画册。绘者陈以忠（1940—　），编辑。广东化州人，毕业于广西艺术学院美术系。《广西日报》高级编辑，漓江画院副院长，中国人才研究会艺术家学部委员会委员，中国美术家协会广西分会常务理事等职。出版有《报刊美编学》《实用图案设计》。

J0072205

鲤鱼洲的枪声　康新民原著；雪兰改编；谷照恩绘

天津　天津人民美术出版社　1982年　94页　有图

10×13cm　统一书号：8073.30694　定价：CNY0.13

本书是中国现代连环画册。

J0072206

力战靠山王　寒光编；生林，董健绘

北京　中国曲艺出版社　1982年　126页　13cm（60开）

统一书号：8227.013　定价：CNY0.18

（传统评书连环画《兴唐传》12）

J0072207

历险除妖　刘军凤改编；张波，郭扬绘

呼和浩特　内蒙古人民出版社　1982年　62页

13cm（60开）定价：CNY0.11

　　本书是中国现代连环画册。

J0072208

立马茅峰　汤钟音原著；实祥改编，吴祯祥等绘

南京　江苏人民出版社　1982年　118页　有图

10×13cm　统一书号：8100.3.514　定价：CNY0.17

　　本书是中国现代连环画册。

J0072209

丽人行　筱篁改编

北京　中国电影出版社　1982年　177页　13cm（60开）

定价：CNY0.30

　　电影故事连环画。作者筱篁，主要改编的连环画作品有《白鸽》《霍元甲》《三个和尚》等。

J0072210

连队的春天　马吉星等改编；晓丁等摄影

北京　中国戏剧出版社　1982年　147页　有图

10×13cm　统一书号：8069.283　定价：CNY0.26

　　本书是中国现代连环画册。

J0072211

连反五关　（封神演义故事）云天改编；卢汶，刘斌昆绘

南昌　江西人民出版社　1982年　126页　13cm（60开）

统一书号：8110.499　定价：CNY0.18

　　本书是中国现代连环画册。

J0072212

连升三级　郭笃先改编；尚士永绘画

长沙　湖南少年儿童出版社　1982年　70页　有图

10×13cm　统一书号：R8280.25　定价：CNY0.11

　　本书是中国现代连环画作品，根据《中学语文画库》初中第3册内容编绘。

J0072213

连战连捷　刘延龄编；冯子润绘

长春　吉林人民出版社　1982年　94页　13cm（60开）

定价：CNY0.15

（东周列国之九）

　　本书是中国现代连环画册。

J0072214

炼印　徐应源改编；高适绘画

福州　福建人民出版社　1982年　94页　有图

13cm（60开）统一书号：8173.441　定价：CNY0.15

　　本书是中国现代连环画作品，根据同名闽剧改编。

J0072215

良缘奇曲　呆红星，杨长瀛改编；张兆函绘

济南　山东人民出版社　1982年　62页　13cm（60开）

定价：CNY0.11

（《聊斋志异》连环画丛书之五）

J0072216

凉州钟传奇　黄英编；陆维宁绘

兰州　甘肃人民出版社　1982年　61页　13cm（60开）

统一书号：8096.844　定价：CNY0.10

　　本书是中国现代连环画册。

J0072217

梁红玉　贾玉书改编；李苇成，刘二刚绘

南京　江苏人民出版社　1982年　110页　13cm（60开）

定价：CNY0.16

　　本书是中国现代连环画册。

J0072218

梁山伯与祝英台　午言改编

北京　中国电影出版社　1982年　117页　13cm（60开）

定价：CNY0.21

　　电影故事连环画。

J0072219

两打"镇华台"　矾苓等改编；邵家声绘画

南京　江苏人民出版社　1982年　126页　有图

10×13cm　统一书号：8100.3.566　定价：CNY0.17

　　本书是中国现代连环画册。

J0072220

两家春　盛尚文摄影

南京　江苏人民出版社　1982年　165页　有图

10×13cm　统一书号：8100.3.478　定价：CNY0.23

　　本书是中国现代连环画册。

J0072221

两界山　（西游记）赵吉南改编；郁芷芳绘

上海　上海人民美术出版社　1982年　78页

13cm（60开）统一书号：8081.12660

定价: CNY0.10
(西游记)

J0072222
两起谋杀案　丁巩改编; 胡克礼, 恽南平绘
沈阳　辽宁美术出版社　1982年　154页　13cm(60开)
定价: CNY0.23
(基督山伯爵　6)
　　本书是中国现代连环画册。

J0072223
两屈亲王　(东周列国志选)　宋扬改编; 侯中
曦绘
广州　岭南美术出版社　1982年　92页　13cm(60开)
定价: CNY0.17
　　本书是中国现代连环画册。

J0072224
两世姻缘　郭子宣改编; 李仁智绘
济南　山东人民出版社　1982年　78页　13cm(60开)
统一书号: 8099.2284　定价: CNY0.13
(《聊斋志异》连环画丛书之五　聊斋志异故事选
25)

J0072225
辽海崩溃　姚雪垠原著; 甘礼乐改编; 崔君沛绘
上海　上海人民美术出版社　1982年　198页
13cm(60开)定价: CNY0.23
(《李自成》连环画　之十九)
　　作者姚雪垠(1910—1999), 作家、小说家。
出生于河南邓县, 毕业于河南大学。曾任中国作
家协会名誉副主席、湖北省文学艺术界联合会主
席、湖北省作家协会主席。代表作品有《李自成》
《戎马恋》等。作者甘礼乐(1923—　), 连环画
家。上海人, 曾用笔名余峥。作品有普希金的《驿
站长》, 巴尔扎克的《夏倍上校》等。绘者崔君沛
(1950—2008), 画家。广东番禺人。上海人民美
术出版社专职画家, 中国美术家协会上海分会会
员, 上海老城厢书画会副会长, 中国艺术研究院
特邀书画师等。出版有《三国人物绣像》《崔君
沛画集》《红楼人物册》《李自成·清兵入塞》《南
原激战》等。

J0072226
猎狼　王信敏编剧; 冬君改编; 张涵毅, 徐斌

摄影
上海　上海人民美术出版社　1982年　182页
13cm(60开)定价: CNY0.31
　　本书是中国现代连环画, 根据青岛市话剧团
演出的同名话剧改编。

J0072227
邻居　黄祖尧改编
北京　中国电影出版社　1982年　147页　13cm(60开)
统一书号: 8061.1910　定价: CNY0.26
　　电影故事连环画。

J0072228
林冲雪夜上梁山　施耐庵等原著; 石红改编;
高适绘画
北京　人民美术出版社　1982年　99页　有图
10×13cm　统一书号: 8027.7906　定价: CNY0.16
(水浒　4)
　　根据中国古典小说《水浒》改编的现代连环
画作品。

J0072229
林道静　沙铁军改编; 关景宇等绘
武汉　长江文艺出版社　1982年　246页　有图
10×13cm　统一书号: 8107.372　定价: CNY0.32
　　本书是中国现代连环画作品, 根据杨沫小说
《青春之歌》改编。作者沙铁军(1942—　), 编审。
江苏如皋人, 毕业于南京大学中文系。湖北人民
出版社文史编辑部主任, 武汉作家协会会员, 中
国连环画研究会会员, 湖北连环画研究会理事。
代表作品有《中国古代战争》《长江三部曲》《中
国古代战争》《六十年的变迁》等。绘者关景宇
(1940—　), 北京人。历任北京出版社美术编辑、
人民美术出版社《连环画报》编辑部副主编。擅
长连环画、插图。作品有连环画《林道静》《骆驼
祥子》《豹子湾战斗》等。

J0072230
林祥谦的故事　卜炳南改编; 丹波等绘画
福州　福建人民出版社　1982年　90页　有图
10×13cm　统一书号: 8173.596　定价: CNY0.14
　　根据林金水、林东同名故事改编的连环画
作品。

J0072231

灵棚假尸　孙长江改编；李智绘画
郑州 中州书画社 1982 年 86 页 有图
10×13cm 统一书号：8219.167 定价：CNY0.13
　　本书是中国现代连环画册。

J0072232

灵犀　胡翀改编；莫舒雄绘
广州 科学普及出版社广州分社 1982 年 63 页
13cm（60 开）统一书号：8051.60127
定价：CNY0.11
　　本书是中国现代连环画作品，根据同名科学
幻想小说改编。

J0072233

灵与肉　刘树纲编改；张祖道等摄影
北京 宝文堂书店 1982 年 156 页 有图
10×13cm 统一书号：8070.76 定价：CNY0.26
　　本书是中国现代连环画作品，根据中央实
验话剧院演出的同名话剧改编。摄影者张祖道
（1922—2014），纪实摄影家。生于湖南浏阳，就
读与西南联大社会学系，毕业于清华大学社会学
系。《新观察》杂志摄影记者，中国摄影家协会理
事，出版有《江村纪事》。

J0072234

灵与肉　刘树纲编剧；林舟改编；曹震云摄影
上海 上海人民美术出版社 1982 年 172 页 有图
9×13cm 统一书号：8081.12949 定价：CNY0.30
　　本书是中国现代连环画册。

J0072235

玲珑泪　康戎改编；钟莲生绘
南昌 江西人民出版社 1982 年 87 页 13cm（60 开）
定价：CNY0.14
（景德镇民间传说）
　　本书是中国现代连环画册。

J0072236

刘邦　褚福章改编；樊玉民绘
西安 陕西人民美术出版社 1982 年 158 页
13cm（60 开）统一书号：8199.411
定价：CNY0.19
　　本书是中国现代连环画册。

J0072237

刘海戏金蟾　徐淦等改编；邓泰和绘画
北京 中国戏剧出版社 1982 年 61 页 有图
10×13cm 统一书号：8069.209 定价：CNY0.12
　　本书是中国现代连环画作品，根据湖南花鼓
戏《刘海砍樵》改编。

J0072238

刘倩倩学写诗　刘倩倩写诗；李邦耀配画
武汉 湖北人民出版社 1982 年 有图 13×18cm
统一书号：8106.2311 定价：CNY0.15
　　本书是中国现代连环画册。

J0072239

刘三姐　马定忠改编；杨全生绘画
天津 天津人民美术出版社 1982 年 110 页 有图
10×13cm 统一书号：8073.30662 定价：CNY0.17
　　本书是中国现代连环画册。

J0072240

刘少奇同志在安源　黄若谷，赵吉南编；韩和
平绘
上海 上海人民美术出版社 1982 年 102 页
19cm（32 开）统一书号：8081.12783
定价：CNY1.75
　　本书是中国现代连环画册。收入 102 幅图。

J0072241

刘秀　（上册）义俊等改编；陈宁绘画
上海 上海人民美术出版社 1982 年 150 页 有图
10×13cm 统一书号：8081.12954 定价：CNY0.17
　　本书是中国现代连环画册。

J0072242

刘秀　（下册）义俊等改编；陈宁绘画
上海 上海人民美术出版社 1982 年 158 页 有图
10×13cm 统一书号：8081.12955 定价：CNY0.18
　　本书是中国现代连环画册。

J0072243

流沙河　吴承恩原著；石峰改编；高同宝绘
石家庄 河北人民出版社 1982 年 54 页 有图
10×13cm 统一书号：8086.1541 定价：CNY0.10
（西游记 10）
　　绘者高同宝（1937—　），美术编辑。曾用

笔名高鹏，河北晋州市人，毕业于河北美术学院（现天津美术学院）。曾在河北美术出版社、河北教育出版社做美术编辑。主要作品有《无底洞》《龙宫借宝》《流沙河》《高同宝画集》等。

J0072244

流沙河 吴承恩原著；朱金山改编；赵仁年绘画
上海 上海人民美术出版社 1982年 102页 有图
10×13cm 统一书号：8081.13000 定价：CNY0.13
（西游记）

J0072245

柳堡的故事 孙青改编
北京 中国电影出版社 1982年 2版 117页
13cm（60开）统一书号：8061.318
定价：CNY0.21
　　电影故事连环画。

J0072246

柳毅传书 朱力士编文；陈白一等绘
长沙 湖南人民出版社 1982年 105页 有图
10×13cm 统一书号：8109.1320 定价：CNY0.14
　　本书是中国现代连环画册。

J0072247

柳宗元 龙翔编文；邹越非，邹越清绘
南京 江苏人民出版社 1982年 126页 13cm（60开）
定价：CNY0.17
　　本书是中国现代连环画作品，中国古代文学家的故事系列。

J0072248

六郎收三将 喻岳衡改编；郑一呼绘
长沙 湖南美术出版社 1982年 70页 13cm（60开）
定价：CNY0.11
（北宋杨家将连环画之四）

J0072249

龙凤花烛 红枫编剧；张玉改编；苏金波摄影
南京 江苏人民出版社 1982年 173页 13cm（60开）
定价：CNY0.25
　　本书是中国现代连环画作品，根据南通市越剧团演出的同名越剧改编。

J0072250

龙宫借宝 羡智改编；同宝绘
石家庄 河北美术出版社 1982年 54页
13cm（60开）统一书号：8087.208
定价：CNY0.09
（《西游记》之二）

J0072251

龙虎风云记 梁信原著；刘四成改编；许金国等绘画
上海 上海人民美术出版社 1982年 166页 有图
10×13cm 统一书号：8081.12997 定价：CNY0.19
　　本书是中国现代连环画册。收入166幅图。

J0072252

龙虎剑 文明，麦青改编；解博学绘
南昌 江西人民出版社 1982年 104页 19cm（32开）
定价：CNY0.28
（革命斗争故事连环画）

J0072253

龙山游击队 （上）李珊改编；常玉昌，张桂芝绘
哈尔滨 黑龙江人民出版社 1982年 160页
13cm（60开）定价：CNY0.23
　　本书是中国革命斗争故事连环画。

J0072254

龙山游击队 （下）李珊改编；谢树先绘
哈尔滨 黑龙江人民出版社 1982年 154页
13cm（60开）定价：CNY0.22
　　本书是中国革命斗争故事连环画。

J0072255

龙须沟 柳兰改编
北京 中国电影出版社 1982年 157页 13cm（60开）
统一书号：8061.1709 定价：CNY0.26
　　本书是中国现代连环画册。

J0072256

龙志光 曾仁编；吴吉仁，洪德诚绘
南昌 江西人民出版社 1982年 110页 13cm（60开）
定价：CNY0.15
　　本书是中国现代连环画册。

J0072257

龙子与泉姑 严朴勤，何可人编剧；汪文华，李以恭摄影
南京 江苏人民出版社 1982年 150页 有图
10×13cm 统一书号：8100.3.524 定价：CNY0.21
本书是中国现代连环画，根据无锡市越剧团演出的同名越剧改编。

J0072258

芦荡尖兵 舒放改编；王菊生绘画
南京 江苏人民出版社 1982年 86页 有图
10×13cm 统一书号：8100.3.549 定价：CNY0.13
本书是中国现代连环画册。

J0072259

鲁提辖拳打镇关西 龚光裕改编；叶建森绘画
长沙 湖南少年儿童出版社 1982年 70页 有图
10×13cm 统一书号：R8280.23 定价：CNY0.11
本书是中国现代连环画册。

J0072260

鲁迅传 王相武，吴家录改编
北京 中国电影出版社 1982年 109页 13cm（60开）
定价：CNY0.19
电影故事连环画。

J0072261

鲁迅与瞿秋白 王呐改编；林钟美，王呐编剧；孙宏华摄影
北京 中国戏剧出版社 1982年 117页 有图
10×13cm 统一书号：8069.319 定价：CNY0.21
本书是中国现代连环画，根据贵州省话剧团演出的同名话剧改编。

J0072262

鲁智深 张玉来编文；钱生发绘画
长春 吉林人民出版社 1982年 174页 有图
10×13cm 统一书号：8091.1305 定价：CNY0.48
本书是中国现代连环画，系《水浒》人物系列。

J0072263

鲁智深 张玉来编；钱生发，邹越非绘
长春 吉林人民出版社 1982年 174页 13cm（60开）
定价：CNY0.25

（《水浒》人物）
根据中国古典小说《水浒》改编的现代连环画作品。作者钱生发，连环画家。绘有连环画《80年代》《小萝卜头》《在轮船上》等。绘者邹越非，（1934— ），连环画家。生于江苏镇江，就读于上海连环画学习班。上海美术家协会创作员，上海教育出版社美术编辑，上海社会科学院出版社美术编辑。代表作品有《蔷薇花案件》《孙小圣与猪小能》，出版有《龙江颂》《通俗前后汉演义》。

J0072264

陆判 （清）蒲松龄原著；小戈改编；罗希贤，杜震君绘
天津 天津人民美术出版社 1982年 62页
13cm（60开）统一书号：8073.30596
定价：CNY0.11
（《聊斋》故事）
本书是中国现代连环画，系《聊斋故事》系列。

J0072265

陆游 炯基编；潘小庆等绘
广州 岭南美术出版社 1982年 90页 有图
10×13cm 统一书号：8260.0216 定价：CNY0.17
（文学家的故事）
本书是中国现代连环画，系《文学家的故事》系列。

J0072266

录音机里的秘密 李道极，姜节安编；姜节安，曹震云摄影
上海 上海人民美术出版社 1982年 157页
13cm（60开）统一书号：8081.12769
定价：CNY0.28
本书是中国现代连环画作品，根据上海人民艺术剧院创作、演出的同名话剧改编。

J0072267

鹿鸣翠谷 索立改编
北京 中国电影出版社 1982年 117页 13cm（60开）
定价：CNY0.21
电影故事连环画。

J0072268

鹿台遗恨 （封神演义故事）云天改编；黄大华，陈宁绘

南昌 江西人民出版社 1982年 102页 13cm（60开）

定价：CNY0.15

　　本书是中国现代连环画册。

J0072269

路——"天使"与"野马"的故事 肖杉改编；钟大陆等摄影

北京 宝文堂书店 1982年 125页 有图

10×13cm 统一书号：8070.92 定价：CNY0.21

　　本书是中国现代连环画册。

J0072270

路漫漫 傅文鲁改编

北京 中国电影出版社 1982年 157页 13cm（60开）

统一书号：8061.1869 定价：CNY0.26

J0072271

罗刹海市 蒲松龄原著；竺少华改编；王亦秋绘

上海 上海人民美术出版社 1982年 62页 有图

10×13cm 统一书号：8081.13068 定价：CNY0.09

　　本书是中国现代连环画册。

J0072272

罗成 史果原著；庄宏安改编；宗静草绘

福州 福建人民出版社 1982年 187页 13cm（60开）

定价：CNY0.27

　　本书是中国现代连环画册。作者庄宏安，连环画编辑。改编的连环画有《原野》《延安保卫战》《战上海/星火燎原系列连环画》《中国连环画优秀作品读本》等。绘者宗静草，江苏美术出版社美编，与其兄合作有《宗静风宗静草连环画作品》，包括《十五贯》《包公审石》《放鸭姑娘》《黑黑和白白》《蝴蝶杯》等。

J0072273

罗成夺魁 余音改编；张文忠绘画

成都 四川人民出版社 1982年 82页 10×13cm

统一书号：8118.993 定价：CNY0.13

（《说唐》之十四）

　　本书是中国现代连环画册。作者余音（1962—　），纪实文学家。安徽寿县人。中国史记研究会会员，《家庭》《知音》《报告文学》等多家报刊签约作家。代表作品《传销内幕揭秘》《维和高官传奇》《中国维和警察》《特稿采写宝典》。

J0072274

罗成破阵 黄云编；傅伯星，来汶阳绘

北京 中国曲艺出版社 1982年 126页 13cm（60开）

统一书号：8227.016 定价：CNY0.18

（传统评书连环画《兴唐传》15）

J0072275

罗成擒五王 冉一改编；施友义绘

福州 福建人民出版社 1982年 106页 10×13cm

定价：CNY0.17

（《说唐前传》之八）

　　本书是中国现代连环画册。

J0072276

罗密欧与朱丽叶 达加改编；徐锡林绘

北京 人民美术出版社 1982年 1103页

13cm（60开）定价：CNY0.14

（莎士比亚名著选编）

　　本书是中国现代连环画册。

J0072277

罗网 曾纪荣改编；唐之湘，莫湘怡绘

长沙 湖南美术出版社 1982年 70页 13cm（60开）

定价：CNY0.11

　　本书是中国现代连环画册。

J0072278

螺旋 王建改编

北京 中国电影出版社 1982年 157页 13cm（60开）

统一书号：8061.1921 定价：CNY0.26

　　电影故事连环画。

J0072279

骆驼祥子 陈述改编；孙大钧绘

沈阳 辽宁美术出版社 1982年 154页 13cm（60开）

定价：CNY0.23

　　本书是中国现代连环画册。

J0072280

骆驼祥子 老舍原著；小戈改编；关景宇，赵宝林绘

天津 天津人民美术出版社 1982年 174页

13cm（60开）定价：CNY0.21

　　本书是中国现代连环画册。

J0072281

落凤台　房纯如等编改；王珏摄影

北京　中国戏剧出版社　1982年　144页　有图

10×13cm　统一书号：8069.211　定价：CNY0.26

　　本书是中国现代连环画，根据辽宁人民艺术剧院演出的同名话剧改编。

J0072282

吕后临朝　梁任编；耀伟等绘

福州　福建人民出版社　1982年　124页　13cm（60开）

统一书号：8173.527　定价：CNY0.20

（通俗前后汉演义　之八）

　　本书是中国现代连环画册。

J0072283

绿林女杰　张珍芬改编；沈建德等绘

福州　福建人民出版社　1982年　158页　有图

10×13cm　统一书号：8173.540　定价：CNY0.22

　　本书是中国现代连环画，根据电影文学剧本（白莲花）改编。

J0072284

绿色钱包　刘厚明原著；朱抗改编；王里绘

北京　人民美术出版社　1982年　110页　有图

10×13cm　统一书号：8027.8370　定价：CNY0.14

　　本书是中国现代连环画册。

J0072285

绿色钱包　索立改编

北京　中国电影出版社　1982年　157页　13cm（60开）

定价：CNY0.26

　　电影故事连环画。

J0072286

绿野仙踪　胡翀改编；刘露薇绘

广州　岭南美术出版社　1982年　117页　有图

10×13cm　统一书号：8260.0310　定价：CNY0.23

　　本书是中国现代连环画册。

J0072287

妈妈的生日　王逸改编

北京　中国电影出版社　1982年　109页　13cm（60开）

统一书号：8061.1852　定价：CNY0.19

　　电影故事连环画。

J0072288

麻鸭大嫂求经记　美玉编文；程杰绘画

昆明　云南人民出版社　1982年　42页　有图

10×13cm　统一书号：8116.1066　定价：CNY0.10

　　本书是中国现代连环画，根据全国科学美术展览资料改编。

J0072289

马帮铃声　陈吟编文；尹士圣绘画

南京　江苏人民出版社　1982年　62页　有图

10×13cm　统一书号：8100.3.505　定价：CNY0.10

　　本书是中国现代连环画册。

J0072290

马介甫　（清）蒲松龄原著；杨平改编；秋枫绘

天津　天津人民美术出版社　1982年　72页

13cm（60开）定价：CNY0.12

（《聊斋》故事）

　　本书是中国现代连环画册。

J0072291

马克·波罗　费成康，陈梅龙编；江云绘

上海　上海人民美术出版社　1982年　134页

13cm（60开）统一书号：10115.449

定价：CNY0.16

　　本书是中国现代连环画，属于世界名人传系列。

J0072292

马五哥和尕豆妹　刘国尧，王正伟编；苏朗绘

银川　宁夏人民出版社　1982年　100页　13cm（60开）

定价：CNY0.14

　　本书是中国现代连环画册。作者苏朗（1938—　），画家。原名严国保，湖北武汉人。就读于武昌艺师和西北师院艺术系。中国美术家协会会员，甘肃人民出版社副编审。代表作品有《黄河渡》《煦风吹不尽》《奶站笑语》等。

J0072293

瞒天过海　羽化编；吴棣绘

南宁　漓江出版社　1982年　94页　13cm（60开）

定价：CNY0.13

（兵法三十六计丛书 1）

中国现代连环画作品，包括《瞒天过海》《围魏救赵》《借刀杀人》3个故事。

J0072294

慢吞吞国　季阳编文；赵绍虎绘画
南京 江苏人民出版社 1982年 27页 有彩图
13cm（60开）统一书号：8100.3.534
定价：CNY0.13

本书是中国现代连环画册。作者季阳（1941—　），画家。上海人，毕业于浙江美术学院版画系。曾任职于《浙北报》社、嘉兴地区电影公司、浙江省电影公司。中国美术学院视传设计系研究生教研室主任。作品有版画《忧》《啊，瑞雪》，招贴画《听从祖国召唤》《胭脂》等。出版有《电影宣传》《平面广告艺术》《编排艺术》等。作者赵绍虎（1941—　），教授。号老戈，江苏镇江人，毕业于南京师范大学美术系。江苏大学艺术学院教授，中国美术家协会会员，镇江报社及江苏人民出版社美术编辑，江苏大学美术系主任，镇江市美协副主席。代表作品有《荷风》《摩崖夕照》等。

J0072295

猫鼻和鹅銮　孙锦常改编；蔡仰颜等绘画
广州 岭南美术出版社 1982年 23页 有图
13cm（60开）统一书号：82620.0308
定价：CNY0.23
（台湾民间传说）

本书是中国现代连环画，根据肖甘牛、潘平元整理的民间传说改编。

J0072296

毛毛和兵兵　王祖民编绘
南京 江苏人民出版社 1982年 有彩图
13cm（60开）定价：CNY0.13

本书是中国现代连环画册。作者王祖民（1949—　），插画家。生于江苏苏州，毕业于南京师范大学美术系。江苏少年儿童出版社美术编辑。代表作绘本有《会飞的蛋》《梁山伯与祝英台》《新来的小花豹》《我是老虎我怕谁》等。

J0072297

茅舍访贤人　刘曼玲改编；费声福绘
北京 人民美术出版社 1982年 60页 13cm（60开）

统一书号：8027.8087 定价：CNY0.11
（《封神演义》故事 6）

作者费声福（1927—　），编辑。祖籍浙江慈溪，毕业于中央美术学院。中国连环画出版社编审，《中国连环画》副主编，中国美术家协会连环画艺术委员会副主任，中国连环画研究会常务理事兼秘书长。作品有《神火》《游赤壁》。

J0072298

玫瑰花精　（丹）安徒生原著；吴廷琯等改编
上海 上海人民美术出版社 1982年 46页 有图
13×15cm 统一书号：8081.12792 定价：CNY0.27
（安徒生童话）

本书是中国现代连环画册。

J0072299

梅姑　张骥、陈三百原著；胡霜、金星改编；张为民绘
长沙 湖南美术出版社 1982年 126页 13cm（60开）
定价：CNY0.16

本书是中国现代连环画册。作者张为民（1937—　），又名张茛，字怀仁。生于北京大兴，毕业于天津美术学院。天津北辰文化馆研究员，中国美术家协会会员，中国民间美术学会理事，天津美协荣誉理事，天津美协人物画专委会委员，天津北辰书画院院长。出版有《张为民画集》《乡情》《张茛速写》《张茛画集》等。

J0072300

梅岭星火　午言改编
北京 中国电影出版社 1982年 157页 13cm（60开）
统一书号：8061.1886 定价：CNY0.26

电影故事连环画。

J0072301

梅女　严寒改编；李仁智绘
济南 山东人民出版社 1982年 185页 13cm（60开）
统一书号：8099.2481 定价：CNY0.13
（《聊斋志异》连环画丛书 七 聊斋志异故事选 32）

J0072302

梅女　褚福章改编；赵仁年等绘
西安 陕西人民美术出版社 1982年 185页
13cm（60开）统一书号：8199.262
定价：CNY0.23

（《聊斋志异》连环画 之一）

　　本书是中国现代连环画册。

J0072303

美的心灵　王海燕改编；黄驾宇绘

北京 人民美术出版社 1982年 118页 有图

10×13cm 统一书号：8027.8369 定价：CNY0.15

　　本书是中国现代连环画册。

J0072304

美国白蛾　白尚佛编辑；张利岳摄影

北京 农业出版社 1982年 62页 有彩图

10×13cm 统一书号：8144.7 定价：CNY0.28

　　本书是中国现代连环画，根据同名科教电影改编 中国农业电影制片厂供稿。

J0072305

美女梳妆　李肇隆，马光瑶编；孙彬绘

南宁 广西人民出版社 1982年 46页 13cm（60开）

定价：CNY0.08

（桂林山水传说）

　　本书是中国现代连环画册。

J0072306

美人计　翁偶虹，张志高编剧；张志高改编；费文麓摄影

北京 中国戏剧出版社 1982年 157页 13cm（60开）

定价：CNY0.28

　　本书是现代中国连环画，根据部队战友京剧团演出的同名京剧改编。

J0072307

美洲来的哥伦布　归秀文改编；乐明祥绘

长沙 湖南少年儿童出版社 1982年 63页 有图

10×13cm 统一书号：R8280.27 定价：CNY0.10

　　本书是中国现代连环画册。

J0072308

蒙根花　张振心改编；高洪生绘

沈阳 辽宁美术出版社 1982年 178页 13cm（60开）

定价：CNY0.26

　　本书是中国现代连环画册。

J0072309

蒙面人　胡乃江改编；林百石绘

广州 科学普及出版社广州分社 1982年 13cm（60开）定价：CNY0.11

　　本书是中国现代连环画，属于科学幻想惊险故事系列。作者林百石（1946— ），画家。吉林临江人，毕业于吉林艺术学院美术系。长春市美术家协会副主席，吉林日报社美术部主任编辑，书画院副秘书长，中国美术家协会会员，中国出版工作者协会装帧艺术研究会会员。作品有《秋声》《悟道图》《观沧海》等。

J0072310

孟尝君　石山改编；任建国，陈亭绘

北京 人民美术出版社 1982年 70页 13cm（60开）

统一书号：8027.8163 定价：CNY0.10

（中国历代故事）

　　本书是中国现代连环画册。

J0072311

孟豪森奇遇记　（德）埃·拉斯别原著；雷群明改编；宝珠绘

上海 上海人民美术出版社 1982年 94页 有图

10×13cm 统一书号：8081.12777 定价：CNY0.12

　　本书是根据德国作家埃·拉斯别原著改编的现代连环画。收入94幅图。

J0072312

孟姜女　郭述祖编文；李文斗绘画

北京 北京出版社 1982年 78页 有图

10×13cm 统一书号：8071.394 定价：CNY0.13

　　本书是中国现代连环画，山海关文物保管所供稿。

J0072313

孟姜女　姚钧改编；周道银，申菊芳绘

北京 农村读物出版社 1982年 70页 13cm（60开）

定价：CNY0.13

（民间故事连环画库）

J0072314

梦幻　童汀苗，骆可编剧；张颖等摄影

上海 上海人民美术出版社 1982年 173页 有图

10×13cm 统一书号：8081.12979 定价：CNY0.30

　　本书是中国现代连环画，根据浙江话剧团创作演出的同名话剧改编，史行艺术指导，骆可等导演。摄影者张颖，摄影作品有越剧《孟丽

君》等。

J0072315

秘密行动　毕德利改编；周申绘

济南 山东人民出版社 1982年 198页 13cm(60开)

统一书号：8099.2308 定价：CNY0.27

　　本书是中国现代连环画,根据英国作家伏尼契的小说《牛虻》改编。

J0072316

秘密军刺客　叶舟,胡霜改编；秋霞,以友绘

福州 福建人民出版社 1982年 106页 13cm(60开)

定价：CNY0.16

　　本书是中国现代连环画册。

J0072317

秘密纵队　叶永烈原著；孙雄飞改编；罗盘绘

北京 科学普及出版社 1982年 124页 13cm(60开)

定价：CNY0.20

　　本书是中国现代连环画册。绘者罗盘(1927—2005),连环画家。原名罗孝芊,出生于上海市,福建闽侯人。代表作品《草上飞》《战上海》。

J0072318

蜜蜂计　刘延龄编；张亚力绘

长春 吉林人民出版社 1982年 86页 13cm(60开)

统一书号：8091.1285 定价：CNY0.13

(东周列国 之七)

　　本书是中国现代连环画册。

J0072319

蜜月从现在开始　健中改编；张候权摄影

上海 上海人民美术出版社 1982年 158页

13cm(60开)定价：CNY0.28

　　据电视剧改编的连环画。

J0072320

苗岭苍松　贵州省林业厅宣传处编；黄建春,陈丁生执笔；高先贵,陈丁生绘

贵阳 贵州人民出版社 1982年 52页 13cm(60开)

定价：CNY0.10

　　本书是中国现代连环画册。

J0072321

苗苗　王逸改编

北京 中国电影出版社 1982年 125页 13cm(60开)

定价：CNY0.51

　　电影故事连环画。

J0072322

命运　冯立三编；杨劲松等绘画

北京 人民音乐出版社 1982年 94页 有图

10×13cm 统一书号：8026.3889 定价：CNY0.16

　　本书是中国现代连环画,描述贝多芬如何在童年的逆境中成长,如何战胜耳聋与贫困、社会上的歧视以及爱情上的不幸,终于成为一个音乐巨人的故事。

J0072323

摸花轿　陈应林改编；董振业,贾宝虎摄影；王晓琴剪辑

合肥 安徽人民出版社 1982年 131页 13cm(60开)

统一书号：8102.1186 定价：CNY0.22

　　电影故事连环画。

J0072324

摩羯星一号　余乐改编

北京 中国电影出版社 1982年 141页 13cm(60开)

定价：CNY0.23

　　电影故事连环画。

J0072325

魔洞盗宝　张建辉改编；黄秀樱绘

长春 吉林人民出版社 1982年 63页 有图

10×13cm 统一书号：R8091.1265 定价：CNY0.10

(B 型美猴王连环画 9)

J0072326

魔宫追宝　张绍旻编；张增木绘

合肥 安徽人民出版社 1982年 126页 13cm(60开)

定价：CNY0.18

　　本书是中国现代连环画册。作者张绍旻,改编有连环画《西游记》等。绘者张增木(1943—　　),编辑。河北安国人,毕业于天津美术学院。河北美术出版社编辑,中国美协河北分会会员,中国连环画研究会会员,河北省连环画研究会秘书长。代表作品有《阿宝》《画说中国历史》《李时珍》《镜花缘》《运河英豪》《猎人兄

弟》《三十六计》等。

J0072327

魔鬼湖的秘密　王川原著；陈元山编；蒋伟民绘

上海　上海人民美术出版社　1982 年　78 页　有图

10×13cm　统一书号：8081.12781　定价：CNY0.10

　　本书是中国现代连环画册。

J0072328

魔镜　孔凡信，赵永祥改编；善思，齐天绘

哈尔滨　黑龙江人民出版社　1982 年　143 页

13cm（60 开）定价：CNY0.21

　　本书是中国现代连环画，根据同名小说改编。

J0072329

魔镜　纪宝辉改编；徐应厚绘画

南京　江苏人民出版社　1982 年　94 页　有图

10cm（64 开）统一书号：8100.3.498

定价：CNY0.13

　　本书是中国现代连环画册。

J0072330

魔窟余生　郭艾编绘

呼和浩特　内蒙古人民出版社　1982 年　78 页

13cm（60 开）统一书号：8089.119

定价：CNY0.12

（鄂伦春族民间故事　1）

　　本书是中国现代连环画册。

J0072331

魔影　谢侬改编；王勇摄影

南京　江苏人民出版社　1982 年　131 页　13cm（60 开）

定价：CNY0.19

　　据电视剧改编的连环画。

J0072332

墨西哥人　阎为民编文；王可伟绘

太原　山西人民出版社　1982 年　78 页　有图

10×13cm　统一书号：8088.1492　定价：CNY0.13

　　本书是根据美国作家杰克·伦敦同名小说改编的现代连环画。

J0072333

母亲　（苏）高尔基原著；袁玮大改编；罗兴绘

天津　天津人民美术出版社　1982 年　191 页

13cm（60 开）统一书号：8073.30708

定价：CNY0.23

（外国文学名著选编）

　　本书是中国现代连环画册。

J0072334

母与子　吴海燕等编剧；马有容改编；徐斌等摄影

上海　上海人民美术出版社　1982 年　158 页　有图

9×13cm　统一书号：8081.13070　定价：CNY0.28

　　本书是中国现代连环画，根据上海淮剧团创作演出的同名淮剧改编。

J0072335

木兰花　（第一集）唐泽荣改编；《木兰花》连环画制作组摄影

北京　广播出版社　1982 年　125 页　13cm（60 开）

定价：CNY0.22

（朝鲜惊险系列故事片）

　　本作品是根据朝鲜二八艺术电影制片厂同名电影改编的现代连环画。

J0072336

木兰花　（第二集）武宝智改编；《木兰花》连环画创作组摄影

北京　广播出版社　1982 年　125 页　有图

10×13cm　统一书号：8236.015　定价：CNY0.22

（朝鲜惊险系列故事片）

J0072337

木兰花　（第三集）张欣萍改编；《木兰花》连环画制作组摄影

北京　广播出版社　1982 年　125 页　13cm（60 开）

定价：CNY0.22

（朝鲜惊险系列故事片）

J0072338

木兰花　（第四集）张大年改编；《木兰花》连环画制作组摄影

北京　广播出版社　1982 年　125 页　13cm（60 开）

定价：CNY0.22

（朝鲜惊险系列故事片）

J0072339

木兰花 （第五集）孙永生改编；《木兰花》连
环画制作组摄影
北京 广播出版社 1982年 126页 13cm（60开）
定价：CNY0.22
（朝鲜惊险系列故事片）

J0072340

木驴拉磨 田土改编；陈泽新绘
北京 人民美术出版社 1982年 39页 有图
13cm（60开）统一书号：8027.8261 定价：CNY0.08
　　本书是中国现代连环画册。作者陈泽新
（1954— ），美术编辑。生于北京，祖籍广东汕
头。历任南京《周末》报美术编辑。

J0072341

木马计 缪德彰等改编；奚阿兴绘
上海 少年儿童出版社 1982年 142页 有图
10×13cm 统一书号：R10024.4036 定价：CNY0.17
（伊利亚特的故事）
　　本书是中国现代连环画册。

J0072342

牧马人 午言改编
北京 中国电影出版社 1982年 157页 13cm（60开）
统一书号：8061.1898 定价：CNY0.26
　　电影故事连环画。

J0072343

穆桂英挂帅 喻岳衡改编；罗苍诗绘
长沙 湖南美术出版社 1982年 13cm（60开）
定价：CNY0.12
（北宋杨家将连环画之八）

J0072344

拿破仑在奥斯特里茨战役 孙渝峰改编
北京 中国电影出版社 1982年 141页
（72开）统一书号：8061.1662 定价：CNY0.21
　　电影故事连环画。

J0072345

拿破仑在奥斯特里茨 吴秀英编；吕霖制作
天津 天津人民美术出版社 1982年 188页
13cm（60开）统一书号：8073.30689
定价：CNY0.33

电影故事连环画。根据法国、意大利联合拍
摄的同名电影改编。

J0072346

哪吒出世 （封神演义故事）万山改编；费龙
翔绘
南昌 江西人民出版社 1982年 118页 13cm（60开）
定价：CNY0.17
　　本书是中国现代连环画册。

J0072347

哪吒出世 （封神演义故事）许仲琳原著；陈
国英改编；刘国亭绘
天津 天津人民出版社 1982年 94页 13cm（60开）
定价：CNY0.15
　　本书是中国现代连环画册。

J0072348

哪吒闹东海 白宇改编；陈惠冠绘
北京 人民美术出版社 1982年 116页 13cm（60开）
定价：CNY0.18
（《封神演义》故事 3）
　　作者白宇（1952— ），画家。河南安阳人，
安阳师专艺术系毕业。鹤壁市青年美术家协会
副主席，鹤壁黄河书画院院长，河南省美术家协
会会员。主要作品有《高山有情》《轻音图》等。
绘者陈惠冠（1935— ），浙江余姚人。中国美术
家协会会员，中国版协连环画艺术委员会副主任
委员。擅长连环画。作品有《牛头山》《仙人岛》
《黄河飞渡》等。

J0072349

南昌起义 姚寿康选编；沈西林，陈永钧摄影
上海 上海人民美术出版社 1982年 142页 有图
10×13cm 统一书号：8081.13061 定价：CNY0.25
　　本书是中国现代连环画册。

J0072350J0074064

南极探险记 陈江改编；继权绘
福州 福建人民出版社 1982年 106页 有图
10×13cm 统一书号：8173.562 定价：CNY0.16
　　本书是中国现代连环画，根据小说《海洋探
险》改编。

J0072351

南罗和他的狗　维达原著；王启中改编，阿裘绘
北京　人民美术出版社　1982 年　94 页　有图
10×13cm　统一书号：8027.8042　定价：CNY0.12
　　本书是中国现代连环画册。

J0072352

南阳关　辛冰编；傅伯星，来汶阳绘
北京　中国曲艺出版社　1982 年　126 页　13cm（60 开）
定价：CNY0.18
（传统评书连环画《兴唐传》5）
　　作者辛冰，擅长连环画改编。主要作品有
《单雄信招亲》《战斗的青春》《巧布迷魂阵》等。

J0072353

闹华山　徐淦改编；刘汉宗绘
北京　人民美术出版社　1982 年　91 页　13cm（60 开）
统一书号：8027.7920　定价：CNY0.15
（水浒 18）
　　根据中国古典小说《水浒》改编的现代连环
画作品。

J0072354

内当家　王润滋原著；双双改编；张淮绘
南京　江苏人民出版社　1982 年　62 页　有图
10×13cm　统一书号：8100.3.568　定价：CNY0.11
　　本书是中国现代连环画册。

J0072355

内当家　王润滋原著；双双改编；张淮绘
南京　江苏人民出版社　1982 年　62 页　13cm（60 开）
定价：CNY0.11
　　本书是中国现代连环画册。

J0072356

能高山与火烧岛　（台湾民间故事）肖甘牛等
原著；方强改编；王培堃绘
福州　福建人民出版社　1982 年　35 页　有图
10×13cm　统一书号：8173.537　定价：CNY0.13
　　本书是中国现代连环画册。

J0072357

泥马渡康王　彭拜编；王重英，王重圭绘
北京　人民美术出版社　1982 年　134 页　13cm（60 开）
定价：CNY0.20

　　本书是中国现代连环画册。

J0072358

倪焕之　（五四文学名著连环画）叶圣陶原著；
李白英改编；盛增祥绘
上海　上海人民美术出版社　1982 年　190 页
13cm（60 开）定价：CNY0.27
　　本书是中国现代连环画作品，收入 190 幅图。

J0072359

年青的英国人　（德）威廉·豪夫原著；征平改
编；江浩，韩亚洲绘
北京　人民美术出版社　1982 年　62 页　13cm（60 开）
统一书号：8027.7967　定价：CNY0.09
　　本书是中国现代连环画册。

J0072360

年轻的朋友　田小惠改编
北京　中国电影出版社　1982 年　147 页　13cm（60 开）
定价：CNY0.26
　　电影故事连环画。

J0072361

捻军奇制曾国藩　凌力原著；金谷改编；林峥
明绘
广州　岭南美术出版社　1982 年　158 页　有图
10×13cm　统一书号：8260.0361　定价：CNY0.27
　　本书是中国现代连环画，根据长篇历史小说
《星星草》改编。

J0072362

捻军浴血沙僧王　金谷改编；王文明，黄启明绘
广州　岭南美术出版社　1982 年　158 页　13cm（60 开）
定价：CNY0.27
　　本书是中国现代连环画册。

J0072363

聂尔曼和诺尔美　孙克纲改编；吴望文绘
上海　上海人民美术出版社　1982 年　101 页　有图
10×13cm　统一书号：8081.13208　定价：CNY0.13
（一千零一夜丛书）
　　本书是中国现代连环画册。作者孙克纲
（1923—2007），画家。天津人。曾任天津画院一级
画师，中国美术家协会天津分会副主席等。代表
作品有《太行十月》《秦岭烟云》《峨眉天下秀》等。

J0072364
聂耳　王逸改编
北京 中国电影出版社 1982年 177页 13cm（60开）
统一书号：8061.1894 定价：CNY0.30
　　电影故事连环画。

J0072365
聂小倩　赵晓亚改编、摄影
北京 宝文堂书店 1982年 93页 13cm（60开）
定价：CNY0.18
　　电视剧连环画。

J0072366
聂小倩　蒲松龄原著；定兴改编；曾平绘画
天津 天津人民美术出版社 1982年 76页 有图
10×13cm 统一书号：8073.30638 定价：CNY0.13
　　本书是中国现代连环画册。

J0072367
您看像谁　肖荣改编；炳桂摄影
北京 中国戏剧出版社 1982年 125页 有图
10×13cm 统一书号：8069.276 定价：CNY0.21
　　本书是中国现代连环画，根据北京曲艺曲剧
团演出本摄影。

J0072368
您看像谁　肖荣改编；炳桂摄影
北京 中国戏剧出版社 1982年 125页 13cm（60开）
统一书号：8069.276 定价：CNY0.21

J0072369
奴里　艾琪军改编
南京 江苏人民出版社 1982年 102页 13cm（60开）
定价：CNY0.17
　　本书是印度故事片连环画。

J0072370
暖流　丁玉清，王战改编；石磊摄影
北京 宝文堂书店 1982年 157页 有图
10×13cm 统一书号：8070.126 定价：CNY0.28
　　本书是中国现代连环画册。

J0072371
女船王婚变记　顾宪文译编；竺乾华改编，坚
铭等绘
南京 江苏人民出版社 1982年 74页 有图
10×13cm 统一书号：8100.3.497 定价：CNY0.12
　　本书是中国现代连环画册。

J0072372
女店主　（意）哥尔多尼原著；银国春改编；晓
丁摄影
北京 中国戏剧出版社 1982年 157页 13cm（60开）
统一书号：8069.339 定价：CNY0.26
　　本作品是中国现代连环画。摄影者晓丁，擅
长摄影。主要作品有连环画《封神榜》《阿Q正
传》《少帅张学良》。

J0072373
女谍路丝丝　任生改编；潘晋拔，林峥明绘
福州 福建人民出版社 1982年 150页 13cm（60开）
定价：CNY0.21
　　本作品是中国现代连环画，根据电影文学剧
本《美女蛇》改编。作者潘晋拔(1939—)，美
术编审。广东兴宁市永和镇人，毕业于班于广州
美术学院中国画系。曾任职于广州美院中国画
系、广东画院、广东省博物馆，广东省作家协会
《作品》编辑部美术编审。出版有《中国电脑画》
画集。

J0072374
女儿国　张鸿林改编；马显龙绘画
长春 吉林人民出版社 1982年 63页 有图
10×13cm 统一书号：R8091.1331 定价：CNY0.10
（B型美猴王连环画 10）

J0072375
女儿国招亲　邱国华，芷雨改编；赵仁年，毛
国荣绘
福州 福建人民出版社 1982年 102页 13cm（60开）
统一书号：8173.548 定价：CNY0.16
（《镜花缘》故事 之六）
　　本书是中国现代连环画册。

J0072376
女将慧梅　姚雪垠原著；张建萍改编；黄山绘
济南 山东人民出版社 1982年 164页 13cm（60开）
定价：CNY0.23
（《李自成》故事选 10）
　　本书是中国现代连环画册。

J0072377

女魔 （法）大仲马原著；赵元星改编；于成业，高丽雅绘

广州 岭南美术出版社 1982年 158页 13cm（60开）定价：CNY0.24

　　本书是中国现代连环画，根据法国大仲马的长篇小说《三个火枪手》改编。

J0072378

女囚泪 金正磐改编；彭维佳绘

南昌 江西人民出版社 1982年 78页 13cm（60开）统一书号：8110.595 定价：CNY0.13

　　本书是中国现代连环画册。

J0072379

女娲 肖甘牛改编；孙为平等绘画

天津 天津人民美术出版社 1982年 62页 有图 10×13cm 统一书号：8073.30658 定价：CNY0.11

　　本书是中国现代连环画册。

J0072380

女娲抟土造人 王吉祥改编；王弘力等绘

沈阳 辽宁美术出版社 1982年 138页 13cm（60开）定价：CNY0.21

（中国远古神话故事 一）

　　本书是中国现代连环画册。绘者王弘力（1927—2019），连环画家。生于天津，祖籍山东蓬莱。中国美术家协会会员，沈阳文史馆馆员，历任《辽西画报》《辽西文艺》编辑，辽宁美术出版社编审。代表作品有连环画《十五贯》《天仙配》等。

J0072381

女游击队长 （上册）刘广惠改编；孙彬，韩德雅绘

哈尔滨 黑龙江人民出版社 1982年 144页 13cm（60开）定价：CNY0.21

　　本书是中国现代连环画册。

J0072382

女游击队长 （下册）刘广惠改编；孙彬，韩德雅绘

哈尔滨 黑龙江人民出版社 1982年 132页 13cm（60开）定价：CNY0.20

　　本书是中国现代连环画册。

J0072383

女友 黄林改编；丁新媛绘

合肥 安徽人民出版社 1982年 119页 13cm（60开）统一书号：8102.1270 定价：CNY0.16

　　本书是中国现代连环画册。

J0072384

女运输队长 蒋子龙原著；王春燕改编；邹越非绘画

南京 江苏人民出版社 1982年 214页 有图 10×13cm 统一书号：8100.3.575 定价：CNY0.28

　　本书是根据蒋子龙小说《赤橙黄绿青蓝紫》改编。中国现代连环画，

J0072385

女运输队长 王春燕改编；邹越非绘

南京 江苏人民出版社 1982年 214页 13cm（60开）定价：CNY0.28

　　本书是根据蒋子龙小说《赤橙黄绿青蓝紫》改编的中国现代连环画，

J0072386

欧也妮·葛朗台 （法）巴尔扎克原著；王素一等改编；励国仪绘画

南京 江苏人民出版社 1982年 110页 有图 10×13cm 统一书号：8100.3.484 定价：CNY0.16

　　本书是中国现代连环画册。

J0072387

排球女将 （一 北国新苗）广东岭南美术出版社编；广东电视台供稿

广州 广东岭南美术出版社 1982年 156页 有图 13cm（60开）统一书号：8260.0267 定价：CNY0.28

　　本书是中国现代连环画，根据同名日本电视连续剧改编。

J0072388

排球女将 （三 众志成城）广东电视台供稿；广东岭南美术出版社编

广州 广东岭南美术出版社 1982年 254页 有图 13cm（60开）统一书号：8260.0393 定价：CNY0.43

　　本书是中国现代连环画册。

J0072389

排球女将 （二 初露锋芒）广东电视台供稿；

岭南美术出版社改编

广州 岭南美术出版社 1982年 158页 13cm(60开)

定价: CNY0.28

　　据同名日本电视连续剧改编的连环画。

J0072390

排球女将 （四 重整旗鼓）广东电视台供稿;

岭南美术出版社改编

广州 岭南美术出版社 1982年 254页 13cm(60开)

定价: CNY0.43

　　据同名日本电视连续剧改编的连环画。

J0072391

排球女将 （五 群星灿烂）广东电视台供稿;

岭南美术出版社改编

广州 岭南美术出版社 1982年 254页 13cm(60开)

定价: CNY0.43

　　据同名日本电视连续剧改编的连环画。

J0072392

排球女将 （六 如愿以偿）广东电视台供稿;

岭南美术出版社改编

广州 岭南美术出版社 1982年 222页 13cm(60开)

定价: CNY0.38

　　据同名日本电视连续剧改编的连环画。

J0072393

潘仁美妒贤　王东声改编;王重圭,常人绘

福州 福建人民出版社 1982年 82页 10×13cm

统一书号: 8173.538 定价: CNY0.14

(《杨家将演义》之二)

　　根据古典小说《杨家将演义》改编的中国现

代连环画册。

J0072394

盘丝毒茶　吴承恩原著;庄努等改编,赵映囡

绘画

成都 四川人民出版社 1982年 82页 有图

10×13cm 统一书号: 8118.1057 定价: CNY0.13

(《西游记》故事 十五)

J0072395

蟠桃会　励艺夫改编;邓柯绘

北京 人民美术出版社 1982年 88页 13cm(60开)

定价: CNY0.15

(西游记故事)

J0072396

蟠桃会　(明)吴承恩原著;励艺夫改编;邓柯

绘画

北京 人民美术出版社 1982年 88页 有图

10×13cm 统一书号: 8027.8335 定价: CNY0.15

　　本书是中国现代连环画,系西游记故事

系列。

J0072397

叛逃　(上集)王战军,励志改编;王桂宝,肖

楠绘

郑州 中州书画社 1982年 134页 13cm(60开)

统一书号: 8219.230 定价: CNY0.19

　　本书是中国现代连环画册。

J0072398

叛逃　(下集)王战军,励志改编;王桂宝,肖

楠绘

郑州 中州书画社 1982年 154页 13cm(60开)

统一书号: 8219.231 定价: CNY0.19

　　本书是中国现代连环画册。

J0072399

叛徒　吴志远改编;关永伟摄影

北京 广播出版社 1982年 126页 有图

10×13cm 统一书号: 8236.040 定价: CNY0.22

(电视译制片连环画《黑名单上的人》3)

J0072400

彭德怀　于平,鲍玉珍编文;影雪绘画

南京 江苏人民出版社 1982年 102页 有图

10×13cm 统一书号: 8100.3.529 定价: CNY0.15

　　本书是中国现代连环画册。作者于平

(1954—　　),教授。江西南昌人,毕业于中国艺

术研究院。曾任文化部艺术司司长、南京艺术学

院舞蹈学院院长等职。主要作品有《中国古典舞

与雅士文化》《中外舞蹈思想概论》《高教舞蹈综

论》等。

J0072401

琵琶女　张重天原著;林微润改编,李舒云绘

福州 福建人民出版社 1982年 110页 有图

10×13cm 统一书号: 8173.475 定价: CNY0.16

本书是中国现代连环画册。

J0072402

翩翩　（清）蒲松龄原著；龚家宝改编；季源业绘画

天津　天津人民美术出版社　1982年　62页

10×13cm　统一书号：8073.30612　定价：CNY0.11

（《聊斋》故事）

　　本书是中国现代连环画册。

J0072403

平原枪声　（一）方林改编；齐林家等绘

沈阳　辽宁美术出版社　1982年　134页　10×13cm

统一书号：7161.0077　定价：CNY0.20

　　本书是中国现代连环画册。

J0072404

平原枪声　（二）方林改编；齐林家等绘

沈阳　辽宁美术出版社　1982年　134页　10×13cm

统一书号：7181.0078　定价：CNY0.20

　　本书是中国现代连环画册。

J0072405

平原枪声　（三）方林改编；齐林家等绘

沈阳　辽宁美术出版社　1982年　154页　10×13cm

统一书号：7181.0088　定价：CNY0.23

　　本书是中国现代连环画册。

J0072406

平原枪声　（四）方林改编；齐林家等绘

沈阳　辽宁美术出版社　1982年　186页　10×13cm

统一书号：7081.8089　定价：CNY0.27

　　本书是中国现代连环画册。

J0072407

鄱阳湖之战　邵劲之编；谢智良绘

武汉　长江文艺出版社　1982年　124页　13cm（60开）

统一书号：8107.370　定价：CNY0.18

（中国历代战争故事画丛）

J0072408

破宝钵　孙锦常改编；张方林绘

广州　岭南美术出版社　1982年　124页　13cm（60开）

定价：CNY0.22

（广东民间故事）

J0072409

破襄阳　姚雪垠原著；杨兆林改编；方瑶民绘

上海　上海人民美术出版社　1982年　134页

10cm（64开）统一书号：8081.12477

定价：CNY0.16

（《李自成》连环画 之十七）

J0072410

铺花的歧路　冯骥才原著；郑谋梅改编，段海云绘

上海　上海人民美术出版社　1982年　134页　有图

10×13cm　统一书号：8081.12759　定价：CNY0.16

　　本书是中国现代连环画册。收入134幅图。作者冯骥才（1942—　　），作家、画家、文化学者、教授。浙江宁波人。中国文学艺术界联合会荣誉委员，中国民间文艺家协会名誉主席，国务院参事，天津大学冯骥才文学艺术研究院院长、教授、博士生导师。代表作品有《雕花烟斗》《高女人和她的矮丈夫》《神鞭》《三寸金莲》《珍珠鸟》《一百个人的十年》等。作者段海云，女，美术教师。毕业于河南大学艺术系。河南省实验中学任教。优质课《纸浮雕》《艺术与科学》获奖。辅导学生作品《思》《姹紫嫣红》获奖。

J0072411

浦江红侠传　阿章原著；基石改编；孙庆国等绘画

南京　江苏人民出版社　1982年　222页　有图

10×13cm　统一书号：8100.3.512　定价：CNY0.29

　　本书是中国现代连环画册。

J0072412

普罗米修斯盗火　大鲁改编；成立绘

上海　上海人民美术出版社　1982年　70页

13cm（60开）统一书号：8081.13081

定价：CNY0.09

　　本书是希腊神话故事系列的现代连环画。

J0072413

普通老百姓　迟松年原著；顾璧编，赵文元绘

上海　上海人民美术出版社　1982年　94页　有图

10×13cm　统一书号：8081.13183　定价：CNY0.12

　　本书是中国现代连环画册。

J0072414

七国叛乱　胡牧，岳杰编；邹越非，邹越清绘
福州 福建人民出版社 1982年 168页 13cm（60开）
定价：CNY0.26
（通俗前后汉演义 之十一）
　　本书是中国现代连环画册。

J0072415

七进阿佤山　徐恒瑜绘画，刘治贵配文
成都 四川人民出版社 1982年 16幅 26cm（16开）
统一书号：8118.1118 定价：CNY1,30.00
　　本书是中国现代连环画

J0072416

七绝山　张建辉改编；邬章绘画
长春 吉林人民出版社 1982年 63页 有图
10×13cm 统一书号：R8091.1333 定价：CNY0.10
（B型美猴王连环画 15）

J0072417

七十二家房客　李榜金等改编；杨尧绘
广东 岭南美术出版社 1982年 165页 有图
10×13cm 统一书号：8260.0358 定价：CNY0.25
　　本书是中国现代连环画册。

J0072418

七月流火　陈蝉选编；林谷改编；查祥康，翁诗杰摄影
上海 上海人民美术出版社 1982年 126页 有图
10cm（64开）统一书号：8081.13145
定价：CNY0.22
　　本书是中国现代连环画，上海电影制片厂供稿，于伶话剧编剧，林谷改编，叶明导演，查祥康等摄影。

J0072419

漆黑的夜晚　北京电视台等译制
北京 北京出版社 1982年 125页 有图
10×13cm 统一书号：8071.384 定价：CNY0.25
（朝鲜惊险系列故事片《无名英雄》九）
　　本书是中国现代连环画。

J0072420

齐鲁长勺之战　刘抒编；邓显尧绘
武汉 长江文艺出版社 1982年 102页 13cm（60开）

统一书号：8107.365 定价：CNY0.12
（中国历代战争故事画丛）

J0072421

齐鲁之战　刘延龄编文；瞿谷寒绘画
长春 吉林人民出版社 1982年 78页 有图
10×13cm 统一书号：8091.1211 定价：CNY0.12
（东周列国 5）
　　本书是中国现代连环画册。

J0072422

岐舌国九公显神通　邱国华等改编；郑波等绘画
福州 福建人民出版社 1982年 114页 有图
10×13cm 统一书号：8173.547 定价：CNY0.18
（镜花缘故事 5）
　　本书是中国现代连环画册。绘者郑波（1957—　），艺术家。山东人，毕业学于鲁迅美术院油画系，留校任教。代表作品有《冰球》《在和平的环境里》《到敌人后方去》《自然、生命、和谐》《天狗》等。

J0072423

奇怪的雪中人　邓波改编；孙恩道等绘画
武汉 湖北人民出版社 1982年 86页 有图
10×13cm 定价：CNY0.13
　　本书是中国现代连环画，根据《飞向冥王星》科学幻想小说改编。

J0072424

奇怪的演出　湘君改编；彭本人，邱耀秋绘
长沙 湖南美术出版社 1982年 62页 13cm（60开）
统一书号：8233.252 定价：CNY0.10
　　本书是中国现代连环画册。作者彭本人（1945—　），编辑。湖南桂阳人，毕业于湖南师范学院美系。擅长中国画、连环画。中国美术家协会会员。主要作品有《中国姑娘》《三十八颗人头》《欧阳海》《银妆》《两代人》等。

J0072425

奇花（上）陈模原著；徐金元改编，汤继明绘画
南京 江苏人民出版社 1982年 150页 有图
10×13cm 统一书号：8100.3.573 定价：CNY0.20
　　本书是中国现代连环画册。

J0072426

奇花　（下）陈模原著；徐金元改编，汤继明绘画
南京　江苏人民出版社　1982 年　150 页　有图
10×13cm　统一书号：8100.3.574　定价：CNY0.20
　　本书是中国现代连环画册。

J0072427

奇特的一幕　叶永烈原著；毛亮英改编；刘富
海绘
哈尔滨　黑龙江人民出版社　1982 年　72 页
13cm（60 开）定价：CNY0.12
　　本书是中国现代连环画册。

J0072428

奇特的一幕　张宝林改编；胡正伟绘
银川　宁夏人民出版社　1982 年　94 页　13cm（60 开）
定价：CNY0.15
　　本书是中国现代连环画册。作者张宝林，
选编的主要作品有中国历代名家绘画撷珍《马》
《猫》《鸽》等。绘者胡正伟（1941—　），美术家。
宁夏银川人，曾进修于广州美术学院、中央美术
学院中国画进修班。宁夏书画院副院长，中国美
术家协会会员，宁夏美术家协会副主席。主要作
品有《苏武牧羊》《塔塔尔族》《知心话》《风沙
中》等。

J0072429

奇袭匪巢　陆丛运改编；杨超绘
哈尔滨　黑龙江人民出版社　1982 年　67 页
13cm（60 开）统一书号：8093.770
定价：CNY0.12
　　本书是中国现代连环画册。

J0072430

奇袭古仙镇　满永振编文；乔熙炎绘
郑州　中州书画社　1982 年　70 页　有图
10×13cm　统一书号：8219.229　定价：CNY0.12
　　本书是中国现代连环画册。

J0072431

奇袭黑风口　漳柳编；卢万元绘
太原　山西人民出版社　1982 年　126 页　13cm（60 开）
定价：CNY0.17
　　本书是中国现代连环画册。

J0072432

奇袭擎天骄　周肖原著；孙锦常改编；卢德平绘
广州　岭南美术出版社　1982 年　重印本　134 页
有图　10×13cm　统一书号：8111.1905
定价：CNY0.21
　　本书是中国现代连环画册。

J0072433

奇冤记　朱其作改编；贾忠景绘
济南　山东人民出版社　1982 年　70 页　13cm（60 开）
统一书号：8099.2286　定价：CNY0.12
（《聊斋志异》连环画丛书之五　聊斋志异故事选
22）

J0072434

奇斩恶魔　杨红改编；林百石绘
长春　吉林人民出版社　1982 年　102 页　有图
10×13cm　统一书号：8091.1306　定价：CNY0.15
　　本书是中国现代连环画册。作者林百石
（1946—　），画家。吉林临江人，毕业于吉林艺
术学院美术系。长春市美术家协会副主席，吉
林日报社美术部主任编辑，书画院副秘书长，中
国美术家协会会员，中国出版工作者协会装帧艺
术研究会会员。作品有《秋声》《悟道图》《观沧
海》等。

J0072435

千金买骨　江世庸改编；翁开恩绘
福州　福建人民出版社　1982 年　70 页　13cm（60 开）
统一书号：8173.582　定价：CNY0.12
　　本书是中国现代连环画册。绘者翁开恩
（1939—　），教授。号竹啸庄人，福建莆田人。
福建师范大学美术系副教授，福建画院、福州画
院、福建政协画师，中国美术家协会会员，福建
美协理事。出版有《翁开恩画集》《翁开恩写生》
《翁开恩画辑》等。

J0072436

千里送京娘　施友义编绘
福州　福建人民出版社　1982 年　106 页　有图
10×13cm　统一书号：8173.472　定价：CNY0.17
　　本书是中国现代连环画册。作者施友义
（1947—　），画家。笔名石奇，福建平潭人。中
国美术家协会福建分会会员，福建出版集团编
审，华艺出版社副社长。出版有《施友义国画选》

《侯官县烈女歼仇》《千里送京娘》《千古名媛》。

J0072437
千里送京娘　严丹改编；秋枫绘
银川 宁夏人民出版社 1982 年 94 页 13cm（60 开）
定价：CNY0.15
　　　本书是中国现代连环画册。

J0072438
千秋节　杨履方改编；费文麓摄影
北京 中国戏剧出版社 1982 年 87 页 有图
10×13cm 统一书号：8069.297 定价：CNY0.17
　　　本书是中国现代连环画册。

J0072439
钱王和保俶塔　纪流编；力子，恒光绘
北京 中国旅游出版社 1982 年 115 页 13cm（60 开）
定价：CNY0.22
（西湖的故事）
　　　本书是中国现代连环画册。

J0072440
潜渡北冰洋　赵浩生原著；绕岚改编；雷坦绘
广州 岭南美术出版社 1982 年 113 页 13cm（60 开）
统一书号：8260.0222 定价：CNY0.19
　　　本书是中国现代连环画册。

J0072441
潜逃者　（英）罗伯特·奥尼尔原著；夏伟改编；
李保林绘
合肥 安徽人民出版社 1982 年 78 页 13cm（60 开）
定价：CNY0.12
　　　本书是中国现代连环画册。

J0072442
潜网　黄祖尧改编
北京 中国电影出版社 1982 年 157 页 13cm（60 开）
定价：CNY0.26
　　　电影故事连环画。

J0072443
倩女遇救　马煜，马胜编；王安定，赵星绘
兰州 甘肃人民出版社 1982 年 78 页 13cm（60 开）
定价：CNY0.12
　　　中国现代连环画。

J0072444
枪挑小梁王　高铁林改编；王桂保绘
哈尔滨 黑龙江人民出版社 1982 年 166 页
13cm（60 开）统一书号：8093.757
定价：CNY0.24
　　　本书是中国现代连环画，本书描写我国民族
英雄岳飞的故事。

J0072445
枪挑小梁王　李尊义改编；王建，梁萍绘
沈阳 辽宁美术出版社 1982 年 118 页 10×13cm
统一书号：7161.0101 定价：CNY0.18
（《岳飞传》之二）

J0072446
乔装打扮　韩平改编；李兆宏绘画
长春 吉林人民出版社 1982 年 110 页 有图
10×13cm 统一书号：8091.1298 定价：CNY0.16
　　　本书是中国现代连环画册。

J0072447
乔装打扮　叶永烈原著；黄显裕改编；张伟健绘
广州 科学普及出版社广州分社 1982 年 78 页
13cm（64 开）统一书号：8051.60069
定价：CNY0.13
（"科学福尔摩斯"系列连环画之四）

J0072448
巧歼猪头师　李遵义改编；石鹯意，张友绘
沈阳 辽宁美术出版社 1982 年 106 页 13cm（60 开）
定价：CNY0.16
　　　本书是中国现代连环画册。

J0072449
巧姐避祸　潘勤孟改编；丁世弼绘
上海 上海人民美术出版社 1982 年 118 页
10×13cm 统一书号：8081.13057
定价：CNY0.21
（《红楼梦》连环画之十五）

J0072450
巧擒崇侯虎　立华改编；孟庆江绘画
北京 人民美术出版社 1982 年 60 页 有图
10×13cm 统一书号：8027.8089 定价：CNY0.11
（封神演义 8）

J0072451

巧审　小地等文；李绍然画

石家庄　河北人民出版社　1982年　62页　有图

7×10cm　统一书号：R10086.1681

定价：CNY0.07

（儿童电影连环画 5）

　　本书是中国现代儿童电影连环画，根据美术电影剧本改编。作者李绍然(1939—2017)，画家。字昭昭，别号齐东野叟、东鲁画痴、登州布衣、胶东客等。山东烟台人，毕业于浙江美术学院中国画系。上海美术家协会会员，上海连环画研究会会员，中国电影家协会会员。代表作品有《勇敢机智打豺狼》《红枫岭上》等。

J0072452

钦差大臣　（俄）果戈里原著；褚伯承改编；田大军绘

上海　上海人民美术出版社　1982年　165页

13cm（60开）定价：CNY0.19

　　本书是中国现代连环画，外国文学名著系列。

J0072453

秦琼卖马　余音改编；张资启，钱德华绘

成都　四川人民出版社　1982年　98页　10×13cm

统一书号：8118.981　定价：CNY0.15

（《说唐》之二）

　　本书是中国现代连环画册。

J0072454

秦王入狱　犁丁改编；王重英等绘画

福州　福建人民出版社　1982年　134页　10×13cm

统一书号：8173.553　定价：CNY0.20

（《说唐前传》之九）

　　本书是中国现代连环画册。

J0072455

秦香莲　俞耀庭改编；邱小玉绘画

北京　宝文堂书店　1982年　88页　有图

10×13cm　统一书号：8070.83　定价：CNY0.17

　　本书是中国现代连环画册。

J0072456

秦彝托孤　余音改编；石美鼎，张修竹绘

成都　四川人民出版社　1982年　82页　10×13cm

定价：CNY0.13

（《说唐》之一）

　　本书是中国现代连环画册。

J0072457

琴声　余惠轩改编；薛浚一绘画

武汉　长江文艺出版社　1982年　102页　有图

10×13cm　统一书号：8107.349　定价：CNY0.15

　　本书是中国现代连环画，描述了著名民间艺术家阿炳悲欢离合的故事。

J0072458

琴台的故事　乔书明编；豁志绘

郑州　中州书画社　1982年　94页　13cm（60开）

统一书号：8219.232　定价：CNY0.14

（中州风物故事）

　　本书是中国现代连环画册。

J0072459

琴潭晚奏　钟建星原著；郑际浩，潘文昭改编；叶毓中绘

南宁　漓江出版社　1982年　57页　13cm（60开）

定价：CNY0.10

（桂林山水传说）

　　本书是中国现代连环画册。

J0072460

擒狼捉豹记　芮衡之改编；王新滨，曹淑勤绘

沈阳　辽宁美术出版社　1982年　162页　13cm（60开）

统一书号：7161.0128　定价：CNY0.24

　　本书是中国现代连环画册。作者王新滨（1941— ），美术设计师。山东昌邑人。毕业于鲁迅美术学院附中。沈阳军区前进歌舞团一级美术设计师。作品有年画《立功喜报传四方》《十五的月亮》《一代天骄》等，连环画《苹果树下》（合作）、油画《八女投江》等，舞剧《蝶恋花》（合作设计）等。

J0072461

青春之歌　（上）杨沫原著；庚西等改编；谢志高等绘

石家庄　河北美术出版社　1982年　174页　有图

10×13cm　统一书号：8087.204　定价：CNY0.24

　　本书是中国现代连环画册。

J0072462

青娥 （清）蒲松龄原著；荆予改编；张晓飞绘
天津 天津人民美术出版社 1982 年 77 页
13cm（60 开）定价：CNY0.13
（《聊斋》故事）

　　本书是中国现代连环画册。绘者张晓飞
（1941— ），画家、工艺美术大师。江苏吴县人。
苏州桃花坞木刻年画社创作室主任，苏州大学艺
术学院兼职教授，苏州市美协副主席。代表作品
有《水乡元宵》，出版有《凤山拾得画集》《彩图
唐诗一百首》等。

J0072463

青年建设 李佩甫原著；魏忠才改编；陈以忠绘
郑州 中州书画社 1982 年 70 页 有图
10×13cm 统一书号：8219.189 定价：CNY0.11

　　本书是中国现代连环画册。作者陈以忠
（1940— ），编辑。广东化州人，毕业于广西艺
术学院美术系。《广西日报》高级编辑，漓江画
院副院长，中国人才研究会艺术家学部委员会委
员，中国美术家协会广西分会常务理事等职。出
版有《报刊美编学》《实用图案设计》。

J0072464

青年建设者 魏忠才改编；陈以忠绘
郑州 中州书画社 1982 年 70 页 13cm（60 开）
统一书号：8219.189 定价：CNY0.11

　　本书是中国现代连环画，根据李佩甫同名小
说改编。

J0072465

青蛙骑手 张雨改编；吴冰玉绘
上海 上海人民美术出版社 1982 年 86 页
13cm（60 开）统一书号：8081.13060
定价：CNY0.11
（少数民族民间故事）

　　本书是中国现代连环画册。

J0072466

清风寨 瞿昙改编；施大畏，韩硕绘
北京 人民美术出版社 1982 年 139 页 13cm（60 开）
统一书号：8027.7913 定价：CNY0.22
（《水浒》之十一）

J0072467

清凤 （清）蒲松龄原著；子坤改编；阴衍江绘
天津 天津人民美术出版社 1982 年 54 页
13cm（60 开）定价：CNY0.10
（《聊斋》故事）

　　本书是中国现代连环画册。绘者阴衍江
（1940—2011），画家。中国美术家协会会员，一
级画师，黑龙江美术出版社专业画家，黑龙江文
史馆馆员。

J0072468

清宫秘史 竺乾华改编；钱贵荪，龚令绘
南京 江苏人民出版社 1982 年 118 页 13cm（60 开）
统一书号：8100.3.518 定价：CNY0.17

　　电影故事连环画。

J0072469

清江壮歌 （上）白纯熙改编；穆明等绘画
武汉 长江文艺出版社 1982 年 110 页 有图
10×13cm 统一书号：8107.354 定价：CNY0.16

　　本书是中国现代连环画册。作者白纯熙
（1929— ），笔名白丁，河南方城人。中南人民
文艺出版社美术编辑、湖北人民出版社美术编
辑，湖北省美术家协会漫画委员会副主任，武汉
摄影学会副主席，湖北连环画研究会理事。

J0072470

清江壮歌 （下）白纯熙改编；穆明等绘画
武汉 长江文艺出版社 1982 年 236 页 有图
10×13cm 统一书号：8107.355 定价：CNY0.18
　　本书是中国现代连环画。

J0072471

情海乡思 李栋，王云高原著；李栋，雷振益
改编；南乡子绘
天津 天津人民美术出版社 1982 年 147 页
13cm（60 开）定价：CNY0.19
　　本书是中国现代连环画册。

J0072472

情天恨海 张琴改编
北京 中国电影出版社 1982 年 157 页 13cm（60 开）
统一书号：8061.1664 定价：CNY0.26
　　电影故事连环画。

J0072473

晴雯　屈鲁改编；肖林绘画

长春 吉林人民出版社 1982年 94页 有图

10×13cm 统一书号：8091.1261 定价：CNY0.15

　　本书是中国现代连环画，根据《红楼梦》改编。绘者肖林（1929—1981），画家。别名马秉铎。河北定县（现定州）人，毕业于华北联合大学文艺学院美术系。曾任人民美术出版社创作室创作员。主要作品有《白求恩大夫》《永远前进》《向英雄黄继光的母亲报告学习成绩》等。

J0072474

邱丽玉　（清）宣瘦梅原著；李实改编；丘思泽，吴俊奇绘

广州 岭南美术出版社 1982年 83页 13cm（60开）

定价：CNY0.16

（古代文学作品选）

　　本书是中国现代连环画册。

J0072475

秋翁遇仙记　冯梦龙原著；吴添汗，陈茂兹改编；笑雨绘

上海 上海人民美术出版社 1982年 70页 13cm（60开）统一书号：8081.13028

定价：CNY0.09

　　本书是根据冯梦龙原著改编的中国现代连环画册。收入70幅图。

J0072476

球王贝利　蒋淑均改编；雷德祖绘

南宁 漓江出版社 1982年 102页 13cm（60开）

定价：CNY0.14

　　本书是中国现代连环画册。

J0072477

球王贝利　么树森改编；曹李绘

北京 人民体育出版社 1982年 126页 13cm（60开）

定价：CNY0.18

　　中国现代连环画作品，根据贝利自传改编。

J0072478

蛐蛐　闻征改编；金以云绘画

太原 山西人民出版社 1982年 52页 有图

10×13cm 统一书号：8088.1557 定价：CNY0.10

　　中国现代连环画作品，根据《聊斋志异》中

《促织》改编。

J0072479

拳王　胡耀华，成珊改编；张元竹绘

兰州 甘肃人民出版社 1982年 126页 13cm（60开）

定价：CNY0.18

　　本书是中国现代连环画，根据同名话剧改编。

J0072480

拳王幻梦　王良莹改编；唐明，齐天绘

哈尔滨 黑龙江人民出版社 1982年 98页 13cm（60开）统一书号：8093.767

定价：CNY0.15

　　本书是中国现代连环画册。

J0072481

群仙围攻金兜洞　郭子宣改编；周申绘

济南 山东人民出版社 1982年 102页 13cm（60开）

定价：CNY0.16

（《西游记》故事选之四）

　　作者郭子宣（1923—　），山东潍坊人。毕业于潍坊市职工业余大学。曾任潍坊市图书馆副馆长，中国书法家协会会员，中国博物馆学会会员，中国老年书画研究会会员，山东省摄影家协会会员，山东省博物馆、考古、民俗学会会员。绘者周申（1943—　），连环画家。浙江诸暨人，毕业于中央美术学院附中。山东菏泽地区展览馆艺术馆美术干部，山东美术出版社美术编辑，中国美术家协会会员。代表作品有《四笔阎王账》《中国历史演义故事画——宋史》《当代连环画精品集·周申》等。

J0072482

群英会　李大发改编；陈惠冠绘

石家庄 河北美术出版社 1982年 174页 13cm（60开）定价：CNY0.24

　　绘者陈惠冠（1935—　），浙江余姚人。中国美术家协会会员、中国版协连环画艺术委员会副主任委员。擅长连环画。作品有《牛头山》《仙人岛》《黄河飞渡》等。

J0072483

燃烧的圣火　奂立华原著；饶净植改编；陈慧荪绘

南京 江苏人民出版社 1982年 126页 13cm（60开）
统一书号：8100.3551 定价：CNY0.17
　　本书是中国现代连环画册。

J0072484
人·猴　王芝瑜编剧；徐冬冬改编摄影
北京 中国戏剧出版社 1982年 189页 13cm（60开）
定价：CNY0.33
　　本书是中国现代连环画册。

J0072485
人参姑娘　高庆年编绘
福州 福建人民出版社 1982年 82页 有图
10×13cm 统一书号：8173.552 定价：CNY0.13
　　本书是中国现代连环画册。

J0072486
人参姑娘　王兆田编；赵丁绘
北京 人民美术出版社 1982年 94页 13cm（60开）
定价：CNY0.12
　　本书是中国现代连环画册。

J0072487
人参果　定宪等编文；景沅等绘画
成都 四川少年儿童出版社 1982年 62页 有图
7×10cm 统一书号：R8247.28 定价：CNY0.05
（《小小连环画》11）
　　中国现代连环画作品，根据同名美术影片
改编。

J0072488
人间重晚晴　田禾改编；李耀宗，张国泉摄影
北京 广播出版社 1982年 125页 13cm（60开）
统一书号：8236.069 定价：CNY0.22
　　本书是电视剧连环画，中国广播艺术团电视
剧团供稿。

J0072489
人民歌手冼星海　晓勉编；刘寅绘
广州 岭南美术出版社 1982年 116页 13cm（60开）
定价：CNY0.19
　　本书是中国现代连环画册。

J0072490
人民音乐家冼星海　石庆寅编绘

沈阳 辽宁美术出版社 1982年 102页 13cm（60开）
定价：CNY0.16
　　本书是中国现代连环画册。

J0072491
人命关天　梅里原著；鲁敬奇改编；林滨帆绘
广州 岭南美术出版社 1982年 108页 13cm（60开）
定价：CNY0.18

J0072492
人蚁战争　卡尔·斯提劳逊原著；鲁敬奇改编；
黄云松，张昌洵绘
广州 岭南美术出版社 1982年 93页 13cm（60开）
统一书号：8260.0359 定价：CNY0.16
　　本书是中国现代连环画册。

J0072493
日出　曹禺编剧；若竹改编；顾棣，王秉龙摄影
北京 中国戏剧出版社 1982年 157页 13cm（60开）
定价：CNY0.26
　　本书是中国现代连环画册。摄影顾棣
（1929—　），摄影家。生于河北阜平。《山西画报》
原总编辑、山西省摄影家协会原副主席。合作编
著的图书有《中国解放区摄影史料》《崇高美的
历史再现》《中国摄影史》《沙飞纪念集》等。绘
者王秉龙（1943—　），生于山西祁县。中国戏剧
家协会会员，北京美术家协会会员。擅长楷书、
魏碑、行书。出版《科学发明家故事》《明史演义》
等多部连环画册，改编拍摄并出版了几百种传统
戏曲年画。

J0072494
日月神和云水神　（畲族神话传说）姚钧等改
编；可宾绘画
长沙 湖南少年儿童出版社 1982年 48页 有图
10×13cm 统一书号：R8280.19 定价：CNY0.13
　　本书是中国现代连环画册。

J0072495
柔密欧与幽丽叶　王昆等文字说明；梁生华，
王振鸣摄影
上海 复旦大学出版社 1982年 176页 13cm（60开）
统一书号：8253.001 定价：CNY0.39
（戏剧艺术丛书）
　　本书是中国现代连环画，根据戏剧学院第三

届藏族表演班演出的同名戏剧改编。

J0072496

如来辨妖　　吴承恩原著；庄努等改编，赵映闯绘画

成都　四川人民出版社　1982年　93页　有图

10×13cm　统一书号：8118.1124　定价：CNY0.14

（《西游记》故事　十一）

J0072497

瑞云　　（清）蒲松龄原著；简正改编；陈惠冠绘

天津　天津人民美术出版社　1982年　54页

13cm（60开）定价：CNY0.10

（《聊斋》故事）

　　本书是中国现代连环画册。

J0072498

赛虎　　张文泽改编

北京　中国电影出版社　1982年　157页　13cm（60开）

统一书号：8061.1951　定价：CNY0.26

　　电影故事连环画。

J0072499

三鞭换两锏　　余音改编；陈和莲绘

成都　四川人民出版社　1982年　94页　10×13cm

定价：CNY0.14

（《说唐》之十六）

　　本书是中国现代连环画册。

J0072500

三岔巷劫案　　晓蕾改编

北京　宝文堂书店　1982年　157页　有图

10×13cm　统一书号：8070.116　定价：CNY0.28

　　本书是中国现代连环画册。

J0072501

三打陶三春　　于秀溪改编；许全群绘

石家庄　河北人民出版社　1982年　130页

10×13cm　定价：CNY0.18

　　本书是中国现代连环画，根据吴祖光著同名京剧剧本改编。作者于秀溪（1939—　），作家、诗人、书法家。原名于秀锡。河北灵寿县人，毕业于广播学院新闻系。曾任中国美术出版社副编审、《连环画报》主编，中国诗书画院研究员。主要作品有《哪吒传》《岳云寻父记》《审美心理

学》等。绘者许全群（1943—　），画家。河南鲁山县人。毕业于北京艺术学院附中。曾任职于人民美术出版社创作室，中国美术家协会会员。吉隆坡艺术学院客座教授。出版有《许全群画集》《许全群水墨作品精选》等。

J0072502

三打陶三春　　吴同宾改编；于骏治绘画

天津　天津人民美术出版社　1982年　78页　有图

10×13cm　统一书号：8073.30690　定价：CNY0.13

　　本书是中国现代连环画作品，根据传统戏曲故事《风云会》《飞龙传》及《三打陶三春》改编。

J0072503

三打瓦岗山　　小贝编；高志岳绘

北京　中国曲艺出版社　1982年　126页　13cm（60开）

统一书号：8227.018　定价：CNY0.18

（传统评书连环画《兴唐传》17）

J0072504

三盗芭蕉扇　　卢光照改编；任率英绘画

石家庄　河北人民出版社　1982年　90页　有图

10×13cm　统一书号：8086.1544　定价：CNY0.14

（《西游记》二十一）

　　作者卢光照（1914—2001），河南汲县（今卫辉市）人，毕业于北平国立艺术专科学校。历任人民美术出版社编辑，北京齐白石艺术函授学院名誉院长，北京花鸟画研究会名誉会长，中央文史馆馆员。代表作品《大展鸿图》《松鹰》《鸡冠花雄鸡》。绘者任率英（1911—1989），画家。原名敬表，河北束鹿人。擅长工笔画、连环画、年画。中国美术家协会会员，中国连环画研究会顾问，北京东方书画研究社社长，北京工笔重彩画协会副会长，北京中国画研究会理事，北京工业大学书画协会顾问。代表作品《嫦娥奔月》《洛神图》《梁红玉击鼓战金山》等。

J0072505

三滴血　　孙长江改编；马国强绘画

郑州　中州书画社　1982年　94页　有图

10×13cm　统一书号：8219.192　定价：CNY0.14

　　本书是中国现代连环画册。

J0072506

三滴血　　孙长江改编；马国强绘

郑州 中州书画社 1982 年 94 页 13cm（60 开）
定价：CNY0.14

　　本书是中国现代连环画册。

J0072507

三凤求凰　王连维编剧；张桂秋改编；孙宏华
摄影

北京 中国戏剧出版社 1982 年 125 页 13cm（64 开）
统一书号：8069.351 定价：CNY0.21

　　本书是中国现代连环画，根据吉林市评剧团
演出的评剧改编。

J0072508

三斧定瓦岗　小戈编；季源业，季津业绘

北京 中国曲艺出版社 1982 年 126 页 13cm（60 开）
定价：CNY0.18

（传统评书连环画《兴唐传》13）

J0072509

三个腐蚀点　郭红兵编；陈长贵绘

长春 吉林人民出版社 1982 年 126 页 13cm（60 开）
定价：CNY0.18

　　本书是中国现代连环画册。

J0072510

三个和尚　陈喜年改编；马克宣等绘画

成都 四川少年儿童出版社 1982 年 62 页 有图
7×10cm 统一书号：R8247.26 定价：CNY0.05

（《小小连环画》9）

　　本书是中国现代连环画，根据同名得奖美术
影片改编。

J0072511

三个舌头的百灵鸟　赵清，曹起志改编；晓
丁，孙宏华摄影

北京 中国戏剧出版社 1982 年 87 页 有图
10×13cm 统一书号：8069.303 定价：CNY0.17

　　本书是中国现代连环画作品，根据新疆歌剧
团演出的同名歌剧改编。

J0072512

三古镇　许焕岗，石文秀改编；刘书军绘

长沙 湖南美术出版社 1982 年 142 页 13cm（60 开）
统一书号：8233.296 定价：CNY0.19

（《桥隆飙》之一）

　　本书是中国现代连环画册。

J0072513

三计退杨林　刘蕴杰编；刘戈，陈茗绘

北京 中国曲艺出版社 1982 年 126 页 13cm（60 开）
定价：CNY0.18

（传统评书连环画《兴唐传》11）

J0072514

三家分晋　（中国历史故事）周平改编；晁锡
弟绘

北京 人民美术出版社 1982 年 78 页 13cm（60 开）
统一书号：8027.8376 定价：CNY0.11

　　本书是中国现代连环画册。

J0072515

三家巷　欧阳山原著；韦祺改编；梅汉珍，纹
川绘

广州 岭南美术出版社 1982 年 172 页 13cm（60 开）
定价：CNY0.26

　　本书是中国现代连环画册。

J0072516

三件背心　吴承恩原著；庄努等改编，叶毓中
绘画

成都 四川人民出版社 1982 年 92 页 有图
10×13cm 统一书号：8118.1154 定价：CNY0.15

（《西游记》故事 十）

　　作者庄努，改编有连环画《大唐高僧》（《西
游记》故事之三）。绘者叶毓中（1941—　），教授、
画家。生于四川德阳，毕业于四川美术学院中国
画系人物专业。中国美术家协会会员，新疆军区
政治部文艺创作室美术创作员，中央美术学院兼
职副教授、民间美术系主任、副院长。代表作品
《大漠红日》《帕米尔人》，出版有《叶毓中重彩
集》《水墨集》。

J0072517

三擒孟良　文卒，炳南改编；张仁康，李群力绘

福州 福建人民出版社 1982 年 102 页 10×13cm
统一书号：8173.565 定价：CNY0.16

（《杨家将演义》之九）

　　根据古典小说《杨家将演义》改编的本书是
中国现代连环画册。作者张仁康，连环画家。绘
有《沟》《龙潭波涛》《群英会画库》（3）等。

J0072518

三审绣花鞋　胡翀改编；黄公绘
广州 岭南美术出版社 1982年 144页 13cm（60开）
定价：CNY0.25
　　本书是中国现代连环画，根据越剧《胭脂》
改编。

J0072519

三调芭蕉扇　张绍旻改编；黄秀樱绘画
长春 吉林人民出版社 1982年 63页 有图
10×13cm 统一书号：R8091.1332 定价：CNY0.10
（B型美猴王连环画 12）

J0072520

三脱状元袍　陈自强编剧；陈文，大中改编；
晓丁摄影
北京 中国戏剧出版社 1982年 125页 13cm（60开）
定价：CNY0.21
　　本书是中国现代连环画，根据广州粤剧院三
团演出的同名粤剧改编。

J0072521

三元宫传奇　（广东风物传说连环画）孙锦常，
小溪改编；梁静哲等绘
广州 岭南美术出版社 1982年 111页 13cm（60开）
统一书号：8260.0226 定价：CNY0.21

J0072522

三月雪　萧平原著；张新改编；乐明祥绘
天津 天津人民美术出版社 1982年 86页 有图
10×13cm 统一书号：8073.30711 定价：CNY0.12
　　本书是中国现代连环画册。

J0072523

三战四捷　刘福友编；周长春绘
福州 福建人民出版社 1982年 102页 13cm（60开）
定价：CNY0.15
　　本书是中国现代连环画册。

J0072524

三只小猪　谷羽编译；张世明画
天津 天津人民美术出版社 1982年 59页 有图
10×13cm 统一书号：8073.30639 定价：CNY0.24
　　本书是中国现代连环画册。

J0072525

森林之战　麦荔红改编；卢德平等绘画
广州 广东人民出版社 1982年 158页 有图
10×13cm 统一书号：8111.2379 定价：CNY0.27
　　本书是中国现代连环画，属于少年连环画库
系列。

J0072526

杀牛过年　刘新生改编；孙原绘
沈阳 辽宁美术出版社 1982年 110页 13cm（60开）
统一书号：7161.0136 定价：CNY0.17
　　本书是电视系列动画片连环画。

J0072527

山城疑案　况浩文原作；张键改编；李乃宙绘
石家庄 河北人民出版社 1982年 170页
13cm（60开）定价：CNY0.23
　　本书是电视系列动画片连环画。

J0072528

山达　黄竹琴改编；袁正阳等绘画
成都 四川少年儿童出版社 1982年 62页 有图
10×13cm 统一书号：R8247.54 定价：CNY0.09
　　本书是中国现代连环画，属于战斗英雄故事
系列。

J0072529

山道弯弯　午言改编
北京 中国电影出版社 1982年 117页 13cm（60开）
定价：CNY0.21
　　本书是中国现代连环画册。

J0072530

山虎出山　刘奎胜改编；蒲慧华绘
济南 山东人民出版社 1982年 62页 13cm（60开）
统一书号：8099.2439 定价：CNY0.11
　　本书是中国现代连环画，根据罗旋小说《红
线记》改编。绘者蒲慧华（1947—　），国家二级
美术师。出生于山东青岛。青岛市美术家协会
理事，青岛市美术家协会中国画艺术委员会委
员，中国美术家协会山东分会会员。代表作品《三
国演义》《红楼梦》《西游记》封面设计。著作有
《当代连环画精品集·蒲慧华》。

J0072531

山菊花　（上）鲁连文改编；王胜华绘画
长春　吉林人民出版社 1982 年 118 页 有图
10×13cm 统一书号：8091.1291 定价：CNY0.17
　　本书是中国现代连环画册。

J0072532

山菊花　（下册）鲁连文改编；王胜华，刘凤山绘
长春 吉林人民出版社 1982 年 118 页 13cm（60 开）
定价：CNY0.17
　　本书是中国现代连环画册。

J0072533

山菊花　（上册）孙忠晓改编；王启民，袁大仪绘
天津　天津人民美术出版社 1982 年 166 页
13cm（60 开）统一书号：8073.30672
定价：CNY0.21
　　本书是中国现代连环画，根据冯德英同名长
篇小说改编。

J0072534

山菊花　（下册）孙忠晓改编；王启民，袁大仪绘
天津　天津人民美术出版社 1982 年 158 页
13cm（60 开）统一书号：8073.30673
定价：CNY0.20
　　本书是中国现代连环画，根据冯德荣同名小
说改编。

J0072535

山菊花　　王逸改编
北京 中国电影出版社 1982 年 125 页 13cm（60 开）
定价：CNY0.21
　　本作品是现代中国画。

J0072536

山猫嘴说媒　　雪冰编；孙为民，聂鸥绘
北京 中国曲艺出版社 1982 年 126 页 13cm（60 开）
定价：CNY0.20
　　本书是中国现代连环画，根据范乃仲同名
小说改编。作者聂鸥（1948— ），画家。女，辽
宁新民人，毕业于中央美术学院中国画系研究生
班。擅长版画、水墨人物画、油画、连环画。北
京画院一级美术师，中国美术家协会理事。出版
有《聂鸥水墨画》《回响——聂鸥画集》《又回山
乡——聂鸥画集》等。

J0072537

闪光的心灵　　姜节安，李道极改编；姜节安，
曹震云摄影
上海　上海人民美术出版社 1982 年 165 页
13cm（60 开）定价：CNY0.29
　　本作品是中国现代连环画。根据上海人民
艺术剧院创作、演出的同名话剧改编。

J0072538

善良的夏吾冬　　上海美术电影制片厂改编
北京 中国电影出版社 1982 年 57 页 13cm（60 开）
定价：CNY0.34
　　电影故事连环画。

J0072539

善良的札西　　安文新搜集整理；邓振球改编；
何昌林绘
贵阳 贵州人民出版社 1982 年 13cm（60 开）
统一书号：8115.886 定价：CNY0.12
（彝族民间故事）
　　本书是中国现代连环画册。

J0072540

伤逝　　鲁迅原著；程十发，程多多绘
上海　上海人民美术出版社 1982 年 34 页
20cm（24 开）统一书号：8081.12579
定价：CNY2.30
（鲁迅小说连环画）
　　根据鲁迅小说编绘的本书是中国现代连
环画册。绘者程十发（1921—2007），画家。出
生于上海金山，毕业于上海美术专科学校国画
系。代表作品有《丽人行》《迎春图》《列宁的故
事》《孔乙己》等。出版有《程十发近作选》《程
十发花鸟习作选》《程十发作品展》。绘者程多多
（1947— ），教授。生于上海市松江区，毕业于
上海师范大学美术系。曾任徐汇区少年宫美术
指导员、上海中国画院海外特聘画师，上海东华
大学顾问，上海国际昆曲联谊会副会长。作品有
《心语——程多多摄影习作选》《春雨鸟归图》等。

J0072541

伤逝　（鲁迅连环画）鲁迅原著；程十发，程多
多绘
上海　上海人民美术出版社 1982 年 70 页
19cm（32 开）定价：CNY2.30

J0072542
伤逝　晓黎改编
北京 中国电影出版社 1982年 116页 13cm（60开）
定价：CNY0.21
　　电影故事连环画，介绍了涓生的手记。

J0072543
商汤灭夏　袁川编；万里，陈静绘
南宁 广西人民出版社 1982年 112页 13cm（60开）
统一书号：8113.787 定价：CNY0.16
（中国历代故事连环画 第5集）

J0072544
上甘岭　筱篁改编
北京 中国电影出版社 1982年 157页 13cm（60开）
定价：CNY0.27
　　本书是中国现代连环画册。作者筱篁，主要
改编的连环画作品有《白鸽》《霍元甲》《三个和
尚》等。

J0072545
上屋抽梯　羽化编；苏万里等绘
南宁 丽江出版社 1982年 90页 13cm（60开）
定价：CNY0.14
（兵法三十六计丛书 10）
　　中国现代连环画作品，包括《上屋抽梯》《村
上开花》《反客为主》3个故事。

J0072546
少林寺　（上册）舒边改编；赵宝林等绘
北京 人民体育出版社 1982年 158页 13cm（60开）
定价：CNY0.23
　　本书是中国现代连环画册。

J0072547
少林寺　（下册）舒边改编；赵宝林等绘
北京 人民体育出版社 1982年 158页 13cm（60开）
定价：CNY0.21
　　本书是中国现代连环画册。

J0072548
少林寺武僧　黄青改编；韦智仁绘
郑州 中州书画社 1982年 140页 13cm（60开）
统一书号：8219.215 定价：CNY0.20
　　本书是中国现代连环画，根据薛后、卢兆璋

电影文学剧本《少林寺》改编。

J0072549
少年增广　张叙生编著
昆明 云南人民出版社 1982年 44页 有彩图
13cm（60开）统一书号：R7116.864 定价：CNY0.13
　　本书是中国现代连环画册。

J0072550
佘赛花　（上册）庄宏安改编；陈光镒，陈宏兴
绘
福州 福建人民出版社 1982年 138页 13cm（60开）
定价：CNY0.21
　　本书是中国现代连环画册。

J0072551
佘赛花　（下册）庄宏安改编；陈光镒，陈宏兴
绘
福州 福建人民出版社 1982年 154页 13cm（60开）
定价：CNY0.23
　　本书是中国现代连环画册。

J0072552
蛇　苏晔改编
南京 江苏人民出版社 1982年 157页 13cm（60开）
定价：CNY0.22
　　电影故事连环画，根据法国同名电影改编。

J0072553
蛇　冯锋选编
上海 上海人民美术出版社 1982年 125页
13cm（60开）定价：CNY0.22

J0072554
蛇岛的秘密　徐家德，李钱华改编；赵贵德绘
天津 天津人民美术出版社 1982年 78页
13cm（60开）定价：CNY0.12
　　本书是中国现代连环画册。

J0072555
蛇窟擒敌　徐英杰编；隋自更绘
石家庄 河北美术出版社 1982年 94页
13cm（60开）统一书号：8087.209
定价：CNY0.14
　　本书是中国现代连环画册。

J0072556

射腔将军　李亮编文；刘泽岱绘

石家庄　河北美术出版社　1982年　53页　有图

10×13cm　统一书号：8087.154　定价：CNY0.09

　　本书是中国现代连环画册。

J0072557

麝与麝香　郑生武等原著；孟维改编；张宝蔚绘

西宁　青海人民出版社　1982年　78页　有图

10×13cm　统一书号：8097.471　定价：CNY0.11

　　本书是中国现代连环画册。

J0072558

深入虎穴　曲波原著；王星北改编；罗兴，王奕秋绘

上海　上海人民美术出版社　1982年　2版　94页

13cm（60开）定价：CNY0.12

（林海雪原之三）

　　本书是中国现代连环画册。

J0072559

深夜静悄悄　定楠改编；方隆昌，陈贻福绘

长沙　湖南美术出版社　1982年　94页　13cm（60开）

统一书号：8233.179　定价：CNY0.13

　　本书是中国现代连环画册。

J0072560

神笛　寿新元改编；柯耘绘画

合肥　安徽人民出版社　1982年　78页　有图

10×13cm　统一书号：8102.1198　定价：CNY0.12

　　本书是中国现代连环画，根据白族民间故事改编。

J0072561

神笛　戴俊贤改编；罗镜泉等绘画

石家庄　河北人民出版社　1982年　30页　有图

10×13cm　统一书号：8086.1540　定价：CNY0.12

　　本书是中国现代连环画册。

J0072562

神箭手　曹立改编；马德林绘

呼和浩特　内蒙古人民出版社　1982年　78页

13cm（60开）定价：CNY0.13

（达尔翰民间故事之四）

　　本书是中国现代连环画册。

J0072563

神秘岛　（上）卞福顺改编；孙愚绘

沈阳　辽宁美术出版社　1982年　146页　13cm（60开）

定价：CNY0.22

　　本书是中国现代连环画册。作者卞福顺，曾任辽宁民族出版社美术教育编辑室主任。绘者孙愚（1937—　），画家。浙江温州人。中国美术家协会会员。曾在上海人民美术出版社从事连环画创作，兼任上海大学巴士学院美术专业基础课程教师。著有《钢笔画起步》，连环画《野猫》《巴黎圣母院》《海底两万里》《圣经的故事》《孤岛历险记》等。

J0072564

神秘岛　（下）卞福顺改编；孙愚，刘永才绘

沈阳　辽宁美术出版社　1983年　162页　13cm（60开）

定价：CNY0.24

J0072565

神秘岛　（第一部　高空遇险）卜一秋改编；秦龙绘画

长沙　湖南少年儿童出版社　1982年　118页　有图

10×13cm　统一书号：R8280.7　定价：CNY0.17

　　本书是中国现代连环画册。

J0072566

神秘岛　（第二部　荒岛上的人）卜一秋改编；秦龙绘画

长沙　湖南少年儿童出版社　1983年　118页　有图

10×13cm　统一书号：R8280.7　定价：CNY0.17

J0072567

神秘岛　（第三部　岛的秘密）卜一秋改编；秦龙绘画

长沙　湖南少年儿童出版社　1984年　118页　有图

10×13cm　统一书号：R8280.7　定价：CNY0.21

　　中国现代连环画。

J0072568

神秘的大佛　孙长江改编；柳公和等绘

郑州　中州书画社　1982年　166页　有图

10×13cm　统一书号：8219.180　定价：CNY0.22

　　本书是中国现代连环画册。

J0072569

神秘的礼典　（英）柯南道尔原著；卞毓改编；
招炽挺绘

广州 岭南美术出版社 1982年 135页 13cm（60开）
统一书号：8260.0131 定价：CNY0.22

（福尔摩斯探案选）

　　本书是中国现代连环画册。

J0072570

神秘的琴声　刘玉山改编；孟庆江等绘

北京 人民音乐出版社 1982年 128页 13cm（60开）
定价：CNY0.22

　　本书是中国现代连环画，系中国古代音乐故
事。作者刘玉山（1940—　　），美术编辑。生于北
京，毕业于中央美术学院版画系。国家艺术教育
委员会委员，中国美术家协会会员，人民美术出
版社美术编辑。出版有《刘玉山画集》《刘玉山
速写集》《刘玉山黑白画作品集》《江南写生集》
等。绘者孟庆江（1937—　　），画家。浙江温州人，
毕业于中央美术学院国画系。曾任《连环画报》
主编、《中国艺术》副主编，北京工笔重彩画会副
会长。代表作品《刘胡兰》《蔡文姬》《长恨歌》等。

J0072571

神秘的人　刘治贵改编；龙良柱绘

武汉 长江文艺出版社 1982年 82页 13cm（60开）
定价：CNY0.13

　　本书是中国现代连环画册。

J0072572

神秘的使命　史程改编；北鹰绘

北京 人民美术出版社 1982年 194页 13cm（60开）
统一书号：8027.8262 定价：CNY0.16

　　本书是中国现代连环画，根据李宏林小说
《大海作证》改编。

J0072573

神秘的手表　石岑改编；姜启才绘

南京 江苏人民出版社 1982年 132页 13cm（60开）
定价：CNY0.18

　　本书是中国现代连环画册。

J0072574

神秘的数字　陈渊改编；罗兴绘

福州 福建人民出版社 1982年 86页 有图

10×13cm 统一书号：8173.508 定价：CNY0.14

　　本书是根据陈渊著《马斯特曼行动计划》改
编的现代连环画。

J0072575

神秘的庄园　卓天改编；王夏刚绘

哈尔滨 黑龙江人民出版社 1982年 177页
13cm（60开）定价：CNY0.25

　　本书是中国现代连环画册。

J0072576

神农氏　史程改编；孟庆江绘画

北京 人民美术出版社 1982年 38页 有彩图
13cm（60开）统一书号：8027.8439
定价：CNY0.23

　　本书是中国现代连环画，根据袁珂《中国神
话选》改编。

J0072577

神奇的棒槌孩　张竹平改编；关麟英绘画

呼和浩特 内蒙古人民出版社 1982年 62页
有图 10×13cm 统一书号：8089.114
定价：CNY0.11

（达斡尔族民间故事 四）

　　本书是中国现代连环画册。

J0072578

神奇的火焰　李唯青改编；王恩吉，宋翔申绘

哈尔滨 黑龙江人民出版社 1982年 151页
13cm（60开）统一书号：8093.774
定价：CNY0.22

　　本书是中国现代连环画册。

J0072579

神圣的使命　王亚平原著；王祖毅改编；陈伟
东绘画

上海 上海人民美术出版社 1982年 102页 有图
10×13cm 统一书号：8081.12782 定价：CNY0.13

　　本书是中国现代连环画册。

J0072580

神童王勃　刘天平编；晓飞，曾平绘

南京 江苏人民出版社 1982年 62页 13cm（60开）
定价：CNY0.10

　　本书是中国现代连环画，系中国古代文学家

的故事。

J0072581
神医　授昭编；潘小庆绘
南昌 江西人民出版社 1982年 94页 13cm（60开）
统一书号：8110.561 定价：CNY0.14
　　　本书是中国现代连环画，根据史记《扁鹊仓公列传》及有关史料改编。

J0072582
沈括　钱加婺编；钱贵荪绘
北京 人民美术出版社 1982年 88页 有图
10×13cm 统一书号：8027.8029 定价：CNY0.12
　　　本书是中国现代连环画，系科学家的故事。

J0072583
蜃楼谍案　向允龙改编；梁兵绘
沈阳 辽宁美术出版社 1982年 70页 13cm（60开）
定价：CNY0.12
　　　本书是中国现代连环画册。

J0072584
升官记　秋丽莉，李月斌改编
北京 中国电影出版社 1982年 157页 13cm（60开）
统一书号：8061.1879 定价：CNY0.26
　　　本书是中国现代连环画册。

J0072585
生擒"壁虎"　王晓达原著；于文清编，杨利禄绘
上海 上海人民美术出版社 1982年 118页 有图
10×13cm 统一书号：8081.12891 定价：CNY0.14
　　　本书是中国现代连环画册。

J0072586
生死未卜　叶永烈原著；方辰改编；孙明绘
哈尔滨 黑龙江人民出版社 1982年 94页
13cm（60开）定价：CNY0.21
　　　本书是中国现代连环画，包括《生死未卜》《太空归帆》和《飞往冥王星的人》三个科学幻想故事。

J0072587
生死未卜　叶永烈原著；志建等改编，阎志强等绘

南京 江苏人民出版社 1982年 86页 有图
9cm（128开）统一书号：8100.3.516
定价：CNY0.13
　　　本书是中国现代连环画册。

J0072588
生死缘　谢庞编；刘永凯、谢慕龄绘
兰州 甘肃人民出版社 1982年 126页 13cm（60开）
定价：CNY0.21
　　　本书是中国现代连环画册。

J0072589
失踪之谜　叶永烈原著；孙雄飞改编；雷林绘
广州 科学普及出版社 1982年 76页 13cm（60开）
统一书号：8051.60144 定价：CNY0.13
（科学幻想系列连环画 9）

J0072590
师长和他的女儿　沈在召改编、绘画
长沙 湖南美术出版社 1982年 62页 13cm（60开）
定价：CNY0.10
　　　本书是中国现代连环画册。

J0072591
诗谶　（清）蒲松龄原著；望斋改编；张锡武，张荣章绘
天津 天津人民美术出版社 1982年 70页
13cm（60开）定价：CNY0.12
（《聊斋》故事）
　　　本书是中国现代连环画册。

J0072592
狮子楼　子聪改编；戴敦邦，戴红倩绘
北京 人民美术出版社 1982年 139页 13cm（60开）
定价：CNY0.22
（《水浒》之九）
　　　本书依据中国古典小说《水浒传》改编的现代连环画作品。

J0072593
十四个冬春　闻兆煌，邢菊花改编
北京 中国电影出版社 1982年 109页 13cm（60开）
统一书号：8061.1914 定价：CNY0.19
　　　本作品是中国现代连环画。

J0072594

十字军骑士 （上）王素一，吴金娥改编；梁平波绘

杭州 浙江人民美术出版社 1982 年 150 页 13cm（60 开）定价：CNY0.19

　　本书是根据波兰显克微支长篇小说《首饰》改编的现代连环画，

J0072595

石碣村 施耐庵，罗贯中原著；徐淦改编；赵仁年绘画

北京 人民美术出版社 1982 年 123 页 10×13cm 统一书号：8027.7909 定价：CNY0.19

（《水浒》7）

　　依据中国古典小说《水浒传》改编的现代连环画作品。

J0072596

石屏姑娘 刘润编；翁文忠绘

南宁 广西人民出版社 1982 年 92 页 13cm（60 开）统一书号：8113.759 定价：CNY0.13

　　本书是中国现代连环画册。

J0072597

石清虚 徐金元改编；姚延林绘画

南京 江苏人民出版社 1982 年 70 页 有图 10×13cm 统一书号：8100.3.468 定价：CNY0.11

　　本书是中国现代连环画，根据蒲松龄《聊斋志异》同名故事改编。绘者姚延林，主要绘制的连环画作品有《霸王别姬》《养牛的人》《河神娶媳妇》等。

J0072598

石清虚 （清）蒲松龄原著；王育生改编；林锴绘

北京 人民美术出版社 1982 年 46 页 12×13cm 统一书号：8027.8028 定价：CNY0.27

（《聊斋》故事）

　　本书是根据《聊斋志异》改编的中国现代连环画册。绘者林锴（1924—2006），著名书画家、篆刻家、诗人、国家一级美术师。福建福州人，毕业于国立艺专（现中国美术学院）。人民美术出版社专业画家。出版有《林锴画选》《墨花集》《苔文集》（诗集）等。

J0072599

石清虚 （清）蒲松龄原著；何锐，辛冰改编；叶毓中绘

天津 天津人民美术出版社 1982 年 62 页 13cm（60 开）定价：CNY0.11

（《聊斋》故事）

　　本书是中国现代连环画册。

J0072600

石钟山探奇 李泽儒编；邓沅等绘

北京 中国旅游出版社 1982 年 92 页 13cm（60 开）统一书号：8179.198 定价：CNY0.18

（苏东坡的故事）

　　本书是中国现代连环画册。

J0072601

士兵与万宝囊 王文森改编；马超绘

天津 天津人民美术出版社 1982 年 86 页 13cm（60 开）定价：CNY0.14

　　本书是中国现代连环画册。

J0072602

首席法官 祝涛等改编；祝涛摄影

济南 广播出版社 1982 年 118 页 有图 10×13cm 统一书号：8236.022 定价：CNY0.22

（电视剧连环画）

　　本书是中国现代连环画，根据丹东电视台录制的同名电视剧改编。

J0072603

首席法官 刘鼎臣编；进军，辛国绘

长春 吉林人民出版社 1982 年 94 页 13cm（60 开）定价：CNY0.15

　　本书是中国现代连环画册。

J0072604

暑假里的故事 （罗马尼亚）米尔恰·辛金勃梁努原著；王志冲译编，曹英义绘画

南京 江苏人民出版社 1982 年 35 页 有图 10×13cm 统一书号：8100.3.546 定价：CNY0.12

　　本书是中国现代连环画册。译者王志冲（1936—　　），翻译家。籍贯上海，笔名冰火、天飞。中国翻译家协会会员、作协会员。译作有《第一个劳动日》《冒名顶替》《海底外星人》《酸奶村的冬天》《入地艇》《忘却城》等。绘者曹英义

（1939—　），画家。安徽铜陵人，籍贯南京。毕业于南京师范学院美术系。历任江苏教育学院艺术系副教授、系主任，中国美术家协会会员。出版有《曹英义中国画选集》《曹英义速写选》《俯牛斋题画诗草》《中国画技法与教学》《速写范画》等。

J0072605

双影人　王战军改编；王桂保绘画
郑州　中州书画社　1982 年　134 页　有图
10×13cm　统一书号：8219.107　定价：CNY0.18
　　本书是中国现代连环画册。

J0072606

双影人　王占军改编；王重圭等绘
郑州　中州书画社　1982 年　134 页　13cm（60 开）
定价：CNY0.18
　　本书是中国现代连环画册。绘者王重圭，连环画家。上海人。与其兄王重英、王重义合作创作多部连环画。国画作品有《莲塘清趣》《凛霜幽香》，连环画作品《玉香笼》《王昭君》《双影人》等。

J0072607

双玉缘　段桂华改编；孙和平摄影
北京　广播出版社　1982 年　147 页　13cm（60 开）
统一书号：8236.024　定价：CNY0.26
　　电视戏曲片连环画。

J0072608

谁是强者　梁秉堃编剧；任易改编；孙宏华摄影
北京　中国戏剧出版社　1982 年　125 页　有图
10×13cm　统一书号：8069.334　定价：CNY0.21
　　本书是中国现代连环画，根据北京人民艺术剧院演出的同名话剧改编。

J0072609

谁是四脚蛇　陈显荣改编；颂民，成湘绘
济南　山东人民出版社　1982 年　126 页　13cm（60 开）
定价：CNY0.18
　　本书是中国现代连环画册。

J0072610

谁下的蛋　陈光明编文；陆成法，陈光明绘画
成都　四川少年儿童出版社　1982 年　有图

7×10cm　统一书号：R8247.33　定价：CNY0.05
（《小小连环画》16）

J0072611

水晶洞　（二）刘延令改编；蚁美楷绘
长春　吉林人民出版社　1982 年　124 页　有图
10×13cm　统一书号：8091.1214　定价：CNY0.18
　　本书是中国现代连环画册。作者蚁美楷（1938—　），画家。广东澄海人，毕业于北京艺术师范学院。曾任吉林艺术学院美术系教师，广州美术学院副教授。代表作品《打稻场上》《待鱼归》《炎黄子孙》等。

J0072612

水战金鱼精　陈非改编；侯中曦绘
广州　岭南美术出版社　1982 年　102 页　13cm（60 开）
统一书号：8260.0334　定价：CNY0.18
（西游记故事）

J0072613

说唐　（一 英雄逢乱世）文昊改编；杨福音绘
长沙　湖南美术出版社　1982 年　126 页　13cm（60 开）
定价：CNY0.17
　　本书是中国现代连环画册。作者杨福音（1942—　），美术师。湖南长沙人。广州书画研究院高级画师，广州书画研究院副院长，湖南师大美术学院客座教授，杨福音艺术馆馆长。

J0072614

说唐　（三 聚义瓦岗寨）文昊改编；姜垫绘
长沙　湖南美术出版社　1982 年　118 页　13cm（60 开）
定价：CNY0.16
　　本书是中国现代连环画册。

J0072615

说唐　（四 夺玺伏群王）对宇改编；刘左钧绘
长沙　湖南美术出版社　1982 年　126 页　13cm（60 开）
定价：CNY0.17
　　本书是中国现代连环画册。

J0072616

说唐　（五 闯鞭求良将）对宇改编；李儒光，蔡德林绘
长沙　湖南美术出版社　1982 年　126 页　13cm（60 开）
定价：CNY0.17

本书是中国现代连环画册。

J0072617

说唐 （六 一统唐王朝）对宇改编；杨敦仪绘

长沙 湖南美术出版社 1982年 126页 13cm（60开）

定价：CNY0.17

　　本书是中国现代连环画册。

J0072618

司马迁　叶柏满，吕人俊编；夏莹，周芳德绘

南京 江苏人民出版社 1982年 94页 13cm（60开）

定价：CNY0.13

　　本书是中国现代连环画，系中国古代文学家的故事。

J0072619

司棋与潘又安　（《红楼梦》人物故事）潘彩英

改编；丁世弼绘

沈阳 辽宁美术出版社 1982年 98页 19cm（32开）

统一书号：7161.0094 定价：CNY0.31

　　本书是中国现代连环画册。

J0072620

丝路驼铃　梁任编；姚耐，石夫绘

福州 福建人民出版社 1982年 150页 13cm（60开）

定价：CNY0.22

（通俗前后汉演义 之十四）

　　本书是中国现代连环画册。

J0072621

思念　查烈原著；王世尝等改编；王志渊绘画；

陈玉中摄影

广州 岭南美术出版社 1982年 130页 有图

10×13cm 统一书号：8260.0401 定价：CNY0.26

　　本书是中国现代连环画，根据战士歌舞团创作、演出的同名舞剧改编。

J0072622

死亡之岛　北京电视台，长春电影制片厂译

制；北京电视台改编

北京 北京出版社 1982年 141页 有图

10×13cm 统一书号：8071.383 定价：CNY0.25

（朝鲜惊险系列故事片《无名英雄》8）

　　本书是中国现代连环画册。

J0072623

四个小伙伴　王逸改编

北京 中国电影出版社 1982年 125页 13cm（60开）

统一书号：8061.1796 定价：CNY0.21

　　本书是中国现代连环画册。

J0072624

四个小伙伴　李伟等选编

郑州 中州书画社 1982年 109页 有图

10×13cm 统一书号：8219.212 定价：CNY0.16

　　本书是中国现代连环画，根据北京儿童电影制片厂同名电影选编。

J0072625

四国间谍战　（苏）列夫·奥瓦洛夫原著；史贲，

孙锦常改编；宋飞等，思敏绘

广州 岭南美术出版社 1982年 189页 13cm（60开）

定价：CNY0.29

　　本书是中国现代连环画册。

J0072626

四十个南瓜　魏楚予改编；高延绘画

南京 江苏人民出版社 1982年 40页 有图

10×13cm 统一书号：8100.3.462 定价：CNY0.11

　　本书是中国现代连环画，另有页数 68 页。

J0072627

四下河南　孙法智等改编；崔存忠绘

郑州 中州书画社 1982年 190页 13cm（60开）

统一书号：8219.201 定价：CNY0.25

　　本书是中国现代连环画，是歌颂铁面无私的包公不畏权奸、巧理民案的故事。

J0072628

四子争位　刘延龄编；来汶阳绘

长春 吉林人民出版社 1982年 78页 13cm（60开）

定价：CNY0.13

（东周列国之四）

　　本书是中国现代连环画册。

J0072629

宋江杀惜　瞿昙改编；高适绘

北京 人民美术出版社 1982年 83页 13cm（60开）

定价：CNY0.14

（《水浒》之八）

依据中国古典小说《水浒》改编的现代连环画作品。

J0072630
宋金采石之战　陈复荣编；中流，李乃蔚绘
武汉 长江文艺出版社 1982年 100页 13cm（60开）
定价：CNY0.15
（中国历代战争故事画丛）

J0072631
送俘虏　张宁改编；苏维贤，张宁绘
武汉 湖北人民出版社 1982年 70页 13cm（60开）
定价：CNY0.11
　　本书是中国现代连环画，根据白桦小说《小溪奔向大海》改编。作者张宁（1942— ），画家。上海市人，湖北省美术家协会会员，中国连环画研究会组建人之一。

J0072632
搜书院　李大发改编；杨宝恒绘
沈阳 辽宁美术出版社 1982年 118页 13cm（60开）
统一书号：7161.0047 定价：CNY0.18
　　本书是中国现代连环画，根据同名粤剧改编。

J0072633
苏东坡　赖海晏改编；汪宗强绘
广州 岭南美术出版社 1982年 110页 13cm（64开）
定价：CNY0.20
　　本书是中国现代连环画，文学家的故事。

J0072634
苏武　朱长龄，陈朝祥编；陈光华绘
合肥 安徽人民出版社 1982年 70页 13cm（60开）
定价：CNY0.11
　　本书是中国现代连环画册。

J0072635
苏武　陆士达编；张新国绘
上海 上海人民美术出版社 1982年 109页 13cm（60开）定价：CNY0.13
　　本书是中国现代连环画册。收入109幅图。

J0072636
苏小妹三难新郎　沙铁军改编；江栋梁绘

天津 天津人民美术出版社 1982年 62页 13cm（60开）统一书号：8073.30688
定价：CNY0.11
　　本书是中国现代连环画，传统戏剧故事。

J0072637
苏小三　邵珠，红宇编选
太原 山西人民出版社 1982年 150页 有图 10×13cm 统一书号：8088.1559 定价：CNY0.24
　　本书是中国现代连环画册。

J0072638
苏小三　燕岚改编
北京 中国电影出版社 1982年 147页 13cm（60开）
定价：CNY0.26
　　本书是根据同名电影故事改编的中国现代连环画册。

J0072639
素秋　蒲松龄原著；辛冰改编；陈都等绘画
天津 天津人民美术出版社 1982年 78页 有图 10×13cm 统一书号：8073.30631 定价：CNY0.13
　　本书是中国现代连环画册。

J0072640
素秋　（清）蒲松龄原著；辛冰改编；陈惠冠，陈都绘
天津 天津人民美术出版社 1982年 78页 13cm（60开）定价：CNY0.13
（《聊斋》故事）
　　本书是中国现代连环画册。

J0072641
隋炀帝看琼花　江丰改编；王重圭，倪基民绘
福州 福建人民出版社 1982年 134页 10×13cm
定价：CNY0.20
（《说唐前传》之五）
　　本书是中国现代连环画册。作者江丰（1910—1982），版画家、美术教育家、美术评论家。原名周熙，笔名高岗、固林，江烽，介福。上海人。《前线画报》编辑，历任鲁迅艺术学院美术部主任、中华全国美术工作者协会副主席、中央美术学院院长、中国美术家协会主席。出版有《江丰美术论集》。

J0072642

孙膑和庞涓 （中国历史故事）王振民改编；秀公等绘

北京 人民美术出版社 1982年 110页 13cm（60开）统一书号：8027.8023 定价：CNY0.14

　　本书是中国现代连环画册。作者王振民（1937－　），教授。中国人民大学中文系教授，文艺理论教研室主任，中国摄影家协会、中国文艺理论学会会员。

J0072643

孙悟空大闹天宫 于越改编；李梗绘

沈阳 辽宁美术出版社 1982年 188页 13cm（60开）定价：CNY0.21

　　本书是中国现代连环画册。

J0072644

孙悟空大闹天宫 于越改编；李梗绘

沈阳 辽宁美术出版社 1982年 126页 13cm（60开）定价：CNY0.18

　　本书是中国现代连环画册。

J0072645

孙悟空大战三妖 于越改编；李德庆绘

沈阳 辽宁美术出版社 1982年 158页 13cm（60开）定价：CNY0.23

　　本书是中国现代连环画册。

J0072646

孙悟空大战三妖精 石达诗改编；鞠伏强绘

合肥 安徽人民出版社 1982年 134页 13cm（60开）统一书号：8102.1277 定价：CNY0.18

　　本书是中国现代连环画册。

J0072647

孙悟空三调芭蕉扇 杨明生改编；史殿生绘

沈阳 辽宁美术出版社 1982年 146页 13cm（60开）定价：CNY0.22

　　本书是中国现代连环画册。作者史殿生，就读于中央美术学院。中国美术家协会会员，国家一级美术师，北京师范大学中国画创作高级研究生班导师，北京红旗书画院副院长，益昌画院顾问。作品有《盛装》《岁月》《高士图》等。

J0072648

孙悟空新历险记 柴立扬等编文；韩伍等绘

长沙 湖南人民出版社 1982年 104页 有图 10×13cm 统一书号：8109.1321 定价：CNY0.13

　　本书是中国现代连环画册。

J0072649

孙玉敏 吴子改编；赵希炜绘画

成都 四川少年儿童出版社 1982年 62页 有图 10×13cm 统一书号：R8247.76 定价：CNY0.09（英雄谱·战斗英雄故事）

J0072650

孙中山 （上集）迟森编文；王征绘画

上海 上海人民美术出版社 1982年 142页 有图 10×13cm 统一书号：8081.12476 定价：CNY0.17

　　本书是中国现代连环画，讲述孙中山革命斗争史。收入284幅图。

J0072651

孙中山 （下集）迟森编文；王征绘画

上海 上海人民美术出版社 1982年 142页 有图 10×13cm 统一书号：8081.13090 定价：CNY0.17

　　本书是中国现代连环画，讲述孙中山革命斗争史。收入284幅图。

J0072652

孙中山与宋庆龄 耿可贵编剧；徐抗生，春生改编；曹震云等摄影

上海 上海人民美术出版社 1982年 173页 9×13cm 统一书号：8081.13065 定价：CNY0.30

　　本书是中国现代连环画册，根据上海青年话剧团演出的同名话剧改编。

J0072653

他从香港来 山东广播电视艺术团供稿

长沙 广播出版社 1982年 125页 有图 10×13cm 统一书号：8236.076 定价：CNY0.22

　　本书是中国现代电视剧连环画。

J0072654

他从香港来 山东广播电视艺术团供稿

北京 广播出版社 1982年 125页 13cm（60开）定价：CNY0.22

　　电视剧连环画。

J0072655

他没有牺牲　毛亮英改编；王廷家绘

长春 吉林人民出版社 1982年 116页 13cm（60开）

统一书号：8091.1278 定价：CNY0.17

　　本书是中国现代连环画册。

J0072656

她含笑死去　常明，江平改编；钱鹤鸣等摄影

南京 江苏人民出版社 1982年 203页 13cm（60开）

定价：CNY0.28

　　本书是中国现代连环画，根据南通市话剧团演出的同名话剧改编。

J0072657

抬花轿　周则生改编；梁祖宏绘

北京 中国戏剧出版社 1982年 93页 13cm（60开）

定价：CNY0.17

　　本书是中国现代连环画，根据河南开封戏曲学校演出的同名豫剧改编。

J0072658

太湖情　鄂允文原著；肖羽改编，张晓飞绘

南京 江苏人民出版社 1982年 100页 有图 10×13cm 统一书号：8100.3.511 定价：CNY0.15

　　本书是中国现代连环画，描写元代画家倪云林不畏权贵，不爱金钱，始终保持崇高的民族气节和高尚品质。

J0072659

太空帝国　（美）乔治·卢卡斯原著；刘以方改编；何岸，方海绘

广州 岭南出版社 1982年 190页 13cm（60开）

统一书号：8260.0354 定价：CNY0.29

　　本书是中国现代连环画，属于科学幻想故事。作者何岸（1957— ），画家。广东广州人。进修于广州美术学院油画系。南海舰队军人俱乐部美术员。代表作品有《关怀》等。

J0072660

太空里的强盗　罗丹原著；韩永昌改编；杜凤宝绘

石家庄 河北美术出版社 1982年 70页 13cm（60开）定价：CNY0.11

　　本书是中国现代连环画册。作者杜凤宝（1946— ），插图画家。辽宁辽阳市人，毕业于鲁迅美术学院。辽宁春风文艺出版社美术编辑室主任，中国美术家协会会员。

J0072661

太平军天京破围战　赵洋汉编；曹小强绘

武汉 长江文艺出版社 1982年 140页 13cm（60开）

定价：CNY0.20

（中国历史战争故事画丛）

J0072662

唐伯虎　夏振亚编；王奕秋绘

上海 上海人民美术出版社 1982年 110页 13cm（60开）统一书号：8081.12756

定价：CNY0.13

　　本书是中国现代连环画，唐伯虎是明代有名的"吴派"画家。本书比较真实地介绍了唐伯虎的形象。

J0072663

唐东杰布　（藏文）丹朗，扎卓编

拉萨 西藏人民出版社 1982年 22页 有图 13cm（60开）统一书号：M8170.84 定价：CNY0.07

　　本书是中国现代连环画册。

J0072664

唐僧取经　唐卫寰编；邵劭绘

上海 上海人民美术出版社 1982年 142页 13cm（60开）定价：CNY0.17

　　本书是根据中国古典名著《西游记》改编的现代连环画。收入142幅图。

J0072665

唐僧误陷盘丝洞　郭子宣改编；季鑫焕绘

济南 山东人民出版社 1982年 100页 13cm（60开）

定价：CNY0.16

（《西游记》故事选 二）

J0072666

唐太宗与魏徵　李民生，杨志平编剧、改编；张应铭摄影

北京 中国戏剧出版社 1982年 175页 13cm（60开）

定价：CNY0.30

　　本书是中国现代连环画，根据铁道部第一工程局政治部文工团演出的同名戏改编。

J0072667

唐知县审诰命　刘耀中改编；段文斌绘
郑州 中州书画社 1982年 110页 13cm（60开）
统一书号：8219.124 定价：CNY0.16
　　本书是中国现代连环画册。

J0072668

掏心战　许焕岗，石文秀改编；王立志，司子兴绘
长沙 湖南美术出版社 1982年 110页 13cm（60开）
定价：CNY0.15
《桥隆飙》之五）
　　本书是中国现代连环画册。

J0072669

逃婚　（印度）古尔辛·南达原著；宋宗华，罗怡芳改编；谭小春绘
福州 福建人民出版社 1982年 142页 13cm（60开）
统一书号：8173.542 定价：CNY0.20
　　本书是中国现代连环画册。

J0072670

逃亡者　（英）罗伯特·奥尼尔原著；竺乾华，朱休改编；隋奇绘
石家庄 河北美术出版社 1982年 78页
13cm（60开）定价：CNY0.12
　　本书是中国现代连环画册。

J0072671

逃亡者　（英）罗伯特·奥尼尔原著；商羽改编，李忠翔等绘画
昆明 云南人民出版社 1982年 110页 有图
10×13cm 统一书号：R8116.994 定价：CNY0.18
　　本书是中国现代连环画册。

J0072672

桃李梅　吴英俊改编；李峰山绘画
长春 吉林人民出版社 1982年 94页 有图
10×13cm 统一书号：8091.1205 定价：CNY0.15
　　本书是中国现代连环画，根据同名吉剧改编的中国现代连环画。作者李峰山（1924— ），陕西蒲城人。中国书画家协会会员，东方书画家协会会员，陕西省书协会员，陕西老年书画学会名誉理事长。著有《论书名句》《李峰山墨迹》等。

J0072673

桃李梅　王逸改编
北京 中国电影出版社 1982年 125页 13cm（60开）
定价：CNY0.21
　　电影故事连环画。

J0072674

忒拜之战　于秀溪改编；吴长江绘
天津 天津人民美术出版社 1982年 93页
13cm（60开）定价：CNY0.15
　　根据希腊神话故事改编的中国现代连环画。作者于秀溪（1939— ），作家、诗人、书法家。原名于秀锡。河北灵寿县人，毕业于广播学院新闻系。中国美术出版社副编审，《连环画报》主编，中国诗书画院研究员。主要作品有《哪吒传》《岳云寻父记》《审美心理学》等。绘者吴长江（1954— ），画家、教授。天津人。毕业于中央美术学院。中国人民大学艺术学院名誉院长，中央美术学院教授，中国西藏文化保护与发展协会常务理事，中国美术协会会员，中国版画家协会会员。出版画集有《吴长江人体素描选》《吴长江画人体》《人体素描技法》等。

J0072675

特别行动小组　吴志远改编；关永伟摄影
北京 广播出版社 1982年 157页 13cm（60开）
统一书号：8236.038 定价：CNY0.26
（电视译制片连环画《黑名单上的人》1）

J0072676

特高课在行动　索立改编
北京 中国电影出版社 1982年 137页 13cm（60开）
定价：CNY0.24
　　电影故事连环画。

J0072677

特殊身份的警察　张斌改编；谌孝安绘
上海 少年儿童出版社 1982年 126页 有图
10×13cm 统一书号：R10024.4027 定价：CNY0.15
　　本书是中国现代连环画册。

J0072678

特殊使命　肖平原著；林正让改编；陈若辉等绘
福州 福建人民出版社 1982年 74页 有图
10×13cm 统一书号：9173.536 定价：CNY0.12

本书是中国现代连环画册。

J0072679
特务的奇遇　姚子良，黄昧鲁原著；魏德光改
编；刘启端，晓章绘
福州 福建人民出版社 1982年 134页 13cm（60开）
统一书号：8173.501 定价：CNY0.19
　　本书是中国现代连环画册。

J0072680
腾大尹鬼断家私　林承璜改编；朱光玉绘
福州 福建人民出版社 1982年 96页 13cm（60开）
定价：CNY0.15
（古代白话小说连环画）

J0072681
啼笑姻缘　宗玉改编；唐源源绘
长沙 湖南美术出版社 1982年 93页 13cm（60开）
定价：CNY0.13
　　本书是中国现代连环画册。

J0072682
缇萦救父　马立编；石夫绘
福州 福建人民出版社 1982年 105页 13cm（60开）
定价：CNY0.17
（通俗前后汉演义 之十）
　　本书是中国现代连环画册。

J0072683
天池的传说　绍旻改编；李丰田绘
石家庄 河北美术出版社 1982年 110页
13cm（60开）统一书号：8087.220
定价：CNY0.16
（民间故事）
　　本书是中国现代连环画册。绘者李丰田
（1939—　　），画家。山西平定人。中国美术家协
会会员，河北日报主任编辑，山西省美协副秘书
长。代表作品有《南滚龙沟》《迎亲图》《山村小
店》等，出版有《李丰田速写集》《李丰田画集》
《西洋绘画名作选集》等。

J0072684
天鹅　（藏文）
拉萨 西藏人民出版社 1982年 12页 有图
15cm（40开）统一书号：M8170.82 定价：CNY0.12

J0072685
天鹅湖　黄英改编；陈伦等摄影
北京 人民音乐出版社 1982年 78页 有图
10×13cm 统一书号：8026.4010 定价：CNY0.17
　　本书是中国现代连环画，根据同名舞剧改
编，中央芭蕾舞团、北京舞蹈学院演出。

J0072686
天然的盟友　涂万松改编；恒扬绘画
郑州 中州书画社 1982年 134页 有图
10×13cm 统一书号：8219.108 定价：CNY0.19
　　本书是中国现代连环画，根据话剧《彼岸》
改编。

J0072687
天山深处　王福顺编；李耀宗等摄影
北京 广播出版社 1982年 125页 有图
10×13cm 统一书号：8236.036 定价：CNY0.21
（电视剧连环画）

J0072688
天山深处　李斌奎改编；晓丁等摄影
北京 中国戏剧出版社 1982年 157页 有图
10×13cm 统一书号：8069.280 定价：CNY0.26
　　本书是中国现代连环画册。

J0072689
天梯　胡翀改编；郭慈绘画
广州 广东人民出版社 1982年 158页 有图
10×13cm 统一书号：8111.2378 定价：CNY0.27
（少年连环画库）

J0072690
天涯芳草　侯钰鑫原著；胡斌编绘
北京 人民美术出版社 1982年 86页 有图
10×13cm 统一书号：8027.8026 定价：CNY0.14
　　本书是中国现代连环画册。

J0072691
天涯情侣　陈健等原作；郑子铭改编；龚万山
绘画
福州 福建人民出版社 1982年 110页 有图
10×13cm 统一书号：8173.561 定价：CNY0.17

本书是中国现代连环画册。

J0072692

甜蜜的竞赛　高吟改编

北京 中国电影出版社 1982年 147页 13cm（60开）

统一书号：8061.1865 定价：CNY0.26

电影故事连环画。

J0072693

铁臂郎与雅沙　吕学惠等编；冼励强绘

广州 岭南美术出版社 1982年 94页 13cm（60开）

定价：CNY0.17

（广东民间故事）

本书是中国现代连环画册。

J0072694

铁蛋　晓宇改编

北京 宝文堂书店 1982年 93页 有图

10×13cm 统一书号：8070.87 定价：CNY0.17

本书是中国现代电视剧连环画。

J0072695

铁甲 008　金敬迈原著；莫少云改编；赖征云绘

南宁 广西人民出版社 1982年 112页 13cm（60开）

统一书号：8113.744 定价：CNY0.15

本书是中国现代连环画册。

J0072696

铁木儿和他的队伍　盖达尔原著；王承华改
编；吴瑞龙绘

天津 天津人民美术出版社 1982年 118页 有图

10×13cm 统一书号：8073.30633 定价：CNY0.16

本书是中国现代连环画册。

J0072697

铁扇公主　陈非改编；赵克标绘

广州 岭南美术出版社 1982年 106页

13cm（60开）定价：CNY0.20

（西游记故事）

J0072698

铁蹄下的玫瑰　天高编剧；曹震云等摄影

上海 上海人民美术出版社 1982年 189页 有图

10×13cm 统一书号：8081.13140 定价：CNY0.33

本书是中国现代连环画，根据浙江省话剧团

创作演出，王复民等导演的同名话剧改编。

J0072699

同心结　田川，任萍编剧、改编；徐冬冬摄影

北京 中国戏剧出版社 1982年 120页 13cm（60开）

统一书号：8069.190 定价：CNY0.21

本书是中国现代连环画，根据中国人民解放
军总政歌剧团演出的同名歌剧改编

J0072700

桐叶村的秘密　（英）柯南道尔原著；张钟龄
改编；梅汉珍，纹川绘

广州 岭南美术出版社 1982年 81页 13cm（60开）

定价：CNY0.14

（福尔摩斯探案选）

本书是中国现代连环画册。

J0072701

偷梁换柱　羽化编；林令等绘

南宁 漓江出版社 1982年 90页 13cm（60开）

统一书号：8256.59 定价：CNY0.14

（兵法三十六计丛书 9）

中国现代连环画作品，包括《偷梁换柱》《指
桑骂槐》《假痴不癫》3个故事。

J0072702

偷拳　（上集）宫白羽原著；贺书昌，赵玉昌改
编；姜吉维等绘

北京人民体育出版社 1982年 122页

13cm（60开）定价：CNY0.18

（体育连环画册）

J0072703

偷拳　（下集）宫白羽原著；贺书昌，赵玉昌改
编；姜吉维等绘

人民体育出版社 1982年 126页 13cm（60开）

定价：CNY0.18

（体育连环画册）

本书是中国现代连环画，根据宫白羽小说
《太极杨舍命偷拳》改编。

J0072704

屠夫状元　晓黎改编

北京 中国电影出版社 1982年 125页 13cm（60开）

定价：CNY0.21

电影故事连环画。

J0072705
土行孙　许仲琳原著；励艺夫改编，马寒松绘画
天津　天津人民美术出版社 1982 年 126 页 有图
10×13cm 统一书号：8073.30620 定价：CNY0.18
（封神演义故事）
　　本书是中国现代连环画册。作者马寒松
（1949—　），画家。天津人。历任中国美术家协
会会员，天津美术家协会理事，红桥区政协书画
家联谊会副会长，天津人民出版社任美术编辑、
副编审。代表作品《聪明的青蛙》《兔娃娃》《豹
子哈奇》《封神演义》等。

J0072706
土行孙反殷　史程改编；童介眉绘
北京 人民美术出版社 1982 年 124 页 13cm（60 开）
统一书号：8027.8092 定价：CNY0.19
（《封神演义》故事 11）
　　本书是根据古典小说《封神演义》改编的中
国现代连环画。

J0072707
托孤救孤　刘延龄编文；来汶阳绘画
长春 吉林人民出版社 1982 年 62 页 有图
10×13cm 统一书号：8091.1311 定价：CNY0.10
（东周列国 11）
　　本书是中国现代连环画册。

J0072708
瓦岗寨　胡霜改编；罗希贤绘
杭州 浙江人民美术出版社 1982 年 174 页
13cm（60 开）定价：CNY0.21
　　本书是中国现代连环画册。

J0072709
外国幽默笑话　陈树斌，康宇编；夏涛等绘
广州 科学普及出版社 1982 年 1 册 13cm（60 开）
定价：CNY0.15
　　本书是中国现代连环画册。

J0072710
外星人　（上集）余毅，施珽改编；柯焕绘
北京 科学普及出版社 1982 年 126 页 13cm（60 开）
定价：CNY0.19

本书是根据法国 M.A. 雷让著的同名科学幻
想小说改编的连环画。

J0072711
外星人　（下集）余毅，施珽改编；柯焕绘
北京 科学普及出版社 1982 年 1 册 13cm（60 开）
定价：CNY0.23
　　本书是根据法国 M.A. 雷让著的同名科学幻
想小说改编的连环画。

J0072712
晚霞　戴小权改编；裴国骧绘
南京 江苏人民出版社 1982 年 62 页 13cm（60 开）
定价：CNY0.26
（中国古典文学故事选）
　　本书是中国现代连环画，根据《聊斋志异》
同名故事改编。

J0072713
晚霞　戴晓权改编；裴国骧绘画
南京 江苏人民出版社 1982 年 62 页 有彩图
10×13cm 统一书号：8100.3.555 定价：CNY0.26
　　本书是中国现代连环画册。

J0072714
晚霞　成荣改编；洪钧等绘
南昌 江西人民出版社 1982 年 58 页 13cm（60 开）
定价：CNY0.20
　　本书是中国现代连环画册。

J0072715
晚霞　郑化改编；胡博琮，高云绘
天津 天津人民美术出版社 1982 年 67 页
13cm（60 开）定价：CNY0.12
　　本书是中国现代连环画册。

J0072716
万里复仇记　（英）柯南道尔原著；周金灼改编；
黄云松绘
广州 岭南美术出版社 1982 年 124 页 13cm（60 开）
统一书号：8260.0133 定价：CNY0.20
（福尔摩斯探案选）
　　本书是中国现代连环画册。

J0072717
万能脑袋侦破记　（英）L.G.亚历山大原著；
郭全璋改编；高万佳绘画
合肥　安徽人民出版社　1982年　102页　有图
10×13cm　统一书号：8102.1199　定价：CNY0.14
　本书是中国现代连环画册。

J0072718
万年人参果　吴承恩原著；戈兵改编，乔庆余
绘画
石家庄　河北美术出版社　1982年　110页　有图
10×13cm　统一书号：8087.148　定价：CNY0.16
（《西游记》11）

J0072719
万年人参果　戈兵改编；乔庆余绘
石家庄　河北美术出版社　1982年　110页
13cm（60开）定价：CNY0.16
（西游记 之十一）

J0072720
王伯当盗马　余音改编；王世贵绘
成都　四川人民出版社　1982年　90页　10×13cm
统一书号：8118.992　定价：CNY0.14
（《说唐》之十三）
　本书是中国现代连环画册。

J0072721
王贵与李香香　李季原著；周令钊绘
北京　人民美术出版社　1982年　24页　19cm（32开）
统一书号：8027.7988　定价：CNY1.10
　本书是中国现代连环画册。

J0072722
王六郎　（清）蒲松龄原著；李庆洪改编，陆成
法等绘画
济南　山东人民出版社　1982年　62页　有图
10×13cm　统一书号：8099.2482　定价：CNY0.11
（《聊斋志异》连环画丛书之七）
　本书是中国现代连环画册。

J0072723
王七到此一游　马国亮著；王培堃等编绘
南宁　广西人民出版社　1982年　96页　13cm（60开）

定价：CNY0.13
　本书是中国现代连环画册。

J0072724
王汤元打阎王　徐淦改编；刘永凯，刘炬绘
北京　农村读物出版社　1982年　116页　13cm（60开）
统一书号：8267.3　定价：CNY0.17
（民间故事连环画库·川西民间故事）

J0072725
王熙凤　（《红楼梦》人物故事）潘彩英改编；
戴敦邦等绘
沈阳　辽宁美术出版社　1982年　206页　19cm（32开）
定价：CNY0.59
　本书是中国现代连环画册。

J0072726
王昭君　曹禺原著；羡智改编；晁锡弟绘
石家庄　河北人民出版社　1982年　194页
13cm（60开）定价：CNY0.26
　本书是中国现代戏剧故事连环画。

J0072727
王昭君　曹禺原著；褚福章改编；王重圭等绘
西安　陕西人民美术出版社　1982年　190页
13cm（60开）定价：CNY0.23
　本书是中国现代连环画册。

J0072728
王子复仇记　（英）莎士比亚原著；李白英改编；
王宝兴，姜荣根绘
上海　上海人民美术出版社　1982年　205页
13cm（60开）统一书号：8081.13088
定价：CNY0.23
（莎士比亚戏剧连环画）

J0072729
望江亭　任生改编；童介眉绘
福州　福建人民出版社　1982年　102页　有图
10×13cm　统一书号：8173.576　定价：CNY0.16
　本书是中国现代连环画册。

J0072730
望娘滩　李昌旭改编；彭自人绘画
成都　四川人民出版社　1982年　63页　有图

10×13cm 统一书号：8118.1258 定价：CNY0.09

（四川民间故事）

　　本书是中国现代连环画册。

J0072731

危险的路　白宇改编；于绍文绘

北京 北京出版社 1982年 104页 有图

10×13cm 统一书号：8071.388 定价：CNY0.17

　　本书是中国现代连环画册。作者白宇

（1952— ），画家。河南安阳人，安阳师专艺术

系毕业。鹤壁市青年美术家协会副主席，鹤壁黄

河书画院院长，河南省美术家协会会员。主要作

品有《高山有情》《轻音图》等。绘者于绍文（1939

— ），画家。山东烟台人。人民文学出版社美

术编辑室副主任、副编审。代表作品有《贫嘴张

大民的幸福生活》《陈毅之帅》《佛教画藏》等。

J0072732

威尼斯商人　林石改编；方瑶民绘

北京 人民美术出版社 1982年 142页 13cm（60开）

统一书号：8027.8327 定价：CNY0.17

（莎士比亚选编）

　　本书是中国现代连环画册。

J0072733

巍巍昆仑　罗国贤改编；姜节安等摄影

上海 上海人民美术出版社 1982年 189页 有图

10×13cm 统一书号：8081.13181 定价：CNY0.33

　　本书是中国现代连环画，根据东生同名电影

文学剧本集体改编，上海人民艺术剧院演出，罗

国贤等导演。

J0072734

巍巍昆仑　姜节安摄；罗国贤编文

上海 上海人民美术出版社 1983年 2张

76cm（2开）定价：CNY0.32

　　本作品是中国现代年画。

J0072735

维维和海豚　王璞改编；肖合绘

长沙 湖南少年儿童出版社 1982年 62页 有图

10×13cm 统一书号：R8280.18 定价：CNY0.10

　　本书是中国现代连环画，根据金涛科学幻想

小说《人与兽》改编。

J0072736

伪君子　（法）莫里哀原著；丁立平改编；聂秀

功绘

南京 江苏人民出版社 1982年 126页 13cm（60开）

定价：CNY0.17

（外国戏剧名著连环画库）

J0072737

伪君子　任宝贤改编；孙愚绘

北京 人民美术出版社 1982年 62页 13cm（60开）

定价：CNY0.11

　　本书是中国现代连环画，根据法国莫里哀同

名话剧改编。

J0072738

伪君子　（法）莫里哀原著；庄宏安改编；杨逸

麟，杨恺力绘

天津 天津人民美术出版社 1982年 141页

13cm（60开）定价：CNY0.20

（外国文学名著选编）

　　本书是中国现代连环画册。

J0072739

未来的间谍战　冉一改编；张昌润绘

福州 福建人民出版社 1982年 86页 13cm（60开）

统一书号：8173.550 定价：CNY0.14

　　本书是中国现代连环画册。

J0072740

尉迟恭降唐　余音改编；丁世谦绘

成都 四川人民出版社 1982年 82页 10×13cm

定价：CNY0.13

（《说唐》之十七）

　　本书是中国现代连环画册。

J0072741

魏徵斩龙王　余鹤仙改编；卢延光绘画

上海 少年儿童出版社 1982年 78页 有图

10×13cm 统一书号：R10024.4026 定价：CNY0.10

　　本书是中国现代连环画册。

J0072742

温钦夫镇魔记　孙法智改编；潘直亮绘

郑州 中州书画社 1982年 94页 13cm（60开）

统一书号：8219.104 定价：CNY0.14

本书是中国现代连环画,根据芭杰同名蒙古族英雄史诗改编。

J0072743

文同画竹　何增鸾等编文;胥复常绘
成都　四川人民出版社　1982年　63页　有图
10×13cm　统一书号:8118.1201　定价:CNY0.10
　　本书是中国现代连环画册。

J0072744

文王回岐山　张争平改编;许全群绘
北京　人民美术出版社　1982年　124页　13cm(60开)
定价:CNY0.19
(《封神演义》故事 5)
　　本书是根据古典小说《封神演义》改编的中国现代连环画。

J0072745

我的前半生　沙铁军改编;陈贻福等绘
武汉　长江文艺出版社　1982年　142页　13cm(60开)
统一书号:8107.345　定价:CNY0.20
　　本书是中国现代连环画,根据溥仪同名回忆录改编。

J0072746

我们的军长　邓友梅原著;黄东诚改编;朱新龙绘
南京　江苏美术出版社　1982年　126页　有图
10×13cm　统一书号:8100.3.504　定价:CNY0.17
　　本书是中国现代连环画册。

J0072747

我们的军长　邓友梅原著;大鲁改编;何祖明绘
上海　上海人民美术出版社　1982年　126页　有图
10×13cm　统一书号:8081.13171　定价:CNY0.15
　　本书是中国现代连环画册。收入126幅图。

J0072748

乌鸡国　吴承恩原著;李敏媛改编;杨晓晖绘画
南京　江苏人民出版社　1982年　102页　有图
10×13cm　统一书号:8100.3.530　定价:CNY0.15
　　本书是中国现代连环画册。

J0072749

乌鸦喝水　童意编文;刘文进,袁殿民画
长春　吉林人民出版社　1982年　1册　有彩图
13×19cm(24开)　统一书号:8091.1020
定价:CNY0.22
　　本书是中国现代连环画,小学语文一册中的童话寓言。

J0072750

无底洞　张鸿林改编;蒋采凡绘画
长春　吉林人民出版社　1982年　63页　有图
10×13cm　统一书号:R8091.1271　定价:CNY0.10
(B型美猴王连环画 20)

J0072751

无底洞　吴承恩原著;章程改编;郑家声绘画
上海　上海人民美术出版社　1982年　118页　有图
10×13cm　统一书号:8081.13203　定价:CNY0.14
　　本书是中国现代连环画册。

J0072752

无辜的罪人　(俄)亚·奥斯特罗夫斯基编剧;
颜冈,晓蕾改编;晓丁,孙宏华摄影
北京　中国戏剧出版社　1982年　157页　13cm(60开)
定价:CNY0.26
　　本书是现代连环画作品,根据中央戏剧学院表演系师资班演出的同名戏剧改编

J0072753

无双传　王素一等改编;王谷水绘画
福州　福建人民出版社　1982年　94页　有图
10×13cm　统一书号:8173.496　定价:CNY0.15
　　本书是中国现代连环画册。

J0072754

无形窃贼　叶永烈原著;孙雄飞改编;费嘉,胡正修绘
广州　科学普及出版社广州分社　1982年　62页
13cm(60开)　定价:CNY0.11
(科学幻想系列连环画 7)

J0072755

无中生有　羽化编;李冠国绘
南宁　漓江出版社　1982年　93页　13cm(60开)
统一书号:8256.36　定价:CNY0.14
(兵法三十六计丛书 3)
　　中国现代连环画作品,包括《五中生有》《暗

度陈仓》《隔岸观火》3 个故事。

J0072756

吴蜀夷陵之战　庄宏安编；李九洪绘
武汉 长江文艺出版社 1982 年 108 页
13cm（60 开）定价：CNY0.16
（中国历代战争故事画丛）

J0072757

五姑娘　华士明改编；晓飞，海霞绘
南京 江苏人民出版社 1982 年 158 页 13cm（60 开）
定价：CNY0.21
　　本书是中国现代连环画册。

J0072758

五讲四美三字经　长庚，杜魁兴，董应周等编
郑州 河南人民出版社 1982 年 26 页 13cm（60 开）
统一书号：R3105.430 定价：CNY0.06
　　本书是中国现代连环画册。

J0072759

五鼠闹东京　汪闲鹤编剧；汪闲鹤改编；骆仲
琦，范爱全摄影
北京 宝文堂书店 1982 年 154 页 13cm（60 开）
统一书号：8070.75 定价：CNY0.26
　　本书是现代中国连环画。

J0072760

五雄闹花灯　朱羽改编；周瑞文，盛元富绘
福州 福建人民出版社 1982 年 74 页 10×13cm
定价：CNY0.13
（《说唐前传》之二）
　　本书是中国现代连环画册。作者朱羽，连环
画艺术家。作品有《近代中国演义》（下）和《中
国传统连环画精选》《林则徐戒烟》《大闹铁佛
寺》《现代故事画库·坪寨风雷》等。绘者盛元富，
美术高级编辑，创作有《浙江人民革命斗争故事》
《野妹子》《红衣女侠》《夜袭阳明堡》等。

J0072761

五庄观　张鸿林改编；刘笑绘画
长春 吉林人民出版社 1982 年 63 页 有图
10×13cm 统一书号：R8091.1328 定价：CNY0.10
（B 型美猴王连环画 3）

J0072762

伍建章骂殿　黄云编；王重义等绘
北京 中国曲艺出版社 1982 年 126 页 13cm（60 开）
统一书号：8227.004 定价：CNY0.18
（传统评书连环画《兴唐传》4）

J0072763

伍员鞭尸　（东周列国志选）劳炯基改编；吴
劲潮绘
广州 岭南美术出版社 1982 年 101 页 13cm（60 开）
统一书号：8260.0152 定价：CNY0.18
　　本书是中国现代连环画册。

J0072764

武昌起义　林林改编；康济，赵隆义绘画
上海 上海人民美术出版社 1982 年 174 页
10×13cm 统一书号：8081.12757 定价：CNY0.20
（中国近代故事）
　　本书是描绘中国辛亥革命斗争的现代连环
画。收入 174 幅图。作者赵隆义（1931—　　），编
审，上海人。中国美术家协会会员。作品有《小
城春秋》《贺龙的故事》《杨开慧》《圆眼睛》等。

J0072765

武技　李先定改编；黄大华绘
成都 四川人民出版社 1982 年 84 页 12×13cm
定价：CNY0.20
（《聊斋》故事）
　　本书是中国现代连环画册。绘者黄大华
（1934—　　），水彩画家。浙江鄞县人。中国美术
家协会会员，上海人民美术出版社编辑，上海百
草画院常务副院长。从事连环画创作，编辑出版
连环画近三百种。

J0072766

武林志　华勋，谢洪原著；张占尧，宋明改编；
许全群，李荣绘
北京 人民体育出版社 1982 年 190 页 13cm（60 开）
统一书号：8015.75 定价：CNY0.26
（武林志）
　　本书是中国现代连环画册。

J0072767

武松　郭中呈改编；钱贵苏绘
杭州 浙江人民美术出版社 1982 年 190 页

13cm（60开）定价：CNY0.23

　　本书是根据施耐庵、罗贯中著《水浒全传》改编的中国现代连环画。

J0072768

武王灭纣　水登改编；施大畏绘画

上海　少年儿童出版社　1982年　62页　有图　10×13cm　统一书号：R8024.45　定价：CNY0.10（封神榜人物故事 3）

　　本书是中国现代连环画册。作者水登（1930—　），画家。原名廖其澄，四川达县人。曾任绵阳市文联副秘书长、市美协主席，绵阳市书画院二级美术师。绘画作品有《山寨》《草原上的格桑花》《披查尔瓦的老人》等，出版有《廖其澄水彩画集》《廖其澄花鸟画集》。绘者施大畏（1950—　），画家，浙江吴兴人，毕业于上海大学美术学院国画系。国家一级美术师，曾任上海国画院执行院长、中国美术家协会副主席，中国美协国画艺委会委员、上海美协国画艺委会主任，上海大学美术学院兼职教授。代表作《暴风骤雨》《国殇》《皖南事变》《归途——西路军妇女团纪实》。

J0072769

舞恋　张文泽，田金夫改编

北京　中国电影出版社　1982年　157页　13cm（60开）统一书号：8061.1815　定价：CNY0.26

　　电影故事连环画。

J0072770

戊戌喋血记　（一　浏阳一奇人）王梦改编；朱光玉绘

长沙　湖南美术出版社　1982年 118页　13cm（60开）统一书号：8233.237　定价：CNY0.16

　　本书是中国现代连环画册。

J0072771

戊戌喋血记　（二　奉召进京）王梦改编；朱光玉绘

长沙　湖南美术出版社　1982年 126页　13cm（60开）定价：CNY0.17

　　本书是中国现代连环画册。

J0072772

戊戌喋血记　（三　紫禁城风云）王梦改编；朱

光玉绘

长沙　湖南人民出版社　1982年　118页　13cm（60开）统一书号：8233.308　定价：CNY0.16

　　本书是中国现代连环画册。

J0072773

戊戌喋血记　（四　袁世凯告密）王梦改编；朱光玉绘

长沙　湖南美术出版社　1983年　134页　13cm（60开）定价：CNY0.18

　　本书根据同名历史小说改编。

J0072774

戊戌喋血记　（五　六君子殉难）王梦改编；朱光玉绘

长沙　湖南美术出版社　1983年　126页　13cm（60开）定价：CNY0.17

J0072775

悟空斗狮精　吴承恩原著；刘树强改编；陆新森，吕振敏绘画

石家庄　河北美术出版社　1982年　110页　有图　10×13cm　统一书号：8087.142　定价：CNY0.31（《西游记》32）

J0072776

悟空计缚红孩妖　（明）吴承恩原著；郭子宣改编；于麟绘

济南　山东人民出版社　1982年　110页　9×11cm　统一书号：8099.2449　定价：CNY0.17（《西游记》故事选之六）

J0072777

悟空计缚红孩妖　（明）吴承恩原著；郭子宣改编；于麟绘

济南　山东美术出版社　1982年　新1版　110页　9×11cm　统一书号：8332.213　定价：CNY0.18（《西游记》故事选 6）

J0072778

悟空巧胜三仙师　郭子宣改编；于麟绘

济南　山东人民出版社　1982年　102页　13cm（60开）定价：CNY0.16（《西游记》故事选之三）

J0072779

悟空智擒天王女　　郭子宣改编；焦岩峰绘
济南 山东人民出版社 1982年 108页 13cm（60开）
定价：CNY0.17
（《西游记》故事选之五）

J0072780

雾江帆影　　杨柳青编；肖鸥鸣绘
南昌 江西人民出版社 1982年 134页 13cm（60开）
统一书号：8110.562 定价：CNY0.19
　　本书是中国现代连环画册。

J0072781

西安事变　　马启莱，林茉莉改编；沈加蔚，王
兰绘
沈阳 辽宁美术出版社 1982年 162页 13cm（60开）
定价：CNY0.24
　　本书是中国现代连环画册。

J0072782

西安事变 （上册）晓黎改编
北京 中国电影出版社 1982年 147页 13cm（60开）
定价：CNY0.26
　　电影故事连环画。

J0072783

西安事变 （下册）晓黎改编
北京 中国电影出版社 1982年 177页 13cm（60开）
定价：CNY0.30
　　电影故事连环画。

J0072784

西游记 （六 收白龙马）张帆改编；张鹿山绘
石家庄 河北美术出版社 1982年 54页 有图
10×13cm 统一书号：8087.137 定价：CNY0.09

J0072785

西周末日　　刘延龄编；王振海绘
长春 吉林人民出版社 1982年 69页 13cm（60开）
统一书号：8091.1207 定价：CNY0.12
（东周列国 之一）
　　本书是中国现代连环画册。

J0072786

席方平 （清）蒲松龄原著；履平改编；叶永森绘

天津 天津人民美术出版社 1982年 13cm（60开）
定价：CNY0.12
（《聊斋》故事）
　　本书是中国现代连环画册。

J0072787

冼星海　　肖斌华编；童道荣绘
北京 人民美术出版社 1982年 94页 13cm（60开）
定价：CNY0.15
　　本书是中国现代连环画册。

J0072788

冼星海　　王儒伯改编；朱馨欣绘
郑州 中州书画社 1982年 46页 13cm（60开）
统一书号：8219.191 定价：CNY0.10
　　本作品是中国现代连环画。

J0072789

喜鹊闹梅　　马正太编剧；杨子江改编；费文麓
摄影
北京 中国戏剧出版社 1982年 77页 有图
10×13cm 统一书号：8069.292 定价：CNY0.14
　　本书是中国现代连环画，根据江西省宜春地
区采茶剧团演出本改编。

J0072790

喜中缘　　牛犇，于杰选编；戴家乐，王勇摄影
上海 上海人民美术出版社 1982年 164页 有图
10×13cm 统一书号：8081.12676 定价：CNY0.29
　　本书是中国现代连环画册。

J0072791

细柳　　蒲松龄原著；定兴改编；施大畏等绘画
天津 天津人民美术出版社 1982年 62页 有图
10×13cm 统一书号：8073.30630 定价：CNY0.11
　　本书是中国现代连环画册。

J0072792

细柳　　定兴改编；谌孝安，施大畏绘
天津 天津人民美术出版社 1982年 1册
13cm（60开）定价：CNY0.11
　　本书是中国现代连环画册。

J0072793

虾球传 （上册）穆澜改编

北京 宝文堂书店 1982 年 141 页 19×7cm
定价：CNY0.23

　　电视剧连环画。

J0072794
虾球传 （中册）穆澜改编
北京 宝文堂书店 1982 年 141 页 19×7cm
定价：CNY0.23

　　电视剧连环画。

J0072795
虾球传 （下册）穆澜改编
北京 宝文堂书店 1982 年 105 页 19×7cm
定价：CNY0.23

　　电视剧连环画。

J0072796
下陈州 代俊贤编；胡若军，朱双海绘
郑州 中州书画社 1982 年 110 页 13cm（60 开）
统一书号：8219.210 定价：CNY0.16

　　本书是中国现代连环画册。

J0072797
夏朝的兴衰 袁川编；立功，恒声绘
南宁 广西人民出版社 1982 年 118 页 13cm（60 开）
定价：CNY0.21
（中国历代故事连环画 第 4 集）

J0072798
夏完淳的故事 高永康，李勇改编；盛鹤年绘
贵阳 贵州人民出版社 1982 年 62 页 13cm（60 开）
定价：CNY0.10

　　本书是中国现代连环画，根据钱世明小说
《南冠草》改编。作者盛鹤年（1938—2010），连环
画家，江苏江阴人。上海市美术家协会会员。出
版有《扬州除霸》《白描人物十招》《中国画白描
基础》《中国古代人物线描画谱》等。

J0072799
仙人湖 孙锦常改编；罗桂荣，谢黄河绘画
广州 岭南美术出版社 1982 年 1 册 有图
13cm（60 开）统一书号：8260.0305 定价：CNY0.22
（广东民间故事）

　　本书是中国现代连环画，根据饶游龙、王春
煜整理的故事改编。

J0072800
咸亨酒店 梅阡原著；关明改编；邹毅，张强
摄影
北京 文化艺术出版社 1982 年 156 页 13cm（60 开）
统一书号：8228.027 定价：CNY0.27

　　本书是中国现代连环画册。

J0072801
冼星海 肖斌华编；童道容绘
北京 人民美术出版社 1982 年 94 页 有图
10×13cm 统一书号：8027.8055 定价：CNY0.15

　　本书是中国现代连环画册。

J0072802
献计战王爷 哈斯巴根等改编；吴团良绘画
呼和浩特 内蒙古人民出版社 1982 年 62 页
有图 10×13cm 统一书号：8089.116
定价：CNY0.11
（达斡尔族民间故事 5）

　　本书是中国画画册。作者吴团良
（1952—　　），达斡尔族，国家一级美术师。字凯
健，内蒙古人。毕业于黑龙江省艺术学校，结业
于中央美术学院国画系。中国美术家协会理事，
中国美术家协会中国画艺委会委员，中国画学会
常务理事，中国当代工笔画学会常务理事，黑龙
江省美术家协会主席。代表作品有《烟乡秋色》
《驼峰》《风雪牧马图》等。

J0072803
乡情 晓黎改编
北京 中国电影出版社 1982 年 156 页
13cm（60 开）定价：CNY0.26

　　本书是中国画画册。

J0072804
香港漂流记 孺牛，启铣改编；周建鑫绘
长沙 湖南美术出版社 1982 年 134 页 13cm（60 开）
统一书号：8233.312 定价：CNY0.18

　　本书是中国现代连环画册。

J0072805
香港漂流记 宋乡尘编文；若骏绘
长春 吉林人民出版社 1982 年 150 页 有图
10×13cm 统一书号：8091.1314 定价：CNY0.22

　　本书是中国现代连环画册。

J0072806

香蕉娃娃　曹作锐改编；范生福绘
北京 中国少年儿童出版社 1982 年 62 页 有图
10×13cm 统一书号：R8056.310 定价：CNY0.11
　　本书是中国现代连环画，根据《中国民间故事集》第一集改编。作者曹作锐（1923— ），编辑。别名愚谷，河北武清人。擅长连环画编辑及理论研究。《连环画艺术》副主编，中国连环画研究会常务理事，中国美术家协会会员。出版有《连环画编写探幽》，连环画脚本《智降狮猁王》《懒龙伸腰》。绘者范生福（1939— ），画家。江苏无锡人。字森莆。中国美术家协会会员，艺委会委员，上海非物质文化遗产连环画继承人，上海美术家协会会员，《连环画艺术》编委。出版有《连环画典藏：范生福作品》（共 4 册）。

J0072807

香罗带　郑力强改编；费文麓摄影
北京 中国戏剧出版社 1982 年 157 页 13cm（60 开）
统一书号：8069.363 定价：CNY0.26
　　本书是中国现代连环画，根据中国戏剧故事改编。

J0072808

响铃公主　徐恩志等编文；吴冰玉等绘画
长春 吉林人民出版社 1982 年 70 页 有图
10×13cm 统一书号：8091.1220 定价：CNY0.11
　　本书是中国现代连环画册。

J0072809

向南极挺进　（法）让·奥利维埃编；海伊梅·卡洛斯绘；曾宪源译
北京 海洋出版社 1982 年 23 页 20cm（32 开）
定价：CNY0.25
（法国拉鲁斯《世界大发现》连环画集 1）

J0072810

象蜜蜂那样的苍蝇　（中）贺宜写；吴湘麟画
上海 少年儿童出版社 1982 年 22 页 有彩图
19cm（32 开）统一书号：R10024.4017
定价：CNY0.16
　　本作品是中国现代宣传画。

J0072811

硝烟　（上册）海涛原著；张体文改编；杨剑华

绘画
合肥 安徽人民出版社 1982 年 142 页 有图
10×13cm 统一书号：8102.1197 定价：CNY0.19
　　本作品是中国现代连环画。

J0072812

硝烟　（下册）海涛原著；张体文改编；杨剑华绘画
合肥 安徽人民出版社 1982 年 158 页 有图
10×13cm 统一书号：8102.1201 定价：CNY0.21
　　本作品是中国现代连环画。

J0072813

潇湘惊梦　钱志清改编；陈令长绘
上海 上海人民美术出版社 1982 年 166 页
10×13cm 统一书号：8081.12672 定价：CNY0.25
（《红楼梦》连环画之十一）

J0072814

小贝流浪记　毛亮英改编；姜成安等绘
天津 天津人民美术出版社 1982 年 62 页 有图
10×13cm 统一书号：8073.30624 定价：CNY0.10
　　本作品是中国现代连环画。

J0072815

小城春秋　东茸，联民改编；郝云摄影
南京 江苏人民出版社 1982 年 205 页 13cm（60 开）
统一书号：8100.3.472 定价：CNY0.28
　　本作品是中国现代连环画。

J0072816

小翠　（清）蒲松龄原著；陈元宁改编；杨雨青绘
天津 天津人民美术出版社 1982 年 62 页
13cm（60 开）定价：CNY0.11
（《聊斋》故事）
　　本作品是中国现代连环画。绘者杨雨青（1944— ），国家一级美术师。出生于江苏无锡，毕业于南京艺术学院附中。中国美术家协会会员，无锡市书画院国家一级美术师，专业从艺60 载。代表作品有《红肚兜儿》《水牛图》《卖驴》等。

J0072817

小丁丁　严朴勤编文；顾芃导演，何兆欣摄影
南京 江苏人民出版社 1982 年 74 页 有图
10×13cm 统一书号：8100.3.503 定价：CNY0.13

J0072818

小飞飞的梦　谢孟写；楼家本绘画

上海　少年儿童出版社　1982年　1册　有彩图

15cm（40开）统一书号：R10024.3953

定价：CNY0.12

　　本书是中国现代连环画册。

J0072819

小海　小黎改编

北京　中国电影出版社　1982年　125页　13cm（60开）

统一书号：8061.1718　定价：CNY0.21

　　本书是中国现代连环画册。

J0072820

小伙伴月历

西安　陕西人民出版社［1982年］1张　38cm（6开）

　　本书是中国现代连环画册。

J0072821

小将裴元庆　余音改编；张文忠绘画

成都　四川人民出版社　1982年　86页　10×13cm

统一书号：8118.990　定价：CNY0.13

（《说唐》之十一）

　　本书是中国现代连环画册。作者余音
（1962— ），纪实文学家。安徽寿县人。中国史
记研究会会员，《家庭》《知音》《报告文学》等多
家报刊签约作家。代表作品《传销内幕揭秘》《维
和高官传奇》《中国维和警察》《特稿采写宝典》。

J0072822

小街　吴天忍，金吉腾改编

北京　中国电影出版社　1982年　173页　13cm（60开）

统一书号：8061.1730　定价：CNY0.30

　　本书是中国现代连环画册。

J0072823

小精灵画传　（2　小精灵大闹娃娃祭）王培堃
编绘

石家庄　河北人民出版社　1982年　40页　有图

10×13cm　统一书号：8087.229　定价：CNY0.09

　　本书是中国现代连环画册。

J0072824

小精灵智斗总督　王培堃编绘

石家庄　河北美术出版社　1982年　1册　有图

10×13cm　统一书号：8087.1943　定价：CNY0.09

（小精灵画传）

　　本书是中国现代连环画册。作者王培堃
（1940— ），漫画家。广西柳州人，毕业于广西
师范学院。曾任职于广西柳州市群众艺术馆、柳
州《新天地画刊》编辑部，中国美术家协会会员，
中国美术家协会连环画艺术委员会委员。代表
作品《书的故事》《小精灵画传》《书童山》。

J0072825

小癞子　（西班牙）佚名原著；纪成吴改编，钱
自成绘画

上海　上海人民美术出版社　1982年　109页　有图

10×13cm　统一书号：8081.12948　定价：CNY0.13

　　本作品是中国现代年画。

J0072826

小雷音寺　张鸿林改编；袁惠民绘画

长春　吉林人民出版社　1982年　63页　有图

10×13cm　统一书号：R8091.1268　定价：CNY0.10

（B型美猴王连环画14）

J0072827

小路　王逸改编

北京　中国电影出版社　1982年　117页　13cm（60开）

统一书号：8061.1909　定价：CNY0.21

　　本作品是中国现代连环画。

J0072828

小木克　（德）威廉·豪夫原著；杨国桢改编；
邓柯绘画

上海　少年儿童出版社　1982年　125页　有图

10×13cm　统一书号：R10024.4028　定价：CNY0.15

　　本书是中国现代连环画册。

J0072829

小木碗　尹世霖改编；胡永凯画

北京　人民美术出版社　1982年　14页　有彩图

13cm（60开）统一书号：8027.8115　定价：CNY0.14

　　本书是中国现代连环画册。

J0072830

小蓬莱仙岛　远方改编；高适绘画

福州　福建人民出版社　1982年　126页　有图

10×13cm　统一书号：8173.580　定价：CNY0.19

（镜花缘故事 七）
　　本书是中国现代连环画册。

J0072831
小兔子飞毛的故事　方轶群写；毛用坤绘画
成都 四川少年儿童出版社 1982 年 1 册 有图
7×10cm（128 开）统一书号：R8247.29
定价：CNY0.05
（《小小连环画》12）
　　绘者毛用坤（1936— ），漫画家。浙江宁波人。创办上海少年报和《好儿童》画报，曾任美术组长、画报编辑部主任，副编审。作品有连环画《大扫除》《周总理在少年宫》《小灵通漫游未来》、连环画漫画《海虹》等。

J0072832
小卧龙　齐心编；吴樫绘
北京 人民体育出版社 1982 年 62 页 13cm（60开）
统一书号：8015.34 定价：CNY0.12
　　本书是中国现代连环画册。

J0072833
小蟹找房子　方芳改编；黄启乐绘画
昆明 云南人民出版社 1982 年 30 页 有图
7×10cm（128 开）统一书号：R8116.1051
定价：CNY0.03
　　本书是中国现代连环画册。

J0072834
小学生礼貌须知　陈少娟编；缪群飞等画
上海 上海教育出版社 1982 年 62 页 有彩图
13cm（60开）统一书号：7150.2752 定价：CNY0.14
　　本书是中国现代连环画册。

J0072835
小学生守则图册　吴微芦等画
上海 上海教育出版社 1982 年 28 页 有彩图
13cm（60开）统一书号：7150.2734 定价：CNY0.10
　　本书是中国现代连环画册。

J0072836
小学生数学手册　周江鸿编
上海 少年儿童出版社 1982 年 243 页 有图
13cm（60开）统一书号：R7024.117
定价：CNY0.31（科二）

　　本书是中国现代连环画册。

J0072837
小鸭呷呷　虞哲光等改编；翁葆强绘画
成都 四川少年儿童出版社 1982 年 1 册 有图
7×10cm（128 开）统一书号：R8247.27
定价：CNY0.05
（《小小连环画》10）
　　根据同名美术影片改编。

J0072838
小燕和大燕　索立改编
北京 中国电影出版社 1982 年 117页 13cm（60开）
统一书号：8061.1722 定价：CNY0.21
　　本书是中国现代连环画册。

J0072839
小瀛洲聚义　邱国华改编；徐进绘画
福州 福建人民出版社 1982 年 114 页 有图
10×13cm 统一书号：8173.571 定价：CNY0.18
（镜花缘故事之九）
　　本书是中国现代连环画册。

J0072840
小院风波　广播出版社改编；谢成林编辑
北京 广播出版社 1982 年 125 页 有图
10×13cm 统一书号：8236.056 定价：CNY0.22
　　本书是电视戏曲片连环画。

J0072841
笑里藏刀　羽化编；王弘力等绘
南宁 漓江出版社 1982 年 94 页 13cm（60开）
统一书号：8256.47 定价：CNY0.17
（兵法三十六计丛书 4）
　　中国现代连环画作品，包括《笑里藏刀》《李代桃僵》《顺手牵羊》3 个故事。

J0072842
谢小娥智擒船上盗　（明）凌濛初原著；黎服兵改编；梁如洁绘画
广州 岭南美术出版社 1982 年 93 页 有图
10×13cm 统一书号：8260.0501 定价：CNY0.17
　　本书是中国现代连环画，选自《初刻拍案惊奇》改编。

J0072843

心泉　筱篁改编

北京 中国电影出版社 1982年 117页 13cm（60开）

定价：CNY0.21

　　本书是中国现代连环画册。作者筱篁，主要改编的连环画作品有《白鸽》《霍元甲》《三个和尚》等。

J0072844

心弦　筱篁改编

北京 中国电影出版社 1982年 117页 13cm（60开）

统一书号：8061.1875 定价：CNY0.21

　　本书是中国现代连环画册。作者筱篁，主要改编的连环画作品有《白鸽》《霍元甲》《三个和尚》等。

J0072845

辛伯达航海历险记　刘莹编；庄根生绘

上海 上海人民美术出版社 1982年 142页 有图

10×13cm 统一书号：8081.13187 定价：CNY0.17

（《一千零一夜》丛书）

　　本书是中国现代连环画册。

J0072846

辛弃疾　沈为宁编；范思田，范生福绘

南京 江苏人民出版社 1982年 118页 13cm（60开）

定价：CNY0.17

　　本书是中国现代连环画册。

J0072847

新岸　王岚改编；祝涛摄影

上海 上海人民美术出版社 1982年 78页 有图

10×13cm 统一书号：8081·13169 定价：CNY0.15

　　本书是中国现代连环画册。

J0072848

新岸　薛夫改编

北京 中国电影出版社 1982年 157页 13cm（60开）

统一书号：8061.1912 定价：CNY0.26

　　电影故事连环画。

J0072849

新兵马强　王逸改编

北京 中国电影出版社 1982年 109页 13cm（60开）

定价：CNY0.19

　　电影故事连环画。

J0072850

新儿女英雄传　（上）孔厥，袁静原著；李大振改编；辛鹤江绘

石家庄 河北美术出版社 1982年 170页

13cm（60开）定价：CNY0.20

　　本书是中国现代连环画册。

J0072851

新儿女英雄传　（下）孔厥，袁静原著；李大振改编；辛鹤绘

石家庄 河北美术出版社 1982年 174页

13cm（60开）定价：CNY0.24

　　本书是中国现代连环画册。

J0072852

新儿女英雄传　（上集）于国凡改编；翟万英绘

沈阳 辽宁美术出版社 1982年 182页 13cm（60开）

定价：CNY0.26

　　本书是中国现代连环画册。

J0072853

新儿女英雄传　（下集）于国凡改编；翟万英绘

沈阳 辽宁美术出版社 1982年 162页 13cm（60开）

定价：CNY0.24

　　本书是中国现代连环画册。

J0072854

新儿女英雄续传　（中）孔厥著；毛志毅改编；赵兵凯，赵千红绘

天津 天津人民美术出版社 1982年 158页

10×13cm 统一书号：8073.30684 定价：CNY0.2

　　本书是中国现代连环画册。

J0072855

新儿女英雄续传　（上）孔厥著；寒光改编

天津 天津人民美术出版社 1987年 134页

10×13cm 统一书号：8073.31294 定价：CNY0.48

　　本书是中国现代连环画册。

J0072856

新儿女英雄续传　（下）孔厥著；寒光改编

天津 天津人民美术出版社 1987年 110页

10×13cm 统一书号：8073.31295 定价：CNY0.40

本书是中国现代连环画册。

J0072857

新来的班主任　陈如清改编；欧泽兵摄影

北京 广播出版社 1982 年 125 页 有图

10×13cm 统一书号：8236.055 定价：CNY0.22

　　本书是中国现代电视剧连环画，湖南电视台供稿。

J0072858

信陵君救赵　白宇改编；徐有武，徐有刚绘

北京 人民美术出版社 1982 年 166 页

13cm（60 开）统一书号：8027.8347

定价：CNY0.19

（中国历代故事）

J0072859

星球大战　（美）卢卡斯原著；于秀溪改编；杨逸麟绘

天津 天津人民美术出版社 1982 年 174 页

13cm（60 开）定价：CNY0.24

　　本书是中国现代连环画册。作者于秀溪（1939— ），作家、诗人、书法家。原名于秀锡。河北灵寿县人，毕业于广播学院新闻系。中国美术出版社副编审、曾任《连环画报》主编，中国诗书画院研究员。主要作品有《哪吒传》《岳云寻父记》《审美心理学》等。 绘者杨逸麟（1931— ），画家、教授。河北迁安人，毕业于中央美术学院绘画系。中国美术家协会会员，中央美术学院教授。代表作品有《一颗铜钮扣》《卡门》《周恩来画卷》等。

J0072860

星球大战　（上册）亦平改编；何能等绘

昆明 云南人民出版社 1982 年 122 页 13cm（60 开）

统一书号：R8116.1040 定价：CNY0.20

　　本书是中国现代连环画，根据美国同名科幻想电影剧本改编。

J0072861

星球大战　（下册）亦平改编；何能等绘

昆明 云南人民出版社 1982 年 133 页 13cm（60 开）

统一书号：R8116.1041 定价：CNY0.21

　　本书是中国现代连环画，根据美国同名科幻想电影剧本改编。

J0072862

刑场上的婚礼　李维青改编；陈振国，杨云绘

哈尔滨 黑龙江人民出版社 1982 年 134 页

13cm（60 开）定价：CNY0.20

　　电影故事连环画，根据陈立德著同名电影文学剧本改编。作者陈振国（1944— ），教授。湖北汉阳人，毕业于广州美术学院中国画系。广州美术学院中国画系主任、教授，广东美协常务理事。

J0072863

刑警队长　王亚平原著；王肇岐改编；姜吉维绘

北京 人民美术出版社 1982 年 174页（60 开）

定价：CNY0.26

　　本书是中国现代连环画册。

J0072864

刑警队长　王亚平原著；王肇岐改编；姜吉维绘

北京 人民美术出版社 1982 年 8×11cm

统一书号：8027.8214 定价：CNY0.29

　　本书根据王亚平同名小说改编的中国现代题材连环画。

J0072865

刑警队长　（上）袁玮大，竺乾华编文；陈枫根，李素萍摄影

天津 天津人民美术出版社 1982 年 158 页 有图

10×13cm 统一书号：8073.30640 定价：CNY0.26

　　本书是中国现代连环画册。

J0072866

刑警队长　（下）袁玮大，竺乾华编文；陈枫根，李素萍摄影

天津 天津人民美术出版社 1982 年 157 页 有图

10×13cm 统一书号：8073.30641 定价：CNY0.26

　　本书是中国现代连环画册。

J0072867

凶手是谁　周崇坡编；陈贻福绘

南昌 江西人民出版社 1982 年 118页 13cm（60 开）

统一书号：8110.491 定价：CNY0.17

　　本书是中国现代连环画册。

J0072868

熊猫学礼貌　武玉桂编；詹同绘画

石家庄 河北人民出版社 1982 年 20 页 有图
10×13cm 统一书号：8086.1535 定价：CNY0.10
（儿童连环漫画）

J0072869
徐九经升官记　王素一编；张新国绘
银川 宁夏人民出版社 1982 年 1 册 13cm（60开）
统一书号：8157.386 定价：CNY0.15
　　本作品是中国现代连环画，根据同名京剧
改编。

J0072870
徐九经升官记　郭大宇，志淦编剧、改编；晓
丁，孙宏华摄影
北京 中国戏剧出版社 1982 年 157 页 13cm（60开）
统一书号：8069.194 定价：CNY0.26
　　本作品是中国现代连环画，根据湖北省京剧
团演出的同名京剧改编。

J0072871
徐茂公退敌　潘笠翁改编；王井绘
福州 福建人民出版社 1982 年 106 页 10×13cm
ISBN：8173.517 定价：CNY0.17
（《说唐前传》之四）
　　本书是中国现代连环画册。绘者王井
（1917—2002），连环画家。浙江余杭人。原名王
志根，笔名王子耕。创作古典题材连环画有《加
令记》《见龙王》《法云寺会妻》等，现代题材连
环画有《幸福的道路》《英雄小八路》《红领巾
炮》等。

J0072872
徐霞客　武锋，冯新广编；吕云所绘
石家庄 河北人民出版社 1982 年 114 页
13cm（60开）定价：CNY0.16
　　本书是中国现代连环画册。

J0072873
许茂和他的女儿们　文友改编
北京 中国电影出版社 1982 年 157页 13cm（60开）
统一书号：8061.1819 定价：CNY0.26
　　电影故事连环画。

J0072874
玄奘西行　吴承恩原著；庄努等改编；赵映闾

绘画
成都 四川人民出版社 1982 年 126 页 有图
10×13cm 统一书号：8118.1123 定价：CNY0.18
（《西游记》故事 四）

J0072875
玄奘西行　庄努，槐山改编；郑波绘
成都 四川人民出版社 1982 年 126页 13cm（60开）
定价：CNY0.18
（《西游记》故事之四）
　　绘者郑波（1957—　），艺术家。山东人。毕
业学于鲁迅美术院油画系，留校任教。代表作品
有《冰球》《在和平的环境里》《到敌人后方去》
《自然、生命、和谐》《天狗》等。

J0072876
旋涡里的歌　魏晓鹏编
成都 四川人民出版社 1982 年 179页 13cm（60开）
定价：CNY0.26

J0072877
旋涡里的歌　杨军改编
北京 中国电影出版社 1982 年 133页 13cm（60开）
定价：CNY0.22
　　电影故事连环画。

J0072878
漩涡里的歌　魏晓鹏编文
成都 四川人民出版社 1982 年 38页 10×13cm
统一书号：8118.1067 定价：CNY0.26
（电影连环画）
　　本书是中国现代连环画册。

J0072879
雪莲花　黎强改编；覃奕汉绘画
广州 广东人民出版社 1982 年 106 页 有图
10×13cm 统一书号：8111.2374 定价：CNY0.21
（少年连环画库）

J0072880
雪人的秘密　张萍文；韩植墨画
太原 山西人民出版社 1982 年 85 页 有图
10×13cm 统一书号：8088.1477 定价：CNY0.13
　　本书是中国现代连环画册。

J0072881
雪夜取蔡州　老伙编；黄河清绘
武汉 长江文艺出版社 1982年 100页 13cm（60开）
定价：CNY0.15
（中国历代战争故事画丛）

J0072882
血涤鸳鸯剑　木香改编；淼智摄影
北京 广播出版社 1982年 147页 13cm（60开）
统一书号：8236.037 定价：CNY0.26
　　电视戏曲片连环画。

J0072883
血溅津门　（一 声东击西）张孟良原著；闻化
冰改编；刘建平绘
天津 天津人民美术出版社 1982年 126页
13cm（60开）统一书号：8073.30678
定价：CNY0.17
　　本书是中国现代连环画册。

J0072884
血溅津门　（二 大闹天津卫）张孟良原著；闻
化冰改编；刘建平，尚金生绘
天津 天津人民美术出版社 1982年 126页
13cm（60开）定价：CNY0.16
　　本书是中国现代连环画册。

J0072885
血溅津门　（三 威震敌胆）张孟良原著；闻化
冰改编；刘建平，尚金生绘
天津 天津人民美术出版社 1983年 126页
13cm（60开）定价：CNY0.16
　　本书是中国现代连环画册。

J0072886
血溅津门　（四 夜探敌情）张孟良原著；剑青
改编；刘建平，尚金生绘
天津 天津人民美术出版社 1983年 118页
13cm（60开）定价：CNY0.16
　　本书是中国现代连环画册。

J0072887
血溅津门　（五 智劫粮台）张孟良原著；剑青
改编；刘建平，尚金生绘
天津 天津人民美术出版社 1983年 126页

13cm（60开）定价：CNY0.18
　　本书是中国现代连环画册。

J0072888
血溅津门　（六 巧炸敌仓库）张孟良原著；剑
青改编；刘建平，尚金生绘
天津 天津人民美术出版社 1983年 142页
13cm（60开）统一书号：8073.30683
定价：CNY0.16
　　本书是中国现代连环画册。

J0072889
血溅鸳鸯楼　（武松之二）王延海改编；刘旭绘
沈阳 辽宁美术出版社 1982年 162页 13cm（60开）
定价：CNY0.24
　　本书是中国现代连环画册。

J0072890
血染的作业　肖庆元原著；丁鸿慈改编；翁富
荣绘画
南京 江苏人民出版社 1982年 94页 有图
10×13cm 统一书号：8100.3.557 定价：CNY0.14
　　本书是中国现代连环画册。

J0072891
血染法卡山　时永福编；陈玉先绘
北京 人民美术出版社 1982年 94页 有图
10×13cm 统一书号：8027.8216 定价：CNY0.15
　　本书是中国现代连环画册。作者陈玉先
（1944— ），国画家、美术家。安徽淮南人。历
任《解放军报》副主编、中国美术家协会艺术委
员会副主任。代表作品有《井冈山斗争》《红灯
记》《红色娘子军》《草原儿女》，专著有《速写技
法》《陈玉先插图作品选》《陈玉先中国画》。

J0072892
血战九江　顾宜林编文；魏鸿蕴绘
南京 江苏人民出版社 1982年 102页 10×13cm
统一书号：8100.3.523 定价：CNY0.15
（太平天国的故事）
　　本书是中国现代连环画册。

J0072893
血战牛头山　竹梅改编；季源业，季津业绘
哈尔滨 黑龙江人民出版社 1982年 44页

13cm（60开）统一书号：8093.775
定价：CNY0.21
　　本书是中国现代连环画册。

J0072894
血战拳王　　周荣新改编；方瑶民绘画
福州　福建人民出版社 1982年 125页 有图
10×13cm 统一书号：8173.485 定价：CNY0.18
　　本书是中国现代连环画，据方国伟译美国朱
莉娅·索雷尔小说《罗凯》改编。

J0072895
寻儿记　　晓扬改编；郭鸿峻绘
南京　江苏人民出版社 1982年 126页 有图
10×13cm 统一书号：8100.3.473 定价：CNY0.17
　　本书是中国现代连环画，根据传统锡剧
改编。

J0072896
寻太阳　　田土改编；赵仁年绘画
北京　中国少年儿童出版社 1982年 94页 有图
10×13cm 统一书号：R8056.293 定价：CNY0.15

J0072897
殉国李陵碑　　喻岳衡改编；陈安民绘
长沙　湖南美术出版社 1982年 102页 13cm（60开）
统一书号：8233.243 定价：CNY0.13
（北宋杨家将连环画 之三）
　　本书为汉朝殉国将士李陵的连环画作品。

J0072898
鸦头　　蒲松龄原著；陈元宁改编；王丽铭绘
天津　天津人民美术出版社 1982年 78页 有图
10×13cm 统一书号：8073.30635 定价：CNY0.13
　　本作品是中国现代连环画。

J0072899
哑禅报师仇　　汤式稼改编；邓泰和，詹敏绘
南昌　江西人民出版社 1982年 85页 13cm（60开）
统一书号：8110.539 定价：CNY0.13
　　本书是中国现代连环画册。

J0072900
哑女　　李成葆，钱宏改编
北京　中国电影出版社 1982年 125页 13cm（60开）

定价：CNY0.21
　　电影故事连环画。

J0072901
雅克萨反击战　　贾永盛改编；张永新绘
沈阳　辽宁美术出版社 1982年 130页
13cm（60开）定价：CNY0.20
　　本书是中国现代连环画册。

J0072902
胭脂　　杨树玉改编；王树立绘
沈阳　辽宁美术出版社 1982年 118页
13cm（60开）定价：CNY0.18
　　本作品是中国现代连环画。根据同名越剧
改编。

J0072903
胭脂　　黄钟改编；苏正刚绘画
北京　人民美术出版社 1982年 148页 有图
10×13cm 统一书号：8207.8220 定价：CNY0.19
　　本书是现代中国连环画。

J0072904
胭脂　　李德运等改编；孙里人绘画
太原　山西人民出版社 1982年 86页 有图
10×13cm 统一书号：8088.1558 定价：CNY0.13
　　本书是中国连环画，根据《聊斋志异》故事
改编。作者孙里人（1941—　），画家。原名孙礼
仁，浙江绍兴人，毕业于浙江美术学院。山西省
文联一级美术师，山西省黄河画院副院长，山西
省美术公司经理，中国美术家协会会员。作品有
《矿工的儿子》《峡谷新城》《巍巍太岳山》等。

J0072905
延安保卫战（上集）　　王曒改编；李人毅绘
沈阳　辽宁美术出版社 1982年 166页 13cm（60开）
统一书号：7161.0054 定价：CNY0.24
　　本书是中国现代连环画册。

J0072906
延安保卫战（下集）　　王曒改编；李人毅绘
沈阳　辽宁人民出版社 1982年 170页 13cm（60开）
统一书号：7161.0053 定价：CNY0.25
　　本书是中国现代连环画册。

J0072907

岩竹夺宝　讯河原著；罗功华改编；张文忠绘
贵阳　贵州人民出版社　1982年　50页　13cm（60开）
定价：CNY0.09
　　　本书是中国现代连环画册。

J0072908

艳红的晚霞　北京电视台等译制
北京　北京出版社　1982年　173页　有图
10×13cm　统一书号：8071.390　定价：CNY0.29
（朝鲜惊险系列故事片《无名英雄》11）
　　　本书是中国现代连环画册。

J0072909

晏婴的故事　张重远编文；江一峰等绘画
成都　四川人民出版社　1982年　64页　有图
10×13cm　统一书号：8118.1200　定价：CNY0.10
　　　本书是中国现代连环画册。

J0072910

晏婴使楚　立华改编；张煤，陈都绘
北京　人民美术出版社　1982年　70页　13cm（60开）
定价：CNY0.10
（中国历代故事）
　　　本书是中国现代连环画册。

J0072911

扬帆　晓黎改编
北京　中国电影出版社　1982年　116页　13cm（60开）
定价：CNY0.21
　　　电影故事连环画。

J0072912

羊皮换宰相　（东周列国志选）吴枫改编；潘
政沂绘
广州　岭南美术出版社　1982年　106页　13cm（60开）
统一书号：8260.0275　定价：CNY0.20
　　　本书是中国现代连环画册。

J0072913

羊脂球　（法）莫泊桑原著；韩旭改编；王肇达绘
天津　天津人民美术出版社　1982年　94页
13cm（60开）定价：CNY0.15
（外国文学名著选编）
　　　本书是中国现代连环画册。

J0072914

阳关奇遇　于秀溪编；孟庆江绘
兰州　甘肃人民出版社　1982年　定价：CNY0.20
　　　本书是中国现代连环画，根据历史剧《西出
阳关》改编。

J0072915

杨八姐盗刀　范贵全摄影
天津　天津人民美术出版社　1982年　2张
76cm（2开）定价：CNY0.36
　　　中国现代工艺美术年画作品，现代连环画摄
影作品。

J0072916

杨根思　何伍全改编；李万春绘画
成都　四川少年儿童出版社　1982年　94页　有图
10×13cm　统一书号：R8247.90　定价：CNY0.12
　　　中国现代连环画。

J0072917

杨戬三变　水登改编；张培成绘画
上海　少年儿童出版社　1982年　62页　有图
9×13cm（64开）统一书号：R10024.4038
定价：CNY0.09
（封神榜人物故事　3）
　　　本书是中国现代连环画册。作者水登
（1930—　），画家。原名廖其澄，四川达县人。
曾任绵阳市文联副秘书长、市美协主席，绵阳市
书画院二级美术师。绘画作品有《山寨》《草原
上的格桑花》《披查尔瓦的老人》等，出版有《廖
其澄水彩画集》《廖其澄花鸟画集》。作者张培成
（1948—　），画家、一级美术师。江苏太仓人。
毕业于中央美术学院。上海市美术家协会副主
席，上海中国画院兼职画师，上海大学美术学
院、上海师范大学美术学院兼职教授，中国美术
家协会会员。代表作品有《微风》《农家》《沃土》，
出版有《张培成画集》。

J0072918

杨靖宇将军　褚福章改编；关庆留绘
西安　陕西人民出版社　1982年　142页
13cm（60开）定价：CNY0.18
　　　本书是中国现代连环画册。绘者关庆留
（1935—　），笔名阿留。广东顺德人，毕业于西
安军医大学。曾任解放军总后勤部政治部后勤

杂志社副科长，中国美术家协会会员。作品有《捉麻雀》《风雪高原》，连环画《智取华山》等。

J0072919
杨令公归宋　碧江改编；庞先健，张峻松绘
福州　福建人民出版社　1982年　82页　10×13cm
统一书号：8173.572　定价：CNY0.13
（《杨家将演义》之四）

J0072920
杨令公归宋　喻岳衡改编；蒋太禄绘
长沙　湖南美术出版社　1982年　78页　13cm（60开）
统一书号：8233.241　定价：CNY0.12
（北宋杨家将连环画之四）

J0072921
杨七郎打擂　刘兰芳，王印权原著；刘汉宗等绘
石家庄　河北美术出版社　1982年　102页
13cm（60开）定价：CNY0.15
（杨家将之一）
　　本书是中国现代连环画册。

J0072922
杨七郎打擂　孙长江，张惠民编；殷恩光，刘为民绘
郑州　中州书画社　1982年　140页　13cm（60开）
定价：CNY0.19
（杨家将之二）
　　本书是中国现代连环画册。作者张惠民，美术教师。毕业于广州美术专科学校，曾任南宁、桂林、百色等中学及南武师范学校美术教师，广西壮族自治区美术家协会会员。

J0072923
杨三姐告状　午言改编
北京　中国电影出版社　1982年　125页　13cm（60开）
统一书号：8061.1880　定价：CNY0.21
　　电影故事连环画。

J0072924
杨五郎出家　林薇编；崔君沛绘
福州　福建人民出版社　1982年　86页　10×13cm
定价：CNY0.15
（《杨家将演义》之六）
　　绘者崔君沛（1950—2008），画家。广东番禺

人。上海人民美术出版社专职画家，中国美术家协会上海分会会员，上海老城厢书画会副会长，中国艺术研究院特邀书画师。出版有《三国人物绣像》《崔君沛画集》《红楼人物册》《李自成·清兵入塞》《南原激战》等。

J0072925
杨志卖刀　施耐庵等原著；徐滢改编；王弘力绘画
北京　人民美术出版社　1982年　83页　有图
10×13cm　统一书号：8027.7907　定价：CNY0.14
（水浒　5）

J0072926
养城曙光　杜友农，丁山改编；杜友农摄影
北京　宝文堂书店　1982年　125页　13cm（60开）
定价：CNY0.21
　　电视剧连环画。

J0072927
养肉兔　丁锋改编；刘放摄影
北京　农业出版社　1982年　63页　有图
10×13cm　统一书号：8144.10　定价：CNY0.28
　　本书是中国现代连环画册。

J0072928
尧皇让贤　潘勤孟原著；冯健男改编；张培成绘画
上海　上海人民美术出版社　1982年　70页　有图
10×13cm　统一书号：8081.12760　定价：CNY0.09

J0072929
药　索立改编
北京　中国电影出版社　1982年　117页　13cm（60开）
定价：CNY0.21
　　电影故事连环画。

J0072930
爷俩抬驴　张记书改编；刘端绘画
石家庄　河北美术出版社　1982年　54页　有图
10×13cm　统一书号：8087.144　定价：CNY0.09
　　本书是中国现代连环画册。

J0072931
野妹子　任大星原著；钱家婺改编；朱子荣绘

北京　人民美术出版社　1982年　126页　13cm（60开）
统一书号：8027.8164　定价：CNY0.19
　　本书是中国现代连环画册。

J0072932
野葡萄　葛翠林写；黄冠余画
上海　少年儿童出版社　1982年　22页　有彩图
19cm（32开）统一书号：R10024.1020
定价：CNY0.13
　　本书是中国现代连环画册。

J0072933
野猪林　施耐庵等原著；石红改编；赵仁年等
绘画
北京　人民美术出版社　1982年　107页　10×13cm
统一书号：8027.7905　定价：CNY0.17
（《水浒》之三）

J0072934
叶秋红　（上册）刘钧编；悦朋，成林绘
长春　吉林人民出版社　1982年　142页　10×13cm
定价：CNY0.20
　　本书是中国现代连环画册。

J0072935
叶秋红　（下册）刘钧编；悦朋，成林绘
长春　吉林人民出版社　1982年　126页　10×13cm
定价：CNY0.20
　　本书是中国现代连环画册。

J0072936
叶秋红　（上）黎汝清原著；汪文广改编；赵文
元绘画
南京　江苏人民出版社　1982年　198页　有图
10×13cm　统一书号：8100.3.481　定价：CNY0.24
　　本书是中国现代连环画册。

J0072937
叶秋红　（下）黎汝清原著；汪文广改编；赵文
元绘画
南京　江苏人民出版社　1982年　182页　有图
10×13cm　统一书号：8100.3.482　定价：CNY0.24
　　本书是中国现代连环画册。

J0072938
叶天士学医　宋征原著；廉俊生改编；费龙翔绘
上海　上海人民美术出版社　1982年　70页
13cm（60开）统一书号：8081.13103
定价：CNY0.09
　　本书是中国现代连环画册。

J0072939
叶挺　马菊英等编；潘晋拔等绘画
北京　人民美术出版社　1982年　148页　有图
10×13cm　统一书号：8027.8204　定价：CNY0.24
　　本书是中国现代连环画册。绘者潘晋拔
（1939—　　），美术编审。广东兴宁市永和镇人，
毕业于广州美术学院中国画系。曾任职于广州
美院中国画系、广东画院、广东省博物馆，广东
省作家协会《作品》编辑部美术编审。出版有《中
国电脑画》画集。

J0072940
夜闯虎尾岭　安宁改编；刘德璋绘
郑州　中州书画社　1982年　78页　有图
10×13cm　统一书号：8219.182　定价：CNY0.13
　　本书是中国现代连环画册。

J0072941
一串项链　（法）莫泊桑原著；马玲玲编；唐忠，
郁庆云绘
上海　上海人民美术出版社　1982年　70页　有图
10cm（64开）统一书号：8081.12806
定价：CNY0.09
　　本书是根据法国莫泊桑原著短篇小说《首
饰》改编的现代连环画。作者郁庆云，中国美术
家协会会员，中央美院油画系教授，主要作品有
《哈尼族少女》《蒙族妇女》等。

J0072942
一打瓦岗山　知日编；傅伯星，来汶阳绘
北京　中国曲艺出版社　1982年　126页　13cm（60开）
统一书号：8227.015　定价：CNY0.18
（传统评书连环画《兴唐传》14）

J0072943
一代蛙王　陈翼浦编；刘希立绘
北京　人民美术出版社　1982年　110页　13cm（60开）
定价：CNY0.17

本书是中国现代连环画册。

J0072944
一代英豪　王军等编剧；费文麓摄影
北京 中国戏剧出版社 1982年 176页 13cm（60开）
定价：CNY0.30
　　本书是中国现代连环画，根据中国人民解放军总政话剧团演出的同名话剧改编。

J0072945
一对年轻人　思予改编；程冠伦绘
兰州 甘肃人民出版社 1982年 134页 13cm（60开）
统一书号：8096.840 定价：CNY0.18
　　本书是根据叶欣小说《我们这一代年轻人》改编的现代连环画，

J0072946
一颗闪光的心　三边改编；李万春绘
成都 四川人民出版社 1982年 62页 13cm（60开）
定价：CNY0.10
　　本书是中国现代连环画册。

J0072947
一盘没有下完的棋　于秀溪改编；丘玮绘
北京 人民美术出版社 1982年 142页 有图
10×13cm 统一书号：8027.7981 定价：CNY0.17
　　本书是中国现代连环画册。根据同名电影文学剧本改编。作者于秀溪（1939—　），作家、诗人、书法家。原名于秀锡。河北灵寿县人，毕业于广播学院新闻系。曾任中国美术出版社副编审、《连环画报》主编，中国诗书画院研究员。主要作品有《哪吒传》《岳云寻父记》《审美心理学》等。绘者丘玮（1949—　），美术编辑。别名阿兴，福建上杭人。历任江西人民出版社、西美术出版社，美术编辑。作品有连环画《送棉被》《秦始皇的专利》《光辉的旗帜》。

J0072948
一网打尽　徐本夫原著；赵耀堂改编；崔森林绘
济南 山东人民出版社 1982年 126页 13cm（60开）
统一书号：8099.2446 定价：CNY0.18
　　本书是中国现代连环画册。绘者崔森林（1943—　），美术编辑。笔名黎恩、李恩。生于山东济南，毕业于济南艺术学校。山东美术出版社副编审。作品有《省里送来显微镜》《黄河》《第

一面八一军旗的诞生》《毛主席视察北园》等，小说《不屈的昆仑》插图。

J0072949
一阵风出山　林文烈编文；浪涛等绘画
广州 岭南美术出版社 1982年 166页 10×13cm
统一书号：8260.0400 定价：CNY0.25
（广东革命根据地传奇）
　　本书是中国现代连环画册。

J0072950
一字值千金　吕庆余编改；费文麓摄影
北京 中国戏剧出版社 1982年 61页 10×13cm
统一书号：8069.328 定价：CNY0.12
　　本书是根据江苏省淮剧团演出的同名淮剧改编的中国现代连环画册。

J0072951
一座雕像的诞生　孟伟哉原著；吉国祥改编；
邵勋绘画
上海 上海人民美术出版社 1982年 134页
10×13cm 统一书号：8081.13080 定价：CNY0.16
　　本书是中国现代连环画册。

J0072952
疑案奇绝　安宁，姚俊国编
郑州 中州书画社 1982年 102页 13cm（60开）
定价：CNY0.15
　　本书是中国现代连环画，根据瑞士弗里德利希·杜仑马特的小说《法官和他的刽子手》编绘。

J0072953
以革命的名义　董洪元，王重义绘
北京 人民美术出版社 1982年 2版 174页
13cm（60开）统一书号：8027.3859
定价：CNY0.26
　　本书是中国现代连环画册。作者董洪元（1926—　），钢笔画家、连环画家。上海人。笔名红叶。钢笔连环画代表作品有《高尔基》三部曲。绘者王重义（1940—　），画家、编辑。生于浙江鄞县。人民美术出版社创作员，曾任职浙江人民出版社、浙江少年儿童出版社美术编辑、室主任、副编审，浙江美术家协会会员。与兄弟王重英合作创作多部连环画。主要作品有《海军少尉巴宁》《天山红花》《以革命的名义》《十里洋

场斗敌记》《战争在敌人心脏》等。

J0072954
以鳝代蛇　温福华改编；谢耀庭绘画
广州　岭南美术出版社　1982 年　85 页　有图
10×13cm　统一书号：8260.0360　定价：CNY0.15
　　本书是中国现代连环画册。作者谢耀庭
（1931—　　），画家。生于河南舞阳县。中国美术
家协会会员，海南文联委员，海南书画院顾问，
海口画院艺术顾问。出版画册有《谢耀庭油画选
集》《海南画家系列谢耀庭》等。

J0072955
以逸待劳　羽化编；胡德智绘
南宁　漓江出版社　1982 年　13cm（60 开）
定价：CNY0.14
（兵法三十六计丛书　2）
　　中国现代连环画作品，包括《以逸待劳》《趁
火打劫》《声东击西》3 个故事。

J0072956
音波飞碟　安古斯·麦域卡著；林培改编；蚁
美楷，冯建辛绘画
广州　岭南美术出版社　1982 年　43 页　10×13cm
统一书号：8260.0302　定价：CNY0.19
　　本书是根据同名科幻小说改编的中国现代
连环画册。作者蚁美楷（1938—　　），画家。广东
澄海人，毕业于北京艺术师范学院。吉林艺术学
院美术系教师，广州美术学院副教授。代表作品
有《打稻场上》《待鱼归》《炎黄子孙》等。

J0072957
音乐家莫扎特　舒君改编；于邵文绘
北京　人民美术出版社　1982 年　46 页　13cm（60 开）
统一书号：8027.8268　定价：CNY0.07
　　本书是中国现代连环画册。

J0072958
银鹤歌　唐永恩改编；李培林绘
南京　江苏人民出版社　1982 年　94 页　有图
10×13cm　统一书号：8100.3.559　定价：CNY0.14
　　本书是中国现代连环画册。

J0072959
引诱　北京电视台改编

北京　北京出版社　1982 年　141 页　13cm（60 开）
定价：CNY0.25
（朝鲜惊险系列故事片《无名英雄》10）
　　本书是现代中国连环画。

J0072960
印刷　姚世迦编；严启生绘
上海　上海人民美术出版社　1982 年　94 页
13cm（60 开）定价：CNY0.12
　　本书是中国现代连环画册。

J0072961
英俊少年　闪琪，瑶军改编
南京　江苏人民出版社　1982 年　141 页　13cm（60 开）
定价：CNY0.20
　　电影故事连环画。

J0072962
英俊少年　华云选编
上海　上海人民美术出版社　1982 年　126 页　有图
10×13cm　统一书号：8081.12807　定价：CNY0.22
　　本书是中国现代连环画，根据联邦德国的同
名故事影片选编。

J0072963
英俊少年　闻兆煊改编
北京　中国电影出版社　1982 年　125 页　13cm（60 开）
定价：CNY0.21
　　电影故事连环画。

J0072964
英雄的侦查员　张帆改编；张文学绘
武汉　长江文艺出版社　1982 年　126 页
13cm（60 开）定价：CNY0.18
　　本书是中国现代连环画册。作者张帆，改
编的主要连环画作品有《回民支队》《甲午海战》
《敌后武工队》等。作者张文学（1928—2005），书
画家。甘肃天水人，毕业于汉中青职电讯科高级
部无线电专业。出版有《张文学草书大观》。

J0072965
英雄儿女　景成芳改编
北京　中国电影出版社　1982 年　2 版　177 页
13cm（60 开）统一书号：8061.1150

定价: CNY0.30

　　电影故事连环画。

J0072966

英雄虎胆　白波改编

北京　中国电影出版社　1982 年　125 页

13cm（60 开）定价: CNY0.21

　　电影故事连环画。

J0072967

硬脖子县官　谭一寰原著；刘毓涛改编；徐学廉绘

贵阳　贵州人民出版社　1982 年　86 页　13cm（60 开）

统一书号: 8115.872 定价: CNY0.13

　　本书是中国现代连环画册。

J0072968

永恒的爱情　盛尚文等摄影

南京　江苏人民出版社　1982 年　205 页

13cm（60 开）定价: CNY0.27

　　本书是中国现代连环画册。

J0072969

永生岛　王志冲译编；徐乐乐绘

南京　江苏人民出版社　1982 年　86 页　13cm（60 开）

统一书号: 8100.3.461 定价: CNY0.11

　　本书是中国现代连环画，源于意大利民间故事。作者王志冲（1936—　），翻译家。籍贯上海，笔名冰火、天飞。中国翻译家协会会员、作协会员。译作有《第一个劳动日》《冒名顶替》《海底外星人》《酸奶村的冬天》《入地艇》《忘却城》等。

J0072970

永远牢记他们　北京电视台等译制

北京　北京出版社　1982 年　91 页　有图

10×13cm　统一书号: 8071.391 定价: CNY0.17

（朝鲜惊险系列故事片《无名英雄》12）

　　本书是中国现代连环画册。

J0072971

勇敢的小裁缝　史雯改编；张健民绘

北京　人民美术出版社　1982 年　71 页　10×13cm

统一书号: 8027.8336 定价: CNY0.10

　　根据《格林童话》改编的本书是中国现代连

环画册。

J0072972

勇敢的小公鸡　顾守业编文；韩建强绘画

南京　江苏人民出版社　1982 年　28 页　有彩图

13cm（60 开）统一书号: 8100.3.556

定价: CNY0.13

　　本书是中国现代连环画册。

J0072973

幽谷恋歌　史雷改编；胡德智绘

南宁　广西人民出版社　1982 年　146 页

13cm（60 开）定价: CNY0.20

　　本书是中国现代连环画册。

J0072974

有一个青年　袁媛改编

北京　宝文堂书店　1982 年　94 页　有图

10×13cm　统一书号: 8070.89 定价: CNY0.17

　　本书是中国现代电视剧连环画。

J0072975

幼儿猜谜歌　曹保明编

长春　吉林人民出版社　1982 年　59 页　有图

13×19cm　统一书号: R7091.1421 定价: CNY0.17

　　本书是中国现代连环画册。

J0072976

渔夫哈利法　廖小勉改编；陈文杰绘

广州　广东人民出版社　1982 年　99 页　13cm（60 开）

统一书号: 8111.2371 定价: CNY0.19

（《一千零一夜》故事选）

　　本书是中国现代连环画册。

J0072977

与魔鬼打交道的人　润青改编；徐小昆绘

西安　陕西人民美术出版社　1982 年　166 页

13cm（60 开）定价: CNY0.20

　　本作品是中国现代年画。

J0072978

宇宙和伊俄　徐淦改编；王根发绘

上海　上海人民出版社　1982 年　70 页

13cm（60 开）定价: CNY0.09

　　本书是希腊神话故事连环画。作者徐淦，主

要改编的连环画作品有《镜花缘》《奇妙的公鸡》《熙凤弄权》《祝福》等。绘者王根发，导演。生于上海。上海美术电影制片厂导演／动画设计，中国电影家协会、中国电视家协会会员。导演有《琴岛海尔》《神弓传奇》《灵童天使》等动画片。

J0072979
宇宙人　赵福民改编；李晓军绘
郑州　中州书画社　1982年　86页　13cm（60开）
统一书号：8219.129　定价：CNY0.13
　　本书是中国故事连环画。

J0072980
玉弓奇缘　佳蕙改编；华尘，关键绘
广州　岭南美术出版社　1982年　158页
13cm（60开）定价：CNY0.27
　　本书是中国现代连环画册。

J0072981
玉碎宫倾　晓黎改编
北京　中国电影出版社　1982年　124页　13cm（60开）
统一书号：8061.1871　定价：CNY0.21
　　本书是中国现代连环画册。

J0072982
玉堂春　龙东改编；晓丁摄影
北京　中国戏剧出版社　1982年　125页　13cm（60开）
定价：CNY0.21
　　本作品是中国现代连环画，根据风雷京剧团演出的同名京剧改编。

J0072983
玉香笼　赵吉南改编；王重圭等绘
南宁　广西人民出版社　1982年　158页　13cm（60开）
定价：CNY0.21
　　本作品是中国现代连环画，根据小说《智截玉香笼》改编。

J0072984
欲擒故纵　羽化编；邬永柳等绘
南宁　漓江出版社　1982年　94页　13cm（60开）
定价：CNY0.14
（兵法三十六计丛书　6）
　　中国现代连环画作品，包括《欲擒故纵》《抛砖引玉》《擒贼擒王》3个故事。

J0072985
御果园救主　未羽改编；周瑞文，盛元富绘
福州　福建人民出版社　1982年　134页　10×13cm
统一书号：8173.534　定价：CNY0.20
（《说唐前传》之七）
　　本书是中国现代连环画册。作者盛元富，美术高级编辑，创作有《浙江人民革命斗争故事》《野妹子》《红衣女侠》《夜袭阳明堡》等。

J0072986
御园护主　余音改编；李梨绘
成都　四川人民出版社　1982年　82页　10×13cm
定价：CNY0.13
（《说唐》之二十）
　　本书是中国现代连环画册。

J0072987
鸳鸯抗婚　杨根相改编；汪继声，汪溪绘
上海　上海人民美术出版社　1982年　86页
10×13cm　定价：CNY0.16
（《红楼梦》连环画之七）
　　作者杨根相，主要改编的连环画作品有《暴风骤雨》《红灯记》《蛙女》等。

J0072988
冤家路宽　晓黎改编
北京　中国电影出版社　1982年　117页　10×13cm
统一书号：8061.1807　定价：CNY0.21
（电影连环画册）
　　本书是根据电影故事改编的中国现代连环画册。

J0072989
愿你了解我　洪友原著；海清改编；苏金波摄影
南京　江苏人民出版社　1982年　125页　10×13cm
统一书号：8100.3.544　定价：CNY0.18
　　本书是中国现代连环画册。

J0072990
月亮宝石　（英）柯林斯原著；华士明改编；刘小平，温碧茹绘
广州　岭南美术出版社　1982年　135页　13cm（60开）
统一书号：8260.0306　定价：CNY0.21
　　本书是中国现代连环画册。

J0072991

月亮里的鸳鸯　哲中原著；顾璧改编；金奎绘
上海　上海人民美术出版社　1982年　94页　有图
10×13cm　统一书号：8081.13075　定价：CNY0.12
　　本书是中国现代连环画册。

J0072992

月亮湾的笑声　赵矛选编；张珥等摄影；上海
电影制片厂供稿
上海　上海人民美术出版社　1982年　158页
9×13cm　统一书号：8081.12681　定价：CNY0.28
　　本书是根据同名电影选编的中国现代连环
画册。

J0072993

月亮湾的笑声　上海电影制片厂供稿
上海　上海人民美术出版社　1982年　2张
76cm（2开）定价：CNY0.32
　　本书是根据电影改编的中国现代连环画册。

J0072994

岳飞　（上）育柏编；陈曦绘
长春　吉林人民出版社　1982年　142页　13cm（60开）
定价：CNY0.20
　　本作品是中国现代连环画。

J0072995

岳飞　（下）育柏改编；陈有吉等绘画
长春　吉林人民出版社　1982年　142页　有图
10×13cm　统一书号：8091.1290　定价：CNY0.20
　　本作品是中国现代连环画。

J0072996

岳飞　陶静波改编；许旭奎，杨航绘
广州　岭南美术出版社　1982年　13cm（60开）
定价：CNY0.32
　　本作品是中国现代连环画，根据清代钱彩
《说岳全传》改编。

J0072997

岳飞拜师　金青改编；傅伯星，来汶阳绘
福州　福建人民出版社　1982年　92页　10×13cm
统一书号：8173.541　定价：CNY0.15
（《说岳全传》之一）

J0072998

岳飞出世　李遵义改编；王建，梁萍绘
沈阳　辽宁美术出版社　1982年　162页　10×13cm
定价：CNY0.25
（《岳飞传》之一）
　　本书是根据古典小说《岳飞传》改编的中国
现代连环画册。

J0072999

岳飞传　（上）（清）钱彩等原著；丁国联改编；
汪家龄绘
合肥　安徽人民出版社　1982年　158页　10×13cm
统一书号：8102.1188　定价：CNY0.21
　　根据古典小说《说岳全传》改编的本书是中
国现代连环画册。

J0073000

岳飞传　（中）（清）钱彩等原著；李大发改编；
葛志仁绘
合肥　安徽人民出版社　1982年　158页　10×13cm
统一书号：8102.1206　定价：CNY0.21

J0073001

岳飞传　（下）（清）钱彩等原著；缪德彰改编；
何保全等绘画
合肥　安徽人民出版社　1982年　158页　10×13cm
统一书号：8102.1226　定价：CNY0.21

J0073002

岳飞大战金兀术　吴一声改编；于骏治，卢汶绘
哈尔滨　黑龙江人民出版社　1982年　158页
13cm（60开）统一书号：8093.779
定价：CNY0.23
　　本作品是中国现代连环画，根据清代钱彩
《说岳全传》改编。绘者于骏治，连环画家。作品
有《龙门山　东周列国故事》等。绘者卢汶（1922—
2010），连环画家。原名卢世宝，出生于上海市，
籍贯浙江鄞县。代表作品《蜀山剑侠传》《三国
演义》。

J0073003

岳雷扫北　何昕改编；常生，姜大吉绘
哈尔滨　黑龙江人民出版社　1982年　160页
13cm（60开）定价：CNY0.23
　　本书是中国现代连环画册。

J0073004

云变的三只羊 （桂林山水传说）钟建星原著；徐淦改编；邓二龙绘

南宁 漓江出版社 1982年 125页 13cm（60开）

定价：CNY0.17

　　本书是中国现代连环画册。

J0073005

运木古井 一兵等改编；贺友直等绘

杭州 浙江人民美术出版社 1982年 152页

13cm（60开）统一书号：8156.188

定价：CNY0.19

（西湖民间故事）

　　本书是中国现代连环画，包括《运木古井》《凤凰山》《宝石山》三个故事。

J0073006

在缉"逃犯" 纪明原著；李新娟改编；邬继德绘

石家庄 河北美术出版社 1982年 126页

13cm（60开）定价：CNY0.18

　　中国现代连环画。

J0073007

枣林英雄 毛亮英改编；孙逢春绘

沈阳 辽宁美术出版社 1982年 126页 13cm（60开）

统一书号：7161.0064 定价：CNY0.19

　　本书是中国现代连环画册。

J0073008

铡郭槐 金阳平编；刘斌昆，张广力绘

郑州 中州书画社 1982年 118页 13cm（60开）

定价：CNY0.17

　　作者张广力，连环画艺术家。绘有卡通漫画《神奇的种子》，连环画《铡郭槐》等。

J0073009

铡美案 刘夫安改编；陈惠明绘

武汉 长江文艺出版社 1982年 141页

13cm（60开）定价：CNY0.20

　　本书是中国现代有关包公故事的连环画。绘者陈惠明（1933—　），湖北嘉鱼人，毕业于中南美术专科学校。中国美术家协会会员，湖北省美术家协会理事，中国连环画研究会常务理事，湖北连环画研究会会长。曾为《中国历代寓言选》《长诗望红台》《古寓言今译》等图书作国画插图。

J0073010

斋僧遇难 吴承恩原著；庄奴，槐山改编；肖天智绘画

成都 四川人民出版社 1982年 90页 有图

10×13cm 统一书号：8118.1127 定价：CNY0.14

（《西游记》故事 十九）

　　绘者肖天智，连环画家。就职于彭县文化馆。创作连环画作品有《冶虫》《苦妹儿》《狄仁杰传奇》《三盗合欢瓶》等。

J0073011

摘缨会 （东周列国故事）杜秀林，李白英改编；施大畏，韩硕绘

上海 上海人民美术出版社 1982年 102页

13cm（60开）定价：CNY0.13

　　本书是中国现代连环画册。

J0073012

詹天佑 孙安文改编；戎鸣岐，戴敦邦绘

西安 陕西人民美术出版社 1982年 94页

13cm（60开）定价：CNY0.13

　　本书是中国现代连环画册。

J0073013

斩庄贾 李华飞原著；大鲁改编；何祖明绘

贵阳 贵州人民出版社 1982年 96页 13cm（60开）

统一书号：8115.834 定价：CNY0.15

　　本书是中国现代连环画册。

J0073014

战火中的青春 孙青改编

北京 中国电影出版社 1982年 141页

13cm（60开）定价：CNY0.23

　　电影故事连环画。

J0073015

战争的闪电 梁瑞林改编；李先润绘

西宁 青海人民出版社 1982年 109页 13cm（60开）

统一书号：8097.460 定价：CNY0.14

　　本书是中国现代连环画册。

J0073016

战争与和平 （上册）管白宇改编；黄云松绘

杭州 浙江人民美术出版社 1982年 182页

13cm（60开）定价：CNY0.22

本书是中国现代连环画册。

J0073017

战争与和平 （中册）管白宇改编；黄云松绘
杭州 浙江人民美术出版社 1983 年 190 页
13cm（60 开）定价：CNY0.23
　　本书是根据俄国列夫·托尔斯泰同名原著改
编的连环画。

J0073018

战争与和平 （下册）管白宇改编；黄云松绘
杭州 浙江人民美术出版社 1983 年 190 页
13cm（60 开）定价：CNY0.23
　　本书是根据俄国列夫·托尔斯泰同名原著改
编的连环画。

J0073019

张灯结彩 宋凤仪等编剧；阿庚改编；孙宏华，
晓丁摄影
北京 中国戏剧出版社 1982 年 155 页 有图
10×13cm 统一书号：8069.222 定价：CNY0.26
　　本书是中国现代连环画册。

J0073020

张飞 汤式稼改编；徐有武，徐有刚绘
杭州 浙江人民美术出版社 1982 年 174 页
13cm（60 开）统一书号：8156.262
定价：CNY0.21
　　本书是中国现代连环画，根据《三国演义》
中有关部分改编。

J0073021

张飞审瓜 恽达改编；葛桂云等绘画
成都 四川少年儿童出版社 1982 年 62 页 有图
7×10cm 统一书号：R8247.31 定价：CNY0.05
（《小小连环画》14）

J0073022

张衡 安琪编；郭荣绘
南京 江苏人民出版社 1982 年 102 页 10×13cm
定价：CNY0.15
（中国古代科学家）
　　本书是中国现代连环画册。

J0073023

张良拜师 师暇改编；东建等绘
福州 福建人民出版社 1982 年 94 页
13cm（60 开）定价：CNY0.15
　　本书是中国现代连环画册。

J0073024

张木匠修龙宫 徐淦编；孙彬，张修竹绘
南宁 漓江出版社 1982 年 62 页 13cm（60 开）
统一书号：8256.44 定价：CNY0.10
　　本书是中国现代连环画。

J0073025

长发妹 任伍改编；赵国经画
北京 中国少年儿童出版社 1982 年 62 页 有图
10×13cm 统一书号：R8056.296 定价：CNY0.11
　　本书是中国现代连环画册。

J0073026

长了翅膀的公文 周永年编文；黄强根绘画
上海 上海人民美术出版社 1982 年 86 页 有图
10×13cm 统一书号：8081.12832 定价：CNY0.11
　　本书是中国现代连环画册。

J0073027

赵春娥 李景宏，盛长柱编；胡若军，管齐骏绘
上海 上海人民美术出版社 1982 年 134 页
13cm（64 开）统一书号：808113345
定价：CNY0.16
　　本书是描述了劳动模范赵春娥（1935—
1982）的模范事的中国现代连环画，共收入 134
幅图。

J0073028

赵钱孙李 陈福黔改编
成都 四川人民出版社 1982年 122页 13cm（60开）
统一书号：8118.1070 定价：CNY0.20
　　本书是中国现代连环画，根据同名话剧
改编。

J0073029

赵一曼 廖洁改写；雷贞恕绘画
成都 四川少年儿童出版社 1982 年 94 页 有图
10×13cm 统一书号：R8247.91 定价：CNY0.12
（英雄谱·战斗英雄故事）

本书是中国现代连环画册。

J0073030

赵子龙催归　（明）罗贯中原著；王凯平改编；
陈略绘

广州 岭南美术出版社 1982年 86页 13cm（60开）
定价：CNY0.17

（古代文学作品选）

　　本书是中国现代连环画册。作者陈略
（1943—　），广东信宜人，毕业于广州美术学院
国画系。阳春市美协主席，中国美术家协会会员。
作品有《父子英雄》《赵子龙张翼德》《陈略人物
画集》等。

J0073031

珍珠塔　明川改编；翁开恩绘

福州 福建人民出版社 1982年 133页 13cm（60开）
定价：CNY0.20

　　本书是中国现代连环画。绘者翁开恩
（1939—　），号竹啸庄人，福建莆田人。福建师
范大学美术系副教授，福建画院、福州画院、福
建政协画师，中国美术家协会会员，福建美协理
事。出版有《翁开恩画集》《翁开恩写生》《翁开
恩画辑》等。

J0073032

真假奥尔哈姆　（美）菲利普·K·狄克原著；
晓雯译；张宝蔚编绘

南京 江苏人民出版社 1982年 62页 13cm（60开）
统一书号：8100.3.159 定价：CNY0.10

　　本书是中国现代连环画册。

J0073033

真假瓷观音　叶庆瑞编文；卢延光绘画

南京 江苏人民出版社 1982年 84页 有图
10×13cm 统一书号：8100.3.577 定价：CNY0.13

　　本书是中国现代连环画册。

J0073034

真假猴王　张鸿林改编；张增木绘画

长春 吉林人民出版社 1982年 63页 有图
10×13cm 统一书号：R8091.1266 定价：CNY0.10

（B型美猴王连环画 11）

J0073035

真假猴王　章程改编；郑家声绘

上海 上海人民美术出版社 1982年 78页
13cm（60开）定价：CNY0.10

（西游记）

　　本书是中国现代连环画册。

J0073036

真假美猴王　姚颖华改编；盛明，王连城摄影

北京 文化艺术出版社 1982年 125页 13cm（60开）
统一书号：8228.034 定价：CNY0.23

　　本作品是中国现代连环画。

J0073037

真假太子　（罗马尼亚）伊昂·克里昂迦原著；
章程改编；王根发等绘画

上海 上海人民美术出版社 1982年 126页 有图
10×13cm 统一书号：8081.12800 定价：CNY0.15

　　本作品是根据罗马尼亚作家伊昂·克里昂迦
原著改编的现代连环画。收入126幅图。作者
王根发，导演。生于上海。上海美术电影制片厂
导演、动画设计，中国电影家协会、中国电视家
协会会员。导演有《琴岛海尔》《神弓传奇》《灵
童天使》等动画片。

J0073038

真假婴孩　徐淦编；陶德洪，叶家斌绘

南宁 广西人民出版社 1982年 74页 13cm（60开）
定价：CNY0.14

　　本作品是中国现代连环画。绘者叶家斌
（1949—　），画家。广东中山人。毕业于广州美
院研究生班。广东美术家协会理事，广东连环
画艺术委员会主任。主要作品有《斯库台三英
雄》《绿林神箭手》《中途岛之战》《变成石头的
人》等。

J0073039

征服黑暗的人　上海译制片厂改编

北京 中国电影出版社 1982年 125页 13cm（60开）
统一书号：8061.1864 定价：CNY0.21

　　电影故事连环画。

J0073040

正气歌　马少波编剧；马欣来改编；顾棣等
摄影

北京 中国戏剧出版社 1982年 122页 13cm（60开）
定价：CNY0.21
　　　本书是中国现代连环画册。

J0073041
郑卫之乱　刘延龄编；李玉绘
长春 吉林人民出版社 1982年 61页 13cm（60开）
定价：CNY0.10
（东周列国之二）
　　　本书是中国现代连环画册。

J0073042
知县训"虎"　薛德元等原著；李明堂改编；童
介眉绘
石家庄 河北美术出版社 1982年 94页
13cm（60开）统一书号：8087.181
定价：CNY0.14
　　　本书是中国戏剧故事连环画。

J0073043
知音　蔚兰改编
北京 中国电影出版社 1982年 125页
13cm（60开）定价：CNY0.51
　　　电影故事连环画．

J0073044
纸醉金迷　叶永烈原著；孙雄飞改编；费嘉绘
广州 科学普及出版社广州分社 1982年
78页 13cm（64开）统一书号：8051.60070
定价：CNY0.12
（"科学福尔摩斯"系列连环画之五）

J0073045
智盗紫金铃　夏复旦改编；徐余兴绘
上海 上海人民美术出版社 1982年 70页
13cm（60开）定价：CNY0.09
（西游记故事）

J0073046
智断合同文　（包公案）王亚东编；诚琳绘
郑州 中州书画社 1982年 118页 13cm（60开）
统一书号：8219.166 定价：CNY0.16
　　　本书是中国现代连环画册。

J0073047
智夺紫荆关　王子亮改编；张树堂绘画
郑州 中州书画社 1982年 62页 有图
10×13cm 统一书号：8219.216 定价：CNY0.10
　　　本书是中国现代连环画册。

J0073048
智截玉香笼　赵万顺改编；刘士铎绘
石家庄 河北美术出版社 1982年 134页 有图
10×13cm 统一书号：8087.151 定价：CNY0.19
　　　本书是中国现代连环画册。

J0073049
智救杨郡马　喻岳衡改编；邓立衍，邓大鹰绘
长沙 湖南美术出版社 1982年 78页 13cm（60开）
定价：CNY0.12
（北宋杨家将连环画 之六）

J0073050
智擒活阎罗　（贺龙同志的故事）高锐改编；
吴富佳绘
沈阳 辽宁美术出版社 1982年 82页 13cm（60开）
定价：CNY0.13
　　　本书是中国现代连环画册。

J0073051
智擒野牛　李纯智改编；郭普津绘画
昆明 云南人民出版社 1982年 62页 有图
9×13cm 统一书号：R8116.4057 定价：CNY0.12
　　　本书是中国现代连环画册。

J0073052
智取柳林　赵贵荣，魏沛然编；王晋泰，赵贵
荣绘
沈阳 辽宁美术出版社 1982年 94页 13cm（60开）
统一书号：7161.0023 定价：CNY0.15
　　　本书是中国现代连环画册。

J0073053
智退秦师　杨兆林改编；黄镇中绘画
上海 上海人民美术出版社 1982年 94页 有图
10×13cm 统一书号：8081.12619 定价：CNY0.12
（东周列国故事）
　　　本书是中国现代连环画册。

J0073054

智袭三星堡　（《南国烽烟》续集）初葆编；刘
世群等绘
南昌 江西人民出版社 1982年 138页 13cm（60开）
定价：CNY0.19
　　本书是中国现代连环画册。

J0073055

智勇的女仆　张志光改编；吴劲潮绘
广州 科学普及出版社广州分社 1982年 78页
13cm（60开）定价：CNY0.13
　　本书是中国现代连环画，根据《天方夜谭》
故事改编。

J0073056

智炸军火库　史艾珺改编；关麟英绘画
呼和浩特 内蒙古人民出版社 1982年 70页
有图 10×13cm 统一书号：8089.135
定价：CNY0.14
　　本书是中国现代连环画册。

J0073057

智炸军火库　史艾珺改编；关麟英绘
呼和浩特 内蒙古人民出版社 1983年 70页
13cm（60开）统一书号：8089.135
定价：CNY0.14
　　本作品是中国现代连环画。

J0073058

智战三魔　吴承恩原著；张绍旻改编；张增木
绘画
石家庄 河北美术出版社 1982年 118页 有图
10×13cm 统一书号：8087.152 定价：CNY0.33
（西游记 28）

J0073059

中国诗歌会　（第四册）杨兆林，金文明编；徐
恒瑜等绘
上海 上海人民美术出版社 1982年 126页
13cm（60开）定价：CNY0.15
　　本书是中国现代连环画册。

J0073060

中秋节　杨履方编剧；杨履方改编；费文麓摄影
北京 中国戏剧出版社 1982年 87页 15cm（40开）

定价：CNY0.17
　　本作品是中国现代年画。

J0073061

中学生守则图册　任宝阳编文；薛强等绘画
天津 天津人民美术出版社 1982年 61页
有彩图 13cm（60开）统一书号：8073.30629
定价：CNY0.10
　　本书是中国现代连环画册。

J0073062

中原霸主　刘延龄编文；龙震海绘画
长春 吉林人民出版社 1982年 102页 有图
10×13cm 统一书号：8091.1248 定价：CNY0.15
（东周列国 6）
　　本书是中国现代连环画册。

J0073063

忠烈千秋　张汝川改编；罗希贤，姚人雄绘
石家庄 河北人民出版社 1982年 142页
13cm（60开）统一书号：8086.1547
定价：CNY0.20
　　本书是中国现代连环画册。

J0073064

忠烈千秋　李准原著；李荣标改编；雨青等绘
南京 江苏人民出版社 1982年 158页 13cm（60开）
统一书号：8100.3.548 定价：CNY0.21
　　本书是中国现代连环画册。

J0073065

忠烈千秋　王逸改编
北京 中国电影出版社 1982年 93页 13cm（60开）
统一书号：8061.1874 定价：CNY0.17
　　电影故事连环画。

J0073066

钟声　索立改编
北京 中国电影出版社 1982年 147页 13cm（60开）
定价：CNY0.26
　　电影故事连环画。

J0073067

重耳流亡列国　明扬改编；王重英，王重圭绘
北京 人民美术出版社 1982年 110页

13cm（60开）定价：CNY0.14
（中国历代故事）

　　本作品是中国现代连环画。

J0073068

重返柳河湾 乡文改编；彼岸绘
郑州 中州书画社 1982年 78页 13cm（60开）
统一书号：8219.217 定价：CNY0.13

　　本作品是中国现代连环画。

J0073069

周处除三害 墨林编；章毓霖绘
南京 江苏人民出版社 1982年 78页 13cm（60开）
统一书号：8100.3.485 定价：CNY0.12

　　本书是中国现代连环画册。绘者章毓霖
（1947—2006），生于南通市。江苏省美术家协会
会员，南通市美术家协会理事，海安县美术家协
会主席，海安书画院兼职画师。作品有《"北京人"
下落不明》等。

J0073070

周处除三害 王素一编；卢汶，刘斌昆绘
银川 宁夏人民出版社 1982年 62页 13cm（60开）
统一书号：8157.369 定价：CNY0.11

　　本书是中国现代连环画，根据《世说新语》
改编。

J0073071

周总理战斗在重庆 谭云森编文；楼家本绘
北京 人民美术出版社 1982年 12页 19cm（32开）
统一书号：8027.6907 定价：CNY0.54

　　本书是中国现代连环画册。

J0073072

纣王宠妲己 紫辰改编；孟庆江绘
北京 人民美术出版社 1982年 124页
13cm（60开）定价：CNY0.19
（《封神演义》故事 1）

　　本书是根据古典小说《封神演义》改编的中
国现代连环画。

J0073073

纣王宠妲己 虞行先改编；曹留夫绘
天津 天津人民美术出版社 1982年 94页
13cm（60开）定价：CNY0.15

　　本书是中国现代连环画册。

J0073074

朱灿称反王 洛军编；于骏治绘
北京 中国曲艺出版社 1982年 126页 13cm（60开）
统一书号：8227.006 定价：CNY0.18
（传统评书连环画《兴唐传》6）

J0073075

珠花媒 雪松改编；张兆函绘
济南 山东人民出版社 1982年 78页 13cm（60开）
定价：CNY0.13
（《聊斋志异》连环画丛书 七 聊斋志异故事选 34）

J0073076

诸侯反朝歌 于秀溪改编；关景宇绘画
北京 人民美术出版社 1982年 116页 有图
10×13cm 统一书号：8027.8083 定价：CNY0.18
（封神演义 2）

　　本书是根据古典小说《封神演义》改编的中
国现代连环画。作者于秀溪（1939— ），作家、
诗人、书法家。原名于秀锡。河北灵寿县人，毕
业于广播学院新闻系。中国美术出版社副编审，
曾任《连环画报》主编，中国诗书画院研究员。
主要作品有《哪吒传》《岳云寻父记》《审美心理
学》等。绘者关景宇（1940— ），北京人。北京
出版社美术编辑，人民美术出版社《连环画报》
编辑部副主编。擅长连环画、插图。作品有连环
画《林道静》《骆驼祥子》《豹子湾战斗》等。

J0073077

猪八戒招祸狂犬谷 尹艰写；杜建国等绘画
成都 四川少年儿童出版社 1982年 46页
有彩图 13cm（60开）统一书号：R8247.37
定价：CNY0.28

　　本书是中国现代连环画册。

J0073078

猪八戒招祸狂犬谷 （猪八戒外传）尹艰写；
胡进庆画
成都 四川少年儿童出版社 1983年 46页
13cm（60开）定价：CNY0.07

　　本书是中国现代连环画册，系《西游记》
故事。

J0073079

逐栾盈　任正先改编；永远绘画
上海　上海人民美术出版社 1982 年 117 页 有图
10×13cm 统一书号：8081.12790 定价：CNY0.14
（东周列国故事）
　　本书是中国现代连环画册。

J0073080

转战陕北　杨云庆改编；张永新，张洪文绘
沈阳　辽宁美术出版社 1982 年 182 页 13cm（60开）
定价：CNY0.25
　　本书是中国现代连环画。作者杨云庆
（1933—　　），黑龙江省作家协会会员，散文家协
会会员，老年作家协会会员。作品有《杨云庆文
集（上、下）》等。

J0073081

状元与乞丐　杨树玉改编；王树立绘
沈阳　辽宁美术出版社 1982 年 106 页 13cm（60开）
统一书号：0118 定价：CNY0.16
　　本书是中国现代连环画，根据同名戏曲
改编。

J0073082

追求　丁炳昌等编；谌孝安绘
上海　上海人民美术出版社 1982 年 102 页 有图
10×13cm 统一书号：8081.12816 定价：CNY0.13
　　本书是中国现代连环画册。收入 102 幅图。

J0073083

捉月　戎林，广全编；罗屏等绘
合肥　安徽人民出版社 1982 年 139 页 13cm（60开）
定价：CNY0.19
　　本书是中国现代连环画册。

J0073084

捉月　戎林，广全编文；罗屏等绘画
合肥　安徽人民出版社 1982 年 61 页 有图
10×13cm 统一书号：8102.1189 定价：CNY0.09
　　本书是中国现代连环画册。

J0073085

卓玛找雨神
拉萨　西藏人民出版社 1982 年 39 页 有图
13×19cm 统一书号：M8170.78 定价：CNY0.10

本书是中国现代连环画册。

J0073086

卓娅　庄宏安改编；沈建国，刘忠臣绘
沈阳　辽宁美术出版社 1982 年 134 页 13cm（60开）
定价：CNY0.20
　　本书是中国现代连环画。

J0073087

子牙下山　（封神演义故事）云天，秋谷改编；
黄非绘
南昌　江西人民出版社 1982 年 110 页 13cm（60开）
定价：CNY0.16
　　本书是中国现代连环画。

J0073088

姊妹易嫁　韩长兴改编；展之玉绘
济南　山东人民出版社 1982 年 70 页 13cm（60开）
统一书号：8099.2278 定价：CNY0.12
（《聊斋志异》连环画丛书之五　聊斋志异故事选
22）

J0073089

紫鹃情辞试莽玉　曹雪芹原著；萃娃改编；徐
晓平绘
天津　天津人民美术出版社 1982 年 62 页 有图
10×13cm 统一书号：8073.30674 定价：CNY0.11
　　根据中国古典小说《红楼梦》改编的现代连
环画作品。

J0073090

综合治理盐碱地　钱金祥等编辑；叶保全摄影
北京　农业出版社 1982 年 62 页 有图
10×13cm 统一书号：8144.12 定价：CNY0.28
　　本书是中国现代连环画册。

J0073091

走狂飙　许焕岗，石文秀改编；史建朝绘
长沙　湖南美术出版社 1982 年 102 页 13cm（60开）
统一书号：8233.298 定价：CNY0.14
（《桥隆飙》之三）
　　本书是中国现代连环画册。

J0073092

走向深渊　刘光改编；邵殿英选片

沈阳 辽宁美术出版社 1982年 182页 13cm（60开）
定价：CNY0.31
　　电影故事连环画。

J0073093
走向深渊　　闻兆煌，李成葆改编
天津 天津人民美术出版社 1982年 117页
13cm（60开）统一书号：8073.30603
定价：CNY0.21
　　电影故事连环画。

J0073094
最后八个人　　孟祥春改编；邵殿英选片
沈阳 辽宁美术出版社 1982年 150页 13cm（60开）
定价：CNY0.26
　　电影故事连环画。

J0073095
最后一颗子弹　　易豫改编
北京 中国电影出版社 1982年 109页 13cm（60开）
统一书号：8061.1885 定价：CNY0.19
　　电影故事连环画。

J0073096
"1031"案件真象　　李大发改编；王海津绘
哈尔滨 黑龙江人民出版社 1983年 152页
10×13cm 定价：CNY0.22
　　本书是根据话剧《深夜静悄悄》改编的中国
现代连环画册。

J0073097
"305"电波　　杨鸿飞编；赵东瑞，董庆科绘
石家庄 河北美术出版社 1983年 82页
10×13cm 统一书号：8087.542 定价：CNY0.12
　　本书是中国现代连环画册。

J0073098
"八·六"海上歼灭战　　裴石编；宋宏刚绘
北京 海洋出版社 1983年 108页 10×13cm
统一书号：8193.0216 定价：CNY0.18
（人民海军战斗故事连环画集）
　　中国现代连环画，本丛书共辑十本，主要取
材于人民海军在保卫祖国海疆斗争中的英雄业
绩及光辉战例。

J0073099
"白牡丹"行动　（上）王册改编；李兆宏绘
长春 吉林人民出版社 1983年 102页 13cm（60开）
统一书号：8091.1441 定价：CNY0.17
　　本书是中国现代连环画册。

J0073100
"白牡丹"行动　（下）王册改编；李兆宏绘
长春 吉林人民出版社 1983年 118页 10×13cm
统一书号：8091.1481 定价：CNY0.19
　　本书是中国现代连环画册。

J0073101
"大金"特务船的覆没　　黎山编；张庆涛绘
北京 海洋出版社 1983年 102页 13cm（60开）
统一书号：8193.0214 定价：CNY0.18
（人民海军战斗故事连环画集）
　　本书取材于人民海军的光辉战例。充分
展示了人民海军在保卫祖国海疆斗争中的英雄
事迹。

J0073102
"盗"官记　　马识途原著；庄路改编；孙庆国绘
南京 江苏人民出版社 1983年 94页 13cm（60开）
统一书号：8100.3.672 定价：CNY0.21
　　本书是中国现代连环画册。改编自著名长
篇小说《夜谭十记》中的一篇。

J0073103
"欢乐女神"　　程乃珊原著；王瑞华改编；岑圣
权绘
石家庄 河北美术出版社 1983年 70页 有图
10×13cm 统一书号：8087.232 定价：CNY0.11
　　中国现代连环画。绘者岑圣权（1951—　），
画家。又名今山子。广东阳春人，曾先后就读于
广州美术学院及暨南大学中国人物画研究生班。
中国美术家协会会员，广东省楹联书画院副院
长。主要作品有《珠海惊涛》《我的儿子安珂》《蔡
廷锴－1932春·上海》等。

J0073104
"间谍明星"　　柳宗明改编；善思，齐天绘
哈尔滨 黑龙江人民出版社 1983年 171页
13cm（60开）统一书号：8093.839 定价：CNY0.25
　　本书是中国现代连环画册。

J0073105
"镢柄"相亲记　张石山原著;刘思成改编;刘国辉绘
上海 上海人民美术出版社 1983年 103页
10×13cm 统一书号:8081.13096 定价:CNY0.13
　　中国现代连环画。

J0073106
"马"字钢刀　贺忠信改编;牛晓林绘
西安 陕西人民出版社 1983年 126页 10×13cm
统一书号:8199.482 定价:CNY0.19
　　中国现代连环画。

J0073107
"惹不起"和"沾不得"　曹作锐改编;徐茂林画
北京 人民美术出版社 1983年 14页 有彩图
10×13cm 统一书号:8027.8754 定价:CNY0.14
　　根据民间历史故事改编的中国现代连环画。
作者曹作锐(1923—),编辑。别名愚谷,河北武清人。擅长连环画编辑及理论研究。《连环画艺术》副主编,中国连环画研究会常务理事,中国美术家协会会员。出版有《连环画编写探幽》,连环画脚本《智降狮猁王》《懒龙伸腰》。

J0073108
"水獭"的秘密　延军编;张力绘
长春 吉林人民出版社 1983年 70页 10×13cm
统一书号:8091.1459 定价:CNY0.12
　　根据惊险小说《阿拉伯少年》改编的中国现代连环画。

J0073109
《史记》千秋　罗迦,方乐华编;贺飞白,乐明祥绘
南昌 江西人民出版社 1983年 93页 13cm(60开)
统一书号:8110.571 定价:CNY0.15
(中国古代近代名人青少年时期故事丛书)
　　本书是中国现代连环画册。

J0073110
10.31 案件　苏立群原著;胡翀改编;胡斌,李晋复绘
太原 山西人民出版社 1983年 126页 10×13cm
统一书号:8088.1651 定价:CNY0.17
　　本书是中国现代连环画册。

J0073111
39级台阶　闻兆煌编文
天津 天津人民美术出版社 1983年 141页 有图
10×13cm 统一书号:8073.30746 定价:CNY0.26
　　由同名英国影片改编的中国现代连环画,上海电影译制厂供稿。

J0073112
A字密令　何君改编;兴安,美洋绘
哈尔滨 黑龙江人民出版社 1983年 172页
13cm(60开) 统一书号:8093.834
定价:CNY0.25
　　本书根据《与魔鬼打交道的人》电影剧本改编的连环画。

J0073113
BP之谜　北星,曲路原著;葛修翰,周荣耀改编;王其钧绘
南京 江苏人民出版社 1983年 150页 10×13cm
ISBN:8100.3.674 定价:CNY0.20
　　中国现代连环画。

J0073114
TATA之谜　周永年等原著;马阳编;罗盘绘
上海 上海人民美术出版社 1983年 118页
10×13cm 统一书号:8081.13240 定价:CNY0.15
　　本书是中国现代连环画册。绘者罗盘(1927—2005),连环画家。原名罗孝芊,出生于上海市,福建闽侯人。代表作品《草上飞》《战上海》。

J0073115
X光与伦琴　范若由著;聂崇瑞绘
北京 人民美术出版社 1983年 98页 10×13cm
统一书号:8027.8551 定价:CNY0.13
(科学家故事)
　　中国现代连环画,共收入98幅图,描写德国物理学家威廉·康拉德·伦琴发现X射线的故事。

J0073116
阿波罗和桂冠　李白英改编;成立绘
上海 上海人民美术出版社 1983年 60页
10×13cm 统一书号:8081.13452 定价:CNY0.09
(希腊神话故事)

本书是根据希腊神话故事改编的中国现代连环画册。

J0073117
阿凡提的故事　铁玉宽改编；杨乐天绘画
北京 人民美术出版社 1983 年 30 页 有图
10×13cm 统一书号：8027.8585 定价：CNY0.07

J0073118
阿古登巴　魏鸣泉改编；王东斌绘
西安 陕西人民美术出版社 1983 年 ［100］页
10×13cm 统一书号：8199.462 定价：CNY0.19
　　根据藏族民间故事改编的中国现代连环画。

J0073119
阿合买提与帕格牙　杨春峰改编；金伟展，李乃平绘
北京 人民美术出版社 1983 年 110 页 10×13cm
统一书号：8027.8895 定价：CNY0.17
　　根据王玉胡同名小说改编的中国现代连环画。

J0073120
阿拉伯历险记　易豫改编
北京 中国电影出版社 1983 年 125 页 13cm（60开）
统一书号：8061.2121 定价：CNY0.21
（电影连环画册）

J0073121
阿拉丁和神灯　陈耘改编；郭慈绘画
广州 广东人民出版社 1983 年 127 页 有图
10×13cm 统一书号：8111.2396 定价：CNY0.21
（《一千零一夜》故事选）

J0073122
阿里巴巴　艾琪军，闵唯改编
南京 江苏人民出版社 1983 年 108 页 13cm（60开）
统一书号：8100.3.645 定价：CNY0.18
（电影连环画）

J0073123
阿里巴巴和四十大盗　陈国英改编；姜明路绘
上海 上海人民美术出版社 1983 年 110 页
10×13cm 统一书号：8081.13358 定价：CNY0.14
（1001 夜丛书）

J0073124
阿里山的传说　杨荔编；杨思陶绘
西安 陕西少年儿童出版社 1983 年 46 页
10×13cm 统一书号：R8303.10 定价：CNY0.10
（台湾民间传说画丛）

J0073125
阿里与白鸽　李白英改编；江皓，赵宝林绘
北京 农村读物出版社 1983 年 61 页 10×13cm
统一书号：8267.15 定价：CNY0.12
（民间故事连环画库·回族民间故事）

J0073126
阿英　（清）蒲松龄原著；王文珠改编；谢志高绘
天津 天津人民美术出版社 1983 年 78 页
10×13cm 统一书号：8073.30763 定价：CNY0.13
（《聊斋》故事）

J0073127
啊，野麦岭　（续集）筱篁改编
北京 中国电影出版社 1983 年 157 页 13cm（60开）
统一书号：8061.2114 定价：CNY0.26
（电影连环画册）
　　本书根据日本同名影片改编。作者筱篁，主要改编的连环画作品有《白鸽》《霍元甲》《三个和尚》等。

J0073128
埃米尔捕盗记　（德）爱利斯·克斯特涅原著；高致改编；张文永绘
成都 四川人民出版社 1983 年 120 页 10×13cm
统一书号：8118.1062 定价：CNY0.14
　　根据德国同名故事改编的中国现代连环画。

J0073129
矮子鼻儿　徐淦，姚钧改编；赵隆义绘
长沙 湖南少年儿童出版社 1983 年 125 页
10×13cm 统一书号：R8280.67 定价：CNY0.18
　　本书是中国现代连环画册。

J0073130
爱德华大夫　上海电影译制厂改编
北京 中国电影出版社 1983 年 117 页 13cm（60开）
统一书号：8061.2261 定价：CNY0.21
（电影连环画册）

J0073131
爱国名将关天培　周玮杰，陈民牛编；邵家声绘
南京 江苏人民出版社 1983 年 124 页 10×13cm
统一书号：8100.3.672 定价：CNY0.18
　　中国现代连环画。

J0073132
暗度陈仓　林林编文；张令涛，胡丁文绘画
上海 上海人民美术出版社 1983 年 2 版 115 页
10×13cm 统一书号：8081.5236 定价：CNY0.18
（《西汉演义》连环画之十）

J0073133
暗渡长龙岛　戈基原著；冀深改编；吕景富绘
哈尔滨 黑龙江人民出版社 1983 年 163 页
10×13cm 统一书号：8093.853 定价：CNY0.24
　　本书是根据长篇小说《暗渡》改编的中国现
代连环画，

J0073134
奥德赛　缪德彰，缪咭改编；奚阿兴绘
上海 少年儿童出版社 1983 年 134 页 10×13cm
统一书号：R10024.4151 定价：CNY0.16
（《荷马史诗》故事 2）
　　本书是中国现代连环画册。

J0073135
奥依曲爱克　哲中原著；胡斌改编；阎文喜绘
西安 陕西人民美术出版社 1983 年 134 页
10×13cm 统一书号：8199.445 定价：CNY0.17
　　本书是中国现代连环画册。

J0073136
奥依曲爱克的情缘　哲中原著；海力改编；崔
建社绘
天津 天津人民美术出版社 1983 年 86 页 有图
10×13cm 统一书号：8073.30721 定价：CNY0.14
　　本书是中国现代连环画册。

J0073137
八戒出世　陆翱，吴江改编；费文麓摄影
北京 中国戏剧出版社 1983 年 157 页 13cm（60 开）
统一书号：8069.499 定价：CNY0.28
（《西游记》戏剧连环画丛书）

J0073138
八戒浑搅钉耙宴　郭子宣改编；于麟绘
济南 山东人民出版社 1983 年 102 页
13cm（64 开）统一书号：8099.2699
定价：CNY0.16
（西游记故事选之九）

J0073139
八戒智激美猴王　郭子宣改编；李鑫焕绘
济南 山东人民出版社 1983 年 110 页
13cm（60 开）统一书号：8099.2490
定价：CNY0.17
（西游记故事选之八）

J0073140
八女投江　颜一烟原著；潘培元改编；叶大荣绘
上海 上海人民美术出版社 1983 年 2 版 125 页
10cm（64 开）统一书号：8081.5289 定价：CNY0.16
　　本书是中国现代连环画册。

J0073141
八十天环游地球　（法）儒勒·凡尔纳原著；王
亚法改编；华其敏绘
上海 少年儿童出版社 1983 年 142 页
13cm（60 开）统一书号：R10024.4110
定价：CNY0.17
　　本书是中国现代连环画册。

J0073142
八仙过海　李源，任宝贤改编；韩亚洲，范世
平绘
北京 中国旅游出版社 1983 年 158 页
13cm（60 开）统一书号：8179.288 定价：CNY0.28
（《西游记》神话故事 之一）

J0073143
巴拉根仓的故事　唐永恩改编；陈乐生绘
合肥 安徽人民出版社 1983 年 78 页 13cm（60 开）
ISBN：8102.1280 定价：CNY0.12
　　本书是中国现代连环画册。

J0073144
巴林怒火　张乃仁改编；金高绘
呼和浩特 内蒙古人民出版社 1983 年 85 页
13cm（60 开）统一书号：8089.121 定价：CNY0.13

本书是中国现代连环画册。

J0073145
巴尼察集中营　吴志远改编；关永伟摄影
北京　广播出版社　1983 年　125 页　有图
13cm（60 开）统一书号：8236.044　定价：CNY0.22
（黑名单上的人 7）
　　本书是电视译制片连环画。

J0073146
巴斯德　张润春编；蒲以庄绘
北京　人民美术出版社　1983 年　128 页　13cm（60 开）
统一书号：8027.8901　定价：CNY0.21
（科学家故事）
　　中国现代连环画。绘者蒲以庄（1934—　），
女，美术编辑。北京人，毕业于中央美术学院绘
画系，后入中央美术学院研究生班专修版画。曾
任中央美术学院版画系助教，《中国青年》杂志社
美术编辑、美术编辑室主任，人民美术出版社连
环画册室副编审。代表作品有《彭大将军回故乡》
《巴斯德》《云中密码》等。

J0073147
拔虎须　王云起原著；张汝川改编；施胜辰绘
石家庄　河北美术出版社　1983 年　94 页
13cm（60 开）统一书号：8087.245　定价：CNY0.14
　　本书是根据王云起同名故事改编的中国现
代连环画。

J0073148
霸王别姬　林林编文；徐谷安绘画
上海　上海人民美术出版社　1983 年　2 版　94 页
10×13cm　统一书号：8081.13295
定价：CNY0.15
（《西汉演义》连环画之十九）

J0073149
霸王别姬　汤廷乐改编；赵文玉绘
杭州　浙江人民美术出版社　1983 年　134 页
10×13cm　统一书号：8156.291　定价：CNY0.17
　　本书是根据《前汉演义》改编的中国现代连
环画。

J0073150
白脖儿　黄昌明改编；毛用坤绘
南京　江苏人民出版社　1983 年　62 页　有图
10×13cm　统一书号：8100.3.671　定价：CNY0.10
　　本书是中国现代连环画册。

J0073151
白鸽　筱篁改编
北京　中国电影出版社　1983 年　87 页　13cm（60 开）
统一书号：8061.1936　定价：CNY0.17
（电影连环画册）
　　作者筱篁，主要改编的连环画作品有《白鸽》
《霍元甲》《三个和尚》等。

J0073152
白桦林中的哨所　泓鸿改编
北京　中国电影出版社　1983 年　125 页　13cm（60 开）
统一书号：8061.2060　定价：CNY0.21
（电影连环画册）

J0073153
白莲　罗旋原作；翟绛礽改编；子容等绘
南昌　江西人民出版社　1983 年　94 页　有图
10×13cm　统一书号：8110.606　定价：CNY0.15
　　本书是中国现代连环画册。

J0073154
白莲　王素一改编；周晓群绘
银川　宁夏人民出版社　1983 年　94 页　13cm（60 开）
统一书号：8157.428　定价：CNY0.16
　　本书是根据罗旋同名小说改编的中国现代
连环画。

J0073155
白马告状　刘树强改编；董善明绘
石家庄　河北美术出版社　1983 年　142 页
10×13cm　统一书号：8087.571　定价：CNY0.19
（《杨家将》之十六）
　　本书是中国现代连环画册。

J0073156
白马将军　吴式堂改编；彭强华绘
长沙　湖南少年儿童出版社　1983 年　190 页
10×13cm　统一书号：R8280.79　定价：CNY0.30
（朝华画库）
　　本书是现代中国连环画。

J0073157
白秋练　叶建森改编；张文忠绘
成都　四川人民出版社 1983 年　82 页　12×13cm
统一书号：8118.1529　定价：CNY0.19
（《聊斋》故事）
　　本书是中国现代连环画册。作者叶建森
（1932— ），笔名五丰，厦门人。中国连环画研
究会常务理事，湖南省美术家协会会员。主要作
品有《血染黄河滩》《变驴》《鸟笼里的野兽》等。

J0073158
百合姑娘　陈国英改编；潘小庆绘画
天津　天津人民美术出版社 1983 年　70 页　有图
13cm（60 开）统一书号：8073.30737
定价：CNY0.12
　　本书是中国现代连环画册。

J0073159
百花公主　井泉，胡芝风整理；晓丁改编；孙
宏华摄影
北京　中国戏剧出版社 1983 年 124 页 13cm（60 开）
统一书号：8069.443　定价：CNY0.23
　　根据苏州市京剧团演出的同名京剧改编的
连环画。

J0073160
百花仙子　锡明改编；秀公等绘
南京　江苏人民出版社 1983 年　62 页　13cm（60 开）
统一书号：8100.3.600　定价：CNY0.10
（镜花缘之一）
　　本书是中国现代连环画册。

J0073161
百鸟衣　韦其麟原著；马定忠改编，吴冰玉绘画
上海　上海人民美术出版社 1983 年　86 页　有图
13cm（60 开）统一书号：8081.13407
定价：CNY0.11
（少年儿童画库）
　　本书是中国现代连环画册。

J0073162
百雀衣　（西藏民间故事）胡然改编；吴黎阳绘
北京　中国旅游出版社 1983 年　123 页
13cm（60 开）统一书号：8179.289　定价：CNY0.22
　　本书是中国现代连环画册。

J0073163
百万富翁林汤元　程梓贤，王正平原著；李果
改编；王以时等绘
重庆　重庆出版社 1983 年　190 页　13cm（60 开）
统一书号：8114.64　定价：CNY0.23
　　本书是中国现代连环画册。

J0073164
拜月记　古曲原作；金青改编；翁振新绘
福州　福建人民出版社 1983 年　102 页 13cm（60 开）
定价：CNY0.16
　　本书是中国现代连环画册。

J0073165
拜月记　（元）施惠原著；张国然改编；曹震云
等摄影
上海　上海人民美术出版社 1983 年　157 页　有图
13cm（60 开）统一书号：8081.13685
定价：CNY0.28
　　本书是中国现代连环画册。

J0073166
班超　（中国历史故事）杨兆祥，贺书昌改编；
杨文仁，尹宇绘
北京　人民美术出版社 1983 年　118页 13cm（60 开）
统一书号：8027.8884　定价：CNY0.15
　　本书是中国现代连环画，根据《后汉书》班
超传改编。

J0073167
搬家　（电视剧连环画册）王欣改编
北京　中国电影出版社 1983 年　116 页 13cm（60 开）
定价：CNY0.21

J0073168
邦锦美朵　刘千编文；韩书力绘
北京　人民美术出版社 1983 年　46 页 19cm（32 开）
统一书号：8027.8874　定价：CNY2.15
　　中国现代连环画。根据张训、李黎等采集的
藏族民间故事编纂而成。

J0073169
包公除奸　毛志毅改编；刘建平绘
天津　天津人民美术出版社 1983 年　86 页
13cm（60 开）定价：CNY0.14

本书是根据传统戏曲故事改编的中国现代连环画。

J0073170

包公错断狄龙案　李新娟改编；白庚延绘

石家庄　河北美术出版社　1983 年　118 页

13cm（60 开）统一书号：8087.235

定价：CNY0.17

　　本书是根据剧本《包公自责》改编的中国现代连环画。

J0073171

包公上疏　高铁林改编；于海江绘

哈尔滨　黑龙江人民出版社　1983 年　182 页

13cm（60 开）定价：CNY0.26

　　本书是根据评书《包公上疏》改编的中国现代连环画。

J0073172

包公审石头　王耀改编；李宝峰绘

西安　陕西人民美术出版社　1983 年　［99］页

13cm（60 开）定价：CNY0.15

　　本书是中国现代连环画册。绘者李宝峰（1938—2019），国画家、一级美术师。辽宁抚顺市人，就读于鲁迅美术学院附中。历任甘肃画院副院长、甘肃美协副主席，中国美术家协会会员。代表作品有《李宝峰草原风情录》《李宝峰画集》等。

J0073173

包公误　（包公故事）赵世伟改编；李新华绘

郑州　中州书画社　1983 年　126 页　13cm（60 开）

定价：CNY0.20

　　本书是中国现代连环画册。

J0073174

宝岛　（英）斯蒂文生原著；张苗改编；王桂葆，刘素英绘

哈尔滨　黑龙江人民出版社　1983 年　136 页

13cm（60 开）统一书号：8093.851

定价：CNY0.20

　　本书是中国现代连环画册。

J0073175

宝壶和宝棍　王志祥改编；雷金池，陈继荣绘

石家庄　河北美术出版社　1983 年　78 页

13cm（60 开）定价：CNY0.12

　　本书是中国现代连环画册。

J0073176

宝画　李亮编；刘端，季西辰绘

石家庄　河北美术出版社　1983 年　62 页

13cm（60 开）统一书号：8087.554

定价：CNY0.10

　　本书是中国现代连环画册。

J0073177

宝盆　张金铭编文；王胜华绘画

长春　吉林人民出版社　1983 年　62 页　有图

13cm（60 开）统一书号：8091.1426　定价：CNY0.10

　　本书是中国现代连环画册。绘者王胜华（1951—　　），画家、编辑。又名盛华，山东莒县人。曾在沈阳鲁迅美术学院进修。山东画院高级画师，山东美术出版社编辑，中国书法艺术委员会会员，中国美术家协会山东分会会员。代表作品有《春茶吐艳》《起舞弄清影》《长寿》《秋爽图》。

J0073178

宝山相亲　周珉编剧；杨德勋导演，汪文华摄影

南京　江苏人民出版社　1983 年　165 页　有图

13cm（60 开）统一书号：8100.3.696

定价：CNY0.26

　　本书是根据江苏省柳琴剧团演出本编绘的中国现代连环画。

J0073179

宝石花蕊　刘庭珍等编文；于速摄影

北京　中国文艺联合出版公司　1983 年　125 页

有图　13cm（60 开）统一书号：8313.149

定价：CNY0.23

　　本书是中国现代摄影小说连环画。

J0073180

宝石姻缘　陈端桓改编；来晚等绘

广州　科学普及出版社广州分社　1983 年　77 页

13cm（60 开）统一书号：8051.60234

定价：CNY0.14

　　本书是根据《天方夜谭》改编的中国现代连环画。

J0073181
保安团长的护兵　赵瞻改编；乌江摄影
呼和浩特 内蒙古人民出版社 1983 年 118 页
13cm（60 开）定价：CNY0.21
　　本书根据电影《母亲湖》改编的连环画。

J0073182
暴动　张友改编；施大畏等绘
哈尔滨 黑龙江人民出版社 1983 年 160 页
13cm（60 开）统一书号：8093.956 定价：CNY0.23
　　本书是中国现代连环画册。

J0073183
悲惨世界　（上）文华改编；董福章绘
北京 人民美术出版社 1983 年 174 页 13cm（60 开）
统一书号：8027.8240 定价：CNY0.26
（雨果名著选编）
　　本书是根据法国维克多·雨果同名小说改编
现代连环画。

J0073184
悲惨世界　（下）陈寓中改编；董福章绘
北京 人民美术出版社 1983 年 182 页 13cm（60 开）
统一书号：8027.8807 定价：CNY0.27
（雨果名著选编）
　　本书是根据法国维克多·雨果同名小说改编
现代连环画。

J0073185
悲惨世界　黄幼渝改编；尹绘泽，付启中绘
昆明 云南人民出版社 1983 年 [230]页
13cm（60 开）定价：CNY0.40
　　本书根据同名电影剧本改编的连环画。

J0073186
悲惨世界　（4）（法）维克多·雨果原著；张定
华，陆和苏改编；张定华绘
杭州 浙江人民美术出版社 1983 年 150 页
13cm（60 开）统一书号：8156.299 定价：CNY0.18
　　本书是中国现代连环画册。

J0073187
北京人　曹禺编剧；杨季纯，潘培元改编；张
福祺摄影
上海 上海人民美术出版社 1983 年 2 版 188 页

10×13cm 统一书号：8081.3379 定价：CNY0.33
　　本书是中国现代连环画册。

J0073188
北上　李育柏编；沈尧伊绘
长春 吉林人民出版社 1983 年 174 页 13cm（60 开）
统一书号：8091.1406 定价：CNY0.25
　　本书是中国现代连环画册。绘者沈尧伊
（1943— ），画家。浙江镇海人，毕业于中央美
术学院。中国人民大学徐悲鸿艺术学院教授，中
国美术家协会会员，北京美术家协会理事，连环
画艺术委员会主任。代表作品《而今迈步从头越》
《革命理想高于天》《地球的红飘带》等。

J0073189
贝拉　（俄）莱蒙托夫原著；林珂改编；俞晓夫绘
天津 天津人民美术出版社 1983 年 57 页 有图
13cm（60 开）统一书号：8073.30736
定价：CNY0.11
　　本书是中国现代连环画册。绘者俞晓夫
（1950— ），画家。江苏常州人，毕业于上海戏
剧学院美术系。上海油画雕塑院教授、副院长，
中国美术协会会员。代表作品有《一次义演》《拍
卖古钢琴》《我轻轻地敲门》等。

J0073190
贝叶闹海　宗璞原著；张东振，韩玉房改编；
张秋菊绘
石家庄 河北美术出版社 1983 年 46 页
13cm（60 开）统一书号：8087.518 定价：CNY0.08
（民间故事）
　　本书是中国现代连环画册。

J0073191
被控告的人　晓珩改编
北京 中国电影出版社 1983 年 177 页 13cm（60 开）
统一书号：8061.2276 定价：CNY0.30
（电影连环画册）

J0073192
被通缉的侍卫官　张余多改编；陈军，张明绘
哈尔滨 黑龙江人民出版社 1983 年 142 页
10×13cm 统一书号：8093.965 定价：CNY0.21
　　本书是中国现代连环画，根据长篇小说《破
壁记》改编。

J0073193

蓓根的五亿法郎　（法）凡尔纳原著；杨旭辰改编；柏芳景绘

哈尔滨　黑龙江科学技术出版社 1983 年 126 页 13cm（60 开）统一书号：8217.016 定价：CNY0.20

　　本书根据法国文学作品改编的中国现代连环画。

J0073194

笔中情　祝冒勋，熊力兵编绘

西宁　青海人民出版社 1983 年 117 页 13cm（60 开）统一书号：8097.500 定价：CNY0.20

　　本书是中国现代连环画册。

J0073195

笔中情　索立改编

北京　中国电影出版社 1983 年 141 页 13cm（60 开）统一书号：8061.2057 定价：CNY0.23

（电影连环画册）

J0073196

边境堵象　蔡晏良编绘

乌鲁木齐　新疆人民出版社 1983 年 95 页 13cm（60 开）定价：CNY0.12

　　本书是中国现代连环画，根据沈石溪《当大象迁移的时候》改编。

J0073197

扁鹊　石祥，季仲编；肖平，肖和绘

南京　江苏人民出版社 1983 年 124 页 10×13cm 统一书号：8100.3.689 定价：CNY0.19

（中国古代科学家）

　　本书是中国现代连环画册。

J0073198

汴京保卫战　定兴编；陈惠冠，陈都绘

天津　天津人民美术出版社 1983 年 116 页 13cm（60 开）统一书号：8073.30839 定价：CNY0.18

（中国历史演义故事画《宋史》13）

　　作者陈惠冠（1935—　），浙江余姚人。中国美术家协会会员，中国版协连环画艺术委员会副主任委员。擅长连环画。作品有《牛头山》《仙人岛》《黄河飞渡》等。

J0073199

变成石头的人　王志冲翻译；叶家斌绘

南宁　漓江出版社 1983 年 89 页 13cm（60 开）统一书号：8256.93 定价：CNY0.13

　　本书是中国现代连环画，根据罗马尼亚民间故事改编。作者王志冲（1936—　），翻译家。籍贯上海，笔名冰火、天飞。中国翻译家协会会员、作协会员。译作有《第一个劳动日》《冒名顶替》《海底外星人》《酸奶村的冬天》《入地艇》《忘却城》等。绘者叶家斌（1949—　），画家。广东中山人，毕业于广州美院研究生班。广东美术家协会理事，广东连环画艺术委员会主任。主要作品有《斯库台三英雄》《绿林神箭手》《中途岛之战》《变成石头的人》等。

J0073200

变色龙

长沙　湖南少年儿童出版社 1983 年 48+61 页 10×13cm 统一书号：R8280.34 定价：CNY0.16

　　中国现代连环画作品，包括《变色龙》（叶强改编；张月明绘）和《西门豹治邺》（龚光裕改编；何浩中绘）。

J0073201

滨江风波　韩双东编；李权绘

北京　中国旅游出版社 1983 年 126 页 13cm（60 开）统一书号：8179.286 定价：CNY0.24

　　本书是中国现代连环画册。

J0073202

冰岛谍踪　胡翀改编；隋奇，通潮绘

广州　科学普及出版社广州分社 1983 年 94 页 13cm（60 开）统一书号：8051.60233 定价：CNY0.16

　　本书是根据埃及作家马·萨里姆所著的系列小说《十三个小魔鬼》中的一个故事改编的现代连环画。

J0073203

冰峰抢险队　欧阳尧佳改编；梅汉珍等绘

广州　岭南美术出版社 1983 年 118 页 有图 13cm（60 开）统一书号：8260.0615 定价：CNY0.19

　　本书是根据美国同名电影改编的现代连环画。

J0073204

冰峰抢险队　午言改编

北京　中国电影出版社　1983 年　147 页

13cm（60 开）定价：CNY0.26

（电影连环画册）

J0073205

冰雪惊魂　里夫·哈姆利原著；林培改编，雷坦绘画

广州　岭南美术出版社　1983 年　110 页　有图

13cm（60 开）统一书号：8260.0504

定价：CNY0.19

　　本书是中国现代连环画册。

J0073206

兵进咸阳　王恩国改编；郭德福绘

沈阳　辽宁美术出版社　1983 年　194 页

13cm（60 开）统一书号：7161.0190

定价：CNY0.29

（前汉演义之五）

　　本书是中国现代连环画册。

J0073207

兵困黄土坡　张绍旻改编；李耀华绘

石家庄　河北美术出版社　1983 年　134 页

13cm（60 开）统一书号：8087.464 定价：CNY0.18

（《杨家将》之十）

　　本书是中国现代连环画册。作者张绍旻，改编有连环画《西游记》等。

J0073208

兵困遂州　戈兵改编；刘汉宗绘

石家庄　河北美术出版社　1983 年　130 页

13cm（60 开）统一书号：8087.588 定价：CNY0.18

（《杨家将》之十四）

　　本书是中国现代连环画册。

J0073209

并蒂莲　叶永烈原著；胡正修改编；张伟健，马炳荣绘

广州　科学普及出版社广州分社　1983 年　94 页

13cm（60 开）统一书号：8051.60213

定价：CNY0.15

　　本书是中国现代连环画册。

J0073210

播种幸福的人　王逸改编

北京　中国电影出版社　1983 年　93 页　13cm（60 开）

统一书号：8061.1932 定价：CNY0.17

（电影连环画册）

J0073211

博浪椎　林林编文；陈宁绘画

上海　上海人民美术出版社　1983 年　2 版　118 页

10×13cm 统一书号：8081.3471 定价：CNY0.18

（《西汉演义》连环画之一）

　　根据西汉历史故事改编的中国连环画作品。

J0073212

不断复活的旅伴　（美）S.H. 艾顿思原著；韦思玉改编；陈万祥绘画

广州　花城出版社　1983 年　61 页　有图

13cm（60 开）统一书号：8261.33 定价：CNY0.13

（旅游连环画）

J0073213

不该发生的案件　张天民，张笑天原著；李云章，吴井山改编；阎德林，刘家齐绘

长春　吉林人民出版社　1983 年　141 页

13cm（60 开）统一书号：8091.1470 定价：CNY0.22

　　本书是中国现代连环画册。

J0073214

不见面的朋友　山人改编；严林绘画

成都　四川少年儿童出版社　1983 年　62 页　有图

7×10cm 统一书号：R8247.77 定价：CNY0.05

（《小小连环画》25）

J0073215

不讲理的客人　唐鲁峰原著；白雨改编；曾佑瑄绘

石家庄　河北美术出版社　1983 年　93 页

10×13cm 统一书号：8087.231 定价：CNY0.14

　　本书是中国现代连环画册。

J0073216

不祥之婚的城堡　（法）玛丽原著；岳凤改编；雷淑娟，钟蔚帆绘

广州　花城出版社　1983 年　120 页　13cm（60 开）

统一书号：8261.21 定价：CNY0.23

（旅伴连环画库）

J0073217
不知所措　王永江改编；张淮，张宝蔚绘
武汉　长江文艺出版社　1983 年 ［70］页
13cm（60 开）统一书号：8107.389 定价：CNY0.12
　　本书是中国现代连环画，根据《中国民间笑话选》改编。

J0073218
布谷催春　陈实改编
北京　中国电影出版社　1983 年 177页 13cm（60开）
统一书号：8061.2237 定价：CNY0.30
（电影连环画册）
加号

J0073219
才智少年　（上册）张玉忠等编文；高撼等绘画
郑州　中州书画社　1983 年 14 页 有图
13cm（60 开）统一书号：8219.345 定价：CNY0.16
　　本书是中国现代连环画。

J0073220
才智少年　（下册）张玉忠等编文；高撼等绘画
郑州　中州书画社　1983 年 21 页 有图
13cm（60 开）统一书号：8219.346 定价：CNY0.21
　　本书是中国现代连环画

J0073221
彩虹的传说　（彝汉文对照连环画）米大中编绘
成都　四川民族出版社　1983 年 50 页 13cm（60开）统一书号：M8140.22 定价：CNY0.13
　　本书是中国现代连环画册。

J0073222
彩桥　筱篁改编
北京　中国电影出版社　1983 年 125页 13cm（60开）
统一书号：8061.1972 定价：CNY0.21
（电影连环画册）
　　作者筱篁，主要改编的连环画作品有《白鸽》《霍元甲》《三个和尚》等。

J0073223
蔡伦造纸　汤一钧改编；胡永凯画
北京　人民美术出版社　1983 年 14 页 有彩图
13cm（60 开）统一书号：8027.8587 定价：CNY0.14
　　本书是中国现代连环画，根据谭一寰同名历史故事改编。

J0073224
沧海横流　所云平编剧；王寅申，李保义改编；孙牛，宋后军摄影
北京　长城出版社　1983 年 152 页 13cm（60 开）
统一书号：8269.36 定价：CNY0.29
　　本书是中国现代连环画，根据总政治部话剧团演出的同名话剧改编。

J0073225
曹雪芹之死　吴恩裕原著；陈铁英改编；华其敏绘
天津　天津人民美术出版社　1983 年 110 页
13cm（60 开）统一书号：8073.30724
定价：CNY0.17
　　本书是中国现代连环画，以曹雪芹的后期生活为素材，描绘了曹雪芹在北京西郊的最后经历。

J0073226
曹州大捷　凌力原著；戚宏，王正改编；陈光华绘
合肥　安徽人民出版社　1983 年 110页 13cm（60开）
统一书号：8102.1370 定价：CNY0.15
（捻军故事 2）
　　本书是中国现代连环画册。

J0073227
草上飞　白艾原著；思佳改编；罗盘绘画
上海　上海人民美术出版社　1983 年 2 版 84 页
有图 13cm（60 开）统一书号：8081.2212
定价：CNY0.12
　　本书是中国现代连环画，1957 年 1 月出第1 版。

J0073228
草原激战　刘建华，徐景改编；杜连仁绘
沈阳　辽宁美术出版社　1983 年 182页 13cm（60开）
统一书号：7161.0252 定价：CNY0.26
　　本书是中国现代连环画册。

J0073229

茶馆　老舍原著；李定兴改编；苏德新，武宝智摄影

天津　天津人民美术出版社　1983 年　173 页　13cm（60 开）定价：CNY0.31

　　本书是中国现代连环画册。

J0073230

茶馆　田小惠改编

北京　中国电影出版社　1983 年　157 页　13cm（60 开）

定价：CNY0.26

（电影连环画册）

J0073231

茶花女　（法）小仲马原著；徐礼娴改编；刘惠汉，梁为真绘

广州　岭南美术出版社　1983 年　158 页　13cm（60 开）

统一书号：8260.0561　定价：CNY0.27

（世界文学名著）

　　本书是中国现代连环画册。

J0073232

茶妹子　欧新潮改编；曹小强绘

武汉　湖北人民出版社　1983 年　62 页　13cm（60 开）

定价：CNY0.10

　　本书是中国现代连环画册。

J0073233

差等生朱小彬　蔡方云等改编；费文麓绘画

北京　中国戏剧出版社　1983 年　157 页　有图　13cm（60 开）统一书号：8069.373　定价：CNY0.28

　　本书是中国现代连环画，山西省话剧团演出本编绘。

J0073234

钗头凤　吴玉京改编；费声福绘

北京　中国电影出版社　1983 年　156 页　13cm（60 开）

定价：CNY0.23

（电影连环画册）

　　本书根据电影《风流千古》改编。

J0073235

豺狼的日子　（英）福赛斯原著；余扬改编；程国英绘

成都　四川人民出版社　1983 年　165 页　13cm（60 开）

定价：CNY0.20

　　本书是中国现代连环画册。

J0073236

常打枪和龙女　张绍旻编；何保全绘

石家庄　河北美术出版社　1983 年　102 页　13cm（60 开）统一书号：8087.242　定价：CNY0.15

　　本书是中国现代连环画册。作者张绍旻，改编有连环画《西游记》等。

J0073237

超级骗局　玛丽原著；王帆改编，俞晓刚等绘画

广州　花城出版社　1983 年　69 页　有图　13cm（60 开）统一书号：8261.20　定价：CNY0.14

（旅伴连环画库）

J0073238

朝阳沟内传　竹马改编；张治华绘

长沙　湖南美术出版社　1983 年　102 页　13cm（60 开）

定价：CNY0.18

（计划生育画库）

　　本书是中国现代连环画，根据杨兰春同名豫剧改编。

J0073239

朝阳沟内传　杨兰春编剧；王秉龙改编、摄影

北京　中国戏剧出版社　1983 年　157 页　13cm（60 开）

定价：CNY0.28

　　本书是中国现代连环画册。作者王秉龙（1943—　　），生于山西祁县。中国戏剧家协会会员，北京美术家协会会员。擅长楷书、魏碑、行书。出版《科学发明家故事》《明史演义》等多部连环画册；改编拍摄并出版了几百种传统戏曲年画。

J0073240

车迟斗法　庄努，槐山改编；李灼绘

成都　四川人民出版社　1983 年　118 页　13cm（60 开）统一书号：8118.1153

定价：CNY0.17

（《西游记》故事之八）

J0073241

车站风暴　肖志新改编；马德林绘

呼和浩特 内蒙古人民出版社 1983 年 62 页
13cm（60 开）定价：CNY0.13

　　本书是中国现代连环画册。

J0073242

沉鳌洲　立江原著；叶宗翰改编；白露绘
南宁 广西人民出版社 1983 年 94 页 13cm（60 开）
定价：CNY0.17
（广西革命斗争故事）

　　本书是中国现代连环画册。

J0073243

沉船　（印）泰戈尔原著；赵汉改编；于成业绘
福州 福建人民出版社 1983 年 150 页 13cm（60 开）
定价：CNY0.21

　　本书是中国现代连环画册。

J0073244

沉浮记　崔凯改编；景启民绘
沈阳 辽宁美术出版社 1983 年 94 页 13cm（60 开）
统一书号：7161.0173 定价：CNY0.15

　　本书是中国现代连环画册。

J0073245

沉默的公主　徐家仪改编；张军绘
广州 广东人民出版社 1983 年 89 页 13cm（60 开）
定价：CNY0.17
（少年连环画库）

J0073246

陈三五娘　金青改编；刘秉贤，黄石绘
福州 福建人民出版社 1983 年 114 页 13cm（60 开）
定价：CNY0.17

　　本书是中国现代连环画，根据梨园戏剧本
改编。

J0073247

陈三五娘　李国俊，洪寿仁改编；余树泽绘
广州 岭南美术出版社 1983 年 108 页 13cm（60 开）
定价：CNY0.17

　　本书是中国现代连环画，根据广东潮剧院
《荔镜记》改编。

J0073248

陈胜·吴广　（中国历史故事）石山改编；于大

武绘
北京 人民美术出版社 1983 年 70 页 13cm（60 开）
定价：CNY0.12

　　本书是中国现代连环画册。

J0073249

陈胜王　林林编文；戴敦邦绘画
上海 上海人民美术出版社 1983 年 2 版 126 页
10×13cm 统一书号：8081.3473 定价：CNY0.19
（《西汉演义》连环画之二）

　　根据西汉历史故事改编的中国连环画作品。

J0073250

陈毅军长　晓虹改编；王廷嘉绘
长春 吉林人民出版社 1983 年 102 页 有图
13cm（60 开）统一书号：8091.1484 定价：CNY0.17

　　本书是中国现代连环画，由邓友梅原著
编绘。

J0073251

陈毅元帅　中国人民革命军事博物馆编
北京 长征出版社 1983 年 158 页 13cm（60 开）
定价：CNY0.28

　　本书是中国历史故事连环画。

J0073252

晨曲　迟犀改编
北京 中国电影出版社 1983 年 93 页 13cm（60 开）
定价：CNY0.17
（电影连环画册）

J0073253

丞相斩子　文蕴改编；郭秀庚绘
南京 江苏人民出版社 1983 年 94 页
定价：CNY0.14

　　本书是中国历史故事连环画，根据曹晓波同
名历史小说改编。绘者郭秀庚（1942—　），湖北
黄冈人。毕业于湖北艺术学院。中国美术家协
会会员，江西美术出版社副编审，《小猕猴智力画
刊》社副主编，江西书画院特聘画家，南昌画院
特聘画家。作品有连环画《南瓜记》《蔡文姬》，
年画《八千里路云和月》等。

J0073254

城南旧事　吴天忍选编；曹威业，唐时宝摄影

上海　上海人民美术出版社　1983 年　174 页
13cm（60 开）统一书号：8081.13484
定价：CNY0.31
　　本书是根据同名电影剧本改编的连环画。

J0073255
城濮大战　吴枫改编；姜正豪绘画
广州　岭南美术出版社　1983 年　169 页　有图
10×13cm　统一书号：8260.0587　定价：CNY0.30
（根据《东周列国志》）
　　本书是中国现代连环画册。

J0073256
城濮大战　吴枫改编；姜正豪绘
广州　岭南美术出版社　1983 年　169 页
13cm（60 开）定价：CNY0.30
（东周列国志选）
　　本书是中国现代连环画册。

J0073257
程咬金　刘笑编；张成久绘
长春　吉林人民出版社　1983 年　78 页　13cm（60 开）
定价：CNY0.13
　　本书是中国现代连环画册。

J0073258
程咬金让位　学知编；来汶阳等绘
北京　中国曲艺出版社　1983 年　124 页　13cm（60 开）
定价：CNY0.18
（传统评书连环画《兴唐传》22）

J0073259
痴呆的伴侣　鲁丁改编；赵贵德绘
郑州　中州书画社　1983 年　126 页　13cm（60 开）
统一书号：8219.364　定价：CNY0.23
　　本书是根据日本森村诚一的小说《太阳的黑
点》改编的现代连环画，

J0073260
迟到的春天　大川改编
成都　四川人民出版社　1983 年　157 页　有图
13cm（60 开）统一书号：8118.1063　定价：CNY0.23
（电影连环画）

J0073261
赤橙黄绿青蓝紫　（上集）晨原，凌儿改编
北京　广播出版社　1983 年　117 页　13cm（60 开）
定价：CNY0.22
（电视剧连环画）

J0073262
赤橙黄绿青蓝紫　（下）晨原改编
北京　广播出版社　1983 年　117 页　有图
13cm（60 开）统一书号：8236.072　定价：CNY0.22
　　本书是中国现代连环画册。

J0073263
赤橙黄绿青蓝紫　蒋子龙原著；丹叶改编，吴
富佳等绘画
北京　人民美术出版社　1983 年　126 页　有图
13cm（60 开）统一书号：8027.8915　定价：CNY0.19
　　本书是中国现代连环画册。

J0073264
冲锋在前　胡国辉改编；沈建国绘
沈阳　辽宁美术出版社　1983 年　154 页　13cm（60 开）
统一书号：7161.0271　定价：CNY0.23
　　本书是中国现代连环画册。

J0073265
冲破罗网　连力改编；司徒，惠汉绘画
广州　岭南美术出版社　1983 年　158 页　10×13cm
统一书号：8260.0620　定价：CNY0.27
（武术家霍元甲 3）
　　本书是中国现代连环画册。

J0073266
崇武以东显神威　刘峰军，方竹编；王双贵绘
北京　海洋出版社　1983 年　102 页　13cm（60 开）
定价：CNY0.18
（人民海军战斗故事连环画集）

J0073267
出卖心的人　（德）威·豪夫原著；张秋菊改编；
胡震国，王守中绘画
石家庄　河北美术出版社　1983 年　92 页
13cm（60 开）统一书号：8097.492　定价：CNY0.14
（童话世界）
　　本书是中国现代连环画册。

J0073268

初会飙字军　曲波原著；贾全豹改编；郭文涛，楚卒绘

兰州 甘肃人民出版社 1983 年 78 页 13cm（60 开）

定价：CNY0.12

（桥隆飙连环画之一）

J0073269

初显身手　连力改编；绍城等绘画

广州 岭南美术出版社 1983 年 157 页 10×13cm

统一书号：8260.0618 定价：CNY0.27

（武术家霍元甲 1）

　　本书是中国现代连环画册。

J0073270

除奸　曲波原著；贾全豹改编；张学乾，晓竹绘

兰州 甘肃人民出版社 1983 年 78 页 13cm（60 开）

统一书号：8096.904 定价：CNY0.12

（桥隆飙连环画之二）

J0073271

创造十年　葛修瀚改编；钱生发等绘画

南京 江苏人民出版社 1983 年 109 页 有图 13cm（60 开）统一书号：8100.3.644

定价：CNY0.16

（郭沫若的故事 3）

　　本书是中国现代连环画册。

J0073272

春蚕　凡兵改编；颜小行摄影

北京 中国文艺联合出版公司 1983 年 93 页 13cm（60 开）定价：CNY0.18

（电视剧连环画）

J0073273

春归红楼　索立改编

北京 中国电影出版社 1983 年 125 页 13cm（60 开）

定价：CNY0.21

（电影连环画册）

J0073274

春秋故事　（上）林汉达原著；菡原改编；李江鸿等绘

石家庄 河北美术出版社 1983 年 [169]页 13cm（60 开）统一书号：8087.522 定价：CNY0.24

（中国历史故事丛书）

　　本书是中国历史故事连环画。

J0073275

春秋故事　（中）林汉达原著；菡原，魏民改编；李林祥等绘

石家庄 河北美术出版社 1983 年 155 页 13cm（60 开）统一书号：8087.523 定价：CNY0.22

（中国历史故事丛书）

　　本书是中国历史故事连环画。

J0073276

春秋故事　（下）林汉达原著；梁占山改编；季源业等绘

石家庄 河北美术出版社 1983 年 157 页 13cm（60 开）统一书号：8087.524 定价：CNY0.22

（中国历史故事丛书）

　　本书是中国历史故事连环画。

J0073277

聪明的法官　白开基改编；邓显尧，殷立业绘

武汉 长江文艺出版社 1983 年 75 页 13cm（60 开）

定价：CNY0.13

　　本书是中国历史故事连环画。

J0073278

聪明的木娃　孙幼忱编文；毕树校绘

石家庄 河北美术出版社 1983 年 46 页 有图 10×13cm 统一书号：8087.233 定价：CNY0.08

　　本书是中国现代连环画册。

J0073279

从百草园到三味书屋　木叶改编；张治华绘画

长沙 湖南少年儿童出版社 1983 年 65 页 有图 10×13cm 统一书号：R8280.54 定价：CNY0.14

　　本书是中国现代连环画，根据《中学语文画库》初中第一册编绘。

J0073280

从奴隶到将军　（上集）梁信原著；钱志清改编；汪观清绘

上海 上海人民美术出版社 1983 年 142 页 13cm（60 开）统一书号：8081.13507

定价：CNY0.17

　　本书是中国现代连环画册。共 2 集，收入

284 幅图。

J0073281
从奴隶到将军 （下集）梁信著；钱志清改编；
汪观清绘画
上海 上海人民美术出版社 1983 年 142 页 有图
9×13cm 统一书号：8081.13507 定价：CNY0.17
　　本书是中国现代连环画册。

J0073282
从乞丐到皇帝 华瑜改编；王建，梁萍绘
北京 人民美术出版社 1983 年 126 页
13cm（60 开）统一书号：8027.8442 定价：CNY0.19
（中国历史故事）
　　本书是中国现代连环画，根据吴晗著《朱元
璋》改编。

J0073283
促织 张雨，槐山改编；赵映闿，邹昌义绘
成都 四川人民出版社 1983 年 72 页 12×13cm
统一书号：8118.1363 定价：CNY0.16
（《聊斋》故事）
　　本书是中国现代连环画册。

J0073284
崔庆专权 潘勤孟改编；周申绘画
上海 上海人民美术出版社 1983 年 110 页 有图
10×13cm 统一书号：8081.13245 定价：CNY0.13
（东周列国故事）
　　本书是中国现代连环画册。

J0073285
翠毛狮 易定国编；陈惠明绘
南昌 江西人民出版社 1983 年 94 页 13cm（60开）
定价：CNY0.16
　　本书是中国现代连环画册。

J0073286
翠鸟衣 （湖南民间故事）童咏芹编；郑一呼绘
长沙 湖南美术出版社 1983 年 78 页 13cm（60开）
统一书号：8233.422 定价：CNY0.11
　　本书是中国湖南民间故事连环画。

J0073287
翠微亭 李遵义改编；施大畏，庞光健绘
石家庄 河北美术出版社 1983 年 86 页
13cm（60 开）定价：CNY0.13
　　本书是中国现代连环画，根据同名小说
改编。

J0073288
蹉跎岁月 （电视剧连环画 上集）中央电视台
供稿
北京 广播出版社 1983 年 126 页 13cm（60 开）
定价：CNY0.22

J0073289
蹉跎岁月 （一）吴历，薛群改编
北京 中国电影出版社 1983 年 116 页 13cm（60 开）
定价：CNY0.21
（电影连环画册）

J0073290
蹉跎岁月 （二）吴历，薛群改编
北京 中国电影出版社 1983 年 117 页 13cm（60 开）
定价：CNY0.21
（电影连环画册）

J0073291
蹉跎岁月 （三）吴历，薛群改编
北京 中国电影出版社 1983 年 116 页 13cm（60 开）
定价：CNY0.21
（电影连环画册）

J0073292
达活泉的故事 王坚编文；张增木绘画
石家庄 河北美术出版社 1983 年 86 页 有图
13cm（60 开）统一书号：8087.553 定价：CNY0.13
　　本书是中国现代连环画，根据民间传说
改编。

J0073293
达曼戈 （法）梅里美原著；丁国联改编；周长
江绘
上海 上海人民美术出版社 1983 年 125 页 有图
13cm（60 开）统一书号：8081.13539
定价：CNY0.16
　　本书是现代连环画册。绘者周长江

（1950—　），油画家。江苏建湖人，上海戏剧学院美术系油画班毕业。上海油画雕塑院专业创作员、副院长、艺术委员会主任，华东师范大学艺术学院院长、终身教授、博士生导师，上海市美术家协会顾问。代表作品有《互补系列NO.120》。

J0073294

挖汴河　李云编；鲁枫绘
北京 中国曲艺出版社 1983年 126页 13cm（60开）
统一书号：8227.021 定价：CNY0.18
（传统评书连环画《兴唐传》19）

J0073295

打赌　陈仁川改编；李希玉等绘
兰州 甘肃人民出版社 1983年 110页 13cm（60开）
定价：CNY0.16
　　本书是中国现代连环画册。

J0073296

大摆迷魂阵　钱英智编；钱生发等绘
长春 吉林人民出版社 1983年 142页
13cm（60开）定价：CNY0.21
（特殊巡官之二）
　　本书是中国现代连环画册。作者钱生发，连环画家。绘有连环画《80年代》《小萝卜头》《在轮船上》等。

J0073297

大宝和小宝　钱凯编；马得画
南京 江苏人民出版社 1983年 28页 有彩图
13cm（60开）统一书号：8100.3.695
定价：CNY0.13
　　本书是中国现代连环画册。

J0073298

大别山小英雄　李英敏改编；李皓，盛鹤年绘
沈阳 辽宁美术出版社 1983年 130页
13cm（60开）定价：CNY0.20
　　本书是中国现代连环画，根据徐慎原著《红军洞》改编。绘者盛鹤年（1938—2010），连环画家，江苏江阴人，历任上海市美术家协会会员。出版有《扬州除霸》《白描人物十招》《中国画白描基础》《中国古代人物线描画谱》等。

J0073299

大刀王兰英　戈兵改编；刘振源绘
石家庄 河北美术出版社 1983年 158页
13cm（60开）统一书号：8087.587 定价：CNY0.21
（《杨家将》之十五）
　　本书是中国现代连环画册。绘者刘振源（1953—　），河北昌黎人，号紫云斋主人。出版个人专辑《中国美术成就——刘振源（1911—2011百年书画名家专辑》》。

J0073300

大盗贼　（第一集 智捉盗贼）（德）奥特利特·普雷斯勒原著；亦宾改编；尤先瑞绘
石家庄 河北美术出版社 1983年 120页
13cm（60开）定价：CNY0.18
　　本作品是中国现代连环画。

J0073301

大盗贼　（第二集 再捉盗贼）（德）奥特利特·普霍斯勒原著；郭明志改编；尤先瑞绘
石家庄 河北美术出版社 1983年 133页
13cm（60开）定价：CNY0.18
　　本书是中国现代连环画册。

J0073302

大盗贼　（第三集 改邪归正）（德）奥特利特·普雷斯勒原著；柳吟改编；尤先瑞绘
石家庄 河北美术出版社 1984年 118页
13cm（64开）定价：CNY0.17
　　根据德国文学名著改编的连环画。

J0073303

大地深情　管正美改编；赵国经绘
合肥 安徽人民出版社 1983年 126页 13cm（60开）
统一书号：8102.1385 定价：CNY0.28
　　本书根据同名电视剧改编的连环画。

J0073304

大地深情　孺牛改编；杨文仁，尹宇绘
长沙 湖南美术出版社 1983年 134页 13cm（60开）
统一书号：8233.415 定价：CNY0.17
　　本书是中国现代连环画册。

J0073305

大海交响曲　毛履鄂改编；翁开恩绘

福州　福建人民出版社　1983 年　154 页
13cm（60 开）定价：CNY0.21

　　本书是中国现代连环画册。绘者翁开恩
（1939—　　），教授。号竹啸庄人，福建莆田人。
福建师范大学美术系副教授，福建画院、福州画
院、福建政协画师，中国美术家协会会员，福建
美协理事。出版有《翁开恩画集》《翁开恩写生》
《翁开恩画辑》等。

J0073306
大海作证　吴茜改编；蔡沧洲，陈胜民绘
福州　福建人民出版社　1983 年　114 页
13cm（60 开）统一书号：8173.512 定价：CNY0.16
　　本书是中国现代连环画，本书根据同名小说
改编。

J0073307
大雷雨　（俄）奥斯特洛夫斯基原著；方文改编；
张崇政绘
南京　江苏人民出版社　1983 年　102 页
13cm（60 开）定价：CNY0.15
　　本书是中国现代连环画册。

J0073308
大力士和数学迷　徐兴华等编文；赵振南等
摄影
南京　江苏人民出版社　1983 年　94 页　有图
13cm（60 开）统一书号：8100.3.597
定价：CNY0.15
　　本书是中国现代连环画，根据同名电视剧改
编。作者徐兴华，主要作品有《九宫大成南北词
宫谱》《魔方大厦》等。

J0073309
大闹汴梁　戈兵改编；史惠芳绘
石家庄　河北美术出版社　1983 年　110 页
13cm（60 开）定价：CNY0.16
（《杨家将》之十二）
　　本书是中国现代连环画册。

J0073310
大闹飞云浦　木柳改编；张文学绘
石家庄　河北美术人民出版社　1983 年　118 页
13cm（60 开）定价：CNY0.17
（《武松》之四）

　　本书是中国现代连环画册。

J0073311
大闹洪家关　吴振轩改编；胡彬，胡卫民绘
西安　陕西人民美术出版社　1983 年　78 页
13cm（60 开）统一书号：8199.551 定价：CNY0.12
　　本书是中国现代连环画，根据同名小说
改编。

J0073312
大闹史家村　张启太改编；乔常义，孙福林绘
哈尔滨　黑龙江人民出版社　1983 年　125 页
13cm（60 开）定价：CNY0.19
（水浒故事）
　　根据中国古典小说《水浒》改编的现代连环
画作品。

J0073313
大闹演武场　犁丁改编；傅伯星，来汶阳绘
福州　福建人民出版社　1983 年　118 页　10×13cm
定价：CNY0.18
（《说岳全传》之五）

J0073314
大破曾头市　孙吉敏，张功军改编；吴自强绘
哈尔滨　黑龙江人民出版社　1983 年　104 页
13cm（60 开）定价：CNY0.17
（水浒故事）
　　作者吴自强（1943—　　），画家。祖籍浙江杭
州，又名吴声。生于江苏苏州，毕业于浙江美术
学院工艺美术系。杭州画院专业画家，中国美术
家协会会员，浙江人民出版社美术编辑。主要作
品有《傲雪》《春酣》《西湖诗词画意百图》《古诗
画诗》《长恨歌二十图》等。

J0073315
大破东平府　焦永琦，迟连城绘
哈尔滨　黑龙江人民出版社　1983 年　159 页
13cm（60 开）定价：CNY0.26
（水浒故事）
　　根据中国古典小说《水浒》改编的现代连环
画作品。

J0073316
大破连环马　竹梅改编；侯国良绘

哈尔滨 黑龙江人民出版社 1983 年 157 页
13cm（60 开）统一书号：8093.867 定价：CNY0.23
（水浒故事）

　　根据中国古典小说《水浒》改编的现代连环
画作品。

J0073317

大破迷魂阵　邱国华改编；罗盘，何进绘
福州 福建人民出版社 1983 年 142 页
13cm（60 开）定价：CNY0.21
（镜花缘故事之十一）

　　本书是中国现代连环画册。

J0073318

大破天门阵　张绍旻改编；李耀华绘
石家庄 河北美术出版社 1983 年 126 页
13cm（60 开）定价：CNY0.18
（《杨家将》之二十一）

　　本书是中国现代连环画册。作者张绍旻，改
编有连环画《西游记》等。

J0073319

大破天门阵　孙长江，张惠民编；秦云海绘
郑州 中州书画社 1983 年 118 页 13cm（60 开）
定价：CNY0.19
（《杨家将》之十）

　　本书是中国现代连环画册。

J0073320

大破匈奴　卞福顺改编；孙逢春绘
沈阳 辽宁美术出版社 1983 年 126 页
13cm（60 开）统一书号：7161.0264
定价：CNY0.20
（前汉演义之十八）

　　本书是中国现代连环画册。作者卞福顺，曾
任辽宁民族出版社美术教育编辑室主任。

J0073321

大神后羿　费声福编绘
哈尔滨 黑龙江人民出版社 1983 年 62 页
13cm（60 开）定价：CNY0.11

　　本书是中国现代连环画，根据袁珂《中国古
代神话》改编。作者费声福（1927—　），编辑。
祖籍浙江慈溪，毕业于中央美术学院。中国连环
画出版社编审，《中国连环画》副主编，中国美术

家协会连环画艺术委员会副主任，中国连环画
研究会常务理事兼秘书长。作品有《神火》《游
赤壁》。

J0073322

大唐高僧　庄努，槐山改编；王辛大等绘
成都 四川人民出版社 1983 年 96 页 13cm（60 开）
定价：CNY0.15
（《西游记》故事之三）

J0073323

大弯伏击战　石磊，宋安群改编；谢森绘
南宁 广西人民出版社 1983 年 98 页 13cm（60 开）
统一书号：8113.854 定价：CNY0.21
（广西革命斗争故事）

　　本书是中国现代连环画册。

J0073324

大王与玉女　（福建民间故事）刘希玲改编；
孙彬绘画
福州 福建人民出版社 1983 年 115 页 有图
13cm（60 开）统一书号：8173.698 定价：CNY0.18

　　本书是中国现代连环画册。

J0073325

大卫·科波菲尔　（上 萨伦学堂的狗）（英）狄
更斯原著；范若由改编；徐学初绘
上海 上海人民美术出版社 1983 年 166 页
10×13cm 定价：CNY0.20

　　根据英译原著改编的现代连环画册。

J0073326

大卫·科波菲尔　（中 美丽的朵罗）（英）狄更
斯原著；范若由改编；徐学初绘
上海 上海人民美术出版社 1983 年 182 页
10×13cm 定价：CNY0.22

　　根据英译原著改编的现代连环画册。

J0073327

大卫·科波菲尔　（下 吉神爱格妮）（英）狄更
斯原著；范若由改编；徐学初绘
上海 上海人民美术出版社 1983 年 166 页
13cm（60 开）定价：CNY0.20

　　根据英译原著改编的现代连环画册。

J0073328

大卫·科波菲尔　（英）狄更斯原著；赵万顺改编
天津　天津人民美术出版社　1983 年　196 页
13cm（60 开）定价：CNY0.35
　　本书是根据原著改编的现代连环画册。作者赵万顺（1959— 　），字一帆，生于甘肃天水甘谷县，毕业于河南大学美术系。新疆文化艺术研究会副会长，新疆文化艺术研究会担任副会长，新疆丝路书画院执行院长。

J0073329

大侠罗宾汉　吴若增编
天津　天津人民美术出版社　1983 年　198 页
13cm（60 开）统一书号：8073.30769
定价：CNY0.35
　　本书根据英国电视连续剧改编的连环画。

J0073330

大禹治水　王时一改编；陈晋容绘
天津　天津人民美术出版社　1983 年　70 页
　13cm（60 开）定价：CNY0.12
　　本书是中国现代连环画册。

J0073331

大泽龙蛇　李歙浦，金世腾改编；应福康摄影
上海　上海人民美术出版社　1983 年　158 页
13cm（60 开）统一书号：8081.13547
定价：CNY0.28
　　本书是电影连环画，上海电影制片厂供稿.

J0073332

大战爱华山　杨青华绘
北京　人民美术出版社　1983 年　2 版　88 页
有图　10×13cm　统一书号：8027.1696　定价：
CNY0.16
（岳传 6）
　　本书是中国现代连环画，根据《说岳全传》改编。

J0073333

大战韩昌　野雁，秋旻改编；段秀苍绘
石家庄　河北美术出版社　1983 年　134 页　13cm
（60 开）定价：CNY0.18
（《杨家将》之十一）
　　本书是中国现代连环画册。

J0073334

大战盘古镇　曲波原著；贾金豹改编；楚卒绘
兰州　甘肃人民出版社　1983 年　78 页　13cm（60 开）
定价：CNY0.12
（桥隆飙连环画之八）

J0073335

大战石碣村　王力军改编；李维康绘
哈尔滨　黑龙江人民出版社　1983 年　176 页
13cm（60 开）统一书号：8093.949
定价：CNY0.25
（水浒故事）
　　根据中国古典小说《水浒》改编的现代连环画作品。

J0073336

大战四平山　沈绪编；刘戈、陈茗绘
北京　中国曲艺出版社　1983 年　126 页　13cm（60 开）
定价：CNY0.18
（传统评书连环画《兴唐传》21）

J0073337

大战乌龙山　山蕾著；陈水远绘；李平改编
南宁　广西人民出版社　1983 年　118 页　13cm（60 开）
定价：CNY0.17
（广西革命斗争故事）
　　本书是中国现代连环画册。

J0073338

大战鸳鸯泺　李宝柱编文；孟喜元绘画
石家庄　河北美术出版社　1983 年　86 页　有图
10×13cm　统一书号：8087.526　定价：CNY0.13
　　本书是中国现代连环画册。绘者孟喜元（1943— 　），河北省阜阳县人，毕业于内蒙古财贸干部进修学院，结业于浙江美术学院国画人物进修班。内蒙古人民出版社美术编辑室主任，国家一级美术师，内蒙古自治区文史研究馆馆员，中国美术家协会会员，中国连环画研究会常务理事。代表作品有《幸福晚年》《团日》，出版有《艺用人体摄影图谱》《孟喜元画集》等。

J0073339

带角的老虎　李月芳等编文；缪印堂绘画
石家庄　河北美术出版社　1983 年　62 页　有图
13cm（60 开）统一书号：8087.246　定价：CNY0.10

本书是中国现代连环画册。

J0073340

带枪的"神"　孙宝琦原著；张雨改编；黄永镇绘
重庆　重庆出版社　1983年　118页　13cm（60开）
统一书号：81114.90　定价：CNY0.16
　　　　本书是中国现代连环画册。

J0073341

单鞭夺槊　余音改编；张自启绘画
成都　四川人民出版社　1983年　82页　10×13cm
统一书号：8118.997　定价：CNY0.13
（《说唐》之十八）
　　　　本书是中国现代连环画册。

J0073342

单刀司令　吴未编文；徐德元绘
长春　吉林人民出版社　1983年　166页　有图
13cm（60开）统一书号：8091.1460　定价：CNY0.26
　　　　本书是中国现代连环画，根据同名小说改
编。绘者徐德元（1949—　），画家。辽宁鞍山人。
辽宁美协会员，岫岩美协主席。主要作品有《农
家乐》《中华魂》《闹灯馆》等。

J0073343

但愿人长久　汪强改编
北京　中国电影出版社　1983年　144页　13cm（60开）
统一书号：8061.2040　定价：CNY0.26
（电影连环画册）

J0073344

当太阳请假的时候　姚钧改编；李愚绘画
北京　中国文艺联合出版公司　1983年　46页
有图　13cm（60开）统一书号：8313.49
定价：CNY0.13
（献给孩子们的礼物　3）
　　　　本书是中国现代连环画册。

J0073345

捣顽堡　李涛改编；沈名存绘
南宁　广西人民出版社　1983年　110页　13cm（60开）
统一书号：8113.882　定价：CNY0.15
　　　　本书是中国现代连环画册。

J0073346

倒长的树　（上）吴荆改编；陈树彬绘画
广州　广东人民出版社　1983年　186页　有图
10×13cm　统一书号：8111.2389　定价：CNY0.29
（少年连环画库）

J0073347

倒长的树　（下）吴荆改编；陈树彬绘画
广州　广东人民出版社　1983年　186页　有图
10×13cm　统一书号：8111.2389　定价：CNY0.29
（少年连环画库）

J0073348

盗官记　何允龙改编；温崇圣等绘
沈阳　辽宁美术出版社　1983年　162页
13cm（60开）定价：CNY0.24
　　　　本书是中国现代连环画，根据马识途著同名
故事改编。绘者温崇圣（1938—　），画家。祖籍
山东莱州市，鲁迅美术学院教授，中国美术家协
会会员，辽宁省美术家协会理事，辽宁中国画研
究会副会长，大连市中国画研究会会长。作品有
《畅通无阻》《掠夺》《铁证》等。

J0073349

盗官记　马识途原著；郑之同改编；谭小勇等绘
重庆　重庆出版社　1983年　142页　10×13cm
统一书号：8114.104　定价：CNY0.21
　　　　本书是中国现代连环画册。

J0073350

灯火阑珊处　周京，马武改编
北京　中国电影出版社　1983年　147页　13cm（60开）
统一书号：8061.2245　定价：CNY0.26
（电视连环画册）

J0073351

登攀之路　（马克思勤奋学习的故事）章成钧
改编；黄英浩绘
上海　上海人民美术出版社　1983年　94页　有图
13cm（60开）统一书号：8081.13264
定价：CNY0.12
　　　　本书是中国现代连环画册。

J0073352

狄青夜夺昆仑关　王振民改编；洪斯文，黄惠

中绘
天津 天津人民美术出版社 1983 年 116 页
13cm（60 开）定价：CNY0.18
（中国历史演义故事画《宋史》9）
　　作者王振民（1937— ），教授。中国人民大
学中文系教授，文艺理论教研室主任，中国摄影
家协会，中国文艺理论学会会员。

J0073353
敌后剿匪　金云改编；刘广海绘
哈尔滨 黑龙江人民出版社 1983 年 71 页
13cm（60 开）统一书号：8093.866 定价：CNY0.12
　　本书是中国现代连环画，根据小说《另一个
战场》改编。

J0073354
敌后武工队　（上）黎汝清原著；李晖改编；怀
林，振新绘
天津 天津人民美术出版社 1983 年 70 页
13cm（60 开）定价：CNY0.25
　　本书是中国现代连环画册。

J0073355
敌后武工队　（中）冯志原著；李天心等改编；
李天心绘
天津 天津人民美术出版社 1983 年 199 页
13cm（60 开）定价：CNY0.24
　　本书是中国现代连环画册。

J0073356
敌后武工队　（下）冯志原著；李天心，胡昭电
改编；李天心绘
天津 天津人民美术出版社 1983 年 276 页
13cm（60 开）定价：CNY0.30
　　本书是中国现代连环画册。

J0073357
敌营买枪　魏晋原作；黄汉改编；江文炳绘画
福州 福建人民出版社 1983 年 62 页 有图
13cm（60 开）统一书号：8173.651 定价：CNY0.10
　　本书是中国现代连环画册。

J0073358
笛仙　陈长慧改编；叶毓中绘画
北京 人民音乐出版社 1983 年 62 页 有图

13cm（60 开）统一书号：8026.4074 定价：CNY0.13
　　本书是中国现代连环画册。

J0073359
地下儿童团　（英雄少年）胡树国原著；徐金
元改编；新龙，梁燕绘
南京 江苏人民出版社 1983 年 142 页 有图
10×13cm 统一书号：8100.3.709 定价：CNY0.23
　　本书是中国现代连环画册。

J0073360
地下黄金城　王金海等原著；帆波改编，白光
诚绘画
广州 花城出版社 1983 年 94 页 有图
13cm（60 开）统一书号：8261.32 定价：CNY0.18
（旅游连环画）

J0073361
地下军火库　曾繁光改编；梁祥等绘画
广州 广东人民出版社 1983 年 157 页 有图
10×13cm 统一书号：8111.2387 定价：CNY0.25
（少年连环画库）

J0073362
第二次握手　张扬原著；周光祖改编；陈军绘画
太原 山西人民出版社 1983 年 166 页 有图
13cm（60 开）统一书号：8088.1570 定价：CNY0.21
　　本书是中国现代连环画，

J0073363
第二方案　曾盛源改编；杜润年绘
长沙 湖南少年儿童出版社 1983 年 126 页
13cm（60 开）定价：CNY0.21
（朝华画库）
　　本书是中国现代连环画册。

J0073364
第二个母亲　桑勤志改编；张鹏绘画
西安 陕西人民美术出版社 1983 年 174 页
13cm（60 开）统一书号：8199.476
定价：CNY0.21
　　本书是中国现代连环画，根据来准方同名小
说改编。

J0073365

第一名　谷雨编译；刘泽岱画

天津　天津人民美术出版社　1983年　有彩图
8×13cm　统一书号：8073.30745　定价：CNY0.08

　　本书是中国现代连环画册。绘者刘泽岱（1938—　），美术设计师。唐山人，毕业于北京电影学院美术系。中国影协上海分会会员，中国美协上海分会会员，上海漫画学会会员。木偶片设计有《桑哥哥》《黑熊奇遇记》《小裁缝》《马蜂窝》，动画片《大扫除》《蚂蚁和大象》等。

J0073366

电话行动　张钟龄改编；理中绘

沈阳　辽宁美术出版社　1983年　134页　13cm（60开）
定价：CNY0.20

　　本书是中国现代连环画册。

J0073367

东京·香港·罗马　（一个少女的追求）孙锦常改编；菲顿，思敏绘

广州　花城出版社　1983年　181页　13cm（60开）
定价：CNY0.13

（旅伴连环画库）

　　本书是根据日本作家五本宽之所著小说《野火子》改编的现代连环画。

J0073368

东胜之战　靳明魁改编；张峻德绘

呼和浩特　内蒙古人民出版社　1983年　78页
13cm（60开）定价：CNY0.13

　　本书是中国现代连环画册。

J0073369

动物园里的新鲜事　严瑜仲，全燕云编绘

长沙　湖南美术出版社　1983年　110页　13cm（60开）
统一书号：8233.430　定价：CNY0.15

（科学文艺连环画库）

　　本书是根据霍达同名小说改编的中国历史故事连环画。

J0073370

斗杀西门庆　木柳改编；潘真绘画

石家庄　河北美术出版社　1983年　110页
10×13cm　统一书号：8087.544　定价：CNY0.16

（《武松》之二）

J0073371

斗杀西门庆　山东广播电视艺术团供稿

北京　中国电影出版社　1983年　109页　13cm（60开）
定价：CNY0.21

　　本书是电视剧《武松》连环画集之一。

J0073372

豆腐佬相亲　冯登源，彭浪编；黄席珍绘

南昌　江西人民出版社　1983年　102页　13cm（60开）
统一书号：8110.596　定价：CNY0.17

　　本书是中国现代连环画册。

J0073373

窦氏　赵庆笙编绘

成都　四川人民出版社　1983年　46页　12×13cm
统一书号：8118.1223　定价：CNY0.10

（《聊斋》故事）

　　本书是中国现代连环画册。

J0073374

独眼龙喋血面包岛　王培堃编绘

石家庄　河北美术出版社　1983年　有图
10×13cm　统一书号：8087.253　定价：CNY0.13

（小精灵画传 3）

　　本书是中国现代连环画册。主要描述了善良、正直、淘气的小精灵主人公，助善除恶、济困扶危、打抱不平的故事。

J0073375

犊山门　（江苏名胜传说）士明改编；盖茂森绘

南京　江苏人民出版社　1983年　60页
13cm（60开）定价：CNY0.26

　　本书是中国现代连环画册。

J0073376

犊山门　士明改编；盖茂森绘画

南京　江苏人民出版社　1983年　30页　有图
10×13cm　统一书号：8100.3.642　定价：CNY0.26

　　本书是中国现代连环画册。

J0073377

杜康醉刘伶　（中州风物故事）马铁军，程国喜编；熊孔成绘

郑州　中州书画社　1983年　54页　13cm（60开）
统一书号：8219.362　定价：CNY0.10

本书是中国现代连环画册。

J0073378
杜十娘　（明）冯梦龙原著；钱志清改编；肖侠，陈淦绘
上海　上海人民美术出版社　1983年　102页
13cm（60开）定价：CNY0.13
　　本书是讲述中国古代杜十娘怒沉百宝箱故事的现代连环画。收入102幅图。

J0073379
杜十娘怒沉百宝箱　（明）冯梦龙原著；黄永东改编；陈挺通绘
广州　岭南美术出版社　1983年　107页　13cm（60开）
定价：CNY0.21
（古代白话小说选）
　　本书是中国现代连环画，选自《警世通言》。

J0073380
段秀实除暴　韩成武改编；鲁蘅绘画
天津　天津人民美术出版社　1983年　70页　有图
10×13cm　统一书号：8073.30840　定价：CNY0.12
　　本书是根据柳宗元《段太尉逸事状》改编的中国现代连环画。

J0073381
断线风筝　刘映波改编；马盖德，傅真忻绘
长沙　湖南美术出版社　1983年　118页　13cm（60开）
统一书号：8233.426　定价：CNY0.16
　　本书是中国现代连环画册。

J0073382
多萝茜　武修敬改编；徐中益绘
长沙　湖南少年儿童出版社　1983年　118页　有图
13cm（60开）统一书号：R8280.80　定价：CNY0.20
　　本书是中国现代连环画册。

J0073383
多萝茜奇遇记　严霞峰改编；郑泉松绘
南昌　江西人民出版社　1983年　126页　13cm（60开）
定价：CNY0.19
　　本书是根据莱·弗·鲍姆作品改编的中国现代连环画。

J0073384
多莎阿波　彭泽芳等编写；沈安有绘
昆明　云南人民出版社　1983年　94页　13cm（60开）
定价：CNY0.17
　　本书是中国现代连环画册。

J0073385
夺彭城　林林编文；杨锦文绘画
上海　上海人民美术出版社　1983年　2版　118页
10×13cm　统一书号：8081.5071　定价：CNY0.18
《西汉演义》连环画之十二）

J0073386
夺洋马　贾金豹改编；张学乾绘
兰州　甘肃人民出版社　1983年　70页　13cm（60开）
定价：CNY0.10
（桥隆飙连环画之五）
　　作者张学乾（1944— ），甘肃兰州人。西北师范大学敦煌艺术学院美术系教授，中国美术家协会会员，中国油画学会团体会员成员，甘肃美术家协会副主席。出版有《张学乾美术作品选》《素描艺术在线法》等著作，主要作品有《孩子鸽子》《塬上家什》《高原晴雪》等。

J0073387
恩与仇　刘抒改编；卢延光绘
上海　上海人民美术出版社　1983年　110页
13cm（60开）定价：CNY0.14
　　本书是中国现代连环画，收入110幅图。绘者卢延光（1948— ），画家、书法家、国家一级美术师。广东开平县人。历任广州艺术博物院院长、广州市美术家协会主席、广州市文艺创作研究所艺术研究室主任、广州市文史研究馆副馆长，广州市政协常委。代表作品有《一百皇帝图》《一百仕女图》《一百儒士图》《一百僧佛图》等百图系列。

J0073388
二次伐辽　陈骧龙改编；翟谷寒绘画
天津　天津人民美术出版社　1983年　124页　有图
13cm（60开）统一书号：8073.30848
定价：CNY0.18
（中国历史演义故事画《宋史》五）
　　作者陈骧龙（1941—2012），书法家。生于北京，祖籍浙江温州。天津人民美术出版社编辑，

中国书法家协会会员，美术家协会天津分会会员。著有《华夏五千年艺术丛书 版画集》《青少年书法五十讲》等。

J0073389

二打瓦岗山　　洛军编；付伯星，来汶阳绘

北京 中国曲艺出版社 1983年 126页 13cm（60开）

定价：CNY0.18

（传统评书连环画《兴唐传》16）

J0073390

二虎搬泉　　余伯焜编；蒙复旦，卢延光绘

广州 花城出版社 1983年 99页 13cm（60开）

统一书号：8261.25 定价：CNY0.20

（旅伴连环画库）

J0073391

二进十字坡　　山东广播电视艺术团供稿

北京 中国文艺联合出版公司 1983年 125页

13cm（60开）定价：CNY0.23

　　本书是电视剧《武松》连环画集之一。

J0073392

二六七号牢房　　江南改编；白影绘

长沙 湖南少年儿童出版社 1983年 63+62页

有图 10×13cm 统一书号：R8280.55

定价：CNY0.18

　　本书是中国现代连环画，根据《中学语文画库》初中第五册中的《二六七号牢房》改编。

J0073393

二龙山聚义　　山东广播电视艺术团供稿

北京 中国文艺联合出版公司 1983年 109页

有图 13cm（60开）统一书号：8313.65

定价：CNY0.21

（电视剧《武松》连环画集）

J0073394

二十四小时　　姚明德编剧；王辉荃，李守成改编；应日隆摄影

北京 中国戏剧出版社 1983年 125页 13cm（60开）

统一书号：8069.354 定价：CNY0.23

　　本书是中国现代连环画册。

J0073395

发烫的手指　　（外国音乐家的故事）竺乾华改编；许明耀等绘

上海 少年儿童出版社 1983年 ［117］页

13cm（60开）定价：CNY0.16

　　本书是中国现代连环画册。

J0073396

法拉第的故事　　沈明德，锡宁编；陈水远绘

南昌 江西人民出版社 1983年 94页 13cm（60开）

统一书号：8110.732 定价：CNY0.16

（外国古代近代名人青少年时期故事丛书）

　　本书是中国现代连环画册。

J0073397

法尼娜·法尼尼　　王素一，吴金娥改编；许明耀绘

南昌 江西人民出版社 1983年 102页 13cm（60开）

定价：CNY0.17

　　本书是根据法国司汤达同名小说改编的中国现代连环画。

J0073398

法尼娜·法尼尼　　艾华改编；龙劲东绘

北京 人民美术出版社 1983年 53页 24cm（26开）

定价：CNY1.05

（连环画报作品选）

J0073399

法尼娜·法尼尼　　（法）司汤达原著；詹岱尔改编；陆世斌绘

天津 天津人民美术出版社 1983年 63页

13cm（60开）定价：CNY0.11

（外国文学名著选编）

　　本书是根据法国司汤达同名小说改编的中国现代连环画。

J0073400

法西斯细菌　　夏衍编剧；公辅，一夫改编；姜节安，应日隆摄影

北京 中国戏剧出版社 1983年 157页 13cm（60开）

统一书号：8069.394 定价：CNY0.28

　　本书是根据上海人民艺术剧院演出的同名话剧改编的中国现代连环画。

J0073401

反山东　小贝编；高志岳绘

北京 中国曲艺出版社 1983 年 126 页

13cm（60 开）定价：CNY0.18

（传统评书连环画《兴唐传》10）

J0073402

范进中举　彭庆元等改编；熊长青等绘

长沙 湖南少年儿童出版社 1983 年 102 页 有图

10×13cm 统一书号：R8280.83 定价：CNY0.18

　　本书是根据《中学语文画库》初中第五册编绘的中国现代连环画。

J0073403

范睢复仇　秋谷改编；罗明深，吴信坤绘

广州 岭南美术出版社 1983 年 107 页 13cm（60 开）

统一书号：8260.0402 定价：CNY0.20

（东周列国志选）

　　本书是中国现代连环画册。绘者罗明深（1954— ），广东石湾人。任职于岭南画派纪念馆，中国美术家协会广东分会会员。

J0073404

方腊与宋江　定兴改编；刘建平等绘画

天津 天津人民美术出版社 1983 年 124 页 有图

10×13cm 统一书号：8073.30854 定价：CNY0.18

（中国历史演义故事画《宋史》十二）

J0073405

方世玉打擂台　（下集）黄宗祥等编绘

南宁 广西人民出版社 1983 年 178 页 10×13cm

统一书号：8113.742 定价：CNY0.23

　　本书是中国现代连环画册。

J0073406

方世玉打擂台　（上集）黄宗祥等编绘

南宁 广西人民出版社 1983 年 2 版 202 页

10×13cm 定价：CNY0.26

　　本书是中国现代连环画册。

J0073407

飞吧！足球　周康渝等改编；张元民绘

成都 四川人民出版社 1983 年 134 页 有图

13cm（60 开）统一书号：8118.1342 定价：CNY0.20

　　本书是根据上海电影制片厂摄制的同名电影改编的中国现代连环画。

J0073408

飞将军　陈非改编；赵华胜绘画

北京 人民美术出版社 1983 年 62 页 有图

13cm（60 开）统一书号：8027.8628 定价：CNY0.09

　　本书是中国历史故事连环画。

J0073409

飞珠打坏总　（台湾民间故事）肖甘牛，肖丁三编；刘绍昆绘

南宁 广西人民出版社 1983 年 62 页 13cm（60 开）

定价：CNY0.12

　　本书是中国现代连环画册。

J0073410

非凡的埃玛　范杰改编

北京 中国电影出版社 1983 年 117 页 13cm（60 开）

统一书号：8061.2249 定价：CNY0.21

（电影连环画册）

J0073411

分兵出击　凌力原著；戚宏，王正改编；陈光华绘

合肥 安徽人民出版社 1983 年 110 页

13cm（60 开）定价：CNY0.15

（捻军故事 3）

　　本书是中国现代连环画册。

J0073412

芬格尔的鬼　（英）凯思琳·菲德勒原著；王良莹改编；蒋峻绘画

上海 上海人民美术出版社 1983 年 94 页 有图

（2 开）统一书号：8081.13299 定价：CNY0.17

（少年儿童连环画库）

J0073413

芬格尔的鬼魂　（英）凯思琳·菲德勒原著；李榕改编；何岸绘

北京 人民美术出版社 1983 年 118 页 13cm（60 开）

定价：CNY0.18

　　本书是英译现代连环画。绘者何岸（1957— ），画家。广东广州人，进修于广州美术学院油画系。南海舰队军人俱乐部美术员。代表作品有《关怀》等。

J0073414
风帆 李金熔,王明玉改编并摄影
北京 北京出版社 1983年 124页 有图
13cm（60开）统一书号：8071.462 定价：CNY0.22
　　本书是中国现代连环画册。

J0073415
风雷山神庙 张启太改编；乔常义,孙福林绘
哈尔滨 黑龙江人民出版社 1983年 135页
13cm（60开）定价：CNY0.21
（水浒故事）
　　本书是根据中国古典小说《水浒》改编的现代连环画作品。

J0073416
风扫残云 周济人改编；黄驾宇等绘画
郑州 中州书画社 1983年 166页 有图
10×13cm 统一书号：8219.409 定价：CNY0.30
　　本书是中国现代连环画册。作者周济人（1932— ）,书法家。郑州教育学院中文系副教授,中国书法家协会会员,河南省书法家学会常务理事。

J0073417
风雪配 吴培民等选编；朱涌兴摄影
郑州 中州书画社 1983年 109页 13cm（60开）
统一书号：8219.247 定价：CNY0.21
　　本书是根据河南电影制片厂拍摄的戏曲片改编的中国现代连环画。

J0073418
风雨布良山 庞大衡改编；赵书全绘画
长春 吉林人民出版社 1983年 126页 有图
10×13cm 统一书号：8091.1463 定价：CNY0.20
　　本书是中国现代连环画册。

J0073419
风云儿女 王逸改编
北京 中国电影出版社 1983年 125页 13cm（60开）
统一书号：8061.1893 定价：CNY0.21
（电影连环画册）

J0073420
枫树坳的战斗 于汤改编；郑君里绘
南宁 广西人民出版社 1983年 150页 13cm（60开）

定价：CNY0.20
　　本书是中国现代连环画册。

J0073421
封三娘 （清）蒲松龄原著；吴秀英改编；刘棣绘等
天津 天津人民美术出版社 1983年 70页
13cm（60开）定价：CNY0.12
（《聊斋》故事）
　　本书是中国现代连环画册。绘者刘棣（1948— ）,画家。别名刘怀山。 辽宁锦州人,毕业于内蒙古师范学院艺术系美术专业。主要作品有《伯乐相马》《破晓》《大漠行》等。

J0073422
凤还巢 穆天改编；费文麓摄影
北京 中国戏剧出版社 1983年 157页 13cm（60开）
定价：CNY0.28
　　本书是中国现代连环画册。

J0073423
凤头岭 黄伟编文；甘家伟绘画
昆明 云南人民出版社 1983年 94页 有图
10×13cm 统一书号：R8116.1083
定价：CNY0.17
　　本书是中国现代连环画册。

J0073424
凤仪殿擒敌 曲波原著；贾金豹改编；苏朗绘
兰州 甘肃人民出版社 1983年 62页 13cm（60开）
统一书号：8096.907 定价：CNY0.10
（桥隆飙连环画之七）

J0073425
夫人城 田衣编；于水,吴声绘
上海 上海人民美术出版社 1983年 2版 126页
13cm（60开）定价：CNY0.15
　　本书是中国现代连环画。绘者于水（1955— ）,画家。生于北京,毕业于中国艺术研究院研修班。中国艺术研究院研究员,中国美术家协会会员。代表作品有《于水画集》《于水人物卷》等。绘者吴声（1943— ）,国家一级美术师。生于浙江杭州,又名自强,毕业于中国美术学院。中国美术家协会会员。出版专著有《吴声人物画技法》《吴声画集》《诗画缘》《吴声古

诗词画意》《唐人诗意百图》等。

J0073426
弗拉达·鲁斯　吴志远改编；关永伟摄影
北京 广播出版社 1983年 125页 有图
13cm（60开）统一书号：8236.079 定价：CNY0.22
（黑名单上的人 10）
　　本书是中国现代连环画册。

J0073427
弗林特的金窟　蔡其铮，佚名改编；于成业绘
南京 江苏人民出版社 1983年 126页 13cm（60开）
统一书号：8100.3.610 定价：CNY0.17
　　本书是改编绘制的中国现代连环画，取材于
英国19世纪作家斯蒂文生所写的《金银岛》。

J0073428
伏虎司机　景文原著；梁惠统，蒋晓东绘；叶
晓雯改编
南宁 广西人民出版社 1983年 2版 98页
13cm（60开）定价：CNY0.14
　　本书是中国现代连环画。

J0073429
扶我上战马的人　荔玉成改编；苏维贤绘
银川 宁夏人民出版社 1983年 54页 13cm（60开）
定价：CNY0.10
　　本书是根据张映文同名小说改编的中国现
代连环画。

J0073430
腐蚀　（科学幻想故事）黄莺改编；吴劲潮绘
广州 岭南美术出版社 1983年 112页 13cm（60开）
定价：CNY0.20
　　本书是根据同名科幻小说改编的中国现代
连环画。

J0073431
复仇历险记　王琛改编；谭小勇，谭小平绘
重庆 重庆出版社 1983年 150页 13cm（60开）
统一书号：8114.66 定价：CNY0.22
　　本书是根据英国哈格德小说《蒙德苏马的女
儿》改编的中国现代连环画。

J0073432
复仇与宽恕　丁巩改编；胡克礼，恽南平绘
沈阳 辽宁美术出版社 1983年 154页 13cm（60开）
定价：CNY0.23
（基督山伯爵 9）
　　本书是中国现代连环画册。

J0073433
复活　（俄）列夫·托尔斯泰原著；陈玉刚改编；
颜铁良绘
天津 天津人民美术出版社 1983年 181页
13cm（60开）定价：CNY0.25
（外国文学名著选编）
　　本书是中国现代连环画册。

J0073434
伽利略的故事（中）　丁国联改编；石奇人画
上海 少年儿童出版社 1983年 19cm（32开）
统一书号：11024.69 定价：CNY0.30
　　本书是中国现代连环画册。

J0073435
该爱谁　谷祖永改编；周建鑫绘
长沙 湖南美术出版社 1983年 86页 13cm（60开）
统一书号：8233.450 定价：CNY0.13
　　本书是根据张驰的小说《一个哑巴和一群
"灵巴"》改编的中国现代连环画。

J0073436
改诏救驾　余音改编；钱来忠绘
成都 四川人民出版社 1983年 87页 10×13cm
定价：CNY0.14
（《说唐》之十五）
　　本书是中国现代连环画册。

J0073437
感情　何炳章改编；于大武绘
合肥 安徽人民出版社 1983年 78页 13cm（60开）
定价：CNY0.12
　　本书是中国现代连环画册。

J0073438
港城追古扇　王承春改编；张国维绘
济南 山东人民出版社 1983年 110页
13cm（60开）统一书号：8099.2663

定价: CNY0.17

本书是根据顾霖、孟玮《追扇》改编的中国现代连环画。

J0073439

高朝的故事　徐淦编; 来文阳, 傅伯星绘

北京 人民美术出版社 1983年 126页 13cm(60开)

定价: CNY0.15

(中国历史故事)

本书是中国现代连环画册。

J0073440

高尔基教养院　毛永煌改编; 永成绘

南京 江苏人民出版社 1983年 126页 有图 13cm(60开) 统一书号: 8100.3.708

定价: CNY0.19

本书是根据苏联《教育诗》改编的中国现代连环画。

J0073441

高渐离　郭沫若原著; 李鸣球改编; 来汶阳, 林云屏绘

南京 江苏人民出版社 1983年 126页 13cm(60开) 统一书号: 8100.3.632

定价: CNY0.17

(郭沫若剧作选)

本书是中国现代连环画册。

J0073442

高粱河之战　陈铁英编文; 陈惠冠等绘画

天津 天津人民美术出版社 1983年 124页 有图 10×13cm 统一书号: 8073.30754 定价: CNY0.18

(中国历史演义故事画《宋史》之四)

作者陈惠冠(1935—　　), 浙江余姚人。中国美术家协会会员, 中国版协连环画艺术委员会副主任委员。擅长连环画。作品有《牛头山》《仙人岛》《黄河飞渡》等。

J0073443

高山流水　李白英, 王安云编; 施江城绘

上海 上海人民美术出版社 1983年 70页 有图 13cm(60开) 统一书号: 8081.13534

定价: CNY0.10

本书是中国现代连环画册。

J0073444

高山下的花环　李存葆原著; 李宝靖改编; 雷德祖绘

南宁 广西人民出版社 1983年 174页 13cm(64开)

定价: CNY0.29

本书系中国现代连环画, 收入174幅图。反映了在对越自卫反击战中, 以梁三喜为连长的边防连队的英雄事迹, 塑造了众多可歌可泣的人民战士和军烈属的艺术形象。

J0073445

高山下的花环　李存葆原著; 李宝靖改编; 雷德祖绘

南宁 广西人民出版社 1983年 174页 19cm(32开)

定价: CNY0.51

本书系中国现代连环画, 收入174幅图。反映了在对越自卫反击战中, 以梁三喜为连长的边防连队的英雄事迹, 塑造了众多可歌可泣的人民战士和军烈属的艺术形象。

J0073446

高山下的花环　李存葆原著; 陈列改编; 钟开天绘

长沙 湖南美术出版社 1983年 158页 13cm(60开)

定价: CNY0.22

本书是中国现代连环画册。

J0073447

高山下的花环　李存葆原著; 张友元改编; 吴井山等绘画

长春 吉林人民出版社 1983年 142页 有图 13cm(60开) 统一书号: 8091.1456 定价: CNY0.22

本书是中国现代连环画册。

J0073448

高山下的花环　陈国英改编; 许勇等绘

沈阳 辽宁美术出版社 1983年 158页 13cm(60开) 统一书号: 7161.0230 定价: CNY0.23

本书是中国现代连环画册。作者许勇(1933—　　), 画家。别名许涌。生于山东青岛, 毕业于东北美专并留校任教。鲁迅美术学院教授、研究生导师, 中国美术家协会会员, 中国连环画研究会常务理事, 中国当代工笔画学会理事, 雪庐画会副会长。代表作品有《金田起义》《郑成功收复台湾》《戚继光平倭图》等。出版有

《许勇画马》。

J0073449
高山下的花环　李存葆原著；董萍改编；王国经等绘
广州 岭南美术出版社 1983 年 77 页 13cm（60 开）
统一书号：8260.0581 定价：CNY0.24
　　本书是中国现代连环画册。

J0073450
高山下的花环　李存葆原著；金月等改编；刘永凯等绘
北京 人民美术出版社 1983 年 150 页 有图
13cm（60 开）统一书号：8027.8686 定价：CNY0.23
　　本书是根据李存葆同名小说改编的中国现代连环画。

J0073451
高山下的花环　王成喜改编；高仁岐等绘
济南 山东人民出版社 1983 年 150 页 13cm（60 开）
定价：CNY0.21
　　本书是中国现代连环画册。作者王成喜
（1940—　　），画家。生于河南尉氏县，毕业于中央工艺美术学院。曾任北京燕京书画社副总经理，中国书法家协会会员，全国政协书画室副主任，国家一级美术师。代表作《王成喜画梅辑》《王成喜百梅辑》《中国画家王成喜》等。

J0073452
哥伦布　李德恩编写
北京 海洋出版社 1983 年 170 页 有图
13cm（60 开）统一书号：10193.0187
定价：CNY0.29
　　本书是中国现代连环画册。

J0073453
哥仨和媳妇们　碧青改编；邹建平，谢伦和绘
长沙 湖南美术出版社 1983 年 110 页 13cm（60 开）
定价：CNY0.16
（计划生育画库）
　　本书是根据路、赵建国著同名话剧改编的中国现代连环画。作者邹建平（1955—　　），生于湖南新化，毕业于湖南师范大学，进修于广州美术学院油画系。湖南美术出版社副社长，湖南美术家协会副主席，中国美术家协会会员，北京

圣之空间董事。

J0073454
革命先驱夏明翰　郭晶霞改编；韦尔森，胡建成绘
沈阳 辽宁美术出版社 1983 年 118 页 13cm（60 开）
统一书号：7161.0246 定价：CNY0.36
　　本书是中国现代连环画册。

J0073455
格萨尔王传　（北地降魔）汤池安改编；梅定开绘
成都 四川民族出版社 1983 年 83 页 10×13cm
统一书号：M8140.66 定价：CNY0.15
　　根据藏族英雄史诗改变的本书是中国现代连环画册。

J0073456
庚娘　丁国联改编；汪国新绘
成都 四川人民出版社 1983 年 [91]页
12×13cm 定价：CNY0.22
（《聊斋》故事）
　　本书是中国现代连环画册。

J0073457
公鸡金嗓子的故事　朱大鹏改编；朱竹庄绘画
西安 陕西人民美术出版社 1983 年 61 页
13cm（60 开）定价：CNY0.10
　　本书是根据法国玛·阿希——季浩《狐狸列那的故事》改编的中国现代连环画。

J0073458
公主选亲　李先定改编；施易昌等绘画
成都 四川人民出版社 1983 年 62 页 有图
13cm（60 开）统一书号：8118.1251 定价：CNY0.09
　　本书是中国现代连环画，根据民间故事编绘。

J0073459
公主与王后　（俄罗斯民间故事）曹积三编；袁殿民，姚东晖绘
长春 吉林人民出版社 1983 年 78 页 13cm（60 开）
统一书号：8091.1482 定价：CNY0.13
　　本书是中国现代连环画册。

J0073460

宫女图　甘作雨编绘

石家庄 河北美术出版社 1983 年 70 页 有图
13cm（60 开）统一书号：8087.557 定价：CNY0.11

　　本书是中国现代连环画册。

J0073461

孤胆英雄　童心编文；刘萱堂绘画

长春 吉林人民出版社 1983 年 70 页 有图
10×13cm 统一书号：8091.1401 定价：CNY0.11
（新一代最可爱的人之四）

　　本书是中国现代连环画册。

J0073462

孤岛历险记　（法）儒勒·凡尔纳原著；庄宏安
改编；梁启德绘

上海 少年儿童出版社 1983 年 158 页 13cm（60 开）
定价：CNY0.18

　　本书是中国现代连环画册。

J0073463

孤星血泪　蔡其铮改编；周翔绘

武汉 长江文艺出版社 1983 年 126 页 13cm（60 开）
统一书号：8107.423 定价：CNY0.18

　　本书是根据英国狄更斯所著《远大前程》改
编的中国现代连环画。

J0073464

姑娘坟　迟犀改编

北京 中国电影出版社 1983 年 147 页 13cm（60 开）
定价：CNY0.26
（电影连环画册）

J0073465

姑娘失踪以后　李守成，姜节安著；姜节安，
曹震云摄影

上海 上海人民美术出版社 1983 年 165 页
13cm（60 开）定价：CNY0.29

　　本书是根据上海人民艺术剧院创作、演出的
同名话剧改编的中国现代连环画。

J0073466

古堡里的信号　谷惟改编；区焕礼绘画

广州 广东人民出版社 1983 年 142 页 有图
10×13cm 统一书号：8111.2388 定价：CNY0.23

（少年连环画库）

　　作者区焕礼（1947—　　），画家。广西柳州人。
毕业于广州美术学院附中。曾任广东美术创作
院副院长，广东画院特聘画家，中国美术家协会
会员，广东分会副秘书长。作品有油画《胶林繁
星》、水彩画《胶林晨曲》等。

J0073467

古堡里的信号　马歌今原著；赵渝明改编；赵
洁，韩勇绘

南京 江苏人民出版社 1983 年 126 页 13cm（60 开）
统一书号：8100.3.704 定价：CNY0.18

　　本书是中国现代连环画册。

J0073468

古堡幽灵　陈雅改编；潘雷绘画

广州 广东人民出版社 1983 年 126 页 有图
10×13cm 统一书号：8111.2408 定价：CNY0.21
（少年连环画库）

J0073469

古代笑话　（第一册）张文忠，王林编；叶家和绘

合肥 安徽人民出版社 1983 年 116 页 9×11cm
定价：CNY0.17

　　本书是中国现代连环画册。

J0073470

古代笑话　（第二册）张文忠，王林编；叶家和
等绘

合肥 安徽人民出版社 1983 年 116 页 9×11cm
定价：CNY0.17

　　本书是中国现代连环画册。

J0073471

古代笑话　（第三册）张文忠，王林编；陈惠
明，溪水等绘

合肥 安徽人民出版社 1983 年 116 页 9×11cm
定价：CNY0.17

　　本书是中国现代连环画册。

J0073472

古代笑话　（第四册）张文忠，王林编；胡亦，
夏书玉等绘

合肥 安徽人民出版社 1983 年 116 页 9×11cm
定价：CNY0.17

本书是中国现代连环画册。

J0073473

古代笑话 （第五册）张文忠，王林编；何奇，张瓒明等绘

合肥 安徽人民出版社 1984 年 116 页 9×11cm

统一书号：8102.1473 定价：CNY0.19

中国民间笑话连环画，包括 21 个笑话故事。

J0073474

古代笑话 （第六册）张文忠，王林编；王新伦，张瓒明等绘

合肥 安徽人民出版社 1984 年 116 页 9×11cm

统一书号：8102.1474 定价：CNY0.19

中国民间笑话连环画，包括 21 个笑话故事。

J0073475

古画奇缘 栾振国改编；陈镇怀绘

哈尔滨 黑龙江人民出版社 1983 年 133 页 13cm（60 开）统一书号：8093.788

定价：CNY0.20

本书是中国现代连环画册。

J0073476

古镜迷影 小敏改编；林峥明绘

广州 花城出版社 1983 年 171 页 13cm（60 开）

定价：CNY0.30

（旅伴连环画库）

J0073477

古墓沉冤 苏嘉等编剧；金戈，江溪摄影

南京 江苏人民出版社 1983 年 156 页 13cm（60 开）

统一书号：8100.3.711 定价：CNY0.26

本书是根据苏嘉等编剧《爱的葬礼》改编的中国现代连环画。

J0073478

古隧道的秘密 （埃及）胡达·舍拉高维原著；陈新改编，梁启德绘

上海 少年儿童出版社 1983 年 109 页 有图 13cm（60 开）统一书号：R10024.4175

定价：CNY0.14

本书是中国现代连环画册。

J0073479

古玩疑案 吕文等原著；竺乾华改编；钟增亚，崔德鹏绘

北京 人民美术出版社 1983 年 134 页 13cm（60 开）

定价：CNY0.16

本书是根据小说《智截玉香笼》改编的中国现代连环画。

J0073480

鼓手的遭遇 （苏）阿·盖达尔原著；梦海译；凡枚改编；张达平绘

福州 福建人民出版社 1983 年 133 页 13cm（60 开）

定价：CNY0.20

本书是中国现代连环画册。作者张达平（1945— ），广西博白人。师从著名岭南派画家黄独峰。曾任广西美术出版社副总编、广西书画研究会副会长、广西文物收藏家协会副会长等职。主要作品有《苗山新绣》《狼孩》《木偶奇遇记》等。

J0073481

故人 陆地原著；陈多莫奇改编；雷德祖绘

南宁 广西人民出版社 1983 年 102 页 13cm（60 开）

统一书号：8113.855 定价：CNY0.15

本书是中国现代连环画册。

J0073482

故乡

长沙 湖南少年儿童出版社 1983 年 52+33 页 有图 10×13cm 统一书号：R8280.57

定价：CNY0.13

本书是中国现代连环画，内容包括出自《中学语文画库》的初中第三册中的《故乡》，（周介华改编，贺大田绘画）和《冯婉贞》（晓螺改编，李儒光绘画）。

J0073483

瓜子传奇 侯豫立改编；刘世铎摄影

天津 天津人民美术出版社 1983 年 118 页 有图 10×13cm 统一书号：8073.30844 定价：CNY0.21

本书是根据姜天民小说《第九个售货亭》改编的中国现代连环画。

J0073484

挂帅初征 张键改编；刘生展绘

石家庄 河北美术出版社 1983年 146页
13cm（60开）定价：CNY0.20
（《杨家将》之二十）

　　本书是中国现代连环画册。作者刘生展
（1938—2016），画家，一级美术师。别名塞城。
内蒙古丰镇人。曾任河北省张北县文化馆馆长，
张家口市美协名誉主席，中国美术家协会会员，
中华炎黄文化研究会会员，中日美术交流协会
会员，察哈尔书画院名誉院长。作品有《草原女
民兵》《赛马去》《多为农业献骏马》《草原盛会》
等。出版《怎样画马》《三国志人物绘卷》《马的
描法》等。

J0073485
怪鸟　张飚原作；张志光改编；黎少棠等绘
广州 科学普及出版社广州分社 1983年 126页
13cm（60开）统一书号：8051.60235
定价：CNY0.22
　　本书是中国现代连环画册。

J0073486
怪棋手　（奥）斯蒂芬·茨威原著；叶芳来译；
陈万青，弓矢改编；徐锡林绘
北京 人民体育出版社 1983年 158页 13cm（60开）
定价：CNY0.22
（体育连环画册）

J0073487
广武山　林林编文；水天宏绘画
上海 上海人民美术出版社 1983年 2版 101页
10×13cm 定价：CNY0.16
（《西汉演义》连环画之十八）

　　根据西汉历史故事改编的中国连环画作品。
作者水天宏（1910—1982），连环画家。浙江宁波
人。曾在上海人民美术出版社从事连环画创作。
参加大型连环画《三国演义》《聊斋志义》《西汉
演义》《东周列国故事》等的绘制工作，出版连环
画《艰苦朴素的程悦长》。

J0073488
归途　王文钦改编；周良之绘
成都 四川人民出版社 1983年 79页 13cm（60开）
统一书号：8118.1564 定价：CNY0.15
　　本书是中国现代连环画，根据同名小说
改编。

J0073489
桂林山水的传说　剑文改编；钱运选绘
西安 陕西人民美术出版社 1983年［131］页
13cm（60开）定价：CNY0.17
　　本书是中国现代连环画册。

J0073490
桂陵与马陵之战　甘礼乐编；汪国新绘
武汉 长江文艺出版社 1983年 133页 13cm（60开）
定价：CNY0.19
（中国历代战争故事画丛 2）

　　作者甘礼乐（1923—　），连环画家。上海人，
曾用笔名余峥。作品有普希金的《驿站长》，巴尔
扎克的《夏倍上校》等。绘者汪国新（1947—　），
国家一级美术师。湖北宜昌人。历任中国法治
诗书画院院长、文化部中国书画院国画院副院
长，中国美协艺委会委员。代表作《长江三部曲》
《汪国新长江万里风情图》《汪国新新绘全本三国
演义》等。

J0073491
郭亮　碧青改编；莫湘怡绘
长沙 湖南美术出版社 1983年 118页 13cm（60开）
统一书号：8233.463 定价：CNY0.20
（湖南革命先辈故事）
　　本书是中国现代连环画册。

J0073492
蝈蝈声声　（电视剧）于杰等编；周银强摄影
上海 上海人民美术出版社 1983年 62页 有图
13cm（60开）统一书号：8081.13689
定价：CNY0.13
　　本书是中国现代连环画册。

J0073493
国王和三个小偷　黄雨金编绘
北京 人民美术出版社 1983年 13cm（60开）
定价：CNY0.11
　　本书是根据马来西亚民间故事改编的中国
现代连环画。

J0073494
国王与小鸟　上海译制片厂翻译改编
北京 中国电影出版社 1983年 94页 13cm（60开）
统一书号：8061.2252 定价：CNY0.39

（电影连环画册）

本书根据法国同名动画片改编。

J0073495

果园怪事　姚钧，徐淦改编；韩国榛绘

合肥 安徽人民出版社 1983年 62页 13cm（60开）

定价：CNY0.11

本书是中国现代连环画册。

J0073496

哈克贝利·芬历险记　治贵改编；曾胜利绘

成都 四川少年儿童出版社 1983年 182页

13cm（60开）定价：CNY0.29

本书是根据美国马克·吐温同名原著改编的

现代连环画。

J0073497

蛤蟆石　潘治富改编；胡正言绘

南昌 江西人民出版社 1983年 91页 13cm（60开）

统一书号：8110.605 定价：CNY0.15

本书是中国现代连环画册。

J0073498

孩子与海盗　郑子铭改编；高燕，谭晓春绘

福州 福建人民出版社 1983年 118页 13cm（60开）

定价：CNY0.17

本书是根据埃及胡达·舍拉高维著《珊瑚岛

的秘密》改编的中国现代连环画。

J0073499

碧海丹心　梁信原著；庄宏安改编；徐进绘

上海 上海人民美术出版社 1983年 2版 142页

13cm（60开）统一书号：8081.5494

定价：CNY0.18

本书是中国现代连环画，1965年11月第1

版。作者庄宏安，连环画编辑。改编的连环画有

《原野》（辽宁版）《延安保卫战》《战上海／星火

燎原系列连环画》《中国连环画优秀作品读本》

等。绘者徐进（1960— ），工笔画家。北京人。

徐悲鸿第三代入室弟子。曾任中央美术学院教

授、美国哥伦比亚大学客座教授。代表作品有

《贵妃赏花》《黛玉初进大观园》等，出版《徐进

画集》。

J0073500

海岛孤女　梁志刚编译；阿雷改编；苏家杰绘

南京 江苏人民出版社 1983年 94页 13cm（60开）

定价：CNY0.16

本书是中国现代连环画册。作者苏家杰

（1947— ），画家。广州美术学院版画系结业。

广东省美术家协会会员，花城出版社美术编辑室

主任。作品有《百猫图谱》《友谊花开》等。

J0073501

海岛魔窟　李宝靖改编；徐刚绘画

南京 江苏人民出版社 1983年 126页 13cm（60开）

统一书号：8100.3.650 定价：CNY0.17

本书是根据英国约翰·邓特《谁是M》改编

的中国现代连环画。

J0073502

海的女儿　（安徒生童话）崔美君改编；孟昭

胜绘

沈阳 辽宁美术出版社 1983年 90页 13cm（60开）

定价：CNY0.14

本书是中国现代连环画册。

J0073503

海底奇观　徐英杰改编；王双贵绘画

石家庄 河北美术出版社 1983年 134页 有图

13cm（60开）统一书号：8087.550 定价：CNY0.18

本书是根据儒勒凡尔纳《海底二万里》改编

的中国现代连环画。

J0073504

海底探奇　佟宁改编；关景宇，吴毓琦绘

北京 中国少年儿童出版社 1983年 62页

13cm（60开）定价：CNY0.11

本书是中国现代连环画册。

J0073505

海底寻宝　剑文改编；柴庭枢绘

西安 陕西人民美术出版社 1983年 86页

13cm（60开）统一书号：8199.556

定价：CNY0.15

本书是中国现代连环画册。

J0073506

海蒂　（西德电视连续剧 上册）余俭，郭大成

编；何孟，大曲摄影
广州 花城出版社 1983 年 190 页 13cm（60 开）
统一书号：8261.35 定价：CNY0.33
（影视世界丛书）

　　本书是西德环球公司录制《影视世界》编辑部编电视连续剧连环画。

J0073507

海蒂 （西德电视连续剧 中册）余俭，郭大成编；何孟，大曲摄影
广州 花城出版社 1983 年 190 页 13cm（60 开）
统一书号：8261.36 定价：CNY0.33
（影视世界丛书）

　　本书是西德环球公司录制、《影视世界》编辑部编电视连续剧连环画。

J0073508

海蒂 （西德电视连续剧 下册）余俭，郭大成编；何孟，大曲摄影
广州 花城出版社 1983 年 190 页 13cm（60 开）
统一书号：8261.37 定价：CNY0.33
（影视世界丛书）

　　本书是西德环球公司录制、《影视世界》编辑部编电视连续剧连环画。

J0073509

海怪 方健华改编；朱维明绘画
昆明 云南人民出版社 1983 年 62 页 有图 13cm（60 开）统一书号：R8116.1158
定价：CNY0.12

　　本书是中国现代连环画，根据同名小说改编。

J0073510

海角天涯 今山改编；高志虹等摄影
北京 中国文艺联合出版公司 1983 年 93 页 有图 13cm（60 开）统一书号：8313.177
定价：CNY0.18

　　本书是中国现代连环画册。

J0073511

海空雄鹰 刘纪舟，杭正煌编；司马连义绘
北京 海洋出版社 1983 年 108 页 13cm（60 开）
定价：CNY0.18
（人民海军战斗故事连环画集）

　　作者司马连义（1947— ），山东临沂人。毕业于上海大学美术学院油画系。中国美术家协会会员，中国艺术研究院研究员，国家友好画院副院长，国家一级美术师，江苏画院特聘画师，江苏雕塑壁画协会理事。作品有《晨练》《钢铁长城》《岁月》《努力学习》等。

J0073512

海狼 施佳木，艾琪军改编
南京 江苏人民出版社 1983 年 125 页 13cm（60 开）
定价：CNY0.21

　　本书根据英国同名电影改编的连环画。

J0073513

海狼 易豫改编
北京 中国电影出版社 1983 年 125 页 13cm（60 开）
定价：CNY0.21
（电影连环画册）

J0073514

海螺姑娘 阮章宪原著；张树勤改编，江碧波等绘画
成都 四川人民出版社 1983 年 62 页 有图 13cm（60 开）统一书号：8118.1260 定价：CNY0.12

　　本书是中国现代连环画册。作者江碧波（1939— ），女，画家。浙江镇海人，毕业于四川美术学院。历任四川美术学院版画系主任，中国美术家协会理事。代表作品《歌乐山群雕》《白云深处》《近邻》等。

J0073515

海囚 丁国联选编；马林发等摄影
上海 上海人民美术出版社 1983 年 142 页 有图 13cm（60 开）统一书号：8081.13419
定价：CNY0.25

　　本书是中国现代连环画册。

J0073516

海瑞回朝 李门等原著；绕翠岚改编；邓子敬绘
广州 岭南美术出版社 1983 年 156 页 13cm（60 开）
统一书号：8230.0560 定价：CNY0.27

　　本书是中国现代连环画，根据同名琼剧改编。

J0073517

海上血战　王照运改编；李人毅绘

沈阳 辽宁美术出版社 1983年 118页

13cm（60开）定价：CNY0.18

　　本书是中国现代连环画册。

J0073518

海外来"客"　晓影改编

北京 宝文堂书店 1983年 125页 13cm（60开）

定价：CNY0.23

（电视剧连环画）

　　本书根据电视连续剧《盾》改编。

J0073519

海峡之花　成琪改编；曹震云等摄影

上海 上海人民美术出版社 1983年 142页 有图

13cm（60开）统一书号：8081.13455

定价：CNY0.25

　　本书是根据上海歌剧院歌剧团创作演出、

钱志成编剧、吴庆墀导演本编绘的中国现代连

环画。

J0073520

韩信挂帅　黄午生编；高顺康绘

南京 江苏人民出版社 1983年 94页 13cm（60开）

统一书号：8100.3.741 定价：CNY0.16

（楚汉相争的故事 3）

　　本书是中国现代连环画册。

J0073521

韩信破赵之战　张习孔原著；陈策贤等改编；

樊玉民绘

西安 陕西人民美术出版社 1983年 108页

13cm（60开）定价：CNY0.19

（中国古代战争故事 2）

　　本书是中国现代连环画册。

J0073522

韩愈　赖海晏，林超改编；张方林绘

广州 岭南美术出版社 1983年 110页 13cm（60开）

定价：CNY0.20

（文学家的故事）

　　本书是中国现代连环画册。

J0073523

汉皋碧血　张体文编；乐明祥绘

合肥 安徽人民出版社 1983年 102页 13cm（60开）

统一书号：8102.1228 定价：CNY0.14

（革命先辈故事丛书）

　　本书是中国现代连环画册。

J0073524

汉王东征　张月华改编；张秉厚绘

沈阳 辽宁美术出版社 1983年 154页

13cm（60开）定价：CNY0.23

（前汉演义之六）

　　本书是中国现代连环画册。

J0073525

汉宣中兴　柏石山改编；孟庆江绘

沈阳 辽宁美术出版社 1983年 182页

13cm（60开）定价：CNY0.27

（前汉演义之二十三）

　　本书是中国现代连环画册。

J0073526

汉主称尊　何泥改编；李钟禄，王立贤绘

沈阳 辽宁美术出版社 1983年 174页

13cm（60开）统一书号：7161.0194

定价：CNY0.26

（前汉演义之九）

　　本书是中国现代连环画册。

J0073527

行者盗铃　庄努，槐山改编；黄永镇绘

成都 四川人民出版社 1983年 124页

13cm（60开）定价：CNY0.18

（《西游记》故事之十四）

J0073528

好兵帅克在战前　（捷）雅·哈谢克原著；葛修

瀚改编；刘泽岱画

南京 江苏人民出版社 1983年 78页 13cm（60开）

定价：CNY0.14

　　本书是中国现代连环画册。

J0073529

好汉武二郎　冀深改编；刘湘潮，石砾绘

哈尔滨 黑龙江人民出版社 1983年 190页

13cm（60 开）统一书号：8093.941
定价：CNY0.27
（水浒故事）
　　根据中国古典小说《水浒》改编的现代连环
画作品。

J0073530
和平之邦　刘德来改编；沈尧定绘画
天津　天津人民美术出版社　1983 年　62 页　有图
13cm（60 开）统一书号：8073.30842
定价：CNY0.11
（古奥运会传奇）
　　本书是中国现代连环画册。

J0073531
和尚变虎　庄努，槐山改编；赵毅绘
成都　四川人民出版社　1983 年　124 页
13cm（60 开）定价：CNY0.18
（《西游记》故事之五）

J0073532
荷叶雷　杨云庆，宋廷宾改编；李爱国绘
沈阳　辽宁美术出版社　1983 年　78 页　13cm（60 开）
定价：CNY0.13
　　本书是中国现代连环画册。绘者李爱国
（1958—　），教师。辽宁沈阳人，中央美术学院
中国画系研究生毕业。首都师范大学美术学院
副教授，北京大学艺术学院教师，中国美术家协
会理事，中国画马艺术研究会副会长，中国工笔
会学会常务理事，中国画艺委会副主任、秘书
长。代表作品有《天路》《套马手》《雪龙》《晨雾》
《煤精尺》等。

J0073533
贺龙元帅　中国人民革命军事博物馆编
北京　长征出版社　1983 年　153 页　13cm（60 开）
统一书号：8268.003　定价：CNY0.28
　　本书是中国现代连环画册。

J0073534
贺天士投师　陈正敏编文；黄思源绘画
郑州　中州书画社　1983 年　94 页　有图
13cm（60 开）统一书号：8219.344　定价：CNY0.15
　　本书是中国现代连环画册。

J0073535
赫哲雄鹰　（上）俊然原著；高铁林改编；依晓
白绘
哈尔滨　黑龙江人民出版社　1983 年　164 页
13cm（60 开）定价：CNY0.28
　　本书是根据长篇小说《安图的后代》改编的
中国现代连环画。

J0073536
黑齿国　锡明改编；秀功等绘
南京　江苏人民出版社　1983 年　62 页　13cm（60 开）
定价：CNY0.10
（镜花缘之四）
　　本书是中国现代连环画册。

J0073537
黑风山　孙剑影改编；杨晓晖绘
南京　江苏人民出版社　1983 年　102 页
13cm（60 开）定价：CNY0.17
　　本书是中国现代连环画册。作者孙剑影，作
家。江苏南京人。作品有《青春的史册》，改编连
环画有《大风歌》。绘者杨晓晖（1942—　）教授。
江苏南通人，毕业于南京师大美术系。中国国画
家协会理事，南通大学艺术学院教授。代表作有
《百猫图》《万蝶图》《中国画的题款和钤印》等。

J0073538
黑箭　余美西改编；黄石等绘
福州　福建人民出版社　1983 年　86 页　有图
13cm（60 开）统一书号：8173.692　定价：CNY0.13
　　本书是中国现代连环画，根据同名小说
改编。

J0073539
黑龙江的传说　修明编；吴道云绘
哈尔滨　黑龙江人民出版社　1983 年　98 页
13cm（60 开）统一书号：8093.994
定价：CNY0.18
　　本书是中国现代连环画册。

J0073540
黑美　（英汉文对照连环画）（英）安娜·舒厄尔
原著；汪婉萍编译；钱逸敏绘
上海　上海人民美术出版社　1983 年　126 页
13cm（60 开）定价：CNY0.16

本书是中国现代连环画册。作者钱逸敏,画家。上海人。毕业于上海大学美术学院工艺系,擅长连环画、插图。曾任上海人民美术出版社编辑,中国美术家协会上海分会会员,上海连环画研究会会员,上海编辑学会会员,全国低幼读物研究会会员。作品有《红楼梦故事》《故事大王画库》《变形金刚》等。

J0073541

黑母鸡 (苏)帕郭列尔基荃原著;明扬改编;徐锡林绘
北京 人民美术出版社 1983年 86页 10×13cm
统一书号:8027.8806 定价:CNY0.11
本书是中国现代连环画册。

J0073542

黑幕 (日)森村诚一原著;孙冕改编;周波,其扬绘
广州 岭南美术出版社 1983年 149页 13cm(60开)
统一书号:8260.0584 定价:CNY0.24
本书是中国现代连环画册。

J0073543

黑十字架 (上集)翠岚改编;鲁冬等绘
广州 岭南美术出版社 1983年 158页 13cm(60开)
定价:CNY0.26
本书是根据同名电视连续剧改编的连环画。

J0073544

黑十字架 (下集)迈浩改编;鲁冬等绘
广州 岭南美术出版社 1983年 135页 13cm(60开)
定价:CNY0.24
本书是根据同名电视连续剧改编的连环画。

J0073545

黑十字架 (电视剧连环画 上)笑默改编
北京 中国文艺联合出版公司 1983年 125页
13cm(60开)统一书号:8093.802
定价:CNY0.23
电视系列动画片连环画。

J0073546

黑十字架 (电视剧连环画 下)笑默改编
北京 中国文艺联合出版公司 1983年 125页
13cm(60开)定价:CNY0.23

电视系列动画片连环画。

J0073547

黑水义士 于游改编;阴衍山绘
哈尔滨 黑龙江人民出版社 1983年 148页
13cm(60开)统一书号:8093.802
定价:CNY0.22
本书是中国现代连环画册。

J0073548

黑水英魂 王练等原著;王良莹改编;阴衍江绘
石家庄 河北美术出版社 1983年 142页
13cm(60开)定价:CNY0.19
本书是中国现代连环画册。绘者阴衍江(1940—2011),画家。中国美术家协会会员,一级画师,黑龙江美术出版社专业画家,黑龙江文史馆馆员。

J0073549

黑松林雪恨 封秋昌改编;刘永义绘
石家庄 河北美术出版社 1983年 118页
13cm(60开)定价:CNY0.17
(《杨家将》之九)
本书是中国现代连环画册。作者刘永义(1946—),美术师。陕西长安人。毕业于西安美术学院。陕西省美术家协会会员,西安市美术家协会会员,西安国画艺术研究院研究员,花鸟画研究室副主任。

J0073550

黑桃皇后 (俄)普希金原著;殷志扬改编;薛强,玮芹绘
南京 江苏人民出版社 1983年 110页 13cm(60开)
统一书号:8100.3.678 定价:CNY0.16
本书是中国现代连环画册。

J0073551

黑秃 王启礼编文;丁晓峰绘画
南京 江苏人民出版社 1983年 86页 有图
13cm(60开)统一书号:8100.3.677
定价:CNY0.13
本书是中国现代连环画册。

J0073552

黑娃照相 姜耀南编绘

南京 江苏人民出版社 1983 年 38 页 有图
10×13cm 统一书号：8100.3.653 定价：CNY0.12
　　本书是中国现代连环画册。

J0073553
黑娃照相　张一弓原著；姚钧改编；刘二刚绘
南京 江苏人民出版社 1983 年 74 页
13cm（60 开）
　　本书是中国现代连环画册。作者姚钧，主要
改编的连环画作品有《书剑恩仇录》《雪鹅》《鱼
公主》等。绘者刘二刚（1947— ），国家一级美
术师。字梦铁，又字柔克，江苏镇江人。曾供
职于镇江国画院，南京书画院。代表作品有《二
刚国画小品集》《刘二刚书画选集》《庙亭山随
笔》等。

J0073554
黑娃照相　姜耀南编绘
武汉 长江文艺出版社 1983 年 78 页 有图
13cm（60 开）统一书号：8107.397 定价：CNY0.13
　　本书是根据张一弓同名小说改编的中国现
代连环画。

J0073555
黑猩猩王国的秘闻　黄岭改编；白露，高红生
绘
南昌 江西人民出版社 1983 年 112 页 13cm（60 开）
统一书号：8110.618 定价：CNY0.17
　　本书是中国现代连环画册。

J0073556
黑熊二号案件　刘焘改编；徐宝铭绘
哈尔滨 黑龙江人民出版社 1983 年 146 页
13cm（60 开）定价：CNY0.22
　　本书是中国现代连环画册。

J0073557
黑旋风　龚知敏改编；周明，蒙显刚绘
南宁 广西人民出版社 1983 年 101 页 13cm（60 开）
定价：CNY0.15
　　本书是中国现代连环画册。

J0073558
黑旋风扯诏　（连环画）施耐庵，罗贯中原著；
徐滏改编；李舒云绘画

北京 人民美术出版社 1983 年 75 页 10×13cm
统一书号：8027.7926 定价：CNY0.13
（《水浒》24）
　　根据中国古典小说《水浒》改编的现代连环
画作品。

J0073559
黑旋风李逵　袁世海等整理；孙彬等改编；刘
金初等摄影
北京 中国戏剧出版社 1983 年 125 页 10×13cm
统一书号：8069.374 定价：CNY0.21
　　根据中国京剧剧院演出本改编的中国现代
连环画。

J0073560
黑郁金香　（法）大仲马原著；阎为民改编；管
齐骏绘
天津 天津人民美术出版社 1983 年 102 页
13cm（60 开）统一书号：8073.30758
定价：CNY0.16
（外国文学名著选编）
　　本书是中国现代连环画册。

J0073561
亨利恩仇记　范若由编；严启生，严启国绘
石家庄 河北美术出版社 1983 年 150 页
13cm（60 开）定价：CNY0.20
　　本书是中国现代连环画册。

J0073562
横扫宛叶　姚雪垠原著；甘礼乐改编；魏忠善绘
上海 上海人民美术出版社 1983 年 190 页
13cm（60 开）定价：CNY0.23
（《李自成》连环画之二十）
　　作者甘礼乐（1923— ），连环画家。上海人，
曾用笔名佘峥。作品有普希金的《驿站长》，巴尔
扎克的《夏倍上校》等。绘者魏忠善（1950— ），
画家。江苏人，进修于上海戏剧学院。曾任职于
上海劳动局宣传教育中心、华东师范大学艺术教
育系、上海市美术家协会创作展览部。代表作品
有《王家坪桃林茶馆》，连环画《三字经》《康熙
大帝画传》等。

J0073563
红宝石　高天明改编；邢子云绘

沈阳 辽宁美术出版社 1983 年 62 页 13cm（60 开）
定价：CNY0.11
　　本书是中国现代连环画册。

J0073564
红军手枪团　詹化雨原著；胡霜改编；肖鸥鸣绘
南昌 江西人民出版社 1983 年 94 页 13cm（60 开）
统一书号：8110.611 定价：CNY0.16
　　本书是根据《红二十八军手枪团战斗片断》
改编的中国现代连环画。

J0073565
红领巾　红领巾杂志编辑部编辑
成都 四川少年儿童出版社 1983 年 36 页 有图
17×19cm 定价：CNY0.12
　　本书是中国现代连环画册。

J0073566
红马小骑士　郑渊洁原著；以章改编；尤路绘
重庆 重庆出版社 1983 年 74 页 13cm（60 开）
定价：CNY0.12
　　本书是中国现代连环画，包括《棋盘国的逃
兵》和《红马小骑士》2 个小故事。

J0073567
红皮包案件　珊琳编文；陈长贵绘
长春 吉林人民出版社 1983 年 70 页 有图
13cm（60 开）统一书号：8091.1449 定价：CNY0.13
　　本书是中国现代连环画册。

J0073568
红线记　罗旋原著；枫坤，陈明改编；窦仲化，
王宝喻绘
西安 陕西人民美术出版社 1983 年 78 页
13cm（60 开）定价：CNY0.13
　　本书是中国现代连环画册。

J0073569
红象　晓黎改编
北京 中国电影出版社 1983 年 124 页 13cm（60 开）
统一书号：8061.1942 定价：CNY0.21
（电影连环画册）
　　作者晓黎，主要改编的电影连环画作品有
《佐罗》《从奴隶到将军》《海之恋》《今夜星光灿
烂》等。

J0073570
红羊洞盗骨　卞南改编；何进绘
福州 福建人民出版社 1983 年 70 页 10×13cm
定价：CNY0.12
（《杨家将演义》之十）
　　根据古典小说《杨家将演义》改编的本书是
中国现代连环画册。

J0073571
红玉　（清）蒲松龄原著；王育生改编；黄冠余绘
北京 人民美术出版社 1983 年 62 页 12×13cm
统一书号：8027.8805 定价：CNY0.34
（《聊斋》故事）
　　本书是根据《聊斋志异》改编的中国现代连
环画册。

J0073572
红烛　（记全国劳动模范罗健夫）井宽胜编；西
安美院版画系绘
西安 陕西人民美术出版社 1983 年 70 页
13cm（60 开）统一书号：8199.569
定价：CNY0.11
　　本书是中国现代连环画册。

J0073573
虹霓关　黄云编；余益友，陈茗绘
北京 中国曲艺出版社 1983 年 123 页 13cm（60 开）
定价：CNY0.18
（传统评书连环画《兴唐传》23）

J0073574
洪承畴降清　姚雪垠原著；甘礼乐改编；崔君
沛绘
上海 上海人民美术出版社 1983 年 190 页
10cm（64 开）定价：CNY0.23
（《李自成》连环画之二十二）

J0073575
鸿沟世界　赵士玑编；朱子容，徐陆林绘
福州 福建人民出版社 1983 年 134 页
13cm（60 开）定价：CNY0.21
（通俗前后汉演义之四）
　　本书是中国现代连环画册。作者朱子容，
编审。浙江永康人。浙江人民美术出版社副编
审。代表作品有木刻《来帮忙》。编著《江山多

娇》《面向未来》《鹏程万里》《边陲小花》《花香千里》等。

J0073576

鸿沟为界　赵士玑编文；朱子容等绘画
福州　福建人民出版社　1983　134 页　有图
10×13cm　统一书号：8173.704　定价：CNY0.21
（通俗前后汉演义 4）
　　本书是中国现代连环画册。

J0073577

鸿门宴　林林编文；李成勋绘画
上海　上海人民美术出版社　1983年　2 版　133 页
10×13cm　统一书号：8081.4873　定价：CNY0.20
（《西汉演义》连环画之七）
　　根据西汉历史故事改编的中国连环画作品。

J0073578

猴案　王振坤原作；蔡中运改编；杨步升绘
贵阳　贵州人民出版社　1983年54页　13cm（60开）
定价：CNY0.07
　　本书是中国现代连环画册。

J0073579

猴王出世　曹积三改编；新里绘画
长春　吉林人民出版社　1983年　63 页　有图
10×13cm　统一书号：R8091.1420　定价：CNY0.10
（B 型美猴王连环画 1）

J0073580

猴王子　孙法智改编；潘直亮绘画
郑州　中州书画社　1983年　78 页　有图
10×13cm　统一书号：8219.361　定价：CNY0.16
　　本书是中国现代连环画册。

J0073581

后悔桥　徐慎原著；诸镇南改编；章毓霖绘画
南京　江苏人民出版社　1983年　60 页　有图
10×13cm　统一书号：8100.3.71　定价：CNY0.11
　　本书是中国现代连环画册。

J0073582

后会有期　林翎改编；黄冠余绘画
北京　人民音乐出版社　1983年　62 页　有图
10×13cm　统一书号：8026.4073　定价：CNY0.13

本书是中国现代连环画册。

J0073583

后羿与嫦娥　褚斌杰原作；李天培改编；张文斌等绘
贵阳　贵州人民出版社　1983年　54页　13cm（60开）
定价：CNY0.09
　　本书是中国现代连环画册。

J0073584

后羿与嫦娥　袁玮大改编；诸葛增仁绘
天津　天津人民美术出版社　1983年　94 页
13cm（60 开）　定价：CNY0.15
　　本书是中国现代连环画册。

J0073585

呼延庆　魏兰芳，王润生原著；言川改编；童介眉，赵国经绘
福州　福建人民出版社　1983年　136页　13cm（60开）
统一书号：8173.625　定价：CNY0.21
　　本书是中国现代连环画册。

J0073586

呼延庆打擂　王润生改编；张林，培丹绘
哈尔滨　黑龙江人民出版社　1983年　126 页
13cm（60 开）　定价：CNY0.19
　　本书是中国现代连环画册。

J0073587

呼延庆打擂　卢抒编；升斋等绘
长春　吉林人民出版社　1983年　126页　13cm（60开）
定价：CNY0.20
　　本书是中国现代连环画册。

J0073588

呼延庆征西　卢抒编；升斋等绘
长春　吉林人民出版社　1983年　126页　13cm（60开）
统一书号：8091.1413　定价：CNY0.20
　　本书是中国现代连环画册。

J0073589

狐狸打猎人　刘凤改编；刘葛吴绘画
成都　四川少年儿童出版社　1983年　62 页　有图
7×10cm　统一书号：R8247.80　定价：CNY0.05
（《小小连环画》28）

本书是根据同名美术影片改编的中国现代连环画。

J0073590

狐狸的下场　栾仁梅文；庄敏瑾绘画
天津　天津人民美术出版社　1983年　有彩图
8×19cm　经折装　统一书号：8073.30761
定价：CNY0.08
　　本书为中国现代连环画，包括《狐狸的下场》（栾仁梅文；庄敏瑾绘画）和《乌龟的故事》（谷羽译编；詹同画）。

J0073591

狐狸夫妇历险记　董纯才原著；黎卫东改编；陈之川绘
广州　科学普及出版社广州分社　1983年　119页
13cm（60开）定价：CNY0.22
　　本书是中国现代连环画册。绘者陈之川（1940— ），女，作家。浙江瑞安人。毕业于北京大学历史系。中国美术学院副教授。创作小说《天亮以后说分手》《瑞安名胜古诗选》。

J0073592

胡四娘　鲁中游改编；侯春洋，杨志义绘
济南　山东人民出版社1983年62页13cm（60开）
定价：CNY0.11
（聊斋志异故事选 36）
　　本书是中国现代连环画册。

J0073593

胡四娘　（清）蒲松龄原著；雷云霄改编；徐宏达绘
天津　天津人民美术出版社　1983年　70页
13cm（60开）定价：CNY0.12
（《聊斋》故事）
　　本书是中国现代连环画册。

J0073594

葫芦宝参　张洪仁，杨万久原著；韩双东改编；谷爱平等绘
石家庄　河北美术出版社　1983年　81页
13cm（60开）统一书号：8087.471
定价：CNY0.12
（民间故事）
　　本书是中国现代连环画册。

J0073595

葫芦沟敌歼　魏树海原著；刘凤桥改编；玉锡珉，王玉良绘
沈阳　辽宁美术出版社　1983年　86页　13cm（60开）
定价：CNY0.14
　　本书是中国现代连环画册。作者王玉良（1949— ），画家、教授。清华大学美术学院绘画系教授，中国美术家协会会员，庞薰琹艺术研究会副主任，清华大学张仃艺术研究会委员，清华大学吴冠中艺术研究会学术委员会委员。

J0073596

葫芦湾抢船　韩双东改编；熊孔成绘
郑州　中州书画社　1983年　142页　有图
10×13cm　统一书号：8219.342　定价：CNY0.20
　　本书是根据小说《黄河东流去》选编的中国现代连环画。

J0073597

葫芦装天　庄努，槐山改编；李子侯，张文忠绘
成都　四川少年儿童出版社　1983年　114页
13cm（60开）统一书号：8118.1151
定价：CNY0.17
（《西游记》故事之六）

J0073598

湖北连环画研究会展览作品选　郑桂兰等改编；汪国新等绘画
武汉　长江文艺出版社　1983年　54页　13cm（60开）
定价：CNY0.38
　　本书是中国现代连环画册。作者郑桂兰（1955— ），曾获全国科技专题片摄编特别奖。作者汪国新（1947— ），国家一级美术师。湖北宜昌人。历任中国法治诗书画院院长、文化部中国书画院国画院副院长，中国美协艺委会委员。代表作《长江三部曲》《汪国新长江万里风情图》《汪国新新绘全本三国演义》等。

J0073599

湖口大战　肖德州编文；查加伍绘画
武汉　长江文艺出版社　1983年　108页　有图
13cm（60开）统一书号：8107.384　定价：CNY0.16
（中国历代战争故事画丛　第二辑）
　　作者查加伍（1950— ），编辑。别名穆明、三夷。湖北京山人，毕业于湖北美术学院师范系。

曾在湖北人民出版社、京山县文化馆工作。曾任湖北美术出版社副社长，美术副编审，湖北美协连环画、插图艺委会副主任。代表作品有《战斗的历程》《乱世风云》《苦肉记》等。

J0073600

湖畔　王逸改编

北京 中国电影出版社 1983年 93页 13cm（60开）

统一书号：8260.0509 定价：CNY0.17

（电影连环画册）

J0073601

蝴蝶兰　洪寿仁，陈韩星编；卢德平绘

广州 岭南美术出版社 1983年 139页 13cm（60开）

统一书号：8260.0509 定价：CNY0.24

　　本书是中国现代连环画册。

J0073602

虎胆群英　童心改编；孙德明绘画

长春 吉林人民出版社 1983年 78页 有图

10×13cm 统一书号：8091.1400 定价：CNY0.13

（新一代最可爱的人 3）

　　本书是中国现代连环画册。

J0073603

虎胆群英　童心编；孙德明绘

长春 吉林人民出版社 1983年 78页 13cm（60开）

定价：CNY0.13

（新一代最可爱的人之三）

　　本书是中国现代连环画册。

J0073604

虎符　本生改编；秀公，聂磊绘

南京 江苏人民出版社 1983年 118页 13cm（60开）

统一书号：8100.3.631 定价：CNY0.16

（郭沫若剧作选）

　　本书是中国现代连环画册。

J0073605

虎孩　（南美）奥·基罗加原著；郑之同改编；钱自成绘画

重庆 重庆出版社 1983年 70页 有图

13cm（60开）统一书号：8114.93 定价：CNY0.11

　　本书是中国现代连环画册。

J0073606

虎匠招徒　（贵州民间故事）孙元强改编；何伊华绘

贵阳 贵州人民出版社 1983年 62页 13cm（60开）

定价：CNY0.10

　　本书是中国现代连环画册。

J0073607

虎口接亲人　张洪民改编；韩之武绘

沈阳 辽宁美术出版社 1983年 98页 13cm（60开）

定价：CNY0.15

　　本书是中国现代连环画册。

J0073608

虎口脱险　上海电影译制厂改编

北京 中国电影出版社 1983年 147页 13cm（60开）

统一书号：8061.2103 定价：CNY0.26

（电影连环画册）

J0073609

虎口侦察记　王治普改编；继文绘

哈尔滨 黑龙江人民出版社 1983年 48页

13cm（60开）定价：CNY0.09

　　本书是中国现代连环画，根据同名小说改编。

J0073610

虎穴锄奸　刘培改编；李德钊绘

广州 广东人民出版社 1983年 126页 有图

13cm（60开）统一书号：8111.2404 定价：CNY0.21

（少年连环画库）

J0073611

虎穴取枪　杨惠权，宋宏改编；张韫韬绘

石家庄 河北美术出版社 1983年 62页

13cm（60开）统一书号：8087.470

定价：CNY0.10

　　本书是中国现代连环画册。

J0073612

花的传说　肖士太编文；于海江绘画

合肥 安徽人民出版社 1983年 18页 有图

13cm（60开）统一书号：8102.1346 定价：CNY0.12

　　本书是中国现代连环画册。

J0073613

花儿向她开 罗辰生原著；钟晓阳编，杨凯华绘
上海 上海人民美术出版社 1983 年 94 页 有图
10×13cm 统一书号：8081.13263 定价：CNY0.12

　　本书是中国现代连环画册。

J0073614

花环 韩双东改编；关庆留绘
西安 陕西人民美术出版社 1983 年 126 页
13cm（60 开）定价：CNY0.19

　　本书是中国现代连环画册。绘者关庆留
（1935— ），笔名阿留。 广东顺德人，毕业于西
安军医大学。曾任解放军总后勤部政治部后勤
杂志社副科长，中国美术家协会会员。作品有《捉
麻雀》《风雪高原》，连环画《智取华山》等。

J0073615

花轿传奇 李长华原著；饶净植改编；刘国辉
绘画
南京 江苏人民出版社 1983 年 126 页 有图
10×13cm 统一书号：8100.3.739 定价：CNY0.20

　　本书是中国现代连环画册。

J0073616

花王招亲 黄瀚等原著；王东升改编；陈北晨绘
福州 福建人民出版社 1983 年 90 页 10×13cm
统一书号：8173.680 定价：CNY0.14

　　本书是中国现代连环画册。

J0073617

花王招亲 黄瀚原作；方文改编，曾平绘画
南京 江苏人民出版社 1983 年 62 页 有图
13cm（60 开）统一书号：8100.3.655
定价：CNY0.10

　　本书是中国现代连环画册。

J0073618

花子洞 于沙编；李俊琪绘
沈阳 辽宁美术出版社 1983 年 174 页 13cm（60开）
定价：CNY0.25

　　本书是中国现代连环画册。作者李俊琪
（1943— ），教授。号大道轩主人，河北乐亭人。
天津美术家协会副主席，中国美术家协会会员，
天津南开大学教授、研究生导师，美国传记研究
院研究员。著作有《中国历代诗家图卷》《中国

历代兵家图卷》《中国历代文学家画传》《李俊琪
画集》等。

J0073619

华佗学医 思今改编；童介眉绘
北京 农村读物出版社 1983 年 62 页 13cm（60 开）
统一书号：8267.17 定价：CNY0.12
（民间故事连环画库）

J0073620

华夏神拳 傅丹，柯客改编；果然，张桑女绘
重庆 重庆出版社 1983 年 158 页 13cm（60 开）
定价：CNY0.23

　　本书是中国现代连环画册。

J0073621

华胥与伏羲 袁珂原著；石景麟改编；谌孝安
绘画
上海 上海人民美术出版社 1983 年 78 页 有图
13cm（60 开）统一书号：8081.13426
定价：CNY0.11

　　本书是中国古代神话故事连环画。

J0073622

化买父 曾莺编；廖先悟，曾泽祥绘
长沙 湖南美术出版社 1983 年 94 页 13cm（60 开）
统一书号：8233.326 定价：CNY0.13

　　本书是根据祁剧《访贤记》改编的中国现代
连环画。

J0073623

画虎记 （厉归真青少年时期学画的故事）罗
迦，王立科编；丁世弼绘
南昌 江西人民出版社 1983 年 94 页 13cm（60 开）
定价：CNY0.15
（中国古代近代名人青少年时期故事丛书）

　　本书是中国现代连环画册。

J0073624

画着女人和鹰的火柴盒 顾汉昌原著；毛亮
英改编；姜陆绘
乌鲁木齐 新疆人民出版社 1983 年 62 页
13cm（60 开）定价：CNY0.10

　　本书是中国现代连环画册。绘者姜陆
（1951— ），美术编辑、教师。天津人，毕业于

天津美术学院。天津美术学院院长，中国美术家协会理事，版画艺术委员会副主任。代表作品有《初雪》《到夏牧场去》《哈萨克妇女》等。

J0073625

欢欢笑笑　曹明改编
北京 中国电影出版社 1983年 125页 13cm（60开）
定价：CNY0.51
（电影连环画册）

J0073626

欢天喜地对亲家　眉水改编
北京 中国电影出版社 1983年 157页 13cm（60开）
统一书号：8061.2257 定价：CNY0.26
（电影连环画册）

J0073627

环球旅游　（1 地下王国发现记）李紫芸改编；白光诚等绘
广州 花城出版社 1983年 13cm（60开）
定价：CNY0.25
　　本书是中国现代连环画，介绍了伟大祖国壮丽河山的风物传说。有介绍世界各地名胜古迹的有趣历史；有世界各民族的风俗习惯等。

J0073628

环球旅游　（2 金钟历险记）李紫芸改编；陈兆延等绘
广州 花城出版社 1983年 13cm（60开）
定价：CNY0.24
　　本书是中国现代连环画册。

J0073629

环球旅游　（3 黄金梦——古文明之谜）京子改编；林楠，袁媛绘
广州 花城出版社 1983年 138页 13cm（60开）
定价：CNY0.25
　　本书是中国现代连环画册。

J0073630

幻灭　（上）薛蔚改编；程嬗绘
福州 福建人民出版社 1983年 146页 13cm（60开）
统一书号：8173.709 定价：CNY0.23
　　本书是根据法国巴尔扎克同名小说改编的现代连环画。

J0073631

幻灭　（下）薛蔚改编；程嬗绘
福州 福建人民出版社 1983年 129页 13cm（60开）
统一书号：8173.710 定价：CNY0.21
　　本书是根据法国巴尔扎克同名小说改编的现代连环画。

J0073632

宦官专权　卞福顺改编；马忠群绘
沈阳 辽宁美术出版社 1983年 134页 13cm（60开）
定价：CNY0.21
（前汉演义之二十四）
　　本书是中国现代连环画册。作者卞福顺，曾任辽宁民族出版社美术教育编辑室主任。

J0073633

宦娘　黄小勤改编；丁世谦绘
成都 四川人民出版社 1983年 90页 12×13cm
统一书号：8118.1076 定价：CNY0.18
（《聊斋》故事）
　　本书是中国现代连环画册。

J0073634

换上石头心的人　林青青改编；覃奕汉绘画
广州 广东人民出版社 1983年 126页 有图
13cm（60开）统一书号：8111.2403 定价：CNY0.21

J0073635

皇帝的新衣　崔美君改编；远航绘
沈阳 辽宁美术出版社 1983年 45页 13cm（60开）
定价：CNY0.08
（安徒生童话）
　　本书是中国现代连环画册。

J0073636

黄继光　（战斗英雄故事）赵仍改编；吴绪经绘
成都 四川少年儿童出版社 1983年 94页
13cm（60开）定价：CNY0.12
　　本书是中国现代连环画册。绘者吴绪经（1945—　），教授。生于四川成都。四川省教育学院美术系教授，中国美术家协会会员，中国电影家协会会员。作品有《竞技图》《虎门销烟》《一个共产党员的送葬行列》等。

J0073637
黄巾起义　尚羡智编文；黄大华等绘画
石家庄 河北美术出版社 1983 年 110 页 有图
10×13cm 统一书号：8087.534 定价：CNY0.16
　　本书是中国现代连环画册。作者黄大华
（1934— ），水彩画家。浙江鄞县人。中国美术
家协会会员，上海人民美术出版社编辑，上海百
草画院常务副院长。从事连环画创作，编辑出版
连环画近三百种。

J0073638
黄桥决战　童心编文；祝平，龙贵绘画
长春 吉林人民出版社 1983 年 100 页 有图
13cm（60开）统一书号：8091.1404 定价：CNY0.16
　　本书是中国现代连环画册。

J0073639
黄头郎　王吉呈原著；鲁西改编；陈冬至绘画
石家庄 河北美术出版社 1983 年 46 页
26cm（16开）统一书号：8087.521 定价：CNY0.60
　　本书是根据王吉星同名历史小说改编的中
国现代连环画。

J0073640
黄头郎　廉俊生改编；张新国，卢新东绘
银川 宁夏人民出版社 1983 年 62 页 13cm（60开）
统一书号：8157.421 定价：CNY0.10
　　本书是中国现代连环画册。

J0073641
黄兴　伍杰编；刘启端绘
北京 人民美术出版社 1983 年 138页 13cm（60开）
定价：CNY0.22
　　本书是中国现代连环画册。

J0073642
回来吧，好妈妈！　严朴勤改编；何兆欣摄影
南京 江苏人民出版社 1983 年 115 页 有图
10×13cm 统一书号：8100.3.716 定价：CNY0.20
　　本书是根据小说《过早来到的课题》改编的
中国现代摄影连环画。

J0073643
回来吧，好妈妈！　严朴勤改编；何兆欣摄影
南京 江苏人民出版社 1983 年 115 页 13cm（60开）

定价：CNY0.20
（摄影连环画）

J0073644
回声　（小兔淘淘的故事）晓黎改编
北京 中国电影出版社 1983 年 45 页 13cm（60开）
（电影连环画册）定价：CNY0.28

J0073645
回乡生儿记　徐家康编；钟鸣，竹林摄影
南京 江苏人民出版社 1983 年 146 页 13cm（60开）
定价：CNY0.25
　　本书是电视剧连环画。

J0073646
会表嫂　曲波原著；贾金豹改编；张学乾绘
兰州 甘肃人民出版社 1983 年 70 页 13cm（60开）
定价：CNY0.11
（桥隆飙连环画之四）
　　绘者张学乾（1944— ），甘肃兰州人。西北
师范大学敦煌艺术学院美术系教授，中国美术家
协会会员，中国油画学会团体会员成员，甘肃美
术家协会副主席。出版有《张学乾美术作品选》
《素描艺术在线法》等著作，主要作品有《孩子
鸽子》《塬上家什》《高原晴雪》等。

J0073647
会兵四明山　余音改编；张修竹绘画
成都 四川人民出版社 1983 年 94 页 10×13cm
统一书号：8118.991 定价：CNY0.14
（《说唐》之十二）
　　本书是中国现代连环画册。

J0073648
会飞的猫　（科学幻想故事）胡涛壬改编；薛
珠绘
乌鲁木齐 新疆青年出版社 1983 年 72 页
13cm（60开）统一书号：8124.19
定价：CNY0.17
　　本书是中国现代连环画册。

J0073649
会说话的猩猩　肖明原著；方隆昌改编；季源
业绘
武汉 湖北人民出版社 1983 年 30 页 有图

10×13cm 统一书号：8106.2340 定价：CNY0.07

　　本书是中国现代连环画，原载"儿童时代"80年第1期。

J0073650

会跳舞的鞋 （外国民间故事）华瑜改编；徐锡林绘

北京 人民美术出版社 1983年 76页 13cm（60开）

定价：CNY0.11

　　本书是中国现代连环画册。

J0073651

慧梅出嫁 姚雪垠原著；杨兆林改编；崔君沛绘画

上海 上海人民美术出版社 1983年 142页 有图 10×13cm 统一书号：8081.13366 定价：CNY0.18

（《李自成》连环画 23）

J0073652

魂断蓝桥 （美）罗勃肖伍特著；华士明，吴湘英改编；黄穗中绘

广州 岭南美术出版社 1983年 144页 13cm（60开）

统一书号：8260.0508 定价：CNY0.23

　　本书是中国现代连环画册。

J0073653

魂断蓝桥 程中岳改编；马林绘

西安 陕西人民美术出版社 1983年 126页 13cm（60开）统一书号：88199.596

定价：CNY0.19

　　本书是中国现代连环画册。

J0073654

魂系蓝天 朱晓鸥改编

北京 中国电影出版社 1983年 157页 13cm（60开）

定价：CNY0.26

（电影连环画册）

J0073655

活佛要钱 曹欣渊等改编；郁芝芳等绘画

上海 上海人民美术出版社 1983年 126页 有图 13cm（60开）统一书号：8081.13092

定价：CNY0.15

（笑话 三）

　　本书是中国现代连环画册。

J0073656

活画李子长 （广东民间故事选）连裕斌编；徐应祥绘

广州 岭南美术出版社 1983年 [110]页 13cm（60开）统一书号：8260.0585

定价：CNY0.20

　　本书是中国现代连环画册。

J0073657

活捉大猴王 林蔓青改编；张健民绘

广州 广东人民出版社 1983年 158页 13cm（60开）

定价：CNY0.26

（少年连环画库）

J0073658

活捉胡凤璋 符冰编；许旭奎绘

广州 岭南美术出版社 1983年 126页 10×13cm

定价：CNY0.20

（广东革命根据地传奇）

　　本书是中国现代连环画册。

J0073659

活捉僧格林沁 黄辉编；施大畏绘

武汉 长江文艺出版社 1983年 138页 13cm（60开）

统一书号：8107.385 定价：CNY0.20

（中国历代战争故事画丛）

J0073660

火红的云霞 詹之燕改编；周凯光摄影

北京 中国文艺联合出版公司 1983年 125页 有图 13cm（60开）统一书号：8313.152

定价：CNY0.23

　　本书是中国现代连环画册。

J0073661

火狐 王树华改编；何祖明绘

南昌 江西人民出版社 1983年 102页 13cm（60开）

定价：CNY0.17

　　本书是中国现代连环画，根据同名小说改编。

J0073662

祸起萧墙 李崇峻摄影；沈佳良选编

上海 上海人民美术出版社 1983年 158页 13cm（60开）统一书号：8081.13485

定价: CNY0.28

　　本书是根据电视剧改编的连环画, 上海电影制片厂供稿。

J0073663

霍光辅政　柏石山改编; 史殿生绘

沈阳 辽宁美术出版社 1983 年 150 页 13cm(60 开)

定价: CNY0.23

(前汉演义之二十一)

　　本书是中国现代连环画册。作者史殿生, 就读于中央美术学院。中国美术家协会会员, 国家一级美术师, 北京师范大学中国画创作高级研究生班导师, 北京红旗书画院副院长, 益昌画院顾问。作品有《盛装》《岁月》《高士图》等。

J0073664

霍去病　王海燕编文; 白露绘

南京 江苏人民出版社 1983 年 94 页 有图

13cm(60 开)统一书号: 8100.3.676

定价: CNY0.15

(人物传记故事)

　　本书是中国现代连环画册。

J0073665

霍元甲　(电视连续剧 第一册)罗纳之编

广州 花城出版社 1983 年 155 页 13cm(60 开)

统一书号: 8261.14 定价: CNY0.28

(影视世界丛书)

J0073666

霍元甲　(电视连续剧 第二册)罗纳之编; 方平, 梁庆摄影

广州 花城出版社 1983 年 158 页 13cm(60 开)

统一书号: 8261.15 定价: CNY0.28

(影视世界丛书)

J0073667

霍元甲　(电视连续剧 第三册)罗纳之编; 方平, 梁庆摄影

广州 花城出版社 1983 年 190 页 13cm(60 开)

统一书号: 8261.16 定价: CNY0.33

(影视世界丛书)

J0073668

霍元甲　(电视连续剧 第四册)罗纳之编; 方平, 梁庆摄影

广州 花城出版社 1983 年 190 页 13cm(60 开)

定价: CNY0.33

(影视世界丛书)

J0073669

霍元甲　(电视连续剧 第五册)罗纳之编; 方平, 梁庆摄影

广州 花城出版社 1983 年 189 页 13cm(60 开)

定价: CNY0.33

(影视世界丛书)

J0073670

霍元甲摆擂台　肖然山原著; 鹤仙改编; 沙月绘画

上海 上海少年儿童出版社 1983 年 126 页 有图

10×13cm 统一书号: R8024.42 定价: CNY0.16

　　本书是中国现代连环画册。

J0073671

霍元甲传奇　皋汉改编; 施明德等绘

石家庄 河北美术出版社 1983 年 78 页

13cm(60 开)定价: CNY0.12

　　本书是中国现代连环画册。

J0073672

机器岛　(法)凡尔纳原著; 张晓峰改编; 李木林等绘

哈尔滨 黑龙江科学技术出版社 1983 年 254 页

13cm(60 开)统一书号: 8217.012 定价: CNY0.36

(世界科幻名著连环画)

J0073673

机智的鸡兄弟　叶飞编绘

石家庄 河北美术出版社 1983 年 30 页

有彩图 13cm(60 开)统一书号: 8087.187

定价: CNY0.15

　　本书是中国现代连环画册。

J0073674

激战黄龙府　郑荣华编文; 徐有武绘画

天津 天津人民美术出版社 1983 年 115 页 有图

13cm(60 开)统一书号: 8073.30809

定价: CNY0.18

(中国历史演义故事画《宋史》11)

J0073675

激战双鹰峰　扶今编；张文斌等绘
哈尔滨　黑龙江人民出版社　1983年　134页
13cm（60开）统一书号：8093.876
定价：CNY0.20
　　本书是中国现代连环画册。

J0073676

吉鸿昌的故事　（4 民族英魂）周骥良原著；
李道畅改编；王美芳等绘画
郑州　中州书画社　1983年　172页　有图
13cm（60开）统一书号：8219.318　定价：CNY0.24
　　本书是中国现代连环画册。

J0073677

计复成皋　林林编文；李铁生绘画
上海　上海人民美术出版社　1983年　2版　102页
10×13cm　定价：CNY0.16
（《西汉演义》连环画之十六）

J0073678

济南攻坚战　鞠录田改编；杨建友绘
天津　天津人民美术出版社　1983年　126页
13cm（60开）统一书号：8073.30851
定价：CNY0.16
　　本书是中国现代连环画册。

J0073679

冀州侯归周　铁玉宽改编；马程绘画
北京　人民美术出版社　1983年　124页　有图
10×13cm　统一书号：8027.8093　定价：CNY0.18
（封神演义 12）
　　本书是根据古典小说《封神演义》改编的中
国现代连环画。

J0073680

佳富筹金　郑桂兰改编；汪国新绘
武汉　长江文艺出版社　1983年　153页　13cm（60开）
定价：CNY0.22
（长江三部曲之一）
　　本书是根据鄢国培《长江三部曲》改编的中
国现代连环画。

J0073681

家　巴金原著；金克浚改编；施大畏，韩硕绘

天津　天津人民美术出版社　1983年　161页
13cm（60开）定价：CNY0.21
　　本书是中国现代连环画册。

J0073682

家务清官　张笑天原著；石舟改编；蔡超，熊
山子绘
上海　上海人民美术出版社　1983年　118页
13cm（60开）统一书号：8081.13505
定价：CNY0.15
　　本书是中国现代连环画册。

J0073683

家务清官　少舟改编
北京　中国电影出版社　1983年　147页　10×13cm
统一书号：8061.2244　定价：CNY0.26
（电影连环画册）

J0073684

家族复仇　（法）奥·马尔扎克原著；黄亦加改
编；周全友绘
南京　江苏人民出版社　1983年　126页　13cm（60开）
定价：CNY0.17
　　本书是中国现代连环画册。

J0073685

贾儿　褚福章改编；樊玉民绘
西安　陕西人民美术出版社　1983年　[159]页
13cm（60开）定价：CNY0.27
（《聊斋志异》连环画之二）

J0073686

假话国历险记　（意）姜尼·罗大里原著；王维
正改编；苏正刚绘
上海　上海人民美术出版社　1983年　110页
13cm（60开）统一书号：8081.13456
定价：CNY0.14
　　本书是中国现代连环画册。收入110幅图。

J0073687

假小子与花小姐　孟庆道编；庞泰嵩等绘画
武汉　湖北人民出版社　1983年　26页　有彩图
12cm（60开）统一书号：8106.2338　定价：CNY0.37
　　本书是中国现代连环画册。

J0073688

驾驶班的年轻人　凡兵改编；颜小行摄影
北京　中国文艺联合出版公司　1983 年　125 页
有图　13cm（60 开）统一书号：8313.119
定价：CNY0.23
　　本书是根据同名电视剧改编的中国现代连
环画。

J0073689

检察员的起诉　钱洪改编
北京　中国电影出版社　1983 年　117 页　13cm（60 开）
统一书号：8061.2128　定价：CNY0.21
（电影连环画册）

J0073690

简·爱（上）李遵义改编；庞邦本绘
沈阳　辽宁美术出版社　1983 年　154 页　13cm（60 开）
定价：CNY0.23
　　本书是中国现代连环画册。

J0073691

简·爱（下）李遵义改编；庞邦本绘
沈阳　辽宁美术出版社　1983 年　134 页　13cm（60 开）
定价：CNY0.20
　　本书是中国现代连环画册。

J0073692

江城游击队　枫枚改编；陈绪初绘
武汉　长江文艺出版社　1983 年　110 页　13cm（60 开）
统一书号：8107.393　定价：CNY0.16
　　本书是根据《江郎才尽队战江城》改编的中
国现代连环画。

J0073693

江苏儿童　（1983.5　总 146 期）江苏人民出版
社编辑
南京　江苏人民出版社　1983 年　有彩图　17×19cm
定价：CNY0.12
　　本书是中国现代连环画册。

J0073694

将计就计　李勇改编；彭本人，邱耀秋绘
长沙　湖南美术出版社　1983 年　70 页　13cm（60 开）
定价：CNY0.10
　　本书是中国现代连环画册。作者彭本人

（1945—　　），编辑。湖南桂阳人，毕业于湖南师
范学院美术系。擅长中国画、连环画。中国美术
家协会会员。主要作品有《中国姑娘》《三十八
颗人头》《欧阳海》《银妆》《两代人》等。

J0073695

将计就计　叶永烈原著；黎服兵改编；黄增立
绘画
广州　岭南美术出版社　1983 年　110 页　有图
13cm（60 开）统一书号：8260.0415　定价：CNY0.18
　　本书是中国现代连环画册。

J0073696

将军牵红线　王素一，王天马改编；刘世群绘
南昌　江西人民出版社　1983 年　134 页　13cm（60 开）
定价：CNY0.20
　　本书是根据罗旋小说《红线记》改编的中国
现代连环画。

J0073697

姜太公　（中国古代神话）白瑜生改编；吴棣绘
北京　人民美术出版社　1983 年　46 页　13cm（60 开）
统一书号：8027.8219　定价：CNY0.27
　　本书是根据袁珂编《神话故事新编》改编的
中国现代连环画。

J0073698

蒋筑英　戴焕梅等编；庞先健绘
上海　上海人民美术出版社　1983 年　110 页　有图
13cm（60 开）统一书号：8081.13520
定价：CNY0.14
　　本书是描绘中国现代英模人物的连环画。
收入 110 幅图。

J0073699

蒋筑英　姚传骧改编；久伦绘画
武汉　长江文艺出版社　1983 年　76 页　有图
13cm（60 开）统一书号：8107.391　定价：CNY0.12
　　本书是中国现代连环画册。

J0073700

蒋筑英的故事　刘晓晖等编文；张鸿飞等绘画
长春　吉林人民出版社　1983 年　22 页　有图
13cm（60 开）统一书号：8091.1414　定价：CNY0.19
　　本书是中国现代连环画册。

J0073701
降龙记　石山改编；陈宗林，孙俊林绘
哈尔滨　黑龙江人民出版社　1983年　132页
13cm（60开）统一书号：8093.844
定价：CNY0.20
（电影连环画册）

J0073702
犟小子　迟犀改编
北京　中国电影出版社　1983年　125页　13cm（60开）
定价：CNY0.21
（电影连环画册）

J0073703
接骨秘传　李栋，周毅如原著；刘道冠改编，
张宝蔚绘
南京　江苏人民出版社　1983年　134页　有图
13cm（60开）统一书号：8100.3.698
定价：CNY0.19
　　本书是中国现代连环画册。

J0073704
揭竿起义　刘亚洲编文；潘仁勇，方隆昌绘画
武汉　长江文艺出版社　1983年　118页　有图
10×13cm　统一书号：8107.416　定价：CNY0.17
　　本书是中国现代连环画册。

J0073705
杰出的探索者　沈洛漠，顾思源编；徐冬林绘
南昌　江西人民出版社　1983年　116页　13cm（60开）
统一书号：8110.733　定价：CNY0.18
　　本书是中国现代连环画，介绍法国伟大的生
物学家和化学家路易·巴斯德的故事。

J0073706
杰克·伦敦　（外国文学家的故事）樊培绪编；
陈守义绘
南京　江苏人民出版社　1983年　157页　13cm（60开）
定价：CNY0.21
　　本书是中国现代连环画册。作者陈守义
（1944—　），浙江温州人，毕业于浙江美术学院
油画系。中国美术家协会会员，浙江美术家协会
理事，浙江美术教育研究会副会长。主要作品有
《山城》《水乡的回忆》《巴黎春色》等。

J0073707
洁白的手帕　蒋和欣改编；马晓光绘制
北京　中国文艺联合出版公司　1983年　105页
72开（72开）定价：CNY0.18
（电视剧连环画）

J0073708
姐妹魂　刘星等原著；郑子铭改编；旸团君绘
福州　福建人民出版社　1983年　114页　13cm（60开）
统一书号：8173.592　定价：CNY0.16
　　本书是中国现代连环画册。

J0073709
姐妹山　杨荔编；李以泰绘
西安　陕西少年儿童出版社　1983年　46页
13cm（60开）定价：CNY0.10
（台湾民间传说画丛）
　　本书是中国民间传说连环画。

J0073710
解放——江山岛　吴殿卿，黄泰编；蔡景楷绘
北京　海洋出版社　1983年　105页　13cm（60开）
定价：CNY0.18
（人民海军战斗故事连环画集）

J0073711
解忧公主　是翰生改编；李建国绘画
南京　江苏人民出版社　1983年　92页　有图
10×13cm　统一书号：8100.3.701　定价：CNY0.15
　　本书是根据同名历史剧改编的中国现代连
环画。

J0073712
巾帼英魂　徐恩志编；仉凤舞绘
北京　中国旅游出版社　1983年　118页　13cm（60开）
统一书号：8179.285　定价：CNY0.22
　　本书是中国现代连环画册。

J0073713
金边牡丹　华士明编；赵绍虎画
南京　江苏人民出版社　1983年　18页　有彩图
21cm（32开）定价：CNY0.28
　　本书是中国民间故事现代连环画。作者赵
绍虎（1941—　），教授。号老戊。江苏镇江人，
毕业于南京师范大学美术系。江苏大学艺术学

院教授，中国美术家协会会员，镇江报社及江苏
人民出版社美术编辑，江苏大学美术系主任，镇
江市美协副主席。代表作品有《荷风》《摩崖夕
照》等。

J0073714
金殿保本　刘树强改编；刘汉宗，王学明绘
石家庄　河北美术出版社　1983 年　126 页
13cm（60 开）定价：CNY0.18
《杨家将》之二）
　　本书是中国现代连环画册。作者王学明
（1943—　　），美术编辑。天津人，毕业于河北省
美术学院。曾任师范学校美术教员、报社美术编
辑，衡水地区画院院长，中国美术家协会会员。
连环画代表作品有《三断奇案》等，出版有《买海
居诗选》《王学明画集》等。

J0073715
金凤凰的传说　植谋，海歌改编；纬仁等绘
南宁　广西人民出版社　1983 年　2 版　78 页
13cm（60 开）定价：CNY0.12
（民间故事）
　　本书是中国现代连环画册。

J0073716
金佛风云　钦志新，高文原著；张企荣改编；
徐有武绘
上海　上海人民美术出版社　1983 年　110 页
13cm（60 开）统一书号：8081.13119
定价：CNY0.14
　　本书是中国现代连环画册。收入 110 幅图。

J0073717
金佛疑案　王智改编；王景祥绘
哈尔滨　黑龙江人民出版社　1983 年　101 页
13cm（60 开）定价：CNY0.16
　　本书是中国现代连环画，根据小说《一尊金
佛像》改编。

J0073718
金瓜　张金铭原著；李少光，张金长改编；吴
元奎绘
南京　江苏人民出版社　1983 年　102 页　13cm（60开）
定价：CNY0.17
（民间故事）

本书是中国现代连环画册。

J0073719
金鸡寨歼匪记　陈臻改编；庄小雷，崔建社绘
哈尔滨　黑龙江人民出版社　1983 年　83 页
13cm（60 开）定价：CNY0.13
　　本书是中国现代连环画册。

J0073720
金鲤鱼　（傣族民间故事）马维正改编；刘宜绘
北京　中国旅游出版社　1983 年　94 页　13cm（60开）
统一书号：8179.267　定价：CNY0.20
　　本书是中国现代连环画册。

J0073721
金鹿　郑宣，陈志庆改编、摄影
成都　四川人民出版社　1983 年　91 页　13cm（60开）
定价：CNY0.15
（电影连环画册）

J0073722
金鸟　廖心永，罗解东编绘
成都　四川人民出版社　1983 年　50 页　有图
13cm（60 开）统一书号：8118.1483　定价：CNY0.20
（格林童话）
　　本书是中国现代连环画册。

J0073723
金瓶女　（传统戏剧故事）吴同宾改编；庞先
健绘
天津　天津人民美术出版社　1983 年　110 页
13cm（60 开）统一书号：8073.30845
定价：CNY0.17
　　本书是中国现代连环画，根据传统戏曲《佛
门点元》改编。

J0073724
金钱梦　郑宣，陈志庆改编、摄影
成都　四川人民出版社　1983 年　91 页　有图
10×13cm　统一书号：8118.1343　定价：CNY0.15
　　本书是中国现代连环画，根据上海电影制片
厂同名电影改编。

J0073725
金色的海螺　阿蕾改编；张宝松绘

北京 中国文艺联合出版公司 1983 年 15 页
13cm(折叠)(60 开) 定价: CNY0.14
　　本书是中国现代连环画册。作者张宝松
(1961—　), 画家。出生于河南禹州市。毕业于
中央美术学院。中国画创作研究院研究员, 人物
画创作室主任, 国家一级美术师。

J0073726
金色的铃铛　李亮等编文; 林峥明等绘画
石家庄 河北美术出版社 1983 年 62 页 有图
13cm(60 开) 统一书号: 8087.551 定价: CNY0.10
　　本书是中国现代连环画册。

J0073727
金山宝盒　(日本民间故事) 章晨翻译; 常磊
改编; 薛余良绘
西安 陕西人民美术出版社 1983 年 70 页
13cm(60 开) 定价: CNY0.13
　　本书是中国现代连环画册。

J0073728
金丝猴与熊猫　欧阳宇平改编; 查侃等绘画
成都 四川少年儿童出版社 1983 年 62 页 有图
7×10cm 统一书号: R8247.79 定价: CNY0.05
(《小小连环画》27)
　　本书是中国现代连环画, 根据同名美术影片
改编。

J0073729
金屋藏娇　徐帆编; 石夫, 姚耐绘
福州 福建人民出版社 1983 年 188 页
13cm(60 开) 定价: CNY0.29
(通俗前后汉演义之十二)
　　本书是中国现代连环画册。

J0073730
金鞋儿　长发妹　(中国民间故事) 段成式原
著; 张林樱, 海花改编; 张乐娃, 李里狄绘
广州 科学普及出版社广州分社 1983 年 [91] 页
13cm(60 开) 统一书号: 8051.60246
定价: CNY0.16
　　本书是中国现代连环画册。

J0073731
金心肝　梁兴汉编; 杨浩石绘

福州 福建人民出版社 1983 年 76 页 13cm(60 开)
定价: CNY0.12
　　本书是中国现代连环画册。

J0073732
金羊毛　(希腊神话故事) 王克恩编; 郑志岳绘
上海 上海人民美术出版社 1983 年 102 页 有图
13cm(60 开) 统一书号: 8081.13487
定价: CNY0.13
　　本书是中国现代连环画册。

J0073733
金银岛　(英) 斯蒂文生原著; 顾玉甫, 张晓颐
改编; 司徒绵, 黄小央绘
广州 岭南美术出版社 1983 年 177 页 10×13cm
统一书号: 8260.0568 定价: CNY0.27
(世界文学名著连环画)

J0073734
金玉奴棒打薄情郎　(明) 冯梦龙原著; 陈修
诚改编; 刘满驹绘
广州 岭南美术出版社 1983 年 108 页 13cm(60 开)
定价: CNY0.21
(古代白话小说连环画)

J0073735
金元帝国的悲剧　(美) 威廉·埃尼斯原著; 洪
涛绘; 刘德星译; 张鲁宾改编
福州 福建人民出版社 1983 年 126 页 13cm(60 开)
定价: CNY0.18
　　本书是中国现代连环画, 根据美国威廉·埃
尼斯原著《黎明前的生死搏斗》改编。

J0073736
金珠与人鱼　丁楠改编; 孙昌茵绘
长沙 湖南美术出版社 1983 年 125 页 13cm(60 开)
统一书号: 8233.325 定价: CNY0.17
　　本书是中国现代连环画册。

J0073737
晋文公争霸　远祁编; 宗祥, 英能绘
南宁 广西人民出版社 1983 年 175 页 13cm(60 开)
定价: CNY0.24
(中国历史故事连环画 11)

J0073738
晋阳秋 （下集）慕湘原著；李大发编；柴山林绘
太原 山西人民出版社 1983年 126页 10×13cm
统一书号：8088.1560 定价：CNY0.18
　　本书是中国现代连环画册。

J0073739
荆钗记 石峙改编；卢延光绘
广州 岭南美术出版社 1983年 44+45页 有图
13cm（60开）统一书号：8260.0691 定价：CNY0.18
　　本书是中国现代连环画。《荆钗记》根据翁
偶虹等昆剧剧本改编，《千里送京娘》根据冯梦龙
《警世通言》改编。

J0073740
荆钗记 （元）柯丹丘原著；邵甄改编；张晓飞绘
天津 天津人民美术出版社 1983年 94页 有图
13cm（60开）统一书号：8073.30825
定价：CNY0.15
（传统戏曲故事）
　　本书是中国现代连环画册。

J0073741
精卫填海 肖甘牛改编；陈晋容绘
天津 天津人民美术出版社 1983年 62页
13cm（60开）定价：CNY0.11
　　本书是中国现代连环画册。

J0073742
景帝执政 王琴改编；高遇昕绘
沈阳 辽宁美术出版社 1983年 190页 13cm（60开）
统一书号：7161.0199 定价：CNY0.28
（前汉演义之十四）
　　本书是中国现代连环画册。

J0073743
景颇人的挎刀 鲍昌原著；竺乾华改编；梁启
德绘
天津 天津人民美术出版社 1983年 70页
10×13cm 统一书号：8073.30762 定价：CNY0.11
　　本书是中国现代连环画册。

J0073744
景阳冈打虎 木柳改编；田茂怀绘
石家庄 河北美术人民出版社 1983年 110页

13cm（60开）定价：CNY0.16
（《武松》之一）
　　本书是中国现代连环画，根据评书《武松》
改编。作者田茂怀(1948—)，画家。河北衡
水人。河北省画院特聘画师，河北省科技大学客
座教授，河北书画院副主席，台湾艺术协会荣誉
理事。

J0073745
景阳岗打虎 山东广播电视艺术团供稿
北京 中国文艺联合出版公司 1983年 93页
13cm（60开）统一书号：8313.61 定价：CNY0.18
　　电视剧《武松》连环画集之一。

J0073746
警官与"皮鬼" 杜培俊原著；梁艺改编；梁艺
等摄影
南京 江苏人民出版社 1983年 133页
13cm（60开）定价：CNY0.20
　　本书是中国现代连环画册。

J0073747
静海风云 连力改编；何岸，惠汉等绘
广州 岭南美术出版社 1983年 158页 10×13cm
ISBN：8260.0619 定价：CNY0.27
（武术家霍元甲 2）
　　本书是中国现代连环画册。作者何岸
(1957—)，画家。广东广州人，进修于广州美
术学院油画系。南海舰队军人俱乐部美术员。
代表作品有《关怀》等。

J0073748
镜花缘 （百花仙子）李汝珍原著；锡明改编；
秀功等绘画
南京 江苏人民出版社 1983年 62页 有图
10×13cm 统一书号：8100.3.600 定价：CNY0.10
　　本书是中国现代连环画册。

J0073749
镜花缘 （唐敖出海）李汝珍原著；锡明改编，
秀功等绘画
南京 江苏人民出版社 1983年 62页 有图
10×13cm 统一书号：8100.3.596 定价：CNY0.10
　　本书是中国现代连环画册。

J0073750

救孤记　程中岳编文；刘昌华绘

南京　江苏人民出版社 1983 年 110 页 有图
13cm（60 开）统一书号：8100.3.586

定价：CNY0.16

　　本书是中国现代连环画册。

J0073751

救红绡　（唐）裴铏原著；徐淦改编；胡博综，
高云绘

南宁　漓江出版社 1983 年 40 页 13cm（60 开）
统一书号：8113.872 定价：CNY0.07

　　本书是中国现代连环画册。

J0073752

就是你　何仲勉原著；贺忠信改编；陈延绘

西安　陕西人民美术出版社 1983 年 158 页
13cm（60 开）定价：CNY0.23

　　本书是中国现代连环画册。绘者陈延
（1940—　　），广东汕头大学美术设计系教授。

J0073753

涓涓流水　李纳原著；国振声改编；李正平绘

天津　天津人民美术出版社 1983 年 71 页 有图
10×13cm 统一书号：8073.30832 定价：CNY0.11

　　本书是中国现代连环画册。

J0073754

决赛之前　夏殿臣改编；贺传永绘

济南　山东人民出版社 1983 年 70 页 13cm（60 开）
统一书号：8099.2503 定价：CNY0.13

　　本书是中国现代连环画，根据李玲修中篇小
说改编。

J0073755

绝招　吕锡贞改编；俞理画

北京　人民美术出版社 1983 年 14 页 有彩图
13cm（60 开）统一书号：8027.8742 定价：CNY0.14
（小花朵画库）

　　本书是现代中国连环画。

J0073756

君子国　锡明改编；秀功等绘

南京　江苏人民出版社 1983 年 78 页 13cm（60 开）
定价：CNY0.12

（镜花缘之三）

　　本书是中国现代连环画册。

J0073757

君子兰　（时代新风）李健君原著；阿雷改编；
贺敏忠绘画

南京　江苏人民出版社 1983 年 70 页 有图
13cm（60 开）统一书号：8100.3.725

定价：CNY0.13

　　本书是中国现代连环画，根据李健君著《姊
妹花店》改编。

J0073758

喀尔巴阡古堡　（法）凡尔纳原著；林英改编；
冯鸣绘

广州　花城出版社 1983 年 100 页 13cm（60 开）
统一书号：8261.52 定价：CNY0.19

（旅游连环画）

J0073759

卡尔·马克思青年时代　（第一集）吴志勇改
编；关伟摄影

北京　广播出版社 1983 年 125 页 13cm（60 开）

定价：CNY0.24

　　本书是电视剧连环画。

J0073760

卡尔·马克思青年时代　（第二集）吴志勇改
编；关伟摄影

北京　广播出版社 1983 年 125 页 13cm（60 开）

定价：CNY0.24

　　本书是电视剧连环画。

J0073761

卡尔·马克思青年时代　（第三集）吴志勇改
编；关伟摄影

北京　广播出版社 1983 年 125 页 13cm（60 开）

定价：CNY0.24

　　本书是电视剧连环画。

J0073762

卡尔·马克思青年时代　（第四集）吴志勇改
编；关伟摄影

北京　广播出版社 1983 年 125 页 13cm（60 开）

定价：CNY0.24

本书是电视剧连环画。

J0073763

卡尔·马克思青年时代 （第五集）吴志勇改编；关伟摄影

北京 广播出版社 1983年 125页 13cm（60开）

定价：CNY0.24

　　本书是电视剧连环画。

J0073764

卡尔·马克思青年时代 （第六集）吴志勇改编；关伟摄影

北京 广播出版社 1984年 125页 13cm（64开）

定价：CNY0.24

　　根据同名电视剧改编连环画。

J0073765

卡尔·马克思青年时代 （第七集）吴志勇改编；关伟摄影

北京 广播出版社 1984年 125页 13cm（64开）

定价：CNY0.24

　　根据同名电视剧改编的连环画。

J0073766

开枪！为他送行 沈妙荣，王廷仕摄影；赵家耀选编

上海 上海人民美术出版社 1983年 126页

13cm（60开）统一书号：8081.13614

定价：CNY0.23

　　本书是电影连环画，上海电影制片厂供稿。

J0073767

开枪！为他送行 穆子改编

北京 中国电影出版社 1983年 157页 13cm（60开）

统一书号：8061.2243 定价：CNY0.27

（电影连环画册）

J0073768

抗日女英雄李林 轻舟编；张永太绘

北京 人民美术出版社 1983年 126页 有图

13cm（60开）统一书号：8027.8879 定价：CNY0.15

　　本书是中国现代连环画册。

J0073769

抗倭英雄戚继光 谢承仁原著；孙建中改编；

于守万绘

济南 山东人民出版社 1983年 94页 13cm（60开）

统一书号：8099.2757 定价：CNY0.15

（历史英雄人物故事 2）

　　本书是中国现代连环画册。

J0073770

柯棣华大夫 大鲁编；盛元富，盛元龙绘

合肥 安徽人民出版社 1983年 134页 13cm（60开）

定价：CNY0.18

（革命先辈故事丛书）

　　本书是中国现代连环画册。作者盛元富，美术高级编辑，创作有《浙江人民革命斗争故事》《野妹子》《红衣女侠》《夜袭阳明堡》等。作者盛元龙（1949—　　），美术师，画家。浙江鄞县人。毕业于中国美院国画系人物画专业。鄞县美协主席，鄞县越剧团二级美术师。代表作品有《众志成城》《海边》等，出版有《盛元龙画集》。

J0073771

柯克追匪记 魏运佳改编；常林绘

沈阳 辽宁美术出版社 1983年 98页 13cm（60开）

定价：CNY0.15

　　本书是中国现代连环画册。

J0073772

科学家之死 黄汉凌改编；谷水绘

福州 福建人民出版社 1983年 100页 13cm（60开）

统一书号：8173.694 定价：CNY0.17

　　本书是中国现代连环画，根据叶永烈科幻小说《生死未卜》改编。

J0073773

可口可笑 王景愚改编；孙宏华摄影

北京 中国戏剧出版社 1983年 157页 有图

13cm（60开）统一书号：8069.395 定价：CNY0.28

　　本书是中国现代连环画，根据中国青年艺术剧院演出的同名话剧改编。

J0073774

空谷兰 张汝运改编

昆明 云南人民出版社 1983年 80页 有图

13cm（60开）统一书号：R8116.1080

定价：CNY0.15

　　本书是中国现代连环画，根据同名电视剧

改编。

J0073775

孔雀胆　郭沫若原著；湘川改编；陈安民绘
长沙　湖南美术出版社　1983 年　126 页
13cm（60 开）定价：CNY0.70
（中国现代作家文学作品选连环画库）

J0073776

孔雀胆　郭沫若原著；湘川改编；陈安民绘
长沙　湖南美术出版社　1983 年　126 页
13cm（60 开）定价：CNY0.21
（中国现代作家文学作品选连环画库）

J0073777

孔雀胆　郭沫若原著；王海清改编；聂磊绘
南京　江苏人民出版社　1983 年　158 页　13cm（60 开）
定价：CNY0.21
　　　本书是中国现代连环画册。

J0073778

孔雀公主　华明改编；白桦编剧；杜煜庄摄影
昆明　云南人民出版社　1983 年　126 页　13cm（60 开）
定价：CNY0.21
　　　本书是电影连环画。

J0073779

恐怖的森林　李迪原著；沈在召编绘
长沙　湖南美术出版社　1983 年　110 页　13cm（60 开）
统一书号：8233.446　定价：CNY0.16
　　　本书是中国现代连环画册。

J0073780

扣林之战　欧阳常贵编文；钟开天绘
昆明　云南人民出版社　1983 年　158 页　有图
10×13cm　统一书号：R8116.1070　定价：CNY0.25
　　　本书是中国现代连环画册。

J0073781

寇准审潘杨　（杨家将故事）石山改编；王向
群，汪世英绘
哈尔滨　黑龙江人民出版社　1983 年　132 页
13cm（60 开）定价：CNY0.23
　　　本书是中国现代连环画册。

J0073782

哭成一团的婚礼　《周末》编辑部编；李大发，
胡翀等改编；苏华等绘
广州　岭南美术出版社　1983 年　［94］页
13cm（60 开）定价：CNY0.17
（《周末》画报作品选集）
　　　本书是中国现代连环画册。

J0073783

苦菜花　青讯改编
北京　中国电影出版社　1983 年　147 页　13cm（60 开）
统一书号：8061.2036　定价：CNY0.26
（电影连环画册）

J0073784

苦肉计　羽化编；胡德智等绘
南宁　漓江出版社　1983 年　96 页　13cm（60 开）
定价：CNY0.17
（兵法三十六计丛书 12）
　　　本书是中国现代连环画册。

J0073785

快乐的单身汉　武文璞选编；张元明等摄影
上海　上海人民美术出版社　1983 年　142 页
13cm（60 开）统一书号：8081.13549
定价：CNY0.25
　　　本书根据电影故事片改编的连环画。

J0073786

快乐的石匠　贺宜原著；胜利编；赵仁年绘
上海　上海人民美术出版社　1983 年　62 页
10×13cm　统一书号：8081.13256　定价：CNY0.09
　　　本书是中国现代连环画册。收入 62 幅图。

J0073787

快乐王子　（英）王尔德原著；曹增渝改编；吴
微芦等绘画
上海　上海人民美术出版社　1983 年　61 页　有图
13cm（60 开）统一书号：8081.13535
定价：CNY0.09
　　　本书是中国现代连环画册。

J0073788

垃圾堆里捡回的孩子　江东改编；陈树根等绘
北京　长城出版社　1983 年　126 页　13cm（60 开）

定价: CNY0.20

本书是中国现代连环画, 根据同名报告文学改编。

J0073789

拉骆驼的女人　柯宝鸿编绘

福州 福建人民出版社 1983年 126页 13cm(60开)

统一书号: 8173.713 定价: CNY0.19

本书是中国现代连环画, 根据同名小说改编。

J0073790

赖婚姑娘　尹文欣, 周乃光原著; 姚钧改编;
郭怀仁绘

北京 农村读物出版社 1983年 62页 13cm(60开)

定价: CNY0.12

本书是中国现代连环画册。

J0073791

蓝色档案　王健改编; 陈琳等摄影

天津 天津人民美术出版社 1983年 117页

13cm(60开) 定价: CNY0.33

(电影连环画册)

J0073792

蓝色的火苗　金鸣改编; 王启民, 刘泽文绘

济南 山东人民出版社 1983年 70页 13cm(60开)

统一书号: 8099.2502 定价: CNY0.13

本书是中国现代连环画, 根据刘心武同名小说改编。

J0073793

蓝色象鼻湖　柳絮改编; 戴玉茹绘画

昆明 云南人民出版社 1983年 94页 有图

10×13cm 统一书号: R8116.1082 定价: CNY0.17

本书是中国现代连环画册。

J0073794

蓝色象鼻湖　阿素改编; 黄英浩等绘画

北京 中国少年儿童出版社 1983年 94页 有图

10×13cm 统一书号: R8056.369 定价: CNY0.15

本书是中国现代连环画册。

J0073795

老二黑离婚　潘保安原著; 王春燕改编; 张万

夫等绘

天津 天津人民美术出版社 1983年 78页

10×13cm 统一书号: 8073.30780 定价: CNY0.12

本书是中国现代连环画册。

J0073796

老古玩店　骖陀改编

天津 天津人民美术出版社 1983年 188页

13cm(60开) 统一书号: 8073.30722

定价: CNY0.33

本书根据英国同名电视剧改编的连环画。

J0073797

老蛇工的故事　邹胜泉改编; 民井绘画

武汉 长江文艺出版社 1983年 78页 有图

10×13cm 统一书号: 8107.394 定价: CNY0.13

本书是中国现代连环画册。

J0073798

老蛇工的故事　邹胜泉改编; 民井绘

武汉 长江文艺出版社 1983年 78页 13cm(60开)

定价: CNY0.13

本书是中国现代连环画, 根据祖慰《蛇仙》改编。

J0073799

老寿星打豹　水登改编; 导越迹绘画

上海 少年儿童出版社 1983年 62页 13cm(60开)

统一书号: R10024.4159 定价: CNY0.10

(封神榜人物故事之十一)

本书是中国现代连环画册。

J0073800

泪血樱花　庄努改编; 余家乐绘

成都 四川人民出版社 1983年 116页 13cm(60开)

统一书号: R10024.4159 定价: CNY0.14

本书是中国现代连环画, 根据郑同、陈健同名话剧改编。作者余家乐, 连环画家。

J0073801

骊山怒火　刘亚洲编; 方湘侠绘

武汉 长江文艺出版社 1983年 124页 13cm(60开)

定价: CNY0.18

本书是中国现代连环画册。作者方湘侠
(1940—　), 原籍福建莆田, 出生于湖南长沙,

毕业于湖北艺术学院(现湖北美术学院)美术系中国画专业。曾任湖北省群众艺术馆美术编辑、副馆长,湖北美术协会副主席,湖北省科普美术家协会理事长。主要作品有《运石图》《欢乐的日子》《欲飞》等。

J0073802

梨园传奇　刘宜改编
北京 中国电影出版社 1983年 147页 13cm(60开)
统一书号:8061.2113 定价:CNY0.26
(电影连环画册)

J0073803

黎明前的搏斗　(美)威廉·埃尼斯原著;徐延博改编;胡博综绘
天津 天津人民美术出版社 1983年 94页
13cm(60开) 定价:CNY0.13
　　中国现代连环画。

J0073804

李白　高风编;邹莉绘
广州 岭南美术出版社 1983年 118页 13cm(60开)
定价:CNY0.21
(文学家的故事)
　　中国现代连环画。

J0073805

李白漫游记　海力,河远编;赵志田绘
北京 中国旅游出版社 1983年 118页 13cm(60开)
定价:CNY0.24
　　中国现代连环画。

J0073806

李白戏权贵　钱石昌改编;杜友农摄影
北京 宝文堂书店 1983年 125页 13cm(60开)
统一书号:8070.137 定价:CNY0.23
(电视剧连环画)

J0073807

李大钊的故事　张建国编文;刘文甫等绘画
石家庄 河北美术出版社 1983年 60页 有图
13cm(60开)统一书号:8087.252 定价:CNY0.14
　　中国现代连环画。

J0073808

李尔王　(英)莎士比亚原著;于文改编;朱维明绘
沈阳 辽宁美术出版社 1983年 126页 13cm(60开)
定价:CNY0.19
　　中国现代连环画。

J0073809

李固　李剑雄编;瞿谷寒绘
上海 上海人民美术出版社 1983年 118页
13cm(60开)统一书号:8081.13364
定价:CNY0.14
　　本书是描绘中国东汉中期名臣李固事迹的现代连环画。收入118幅图。

J0073810

李后还宫　陈国英改编;王重义等绘画
天津 天津人民美术出版社 1983年 94页 有图
13cm(60开)统一书号:8073.30831
定价:CNY0.15
(传统戏曲故事)
　　本书是中国现代传统戏曲故事连环画。

J0073811

李逵闹东京　施耐庵,罗贯中原著;徐滢改编;王亦秋绘画
北京 人民美术出版社 1983年 107页 10×13cm
统一书号:8027.7924 定价:CNY0.17
(《水浒》22)
　　根据中国古典小说《水浒》改编的现代连环画作品。

J0073812

李逵闹江州　王力军改编;侯国良绘
哈尔滨 黑龙江人民出版社 1983年 168页
13cm(60开)统一书号:8093.962 定价:CNY0.25
(水浒故事)
　　根据中国古典小说《水浒》改编的现代连环画作品。

J0073813

李明良学手艺　华士明编文;张晓飞绘画
南京 江苏人民出版社 1983年 18页 有彩图
21cm(32开)定价:CNY0.24
　　本书是中国现代故事连环画。

J0073814

李汧公穷邸遇侠客 （明）冯梦龙原著；钟迈浩改编，邓志刚绘画
广州 岭南美术出版社 1983 年 102 页 有图
10×13cm 统一书号：8260.0502 定价：CNY0.17
（古代白话小说选）
　　本书是中国现代传统故事连环画。

J0073815

李世民登基 沈河娟改编；王井绘
福州 福建人民出版社 1983 年 140 页 10×13cm
定价：CNY0.21
（《说唐前传》之十）
　　本书是中国现代连环画册。绘者王井（1917—2002），连环画家。浙江余杭人。原名王志根，笔名王子耕。创作古典题材连环画有《加令记》《见龙王》《法云寺会妻》等，现代题材连环画有《幸福的道路》《英雄小八路》《红领巾炮》等。

J0073816

李太白与杨贵妃 姚继焜编剧；张宝林改编；周仓志等摄影
天津 天津人民美术出版社 1983 年 117 页 有图
13cm（60 开）统一书号：8073.30686
定价：CNY0.22
　　本书是中国现代传统故事连环画，根据同名昆剧改编，江苏省昆剧院演出本编绘。作者张宝林，选编的主要作品有中国历代名家绘画撷珍《马》《猫》《鸽》等。摄影周仓志，摄影连环画有《李太白与杨贵妃》、黄梅戏《女驸马》四连拍、锡剧《嫦娥奔月》等。

J0073817

李香君 于东方改编；王丽铭绘
沈阳 辽宁美术出版社 1983 年 138 页 13cm（60 开）
统一书号：7161.0218 定价：CNY0.21
　　本书是中国现代传统戏曲故事连环画，根据戏曲《桃花扇》改编。

J0073818

李元霸出世 辛石编；生林，董健绘
北京 中国曲艺出版社 1983 年 126 页 13cm（60 开）
定价：CNY0.18
（传统评书连环画《兴唐传》18）

J0073819

李谪仙醉草吓蛮书 管荃改编；于水，吴声绘画
福州 福建人民出版社 1983 年 110 页 有图
10×13cm 统一书号：8173.585 定价：CNY0.17
（古代白话小说连环画）

J0073820

理想还是美丽的 孺牛改编；贺安成绘
长沙 湖南美术出版社 1983 年 94 页 13cm（60 开）
统一书号：8233.571 定价：CNY0.17
　　本书是中国现代传统故事连环画，根据刘川著同名话剧改编。

J0073821

鲤鱼公主 黄群雄改编；俞梦彦等绘
福州 福建人民出版社 1983 年 110 页 有图
10×13cm 统一书号：8173.614 定价：CNY0.17
　　本书是中国现代传统故事连环画。作者俞梦彦（1943—　），教授。浙江杭州人，毕业于福建师大美术学院。福建师大美术系副教授，中国美术家协会会员，福建省教育画院常委会副主任。出版有《工笔人物画技法》《俞梦彦画集》《俞梦彦速写选》《俞梦彦专辑》。

J0073822

励精图治 王琴改编；李奎根绘
沈阳 辽宁美术出版社 1983 年 130 页 13cm（60 开）
统一书号：7161.0198 定价：CNY0.20
（前汉演义之十三）
　　本书是中国现代传统故事连环画。

J0073823

连环洞 张绍旻改编；刘端绘画
长春 吉林人民出版社 1983 年 63 页 有图
10×13cm 统一书号：R8091.1423 定价：CNY0.10
（B 型美猴王连环画 21）
　　作者张绍旻，改编有连环画《西游记》等。

J0073824

莲花掌传奇 李栋等原著；王良莹改编；林令等绘画
天津 天津人民美术出版社 1983 年 148 页
10×13cm 统一书号：8073.30757 定价：CNY0.21
　　本书是中国现代连环画册。

J0073825

两代秦皇　祥文改编；傅军绘

沈阳 辽宁美术出版社 1983年 134页 13cm（60开）

统一书号：7161.0187 定价：CNY0.21

（前汉演义之二）

　　本书为中国传统故事连环画。

J0073826

两狼山　曹治淮，李宝柱改编；刘汉宗绘

石家庄 河北美术出版社 1983年 126页

13cm（60开）定价：CNY0.18

（《杨家将》之五）

　　本书为中国传统故事连环画。

J0073827

两狼山　孙长江，张惠民编；刘为民等绘

郑州 中州书画社 1983年 126页 13cm（60开）

定价：CNY0.18

（《杨家将》之四）

　　本书为中国传统故事连环画。

J0073828

两破童贯　施耐庵，罗贯中原著；卢光照改编；

徐正平等绘画

北京 人民美术出版社 1983年 75页 10×13cm

统一书号：8027.7927 定价：CNY0.13

（《水浒》24）

　　根据中国古典小说《水浒》改编的现代连环

画作品。作者卢光照（1914—2001），河南汲县（今

卫辉市）人，毕业于北平国立艺术专科学校。人

民美术出版社编辑，北京齐白石艺术函授学院

名誉院长，北京花鸟画研究会名誉会长，中央文

史馆馆员。代表作品《大展鸿图》《松鹰》《鸡冠

花雄鸡》。绘者徐正平（1923—2015），连环画家。

笔名又飞，江苏阜宁人。上海连环画研究会理事。

代表作品有《复镖仇》《安史之乱》《桃园结义》

《虎牢关》《风雪夜归人》等。

J0073829

两栖人　高万佳编绘

合肥 安徽人民出版社 1983年 134页 13cm（60开）

统一书号：8102.1234 定价：CNY0.20

　　本书是根据同名电影故事改编的连环画。

J0073830

亮哥的婚事　王润滋原著；黄群雄改编；陈健

绘图

福州 福建人民出版社 1983年 78页 有图

13cm（60开）统一书号：8173.626 定价：CNY0.12

　　本书为中国现代故事连环画，根据《亮哥和

芳妹》改编。

J0073831

蓼儿洼　施耐庵，罗贯中原著；白宇改编；周

申绘画

北京 人民美术出版社 1983年 92页 10×13cm

统一书号：8027.7932 定价：CNY0.15

　　本书为中国传统故事连环画。作者施耐庵

（约1296—约1370），原名彦端，字肇瑞，号子

安，别号耐庵。代表作品《水浒传》。改编白宇

（1952—　　），画家。河南安阳人，安阳师专艺术

系毕业。鹤壁市青年美术家协会副主席，鹤壁

黄河书画院院长，河南省美术家协会会员。主

要作品有《高山有情》《轻音图》等。绘者周申

（1943—　　），连环画家。浙江诸暨人。毕业于

中央美术学院附中。山东菏泽地区展览馆艺术

馆美术干部，山东美术出版社美术编辑，中国美

术家协会会员。代表作品有《四笔阎王账》《中

国历史演义故事画——宋史》《当代连环画精品

集·周申》等。

J0073832

列那狐　丰华改编；谭小勇绘

杭州 浙江少年儿童出版社 1983年 174页

13cm（60开）统一书号：8318.5 定价：CNY0.24

　　本书为根据法国著名童话《列那狐传奇》改

编的传统故事连环画。

J0073833

猎场擒敌　李茵改编；卢德平绘画

广州 广东人民出版社 1983年 126页 有图

13cm（60开）统一书号：8111.2406 定价：CNY0.21

（少年连环画库）

J0073834

猎狗——宾果　（加）欧·汤·西顿原著；沈栖

改编；余力等绘

上海 上海人民美术出版社 1983年 62页 有图

13cm（60开）统一书号：8081.13226

定价：CNY0.23

（《动物故事连环画》丛书）

　　本书是根据加拿大作家欧·汤·西顿原著改编的现代连环画册。

J0073835

临时工　王逸改编

北京　中国电影出版社　1983 年　125 页　13cm（60 开）

统一书号：8061.2032　定价：CNY0.21

（电影连环画册）

J0073836

琳达和吉尔　（英）利连斯·爱德华兹原著；锡明改编；王孟奇绘

南京　江苏人民出版社　1983 年　94 页　10×13cm

统一书号：8100.3.710　定价：CNY0.16

　　本书是根据英国故事改编的现代连环画册。

J0073837

麟骨床　韩旭改编；于骏治绘画

天津　天津人民美术出版社　1983 年　85 页　有图

13cm（60 开）统一书号：8073.30838

定价：CNY0.14

（传统戏曲故事）

　　本书为中国传统戏曲故事连环画。

J0073838

吝啬鬼　代学，长虹改编；徐锡林绘

沈阳　辽宁美术出版社　1983 年　178 页　13cm（60 开）

统一书号：7161.0176　定价：CNY0.26

　　本书根据法国巴尔扎克的小说《欧也妮·葛朗台》改编的现代连环画。

J0073839

吝啬鬼　（法）莫里哀原著；郭森，刘宜儒改编；刘湘潮，张屺绘

天津　天津人民美术出版社　1983 年　144 页

13cm（60 开）统一书号：8073.30837

定价：CNY0.21

（外国文学名著选编）

　　本书为法国文学名著改编连环画。

J0073840

灵山参佛祖　王吉祥改编；张玉良绘

石家庄　河北美术出版社　1983 年　101 页

13cm（60 开）定价：CNY0.15

（《西游记》之三十五）

J0073841

灵岩山　（江苏名胜传说）韩德珠编文；张晓飞绘画

南京　江苏人民出版社　1983 年　62 页　有图

13cm（60 开）统一书号：8100.3.712

定价：CNY0.11

　　本书是中国现代连环画册。

J0073842

灵与肉　金正磐改编；敬平，西林绘

银川　宁夏人民出版社　1983 年　78 页　13cm（60 开）

定价：CNY0.14

　　本书是中国现代连环画，根据张贤亮同名小说改编。

J0073843

刘项出世　王恩国改编；赵明钧绘

沈阳　辽宁美术出版社　1983 年　178 页　13cm（60 开）

定价：CNY0.26

（前汉演义之四）

　　本书是中国古代故事连环画。

J0073844

刘项起兵　黄午生编；郭荣绘

南京　江苏人民出版社　1983 年　94 页　13cm（60 开）

统一书号：8100.3742　定价：CNY0.16

（楚汉相争的故事　1）

　　本书是中国古代故事连环画。

J0073845

刘禹锡　李鸣球编文；孙昌茵绘画

南京　江苏人民出版社　1983 年　126 页　有图

13cm（60 开）统一书号：8100.3.737

定价：CNY0.20

（中国古代文学家的故事）

　　本书是中国古代故事连环画。

J0073846

刘志丹在北伐时期　刘力真，张光原著；张连寿改编；刘永杰绘

西安　陕西人民美术出版社　1983 年　86 页

13cm（60 开）定价：CNY0.12

本书是中国现代革命故事连环画。

J0073847

流浪儿 （英）詹·格林伍德著；金永林译；张禹敖改编；孙崇辉绘

上海 少年儿童出版社 1983 年 118 页 有图 13cm（60 开） 统 一 书 号：R10024.4139 定价：CNY0.15

本书是英国故事连环画。

J0073848

流浪儿小传 （上）王国恩改编；区础坚绘

沈阳 辽宁美术出版社 1983 年 146 页 13cm（60 开）统一书号：7161.02387 定价：CNY0.22

本书是中国故事连环画。

J0073849

流浪儿小传 （下）王恩国改编；于秉正绘

沈阳 辽宁美术出版社 1983 年 166页 13cm（60 开）统一书号：7161.0238 定价：CNY0.24

本书是中国故事连环画。

J0073850

流泪的红蜡烛 张一弓原著；欧阳尧佳等改编；高适，霄九绘

广州 岭南美术出版社 1983 年 128 页 13cm（60 开）定价：CNY0.19

（《周末》画报作品选集）

本书是中国故事连环画。

J0073851

流泪的红蜡烛 张一弓原著；欧阳尧佳等改编；高适绘画

岭南 岭南美术出版社 1983 年 66 页 有图 10×13cm 统一书号：8260.0726 定价：CNY0.19

（《周末》画报作品选集）

本书是中国故事连环画。

J0073852

柳河湾 田水改编；徐斌等摄影

上海 上海人民美术出版社 1983 年 157 页 有图 13cm（60 开）统一书号：8081.13401 定价：CNY0.28

本书是中国戏剧故事连环画，郑州市豫剧团创作演出，常香玉艺术指导，根据陈宪章编剧，

梁士英等导演的剧本编绘。

J0073853

六国封相 （东周列国故事）胡雁改编；王立志绘

上海 上海人民美术出版社 1983 年 126 页 13cm（60 开）定价：CNY0.15

本书是中国古代故事连环画。绘者王立志（1941— ），教授、画家。笔名庚辰子，堂号颐庐。山东烟台人，祖籍山东昌邑。毕业于山东艺术专科学校美术专修科。山东艺术学院教授，山东艺术学院艺术研究所所长，山东当代国画研究院副院长，山东画院高级画师，中国美术家协会会员，山东省美术家协会理事。作品有《大刀记》《山菊花》《迎春花》等。

J0073854

六郎告御状 斯颂编；高吟春等绘

福州 福建人民出版社 1983 年 125 页 10×13cm 统一书号：8173.590 定价：CNY0.20

（《杨家将演义》之八）

本书是根据古典小说《杨家将演义》改编的中国现代连环画册。

J0073855

龙女牧羊 （唐）李朝威原著；孙锦常改编；卢延光绘画

广州 岭南美术出版社 1983 年 113 页 有图 13×19cm 统一书号：8260.0506 定价：CNY0.40

本书是中国古典文学作品连环画。选自《唐人小说》。

J0073856

龙女牧羊 （唐）李朝威原著；孙锦常改编；卢延光绘画

广州 岭南美术出版社 1983 年 114 页 有图 10×13cm 统一书号：8260.0505 定价：CNY0.21

本书是中国古典文学作品连环画。选自《唐人小说》。

J0073857

卢俊义 张艾莉编；李峰山绘

长春 吉林人民出版社 1983 年 126 页 10×13cm 统一书号：8091.1337 定价：CNY0.19

（《水浒》人物）

J0073858
芦叶船　汪雷原著；严胜雄编；蒋伟民绘
上海　上海人民美术出版社 1983 年 102 页
10×13cm 统一书号：8081.13462 定价：CNY0.13
　　本书是中国古典文学作品连环画。

J0073859
鲁智深　汪继声，汪溪绘
南昌　江西人民出版社 1983 年 126 页 13cm（60 开）
统一书号：8110.756 定价：CNY0.19
（水浒故事）

J0073860
路　方国川改编
北京　中国电影出版社 1983 年 147 页 13cm（60 开）
定价：CNY0.28
（电影连环画册）

J0073861
路灯下的宝贝　王辉荃等编、改编
北京　中国戏剧出版社 1983 年 145 页 有图
13cm（60 开）统一书号：8069.379 定价：CNY0.28
　　本书是中国现代连环画册。

J0073862
峦城惊案　王希平，许日东改编；安山，何丽绘
济南　山东人民出版社 1983 年 126 页 13cm（60 开）
统一书号：8099.2479 定价：CNY0.18
　　本书根据电影文学剧本改编的连环画。

J0073863
伦文叙　樊正义编；李伟东，郭凌摄影
广州　花城出版社 1983 年 157 页 13cm（60 开）
定价：CNY0.28
（影视世界丛书）
　　本书是电视剧连环画。

J0073864
轮台思过　卞福顺改编；吴富佳绘
沈阳　辽宁美术出版社 1983 年 194 页
13cm（60 开）统一书号：7161.0266
定价：CNY0.29
（前汉演义之二十）
　　本书是中国古代故事连环画。

J0073865
罗宾汉　（英汉对照连环画）（英）迈克尔·韦
斯特原著；曹欣渊改编；王宝兴等绘
上海　上海人民美术出版社 1983 年 63 页 有图
13cm（60 开）统一书号：8081.13491
定价：CNY0.16
　　本书是根据英国古代故事改编的中国现代
连环画。收入 63 幅图。

J0073866
罗宾汉之死　何斯改编；郑高空绘
广州　岭南美术出版社 1983 年 156 页 13cm（60 开）
定价：CNY0.28
　　本书是英国古代故事连环画，根据英国民间
故事改编。

J0073867
罗刹海市　（清）蒲松龄原著；陈元宁改编；杨
雨青绘画
天津　天津人民美术出版社 1983 年 62 页
10×13cm 统一书号：8073.30738 定价：CNY0.11
（《聊斋》故事）
　　本书是中国古代故事连环画。

J0073868
罗成　刘丁辰改编；金鉴绘
长春　吉林人民出版社 1983 年 118 页 13cm（60 开）
统一书号：8091.1472 定价：CNY0.19
　　本书是中国古代故事连环画。

J0073869
罗成之死　余音改编；袁奕贤绘画
成都　四川人民出版社 1983 年 82 页 10×13cm
统一书号：8118.1000 定价：CNY0.14
（《说唐》之二十一）
　　本书是中国现代连环画册。

J0073870
罗健夫　王永祥编；谢颖等绘
上海　上海人民美术出版社 1983 年 94 页 有图
13cm（60 开）统一书号：8081.13519
定价：CNY0.12
　　本书是中国现代先进人物故事连环画。收
入 94 幅图。

J0073871

罗健夫　宛希武改编；邹典佐等绘
武汉　长江文艺出版社　1983年　88页　有图
13cm（60开）统一书号：8107.390　定价：CNY0.15
　　本书是中国现代连环画。

J0073872

罗蒙诺索夫——多才多艺的罗蒙诺索夫
王丽英编；江云绘
南昌　江西人民出版社　1983年　134页　13cm（60开）
定价：CNY0.20
（外国古代近代名人青少年时期故事丛书）
　　本书是中国现代连环画册。

J0073873

罗荣桓元帅　中国人民革命军事博物馆编
北京　长征出版社　1983年　158页　13cm（60开）
统一书号：8268.005　定价：CNY0.28
　　本书是中国现代连环画册。

J0073874

洛阳桥　午言改编
北京　中国电影出版社　1983年　93页　13cm（60开）
定价：CNY0.17
（电影连环画册）

J0073875

骆驼祥子　老舍原著；莫愁改编
上海　上海人民美术出版社　1983年　重印本
158页　有图　10×13cm　统一书号：8081.3592
定价：CNY0.28
　　本书根据同名小说改编的话剧演出剧照改
编的现代连环画，

J0073876

骆驼祥子　午言改编
北京　中国电影出版社　1983年　157页　13cm（60开）
定价：CNY0.26
（电影连环画册）

J0073877

吕洞宾布阵　江雄改编；高适绘
福州　福建人民出版社　1983年　83页　10×13cm
统一书号：8173.700　定价：CNY0.15
（《杨家将演义》之十四）

J0073878

吕雉弄权　何泥改编；杨宝恒绘
沈阳　辽宁美术出版社　1983年　162页　13cm（60开）
定价：CNY0.24
（前汉演义之十一）
　　本书是中国古代连环画。

J0073879

绿林巾帼　（上）何泥改编；赵奇绘
沈阳　辽宁美术出版社　1983年　162页　13cm（60开）
统一书号：7161.0250　定价：CNY0.24
　　本书是中国古代连环画。

J0073880

绿林巾帼　（下）何泥改编；赵奇绘
沈阳　辽宁美术出版社　1983年　154页　13cm（60开）
统一书号：7161.0251　定价：CNY0.23
　　本书是中国古代连环画。

J0073881

绿梅　（广西民间故事）韦文俊编；赵仁年绘
南宁　广西人民出版社　1983年　110页　13cm（60开）
定价：CNY0.16
　　本书是中国民间故事连环画。

J0073882

绿色窗口　尚潭改编；张志民摄影
北京　中国文艺联合出版公司　1983年　93页
有图　13cm（60开）统一书号：8313.4
定价：CNY0.18
　　本书是中国连环画，根据同名电视剧改编。

J0073883

绿色的威士忌　陈体江编剧；曹震云，姜节安
摄影
上海　上海人民美术出版社　1983年　157页
13cm（60开）统一书号：8081.13379
定价：CNY0.28
　　本书是中国戏剧连环画，根据上海人民艺术
剧院三团演出的同名话剧改编。

J0073884

妈妈　方方改编；徐康导演
南京　江苏人民出版社　1983年　125页　有图
13cm（60开）统一书号：8100.3.673

定价: CNY0.19

　　本书是中国现代连环画,根据胡惠英等著《天职》改编。

J0073885

马尔鲁夫奇遇　　杨学改编;马寒松绘

广州 广东人民出版社 1983 年 111 页 13cm(60 开)

定价: CNY0.19

(《一千零一夜》故事选)

　　本书是外国故事连环画。绘者马寒松(1949—　　),画家。天津人。中国美术家协会会员,天津美术家协会理事,红桥区政协书画家联谊会副会长,天津人民出版社任美术编辑、副编审。代表作品《聪明的青蛙》《兔娃娃》《豹子哈奇》《封神演义》等。

J0073886

马二先生　　(清)吴敬梓原著;文政改编;彭石根绘画

广州 岭南美术出版社 1983 年 61 页 有图 10×13cm 统一书号: 8260.0584 定价: CNY0.13

　　本书是中国古代故事连环画,根据《儒林外史》改编。

J0073887

马陵道　　刘延龄编;黄莺绘

长春 吉林人民出版社 1983 年 62 页 13cm(60 开)

统一书号: 8091.1440 定价: CNY0.11

(东周列国之十六)

　　本书是中国古典文学作品连环画。

J0073888

马套丢钱　　张一弓原著;姚钧改编,李苇成绘画

南京 江苏人民出版社 1983 年 53 页 有图 10×13cm 统一书号: 8100.3.660 定价: CNY0.09

　　本书是中国文学作品连环画,根据张一弓小说《寻找》编绘。

J0073889

马樱花　　高涵改编;马荣华绘

南宁 广西人民出版社 1983 年 56 页 13cm(60 开)

定价: CNY0.09

　　本书是中国文学作品连环画,根据徐君慧同名故事改编。

J0073890

玛祖卡船长　　邱国华原著;卢书超改编;金河等绘图

福州 福建人民出版社 1983 年 138 页 有图 13cm(60 开) 统一书号: 8173.612 定价: CNY0.20

　　根据科幻小说《星际奇遇》改编的连环画。

J0073891

卖树荫　　黄培衍改编;徐中益绘

合肥 安徽人民出版社 1983 年 93 页 13cm(60 开)

定价: CNY0.14

　　本书是中国文学作品连环画。

J0073892

卖猪广告　　黄海源改编;陈龙生等绘画

昆明 云南人民出版社 1983 年 86 页 有图 13cm(60 开) 统一书号: R8116.1081

定价: CNY0.16

　　本书是中国文学作品连环画,根据蓝汉东同名小说改编。

J0073893

芒砀山　　林林编文;陆华绘画

上海 上海人民美术出版社 1983 年 2 版 110 页 10×13cm 定价: CNY0.17

(《西汉演义》连环画之三)

　　根据西汉历史故事改编的中国连环画作品。作者陆华(1939—　　),笔名雁父。出生于江苏盐城建湖县,毕业于南京江苏新闻专科学校。曾任新疆人民广播电台记者,《光明日报》新疆记者站记者,江苏《新华日报》编辑,《扬子晚报》副刊《繁星》主编、主任编辑,现为江苏省作家书画联谊会副会长,南京古鸡鸣寺书画院副院长,江苏省古陶瓷研究会顾问,中国作家协会会员。著有散文随笔《名人·风情·掌故》,诗画集《陆华诗画小品》,报告文学《天堂凡人赞》等。

J0073894

冒险家皮皮　　尤路编绘

重庆 重庆出版社 1983 年 118 页 13cm(60 开)

统一书号: 8114.100 定价: CNY0.16

　　本书是意大利文学作品连环画。根据意大利卡洛·科洛迪《小猴皮皮》改编。

J0073895

玫瑰小姐　林泉改编；李存庄绘

成都　四川人民出版社 1983 年　60 页　有图

13cm（60 开）统一书号：8118.1492 定价：CNY0.16

（格林童话）

　　本书是外国童话故事连环画。

J0073896

梅花案　刘章生改编；高志岳绘

南昌　江西人民出版社 1983 年 158 页 13cm（60 开）

定价：CNY0.23

　　本书是中国故事连环画。

J0073897

梅岭星火　何昕改编；邵迟，王时绘

哈尔滨　黑龙江人民出版社 1983 年 157 页

13cm（60 开）统一书号：8093.758 定价：CNY0.23

　　本书是中国故事连环画。

J0073898

梅尧臣　李鸣球编文；徐海鸥绘画

南京　江苏人民出版社 1983 年 94 页 有图

10×13cm 统一书号：8100.3.686 定价：CNY0.14

　　本书是中国人物故事连环画。

J0073899

美妞与怪兽　（法）博蒙夫人原著；陈海国改编；
韦智仁绘

南宁　漓江出版社 1983 年 74 页 13cm（60 开）

定价：CNY0.14

　　本书是法国民间故事连环画。

J0073900

美人计　羽化编；杨大章等绘

南宁　漓江出版社 1983 年 90 页 13cm（60 开）

统一书号：8256.83 定价：CNY0.14

（兵法三十六计丛书 11）

　　本书是中国现代连环画册。

J0073901

孟丽君　黄林改编；夏永烈摄影

南昌　江西人民出版社 1983 年 134 页 13cm（60 开）

定价：CNY0.24

　　本书是中国戏剧故事连环画，根据上海市嘉
定县锡剧团演出的同名锡剧改编。摄影者夏永

烈（1935—　），笔名夏咏。江苏无锡人，江苏太
仓师范毕业。曾任《新民晚报》《解放日报》摄影
记者，中国摄影家协会上海分会会员，中国摄影
家协会会员。主要作品有《鹿跳》《冬练三九》《滑
雪队的早锻炼》《长白踏琼瑶》等。

J0073902

孟良驯马　张建改编；刘永义绘

石家庄　河北美术出版社 1983 年 118 页

13cm（60 开）定价：CNY0.17

（《杨家将》之十七）

　　本书是中国抗敌故事连环画。绘者刘永义
（1946—　），美术师。陕西长安人，毕业于西安
美术学院。陕西省美术家协会会员，西安市美术
家协会会员，西安国画艺术研究院研究员，花鸟
画研究室副主任。

J0073903

梦——飞向太空　杨恩洪改编；吴敏绘

北京　海洋出版社 1983 年 70 页 13cm（60 开）

定价：CNY0.15

　　本书是中国科幻故事连环画，根据肖建亨同
名科幻小说改编。作者吴敏（1931—　），画家。
擅长宣传画。浙江平湖人。1949 年参军，海军
政治部创作室创作员。1983 年获全国宣传画创
作荣誉奖。作品有《敌人磨刀我们也要磨刀》《神
圣的使命》（在全国宣传画展览中获奖）、《光荣：
万里海疆的保卫者》等。

J0073904

迷宫之门　梁戈改编；于成业绘

福州　福建人民出版社 1983 年 158 页 13cm（60 开）

统一书号：8173.690 定价：CNY0.24

　　本书是中国故事连环画。作者于成业
（1950—　），画家。山东文登市人。中国美术家
协会广东分会会员，人民日报神舟书画院画师。
代表作品有《五洲乐》《千禧年》《古堡女奴》等。

J0073905

秘密交通线　袁静原著；朱鹏，褚福章改编；
郭敦绘

西安　陕西人民美术出版社 1983 年 190 页

13cm（60 开）定价：CNY0.25

　　本书是中国现代连环画。绘者郭敦
（1932—　），画家。陕西城固人，毕业于西北艺

术学院。中国名家画院副院长，西安美术家协会副主席，西安中国画院一级美术师。主要作品有《钟馗的威慑》《活捉黑风》《李白的诗韵》《济公的幽趣》等。

J0073906

秘密联络站　　黎汝清原著；李晖改编；怀林，振新绘
西安　陕西人民美术出版社　1983 年　70 页
13cm（60 开）定价：CNY0.10
　　本书是中国现代连环画。

J0073907

秘密文件　　吴志远改编；关永伟摄影
北京　广播出版社　1983 年　125 页　13cm（60 开）
统一书号：8236.080　定价：CNY0.22
（黑名单上的人　11）
　　电视译制片连环画。

J0073908

密件　　毛亮英改编；郑大和绘
福州　福建人民出版社　1983 年　94 页　13cm（60 开）
定价：CNY0.15
　　本书是中国故事连环画，根据郇盛林小说《军用皮包的下落》改编。

J0073909

密林歼匪　　李迪原著；段展祥改编；翟煜平绘画
太原　山西人民出版社　1983 年　120 页　有图
13cm（60 开）统一书号：8088.1652　定价：CNY0.17
　　本书是中国现代连环画。

J0073910

密林剿匪　　庄宏安改编；李皓，刘延相绘
沈阳　辽宁美术出版社　1983 年　178 页　13cm（60 开）
统一书号：7161.0226　定价：CNY0.26
　　本书是中国现代连环画。

J0073911

苗苗　　严亭亭等编文；马奇绘画
昆明　云南人民出版社　1983 年　110 页　有图
10×13cm　统一书号：R8116.1048　定价：CNY0.18
　　本书是中国儿童故事连环画。

J0073912

明姑娘　　航鹰原著；秦节编，钱定华绘
上海　上海人民美术出版社　1983 年　94 页　有图
13cm（60 开）统一书号：8081.13563
定价：CNY0.12
　　本书是中国故事连环画。

J0073913

明刊西厢记全图　　北京金台岳家刊印
上海　上海人民美术出版社　1983 年　影印本
273 幅　19cm（32 开）统一书号：8081.13205
定价：CNY2.50
　　本书是中国古典爱情故事连环画，原书全名为《新刊大字魁本全相参增奇妙注释西厢记》。本书取图严谨，文以配图，是古典文学木版插图中少见的连环画。因有双面和多面连式，本书收有画面 273 幅。

J0073914

明天就要决赛　　李玲修原著；张也改编；杨宝成绘画
长春　吉林人民出版社　1983 年　86 页　有图
10×13cm　统一书号：8091.1483　定价：CNY0.15
　　本书是中国连环画。

J0073915

磨坊之役　　浅草改编；王申生绘
福州　福建人民出版社　1983 年　91 页　13cm（60 开）
定价：CNY0.13
　　本书是根据法国左拉同名小说改编的连环画。作者王申生（1950—　），国家一级美术师。生于上海，祖籍江西上饶。连环画作品有《我的童年》《战争与和平》《刑场上的婚礼》《李大钊》等。

J0073916

蘑菇行动　　吴志远改编；关永伟摄影
北京　广播出版社　1983 年　125 页　有图
13cm（60 开）统一书号：8236.042　定价：CNY0.22
（黑名单上的人　5）
　　本书是中国连环画。

J0073917

魔宫夺火记　　（火神和烟神的传说）姚钧改编；刘永凯，刘炬绘

北京 农村读物出版社 1983 年 ［92］页
13cm（60 开）统一书号：8267.20 定价：CNY0.14
（民间故事连环画库·畲族民间故事）

J0073918
魔鬼城的传说　李尧天编绘
乌鲁木齐 新疆青年出版社 1983 年 6 页
13cm（60 开）定价：CNY0.14
　　本书是中国民间传说连环画。

J0073919
魔山救母　卓夫改编；雷似祖绘画
福州 福建人民出版社 1983 年 96 页 有图
13cm（60 开）统一书号：8173.689 定价：CNY0.15
　　本书是中国民间传说连环画。

J0073920
魔网　刘博改编；陈宗舜绘
沈阳 辽宁美术出版社 1983 年 122 页 13cm（60 开）
统一书号：7161.0164 定价：CNY0.43
　　本书根据电影剧本《沉默的人》改编的；连
环画。

J0073921
陌生的朋友　黄祖尧改编
北京 中国电影出版社 1983 年 125 页 13cm（60 开）
定价：CNY0.21
（电影连环画册）

J0073922
莫愁女　袁海庭改编；吴绪经绘
南宁 漓江出版社 1983 年 93 页 13cm（60 开）
定价：CNY0.14
（电影连环画册）

J0073923
莫娜　贾克刚编；赵俊生绘
天津 天津人民美术出版社 1983 年 118 页
13cm（60 开）统一书号：8070.30776
定价：CNY0.18
　　本书是中国现代连环画册。

J0073924
母亲
长沙 湖南少年儿童出版社 1983 年 70+39 页

有图 10×13cm 统一书号：R8280.58
定价：CNY0.16
　　本书是根据《中学语文画库》初中第二册课
文编绘的连环画。

J0073925
母亲的雕像　孟伟哉原著；王良莹，陈锦富改
编；崔建社绘画
石家庄 河北美术出版社 1983 年 94 页 有图
10×13cm 统一书号：8087.251 定价：CNY0.14
　　本书是中国现代连环画，包括《母亲》(姚天
元改编，杨敦仪绘)和《卖油翁》(段道德改编，
易能绘画)。

J0073926
木兰从军　俞沛铭编文；项维仁绘画
上海 少年儿童出版社 1983 年 118 页 有图
10×13cm 统一书号：R 8024.39 定价：CNY0.15
　　本书是中国古代故事连环画。

J0073927
木兰诗　邱昶改编；曹小卉等绘
长沙 湖南少年儿童出版社 1983 年 62 页 有图
10×13cm 统一书号：R8280.66 定价：CNY0.10
　　据《中学语文画库》初中第三册课文编绘的
连环画。

J0073928
木棉庵　冯梦龙原著；徐淦改编；徐恒瑜绘
上海 上海人民美术出版社 1983 年 118 页
10×13cm 统一书号：8081.13422 定价：CNY0.15
　　本书是中国现代连环画册，收入 118 幅图。

J0073929
木屑巨人　陈伯吹原著；章向文改编；区鹏绘
广州 科学普及出版社广州分社 1983 年
103 页 13cm（60 开）定价：CNY0.16
　　中国现代故事连环画。

J0073930
牧马人　鲍芝芳选编；许铭华，宋德华摄影
北京 中国电影出版社 1983 年 142 页 13cm（60 开）
定价：CNY0.25
（电影连环画册）

J0073931
牧马人之歌　黄永东改编；梁镇雄绘画
广州 岭南美术出版社 1983 年 117 页 有图
13cm（60 开）统一书号：8260.0725 定价：CNY0.20
　　中国现代故事连环画。

J0073932
穆桂英下山　孙长江，张惠民编；刘斌昆，陈
宁绘
郑州 中州书画社 1983 年 126 页 13cm（60 开）
定价：CNY0.18
（《杨家将》之九）
　　中国古代抗敌故事连环画。

J0073933
穆桂英招亲　汪浪改编；陈光镒绘
福州 福建人民出版社 1983 年 110 页 10×13cm
统一书号：8173.702 定价：CNY0.18
（《杨家将演义》之十六）
　　本书是根据古典小说《杨家将演义》改编的
中国现代连环画册。绘者陈光镒（1916—1991），
画家。江苏南京人。中国美协上海分会会员。代
表作有《大闹天宫》《三国演义》《董卓进京》等。

J0073934
穆柯寨　张建改编；王树立绘
石家庄 河北美术出版社 1983 年 126 页
13cm（60 开）定价：CNY0.18
（《杨家将》之十八）
　　中国古代抗敌故事连环画。

J0073935
穆柯寨招亲　江南春改编；陈志谦绘
兰州 甘肃人民出版社 1983 年 102 页 13cm（60 开）
定价：CNY0.15
（杨家将连环画之五）
　　中国古代抗敌故事连环画。

J0073936
穆铁柱出山　李延国原作；杨洁改编；于绍文绘
北京 人民体育出版社 1983 年 94 页 13cm（60 开）
统一书号：8015-77 定价：CNY0.15
　　中国古代抗敌故事连环画。

J0073937
拿破仑传　王一宁改编；雷德祖，雷似祖绘
北京 人民美术出版社 1983 年 214 页 13cm（64 开）
定价：CNY0.31
（世界历史人物）
　　本书是世界历史人物连环画。

J0073938
哪吒　李延柱，蒙南生改编；宋剑锋绘
南宁 广西人民出版社 1983 年 66 页 13cm（60 开）
定价：CNY0.10
　　中国古代故事连环画，据《封神演义》改编。

J0073939
哪吒成材记　管正美改编；费声福绘
北京 中国戏剧出版社 1983 年 126 页 13cm（60 开）
统一书号：8069.450 定价：CNY0.23
　　中国古代故事连环画，根据京剧《陈塘关》
《乾元山》改编。

J0073940
南冠草　郭沫若原著；王海清改编；徐修余绘
南京 江苏人民出版社 1983 年 150 页 13cm（60 开）
定价：CNY0.20
（郭沫若剧作选）
　　中国戏剧故事连环画。

J0073941
南郭后传　果青改编；龚若飞，果青摄影
北京 宝文堂书店 1983 年 93 页 13cm（60 开）
定价：CNY0.18
（电视剧连环画）

J0073942
南湖月　姚钧，徐淦改编；王士坚绘
银川 宁夏人民出版社 1983 年 86 页 13cm（60 开）
定价：CNY0.12
　　本书是中国现代连环画，根据刘富道同名小
说改编。

J0073943
南园谍影　竹梅改编；李希广绘
哈尔滨 黑龙江人民出版社 1983 年 166 页
13cm（60 开）统一书号：8093.790
定价：CNY0.24

中国反特故事连环画。

J0073944

难忘的夜行　姚兰原著；纪仓改编；徐麟如，邹立贵绘

南昌　江西人民出版社　1983年　62页　13cm（60开）定价：CNY0.12

　　中国革命故事连环画，根据《护送邓小平同志去延安》一文改编。

J0073945

闹江州　瞿昙改编；施大畏，韩硕绘

北京　人民美术出版社　1983年　187页　有图　10×13cm　统一书号：8027.7914　定价：CNY0.28（水浒传　12）

　　根据中国古典小说《水浒》改编的现代连环画作品。

J0073946

内当家　王润滋原著；刘矛潭改编；杜恒范绘

上海　上海人民美术出版社　1983年　78页　13cm（60开）定价：CNY0.11

　　中国文学作品连环画。

J0073947

内当家　筱篁改编

北京　中国电影出版社　1983年　147页　13cm（60开）定价：CNY0.26

（电影连环画册）

　　作者筱篁，主要改编的连环画作品有《白鸽》《霍元甲》《三个和尚》等。

J0073948

尼奥和尼娜　徐淦改编；辛正绘画

北京　中国文艺联合出版公司　1983年　46页　13cm（60开）统一书号：8313.48　定价：CNY0.13

（献给孩子们的礼物　2）

　　根据意大利童话改编的连环画。

J0073949

尼尔斯骑鹅旅行记　（上）（瑞典）塞尔玛·拉格洛孚原著；吴其柔改编；李加等绘画

上海　上海人民美术出版社　1983年　126页　有图　13cm（60开）统一书号：8081.13446

定价：CNY0.16

根据瑞典童话故事改编的连环画。

J0073950

尼尔斯骑鹅旅行记　（中）（瑞典）塞尔玛·拉格洛孚原著；吴其柔改编；陈光明，黄英培绘

上海　上海人民美术出版社　1983年　126页　13cm（60开）定价：CNY0.16

　　根据瑞典童话故事改编的连环画。

J0073951

尼尔斯骑鹅旅行记　（下）（瑞典）塞尔玛·拉格洛孚原著；吴其柔改编；李加等绘画

上海　上海人民美术出版社　1983年　126页　有图　13cm（60开）统一书号：8081.13630

定价：CNY0.16

　　根据瑞典童话故事改编的连环画。

J0073952

逆光　午言改编

北京　中国电影出版社　1983年　125页　13cm（60开）统一书号：8061.2256　定价：CNY0.21

（电影连环画册）

J0073953

宁宁　李建新编文；谷照恩等绘

石家庄　河北美术出版社　1983年　70页　有图　10×13cm　统一书号：8087.517　定价：CNY0.11

　　中国儿童故事连环画。

J0073954

宁宁的故事　华仕明改编；刘希立绘

武汉　长江文艺出版社　1983年　110页　13cm（60开）定价：CNY0.16

　　本书根据电视剧《宁宁》改编的连环画。

J0073955

农村儿童看图识字　云南人民出版社编；马奇绘画

昆明　云南人民出版社　1983年　80页　有图　10×13cm　统一书号：R7116.898　定价：CNY0.15

J0073956

怒斩关平　（戏剧故事）羡智编；窦世魁，项维仁绘

石家庄　河北美术出版社　1983年　102页

13cm（60开）定价：CNY0.38

　　根据中国戏剧故事改编的连环画。

J0073957

女儿国　锡明改编；秀功等绘

南京　江苏人民出版社 1983 年 62 页 13cm（60开）

统一书号：8100.3.667 定价：CNY0.10

（镜花缘之八）

　　根据中国文学名著改编的连环画。

J0073958

女仆

天津　天津人民美术出版社 1983 年 126 页

13cm（60开）定价：CNY0.23

　　本书根据菲律宾同名影片改编的连环画。

J0073959

女仆　筱篁改编

北京　中国电影出版社 1983 年 117 页 13cm（60开）

定价：CNY0.21

（电影连环画册）

　　作者筱篁，主要改编的连环画作品有《白鸽》

《霍元甲》《三个和尚》等。

J0073960

女所长　陈履鄂改编

北京　中国电影出版社 1983 年 125 页 13cm（60开）

定价：CNY0.21

（电影连环画册）

　　本书根据河南电视台同名电视剧改编。

J0073961

女友　李新娟改编；查加伍绘

石家庄　河北美术出版社 1983 年 96 页 有图

13cm（60开）统一书号：8087.241 定价：CNY0.14

　　根据电影剧本《女友》改编的连环画。

J0073962

女御史　王吉呈原著；杨嵩改编；丁晓峰绘

南京　江苏人民出版社 1983 年 70 页 13cm（60开）

统一书号：8100.3.599 定价：CNY0.12

　　根据中国戏剧故事改编的连环画。

J0073963

女侦察员　竺乾华改编；杨庚绪绘

西安　陕西人民美术出版社 1983 年 126 页

13cm（60开）定价：CNY0.19

　　根据中国抗敌故事改编的连环画。

J0073964

欧阳修　李鸣球编文；贺成绘

南京　江苏人民出版社 1983 年 126 页 有图

13cm（60开）定价：CNY0.17

（中国古代文学家的故事）

　　根据中国古代文学家的生平故事改编的连环画。绘者贺成（1945—　），国家一级美术师。字峰然，号古杨。出生于山东枣庄，毕业于南京艺术学院。中国美术家协会会员，中华诗词学会会员，江苏省艺术研究院研究员，江苏省国画院人物画创研所原所长等。代表作品《共和之光》《欲与江山共娇》《马背上的歌》《辛亥风云》等。

J0073965

欧也妮·葛朗台　（法）巴尔扎克原著；路南改编；汪晓曙绘

北京　人民美术出版社 1983 年 141 页 13cm（60开）

定价：CNY0.22

（巴尔扎克名著选编）

　　根据法国文学名著选编的连环画。作者汪晓曙（1956—　），画家。江西南城人，毕业于师范学院美术系。江西师范大学艺术学院副教授，中国美术家协会会员，中国水彩画家协会会员，江西省水彩画研究会理事、秘书长，《东方画报》主编。著有《绘画语言》《绘画创作》《美术创作学》等。

J0073966

欧也妮·葛朗台　（法）巴尔扎克原著；范友联，李培贞改编；范爱全摄影

天津　天津人民美术出版社 1983 年 155 页

13cm（60开）定价：CNY0.28

　　根据法国文学名著选编的连环画。

J0073967

藕塘关　李遵义改编；王建，梁萍绘

沈阳　辽宁美术出版社 1983 年 138 页 10×13cm

统一书号：7161.0162 定价：CNY0.21

（《岳飞传》之五）

　　本书是根据古典小说《岳飞传》改编的中国现代连环画册。

J0073968

潘多拉的匣子 （希腊神话故事）徐淦编；王伟民绘

上海　上海人民美术出版社　1983 年　62 页　有图　13cm（60 开）统一书号：8081.13532

定价：CNY0.09

　　根据根据法国文学名著选编的连环画。

J0073969

攀登　李洛漠，白岳改编；杨光生绘

南昌　江西人民出版社 1983 年 94 页 13cm（60 开）

定价：CNY0.16

　　本书描述我国数学家陈景润的事迹的连环画。

J0073970

裴元庆上山　鹤仙改编；项维仁，赵铁民绘

上海　少年儿童出版社 1983 年 134 页 13cm（60 开）

统一书号：R10024.4030　定价：CNY0.16

　　根据中国文学名著选编的连环画。

J0073971

佩剑将军　何君改编；杨会义绘

哈尔滨　黑龙江人民出版社　1983 年　167 页

10×13cm　定价：CNY0.24

　　根据中国文学名著作选编的连环画。

J0073972

佩剑将军　王逸改编

北京 中国电影出版社 1983 年 157 页 13cm（60 开）

定价：CNY0.26

（电影连环画册）

J0073973

彭德怀元帅　中国人民革命军事博物馆编

北京　长征出版社 1983 年 158 页 13cm（60 开）

统一书号：8268.002 定价：CNY0.28

　　本书是中国现代元帅故事连环画。

J0073974

彭德怀自述 （上）枫坤改编；关庆留绘

西安　陕西人民美术出版社 1983 年 174 页

13cm（60 开）定价：CNY0.25

　　本书是中国现代元帅故事连环画。

J0073975

彭德怀自述 （中）枫坤改编；关庆留绘

西安　陕西人民美术出版社 1984 年 182 页

13cm（64 开）定价：CNY0.29

　　本书为讲述优秀红军将领故事连环画。

J0073976

彭德怀自述 （下）枫坤改编；关庆留绘

西安　陕西人民美术出版社 1984 年 101 页

13cm（64 开）定价：CNY0.18

　　本书为讲述优秀红军将领故事连环画。

J0073977

彭总出差　海青改编并摄影

北京　广播出版社 1983 年 125 页 10×13cm

统一书号：8236.092 定价：CNY0.24

（电视剧连环画）

J0073978

劈华山　袁守泰改编；陈雅丹等绘

西安　陕西人民美术出版社 1983 年 [99] 页

13cm（60 开）定价：CNY0.15

　　本书是中国古代故事连环画。

J0073979

琵琶峰　涂万松编；苏西映绘

郑州　中州书画社 1983 年 62 页 13cm（60 开）

定价：CNY0.11

　　本书是中国古代故事连环画。作者苏西映（1940— ），河南光山人。光山县文化馆美术师，河南省美术家协会会员，大别山书画研究院名誉院长。作品有《深山古树》《荷花舞》《玉莲公主》《中华魂》等。出版有《唐伯虎智圆梅花梦》《玉蜻蜓》。

J0073980

琵琶泉 （广西民间故事）金彦华，王景全编；二龙，二火绘

南宁 广西人民出版社 1983 年 102 页 13cm（60 开）

定价：CNY0.15

　　本书是中国民间故事连环画。

J0073981

骗亲记　陆燕飞改编；郑林华绘

广州 广东人民出版社 1983 年 126 页 13cm（60 开）

统一书号：8111.2405 定价：CNY0.21
（《一千零一夜》故事选）
　　本书是外国民间故事连环画。

J0073982
漂泊奇遇　郑之同改编；雷著华绘
重庆　重庆出版社　1983 年　138 页　13cm（60 开）
定价：CNY0.18
　　本书根据同名电影剧本改编的连环画。

J0073983
破城计　马识途原著；郁奇改编；胡博综绘
南京　江苏人民出版社　1983 年　78 页　13cm（60 开）
定价：CNY0.13
　　本书是中国故事连环画。

J0073984
破釜沉舟　林林编文；刘旦宅绘画
上海　上海人民美术出版社　1983 年　2 版　118 页
10×13cm　统一书号：8081.13293 定价：CNY0.18
（《西汉演义》连环画之五）

J0073985
破辽国徒劳无功　施耐庵，罗贯中原著；瞿昙
改编；罗希贤等绘画
北京　人民美术出版社　1983 年　203 页　10×13cm
统一书号：8027.7930 定价：CNY0.30
（《水浒》28）
　　根据中国古典小说《水浒》改编的现代连环
画作品。

J0073986
破青龙关　（封神演义故事）万山改编；文薇
绘画
南昌　江西人民出版社　1983 年　126 页　有图
10×13cm　统一书号：8110.589 定价：CNY0.18
　　本书是中国古典文学作品连环画。

J0073987
破魏灭赵　林林编文；马方路，陆华绘画
上海　上海人民美术出版社　1983 年　2 版　94 页
10×13cm　定价：CNY0.15
（《西汉演义》连环画之十四）
　　绘者马方路（1960— ），连环画家。出生
于上海。上海连环画协会会员，上海教育报刊总

社学前教育分社设计部主任。代表画作有《清朝
故事》《历代歌赋》《雪夜袭蔡州》《杨家将》《水
浒人物 108 将》《西游记人物大全》《中国成语故
事》等。绘者陆华（1939— ），笔名雁父。出生
于江苏盐城建湖县，毕业于南京江苏新闻专科学
校。曾任新疆人民广播电台记者，《光明日报》新
疆记者站记者，江苏《新华日报》编辑，《扬子晚
报》副刊《繁星》主编、主任编辑，现为江苏省作
家书画联谊会副会长，南京古鸡鸣寺书画院副院
长，江苏省古陶瓷研究会顾问，中国作家协会会
员。著有散文随笔《名人·风情·掌故》，诗画集《陆
华诗画小品》，报告文学《天堂凡人赞》等。

J0073988
破窑记　王实甫原著；冯庚梓改编；李犁绘画
石家庄　河北美术出版社　1983 年　86 页　有图
12×13cm　定价：CNY0.17
　　本书是中国古典文学作品连环画。

J0073989
破窑记　（元）王实甫原著；冯庚梓改编；李犁绘
石家庄　河北美术出版社　1983 年　86 页
13cm（60 开）定价：CNY0.17
　　本书是中国古典文学作品连环画。

J0073990
破窑记　（中国戏曲故事）（元）王实甫原著；
艮凯改编；侯春阳，杨志义绘
南京　江苏人民出版社　1983 年　102 页　13cm（60 开）
定价：CNY0.17
　　本书是中国戏曲故事连环画。

J0073991
蒲妹　（鄂伦春族民间故事）徐淦改编；郑毅绘
北京　中国旅游出版社　1983 年　97 页　13cm（60 开）
统一书号：8179.268 定价：CNY0.20
　　本书是中国民间故事连环画。

J0073992
蒲田大捷　姚传骧编；谢伯齐绘
武汉　长江文艺出版社　1983 年　76 页　13cm（60 开）
定价：CNY0.12
（中国历代战争故事画丛）

J0073993

浦江红侠　阿南改编；林树昭绘
沈阳 辽宁美术出版社 1983 年 178 页 13cm（60 开）
统一书号：7161.0181 定价：CNY0.26
　　本书是中国故事连环画。

J0073994

普通劳动者　晓螺改编；谢丽芳等绘
长沙 湖南少年儿童出版社 1983 年 75 页 有图
10×13cm 统一书号：8280.63 定价：CNY0.12
　　据《中学语文画库》初中第六册课文编绘的
连环画。作者谢丽芳（1949—　），女，油画家。
出生于湖南隆回，毕业于湖南省戏剧学校。曾任
衡阳地区祁剧团舞美设计、广告宣传、衡阳市群
众艺术馆美术干部，长沙铁路二中学幼师美术教
育，湖南省妇女儿童活动中心儿童美术研究室主
任，副研究馆员。出版有《儿童色彩画》《儿童陶
塑》《儿童黑白画》《儿童创意画》等。

J0073995

普希金　叶明编文；波宁等绘画
南京 江苏人民出版社 1983 年 102 页 有图
13cm（60 开）统一书号：8100.3.595
定价：CNY0.15
（外国文学家的故事）
　　本书是外国文学家故事连环画。

J0073996

普希金　余云改编；易至群绘
上海 上海人民美术出版社 1983 年 142 页
13cm（60 开）统一书号：8081.13450
定价：CNY0.17
（世界名人传）
　　本书是俄国文化名人故事连环画。收入 142
幅图。绘者易至群（1938—　），画家。别名易子，
湖南邵阳人，毕业于广州美术学院国画系，同年
留校任教。曾任江西《南昌晚报》美术编辑、武
汉画院，一级美术师，海南大学艺术学院教授。
代表作品有《村史》《豆选》等。

J0073997

七根火柴
长沙 湖南少年儿童出版社 1983 年 39+61 页
有图 10×13cm 统一书号：R8283.56
定价：CNY0.15

　　据《中学语文画库》初中第三册课文编绘，
包括《七根火柴》（晓城改编，刘勉怡绘）和《李
愬雪夜入蔡州》（彭庆元改编，刘左钧绘画）。

J0073998

七进阿佤山　刘治贵改编；徐恒瑜，吴寿石绘画
成都 四川人民出版社 1983 年 153 页 有图
10×13cm 统一书号：8118.1199 定价：CNY0.18
　　本书是根据同名电影文学剧本改编的连
环画。

J0073999

七品芝麻官　张波改编；盛鹤年绘
沈阳 辽宁美术出版社 1983 年 126 页 13cm（60 开）
定价：CNY0.19
　　本书是根据同名电影改编的连环画。作者
盛鹤年（1938—2010），连环画家，江苏江阴人。
上海市美术家协会会员。出版有《扬州除霸》《白
描人物十招》《中国画白描基础》《中国古代人物
线描画谱》等。

J0074000

齐桓称霸　（东周列国故事）潘勤孟改编；黄
全昌绘
上海 上海人民美术出版社 1983 年 126 页
13cm（60 开）统一书号：8081.13362
定价：CNY0.15
　　本书是中国古典文学作品连环画。

J0074001

齐会歼灭战　孙铁宝，王玉良编；黄玉忠绘
石家庄 河北美术出版社 1983 年 134 页
13cm（60 开）定价：CNY0.18
　　本书是描述抗日战争故事的连环画。

J0074002

齐王求将　丘丹青改编；钱贵荪绘画
广州 岭南美术出版社 1983 年 115 页 有图
13cm（60 开）统一书号：8260.0701 定价：CNY0.22
　　本书是中国古典文学作品连环画，根据广东
汉剧传统剧目改编。

J0074003

奇兵夺粮　张孟良原著；孟良等改编；雷金池
等绘

石家庄　河北美术出版社　1983 年　122 页　有图
13cm（60 开）统一书号：8087.250 定价：CNY0.17
（血溅津门 2）
　　本书是中国文学作品连环画。

J0074004

奇怪的大鸡蛋　（美）巴特沃斯原著；林泉改
编；范马迪绘
上海　上海人民美术出版社　1983 年　94 页
13cm（60 开）定价：CNY0.12
（少年儿童画库）
　　本书是根据美国巴特沃斯原著改编的儿童
文学作品连环画。收入 94 幅图。

J0074005

奇怪的动物医院　杨楠编；毛用坤等绘画
石家庄　河北美术出版社　1983 年　32 页　有彩图
10×13cm　统一书号：8087.537 定价：CNY0.15
　　本书是中国儿童故事连环画。

J0074006

奇怪的墓碑　李凌原著；曹欣渊改编，秦霖华
等绘
上海　上海人民美术出版社　1983 年　21+15 页
有图　10×13cm　统一书号：8081.13255
定价：CNY0.12
　　本书是中国现代文学作品连环画，包括：
《奇怪的墓碑》《分银币》。

J0074007

奇怪的泉水　马泉艺编绘
乌鲁木齐　新疆青年出版社　1983 年　52 页
13cm（60 开）统一书号：8124.17
定价：CNY0.15
　　本书是中国现代文学作品连环画。

J0074008

奇怪的四脚蛇　肖士太原著；谢发根改编；胡
斌昌绘
南昌　江西人民出版社 1983 年 126 页 13cm（60 开）
定价：CNY0.19
　　本书是中国民间文学连环画。

J0074009

奇怪的英国绅士　（德）威廉·豪夫原著；皮远

乡改编；田大军绘
成都　四川人民出版社　1983 年　87 页　13cm（60 开）
统一书号：8118.1424 定价：CNY0.11
　　本书是德国民间文学连环画。

J0074010

奇妙的公鸡　徐淦改编；王水泊绘画
北京　中国文艺联合出版公司　1983 年　46 页
有图　13cm（60 开）统一书号：8313.36
定价：CNY0.13
（献给孩子们的礼物 1）
　　本书是根据摩尔维亚童话改编的连环画。

J0074011

奇特的战斗　黄浪华，陈定兴原著；徐小昆编绘
西安　陕西人民美术出版社　1983 年　158 页
13cm（60 开）定价：CNY0.23
　　本书是中国连环画。

J0074012

奇袭　钟理文改编
北京　中国电影出版社　1983 年　175 页 13cm（60 开）
统一书号：8061.2058 定价：CNY0.30
（电影连环画册）

J0074013

奇袭"太平号"　高洪勋，戴佩编；艾民有绘
北京　海洋出版社　1983 年　105 页　13cm（60 开）
定价：CNY0.18
（人民海军战斗故事连环画集）
　　作者艾民有（1937—　　），油画家。上海人。
毕业于中央美术学院油画系。海军政治部创作
室从事专业美术创作。中国美术家协会会员，国
家一级美术师。主要作品有《返航》《传经》《看
海洋》等。

J0074014

奇袭保安队　刘广惠改编；刘忠仁绘
哈尔滨　黑龙江人民出版社　1983 年　159 页
13cm（60 开）定价：CNY0.24
　　本书是中国革命斗争故事连环画。

J0074015

歧舍国　锡明改编；秀功绘
南京　江苏人民出版社　1983 年　70 页 13cm（60 开）

定价: CNY0.12

（镜花缘之七）

　　本书是中国古典文学作品连环画。

J0074016

骑鹅旅行记　（瑞典）塞尔玛·拉格洛孚原著；许德贵，吴平凡改编；邹世俊，王良瑜绘

成都　四川人民出版社 1983 年 154 页 13cm（60开）

统一书号: 8118.1471　定价: CNY0.18

　　本书是瑞典儿童文学作品连环画。

J0074017

气英布　林林编文；于骏治绘画

上海　上海人民美术出版社 1983 年 2 版 109 页 10×13cm　定价: CNY0.17

（《西汉演义》连环画之十三）

　　根据西汉历史故事改编的中国连环画作品。

J0074018

弃暗投明　潘浩泉原著；盛棘改编；汤继明绘

南京　江苏人民出版社 1983 年 126 页 13cm（60开）

定价: CNY0.17

　　本书是中国现代连环画册。

J0074019

契克过河奇遇记　颜运祯改编；卢谱绘

南宁　广西人民出版社 1983 年 94 页 13cm（60开）

统一书号: 8113.861　定价: CNY0.14

　　本书是中国现代连环画，根据尼日利亚钦·阿契贝同名小说改编。

J0074020

千佛岩　华士明编；范扬画

南京　江苏人民出版社 1983 年 20 页 有彩图 21cm（32开）定价: CNY0.28

　　本书是中国现代连环画册。作者范扬（1955—　），画家。生于香港，祖籍江苏南通。毕业于南京师范大学美术系。南京师范大学美术学院院长、教授、博士生导师，中国国家画院国画院副院长，兼任南京书画院院长，中国艺术研究院中国画院研究员。邮票作品有《太湖》《周恩来同志诞生100周年》《普陀秀色》。

J0074021

千里共婵娟　张广昌改编；徐育林绘

南京　江苏人民出版社 1983 年 108 页 13cm（60开）

统一书号: 8100.3.669　定价: CNY0.16

　　本书是中国现代连环画，根据同名小说改编。

J0074022

千里送京娘　（明）冯梦龙原著；刘抒改编；叶毓中绘

上海　上海人民美术出版社 1983 年 102 页 13cm（60开）定价: CNY0.13

　　本书是中国古代连环画。收入 102 幅图。

J0074023

千里突围　周原原著；余荣改编；张崇政绘画

南京　江苏人民出版社 1983 年 142 页 有图 10×13cm　统一书号: 8100.3.584　定价: CNY0.19

　　本书是中国现代连环画册。

J0074024

前赴后继　凌力原著；戚宏，王正改编；陈光华绘

合肥　安徽人民出版社 1983 年 118 页 13cm（60开）

统一书号: 8102.1369　定价: CNY0.16

（捻军故事 1）

　　本书是中国古代农民起义故事连环画。

J0074025

钱黄史和黄道台　根毅改编；徐进绘

天津　天津人民美术出版社 1983 年 70 页 13cm（60开）定价: CNY0.12

（官场现形记选辑）

　　本书是中国现代连环画，根据清代李伯元《官场现形记》改编。

J0074026

钱秀才迎亲　季阳改编；丁红章绘画

南京　江苏人民出版社 1983 年 110 页 有图 13cm（60开）统一书号: 8100.3.717

定价: CNY0.18

　　本书是中国现代连环画册。作者季阳（1941—　），画家。上海人，毕业于浙江美术学院版画系。曾任职于《浙北报》社、嘉兴地区电影公司、浙江省电影公司，中国美术学院视传设计系研究生教研室主任。作品有版画《忧》《啊，瑞雪》，招贴画《听从祖国召唤》《胭脂》等。出版

有《电影宣传》《平面广告艺术》《编排艺术》等。

J0074027
乔装打扮　叶永烈原著；沈志冲改编；袁峰绘
南京　江苏人民出版社 1983 年 118 页 13cm（60 开）
统一书号：8100.3.719 定价：CNY0.19
　　本书是中国现代连环画册。

J0074028
桥隆飙　曲波原著；黄培衍改编；施大畏绘
合肥　安徽人民出版社 1983 年 178 页 15cm（40 开）
定价：CNY0.29
　　本书是中国现代连环画册。

J0074029
桥隆飙　（上）曲波原著；李大发改编；安希健绘
上海　上海人民美术出版社 1983 年 158 页
13cm（60 开）定价：CNY0.19
　　本书是中国现代连环画册。

J0074030
桥隆飙　（下）曲波原著；李大发改编；安希健绘
上海　上海人民美术出版社 1983 年 166 页
13cm（60 开）定价：CNY0.20
　　本书是中国现代连环画册。

J0074031
桥隆飙　曲波原著；李大发改编；安希健绘画
上海　上海人民美术出版社 1983 年 158 页 有图
10×13cm 统一书号：8081.13227 定价：CNY0.19
　　本书根据同名小说编绘，共收入 324 幅图。
分上、下 2 册。

J0074032
桥隆飙　（上）曲波原著；江晖改编；王启民等绘
北京　人民美术出版社 1982 年 198 页 有图
10×13cm 统一书号：8027.8408 定价：CNY0.29
　　本书是中国现代连环画，根据曲波同名小说
改编。

J0074033
桥隆飙　（下）曲波原著；江晖改编；王启民等绘
北京　人民美术出版社 1983 年 198 页 有图
10×13cm 统一书号：8027.8409 定价：CNY0.29
　　本书根据同名小说编绘，共收入 324 幅图。

分上、下 2 册。

J0074034
巧摆牛阵　许焕岗编文；范余增绘
石家庄　河北美术出版社 1983 年 78 页 有图
10×13cm 统一书号：8087.244 定价：CNY0.12
　　本书是中国现代连环画册。作者许焕岗，主
要编文的连环画作品有《神秘追踪》《营救少女》
《智取马帮》等。

J0074035
巧断奇案　（包公故事）姚耐改编；李俊昌绘
昆明　云南人民出版社 1983 年 76 页 13cm（60 开）
统一书号：8116.1077 定价：CNY0.14
　　本书是中国历史故事连环画。

J0074036
巧计锄奸　金云改编；金宪源绘
哈尔滨　黑龙江人民出版社 1983 年 82 页
13cm（60 开）定价：CNY0.13
　　本书是根据小说《另一个战场》改编的连
环画。

J0074037
巧计斗梅村　杨沫原著；庄眉改编；杜滋龄绘画
南京　江苏人民出版社 1983 年 165 页 有图
10×13cm 统一书号：8100.3.593 定价：CNY0.22
　　本书是根据杨沫长篇小说《东方欲晓》改编
的连环画。

J0074038
巧计歼顽敌　蔡维才原著；包卫东改编；陈伟
东绘画
上海　上海人民美术出版社 1983 年 118 页 有图
10×13cm 统一书号：8081.13367 定价：CNY0.15
　　本书是中国文学的连环画。

J0074039
巧嫁女　吴福林编文；朱新昌绘画
南京　江苏人民出版社 1983 年 54 页 有图
13cm（60 开）统一书号：8100.3.647
定价：CNY0.09
　　本书是中国现代连环画册。

J0074040

巧取金凤寨　赵征改编；刘忠仁绘

哈尔滨　黑龙江人民出版社　1983 年　158 页

13cm（60 开）统一书号：8093.778

定价：CNY0.23

J0074041

巧取硫磺　张伦基原著；黄富能改编；马廷奎

绘画

北京　人民美术出版社　1983 年　158 页　10×13cm

统一书号：8027.8713　定价：CNY0.24

　　　　根据张伦基长篇小说《没有牺牲的小烈士》

改编的本书是中国现代连环画册。

J0074042

巧团圆　周桓改编；孙宏华摄影

北京　中国戏剧出版社　1983 年　156 页　13cm（60 开）

定价：CNY0.28

　　　　本书是中国现代连环画册。

J0074043

窃符救赵　水登改编；夏莹绘

天津　天津人民美术出版社　1983 年　86 页

13cm（60 开）统一书号：8073.30861

定价：CNY0.14

　　　　本书是中国现代连环画册。

J0074044

窃符救赵　沙铁军编；丁世弼绘

武汉　长江文艺出版社　1983 年　156 页　13cm（60 开）

统一书号：8107.378　定价：CNY0.22

（中国历代战争故事画丛　2）

　　　　本书是中国现代连环画册。

J0074045

秦、西汉故事　（上）林汉达原著；张建辉改

编；张玉良等绘

石家庄　河北美术出版社　1983 年　[150] 页

13cm（60 开）定价：CNY0.20

（中国历史故事丛书）

　　　　本书是中国现代连环画册。

J0074046

秦、西汉故事　（中）林汉达原著；张建辉改

编；辛国等绘

石家庄　河北美术出版社　1983 年　[132] 页

13cm（60 开）定价：CNY0.19

（中国历史故事丛书）

　　　　本书是中国现代连环画册。

J0074047

秦、西汉故事　（下）林汉达原著；张建辉改

编；辛国等绘

石家庄　河北美术出版社　1983 年　[144] 页

13cm（60 开）定价：CNY0.20

（中国历史故事丛书）

　　　　本书是中国现代连环画册。

J0074048

秦楚钜鹿之战　刘伟新编；袁奕贤，鹤生绘

武汉　长江文艺出版社　1983 年　124 页　13cm（60 开）

统一书号：8107.379　定价：CNY0.18

（中国历代战争故事画丛　2）

　　　　本书是中国现代连环画册。

J0074049

秦琼　刘笑编；刘宝仲绘

长春　吉林人民出版社　1983 年　149 页　13cm（60 开）

定价：CNY0.24

J0074050

秦王李世民　颜海平原著；雷璇改编；秀公等绘

南京　江苏人民出版社　1983 年　171 页　13cm（60 开）

定价：CNY0.23

　　　　本书是中国现代连环画册。

J0074051

秦赵邯郸之战　张习礼原著；陈策贤等改编；

邵梦龙等绘

西安　陕西人民美术出版社　1983 年　130 页

13cm（60 开）定价：CNY0.17

（中国古代战争故事　1）

　　　　本书是中国现代连环画册。

J0074052

琴思　筱篁改编

北京　中国电影出版社　1983 年　117 页　13cm（60 开）

统一书号：8061.2115　定价：CNY0.21

（电影连环画册）

　　　　作者筱篁，主要改编的连环画作品有《白鸽》

《霍元甲》《三个和尚》等。

J0074053
琴台的传说　高秋影改编；郭秀庚绘
武汉　长江文艺出版社 1983 年 85 页 有图
13cm（60 开）统一书号：8107.424 定价：CNY0.14
　　本书是中国现代连环画册。

J0074054
擒豹记　黄珏改编；姚延林绘画
成都　四川人民出版社 1983 年 83 页 有图
10×13cm 统一书号：8118.1420 定价：CNY0.12
　　本书是中国现代连环画册。绘者姚延林，主
要绘制的连环画作品有《霸王别姬》《养牛的人》
《河神娶媳妇》等。

J0074055
擒三帅　（东周列国故事）章程改编；钱贵荪，
陆光正绘
上海　上海人民美术出版社 1983 年 94 页
13cm（60 开）定价：CNY0.12
　　本书是中国古典文学作品连环画。

J0074056
擒贼记　（德）埃里希·凯斯特纳著；蔡其铮改
编；朱成梁绘画
南京　江苏人民出版社 1983 年 86 页 13cm（60 开）
定价：CNY0.13
　　本书是中国古典文学作品连环画。

J0074057
青龙坝突围　徐明昌编；张殿云绘画
呼和浩特　内蒙古人民出版社 1983 年 70 页
有图 13cm（60 开）统一书号：8089.126
定价：CNY0.12
　　本书是中国古典文学作品连环画。

J0074058
青龙与白龙　诸镇南编；邓韬绘
南昌　江西人民出版社 1983 年［88］页
13cm（60 开）统一书号：8110.727 定价：CNY0.15
　　本书是中国古典文学作品连环画。

J0074059
青娘　徐淦等改编；陈惠冠绘画
长沙　湖南少年儿童出版社 1983 年 62 页 有图
10×13cm 统一书号：R8280.31 定价：CNY0.10
　　本书是中国古典文学作品连环画。作者徐
淦，主要改编的连环画作品有《镜花缘》《奇妙
的公鸡》《熙凤弄权》《祝福》等。绘者陈惠冠
（1935— 　　），浙江余姚人。中国美术家协会会
员，中国版协连环画艺术委员会副主任委员。擅
长连环画。作品有《牛头山》《仙人岛》《黄河飞
渡》等。

J0074060
青田神石　山今改编；苏苇绘画
广州　花城出版社 1983 年 77 页 有图
10×13cm 统一书号：8261.30 定价：CNY0.15
（旅伴连环画库）

J0074061
清风寨　施耐庵原著；张企荣改编；邵鲁军等
绘画
上海　上海人民美术出版社 1983 年 126 页
10×13cm 统一书号：8081.13619 定价：CNY0.16
（水浒故事）
　　本书是依据中国古典小说《水浒传》改编的
现代连环画。

J0074062
清宫怨　王逸改编
北京　中国电影出版社 1983 年 125 页
13cm（60 开）统一书号：8061.2262
定价：CNY0.21
（电影连环画册）

J0074063
清官二更“钻窥记”　任衡道改编；芦进川摄影
北京　中国戏剧出版社 1983 年 125 页
13cm（60 开）统一书号：8069.400
定价：CNY0.23
　　本书是中国古代文学作品连环画。

J0074064
清洁工的爱情　贺松寿等编文；朱上海摄影
南京　江苏人民出版社 1983 年 165 页 有图
13cm（60 开）统一书号：8100.3.723
定价：CNY0.27
　　本书是中国现代连环画册。

J0074065

情报　周学忠改编；贺玉龙绘

郑州　中州书画社　1983年　70页　13cm（60开）

　　本书是中国现代文学作品连环画。

J0074066

晴雯　（清）曹雪芹原著；钱志清改编；吴大成绘

上海　上海人民美术出版社　1983年　126页
13cm（60开）定价：CNY0.44

　　本书是中国现代文学作品连环画。

J0074067

晴雯　（清）曹雪芹原著；钱志清改编；吴大成
绘画

上海　上海人民美术出版社　［1983年］126页
19cm（32开）统一书号：8081.12763

定价：CNY0.44

J0074068

请客　苏位东编文；周培良等摄影

南京　江苏人民出版社　1983年　75页　有图
13cm（60开）统一书号：8100.3.636

定价：CNY0.13

　　根据江苏省江都县扬剧团演出本编绘的连
环画。

J0074069

许真君擒孽龙　岳山改编；秉龙绘

南昌　江西人民出版社　1983年　130页　13cm（60开）

统一书号：8110.608　定价：CNY0.19

　　根据中国民间故事编绘的连环画。

J0074070

秋后热　李国文原著；思今改编；沈启鹏绘画

上海　上海人民美术出版社　1983年　86页　有图
13cm（60开）统一书号：8081.13223

定价：CNY0.11

　　本书是中国现代连环画册。作者沈启鹏
（1946—　　），画家。南通美术家协会主席，南通
书画研究院院长。代表作品《大汛》《海子牛》《二
月二回娘家》。

J0074071

囚禁西伯　（封神演义故事）刀山改编；李绍
然绘

南昌　江西人民出版社　1983年　102页　13cm（60开）

定价：CNY0.16

　　本书是中国古典文学作品连环画。

J0074072

球星和他的妻子　邹积衡改编；晨风绘

北京　人民体育出版社　1983年　126页　13cm（60开）

统一书号：8015-78　定价CNY0.18

　　本书根据彭瑞高同名小说改编的连环画。

J0074073

屈原　郭沫若原著；赵同，京江改编；胡国瑞，
黄午生绘

南京　江苏人民出版社　1983年　180页　13cm（60开）

定价：CNY0.17

（郭沫若剧作选）

　　本书是中国戏剧作品连环画。

J0074074

取回真经　庄努，槐山改编；李万春绘

成都　四川人民出版社　1983年　82页　13cm（60开）

定价：CNY0.14

（《西游记》故事之二十）

J0074075

全歼黑山支队　桦生改编；范垂宇绘

哈尔滨　黑龙江人民出版社　1983年　106页
13cm（60开）统一书号：8093.942

定价：CNY0.16

　　本书是中国抗敌故事连环画。

J0074076

泉水叮咚　石晓华编

上海　上海人民美术出版社　1983年　126页　有图
13cm（60开）统一书号：8081.13546

定价：CNY0.23

　　上海电影制片厂供稿的电影故事连环画。

J0074077

拳打镇关西　高铁林改编；阴衍江绘

哈尔滨　黑龙江人民出版社　1983年　182页
13cm（60开）定价：CNY0.26

（水浒故事）

　　本书是依据中国古典小说《水浒传》改编的
现代连环画。作者阴衍江（1940—2011），画家。

中国美术家协会会员，一级画师，黑龙江美术出版社专业画家，黑龙江文史馆馆员。

J0074078
群雄反隋　砚子编；胡德智绘
南宁　广西人民出版社 1983 年　166 页　13cm（60 开）
定价：CNY0.23
（中国历史故事连环画 32）

J0074079
染血的情报　马天宝原著；贺忠信改编；康怀宇绘
西安　陕西人民美术出版社 1983 年　126 页　13cm（60 开）统一书号：8199.443 定价：CNY0.16
本书是中国现代连环画册。

J0074080
热娜的婚事　李鹏程，张建国改编
北京　中国电影出版社 1983 年　147 页 13cm（60 开）
定价：CNY0.26
（电影连环画册）

J0074081
人参仙女　（中国风物传说选）杨遐琪改编；吕基绘画
广州　花城出版社 1983 年　101 页　有图
13cm（60 开）统一书号：8261.12 定价：CNY0.20
（旅伴连环画库）

J0074082
人生　路遥原著；张钟龄改编；颜宝臻绘画
天津　天津人民美术出版社 1983 年　94 页　有图
10×13cm 统一书号：8073.30847 定价：CNY0.13
本书是中国现代文学作品连环画。

J0074083
人生的答案　（电视剧连环画）枫叶改编；方光灿，卫广生摄影
北京　中国文艺联合出版社 1983 年　93 页
13cm（60 开）定价：CNY0.18

J0074084
人世间　（巴基斯坦故事影片）戴学庐改编并绘
上海　上海人民美术出版社 1983 年　158 页
10×13cm 统一书号：8081.13544

定价：CNY0.28
根据同名电影改编的本书是中国现代连环画册。

J0074085
人世间　吴美玉改编
北京　中国电影出版社 1983 年　125 页 13cm（60 开）
定价：CNY0.21
（电影连环画册）

J0074086
人证　竺蕾改编
北京　中国电影出版社 1983 年　157 页 13cm（60 开）
统一书号：8061.2056 定价：CNY0.26
（电影连环画册）

J0074087
人之初　张鸿眉，辜朗晖选编；王炜群摄影
上海　上海人民美术出版社 1983 年　110 页
10×13cm 统一书号：8081.13374 定价：CNY0.20
本书是中国现代连环画册。

J0074088
日出　曹禺编剧；万籁天，简美英改编；张福祺摄影
上海　上海人民美术出版社 1983 年　2 版 189 页
13cm（60 开）定价：CNY0.33
本书是根据曹禺同名话剧改编的连环画。

J0074089
日出　曹禺原著；谭力改编；郑庆衡绘
天津　天津人民美术出版社 1983 年　118 页
13cm（60 开）定价：CNY0.16
本书是根据曹禺同名话剧改编的连环画。绘者郑庆衡（1939—1996），教授。河北玉田县人。中国美术家协会会员，南开大学教授，东方文化艺术系主任，天津市美术家协会理事。出版有《郑庆衡画集》。

J0074090
日月潭的传说　肖甘牛，潘平元编；王培堃等绘
南京　江苏人民出版社 1983 年 94 页 13cm（60 开）
统一书号：8100.3.585 定价：CNY0.14
本书是中国台湾民间故事连环画。

J0074091

日月潭里斗恶龙　孙锦常改编；张战等绘画
广州　岭南美术出版社　1983 年　52 页　有图
10×13cm　统一书号：8260.0723　定价：CNY0.18
　　本书是中国台湾民间故事连环画，由《日月潭里斗恶龙》《秀姑和彭佳》合订。

J0074092

日月潭里斗恶龙　（台湾民间传说）孙锦常改编；张战等绘
广州　岭南美术出版社　1983 年　[91] 页
10×13cm　定价：CNY0.18
　　本书是台湾民间故事连环画。

J0074093

如意　索立改编
北京　中国电影出版社　1983 年　125 页　13cm（60 开）
统一书号：8061.2037　定价：CNY0.21
（电影连环画册）

J0074094

阮籍长啸台　（中州风物故事）路继贤编；陈宜明绘
郑州　中州书画社　1983 年　110 页　13cm（60 开）
定价：CNY0.17
　　本书是中国民间风物故事连环画。

J0074095

瑞典火柴　（俄）契诃夫原著；里间改编，李存庄绘画
成都　四川人民出版社　1983 年　78 页　有图
13cm（60 开）统一书号：8118.847　定价：CNY0.10
　　本书为俄国文学名著改编的连环画。

J0074096

塞北烽烟　戴英改编；秀时，羊木绘
沈阳　辽宁美术出版社　1983 年　162 页　13cm（60 开）
统一书号：7161.0263　定价：CNY0.24
（前汉演义之十七）
　　本书为中国文学名著改编连环画。

J0074097

塞上忠魂　关胜武改编；王纯信等绘
哈尔滨　黑龙江人民出版社　1983 年　141 页
13cm（60 开）定价：CNY0.21

　　本书是根据《吉鸿昌》电影剧本和话剧本编绘的连环画。作者王纯信(1939—　)，画家。吉林通化人，毕业于通化教育学院。吉林省通化师范学院美术系主任，通化市美术家协会主席，中国书法家协会会员，吉林省美术家协会理事。作品有《福到农家》《长白山天池》《山民夜话》等。

J0074098

赛跑求婚记　徐淦改编；胡杰绘
长沙　湖南美术出版社　1983 年　62 页　13cm（60 开）
统一书号：8233.329　定价：CNY0.10
　　本书为中国现代连环画。

J0074099

三边一少年　李季原著；欣发改编；戴敦邦绘
北京　人民美术出版社　1983 年　2 版　88 页
13cm（60 开）定价：CNY0.15
　　本书为中国儿童文学作品改编的连环画。

J0074100

三打白骨精　金钟改编；肇毓厚绘画
长春　吉林人民出版社　1983 年　63 页　有图
10×13cm　统一书号：R8091.1421　定价：CNY0.10
（B 型美猴王连环画 4）

J0074101

三打东兰　杨军编；陈有天绘
南宁　广西人民出版社　1983 年　2 版　125 页
13cm（60 开）统一书号：8113.669　定价：CNY0.17
　　本书是中国现代连环画，1981 年 4 月第 1 版。

J0074102

三滴血　范紫东原著；袁守泰改编；邵梦龙绘
西安　陕西人民美术出版社　1983 年　94 页
13cm（60 开）定价：CNY0.14
　　本书是中国现代连环画册。

J0074103

三顾茅庐　（三国故事）莘莘改编；姚渝永绘画
成都　四川人民出版社　1983 年　82 页　有图
13cm（60 开）统一书号：8118.1203　定价：CNY0.13
　　本书是依据中国古典小说《三国演义》改编的现代连环画。

J0074104

三国故事 （上）雪岗改编；曾平，张晓飞绘
石家庄 河北美术出版社 1983 年［139］页
13cm（60 开）定价：CNY0.20
（中国历史故事丛书）
　　本书根据林汉达、边继石同名历史故事改编
的连环画。

J0074105

三国故事 （中）雪岗改编；施大畏等绘
石家庄 河北美术出版社 1983 年［151］页
13cm（60 开）定价：CNY0.21
（中国历史故事丛书）

J0074106

三国故事 （下）雪岗改编；郑庆衡等绘
石家庄 河北美术出版社 1983 年［151］页
13cm（60 开）定价：CNY0.21
（中国历史故事丛书）

J0074107

三国演义连环画
上海 上海人民美术出版社［1983 年］48 页
13cm（60 开）定价：CNY9.00

J0074108

三荷包 （清）李伯元原著；根毅改编；徐进绘
画
天津 天津人民美术出版社 1983 年 94 页 有图
10×13cm 统一书号：8073.30732 定价：CNY0.15
（官场现形记选辑）

J0074109

三换新郎　煦炜编摄
南京 江苏人民出版社 1983 年 173 页 13cm（60 开）
统一书号：8100.3.592 定价：CNY0.25
　　本书根据张蕃、金马五、殷振家同名话剧改
编的连环画。

J0074110

三家分晋　刘延龄编；童治国绘
长春 吉林人民出版社 1983 年 78 页 13cm（60 开）
定价：CNY0.12
（东周列国之十四）
　　本书是依据中国古典小说《东周列国志》改

编的现代连环画。

J0074111

三家巷 （上）索立改编
北京 中国电影出版社 1983 年 125 页 13cm（60 开）
统一书号：8061.2101 定价：CNY0.21
（电影连环画册）

J0074112

三家巷 （下）索立改编
北京 中国电影出版社 1983 年 125 页 13cm（60 开）
统一书号：8061.2102 定价：CNY0.21
（电影连环画册）

J0074113

三件宝器　王耀改编；刘秉贤，黄迪杞绘
西安 陕西人民美术出版社 1983 年 94 页
13cm（60 开）定价：CNY0.17
　　本书是中国现代连环画册。

J0074114

三姐妹　钱志清改编；潘宝珠绘
上海 上海人民美术出版社 1983 年 118 页 有图
13cm（60 开）统一书号：8081.13347
定价：CNY0.15
（《一千零一夜》丛书）
　　本书是中国现代连环画册。

J0074115

三棚碴子伏击战　卓昕编文；吴井山绘画
长春 吉林人民出版社 1983 年 94 页 有图
13cm（60 开）统一书号：8091.1427 定价：CNY0.14
　　本书描绘杨靖宇将军在南满领导抗日武装
斗争的故事的连环画。

J0074116

三气周瑜　吴廷瑄改编；徐有武，徐有刚绘
沈阳 辽宁美术出版社 1983 年 146 页 13cm（60 开）
统一书号：7161.0277 定价：CNY0.22
　　本书是依据中国古典小说《三国演义》改编
的现代连环画。

J0074117

三擒孟良　江南春改编；韩亚洲，范世平绘
兰州 甘肃人民出版社 1983 年 102 页 13cm（60 开）

定价：CNY0.15
（杨家将连环画之三）

J0074118
三请樊梨花 （戏剧连环画）常葆光，暴风改
编；梁祖宏摄影
北京 中国戏剧出版社 1983 年 155 页 13cm（60 开）
定价：CNY0.28
　　本书根据河南省开封市豫剧团演出的同名
豫剧改编的连环画。

J0074119
三请穆桂英　张建改编；崔存忠绘
石家庄 河北美术出版社 1983 年 122 页
13cm（60 开）统一书号：8087.572 定价：CNY0.17
（《杨家将》之十九）
　　本书是中国古代抗敌故事连环画。

J0074120
三上轿　霍林编剧改编；梁祖宏摄影
北京 中国戏剧出版社 1983 年 92 页 13cm（60 开）
定价：CNY0.18
　　本书是根据河南省开封市豫剧团演出的同
名豫剧改编的连环画。

J0074121
三十九级台阶　苏晔，世俊改编
南京 江苏人民出版社 1983 年 190 页 13cm（60 开）
定价：CNY0.27
　　本书是根据英国同名电影改编的电影连
环画。

J0074122
三十九级台阶　闻兆煊改编
天津 天津人民美术出版社 1983 年 141 页
13cm（60 开）定价：CNY0.26
　　本书是根据英国同名电影改编的电影连
环画。

J0074123
三所里阻击战　王恩国改编；吴成槐绘
沈阳 辽宁美术出版社 1983 年 150 页 13cm（60 开）
统一书号：7161.0221 定价：CNY0.22
　　本书是中国抗美援朝故事连环画。

J0074124
三峡神女 （中国风物传说选）小敏改编；邬
邦生绘
广州 花城出版社 1983 年 119 页 13cm（60 开）
定价：CNY0.23
（旅伴连环画库）

J0074125
三雄聚会　姚雪垠原著；杨兆林改编；崔君沛绘
上海 上海人民美术出版社 1983 年 197 页
10cm（64 开）定价：CNY0.23
（《李自成》连环画之十八）

J0074126
三用败将　刘延龄编文；童治国绘画
长春 吉林人民出版社 1983 年 62 页 有图
10×13cm 统一书号：8091.1433 定价：CNY0.11
（东周列国 10）

J0074127
三战鬼头刀　邵均林原著；孙军改编；赵文元绘
南京 江苏人民出版社 1983 年 110 页 有图
10×13cm 统一书号：8100.3.740 定价：CNY0.18
　　本书是中国现代连环画册。

J0074128
三战华园　晓燕改编；钱贵荪绘
南京 江苏人民出版社 1983 年 102 页 有图
10×13cm 统一书号：8100.3.648 定价：CNY0.15
　　根据马识途原著改编的连环画。

J0074129
三战华园　马识途原著；吴文焕编；邵勋绘
上海 上海人民美术出版社 1983 年 142 页 有图
10×13cm 统一书号：8081.13300 定价：CNY0.17
　　本书是根据马识途原著改编的连环画。

J0074130
杀敌勇士　童心编；耿新洋绘
长春 吉林人民出版社 1983 年 62 页 13cm（60 开）
统一书号：8091.1398 定价：CNY0.10
（新一代最可爱的人之一）
　　本书是对越自卫反击战斗中，创造的可歌可
泣的英雄事迹的连环画。

J0074131

沙恭达罗　（印）迦梨陀娑原著；徐礼娴改编；韩书力绘

天津　天津人民美术出版社　1983 年　116 页　13cm（60 开）定价：CNY0.09

（外国文学名著选编）

　　根据印度文学名著改编的连环画。

J0074132

沙海魂　赵征改编；王纯信，王聪绘

哈尔滨　黑龙江人民出版社　1983 年　146 页　13cm（60 开）定价：CNY0.25

　　由中国文学名著改编的连环画。

J0074133

鲨颚　浅草改编；黄云松绘

南宁　漓江出版社　1983 年　126 页　13cm（60 开）定价：CNY0.21

　　本书根据美国彼得·本奇利同名小说改编的连环画。

J0074134

鲨海涛声　渔帆改编；林国光绘

郑州　中州书画社　1983 年　118 页　13cm（60 开）统一书号：8219.408　定价：CNY0.22

　　本书是中国现代连环画册。

J0074135

鲨鱼——TA　TA　周永年等原著；吴增若改编；王晓明绘画

北京　人民美术出版社　1983 年　156 页　有图　10×13cm　统一书号：8027.8421　定价：CNY0.20

　　本书是中国现代连环画册。

J0074136

鲨鱼 TATA　吴若增改编；王晓明绘

北京　人民美术出版社　1983 年　157 页　13cm（60 开）定价：CNY0.20

　　本书根据周永年等原著《最后一个癌症死者》改编的连环画。

J0074137

傻强外传　袁励改编；区础坚绘

广州　岭南美术出版社　1983 年　134 页　13cm（60 开）统一书号：8260.0515　定价：CNY0.21

J0074138

山村复仇记　（上）刘玉峰原著；杜建文改编；龙山农，王介明绘

南宁　广西人民出版社　1983 年　126 页　13cm（60 开）定价：CNY0.17

（广西革命斗争故事）

　　本书是中国现代连环画册。

J0074139

山村复仇记　（下）刘玉峰原著；杜建文改编；龙山农，王介明绘

南宁　广西人民出版社　1983 年　126 页　13cm（60 开）定价：CNY0.17

　　本书是中国现代连环画册。

J0074140

山道弯弯　春夫改编；邹建平绘

长沙　湖南美术出版社　1983 年　110 页　13cm（60 开）统一书号：8233.411　定价：CNY0.15

　　本书是中国现代连环画册。作者邹建平（1955— ），生于湖南新化，毕业于湖南师范大学，修业于广州美术学院油画系，现任职湖南美术出版社副社长，湖南美术家协会副主席，中国美术家协会会员，北京圣之空间董事。

J0074141

山道弯弯　黄学君改编；黄绕荣等绘

广州　岭南美术出版社　1983 年　142 页　13cm（60 开）定价：CNY0.22

　　本书是中国现代连环画册。

J0074142

山道弯弯　谭谈原著；裴开新编；裴开新等绘

北京　人民美术出版社　1983 年　102 页　有图　10×13cm　统一书号：8027.8759　定价：CNY0.13

　　本书是中国现代连环画册。

J0074143

山里新"客"　王金力原著；徐淦改编；张煤绘

北京　农村读物出版社　1983 年　62 页　13cm（60 开）定价：CNY0.13

　　本书是中国成语故事连环画，根据小说《发生在春天里》改编。

J0074144

山岭里的枪声　杨野等编；吾人，木土绘
哈尔滨 黑龙江人民出版社 1983 年 181 页
13cm（60 开）定价：CNY0.26
　　本书是中国故事连环画。

J0074145

山区游击队　毛亮英改编；张寿文绘
哈尔滨 黑龙江人民出版社 1983 年 126 页
13cm（60 开）统一书号：8093.947
定价：CNY0.19
　　本书是中国战斗故事连环画。

J0074146

山鹰依波　（彝族革命故事）黄亦波改编；陆
华，卢汶绘
银川 宁夏人民出版社 1983 年 110 页 13cm（60 开）
定价：CNY0.17
　　本书是中国战斗故事连环画，根据刘征泰同
名小说改编。绘者陆华（1939— ），笔名雁父。
出生于江苏盐城建湖县，毕业于南京江苏新闻专
科学校。曾任新疆人民广播电台记者，《光明日
报》新疆记者站记者，江苏《新华日报》编辑，《扬
子晚报》副刊《繁星》主编、主任编辑。现为江苏
省作家书画联谊会副会长，南京古鸡鸣寺书画院
副院长，江苏省古陶瓷研究会顾问，中国作家协
会会员。著有散文随笔《名人·风情·掌故》，诗画
集《陆华诗画小品》，报告文学《天堂凡人赞》等。
绘者卢汶（1922—2010），连环画家。原名卢世宝，
出生于上海市，籍贯浙江鄞县。代表作品《蜀山
剑侠传》《三国演义》。

J0074147

闪光的彩球　卢萍改编
北京 中国电影出版社 1983 年 157 页 13cm（60 开）
统一书号：8061.1938 定价：CNY0.26
　　本书是电影连环画。

J0074148

闪光的红星　高缨原著；青萍改编；万一兵，
韩德雅绘
成都 四川人民出版社 1983 年 130 页 13cm（60 开）
定价：CNY0.17
（云崖初暖之二）
　　本书是中国革命故事连环画。

J0074149

闪光的葫芦　张廷贵原著；张庚编绘
石家庄 河北美术出版社 1983 年 62 页
13cm（60 开）定价：CNY0.10
　　本书是中国故事连环画。

J0074150

闪光的青春——优秀共青团员张海迪　刘
向红编；侯宾，秦大虎绘
济南 山东人民出版社 1983 年 70 页 13cm（60 开）
定价：CNY0.12
　　本书是人物故事连环画。绘者秦大虎
（1938— ），教授。中国美术学院油画系教授，
中国美协会员，中国油画家协会理事，浙江美协
常务理事，浙江美协常务理事等职。作品有《在
战斗中成长》《老将》《田喜嫂》等。出版有《秦
大虎油画选》《秦大虎的绘画世界》和《油画创
作》等。

J0074151

商人谋国　祥文改编；张成思，王弘力
沈阳 辽宁美术出版社 1983 年 118 页 13cm（60 开）
统一书号：7161.0186 定价：CNY0.18
（前汉演义之一）
　　本书是中国现代连环画。

J0074152

上尉的女儿　于惠改编；胡振宇绘
沈阳 辽宁美术出版社 1983 年 138 页 13cm（60 开）
定价：CNY0.21
　　本书是根据原著改编的现代连环画。

J0074153

少林和尚斗刁猴　（中国风物传说选）余松岩
编；华尘，范新生绘
广州 花城出版社 1983 年 117 页 13cm（60 开）
统一书号：8261.29 定价：CNY0.23
（旅伴连环画库）

J0074154

少林寺的传说　（上集）《周末》编辑部编
岭南 岭南美术出版社 1983 年 50 页 有图
10×13cm 统一书号：8260.0696 定价：CNY0.18

J0074155

少林寺的传说 （下集）《周末》画报编辑部编；
曲文等改编；罗希贤等绘
广州 岭南美术出版社 1984 年 102 页 13cm（64 开）
定价：CNY0.21
（《周末》画报作品选集）
　　中国民间故事连环画。

J0074156

少林寺弟子 （上）穆子改编
北京 中国电影出版社 1983 年 125 页 13cm（60 开）
统一书号：8081.2233 定价：CNY0.22
（电影连环画册）

J0074157

少林寺弟子 （下）穆子改编
北京 中国电影出版社 1983 年 125 页 13cm（60 开）
统一书号：8081.2234 定价：CNY0.22
（电影连环画册）

J0074158

少林寺故事传说 （一 中州风物故事）魏忠
才等改编；赵国经等绘
郑州 中州书画社 1983 年 [183]页 13cm（60 开）
统一书号：8219.425 定价：CNY0.30
　　本书是中国现代连环画。

J0074159

少林寺故事传说 （二 中州风物故事）魏忠
才等改编；赵国经等绘
郑州 中州书画社 1983 年 183 页 13cm（60 开）
统一书号：8219.426 定价：CNY0.30
　　本书是中国现代连环画。

J0074160

少年爆炸队 白嘉荟改编；邓志刚绘画
广州 广东人民出版社 1983 年 157 页 有图
10×13cm 统一书号：8111.2412 定价：CNY0.26
（少年连环画库）

J0074161

少年爆炸队 白嘉荟改编；邓志刚绘
广州 广东人民出版社 1983 年 157 页 13cm（60 开）
定价：CNY0.26
（少年连环画库）

J0074162

少年爆炸队 王一地著；伍凌改编；朱子容绘
长春 吉林人民出版社 1983 年 182 页 有图
10×13cm 统一书号：8091.1480 定价：CNY0.27
　　本书是中国现代连环画。作者朱子容，编
审。浙江永康人。浙江人民美术出版社副编审。
代表作品有木刻《来帮忙》。编著《江山多娇》
《面向未来》《鹏程万里》《边陲小花》《花香千
里》等。

J0074163

少年鲁迅 谭湘改编；周凯光，闵宗泗摄影
北京 宝文堂书店 1983 年 177 页 13cm（60 开）
统一书号：8070.140 定价：CNY0.33
　　本书是根据电视连续剧《鲁迅》改编的连
环画。

J0074164

少年彭德怀 阿芝改编；陈向阳绘
长沙 湖南少年儿童出版社 1983 年 150 页 有图
13cm（60 开）统一书号：R8280.82 定价：CNY0.24
（朝华画库）
　　本书是中国现代连环画。

J0074165

少年彭德怀 李坚改编；李清白等绘
广东 岭南美术出版社 1983 年 126 页 有图
10×13cm 统一书号：8260.0669 定价：CNY0.21
　　根据丁隆炎同名小说改编的现代连环画
作品。

J0074166

少年彭德怀 丁隆炎原著；竺少华改编，曾晓
浒曾进绘画
上海 上海人民美术出版社 1983 年 78 页 有图
13cm（60 开）统一书号：8081.13297
定价：CNY0.11
（少年儿童画库）
　　根据同名小说改编的现代连环画作品，收入
78 幅图。

J0074167

少年英雄黄淑华 《福建教育》编辑室编；黄
灶顺绘
福州 福建教育出版社 1983 年 84 页 13cm（60 开）

定价: CNY0.17

（福建教育丛书）

　　本书是中国现代连环画。

J0074168

少年英雄夏完淳　刘天平编文；黄山绘

合肥 安徽人民出版社 1983 年 61 页 13cm（60 开）

统一书号: 8102.1237 定价: CNY0.11

J0074169

少女的命运　丁巩改编；胡克礼, 恽南平绘

沈阳 辽宁美术出版社 1983 年 146 页 13cm（60 开）

定价: CNY0.22

（基督山伯爵 8）

　　本书是中国现代连环画。

J0074170

少帅张学良　（上）思今, 晓丁改编；晓丁摄影

北京 中国戏剧出版社 1983 年 125 页 13cm（60 开）

定价: CNY0.23

（电视连环画册）

J0074171

少帅张学良　（下）思今, 晓丁改编；晓丁摄影

北京 中国戏剧出版社 1983 年 125 页 13cm（60 开）

定价: CNY0.23

（电视连环画册）

J0074172

少先队员的秘密　赖莫, 何发改编；张秀芬,
方元摄影

北京 宝文堂书店 1983 年 93 页 13cm（60 开）

统一书号: 8070.107 定价: CNY0.18

　　本书是电视剧连环画。

J0074173

少先队员手册　（第一册）《少先队员手册》编
写组编写

成都 四川少年儿童出版社 1983 年 2 版 198 页
有图 13cm（60 开）统一书号: R7247.29

定价: CNY0.28

　　本书是中国现代连环画。

J0074174

蛇　李成葆编

天津 天津人民美术出版社 1983 年 141 页
13cm（60 开）定价: CNY0.26

　　本书根据法国同名影片改编, 上海电影译制
厂供稿。

J0074175

蛇国探秘　黄若谷改编；吴卫平绘

广州 科学普及出版社广州分社 1983 年 78 页
13cm（60 开）统一书号: 8051.60243

定价: CNY0.13

　　本书是中国现代连环画。

J0074176

蛇影　陈子钊等改编；范爱全, 骆仲琦摄影

南京 江苏人民出版社 1983 年 201 页 13cm（60 开）

定价: CNY0.32

　　本书是中国现代连环画。

J0074177

身陷都监府　山东广播电视艺术团供稿

北京 宝文堂书店 1983 年 92 页 有图
13cm（60 开）统一书号: 8070.129 定价: CNY0.18

（电视剧《武松》连环画集之四）

J0074178

深谷枪声　崔前光原著；皮震寰改编并绘画

南京 江苏人民出版社 1983 年 94 页 10×13cm

统一书号: 8100.3.602 定价: CNY0.14

　　本书是中国现代连环画。

J0074179

深情　黄珏改编；陈和莲绘画

成都 四川人民出版社 1983 年 85 页 有图
13cm（60 开）统一书号: 8118.1497 定价: CNY0.15

　　本书是中国现代连环画。

J0074180

深山火种　周大韧改编；童介眉绘

北京 人民美术出版社 1983 年 148 页 有图
13cm（60 开）统一书号: 8027.8818 定价: CNY0.19

　　本书是中国现代连环画。

J0074181

深山奇遇　刘晓露等编文；苏田等绘画

福州 福建人民出版社 1983 年 118 页 有图

13cm（60开）统一书号：8173.683 定价：CNY0.19
　　本书是中国现代连环画。

J0074182
神笔张　谭元杰编绘
石家庄 河北美术出版社 1983 年 94 页
13cm（60开）统一书号：8087.516
定价：CNY0.14
　　本书是中国现代连环画。

J0074183
神兵天降　王榷改编
成都 四川人民出版社 1983 年 80 页 有图
10×13cm 统一书号：8118.1476 定价：CNY0.22
　　本书内容包括《转战南北》《冲锋在前》《鱼
水情深》《空中桥梁》《神兵天降》《站在抗洪救
灾第一线——记五六〇二八部队特务连连长税
建华》

J0074184
神灯　杨兆林改编；朱国勤绘画
上海 上海人民美术出版社 1983 年 164 页 有图
13cm（60开）统一书号：8081.13402
定价：CNY0.20
（1001 夜丛书）

J0074185
神灯　袁云改编；张培成绘
上海 少年儿童出版社 1983 年 118 页 13cm（60开）
统一书号：R10024.4143 定价：CNY0.14
　　本书是中国现代连环画，内容为《一千零一
夜》中的一篇。

J0074186
神斧　聪聪编；辛国绘画
石家庄 河北美术出版社 1983 年 62 页 有图
13cm（60开）统一书号：8087.469 定价：CNY0.10
　　本书是中国现代连环画。

J0074187
神秘岛　（法）儒勒·凡尔纳原著；张丽生改编；
许勇，白素兰绘
哈尔滨 黑龙江科学技术出版社 1983 年 222 页
13cm（60开）定价：CNY0.32
　　本书是根据原著改编的现代连环画。

J0074188
神秘的黄玫瑰　午言改编
北京 中国电影出版社 1983 年 125 页 13cm（60开）
统一书号：8061.2268 定价：CNY0.21
（电影连环画册）
　　本书根据罗马尼亚同名故事片改编。

J0074189
神秘的旅行　范良智，艾馨编文；熊治国绘画
长沙 湖南美术出版社 1983 年 78 页 13cm（60开）
定价：CNY0.11
（科学文艺连环画库）

J0074190
神秘的墓穴　伍杰编；李苇成绘
北京 人民美术出版社 1983 年 134 页 13cm（60开）
定价：CNY0.20
　　本书是中国现代连环画。

J0074191
神秘的使者　鉴颖改编；郭建民，陈布明绘
哈尔滨 黑龙江人民出版社 1983 年 160 页
13cm（60开）定价：CNY0.23
　　本书是中国现代连环画。

J0074192
神秘的死城　芜芝改编；逸泉绘
广州 广东人民出版社 1983 年 142 页 13cm（60开）
统一书号：8111.2409 定价：CNY0.24
（少年连环画库）

J0074193
神秘高原探险记　（英）柯南·道尔原著；余伯
焜改编；吕基，刘丽芳绘
广州 花城出版社 1983 年 163 页 13cm（60开）
定价：CNY0.29
（旅游连环画）

J0074194
神秘客　方岩改编；陈若晖，黄永定绘
福州 福建人民出版社 1983 年 94 页 13cm（60开）
统一书号：8173.677 定价：CNY0.14

J0074195
神秘世界漫游记　哲中原作；鲁英，蒙原改

编；马寒松绘

北京 中国旅游出版社 1983 年 126 页 13cm（60 开）

定价：CNY0.22

　　本书是中国现代连环画。绘者马寒松（1949—　），画家。天津人。历任中国美术家协会会员，天津美术家协会理事，红桥区政协书画家联谊会副会长，天津人民出版社任美术编辑、副编审。代表作品《聪明的青蛙》《兔娃娃》《豹子哈奇》《封神演义》等。

J0074196

神奇的南瓜种子　莎慧改编；李丰田绘画

石家庄 河北美术出版社 1983 年 41 页 有图 10×13cm 统一书号：8087.559 定价：CNY0.08

　　本书是中国现代连环画。绘者李丰田（1939—　），画家。山西平定人。中国美术家协会会员，山西省美协副秘书长。代表作品有《南滚龙沟》《迎亲图》《山村小店》等，出版有《李丰田速写集》《李丰田画集》《西洋绘画名作选集》等。

J0074197

神奇的铁汉子　余松岩编文；胡赤骏绘画

广州 岭南美术出版社 1983 年 157 页 有图 13cm（60 开）统一书号：8260.0721 定价：CNY0.26

　　本书是中国现代连环画。

J0074198

神枪三陀古　黄汉，何论改编；施友义绘

福州 福建人民出版社 1983 年 76 页 13cm（60 开）统一书号：8173.583 定价：CNY0.12

　　本书是中国现代连环画。

J0074199

神犬　管正美改编；傅耀馨绘

北京 文化艺术出版社 1983 年 125 页 13cm（60 开）

定价：CNY0.23

　　本书是中国现代连环画。

J0074200

神锁　周怡改编；徐友声绘画

天津 天津人民美术出版社 1983 年 95 页 有图 13cm（60 开）统一书号：8073.30709

定价：CNY0.15

　　本书是中国现代连环画。

J0074201

神腿杜心五　万天石原著；孙世奇改编；世仁绘

沈阳 辽宁美术出版社 1983 年 158 页 13cm（60 开）

定价：CNY0.24

　　本书是中国现代连环画。

J0074202

神医奇遇　李栋，李彬编；梁宝光，陈以忠绘

广州 岭南美术出版社 1983 年 158 页 13cm（60 开）

统一书号：8260.0567 定价：CNY0.25

　　本书是中国现代连环画。

J0074203

沈万山和聚宝盆　王崇辉，吴福林编；章毓霖绘

南京 江苏人民出版社 1983 年 142 页 13cm（60 开）

定价：CNY0.23

　　本书是中国现代连环画。绘者章毓霖（1947—2006），生于南通市。江苏省美术家协会会员，南通市美术家协会理事，海安县美术家协会主席，海安书画院兼职画师。作品有《"北京人"下落不明》等。

J0074204

审石得盗　胡翀改编；梅建业，朱国荣等绘

广州 科学普及出版社广州分社 1983 年 [94]页 10×13cm 统一书号：8051.60226 定价：CNY0.15

（中国古代科学破案故事选）

　　中国现代连环画作品，包括《审石得盗》《巧辨字迹》《焚尸灭迹》《失金被诬》等 9 个故事。

J0074205

生老病死　石山改编；蒋太禄绘

长沙 湖南美术出版社 1983 年 86 页 13cm（60 开）

定价：CNY0.13

（计划生育画库）

　　本书根据路歌、平维康同名话剧改编的连环画。

J0074206

生命的拯救者——琴纳的故事　肖麦青改编；刘希立，方兴绘

南昌 江西人民出版社 1983 年 134 页 13cm（60 开）

定价：CNY0.19

（中国古代近代名人青少年时期故事丛书）

　　本书是中国现代连环画。

J0074207
生死侣　水登改编；吴冰玉绘画
福州　福建人民出版社　1983年　86页　有图
13cm(60开)统一书号：8173.684　定价：CNY0.13
　　本书是中国现代连环画。作者水登
（1930—　），画家。原名廖其澄，四川达县人。
曾任绵阳市文联副秘书长、市美协主席，绵阳市
书画院二级美术师。绘画作品有《山寨》《草原
上的格桑花》《披查尔瓦的老人》等。出版有《廖
其澄水彩画集》《廖其澄花鸟画集》。绘者吴冰玉
（1934—　），江苏无锡人。毕业于华东艺专。上
海美术家协会会员，上海人民美术出版社画家，
上海连环画研究会会员。擅长连环画、中国画。
多次参加全国美展及上海市美展。作品绢本彩
色藏族连环画《青蛙骑手》多次获奖。

J0074208
失窃的甲骨文　晓蕾改编
北京　中国文艺联合出版社　1983年　141页
13cm(60开)统一书号：8313.124　定价：CNY0.23
（电视剧连环画）

J0074209
失意女巧遇得意郎　于卓，于显编；于善英绘
济南　山东人民出版社　1983年　102页　13cm(60开)
定价：CNY0.16
　　本书是中国现代连环画。

J0074210
十二把椅子　(苏)彼得洛夫等原著；许诒芳改
编，汪观清绘画
上海　上海人民美术出版社　1983年　2版　170页
有图　10×13cm　统一书号：8081.2882
定价：CNY0.21
　　本书是根据苏联原著改编的中国现代连环
画作品，收入170幅图。

J0074211
十三妹　韩双东改编；王崇秋，杨洁摄影
北京　宝文堂书店　1983年　125页　13cm(60开)
统一书号：8070.141　定价：CNY0.23
　　本书是中国现代连环画。

J0074212
十五岁船长迪克·桑　(法)儒勒·凡尔纳原
著；实子改编；雨立，肖田绘
长沙　湖南少年儿童出版社　1983年　112页
13cm(60开)统一书号：8070.141
定价：CNY0.23
（朝华画库）
　　本书是中国现代连环画。

J0074213
十字军骑士　(上)王素一，吴金娥改编；梁平
波绘
杭州　浙江人民美术出版社　1983年　158页
13cm(60开)统一书号：8156.204　定价：CNY0.19
　　本书是中国现代连环画。

J0074214
十字军骑士　(下)王素一，吴金娥改编；梁平
波绘
杭州　浙江人民美术出版社　1983年　158页
13cm(60开)统一书号：8156.211　定价：CNY0.19
　　本书是中国现代连环画。

J0074215
石脚印　刘诗兴原著；李方改编；区锦生绘
广州　花城出版社　1983年　125页　13cm(60开)
统一书号：8216.39　定价：CNY0.23
　　本书是中国现代连环画。

J0074216
石榴花　洪雁改编
北京　中国电影出版社　1983年　147页　13cm(60开)
定价：CNY0.26
（电影连环画册）

J0074217
石门平叛　姚雪垠原著；王永祥改编；梅凯绘
西安　陕西人民美术出版社　1983年　150页
13cm(60开)定价：CNY0.24
（《李自成》连环画之八）

J0074218
识破"还魂计"　刘延龄改编；钱生发，古寅等
绘画
长春　吉林人民出版社　1983年　134页　有图
13cm(60开)统一书号：8091.1410　定价：CNY0.20
（特殊巡官　三）

本书是中国现代连环画。

J0074219
史可法扬州保卫战　叶建森编；蔡宏坡绘
武汉 长江文艺出版社 1983 年 108 页 13cm（60 开）
定价：CNY0.16
（中国历代战争故事画丛）

J0074220
史前世界历险记　史庆礼等编；叶建森，叶海鸥绘
北京 气象出版社 1983 年 126 页 13cm（60 开）
统一书号：8194.0137 定价：CNY0.20
　　本书是中国现代连环画。

J0074221
世上从此有坏蛋　徐常波等改编；陈玉峰绘画
福州 福建人民出版社 1983 年 80 页 有图
13cm（60 开）统一书号：8173.574 定价：CNY0.13
　　本书是中国现代连环画。

J0074222
收复雅克萨　谢鲲，王飞沙原著；浅草改编；徐有武，徐有刚绘
杭州 浙江人民美术出版社 1983 年 150 页
13cm（60 开）定价：CNY0.18
　　本书是中国现代连环画。

J0074223
手枪队　（一）吴冷，李刚改编；范新生，郑高空绘
广州 广东人民美术出版社 1983 年 126 页
13cm（60 开）统一书号：8111.2417
定价：CNY0.21

J0074224
手枪队　（二）李刚等改编；邓志刚绘
广州 广东人民出版社 1983 年 126 页 有图
10×13cm 统一书号：8111.2418 定价：CNY0.21
　　本书是中国现代连环画。

J0074225
手枪队　（三）李刚等改编；邓志刚绘
广州 广东人民出版社 1984 年 126 页 有图
10×13cm 统一书号：8111.2419 定价：CNY0.21

J0074226
手枪队　（四）李刚改编；范新生，郑高空绘
广州 广东人民出版社 1984 年 126 页 13cm（60 开）
统一书号：8111.2447 定价：CNY0.21
　　本书是中国现代连环画。

J0074227
手枪队　（五）李刚改编；李德钊绘
广州 广东人民出版社 1984 年 126 页 13cm（60 开）
统一书号：8111.2448 定价：CNY0.21
　　本书是中国现代连环画。

J0074228
手枪队　（六）李刚改编；邓子刚绘
广州 广东人民出版社 1984 年 125 页 13cm（60 开）
统一书号：8111.2449 定价：CNY0.21
　　中国现代连环画。

J0074229
首战万山群岛　田益编；吴敏绘
北京 海洋出版社 1983 年 103 页 13cm（60 开）
统一书号：9193.0208 定价：CNY0.18
（人民海军战斗故事连环画集）
　　绘者吴敏（1931— ），画家。擅长宣传画。浙江平湖人。1949 年参军，海军政治部创作室创作员。1983 年获全国宣传画创作荣誉奖。作品有《敌人磨刀我们也要磨刀》《神圣的使命》（在全国宣传画展览中获奖）、《光荣：万里海疆的保卫者》等。

J0074230
受招安遭陷害　施耐庵，罗贯中原著；卢光照改编；冀平等绘画
北京 人民美术出版社 1983 年 91 页 10×13cm
统一书号：8027.7929 定价：CNY0.19
（《水浒》27）

J0074231
淑士国　李汝珍原著；锡明改编；秀功等绘
南京 江苏人民出版社 1983 年 86 页 10×13cm
统一书号：8100.3.666 定价：CNY0.13
（镜花缘之六）

J0074232

摔跤能手　王旭编绘

乌鲁木齐 新疆人民出版社 1983 年 31 页

13cm（60 开）统一书号：8098.175

定价：CNY0.10

　　本书是中国现代连环画。

J0074233

双龟记　杨荔编；韩黎坤绘

西安 陕西少年儿童出版社 1983 年 38 页

13c（60 开）统一书号：R8303.9 定价：CNY0.09

（台湾民间传说画丛）

　　本书是中国现代连环画。绘者韩黎坤

（1938— ），画家。江苏苏州人。毕业于浙江美

术学院版画系研究生班，留校任教。浙江人民美

术出版社美术编辑，浙江美术学院教授，中国美

术学院版画系主任、学术委员会副主任，博士生

导师，中国版画家协会常务理事。代表作品有《夕

照峥嵘》《韩黎坤画人体》，出版有《韩黎坤画人

体》等。

J0074234

双花轿　付昆编；胡劭长绘

北京 中国曲艺出版社 1983 年 102 页 13cm（60 开）

统一书号：8227.027 定价：CNY0.15

J0074235

双枪黄英姑　陈立德原著；鞠录田改编；邵子

振绘

哈尔滨 黑龙江人民出版社 1983 年 129 页

13cm（60 开）统一书号：8093.800 定价：CNY0.19

J0074236

双枪女将　林书鉴编；侯中曦，李洁华绘

广州 岭南美术出版社 1983 年 158 页 10×13cm

统一书号：8260.0722 定价：CNY0.26

（广东革命根据地传奇）

　　本书是中国现代连环画册。

J0074237

谁是"18"号　钮胜利改编；孙平绘

长沙 湖南美术出版社 1983 年 78 页 10×13cm

统一书号：8086.1091 定价：CNY0.13

　　本书是中国现代连环画。

J0074238

谁是 M　赵岗改编；何润民绘

西安 陕西人民美术出版社 1983 年 126 页

13cm（60 开）统一书号：8199.566 定价：CNY0.19

　　绘者何润民（1947— ），画家、教师。陕西

合阳人。历任西安美院副教授、院学术委员会委

员，西安美术学院附属中等美术学校校长。代表

作品有《老照壁》《牧歌》等。

J0074239

谁是 M？　（英）约翰·邓特原著；程德源改编；

周申绘

济南 山东人民出版社 1983 年 118 页 13cm（60 开）

统一书号：8099.2508 定价：CNY0.18

　　本书是中国现代连环画。

J0074240

谁是强者　梁秉堃原著；李大发改编；成立等

绘画

上海 上海人民美术出版社 1983 年 134 页 有图

13cm（60 开）统一书号：8081.13408

定价：CNY0.16

　　本书是中国现代连环画。

J0074241

谁偷了花生　姚建国，王烈编绘

南京 江苏人民出版社 1983 年 27 页 有彩图

13cm（60 开）统一书号：8100.3.611

定价：CNY0.13

J0074242

水灌晋阳　（东周列国故事）王星北改编；李

云德绘

上海 上海人民美术出版社 1983 年 2 版 134 页

13cm（60 开）统一书号：8081.5317

定价：CNY0.16

　　本书是中国现代连环画。

J0074243

水晶鞋　万家春改编；钱生发绘

沈阳 辽宁美术出版社 1983 年 102 页 13cm（60 开）

定价：CNY0.16

J0074244

水晶心　晓黎改编

北京 中国电影出版社 1983 年 156 页 13cm（60 开）
统一书号：8061.1988 定价：CNY0.26
（电影连环画册）

J0074245
水乡一家人　袁润澄等原著；黄家良改编，梅
汉珍等绘画
广州 岭南美术出版社 1983 年 101 页 有图
13cm（60 开）统一书号：8260.0522 定价：CNY0.17
　　本书是中国现代连环画。

J0074246
水勇英烈传 （广东英烈传）袁闰澄编；赖征
云绘
广州 岭南美术出版社 1983 年 162 页 13cm（60 开）
统一书号：8260.0623 定价：CNY0.28

J0074247
睡狮猛醒　连力改编；绍城等绘画
广州 岭南美术出版社 1983 年 156 页 10×13cm
统一书号：8260.0668 定价：CNY0.27
（武术家霍元甲 6）
　　本书是中国现代连环画。

J0074248
睡着的人和醒着的人　胡雁改编；郑志明等绘
上海 上海人民美术出版社 1983 年 ［101］页
13cm（60 开）统一书号：8081.134
定价：CNY0.13
（一千零一夜丛书）
　　本书是中国现代连环画。

J0074249
瞬间　鞠录田编文
天津 天津人民美术出版社 1983 年 148 页 有图
13cm（60 开）统一书号：8073.3062 定价：CNY0.28
　　本书是中国现代连环画。

J0074250
说谎话的老鼠　张惠明编文；杨辅京绘画
南京 江苏人民出版社 1983 年 12 页 有图
13cm（60 开）统一书号：8100.3.681
定价：CNY0.13
　　本书是中国现代连环画。

J0074251
司马迁　武锋等编文；陈冬至绘
石家庄 河北美术出版社 1983 年 110 页 有图
10×13cm 统一书号：8087.528 定价：CNY0.16
　　本书是中国现代连环画。

J0074252
司文郎　钱志清改编；韩和平等绘画
成都 四川人民出版社 1983 年 46 页 12×13cm
统一书号：8118.1360 定价：CNY0.10
（《聊斋》故事）
　　本书是中国现代连环画册。作者钱志清，
改编有连环画《现代戏剧连环画典藏本》《中国
历代画家》《红楼梦》等。绘者韩和平（1932—
2019），连环画家、教授。吉林东宁人，毕业于中
央美术学院华东分院绘画系。曾在上海人民美
术出版社从事连环画创作，历任上海大学美术学
院油画系副主任、副教授，艺术研究所主任。作
品连环画有《铁道游击队》《红岩》等。

J0074253
死而复生　魏忠才改编；赵国经绘
郑州 中州书画社 1983 年 102 页 13cm（60 开）
统一书号：8219.356 定价：CNY0.16

J0074254
死神的吻　姚光改编；梁家军绘
哈尔滨 黑龙江人民出版社 1983 年 117 页
13cm（60 开）统一书号：8027.8772
定价：CNY0.18
　　本书是中国现代连环画。

J0074255
死神的吻　张绍改编；谭晓林，谭晓春绘
北京 人民美术出版社 1983 年 128 页 13cm（60 开）
统一书号：8207.8775 定价：CNY0.21
（科学幻想）
　　本书是中国现代连环画。

J0074256
四大金刚　水登改编；方瑶民绘
上海 少年儿童出版社 1983 年 62 页 13cm（60 开）
定价：CNY0.10
（封神榜人物故事之六）
　　本书是中国现代连环画。作者水登

（1930— ），画家。原名廖其澄，四川达县人。曾任绵阳市文联副秘书长、市美协主席，绵阳市书画院二级美术师。绘画作品有《山寨》《草原上的格桑花》《披查尔瓦的老人》等。出版有《廖其澄水彩画集》《廖其澄花鸟画集》。绘者方瑶民（1933— ），江苏无锡人。毕业于华东艺术专科学校绘画系。少年儿童出版社编辑、编审。上海美术家协会会员。主要作品有编绘《世界文学名著》连环画丛书。

J0074257

四只脚的船　邱宪然译编；毛用坤，毛小榆画

南京 江苏人民出版社 1983 年 28 页 有彩图 13cm（60 开）统一书号：8100.3.733

定价：CNY0.15

本书是中国现代连环画。

J0074258

松柏敏和嘎西娜　陈贵培翻译；柳萱图改编；丁斌曾绘

上海 上海人民美术出版社 1983 年 86 页 有图 10×13cm 统一书号：8081.13146 定价：CNY0.11

绘者丁斌曾（1927—2001），连环画画家。浙江绍兴人。毕业于中央美术学院华东分院。曾任上海人民美术出版社创作员，《中国连环画大系》美术编辑。作品有《铁道游击队》《老爹打猎》《沙家浜》等。

J0074259

宋楚泓水之战　刘治贵编文；刘海志绘画

武汉 长江文艺出版社 1983 年 60 页 有图 13cm（60 开）统一书号：8107.376 定价：CNY0.10

（中国历代战争故事画丛）

J0074260

宋江　张玉来编文；桑麟康绘画

长春 吉林人民出版社 1983 年 236 页 有图 10×13cm 统一书号：8091.1431 定价：CNY0.31

本书是中国现代连环画。绘者桑麟康（1957— ），画家。浙江鄞县人，就读于上海市轻工业专科学校美术系。担任上海市农垦工商联合企业总公司天山商场美工。作品有《同学》《我们唤醒了沉睡的大地》《养鸡图》等。

J0074261

宋江　张玉来编；桑麒康绘

长春 吉林人民出版社 1983 年 236 页 13cm（60 开）

定价：CNY0.34

（《水浒》人物）

依据中国古典小说《水浒》改编的现代连环画作品。

J0074262

宋江杀惜　曹欣渊改编；魏忠善绘

上海 上海人民美术出版社 1983 年 102 页 13cm（60 开）统一书号：8081.13319

定价：CNY0.13

（水浒故事）

绘者魏忠善（1950— ），画家。江苏人，进修于上海戏剧学院。曾任职于上海劳动局宣传教育中心、华东师范大学艺术教育系、上海市美术家协会创作展览部。代表作品有《王家坪桃林茶馆》，连环画《三字经》《康熙大帝画传》等。

J0074263

宋璟砸碑　黄茂初原著；陈双喜改编；范生福等绘画

南京 江苏人民出版社 1983 年 62 页 有图 13cm（60 开）统一书号：8100.3.659

定价：CNY0.10

本书是中国现代连环画。

J0074264

宋师北征　魏德光改编；刘斌昆，卢汶绘

福州 福建人民出版社 1983 年 90 页 10×13cm

定价：CNY0.15

（《杨家将演义》之三）

根据古典小说《杨家将演义》改编的本书是中国现代连环画册。

J0074265

宋襄公　袁川编；杨大章绘

南宁 广西人民出版社 1983 年 80 页 13cm（60 开）

统一书号：8113.866 定价：CNY0.13

（中国历史故事连环画 10）

J0074266

宋小官团圆破毡笠　烨吴改编；席毅安绘

福州 福建人民出版社 1983 年 78 页 13cm（60 开）

定价：CNY0.13

（古代白话小说连环画）

J0074267

宋指导员的日记　韩为民，何椿年改编；范爱全等摄影

上海　上海人民美术出版社　1983 年　165 页　13cm（60 开）定价：CNY0.29

　　本书是中国现代连环画。

J0074268

宋指导员的日记　漠雁等编剧；韩为民改编；范爱全摄影

上海　上海人民美术出版社　1983 年　165 页　10×13cm　统一书号：8081.13620　定价：CNY0.29

　　本书是中国现代连环画。

J0074269

宋庄之战　胡仕华编；肖代贤，黄先华绘

武汉　长江文艺出版社　1983 年　86 页　13cm（60 开）统一书号：8107.399　定价：CNY0.14

　　本书是中国现代连环画。

J0074270

孙庞斗智　海声，李刚改编；吴献生绘

沈阳　辽宁美术出版社　1983 年　106 页　13cm（60 开）定价：CNY0.16

　　本书是中国现代连环画。

J0074271

孙悟空遨游太空　言人改编；乐小英，蔡一鸣绘

南昌　江西人民出版社　1983 年　94 页　13cm（60 开）定价：CNY0.16

　　本书是中国现代连环画。

J0074272

孙悟空三岛寻方　于越改编；史殿生绘

沈阳　辽宁美术出版社　1983 年　142 页　13cm（60 开）统一书号：7161.0166　定价：CNY0.21

J0074273

孙悟空外传　黎强改编；侯中曦等绘

广州　广东人民出版社　1983 年　158 页　13cm（60 开）定价：CNY0.28

（少年连环画库）

J0074274

孙悟空仗义救鸳鸯　尚羡智改编；豁志绘画

石家庄　河北美术出版社　1983 年　102 页　有图　10×13cm　统一书号：8087.943　定价：CNY0.15

　　本书是中国现代连环画。

J0074275

孙中山　宋平，王旭改编

北京　中国旅游出版社　1983 年　189 页　13cm（60 开）定价：CNY0.35

　　本书是中国现代连环画。

J0074276

唢呐情话　李新娟改编；肖玉磊，何保全绘

合肥　安徽人民出版社　1983 年　118 页　13cm（60 开）统一书号：8102.1256　定价：CNY0.17

　　本书是根据同名电视剧改编的连环画。

J0074277

她，会回来的……　刘鹏春等编文；王光林等拍摄

南京　江苏人民出版社　1983 年　78 页　有图　10×13cm　统一书号：8100.3.646　定价：CNY0.13

　　本书根据江苏省泰兴县歌剧团演出的同名歌剧改编。

J0074278

台湾剑客　林林改编；梁启德，梁英华绘

合肥　安徽人民出版社　1983 年　150 页　13cm（60 开）定价：CNY0.21

J0074279

苔丝　（英）托马斯·哈代原著；艾奇军，闵唯改编

南京　江苏人民出版社　1983 年　173 页　13cm（60 开）定价：CNY0.24

J0074280

苔丝　上海电影译制厂改编

北京　中国电影出版社　1983 年　157 页　13cm（60 开）定价：CNY0.26

（电影连环画册）

J0074281

太后之死　陈之夫改编；张新国，卢新东绘

银川 宁夏人民出版社 1983 年 126 页 13cm（60 开）
统一书号：8157.430 定价：CNY0.23

本书根据电影文学剧本《泪美人》改编的连
环画。

J0074282

太阳岛的小姑娘 李沐明写；宣森绘画
哈尔滨 黑龙江人民出版社 1983 年 有彩图
15cm（40 开）统一书号：R7093.758 定价：CNY0.13

J0074283

太阳山 沙惠荣改编；尤先瑞绘
石家庄 河北美术出版社 1983 年 62 页
13cm（60 开）定价：CNY0.10

本书由《太阳山》《金瓜儿和银豆儿》两个民
间故事组成。绘者尤先瑞（1944— ），笔名岱石
等，山西人，毕业于中央美术学院附中。擅长连
环画、儿童画等。曾任中国美术家协会上海分会
会员，中国电影家协会上海分会会员等职。主要
作品有《巴顿将军》《哪吒》《世界儿童文学名著
图画本》等。

J0074284

泰晋争霸 熊燕辉改编；汤云鹤绘
南昌 江西人民出版社 1983 年 150 页 13cm（60 开）
定价：CNY0.22

J0074285

贪婪的巴依 肖天编绘
乌鲁木齐 新疆青年出版社 1983 年 32 页
13cm（60 开）统一书号：8124.12 定价：CNY0.24

J0074286

汤姆·索亚历险记 英子改编；任兆祥绘画
成都 四川少年儿童出版社 1983 年 169 页
13cm（60 开）定价：CNY0.20

本书根据美国马克·吐温同名原作改编。

J0074287

唐·吉诃德 （西）塞万提斯原著；力行改编；
雷时圣等绘
成都 四川人民出版社 1983 年 114 页 13cm（60 开）
定价：CNY0.17

J0074288

唐敖出海 锡明改编；秀功等绘
南京 江苏人民出版社 1983 年 62 页 13cm（60 开）
定价：CNY0.10
（镜花缘之二）

J0074289

唐伯虎 陈景华编；吴元奎绘
南京 江苏人民出版社 1983 年 126 页 13cm（60 开）
定价：CNY0.17
（人物传记故事）

J0074290

唐赛儿 秦翎改编；李立绘
武汉 长江文艺出版社 1983 年 78 页 13cm（60 开）
统一书号：8107.419 定价：CNY0.13

J0074291

唐僧收三徒 于越改编；史殿生绘
沈阳 辽宁美术出版社 1983 年 174 页 13cm（60 开）
定价：CNY0.25

J0074292

唐太宗 辛胡改编；吴国威绘
长沙 湖南美术出版社 1983 年 118 页 13cm（60 开）
定价：CNY0.17

本书根据陆兼之、方家骥同名昆剧改编。

J0074293

堂吉诃德 （英汉对照连环画）（西）塞万提斯
原著；石岩山编译；周有武绘
上海 上海人民美术出版社 1983 年 64 页
13cm（60 开）定价：CNY0.16

J0074294

棠棣之花 郭沫若原著；郭庚才改编；秀公，
聂磊绘
南京 江苏人民出版社 1983 年 102 页 13cm（60 开）
统一书号：8100.3.633 定价：CNY0.15
（郭沫若剧作选）

J0074295

掏鼠洞 崔洪昌原著；李建新改编，崔建设绘画
石家庄 河北美术出版社 1983 年 新 1 版 70 页
有图 10×13cm 统一书号：8087.529

定价：CNY0.11

J0074296

逃亡者　艾梅尔改编；王希弟，韩玉梅绘
哈尔滨 黑龙江人民出版社 1983 年 67 页
13cm（60 开）定价：CNY0.14

J0074297

逃亡者　（汉英对照连环画）黄未芬改编；白光
诚绘；蔡女良译
广州 岭南美术出版社 1983 年 125 页 13cm（60 开）
定价：CNY0.20

J0074298

逃亡者归来　张士敏原著；秀娟改编；苏家杰绘
北京 人民美术出版社 1983 年 142 页 10×13cm
统一书号：8027.8823 定价：CNY0.22

　　绘者苏家杰（1947— ），画家。广州美术学
院版画系结业。广东省美术家协会会员，花城出
版社美术编辑室主任。作品有《百猫图谱》《友
谊花开》等。

J0074299

桃花姑娘　孟华甫编；杨谷昌绘画
北京 人民美术出版社 1983 年 86 页 有图
13cm（60 开）统一书号：8027.8764 定价：CNY0.11

J0074300

桃花妹子　曹元明原著；高煌改编；聂秀公绘画
南京 江苏人民出版社 1983 年 86 页 有图
13cm（60 开）统一书号：8100.3.654
定价：CNY0.13

J0074301

桃李梅　段剑秋改编；郝德平绘
哈尔滨 黑龙江人民出版社 1983 年 136 页
13cm（60 开）统一书号：8093.789 定价：CNY0.20
　　本书根据同名吉剧改编。

J0074302

桃砚缘　华涌骎原著；吴福林改编；裴国骧绘
南京 江苏人民出版社 1983 年 62 页 有图
13cm（60 开）统一书号：8100.3.670
定价：CNY0.10

J0074303

陶渊明　苗杰编；来汶阳，来振阳绘
南京 江苏人民出版社 1983 年 94 页 13cm（60 开）
定价：CNY0.14

J0074304

特别邮车　吴志远改编；关永伟摄影
北京 广播出版社 1983 年 125 页 有图
13cm（60 开）统一书号：8236.045 定价：CNY0.22
（黑名单上的人 8）

J0074305

特混舰队的覆灭　张玉俊改编；蒲慧华绘
济南 山东人民出版社 1983 年 102 页 13cm（60 开）
定价：CNY0.16

　　本书根据张佩芳科幻小说《大洋深处》改编。
绘者蒲慧华（1947— ），国家二级美术师。出生
于山东青岛。青岛市美术家协会理事，青岛市美
术家协会中国画艺术委员会委员，中国美术家协
会山东分会会员。代表作品《三国演义》《红楼
梦》《西游记》封面设计。著作有《当代连环画精
品集·蒲慧华》。

J0074306

特殊的任务　唐佩林原著；薛炎文改编；群山绘
天津 天津人民美术出版社 1983 年 149 页
13cm（60 开）统一书号：8073.30768
定价：CNY0.19

　　本书是中国现代连环画。

J0074307

特殊的巡长　姚自豪，毛一昌原著；毛亮英改
编；丁德邻绘
南京 江苏人民出版社 1983 年 198 页 13cm（60 开）
定价：CNY0.27

　　绘者丁德邻（1943— ），画家。江苏南京人。
毕业于南京艺术学院。中国美术家协会会员，常
州市美术家协会副主席，原常州刘海粟美术馆副
馆长。主要作品有《水》《山那边》《后山》等。

J0074308

特殊身份的警官　郑刚改编；邵劭绘
合肥 安徽人民出版社 1983 年 158 页 13cm（60 开）
定价：CNY0.21

　　本书是中国现代连环画。

J0074309

特殊身份的警官 （上）姚自豪等原著；范永信改编；刘经等绘

石家庄 河北美术出版社 1983 年 126 页 有图 13cm（60 开）统一书号：8087.511 定价：CNY0.18

J0074310

特殊身份的警官 （下）姚自豪，毛一昌原著；范永信改编；刘经，王博绘

石家庄 河北美术出版社 1983 年 110 页 13cm（60 开）定价：CNY0.16

J0074311

特殊身份的警官 （上）姚自豪，毛一昌著；斐向春绘

长沙 湖南美术出版社 1983 年 110 页 13cm（60 开）统一书号：8233.406 定价：CNY0.15

　　本书是中国现代连环画。

J0074312

特殊身份的警官 （中）姚自豪，毛一昌著；晓晨绘

长沙 湖南美术出版社 1983 年 110 页 13cm（60 开）统一书号：8233.407 定价：CNY0.15

　　本书是中国现代连环画。

J0074313

特殊身份的警官 （下）姚自豪，毛一昌原著；刘斌昆绘

长沙 湖南美术出版社 1983 年 126 页 13cm（60 开）定价：CNY0.17

　　本书是中国现代连环画。

J0074314

特殊身份的警官 （上）姚自豪，毛一昌原著；杜维轩改编；关庆留绘

西安 陕西人民美术出版社 1983 年 174 页 13cm（60 开）统一书号：8199.552 定价：CNY0.25

　　本书是中国现代连环画。

J0074315

特殊身份的警官 （下）姚自豪，毛一昌原著；杜维轩改编；关庆留绘

西安 陕西人民美术出版社 1983 年 174 页 13cm（60 开）定价：CNY0.25

本书是中国现代连环画。

J0074316

特殊身份的警官 （一 钢刀初出鞘）毛一昌等原著；阎禄其等改编；尚扬绘画

天津 天津人民美术出版社 1983 年 102 页 有图 13cm（60 开）统一书号：8073.30774 定价：CNY0.14

　　本书是中国现代连环画。

J0074317

特殊身份的警官 （二 独闯生死口）毛一昌等原著；薛炎文改编；杨于复绘画

天津 天津人民美术出版社 1983 年 126 页 有图 13cm（60 开）统一书号：8073.30855 定价：CNY0.16

　　本书是中国现代连环画。

J0074318

特殊身份的警官 （三 绝路逢生）毛一昌等原著；薛炎文改编；杨于复绘画

天津 天津人民美术出版社 1984 年 126 页 有图 10×13cm 统一书号：8073.30936 定价：CNY0.26

　　中国现代连环画。

J0074319

滕王阁绝唱 王素一，吴金娥编；黄大华，陈云华绘画

南昌 江西人民出版社 1983 年 61 页 13cm（60 开）统一书号：8110.572 定价：CNY0.12

（中国古代近代名人青少年时期故事丛书）

　　本书是中国现代连环画。

J0074320

滕知县断案 柳笙编文；刘端绘

长春 吉林人民出版社 1983 年 62 页 有图 13cm（60 开）统一书号：8091.1435 定价：CNY0.11

　　本书是中国现代连环画。

J0074321

藤野先生 姚天元改编；陈巽如等绘画

长沙 湖南少年儿童出版社 1983 年 62 页 有图 10×13cm 统一书号：8280.37 定价：CNY0.18

　　本书是中国现代连环画。作者陈巽如（1949— ），女，美术编辑。曾用名陈胜如、耳

东。 湖南望城人，毕业于湖南戏剧学校舞台美术科。曾任湖南文艺出版社美术编辑、装帧室副主任。中国美术家协会会员。代表作品有《攻关》《金龙崖》《湘西行》等。

J0074322

天波楼　孙长江，张惠民编；刘斌昆，裴向春绘
郑州　中州书画社　1983 年　126 页　13cm（60 开）
定价：CNY0.23
（《杨家将》之七）

J0074323

天池的传说　吴文焕改编；于骏治，陶干臣绘
银川　宁夏人民出版社　1983 年　107 页　13cm（60 开）
统一书号：8157.431　定价：CNY0.19
　　　本书是中国现代连环画。

J0074324

天赐奇缘　者吞改编；林白翻拍
广州　岭南美术出版社　1983 年　158 页　13cm（60 开）
定价：CNY0.30
　　　本书根据戴江《天赐》电影剧本改编的连环画。

J0074325

天鹅姑娘　（外国民间故事）艾华改编；王晓明绘
北京　人民美术出版社　1983 年　100 页
13cm（60 开）统一书号：8027.8875
定价：CNY0.13
　　　本书是中国现代连环画。

J0074326

天鹅湖　午言改编
北京　中国电影出版社　1983 年　93 页　13cm（60 开）
定价：CNY0.52
（电影连环画册）

J0074327

天方夜谭　（1）
天津　天津人民美术出版社　1983 年　4 册
14cm（80 开）定价：CNY0.40
　　　中国现代连环画作品，包括《神灯》《奇梦》《辛伯达航海奇遇记》《阿里巴巴与四十大盗》。

J0074328

天方夜谭　（2）
天津　天津人民美术出版社　1984 年　4 册
14cm（80 开）定价：CNY0.40
　　　中国现代连环画作品，包括《洗染匠和理发师》《宝石灯》《三兄弟》《宝戒指》。

J0074329

天罡剑　胡翀改编；黄小金绘
杭州　浙江人民美术出版社　1983 年　126 页
13cm（60 开）统一书号：8156.435
定价：CNY0.18
　　　本书根据剧本《失刑斩》及历史资料改编。

J0074330

天蓝色的车厢　崔亚斌原著；蓝翔编；谢颖绘
上海　上海人民美术出版社　1983 年　118 页　有图
10×13cm 统一书号：8081.13518 定价：CNY0.15
　　　本书是中国现代连环画。

J0074331

天山行　王进改编
北京　中国电影出版社　1983 年　188 页　13cm（60 开）
定价：CNY0.30
（电影连环画册）

J0074332

天山深处的"大兵"　李斌奎原著；郑谋梅编；金奎绘
上海　上海人民美术出版社　1983 年　110 页
10×13cm 统一书号：8081.13496 定价：CNY0.14
　　　本书是中国现代连环画册。作者金奎（1936— ），连环画家。江苏人。上海人民美术出版社创作干部。主要作品《红岩》。

J0074333

天外来客　高鲁冀著；张永典绘
天津　天津人民美术出版社　1983 年　114 页
13cm（60 开）统一书号：8073.30729
定价：CNY0.17

J0074334

天涯寄情　刘延龄改编；士南，王奇绘
哈尔滨　黑龙江人民出版社　1983 年　129 页
13cm（60 开）定价：CNY0.19

本书是中国现代连环画。

J0074335

天涯沦落人　郭诚，诸福章改编；何润民绘
西安　陕西人民美术出版社 1983 年 94 页
13cm（60 开）定价：CNY0.13
　　本书根据《彩云归》改编现代连环画。

J0074336

天竺国　张鸿林改编；沃保华绘画
长春　吉林人民出版社 1983 年 63 页 有图
10×13cm 统一书号：R8091.1425 定价：CNY0.10
（B 型美猴王连环画 24）

J0074337

田蚡暴死　戴英改编；齐林家绘
沈阳　辽宁美术出版社 1983 年 174 页 13cm（60 开）
统一书号：7161.0262 定价：CNY0.26
（前汉演义之十六）
　　本书是中国现代连环画。

J0074338

田七郎　周钰樵改编；施易昌绘
成都　四川人民出版社 1983 年 90 页 12×13cm
定价：CNY0.18
（《聊斋》故事）
　　本书是中国现代连环画册。

J0074339

甜酸苦辣　胡廷源等编剧、改编；应日隆摄影
北京　中国戏剧出版社 1983 年 156 页 13cm（60 开）
统一书号：8069.447 定价：CNY0.28

J0074340

跳来跳去的女人　（俄）契诃夫原著；马玲玲
改编；柴本善绘
上海　上海人民美术出版社 1983 年 86 页
10×13cm 定价：CNY0.11
　　本书是中国现代连环画册。

J0074341

铁环　（俄）梭罗古勃原著；邓汝锐改编；刘国
玉，罗木椿绘
广州　科学普及出版社广州分社 1983 年 66 页
13cm（60 开）定价：CNY0.13

J0074342

铁甲虎将　童心编文；朱大海绘画
长春　吉林人民出版社 1983 年 62 页 有图
10×13cm 统一书号：8091.1399 定价：CNY0.10
（新一代可爱的人 二）
　　本书是中国现代连环画。

J0074343

铁扇公主　张雨，槐山改编；盛亮贤绘
成都　四川人民出版社 1983 年 105 页 13cm（60 开）
定价：CNY0.16
（《西游记》故事之十二）
　　绘者盛亮贤（1919—2008），画家。上海青浦
人。曾从事电影动画及中学美术教学工作，曾任
上海新美术出版社，上海人民美术出版社连环画
创作室科长等职。连环画作品有《三字经》《枯
木逢春》《木匠迎亲》《寻人》《三国演义》等。

J0074344

铁掌擒魔　凤山改编；翁家澎，劳锡安绘
哈尔滨　黑龙江人民出版社 1983 年 138 页
13cm（60 开）统一书号：8093.846 定价：CNY0.20
　　本书是中国现代连环画。

J0074345

挺进报　木叶改编；李鹏西绘画
长沙　湖南少年儿童出版社 1983 年 33 页 有图
10×13cm 统一书号：R8280.59 定价：CNY0.10

J0074346

挺进野猫湖　任大星原著；杨嵩改编；吴同椿
绘
南京　江苏人民出版社 1983 年 150 页 13cm（60 开）
统一书号：8100.3.640 定价：CNY0.20

J0074347

通天河　张建辉改编；林百石绘画
长春　吉林人民出版社 1983 年 63 页 有图
10×13cm 统一书号：R8091.1422 定价：CNY0.10
（B 型美猴王连环画 8）
　　作者张建辉（1955—　），一级美术师。字乐
石，静心斋主。中华炎黄文化研究会同根同梦文
化委员会会员。绘者林百石（1946—　），画家。
吉林临江人，毕业于吉林艺术学院美术系。长春
市美术家协会副主席，吉林日报社美术部主任编

辑，书画院副秘书长，中国美术家协会会员，中国出版工作者协会装帧艺术研究会会员。作品有《秋声》《悟道图》《观沧海》等。

J0074348

通天河　赵吉南改编；胡克文绘
上海　上海人民美术出版社　1983 年　102 页
13cm（60 开）统一书号：8081.13403
定价：CNY0.13
（西游记）
　　作者赵吉南，改编有连环画《东方欲晓》《渡江侦察记》《列车飞奔》《西游记绘画本》《水浒传连环画》等。绘者胡克文（1928—2015），连环画家。亦名胡少飞，笔名少飞，浙江宁波人。连环画作品有《王子复仇记》《傲蕾·一兰》《娃女》等。

J0074349

铜元锁　王启礼编文；戚新国绘
南京　江苏人民出版社　1983 年　94 页　有图
13cm（60 开）统一书号：8100.3.732
定价：CNY0.16
　　本书是中国现代连环画。

J0074350

统一中原　刘延龄编文；冯子润绘画
长春　吉林人民出版社　1983 年　62 页　有图
10×13cm　统一书号：8091.1448　定价：CNY0.11
（东周列国 21）
　　本书是中国现代连环画。

J0074351

偷渡的人　苏金星原著；张凡改编；徐克伟等绘画
南京　江苏人民出版社　1983 年　158 页　有图
10×13cm　统一书号：8100.3.663　定价：CNY0.22

J0074352

偷运伤员　吴志远改编；关永伟摄影；中央电视台供稿
北京　广播出版社　1983 年　125 页　有图
13cm（60 开）统一书号：8236.081　定价：CNY0.22
（黑名单上的人 12）
　　本书是中国现代连环画。

J0074353

投向"四○一"的魔影　良杰，吴翔改编；培础，宗懋绘
福州　福建人民出版社　1983 年　126 页有图
10×13cm　统一书号：8173.628　定价：CNY0.18
　　本书根据同名小说改编的连环画。

J0074354

突破乌江　钟理文改编
北京　中国电影出版社　1983 年　157 页 13cm（60 开）
统一书号：8061.2059　定价：CNY0.26
（电影连环画册）

J0074355

吐金吐银的孩子　徐淦改编；许全群绘
北京　农村读物出版社　1983 年　62 页 13cm（60 开）
定价：CNY0.12
（民间故事连环画库）

J0074356

鸵鸟传奇　（科学童话）贾正端编；林友安绘
广州　科学普及出版社广州分社　1983 年　78 页
13cm（60 开）定价：CNY0.14
　　本书是中国现代连环画。

J0074357

外国文学艺术家的故事　赵宏改编；马增千，王大德等绘
太原　山西人民出版社　1983 年　134 页
13cm（60 开）定价：CNY0.18
　　本书是包括舒伯特、贝多芬、马尔扎克等 15 位外国文学艺术家的故事的连环画。

J0074358

弯弯的石径　弥弭改编
北京　中国电影出版社　1983 年　147 页 13cm（60 开）
统一书号：8061.2230　定价：CNY0.26
（电视连环画册）

J0074359

玩具店里的战斗　张保国编文；金诚绘画
石家庄　河北美术出版社　1983 年　93 页　有图
10×13cm　统一书号：8087.547　定价：CNY0.14
　　本书是中国现代连环画。

J0074360

玩偶之家 （挪）易卜生原著；褚伯承改编；张栩绘

上海 上海人民美术出版社 1983 年 190 页 13cm（60 开） 定价：CNY0.22

　　本书是挪威戏剧家亨利克·易卜生创作的一部典型的社会问题剧，主要围绕过去被宠的女主人公娜拉的觉醒展开，最后以娜拉的出走结束全剧。是本书是中国现代连环画册。收入 190 幅图。

J0074361

万能脑侦破记 冰晶改编；赵庆笙绘

成都 四川人民出版社 1983 年 126 页 13cm（60 开） 统一书号：8118.1255 定价：CNY0.15

　　本书是中国现代连环画。

J0074362

万炮轰金门 任亚编；邢真理绘

北京 海洋出版社 1983 年 104 页 13cm（60 开） 定价：CNY0.18

（人民海军战斗故事连环画集）

J0074363

万山红遍 （上）黎汝清原著；邹向前改编；钟文斌绘

沈阳 辽宁美术出版社 1983 年 126 页 13cm（60 开） 定价：CNY0.30

　　本书是中国现代连环画。

J0074364

万山红遍 （下）黎汝清原著；邹向前改编；钟文斌绘

沈阳 辽宁美术出版社 1983 年 210 页 13cm（60 开） 定价：CNY0.30

　　本书是中国现代连环画。

J0074365

万无一失 高天明编；潘小庆绘

南京 江苏人民出版社 1983 年 94 页 13cm（60 开） 统一书号：8100.3.639 定价：CNY0.15

J0074366

王安石 吴福林编；邹越非绘

南京 江苏人民出版社 1983 年 94 页 13cm（60 开） 定价：CNY0.14

（中国古代文学家的故事）

　　绘者邹越非，（1934—　），连环画家。生于江苏镇江，就读上海连环画学习班。上海美术家协会创作员，上海教育出版社美术编辑，上海社会科学院出版社美术编辑。代表作品有《蔷薇花案件》《孙小圣与猪小能》，出版有《龙江颂》《通俗前后汉演义》。

J0074367

王安石的故事 王亮功编文；陈令长，倪绍勇绘

南昌 江西人民出版社 1983 年 126 页 13cm（64 开） 定价：CNY0.19

　　本书是中国现代连环画册。

J0074368

王冠奇案 陆燕飞改编；范新生，梁烽绘

广州 广东人民出版社 1983 年 158 页 13cm（60 开） 统一书号：8111.2400 定价：CNY0.26

（少年连环画库）

J0074369

王桂庵 李大发改编；徐有武绘

成都 四川人民出版社 1983 年 82 页 12×13cm 定价：CNY0.16

（《聊斋》故事）

　　本书是中国现代连环画册。

J0074370

王莽篡汉 钱婺编；史鉴等绘

福州 福建人民出版社 1983 年 134 页 13cm（60 开） 定价：CNY0.22

（通俗前后汉演义之十八）

J0074371

王锁崖 贺忠信编；张平平绘

西安 陕西人民美术出版社 1983 年 62 页 13cm（60 开）统一书号：8199.506 定价：CNY0.11

J0074372

王团庄之战 陈良编文；王振海绘画

长春 吉林人民出版社 1983 年 142 页 有图 10×13cm 统一书号：8091.11464 定价：CNY0.22

J0074373

王熙凤 徐菜编；田大，徐厚昆摄影

北京 中国戏剧出版社 1983 年 125 页 13cm（60 开）
定价：CNY0.23

J0074374
王者　　张世新改编；王经春绘
济南 山东人民出版社 1983 年 62 页 13cm（60 开）
定价：CNY0.11
（聊斋志异故事选 35）

J0074375
王子历险　　祝高龙改编；李蕾生绘
上海 上海人民美术出版社 1983 年 106 页
13cm（60 开）统一书号：8081.13555
定价：CNY0.13
（1001 夜丛书）

J0074376
王子与贫儿　　惠青改编；宫昭堃，董俊茹绘
哈尔滨 黑龙江人民出版社 1983 年 153 页
13cm（60 开）定价：CNY0.22
　　本书是中国现代连环画。

J0074377
王子斩妖记　　哲敏改编；刘树章绘画
呼和浩特 内蒙古人民出版社 1983 年 62 页
有图 10×13cm 统一书号：8089.142
定价：CNY0.13

J0074378
王佐断臂　　陆士达编文；徐正平绘画
上海 上海人民美术出版社 1983 年 118 页 有图
13cm（60 开）统一书号：8081.5295 定价：CNY0.15
　　本书是讲述岳家军抗金斗争中王佐断臂的
故事。是中国现代连环画作品，共收入 118 幅图。

J0074379
望穿秋水　　子君改编；兰天摄影
广州 岭南美术出版社 1983 年 198 页 有图
13cm（60 开）统一书号：8260.0666 定价：CNY0.36
　　本书根据同名电影剧本改编。

J0074380
望夫石　　李华章，胡运枝改编；汪国新绘
长沙 湖南美术出版社 1983 年 76 页
13cm（60 开）统一书号：8233.424

定价：CNY0.12
　　本书是中国现代连环画。

J0074381
望日莲　　徐光耀原著；周贵良改编；张冰洁绘画
石家庄 河北美术出版社 1983 年 66 页 有图
10×13cm 统一书号：8087.527 定价：CNY0.10

J0074382
危急时刻　　马识途原著；戴安常改编；周良知
绘画
成都 四川人民出版社 1983 年 83 页 有图
10×13cm 统一书号：8118.1257 定价：CNY0.11
　　本书根据小说《小交通员》改编。

J0074383
威尔历险记　　（英）约翰·克里斯弗原著；陈
渊编；韩伍画
银川 宁夏人民出版社 1983 年 239 页 10×13cm
定价：CNY0.40
（儿童时代画库）
　　本书共 3 册，收入连环画 239 幅图。讲述了
聪明勇敢的英国少年威尔搭渔船游历世界的科
幻故事。

J0074384
威尼斯商人　　（英）莎士比亚原著；王汝兰编；
张美龄，高贵生绘
天津 天津人民美术出版社 1983 年 98 页
13cm（60 开）定价：CNY0.16
（外国文学名著选编）
　　本书是中国现代连环画。

J0074385
威震京华　　连力改编；绍城等绘画
广州 岭南美术出版社 1983 年 158 页 10×13cm
统一书号：8260.0621 定价：CNY0.27
（武术家霍元甲 4）
　　本书是中国现代连环画。

J0074386
威震平州　　曲波原著；贾金豹改编；郭文涛绘
兰州 甘肃人民出版社 1983 年 78 页 13cm（60 开）
定价：CNY0.12
（桥隆飙连环画之六）

J0074387

威镇三关　张惠民，孙长江编；凌涛、李维定绘
郑州 中州书画社 1983 年 142 页 13cm（60 开）
定价：CNY0.23
《杨家将》之六）
　　本书是中国现代连环画。

J0074388

微湖游击队　曹明绪原著；毛亮英，毛蓉蓉改编；邵劭，徐如升绘
南京 江苏人民出版社 1983 年 174 页 13cm（60 开）
统一书号：8100.3.705 定价：CNY0.26
　　本书是中国现代连环画。

J0074389

为奴隶的母亲　张友元改编；陈文杰绘
北京 人民美术出版社 1983 年 70 页 13cm（60 开）
定价：CNY0.12
　　本书根据柔石同名小说改编的现代连环画。

J0074390

维尔娜斯梦游阳朔　李源，任宝贤改编；穆多杰绘
北京 中国旅游出版社 1983 年 79 页 13cm（60 开）
统一书号：8179.354 定价：CNY0.16
　　本书是根据原著改编的现代连环画

J0074391

伟伟的生日　田怡写；高燕等绘画
上海 少年儿童出版社 1983 年 1 册 有彩图
15cm（40 开）统一书号：R10024.4051
定价：CNY0.12

J0074392

未结束的战斗　赵洪波原著；王毓如改编；高志岳绘
杭州 浙江人民美术出版社 1983 年 134 页
13cm（60 开）定价：CNY0.17
　　本书是中国现代连环画。

J0074393

未完成的杰作　吴其琅，刘隆琼改编；潘雷绘
广州 岭南美术出版社 1983 年 158 页 13cm（60 开）
统一书号：8260.0566 定价：CNY0.26
　　本书是中国现代连环画。

J0074394

未央宫　杨根相编文；于骏治绘画
上海 上海人民美术出版社 1983 年 2 版 126 页
10×13cm 定价：CNY0.19
《西汉演义》连环画之二十）
　　作者杨根相，主要改编的连环画作品有《暴风骤雨》《红灯记》《蛙女》等。绘者于骏治，连环画家。作品有《龙门山 东周列国故事》等。

J0074395

温钦夫镇魔记　琶杰原著；辛希改编；布和绘
呼和浩特 内蒙古人民出版社 1983 年 62 页
有图 13cm（60 开）统一书号：8080.125
定价：CNY0.11
　　本书是根据原著改编的现代连环画。

J0074396

文帝耕田　梁任编；石夫，姚耐绘
福州 福建人民出版社 1983 年 138 页 13cm（60 开）
统一书号：8173.603 定价：CNY0.21
（通俗前后汉演义之九）
　　本书是中国现代连环画。

J0074397

我不是猎人　霍达编；王为政绘
上海 上海人民美术出版社 1983 年 110 页 有图
13cm（60 开）统一书号：8081.13458
定价：CNY0.14
　　本书讲述了几个西双版纳少年，机智地抓住偷猎者，保护了珍稀动物金丝猴的故事。收入110 幅图。

J0074398

我们爱科学　董建民，东琦，董巍编绘
石家庄 河北美术出版社 1983 年 60 页
10×13cm 统一书号：8087.510 定价：CNY0.14
　　本书是中国现代连环画册。

J0074399

我要当冠军　潘耀斌等原著；沈毅改编
南京 江苏人民出版社 1983 年 109 页 有图
13cm（60 开）统一书号：8100.3.687
定价：CNY0.17
　　本书是中国现代连环画。

J0074400

我在他们中间　金戈改编

北京 中国电影出版社 1983 年 147 页 13cm（60 开）

统一书号：8061.2232 定价：CNY0.26

（电影连环画册）

J0074401

乌江恨　崇辛编文；耀伟等绘画

福州 福建人民出版社 1983 年 106 页 有图

10×13cm 统一书号：8173.602 定价：CNY0.16

（通俗前后汉演义 五）

　　本书是中国现代连环画。

J0074402

乌江自刎　张月华改编；李德庆绘

沈阳 辽宁美术出版社 1983 年 190 页 13cm（60 开）

定价：CNY0.28

（前汉演义之八）

　　本书是中国现代连环画。

J0074403

乌丘海域阻击战　张泽南，尚涵编；朱贻德绘

北京 海洋出版社 1983 年 110 页 13cm（60 开）

统一书号：8193.0209 定价：CNY0.18

（人民海军战斗故事连环画集）

J0074404

乌石彭将军　李茂林原著；曼生，蓬蒿改编；

周定绘

兰州 甘肃人民出版社 1983 年 142 页 13cm（60 开）

定价：CNY0.26

　　本书是中国现代连环画。

J0074405

无名义士　（明）冯梦龙原著；白虹改编；徐谷

安绘

上海 上海人民美术出版社 1983 年 110 页

13cm（60 开）定价：CNY0.14

　　本书是根据明代冯梦龙原著改编的中国现

代连环画作品，共收入 110 幅图。

J0074406

无事生非　（英）莎士比亚原著；吴琛改编；张

福祺等摄影

上海 上海人民美术出版社 1983 年 2 版 181 页

有图 13cm（60 开）统一书号：8081.3560

定价：CNY0.32

　　本书是根据原著改编的现代连环画。

J0074407

无畏将军　翠岚改编；谌孝安，徐海琳绘

广州 岭南美术出版社 1983 年 189 页 13cm（60 开）

统一书号：8260.0699 定价：CNY0.30

（广东英烈传）

　　本书是中国现代连环画。

J0074408

吴越之争　王振民改编；洪斯文等绘画

北京 人民美术出版社 1983 年 134 页 有图

10×13cm 统一书号：8027.8757 定价：CNY0.16

（中国历史故事）

　　作者王振民（1937— ），教授。中国人民大

学中文系教授、文艺理论教研室主任，中国摄影

家协会，中国文艺理论学会会员。

J0074409

五百年后孙悟空　倪启勋，石庆福改编；费文

麓摄影

北京 中国戏剧出版社 1983 年 157 页 13cm（60 开）

统一书号：8069.466 定价：CNY0.28

（《西游记》戏剧连环画）

　　现代戏剧连环画作品。

J0074410

五虎岛　（福建民间故事）锦华改编；曹三长绘

画

福州 福建人民出版社 1983 年 88 页 有图

13cm（60 开）统一书号：8173.584 定价：CNY0.14

　　作者曹三长（1939— ），教师。江西余干人，

浙江美术学院毕业。福州轻工业研究所美术设

计师，福建师范大学美术系教授等。作品有《李

寄斩蛇》《年年有余》《深山探宝》《风雨鱼不知》

等，著作有《画鱼艺术》《装饰人物画基础》《曹

三长写意花鸟画》。

J0074411

五坡岭　（文天祥粤东抗元故事）阿鼎编；侯中

曦绘

广州 岭南美术出版社 1983 年 126 页 13cm（60 开）

定价：CNY0.22

本书为中国现代连环画。

J0074412
武当拳与剑　田兆宏改编；阎德林摄影
延吉 延边人民出版社 1983 年 125 页 13cm（60 开）
统一书号：8136.621 定价：CNY0.23
　　本书根据谢文礼电影剧本改编的连环画。

J0074413
武帝尚贤　戴英改编；张友绘
沈阳 辽宁美术出版社 1983 年 186 页 13cm（60 开）
定价：CNY0.28
（前汉演义之十五）
　　本书为中国现代连环画。

J0074414
武林英豪　孙金亮，侯明志编；石丙春等绘
合肥 安徽人民出版社 1983 年 118 页 13cm（60 开）
定价：CNY0.18
（中国武术故事连环画）
　　本书介绍中国武术界的杰出人物霍元甲的
故事。

J0074415
武林志　傅溪鹏改编；刘启端绘
广州 岭南美术出版社 1983 年 142 页 13cm（60 开）
定价：CNY0.26
（中国武术连环画）

J0074416
武林志　（上）金戈改编
北京 中国电影出版社 1983 年 125 页 13cm（60 开）
定价：CNY0.22
（电影连环画册）

J0074417
武松　（兄弟话别情 二）李蠡改编
北京 中国电影出版社 1983 年 147 页 13cm（60 开）
定价：CNY0.26
　　本书是根据电视连续剧《武松》改编的连
环画。

J0074418
武松　（斗杀西门庆 三）李蠡改编
北京 中国电影出版社 1983 年 147 页 13cm（60 开）

定价：CNY0.26
　　本书是根据电视连续剧《武松》改编的连
环画。

J0074419
武松　（醉打蒋门神 四）李蠡改编
北京 中国电影出版社 1983 年 147 页 13cm（60 开）
定价：CNY0.26
　　本书是电视剧《武松》连环画集之一。

J0074420
武松　（身陷督监府 五）李蠡改编
北京 中国电影出版社 1983 年 147 页 13cm（60 开）
定价：CNY0.26
　　本书是电视剧《武松》连环画集之一。

J0074421
武松　（血溅鸳鸯楼 六）李蠡改编
北京 中国电影出版社 1983 年 147 页 13cm（60 开）
定价：CNY0.26
　　本书是电视剧《武松》连环画集之一。

J0074422
武松　（二进十字坡 七）李蠡改编
北京 中国电影出版社 1983 年 117 页 13cm（60 开）
定价：CNY0.21
　　本书是电视剧《武松》连环画集之一。

J0074423
武松　（二龙山聚义 八）李蠡改编
北京 中国电影出版社 1983 年 117 页 13cm（60 开）
定价：CNY0.21
　　本书是电视剧《武松》连环画集之一。

J0074424
武王伐纣　袁川编；余林绘
南宁 广西人民出版社 1983 年 136 页 13cm（60 开）
统一书号：8113.841 定价：CNY0.24
（中国历史故事连环画 6）

J0074425
武王伐纣　（封神演义故事）云天改编；建忠，
建敏绘
南昌 江西人民出版社 1983 年 126 页 13cm（60 开）
统一书号：8110.587 定价：CNY0.19

J0074426

勿忘我　王逸改编

北京 中国电影出版社 1983 年 125 页 13cm（60 开）

定价：CNY0.21

（电影连环画册）

J0074427

戊戌喋血记　（上）任光椿原著；杨春风，董青
冬改编；马程，曾禹绘

合肥 安徽人民出版社 1983 年 150 页 13cm（60 开）

定价：CNY0.21

本书根据任光椿原著同名历史小说改编的
现代连环画。

J0074428

戊戌喋血记　（下）任光椿原著；杨春风，董青
冬改编；马程，曾禹绘

合肥 安徽人民出版社 1983 年 150 页 13cm（60 开）

定价：CNY0.21

本书根据任光椿原著同名历史小说改编。

J0074429

误入鬼圈套　张艾莉编；钱生发，古寅绘

长春 吉林人民出版社 1983 年 150 页 13cm（60 开）

统一书号：8091.1442 定价：CNY0.23

（特殊巡官之五）

J0074430

误陷虎穴　连力改编；家斌，穗中绘画

广州 岭南美术出版社 1983 年 158 页 10×13cm

统一书号：8260.0622 定价：CNY0.27

（武术家霍元甲 5）

J0074431

悟空除三怪　曹治淮改编；郭占魁绘画

石家庄 河北美术出版社 1983 年 126 页 有图
9×13cm（64 开）统一书号：8087.468

定价：CNY0.18

（《西游记》17）

J0074432

悟空斗法　朱力士改编；王琼绘

长沙 湖南少年儿童出版社 1983 年 94 页
13cm（60 开）统一书号：R8280.61

定价：CNY0.14

（朝华画库）

J0074433

悟空独闯麒麟山　郭子宣改编；窦世魁，窦世
伟绘

济南 山东人民出版社 1983 年 94 页 13cm（60 开）

定价：CNY0.15

（西游记故事选 七）

J0074434

西安事变　马启莱，林茉莉改编；沈加蔚，王
兰绘

沈阳 辽宁美术出版社 1983 年 166 页 19cm（32 开）

统一书号：7161.0281 定价：CNY0.49

J0074435

西昌行　陈江改编；黄玉坤绘

福州 福建人民出版社 1983 年 74 页 13cm（60 开）

定价：CNY0.12

本书根据马识途同名小说改编的现代连
环画。

J0074436

西湖主　叶建森改编；徐有武绘

成都 四川人民出版社 1983 年 70 页 12×13cm

定价：CNY0.14

（《聊斋》故事）

本书是中国现代连环画册。作者叶建森
（1932—　），笔名五丰，厦门人。中国连环画研
究会常务理事，湖南省美术家协会会员。主要
作品有《血染黄河滩》《变驴》《鸟笼里的野兽》
等。绘者徐有武（1942—　），画家。浙江永康人。
中国美术家协会会员。代表作品有《送鱼》《徐
有武画集》《中国佛教图像解说》《古代仕女画
法》等。

J0074437

西沙海战　祝武编；滕英杰，隋自更绘

北京 海洋出版社 1983 年 119 页 13cm（60 开）

统一书号：8193.0217 定价：CNY0.20

（人民海军战斗故事连环画集）

J0074438

西太后篡权记　（上集）孙德民改编；姚尔清
等摄影

北京 中国戏剧出版社 1983 年 117 页 10×13cm
统一书号：8069.448 定价：CNY0.23

　　本书是中国现代连环画册。

J0074439

西太后篡权记 （下集）孙德民改编；姚尔清
等摄影
北京 中国戏剧出版社 1983 年 116 页 10×13cm
统一书号：8069.449 定价：CNY0.23

　　本书是中国现代连环画册。

J0074440

西线轶事 徐怀中原著；吉国祥改编；赵文元绘
上海 上海人民美术出版社 1983 年 10×13cm
定价：CNY0.16

　　本书是中国现代连环画册。绘者赵文元
（1946— ），国家一级美术师。生于江苏镇江，
就读于浙江美术学院国画系、解放军艺术学院美
术系、中央美术学院国画系。江苏省美术家协会
副主席，江苏省徐悲鸿研究会副会长，中国画马
艺术研究会副会长。代表作品有《女兵》《丫丫》
《雪顿节》等。

J0074441

西游新记 （一）童恩正原著；田土，吉鸟改
编；许钦松绘
广州 科学普及出版社广州分社 1983 年 124 页
　13cm（60 开）定价：CNY0.22

　　本书是中国现代连环画册。

J0074442

西游新记 （三）童恩正原著；田土，吉鸟改
编；陈树斌绘
广州 科学普及出版社广州分社 1983 年 124 页
13cm（60 开）定价：CNY0.22

　　绘者陈树斌（1938— ），编辑。笔名方唐，
广东中山人。《羊城晚报》主任美编，中国美协
漫画艺委会委员，广东漫画学会名誉会长，广东
画院特聘画家，广东省政协委员。著有《方唐世
界——方唐漫画精选》。

J0074443

西游新记 （二）童恩正原著；田土，吉鸟改
编；阳日绘
广州 科学普及出版社广州分社 1984 年 124 页

13cm（64 开）定价：CNY0.22

　　中国现代连环画。

J0074444

西游新记 （四）童恩正原著；田土，吉鸟改
编；叶家斌等绘
广州 科学普及出版社广州分社 1984 年 129 页
13cm（64 开）定价：CNY0.22

　　中国现代连环画。

J0074445

西游新记 （五）童恩正原著；田土，家坤改
编；逸泉，文非绘
广州 科学普及出版社广州分社 1985 年 141 页
13cm（60 开）定价：CNY0.34

　　根据童恩正著同名科幻小说编绘的连环画。

J0074446

西游新记 （六）童恩正原著；里群改编；文
非，逸泉绘
广州 科学普及出版社广州分社 1985 年 124 页
13cm（60 开）定价：CNY0.30

　　中国现代连环画。

J0074447

西游新记 （七）童恩正原著；吉鸟改编；黄永
安绘画
广州 科学普及出版社广州分社 1986 年 124 页
13cm（64 开）定价：CNY0.39

　　本书是中国现代连环画册。

J0074448

西游新记 （八）童恩正原著；唐家坤改编；文
非，逸泉绘画
广州 科学普及出版社广州分社 1986 年 118 页
13cm（64 开）定价：CNY0.37

　　本书是中国现代连环画册。

J0074449

希腊女船王婚变记 吴越编；池长尧绘
福州 福建人民出版社 1983 年 114 页 13cm（60 开）
统一书号：8173.629 定价：CNY0.18

　　本书是中国现代连环画册。

J0074450

席方平　庄努，槐山改编；张志能绘

成都 四川人民出版社 1983 年 57 页 12×13cm

定价：CNY0.12

(《聊斋》故事)

　　本书是中国现代连环画册。

J0074451

袭击弹药库　吴志远改编；关永伟摄影

北京 广播出版社 1983 年 125 页 有图

13cm(60 开) 统一书号：8236.043 定价：CNY0.22

(黑名单上的人 6)

　　本书是中国现代连环画册。

J0074452

袭击九枫寨　青山改编；衣晓白绘

哈尔滨 黑龙江人民出版社 1983 年 149 页

13cm(60 开) 统一书号：8093.877

定价：CNY0.22

J0074453

洗染匠和理发师　雷茵平改编；王培堃绘

广州 广东人民出版社 1983 年 103 页 13cm(60 开)

定价：CNY0.18

(《一千零一夜》故事选)

　　本书是中国现代连环画册。

J0074454

洗染匠和理发师　钱志清编；张万鸿等绘

上海 上海人民美术出版社 1983 年 126 页 有图

13cm(60 开) 统一书号：8081.13453

定价：CNY0.16

(《一千零一夜》丛书)

　　本书是中国现代连环画册。

J0074455

喜事难办　叶礼旋改编；张自生绘

福州 福建人民出版社 1983 年 94 页 有图

13cm(60 开) 统一书号：8173.594 定价：CNY0.14

　　本书是中国现代连环画册。

J0074456

瞎子波亚　管正美，禾尤改编；魏根生绘

合肥 安徽人民出版社 1983 年 86 页 13cm(60 开)

统一书号：8102.1368 定价：CNY0.13

　　本书是中国现代连环画册。

J0074457

侠盗罗宾汉　(上)肖杉改编；谭晓春绘

北京 宝文堂书店 1983 年 126 页 13cm(60 开)

定价：CNY0.23

(电视剧连环画)

　　本书根据英国电视连续剧《罗宾汉》编绘。

J0074458

侠盗罗宾汉　(中)肖杉改编；陈军绘

北京 宝文堂书店 1983 年 126 页 13cm(60 开)

定价：CNY0.23

(电视剧连环画)

　　本书是中国现代连环画册。

J0074459

侠盗罗宾汉　(下)竺蕾改编；谭晓春绘画

北京 宝文堂书店 1983 年 126 页 有图

13cm(60 开) 统一书号：8070.149 定价：CNY0.23

J0074460

峡谷的秘密　刘伯英编；泸航绘画

长春 吉林人民出版社 1983 年 150 页 有图

13cm(60 开) 统一书号：8091.1474 定价：CNY0.23

　　本书是中国现代连环画册。

J0074461

下边庭　青野改编；董善明绘

石家庄 河北美术出版社 1983 年 102 页

13cm(60 开) 统一书号：8087.463

定价：CNY0.15

(《杨家将》之七)

　　本书是中国现代连环画册。

J0074462

下里巴人　李钻钟改编；范爱全，骆仲奇摄影

南京 江苏人民出版社 1983 年 186 页 13cm(60 开)

定价：CNY0.29

　　本书根据江苏省话剧团演出的同名话剧

改编。

J0074463

夏天的冒险　米利威·马托赛茨原著；晓春改

编；杨之婉，姚建平绘

广州 花城出版社 1983 年 150 页 13cm（60 开）
统一书号：8261.19 定价：CNY0.26
（旅伴连环画库）
　　本书是中国现代连环画册。

J0074464
仙女峰　曹琼雪原作；张志勇，曹继铎改编；
笑雨等绘
石家庄 河北美术出版社 1983 年 ［60］页
13cm（60 开）定价：CNY0.13

J0074465
冼星海在巴黎　马可原著；甘礼乐改编；沈绍伦绘
上海 上海人民美术出版社 1983 年 118 页
13cm（60 开）定价：CNY0.15
　　本书是关于人民音乐家冼星海在巴黎奋斗故事的中国现代连环画作品，收入 118 幅图。作者甘礼乐（1923—　），连环画家。上海人，曾用笔名余峥。作品有普希金的《驿站长》、巴尔扎克的《夏倍上校》等。绘者沈绍伦（1935—　），画家。上海嘉定人。中国美术家协会会员，美协上海分会理事，上海水彩画研究会会长，上海画片出版社编辑，上海人民美术出版社宣传画编辑。代表作品有《荷塘翠鸟》等，出版有《沈绍伦水彩画选集》等。

J0074466
相法不准　竺少华等改编；李世南等绘
上海 上海人民美术出版社 1983 年 126 页
13cm（60 开）定价：CNY0.15
（笑话 4）
　　作者竺少华，著有《上古神话系列小说》，编文的连环画有《版纳》《红枫岭上》等。绘者李世南（1940—　），画家。生于上海，祖籍浙江绍兴。中国美术家协会会员，国家一级美术师，中国国家画院特聘研究员，陕西国画院名誉院长，深圳书院专业画家。代表作《开采光明的人》《长安的思念》《南京大屠杀 48 周年祭》等。

J0074467
香港功夫王　孙锦常改编；华尘绘
广州 岭南美术出版社 1983 年 182 页 13cm（60 开）
统一书号：8260.0069 定价：CNY0.29
（中国武术连环画）

J0074468
香港梦　李凤山改编；杨守本绘
哈尔滨 黑龙江人民出版社 1983 年 139 页
13cm（60 开）定价：CNY0.21
　　本书是中国现代连环画册。

J0074469
湘江侦察　吕青林，李惠华原著；原水改编；
钱贵荪绘
北京 人民美术出版社 1983 年 2 版 134 页
13cm（60 开）定价：CNY0.16
　　本书是中国现代连环画册。

J0074470
响铃公主　邓会光改编；季源业，季津业绘
哈尔滨 黑龙江人民出版社 1983 年 167 页
13cm（60 开）定价：CNY0.28
　　本书是中国现代连环画册。

J0074471
响铃公主　徐恩志，曲中显编；王旭绘
乌鲁木齐 新疆人民出版社 1983 年 70 页
13cm（60 开）定价：CNY0.12
　　本书是中国现代连环画册。

J0074472
向北方　王原坚等原著；杨根相改编；沈悌如绘
上海 上海人民美术出版社 1983 年 2 版 93 页
13cm（60 开）统一书号：8081.5269
定价：CNY0.13
　　本书是中国现代连环画册。

J0074473
项梁起义　林林编文；戴仁绘画
上海 上海人民美术出版社 1983 年 2 版 110 页
10×13cm 定价：CNY0.17
（《西汉演义》连环画之四）
　　根据西汉历史故事改编的中国连环画作品。绘者戴仁（1934—　），浙江温州人。中国美术家协会会员，浙江省美术家协会理事，浙江省科普艺术协会理事。主要作品有连环画《三个勇士》《棠棣之花》《胭脂》等。

J0074474
项羽背约　林林编文；张新国绘画

上海 上海人民美术出版社 1983 年 2 版 109 页
10×13cm 统一书号：8081.4791 定价：CNY0.17
（《西汉演义》连环画之八）

　　根据西汉历史故事改编的中国连环画作品。

J0074475

肖尔布拉克　　张贤亮原著；石景麟编；江云绘
上海 上海人民美术出版社 1983 年 102 页 有图
13cm（60 开）统一书号：8081.13649
定价：CNY0.13

　　本书是中国现代连环画作品，收入 102 幅
图。讲述主人公陷入孤寂的痛苦之中。后来，他
搭救了一个饱受生活折磨的上海女知识青年，并
及时将她生病的孩子送到医院急诊，以赤诚的心
赢得了对方的信任，建立了幸福的家庭。

J0074476

小白唇鹿　　陈士濂原著；徐改改编；韩伍绘画
天津 天津人民美术出版社 1983 年 69 页 有图
10×13cm 统一书号：8073.30726 定价：CNY0.11

J0074477

小白兔做桌子　　黄振业编；刘泽岱画
南京 江苏人民出版社 1983 年 18 页 有彩图
21cm（32 开）定价：CNY0.24

　　本书是中国现代连环画册。

J0074478

小裁缝　　梁廷铎，于杰选编；宋振勇摄影
上海 上海人民美术出版社 1983 年 78 页
10×13cm 统一书号：8081.13394 定价：CNY0.15

　　根据王若望小说《开张之喜》改编的中国现
代连环画。

J0074479

小城细雨　　路振隆，江世雄改编
北京 中国电影出版社 1983 年 157 页 13cm（60 开）
定价：CNY0.26
（电视连环画册）

　　本书是中国现代连环画册。

J0074480

小船长历险记　　赵则训改编；马克政绘
沈阳 辽宁美术出版社 1983 年 166 页 13cm（60 开）
统一书号：7161.0278 定价：CNY0.24

　　本书是中国现代连环画册。

J0074481

小船长历险记　　（法）儒勒·凡尔纳原著；王亚
法改编；雷德福等绘画
上海 少年儿童出版社 1983 年 150 页 有图
10×13cm 统一书号：R10024.4158 定价：CNY0.18

J0074482

小筏夫　　崔前光原著；水泓改编；周长春绘
福建 福建人民出版社 1983 年 86 页 有图
10×13cm 统一书号：8173.697 定价：CNY0.15

J0074483

小弗·帕亚　　吴志远改编；关永伟摄影
北京 广播出版社 1983 年 125 页 有图
13cm（60 开）统一书号：8236.046 定价：CNY0.22
（黑名单上的人 9）

　　本书是中国现代连环画册。

J0074484

小戈和他的伙伴　　辛艺改编；武宝智等绘画
北京 中国文艺联合出版公司 1983 年 93 页
有图 13cm（60 开）统一书号：8313.3
定价：CNY0.18

　　本书是中国现代连环画册。

J0074485

小公鸡躲雨　　张惠明写；徐南画
南京 江苏人民出版社 1983 年 16 页 有彩图
13cm（60 开）定价：CNY0.13

　　本书是中国现代连环画册。

J0074486

小花猫学捉老鼠　　熊玲写；缪群飞画
南京 江苏人民出版社 1983 年 28 页 有彩图
13cm（60 开）统一书号：8100.3.680
定价：CNY0.13

　　本书是中国现代连环画册。

J0074487

小火箭人工降雨　　蔡伸编；韦起琦摄影
北京 农业出版社 1983 年 62 页 13cm（60 开）
定价：CNY0.28

　　本书根据广西电影制片厂摄制的同名科教

片改编的连环画。

J0074488

小金鱼　午言改编

北京 中国电影出版社 1983 年 117 页 13cm（60 开）

统一书号：8061.2044 定价：CNY0.21

（电影连环画册）

J0074489

小桔灯

长沙 湖南少年儿童出版社 1983 年 59+10 页

有图 10×13cm 统一书号：R8280.39

定价：CNY0.11

　　本书是中国现代连环画，根据《中学语文画库》初中第二册编绘。包括《小桔灯》（程亚男改编，黄定初绘）和《卖炭翁》（点雨改编，肖时俊绘画）。

J0074490

小蝌蚪找妈妈　南京师范学院学前教研室，南京市实验幼儿园编文；速泰熙绘画

南京 江苏人民出版社 1983 年 1 册 有彩图

17×19cm（24 开）定价：CNY0.24

　　本书是中国现代连环画册。

J0074491

小莲子　戈令改编；杜滋龄绘画

北京 中国少年儿童出版社 1983 年 62 页 有图

10×13cm 统一书号：R8056.372 定价：CNY0.11

　　本书是中国现代连环画册。绘者杜滋龄（1941—　），教授。生于天津，毕业于中国美术学院中国画系研究生班。中国画学会副会长，中国艺术研究院博士生导师，南开大学教授，天津美术家协会副主席。代表作品《帕米尔初雪》《古老的歌》《大漠行》等。

J0074492

小鸬鹚智闯敌镇　李潜改编；黄洪绘

沈阳 辽宁美术出版社 1983 年 90 页 13cm（60 开）

统一书号：7161.0228 定价：CNY0.14

　　本书是中国现代连环画册。

J0074493

小蓬莱　李汝珍原著；锡明改编；秀功等绘画

南京 江苏人民出版社 1983 年 126 页 有图

10cm（64 开）统一书号：8100.3.699

定价：CNY0.19

（《镜花缘》之十）

　　本书是中国现代连环画册。

J0074494

小蓬莱　锡明改编；秀功等绘

南京 江苏人民出版社 1983 年 70 页 13cm（60 开）

定价：CNY0.13

（《镜花缘》之十）

　　本书是中国现代连环画册。

J0074495

小山羊摇铃铛　朱文泉编；陈年喜画

南京 江苏人民出版社 1983 年 12 页 有彩图

13cm（60 开）定价：CNY0.13

　　本书是中国现代连环画册。

J0074496

小铁道游击队员　李遵义编文；刘昌吉绘

长春 吉林人民出版社 1983 年 94 页 有图

10×13cm 统一书号：8091.1415 定价：CNY0.15

　　本书是中国现代连环画册。

J0074497

小铁头夺马记　蔡维才原著；高风改编；谢志高绘

岭南 岭南美术出版社 1983 年 126 页 有图

10×13cm 统一书号：8260.0511 定价：CNY0.20

　　本书是中国现代连环画册。

J0074498

小兔子和老妖婆　郑世芳改编；杜建国绘画

石家庄 河北美术出版社 1983 年 31 页 有图

10×13cm 统一书号：8087.538 定价：CNY0.10

　　本书是中国现代连环画册。绘者杜建国（1941—　），广东澄海人。笔名常开、一览等。中国美术家协会会员，中国动画学会会员，上海美术家协会漫画艺术委员会委员。上海少年报编辑。主要作品有《小兔非非》《象哥哥》《小熊和小小熊》等。

J0074499

小无知历险记　（苏）尼·诺索夫原著；小捷编绘

杭州 浙江人民美术出版社 1983 年 142 页

13cm（60 开）统一书号：10156.20
定价：CNY0.20

　　本书是中国现代连环画册。

J0074500

小象努努　梁平文；朱康林画

石家庄 河北人民出版社 1983 年 62 页 有彩图
7×10cm（128 开）统一书号：R8086.1703
定价：CNY0.07

（儿童电影连环画 24）

　　作者朱康林，导演、漫画家。浙江人，中国
美术电影导演，中国电影家协会会员。作品有《三
毛流浪记——孤苦伶仃》《三毛流浪记——相依
为命》等。

J0074501

小院春秋　王梦改编；张治华绘

长沙 湖南美术出版社 1983 年 110 页 13cm（60 开）
定价：CNY0.15

　　本书是中国现代连环画册。

J0074502

校园喜　王逸改编

北京 中国电影出版社 1983 年 125 页 13cm（60 开）
定价：CNY0.21

（电影连环画册）

J0074503

笑比哭好　钱学格等改编

北京 中国电影出版社 1983 年 147 页 13cm（60 开）
统一书号：8061.2107 定价：CNY0.26

（电影连环画册）

J0074504

笑话世界　（第一集）史策改编；王以时等绘

重庆 重庆出版社 1983 年 152 页 13cm（60 开）
定价：CNY0.19

　　本书是中国民间笑话连环画。

J0074505

笑话世界　（第二集）柯客等编；叶雄等绘

重庆 重庆出版社 1983 年 143 页 13cm（60 开）
定价：CNY0.18

　　本书是中国民间笑话连环画。绘者叶雄
（1950—　），连环画家。笔名夏草、古寅，上海

崇明人，毕业于上海大学美术学院国画系专科。
中国美术家协会上海分会会员，上海连环画研究
会理事，上海黄浦画院画师，上海老城厢书画会
常务理事。代表作品有《竹林七贤图》《子夜》《郑
板桥造像》《咆哮的黑龙江》等。

J0074506

笑话世界　（第三集）冒澄，史策等编；夏迁，
叶雄等绘

重庆 重庆出版社 1984 年 13cm（64 开）
定价：CNY0.22

　　本书是中国民间笑话连环画。

J0074507

笑话世界　（第四集）史策等编；李绍然等绘

重庆 重庆出版社 1984 年 157 页 13cm（64 开）
定价：CNY0.25

　　本书是中国民间笑话连环画。

J0074508

笑话世界　（第六集）赵国辉等改编；夏迁等
绘画

重庆 重庆出版社 1987 年 1 册 13cm（60 开）
定价：CNY0.30

　　本书是中国民间笑话连环画。

J0074509

笑话世界　（第七集）汉生等改编；尤路等绘画

重庆 重庆出版社 1986 年 13cm（60 开）
定价：CNY0.26

　　本书是中国民间笑话连环画。

J0074510

谢瑶环　田汉原著；王肇歧编；韩敏绘

上海 上海人民美术出版社 1983 年 118 页
10×13cm 统一书号：8081.13193 定价：CNY0.14

　　本书是中国现代连环画册。绘者韩敏
（1929—　），连环画、年画画家。浙江杭州人。
上海人民美术出版社创作员，上海书画研究院院
长，中国美术家协会委员，上海市美术家协会理
事，上海文史馆馆员。代表作品有《郑板桥》等。

J0074511

谢庄之战　胡廷楣编；李宁远绘

上海 上海人民美术出版社 1983 年 102 页

13cm（60开）统一书号：8081.13481
定价：CNY0.13
　　本书是中国现代连环画册。收入102幅图。

J0074512
心灵的火花　王群改编
北京 中国电影出版社 1983年 146页 13cm（60开）
定价：CNY0.26
（电影连环画册）

J0074513
心灵深处　成玉改编
北京 中国电影出版社 1983年 147页 13cm（60开）
统一书号：8061.2242 定价：CNY0.26
（电影连环画册）

J0074514
心泉　周民震原著；劳冠能改编；陈以忠绘
南宁 广西人民出版社 1983年 104页 13cm（60开）
定价：CNY0.14
　　本作品是中国现代连环画。绘者陈以忠
（1940— ），编辑。广东化州人。毕业于广西艺
术学院美术系。历任《广西日报》高级编辑，漓
江画院副院长，中国人才研究会艺术家学部委员
会委员，中国美术家协会广西分会常务理事等
职。出版有《报刊美编学》《实用图案设计》。

J0074515
辛弃疾　常国武，程中原原著；张国信改编；
吴泽浩绘
石家庄 河北美术出版社 1983年 150页
13cm（60开）定价：CNY0.20
　　本作品是中国现代连环画。

J0074516
辛弃疾　俞沛铭编；吴山明，刘国辉绘
上海 上海人民美术出版社 1983年 134页
17cm（40开）定价：CNY0.50
　　本书是中国现代连环画册。

J0074517
辛弃疾　俞沛铭编；吴山明，刘国辉绘
上海 上海人民美术出版社 1985年 102页
13cm（60开）定价：CNY0.26
　　本书是中国古代人物传记连环画。收入134

幅图。

J0074518
新汉昆阳之战　张习孔原著；李巧玲改编；尚
德周等绘
西安 陕西人民美术出版社 1983年 62页
13cm（60开）统一书号：8199.582 定价：CNY0.18
（中国古代战争故事 3）
　　本作品是中国现代连环画。

J0074519
星光闪烁　柯艺等编；黄英浩等绘
广州 科学普及出版社广州分社 1983年 14页
13cm（60开）定价：CNY0.13
　　本书介绍我国著名科学家李四光、童第周、
吴仲华、侯德榜、曾呈奎等为振兴中华奋发图
强，在科学研究道路上不断进取的精神和为祖国
为人民辛勤工作的优秀品格。

J0074520
星孩　肖宛改编；颜民生绘
福建 福建人民出版社 1983年 72页 有图
13cm（60开）统一书号：8173.720 定价：CNY0.12
　　本书是根据英国王尔德著名童话编绘的中
国现代连环画。

J0074521
星际旅行　吴绿星等改编；宋飞等绘画
广州 花城出版社 1983年 142页 有图
10×13cm 统一书号：8261.31 定价：CNY0.25
（旅游连环画）
　　作者吴绿星（1944— ），高级编辑。籍贯广
东惠东。历任羊城晚报编辑、综合副刊部副主任、
羊城晚报出版社副总编辑。

J0074522
星球大战　袁海庭，王正改编；张守义绘
哈尔滨 黑龙江人民出版社 1983年 158页
13cm（60开）统一书号：8093.952 定价：CNY0.23
　　本书是根据美国同名科学幻想电影小说改
编的连环画。

J0074523
星球大战　（上）栾淑平译；韩学金整理；张佐
改画

武汉 长江文艺出版社 1983 年 153 页 13cm（60 开）
统一书号：8107.386 定价：CNY0.22

　　本套连环画是根据美术同名科学幻想连环画翻译、整理、改画的，共分三册。

J0074524

星球大战　（中）栾淑平译；栾学国整理；成装改画

武汉 长江文艺出版社 1983 年 130 页 13cm（60 开）
统一书号：8107.387 定价：CNY0.19

　　本书是根据美国同名科学幻想电影小说改编的连环画。

J0074525

星球大战　（下）栾淑平译；陈维辉整理；梁仁改画

武汉 长江文艺出版社 1983 年 142 页 13cm（60 开）
统一书号：8107.388 定价：CNY0.20

　　本书是根据美国同名科学幻想电影小说改编的连环画。

J0074526

刑警队长　（上集）王亚平原著；刘隆琼改编；招炽挺绘

广州 岭南美术出版社 1983 年 166 页 13cm（60 开）
定价：CNY0.27

　　本书是中国现代连环画册。绘者招炽挺（1945—　），画家。广东南海人。广州军区文艺创作室专业画家，中国美术家学会会员，广东美术家协会常务理事。代表作品有《山高情长》《愿做桂林人》《蓝天的女儿》。

J0074527

刑警队长　（下集）王亚平原著；刘隆琼改编；招炽挺绘

广州 岭南美术出版社 1983 年 167 页
13cm（60 开）统一书号：8260.0671 定价：CNY0.27

　　本书是中国现代连环画册。

J0074528

幸福之歌　索立改编

北京 中国电影出版社 1983 年 125 页 13cm（60 开）
统一书号：8061.2038 定价：CNY0.21

（电影连环画册）

J0074529

幸运的套鞋　郑芳改编；钱生发，邹越非绘

沈阳 辽宁美术出版社 1983 年 118 页 13cm（60 开）
定价：CNY0.18

（安徒生童话）

　　本作品是现代中国连环画。绘者钱生发，连环画家。绘有连环画《80 年代》《小萝卜头》《在轮船上》等。绘者邹越非，（1934—　），连环画家。生于江苏镇江，就读上海连环画学习班。历任上海美术家协会创作员，上海教育出版社美术编辑，上海社会科学院出版社美术编辑。代表作品有《蔷薇花案件》《孙小圣与猪小能》，出版有《龙江颂》《通俗前后汉演义》。

J0074530

兄弟话别情　山东广播电视艺术团供稿

北京 中国文艺联合出版公司 1983 年 93 页
13cm（60 开）定价：CNY0.18

　　本书是电视剧《武松》连环画集之一。

J0074531

熊猫计划　（电视剧连环画）莫梓江等改编；郭衡宝，胡月明摄影

北京 中国文艺联合出版公司 1983 年 125 页
13cm（60 开）统一书号：8313.110 定价：CNY0.23

J0074532

徐九经判案　谢锡光改编；黄文庆绘画

岭南 岭南美术出版社 1983 年 118 页 有图
13cm（60 开）统一书号：8260.0420 定价：CNY0.21

　　本书是中国戏剧作品连环画。

J0074533

徐九经升官记　郭大宇，志淦原著；缪德彰改编；华其敏绘

上海 上海人民美术出版社 1983 年 110 页
13cm（60 开）定价：CNY0.14

　　本书是中国戏剧作品连环画。收入 110 幅图。

J0074534

许后遭害　柏石山改编；郑新羽，赵勋绘

沈阳 辽宁美术出版社 1983 年 146 页 13cm（60 开）
统一书号：7161.0268 定价：CNY0.22

（前汉演义之二十二）

　　本书是中国古典文学作品连环画。

J0074535

许茂和他的女儿们 （上）周克芹原著；吴文焕改编；胡震国等绘画

上海　上海人民美术出版社　1983 年　142 页　有图　13cm（60 开）统一书号：8081.13482

定价：CNY0.17

　　本书是中国现代连环画册。共 2 册，收入 284 幅图。

J0074536

许茂和他的女儿们 （下）周克芹原著；吴文焕改编；胡震国，王守中绘

上海　上海人民美术出版社　1983 年　142 页　13cm（60 开）定价：CNY0.17

　　本书是中国现代连环画册。共 2 册，收入 284 幅图。

J0074537

许世友将军与少林武术　鹤志改编；熊孔成绘

郑州　中州书画社　1983 年　62 页　13cm（60 开）

统一书号：8219.424　定价：CNY0.13

　　本书是中国现代连环画册。

J0074538

续黄梁　（清）蒲松龄原著；张国贤改编；刘锡朋等绘

天津　天津人民美术出版社　1983 年　68 页

13cm（60 开）定价：CNY0.12

（《聊斋》故事）

　　本书是中国现代连环画册。绘者刘锡朋（1934—　），别名慕容芹。天津人，毕业于中央美术学院版画系，留校任教。曾任天津市群众艺术馆副馆长、天津市文化局文化电影处处长。作品《少女与蛇郎》《大沽口》《海港》《不见黄河心不死》等，编著有《摄影构图纵横谈》《中国历代器皿图集》等。

J0074539

轩辕国　锡明改编；秀功等绘

南京　江苏人民出版社　1983 年　62 页　13cm（60 开）

定价：CNY0.10

（《镜花缘》之九）

　　本书是中国现代连环画册。

J0074540

玄武门之变　金谷改编；庞先健绘

广州　岭南美术出版社　1983 年　158 页　13cm（60 开）

统一书号：8260.0514　定价：CNY0.27

　　本书是中国现代连环画册。绘者庞先健（1951—　），画家。浙江杭州萧山人。擅长中国画、连环画。中国美协连环画艺术委员会委员。作品有《明清故事精选》《中国风俗图像解说》《三国大计谋》等。

J0074541

玄英洞　吴承恩原著；徐英杰改编；钟志宏绘画

石家庄　河北美术出版社　1983 年　6 版　102 页

有图　10×13cm　统一书号：8087.467

定价：CNY0.29

（《西游记》33）

J0074542

玄英洞　徐英杰改编；钟志宏绘

石家庄　河北美术出版社　1983 年　102 页

13cm（60 开）定价：CNY0.15

（《西游记》之三十三）

J0074543

玄奘　汪青辰编；龚东明绘

南京　江苏人民出版社　1983 年　110 页　13cm（60 开）

定价：CNY0.18

　　本书是中国现代连环画册。

J0074544

薛涛　龙翔编；刘芸生绘

南京　江苏人民出版社　1983 年　126 页　13cm（60 开）

定价：CNY0.19

（中国古代文学家的故事）

　　本书是中国现代连环画册。

J0074545

雪地英雄　上海电影译制厂供稿

天津　天津人民美术出版社　1983 年　124 页

13cm（60 开）统一书号：8073.30826

定价：CNY0.23

　　本书根据英国同名影片改编的连环画。

J0074546

雪鹅　姚钧，徐淦改编；张达平绘

银川 宁夏人民出版社 1983年 94页 13cm（60开）
定价：CNY0.15

　　本书是根据美国保尔·加利柯同名小说改编中国现代连环画。作者姚钧，主要改编的连环画作品有《书剑恩仇录》《雪鹅》《鱼公主》等。作者徐涂，主要改编的连环画作品有《镜花缘》《奇妙的公鸡》《熙凤弄权》《祝福》等。绘者张达平（1945—　），广西博白人。师从著名岭南派画家黄独峰。曾任广西美术出版社副总编、广西书画研究会副会长、广西文物收藏家协会副会长等职。主要作品有《苗山新绣》《狼孩》《木偶奇遇记》等。

J0074547
雪孩子　齐辉改编；焦键描绘
北京 中国电影出版社 1983年 46页 13cm（60开）
统一书号：8061.1614 定价：CNY0.28
（电影连环画册）

J0074548
雪花牌软糖的秘密　章绍岩，柏才兴编；钟志宏绘
石家庄 河北美术出版社 1983年 ［77］页
13cm（60开）统一书号：8061.1614
定价：CNY0.12

　　本书是中国现代连环画册。绘者钟志宏（1932—2003），画家。别名晓钟，河北省获鹿县（今石家庄市鹿泉区）大河乡人。曾任职于石家庄市民办教育馆，石家庄市文联，《河北画刊》《河北画报》美术编辑，中国美术家协会会员，中国美术家协会理事等。美术作品有《太行金秋》《漓江春早》《幸福之路》《西游记》等。

J0074549
雪里赠衣　田土改编；胡基明画
北京 人民美术出版社 1983年 14页 有彩图
13cm（60开）折页装 统一书号：8027.8636
定价：CNY0.14

　　本书是根据希腊民间故事改编的中国现代连环画。

J0074550
雪山情　李侃改编；邓超华绘
长沙 湖南美术出版社 1983年 62页 13cm（60开）
定价：CNY0.10

　　本书是中国现代连环画册。绘者邓超华（1950—　），广东新会县人。毕业于广州业余艺术大学绘画系。中国美术家协会会员，广东省美术家协会会员。主要作品有组画《练为战》、中国画《调查路上》《妆》等。

J0074551
血溅鸳鸯剑　刘锐华，尚梦侨改编；许全群绘
石家庄 河北美术出版社 1983年 110页
13cm（60开）统一书号：8087.533 定价：CNY0.16

　　本书是根据同名唐剧改编的中国现代连环画。

J0074552
血溅船厂　吴志远改编；关永伟摄影；中央电视台供稿
北京 广播出版社 1983年 125页 有图
13cm（60开）统一书号：8236.082 定价：CNY0.22
（黑名单上的人 13）

　　电视译制连环画。

J0074553
血溅翠屏山　杨野改编；张冠哲等绘
哈尔滨 黑龙江人民出版社 1983年 162页
13cm（60开）定价：CNY0.27
（水浒故事）

　　依据中国古典小说《水浒》改编的现代连环画作品。

J0074554
血溅大渡河　李源改编；马建邦绘
南京 江苏人民出版社 1983年 126页 10×13cm
定价：CNY0.20
（太平天国的故事）

　　本书是中国现代连环画册。

J0074555
血溅聚丰楼　张艾莉改编；钱生发，古寅绘
长春 吉林人民出版社 1983年 149页 13cm（60开）
统一书号：8091.1443 定价：CNY0.23
（特殊巡官之六）

　　本书是中国现代连环画册。

J0074556
血溅兰亭——王羲之的故事　方强等改编；

云飞绘
福建 福建人民出版社 1983年 150页 有图
13cm（60开）统一书号：8173.711 定价：CNY0.22
　　本书是中国现代连环画册。

J0074557
血溅鸳鸯楼　木柳改编；辛鹤江绘
石家庄 河北美术人民出版社 1983年 102页
13cm（60开）定价：CNY0.15
《武松》之五）
　　本书是中国现代连环画册。绘者辛鹤江
（1941—　），河北安新人，毕业于天津美术学院。
擅长中国画。编审，曾任河北美协副主席、连环
画研究会副会长、河北美术出版社社长兼总编辑
等职。代表作有《棉农来访》《周总理和小演员
在一起》《敌情急》《老英雄回到雁翎队》等。

J0074558
血溅鸳鸯楼　山东广播电视艺术团供稿
北京 中国文艺联合出版公司（宝文堂）1983年
109页 有图 13cm（60开）统一书号：8070.130
定价：CNY0.21
（电视剧《武松》连环画集 六）

J0074559
血染的红莲　京隆原著；谷祖永改编；姜雨绘
石家庄 河北美术出版社 1983年 94页
13cm（60开）统一书号：8087.258 定价：CNY0.14
　　本书是中国现代连环画册。

J0074560
血染的情谊　陈凯编文；张耀绘画
天津 天津人民美术出版社 1983年 95页 有图
10×13cm 统一书号：8073.30802 定价：CNY0.13
　　本书是中国现代连环画册。

J0074561
血手印　傅骏编剧；金风导演；尹福康摄影
上海 上海人民美术出版社 1983年 2版 125页
有图 13cm（60开）统一书号：8081.3349
定价：CNY0.22
　　本书是中国现代连环画，据上海市静安越剧
团演出本编绘，1958年1月第1版。摄影者尹福
康（1927—　），摄影家。江苏南京人。曾任上海
人民美术出版社副编审、上海市摄影家协会副主

席等职。主要作品有《烟笼峰岩》《向荒山要宝》
《晒盐》《工人新村》等。

J0074562
血写的爱情　罗旋原著；未羽改编；施友义绘
福州 福建人民出版社 1983年 118页 有图
10×13cm 统一书号：8173.679 定价：CNY0.17
　　本书是中国现代连环画册。

J0074563
血战常州城　沈远义编；方隆昌绘
武汉 长江文艺出版社 1983年 141页 13cm（60开）
定价：CNY0.20
（中国历代战争故事画丛 2）
　　本书是中国现代连环画册。绘者方隆昌
（1944—　），湖北武汉人，毕业于湖北艺术学院。
中国美术家协会、中国装帧艺术研究会、中国连
环画研究会会员，湖北美术编辑研究会会长。主
要作品有中国画《喂猪》、连环画《向警予》《宋
史故事》等。

J0074564
血战金沙滩　李保柱改编；刘汉宗绘
石家庄 河北美术出版社 1983年 118页
13cm（60开）统一书号：8087.262
定价：CNY0.17
（《杨家将》之四）
　　本书是中国现代连环画册。

J0074565
血战金沙滩　（杨家将故事）张启太执笔；郝
琳水编；吴声，于水绘
哈尔滨 黑龙江人民出版社 1983年 160页
13cm（60开）定价：CNY0.27
　　本书是中国现代连环画册。

J0074566
寻找地下党　王玉成等改编；刘宝平绘
呼和浩特 内蒙古人民出版社 1983年 62页
有图 13cm（60开）统一书号：8089.131
定价：CNY0.12
　　本书是中国现代连环画册。

J0074567
荀灌娘　张友元改编；苏维贤绘

武汉 长江文艺出版社 1983年 94页 有图
13cm（60开）统一书号：8107.418 定价：CNY0.14
　　本书是根据同名剧本改编中国现代连环画。

J0074568

驯兽大王 叶向阳改编；聂昌硕绘画
北京 人民美术出版社 1983年 55页 有图
13cm（60开）统一书号：8027.8625 定价：CNY0.08
　　本书是中国现代连环画，根据冰子《万兽之王》改编。

J0074569

哑和尚复仇记 （《周末》画报作品选集）刘峥
改编；罗远潜绘
广州 岭南美术出版社 1983年 ［89］页
13cm（60开）统一书号：8260.0720
定价：CNY0.18
　　本书是中国现代连环画，除收入《哑和尚复仇记》外，还包括根据古代民间传说编绘的六个故事。

J0074570

延安保卫战 （上）陈贞明改编；吕坷，善思绘
哈尔滨 黑龙江人民出版社 1983年 158页
13cm（60开）定价：CNY0.23
　　本书是中国现代连环画，根据小说《保卫延安》改编。

J0074571

延安保卫战 （下）陈贞明改编；于广业，吕坷绘
哈尔滨 黑龙江人民出版社 1983年 146页
13cm（60开）定价：CNY0.21
　　本书是中国现代连环画，根据小说《保卫延安》改编。

J0074572

掩护 谢云编；曾成金绘
南宁 广西人民出版社 1983年 96页 13cm（60开）
定价：CNY0.14
（广西革命斗争故事）
　　本书是中国现代连环画册。作者谢云
（1929—　），书法家、出版家、作家。原名谢盛培，号裳翁。浙江苍南人，毕业于中国人民大学新闻系。曾任中国书法家协会秘书长、广西出版总社社长、广西书画院院长等职。代表作品《谢

云书法展》《灯前余墨》《谢云鸟虫篆书法艺术》等。绘者曾成金（1947—　），画家。浙江平阳县人，毕业于浙江美术学院附中，后考入浙江美术学院中国画系进修学习。中国美术家协会会员，浙江省美术家协会会员，平阳县美协主席。主要作品有《南雁荡山水古诗画意百图》《曾成金中国画小品系列》《百子新图》等。

J0074573

燕青打擂 施耐庵，罗贯中原著；万枚子改编；
张仁康等绘画
北京 人民美术出版社 1983年 67页 10×13cm
统一书号：8027.7925 定价：CNY0.17
（《水浒》23）
　　依据中国古典小说《水浒》改编的现代连环画作品。

J0074574

燕燕 孙宏华改编并摄影
北京 中国戏剧出版社 1983年 157页 13cm（60开）
定价：CNY0.28
　　本书是根据中国京剧院四团演出的同名京剧改编的中国现代连环画册。

J0074575

羊山岛 朱文泉写；裴国骥画
南京 江苏人民出版社 1983年 19页 有彩图
21cm（32开）统一书号：8100.3.614
定价：CNY0.28
　　本书是中国现代连环画册。

J0074576

阳谷朱生 沙铁军改编；欧治渝绘
成都 四川人民出版社 1983年 ［61］页
12×13cm 定价：CNY0.14
（《聊斋》故事）
　　本书是中国现代连环画册。

J0074577

阳光下的罪恶 王逸改编
北京 中国电影出版社 1983年 157页 13cm（60开）
统一书号：8061.2116 定价：CNY0.26
（电影连环画册）
　　本书根据英国同名影片改编。

J0074578

杨禅师下山 卜南改编；王重圭，高适绘
福州 福建人民出版社 1983 年 70 页 10×13cm
定价：CNY0.14
（《杨家将演义》之十一）

本书是根据古典小说《杨家将演义》改编的中国现代连环画册。绘者王重圭，连环画家。上海人。与其兄王重英、王重义合作创作多部连环画。国画作品有《莲塘清趣》《凛霜幽香》，连环画作品《玉香笼》《王昭君》《双影人》等。绘者高适（1931— ），画家。笔名常人，江苏常州人。上海美术家协会会员，曾任职于人民美术出社、兴业幻灯制片厂等单位。连环画主要作品有《不朽的人》《秋瑾》《鹰儿和红花花》。

J0074579

杨戬除怪 （封神演义故事）云天改编；桑麟康绘
南昌 江西人民出版社 1983 年 110 页 13cm（60开）
统一书号：8110.586 定价：CNY0.17
本书是中国现代连环画册。

J0074580

杨广下扬州 小戈编；季源业，季津业绘
北京 中国曲艺出版社 1983 年 126 页 13cm（60开）
定价：CNY0.18
（传统评书连环画《兴唐传》20）

J0074581

杨六郎告状 树强，万珍改编；崔存忠绘
石家庄 河北美术出版社 1983 年 126 页
13cm（60开）定价：CNY0.18
（《杨家将》之六）
本书是中国现代连环画册。

J0074582

杨乃武与小白菜 赵燕士等原编剧；树人等改编；张福祺摄影
上海 上海人民美术出版社 1983 年 2 版 189 页
13cm（60开）定价：CNY0.33
（电视戏曲片连环画）

J0074583

杨排风 孙长江，张惠民编；刘宁，陈路绘
郑州 中州书画社 1983 年 102 页 13cm（60开）

统一书号：8219.319 定价：CNY0.15
（《杨家将》之八）
本书是中国现代连环画册。

J0074584

杨司令的少先队 郭墟原著；梁天俊改编；范一辛绘
北京 人民美术出版社 1983 年 2 版 88 页
有图 13cm（60开）统一书号：8027.1299
定价：CNY0.12
本书是根据郭墟原作改编的连环画。

J0074585

杨文广 陈文辉编；窦世魁绘
上海 少年儿童出版社 1983 年 116 页 13cm（60开）
定价：CNY0.15
本书是中国现代连环画册。

J0074586

杨延昭救驾 沈河改编；高适，高吟春绘
福州 福建人民出版社 1983 年 126 页 10×13cm
定价：CNY0.19
（《杨家将演义》之十三）
根据古典小说《杨家将演义》改编的本书是中国现代连环画册。

J0074587

梅尧臣 李鸣球编；徐海鸥绘
南京 江苏人民出版社 1983 年 94 页 13cm（60开）
统一书号：8100.3.686 定价：CNY0.14
（中国古代文学家的故事）
本书是中国现代连环画册。

J0074588

杨业归宋 江南春改编；陈成斗等绘
兰州 甘肃人民出版社 1983 年 118 页 13cm（60开）
定价：CNY0.17
（杨家将连环画之一）

J0074589

杨业尽节 林薇改编；王振华绘
福州 福建人民出版社 1983 年 86 页 10×13cm
统一书号：8173.587 定价：CNY0.14
（《杨家将演义》之七）
本书是根据古典小说《杨家将演义》改编的

中国现代连环画册。

J0074590

杨志　学之编；王兴吉绘

长春 吉林人民出版社 1983年 86页 13cm（60开）

定价：CNY0.15

（《水浒》人物）

依据中国古典小说《水浒》改编的现代连环画作品。

J0074591

洋和尚现形记　李寿华改编；杨大章绘

南宁 广西人民出版社 1983年 112页 13cm（60开）

定价：CNY0.15

（广西革命斗争故事）

本书是中国现代革命斗争故事连环画。

J0074592

尧舜禹传说　袁川编；蒋晓东绘

南宁 广西人民出版社 1983年 99页 13cm（60开）

统一书号：8113.808 定价：CNY0.15

（中国历史故事连环画 3）

J0074593

野火春风斗古城　（下）李英儒原著；戈兵改编；马廷奎，马铭绘

石家庄 河北美术出版社 1983年 198页 13cm（60开）定价：CNY0.26

本书是中国现代连环画册。

J0074594

野生的爱尔莎　（奥）乔伊·亚当森原著；陈元山改编；张景源，肖立绘

上海 上海人民美术出版社 1983年 102页 13cm（60开）定价：CNY0.13

（少年儿童画库）

本书讲述了母狮子爱尔莎被人类收养故事的现代连环画。收入102幅图。

J0074595

野猪总督的恶梦　王钟改编；邓科绘画

广州 广东人民出版社 1983年 142页 有图 10×13cm 统一书号：8111.2407 定价：CNY0.24

（少年连环画库）

J0074596

夜半枪声　徐君惠，蔡定国编；冼小前绘

南宁 广西人民出版社 1983年 97页 13cm（60开）

定价：CNY0.17

本书是中国现代连环画册。绘者冼小前（1955—　），书画家。笔名廉人，原籍广东，毕业于广西艺术学院。中国美术家协会会员，中国书法家协会会员，中国书法艺术研究院特聘书画家，广西美术出版社副编审、书法编辑部主任。作品有油画《春望》《八桂英华》《法卡边防》等。

J0074597

夜闯清风寨　于海祥，王力军改编；孙达明绘

哈尔滨 黑龙江人民出版社 1983年 179页 13cm（60开）统一书号：8093.868 定价：CNY0.26

（水浒故事）

依据中国古典小说《水浒》改编的现代连环画作品。

J0074598

夜茫茫　午言，尚易改编

北京 中国电影出版社 1983年 125页 13cm（60开）

定价：CNY0.21

（电影连环画册）

J0074599

夜审潘洪　孙长江，张惠民编；李宁远，任连江绘

郑州 中州书画社 1983年 150页 13cm（60开）

定价：CNY0.21

（《杨家将》之五）

本书是中国现代连环画册。

J0074600

夜袭黄甲镇　贾金豹改编；张学乾绘

兰州 甘肃人民出版社 1983年 62页 13cm（60开）

定价：CNY0.10

（桥隆飙连环画之三）

绘者张学乾（1944—　），甘肃兰州人。西北师范大学敦煌艺术学院美术系教授，中国美术家协会会员，中国油画学会团体会员成员，甘肃美术家协会副主席。出版有《张学乾美术作品选》《素描艺术在线法》等著作，主要作品有《孩子鸽子》《塬上家什》《高原晴雪》等。

J0074601

夜战青龙峡　刘洁改编；唐廷桃绘

南宁 广西人民出版社 1983 年 88 页 13cm（60 开）

统一书号：8113.865 定价：CNY0.16

（广西革命斗争故事）

　　本书是中国现代革命斗争故事连环画。

J0074602

夜走蜈蚣岭　吴一声改编；侯国良，石砾绘

哈尔滨 黑龙江人民出版社 1983 年 186 页

13cm（60 开）定价：CNY0.30

（水浒故事）

　　依据中国古典小说《水浒》改编的现代连环画作品。

J0074603

一百鞭　（广西民间故事）山风，江帆改编；柒万里等绘

南宁 广西人民出版社 1983 年 62 页 13cm（60 开）

定价：CNY0.12

　　本书是根据壮族民间故事改编的连环画。

J0074604

一寸法师　李新娟改编；刘海志绘画

石家庄 河北美术出版社 1983 年 62 页 有图

10×13cm 统一书号：8087.558 定价：CNY0.10

　　本书是中国现代连环画册。

J0074605

一代球王　子君改编；赵淑钦绘

广州 岭南美术出版社 1983 年 198 页 13cm（60 开）

统一书号：8260.0672 定价：CNY0.32

　　本书是根据《贝利自转》改编的连环画。

J0074606

一份无字情报　艾馨改编；丁世弼绘

长沙 湖南美术出版社 1983 年 102 页 13cm（60 开）

定价：CNY0.14

　　本书是中国现代连环画册。

J0074607

一个红军的奇遇　孙吴原著；浅草改编；郑凯军绘画

南京 江苏人民出版社 1983 年 102 页 有图

10×13cm 统一书号：8100.3.657 定价：CNY0.15

本书是中国现代连环画册。绘者郑凯军（1948— ），浙江黄岩人。中国美术家协会浙江分会会员。

J0074608

一个小红军的脚印　武广久改编；邬继德绘画

北京 中国少年儿童出版社 1983 年 142 页 有图

10×13cm 统一书号：R8056.370 定价：CNY0.21

　　本书是中国现代连环画册。绘者邬继德（1942— ），画家。浙江余杭人，毕业于浙江美术学院版画研究生班。中国美术学院版画系副主任、副教授，中国美术家协会会员，浙江版画家协会副会长。出版有《邬继德作品选》等画册。

J0074609

一仆二主　赵汉改编；陈艾雄绘

福州 福建人民出版社 1983 年 134 页 13cm（60 开）

统一书号：8173.715 定价：CNY0.21

　　本书是根据意大利哥尔多尼著名喜剧改编的连环画。

J0074610

一曲难忘　（美）薛尼·勃区门原著；方文改编；秀公绘

南京 江苏人民出版社 1983 年 126 页 13cm（60 开）

定价：CNY0.20

　　本书是介绍波兰作曲家、钢琴家肖邦的故事的连环画。

J0074611

一闪一闪的兔子灯　程玮编文；朱成梁绘画

南京 江苏人民出版社 1983 年 18 页 有彩图

21cm（32 开）定价：CNY0.28

　　本书是现代中国连环画。

J0074612

伊索　（巴西）吉菲格莱德原著；张少峰改编；刘耀真等绘

上海 上海人民美术出版社 1983 年 157 页

13cm（60 开）定价：CNY0.19

　　本书是巴西原著改编的现代中国连环画。收入 157 幅图。绘者刘耀真（1946— ），女，画家。上海人，毕业于上海美专。中国美术家协会会员。代表作有《刘胡兰》等。

J0074613

以革命的名义　陈云生改编；雷德祖，雷似祖绘
杭州　浙江人民美术出版社　1983 年　142 页
13cm（60 开）统一书号：8156.296
定价：CNY0.18
　　本书根据苏联同名话剧改编的连环画。

J0074614

义收牛皋　王国昌改编；傅伯星，来汶阳绘
福州　福建人民出版社 1983 年 90 页 10×13cm
定价：CNY0.14
（《说岳全传》之二）
　　根据古典小说《说岳全传》改编的本书是中国现代连环画册。

J0074615

艺海群英　（上）曾凤鸣原作；学伟改编；翟欣建，曹立伟绘
北京　中国曲艺出版社 1983 年 126 页 13cm（60 开）
定价：CNY0.20
　　本书是中国现代连环画册。

J0074616

异乡泪　瀚波改编
北京　中国电影出版社 1983 年 125 页 13cm（60 开）
统一书号：8061.2042　定价：CNY0.21
（电影连环画册）

J0074617

驿站长之死　于义改编；刘国辉绘
沈阳　辽宁美术出版社 1983 年 82 页 13cm（60 开）
定价：CNY0.18
　　本书是中国现代连环画册。

J0074618

懿公好鹤　冉红改编；张炳德绘
乌鲁木齐　新疆人民出版社 1983 年 61 页
13cm（60 开）定价：CNY0.10
　　本书是中国历史故事连环画。作者张炳德，贵州人民出版社美术部主任。

J0074619

懿贵妃　辛学英改编；华绍祖摄影
天津　天津人民美术出版社 1983 年 148 页
13cm（60 开）统一书号：8073.30835

定价：CNY0.28
　　本书是根据同名电影电视剧改编的连环画。

J0074620

阴谋和爱情　（德）席勒原著；大鲁改编；江云绘
上海　上海人民美术出版社 1983 年 150 页
13cm（60 开）定价：CNY0.18
　　本书是德国文学名著改编的连环画。

J0074621

阴谋与财产　于文改编；潘胜奎绘
沈阳　辽宁美术出版社 1983 年 178 页 13cm（60 开）
定价：CNY0.26
　　本书是中国现代连环画册。

J0074622

银蜘蛛　罗伯特·阿瑟原著；广明改编；黄堃源绘
广州　岭南美术出版社 1983 年 140 页 13cm（60 开）
定价：CNY0.24
　　本书是中国现代连环画册。作者黄堃源，国家一级美术师。广州画院专业画家，中国美术家协会会员。油画作品有《凤凰花开》《小鸟天堂》《八骏》《胡杨树》《源远流长》等。

J0074623

引滦凯歌　李亚平等编；刘建平等绘
天津　天津人民美术出版社 1983 年 ［125］页
13cm（60 开）统一书号：8073.30841
定价：CNY0.26
　　本书是中国现代连环画册。

J0074624

印度王子和神猴　（上册）林培改编；侯中曦，李洁华绘
广州　广东人民出版社 1983 年 130 页 13cm（60 开）
定价：CNY0.22
（少年连环画库）
　　本书是根据印度史诗《罗摩耶那》改编的。全书描述了一个美丽动人的神话故事。

J0074625

印度王子和神猴　（下册）林培改编；侯中曦，李洁华绘
广州　广东人民出版社 1983 年 122 页 13cm（60 开）

定价: CNY0.21
(少年连环画库)

　　本书是根据印度史诗《罗摩耶那》改编的。全书描述了一个美丽动人的神话故事。

J0074626
印佗罗的秘密　王亚法改编; 潘鸿海绘
上海 少年儿童出版社 1983 年 110 页 13cm(60 开)
统一书号: R10024.4170 定价: CNY0.14

J0074627
英雄的担架兵　杨军改编; 黄宗祥, 蒙秋萍绘
南宁 广西人民出版社 1983 年 95 页 13cm(60 开)
定价: CNY0.15
　　本作品是现代中国连环画。

J0074628
英雄救日月　王志冲译编; 甘武炎, 张达平绘
北京 北京人民美术出版社 1983 年 102 页
13cm(60 开) 定价: CNY0.13
(外国民间故事)

　　本书根据罗马尼亚民间故事《格莱岛恰努》改编的连环画。作者王志冲(1936—), 翻译家。籍贯上海, 笔名冰火、天飞。中国翻译家协会会员、作协会员。译作有《第一个劳动日》《冒名顶替》《海底外星人》《酸奶村的冬天》《入地艇》《忘却城》等。作者张达平(1945—), 广西博白人。师从著名岭南派画家黄独峰。曾任广西美术出版社副总编、广西书画研究会副会长、广西文物收藏家协会副会长等职。主要作品有《苗山新绣》《狼孩》《木偶奇遇记》等。

J0074629
英雄排座次　施耐庵, 罗贯中原著; 徐光玉改编; 戴宏海绘画
北京 人民美术出版社 1983 年 99 页 10×13cm
统一书号: 8027.7923 定价: CNY0.16
(《水浒》21)

　　依据中国古典小说《水浒》改编的现代连环画作品。

J0074630
英雄坦克手　陈廷一, 王茹跃编; 牟健兵, 吴绍人绘
合肥 安徽人民出版社 1983 年 102 页 13cm(60 开)

定价: CNY0.15
　　本书是现代中国连环画。

J0074631
英雄小信使　(英雄少年) 肖建富等编文; 钱生发绘
南京 江苏人民出版社 1983 年 70 页 有图
13cm(60 开) 统一书号: 8100.3.601
定价: CNY0.11
　　本书是现代中国连环画, 另有作者肖坚富。

J0074632
鹰拳　溪水改编; 丁世弼绘
合肥 安徽人民出版社 1983 年 86 页 13cm(60 开)
统一书号: 8102.1348 定价: CNY0.15
　　本书是根据冯骥才同名小说改编的连环画。

J0074633
荥阳之争　黄午生编; 胡国瑞绘
南京 江苏人民出版社 1983 年 102 页 13cm(60 开)
定价: CNY0.17
(楚汉相争的故事 5)
　　本书是现代中国历史故事连环画。

J0074634
应声阿哥　晓黎改编
北京 中国电影出版社 1983 年 124 页 13cm(60 开)
定价: CNY0.21
(电影连环画册)

J0074635
永久的孩子　(杰出的童话作家安徒生) 王素一编文; 林美岚绘画
南昌 江西人民出版社 1983 年 94 页 有图
13cm(60 开) 统一书号: 8110.603 定价: CNY0.15
　　安徒生生平故事连环画。绘者林美岚(1940—), 字山风, 江西武宁人, 毕业于江西九江师范。曾任中小学美术教师, 江西九江市群众艺术馆美术干部, 副研究馆员。江西美协理事。作品有《党是阳光我是花》《喜庆丰年》《鸟语花香》等。出版有《林美岚人物画选》。

J0074636
勇敢的阿刀　江帆, 山风改编; 伟雄, 永柳绘
南宁 广西人民出版社 1983 年 109 页 13cm(60 开)

统一书号：8113.843 定价：CNY0.15

本书是中国民间传说连环画。

J0074637

勇敢的小裁缝 （格林童话）钟韬改编；廖心永等绘画

成都 四川人民出版社 1983年 79页 有图 13cm（60开）统一书号：8118.1252 定价：CNY0.10

本书是根据德国的格林童话改编的中国现代连环画。

J0074638

优秀大学生张华 杨鸿举改编；曾胜利等绘画

成都 四川人民出版社 1983年 88页 有图 13cm（60开）统一书号：8118.1493 定价：CNY0.16

本书是中国现代连环画册。

J0074639

优秀共青团员张海迪 亦如，立真编；施忠平，陈心懋画

上海 上海教育出版社 1983年 26页 19cm（32开）统一书号：7150.3005 定价：CNY0.21

本书是中国现代表彰模范共青团员的连环画。

J0074640

优秀少先队员黄淑华 严利人，许崇安改编；林玉宇绘

福州 福建人民出版社 1983年 74页 13cm（60开）定价：CNY0.13

本书是中国现代连环画册。

J0074641

幽山迷雾 刘永祥改编；罗平，刘福绘

郑州 中州书画社 1983年 206页 13cm（60开）统一书号：8219.370 定价：CNY0.36

本作品是现代中国连环画。

J0074642

幽州解围 万珍改编；刘汉宗，王树立绘

石家庄 河北美术出版社 1983年 126页 13cm（60开）定价：CNY0.18

（《杨家将》之三）

本作品是现代中国连环画。

J0074643

尤三姐 （《红楼梦》人物故事）潘彩英改编；丁世弼绘

沈阳 辽宁美术出版社 1983年 146页 19cm（32开）定价：CNY0.43

本作品是现代中国连环画。绘者丁世弼（1939—2018），画家、国家一级美术师。字仲宜，江西南昌人。中国美术家协会会员，江西省美术家协会副主席。代表作有《渔岛怒潮》《秋瑾》《陈赓大将》《红楼梦》等。

J0074644

游击队的儿子 段展样编文；章河松绘画

太原 山西人民出版社 1983年 101页 有图 10×13cm 统一书号：8088.1639 定价：CNY0.15

本书是现代中国连环画。

J0074645

游园惊梦 （明）汤显祖原著；王笑改编；费文麓摄影

北京 中国戏剧出版社 1983年 156页 13cm（60开）统一书号：8069.502 定价：CNY0.28

本书是现代中国连环画。

J0074646

有能耐的人 何承伟改编；郭兵等绘画

上海 上海人民美术出版社 1983年 126页 有图 10×13cm 统一书号：8081.13617 定价：CNY0.16

（外国幽默 1）

本书是现代中国连环画。

J0074647

诱拐 （英）史蒂文生原著；顾光改编，钱自成绘

上海 上海人民美术出版社 1983年 126页 有图 13cm（60开）统一书号：8081.13242

定价：CNY0.15

（外国少年儿童故事）

本作品是英国儿童故事改编的连环画。收入126幅图。

J0074648

于谦保卫北京城 沈远义，胡士华编；潘仁勇绘

武汉 长江文艺出版社 1983年 124页 13cm（60开）定价：CNY0.18

（中国历代战争故事画丛）

J0074649

鱼网里的女尸 木辛改编；汪洋等绘画
北京 中国文艺联合出版公司 1983 年 126 页
有图 13cm（60 开）统一书号：8313.88
定价：CNY0.23

根据电视系列剧《警号一三九》改编的连环画。

J0074650

渔夫的故事 真奇改编
长沙 湖南少年儿童出版社 1983 年 33+29+22 页
有图 10×13cm 统一书号：R8280.38
定价：CNY0.13

本作品是中国现代连环画，根据《中学语文画库》初中第一册编绘。

J0074651

渔火 刘绍棠原著；张企荣改编；刘世铎绘
天津 天津人民美术出版社 1983 年 142 页
13cm（60 开）统一书号：8073.30850
定价：CNY0.18

本书是中国现代连环画册。

J0074652

渔翁和巨魔 童孟侯改编；许金国，黄志明绘
上海 上海人民美术出版社 1983 年 141 页
13cm（60 开）定价：CNY0.17
（《一千零一夜》丛书）

本书是中国现代连环画册。

J0074653

榆面商人 文康改编；侯德剑，赵建明绘
北京 人民美术出版社 1983 年 62 页 13cm（60 开）
统一书号：8027.8873 定价：CNY0.11

本书是根据方之原著小说《内奸》改编的连环画。

J0074654

玉鹅恋 曹震云，尹福康摄；卢世澄编文
上海 上海人民美术出版社 1983 年 2 张
76cm（2 开）定价：CNY0.32

本作品是中国现代年画。

J0074655

冤家路宽 林培改编；杜应强等绘画
广州 岭南美术出版社 1983 年 142 页 有图
13cm（60 开）统一书号：8260.0404 定价：CNY0.22

本书根据同名电影剧本改编。绘者杜应强
（1939— ），画家、高级美术师。广东澄海人。
曾任汕头画院院长、中国美术家协会会员、中国
版画家协会会员、广东省美术家协会常务理事。
出版有《杜应强水墨画集》《杜应强版画集》《杜
应强画集·百榕图》等。

J0074656

元稹 李鸣球编文；邹越非等绘画
南京 江苏人民出版社 1983 年 126 页 有图
13cm（60 开）统一书号：8100.3.738
定价：CNY0.20
（中国古代文学家的故事）

本书是中国现代连环画册。绘者邹越非，
（1934— ），连环画家。生于江苏镇江，就读于
上海连环画学习班。曾任上海美术家协会创作
员，上海教育出版社美术编辑、上海社会科学院
出版社美术编辑。代表作品有《蔷薇花案件》《孙
小圣与猪小能》，出版有《龙江颂》《通俗前后汉
演义》。

J0074657

远去的小伙伴 张建中原著；李新娟改编；陆
汝浩绘
上海 上海人民美术出版社 1983 年 62 页 有图
13cm（60 开）统一书号：8081.13541
定价：CNY0.09
（少年儿童画库）

本书是中国现代连环画册。

J0074658

远山的呼唤 晓黎改编
北京 中国电影出版社 1983 年 124 页 13cm（60 开）
统一书号：8061.2251 定价：CNY0.21
（电影连环画册）

J0074659

月亮宝石 赵剑改编；孙振庭绘
西安 陕西人民美术出版社 1983 年 166 页
13cm（60 开）定价：CNY0.21

本书是中国现代连环画册。

J0074660

月亮公主　王立根改编；晓行绘

福州 福建人民出版社 1983 年 66 页 有图

13cm（60 开）统一书号：8173.593 定价：CNY0.11

　　本书是根据日本民间故事改编的中国现代
连环画。

J0074661

月亮花　周维先改编；孟喜元绘画

南京 江苏人民出版社 1983 年 190 页 有图

10×13cm 统一书号：8100.3.582 定价：CNY0.25

　　本书是中国现代连环画册。

J0074662

岳飞　汪钺原著；王家达改编；叶毓中绘

兰州 甘肃人民出版社 1983 年 158 页 13cm（60 开）

统一书号：8096.964 定价：CNY0.21

　　本作品是现代中国连环画，根据同名话剧
改编。

J0074663

岳飞　孙剑鸣编；吴锦渝，康自强绘

南京 江苏人民出版社 1983 年 94 页 13cm（60 开）

统一书号：8100.3.713 定价：CNY0.16

　　本作品是现代中国连环画。

J0074664

岳飞计败金兵　李遵义改编；王建，梁萍绘

沈阳 辽宁美术出版社 1983 年 170 页 10×13cm

定价：CNY0.25

（《岳飞传》之四）

　　本书是根据古典小说《岳飞传》改编的中国
现代连环画册。

J0074665

岳家小将　蒋见元改编；朱宁斌绘

上海 上海人民美术出版社 1983 年 150 页

13cm（60 开）统一书号：8081.13612

定价：CNY0.18

　　本作品是由岳家军故事改编的现代中国连
环画。收入 150 幅图。

J0074666

岳阳楼说古　（湖南民间故事）童咏芹编；朱
光玉绘

长沙 湖南美术出版社 1983 年 99 页

13cm（60 开）定价：CNY0.18

　　本作品是现代中国连环画。绘者朱光玉
（1928— ），连环画家。生于上海，祖籍江苏盐
城。作品有《岳飞传》《苏姣姣》《一代名优》《宋
景诗》《林则徐》等。

J0074667

跃马扬刀　路志纯文；陈光华绘

合肥 安徽人民出版社 1983 年 94 页 13cm（60 开）

统一书号：8102.1286 定价：CNY0.14

（革命先辈故事丛书）

　　本作品是现代中国连环画。

J0074668

越狱新生　刘广惠改编；金祖章绘

哈尔滨 黑龙江人民出版社 1983 年 138 页

13cm（60 开）定价：CNY0.20

　　本画册分上下两集，这是下集，《狱中搏斗》
为上集。

J0074669

云翠仙　王季改编；丁世谦绘

成都 四川人民出版社 1983 年 [100] 页

12×13cm 定价：CNY0.23

（《聊斋》故事）

　　本书是中国现代连环画册。

J0074670

云雨星的故事　盛森收集；胡天启改编，双印
绘画

石家庄 河北美术出版社 1983 年 46 页 有图

10×13cm 统一书号：8087.530 定价：CNY0.08

　　本书是中国现代连环画册。

J0074671

宰相的女儿　陈桂珍改编；陈鸣绘

上海 上海人民美术出版社 1983 年 141 页

13cm（60 开）定价：CNY0.17

（《一千零一夜》丛书）

　　本书是中国现代连环画册。

J0074672

在党令　许焕岗，石文秀改编；刘书军，徐福
华绘

长沙 湖南美术出版社 1983 年 126 页 13cm（60 开）
定价：CNY0.17
（桥隆飙之二）
　　本书是中国现代连环画册。

J0074673
在和平的日子里　　杜鹏程原著；赵福昌编；金
立德绘
上海 上海人民美术出版社 1983 年 222 页 有图
10×13cm 统一书号：8081.13248 定价：CNY0.25
　　本书是中国现代连环画册。作者金立德
（1931—　　），画家。浙江镇海人。上海教育学院
教授，上海国际交流画会副会长，中国水彩画家
协会副会长，中国美术家协会会员。作品有《钢
堡》《黄土地》等。

J0074674
在恐怖的森林里　　李迪原著；希华，青青改
编；朱维明绘
石家庄 河北美术出版社 1983 年 134 页
13cm（60 开）统一书号：8087.473 定价：CNY0.18
　　本书是中国现代连环画册。

J0074675
在没有航标的河流上　　叶蔚林原著；大鲁改
编；殷恩光绘
上海 上海人民美术出版社 1983 年 150 页
13cm（60 开）定价：CNY0.18
　　本书是中国现代连环画册。作者殷恩光，连
环画家。上海美协常务理事、国家一级美术师。
连环画代表作品有《闻一多》等。

J0074676
在美的旋律后面　　人子改编；金振家编剧；姜
祖麟摄影
北京 宝文堂书店 1983 年 125 页 13cm（60 开）
统一书号：8070.139 定价：CNY0.23
（电视剧连环画）

J0074677
贼狼滩　　年青山改编；李斌，王亚卿绘
哈尔滨 黑龙江人民出版社 1983 年 153 页
13cm（60 开）定价：CNY0.22
　　本书是中国现代连环画册。

J0074678
铡包勉　　（包公故事）刘耀中编；殷恩光，刘为
民绘
郑州 中州书画社 1983 年 109 页 13cm（60 开）
统一书号：8219.363 定价：CNY0.21
　　本书是中国现代连环画册。

J0074679
铡侄　　（包公故事）黄幼渝改编；余音绘画
昆明 云南人民出版社 1983 年 45 页 有图
13cm（60 开）统一书号：R8116.1069
定价：CNY0.09
　　本书是中国现代连环画册。

J0074680
詹天佑　　文政编文；关振旋等绘画
广州 岭南美术出版社 1983 年 118 页 有图
13cm（60 开）统一书号：8260.0583 定价：CNY0.21
　　本书是中国现代连环画册。

J0074681
战斗在东方　　（上册）魏巍原著；何维球，汪茂
永改编；吴凯，丁新媛绘
合肥 安徽人民出版社 1983 年 142 页 13cm（60 开）
定价：CNY0.21
　　本书是中国现代连环画册。

J0074682
战斗在东方　　（下册）魏巍原著；何维球，汪茂
永改编；吴凯，丁新媛绘
合肥 安徽人民出版社 1983 年 150 页 13cm（60 开）
定价：CNY0.21
　　本书是中国现代连环画册。

J0074683
战斗在死亡线上　　叶永烈原著；戈兵改编；江
皓绘
北京 北京出版社 1983 年 102 页 13cm（60 开）
统一书号：8071.501 定价：CNY0.18
　　本书是中国现代连环画册。

J0074684
战俘　　韩少功原著；高殿春改编；陈水远绘
天津 天津人民美术出版社 1983 年 102 页
10×13cm 统一书号：8073.30725 定价：CNY0.14

本书是中国现代连环画册。

J0074685

战国故事 （上）林汉达原著；王玉良，戈兵改编；刘汉宗等绘

石家庄 河北美术出版社 1983年 157页 13cm（60开）定价：CNY0.22

（中国历史故事丛书）

　　本书是中国现代连环画册。

J0074686

战国故事 （中）林汉达原著；戈兵改编；钱贵荪等绘

石家庄 河北美术出版社 1983年 149页 13cm（60开）定价：CNY0.21

（中国历史故事丛书）

　　本书是中国现代连环画册。

J0074687

战国故事 （下）林汉达等原著；戈兵等改编；赵尔瑞，高志岳绘

石家庄 河北美术出版社 1983年 151页 13cm（60开）

（中国历史故事丛书）

　　本书是中国现代连环画册。

J0074688

张楚兴亡 祥文改编；潘树生绘

沈阳 辽宁美术出版社 1983年 114页 13cm（60开）统一书号：7161.0188 定价：CNY0.18

（前汉演义之三）

　　本书是根据中国古典小说原著改编的连环画。

J0074689

张果老的传说 宋霖，丁加胜编；赵成立绘

合肥 安徽人民出版社 1983年 78页 13cm（60开）定价：CNY0.12

　　本书是中国现代连环画册。

J0074690

张海迪 朱华堂等改编；赵雁潮绘

北京 人民美术出版社 1983年 126页 有图 13cm（60开）统一书号：8027.8798 定价：CNY0.19

　　本书是表彰模范共青团员的连环画。

J0074691

张鸿渐 褚福章改编；李世南等绘

西安 陕西人民美术出版社 1983年 189页 13cm（60开）定价：CNY0.31

（《聊斋志异》连环画之三）

　　绘者李世南（1940—　　），画家。生于上海，祖籍浙江绍兴。中国美术家协会会员，国家一级美术师，中国国家画院特聘研究员，陕西国画院名誉院长，深圳书院专业画家。代表作《开采光明的人》《长安的思念》《南京大屠杀48周年祭》等。

J0074692

张鸿渐 蒲松龄原著；雷云霄改编；张锡武等绘画

天津 天津人民美术出版社 1983年 78页 有图 10×13cm 统一书号：8073.30720 定价：CNY0.13

　　本书是中国现代连环画册。绘者张锡武（1927—　　），画家。字青松，河北河间人。曾任天津国画研究所副所长，天津杨柳青画社副编审，中国美术家协会会员。代表作品《淀上渔歌》《李时珍问药图》，出版有《张锡武画选》《牡丹的画法》等。

J0074693

张鸿渐 （清）蒲松龄原著；雷云霄改编；张锡武，张荣章绘

天津 天津人民美术出版社 1983年 78页 13cm（60开）定价：CNY0.13

（《聊斋》故事）

　　本书是中国现代连环画册。

J0074694

张华 汪诚改编；英华等绘

武汉 长江文艺出版社 1983年 86页 有图 10×13cm 统一书号：8107.392 定价：CNY0.14

　　本书是中国现代连环画册。

J0074695

张铁匠的罗曼史 安杰改编

北京 中国电影出版社 1983年 147页 13cm（60开）统一书号：8061.2260 定价：CNY0.26

（电影连环画册）

　　作者安杰（1946—　　），毕业于吉林师范学校。曾任吉林省梅河口文化馆创作室主任，高

级美术师，中国美术家协会会员，吉林省美协理事。主要作品有《春雪》《喜迎春》《爽秋》等。

J0074696

张廷秀逃生救父　吴烨改编；朱光玉绘画
福州 福建人民出版社 1983 年 138 页 有图
10×13cm 统一书号：8173.630 定价：CNY0.22

　　古代白话小说连环画。绘者朱光玉（1928— ），连环画家。生于上海，祖籍江苏盐城。作品有《岳飞传》《苏姣姣》《一代名优》《宋景诗》《林则徐》等。

J0074697

张文秀　谢春望改编；张祖泰绘
广州 岭南美术出版社 1983 年 126 页 13cm（60 开）
定价：CNY0.22

　　本书是中国连环画。

J0074698

张巡殉国　窦世杰改编；朱光玉绘
石家庄 河北美术出版社 1983 年 86 页
13cm（60 开）统一书号：8087.477 定价：CNY0.13

　　本书是介绍唐朝开元年间，安禄山叛乱，张巡守睢阳故事的连环画。

J0074699

长发妹　张秋菊改编；鲍潮鸣，程延林绘
石家庄 河北美术出版社 1983 年 46 页
13cm（60 开）定价：CNY0.27

　　本书是根据广西民间故事改编的彩色连环画。收入 46 幅图。

J0074700

长空激战　钱嗣祥编；罗幼新绘
南宁 广西人民出版社 1983 年 110 页 13cm（60 开）
统一书号：8113.859 定价：CNY0.15

　　本书是中国画画册。

J0074701

长长的乌拉银河　阎为民编文；李峰山绘
长春 吉林人民出版社 1983 年 150 页 有图
10×13cm 统一书号：8091.1457 定价：CNY0.23

　　本书是中国现代连环画册。绘者李峰山（1924— ），陕西蒲城人。中国书画家协会会员，东方书画家协会会员，陕西省书协会员，陕西老

年书画学会名誉理事长。著有《论书名句》《李峰山墨迹》等。

J0074702JJ0076457

招宝山　江敉改编绘画
成都 四川少年儿童出版社 1983 年 62 页 有图
13cm（60 开）统一书号：R8247.104 定价：CNY0.10

　　本书是中国民间传说连环画。

J0074703

昭君出塞　赵士佶编；石夫，姚耐绘
福州 福建人民出版社 1983 年 150 页 13cm（60 开）
统一书号：8173.708 定价：CNY0.24
（通俗前后汉演义之十七）

　　本书是中国古代小说连环画。

J0074704

昭君出塞　犀利改编；李玉杰绘
哈尔滨 黑龙江人民出版社 1983 年 178 页
13cm（60 开）统一书号：8093.776 定价：CNY0.25

　　本书是中国历史故事连环画。

J0074705

赵充国　王释非改编；姚延林绘
上海 上海美术出版社 1983 年 102 页 有图
10×13cm 统一书号：8081.13250 定价：CNY0.13

　　本书是描绘西汉著名将领赵充国（前 137 年至前 52 年）出击匈奴率七百壮士突围故事的中国现代连环画。

J0074706

折狱　古田改编；欧治渝绘
成都 四川人民出版社 1983 年 86 页 12×13cm
定价：CNY0.17
（《聊斋》故事）

　　中国现代连环画作品，包括《折狱》《于中丞》两个故事。

J0074707

针眼　江彦虹改编；陶穗洪，叶诗平绘
广州 岭南美术出版社 1983 年 94 页 13cm（60 开）
定价：CNY0.17

　　本书是中国连环画。

J0074708

珍珠塔　张福祺摄影

上海　上海人民美术出版社　1983年 2版　125页　13cm（60开）统一书号：8081.2803

定价：CNY0.23

　　本书是根据上海芳华越剧团演出的同名越剧改编的连环画。

J0074709

珍珠岩　（中国风物传说选）岳风编；陈湘年，郑秀晨绘

广州　花城出版社　1983年　120页　13cm（60开）

定价：CNY0.23

（旅伴连环画库）

J0074710

寅次郎的故事　上海译制片厂改编

北京　中国电影出版社　1983年　93页　13cm（60开）

统一书号：8061.2122　定价：CNY0.17

（电影连环画册）

J0074711

真假匪司令　天达，丁楠改编；孙平绘

长沙　湖南美术出版社　1983年　78页　13cm（60开）

统一书号：8061.2122　定价：CNY0.11

　　本书是中国连环画。

J0074712

真假国王　庄努，槐山改编；徐正平，徐庚生绘

成都　四川人民出版社　1983年　105页　13cm（60开）

统一书号：8118.1152　定价：CNY0.17

（《西游记》故事之七）

J0074713

真假黑旋风　永祥改编；王纯信等绘

哈尔滨　黑龙江人民出版社　1983年　150页　13cm（60开）定价：CNY0.22

（水浒故事）

　　绘者王纯信（1939—　），画家。吉林通化人，毕业于通化教育学院。吉林省通化师范学院美术系主任，通化市美术家协会主席，中国书法家协会会员，吉林省美术家协会理事。作品有《福到农家》《长白山天池》《山民夜话》等。

J0074714

真假葫芦　吴承恩原著；李大发改编；徐正平绘

上海　上海人民美术出版社　1983年　94页　10×13cm　统一书号：8081.13241　定价：CNY0.12

（西游记）

　　根据中国古典小说《西游记》改编的现代连环画作品。

J0074715

真假舅舅　李思马，张美星译；远方编；刘为民绘

福州　福建人民出版社　1983年　89页　13cm（60开）

统一书号：8173.650　定价：CNY0.15

　　本书根据英国唐·安特逊著《绿塔别墅》改编的连环画。

J0074716

真假马奇洋　张孟良原著；孟良，飞雁改编；雷金池，陈继荣绘

石家庄　河北美术出版社　1983年　146页　13cm（60开）定价：CNY0.20

（血溅津门之三）

　　本书是中国现代连环画册。

J0074717

真假王维　王吉祥改编；刘昌华绘

南京　江苏人民出版社　1983年　100页　13cm（60开）

定价：CNY0.15

　　本书是中国现代连环画册。

J0074718

真假新娘　吴光文，长关改编；韦文峰绘

南宁　广西人民出版社　1983年　94页　13cm（60开）

统一书号：8113.856　定价：CNY0.14

　　本书根据英国民间故事《丑新娘》改编的连环画。

J0074719

真假杨凤娇　张子仪改编；华琪敏，张瓒明绘

合肥　安徽人民出版社　1983年　198页　13cm（60开）

定价：CNY0.25

　　本书是中国现代连环画册。

J0074720

真假杨六郎　戈兵改编；刘汉宗绘

石家庄 河北美术出版社 1983年 146页
13cm（60开）定价：CNY0.20
（《杨家将》之十三）
　　本书是中国现代连环画册。

J0074721

真情假意　秦昆，农良改编；陈树根，李素苹
摄影
北京 北京出版社 1983年 125页 13cm（60开）
定价：CNY0.22
　　本书根据徐檬丹同名弹词改编的连环画。

J0074722

真情假意　高方正改编；李耀宗摄影
北京 广播出版社 1983年 125页 有图
13cm（60开）统一书号：8236.089 定价：CNY0.22
　　电视剧连环画，由中国广播艺术团电视剧团
供稿。

J0074723

真情假意　程良改编；姜节安，曹震云摄影
上海 上海人民美术出版社 1983年 165页
13cm（60开）定价：CNY0.29
　　本书根据徐檬丹同名评弹改编的连环画。

J0074724

镇群敌　许焕岗，石文秀改编；丁宁原绘
长沙 湖南美术出版社 1983年 86页 13cm（60开）
统一书号：8233.301 定价：CNY0.12
（桥隆飙之六）
　　本书是中国现代连环画册。绘者丁宁原
（1939—　），山东青州人，毕业于山东艺术专科
学校美术系。中国美术家协会会员，山东省美术
家协会副主席，山东师范大学艺术系教授。主要
作品有《重见光明》《出工》《胜似春光》《灵岩秋
色》。出版《丁宁原速写作品》《丁宁原俄罗斯写
生》等。

J0074725

争夺"RCA15"　牧坪，梁丰编；陈以忠绘
南宁 广西人民出版社 1983年 126页 13cm（60开）
定价：CNY0.22
　　本书是中国现代连环画册。绘者陈以忠
（1940—　），编辑。广东化州人，毕业于广西艺
术学院美术系。《广西日报》高级编辑，漓江画

院副院长，中国人才研究会艺术家学部委员会委
员，中国美术家协会广西分会常务理事。出版有
《报刊美编学》《实用图案设计》。

J0074726

争夺新大陆　王培堃编绘
石家庄 河北美术出版社 1983年 50页 有图
10×13cm 统一书号：8087.504 定价：CNY0.10
　　本书是中国现代连环画册。作者王培堃
（1940—　），漫画家。广西柳州人，毕业于广西
师范学院。曾任职于广西柳州市群众艺术馆、柳
州《新天地画刊》编辑部，中国美术家协会会员，
中国美术家协会连环画艺术委员会委员。代表
作品《书的故事》《小精灵画传》《书童山》。

J0074727

争夺新大陆　王培堃编绘
石家庄 河北美术出版社 1983年 50页 有图
13×19cm 统一书号：8087.505 定价：CNY0.20
　　本书是中国现代连环画册。

J0074728

征方腊损兵折将　施耐庵，罗贯中原著；子聪
改编；李乃蔚绘画
北京 人民美术出版社 1983年 115页 10×13cm
统一书号：8027.7931 定价：CNY0.30
（《水浒》29）
　　依据中国古典小说《水浒》改编的现代连环
画作品。

J0074729

征战西岐　（封神演义故事）万山改编；卢汶，
刘斌昆绘
南昌 江西人民出版社 1983年 134页 13cm（60开）
统一书号：8110.569 定价：CNY0.20
　　本书是中国现代连环画册。

J0074730

郑和下西洋　刘莹编；中流绘
上海 上海人民美术出版社 1983年 118页
13cm（60开）定价：CNY0.14
　　本书是历史人物传记连环画。收入118幅图。

J0074731

郑和下西洋　葛金康改编；白露等绘

昆明 云南人民出版社 1983 年［252］页 13cm（60 开）定价：CNY0.42

　　本书是根据同名电影剧本改编的连环画。

J0074732

挣断锁链　浅草改编；张妙夫绘

福州 福建人民出版社 1983 年 134 页 13cm（60 开）统一书号：8173.611 定价：CNY0.19

　　本书根据美国同名电影剧本改编的连环画。

J0074733

只要主义真　刘贞子等编；叶雄等绘

上海 上海人民美术出版社 1983 年 36 页 有图 10×13cm 统一书号：8081.13262 定价：CNY0.12

　　本书是中国现代连环画册。绘者叶雄（1950—　），连环画家。笔名夏草、古寅，上海崇明人，毕业于上海大学美术学院国画系专科。中国美术家协会上海分会会员，上海连环画研究会理事，上海黄浦画院画师，上海老城厢书画会常务理事。代表作品有《竹林七贤图》《子夜》《郑板桥造像》《咆哮的黑龙江》等。

J0074734

指鹿为马　林林编文；马方路绘画

上海 上海人民美术出版社 1983 年 2 版 110 页 10×13cm 统一书号：8081.3472 定价：CNY0.17

（《西汉演义》连环画之六）

　　根据西汉历史故事改编的中国连环画作品。

J0074735

志愿军空军英雄孙生禄　金平改编；杨智绘画

成都 四川少年儿童出版社 1983 年 90 页 有图 13cm（60 开）统一书号：R8247.125 定价：CNY0.12

（战斗英雄故事）

　　本作品是中国现代连环画。

J0074736

智惩叛徒　王荣辉改编；王恒东、亚静绘

哈尔滨 黑龙江人民出版社 1983 年 148 页 13cm（60 开）统一书号：8093.954 定价：CNY0.25

　　本作品是中国现代连环画。

J0074737

智闯虎口　浅草改编；朱子容绘

南京 江苏人民出版社 1983 年 109 页 13cm（60 开）定价：CNY0.16

　　本书是根据同名广播剧改编的连环画。绘者朱子容，编审。浙江永康人。浙江人民美术出版社副编审。代表作品有木刻《来帮忙》。编著《江山多娇》《面向未来》《鹏程万里》《边陲小花》《花香千里》等。

J0074738

智闯威海卫　李潜改编；张英伟绘

沈阳 辽宁美术出版社 1983 年 106 页 13cm（60 开）定价：CNY0.16

　　本作品是中国现代连环画。

J0074739

智斗白额虎　（广西民间故事）于汤编；蔡其中，何纬仁绘

南宁 漓江出版社 1983 年［91］页 13cm（60 开）定价：CNY0.17

　　本作品是中国现代连环画。

J0074740

智斗叛徒　康移风编绘

长沙 湖南美术出版社 1983 年 70 页 13cm（60 开）统一书号：8233.437 定价：CNY0.11

　　本作品是中国现代连环画。

J0074741

智断潘杨案　飞雁改编；刘振源绘

石家庄 河北美术出版社 1983 年 142 页 13cm（60 开）定价：CNY0.19

（《杨家将》之八）

　　本作品是中国现代连环画。绘者刘振源（1953—　），河北昌黎人，号紫云斋主人。出版个人专辑《中国美术成就——刘振源（1911—2011 百年书画名家专辑）》。

J0074742

智夺军械库　农友宏改编；钟光，邬锡龙绘

南宁 广西人民出版社 1983 年 62 页 13cm（60 开）定价：CNY0.10

（广西革命斗争故事）

　　本作品是中国现代连环画。

J0074743
智截玉香笼　吴文焕改编；周晓群绘
银川 宁夏人民出版社 1983 年 110 页 13cm（60 开）
统一书号：8157.418 定价：CNY0.17
　　本书根据吕文等电影文学剧本《玉香笼》改编的连环画。

J0074744
智救特派员　刘延龄，钱生发编；古寅绘
长春 吉林人民出版社 1983 年 134 页 有图 13cm（60 开）统一书号：8091.1428 定价：CNY0.20
（特殊巡官之四）
　　本作品是中国现代连环画。

J0074745
智擒"皇冠"犬　石文秀改编；邢安夫绘
呼和浩特 内蒙古人民出版社 1983 年 62 页 13cm（60 开）定价：CNY0.12
　　本作品是中国现代连环画。

J0074746
智擒路丝丝　席延平改编；吴敏绘
北京 人民美术出版社 1983 年 158 页 13cm（60 开）
统一书号：8027.8880 定价：CNY0.24
　　本书是根据电影剧本《美女蛇》改编的连环画。

J0074747
智擒美女蛇　刘艳芳改编；李子纯绘
沈阳 辽宁美术出版社 1983 年 170 页 13cm（60 开）
定价：CNY0.25
　　本作品是中国现代连环画。

J0074748
智取城防图　郑子铭编；杨思陶绘
福州 福建人民出版社 1983 年 126 页 13cm（60 开）
定价：CNY0.18
　　本作品是中国现代连环画。

J0074749
智取二龙山　木柳改编；张冰洁绘画
石家庄 河北美术出版社 1983 年 102 页 有图 10×13cm 统一书号：8087.546 定价：CNY0.15
（《武松》六）
　　本书是依据中国古典小说《水浒全传》改编的现代连环画。

J0074750
智取浒关站　朱洪，卢群编；劳思，周炬敏绘
南京 江苏人民出版社 1983 年 110 页 13cm（60 开）
统一书号：8100.3.603 定价：CNY0.16
　　本作品是中国现代连环画。

J0074751
智取三峰岗　余松岩编；周波，奇彤绘
广州 岭南美术出版社 1983 年 189 页 10×13cm
定价：CNY0.29
（广东革命根据地传奇）
　　本书是中国现代连环画册。

J0074752
智取天池山　海水，汪涛改编；盛元富绘
杭州 浙江人民美术出版社 1983 年 166 页 13cm（60 开）定价：CNY0.20
　　本书是中国现代连环画，根据王英先原作《枫香树》改编。绘者盛元富，美术高级编辑，创作有《浙江人民革命斗争故事》《野妹子》《红衣女侠》《夜袭阳明堡》等。

J0074753
智收玉麒麟　何昕改编；乔常义，孙福林绘
哈尔滨 黑龙江人民出版社 1983 年 193 页 13cm（60 开）统一书号：8093.865 定价：CNY0.27
（水浒故事）

J0074754
智下三秦　林林编文；王井绘画
上海 上海人民美术出版社 1983 年 2 版 110 页 10×13cm 定价：CNY0.17
（《西汉演义》连环画之十一）
　　绘者王井（1917—2002），连环画家。浙江余杭人。原名王志根，笔名王子耕。创作古典题材连环画有《加令记》《见龙王》《法云寺会妻》等，现代题材连环画有《幸福的道路》《英雄小八路》《红领巾炮》等。

J0074755
智斩潘仁美　江南春改编；许全群绘
兰州 甘肃人民出版社 1983 年 102 页 13cm（60 开）
定价：CNY0.15

（杨家将连环画之二）

J0074756

智斩权宦　张正新改编；邵劭绘

南京　江苏人民出版社　1983 年　86 页　有图

13cm（60 开）统一书号：8100.3.641

定价：CNY0.13

　　本作品是中国现代连环画，根据同名历史故事改编。

J0074757

智赚合同文　新兵编；罗惠卿绘画

长春　吉林人民出版社　1983 年　62 页　有图

13cm（60 开）统一书号：8091.1465 定价：CNY0.11

　　本作品是中国现代连环画。

J0074758

智赚合同文　胡玉兰改编；傅伯星绘

天津　天津人民美术出版社　1983 年　70 页

13cm（60 开）定价：CNY0.12

（传统戏曲故事）

　　本作品是中国现代连环画。绘者傅伯星（1939—　），浙江湖州人。毕业于浙江美术学院附中。杭州市美术家协会理事，曾任浙江日报社主任、美术编辑。主要作品有《菊花》《兴唐传》等。

J0074759

中榜负义　雪萍改编；束俊，黄启迪绘

合肥　安徽人民出版社　1983 年　[94] 页

13cm（60 开）统一书号：8102.1347 定价：CNY0.15

　　本作品是中国现代连环画。

J0074760

中国当代保尔张海迪　祥文编；辛宽良等绘

沈阳　辽宁美术出版社　1983 年　92 页　13cm（60 开）

统一书号：7161.0242 定价：CNY0.15

　　本书是中国现代表彰模范共青团员的连环画。绘者辛宽良（1941—　），画家。山东海阳人。毕业于鲁迅美术学院版画系。擅长连环画、年画。曾任辽宁美术出版社美术编辑。代表作品有《真假美猴王》《夜幕下的哈尔滨》《李自成》《西游记》等。

J0074761

中国当代的保尔——张海迪　林正让改编；许江等绘画

福建　福建人民出版社　1983 年　98 页　有图

13cm（60 开）统一书号：8173.696 定价：CNY0.14

　　本书是中国现代表彰模范共青团员的连环画。绘者许江（1955—　），福建人。中国美术学院油画系副主任、副教授。

J0074762

中国动物故事　（四）晓莲改编；袁庆等绘画

北京　人民美术出版社　1983 年　有彩图　10×13cm

统一书号：8027.8403 定价：CNY0.3

　　根据《中国动物故事集》改编的连环画，包括：《尖嘴老鼠和啄木鸟》（佤族），袁庆，胡月绘；《老虎拜师傅》，陈永镇绘；《狐狸和兔子》（蒙古族），于大武绘；《蛤蟆不愿去的好地方》，邵劭绘；《狐狸、猴子、兔子、马》，陈永镇绘；《爱虚荣的乌鸦》（藏族），李景彬绘。

J0074763

中国动物故事　（五）史程改编；王惟震等绘画

北京　人民美术出版社　1983 年　有彩图　10×13cm

统一书号：8027.8492 定价：CNY0.3

　　本书是此系列连环画的第五集，包括：《豹和驴》（藏族），王惟震绘；《老虎和青蛙》（布依族），尹武松绘；《黄花鱼和鳖鱼》，张元初绘；《狮子》，于大武绘；《狐狸的死》（藏族），曹小卉绘。

J0074764

中国动物故事　（九）紫辰改编；杨景芝等绘

北京　人民美术出版社　1983 年　有彩图　10×13cm

统一书号：8027.8808 定价：CNY0.3

　　本书根据《中国动物故事》第九集改编，包括：《狐狸的礼品》（乌孜别克族），杨之绘；《锦鸡、兔、猴、象吃果子》（藏族），戴士和绘；《公鸡叫太阳》（哈尼族），王怀庆绘；《猴子和青蛙》（藏族），王绿霞绘；《狐狸的分配》（维吾尔族），赵安地绘；《斑鸠和公鸡》（彝族），王绿霞绘。作者杨景芝，女，满族。首都师范大学美术系副教授，中国少年儿童造型艺术学会副会长，少儿艺术培训中心美术实验学校校长。

J0074765

中国动物故事　（十一）紫辰改编；秦元阅等绘

北京 人民美术出版社 1983 年 有彩图 10×13cm
统一书号：8027.8810 定价：CNY0.27
　　根据《中国动物故事集》改编的连环画，包
括：《孔雀的尾巴》（苗族），秦元阅绘；《螃蟹和鹭
鸶》（傣族），戴士和绘；《臭雕送猪腿》（佤佤族）
小雨、石铮绘；《猫与老鼠》（藏族），陈振新绘。

J0074766
中国动物故事 （七）史程改编；葛春学等绘
北京 人民美术出版社 1983 年 有图 10×13cm
统一书号：8027.8494 定价：CNY0.27
　　本书根据《中国根动物故事第七集》改编，
包括：《螺蛳和兔子》（傣族），葛春学绘；《猴子
和蚂蚱》（布依族），葛春学绘；《狐狸的悲剧》（藏
族），赵安地绘；《喜鹊和蛇攀亲》（苗族），尹武
松绘；《驴子和老虎》（藏族），张廷录绘。作者葛
春学（1938—2002），山东潍坊人，毕业于中央工
艺美术学院。曾任上海美术电影制片厂设计，上
海大学美术学院教授，中国漆画研究会理事，上
海环境艺术研究会会长，现代美术设计家协会理
事。出版有《葛春学画集》《葛春学装饰艺术集》
《装饰艺术》等。

J0074767
中国动物故事 （十四）紫辰史程改编；温泉
源等绘画
北京 人民美术出版社 1984 年 16+15+8 页
有彩图 10×13cm 统一书号：8027.9159
定价：CNY0.27
　　根据《中国动物故事集》改编的连环画，包
括：《冬天为什么没有蚂蚱》，温泉源绘；《同伴》，
胡基明绘；《马蜂学做窝》，王胜军绘。

J0074768
中国动物故事 （十五）紫辰，史程改编；刘
巨德等绘画
北京 人民美术出版社 1984 年 有彩图 10×13cm
统一书号：8027.9160 定价：CNY0.27
　　本书根据《中国动物故事集》改编的连环画，
包括：《谁的本领大》（瑶族），刘巨德绘；《兔子为
什么成了豁唇》（藏族），平良绘；《大象和蜗牛》，
顾同奋绘；《猴子裁判员》，赵隆义绘；《水牛和老
虎》（瑶族），刘巨德绘。

J0074769
中国古代笑话　朱康林编；徐庚生，朱康林绘
昆明 云南人民出版社 1983 年［45］页
13cm（60 开）统一书号：R8116.1159
定价：CNY0.10
　　本书选编了 9 个民间故事。

J0074770
中国女排 （体坛名将谱）苏少泉编；仓小宝
等绘
广州 岭南美术出版社 1983 年 218 页 13cm（60 开）
定价：CNY0.35

J0074771
中国人的故事 （第一卷 北京人至春秋）任
洪等编写；李忠良等绘画
重庆 重庆出版社 1983 年 238 页 19cm（32 开）
统一书号：8114.75 定价：CNY1.00
　　本书是中国上古传说及历史故事连环画。

J0074772
中国人的故事 （第二卷 战国时期）任洪等
编写；戴敦邦等绘画
重庆 重庆出版社 1984 年 238 页 17×18cm
统一书号：8114.179 定价：CNY1.20

J0074773
中国人的故事 （第三卷 秦汉时期）任洪等
编写；戴敦邦等绘画
重庆 重庆出版社 1985 年 239 页 17×18cm
定价：CNY1.20

J0074774
中国人的故事 （第四卷 三国两晋南北朝）
祖友义等主编；任洪等编写；徐国武等绘
重庆 重庆出版社 1988 年 238 页 18×17cm
ISBN：7-5366-0547-1 定价：CNY2.00
　　主编祖友义（1932—　　），曾任人民美术出版
社编辑主任，中国老摄影家协会会员。

J0074775
中国人的故事 （第五卷 隋至唐）祖友义等
主编；谌孝安等绘画
重庆 重庆出版社 1988 年 239 页 有图
19cm（32 开）ISBN：7-5366-0548-X

定价：CNY1.85

J0074776
中国人的故事 （第六卷 宋元）祖友义等主编
重庆 重庆出版社 1988 年 240 页 有图
18cm（15 开）ISBN：7-5366-0597-8
定价：CNY2.40

J0074777
中国人的故事 （第七卷 明）祖友义等主编
重庆 重庆出版社 1988 年 241 页 有图
18cm（15 开）ISBN：7-5366-0710-5
定价：CNY2.75

J0074778
中国人的故事 （第八卷 清）祖友义等主编
重庆 重庆出版社 1988 年 239 页 18cm（15 开）
ISBN：7-5366-0739-3 定价：CNY2.75

J0074779
中国沼气 杨力编辑；董全德摄影
北京 农业出版社 1983 年 有图 10×13cm
统一书号：8144.11 定价：CNY0.63
（农业科学技术连环画册）

J0074780
忠直的故事 刘萌瑜改编；农建坡绘
南宁 漓江出版社 1983 年 78 页 13cm（60 开）
统一书号：8256.85 定价：CNY0.12
（民间故事）

J0074781
重归锡尼河 朱晓鸥改编
北京 中国电影出版社 1983 年 147 页 13cm（60 开）
定价：CNY0.26
　　本书是根据同名影片改编的连环画。

J0074782
重合鸳鸯剑 梁广道等原作；胡翀改编；李荣昌绘
广州 岭南美术出版社 1983 年 164 页 13cm（60 开）
定价：CNY0.27
（中国武术连环画）

J0074783
重振朝纲 王琴改编；刘俊元绘
沈阳 辽宁美术出版社 1983 年 130 页 13cm（60 开）
统一书号：7161.0197 定价：CNY0.20
（前汉演义之十二）
　　本作品是中国古代小说连环画。

J0074784
周处改过 林泉改编；李福金绘
成都 四川人民出版社 1983 年 74 页 13cm（60 开）
定价：CNY0.14
　　本书是中国画画册，根据《周处新传》改编。

J0074785
周公东征 袁川编；林义君绘
南宁 广西人民出版社 1983 年 88 页 13cm（60 开）
统一书号：8113.848 定价：CNY0.14
（中国历史故事连环画 8）

J0074786
周进与范进 （清）吴敬梓原著；丁国联改编；陈国强绘
上海 上海人民美术出版社 1983 年 110 页
13cm（60 开）定价：CNY0.21
（《儒林外史》之一）
　　书是中国古典小说连环画。

J0074787
周三畏赠剑 犁丁改编；王井绘画
福州 福建人民出版社 1983 年 102 页 10×13cm
统一书号：8173.687 定价：CNY0.16
（《说岳全传》之四）

J0074788
周幽王之死 远祁编；黄宗海绘
南宁 广西人民出版社 1983 年 151 页 13cm（60 开）
统一书号：8113.844 定价：CNY0.21
（中国历史故事连环画 8）

J0074789
纣王自焚 （封神演义故事）万山改编；陈宁绘
南昌 江西人民出版社 1983 年 94 页 13cm（60 开）
定价：CNY0.16
　　本书是中国古典小说连环画。

J0074790

朱伯儒　曹京柱等编文；田克盛绘
武汉 长江文艺出版社 1983 年 125 页 有图
10×13cm 统一书号：8107.414 定价：CNY0.18
　　本书是中国现代连环画册。

J0074791

朱德元帅　中国人民革命军事博物馆编
北京 长征出版社 1983 年 158 页 13cm（60 开）
定价：CNY0.28
　　本书通过珍贵的历史图片和文物，介绍了朱
德元帅的一生。

J0074792

朱仝 雷横　张玉来编；吕世荣绘
长春 吉林人民出版社 1983 年 102 页 13cm（60 开）
统一书号：8091.1450 定价：CNY0.17
（《水浒》人物）
　　依据中国古典小说《水浒》改编的现代连环
画作品。

J0074793

朱仝 雷横　张玉来编文；吕世荣绘画
长春 吉林人民出版社 1983 年 102 页 有图
10×13cm 统一书号：8091.1450 定价：CNY0.31
　　中国古典小说《水浒》人物连环画。

J0074794

朱仙镇　姚雪垠原著；钱兴凤改编；江云绘
上海 上海人民美术出版社 1983 年 190 页
10cm（64 开）定价：CNY0.23
（《李自成》连环画之二十五）

J0074795

朱仙镇大捷　张剑萍改编；黄恩涛绘
济南 山东人民出版社 1983 年 110 页 13cm（60 开）
统一书号：8099.2665 定价：CNY0.17
（《李自成》故事选 12）

J0074796

朱元璋斩婿　许凤锦编剧；刘含真改编；刘含
真，叶菱摄影
北京 农村读物出版社 1983 年 125 页 13cm（60 开）
定价：CNY0.21
（电视戏曲片连环画）

J0074797

朱总司令的故事　张连寿等改编；张平等绘
西安 陕西人民美术出版社 1983 年 54 页
13cm（60 开）定价：CNY0.10
　　本书是中国现代连环画册。绘者张平
（1950—　），硬笔书法艺术家。字清泉，祖籍江
苏。中外书画名人研究院教授，黑龙江省孙子兵
法研究会理事。

J0074798

猪八戒拜师学本领　张继楼改编；胡永凯等画
成都 四川少年儿童出版社 1983 年 46 页 有图
10×13cm 统一书号：R8247.115 定价：CNY0.07
（猪八戒外传）
　　本书是中国现代连环画，根据包蕾《猪八戒
学本领》改编。

J0074799

猪八戒出生记　姜威改编；杨晓晖绘
南京 江苏人民出版社 1983 年 95 页 13cm（60 开）
统一书号：8100.3.707 定价：CNY0.16
（民间故事）
　　本书是中国现代连环画，根据《猪八戒出生
记》改编。绘者杨晓晖（1942—　），江苏南通人，
毕业于南京师大美术系。中国国画家协会理事，
南通大学艺术学院教授。代表作有《百猫图》《万
蝶图》《中国画的题款和钤印》等。

J0074800

猪八戒路拾金元宝　廖洁，蓝星写；詹莹等绘
画
成都 四川少年儿童出版社 1983 年 46 页 有图
10×13cm 统一书号：R8247.113 定价：CNY0.07
（猪八戒外传）
　　本书是中国现代连环画册，系《西游记》
故事。

J0074801

猪八戒奇遇鬼怪妖　张秋生写；马克宣等绘画
成都 四川少年儿童出版社 1983 年 46 页 有图
10×13cm 统一书号：R8247.114 定价：CNY0.07
（猪八戒外传）
　　本书是中国现代连环画册，系《西游记》
故事。

J0074802

猪八戒贪功除"妖魔"　孔繁禹写；尤先瑞绘画
成都　四川少年儿童出版社　1983 年　46 页　有图
10×13cm　统一书号：R8247.120　定价：CNY0.07
（猪八戒外传）
　　本书是中国现代连环画册，系《西游记》
故事。

J0074803

猪八戒误进颠倒洞　励艺夫写；戴铁郎画
成都　四川少年儿童出版社　1983 年　46 页
有彩图　10×13cm　统一书号：R8247.115
定价：CNY0.07
（猪八戒外传）
　　本书是中国现代连环画册，系《西游记》
故事。

J0074804

竹青　舒瑛改编；李苇成绘
南京　江苏人民出版社　1983 年　30 页　13cm（60 开）
定价：CNY0.14
（中国古典文学故事选）
　　本书是根据蒲松龄《聊斋志异》改编的连
环画。

J0074805

竹青　蒲松龄原著；冯文声改编；苏家芳绘
广州　岭南美术出版社　1983 年　105 页　13cm（60 开）
定价：CNY0.20
（古典文学作品选 35）
　　本书是根据蒲松龄《聊斋志异》改编的连
环画。

J0074806

逐鹿中原　张月华改编；姚祥发绘
沈阳　辽宁美术出版社　1983 年　166 页　10×13cm
统一书号：7161.0192　定价：CNY0.25
（前汉演义之七）
　　本书是根据《前汉演义》改编的连环画。

J0074807

筑路　墨雨改编；郝嘉贤绘画
长沙　湖南少年儿童出版社　1983 年　85 页　有图
10×13cm　统一书号：R8280.53　定价：CNY0.13

J0074808

专诸刺王僚　邢国兴改编；谢京秋绘
沈阳　辽宁美术出版社　1983 年　102 页　13cm（60 开）
定价：CNY0.16
　　中国历史故事连环画。

J0074809

壮烈千秋　凌力原著；戚宏，王正改编；陈光
华绘
合肥　安徽人民出版社　1983 年　110 页　13cm（60 开）
定价：CNY0.15
（捻军故事 5）
　　本书是中国历史故事连环画。

J0074810

追捕大王蛇　刘健屏，朱伟杰原著；张企荣改
编；何进，任伯言绘
重庆　重庆出版社　1983 年　110 页　13cm（60 开）
统一书号：8114.73　定价：CNY0.15
　　本书是中国现代连环画册。

J0074811

追韩信　林林编文；张令涛等绘画
上海　上海人民美术出版社　1983 年　2 版　126 页
10cm（64 开）　定价：CNY0.19
（《西汉演义》连环画之九）
　　根据西汉历史故事改编的中国连环画作品。

J0074812

追求　李威仑原作；惠锡华改编；王赤军绘
福州　福建人民出版社　1983 年　70 页　13cm（60 开）
统一书号：8173.681　定价：CNY0.12
　　本书是中国现代故事连环画。

J0074813

追踪狐狸的人　闻云芳编文；钱贵荪绘画
上海　少年儿童出版社　1983 年　118 页　有图
10×13cm　统一书号：R10024.4059　定价：CNY0.14
　　本书是中国现代故事连环画。

J0074814

捉鳖记　谢德风改编；王金泰绘
贵阳　贵州人民出版社　1983 年　62 页　13cm（60 开）
定价：CNY0.08
　　绘者王金泰（1945—　），当代书画家。号甫

元，生于北京，祖籍山东。曾任中国少年儿童出版社《中学生》杂志美术编辑，中国美术家协会北京分会会员，中华孔子学会会员，中国书画家联谊会理事。出版有《中华少年精英百图》《古诗童趣图》《金泰画集》《中华佛禅文化百图》等。

J0074815

捉放地头蛇　刘永骥改编；邓立衍绘
长沙 湖南美术出版社 1983 年 70 页 13cm(60 开)
定价：CNY0.11
　本书是中国现代故事连环画。

J0074816

捉贼放贼　田土改编；晁锡弟绘画
北京 人民美术出版社 1983 年 14 页 有彩图
13cm(60 开) 统一书号：8027·8586
定价：CNY0.14
　本书是中国现代故事连环画，根据民间故事徐雅堂搜集整理。

J0074817

卓瓦桑姆　（藏族神话舞剧连环画）青舟改编；方元等摄影
成都 四川人民出版社 1983 年 99 页 有图
13cm(60 开) 统一书号：8118.1244 定价：CNY0.18
　本书是中国现代舞剧连环画。

J0074818

卓娅　（苏）柯斯莫捷米扬斯卡亚原著；范若由改编；蒋宝鸿绘
上海 上海人民美术出版社 1983 年 126 页
13cm(60 开) 统一书号：8081.13261
定价：CNY0.23
（少年儿童画库）
　本书是描绘苏联抗击德国法西斯的女英雄事迹的中国现代舞剧连环画。收入 126 幅图。

J0074819

子夜　上海电影制片厂改编
北京 中国电影出版社 1983 年 177 页 13cm(60 开)
定价：CNY0.30
（电影连环画册）

J0074820

姊妹花店　姚传骧改编；刘希立绘

武汉 长江文艺出版社 1983 年 126 页 13cm(60 开)
定价：CNY0.18
　本书是中国现代连环画册。绘者刘希立（1945—　　），天津人，毕业于中央财政金融学院。历任中国美术家协会会员，中国书籍装帧艺术委员会会员，黑龙江人民出版社编辑，天津人民美术出版社美术编审。代表作品《列宁在1918》《惩罚》等。

J0074821

姊妹易嫁　张强改编；赵栓皂，杜双银绘
石家庄 河北美术出版社 1983 年 76 页
13cm(60 开) 统一书号：8087.540
定价：CNY0.12
　本书是中国现代连环画，根据同名吕剧改编。

J0074822

紫钗记　刘莹改编；汪继声，大中绘
南昌 江西人民出版社 1983 年 100 页 13cm(60 开)
定价：CNY0.16
　本书根据明代杰出的戏剧家汤显祖的同名剧本改编的连环画。

J0074823

紫金山　（江苏名胜传说）华士明改编；丁红章绘
南京 江苏人民出版社 1983 年 62 页 13cm(60 开)
定价：CNY0.26
　本书是中国现代名胜传说连环画。

J0074824

自称齐王　林林编文；刘斌昆绘画
上海 上海人民美术出版社 1983 年 2 版 94 页
10×13cm 统一书号：8081.13294
定价：CNY0.15
（《西汉演义》连环画之十七）
　根据西汉历史故事改编的中国连环画作品。

J0074825

宗保破神机　江雄编；高适绘
福州 福建人民出版社 1983 年 104 页 10×13cm
定价：CNY0.17
（《杨家将演义》之十五）

J0074826
宗泽赐宴　斯颂改编；傅伯星，郑家园绘
福州 福建人民出版社 1983 年 106 页 10×13cm
定价：CNY0.16
（《说岳全传》之三）
　　本书是根据古典小说《说岳全传》改编的中国现代连环画册。

J0074827
棕榈奇缘　方文改编；向明译；庄弘醒绘
南京 江苏人民出版社 1983 年 150 页 13cm（60 开）
定价：CNY0.22
　　本书是根据法国奥赫利安绍尔著《棕榈俪影》改编的中国现代连环画册。

J0074828
邹容　林林改编；施大畏，韩硕绘
成都 四川人民出版社 1983 年 126 页 13cm（64 开）
统一书号：8118.1449 定价：CNY0.16
　　本书是中国现代连环画册。

J0074829
祖莹藏火　汤一钧编；蔡荣画
北京 人民美术出版社 1983 年 14 页 有彩图 13cm（60 开）折页装 统一书号：8027.8539
定价：CNY0.14

J0074830
最后一个军礼　陈实改编
北京 中国电影出版社 1983 年 156 页 13cm（60 开）
定价：CNY0.26
（电影连环画册）

J0074831
最后一课
长沙 湖南少年儿童出版社 1983 年 50+19 页 有图 10×13cm 统一书号：R8280.26
定价：CNY0.11
　　本书是《中学语文画库》初中第二册的连环画，包括《最后一课》(石平改编；左汉中绘)和《扁鹊见蔡桓公》(姚天元改编；张雁碧绘画)。

J0074832
最危险的猎物　（美）理查德·康耐尔原著；白宇改编；费声福绘
北京 人民美术出版社 1983 年 102 页 13cm（60 开）
定价：CNY0.16
　　本书是中国现代连环画册。作者白宇（1952— ），画家。河南安阳人，安阳师专艺术系毕业。鹤壁市青年美术家协会副主席，鹤壁黄河书画院院长，河南省美术家协会会员。主要作品有《高山有情》《轻音图》等。绘者费声福（1927— ），编辑。祖籍浙江慈溪。毕业于中央美术学院。历任中国连环画出版社编审、《中国连环画》副主编、中国美术家协会连环画艺术委员会副主任，中国连环画研究会常务理事兼秘书长。作品有《神火》《游赤壁》。

J0074833
最危险的猎物　史策改编；陈昌柱，朱小果绘
重庆 重庆出版社 1983 年 67 页 13cm（60 开）
定价：CNY0.11
　　本书根据《红岩》文学季刊所载同名小说改编的连环画。

J0074834
醉打蒋门神　山东广播电视艺术团供稿
北京 宝文堂书店 1983 年 109 页 13cm（60 开）
统一书号：8070.128 定价：CNY0.21
　　电视剧《武松》连环画集之一。

J0074835
醉打蒋门神　木柳改编；赵贵德绘
石家庄 河北美术人民出版社 1983 年 118 页 13cm（60 开）统一书号：8087.548 定价：CNY0.17
（《武松》之三）
　　本书是中国古典小说连环画。作者赵贵德（1937— ），满族，国家一级美术师。生于北京。中国美术家协会理事，河北省美术家协会名誉主席。代表作品有《激流》《春潮》《大风歌》《神骏图》等，著有《怎样才能画好速写》。

J0074836
遵王殒阵　凌力原著；戚宏，王正改编；陈光华，汪家龄绘
合肥 安徽人民出版社 1983 年 110 页 13cm（60 开）
定价：CNY0.15
（捻军故事 4）
　　本书是中国古代历史故事连环画。

J0074837
坐轮椅的姑娘 （优秀共青团员张海迪）王燕
生编；陈玉先绘
北京 中国少年儿童出版社 1983 年 62 页
13cm（60 开）定价：CNY0.11
　　本书是中国现代连环画册。绘者陈玉先
（1944—　）, 国画家、美术家。安徽淮南人。历
任《解放军报》副主编、中国美术家协会艺术委员
会副主任。代表作品《井冈山斗争》《红灯记》《红
色娘子军》《草原儿女》，专著《速写技法》《陈玉
先插图作品选》《陈玉先中国画》。

J0074838
做间谍的小孩 肖求改编；季平等绘画
武汉 湖北人民出版社 1983 年 54 页 有图
13cm（60 开）统一书号：8106.2341 定价：CNY0.09
　　根据法国都德同名小说改编的连环画。

J0074839
"海怪"之谜 胡源改编；毛文彪，吴海燕绘
北京 人民美术出版社 1984 年 158 页 13cm（64 开）
定价：CNY0.42
　　根据法国儒勒·凡尔纳原著《海底两万里》
改编的连环画。作者毛文彪（1950—　），浙江奉
化人。擅长油画、宣传画。海军政治部创作室美
术创作员。主要作品有《期望》《郑和下西洋》《远
航归来》等。

J0074840
"红皮包"侦破记 周振天原著；钱志清改编；
雨立绘
沈阳 辽宁美术出版社 1984 年 94 页 13cm（64 开）
统一书号：7161.0402 定价：CNY0.16
　　本书是中国现代连环画册。

J0074841
"茉莉花"传奇 （上）于秀溪编；戴成有等绘
长春 吉林人民出版社 1984 年 142 页 13cm（64 开）
统一书号：8091.1498 定价：CNY0.25
　　本书是中国民间故事连环画。

J0074842
"茉莉花"传奇 （下）于秀溪编；戴成有等绘
长春 吉林人民出版社 1984 年 150 页 13cm（64 开）
统一书号：8091.1499 定价：CNY0.26
　　本书是中国民间故事连环画。

J0074843
"神龙"落网记 徐雅雅原著；钱志清编；沪航，
秋兰绘
长春 吉林人民出版社 1984 年 134 页 13cm（64 开）
统一书号：8091.1658 定价：CNY0.22

J0074844
"水獭"的秘密 马罕茂德·萨里姆原著；邢少
平等改编；苏小华等绘画
南京 江苏美术出版社 1984 年 118 页 有图
10×13cm 统一书号：8353.3.108 定价：CNY0.26
　　根据同名故事改编的中国现代连环画。

J0074845
"逃兵" 郭红兵编文；王胜华绘画
长春 吉林人民出版社 1984 年 110 页 有图
10×13cm 统一书号：8091.1492 定价：CNY0.18
　　根据小说《茶花艳》改编的中国现代连环画，
以中越边境自卫反击战为题材。

J0074846
"王冠"的风波 光亮改编；许全群绘
北京 人民美术出版社 1984 年 158 页 13cm（64 开）
统一书号：8027.9247 定价：CNY0.39
　　根据王路遥同名故事改编的连环画。

J0074847
"醒狮行动"的覆灭 （云南民兵战斗故事）瞿
文旱等改编；武俊绘画
昆明 云南人民出版社 1984 年 110 页 有图
10×13cm 统一书号：R8116.1300 定价：CNY0.19
（云南民兵战斗故事）
　　根据故事《在通往国境的小路上》编写的中
国现代连环画。

J0074848
"燕子"李三 （第一册）柳溪原著；谢午元改
编；赵国经绘
天津 天津人民美术出版社 1984 年 116 页
13cm（60 开）定价：CNY0.27
　　中国武术连环画。

J0074849

"燕子"李三 （第二册）柳溪原著；谢午元改
编；杨德树绘
天津　天津人民美术出版社　1984 年　109 页
13cm（60 开）定价：CNY0.25
　　中国武术连环画。

J0074850

"燕子"李三 （第三册）柳溪原著；谢午元改
编；郑庆衡绘
天津　天津人民美术出版社　1984 年　94 页
13cm（60 开）定价：CNY0.22
　　中国武术连环画。

J0074851

"燕子"李三 （第四册）柳溪原著；谢午元改
编；季源业绘
天津　天津人民美术出版社　1984 年　126 页
19cm（32 开）定价：CNY0.28
　　中国武术连环画。

J0074852

"燕子"李三 （第五册）柳溪原著；谢午元改
编；杨春瑞，于水绘
天津　天津人民美术出版社　1984 年　126 页
13cm（60 开）定价：CNY0.28
　　中国武术连环画。

J0074853

"燕子"李三 （第六册）柳溪原著；谢午元改
编；刘建平绘
天津　天津人民美术出版社　1984 年　134 页
13cm（60 开）定价：CNY0.30
　　中国武术连环画。

J0074854

"夜老虎"打赌　俞天白原著；赵福昌编；庞先
健绘
上海　上海人民美术出版社　1984 年　110 页　有图
10×13cm　统一书号：8081.13899　定价：CNY0.17
　　本书系中国现代连环画。

J0074855

《红楼梦》连环画
上海　上海人民美术出版社　1984 年　16 册

13cm（64 开）定价：CNY4.20
　　本书根据我国古典文学名著《红楼梦》编绘。
全套共分 16 册：《乱判葫芦案》《宝黛初会》《熙
凤弄权》《黛玉葬花》《宝玉受笞》《二进荣国府》
《鸳鸯抗婚》《宝玉瞒赃》《红楼二尤》《抄检大观
园》《潇湘惊梦》《金桂之死》《黛玉焚稿》《查抄
贾府》《巧姐避祸》《宝玉出走》。

J0074856

《兰亭》传奇　大鲁编；王亦秋绘
上海　上海人民美术出版社　1984 年　102 页
19cm（小 32 开）定价：CNY0.44

J0074857

《兰亭》传奇　大鲁编；王亦秋绘
上海　上海人民美术出版社　1984 年　102 页
13cm（64 开）统一书号：8081.13594
定价：CNY0.13

J0074858

《西游记》故事画库
北京　中国文艺联合出版公司　1984 年　20 册
19cm（32 开）定价：CNY2.90
　　本书是依据中国古典小说《西游记》改编的
现代连环画。

J0074859

50 万法郎　任舜华译编；朱植人，魏新燕绘
杭州　浙江人民美术出版社　1984 年　118 页
13cm（64 开）定价：CNY0.17
　　根据法国同名著作改编的连环画。

J0074860

747 事件　梁文改编；郑海明，珍波绘
广州　花城出版社　1984 年　150 页　13cm（64 开）
统一书号：8261.44　定价：CNY0.27
（旅游连环画）

J0074861

80 天环游地球　韩幼文改编；黄云松，张昌
洞绘
杭州　浙江人民美术出版社　1984 年　150 页
13cm（60 开）定价：CNY0.19
　　根据法国儒勒·凡尔纳同名小说改编的连
环画。

J0074862

A·P 案件　孙洪发改编；孙洪发等摄影
北京　广播出版社　1984 年　157 页　13cm（64 开）
统一书号：8236.114　定价：CNY0.29
　　　中国现代连环画。

J0074863

阿达尼罗　（民间传说故事）周健改编；刘学
伦绘
成都　四川民族出版社　1984 年　133 页　13cm（64 开）
定价：CNY0.22
　　　本书是中国民间故事连环画，包括两个故
事。绘者刘学伦（1954—　），画家、教授。生于
四川成都，祖籍安徽肥西县。毕业于日本大阪艺
术大学。西南民族大学艺术系教授，中国美术家
协会会员。作品有《画说情歌》《金沙祭》《解放
军入城图》等。

J0074864

阿耳戈英雄历险记　陈国英改编；庞邦本绘
天津　天津人民美术出版社　1984 年　158 页
13cm（64 开）统一书号：8073.30898
定价：CNY0.26
　　　根据希腊神话故事改编的连环画。

J0074865

阿呷勇斗顽敌　金彦华，王景全编；李先志绘
南宁　广西人民出版社　1984 年　136 页　13cm（64 开）
定价：CNY0.19
　　　本书是中国革命故事连环画。

J0074866

阿混新传　王辉荃等编剧；王辉荃改编；姜节
安摄影
上海　上海人民美术出版社　1984 年　173 页
10×13cm　统一书号：8081.14104　定价：CNY0.34
　　　中国现代连环画。

J0074867

阿混新传　肖梅改编；文麓摄影
北京　中国文联出版公司　1984 年　125 页　有图
10×13cm　统一书号：8355.62　定价：CNY0.32
　　　中国现代连环画。

J0074868

阿基米德的故事　赵学元原著；寄松改编；李
乃蔚绘画
石家庄　河北美术出版社　1984 年　82 页
10×13cm　统一书号：8087.882　定价：CNY0.14
　　　中国现代连环画。

J0074869

阿一旦的故事　杨世光改编；张志平绘
昆明　云南人民出版社　1984 年　142 页　13cm（64 开）
统一书号：R8116.1302　定价：CNY0.23
（云南民族民间故事画丛）
　　　本书是中国民间故事连环画。

J0074870

爱的答案　王群生原著；张少峰编；孙思等绘
上海　上海人民美术出版社　1984 年　86 页　有图
10×13cm　统一书号：8081.14048　定价：CNY0.14
　　　中国现代连环画。

J0074871

爱国志士辛弃疾　淮安师范学校编著；孙建
中改编；于守万绘
济南　山东美术出版社　1984 年　134 页　13cm（64 开）
统一书号：8332.202　定价：CNY0.22
（历史英雄人物故事 4）
　　　中国古代优秀人物故事连环画。

J0074872

爱火飘飞　洪波等编；冯正梁等绘
上海　上海人民美术出版社　1984 年　116 页
10×13cm　统一书号：8081.14050　定价：CNY0.20
（革命诗歌故事 3）
　　　中国现代连环画。内容包括《情愿为共产主
义牺牲》《狱中诗》《爱火飘飞》《尽善尽美为解
放》《工厂归工人》5 个故事。

J0074873

爱金子的国王　周荣发改编；韩黎坤绘画
上海　上海人民美术出版社　1984 年　70 页　有图
10×13cm　统一书号：8081.1370　定价：CNY0.10
　　　中国现代连环画。绘者韩黎坤（1938—　），
画家。江苏苏州人，毕业于浙江美术学院版画系
研究生班，留校任教。曾任浙江人民美术出版
社美术编辑，浙江美术学院教授，中国美术学院

版画系主任、学术委员会副主任，博士生导师，中国版画家协会常务理事等。代表作品有《夕照峥嵘》《韩黎坤画人体》，出版有《韩黎坤画人体》等。

J0074874

爱丽丝梦游奇境记 （英）刘易斯·卡罗尔原著；蔡体荣改编；庄根生绘
上海 上海人民美术出版社 1984年 94页 13cm（64开）定价：CNY0.30
（少年儿童画库）

　　据英国儿童文学名著改编的连环画。

J0074875

爱美的小白兔 濮永顺写；吴湘麟画
南京 江苏少年儿童出版社 1984年 28页 有彩图 10×13cm 统一书号：R8352.3.003 定价：CNY0.15

　　中国现代连环画

J0074876

爱美丽雅 （德）莱辛原著；孙加瑞改编；胡克文绘
上海 上海人民美术出版社 1984年 2版 140页 10cm（64开）统一书号：8081.3679 定价：CNY0.18

　　连环画。根据德国文学作品改编，1959年8月第1版。共收入140幅图。主要内容描述了纯洁美丽的意大利上校女儿爱美丽雅与雅比伯爵深深相爱，而赫托勒亲王为暗杀雅比，把爱美丽雅抢到宫廷，爱美丽雅悲痛愤恨，并最终用自己的生命去战胜强权的故事。

J0074877

爱情从这里开始 高援改编；王大鹏绘
沈阳 辽宁美术出版社 1984年 98页 13cm（64开）定价：CNY0.15

　　中国现代爱情故事连环画。绘者王大鹏（1946— ），画家。山东临沂人。中国美术家协会天津分会会员。

J0074878

爱与恨 陈国凯原著；董青冬改编；陈文杰绘
天津 天津人民美术出版社 1984年 142页 有图 10×13cm 统一书号：8073.30896 定价：CNY0.21

　　根据陈国凯原著改编的中国现代连环画。

J0074879

安培的故事 俞明珠，劳麟书编；邵劭绘
南昌 江西人民出版社 1984年 84页 13cm（64开）定价：CNY0.16
（外国古代近代名人青少年时期故事丛书）

　　世界名人青少年时期故事的连环画。

J0074880

暗杀猫头鹰行动 郑小凯原著；钱景文编；曾佑瑄绘
上海 上海人民美术出版社 1984年 118页 有图 10×13cm 统一书号：8081.14043 定价：CNY0.18

　　本书系本书是中国现代连环画册。

J0074881

奥德赛的故事 徐淦改编；王怀庆等绘
北京 人民美术出版社 1984年 243页 13cm（64开）统一书号：8027.8887 定价：CNY0.30

　　根据希腊荷马史诗改写本改编的连环画。

J0074882

奥瑟罗 肖移山改编；梁益强，窦培高绘
北京 中国文联出版公司 1984年 94页 13cm（64开）定价：CNY0.21

　　根据英国莎士比亚原著改编的戏剧故事连环画。

J0074883

八虎闯幽州 李清洲改编；中流，关景宇绘
北京 北京出版社 1984年 138页 13cm（60开）定价：CNY0.28
（杨家将故事 2）

J0074884

八戒浑搅钉耙宴 （明）吴承恩原著；郭子宣改编；于麟绘
济南 山东美术出版社 1984年 新1版 102页 13cm（60开）统一书号：8332.216 定价：CNY0.17
（西游记故事选 9）

J0074885

八戒巡山 吴承恩原著；何棱改编；常光希等绘画

成都　四川少年儿童出版社 1984 年　62 页　有图
7×10cm 统一书号：R8247.151 定价：CNY0.06
(《西游记》故事　六)

　　根据中国古典小说《西游记》改编的现代连
环画作品。

J0074886
八戒智激美猴王　　(明)吴承恩原著；郭子宣
改编；李鑫焕绘
济南　山东美术出版社 1984 年　新 1 版　110 页
13cm(60 开) 定价：CNY0.18
(西游记故事选　8)

J0074887
八品官　　王梦改编；李清白等绘
长沙　湖南美术出版社 1984 年 126 页 13cm(64 开)
定价：CNY0.21
(农村画库)

　　根据中国现代故事改编的连环画。

J0074888
八十天环游地球　　方兰改编；时圣，时雍绘
广州　岭南美术出版社 1984 年 198 页 13cm(60 开)
统一书号：8260.1018 定价：CNY0.35
(科学地理幻想名著)

　　根据法国儒勒·凡尔纳同名小说改编的连
环画。

J0074889
八王战辽兵　　邹向前，郝琳水改编；于海江，
王惠娣绘
哈尔滨　黑龙江美术出版社 1984 年　147 页
13cm(60 开) 定价：CNY0.25
(杨家将故事)

J0074890
巴尔扎克　　吴炳伟编文；丁军绘画
上海　上海人民美术出版社 1984 年 126 页　有图
10×13cm 统一书号：8081.13958 定价：CNY0.20
(世界历史故事画库)

　　本书系有关法国大文豪故事的中国现代连
环画。收入 126 幅图。

J0074891
巴甫洛夫　　余民编；聂崇瑞绘

北京　人民美术出版社 1984 年 128 页 13cm(64 开)
统一书号：8027.9182 定价：CNY0.21
(科学家故事)

　　本书是根据俄国科学家故事改编的中国现
代连环画册。

J0074892
芭茅坪的枪声　　武剑著；程曲流编绘
长沙　湖南美术出版社 1984 年　70 页 13cm(64 开)
定价：CNY0.13

　　本书是中国现代革命故事连环画。

J0074893
霸王别姬　　黄午生编绘
南京　江苏美术出版社 1984 年 94 页 13cm(64 开)
定价：CNY0.16
(楚汉相争的故事　6)

　　据中国历代战争故事改编的连环画。

J0074894
白发魔女　　宝华改编；红生等绘
延吉　延边人民出版社 1984 年 166 页 13cm(64 开)
统一书号：8136.636 定价：CNY0.33

　　中国民间故事连环画。

J0074895
白龟驮经　　平平改编；张宝松绘
北京　中国文艺联合出版公司 1984 年　15 页
13cm(60 开) 定价：CNY0.14
(《西游记》故事　20)

　　本书是依据中国古典小说《西游记》改编的
现代连环画。

J0074896
白居易求师　　徐珣改编；叶坚铭绘画
南京　江苏美术出版社 1984 年　70 页　有图
10×13cm 统一书号：8353.3.085 定价：CNY0.14

　　本书系中国现代连环画。绘者叶坚铭
(1933—1998)，字路荑。浙江宁波人。擅长版画、
连环画。曾任天津人民美术出版社美术编辑、《故
事画报》编辑室主任。主要作品有《出路》《有趣
的故事》《钻》《日出》等。

J0074897
白梨屯的枪声　　罗炳阳，张承良改编；田民胜

绘画
武汉 长江文艺出版社 1984 年 110 页 有图
10×13cm 统一书号：8107.558 定价：CNY0.19
　　根据崔坪的中篇小说《最后一枪》改编的连
环画。

J0074898
白莲　罗旋原著；陈梅鼎编；曾晓浒绘
上海 上海人民美术出版社 1984 年 134 页
10×13cm 统一书号：8081.13726 定价：CNY0.16
　　本书系中国现代连环画。

J0074899
白莲　罗旋原著；陈梅鼎改编；曾晓浒绘
上海 上海人民美术出版社 1984 年 134 页
13cm（64 开）定价：CNY0.16
　　根据中国现代故事改编的连环画。

J0074900
白莲花传奇　年青山改编；刘秉正绘
哈尔滨 黑龙江美术出版社 1984 年 186 页
13cm（64 开）统一书号：8358.112 定价：CNY0.30
　　本书是中国民间故事连环画。

J0074901
白马寺故事传说　张若愚编；日曲，苏西映绘
郑州 河南人民出版社 1984 年 112 页 13cm（64 开）
定价：CNY0.20
（中州风物志）
　　本书是中国民间故事连环画。

J0074902
白天鹅餐厅　郑渊洁原著；亚旗改编；刘泽岱
绘画
天津 天津人民美术出版社 1984 年 69 页 有图
10×13cm 统一书号：8073.30960 定价：CNY0.14
（系列童话《魔方大厦》8）
　　本书系中国现代连环画。

J0074903
白雪公主　何斐编文；林文肖等绘画
武汉 湖北少年儿童出版社 1984 年 62 页 有图
10×13cm 统一书号：8305.45 定价：CNY0.14
　　本书系中国现代连环画。

J0074904
白药传奇　（连环画册）王左生著；钟开天绘
昆明 云南人民出版社 1984 年 63 页 19cm（32 开）
ISBN：R8116.1292 定价：CNY0.24
　　根据同名长篇小说改编的连环画。绘者钟
开天（1942— ），画家。中国美术家协会会员，
云南新闻美协副会长，云南民族画院副院长。代
表作品有《绿色瑰宝》《山花烂漫》《江山多娇
图》等。

J0074905
白衣女人　（英）威尔基·柯林斯原著；王凯戎
改编；张苗绘
广州 岭南美术出版社 1984 年 138 页 13cm（64 开）
定价：CNY0.26
（世界文学名著）
　　根据英国文学名著改编的连环画。

J0074906
白衣少年　（清）蒲松龄原著；红星，长瀛改编；
李宗林绘
济南 山东美术出版社 1984 年 新 1 版 62 页
10×13cm 统一书号：8332.229 定价：CNY0.12
（《聊斋志异》连环画丛书 聊斋志异故事选 13）

J0074907
白衣少女　程中岳改编；王秋霞，林以友绘
福州 福建人民出版社 1984 年 105 页 13cm（64 开）
定价：CNY0.20
　　根据同名电影改编的连环画。

J0074908
白衣侠女　黄辉改编；罗远潜，翁淑珍绘
广州 广东人民出版社 1984 年 174 页 13cm（64 开）
定价：CNY0.31
（少年连环画库）

J0074909
白衣侠女　（上）王占君原著；张建辉编；王廷
家，王守志绘
长春 吉林人民出版社 1984 年 166 页 13cm（64 开）
统一书号：8091.1663 定价：CNY0.30
　　中国现代民间故事连环画。

J0074910

白衣侠女 （下）王占君原著；张建辉编；王廷家，王守志绘

长春 吉林人民出版社 1984 年 166 页 13cm（64 开）统一书号：8091.1664 定价：CNY0.30

　　中国现代民间故事连环画。

J0074911

白衣侠女 王占君原著；张军等改编；孙达明等绘

呼和浩特 内蒙古人民出版社 1984 年 8 册 定价：CNY2.90

　　这套连环画共 8 册，包括《黄龙荡遇险》《道姑劫法场》《劫粮会寨主》《巧占杨家坪》《智取孝感县》《血战白帝城》《关帝庙除霸》《卸花坡跳崖》。

J0074912

百花公主 （吉林民间故事）徐恩志编；王云鹏绘

长春 吉林人民出版社 1984 年 110 页 13cm（64 开）定价：CNY0.18

　　本书是中国民间故事连环画。

J0074913

百凉楼 张治龙，春峰编；于绍文绘

北京 中国文艺联合出版公司 1984 年 105 页 13cm（64 开）统一书号：8313.51 定价：CNY0.21（明代开国英烈传 2）

　　中国明代历史故事连环画。

J0074914

败走麦城 罗贯中原著；赵岗改编；任伯宏，叶雄绘

西安 陕西人民美术出版社 1984 年 118 页 13cm（60 开）定价：CNY0.20（《三国演义》连环画 14）

J0074915

拜师学艺 晓鹰改编；胡永凯绘

北京 中国文艺联合出版公司 1984 年 14 页 13cm（60 开）定价：CNY0.14（《西游记》故事 2）

　　本书是依据中国古典小说《西游记》改编的现代连环画。

J0074916

半把剪刀 张夕华改编；曹思勇等摄影

上海 上海人民美术出版社 1984 年 157 页 13cm（64 开）定价：CNY0.31

　　中国戏剧连环画。

J0074917

半把剪刀 李宝云改编；晓丁摄影

北京 中国戏剧出版社 1984 年 125 页 13cm（64 开）定价：CNY0.23

　　中国戏剧连环画。摄影者晓丁，擅长摄影。主要作品有连环画《封神榜》《阿 Q 正传》《少帅张学良》。

J0074918

棒打薄情郎 江浚改编；吴大成绘

天津 天津人民美术出版社 1984 年 86 页 13cm（64 开）统一书号：8073.30864 定价：CNY0.14（传统戏曲故事）

　　中国戏剧故事连环画。

J0074919

包公碑 李景星改编；孙宏华摄影

北京 中国戏剧出版社 1984 年 123 页 13cm（64 开）定价：CNY0.23

　　中国古装戏剧连环画。

J0074920

包公下陈州 荔翁改编；孙宏华摄影

北京 中国戏剧出版社 1984 年 141 页 13cm（64 开）定价：CNY0.26

　　中国古装戏剧连环画。

J0074921

包氏父子 晓黎改编

北京 中国电影出版社 1984 年 147 页 13cm（64 开）统一书号：8061.2326 定价：CNY0.28

　　根据同名电影改编的连环画。

J0074922

宝岛 （英）R.L. 史蒂文生原著；何泥改编；韩黎坤绘

沈阳 辽宁美术出版社 1984 年 154 页 13cm（64 开）定价：CNY0.24

根据英国文学名著改编的连环画。绘者韩
黎坤(1938—　)，画家。江苏苏州人，毕业于浙
江美术学院版画系研究生班，留校任教。曾任浙
江人民美术出版社美术编辑，浙江美术学院教
授，中国美术学院版画系主任、学术委员会副主
任，博士生导师，中国版画家协会常务理事。代
表作品有《夕照峥嵘》《韩黎坤画人体》，出版有
《韩黎坤画人体》等。

J0074923
宝石雨　郭昶虹改编
广东 花城出版社 1984 年 55 页 有图
10×13cm 统一书号：8261.63 定价：CNY0.26
（环球旅游 6）
　　本书系中国现代连环画。

J0074924
宝象国　吴承恩原著；何棱改编；阎善春等绘画
成都 四川少年儿童出版社 1984 年 62 页 有图
7×10cm 统一书号：R8247.150 定价：CNY0.06
（《西游记》故事 五）
　　根据中国古典小说《西游记》改编的现代连
环画作品。

J0074925
报春红梅　繁一编；罗苍诗绘
长沙 湖南美术出版社 1984 年 126 页 13cm（64 开）
定价：CNY0.21
（计划生育画库）
　　本书是中国现代计划生育故事连环画。

J0074926
爆破英雄　望昊原著；武戈改编；王树立绘
沈阳 辽宁美术出版社 1984 年 118 页 13cm（64 开）
统一书号：7161.0383 定价：CNY0.19
　　本书是中国现代革命战争连环画。

J0074927
爆炸之后　郑渊洁原著；亚旗改编；刘泽岱绘
画
天津 天津人民美术出版社 1984 年 76 页 有图
10×13cm 统一书号：8073.30955 定价：CNY0.15
（系列童话《魔方大厦》3）
　　本书系中国现代连环画。

J0074928
北山英烈传　吴有恒原著；刘抒改编；周波等
绘画
广州 岭南美术出版社 1984 年 163 页 有图
10×13cm 统一书号：8260.1000 定价：CNY0.27
（广东英烈传）
　　根据长篇小说《北山记》改编的连环画。

J0074929
北征魏赵　黄午生编；鞠伏强绘
南京 江苏美术出版社 1984 年 94 页 13cm（64 开）
定价：CNY0.16
（楚汉相争的故事 4）
　　中国历代战争故事连环画。

J0074930
被抛弃的人　筱篁改编
北京 中国电影出版社 1984 年 125 页 13cm（64 开）
统一书号：8061.2563 定价：CNY0.23
　　根据同名电影改编的连环画。作者筱篁，主
要改编的连环画作品有《白鸽》《霍元甲》《三个
和尚》等。

J0074931
本来面目　（日）草野唯雄原著；周少强改编；
邹达清绘
广州 岭南美术出版社 1984 年 149 页 13cm（64 开）
定价：CNY0.27
　　根据日本文学名著改编的连环画。

J0074932
比箭夺婚　晓明改编；任梦龙绘
北京 中国文艺联合出版公司 1984 年 126 页
13cm（64 开）定价：CNY0.26
（再生缘 1）
　　本书是依据中国古典小说改编的现代连
环画。

J0074933
比丘尼遇难　陈仁川改编；任杰绘
兰州 甘肃人民出版社 1984 年 70 页 13cm（64 开）
统一书号：8096.1047 定价：CNY0.12
（敦煌壁画故事连环画）

J0074934

笔中情　包起成选编；沈西林摄影
上海　上海人民美术出版社　1984 年　126 页　有图
10×13cm　统一书号：8081.13823　定价：CNY0.23
　　据上海电影制片厂供稿，蒋迅编剧，颜碧丽导演的电影改编的连环画。

J0074935

碧海瀛洲
广州　岭南美术出版社　1984 年　51+31+36 页
有图　10cm（64 开）统一书号：8260.1043
定价：CNY0.27
（广东风物传说连环画）
　　本书内容包括：碧海瀛洲、飞来寺、缅茄树。

J0074936

碧血千秋　陈昆满编；陈绿寿绘
北京　人民美术出版社　1984 年　110 页　有图
10×13cm　统一书号：8027.9004　定价：CNY0.14
　　中国现代连环画。

J0074937

碧血幽兰　邱恒聪原著；崔世莹改编；章毓霖
绘画
南京　江苏美术出版社　1984 年　78 页　有图
10×13cm　统一书号：8353.3.111　定价：CNY0.17
　　中国现代连环画。作者崔世莹（1954—　　），研究员。江苏海安人。海安县文化馆副馆长，中国舞蹈家协会会员等。作品有《舞蹈艺术论》《社会舞蹈概论》《艺文经纬集》《九十年代流行交谊舞》。绘者章毓霖（1947—2006），生于南通市。江苏省美术家协会会员，南通市美术家协会理事，海安县美术家协会主席，海安书画院兼职画师。作品有《"北京人"下落不明》等。

J0074938

边防谍影　黄卓娅改编；潘绍源绘画
广州　广东人民出版社　1984 年　122 页　有图
10×13cm　统一书号：8111.2445　定价：CNY0.22
（少年连环画库）

J0074939

鞭打督邮　罗贯中原著；王永祥改编；高适绘
西安　陕西人民美术出版社　1984 年　93 页
13cm（60 开）统一书号：8199.677　定价：CNY0.17

（《三国演义》连环画 1）

J0074940

汴梁除霸　李程远编；林国光绘
郑州　河南人民出版社　1984 年　118 页
19cm（小 32 开）定价：CNY0.43
（冯玉祥将军传奇 1）
　　中国优秀人物故事连环画。

J0074941

变驴　郑泽中改编；叶建森绘画
长沙　湖南少年儿童出版社　1984 年　78 页　有图
10×13cm　统一书号：R8280.128　定价：CNY0.13
　　中国现代连环画。

J0074942

飘字军　年青山改编；杨秀坤绘
哈尔滨　黑龙江人民出版社　1984 年　176 页
13cm（64 开）统一书号：8093.980　定价：CNY0.29
　　根据小说《桥隆飙》改编的连环画。

J0074943

滨海擒特　吴有恒原著；霍志鸿改编；郭慈，陈国梁绘
广州　岭南美术出版社　1984 年　126 页　13cm（64 开）
定价：CNY0.21
　　根据小说《滨海传》改编的连环画。

J0074944

冰上歼敌　范法根原著；张汝川改编；谷中良绘
石家庄　河北美术出版社　1984 年　74 页
13cm（64 开）定价：CNY0.18
　　本书是中国现代革命斗争连环画。

J0074945

玻璃城　郑渊洁原著；亚旗改编；刘泽岱绘画
天津　天津人民美术出版社　1984 年　77 页　有图
10×13cm　统一书号：8073.30953　定价：CNY0.15
（系列童话《魔方大厦》1）
　　中国现代连环画。

J0074946

捕蛇姑娘　张长弓改编；江文炳绘
福州　福建人民出版社　1984 年　75 页　13cm（64 开）

统一书号: 8173.765 定价: CNY0.13

根据《故事会》韩贯中文章改编的故事连环画。

J0074947

不沉的阿波罗号 戴胜德编文; 高济民, 郑象贤绘

广州 岭南美术出版社 1984年 158页 13cm(64开)

定价: CNY0.26

根据中国现代小说改编的连环画。

J0074948

不该发生的故事 殷宝华改编; 阎义春制作

沈阳 辽宁美术出版社 1984年 170页 13cm(64开)

定价: CNY0.25

根据同名电影改编的连环画。

J0074949

不该发生的故事 冯锋选编

上海 上海人民美术出版社 1984年 126页 有图

10×13cm 统一书号: 8081.14172 定价: CNY0.26

中国现代连环画。

J0074950

不该死的新郎 瞿家振, 温锡莹改编; 瞿家振, 陈传和摄影

广州 科学普及出版社广州分社 1984年 124页

13cm(64开) 定价: CNY0.24

根据电影《特殊家庭》改编的连环画。

J0074951

不能忘记祖国 (居里夫人童年故事) 叶小沫, 严慧编; 刘洛平绘

济南 山东少年儿童出版社 1984年 21页

19cm(小32开) 统一书号: R13333.2

定价: CNY0.35

(科学家童年故事丛书)

本书是描述科学家童年时期故事的连环画。

J0074952

不平静的边寨 赵剑改编; 高廷智, 张省莉绘

西安 陕西人民美术出版社 1984年 190页

13cm(64开) 统一书号: 8199.750 定价: CNY0.30

根据中国现代小说改编的连环画。

J0074953

不平静的旅程 于杰编; 罗拯生, 陈松奎摄影

广州 花城出版社 1984年 126页 13cm(64开)

统一书号: 8261.89 定价: CNY0.30

(影视世界丛书)

本书是中国现代电影故事连环画。

J0074954

不平静的山谷 栗公魁改编; 刘传明绘

哈尔滨 黑龙江美术出版社 1984年 74页

13cm(64开) 统一书号: 8368.104 定价: CNY0.15

根据中国现代小说改编的连环画。

J0074955

不信邪的故事 台益燕改编; 余宏理等绘

合肥 安徽人民出版社 1984年 13cm(64开)

定价: CNY0.18

根据中国现代故事改编的连环画, 包括"琵琶显灵"等7个小故事。

J0074956

不准开枪 袁毅编; 缪群飞, 金诚绘

成都 四川少年儿童出版社 1984年 62页

13cm(64开) 定价: CNY0.12

根据澳大利亚柯林·梯勒原著《小风雨》改编的连环画。

J0074957

财迷心窍 王成君改编; 王世芳, 马义兴绘

济南 山东美术出版社 1984年 78页 13cm(64开)

统一书号: 8332.201 定价: CNY0.14

根据安徒生童话改编的连环画。

J0074958

采石矶 杨春峰编文; 王红绘画

北京 中国文艺联合出版公司 1984年 121页

有图 9×13cm 统一书号: 8313.178

定价: CNY0.23

(明代开国英烈传之三)

中国现代连环画。

J0074959

采石之战 王长胜编; 朱光玉绘

北京 人民美术出版社 1984年 86页 13cm(64开)

定价: CNY0.25

（中国历史故事）

据中国历代战争故事改编的连环画。

J0074960

采药姑娘　葛翠琳原著；郑明盛改编；周道银绘

合肥 安徽人民出版社 1984 年 78 页 13cm（64 开）

统一书号：8102.1386 定价：CNY0.12

中国现代故事连环画。

J0074961

蔡锷　杨忠椿编；罗希贤绘

上海 上海人民美术出版社 1984 年 150 页

13cm（64 开）定价：CNY0.27

（中国近代史故事）

本书是中国近代优秀革命家故事连环画。

收入 105 幅图。绘者罗希贤（1946—　），连环画

家。广东东莞人。上海美术出版社美术创作员。

上海著名民俗画、连环画家，共绘制了 150 多部

连环画。作品有《火种》《蔡锷》等。

J0074962

蚕神的故事　袁珂原著；竺乾华改编；丁荣魁绘

上海 上海人民美术出版社 1984 年 53 页 有图

10×13cm 统一书号：8081.13647 定价：CNY0.08

（中国古代神话故事连环画）

J0074963

曹雪芹　（中国古代文学家故事）谭元杰编；戚

新国绘

南京 江苏美术出版社 1984 年 126 页 13cm（64 开）

统一书号：8353.3.056 定价：CNY0.20

中国古代优秀文学家故事连环画。

J0074964

草龙泪　翩子改编

广州 花城出版社 1984 年 1 册（103 页）有图

10×13cm 统一书号：8261.65 定价：CNY0.20

（环球旅游 7）

中国现代连环画。

J0074965

茶馆定计　袁克露等搜集整理；淑均改编；马

海方绘画

北京 农村读物出版社 1984 年 62 页 有图

10×13cm 统一书号：8267.44 定价：CNY0.15

中国现代连环画。

J0074966

差不多　李尚元改编；杨兴雅等绘

北京 人民美术出版社 1984 年 31 页 有彩图

13cm（60 开）统一书号：8027.9061 定价：CNY0.19

中国现代连环画。

J0074967

柴达木传奇　李嘉楼原著；杜灵改编，若岭绘画

广州 花城出版社 1984 年 157 页 有图

10×13cm 统一书号：8261.83 定价：CNY0.33

（旅伴连环画库）

J0074968

澶渊之盟　水世戴改编；项维仁绘画

天津 天津人民美术出版社 1984 年 124 页 有图

10×13cm 统一书号：8073.30873 定价：CNY0.18

（中国历史演义故事画《宋史》七）

中国现代连环画。绘者项维仁（1947—　），

画家、国家一级美术师。生于山东青岛市。中国

美术家协会会员，中国工艺美术学会会员，中国

连环画研究会理事，山东画院特聘高级画师，青

岛书画研究院副院长。代表作品有《共鸣》《柳

毅传书》等。

J0074969

朝阳花　刘广惠改编；施大畏绘

哈尔滨 黑龙江美术出版社 1984 年 147 页

13cm（64 开）统一书号：8358.133 定价：CNY0.25

本书是中国民间故事连环画。

J0074970

车迟国　吴承恩原著；何棱改编；陈光明等绘画

成都 四川少年儿童出版社 1984 年 62 页 有图

7×10cm 统一书号：R8247.169 定价：CNY0.06

（《西游记》故事 十）

根据中国古典小说《西游记》改编的现代连

环画作品。

J0074971

沉绿湖上的英雄　张志勇编文；赵贵德等绘画

石家庄 河北美术出版社 1984 年 62 页 有图

10×13cm 统一书号：8087.872 定价：CNY0.11

中国现代连环画。

J0074972

沉默的持剑官　宁宣成改编；刘海志绘
石家庄 花山文艺出版社 1984年 78页
13cm(64开) 统一书号：8286.14 定价：CNY0.12
　　根据王咏虹、徐雅雅的同名小说改编的连环画。

J0074973

陈桥兵变　汤式稼改编；于水，吴声绘
杭州 浙江人民美术出版社 1984年 118页
13cm(64开) 定价：CNY0.18
　　根据《宋史通俗演义》改编的连环画。

J0074974

陈硕贞起义　罗汉桥，沈远义改编；胡永强绘
武汉 长江文艺出版社 1984年 94页 13cm(64开)
定价：CNY0.17
　　中国唐代农民起义故事连环画，

J0074975

陈毅出山　王丕来改编；王启民等绘
济南 山东美术出版社 1984年 126页 13cm(64开)
定价：CNY0.18
　　根据丁一三同名话剧改编的连环画。绘者
王启民(1937—1995)，美术工作者。山东高唐
县人。曾供职于即墨市文化馆，山东省美术家
协会会员，山东省连环画研究会理事，山东画院
特聘高级画师，即墨市画院首任院长。作品有
《冀鲁春秋》《龙王店大捷》《崂山挑妇》《峡北人
家》等。

J0074976

陈御史巧勘金钗细　陈石改编；黄强根绘
福州 福建人民出版社 1984年 88页 13cm(60开)
统一书号：8173.745 定价：CNY0.15
(古代白话小说连环画)

J0074977

陈真　(上)田沛等改编；郭文涛等绘
兰州 甘肃人民出版社 1984年 5册 13cm(60开)
定价：CNY0.95
　　根据香港同名电视连续剧改编的连环画。

J0074978

陈真　(下)单澄平等改编；陈绍泉等绘
兰州 甘肃人民出版社 1984年 5册 13cm(60开)
定价：CNY0.95
　　根据香港同名电视连续剧改编的连环画。

J0074979

陈真　(第一册 中华不可侮)
银川 宁夏人民出版社 1984年 126页 13cm(60开)
定价：CNY0.24
　　根据香港同名电视连续剧改编的连环画。

J0074980

陈真　(第二册 比武起风波)
银川 宁夏人民出版社 1984年 126页 13cm(60开)
定价：CNY0.24
　　根据香港同名电视连续剧改编的连环画。

J0074981

陈真　(第三册 舍身救东觉)
银川 宁夏人民出版社 1984年 158页 13cm(60开)
定价：CNY0.30
　　根据香港同名电视连续剧改编的连环画。

J0074982

陈真　(第四册 重修精武馆)
银川 宁夏人民出版社 1984年 158页 13cm(60开)
定价：CNY0.30
　　根据香港同名电视连续剧改编的连环画。

J0074983

陈真　(第五册 争雄上海滩)
银川 宁夏人民出版社 1984年 158页 13cm(60开)
定价：CNY0.30
　　根据香港同名电视连续剧改编的连环画。

J0074984

陈真　(第六册 血洒古燕京)
银川 宁夏人民出版社 1984年 158页 13cm(60开)
定价：CNY0.30
　　根据香港同名电视连续剧改编的连环画。

J0074985

陈真　天琪改编；赵宝林，舒敏绘
北京 农村读物出版社 1984年 220页 13cm(64开)
统一书号：8267.49 定价：CNY0.40
　　根据香港同名电视连续剧改编的连环画。

J0074986

陈真 也迅改编；及天绘
上海 上海人民美术出版社 1984 年 126 页
13cm（60 开）定价：CNY0.21
　　根据香港同名电视连续剧改编的连环画。

J0074987

陈真 （上集）张重远改编；杨达等绘
成都 四川人民出版社 1984 年 142 页 13cm（64 开）
定价：CNY0.30
　　根据香港同名电视连续剧改编的连环画。

J0074988

陈真 （下集）张重远，芹子改编；杨达等绘
成都 四川人民出版社 1984 年 150 页 13cm（60 开）
定价：CNY0.32
　　根据香港同名电视连续剧改编的连环画。

J0074989

陈真 （一 狮龙相争）拾贝改编；山伦摄影
武汉 长江文艺出版社 1984 年 126 页 13cm（60 开）
统一书号：8107.578 定价：CNY0.26
　　根据香港同名电视连续剧改编的连环画。

J0074990

陈真 （二 大义凛然）拾贝改编；山伦摄影
武汉 长江文艺出版社 1984 年 13cm（60 开）
统一书号：8107.579 定价：CNY0.29
　　根据香港同名电视连续剧改编的连环画。

J0074991

陈真 （三 擂台比武）拾贝改编；山伦摄影
武汉 长江文艺出版社 1984 年 13cm（60 开）
统一书号：8107.580 定价：CNY0.29
　　根据香港同名电视连续剧改编的连环画。

J0074992

陈真 （四 临阵变故）拾贝改编；山伦摄影
武汉 长江文艺出版社 1984 年 13cm（60 开）
统一书号：8107.581 定价：CNY0.27
　　根据香港同名电视连续剧改编的连环画。

J0074993

陈真 （五 始露真目）拾贝改编；山伦摄影
武汉 长江文艺出版社 1984 年 13cm（60 开）

统一书号：8107.581 定价：CNY0.27
　　根据香港同名电视连续剧改编的连环画。

J0074994

陈真 （六 舍亲救孤）拾贝改编；山伦摄影
武汉 长江文艺出版社 1984 年 13cm（60 开）
统一书号：8107.582 定价：CNY0.26
　　根据香港同名电视连续剧改编的连环画。

J0074995

陈真 （七 刑场获释）拾贝改编；山伦摄影
武汉 长江文艺出版社 1984 年 126 页 13cm（60 开）
统一书号：8107.584 定价：CNY0.26
　　根据香港同名电视连续剧改编的连环画。

J0074996

陈真 （八 重振精武）拾贝改编；山伦摄影
武汉 长江文艺出版社 1984 年 13cm（60 开）
统一书号：8107.585 定价：CNY0.26
　　根据香港同名电视连续剧改编的连环画。

J0074997

陈真 （九 壮志未酬）拾贝改编；山伦摄影
武汉 长江文艺出版社 1984 年 142 页 有图
10×13cm 统一书号：8107.586 定价：CNY0.29
　　据电视连续剧《陈真》改编的连环画。

J0074998

陈真 （十 除魔殉身）拾贝改编；山伦摄影
武汉 长江文艺出版社 1984 年 13cm（60 开）
统一书号：8107.587 定价：CNY0.29
　　根据香港同名电视连续剧改编的连环画。

J0074999

陈真传 （上）岫石改编；力民绘
沈阳 辽宁美术出版社 1984 年 160 页 13cm（60 开）
定价：CNY0.26
　　根据香港同名电视连续剧改编的连环画。

J0075000

陈真传 （中）岫石改编；辛宽良绘
沈阳 辽宁美术出版社 1984 年 146 页 13cm（60 开）
定价：CNY0.23
　　根据香港同名电视连续剧改编的连环画。
作者岫石，主要改编的连环画作品有《陈真

传》《上海滩》《带枪的新娘》等。绘者辛宽良（1941— ），画家。山东海阳人，毕业于鲁迅美术学院版画系。擅长连环画、年画。曾任辽宁美术出版社美术编辑。代表作品有《真假美猴王》《夜幕下的哈尔滨》《李自成》《西游记》等。

J0075001

陈真传 （下）岫石改编；李心田绘
沈阳 辽宁美术出版社 1984年 178页 13cm（60开）
定价：CNY0.28
　　根据香港同名电视连续剧改编的连环画。

J0075002

陈真传 （一）董乃德改编；众威绘
济南 山东美术出版社 1984年 150页 13cm（60开）
定价：CNY0.24
　　根据张深同名小说改编的连环画。

J0075003

陈真传 （二）董乃德改编；众威绘
济南 山东美术出版社 1984年 150页 13cm（60开）
定价：CNY0.39
　　根据张深同名小说改编的连环画。

J0075004

陈真传 （三）董乃德改编；刘泽文等绘
济南 山东美术出版社 1984年 150页 13cm（60开）
定价：CNY0.39
　　根据张深同名小说改编的连环画。

J0075005

陈真传 （四）董乃德改编；王启民等绘
济南 山东美术出版社 1985年 142页 13cm（60开）
定价：CNY0.37
　　中国现代连环画。

J0075006

成吉思汗 王文韶编；陈惠冠绘
天津 天津人民美术出版社 1984年 132页 13cm（64开）定价：CNY0.27
（中国历史演义故事画《宋史》1）
　　作者陈惠冠（1935— ），浙江余姚人。中国美术家协会会员，中国版协连环画艺术委员会副主任委员。擅长连环画。作品有《牛头山》《仙人岛》《黄河飞渡》等。

J0075007

诚实的人 （外国民间故事）达加改编；徐锡林绘
北京 人民美术出版社 1984年 76页 13cm（64开）
统一书号：8027.9026 定价：CNY0.11
　　根据外国民间故事改编的连环画。

J0075008

城濮之战 云琦改编；费声福绘
哈尔滨 黑龙江美术出版社 1984年 64页 13cm（64开）定价：CNY0.14
（中国古代战争故事）
　　据中国历代战争故事改编的连环画。

J0075009

城头就义 羽新改编；陈北绘
呼和浩特 内蒙古人民出版社 1984年 70页 13cm（64开）统一书号：8089.179 定价：CNY0.14
（内蒙古革命斗争故事连环画丛书）

J0075010

程潜起义 长虹改编；杨福音绘
长沙 湖南美术出版社 1984年 110页 13cm（64开）
定价：CNY0.19
　　中国现代优秀起义将领故事连环画。作者杨福音（1942— ），美术师。湖南长沙人。广州书画研究院高级画师，广州书画研究院副院长，湖南师大美术学院客座教授，杨福音艺术馆馆长。

J0075011

赤壁之战 罗贯中原著；张武智改编；于骏治绘
西安 陕西人民美术出版社 1984年 142页 13cm（60开）定价：CNY0.23
（《三国演义》连环画 9）

J0075012

赤壁之战 段小燕编；潘直亮绘
武汉 长江文艺出版社 1984年 140页 13cm（64开）
定价：CNY0.23
（中国历代战争故事画丛）
　　中国历代战争故事连环画。绘者潘直亮（1941— ），编辑。湖北汉阳人。历任湖北孝感市文联副主席、市美协主席、孝感画院院长，中国美术家协会会员，孝感市美术家协会名誉主席。作品有《杨靖宇》《恋》《献寿》，主要专著有《潘直亮佛教题材水墨作品选集》等。

J0075013

赤橙黄绿青蓝紫　林家骝改编；陈安民绘
长沙 湖南美术出版社 1984 年 118 页 13cm（64 开）
统一书号：8233.568 定价：CNY0.20
　　根据蒋子龙同名优秀中篇小说改编的连环画。

J0075014

赤橙黄绿青蓝紫　蒋子龙原著；可蒙改编；汪观清绘
上海 上海人民美术出版社 1984 年 174 页
10×13cm 统一书号：8081.13923 定价：CNY0.26
　　本书是中国现代连环画册。收入 174 幅图。

J0075015

赤水河纤夫　邓振珠编；申根源绘
贵阳 贵州人民出版社 1984 年 100 页 13cm（64 开）
统一书号：8115.1022 定价：CNY0.19
　　本书是中国现代故事连环画。

J0075016

冲出牢笼　吴一声改编；乔长义，孙福林绘
哈尔滨 黑龙江美术出版社 1984 年 159 页
13cm（64 开）定价：CNY0.26
（夜幕下的哈尔滨 4）
　　本书是中国现代革命斗争连环画。

J0075017

仇大姑娘　欧江改编；陈春轩，叶天荣摄影
上海 上海人民美术出版社 1984 年 173 页
13cm（64 开）统一书号：8081.14212
定价：CNY0.34
　　根据同名电影改编的连环画。

J0075018

出卖心的人　（德）威·豪夫原著；董耀根改编；陆元林绘画
上海 上海人民美术出版社 1984 年 70 页 有图
10×13cm 统一书号：8081.13883 定价：CNY0.13
（少年儿童画库）
　　本书是德译原著改编的现代连环画作品，收

入 70 幅图。绘者陆元林（1938—　　），画家。浙江宁波人，毕业于中央工艺美术学院。中国美术家协会会员，上海市美术家协会会员，少年儿童出版社编审。连环画代表作有《冷酷的心》《小象努努》《白雪皇后》《巧儿姑娘》等。

J0075019

初嫁　（苏）巴维尔·费立波维奇·尼林原著；张亚和，陈晓兰译；刘耀中改编；鲁飒绘
广州 岭南美术出版社 1984 年 126 页 13cm（64 开）
定价：CNY0.21
　　根据苏联文学名著改编的连环画。

J0075020

初露锋芒——南疆侦察兵（1）　王刚，王兵农摄影
北京 中国文联出版公司 1984 年 69 页
（72 开）统一书号：8355.21 定价：CNY0.13
　　根据同名电视剧改编的连环画。

J0075021

初唐四杰　吴福林编；吕清华，聂磊绘
南京 江苏美术出版社 1984 年 126 页 13cm（64 开）
定价：CNY0.21
　　中国唐代优秀人物故事连环画。

J0075022

除霸雪恨　（土耳其故事片）邢菊花编
广州 花城出版社 1984 年 125 页 13cm（64 开）
定价：CNY0.25
（影视世界丛书）
　　根据同名电影改编的连环画。

J0075023

除暴君　张星明改编；成冠伦绘
呼和浩特 内蒙古人民出版社 1984 年 62 页
13cm（64 开）统一书号：8089.155 定价：CNY0.13
　　中国民间故事连环画。

J0075024

除奸反特斗顽敌　程林亭原著；峻嵘等改编，崔建社绘
石家庄 河北美术出版社 1984 年 54 页 有图
10×13cm 统一书号：8087.871 定价：CNY0.14
　　中国现代连环画。

J0075025

除三害　晨光改编；戴敦邦等绘

上海　少年儿童出版社 1984 年 70 页 有图

10×13cm 统一书号：R8024.47 定价：CNY0.17

　　中国现代连环画。

J0075026

雏鸟出壳的故事　秦牧原著；艾馨改编；姜启才绘

长沙　湖南少年儿童出版社 1984 年 61 页

10×13cm 统一书号：R8280.85 定价：CNY0.30

　　中国现代连环画。

J0075027

楚霸王　许岱改编；周春才绘

北京　人民美术出版社 1984 年 134 页 13cm（64 开）

统一书号：8107.9190 定价：CNY0.36

（中国历史故事）

　　中国历史故事连环画。

J0075028

楚汉相争　易进编；汪家龄绘

合肥　安徽人民出版社 1984 年 150 页 13cm（64 开）

定价：CNY0.24

　　据中国历代战争故事改编的连环画。绘者汪家龄（1944—2010），画家。江西婺源人。中国艺术研究院特邀创作委员，黄山市美术家协会副主席，黄山市中国画研究院副院长，中国美术家协会安徽分会会员。擅长连环画。作品有《追牛》《三八号》《红烛泪》等连环画和《哪吒闹海》《三战吕布》等年画。

J0075029

楚汉之战　陈雷改编；刘金初，谢力行摄影

北京　中国戏剧出版社 1984 年 125 页 13cm（64 开）

定价：CNY0.23

　　中国戏剧故事连环画。

J0075030

楚天风云　贾永盛改编；张永新绘

沈阳　辽宁美术出版社 1984 年 162 页 13cm（64 开）

统一书号：7161.0339 定价：CNY0.24

　　本书是中国故事连环画。

J0075031

楚庄王图强　远祁编；尤开民绘

南宁　广西人民出版社 1984 年 128 页 13cm（64 开）

定价：CNY0.19

（中国历史故事连环画 13）

J0075032

川江怒涛　郑之同改编；雷著华，陈娟绘

重庆　重庆出版社 1984 年 134 页 19cm（小 32 开）

定价：CNY0.50

　　根据中国现代小说改编的连环画。

J0075033

川蜀起义　陈骧龙编；赵成民绘

天津　天津人民美术出版社 1984 年 132 页

13cm（64 开）定价：CNY0.19

（中国历史演义故事画《宋史》6）

　　作者陈骧龙（1941—2012），书法家。生于北京，祖籍浙江温州。曾任天津人民美术出版社编辑，中国书法家协会会员，美术家协会天津分会会员。著有《华夏五千年艺术丛书 版画集》《青少年书法五十讲》等。

J0075034

穿山龙　黄相编；李德钊，黄务华绘

南宁　广西人民出版社 1984 年 116 页 13cm（64 开）

统一书号：8113.971 定价：CNY0.16

J0075035

传丝公主　王洪彬编绘

乌鲁木齐　新疆青年出版社 1984 年 94 页

13cm（64 开）定价：CNY0.20

　　本书是中国民间故事连环画。

J0075036

吹鼓手　晓黎改编

北京　中国电影出版社 1984 年 45 页 13cm（64 开）

统一书号：8061.2330 定价：CNY0.30

　　根据同名电影改编的连环画。

J0075037

吹牛大王历险记　朱佳编；阿达等绘

北京　人民美术出版社 1984 年 55 页 有图

13cm（60 开）统一书号：8027.9165 定价：CNY0.17

　　中国现代连环画。

J0075038

吹气马戏团　郑渊洁原著；亚旗改编；刘泽岱绘画
天津　天津人民美术出版社　1984 年　69 页　有图
10×13cm　统一书号：8073.30965　定价：CNY0.15
（系列童话《魔方大厦》13）
　　中国现代连环画。

J0075039

垂帘听政　午言改编
北京　中国电影出版社　1984 年　125 页　13cm（64 开）
定价：CNY0.23
　　根据同名电影改编的连环画。

J0075040

锤震午朝门　邓德胜改编；季源业，季津业绘
呼和浩特　内蒙古人民出版社　1984 年　127 页
13cm（64 开）统一书号：8089.167　定价：CNY0.23
（《薛刚反唐》9）
　　根据新编传统评书《薛刚反唐》改编的连
环画。

J0075041

春蚕　茅盾原著；吴秾编；韩和平绘
上海　上海人民美术出版社　1984 年　100 页　有图
10×13cm　统一书号：8081.13918　定价：CNY0.17
　　本书是根据同名小说改编的中国现代连
环画。

J0075042

春蚕　凡兵改编
北京　中国文艺联合出版公司　1984 年　93 页
有图　10×13cm　统一书号：8313.122
定价：CNY0.18
　　中国现代连环画。

J0075043

春草闯堂　梦学改编；陆汝浩绘
天津　天津人民美术出版社　1984 年　111 页
13cm（64 开）定价：CNY0.17
　　根据蒲仙戏改编的连环画。作者陆汝浩
（1943—　），画家。别名双水，浙江宁波人。曾
在师范专修美术。历任《上海少年报》社童话报
美术编辑。连环画作品有《滨海谍案》。

J0075044

春兰秋菊　石兔子，董洁改编
北京　中国电影出版社　1984 年　177 页　13cm（64 开）
统一书号：8061.2346　定价：CNY0.33
　　根据同名电影改编的连环画。

J0075045

春秋霸主齐桓公　费声福编绘
北京　人民美术出版社　1984 年　158 页　13cm（60 开）
定价：CNY0.19
（中国历史故事）
　　本书是依据中国古典小说《东周列国志》改
编的现代连环画。

J0075046

春秋第一霸　远祁编；李冠国绘
南宁　广西人民出版社　1984 年　158 页　13cm（64 开）
统一书号：8113.945　定价：CNY0.22
（中国历史故事连环画 9）

J0075047

慈禧罪恶史　金伯弢编；马方路，陆华绘
上海　上海人民美术出版社　1984 年　254 页
13cm（64 开）定价：CNY0.37
（中国近代史故事）
　　作者马方路（1960—　），连环画家。出生
于上海。上海连环画协会会员，上海教育报刊总
社学前教育分社设计部主任。代表画作有《清朝
故事》《历代歌赋》《雪夜袭蔡州》《杨家将》《水
浒人物 108 将》《西游记人物大全》《中国成语故
事》等。作者陆华（1939—　），笔名雁父。出生
于江苏盐城建湖县，毕业于南京江苏新闻专科学
校。曾任新疆人民广播电台记者，《光明日报》新
疆记者站记者，江苏《新华日报》编辑，《扬子晚
报》副刊《繁星》主编、主任编辑。现为江苏省作
家书画联谊会副会长，南京古鸡鸣寺书画院副院
长，江苏省古陶瓷研究会顾问，中国作家协会会
员。著有散文随笔《名人·风情·掌故》，诗画集《陆
华诗画小品》，报告文学《天堂凡人赞》等。

J0075048

聪明的司卡班　巴凌改编；孙宏华摄影
北京　中国戏剧出版社　1984 年　157 页　13cm（64 开）
统一书号：8069.600　定价：CNY0.28
　　中国戏剧故事连环画。

J0075049

聪明的一休 （一）贺坪改编；陈飞鹏摄影

广州 广东人民出版社 1984 年 134 页 13cm（64 开）
定价：CNY0.27

　　根据日本儿童系列动画片改编连环画。描写日本一位高僧的童年故事。

J0075050

聪明的一休 （二）贺坪改编；陈飞鹏摄影

广州 广东人民出版社 1984 年 142 页 13cm（64 开）
定价：CNY0.29

　　根据日本儿童系列动画片改编连环画。描写日本一位高僧的童年故事。

J0075051

聪明的一休 （三）贺坪改编；陈飞鹏摄影

广州 广东人民出版社 1984 年 134 页 13cm（64 开）
定价：CNY0.27

　　根据日本儿童系列动画片改编连环画。描写日本一位高僧的童年故事。

J0075052

聪明的一休 （四）贺坪改编；陈飞鹏摄影

广州 广东人民出版社 1984 年 134 页 13cm（64 开）
定价：CNY0.27

　　根据日本儿童系列动画片改编连环画。描写日本一位高僧的童年故事。

J0075053

聪明的一休 （五）贺坪改编；陈飞鹏摄影

广州 广东人民出版社 1984 年 150 页 13cm（64 开）
统一书号：8111.2441 定价：CNY0.30

　　根据日本儿童系列动画片改编连环画。描写日本一位高僧的童年故事。

J0075054

聪明的一休 （第六集）陈玉英改编；彭世耕，
曾玉华摄影

武汉 湖北少年儿童出版社 1984 年 156 页
13cm（64 开）统一书号：8305.36 定价：CNY0.31
（日本儿童系列动画片连环画）

J0075055

聪明的一休 （第七集）陈玉英改编；李尊铎，
张炜摄影

武汉 湖北少年儿童出版社 1984 年 156 页
13cm（64 开）定价：CNY0.31
（日本儿童系列动画片连环画）

J0075056

聪明的一休 （第八集）胡瑞林改编；肖述纲，
杨卫东摄影

武汉 湖北少年儿童出版社 1984 年 156 页
13cm（64 开）定价：CNY0.31
（日本儿童系列动画片连环画）

J0075057

聪明的一休 （第九集）胡瑞林改编；李瑞植，
黄德刿摄影

武汉 湖北少年儿童出版社 1984 年 156 页
13cm（64 开）定价：CNY0.31
（日本儿童系列动画片连环画）

J0075058

聪明的一休 （第十集）胡瑞林改编；彭世耕，
曾玉华摄影

武汉 湖北少年儿童出版社 1984 年 156 页
13cm（64 开）定价：CNY0.31
（日本儿童系列动画片连环画）

J0075059

聪明的一休 （第十一集）胡瑞林改编；李尊
铎，张炜摄影

武汉 湖北少年儿童出版社 1984 年 156 页
13cm（64 开）定价：CNY0.31
（日本儿童系列动画片连环画）

J0075060

聪明的一休 （第十二集）胡瑞林改编；李瑞
植，黄德刿摄影

武汉 湖北少年儿童出版社 1984 年 156 页
13cm（64 开）定价：CNY0.31
（日本儿童系列动画片连环画）

J0075061

聪明的一休 （第十三集）陈玉英改编；肖述
纲，杨卫东摄影

武汉 湖北少年儿童出版社 1984 年 156 页
13cm（64 开）统一书号：8305.43 定价：CNY0.31
（日本儿童系列动画片连环画）

J0075062

聪明的一休 （第五集）陈玉英改编；李瑞植，黄德峢摄影

武汉 湖北少年儿童出版社 1984 年 156 页 13cm（60 开）统一书号：8305.35 定价：CNY0.31

（日本儿童系列动画片连环画）

J0075063

聪明的一休 （第 1–2 集）余建伟等改编

贵阳 贵州人民出版社 1984 年 99 页 13cm（64 开）定价：CNY0.35

　　根据广东电视台、辽宁电视台联合译制的同名日本儿童系列动画片改编的连环画。

J0075064

聪明的一休 （第 3–4 集）余建伟等改编

贵阳 贵州人民出版社 1984 年 67 页 13cm（64 开）统一书号：8115.1036 定价：CNY0.30

　　根据广东电视台、辽宁电视台联合译制的同名日本儿童系列动画片改编的连环画。

J0075065

聪明的一休 （第 5–6 集）余建伟等改编

贵阳 贵州人民出版社 1984 年 81 页 13cm（64 开）定价：CNY0.33

　　根据广东电视台、辽宁电视台联合译制的同名日本儿童系列动画片改编的连环画。

J0075066

聪明的一休 （第 7–8 集）余建伟等改编

贵阳 贵州人民出版社 1984 年 63 页 13cm（64 开）定价：CNY0.28

　　根据广东电视台、辽宁电视台联合译制的同名日本儿童系列动画片改编的连环画。

J0075067

聪明的一休 （第 11–12 集）余建伟等改编

贵阳 贵州人民出版社 1984 年 73 页 13cm（64 开）定价：CNY0.33

　　根据广东电视台、辽宁电视台联合译制的同名日本儿童系列动画片改编的连环画。

J0075068

聪明的一休 （第 9–10 集）余建华等改编

贵阳 贵州人民出版社 1985 年 75 页 13cm（60 开）

定价：CNY0.33

　　根据广东电视台、辽宁电视台联合译制的同名日本儿童系列动画片改编的连环画。作者余建华（1962—　　），画家。号半块木头。安徽淮北人，毕业于安徽大学美术系。北京华厦书画艺术研究院院士，中国水墨研究院院士。代表作品有《回望家山初上秋》《郁郁葱葱是我家》《乡村绿源》等。

J0075069

聪明的一休 （第 13–14 集）余建华等改编

贵阳 贵州人民出版社 1985 年 67 页 13cm（60 开）定价：CNY0.29

　　根据广东电视台、辽宁电视台联合译制的同名日本儿童系列动画片改编的连环画。

J0075070

聪明的一休 （第 15–16 集）余建华等改编

贵阳 贵州人民出版社 1985 年 71 页 13cm（60 开）定价：CNY0.31

　　根据广东电视台、辽宁电视台联合译制的同名日本儿童系列动画片改编的连环画。

J0075071

聪明的一休 （第 17–18 集）余建华等改编

贵阳 贵州人民出版社 1985 年 67 页 13cm（60 开）定价：CNY0.28

　　根据广东电视台、辽宁电视台联合译制的同名日本儿童系列动画片改编的连环画。

J0075072

聪明的一休 （第 19–20 集）余建华等改编

贵阳 贵州人民出版社 1985 年 61 页 13cm（60 开）定价：CNY0.30

　　根据广东电视台、辽宁电视台联合译制的同名日本儿童系列动画片改编的连环画。

J0075073

聪明的一休 （第 21–22 集）余建华等改编

贵阳 贵州人民出版社 1985 年 77 页 13cm（60 开）定价：CNY0.30

　　根据广东电视台、辽宁电视台联合译制的同名日本儿童系列动画片改编的连环画。

J0075074

聪明的一休 （第 23-24 集）余建华等改编
贵阳 贵州人民出版社 1985 年 75 页 13cm（60 开）
定价：CNY0.31
　　根据广东电视台、辽宁电视台联合译制的同
名日本儿童系列动画片改编的连环画。

J0075075

聪明的一休 （第 25-26 集）余建华等改编
贵阳 贵州人民出版社 1985 年 81 页 13cm（60 开）
定价：CNY0.32
　　根据广东电视台、辽宁电视台联合译制的同
名日本儿童系列动画片改编的连环画。

J0075076

聪明的一休 （第 27-28 集）余建华等改编
贵阳 贵州人民出版社 1985 年 75 页 13cm（60 开）
定价：CNY0.30
　　根据广东电视台、辽宁电视台联合译制的同
名日本儿童系列动画片改编的连环画。

J0075077

聪明的一休 （第 29-30 集）余建华等改编
贵阳 贵州人民出版社 1985 年 73 页 13cm（60 开）
定价：CNY0.30
　　根据广东电视台、辽宁电视台联合译制的同
名日本儿童系列动画片改编的连环画。

J0075078

聪明的一休 （第 31-32 集）余建华等改编
贵阳 贵州人民出版社 1985 年 67 页 13cm（60 开）
定价：CNY0.30
　　根据广东电视台、辽宁电视台联合译制的同
名日本儿童系列动画片改编的连环画。

J0075079

聪明的一休 （第 33-34 集）余建华等改编
贵阳 贵州人民出版社 1985 年 55 页 13cm（60 开）
定价：CNY0.28
　　根据广东电视台、辽宁电视台联合译制的同
名日本儿童系列动画片改编的连环画。

J0075080

聪明的一休 （第 35-36 集）余建华等改编
贵阳 贵州人民出版社 1985 年 77 页 13cm（60 开）
定价：CNY0.30
　　根据广东电视台、辽宁电视台联合译制的同
名日本儿童系列动画片改编的连环画。

J0075081

聪明的一休 （第 37-38 集）余建华等改编
贵阳 贵州人民出版社 1985 年 63 页 13cm（60 开）
定价：CNY0.29
　　根据广东电视台、辽宁电视台联合译制的同
名日本儿童系列动画片改编的连环画。

J0075082

聪明的一休 （第 39-40 集）余建华等改编
贵阳 贵州人民出版社 1985 年 67 页 13cm（60 开）
定价：CNY0.29
　　根据广东电视台、辽宁电视台联合译制的同
名日本儿童系列动画片改编的连环画。

J0075083

聪明的一休 （第 41-42 集）余建华等改编
贵阳 贵州人民出版社 1985 年 61 页 13cm（60 开）
定价：CNY0.28
　　根据广东电视台、辽宁电视台联合译制的同
名日本儿童系列动画片改编的连环画。

J0075084

聪明的一休 （第 43-44 集）余建华等改编
贵阳 贵州人民出版社 1985 年 67 页 13cm（60 开）
定价：CNY0.29
　　根据广东电视台、辽宁电视台联合译制的同
名日本儿童系列动画片改编的连环画。

J0075085

聪明的一休 （第 45-46 集）余建华等改编
贵阳 贵州人民出版社 1985 年 67 页 13cm（60 开）
定价：CNY0.29
　　根据广东电视台、辽宁电视台联合译制的同
名日本儿童系列动画片改编的连环画。

J0075086

聪明的一休 （第 47-48 集）余建华等改编
贵阳 贵州人民出版社 1985 年 69 页 13cm（60 开）
定价：CNY0.30
　　根据广东电视台、辽宁电视台联合译制的同
名日本儿童系列动画片改编的连环画。

J0075087

聪明的一休 （第 49-50 集）余建华等改编
贵阳 贵州人民出版社 1985 年 69 页 13cm（60 开）
定价：CNY0.30
　　根据广东电视台、辽宁电视台联合译制的同
名日本儿童系列动画片改编的连环画。

J0075088

聪明的一休 （第 51-52 集）余建华等改编
贵阳 贵州人民出版社 1985 年 69 页 13cm（60 开）
定价：CNY0.30
　　根据广东电视台、辽宁电视台联合译制的同
名日本儿童系列动画片改编的连环画。作者余
建华（1962— ），画家。号半块木头。安徽淮北
人，毕业于安徽大学美术系。曾任北京华厦书画
艺术研究院院士、中国水墨研究院院士。代表作
品有《回望家山初上秋》《郁郁葱葱是我家》《乡
村绿源》等。

J0075089

从马夫到戏剧大师 王丽英等编文；英浩等
绘画
成都 四川少年儿童出版社 1984 年 77 页 有图
10×13cm 统一书号：R8247.192 定价：CNY0.16
　　本书为英国戏剧家、诗人莎士比亚的传记连
环画。

J0075090

摧毁巴列夫防线 徐进信改编；秦大虎绘
济南 山东美术出版社 1984 年 78 页 13cm（64 开）
统一书号：8332.163 定价：CNY0.14
　　根据《话说中东战争》改编的连环画。作者
秦大虎（1938— ），中国美术学院油画系教授，
中国美协会员，中国油画家协会理事，浙江美协
常务理事，浙江美协常务理事。作品有《在战斗
中成长》《老将》《田喜嫂》等。出版有《秦大虎
油画选》《秦大虎的绘画世界》和《油画创作》等。

J0075091

村姑小姐 （俄）普希金原著；韩幼文改编；刘
国辉绘
沈阳 辽宁美术出版社 1984 年 78 页 13cm（64 开）
定价：CNY0.14
　　根据俄国文学名著改编的连环画。作者刘
国辉（1940— ），教师、画家。江苏苏州人，毕

业于浙江美术学院中国画系研究生班。曾任浙
江美术学院副教授，中国美术学院教授、学术委
员会委员，中国人物画高级研修班工作室导师。
出版有《刘国辉画集》。

J0075092

错杀华佗 陶原，郁方原著；杭克良改编；盛
元龙绘
杭州 浙江人民美术出版社 1984 年 125 页
13cm（64 开）定价：CNY0.18
　　中国历史故事连环画。作者盛元龙
（1949— ），美术师，画家。浙江鄞县人，毕业
于中国美院国画系人物画专业。曾任鄞县美协
主席，鄞县越剧团二级美术师。代表作品有《众
志成城》《海边》等，出版有《盛元龙画集》。

J0075093

错斩县令 方桥，小啦改编；罗屏，张瑞林绘
合肥 安徽人民出版社 1984 年 70 页 13cm（64 开）
统一书号：8102.1387 定价：CNY0.11
　　本连环画包括《错斩县令》《与民同味》两个
故事。

J0075094

打赌 龙懋勤改编；杜显清绘
成都 四川人民出版社 1984 年 32 页
19cm（小 32 开）定价：CNY0.45
　　根据藏族民间传说改编的连环画。作者杜
显清（1922—2012），国画家。别名杜大石，四川
三台县人。四川美术学院绘画系教授，中国美术
家协会会员。代表作有《小雪》《阿妈》《秋韵》
《松鹰图》《簪花图》。

J0075095

打狗歼敌 刘永骥改编；杨文理等绘
长沙 湖南美术出版社 1984 年 78 页 13cm（64 开）
统一书号：8233.714 定价：CNY0.16
　　根据中国革命故事改编的连环画。

J0075096

打绥定 槐山改编；张文忠绘画
成都 四川人民出版社 1984 年 54 页 有图
10×13cm 统一书号：8118.1740 定价：CNY0.11
　　根据《大巴山红军传说》改编的连环画。

J0075097

打渔杀家 王肇歧编文；黄全昌绘
上海 上海人民美术出版社 1984 年 110 页
10×13cm 统一书号：8081.13920 定价：CNY0.17
　　本书是中国现代连环画册。收入 110 幅图。

J0075098

大刀螳螂 叶永烈原著；曾繁光改编；来晚绘
广州 科学普及出版社广州分社 1984 年 20 页
13cm（60 开）定价：CNY0.12
　　中国现代连环画。

J0075099

大刀王五 王和原著；冯玉如改编；陈阿文，
史丹绘
合肥 安徽美术出版社 1984 年 126 页 13cm（64 开）
统一书号：8381.86 定价：CNY0.24
　　中国现代民间故事连环画。

J0075100

大刀王五 乔红改编；陈树根，李子炎摄影
天津 天津人民美术出版社 1984 年 266 页
13cm（64 开）统一书号：8073.30914
定价：CNY0.56
　　根据同名电影故事改编的连环画。

J0075101

大地恩情 （第一部《家在珠江》之一）治洪编；
何孟，张熹摄影
广州 花城出版社 1984 年 188 页 13cm（64 开）
定价：CNY0.41
（影视世界丛书）
　　中国影视故事连环画。

J0075102

大地恩情 （第一部《家在珠江》之三）王韦编；
何孟，张熹摄影
广州 花城出版社 1984 年 189 页 13cm（64 开）
定价：CNY0.41
（影视世界丛书）
　　中国影视故事连环画。

J0075103

大地恩情 （第一部《家在珠江》之四）王韦编；
何孟，张熹摄影

广州 花城出版社 1984 年 189 页 13cm（64 开）
定价：CNY0.41
（影视世界丛书）
　　中国影视故事连环画。

J0075104

大地恩情 （第一部《家在珠江》之五）王韦编；
何孟，张熹摄影
广州 花城出版社 1984 年 189 页 13cm（64 开）
定价：CNY0.41
（影视世界丛书）
　　中国影视故事连环画。

J0075105

大钉靴奇闻 任大星原著；周少强改编；陶穗
洪绘画
广州 岭南美术出版社 1984 年 94 页 有图
10×13cm 统一书号：8260.0992 定价：CNY0.17
　　中国现代连环画。

J0075106

大江歌罢掉头东 郁馥华等编；胡志荣等绘
上海 上海人民美术出版社 1984 年 118 页
13cm（60 开）统一书号：8081.14105
定价：CNY0.27
（《革命诗歌故事》连环画 4）
　　本书包括《春日偶成》《大江歌罢调头东》
《千古沉冤，江南一叶》《赤潮曲》《太平洋舟中
咏感》《后笑是何人》6 个故事。

J0075107

大江行 （上下）钟志坚编；徐甲英绘
沈阳 辽宁美术出版社 1984 年 2 册（118+118 页）
13cm（64 开）定价：CNY0.19
　　根据中国现代小说改编的连环画。作者钟
志坚，改编的连环画有《红岩》《古茜与德茜》等。

J0075108

大将徐海东 王照运编；李人毅绘
沈阳 辽宁美术出版社 1984 年 190 页 13cm（64 开）
定价：CNY0.29
　　本书是中国现代革命将军故事连环画。

J0075109

大雷雨 （俄）亚·尼·奥斯特洛夫斯基原著；

鹤仙改编；黄强根绘
上海 上海人民美术出版社 1984 年 166 页
13cm（64 开）统一书号：8081.13922
定价：CNY0.25
　　据俄国文学名著改编的连环画。

J0075110

大林和小林 （张天翼著名童话）李金熔改编
摄影
北京 北京少年儿童出版社 1984 年 125 页
13cm（64 开）定价：CNY0.23
　　根据同名电视木偶连续剧改编连环画。

J0075111

大乱瑶池 楠楠改编；廖丹绘
北京 中国文艺联合出版公司 1984 年 15 页
13cm（60 开）统一书号：8313.163 定价：CNY0.14
（《西游记》故事 8）
　　本书是依据中国古典小说《西游记》改编的
现代连环画。

J0075112

大闹龙宫 楠楠改编；张宝松绘
北京 中国文艺联合出版公司 1984 年 14 页
13cm（60 开）定价：CNY0.14
（《西游记》故事 4）
　　本书是依据中国古典小说《西游记》改编的
现代连环画。

J0075113

大闹秦相府 庄宏安改编；罗希贤绘
杭州 浙江人民美术出版社 1984 年 109 页
13cm（60 开）定价：CNY0.18
　　本书据《济公传》改编的连环画。作者庄宏
安，连环画编辑。改编的连环画有《原野》（辽宁
版)《延安保卫战》《战上海》（星火燎原系列连
环画)、《中国连环画优秀作品读本》等。绘者罗
希贤(1946—)，连环画家。广东东莞人。上海
美术出版社美术创作员。上海著名民俗画、连环
画家，共绘制了 150 多部连环画。作品有《火种》
《蔡锷》等。

J0075114

大闹水井镇 刘钧编；朱大海绘
长春 吉林人民出版社 1984 年 150 页 13cm（64 开）

统一书号：8091.1634 定价：CNY0.24
　　根据长篇小说《三军过后》改编的连环画。

J0075115

大闹天宫 潘彩英改编；林震等绘
沈阳 辽宁美术出版社 1984 年 33 页 19cm（32 开）
定价：CNY0.49
　　本书是依据中国古典小说《西游记》改编的
现代连环画。

J0075116

大闹天宫 何棱改编；胡进庆，陆青绘
成都 四川少年儿童出版社 1984 年 60 页
9cm（128 开）定价：CNY0.06
（小小连环画 第 7 辑《西游记》故事 2）
　　根据中国古典小说《西游记》改编的现代连
环画作品。

J0075117

大闹幽州城 汪诗雄改编；林光锠绘
福州 福建人民出版社 1984 年 90 页 10×13cm
定价：CNY0.18
（《杨家将演义》之十九）
　　本书是根据古典小说《杨家将演义》改编的
中国现代连环画册。

J0075118

大鸟在中国 美国儿童电视公司，中国中央电
视台合作拍摄；于立文字说明
北京 中国少年儿童出版社 1984 年 26 页
26cm（16 开）定价：CNY0.60
　　美国儿童故事连环画。

J0075119

大破连环马 翟志华改编；龚东明绘
呼和浩特 内蒙古人民出版社 1984 年 127 页
13cm（64 开）统一书号：8089.175 定价：CNY0.23
（《薛刚反唐》14）
　　根据新编传统评书《薛刚反唐》改编的连环
画。描写唐代永徽元年至神龙元年武则天参政、
篡位到垮台的历史故事，全套共计 16 册。

J0075120

大破天门阵 陈文雄改编；陈光镒，陈菊绘
福州 福建人民出版社 1984 年 138 页 10×13cm

定价：CNY0.25

（《杨家将演义》之十七）

　　本书是根据古典小说《杨家将演义》改编的中国现代连环画册。

J0075121

大破天门阵　　江南春改编；戴仁等绘画

兰州　甘肃人民出版社　1984年　102页　有图 10×13cm　统一书号：8096.976　定价：CNY0.15

（杨家将连环画　六）

　　本书根据《杨家将演义》改编。

J0075122

大破天门阵　　余欣改编；孔明，肖方绘

哈尔滨　黑龙江人民出版社　1984年　185页 13cm（60开）定价：CNY0.30

（杨家将故事）

　　本书是依据中国古典小说《杨家将演义》改编的现代连环画。

J0075123

大破铜旗阵　　张璇编；付伯星，来汶阳绘

北京　中国曲艺出版社　1984年　126页　13cm（64开）统一书号：8227.026　定价：CNY0.18

（传统评书连环画《兴唐传》24）

J0075124

大破湘军　　（清）黄小配原著；吴镕等改编；马建邦，蔡素绘

南京　江苏美术出版社　1984年　126页　13cm（64开）定价：CNY0.20

（洪秀全演义　2）

　　本书是依据中国古典小说《洪秀全演义》改编的现代连环画。

J0075125

大破匈奴　　姚传骧编；苏维贤绘

武汉　长江文艺出版社　1984年　124页　13cm（64开）定价：CNY0.21

（中国历代战争故事画丛）

J0075126

大破玄武阵　　胡玉兰改编；赵芳绘

天津　天津人民美术出版社　1984年　142页 13cm（60开）统一书号：8073.30911

定价：CNY0.23

　　本书是中国古典小说连环画。

J0075127

大桥下面　　张建亚改编

上海　上海人民美术出版社　1984年　142页 13cm（64开）定价：CNY0.25

　　根据上海电影制片厂同名电影改编的连环画。

J0075128

大象博士招助手　　方轶群原作；李子干改编；尚士永画

北京　人民美术出版社　1984年　14页　有彩图 13cm（60开）统一书号：8027.8948　定价：CNY0.14

　　中国现代连环画。

J0075129

大象和小老鼠　　王凤英改编；胡声平画

南京　江苏少年儿童出版社　1984年　28页 有彩图　13cm（60开）统一书号：R8352.3.066

定价：CNY0.15

　　中国现代连环画。

J0075130

大小伙子　　午言改编

北京　中国电影出版社　1984年　125页　13cm（64开）统一书号：8061.2421　定价：CNY0.23

　　根据同名电影故事改编的连环画。

J0075131

大泽龙蛇　　筱同改编

北京　中国电影出版社　1984年　188页　13cm（64开）定价：CNY0.30

　　根据《燎原》的续集《大泽龙蛇》电影改编的连环画。

J0075132

大泽乡风云　　袁川编；中喜，其生绘

南宁　广西人民出版社　1984年　98页　13cm（64开）定价：CNY0.15

（中国历史故事连环画　19）

J0075133

大战黄土坡　　石文秀等改编；贺中，李伟华绘

哈尔滨 黑龙江美术出版社 1984 年 100 页
13cm（60 开）统一书号：8358.111 定价：CNY0.19
（杨家将故事）

　　本书是依据中国古典小说《杨家将演义》改编的现代连环画。

J0075134
带刺的仙人掌 （反侵略战争故事）艾馨改编；
潘雷，胡赤骏绘
广州 岭南美术出版社 1984 年 158 页 13cm（64 开）
定价：CNY0.33

J0075135
带枪的狍子 张世新改编；董安山，何丽绘
济南 山东美术出版社 1984 年 70 页 13cm（64 开）
定价：CNY0.14
（道德教育丛书）

　　作者何丽，女，山东昌潍师专美术系主任、副教授，中国美术家协会会员。著有《当代工笔人物画谭概》等。

J0075136
丹青恋 鲁彦周原著；王国昌改编；张明超，
王耀伟绘
福州 福建人民出版社 1984 年 142 页 13cm（64 开）
统一书号：8173.763 定价：CNY0.21
　　中国现代连环画。

J0075137
单雄信踩营 辛冰编；刘戈，玮琦绘
北京 中国曲艺出版社 1984 年 126 页 13cm（64 开）
定价：CNY0.20
（传统评书连环画《兴唐传》31）

　　作者辛冰，擅长连环画改编。主要作品有《单雄信招亲》《战斗的青春》《巧布迷魂阵》等。

J0075138
捣狼窝 张雷原著；可蒙改编，汪绚秋绘画
上海 上海人民美术出版社 1984 年 2 版 166 页
有图 10×13cm 统一书号：8081.5384
定价：CNY0.25
（变天记 三）
　　中国现代连环画。

J0075139
道是无情却有情 河北电视台供稿
北京 中国广播电视出版社 1984 年 125 页
13cm（64 开）统一书号：8236.142 定价：CNY0.26
　　中国现代电视剧连环画。

J0075140
得陇望蜀 （上）沈毅编；邹越非，邹越清绘
福州 福建人民出版社 1984 年 156 页 13cm（60 开）
定价：CNY0.25
（通俗前后汉演义 23）

　　本书是依据中国古典小说《通俗前后汉演义》改编的现代连环画。绘者邹越非，（1934—　），连环画家。生于江苏镇江，就读于上海连环画学习班。历任上海美术家协会创作员、上海教育出版社美术编辑、上海社会科学院出版社美术编辑。代表作品有《蔷薇花案件》《孙小圣与猪小能》，出版有《龙江颂》《通俗前后汉演义》。

J0075141
得陇望蜀 （下）沈毅编；邹越非，邹越清绘
福州 福建人民出版社 1984 年 156 页 13cm（60 开）
定价：CNY0.25
（通俗前后汉演义 23）

　　本书是依据中国古典小说《通俗前后汉演义》改编的现代连环画。

J0075142
邓世昌血战黄海 丁邦元写；黄作如画
南京 江苏少年儿童出版社 1984 年 28 页
有彩图 13cm（60 开）统一书号：R8352.3.010
定价：CNY0.15
　　中国现代连环画。

J0075143
滴水观音 《周末》画报编辑部编
岭南 岭南美术出版社 1984 年 70 页 有图
10×13cm 统一书号：8260.1048 定价：CNY0.17
　　中国现代连环画。

J0075144
滴水观音 吕薇选编
上海 上海人民美术出版社 1984 年 158 页
13cm（64 开）定价：CNY0.31

中国故事连环画。

J0075145

狄克历险记 （下）唯青改编；刘希立绘
哈尔滨 黑龙江美术出版社 1984 年 142 页
13cm（60 开）统一书号：8358.152 定价：CNY0.24
　　根据法国儒勒·凡尔纳的名著《十五岁的小
船长》改编。

J0075146

狄克历险记 （上）唯青改编；刘希立绘
哈尔滨 黑龙江美术出版社 1984 年 131 页
13cm（60 开）统一书号：8358.151 定价：CNY0.23
　　根据法国儒勒·凡尔纳的名著《十五岁的小
船长》改编。

J0075147

地下航线 士元原著；李政民改编；陈云华绘
上海 上海人民美术出版社 1984 年 118 页
10cm（64 开）统一书号：8081.5250
定价：CNY0.15
　　根据中国现代革命故事改编的连环画。

J0075148

第八尊雕像 萧如改编；侯春洋，白小锭绘
广州 广东人民出版社 1984 年 115 页 13cm（64 开）
定价：CNY0.20
（《一千零一夜》故事选）
　　阿拉伯国家著名民间故事改编的连环画。

J0075149

第六双足迹 苏立群原著；甘礼乐改编；韩和
平，陈卫东绘
乌鲁木齐 新疆人民出版社 1984 年 173 页
13cm（64 开）定价：CNY0.27
　　本书是中国故事连环画。

J0075150

第七条猎狗 沈石溪原著；陈洪冈改编；李全
民绘
广州 岭南美术出版社 1984 年 106 页 13cm（60 开）
统一书号：8260.1031 定价：CNY0.24
　　本书是中国故事连环画。

J0075151

第三个人 尚易改编
北京 中国电影出版社 1984 年 147 页 13cm（64 开）
定价：CNY0.28
　　根据同名电影改编的连环画。

J0075152

第一个飞上蓝天的中国人 童咏芹编文；夫
直等绘
长沙 湖南少年儿童出版社 1984 年 134 页 有图
10×13cm 统一书号：R8280.102 定价：CNY0.22
　　中国现代连环画。

J0075153

第一块金牌 （拳王阿里的故事）王孟奇绘
南宁 漓江出版社 1984 年 94 页 13cm（60 开）
定价：CNY0.14
　　根据《拳王阿里自传》改编的外国现代优秀
运动员故事连环画。作者王孟奇（1947— ），画
家、教授。生于江苏无锡市，毕业于南京艺术学
院国画专业。上海大学美术学院教授、博士生导
师，南京艺术学院客座教授，上海国画院画师。
出版有《王孟奇画集》《王孟奇画册》《二十世纪
下半叶中国新文人画精品选·王孟奇》等。

J0075154

典子 晓黎改编
北京 中国电影出版社 1984 年 125 页 13cm（64 开）
统一书号：8062.2283 定价：CNY0.21
　　根据同名电影改编的连环画。

J0075155

貂蝉与吕布 甘礼乐改编；徐有武，徐有刚绘
杭州 浙江人民美术出版社 1984 年 110 页
13cm（64 开）定价：CNY0.18
　　本书根据中国京剧团《连环计》演出本改编
的中国戏剧故事连环画。

J0075156

喋血的鱼镖 （下集）刘汉编；张洪武等绘
广州 科学普及出版社广州分社 1984 年 125 页
13cm（64 开）统一书号：8051.60319
定价：CNY0.28
　　本书是中国故事连环画，上集题名为《掠浪
的鱼镖》。

J0075157

定海抗英　蒲元华改编；赵宋生绘

昆明 云南人民出版社 1984 年 110 页 13cm（64 开）

定价：CNY0.19

（历代爱国人物故事画丛）

本书是根据徐和雍历史故事《葛云飞定海抗英》改编的连环画。作者赵宋生（1940—1996），高级美术师。四川重庆人，毕业于云南艺术学院。曾任玉溪市文化局局长、玉溪市文联副主席。作品有《花卉的思念》《绿水情深》《溶溶月色》《乐途》《岁月》等，出版有《云南民族风情白描集》《赵宋生画集》等。

J0075158

定河东　张炳隅编；徐谷安绘

上海 上海人民美术出版社 1984 年 102 页

13cm（64 开）定价：CNY0.22

（唐代历史故事 3）

本书是根据中国唐代历史故事改编的连环画。绘者徐谷安（1943— ），一级美术师、美术评论家、字画鉴证专家。别名大风、谷冰、禅心，斋名禅风听雨斋。生于上海，毕业于浙江美术学院。曾任少年儿童出版社美术编辑，世界教科文组织联合协会首席艺术家，中国艺术学院教授，中国书画研究会副会长。代表作品有《天光》《山水》等。

J0075159

定河山　吴为编；苏西映绘

北京 中国文联出版公司 1984 年 94 页

13cm（64 开）统一书号：8355.20 定价：CNY0.26

（明代开国英烈传 10）

中国明代历史故事连环画。绘者苏西映（1940— ），河南光山人。光山县文化馆美术师，河南省美术家协会会员，大别山书画研究院名誉院长。作品有《深山古树》《荷花舞》《玉莲公主》《中华魂》等。出版有《唐伯虎智圆梅花梦》《玉蜻蜓》。

J0075160

东方旭　谢洪，华勋原著；戈兵编；李峰山，大成绘

长春 长春出版社 1984 年 2 册（134；150 页）

13cm（60 开）定价：CNY0.53（全 2 册）

根据中国革命故事改编的连环画。

J0075161

东方欲晓　（一 芦沟火种）杨沫原著；赵吉南改编

上海 上海人民美术出版社 1984 年 174 页

10×13cm 定价：CNY0.20

本书是中国现代连环画册。

J0075162

东方欲晓　（二 地下药店）杨沫原著；赵吉南改编；王重义等绘

上海 上海人民美术出版社 1984 年 166 页

10×13cm 定价：CNY0.20

本书是中国现代连环画册。作者赵吉南，改编有连环画《东方欲晓》《渡江侦察记》《列车飞奔》《西游记绘画本》《水浒传连环画》等。绘者王重义（1940— ），画家、编辑。生于浙江鄞县。曾任人民美术出版社创作员，浙江人民出版社、浙江少年儿童出版社美术编辑、室主任、副编审，浙江美术家协会会员。与兄弟王重英合作创作多部连环画。主要作品有《海军少尉巴宁》《天山红花》《以革命的名义》《十里洋场斗敌记》《战争在敌人心脏》等。

J0075163

东海索宝　平平改编；张宝松绘

北京 中国文艺联合出版公司 1984 年 15 页

13cm（60 开）定价：CNY0.14

（《西游记》故事 3）

本书是依据中国古典小说《西游记》改编的现代连环画。绘者张宝松（1961— ），画家。出生于河南禹州市，毕业于中央美术学院。中国画创作研究院研究员，人物画创作室主任，国家一级美术师。

J0075164

东江英烈传　绕翠岚编文；刘惠汉等绘画

广州 岭南美术出版社 1984 年 64 页 26cm（16 开）

统一书号：8260.1034 定价：CNY2.20

本书是中国现代连环画册。收入 64 幅图。内容描写东江人民前仆后继同国内外敌人进行艰苦卓绝斗争的英雄事迹。

J0075165

东邻女　柳钊改编；刘森绘

福州 福建人民出版社 1984 年 146 页 13cm（64 开）

定价: CNY0.22

　　根据福建省京剧团戈明编创同名京剧改编的连环画。

J0075166

东门射旗　安可君改编; 马程绘

兰州 甘肃人民出版社 1984年 62页 13cm(64开)

统一书号: 8096.1052 定价: CNY0.13

(《三打乌龙镇》1)

　　根据中国革命故事改编的连环画。

J0075167

东坡判案　李光羽, 竺乾华改编; 高云等绘

上海 少年儿童出版社 1984年 116页 13cm(64开)

定价: CNY0.20

(本书是故事的连环画。故事 2)

　　本书是中国历史故事连环画。绘者高云(1956—), 国家一级美术师。毕业于南京艺术学院中国画专业。中国美术家协会理事, 中国画艺委会委员, 全国美术馆专委会副主任, 江苏省美协副主席, 江苏省美术馆馆长, 南京艺术学院客座教授。

J0075168

冬瓜王子　杨楠原著; 武辉夏编绘

重庆 重庆出版社 1984年 119页 有图

10×13cm 统一书号: 8114.219 定价: CNY0.23

　　中国现代连环画。

J0075169

冬天的故事　(英)莎士比亚原作; 王素一改编; 马忠群绘

长春 吉林人民出版社 1984年 110页 13cm(64开)

统一书号: 8091.1660 定价: CNY0.22

　　根据英国戏剧文学名著改编的连环画。

J0075170

董卓之死　罗贯中原著; 王永祥改编; 崔君沛绘

西安 陕西人民美术出版社 1984年 126页

13cm(60开) 定价: CNY0.21

(《三国演义》连环画 2)

J0075171

斗奸风云录　燕歌改编; 黄鸿仪绘

南京 江苏美术出版社 1984年 94页 13cm(64开)

定价: CNY0.17

　　中国现代连环画。

J0075172

斗鲨英雄　何朔改编; 梅汉珍, 纹川绘

广州 花城出版社 1984年 190页 13cm(64开)

统一书号: 8261.47 定价: CNY0.33

　　本书是根据章明叙事长诗《钓鲨人的歌》改编的连环画。

J0075173

窦建德计战薛世雄　李华章编; 谢伯齐绘

武汉 长江文艺出版社 1984年 60页 13cm(64开)

定价: CNY0.12

(中国历代战阵故事画丛)

J0075174

杜金娥　金行健原著; 思如改编; 何进绘

南京 江苏美术出版社 1984年 110页 有图

10×13cm 统一书号: 8353.3.016 定价: CNY0.18

　　中国现代连环画。

J0075175

断手人　(法)阿·绍尔原著; 王冬改编; 王秉龙绘

天津 天津人民美术出版社 1984年 94页

13cm(64开) 统一书号: 8073.30876

定价: CNY0.15

　　法国著名文学作品改编的连环画。

J0075176

对花枪　小戈编; 谢艺绘

北京 中国曲艺出版社 1984年 126页 13cm(64开)

定价: CNY0.18

(传统评书连环画《兴唐传》25)

J0075177

对子先生　(大巴山红军传说)槐山改编; 张文忠绘

成都 四川人民出版社 1984年 53页 13cm(64开)

定价: CNY0.12

　　本书是中国红军革命故事连环画。

J0075178

多头蛇妖　　忻昀原著；马荣华改编；李殿忠绘
贵阳　贵州人民出版社　1984 年　93 页　13cm（64 开）
统一书号：8115.1019　定价：CNY0.17
　　本书是中国现代连环画册。

J0075179

峨眉情　　杨琪改编；林驹绘
广州　花城出版社　1984 年　110 页　13cm（64 开）
定价：CNY0.20
（旅伴连环画库）

J0075180

恶魔导演的战争　　徐淦改编；陈军绘
北京　中国文联出版公司　1984 年　122 页
13cm（64 开）定价：CNY0.33
　　本书是中国现代连环画册。

J0075181

鳄鱼 49 号　　刘文阁改编；张家纯，郭建新绘
哈尔滨　黑龙江美术出版社　1984 年　160 页
13cm（64 开）统一书号：8358.137　定价：CNY0.27
　　根据夏强国小说《擒鳄记》改编的连环画。

J0075182

儿童歌迷 120 首　　宋翠荣等选编；江强等绘
广州　广东人民出版社　1984 年　125 页　有图
10×13cm　统一书号：10111.1427　定价：CNY0.23
　　中国现代连环画。

J0075183

儿童连环画　（第 1 辑）齐石等改编；解军等绘
哈尔滨　黑龙江少年儿童出版社　1984 年　10 册
7×9cm
　　本作品系中国连环画，内容包括《猴子当裁
判》《尿被窝的小花猫》《小熊分瓜》《乌龟智斗
习狐狸》《鸡窝里飞出了金凤凰》《花狐狸骑大
象》《吹牛现丑的狐狸》《懒惰熊》《今天和明天》
《山兔和乌龟》。

J0075184

儿童连环画　（第 2 辑）齐石等改编；解军等绘
哈尔滨　黑龙江少年儿童出版社　1984 年　10 册
7×9cm
　　本作品系中国连环画，内容包括《骆驼和山

羊》《小猴照镜子》《仙鹤与狼》《鹤与鸡》《骄傲
的森林皇后》《小狗捉老鼠》《象咪咪虎毛毛马戏
团》《爱说大话的公鸡》《果农和猴子》。

J0075185

儿童连环画　（第 5 辑）
哈尔滨　黑龙江少年儿童出版社　1984 年　10 册
9cm（128 开）
　　本书包括《蜜蜂与蝴蝶》《狐狸给老熊瘙痒》
《蜗牛和萤火虫》《老黄牛过河》《小鸡小猫和小
兔》等。

J0075186

儿童连环画　（第 6 辑）
哈尔滨　黑龙江少年儿童出版社　1985 年　10 册
9cm（128 开）统一书号：K8359.2　定价：CNY0.65
　　本书包括《幼儿园的小虎》《芳芳的小口琴》
《丽丽的球拍》《强强玩枪》《小灰兔割尾巴》《鹦
鹉学舌》《粗心的小蜻蜓》《老虎与田鼠》《猴子
和老鳖》等。

J0075187

儿童连环画　（第 9 辑）
哈尔滨　黑龙江少年儿童出版社　1985 年　10 册
9cm（128 开）统一书号：K8359.14　定价：CNY0.70
　　本书包括《咪咪和汪汪》《勇敢的小雁》《白
菜姑娘》《乌鸦和猪的谅解》《驼鸟和鹰》《小白
兔找朋友》《哼哼叫的猪》《狮子称王》《猴子钓
鱼》《麻雀请客》等。

J0075188

儿童连环画　（第 10 辑）
哈尔滨　黑龙江少年儿童出版社　1985 年　10 册
9cm（128 开）统一书号：K8359.14　定价：CNY0.70
　　本书包括《怀素学书》《勇将和诗人》《口舌
成疮》《司马迁万里视野》《孟母三迁》等。

J0075189

儿童连环画　（第 15 辑）
哈尔滨　黑龙江少年儿童出版社　1987 年　10 册
9cm（128 开）袋装　定价：CNY0.81
　　本书内容包括《懒惰的狐狸》《一根老虎胡
子》《狐狸狮子和驴子》《小猴丁丁》《白麻雀》
《红头鹅和蓝头鹅》《毛驴和狮子》《马虎斗智》
《骗子和狐狸》《鹦鹉和羚羊》。

J0075190
儿童连环画 （第16辑）
哈尔滨 黑龙江少年儿童出版社 1988年 10册
9cm（128开）袋装 定价：CNY0.81
　　本书内容包括《小狐狸和胖经理》《小松鼠赶跑大老虎》《狐狸拜年》《黄牛和黑猪》《假蜂王偷蜜》《瘦子大王和胖子宰相》《田鼠和白薯》《失去妈妈的黑鹅》《四个好朋友》《河螃蟹飞远了》。

J0075191
儿童连环画 （第18辑）
哈尔滨 黑龙江少年儿童出版社 1988年 10册
9cm（128开）袋装 定价：CNY0.81
　　本书内容包括《猫女的新发明》《团结果》《可怜的公鸡》《黑颈秃鹫和秃尾巴松鼠》《老鼠国》《小熊拔牙》《海蜇和小白兔》《半拉子鸡》《熊猫和树袋熊》《我偏不》。

J0075192
儿童连环画 （第21辑）
哈尔滨 黑龙江少年儿童出版社 1989年 10册
9cm（128开）袋装 定价：CNY1.24
　　本书包括《快乐的狮子》《还小呢》《猫王国》《白鸟之国》《狒里亨和他的摇钱树》《小白鼠奇遇记》《蜂鸟与百兽之王》《手术刀下的红眼睛》《舞会上的陌生来客》和《兔兄和兔弟》。

J0075193
儿童连环画 （第22辑）
哈尔滨 黑龙江少年儿童出版社 1989年 10册
9cm（128开）袋装 定价：CNY1.24
　　本书包括《鸟儿公主和青蛙骑士》《小花公鸡》《爱忘事的小猴》《鸟儿和蚂蚁》《短尾巴的故事》《机智的老山羊》《可怜的小羊》《鹤和狐狸》《会说话的猫》和《小白兔的表演》。

J0075194
儿童连环画 （第23辑）
哈尔滨 黑龙江少年儿童出版社 1989年 10册
9cm（128开）袋装 定价：CNY1.24
　　本书包括《珊瑚花托儿所》《狼和羊羔》《诚实的小花鹿》《卡卡的遭遇》《尖尖、长长和他们的警鼠朋友》《红头蜻蜓》《幸福的小白兔》《喜鹊、鹌鹑和狐狸》《山林大王狩猎记》和《贪吃的香蕉鱼叮叮》。

J0075195
儿童连环画 （第24辑）
哈尔滨 黑龙江少年儿童出版社 1989年 10册
9cm（128开）袋装 定价：CNY1.24
　　本书包括《会摇尾巴的狼》《审判会》《美小鸭》《青蛙搬家》《元元和小象》《天鹅的女儿》《小青蛙除害》《小黄莺唱歌》《小苹果树请医生》和《小白兔的故事》。

J0075196
儿童连环画 （第25辑）刘虹等编
哈尔滨 黑龙江少年儿童出版社 1989年 10册
9cm（128开）袋装 定价：CNY1.24
　　本书包括《狐狸学老虎》《快乐的小沙马》《小白兔搭桥》《不听劝说的小熊》《公鸡和太阳》《弄错了》《皮小胖》《小青蛙盖房子》《猴子阿三》和《小白兔的邻居》。

J0075197
儿童连环画 （第26辑）春风等改编；春敏等绘画
哈尔滨 黑龙江少年儿童出版社 1989年 10册
9cm（128开）袋装 定价：CNY1.24
　　本书包括《会滚动的汽车》《长鼻子和短鼻子》《肚子上的鬼脸》《漂亮的天鹅》《聪明的天鹅》《娇鸭鸭》《小猴卖桃》《糊涂的小鲤鱼》《公鸡管家》和《小企鹅是怎样长大的》。

J0075198
儿童连环画 （第28辑）齐石等改编；解军等绘
哈尔滨 黑龙江少年儿童出版社 1991年 10册
7×9cm ISBN：7-6319-0707-0 定价：CNY1.40
　　本作品系中国连环画。

J0075199
二打白骨精 晓欣改编；张宝松绘
北京 中国文艺联合出版公司 1984年 15页
13cm（60开）定价：CNY0.14
（《西游记》故事 17）
　　本书是依据中国古典小说《西游记》改编的现代连环画。

J0075200

二借芭蕉扇　晓欣改编；张宝松绘

北京 中国文艺联合出版公司 1984 年 15 页 13cm（60 开）定价：CNY0.14

（《西游记》故事 14）

　　本书是依据中国古典小说《西游记》改编的现代连环画。

J0075201

二探鼓浪洲　李言明编；徐晓平绘

南京 江苏美术出版社 1984 年 110 页 13cm（64 开）统一书号：8353.3.024 定价：CNY0.18

　　根据中国现代故事改编的连环画。

J0075202

二月　王良莹改编；盛增祥绘

上海 上海人民美术出版社 1984 年 150 页 13cm（64 开）定价：CNY0.23

（中国现代文学名著）

J0075203

伐齐破燕　刘延龄编文；李秋山绘画

长春 吉林人民出版社 1984 年 62 页 有图 10×13cm 统一书号：8091.1641 定价：CNY0.12

（东周列国 19）

　　中国现代连环画。

J0075204

法场制敌　胡兰改编；黑龙江绘

哈尔滨 黑龙江美术出版社 1984 年 144 页 13cm（64 开）统一书号：8358.98 定价：CNY0.25

　　中国古代民间故事连环画。

J0075205

法兰西小英雄　（法）维克多·雨果原著；郑化改编，赵俊生绘画

天津 天津人民美术出版社 1984 年 78 页 有图 10×11cm 统一书号：8073.30973 定价：CNY0.16

（农村儿童连环画库）

J0075206

翻身　任迁乔编绘

北京 人民美术出版社 1984 年 30 页 18×17cm 统一书号：8027.8418 定价：CNY0.55

（连环画艺术研究丛书）

　　《翻身》是作者于 1942 年创作的连环画。

J0075207

烦恼的喜事　天然选编；顾温厚，戴启明摄影

上海 上海人民美术出版社 1984 年 110 页 13cm（64 开）统一书号：8081.14049

定价：CNY0.23

　　根据同名电影改编的连环画。

J0075208

樊梨花　王逸改编

北京 中国电影出版社 1984 年 125 页 有图 10×13cm 统一书号：8061.2093 定价：CNY0.21

　　中国现代电影连环画。

J0075209

樊梨花斩子　张殿贵等改编；高建，耿克非摄影

北京 中国文艺联合出版公司 1984 年 93 页 13cm（64 开）统一书号：8313.11 定价：CNY0.18

　　中国戏剧故事连环画。

J0075210

繁塔　（中州风物故事）任学礼等编文；翟长安绘画

郑州 河南人民出版社 1984 年 26+34 页 有图 10cm（64 开）统一书号：8105.1120 定价：CNY0.12

　　本书系中国现代连环画，包括繁塔的故事、繁塔的传说。

J0075211

放鹅姑娘　廖心永，罗解东改编并绘画

成都 四川人民出版社 1984 年 50 页 13cm（64 开）定价：CNY0.20

　　根据德国童话名著改编的本书是中国现代连环画册。

J0075212

飞来的仙鹤　黄祖尧改编

北京 中国电影出版社 1984 年 117 页 13cm（64 开）统一书号：8061.2272 定价：CNY0.21

　　根据中国同名电影故事改编的连环画。

J0075213

飞上蓝天　甄石钦编文；刘惠汉绘

广州 岭南美术出版社 1984 年 87 页 有图

10×13cm 统一书号：8260.1017 定价：CNY0.16
中国现代连环画。

J0075214
匪窝里的搏斗 刘广惠改编；邵子振绘
哈尔滨 黑龙江人民出版社 1984年 156页
13cm（64开）定价：CNY0.26
中国现代革命故事连环画。

J0075215
废墟上 中英杰原著；翠岚改编；庞先健等绘
广东 岭南美术出版社 1984年 158页 有图
10×13cm 统一书号：8260.0760 定价：CNY0.26
中国现代连环画。

J0075216
奋战天兵 楠楠改编；张宝松绘
北京 中国文艺联合出版公司 1984年 15页
13cm（60开）定价：CNY0.14
（《西游记》故事 9）
本书是依据中国古典小说《西游记》改编的
现代连环画。

J0075217
风吹唢呐声 叶之改编
北京 中国电影出版社 1984年 157页 13cm（64开）
统一书号：8061.2560 定价：CNY0.32
根据同名电影改编的连环画。

J0075218
风满潇湘 （上）王路，秋林改编；邓辉楚绘
长沙 湖南美术出版社 1984年 94页 13cm（64开）
定价：CNY0.17
根据柯蓝、文秋同名长篇小说改编的连
环画。

J0075219
风满潇湘 （中）王路，秋林改编；邓超华绘
长沙 湖南美术出版社 1984年 94页 13cm（64开）
定价：CNY0.17
根据柯蓝、文秋同名长篇小说改编的连
环画。

J0075220
风满潇湘 （下）王路，秋林改编；刘沛绘

长沙 湖南美术出版社 1984年 118页 13cm（64开）
定价：CNY0.17
根据柯蓝、文秋同名长篇小说改编的连
环画。

J0075221
风满潇湘 欧阳常林编文及摄影
广州 花城出版社 1984年 125页 有图
10×13cm 统一书号：8261.71 定价：CNY0.25
湖南电视台湖南广播电视艺术团录制，《影
视世界》编辑部编辑的电视片改编的连环画。

J0075222
风雪万里行 钱志清改编；马泉艺绘
乌鲁木齐 新疆青年出版社 1984年 157页
13cm（64开）定价：CNY0.30
中国现代连环画。

J0075223
风雪云梦关 弋良俊原著；张企荣改编；刘世
铎绘画
天津 天津人民美术出版社 1984年 102页 有图
10×13cm 统一书号：8073.30972 定价：CNY0.22
中国现代连环画。

J0075224
风雨双河 叶庆瑞改编；胡博综绘
南京 江苏美术出版社 1984年 126页 13cm（64开）
统一书号：8353.3.113 定价：CNY0.27
中国现代连环画。

J0075225
风雨下钟山 （上）郑明改编
北京 中国电影出版社 1984年 157页 13cm（64开）
统一书号：8061.2335 定价：CNY0.28
根据同名电影改编的连环画。

J0075226
风雨下钟山 （下）郑明改编
北京 中国电影出版社 1984年 157页 13cm（64开）
统一书号：8061.2336 定价：CNY0.28
根据同名电影改编的连环画。

J0075227
风云突起 唐凤宽改编；孙怡明，翁家澎绘

哈尔滨 黑龙江美术出版社 1984 年 140 页
13cm（64 开）统一书号：8358.107 定价：CNY0.24
（夜幕下的哈尔滨 3）
　　　中国现代连环画。

J0075228
封三娘 （清）蒲松龄原著；石鲍改编；李振坤绘
济南 山东美术出版社 1984 年 新 1 版 78 页
13cm（64 开）定价：CNY0.14
（《聊斋志异》连环画丛书 聊斋志异故事选）

J0075229
封神榜 （一）袁春松改编；晓丁摄影
北京 中国戏剧出版社 1984 年 123 页 13cm（64 开）
定价：CNY0.25
　　　中国古代戏剧连环画。

J0075230
封神榜 （二）肇明改编；晓丁摄影
北京 中国戏剧出版社 1984 年 93 页 13cm（64 开）
定价：CNY0.20
　　　中国古代戏剧连环画。

J0075231
封神榜 （三）吕济深改编；晓丁摄影
北京 中国戏剧出版社 1984 年 93 页 13cm（64 开）
定价：CNY0.20
　　　中国古代戏剧连环画。

J0075232
封神榜 （四）肇明，袁青松改编；晓丁摄影
北京 中国戏剧出版社 1984 年 93 页 13cm（64 开）
定价：CNY0.20
　　　中国古代戏剧连环画。

J0075233
封神榜 （五）肇明改编；晓丁摄影
北京 中国戏剧出版社 1984 年 93 页 13cm（64 开）
定价：CNY0.20
　　　中国古代戏剧连环画。

J0075234
封神榜 （六）肇明改编；晓丁摄影
北京 中国戏剧出版社 1984 年 125 页 13cm（64 开）
定价：CNY0.25

根据《封神演义》改编的连环画。

J0075235
凤还巢 荆予改编；鲁蘅绘
天津 天津人民美术出版社 1984 年 94 页
13cm（64 开）统一书号：8073.30921
定价：CNY0.21
（传统戏曲故事）
　　　根据传统戏曲改编的连环画。

J0075236
凤四老爹 何翔编；陈涤绘
长春 吉林人民出版社 1984 年 102 页 13cm（64 开）
定价：CNY0.17
（儒林外史故事选编）
　　　本书是依据中国古典小说《儒林外史》改编
的现代连环画。

J0075237
伏虎奇缘 林文烈编；杜应强、陈再殿绘
广州 岭南美术出版社 1984 年 190 页 13cm（64 开）
统一书号：8260.0979 定价：CNY0.30
　　　根据中国现代故事改编的连环画。

J0075238
扶我上战马的人 晓黎改编
北京 中国电影出版社 1984 年 157 页 13cm（64 开）
定价：CNY0.23
（电影连环画册）

J0075239
芙蓉镇 张盛良改编；钟增亚绘
长沙 湖南美术出版社 1984 年 134 页 19cm（32 开）
定价：CNY0.74
　　　本书是中国现代故事连环画。绘者钟增亚
（1940—2002），画家。又名钟亚。湖南衡阳人，
广州美术学院中国画系毕业。任职于衡阳市文
化馆，历任中国书法家协会理事、中国美术家协
会理事、湖南省书协主席、湖南书画研究院院
长。国画《楚人》《三峡史诗》。出版有《钟增亚
中国画选集》《钟增亚速写集》。

J0075240
芙蓉镇 张盛良改编；钟增亚绘
长沙 湖南美术出版社 1984 年 134 页 13cm（60 开）

定价：CNY0.28

本书是中国现代故事连环画。

J0075241

福克环球历险记 白嘉荟改编；陈清港，云澜绘

广州 花城出版社 1984年 155页 13cm（64开）

统一书号：8261.73 定价：CNY0.28

（旅伴连环画库）

J0075242

父与子 （俄）屠格涅夫原著；竺少华改编；姜明路绘

上海 上海人民美术出版社 1984年 198页 13cm（64开）定价：CNY0.34

本书是根据俄国文学名著改编的连环画。收入198幅图。反映俄国农奴制度废除前夕新旧思想的斗争。

J0075243

赴西凉借兵 冯同军改编；韩亚洲，范世平绘

呼和浩特 内蒙古人民出版社 1984年 151页 13cm（64开）统一书号：8089.164 定价：CNY0.27

（《薛刚反唐》5）

本书是根据新编传统评书《薛刚反唐》改编的连环画。

J0075244

复仇奇遇 殷志扬改编；黄云松，张昌洵绘

南京 江苏人民出版社 1984年 126页 13cm（64开）定价：CNY0.20

本书是根据俄国普希金小说《杜勃洛夫斯基》改编的连环画。绘者黄云松（1939— ），浙江温岭人，毕业于浙江美术学院版画系。钢笔画家，中国美术家协会会员。曾历任浙江文艺杂志美编，浙江工农兵画报浙江人民出版社美编室创作员，浙江人民美术出版社编辑室主任、副编审。连环画作品有《福尔摩斯探案故事》《热爱生命》《静静的顿河》等。绘者张昌洵（1940— ），画家。浙江吴兴人。中学高级美术教师，中国美术家协会会员。主要作品有《灯》《画等号》《航海家麦哲伦》等。

J0075245

复活 （上）（俄）列夫·托尔斯泰原著；李遵义改编；胡克礼，恽南平绘

沈阳 辽宁美术出版社 1984年 126页 13cm（64开）

统一书号：7161.0343 定价：CNY0.19

据俄国文学名著改编的连环画。

J0075246

复活 （下）（俄）列夫·托尔斯泰原著；李遵义改编；胡克礼，恽南平绘

沈阳 辽宁美术出版社 1984年 142页 13cm（60开）

统一书号：7161.0344 定价：CNY0.21

据俄国文学名著改编的连环画。

J0075247

傅山 李德运编；亢佐田绘

太原 山西人民出版社 1984年 118页 13cm（64开）定价：CNY0.24

（山西名人画传）

中国古代优秀画家故事连环画。

J0075248

缚妖魔 吴承恩原著；孙剑影等改编；宗静草绘

南京 江苏美术出版社 1984年 102页 有图 10×13cm 统一书号：8353.3.089 定价：CNY0.18

中国现代连环画。

J0075249

嘎达梅林 钟志诚改编；许勇等绘

沈阳 辽宁美术出版社 1984年 154页 13cm（64开）

统一书号：7161.0248 定价：CNY0.34

中国蒙古族民间故事连环画。

J0075250

高山下的花环 李存葆原著；于秀溪改编；王晋泰绘画

石家庄 河北美术出版社 1984年 186页 有图 10×13cm 统一书号：8087.870 定价：CNY0.28

根据李存葆原著同名小说改编的连环画。

J0075251

高山下的花环 李存葆原著；梅文改编；陈军绘

太原 山西人民出版社 1984年 150页 13cm（64开）定价：CNY0.23

中国现代革命战斗故事连环画。

J0075252

高山下的花环 李存葆原著；沙砾改编；黄镇

中绘
杭州 浙江人民美术出版社 1984 年 126 页
13cm（64 开）定价：CNY0.18
　　中国现代革命战斗故事连环画。

J0075253
告亲夫　刘平改编；萧梅清，姚柏绘
广州 岭南美术出版社 1984 年 127 页 13cm（64 开）
统一书号：8260.1033 定价：CNY0.27
　　根据同名潮剧改编的连环画。

J0075254
哥仨和媳妇们　鲁青改编；赵建国编剧
上海 上海人民美术出版社 1984 年 158 页 有图
10×13cm 统一书号：8081.13834 定价：CNY0.28
　　本书是依据董骥、柳开基导演；曹霞云等摄影的青岛市话剧团创作演出本改编的连环画。

J0075255
割发代首　罗贯中原著；王永祥改编；邹梦龙绘
西安 陕西人民美术出版社 1984 年 142 页
13cm（60 开）定价：CNY0.23
（《三国演义》连环画 3）

J0075256
革命军事委员会　（苏）盖达尔原著；张京改编，刘石父绘画
成都 四川少年儿童出版社 1984 年 149 页 有图
10×13cm 统一书号：R8247.145 定价：CNY0.25
　　中国现代连环画。

J0075257
格萨尔王传　（仙界遣使）耿予方改编；梅定开绘
成都 四川民族出版社 1984 年 107 页 10×13cm
统一书号：8140.76 定价：CNY0.20
　　根据藏族英雄史诗改变的本书是中国现代连环画册。

J0075258
格萨尔王焚妖尸　竹芳编；宗彦绘
北京 中国民间文艺出版社 1984 年 102 页
13cm（64 开）定价：CNY0.17
　　本书是中国古代少数民族故事连环画。

J0075259
葛巾　路继贤，张复兴改编；方光灿摄影
北京 中国戏剧出版社 1984 年 125 页 13cm（64 开）
定价：CNY0.23
　　中国戏剧故事连环画。

J0075260
给世界带来欢乐的人　何剑云编；方少华绘
广州 岭南美术出版社 1984 年 99 页 13cm（64 开）
统一书号：8260.1037 定价：CNY0.23
　　外国人物故事连环画。

J0075261
工运先锋——罗登贤烈士的故事　杨光中编文；龚东明绘画
南京 江苏美术出版社 1984 年 86 页 有图
10×13cm 统一书号：8353.3.107 定价：CNY0.19
　　中国现代连环画。

J0075262
弓砚缘　骆仲琦等编摄
南京 江苏美术出版社 1984 年 130 页 13cm（64 开）
定价：CNY0.23
　　中国戏曲连环画。

J0075263
公子扶苏　霍达原著；羽放改编，于水绘画
南京 江苏美术出版社 1984 年 158 页 有图
10×13cm 统一书号：8353.3.083 定价：CNY0.26
　　中国现代连环画。

J0075264
公子扶苏　瞿从森改编；孙彬绘
广州 岭南美术出版社 1984 年 158 页 13cm（64 开）
统一书号：8260.1002 定价：CNY0.28
　　根据同名电影剧本改编的连环画。

J0075265
功与罪　傅杰改编；田震，依佳摄影
哈尔滨 黑龙江人民出版社 1984 年 138 页
13cm（64 开）定价：CNY0.29
　　根据佳木斯市评剧团演出实况改编摄制的连环画。

J0075266

宫花剑影　刘维仁改编；杨宝恒绘

沈阳 辽宁美术出版社 1984 年 110 页 13cm（60 开）
统一书号：7161.0395 定价：CNY0.18

中国现代连环画。

J0075267

勾践称霸　董子畏改编；陆华绘画

上海 上海人民美术出版社 1984 年 134 页 有图
10×13cm 统一书号：8081.13831 定价：CNY0.16
（东周列国故事）

中国现代连环画。作者董子畏（1911—
1962），浙江海宁人，定居上海。笔名田衣，又名
秉璋。肄业于上海光华大学中文系。曾任华东
人民美术出版社（后改为上海人民美术出版社）
连环画脚本编辑、连环画编辑科副科长等职。编
有《铁道游击队》《屈原》《风波》《地下少先队》
等。绘者陆华（1939—　），笔名雁父。出生于
江苏盐城建湖县，毕业于南京江苏新闻专科学
校。曾任新疆人民广播电台记者，《光明日报》新
疆记者站记者，江苏《新华日报》编辑，《扬子晚
报》副刊《繁星》主编、主任编辑。现为江苏省作
家书画联谊会副会长，南京古鸡鸣寺书画院副院
长，江苏省古陶瓷研究会顾问，中国作家协会会
员。著有散文随笔《名人·风情·掌故》，诗画集《陆
华诗画小品》，报告文学《天堂凡人赞》等。

J0075268

狗剩团长　陆柱国原著；王朝玉改编；周恩连绘

沈阳 辽宁美术出版社 1984 年 102 页 13cm（64 开）
定价：CNY0.17

中国现代故事连环画。

J0075269

狗项圈的秘密　沈默改编；王聪等绘

哈尔滨 黑龙江美术出版社 1984 年 120 页
13cm（64 开）统一书号：8358.117 定价：CNY0.21

中国现代故事连环画。

J0075270

孤女血泪　邝夏渝改编；杜小雷绘画

广州 广东人民出版社 1984 年 94 页 有图
10×13cm 统一书号：8111.2458 定价：CNY0.20
（少年连环画库）

J0075271

古奥运会传奇　（上）高云原著；燕夫改编；
徐刚等绘

南宁 广西人民出版社 1984 年 118 页 13cm（64 开）
定价：CNY0.16

世界体育运动史连环画。

J0075272

古奥运会传奇　（下）高云原著；燕夫改编；
苏里等绘

南宁 广西人民出版社 1984 年 126 页 13cm（64 开）
定价：CNY0.17

世界体育运动史连环画。

J0075273

古奥运会传奇　史策改编；雷德祖绘

重庆 重庆出版社 1984 年 177 页 13cm（64 开）
定价：CNY0.33

世界体育运动史连环画。

J0075274

古堡女奴　赵汉改编；于成业绘

福州 福建人民出版社 1984 年 126 页 13cm（64 开）
统一书号：8173.734 定价：CNY0.19

根据刘克小说《古碉堡》改编的连环画。绘
者于成业（1950—　），画家。山东文登市人。中
国美术家协会广东分会会员，人民日报神舟书画
院画师。代表作品有《五洲乐》《千禧年》《古堡
女奴》等。

J0075275

古刹斗敌　段剑秋改编；赵国经，王美芳绘

哈尔滨 黑龙江美术出版社 1984 年 166 页
13cm（64 开）定价：CNY0.28

根据中国反特故事改编的连环画。绘者赵
国经（1950—　），一级画师。出生于河北景县，
毕业于天津美术学院绘画系。中国美术家协会
会员，连环画艺术委员会委员，天津美术家协会
副主席，天津美术出版社美术编辑，连环画编辑
室主任。年画代表作品有《烽火连三月》《做嫁
衣》等。绘者王美芳（1949—　），女，高级画师。
北京人，毕业于中央美术学院附中。天津工艺美
术设计院高级画师，天津画院院外画家。擅长中
国画。作品有《蒙山腊月》《王贵与李香香》《做
嫁衣》《正月》《太阳、雪山和我》。

J0075276

古刹风云 （上下）冰川改编；刘振林，黎明绘
沈阳 辽宁美术出版社 1984 年 2 册（126；126 页）
13cm（64 开）定价：CNY0.19
　　根据中国反特故事改编的连环画。

J0075277

古城烽火 峻峰编；刘风山绘
长春 吉林人民出版社 1984 年 134 页 13cm（64 开）
统一书号：8091.1493 定价：CNY0.21
　　根据小说《古城烽烟》改编的连环画。

J0075278

古城聚义 罗贯中原著；王永祥改编；徐小昆绘
西安 陕西人民美术出版社 1984 年 126 页
13cm（60 开）定价：CNY0.21
（《三国演义》连环画 4）

J0075279

古代散文选 朱洪国选注；白敦仁审校
成都 四川少年儿童出版社 1984 年 77 页 有图
10cm（64 开）统一书号：R10247.213
定价：CNY0.09
　　中国现代连环画。

J0075280

古河英魂 李家衡编绘；王良愉绘
重庆 重庆出版社 1984 年 150 页 有图
10×13cm 统一书号：8114.189 定价：CNY0.24
　　中国现代连环画。

J0075281

古画疑案侦破记 沈沫改编；史殿生绘
哈尔滨 黑龙江美术出版社 1984 年 148 页
13cm（64 开）统一书号：8358.138 定价：CNY0.25
　　根据中国反特故事改编的连环画。

J0075282

古墓冤魂 张笑天，韦连城原著；吴文焕改编；
耿莹绘
广州 岭南出版社 1984 年 158 页 13cm（64 开）
定价：CNY0.28
　　根据中国反特故事改编的连环画。

J0075283

古峡迷雾 凤山改编；阴衍珊绘
哈尔滨 黑龙江美术出版社 1984 年 135 页
13cm（64 开）定价：CNY0.24
　　根据中国反特故事改编的连环画。

J0075284

谷郎斩龙 黄林石诗；丘玮绘画
长沙 湖南少年儿童出版社 1984 年 有彩图
21cm（32 开）统一书号：R8280.115 定价：CNY0.30
　　中国现代连环画。

J0075285

鼓乡春晓 胡立德选编
上海 上海人民美术出版社 1984 年 142 页 有图
10×13cm 统一书号：8081.13725 定价：CNY0.25
　　中国现代连环画。

J0075286

顾大嫂登州大劫狱 李为民编文、摄影
济南 山东美术出版社 1984 年 182 页 13cm（64 开）
统一书号：8332.319 定价：CNY0.40
　　本书是依据中国古典小说《水浒传》电视剧
改编的现代连环画。

J0075287

瓜棚传奇 刘绍棠原著；浅草改编；魏奎仲绘
石家庄 河北美术出版社 1984 年 122 页
13cm（64 开）定价：CNY0.17
　　根据中国现代故事改编的连环画。

J0075288

瓜王葬礼 郑渊洁原著；亚旗改编；刘泽岱绘画
天津 天津人民美术出版社 1984 年 76 页 有图
10×13cm 统一书号：8073.30957 定价：CNY0.15
（系列童话《魔方大厦》5）
　　中国现代连环画。

J0075289

瓜园轶事 李侃改编；裴向春绘
长沙 湖南美术出版社 1984 年 126 页 13cm（64 开）
统一书号：8233.611 定价：CNY0.21
（农村画库）
　　根据中国现代故事改编的连环画。

J0075290

怪老人　（苏）勒·拉金原著；文竹改编；董小明绘

杭州 浙江少年儿童出版社 1984年 190页

13cm（64开）定价：CNY0.26

根据苏联文学名著改编的连环画。作者董小明（1948—　），画家，艺术策划人。黑龙江人，毕业于中国美术学院。历任中国美术家协会理事，儿童美术艺委会委员，深圳画院院长。代表作品有《船老大》《彝女》《半亩方塘》《春雨香江》等。

J0075291

关公　侯弋戈改编；施大畏，施其畏绘

杭州 浙江人民美术出版社 1984年 182页

13cm（60开）定价：CNY0.22

根据《三国演义》改编的连环画。

J0075292

关汉卿　王国安改编；卢辅圣绘画

上海 上海人民美术出版社 1984年 118页 有图

10×13cm 统一书号：8081.13686 定价：CNY0.15

本书是描绘关汉卿事迹连环画。关汉卿（1234年—1300年左右），号已斋（一斋、已斋叟），解州（今山西省运城）人。元杂剧奠基人，"元曲四大家"之首。共收入118幅图。作者卢辅圣（1949—　），编辑。浙江东阳人，毕业于浙江美术学院中国画系。历任《朵云》《书法研究》主编、上海书画出版社总编辑，中国美术家协会会员，上海美术家协会顾问。代表作品有中国画《旧游》，连环画《钗头凤》。

J0075293

官岱里的战斗　刘维仁改编；林钧相绘

沈阳 辽宁美术出版社 1984年 74页 13cm（64开）

统一书号：7161.0337 定价：CNY0.12

J0075294

广东风物传说

广州 岭南美术出版社 1984年 65页 26cm（16开）

统一书号：8260.1025 定价：CNY2.20

本书系中国现代连环画。

J0075295

广东风物传说　小溪等改编；梁培龙等绘

广州 岭南美术出版社 1984年 66页 26cm（16开）

精装 定价：CNY2.20

中国现代连环画作品，包括《五羊城的传说》《白鹅潭》《望夫石》《峡山猿踪》《莲花峰》《湘子桥》《飞来寺》《三元宫传奇》。作者梁培龙（1944—　），儿童画家。广东三水人，毕业于广州建筑工程学院。广东新世纪出版社编辑室主任、美术副编审，中国美术家协会会员，广东分会理事。出版有《梁培龙画册》《儿时的歌——梁培龙水墨画集》《童年的梦——梁培龙画集》等。

J0075296

归顺九焰山　翟志华改编；裘国骧绘

呼和浩特 内蒙古人民出版社 1984年 126页

13cm（64开）定价：CNY0.23

（《薛刚反唐》13）

J0075297

瑰宝　腊月改编；杨焰凌摄影

天津 天津人民美术出版社 1984年 126页 有图

10×13cm 统一书号：8073.30943 定价：CNY0.34

根据同名电影改编的连环画。

J0075298

瑰宝　王扬改编

北京 中国电影出版社 1984年 157页 13cm（64开）

统一书号：8061.2265 定价：CNY0.26

中国电影故事连环画。

J0075299

鬼姐　郑琳改编；肖瀚绘

合肥 安徽人民出版社 1984年 150页 13cm（64开）

定价：CNY0.25

本书描写中华人民共和国成立前一个中国留学生在日本的一段奇遇。

J0075300

刽子手　（法）巴尔扎克原著；袁真绘

南京 江苏美术出版社 1984年 62页 13cm（64开）

定价：CNY0.11

根据法国文学名著改编的连环画。

J0075301

贵妇还乡　（瑞士）迪伦马特原著；方文改编；

叶家斌绘

南京 江苏美术出版社 1984 年 62 页 13cm（64 开）
统一书号：8353.3.020 定价：CNY0.11
（外国戏剧名著连环画库）
　　绘者叶家斌（1949—　），画家。广东中山人。毕业于广州美院研究生班。广东美术家协会理事，广东连环画艺术委员会主任。主要作品有《斯库台三英雄》《绿林神箭手》《中途岛之战》《变成石头的人》等。

J0075302
贵族迷　（法）莫里哀原著；丁立平改编；秀公，聂磊绘
南京 江苏美术出版社 1984 年 142 页 13cm（64 开）
定价：CNY0.23
（外国戏剧名著连环画库）

J0075303
桂海春涛　王杞改编；陈以忠等绘
广东 岭南美术出版社 1984 年 150 页 有图
10×13cm 统一书号：8260.1027 定价：CNY0.32
　　根据中国现代故事改编的连环画。作者陈以忠（1940—　），编辑。广东化州人，毕业于广西艺术学院美术系。《广西日报》高级编辑，漓江画院副院长，中国人才研究会艺术家学部委员会委员，中国美术家协会广西分会常务理事。出版有《报刊美编学》《实用图案设计》。

J0075304
鲧和禹的故事　袁珂原著；文源改编；克仁，国瑞绘
石家庄 花山文艺出版社 1984 年 102 页
13cm（64 开）统一书号：8286.12 定价：CNY0.15
　　中国古代民间故事连环画。

J0075305
哈桑历险　芜芝改编；刘明正等绘画
广州 广东人民出版社 1984 年 146 页 有图
10×13cm 统一书号：8111.2422 定价：CNY0.25
　　据《一千零一夜》故事改编的连环画。

J0075306
海岛探宝　范杰改编
北京 中国电影出版社 1984 年 93 页 13cm（64 开）
定价：CNY0.17
　　根据同名电影改编的连环画。

J0075307
海盗歼灭记　（法）儒勒·凡尔纳原著；王良莹改编；李希广绘
哈尔滨 黑龙江美术出版社 1984 年 142 页
13cm（64 开）统一书号：8358.131 定价：CNY0.24
　　根据法国儒勒·凡尔纳同名科学幻想小说改编的连环画。

J0075308
海灯法师　刘孟洪原著；石巨清改编；王铁麟，邓领祥绘
广州 科学普及出版社广州分社 1984 年 126 页
13cm（64 开）定价：CNY0.24
　　中国现代优秀人物故事连环画。

J0075309
海底城的国王　茅永改编；孙愚绘
杭州 浙江人民美术出版社 1984 年 126 页
13cm（64 开）统一书号：8156.686 定价：CNY0.20
　　根据法国乔治·多杜兹原著改编的连环画。

J0075310
海底阴谋　刘维仁改编；梁兵绘
沈阳 辽宁美术出版社 1984 年 94 页 13cm（64 开）
定价：CNY0.15
　　根据科学幻想小说《十六号海区》改编的连环画。

J0075311
海都之叛　蒋新苓编；朱光玉绘
天津 天津人民美术出版社 1984 年 115 页
13cm（64 开）定价：CNY0.25
（中国历史演义故事画《宋史》4）

J0075312
海怪的秘密　（科学幻想故事）鲁克原著；李芳改编；杨之婉绘
广州 花城出版社 1984 年 79 页 13cm（64 开）
统一书号：8261.42 定价：CNY0.15
（旅游连环画）

J0075313
海伦·凯勒　杨爱群改编；陈宗舜绘
沈阳 辽宁美术出版社 1984 年 106 页
19cm（小 32 开）定价：CNY0.84

海伦·凯勒(1880—1968)，著名美国女作家、教育家、慈善家、社会活动家。在黑暗中摸索着长大。并没有因为自己身体的缺陷而绝望。她的家庭教师安妮·莎莉文，影响了海伦一生。在教师的指导下，海伦用手触摸学会手语，摸点字卡学会了读书，后来用手摸别人的嘴唇，终于学会了说话。海伦就在这黑暗而又寂寞的世界里，自强不息，用顽强的毅力学习知识。1898年，海伦·凯勒考入了哈佛大学附属剑桥女子学校。1900年秋，再考进哈佛大学的雷地克里夫学院，成为一个掌握英、法、德、拉丁、希腊五种文字的著名作家和教育家。

J0075314

海囚　方强，林岩改编；王柏森绘

福州 福建人民出版社 1984 年 190 页 13cm(64 开)

定价：CNY0.27

　　根据洪永宏同名小说改编的中国现代革命故事连环画。

J0075315

海上生明月　沙洁选编

上海 上海人民美术出版社 1984 年 110 页 有图 10cm(64 开) 统一书号：8081.14058

定价：CNY0.23

　　根据上海电影制片厂同名影片改编的连环画。

J0075316

海啸　(上集 冲破封锁线) 峻青原著；震钦等改编；季源业等绘

天津 天津人民美术出版社 1984 年 144 页 9cm(128 开) 统一书号：8073.30874

定价：CNY0.19

　　中国现代连环画。

J0075317

海啸　(中集 血战八大集) 峻青原著；震钦等改编；季源业等绘

天津 天津人民美术出版社 1984 年 126 页 9cm(128 开) 统一书号：8073.30875

定价：CNY0.16

　　中国现代连环画。

J0075318

海啸　(下集 智斗桃花岛) 峻青原著；震钦等改编；季源业等绘

天津 天津人民美术出版社 1984 年 158 页 9cm(128 开) 统一书号：8073.30939

定价：CNY0.32

　　中国现代连环画。

J0075319

海啸　谷达改编；张卫民绘

杭州 浙江人民出版社 1984 年 190 页 13cm(64 开)

定价：CNY0.39

　　中国现代故事连环画。

J0075320

害人者的下场　王永兴，刘经建改编；白炬熔绘画

西安 陕西人民美术出版社 1984 年 110 页 有图 10×13cm 统一书号：8199.763 定价：CNY0.19

　　中国现代连环画。

J0075321

邯郸记　(明)汤显祖原著；雷蕾改编；刘昌华绘画

南京 江苏美术出版社 1984 年 98 页 有图 10×13cm 统一书号：8353.3.066 定价：CNY0.17

　　中国现代连环画。

J0075322

韩宝山相亲　张石山原著；艾明改编；杜玉曦绘

太原 山西人民出版社 1984 年 79 页 有图 10×13cm 统一书号：8088.1801 定价：CNY0.17

　　中国现代连环画。

J0075323

韩腊梅　谌容原著；李仁晓改编；段海云，胡英绘

上海 上海人民美术出版社 1984 年 142 页 13cm(64 开) 定价：CNY0.22

　　本书是中国妇女故事连环画。作者段海云，女，美术教师。毕业于河南大学艺术系。河南省实验中学任教。优质课《纸浮雕》《艺术与科学》获奖。辅导学生作品《思》《姹紫嫣红》获奖。

J0075324
寒山寺钟声 （中国名城·苏州的故事） 乔平
改编；陈文光绘
广州 花城出版社 1984 年 13cm（60 开）
统一书号：8261.74 定价：CNY0.19
（环球旅游 5）
　　中国苏州的故事连环画。

J0075325
航海历险记 臧佩编；舟游，迪祺绘
广州 科学普及出版社广州分社 1984 年 94 页
13cm（64 开）定价：CNY0.19
　　中国现代连环画。

J0075326
好大的西北风 刘厚明原著；孙朝剑等改编；
沈尧定绘画
天津 天津人民美术出版社 1984 年 70 页 有图
10×13cm 统一书号：8073.30894 定价：CNY0.12
　　中国现代连环画。

J0075327
好姐姐，你在哪里？ 屠华，叶钝清改编
北京 中国电影出版社 1984 年 115 页 13cm（64 开）
统一书号：8061.2345 定价：CNY0.23
　　根据同名电视剧改编。包括《好姐姐，你在
哪里？》和《心灵》两部短片。

J0075328
好逑传 袁玮大改编；杨春瑞绘
天津 天津人民美术出版社 1984 年 110 页 有图
10×13cm 统一书号：8073.30878 定价：CNY0.17
　　根据清代名教中人同名小说改编的连环画。

J0075329
合纵连横 刘延龄编；赫德本绘
长春 吉林人民出版社 1984 年 62 页 13cm（60 开）
定价：CNY0.12
（东周列国 18）
　　本书是依据中国古典小说《东周列国志》改
编的现代连环画。

J0075330
和好 洪汛涛原著；石启忠改编；高宝山绘
沈阳 辽宁美术出版社 1984 年 46 页 13cm（64 开）

定价：CNY0.09
　　中国现代连环画。

J0075331
河西村的歌声 高远改编；贾德江绘
北京 人民美术出版社 1984 年 86 页 13cm（64 开）
统一书号：8027.9198 定价：CNY0.24

J0075332
贺龙收"神兵" 王水平改编；王谷水绘
福州 福建人民出版社 1984 年 126 页 13cm（64 开）
定价：CNY0.23
　　中国现代红军将领故事连环画。

J0075333
赫哲雄鹰 （下）高铁林改编；依晓白，李洪泽绘
哈尔滨 黑龙江人民出版社 1984 年 165 页
13cm（64 开）定价：CNY0.28
　　根据俊然著长篇小说《安图的后代》改编的
中国少数民族故事连环画。

J0075334
鹤姑 （山西民间故事）刘琦改编；王建华等绘
太原 山西人民出版社 1984 年 89 页 13cm（64 开）
定价：CNY0.19
　　本书是中国山西民间故事连环画，包括 5 个
故事。

J0075335
黑蝉乐队 郑渊洁原著；亚旗改编；刘泽岱绘画
天津 天津人民美术出版社 1984 年 69 页 有图
10×13cm 统一书号：8073.30961 定价：CNY0.14
（系列童话《魔方大厦》9）
　　中国现代连环画。

J0075336
黑箭 刘厚明原著；小丁改编；田雨等绘
南京 江苏人民出版社 1984 年 78 页 有图
10×13cm 统一书号：8353.3.092 定价：CNY0.15
　　中国现代连环画。

J0075337
黑箭 岛莺改编；张柏坚，唐灵绘
广州 岭南美术出版社 1984 年 78 页 13cm（64 开）
定价：CNY0.21

根据刘厚明同名长篇小说改编的连环画。

J0075338
黑箭　刘厚明原著；李国华改编；袁大仪等绘画
北京　人民美术出版社　1984 年　70 页　有图
10×13cm　统一书号：8027.8955　定价：CNY0.10
　　中国现代连环画。

J0075339
黑驹　（美）沃尔特·法利原著；吴呵融，陆运高编译；谢森，陈大华绘
南宁　广西人民出版社　1984 年　178 页　13cm（64 开）
统一书号：8113.976　定价：CNY0.23
　　美国著名文学作品改编的连环画。

J0075340
黑色的军用皮包　邹盛林原著；马保超改编，高鹏绘
石家庄　花山文艺出版社　1984 年　86 页　有图
10×13cm　统一书号：8286.15　定价：CNY0.13
　　中国现代连环画。

J0075341
黑色美洲豹　刘建珩改编；吴劲潮绘
广州　岭南美术出版社　1984 年　53 页　13cm（64 开）
统一书号：8260.0983　定价：CNY0.21
　　根据英国柯南道尔原著同名小说改编的连环画。

J0075342
黑桃皇后　（俄）普希金原著；甘礼乐改编；王申生绘
上海　上海人民美术出版社　1984 年　150 页
13cm（64 开）　定价：CNY0.18
　　本书是根据俄国著名同名文学作品改编的连环画。收入 150 幅图。

J0075343
红宝石　严历改编；邹越非绘
济南　山东美术出版社　1984 年　62 页　13cm（64 开）
定价：CNY0.12
（道德教育丛书）
　　本书是中国现代道德教育连环画。绘者邹越非（1934— ），连环画家。生于江苏镇江，就读上海连环画学习班。曾任上海美术家协会创

作员，上海教育出版社美术编辑、上海社会科学院出版社美术编辑。代表作品有《蔷薇花案件》《孙小圣与猪小能》，出版有《龙江颂》《通俗前后汉演义》。

J0075344
红宝石金项链　（上）万载，吴云改编
北京　中国电影出版社　1984 年　116 页　13cm（64 开）
统一书号：8061.2411　定价：CNY0.23
　　根据同名电视剧改编的连环画。

J0075345
红宝石金项链　（下）万载，吴云改编
北京　中国电影出版社　1984 年　144 页　13cm（64 开）
统一书号：8061.2412　定价：CNY0.28
　　根据同名电视剧改编的连环画。

J0075346
红孩妖　何棱改编；金雪林绘
成都　四川少年儿童出版社　1984 年　62 页
9cm（128 开）　定价：CNY0.06
（小小连环画　第 8 辑《西游记》故事 9）
　　根据中国古典小说《西游记》改编的现代连环画作品。

J0075347
红河激浪　王曼生改编；裴广铎，郭文涛绘
兰州　甘肃人民出版社　1984 年　158 页　13cm（64 开）
定价：CNY0.21
　　根据同名电影文学剧本改编的连环画。

J0075348
红红的雨花石　（上）
北京　广播出版社　1984 年　158 页　13cm（64 开）
定价：CNY0.32
　　据同名电视连续剧改编的连环画。

J0075349
红红的雨花石　（下）
北京　广播出版社　1984 年　158 页　13cm（64 开）
定价：CNY0.32
　　红红的雨花石

J0075350
红兰姑娘　肖丁三编；贺保银绘

石家庄 河北美术出版社 1984 年 66 页
13cm（64 开）统一书号：8087.915 定价：CNY0.18
　　本书是中国现代连环画册。

J0075351
红莲和藕儿　　黄学君编文；黄文庆绘画
广州 花城出版社 1984 年 117 页 有图
10×13cm 统一书号：8261.64 定价：CNY0.21
（旅伴连环画库）

J0075352
红莲与藕儿　　黄学君编；黄文庆，巫治平绘
广州 花城出版社 1984 年 117 页 13cm（64 开）
定价：CNY0.21
（旅伴连环画库）

J0075353
红柳绿柳　　白皑改编
北京 中国电影出版社 1984 年 157 页 13cm（64 开）
统一书号：8061.2030 定价：CNY0.26
　　根据同名电影改编的连环画。

J0075354
红楼梦　（序集）电视连续剧《红楼梦》剧组供稿
北京 中国广播电视出版社 1984 年 125 页
13cm（64 开）定价：CNY0.28
　　据同名电视连续剧改编的连环画。

J0075355
红楼梦故事　（清）曹雪芹原著；吴其柔改编；
戴敦邦绘
北京 人民美术出版社 1984 年 117 页
17×18cm（24 开）统一书号：8027.8778
定价：CNY1.80
　　本书是依据曹雪芹原著《红楼梦》，由吴其
柔改编，戴敦邦绘图的中国现代连环画。收入
117 幅图。以人物为中心，选编《王凤姐弄权铁
槛寺》《袭人受宠》《宝玉出走》三个故事。

J0075356
红罗女的传说　段剑秋编；李维康绘
哈尔滨 黑龙江美术出版社 1984 年 120 页
13cm（64 开）统一书号：8358.97 定价：CNY0.21
　　本书是中国民间故事连环画。

J0075357
红罗山结义　练向高改编；来汶阳，傅伯星绘
福州 福建人民出版社 1984 年 112 页 10×13cm
定价：CNY0.18
（《说岳全传》之六）
　　本书是根据古典小说《说岳全传》改编的中
国现代连环画册。

J0075358
红面马猴飞飞　沙惠荣改编；张健民绘
沈阳 辽宁美术出版社 1984 年 58 页 13cm（64 开）
定价：CNY0.10
（童话世界画库）
　　本书是中国童话故事连环画。

J0075359
红枪会　安可君改编；陈成斗，孟庆江绘
兰州 甘肃人民出版社 1984 年 62 页 13cm（64 开）
统一书号：8096.1056 定价：CNY0.13
（三打乌龙镇 5）
　　本书是中国现代革命斗争连环画。

J0075360
红嫂　刘知侠原著；蓝翔改编；钱贵荪绘
上海 上海人民美术出版社 1984 年 2 版 102 页
10cm（64 开）定价：CNY0.14
　　本书是中国革命故事连环画。作者刘知侠
（1918—1991），作家。河南省卫辉人，代表作
品《铁道游击队》《芳林嫂》《沂蒙飞虎》《战地
日记》。

J0075361
红色街垒　王何改编；陆佳绘画
广州 广东人民出版社 1984 年 142 页 有图
10×13cm 统一书号：8111.2452 定价：CNY0.24
（少年连环画库）
　　中国现代连环画。

J0075362
红山茶　黎汝清原著；晓明改编；徐晓平绘
南京 江苏美术出版社 1984 年 94 页 10×13cm
统一书号：8353.3.075 定价：CNY0.17
　　中国现代连环画。

J0075363
红线 冯明改编
北京 中国电影出版社 1984 年 157 页 13cm（64 开）
定价：CNY0.28
　　根据同名电影改编的连环画。

J0075364
红缨会 罗时叙编；陈岚平绘
南昌 江西人民出版社 1984 年 158 页 13cm（64 开）
统一书号：8110.769 定价：CNY0.24
　　中国古代民间故事连环画。

J0075365
洪昇 （中国古代文学家的故事）曹晓波编；朱新昌绘
南京 江苏美术出版社 1984 年 62 页 13cm（64 开）
定价：CNY0.11
　　中国古代优秀文学家故事连环画。

J0075366
后西游记 （1 齐天小圣）庄宏安改编；徐有武，徐有刚绘
杭州 浙江人民美术出版社 1984 年 115 页
13cm（60 开）定价：CNY0.26

J0075367
后西游记 （2 重赴西天）甘礼乐改编；徐有武，徐有刚绘
杭州 浙江人民美术出版社 1984 年 131 页
13cm（60 开）定价：CNY0.24

J0075368
后西游记 （3 一戒归正）秋娜改编；徐有武，徐有刚绘
杭州 浙江人民美术出版社 1984 年 107 页
13cm（60 开）定价：CNY0.20

J0075369
后西游记 （4 真假沙弥）沙南改编；庞先健绘
杭州 浙江人民美术出版社 1984 年 123 页
13cm（60 开）定价：CNY0.22

J0075370
后西游记 （5 大闹火云楼）黄正中改编；罗

希贤，姚人雄绘
杭州 浙江人民美术出版社 1984 年 75 页
13cm（60 开）定价：CNY0.18

J0075371
后西游记 （6 夜闯鬼国）佳佳改编；罗希贤，姚人雄绘
杭州 浙江人民美术出版社 1984 年 123 页
13cm（60 开）定价：CNY0.23

J0075372
后西游记 （7 战文明天王）黄正中改编；高志岳，韩力绘
杭州 浙江人民美术出版社 1984 年 115 页
13cm（60 开）定价：CNY0.26

J0075373
后西游记 （8 智解美人计）单德聪改编；杨春瑞，于水绘
杭州 浙江人民美术出版社 1984 年 59 页
13cm（60 开）定价：CNY0.15

J0075374
后西游记 （9 智斩十妖）韩国海改编；兰洋绘
杭州 浙江人民美术出版社 1984 年 83 页
13cm（60 开）定价：CNY0.20

J0075375
后西游记 （10 巧计救太后）曹启文改编；侯春详，王德亮绘
杭州 浙江人民美术出版社 1984 年 63 页
13cm（60 开）定价：CNY0.16

J0075376
后西游记 （11 阴阳二气山）佳佳改编；徐谷安，茅芙影绘
杭州 浙江人民美术出版社 1984 年 131 页
13cm（60 开）定价：CNY0.29

J0075377
后西游记 （12 义诛三尸妖）恬觅改编；罗希贤，姚人雄绘
杭州 浙江人民美术出版社 1985 年 67 页
13cm（60 开）定价：CNY0.17

J0075378
后西游记 （13 破"不老婆婆"）单德聪改编；
兰洋绘
杭州 浙江人民美术出版社 1985 年 83 页
13cm（60 开）定价：CNY0.20

J0075379
后西游记 （14 蜃腹脱险）恬觅改编；徐有
武，徐有刚绘
杭州 浙江人民美术出版社 1985 年 67 页
13cm（60 开）定价：CNY0.17

J0075380
后西游记 （15 挂碍关验诚心）恬觅改编；徐
有武，徐有刚绘
杭州 浙江人民美术出版社 1985 年 71 页
13cm（60 开）定价：CNY0.17

J0075381
后西游记 （16 唐僧说法）庄宏安改编；徐谷
安，周卫平绘
杭州 浙江人民美术出版社 1985 年 99 页
13cm（60 开）定价：CNY0.23

J0075382
后西游记 （17 得解东归）甘礼乐改编；杨春
瑞，于水绘
杭州 浙江人民美术出版社 1985 年 116 页
13cm（60 开）定价：CNY0.26

J0075383
呼归石
广东 岭南美术出版社 1984 年 71+62 页 有图
10×13cm 统一书号：8260.1016 定价：CNY0.25
　　中国现代连环画，包括《呼归石》（张雨等编
文，袁奕贤等绘）和《寻火种》（姚钧改编，李毅
等绘画）。

J0075384
忽必烈 李桂芬编；盛元富绘
天津 天津人民美术出版社 1984 年 115 页
13cm（64 开）统一书号：8073.30917
定价：CNY0.20
（中国历史演义故事画《宋史》3）
　　作者盛元富，美术高级编辑，创作有《浙江

人民革命斗争故事》《野妹子》《红衣女侠》《夜
袭阳明堡》等。

J0075385
胡四娘 （清）蒲松龄原著；鲁中游改编；候春
洋，杨志义绘
济南 山东美术出版社 1984 年 新 1 版 62 页
13cm（64 开）定价：CNY0.12
（《聊斋志异》连环画丛书 聊斋志异故事选 36）
　　本书由山东人民出版社 1983 年 9 月出第
1 版。

J0075386
葫芦娃 董均伦，江源原著；张庚改编及绘画
石家庄 河北美术出版社 1984 年 62 页 有图
10×13cm 统一书号：8087.741 定价：CNY0.11
　　中国现代儿童连环画。

J0075387
虎腹掏心 山石改编；孙平绘
长沙 湖南美术出版社 1984 年 126 页 13cm（64 开）
统一书号：8233.643 定价：CNY0.21
　　中国现代革命战斗连环画。

J0075388
虎画家 徐淦编；段伟君绘画
北京 人民美术出版社 1984 年 53 页 有图
13cm（60 开）统一书号：8027.9117 定价：CNY0.31
　　中国现代连环画。

J0075389
虎口盗枪 梅初改编；蔡延年绘
天津 天津人民美术出版社 1984 年 118 页
13cm（64 开）定价：CNY0.25
　　中国现代革命战斗连环画。

J0075390
虎口夺枪 曲延钧改编；郑凯军绘画
长春 吉林人民出版社 1984 年 126 页 有图
10×13cm 统一书号：8091.1624 定价：CNY0.20
（古城游击队 1）
　　中国现代连环画。

J0075391
虎门英烈 东磊编文；夏维淳画

南京 江苏少年儿童出版社 1984 年 28 页
有彩图 13cm（60 开）统一书号：R8352.3.064
定价：CNY0.15
　　中国现代连环画。

J0075392

花桥荣记　白先勇原著；欧阳林改编；刘满驹
等绘画
广州 岭南美术出版社 1984 年 126 页 有图
10×13cm 统一书号：8260.0862 定价：CNY0.21
（港澳台湾文学选）
　　根据同名小说改编的连环画。

J0075393

花市　贾大山原著；徐景改编；于绍文绘
北京 农村读物出版社 1984 年 50 页 13cm（64 开）
定价：CNY0.23
　　本书是中国现代故事连环画。作者徐景，
主要改编的连环画作品有《流浪者》《女交通员》
《红色交通站》等。绘者于绍文（1939 － ），画家。
山东烟台人。曾任人民文学出版社美术编辑室
副主任，副编审。代表作品有《贫嘴张大民的幸
福生活》《陈毅之帅》《佛教画藏》等。

J0075394

华罗庚　闵宗泗改编；闵宗泗，王殿臣摄影
北京 中国文艺联合出版公司 1984 年 189 页
13cm（64 开）统一书号：8313.189 定价：CNY0.33
　　根据同名电视连续剧改编的连环画。

J0075395

华侨支队　杜埃原著；林彬改编；若峪绘
广州 岭南美术出版社 1984 年 118 页 有图
10×13cm 统一书号：8260.0997 定价：CNY0.20
（反侵略战争故事）
　　根据长篇小说《风雨太平洋》的部分章节改
编的连环画。

J0075396

华山抢险　程峻改编；白光诚绘画
广州 花城出版社 1984 年 118 页 有图
10×13cm 统一书号：8261.85 定价：CNY0.27
（旅伴连环画库）

J0075397

华盛顿　余志森编；贝家骧绘
上海 上海人民美术出版社 1984 年 174 页
13cm（64 开）定价：CNY0.26
（世界历史故事画库）
　　作者贝家骧（1953— ），画家。上海人，祖
籍苏州。毕业于上海师范大学美术系，后留校任
教。代表作品有《中国扇子》（组画）等。

J0075398

华佗求师　沙扬改编；肖虹，苏越摄影
北京 中国文艺联合出版公司 1984 年 141 页
13cm（64 开）定价：CNY0.26
　　根据电视剧《华佗的传说》改编的连环画。

J0075399

华佗与曹操　包福明编文；曹伯华，沈国浚
摄影
广州 花城出版社 1984 年 188 页 13cm（64 开）
统一书号：8261.77 定价：CNY0.36
（影视世界丛书）
　　根据同名电视剧改编的连环画。

J0075400

画笔和六弦琴　黄桷树改编；邓超华，招炽挺
绘画
广州 花城出版社 1984 年 125 页 有图
10×13cm 统一书号：8261.49 定价：CNY0.23
　　根据张永枚长篇小说叙事诗《界碑》改编的
连环画。

J0075401

画彩虹的孩子　刘玉松改编；陆成法，陆小弟绘
济南 山东美术出版社 1984 年 70 页 13cm（64 开）
统一书号：8332.190 定价：CNY0.13
（道德教育丛书）
　　根据罗辰生同名小说改编的道德教育故事
连环画。

J0075402

画皮　（清）蒲松龄原著；张峻声改编；项维仁绘
济南 山东美术出版社 1984 年 新 1 版 62 页
13cm（64 开）定价：CNY0.12
（《聊斋志异》连环画丛书 聊斋志异故事选 1）
　　本书由山东人民出版社于 1980 年 7 月出第

1 版。

J0075403

宦娘　（清）蒲松龄原著；孙忠晓改编；史正绘

济南　山东美术出版社　1984 年　新 1 版　78 页

13cm（64 开）定价：CNY0.14

（《聊斋志异》连环画丛书　聊斋志异故事选　29）

　　本书由山东人民出版社 1982 年 6 月出第

1 版。

J0075404

换鞋　卫广生改编；粘喜成摄影

北京　中国文联出版公司　1984 年　93 页

13cm（64 开）统一书号：8355.76 定价：CNY0.21

　　根据同名电视剧改编的中国现代连环画。

J0075405

荒漠奇踪　汤廷乐改编；王建绘

杭州　浙江人民美术出版社　1984 年　166 页

13cm（64 开）定价：CNY0.20

J0075406

皇冠上的珍珠　鸿林改编；存忠绘

郑州　河南人民出版社　1984 年　134 页　13cm（64 开）

定价：CNY0.21

J0075407

皇觉寺出家　鲁西改编；童介眉，肖钟绘

北京　中国曲艺出版社　1984 年　126 页　13cm（64 开）

统一书号：8227.038 定价：CNY0.22

（传统评书连环画《朱元璋演义》1）

J0075408

皇陵恨　管乐改编；高先贵，吴邦泰绘

贵阳　贵州人民出版社　1984 年　120 页　13cm（64 开）

定价：CNY0.25

J0075409

黄巢起义　蒋和森原著；郁茹改编；徐有武绘

杭州　浙江人民美术出版社　1984 年　157 页

13cm（64 开）定价：CNY0.25

　　中国唐代农民起义故事连环画。

J0075410

黄巢长安反围攻　梅德生编；黄河清绘

武汉　长江文艺出版社　1984 年　92 页　13cm（64 开）

定价：CNY0.25

　　据中国历代战争故事改编的连环画。

J0075411

黄河堡垒　于缨原著；刘凤桥改编；秀林绘

沈阳　辽宁美术出版社　1984 年　94 页　13cm（64 开）

统一书号：7161.0324 定价：CNY0.15

　　本书是中国连环画。

J0075412

黄鹤楼故事　陶林编；熊南清绘

济南　山东美术出版社　1984 年　62 页　13cm（64 开）

定价：CNY0.12

　　本书是中国民间故事连环画。

J0075413

黄继光　黎明原著；吴文焕改编；成立，戴恒扬绘

上海　上海人民美术出版社　1984 年　158 页

13cm（64 开）定价：CNY0.24

　　中国现代战斗故事连环画。收入 158 幅图。

黄继光，四川中江县人，出身贫苦，中华人民共

和国成立后得到翻身。1951 年春，为保家卫国，

在具有决定意义的上甘岭反击战中，在弹尽的情

况下，以身堵住敌人的碉堡枪眼，壮烈牺牲。朝

鲜政府授予他最高荣誉：“朝鲜民主主义人民共

和国英雄”称号。

J0075414

黄金梦　季仲原著；白虹编；郭召明等绘

上海　上海人民美术出版社　1984 年　126 页　有图

10×13cm 统一书号：8081.13963 定价：CNY0.24

　　本书系连环画。内容描述的是公安人员同

走私犯罪分子做斗争的故事。收入 126 幅图。

J0075415

黄金之邦　（日）庄司浅水原作；少兰改编；俊茹绘

郑州　河南人民出版社　1984 年　70 页　13cm（64 开）

统一书号：8105.1281 定价：CNY0.15

　　日本文学名著改编的连环画。

J0075416

黄梁一梦　浦增元编文；吴大成绘画

北京 朝华出版社 1984 年 有图 25cm（15 开）
定价：CNY2.25
　　中国现代连环画。

J0075417
黄粱美梦 （明）汤显祖原著；尚木改编；张福
祺，肖鸿摄影
北京 中国戏剧出版社 1984 年 121 页 13cm（64 开）
定价：CNY0.23
　　中国戏剧故事连环画。

J0075418
黄水大队 李国俊原著；贾品改编，王宏剑绘画
郑州 河南人民出版社 1984 年 165 页 有图
10×13cm 统一书号：8105.1127 定价：CNY0.30
　　根据李国俊原著长篇小说《流水疾风》改编
的连环画。

J0075419
黄天荡之战 陈国英编；高云，陈莎莎绘
天津 天津人民美术出版社 1984 年 124 页
13cm（64 开）定价：CNY0.21
（中国历史演义故事画《宋史》15）

J0075420
黄忠 程中岳改编；崔君沛绘
杭州 浙江人民美术出版社 1984 年 157 页
13cm（64 开）统一书号：8156.690 定价：CNY0.33
　　中国古代优秀人物故事连环画。

J0075421
灰阑记 （包公故事）甘礼乐改编；王群绘
郑州 河南人民出版社 1984 年 102 页 13cm（64 开）
定价：CNY0.17
　　中国古代民间故事连环画。

J0075422
回师大梁 刘志轩编；白庚延绘
石家庄 河北美术出版社 1984 年 126 页
13cm（64 开）统一书号：8087.850 定价：CNY0.18
　　中国古代故事连环画。

J0075423
毁灭 陆和苏改编；胡振宇绘
杭州 浙江人民美术出版社 1984 年 142 页

13cm（64 开）定价：CNY0.22
　　根据苏联法捷耶夫同名原著改编的连环画。

J0075424
会飞的人 台益燕编文；沈汉武绘画
武汉 长江文艺出版社 1984 年 126 页 有图
10×13cm 统一书号：8170.438 定价：CNY0.21
　　本连环画描述的是我国最早的飞机设计师
冯如的故事。

J0075425
活擒李成业 邓德胜改编；谢艺绘
呼和浩特 内蒙古人民出版社 1984 年 127 页
13cm（64 开）统一书号：8089.168 定价：CNY0.23
（《薛刚反唐》10）
　　根据新编传统评书《薛刚反唐》改编的连环
画。描写唐代永徽元年至神龙元年武则天参政、
篡位到垮台的历史故事，全套共计 16 册。

J0075426
活着的烈士 陈也知编；张淮，张宝蔚绘
南京 江苏美术出版社 1984 年 156 页 13cm（64 开）
定价：CNY0.32

J0075427
活捉黑太岁 吴树勋原著；毛永煌改编；侯德
剑绘
南京 江苏美术出版社 1984 年 62 页 有图
10×13cm 统一书号：8353.3.059 定价：CNY0.11
　　中国现代连环画。

J0075428
火的战车 郑文侠改编；吴以达，马果绘
北京 人民体育出版社 1984 年 150 页 13cm（64 开）
统一书号：8015.149 定价：CNY0.34
　　中国现代连环画。

J0075429
火红的晚霞 （离休老干部周超的故事）高炜
宾，许晨编文；王征，蒋陈阡等绘
济南 山东美术出版社 1984 年 86 页 13cm（64 开）
定价：CNY0.15
　　本书是中国现代故事连环画。

J0075430

火红的云霞　吕雷原著；钟龄编；胡震国等绘
上海　上海人民美术出版社　1984 年　94 页　有图
10×13cm　统一书号：8081.13644　定价：CNY0.12

　　本书是中国现代连环画册。收入 94 幅图。
绘者胡震国，连环画家。曾任上海工艺美术职业
学院美术系主任。

J0075431

火剑　王金香改编；鲁武绘画
长沙　湖南少年儿童出版社　1984 年　118 页　有图
10×13cm　统一书号：R8280.110　定价：CNY0.18
　　中国现代连环画。

J0075432

火热的心　平平改编；张国泉绘画
北京　中国文联出版公司　1984 年　125 页　有图
10×13cm　统一书号：8355.176　定价：CNY0.32
　　中国现代连环画。

J0075433

火烧连营　罗贯中原著；赵岗改编；骏治，骏
安绘
西安　陕西人民美术出版社　1984 年　150 页
13cm（60 开）定价：CNY0.24
（《三国演义》连环画 15）

J0075434

火烧圆明园　午言改编
北京　中国电影出版社　1984 年　93 页　13cm（64 开）
统一书号：8061.2462　定价：CNY0.18
　　根据同名电影改编的连环画。

J0075435

火焰山　何棱改编；严林绘
成都　四川少年儿童出版社　1984 年　62 页
9cm（128 开）定价：CNY0.06
（小小连环画　第 8 辑《西游记》故事 14）
　　根据中国古典小说《西游记》改编的现代连
环画作品。

J0075436

火云鸟　（大巴山红军传说）杜皋翰整理；程立
改编；张文忠绘
成都　四川人民出版社　1984 年　43 页

13cm（64 开）定价：CNY0.28
　　中国红军革命故事连环画。

J0075437

祸起萧墙　筱篁改编
北京　中国电影出版社　1984 年　147 页　13cm（64 开）
统一书号：8061.2136　定价：CNY0.28

　　根据同名电影改编的连环画。作者筱篁，主
要改编的连环画作品有《白鸽》《霍元甲》《三个
和尚》等。

J0075438

霍光　韩季华改编；张景林等绘画
西安　陕西人民美术出版社　1984 年　150 页　有图
10×13cm　统一书号：8199.724　定价：CNY0.25
　　中国现代连环画。

J0075439

霍光辅政　古与编；史鉴等绘
福州　福建人民出版社　1984 年　172 页　13cm（60 开）
定价：CNY0.27
（通俗前后汉演义 16）

　　本书是依据中国古典小说《通俗前后汉演
义》改编的现代连环画。

J0075440

霍元甲　（一）午言改编
北京　中国电影出版社　1984 年　123 页　13cm（64 开）
统一书号：8061.2510　定价：CNY0.26

　　根据电视连续剧《霍元甲》改编的连环画，
共十集。

J0075441

霍元甲　（二）午言改编
北京　中国电影出版社　1984 年　125 页　13cm（64 开）
定价：CNY0.26

　　根据电视连续剧《霍元甲》改编的连环画，
共十集。

J0075442

霍元甲　（三）晓黎改编
北京　中国电影出版社　1984 年　123 页　13cm（64 开）
定价：CNY0.26

　　根据电视连续剧《霍元甲》改编的连环画，
共十集。

J0075443

霍元甲 （四）晓黎改编
北京 中国电影出版社 1984年 123页 13cm（64开）
统一书号：8061.2513 定价：CNY0.26
　　根据电视连续剧《霍元甲》改编的连环画，
共十集。

J0075444

霍元甲 （五）索立改编
北京 中国电影出版社 1984年 125页 13cm（64开）
定价：CNY0.26
　　根据电视连续剧《霍元甲》改编的连环画，
共十集。

J0075445

霍元甲 （六）索立改编
北京 中国电影出版社 1984年 125页 13cm（64开）
定价：CNY0.26
　　根据电视连续剧《霍元甲》改编的连环画，
共十集。

J0075446

霍元甲 （八）筱篁改编
北京 中国电影出版社 1984年 125页 13cm（64开）
定价：CNY0.26
　　根据电视连续剧《霍元甲》改编的连环画，
共十集。作者筱篁，主要改编的连环画作品有《白
鸽》《霍元甲》《三个和尚》等。

J0075447

霍元甲 （十）木子改编
北京 中国电影出版社 1984年 125页 13cm（64开）
定价：CNY0.26
　　根据电视连续剧《霍元甲》改编的连环画，
共十集。

J0075448

鸡鸣镇风云 李昊荣等改编；左汉中绘
长沙 湖南少年儿童出版社 1984年 118页 有图
10×13cm 统一书号：R8280.109 定价：CNY0.18
（朝华画库）
　　中国现代连环画。作者左汉中（1947—　　），
湖南双峰人。湖南美术出版社年画编辑室主任，
中国美术家协会会员，中国民间美术学会会员，
中国民俗学会会员。

J0075449

基石 吴霄等原著；炳章编绘
西宁 青海人民出版社 1984年 91页 有图
10×13cm 统一书号：8097.537 定价：CNY0.20
　　中国现代连环画。

J0075450

嵇康 吴福林编；赵绪成绘
南京 江苏美术出版社 1984年 70页 13cm（64开）
统一书号：8353.3.055 定价：CNY0.13
　　中国古代优秀哲学家故事连环画。

J0075451

激战542高地 李宝靖改编；郜建国，陈以忠绘
南宁 广西人民出版社 1984年 87页 13cm（64开）
定价：CNY0.15
　　本书是中国现代革命战斗连环画。作者陈
以忠（1940—　　），编辑。广东化州人，毕业于广
西艺术学院美术系。曾任《广西日报》高级编辑，
漓江画院副院长，中国人才研究会艺术家学部委
员会委员，中国美术家协会广西分会常务理事等
职。出版有《报刊美编学》《实用图案设计》。

J0075452

激战高唐州 孙吉敏，张功军改编；陈冬至，
季源业绘
哈尔滨 黑龙江美术出版社 1984年 122页
13cm（60开）统一书号：8358.103 定价：CNY0.21
（水浒故事）
　　本书是依据中国古典小说《水浒全传》改编
的现代连环画。

J0075453

激战前夜 孙吉敏，张功军改编；王恒东绘
哈尔滨 黑龙江美术出版社 1984年 156页
13cm（64开）定价：CNY0.26
（《烈火金钢》故事 6）
　　本书是根据《烈火金钢》改编的中国现代连
环画。

J0075454

激战五峰山 许兴原著；刘凤桥改编；冯煜泰，
苏奎林绘
沈阳 辽宁美术出版社 1984年 110页 13cm（64开）
统一书号：7161.0377 定价：CNY0.18

本书是中国革命战斗故事连环画。

J0075455
集邮迷的故事　高欣改编；曹震云等摄影
上海　上海人民美术出版社　1984 年　157 页　有图
10cm（64 开）统一书号：8081.13744
定价：CNY0.28
　　本书是根据贾启春编剧、钱永明等导演的浙
江话剧团创作演出剧本改编的连环画。

J0075456
计擒黄眉怪　（明）吴承恩原著；陈修诚改编；
华百灵等绘画
广州　岭南美术出版社　1984 年　102 页　有图
10×13cm　统一书号：8260.0860　定价：CNY0.20
（西游记故事）
　　根据中国古典小说《西游记》改编的现代连
环画作品。

J0075457
计赚蒋巡抚　根毅改编；徐进绘
天津　天津人民美术出版社　1984 年　94 页
13cm（60 开）定价：CNY0.17
（官场现形记选辑）
　　中国现代连环画。绘者徐进（1960—　　），工
笔画家。北京人。徐悲鸿第三代入室弟子。曾
任中央美术学院教授、美国哥伦比亚大学客座教
授。代表作品有《贵妃赏花》《黛玉初进大观园》
等，出版《徐进画集》。

J0075458
计赚土司　（广西民间故事）李广才等原著；
阿如改编；冼小前绘
南宁　广西人民出版社　1984 年　62 页　13cm（64 开）
统一书号：8113.980　定价：CNY0.10
　　中国民间故事连环画。

J0075459
纪鸾英遭劫　邓德胜改编；张荣章，张静绘
呼和浩特　内蒙古人民出版社　1984 年　127 页
13cm（64 开）定价：CNY0.23
（《薛刚反唐》11）
　　根据新编传统评书《薛刚反唐》改编的连环
画。描写唐代永徽元年至神龙元年武则天参政、
篡位到垮台的历史故事，全套共计 16 册。

J0075460
枷打白秀英　曹欣渊改编；庞先健绘
上海　上海人民美术出版社　1984 年　102 页
13cm（60 开）定价：CNY0.16
（水浒故事）

J0075461
家风　（上）吴云，褚文改编
北京　中国电影出版社　1984 年　87 页　13cm（60 开）
统一书号：8061.2422　定价：CNY0.22
　　中国现代电视剧连环画。

J0075462
家风　（下）吴云，褚文改编
北京　中国电影出版社　1984 年　86 页　13cm（60 开）
统一书号：8061.2423　定价：CNY0.22
　　中国现代电视剧连环画。

J0075463
家庭大事　巴凌改编；董民摄影
北京　中国戏剧出版社　1984 年　145 页　13cm（64 开）
统一书号：8069.561　定价：CNY0.28
　　中国戏剧故事连环画。

J0075464
袈裟被盗　阿蕾改编；张宝松绘
北京　中国文艺联合出版公司　1984 年　14 页
13cm（60 开）定价：CNY0.14
（《西游记》故事　11）
　　本书是依据中国古典小说《西游记》改编的
现代连环画。

J0075465
贾秀才　（清）蒲松龄原著；张剑萍改编；孙墨
龙绘
济南　山东美术出版社　1984 年　新 1 版　62 页
13cm（64 开）定价：CNY0.12
（《聊斋志异》连环画丛书　聊斋志异故事选　27）
　　本书由山东人民出版社 1982 年 6 月出第
1 版。

J0075466
假如我是武松　包蕾编文；夏书玉绘画
上海　上海人民美术出版社　1984 年　62 页　有图
9×11cm　统一书号：8081.14084　定价：CNY0.08

中国现代连环画。

J0075467

假西天　（明）吴承恩原著；吴其柔改编；郑家声绘

上海　上海人民美术出版社　1984 年　94 页

13cm（60 开）统一书号：8081.13865

定价：CNY0.15

（西游记）

　　本书是依据中国古典小说《西游记》改编的现代连环画。

J0075468

假西天　何棱改编；尤先瑞绘

成都　四川少年儿童出版社　1984 年　62 页

9cm（128 开）定价：CNY0.06

（小小连环画　第 8 辑《西游记》故事　15）

　　根据中国古典小说《西游记》改编的现代连环画作品。

J0075469

嫁不出去的姑娘　筱篁改编

北京　中国电影出版社　1984 年　147 页　13cm（64 开）

统一书号：8061.2486　定价：CNY0.28

　　中国电影故事连环画。作者筱篁，主要改编的连环画作品有《白鸽》《霍元甲》《三个和尚》等。

J0075470

间谍情侣　小溪改编；苏耕绘

济南　山东美术出版社　1984 年　142 页　13cm（64 开）

定价：CNY0.37

　　本书是中国故事连环画。作者苏耕（1943—　），画家。原名苏永畔。生于山东荣成，毕业于山东艺专，后结业于中央美院。威海画院专职画家，副院长、副书记，中国美术家协会会员，国家一级美术师，作品有《大街小巷》《铁路哨兵》《童心》《在艺术的故乡里》等。

J0075471

检察官　罗俊华原著；王良莹改编，石恒谟绘画

石家庄　河北美术出版社　1984 年　94 页　有图

10×13cm　统一书号：8087.742　定价：CNY0.14

　　中国现代连环画。

J0075472

见鸡而作　徐玉明，张志华改编；任伯宏等绘

上海　上海人民美术出版社　1984 年　133 页

13cm（64 开）统一书号：8081.14068

定价：CNY0.21

（笑话 8）

　　中国民间笑话连环画。

J0075473

箭　胡景芳原著；邓磊改编，孟喜元绘画

南京　江苏美术出版社　1984 年　158 页　有图

10×13cm　统一书号：8353.3.074　定价：CNY0.26

J0075474

江边的故事　士明改编；时卫平绘

南京　江苏美术出版社　1984 年　62 页　13cm（64 开）

定价：CNY0.14

　　本书是中国现代连环画册。

J0075475

江城策及　董树岩改编；汪国新绘

长沙　湖南美术出版社　1984 年　126 页　13cm（64 开）

定价：CNY0.23

　　本书是中国现代连环画册。

J0075476

江底擒魔　叶永烈原著；叶甦改编；杨利禄绘

上海　上海人民美术出版社　1984 年　134 页

13cm（64 开）统一书号：8081.13976

定价：CNY0.21

　　中国现代连环画。

J0075477

江东桥　杨春峰编文；苏西映绘

北京　中国文艺联合出版公司　1984 年　91 页

有图　10×13cm　统一书号：8313.43

定价：CNY0.18

（明代开国英烈传之六）

　　中国现代连环画。作者苏西映（1940—　），河南光山人。曾任光山县文化馆美术师，河南省美术家协会会员，大别山书画研究院名誉院长。作品有《深山古树》《荷花舞》《玉莲公主》《中华魂》等。出版有《唐伯虎智圆梅花梦》《玉蜻蜓》。

J0075478

将军吟 （上）莫应丰原著；李大发改编；赵燕侠绘画

上海 上海人民美术出版社 1984 年 ［150 页］

有图 10×13cm 统一书号：8081.13916

定价：CNY0.23

　　本书是根据同名小说编绘的中国现代连环画，收入 230 幅图。

J0075479

将军吟 （下）莫应丰原著；李大发改编；赵燕侠绘画

上海 上海人民美术出版社 1984 年 150 页 有图 10×13cm 统一书号：8081.13917 定价：CNY0.23

　　本书是根据同名小说编绘的中国现代连环画，收入 230 幅图。

J0075480

姜维伐魏　罗贯中原著；枫坤改编；希良绘

西安 陕西人民美术出版社 1984 年 150 页 13cm（60 开）定价：CNY0.24

（《三国演义》连环画 19）

J0075481

胶东奇军 （上）白木编；刘宝仲，张成久绘

长春 吉林人民出版社 1984 年 134 页 10×13cm

定价：CNY0.22

　　中国现代革命故事连环画。

J0075482

胶东奇军 （下）白木编文；刘宝仲等绘画

长春 吉林人民出版社 1984 年 134 页 有图

10×13cm 统一书号：8091.1657 定价：CNY0.22

　　中国现代连环画。

J0075483

蛟鲲渡海 （贵州民间故事）泽海改编；盛鹤年绘

贵阳 贵州人民出版社 1984 年 56 页 13cm（64 开）

定价：CNY0.11

　　根据中国贵州民间故事改编的连环画。作者盛鹤年（1938—2010），连环画家，江苏江阴人。上海市美术家协会会员。出版有《扬州除霸》《白描人物十招》《中国画白描基础》《中国古代人物线描画谱》等。

J0075484

鲛人盗鞭　易琼原著；海舜华改编；杨大仟，苏万里绘

南宁 漓江出版社 1984 年 78 页 13cm（64 开）

统一书号：8256.161 定价：CNY0.12

　　中国古代民间故事连环画。

J0075485

轿岩山上的红旗　纪云原著；邢国兴改编；高向阳绘

沈阳 辽宁美术出版社 1984 年 86 页 13cm（64 开）

定价：CNY0.15

（志愿军英雄谱）

　　中国现代革命战争故事连环画。

J0075486

教堂之火　吴秀英改编；赵国经绘

合肥 安徽人民出版社 1984 年 102 页 13cm（64 开）

定价：CNY0.18

　　根据《神灯前传》改编的连环画。

J0075487

节义千龄　王肇岐编；于水，吴声绘

上海 上海人民美术出版社 1984 年 142 页

13cm（64 开）定价：CNY0.22

　　本书是中国古代民间故事连环画。收入 142 幅图。绘者于水（1955—　　），画家。生于北京，毕业于中国艺术研究院研修班。中国艺术研究院研究员，中国美术家协会会员。代表作品有《于水画集》《于水人物卷》。绘者吴声（1943—　　），国家一级美术师。又名自强。生于浙江杭州，毕业于中国美术学院。中国美术家协会会员。出版专著有《吴声人物画技法》《吴声画集》《诗画缘》《吴声古诗词画意》《唐人诗意百图》等。

J0075488

劫持丘吉尔 （英）海金斯原著；吴善来改编；黄强根绘

广州 岭南美术出版社 1984 年 110 页 13cm（64 开）

统一书号：8260.1039 定价：CNY0.24

　　根据英国文学名著改编的连环画。

J0075489

劫机事件　杨绍练改编；宋飞等绘

广州 岭南美术出版社 1984 年 123 页 13cm（64 开）

定价: CNY0.27

(《周末》画报作品选集)

根据海锋编译的《一场十二分钟的闪电战》改编的连环画。

J0075490

劫狱记 高云览原著;张泽源改编;杨春生绘

沈阳 辽宁美术出版社 1984年 170页 13cm(64开)

统一书号: 7161.0332 定价: CNY0.26

根据高云览小说《小城春秋》改编的连环画。作者杨春生(1932—),画家。辽宁锦县人,毕业于冀察热辽联合大学鲁迅艺术学院美术系及华北鲁迅文艺学院美术系。曾任《东北画报》社、《辽宁画报》美术创作员。代表作品有《胖嫂回娘家》《雪中情》《关东腊月春》等。

J0075491

结婚前后 相源臻改编;宋挥摄影

北京 中国戏剧出版社 1984年 117页 13cm(64开)

定价: CNY0.23

中国戏剧故事连环画。

J0075492

巾帼忠魂 温野编;汪滋德, 沙启彦绘

哈尔滨 黑龙江美术出版社 1984年 130页

13cm(64开) 定价: CNY0.23

本书是中国现代革命故事连环画。

J0075493

金锤将出世 冯同军改编;董凤章绘

呼和浩特 内蒙古人民出版社 1984年 95页

13cm(64开) 统一书号: 8089.166

定价: CNY0.19

(《薛刚反唐》8)

根据新编传统评书《薛刚反唐》改编的连环画。描写唐代永徽元年至神龙元年武则天参政、篡位到垮台的历史故事,全套共计16册。

J0075494

金佛寺护宝记 张广昌改编;康怀宇绘

西安 陕西人民美术出版社 1984年 126页

13cm(64开) 定价: CNY0.21

J0075495

金焦二山一担挑 士明改编;顾乃深绘画

南京 江苏美术出版社 1984年 24页 有图

10×13cm 统一书号: 8353.3.026 定价: CNY0.26

中国现代连环画。

J0075496

金桔仙女 钱志平编;高延绘

北京 中国民间文艺出版社 1984年 94页

13cm(64开) 统一书号: 8229.0012 定价: CNY0.17

本书是中国民间故事连环画。

J0075497

金鹿儿 张钟龄改编;林树昭绘

沈阳 辽宁美术出版社 1984年 78页 13cm(64开)

定价: CNY0.14

根据同名广播剧改编中国现代故事连环画。

J0075498

金色的晚秋 王迪, 段承滨编剧;徐伟杰连环画选编

上海 上海人民美术出版社 1984年 142页 有图

10×13cm 统一书号: 8081.13728 定价: CNY0.25

由上海电影制片厂供稿,傅超武、徐伟杰导演,查祥康、邬烈康摄影,据电影改编的连环画。

J0075499

金兀术兴兵 金青改编;王井绘

福州 福建人民出版社 1984年 132页 10×13cm

统一书号: 8173.841 定价: CNY0.21

(《说岳全传》之七)

J0075500

金绣娘 金伯戕编;王纯言绘

上海 上海人民美术出版社 1984年 118页 有图

10×13cm 统一书号: 8081.13476 定价: CNY0.15

中国现代连环画。

J0075501

金银斧 丁汉编;张幼农绘

贵阳 贵州人民出版社 1984年 46页 13cm(64开)

定价: CNY0.08

本书是中国民间故事连环画。作者张幼农(1951—),贵州贵阳人,中国美术家协会会员,中国漆画研究会会员。

J0075502
金珍儿　江帆原著；张树勤改编；张增木绘画
成都 四川人民出版社 1984 年 54 页 有图
10×13cm 统一书号：8118.1711 定价：CNY0.11
　　中国现代连环画。

J0075503
锦城春秋　杨益言等原著；柯客改编；卢仁浩
等绘
重庆 重庆出版社 1984 年 138 页 有图
10×13cm 统一书号：8114.232 定价：CNY0.27
（大后方 4）
　　中国现代连环画。

J0075504
进军井冈山　陈真明改编并绘
哈尔滨 黑龙江人民出版社 1984 年 171 页
13cm（64 开）统一书号：8093.989 定价：CNY0.28
　　本书是根据《向井冈》电影剧本改编的中国
现代连环画册。

J0075505
京师卧虎　荆入编；邹越非，李广之绘
福州 福建人民出版社 1984 年 126 页 13cm（60 开）
定价：CNY0.20
（通俗前后汉演义 24）
　　本书是依据中国古典小说《通俗前后汉演
义》改编的现代连环画。

J0075506
荆钗记　（中国戏曲故事）晓燕改编；来汶阳，
林云屏绘
南京 江苏美术出版社 1984 年 126 页 13cm（64 开）
统一书号：8353.3.100 定价：CNY0.21
　　根据中国戏曲故事改编的连环画。

J0075507
精变　若谷改编
北京 文化艺术出版社 1984 年 141 页 13cm（64 开）
定价：CNY0.26
　　中国民间故事连环画。

J0075508
精变　章睿改编
北京 中国电影出版社 1984 年 157 页 13cm（64 开）

定价：CNY0.28
　　中国电影故事连环画。

J0075509
警号一三九　（第一集）黄加良改编；刘国庆
摄影
北京 广播出版社 1984 年 157 页 13cm（64 开）
定价：CNY0.32
　　中国现代连环画。

J0075510
敬德归唐　张春编；刘戈，玮琦绘
北京 中国曲艺出版社 1984 年 126 页 13cm（64 开）
统一书号：8227.037 定价：CNY0.18
（传统评书连环画《兴唐传》30）

J0075511
九鼎劫　周宏冰改编；吴昆绘
福州 福建人民出版社 1984 年 114 页 13cm（64 开）
定价：CNY0.18
　　根据中国现代小说改编的连环画。

J0075512
九龙杯　黄若谷改编；刘幼陶等绘
广州 科学普及出版社广州分社 1984 年 62 页
13cm（60 开）定价：CNY0.11
　　根据李亚平，吴国梁著科学幻想小说《九龙
杯传奇》改编的连环画。

J0075513
九龙潭的枪声　武广久改编；谌孝安绘
北京 人民美术出版社 1984 年 126 页 13cm（64 开）
统一书号：8027.8952 定价：CNY0.15
　　根据汪雷的小说《芦叶船》改编的连环画。

J0075514
九色鹿　李玉福改编；何山绘
兰州 甘肃人民出版社 1984 年 46 页 13cm（64 开）
定价：CNY0.10
（敦煌壁画故事连环画）

J0075515
九松亭　胡兴平，林芸生改编；林国栋摄影
北京 广播出版社 1984 年 157 页 13cm（64 开）
定价：CNY0.29

（电视戏曲片连环画）

J0075516
九眼泉　董英编；董兆惠绘
兰州 甘肃人民出版社 1984 年 62 页 13cm（64 开）
统一书号：8096.1061 定价：CNY0.11
（甘肃民间故事连环画）

J0075517
九焰山聚义　崔祥改编；马程，曾禹绘
呼和浩特 内蒙古人民出版社 1984 年 151 页
13cm（64 开）定价：CNY0.27
（《薛刚反唐》3）
　　根据新编传统评书《薛刚反唐》改编的连环画。描写唐代永徽元年至神龙元年武则天参政、篡位到垮台的历史故事，全套共计 16 册。

J0075518
鞠躬尽瘁　罗贯中原著；诸福章改编；钱运选绘
西安 陕西人民美术出版社 1984 年 158 页
13cm（60 开）定价：CNY0.26
（《三国演义》连环画 18）

J0075519
决胜官渡　罗贯中原著；王永祥改编；胡明军绘
西安 陕西人民美术出版社 1984 年 94 页
13cm（60 开）定价：CNY0.17
（《三国演义》连环画 5）

J0075520
军长之路　张立人编；郭文涛，赵星绘
兰州 甘肃人民出版社 1984 年 94 页 13cm（64 开）
统一书号：8096.1075 定价：CNY0.15
　　中国优秀人物故事连环画。

J0075521
君子亭　曹思勇，叶天荣摄影
上海 上海人民美术出版社 1984 年 142 页
13cm（64 开）定价：CNY0.28
　　中国戏剧连环画。摄影者叶天荣，擅长摄影。主要作品有《杭州云溪》《巾帼英雄》《鼓浪屿之春》等。

J0075522
喀尔巴阡古堡　（一）余毅，施琏改编；乐毅

夫绘
北京 科学普及出版社 1984 年 138 页 13cm（64 开）
定价：CNY0.23
　　根据法国儒勒·凡尔纳同名科学幻想小说改编的连环画。

J0075523
喀尔巴阡古堡　（二）余毅，施琏改编；乐毅
夫绘画
北京 科学普及出版社 1984 年 158 页 13cm（64 开）
定价：CNY0.26
　　中国现代连环画。

J0075524
看护爸爸的孩子　（意）亚米契斯原著；冯永杰改编；秦霖华绘画
上海 上海人民美术出版社 1984 年 39 页 有图
10×13cm 统一书号：8081.13616 定价：CNY0.13
（少年儿童画库）
　　中国现代连环画。

J0075525
抗暴记　钱洪改编
北京 中国电影出版社 1984 年 124 页 13cm（64 开）
定价：CNY0.21
　　根据同名电影改编的连环画。

J0075526
抗敌女英雄　王文韶编文；杨学成绘画
天津 天津人民美术出版社 1984 年 58 页 有图
10×11cm 统一书号：8073.30975 定价：CNY0.12
（农村儿童连环画库）

J0075527
抗金名将岳飞　（上）（清）钱彩原著；王直，童继贤改编；周永生绘
济南 山东美术出版社 1984 年 148 页 13cm（60 开）
统一书号：8332.167 定价：CNY0.24
（历史英雄人物故事 1）
　　本书是依据中国古典小说《说岳全传》改编的现代连环画。

J0075528
抗金名将　（下）（清）钱彩原著；王直，童继贤改编；周永生绘

济南 山东美术出版社 1984年 140页 13cm（60开）
统一书号：8332.166 定价：CNY0.23
（历史英雄人物故事 1）
　　本书是依据中国古典小说《说岳全传》改编的现代连环画。

J0075529

抗联小号手　梁之编；赵丁绘画
长春 吉林人民出版社 1984年 94页 有图
10×13cm 统一书号：8091.1638 定价：CNY0.16
　　本书为中国现代连环画。

J0075530

柯楚别依　（苏）阿·毕尔文采夫原著；庄宏安改编；罗兴绘
上海 上海人民美术出版社 1984年 2版 326页
10cm（64开）统一书号：8081.3586
定价：CNY0.36

J0075531

柯棣华　赵君谋改编；雷坦，何国华绘
广州 科学普及出版社广州分社 1984年 94页
13cm（64开）定价：CNY0.16
　　外国优秀人物故事连环画。

J0075532

科场弊端　仝咏改编；梁银强摄影
北京 中国文联出版公司 1984年 157页 有图
10×13cm 统一书号：8355.84 定价：CNY0.32
（包公审案之一）
　　中国现代连环画。

J0075533

可爱的中国　胡克之著；赵奇编绘
沈阳 辽宁美术出版社 1984年 46页 19cm（32开）
定价：CNY0.95
　　根据方志敏烈士的狱中遗著《可爱的中国》编绘的连环画。作者胡克之，中国现代连环画画家。绘者赵奇（1954—　），沈阳鲁迅美术学院教授、中国画系副主任，中国美术家协会理事，辽宁省中国画研究会副会长。

J0075534

克兰比尔的命运　孙丽舫改编；王宝兴，姜荣根绘

上海 上海人民美术出版社 1984年 85页
13cm（64开）定价：CNY0.16
　　根据外国文学著作改编的连环画。作者王宝兴，中国现代连环画画家。作者姜荣根（1953—　），教师、画家。生于上海。中国美术家协会会员，上海美术家协会会员，少年宫教师。作品有《春天的故事》《西皮快板》等，连环画作品有《童第周》《黑水英魂》《王子复仇记》《克兰德尔的命运》《罗宾汉》等。

J0075535

空中小姐　林克珠改编；罗立人绘
福州 福建人民出版社 1984年 81页 13cm（64开）
统一书号：8173.731 定价：CNY0.13
　　本书为中国现代连环画。

J0075536

孔雀石仙女　李美凤改编；杨小彦绘画
广州 广东人民出版社 1984年 126页 有图
10×13cm 统一书号：8111.2425 定价：CNY0.22
（少年连环画库）

J0075537

孔雀石箱　（苏）巴若夫原著；耿天丽改编；诸庭樵等绘
福州 福建人民出版社 1984年 126页 13cm（64开）
统一书号：8173.733 定价：CNY0.21
　　根据苏联文学名著改编的连环画。

J0075538

恐怖的城堡　（埃及）艾哈迈德·萨里姆原著；何为改编；周春芽绘
成都 四川少年儿童出版社 1984年 121页
10×13cm 统一书号：R8247.130 定价：CNY0.21
　　本书是根据高彦德同名翻译小说改编的中国现代连环画册。

J0075539

恐怖的森林　李久洪改编；裴国骧，李久洪绘
南京 江苏美术出版社 1984年 142页 13cm（64开）
定价：CNY0.23

J0075540

恐怖的森林　何培新改编；刘秉贤绘画
杭州 浙江人民美术出版社 1984年 158页 有图

10×13cm 统一书号: 8156.713 定价: CNY0.33

　　根据李迪著《这里是恐怖的森林》改编的连环画。

J0075541

苦儿流浪记　杨洋改编；山谷，子瞻绘

哈尔滨　黑龙江美术出版社　1984年　145页

13cm（64开）统一书号: 8358.96 定价: CNY0.25

　　根据世界著名儿童文学作品《苦儿流浪记》改编的连环画。

J0075542

苦人心　张雷原著；可蒙改编；汪绚秋绘

上海　上海人民美术出版社　1984年　2版　188页

13cm（64开）定价: CNY0.28

（变天记 1）

　　本书是中国现代革命故事连环画，1959年第1版。

J0075543

快活林　（连环画）子聪改编；韩亚洲，刘永凯绘

北京　人民美术出版社　1984年　115页　有图

10×13cm 统一书号: 8027.7912 定价: CNY0.18

（水浒 10）

　　根据中国古典小说《水浒》改编的现代连环画作品。

J0075544

快乐的单身汉　晓黎改编

北京　中国电影出版社　1984年　145页　13cm（60开）

定价: CNY0.28

　　根据同名电影改编的连环画。

J0075545

昆阳喋血　佟尔编；姚耐，石夫绘

福州　福建人民出版社　1984年　139页　13cm（60开）

统一书号: 8173.724 定价: CNY0.22

（通俗前后汉演义 21）

　　本书是依据中国古典小说《通俗前后汉演义》改编的现代连环画。

J0075546

拉比齐出走记　（南斯拉夫）马佐兰尼奇著；徐志强改编；夏书玉等绘

南京　江苏美术出版社　1984年　134页　有图

10×13cm 统一书号: 8353.3.077 定价: CNY0.23

J0075547

拉比齐出走记　（南斯拉夫）伊·布·马佐尼奇原著；胡雁改编；陆小弟等绘

上海　上海人民美术出版社　1984年　142页　有图

10×13cm 统一书号: 8081.13892 定价: CNY0.24

　　中国现代连环画。

J0075548

拉郎配　李艺林改编；金茗绘

天津　天津人民美术出版社　1984年　102页

13cm（64开）统一书号: 8073.30863

定价: CNY0.16

（传统戏曲故事）

　　中国戏剧连环画。

J0075549

来复枪团覆灭记　王恩国编；李人毅绘

沈阳　辽宁美术出版社　1984年　134页　13cm（64开）

定价: CNY0.20

　　本书是中国现代革命故事连环画。

J0075550

来克一世皇帝　郑渊洁原著；亚旗改编；刘泽岱绘画

天津　天津人民美术出版社　1984年　77页　有图

10×13cm 统一书号: 8073.30959 定价: CNY0.15

（系列童话《魔方大厦》7）

　　中国现代连环画。

J0075551

蓝盾保险箱　鲁天宝改编；肖木阳摄制

合肥　安徽人民出版社　1984年　165页　13cm（64开）

统一书号: 8102.1381 定价: CNY0.28

　　中国电影故事连环画。

J0075552

蓝色的海豚岛　（美）奥迪尔原著；陈乃良编译，林峥明绘画

广州　岭南美术出版社　1984年　126页　有图

10cm（64开）统一书号: 8260.1007 定价: CNY0.23

　　中国现代连环画。

J0075553
蓝色的旅行箱 赵永祥改编；颜伟明绘
哈尔滨 黑龙江美术出版社 1984年 150页
13cm（64开）定价：CNY0.25
本书是中国革命故事连环画。

J0075554
蓝色海鸥号 （南）托温·塞利什克尔原著；毛
亮英改编；鲁飒，素英绘
天津 天津人民美术出版社 1984年 102页
13cm（64开）定价：CNY0.16
据南斯拉夫著名文学作品改编的连环画。

J0075555
狼王洛波 （加）欧·汤·西顿原著；林蔓青改
编；陈裕明绘
广州 科学普及出版社广州分社 1984年 61页
13cm（64开）统一书号：8051.60273
定价：CNY0.12
本书是据加拿大文学作品改编的连环画。

J0075556
狼窝 康新民，陆潮洪编；邵劭，建进绘
南京 江苏美术出版社 1984年 190页 13cm（64开）
定价：CNY0.29
中国现代革命故事连环画。

J0075557
浪荡人的一生 （上集）（挪）亨利·易卜生原
著；肖乾译；翼平改编；孙宏华摄影
北京 中国戏剧出版社 1984年 125页 13cm（64开）
定价：CNY0.25
挪威文学名著改编的连环画。

J0075558
劳山道士 （清）蒲松龄原著；红星，长瀛改编；
童继贤，周永生绘
济南 山东美术出版社 1984年 新1版 62页
13cm（64开）统一书号：8332.223
定价：CNY0.12
（《聊斋志异》连环画丛书 聊斋志异故事选 7）

J0075559
老虎"抽烟" （尕贡的故事）元昌改编；马克
宣，阎善春绘

北京 农村读物出版社 1984年 14页 13cm（64开）
定价：CNY0.20
本书是中国民间故事连环画。

J0075560
老虎学艺 筱篁改编
北京 中国电影出版社 1984年 45页 13cm（64开）
定价：CNY0.30
根据同名电影改编的连环画。作者筱篁，主
要改编的连环画作品有《白鸽》《霍元甲》《三个
和尚》等。

J0075561
老马与小马 陈金实改编；赵宝康绘
武汉 长江文艺出版社 1984年 134页 13cm（64开）
统一书号：8107.436 定价：CNY0.23
根据电视剧《马力》改编的连环画。

J0075562
老人与海 （美）海明威原著；周元骏改编；雷
德祖绘
上海 上海人民出版社 1984年 118页 13cm（64开）
定价：CNY0.18
本书是根据美国文学名著改编的连环画。
收入118幅图。

J0075563
老通宝 陆和苏改编；刘国辉绘
杭州 浙江人民美术出版社 1984年 118页
19cm（小32开）统一书号：8156.682
定价：CNY0.52
本书是根据茅盾小说《春蚕》《秋收》改编的
中国现代连环画册。

J0075564
乐陵烽火 杨野改编；王占武绘
哈尔滨 黑龙江人民出版社 1984年 189页
13cm（64开）统一书号：8093.990
定价：CNY0.31
根据中国现代故事改编的连环画。

J0075565
乐器皇后 寇云峰原著；涂白玉改编；秘金通
绘画
郑州 河南人民出版社 1984年 70页 有图

10×13cm 统一书号：8105.1118 定价：CNY0.13
　　中国现代连环画。

J0075566
雷潮的故事　蔡瑞平编；易跃绘
广州 花城出版社 1984 年 61 页 13cm（64 开）
统一书号：8261.61 定价：CNY0.13
（旅伴连环画库 中国风物传说选）

J0075567
雷电中的风筝　（富兰克林的故事）刘汉鼎改
编绘画
成都 四川人民出版社 1984 年 12 页 有图
10×13cm 统一书号：8118.1745 定价：CNY0.13
　　中国现代连环画。

J0075568
雷声阵阵　袁桂珍编；贾忠合绘画
石家庄 河北美术出版社 1984 年 126 页 有图
10×13cm 统一书号：8087.858 定价：CNY0.20
　　中国现代连环画。

J0075569
雷雨　王洁编文；罗从周等摄影；上海电影制
片厂摄制
广州 花城出版社 1984 年 190 页 有图
10×13cm 统一书号：8261.70 定价：CNY0.33
　　据上海电影制片厂《影视世界》编辑部改编
的连环画。

J0075570
镭之魅　（波兰）H.博宾斯卡原著；胡翀改编；
乔之绘
广州 科学普及出版社广州分社 1984 年 94 页
13cm（64 开）统一书号：8051.60272
定价：CNY0.17
　　根据波兰作者的科学普及作品改编的连
环画。

J0075571
肋巴佛起义　陈仁川，刘玉编；苏朗绘
兰州 甘肃人民出版社 1984 年 126 页 13cm（64 开）
定价：CNY0.22
　　本书是中国现代连环画册。作者苏朗
（1938— ），画家。原名严国保，湖北武汉人。

就读于武昌艺师和西北师院艺术系。中国美术
家协会会员，甘肃人民出版社副编审。代表作品
有《黄河渡》《煦风吹不尽》《奶站笑语》等。

J0075572
泪泉　杨遐琪改编；王履玮，李乔绘
广州 花城出版社 1984 年 101 页 13cm（64 开）
定价：CNY0.20
（诗配画丛书）
　　根据俄国普希金叙事诗《巴奇萨拉的喷泉》
改编的连环画。

J0075573
冷酷的心　（德）威廉·豪夫原著；佟希仁改编；
马克政绘
沈阳 辽宁美术出版社 1984 年 102 页 13cm（64 开）
统一书号：7161.0348 定价：CNY0.17
（《童话世界》画库）
　　根据德国童话名著改编的连环画。

J0075574
黎明的河边　艾馨改编；谭尔康绘
长沙 湖南少年儿童出版社 1984 年 86 页
13cm（64 开）定价：CNY0.14
　　本书是中国故事连环画。

J0075575
李大虎与小刺猬　袁静原著；成莫愁改编；丁
纯一绘
上海 上海人民美术出版社 1984 年 126 页
10×13cm 统一书号：8081.13890 定价：CNY0.20
（少年儿童画库）
　　根据同名小说改编的本书是中国现代连环
画册。

J0075576
李逵下山　（连环画）施耐庵，罗贯中原著；新
平改编；刘永凯等绘画
北京 人民美术出版社 1984 年 复印本 115 页
有图 10×13cm 统一书号：8027.7915
定价：CNY0.18
（水浒 13）

J0075577
李明进川　郑桂兰改编；汪国新绘

武汉 长江文艺出版社 1984 年 163 页 13cm（64 开）
统一书号：8107.442 定价：CNY0.27
（长江三部曲 2）
　　本书是中国现代故事连环画。

J0075578
李三郎抗倭　　石景麟改编；陆汝浩绘画
上海 上海人民美术出版社 1984 年 62 页 有图
9×11cm 统一书号：8081.14091 定价：CNY0.08
　　中国现代连环画。作者石景麟，著有《音乐
家的故事》，与孙铁生合绘有连环画《东进序曲》，
改编有连环画《女娲补天》《肖尔布拉克》。绘者
陆汝浩（1943— ），画家。别名双水，浙江宁波
人。曾在师范专修美术。《上海少年报》社童话
报美术编辑。连环画作品有《滨海谍案》。

J0075579
李世民登基　　李震川改编；晓飞，晓霞绘
石家庄 河北美术出版社 1984 年 150 页
13cm（64 开）定价：CNY0.23
　　据中国唐代历史故事改编的连环画。

J0075580
李愬破蔡之战　　张习孔原著；陈策贤等改编；
钟为等绘
西安 陕西人民美术出版社 1984 年 108 页
13cm（64 开）统一书号：8199.584
定价：CNY0.19
（中国古代战争故事 5）

J0075581
李通大义除霸　　龙文伟原著；张正新改编；宗
静草绘
南京 江苏美术出版社 1984 年 140 页 13cm（64 开）
定价：CNY0.23
　　中国古代民间故事连环画。

J0075582
李渊起兵　　杨根相编；徐谷安，于骏治绘
上海 上海人民美术出版社 1984 年 142 页
13cm（64 开）定价：CNY0.28
（唐代历史故事 1）

J0075583
李兆麟将军　　（东北抗联烈士事迹选编）傅杰

编；侯国良绘
哈尔滨 黑龙江美术出版社 1984 年 107 页
19cm（小 32 开）统一书号：8358.127
定价：CNY1.05
　　中国抗日将军故事连环画。

J0075584
李宗仁归来　　张世新改编；王经春，吴宪生绘
济南 山东美术出版社 1984 年 110 页 13cm（64 开）
定价：CNY0.18
　　根据顾笑言等同名报告文学改编的连环画。

J0075585
里斯本之夜　　（德）雷马克原著；沙铁军改编；
林聪，吴爱琴绘
上海 上海人民美术出版社 1984 年 206 页
13cm（64 开）定价：CNY0.30
　　根据德国文学名著改编的连环画。

J0075586
力劈张天霸　　崔祥改编；童介眉绘
呼和浩特 内蒙古人民出版社 1984 年 103 页
13cm（64 开）统一书号：8089.163
定价：CNY0.20
（《薛刚反唐》4）
　　本书是描写唐代永徽元年至神龙元年武
则天参政、篡位到垮台的历史故事，全套共计
16 册。

J0075587
历法风云　　邹向前改编；胡克文绘
沈阳 辽宁美术出版社 1984 年 170 页 13cm（64 开）
定价：CNY0.26
　　本书是描写我国南北朝时期杰出的天文学
家、数学家祖冲之的故事的连环画。

J0075588
丽君入赘　　晓明改编；苏西映绘
北京 中国文艺联合出版公司 1984 年 126 页
13cm（64 开）定价：CNY0.28
（再生缘 3）
　　本书是依据中国古典小说改编的现代连环
画。作者晓明，主要改编的连环画作品有《中计
脱靴》《昏君试探》《狱中曙光》等。作者苏西映
（1940— ），河南光山人。曾任光山县文化馆美

术师，河南省美术家协会会员，大别山书画研究
院名誉院长。作品有《深山古树》《荷花舞》《玉
莲公主》《中华魂》等。出版有《唐伯虎智圆梅花
梦》《玉蜻蜓》。

J0075589
连环画新作选
天津　天津人民美术出版社　1984年　76页
19cm（32开）统一书号：8073.50301
定价：CNY4.50
　　本书共收作品64套。表现了当代生活，使
笔下的艺术形象更具有浓郁的时代气息和生活
气氛，真实感人。

J0075590
连琐　（清）蒲松龄原著；修世榕改编；王福增绘
济南　山东美术出版社　1984年　70页　13cm（64开）
统一书号：8332.157　定价：CNY0.12
（《聊斋志异》连环画丛书　聊斋志异故事选　38）

J0075591
帘前光绪　江世庸改编；江声海绘
福州　福建人民出版社　1984年　118页　13cm（64开）
定价：CNY0.19
　　根据曲剧《珍妃泪》改编的连环画。

J0075592
莲花洞　吴承恩原著；何棱改编；常光希等绘画
成都　四川少年儿童出版社　1984年　62页　有图
7×10cm　统一书号：R8247.152　定价：CNY0.06
（《西游记》故事　七）
　　根据中国古典小说《西游记》改编的现代连
环画作品。

J0075593
莲莲的奇遇　冯昌年等编改；范爱全等摄影
南京　江苏美术出版社　1984年　180页　有图
10×13cm　统一书号：8353.3.065　定价：CNY0.29
　　中国现代故事连环画。

J0075594
联吴抗曹　罗贯中原著；赵岗改编；樊玉民绘
西安　陕西人民美术出版社　1984年　166页
13cm（60开）统一书号：8199.684　定价：CNY0.27
（《三国演义》连环画　8）

J0075595
两个孤女　姜忠亚改编
天津　天津人民美术出版社　1984年　148页　有图
10×13cm　统一书号：8073.30868　定价：CNY0.29
　　根据同名法国、意大利合拍影片改编的连
环画。

J0075596
两个小路特　徐志强改编；徐乐乐绘
南京　江苏美术出版社　1984年　124页　13cm（64开）
定价：CNY0.26
　　根据中国文学著作改编的连环画。

J0075597
两个小路特　（德）埃里希·克斯特纳原著；林
震浩改编，宝珠绘画
上海　上海人民美术出版社　1984年　102页　有图
10cm（64开）统一书号：8081.13893
定价：CNY0.18
（少年儿童画库）

J0075598
两个小洛特　（德）埃·克斯特纳著；徐志强改
编；徐乐乐绘画
南京　江苏美术出版社　1984年　124页　有图
10×13cm　统一书号：8353.3.109　定价：CNY0.26
　　中国现代故事连环画。

J0075599
两狼山　李清洲改编；赵成民绘
北京　北京出版社　1984年　138页　13cm（60开）
统一书号：8071.571　定价：CNY0.26
（杨家将故事　3）
　　本书是依据中国古典小说《杨家将演义》改
编的现代连环画。

J0075600
两路入关　（楚汉相争的故事之二）黄午生编
文；朱旭绘画
南京　江苏美术出版社　1984年　94页　有图
10×13cm　统一书号：8353.3.088　定价：CNY0.17
　　中国现代故事连环画。

J0075601
聊斋故事选　舒瑛等改编；胡博综等绘

南京 江苏美术出版社 1984 年 14 册
19cm(小 32 开) 定价: CNY6.00
　　中国现代连环画作品, 包括《葛巾》《促织》
《黄英》《小翠》《小梅》《江城》《婴宁》《阿宝》
《画壁》《香玉》《宫梦弼》《王桂庵》《莲花公主》
《罗刹海市》。

J0075602
廖仲恺　柯逢改编; 雷德祖绘
福州 福建人民出版社 1984 年 111 页 13cm(60 开)
定价: CNY0.20
　　本书是现代人物故事连环画。民主主义革
命家廖仲恺辅佐孙中山粉碎了陈炯明和滇桂联
军的叛乱, 平定了广州商团暴动, 改组了国民
党, 制定和实施"联俄、联共、扶助农工"三大政
策, 促成国共第一次合作。

J0075603
廖仲恺　杨白编; 刘宜绘
北京 人民美术出版社 1984 年 138 页 13cm(60 开)
定价: CNY0.22
　　中国现代人物故事连环画。

J0075604
廖仲恺　申珠选编
上海 上海人民美术出版社 1984 年 142 页 有图
10×13cm 统一书号: 8081.13887 定价: CNY0.25
　　中国现代人物故事连环画。

J0075605
廖仲恺　(一)晓黎改编
北京 中国电影出版社 1984 年 125 页 13cm(64 开)
统一书号: 8061.2484 定价: CNY0.23
　　根据同名电影改编的连环画。

J0075606
廖仲恺　(二)晓黎改编
北京 中国电影出版社 1984 年 93 页 13cm(64 开)
统一书号: 8061.2485 定价: CNY0.18
　　本书是中国现代电影故事连环画。

J0075607
列牧和九公主　(贵州民间故事) 莫贵阳, 刘
世杰编; 余碧芳, 陈慎胳绘
贵阳 贵州人民出版社 1984 年 79 页 13cm(64 开)

定价: CNY0.15
　　本书是中国民间故事连环画。

J0075608
列宁的故事　彦芳改编; 阎义春绘
沈阳 辽宁美术出版社 1984 年 70 页 13cm(64 开)
统一书号: 7161.0323 定价: CNY0.12
(小学生画库)

J0075609
烈火金钢　(上)刘流原著; 戴英改编; 李永志绘
沈阳 辽宁美术出版社 1984 年 178 页 23cm(32 开)
统一书号: 0761.0345 定价: CNY0.26
　　根据刘流同名长篇小说改编的中国现代革
命故事连环画。

J0075610
烈火金钢　(中)刘流原著; 戴英改编; 李永志
绘
沈阳 辽宁美术出版社 1984 年 174 页 23cm(32 开)
统一书号: 7161.3146 定价: CNY0.26
　　根据刘流同名长篇小说改编的中国现代革
命故事连环画。

J0075611
烈火金钢　(下)刘流原著; 戴英改编; 李永志绘
沈阳 辽宁美术出版社 1984 年 186 页 23cm(32 开)
统一书号: 7161.0347 定价: CNY0.27
　　根据刘流同名长篇小说改编的中国现代革
命故事连环画。

J0075612
烈火金钢　沈彤改编; 曾成金绘
杭州 浙江人民美术出版社 1984 年 182 页
13cm(64 开) 定价: CNY0.28
　　根据刘流同名小说改编的中国现代革命故
事连环画。

J0075613
烈火金钢　(一)竹石改编; 马廷奎, 马铭绘
石家庄 河北美术出版社 1984 年 134 页
13cm(64 开) 定价: CNY0.22
　　根据刘流同名长篇小说改编的中国现代革
命故事连环画。

J0075614

烈火金钢 （一　突围战之后）刘流原著；益文改编；刘建平等绘画

天津　天津人民美术出版社　1984年　132页

10×13cm　统一书号：8073.30908　定价：CNY0.27

　　根据刘流同名小说改编的中国现代革命故事连环画。作者益文，编译的主要作品有《女神的圣斗士》《风魔小次郎》《三国志》等。

J0075615

烈火金钢 （二　小李庄罹难）刘流原著；益文改编；刘建平，尚金声绘

天津　天津人民美术出版社　1984年　126页

13cm（64开）定价：CNY0.19

　　根据刘流同名长篇小说改编的中国现代革命故事连环画。

J0075616

烈火金钢 （三　烽火大沙滩）刘流原著；益文改编；刘建平绘

天津　天津人民美术出版社　1985年　110页

9cm（64开）定价：CNY0.27

　　根据刘流同名长篇小说改编的中国现代革命故事连环画。作者益文，编译的主要作品有《女神的圣斗士》《风魔小次郎》《三国志》等。

J0075617

烈火金钢 （四　血沃小李庄）刘流原著；益文改编；刘建平绘

天津　天津人民美术出版社　1985年　110页

13cm（64开）定价：CNY0.27

　　根据刘流同名长篇小说改编的中国现代革命故事连环画。

J0075618

烈火金钢 （五　沙山苦战）刘流原著；益文改编；尚金声绘

天津　天津人民美术出版社　1985年　126页

9cm　定价：CNY0.30

　　根据刘流同名长篇小说改编的中国现代革命故事连环画。

J0075619

烈女牌坊 通蕙编；楠明绘

长春　吉林人民出版社　1984年　109页　13cm（64开）

统一书号：8091.1629　定价：CNY0.18

（儒林外史故事）

　　根据古典小说《儒林外史》改编的中国现代连环画，包括《烈女牌坊》《沈琼枝》两个故事。

J0075620

猎人 大和屋竺等编；温健选编

上海　上海人民美术出版社　1984年　126页　有图

10×13cm　统一书号：8081.14215　定价：CNY0.26

　　日本青铜电影制作所出品的同名电影翻译改编的连环画。

J0075621

猎人海力布 常磊改编；罗承力绘

西安　陕西人民美术出版社　1984年　62页

13cm（64开）定价：CNY0.12

　　根据少数民族民间故事改编的连环画。

J0075622

岭南连环画封面选 岭南美术出版社连环画编辑室选编

广州　岭南美术出版社　1984年　19cm（32开）

统一书号：8260.0264　定价：CNY3.15

　　中国岭南地区连环画封面选。

J0075623

刘二愣智斗妖魔 长金改编；孟振基，孙永科摄影

北京　中国文艺联合出版公司　1984年　125页

13cm（64开）统一书号：8313.17　定价：CNY0.23

　　中国现代连环画。

J0075624

刘海砍樵 陈大兴改编；陈明大，陈白一绘

长沙　湖南少年儿童出版社　1984年　133页

13cm（60开）定价：CNY0.20

　　本书为中国民间故事连环画。

J0075625

流浪儿 （英）詹·格林伍德原著；吴其柔改编；韩伍绘

上海　上海人民美术出版社　1984年　214页

13cm（64开）定价：CNY0.26

　　英国文学名著改编的连环画。绘者韩伍（1936—　），画家。浙江杭州人，毕业于行知艺

术学校。中国美术家协会会员，儿童时代社《哈哈画报》主编，上海市美协理事。作品有《五彩路》《微湖山上》《灯花》等，出版有《韩伍画集》《小巷童年》《诗经彩绘》等。

J0075626

流浪儿从军记　　徐金元改编；赵国经等绘画
北京　中国少年儿童出版社　1984 年　126 页　有图
10×13cm　统一书号：R8056.400　定价：CNY0.19
　　中国少年儿童连环画。

J0075627

流泪的红蜡烛　　碧青改编；刘斌昆，裴向春绘
长沙　湖南美术出版社　1984 年　126 页　13cm（64 开）
统一书号：8233.639　定价：CNY0.21
（农村画库）
　　本连环画是描写中国农村的故事。

J0075628

流泪的红蜡烛　　晓黎改编
北京　中国电影出版社　1984 年　116 页　13cm（64 开）
统一书号：8061.2489　定价：CNY0.23
　　根据同名电影改编的连环画。作者晓黎，主要改编的电影连环画作品有《佐罗》《从奴隶到将军》《海之恋》《今夜星光灿烂》等。

J0075629

流逝的岁月　　王安忆原著；李大发改编；江云绘
广州　岭南美术出版社　1984 年　158 页　13cm（64 开）
定价：CNY0.26
（《周末》画报作品选集）
　　本连环画是中国现代故事。

J0075630

柳林女杰　　刘绍棠原著；孙剑影改编；王孟奇绘画
南京　江苏美术出版社　1984 年　132 页　有图
10×13cm　统一书号：8353.3.093　定价：CNY0.23
　　中国现代连环画。

J0075631

柳叶刀　　郝苏平改编；王志伟绘
福州　福建人民出版社　1984 年　142 页　13cm（64 开）
定价：CNY0.26
　　这是一部传奇式的革命斗争故事，通过描写

一把柳叶刀的经历，反映了从土地革命到解放战争初期，湘西人民在共产党领导下、与国民党反动派和残匪进行斗争的事迹。

J0075632

柳宗元　　王水照编；张纪平等绘
上海　上海人民美术出版社　1984 年　134 页　有图
10cm（64 开）统一书号：8081.13694
定价：CNY0.21
　　本书是历史人物传记连环画。收入 134 幅图。

J0075633

六千浬寻母记　　（意）亚米契斯原著；邹洪根改编；潘胜奎绘
沈阳　辽宁美术出版社　1984 年　126 页　13cm（64 开）
定价：CNY0.20
　　据意大利文学名著改编的连环画。

J0075634

六只天鹅　　吕进改编；陈渊绘
乌鲁木齐　新疆青年出版社　1984 年　60 页
13cm（64 开）统一书号：8124.23　定价：CNY0.17
　　根据德国格林童话改编的连环画。

J0075635

龙宫奇遇　　（清）蒲松龄原著；郭子宣改编；窦世魁绘
济南　山东美术出版社　1984 年　新 1 版　78 页
13cm（64 开）定价：CNY0.14
（《聊斋志异》连环画丛书　聊斋志异故事选 6）
　　山东人民出版社 1981 年 2 月第 1 版。作者蒲松龄（1640—1715），文学家。字留仙，一字剑臣，别号柳泉居士，世称聊斋先生。山东淄川（今山东淄博）人。著有《聊斋志异》《聊斋文集》等。改编者郭子宣（1923—　　），山东潍坊人。毕业于潍坊市职工业余大学。曾任潍坊市图书馆副馆长，中国书法家协会会员，中国博物馆学会会员，中国老年书画研究会会员，山东省摄影家协会会员，山东省博物馆、考古、民俗学会会员。绘者窦世魁（1942—　　），国家一级美术师。别名石岭，号岩松斋主。山东青岛人，毕业于青岛艺术专科学校美术专业。中国美术家协会会员，青岛市美术家协会副主席、顾问，青岛书画研究院副院长，中国书画学会名誉主席。代表作品有连环画《唐赛儿》等。

J0075636

龙口阻击　安可君改编；马程绘

兰州 甘肃人民出版社 1984 年 62 页 10cm（64 开）

统一书号：8096.1053 定价：CNY0.13

（三打乌龙镇 2）

　　根据中国现代革命故事改编的连环画。

J0075637

龙泉　钟玉如等编文；黄定初绘画

长沙 湖南少年儿童出版社 1984 年 102 页 有图

10×13cm 统一书号：R8280.119 定价：CNY0.16

　　中国现代连环画。

J0075638

龙子太郎　（日）松谷美代子原著；张宇平改编；

陆新森，吕振敏绘

石家庄 河北美术出版社 1984 年 134 页

13cm（64 开）定价：CNY0.19

　　根据日本文学名著改编的连环画。

J0075639

龙子太郎　何允龙改编；李春绘

沈阳 辽宁美术出版社 1984 年 138 页 13cm（64 开）

定价：CNY0.22

　　中国民间故事连环画。

J0075640

炉边蟋蟀　（英）狄更斯原著；邓汝锐改编；陈

韵波绘

广州 岭南美术出版社 1984 年 63 页 13cm（64 开）

统一书号：8260.0999 定价：CNY0.23

（世界文学名著）

　　根据英国文学名著改编的连环画。

J0075641

鲁山大战　沙铁军编；丁世弼绘

武汉 长江文艺出版社 1984 年 156 页 13cm（64 开）

定价：CNY0.26

（中国历代战争故事画丛）

J0075642

鲁智深　（明）施耐庵原著；黎服兵，姜健华改

编；余树泽绘

广州 岭南美术出版社 1984 年 189 页 13cm（60 开）

定价：CNY0.39

　　根据古典小说《水浒全传》改编的中国现代

连环画，包括《鲁智深》《猎虎记》两个故事。

J0075643

陆判　（清）蒲松龄原著；昃红星，杨长瀛改编；

孙雨田绘

济南 山东美术出版社 1984 年 70 页 13cm（64 开）

定价：CNY0.12

（《聊斋志异》连环画丛书 聊斋志异故事选 37）

　　绘者孙雨田（1948—　），笔名山野、别署恋

蒲斋。生于山东济宁，毕业于山东师范大学美术

系。淄博书画院副研究馆员，山东画院高级画师，

中国美术家协会会员。出版作品有《蒲松龄》《七

彩绫》《汉武帝》《粘年糕》等。

J0075644

鹿母夫人　谢宠改编；薛晓林绘

兰州 甘肃人民出版社 1984 年 70 页 13cm（64 开）

统一书号：8096.979 定价：CNY0.12

（敦煌壁画故事连环画）

J0075645

掠浪的鱼镖　（上集）刘汉编文；张洪武等绘

广州 科学普及出版社广州分社 1984 年 125 页

13cm（64 开）统一书号：8051.60319

定价：CNY0.28

　　本连环画有上下两集。下集书名为《喋血的

鱼镖》。

J0075646

罗浮相会　岳风改编；邓子敬绘画

广州 花城出版社 1984 年 123 页 有图

10×13cm 统一书号：8261.68 定价：CNY0.23

（旅伴连环画库）

J0075647

罗健夫　张其中改编；姚延林绘画

成都 四川人民出版社 1984 年 60 页 有图

10×13cm 统一书号：8118.1731 定价：CNY0.13

　　根据有关罗健夫先进事迹编绘的连环画。

J0075648

骆驼祥子　老舍原著；吴文焕编；毛震耀绘

上海 上海人民美术出版社 1984 年 222 页

10×13cm 统一书号：8081.13864 定价：CNY0.32

本书是根据老舍同名原著编绘的中国现代连环画册。作者毛震耀(1926—?)，画家。浙江奉化人，毕业于苏州美术专科学校西画系。曾任上海艺文书局《艺文画报》编辑，上海少年儿童出版社儿童读物绘画创作，上海人民美术出版社编辑。连环画代表作有《骆驼祥子》《脚步》《一级英雄杨连弟》《绿色钱包》《姊妹船》。

J0075649
落叶魂　从早改编；张启文绘
成都　四川人民出版社　1984 年　123 页　有图
10×13cm　统一书号：8118.1477　定价：CNY0.21

J0075650
吕布之死　张仲祥改编；刘金初，谢力行摄影
北京　中国戏剧出版社　1984 年　157 页　13cm(64 开)
统一书号：8069.571　定价：CNY0.28
　　中国戏剧连环画。

J0075651
吕母复仇　筱篆编；胡振德绘
福州　福建人民出版社　1984 年　121 页　13cm(60 开)
定价：CNY0.19
(通俗前汉演义　19)
　　本书是依据中国古典小说《通俗前后汉演义》改编的现代连环画。

J0075652
绿宝石护身符　邢菊花改编
北京　中国电影出版社　1984 年　125 页　13cm(64 开)
定价：CNY0.23
　　根据同名电影改编的连环画。

J0075653
绿岛怎样变成火烧岛　杨荔编；励国仪绘
西安　陕西少年儿童出版社　1984 年　38 页
13cm(64 开)　统一书号：R8303.18
定价：CNY0.09
(台湾民间传说画丛)
　　根据台湾民间故事改编的连环画。

J0075654
绿林群英　何蓉编；林榕生，李松绘
福州　福建人民出版社　1984 年　134 页　13cm(60 开)
定价：CNY0.23

(通俗前后汉演义　20)
　　本书是依据中国古典小说《通俗前后汉演义》改编的现代连环画。

J0075655
绿色的钱包　刘厚明等原著；江澄改编；张健绘画
石家庄　河北美术出版社　1984 年　126 页　有图
10×13cm　统一书号：8087.848　定价：CNY0.18
　　根据刘厚明、肖尹宪同名电影剧本改编的连环画。

J0075656
绿珠坠楼　(中州风物故事)　路继贤编；朱连威绘
郑州　河南人民出版社　1984 年　118 页　13cm(64 开)
统一书号：8105.1290　定价：CNY0.20
　　根据中国民间故事改编的连环画。

J0075657
妈妈　杨燕杰编；戴文石，王修涛绘
南昌　江西人民出版社　1984 年　106 页　13cm(64 开)
定价：CNY0.19
　　本书是中国现代连环画册。

J0075658
马半仙外传　王乐群改编；王纯信绘
哈尔滨　黑龙江美术出版社　1984 年　147 页
13cm(64 开)　定价：CNY0.25
　　根据中国现代小说改编的连环画。作者王纯信(1939—　)，画家。吉林通化人，毕业于通化教育学院。吉林省通化师范学院美术系主任，通化市美术家协会主席，中国书法家协会会员，吉林省美术家协会理事。作品有《福到农家》《长白山天池》《山民夜话》等。

J0075659
马超　易寒改编；陈宁绘
杭州　浙江人民美术出版社　1984 年　166 页
13cm(60 开)　定价：CNY0.26
　　中国现代连环画。

J0075660
马加和凌飞　迟犀改编
北京　中国电影出版社　1984 年　87 页　13cm(64 开)

统一书号：8061.2328　定价：CNY0.18

　　根据同名影片改编的连环画。

J0075661

马可·波罗　（上）木土改编

北京　中国文联出版公司　1984年　189页　有图

10×13cm　统一书号：8355.213　定价：CNY0.50

　　中国现代连环画。

J0075662

马可·波罗　（中）木土改编

北京　中国文联出版公司　1985年　189页

15cm（40开）定价：CNY0.50

　　中国现代连环画。

J0075663

马可·波罗　（下）木土改编

北京　中国文联出版公司　1985年　189页

15cm（40开）定价：CNY0.50

　　中国现代连环画。

J0075664

马小哈奇遇记　（地衣之王）李兰改编；叶春
阳绘

北京　海洋出版社　1984年　88页　13cm（64开）

定价：CNY0.15

　　根据金涛的同名科幻小说改编的系列连环
画之一。

J0075665

马小哈奇遇记　（旅伴）丹玉改编；常铁钧绘

北京　海洋出版社　1984年　62页　13cm（64开）

定价：CNY0.10

　　根据金涛的同名科幻小说改编的系列连环
画之一。

J0075666

马小哈奇遇记　（魔鞋）杨恩洪改编；叶春阳绘

北京　海洋出版社　1984年　44页　13cm（64开）

定价：CNY0.08

　　根据金涛的同名科幻小说改编的系列连环
画之一。

J0075667

马小哈奇遇记　（土拨鼠的传奇）铁燕改编；

叶春阳绘

北京　海洋出版社　1984年　62页　13cm（64开）

定价：CNY0.10

　　根据金涛的同名科幻小说改编的系列连环
画之一。

J0075668

马小哈奇遇记　（雪夜救人）金涛原著；洁洁
改编；常铁钧绘

北京　海洋出版社　1984年　46页　13cm（64开）

定价：CNY0.08

　　根据金涛的同名科幻小说改编的系列连环
画之一。

J0075669

买奴诛逆　李延龄编；徐有武绘

天津　天津人民美术出版社　1984年　116页

13cm（64开）统一书号：8073.30948

定价：CNY0.25

（中国历史演义故事画《宋史》6）

　　绘者徐有武（1942—　），画家。浙江永康人。
中国美术家协会会员。代表作品有《送鱼》《徐
有武画集》《中国佛教图像解说》《古代仕女画
法》等。

J0075670

卖鹅仔复仇记　（广西民间故事）陆巨一改编；
黄启茂绘

南宁　广西人民出版社　1984年　62页　13cm（64开）

定价：CNY0.12

　　本书是中国民间故事连环画。

J0075671

卖驴　赵本夫原著；董晓华改编；杨雨青绘画

南京　江苏美术出版社　1984年　62页　有图

10×13cm　统一书号：8353.3.080　定价：CNY0.12

　　中国现代连环画。绘者杨雨青（1944—　），
国家一级美术师。出生于江苏无锡，毕业于南京
艺术学院附中。中国美术家协会会员，无锡市书
画院国家一级美术师，专业从艺60载。代表作
品有《红肚兜儿》《水牛图》《卖驴》等。

J0075672

卖树荫的故事　刘发俊原著；吴文焕改编；何
滨绘

北京 农村读物出版社 1984年 38页 13cm（64开）
统一书号：8267.30 定价：CNY0.17
（民间故事连环画库·维吾尔族民间故事）

J0075673

满山红　（上集）慕湘原著；李大发改编；傅琳，
柴山林绘
太原 山西人民出版社 1984年 126页 13cm（64开）
定价：CNY0.20
　　本书是中国故事连环画。

J0075674

漫游万鱼国　李伯连改编；吴炳德绘
广州 科学普及出版社广州分社 1984年 62页
13cm（64开）统一书号：8051.60266
定价：CNY0.12
　　中国现代连环画。

J0075675

慢慢来奇游　洪汛涛原著；石启忠改编；李刚绘
沈阳 辽宁美术出版社 1984年 62页 13cm（64开）
定价：CNY0.12
　　本书是中国故事连环画。

J0075676

盲人国醒梦　岳风改编；陈海，符海珍绘
广州 花城出版社 1984年 135页 13cm（64开）
定价：CNY0.25
（旅游连环画）
　　作者陈海，画家。曾用笔名田洋，海南琼山
人。毕业于广州美术学院。广州美术学院油画
系副教授，海口画院专职画师，海南省美术家协
会理事，海口市美协副主席。著有《艺术与生活：
陈海》。

J0075677

茅山风云　郑清风改编；胡志明绘
杭州 浙江人民美术出版社［1984年］102页
13cm（64开）定价：CNY0.23

J0075678

茅台侦察记　朱吉成编；赵虹绘
贵阳 贵州人民出版社 1984年 64页 13cm（64开）
统一书号：8115.1011 定价：CNY0.11
　　本书是中国现代革命故事连环画。

J0075679

没有航标的河流　筱篁改编
北京 中国电影出版社 1984年 147页 13cm（64开）
定价：CNY0.28
　　根据同名电影改编的连环画。作者筱篁，主
要改编的连环画作品有《白鸽》《霍元甲》《三个
和尚》等。

J0075680

梅花柄的匕首　任大霖编；方瑶民，方磊绘
上海 少年儿童出版社 1984年 190页 13cm（64开）
统一书号：R8024.51 定价：CNY0.29
　　本书是中国儿童故事连环画。

J0075681

梅岭战火　刘维仁改编；蔡超等绘
沈阳 辽宁美术出版社 1984年 190页 13cm（64开）
定价：CNY0.29
　　本书是中国革命故事连环画。作者蔡超
（1944—　），国家一级美术师。上海嘉定人。擅
长中国画人物创作，兼攻山水、花鸟以及连环
画。历任南昌画院院长、江西博物馆馆长、江西
省美术家协会主席，中国美术家协会江西分会理
事。代表作品有《集思》《扶臂》《天地间》《众志
成城》《毛主席在农村调查》等。

J0075682

煤气灶的风波　夏殿臣，张新同改编；张玉敏绘
济南 山东美术出版社 1984年 70页 13cm（64开）
定价：CNY0.13
（共产主义道德教育丛书）
　　根据张微小说《我发誓》改编的中国道德教
育故事连环画。

J0075683

美猴王出世　六龄童，徐克强改编；晓丁摄影
北京 中国戏剧出版社 1984年 124页 13cm（64开）
统一书号：8069.541 定价：CNY0.23
（《西游记》连环画丛书）
　　根据中国古典小说《西游记》改编的现代连
环画作品。

J0075684

美丽的娘阿莎　成皿编；雷务武绘
南宁 广西人民出版社 1984年 62页 13cm（64开）

定价：CNY0.12

本书是中国广西民间故事连环画。作者雷务武（1953—　），版画家、教授。别名雷务乙，广西南宁人，毕业于广西艺术学院。广西艺术学院美术学院院长、教授，广西美术家协会副主席。代表作品《中国高等院校美术教程：素描基础教程》《素描人像步骤》。

J0075685
美女骷髅　靳小春原著；田兆宏改编；景珊，郑伟摄影
延吉　延边人民出版社　1984年　141页　13cm（64开）
定价：CNY0.26
中国现代故事连环画。

J0075686
蒙古西侵　岳岗编；朱光玉绘
天津　天津人民美术出版社　1984年　124页　13cm（64开）统一书号：8073.30916
定价：CNY0.21
（中国历史演义故事画《宋史》2）

J0075687
蒙克历险记　李源改编；阳羽绘画
南京　江苏美术出版社　1984年　70页　有图
10×13cm　统一书号：8353.3.091　定价：CNY0.14
中国现代连环画。

J0075688
孟丽君　（上集）欧阳友徽改编；朱煦等摄影
长沙　湖南美术出版社　1984年　130页　13cm（64开）
定价：CNY0.23
中国历史故事连环画。

J0075689
孟丽君　（中集）欧阳友徽改编；朱煦等摄影
长沙　湖南美术出版社　1984年　142页　13cm（64开）
定价：CNY0.23
中国历史故事连环画。

J0075690
孟丽君　（下集）欧阳友徽改编；朱煦等摄影
长沙　湖南美术出版社　1984年　134页　13cm（64开）
定价：CNY0.22
本书是中国历史故事连环画。

J0075691
孟良盗马　李清洲改编；宗前修绘
北京　北京出版社　1984年　118页　13cm（60开）
统一书号：8071.513　定价：CNY0.23
（杨家将故事 5）
本书是依据中国古典小说《杨家将演义》改编的现代连环画。

J0075692
梦狼　（清）蒲松龄原著；刘畅改编；景启民绘
天津　天津人民美术出版社　1984年　70页　13cm（64开）　定价：CNY0.13
（《聊斋》故事）

J0075693
梦游昆虫国　曹筠改编；胡抗绘
长沙　湖南美术出版社　1984年　62页　13cm（64开）
定价：CNY0.12
（科学文艺连环画）

J0075694
密林深处的枪声　白杉编；张树奇，张国祥绘
呼和浩特　内蒙古人民出版社　1984年　70页　13cm（64开）统一书号：8089.159
定价：CNY0.14
本书是中国革命故事连环画。

J0075695
蜜蜂王国奇遇记　王培坤编绘
北京　科学普及出版社　1984年　13cm（64开）
定价：CNY0.17
中国现代连环画。

J0075696
妙香山上重逢　钱洪改编
北京　中国电影出版社　1984年　125页　13cm（64开）
定价：CNY0.32
根据同名电影改编的连环画。

J0075697
灭商封神　王益砾改编；谢春彦等绘
杭州　浙江人民美术出版社　1984年　126页　13cm（64开）统一书号：8156.451　定价：CNY0.16
（《封神演义》故事 6）
本书是依据中国古典小说《封神演义》改编

的现代连环画。

J0075698

灭武兴大唐　翟志华改编；崔君沛，成立绘
呼和浩特　内蒙古人民出版社 1984 年 127 页
13cm（64 开）定价：CNY0.23
（《薛刚反唐》16）
　　根据新编传统评书《薛刚反唐》改编的连环
画。描写唐代永徽元年至神龙元年武则天参政、
篡位到垮台的历史故事，全套共计 16 册。

J0075699

民族英雄什特凡　傅杰改编；怡声，勇文绘
哈尔滨　黑龙江美术出版社 1984 年 128 页
13cm（64 开）统一书号：8358.150
定价：CNY0.23
　　根据罗马尼亚米·萨多维亚努原著同名传记
小说改编的连环画。

J0075700

名优之死　田汉原著；雷云霄改编；沙月绘
天津　天津人民美术出版社 1984 年 94 页
10×13cm 统一书号：8073.30858 定价：CNY0.15
　　中国现代连环画。

J0075701

明春阁　陈双喜改编；侯春洋，王德亮绘
南京　江苏美术出版社 1984 年 78 页 13cm（64 开）
定价：CNY0.15
　　中国现代连环画。作者王德亮（1957— ），
画家。生于上海，祖籍杭州。上海工业美术设计
协会、现代漆画协会会员。

J0075702

明姑娘　孙建辉改编；吴春有绘
沈阳　辽宁美术出版社 1984 年 82 页 13cm（64 开）
定价：CNY0.14
　　中国现代革命战斗连环画。

J0075703

明金宁远之战　徐章瑞编；谢智良绘
武汉　长江文艺出版社 1984 年 124 页 13cm（64 开）
统一书号：8107.432 定价：CNY0.21
（中国历代战争故事画丛 3）
　　据中国历代战争故事改编的连环画。

J0075704

摩登舞星　覃琼改编；行公绘
广州　岭南美术出版社 1984 年 158 页 13cm（64 开）
定价：CNY0.26
　　本书是中国故事连环画。

J0075705

磨坊之役　（法）左拉原著；徐淦改编；徐芒耀绘
上海　上海人民美术出版社 1984 年 126 页
13cm（64 开）定价：CNY0.16
　　本书是根据法国同名原著改编的连环画。
收入 126 幅图。讲述了 1870 年普法战争中一个
故事。

J0075706

魔法戒指　（意）马场睦夫著；冯廷仪改编；韦
文峰绘
南宁　广西人民出版社 1984 年 102 页 13cm（64 开）
统一书号：8113.972 定价：CNY0.15
　　根据意大利同名著作改编的连环画。

J0075707

魔方大厦　（4）郑渊洁原著；亚旗改编；殷其
美绘
天津　天津人民美术出版社 1984 年 77 页
13cm（64 开）定价：CNY0.15
（系列童话）
　　本书是中国童话故事连环画。

J0075708

魔方大厦　（7）郑渊洁原著；亚旗改编；熊南
清绘
天津　天津人民美术出版社 1984 年 77 页
13cm（64 开）定价：CNY0.15
（系列童话）
　　本书是中国童话故事连环画。

J0075709

魔方大厦　（8）郑渊洁原著；亚旗改编；黄雨
金绘
天津　天津人民美术出版社 1984 年 69 页
13cm（64 开）定价：CNY0.14
（系列童话）
　　本书是中国童话故事连环画。

J0075710
魔方大厦 （9）郑渊洁原著；亚旗改编；谢凤岗，冯贵才绘
天津　天津人民美术出版社　1984 年　69 页
13cm（64 开）定价：CNY0.14
（系列童话）
　　本书是中国童话故事连环画。

J0075711
魔方大厦 （10）郑渊洁原著；亚旗改编；孟咨初绘
天津　天津人民美术出版社　1984 年　77 页
13cm（64 开）定价：CNY0.15
（系列童话）
　　本书是中国童话故事连环画。

J0075712
魔方大厦 （11）郑渊洁原著；亚旗改编；贾文涛，刘建平绘
天津　天津人民美术出版社　1984 年　69 页
13cm（64 开）定价：CNY0.14
（系列童话）
　　本书是中国童话故事连环画。

J0075713
魔方大厦 （12）郑渊洁原著；亚旗改编；彭国良绘
天津　天津人民美术出版社　1984 年　61 页
13cm（64 开）定价：CNY0.13
（系列童话）
　　本书是中国童话故事连环画。

J0075714
魔方大厦 （13）郑渊洁原著；亚旗改编；于化鲤绘
天津　天津人民美术出版社　1984 年　77 页
13cm（64 开）定价：CNY0.15
（系列童话）
　　本书是中国童话故事连环画。作者于化鲤
（1933—　），画家。又名于化，天津人。曾任天津人民美术出版社副总编。主要作品有《于化鲤漫画作品选集》《宝船》《有朋自远方来》等。

J0075715
魔海事件　林文烈等原著；张光奎改编，刘文

昌等绘画
石家庄　河北美术出版社　1984 年　94 页　有图
10×13cm　统一书号：8087.868　定价：CNY0.14
　　中国现代连环画。

J0075716
魔合罗　王东声改编；朱宇南，黄葵绘
福州　福建人民出版社　1984 年　146 页 13cm（64 开）
定价：CNY0.26
　　根据关汉卿剧作改编的中国戏剧故事连环画。作者朱宇南（1942—　），画家。福建莆田人。福建师范大学国画教研室副教授。出版有《速写与构图指南》《线描人物画指南》。

J0075717
魔合罗　郑荣华改编；童介眉绘
天津　天津人民美术出版社　1984 年　86 页
13cm（64 开）定价：CNY0.19
（传统戏曲故事）
　　中国戏剧故事连环画。

J0075718
魔林 （外国民间故事）纪华改编；徐通潮，白小锭绘
北京　人民美术出版社　1984 年　92 页 13cm（64 开）
统一书号：8027.9189　定价：CNY0.22
　　根据外国同名民间故事改编的连环画。

J0075719
魔球 （科学故事）刘芳改编；叶铁坚，蔡志明绘
广州　科学普及出版社广州分社　1984 年　62 页
13cm（64 开）定价：CNY0.14
　　科学普及连环画。

J0075720
魔椅　王亚法改编；邓柯绘
北京　中国少年儿童出版社　1984 年　94 页
13cm（64 开）定价：CNY0.13
　　根据英国 C.S. 路易斯的著名童话改编的连环画。

J0075721
魔掌脱险　兰芳改编；冯静丽绘
哈尔滨　黑龙江美术出版社　1984 年　107 页
13cm（64 开）统一书号：8358.115　定价：CNY0.20

中国故事连环画。

J0075722
母亲湖　王宾改编
北京 中国电影出版社 1984 年 157 页 13cm（64 开）
定价：CNY0.28
　　根据同名电影改编的连环画。

J0075723
牡丹魂　何冠奇改编；费文麓摄影
北京 中国戏剧出版社 1984 年 147 页 13cm（64 开）
定价：CNY0.28
　　中国戏剧连环画。

J0075724
牡丹仙女　（清）蒲松龄原著；张兆涵改编绘画
济南 山东美术出版社 1984 年 62 页 13cm（64 开）
统一书号：8332.230 定价：CNY0.12
（《聊斋志异》连环画丛书 聊斋志异故事选 14）

J0075725
木兰辞　王仲清绘
上海 上海人民美术出版社 1984 年 有图
19cm（32 开）统一书号：8081.13924
定价：CNY0.18
　　中国现代连环画。作者王仲清（1924—　），
画家、教授。生于四川成都，毕业于省立成都师
范美术科。曾任上海人民美术出版社创作员、上
海戏剧学院中国画教师，中国美术家协会会员，
中国禅画研究院名誉院长。作品有中国画《小三
峡》《胡笳十八拍》，连环画《阿诗玛》等。出版
有《王仲清画集》等。

J0075726
木棉袈裟　（上）朱光天编；卢德平，卢韵霖绘
广州 广东人民出版社 1984 年 126 页 13cm（64 开）
统一书号：8111.2512 定价：CNY0.31
　　中国现代民间故事连环画。

J0075727
木棉袈裟　（下）朱光天编；卢德平，卢韵霖绘
广州 广东人民出版社 1984 年 126 页 13cm（64 开）
统一书号：8111.2512 定价：CNY0.31
　　中国现代民间故事连环画。

J0075728
拿破仑　李大发编；徐福德绘
上海 上海人民美术出版社 1984 年 205 页
13cm（64 开）统一书号：8081.13957
定价：CNY0.30
（世界历史故事画库）
　　本书是法国近代人物故事连环画。

J0075729
哪吒　（上）徐春，唐凯改编
北京 中国电影出版社 1984 年 93 页 13cm（64 开）
定价：CNY0.39
　　根据同名电影改编的连环画。

J0075730
哪吒　（下）徐春，唐凯改编
北京 中国电影出版社 1984 年 93 页 13cm（64 开）
定价：CNY0.39
　　根据同名电影改编的连环画。

J0075731
奶奶进森林　休·洛夫廷原著；范延生译；史
成改编
北京 人民美术出版社 1984 年 46 页 有彩图
13cm（60 开）统一书号：8027.9003 定价：CNY0.27
　　中国现代连环画。

J0075732
南北大侠　余意改编；周昌华等绘
重庆 重庆出版社 1984 年 132 页 有图
10×13cm 统一书号：8114.106 定价：CNY0.20
　　中国现代连环画。

J0075733
南窗风口　林微润改编；朱基元，蔡玉英绘
福州 福建人民出版社 1984 年 110 页 13cm（64 开）
定价：CNY0.22
　　作者朱基元（1949—　），画家。江西南康人。
福建省艺术馆画家，艺术工程设计师。出版有《壁
画百图》《中国古代神话人物工笔画选》。

J0075734
南瓜锅　邓永隆编；黄宗海，黄宗祥绘
南宁 广西人民出版社 1984 年 78 页 13cm（64 开）
统一书号：8113.934 定价：CNY0.12

中国现代连环画。

J0075735

南疆侦察兵　王刚原著；孙军改编；赵文远绘
南京　江苏美术出版社　1984 年　118 页　有图
10×13cm　统一书号：8353.3.076　定价：CNY0.20
　　中国现代连环画。

J0075736

南柯一梦　（明）汤显祖原著；水登改编；梁成，
肖鸿摄影
北京　中国戏剧出版社　1984 年　154 页　13cm（64 开）
统一书号：8069.458　定价：CNY0.30
　　根据中国戏剧故事改编的连环画。

J0075737

南拳王　（下册）朱金河编文、摄影
广州　花城出版社　1984 年　125 页　13cm（64 开）
定价：CNY0.23
（影视世界丛书）
　　中国武术连环画。

J0075738

南拳王　曹利祥，梁建生改编；赵克标绘
广州　岭南美术出版社　1984 年　146 页　13cm（64 开）
统一书号：8260.0993　定价：CNY0.27
（中国武术连环画）
　　根据同名电影改编。

J0075739

闹江州　施耐庵原著；张企荣改编；周申绘
上海　上海人民美术出版社　1984 年　142 页
13cm（60 开）定价：CNY0.25
（水浒故事）
　　本书是依据中国古典小说《水浒全传》改编
的现代连环画。作者张企荣，连环画艺术家。作
品有《中国四大古典文学名著(连环画·袖珍版)》
《杨宗保之死》等。绘者周申（1943—　），连环
画家。浙江诸暨人，毕业于中央美术学院附中。
曾任山东菏泽地区展览馆艺术馆美术干部，山
东美术出版社美术编辑，中国美术家协会会员。
代表作品有《四笔阎王账》《中国历史演义故事
画——宋史》《当代连环画精品集·周申》等。

J0075740

闹九江　肇明，袁春松改编；晓丁摄影
北京　中国戏剧出版社　1984 年　124 页　13cm（64 开）
统一书号：8069.546　定价：CNY0.23
　　中国戏剧连环画。

J0075741

闹秦廷　刘延龄编文；孔昭平绘画
长春　吉林人民出版社　1984 年　62 页　有图
10×13cm　统一书号：8091.1659　定价：CNY0.12
（东周列国　20）
　　中国现代连环画。

J0075742

闹秦延　刘延龄编；孔昭平绘
长春　吉林人民出版社　1984 年　62 页　13cm（60 开）
定价：CNY0.12
（东周列国　20）
　　本书是依据中国古典小说《东周列国志》改
编的现代连环画。

J0075743

能高山上的塔林石　杨荔编；徐英培绘
西安　陕西少年儿童出版社　1984 年　62 页
13cm（64 开）统一书号：R8303.11　定价：CNY0.12
（台湾民间传说画丛）
　　本书是中国台湾民间故事连环画。

J0075744

能媳妇　肖杨改编；孙建东绘
昆明　云南人民出版社　1984 年　94 页　有图
10×13cm　统一书号：R8116.1190　定价：CNY0.18
　　根据郑九婵同名小说改编的连环画。作者
孙建东（1952—　），画家。出生于上海。毕业于
云南艺术学院美术系。云南艺术学院美术学院
中国画专业教授，中国美术家协会会员，第六届
云南美术家协会副主席。代表作品有《孔雀红梅》
《流沙河之歌》《共同的希望》

J0075745

尼尔斯骑鹅旅行记　蒋淑均，史平改编；隆义
等绘
北京　人民美术出版社　1984 年　5 册　13cm（64 开）
定价：CNY1.60
　　根据瑞典塞尔玛·拉格洛孚同名著作改编的

连环画。

J0075746

泥人常传奇 （一）柳兰改编
北京 中国电影出版社 1984 年 125 页 13cm（64 开）
统一书号：8061.2415 定价：CNY0.23
　　根据同名电影改编的连环画。

J0075747

泥人常传奇 （二）柳兰改编
北京 中国电影出版社 1984 年 125 页 13cm（64 开）
统一书号：8061.2416 定价：CNY0.23
　　根据同名电影改编的连环画。

J0075748

你会画吗 杨达三，周光荣，李衡岳编绘
长沙 湖南少年儿童出版社 1984 年 48 页
有彩图 17×19cm 统一书号：R8280.96
定价：CNY0.52
（独生子女家庭必备 幼儿绘画练习）
　　中国现代连环画。

J0075749

你会认吗？——幼儿常识教育 刘建峰等编
写；邱均毓绘图
长沙 湖南少年儿童出版社 1984 年 60 页
有彩图 17×19cm 统一书号：R8280.101
定价：CNY0.64
（独生子女家庭必备丛书）
　　中国现代连环画。

J0075750

你在想什么？ 顾笑言原著；杨根相编；沈虎绘
上海 上海人民美术出版社 1984 年 150 页 有图
10×13cm 统一书号：8081.14064 定价：CNY0.23
　　中国现代连环画。

J0075751

年轻的朋友们 夏和平，孙宏华改编；孙宏华
摄影
北京 中国戏剧出版社 1984 年 147 页 13cm（64 开）
统一书号：8069.544 定价：CNY0.28
　　中国戏剧连环画。

J0075752

捻军勇挫李鸿章 金谷改编；邹莉绘
岭南 岭南美术出版社 1984 年 158 页 有图
10×13cm 统一书号：8260.0994 定价：CNY0.28
　　中国现代连环画。

J0075753

聂尔曼和诺尔美 晓竹编；丁川，胡焕然绘
北京 中国民间文艺出版社 1984 年 94 页
13cm（64 开）统一书号：8229.0023
定价：CNY0.19
（天方夜谭 6）
　　阿拉伯国家著名民间故事改编的连环画。

J0075754

聂小倩 （清）蒲松龄原著；郭子宣改编；杨文
仁绘
济南 山东美术出版社 1984 年 新 1 版 78 页
13cm（64 开）定价：CNY0.14
（《聊斋志异》连环画丛书 聊斋志异故事选 19）
　　作者郭子宣（1923— ），山东潍坊人，毕业
于潍坊市职工业余大学。曾任潍坊市图书馆副
馆长，中国书法家协会会员，中国博物馆学会会
员，中国老年书画研究会会员，山东省摄影家协
会会员，山东省博物馆、考古、民俗学会会员。
绘者杨文仁（1941— ），画家。生于山东青岛。
山东师范学院艺术系中国画专业毕业。曾任泰
安师范美术教师、山东省艺术馆美术干部、山东
师范大学美术系教师，山东省美术馆一级美术
师，山东省美术家协会副主席。出版有《杨文仁
花鸟画集》《杨文仁国画精品集》《荷花画法》等。

J0075755

聂政刺奸贼 陈克吾改编；侯中曦等绘画
广州 广东人民出版社 1984 年 126 页 有图
10×13cm 统一书号：8111.2457 定价：CNY0.26
（少年连环画库）
　　中国现代连环画。

J0075756

牛郎织女 袁珂原著；张锡昌改编；吴大成绘画
上海 上海人民美术出版社 1984 年 62 页
10×13cm 统一书号：8081.13561 定价：CNY0.09
　　中国古代神话故事连环画。

J0075757

怒铡陈世美 （包公故事）张玉生改编；刘端，刘进安绘

郑州 河南人民出版社 1984 年 118 页 13cm（64 开）

定价：CNY0.19

　　中国民间故事连环画。

J0075758

女大学生宿舍 辜朗辉编文；赵俊宏，王廷任摄影

广州 花城出版社 1984 年 156 页 13cm（64 开）

统一书号：8261.80 定价：CNY0.28

（影视世界丛书）

　　根据同名电影故事改编的连环画。

J0075759

女民警 张卫华等原著；双双改编，汤继明绘画

南京 江苏美术出版社 1984 年 70 页 有图

10×13cm 统一书号：8353.3.042 定价：CNY0.13

J0075760

女仆马尔基娜 晓竹编；郑叔方绘

北京 中国民间文艺出版社 1984 年 94 页

13cm（64 开）统一书号：8229.0021

定价：CNY0.19

（天方夜谭 4）

　　据阿拉伯国家民间文学名著改编的连环画。

J0075761

女人的一生 王云光改编；晓丁摄影

北京 中国戏剧出版社 1984 年 156 页 13cm（64 开）

定价：CNY0.28

　　中国戏曲连环画。

J0075762

女英雄古丽雅 毛永煌改编；张正刚等绘画

南京 江苏美术出版社 1984 年 110 页 有图

10×13cm 统一书号：8353.3.097 定价：CNY0.19

　　根据《古丽雅的道路》改编的连环画。

J0075763

女英雄贺英 何泥改编；周世范绘

沈阳 辽宁美术出版社 1984 年 122 页 13cm（64 开）

统一书号：7161.0371 定价：CNY0.19

　　本书是中国革命英雄故事连环画。

J0075764

女英雄贞德 余志森，裴愉发编；罗兴绘

上海 上海人民美术出版社 1984 年 158 页

13cm（64 开）定价：CNY0.24

（世界历史故事画库）

　　本书是法国历史故事连环画。收入 158 幅图。

J0075765

女中英烈 （徐全直烈士的故事）蔡之湘编文；吴元奎绘画

南京 江苏美术出版社 1984 年 132 页 有图

10×13cm 统一书号：8353.3.060 定价：CNY0.22

　　中国现代连环画。

J0075766

欧也妮·葛朗台 （法）巴尔扎克原著；徐礼娴改编；苏正刚绘

成都 四川人民出版社 1984 年 184 页 13cm（64 开）

定价：CNY0.37

　　根据法国文学名著改编的连环画。绘者苏正刚（1937—1993），画家。上海人。中国美术家协会会员，中国版画协会会员。擅长连环画、版画、中国画。

J0075767

欧洲纪事 徐抗生改编；曹忆勇，吴孝荣摄影

上海 上海人民美术出版社 1984 年 173 页

13cm（64 开）统一书号：8081.14125

定价：CNY0.34

　　中国戏剧连环画。

J0075768

潘虎 贺建文改编；贺萱华绘画

长沙 湖南少年儿童出版社 1984 年 78 页 有图

10×13cm 统一书号：R8280.105 定价：CNY0.13

　　本书是《中学语文画库》初中第五册连环画。

J0075769

盘古河畔的传说 刘影改编；陆新森绘

哈尔滨 黑龙江美术出版社 1984 年 65 页

13cm（64 开）定价：CNY0.14

　　本书是中国民间故事连环画。

J0075770

叛逆 赵元星改编；于成业绘

广州 岭南美术出版社 1984 年 158 页 13cm（64 开）
定价：CNY0.28
（世界文学名著）

　　根据苏联高尔基著长篇小说《福玛·高杰耶夫》改编的连环画。作者于成业（1950—　　），画家。山东文登县人。中国美术家协会广东分会会员，人民日报神舟书画院画师。代表作品有《五洲乐》《千禧年》《古堡女奴》等。

J0075771
裴多菲　张斐编；周全友绘
南京 江苏美术出版社 1984 年 142 页 13cm（60 开）
统一书号：8353.3.104 定价：CNY0.30
　　匈牙利近代优秀文学家故事连环画。

J0075772
裴元庆全传　于干改编；庞先健绘画
重庆 重庆出版社 1984 年 92 页 有图
10×13cm 统一书号：8114.99 定价：CNY0.15
（《说唐》人物谱）

　　中国现代连环画。绘者庞先健（1951—　　），画家。浙江杭州萧山人。擅长中国画、连环画。中国美协连环画艺术委员会委员。作品有《明清故事精选》《中国风俗图像解说》《三国大计谋》等。

J0075773
朋嘎尔牧歌　王云甫编文；阮班超绘画
西宁 青海人民出版社 1984 年 1108 页 有图
10×13cm 统一书号：8097.530 定价：CNY0.17
　　中国现代连环画。

J0075774
彭大将军　碧青改编；张树军绘
长沙 湖南美术出版社 1984 年 110 页 13cm（64 开）
定价：CNY0.19
　　中国现代优秀红军将领故事连环画。

J0075775
彭大将军　袁玮大改编；沈尧伊绘
天津 天津人民美术出版社 1984 年 34 页
19cm（小 32 开）定价：CNY0.41
　　中国现代优秀红军将领故事连环画。

J0075776
彭德怀"坐"轿　思今改编；赖尚平等绘
北京 农村读物出版社 1984 年 59 页 13cm（64 开）
统一书号：8267.46 定价：CNY0.15
　　中国现代优秀红军将领故事连环画。

J0075777
彭总扶我上战马　张映文原著；齐嘉改编；高泉绘
北京 人民美术出版社 1984 年 58 页 有图
11×13cm 统一书号：8027.9025 定价：CNY0.11
　　根据张映文的小说《扶我上战马的人》改编的连环画。作者高泉（1936—2014），油画家、教授。安徽蚌埠人。解放军艺术学院教授，中国革命军事博物馆创作室主任，中国美协会员，威海海洋画院院长。代表作包括《大海》《肃秋》《英雄交响》《黄河壶口》。出版有《海之歌——高泉海景画集》。

J0075778
澎湖列岛的传说　杨荔编；张乃勇绘
西安 陕西少年儿童出版社 1984 年 62 页
13cm（64 开）统一书号：R8303.1 定价：CNY0.12
（台湾民间传说画丛）
　　中国台湾民间故事连环画。

J0075779
琵琶缘　茗华改编；张晓飞绘
南京 江苏美术出版社 1984 年 126 页 13cm（64 开）
定价：CNY0.20
　　根据胡忠实同名电影文学剧本改编的连环画。

J0075780
骗子们　任宝贤改编；邵瑞刚，段震中绘
北京 人民美术出版社 1984 年 86 页 13cm（64 开）
定价：CNY0.11
　　根据俄国亚·尼·奥斯特洛夫斯基话剧《一报还一报》改编的连环画。

J0075781
漂泊的少女　程子君改编；蒙复旦绘画
广州 花城出版社 1984 年 141 页 有图
10×13cm 统一书号：8261.103 定价：CNY0.39
（旅伴连环画库）

J0075782
漂泊奇遇　殷敦煌编
上海　上海人民美术出版社　1984 年　142 页　有图
10×13cm　统一书号：8081.14030　定价：CNY0.25
中国现代连环画。

J0075783
漂流　王礼炳，沈石原著；李玲改编；朱基元绘
福州　福建人民出版社　1984 年　126 页　13cm（64 开）
定价：CNY0.21
本书是中国故事连环画。

J0075784
飘零者　史方改编；雷德祖，星河绘
长沙　湖南美术出版社　1984 年　134 页　13cm（64 开）
定价：CNY0.22
根据晓鹿同名电影文学剧本改编的连环画。

J0075785
平定西川　罗贯中原著；刘筑琴改编；杨雨青
绘
西安　陕西人民美术出版社　1984 年　118 页
13cm（60 开）统一书号：8199.688
定价：CNY0.20
（《三国演义》连环画 12）

J0075786
平津决战　张盛良改编；王师颉绘
长沙　湖南美术出版社　1984 年　134 页　13cm（64 开）
定价：CNY0.22
根据同名话剧改编的连环画。

J0075787
平原枪声　（1）李晓明等原著；曹治淮改编；
段秀苍绘画
石家庄　河北美术出版社　1984 年　158 页　有图
10×13cm　统一书号：8087.908　定价：CNY0.24
中国现代连环画。

J0075788
平原枪声　（2）李晓明等原著；曹治淮改编；
施胜辰绘画
石家庄　河北美术出版社　1984 年　158 页　有图
10×13cm　统一书号：8087.909　定价：CNY0.24
中国现代连环画。

J0075789
平原枪声　（3）曹治淮改编；段秀苍等绘
石家庄　河北美术出版社　1984 年　166 页
13cm（60 开）定价：CNY0.26
根据中国革命故事改编的连环画。

J0075790
平原枪声　（4）曹治淮改编；段秀苍等绘
石家庄　河北美术出版社　1984 年　166 页
13cm（60 开）定价：CNY0.26
根据中国革命故事改编的连环画。

J0075791
平原枪声　（1）李晓明，韩安庆原著；辛冰改
编；谷照恩，李重新绘
天津　天津人民美术出版社　1984 年　126 页
13cm（60 开）统一书号：8073.30925
定价：CNY0.23
根据中国革命故事改编的连环画。

J0075792
平原枪声　（2）李晓明，韩安庆原著；辛冰改
编；谷照恩，李重新绘
天津　天津人民美术出版社　1984 年　134 页
13cm（60 开）统一书号：873.30926
定价：CNY0.23
根据中国革命故事改编的连环画。

J0075793
平原枪声　（4）李晓明等原著；辛冰改编；谷
照恩等绘画
天津　天津人民美术出版社　1985 年　132 页　有图
10×13cm　统一书号：8073.30928　定价：CNY0.27
中国现代连环画。

J0075794
平原枪声　（5）李晓明等原著；辛冰改编；谷
照恩等绘画
天津　天津人民美术出版社　1985 年　174 页　有图
10×13cm　统一书号：8073.30929　定价：CNY0.40
中国现代连环画。

J0075795
平原枪声　（3）辛冰改编；谷照恩，李重新绘
天津　天津人民美术出版社　1985 年　126 页

10×13cm 统一书号：8073.30927 定价：CNY0.26
中国现代连环画。

J0075796
鄱阳湖大战　石山编；李文龙绘
北京 中国文联出版公司 1984 年 105 页
13cm（64 开）定价：CNY0.25
（明代开国英烈传 7）
中国明代历史故事连环画。

J0075797
破壁记　（昔憬的故事）刘壮改编；李斌，王亚
卿绘
北京 农村读物出版社 1984 年 134 页 13cm（64 开）
统一书号：8267.38 定价：CNY0.25
中国现代故事连环画。

J0075798
破敌堡　可蒙改编；江绚秋绘
上海 上海人民美术出版社 1984 年 2 版 149 页
13cm（64 开）定价：CNY0.23
（变天记 4）
中国现代革命故事连环画，1965 年 4 月第
1 版。

J0075799
破姑苏　向平编；王红，王卫绘
北京 中国文联出版公司 1984 年 89 页
13cm（64 开）定价：CNY0.22
（明代开国英烈传 8）
中国明代历史故事连环画。

J0075800
剖腹辨冤　杨根相编；钱定华，沈君曼绘
上海 上海人民美术出版社 1984 年 110 页
13cm（64 开）统一书号：8081.14139
定价：CNY0.23
（唐代历史故事 10）
本书是根据中国唐代历史故事改编的连
环画。

J0075801
铺满红叶的小路　筱篁改编
北京 中国电影出版社 1984 年 125 页 13cm（64 开）
定价：CNY0.23

根据同名电影改编的连环画。作者筱篁，主
要改编的连环画作品有《白鸽》《霍元甲》《三个
和尚》等。

J0075802
蒲松龄　孙中晓编；曾平，凤金绘
南京 江苏美术出版社 1984 年 174 页 13cm（64 开）
定价：CNY0.28
（中国古代文学家的故事）
中国古代文学家故事连环画。

J0075803
七擒孟获　罗贯中原著；李巧玲改编；崔君沛，
郑立绘
西安 陕西人民美术出版社 1984 年 158 页
13cm（60 开）统一书号：8199.692
定价：CNY0.26
（《三国演义》连环画 16）

J0075804
七星剑　唐福春改编；肖天智绘
贵阳 贵州人民出版社 1984 年 102 页 13cm（64 开）
定价：CNY0.17
中国古代民间故事连环画。

J0075805
七英雄结义　鲁西改编；朱光玉绘
北京 中国曲艺出版社 1984 年 126 页 13cm（64 开）
定价：CNY0.22
（朱元璋演义 2）
明史演义连环画。绘者朱光玉（1928—　），
连环画家。生于上海，祖籍江苏盐城。作品有《岳
飞传》《苏姣姣》《一代名优》《宋景诗》《林则
徐》等。

J0075806
妻兄杀人案　张哲基，鸣迟改编；晓丁摄影
北京 中国戏剧出版社 1984 年 125 页 13cm（64 开）
统一书号：8069.756 定价：CNY0.26
中国戏剧连环画。

J0075807
戚继光招兵　尹世霖诗；于大武绘
北京 人民美术出版社 1984 年 14 页 有彩图
13cm（60 开）折页装 统一书号：8027.9224

定价：CNY0.14

中国现代连环画。

J0075808

齐天大圣　潘彩英改编；辛宽良，林震绘

沈阳 辽宁美术出版社 1984 年 62 页 13cm（60 开）

定价：CNY0.11

（小学生画库 语文辅助读物）

J0075809

齐天大圣　小力改编；李扬绘

北京 中国文艺联合出版公司 1984 年 15 页

13cm（60 开）定价：CNY0.14

（《西游记》故事 6）

本书是依据中国古典小说《西游记》改编的
现代连环画。

J0075810

奇怪的小猎人　苏文改编；魏承德绘画

武汉 湖北少年儿童出版社 1984 年 86 页 有图

10×13cm 统一书号：R8305.22 定价：CNY0.16

根据同名小说改编的连环画。

J0075811

奇花　陈模原著；庄宏安编；张峻松绘

上海 上海人民美术出版社 1984 年 166 页 有图

10×13cm 统一书号：8081.13921 定价：CNY0.25

（少年儿童画库）

中国现代少年儿童连环画。

J0075812

奇婚记　王以平原著；方芳改编；王征绘

福州 福建人民出版社 1984 年 74 页 13cm（64 开）

统一书号：8173.729 定价：CNY0.12

中国现代连环画。

J0075813

奇梦异境　范芝改编；林晓绘

北京 人民美术出版社 1984 年 62 页 17×18cm

统一书号：8027.8886 定价：CNY2.90

本画册根据清代王晫《看花述异记》改编。
它通过梦幻形式，以奇异的情节和优美的形象，
表达了人们对美好事物的追求，赞美了人们的高
尚情操。

J0075814

奇人怪想　郑之同改编；孙鸿绘

重庆 重庆出版社 1984 年 61 页 13cm（64 开）

定价：CNY0.11

根据叶永烈著同名科幻小说改编的连环画。

J0075815

奇袭蜂娘洞　杨春峰改编；陈水远绘

天津 天津人民美术出版社 1984 年 134 页

13cm（64 开）统一书号：8073.30891

定价：CNY0.17

根据张熙，杨韩著《瑶山密林》改编的中国
现代革命战斗连环画。

J0075816

奇袭乌龙镇　安可君改编；陈知新，孟庆江绘

兰州 甘肃人民出版社 1984 年 78 页 10cm（64 开）

定价：CNY0.15

（三打乌龙镇 6）

中国现代革命战斗连环画。

J0075817

奇异的战车赛　高云原著；国帼改编；姚重庆绘

天津 天津人民美术出版社 1984 年 62 页

13cm（64 开）定价：CNY0.15

（古奥运会传奇）

世界体育运动史连环画。绘者姚重庆
（1943—　），山东济南人，毕业于中央美术学院
附中。擅长油画、连环画、年画。曾任天津人民
美术出版社美术编审、中国出版社工作部协会年
画艺术委员会秘书长。主要作品《彭大将军》《油
画展厅》《周恩来的青少年时代》等。

J0075818

奇冤昭雪记　张仲祥改编；刘金初，谢力行摄影

北京 中国戏剧出版社 1984 年 125 页 13cm（64 开）

定价：CNY0.23

中国戏剧连环画。

J0075819

棋魂　郑文侠改编；许金群绘

北京 人民体育出版社 1984 年 94 页 10×13cm

统一书号：8015.139 定价：CNY0.15

（体育连环画册）

根据同名电视剧改编。

J0075820

蕲蛇老人传　李自由改编；郑一呼绘

长沙 湖南美术出版社 1984 年 110 页 13cm（64 开）

定价：CNY0.19

　　本书是中国故事连环画。

J0075821

气球上的五星期　（法）儒勒·凡尔纳原著；刘静怡改编；张春新绘

哈尔滨 黑龙江科学技术出版社 1984 年 107 页 13cm（64 开）统一书号：8217.029 定价：CNY0.20

　　根据法国儒勒·凡尔纳同名小说改编的连环画。

J0075822

气球探险记　王远改编；黄宗湖绘

南宁 广西人民出版社 1984 年 122 页 13cm（64 开）

定价：CNY0.21

　　根据法国儒勒·凡尔纳同名小说改编的连环画。作者黄宗湖（1955— ），编审、教授。广西玉林人，毕业于无锡轻工业学院设计系和日本爱知县立艺术大学。历任广西美术出版社总编辑、中国书籍装帧艺术委员会常务理事、广西书籍装帧艺术委员会主任，中国美术家协会会员，广西美术家协会理事，广西书画院国画家。代表作品《当代中国画技法赏析》。

J0075823

弃"官"回山　小力改编；赵品逸绘

北京 中国文艺联合出版公司 1984 年 14 页 13cm（60 开）定价：CNY0.14

（《西游记》故事 5）

　　本书是依据中国古典小说《西游记》改编的现代连环画。

J0075824

千古忠烈　于秀溪编；周申绘

天津 天津人民美术出版社 1984 年 116 页 13cm（64 开）定价：CNY0.20

（中国历史演义故事画《宋史》17）

　　作者于秀溪（1939— ），作家、诗人、书法家。原名于秀锡。河北灵寿县人，毕业于广播学院新闻系。曾任中国美术出版社副编审、《连环画报》主编、中国诗书画院研究员。主要作品有《哪吒传》《岳云寻父记》《审美心理学》等。绘者周申（1943— ），连环画家。浙江诸暨人。毕业于中央美术学院附中。曾任山东菏泽地区展览馆艺术馆美术干部、山东美术出版社美术编辑，中国美术家协会会员。代表作品有《四笔阎王账》《中国历史演义故事画——宋史》《当代连环画精品集·周申》等。

J0075825

钱四娘　王深编；卓家棋绘

福州 福建人民出版社 1984 年 58 页 13cm（64 开）统一书号：8173.759 定价：CNY0.11

　　中国现代故事连环画。

J0075826

钱秀才错占凤凰俦　（明）冯梦龙原著；郭福平改编；裘国骧绘

广州 岭南美术出版社 1984 年 101 页 13cm（60 开）

定价：CNY0.23

（古代白话小说选）

　　据中国古代白话小说改编的连环画。

J0075827

潜水娃（公正的判决）蔡宇征，陈秋影编；黄毅民，马际绘

北京 海洋出版社 1984 年 62 页 13cm（64 开）

定价：CNY0.10

　　中国现代连环画。

J0075828

潜水娃（海洋托儿所）蔡宇征，陈秋影编；黄毅民，马际绘

北京 海洋出版社 1984 年 62 页 13cm（64 开）

定价：CNY0.10

　　中国现代连环画。

J0075829

潜水娃（海洋运动会）蔡宇征，陈秋影编；黄毅民，马际绘

北京 海洋出版社 1984 年 62 页 13cm（64 开）

定价：CNY0.10

　　中国现代连环画。

J0075830

潜水娃（娃娃查户口）蔡宇征，陈秋影编；黄毅民，马际绘

北京 海洋出版社 1984 年 62 页 13cm（64 开）
定价：CNY0.10
　　中国现代连环画。

J0075831
潜水娃 （珍贵的海药）蔡宇征，陈积影编；黄毅民，马际绘
北京 海洋出版社 1984 年 62 页 13cm（64 开）
定价：CNY0.10
　　中国现代连环画。

J0075832
强中更有强中手　孙锦常编文；卢延光绘
广州 岭南美术出版社 1984 年 108 页 有图
10×13cm 统一书号：8260.0991 定价：CNY0.21
　　中国现代连环画。

J0075833
敞开的窗户　迟犀改编
北京 中国电影出版社 1984 年 93 页 13cm（64 开）
统一书号：8061.2334 定价：CNY0.18
　　中国电影故事连环画。

J0075834
乔太守乱点鸳鸯谱　卓夫改编；郑毓敏，何惟明绘
福州 福建人民出版社 1984 年 94 页 13cm（60 开）
定价：CNY0.16
（古代白话小说连环画）

J0075835
巧布迷阵　杜春雷改编；乔长义，孙福林绘
哈尔滨 黑龙江美术出版社 1984 年 144 页
13cm（64 开）统一书号：8358.109
定价：CNY0.25
（《烈火金钢》故事 2）
　　根据中国革命故事改编的连环画。

J0075836
巧计　洪敬业改编；曾佑瑄画
北京 人民美术出版社 1984 年 14 页 有彩图
13cm（60 开）统一书号：8027.9058 定价：CNY0.14
　　根据阿拉伯童话改编的连环画。

J0075837
巧计过敌卡　黄汉改编；茅志云绘
福州 福建人民出版社 1984 年 62 页 13cm（64 开）
统一书号：8173.764 定价：CNY0.11
　　根据凌峰的革命回忆录《银洋的故事》改编的连环画。

J0075838
巧女的故事　沈汉武改编；李立绘画
武汉 长江文艺出版社 1984 年 有图 10×13cm
统一书号：8107.553 定价：CNY0.14
　　本书是连环画，包含"巧巧"、"难难他"、"秀娘"、"巧匠认输"、"姑娘的嫁妆"等故事。

J0075839
巧媳妇　（湖南民间故事）曾益凡改编；彭本人绘
长沙 湖南美术出版社 1984 年 62 页 13cm（64 开）
定价：CNY0.12
　　中国民间故事连环画。作者彭本人（1945— ），编辑。湖南桂阳人，毕业于湖南师范学院美术系。擅长中国画、连环画。中国美术家协会会员。主要作品有《中国姑娘》《三十八颗人头》《欧阳海》《银妆》《两代人》等。

J0075840
巧战顽敌　李英儒原著；李冰改编；李木林绘
沈阳 辽宁美术出版社 1984 年 86 页 13cm（64 开）
定价：CNY0.14
　　根据李英儒《敢叫敌血染刀红》改编的连环画。作者李冰（1962— ），《创业者》杂志美术编辑。

J0075841
巧捉潘仁美　段剑秋，郝琳水改编；张辉绘
哈尔滨 黑龙江人民出版社 1984 年 94 页
13cm（60 开）定价：CNY0.17
（杨家将故事）
　　本书是依据中国古典小说《杨家将演义》改编的现代连环画。

J0075842
窃国大盗　贾秉恒改编；王征绘
石家庄 河北美术出版社 1984 年 178 页
13cm（64 开）统一书号：8087.849 定价：CNY0.24
　　根据胡月伟等同名电影剧本改编的连环画。

J0075843

钦差大臣　（俄）果戈里原著；章晶改编；邓珂绘
天津　天津人民美术出版社 1984 年 173 页
13cm（64 开）定价：CNY0.24
（外国文学名著选编）
　　根据俄果戈里小说《钦差大臣》改编的连
环画。

J0075844

钦命大侠　文刃改编；景新摄影
延吉　延边人民出版社 1984 年 157 页 13cm（64 开）
定价：CNY0.33
　　根据同名电影改编的连环画。

J0075845

秦晋淝水之战　张习孔原著；陈策贤等改编；
苟孟章等绘
西安　陕西人民美术出版社 1984 年 115 页
13cm（64 开）统一书号：8199.583 定价：CNY0.20
（中国古代战争故事 4）
　　据中国历代战争故事改编的连环画。

J0075846

秦穆公霸业　远祁编；韦智仁，闭克绘
南宁　广西人民出版社 1984 年 122 页 13cm（64 开）
定价：CNY0.18
（中国历史故事连环画 12）

J0075847

秦齐争雄　袁川编；绍昆，杜宇绘
南宁　广西人民出版社 1984 年 136 页 13cm（64 开）
定价：CNY0.20
（中国历史故事连环画 16）

J0075848

秦王李世民　砚子编；谢开基，肖纬绘
南宁　广西人民出版社 1984 年 169 页 13cm（64 开）
定价：CNY0.23
（中国历史故事连环画 33）

J0075849

秦王李世民　颜海平原著；春夫改编；方隆昌绘
长沙　湖南美术出版社 1984 年 149 页 13cm（64 开）
定价：CNY0.25
　　中国唐代历史故事连环画。

J0075850

秦王嬴政　袁川编；何纬仁，吴美才绘
南宁　广西人民出版社 1984 年 154 页 13cm（64 开）
统一书号：8113.942 定价：CNY0.21
（中国历史故事连环画 18）

J0075851

擒豹英雄　阿祥编文；陈德彬绘
昆明　云南人民出版社 1984 年 69 页 有图
10×13cm 统一书号：R8116.1192 定价：CNY0.14
　　中国现代连环画。

J0075852

擒智囊　白文宏改编；冰帆绘
沈阳　辽宁美术出版社 1984 年 78 页 13cm（64 开）
定价：CNY0.14
　　本书是中国革命故事连环画。

J0075853

青春之歌　（下）庚西，戈兵改编；谢志高，宋
雅丽绘
石家庄　河北美术出版社 1984 年 166 页
13cm（64 开）定价：CNY0.25
　　本书是中国革命故事连环画。

J0075854

青凤　（清）蒲松龄原著；张峻声改编；张兆涵，
周申绘
济南　山东美术出版社 1984 年 新 1 版 62 页
13cm（64 开）定价：CNY0.12
（《聊斋志异》连环画丛书 聊斋志异故事选 2）

J0075855

青龙山破敌　薛蔚改编；来汶阳，王重英绘
福州　福建人民出版社 1984 年 92 页 10×13cm
统一书号：8173.844 定价：CNY0.16
（《说岳全传》之十）
　　根据古典小说《说岳全传》改编的本书是中
国现代连环画册。

J0075856

青龙镇传奇　（上）匡况编；吴宇方绘
长春　吉林人民出版社 1984 年 166 页 13cm（64 开）
统一书号：8091.1631 定价：CNY0.25
　　本书是中国民间故事连环画。

J0075857

青龙镇传奇 （下）匡况编；吴宇方绘
长春 吉林人民出版社 1984 年 174 页 13cm（64 开）
统一书号：8091.1632 定价：CNY0.26
　　本书是中国民间故事连环画。

J0075858

青面兽杨志 柏石山改编；盛鹤年绘
沈阳 辽宁美术出版社 1984 年 146 页 13cm（60 开）
统一书号：7161.0342 定价：CNY0.22
（《水浒全传》人物故事）
　　本书是依据中国古典小说《水浒全传》改编
的现代连环画。作者盛鹤年（1938—2010），连环
画家，江苏江阴人。上海市美术家协会会员。出
版有《扬州除霸》《白描人物十招》《中国画白描
基础》《中国古代人物线描画谱》等。

J0075859

青鸟 （法）多尔诺瓦夫人原著；丁立平编绘
南京 江苏美术出版社 1984 年 94 页 有图
10×13cm 统一书号：8353.3.022 定价：CNY0.16
　　中国现代连环画。

J0075860

青牛怪 何棱改编；范马迪绘
成都 四川少年儿童出版社 1984 年 62 页
9cm（128 开）定价：CNY0.06
（小小连环画 第 8 辑《西游记》故事 14）
　　根据中国古典小说《西游记》改编的现代连
环画作品。

J0075861

清江壮歌 马识途等著；张宇改编；蔡国栋绘
沈阳 辽宁美术出版社 1984 年 190 页 13cm（64 开）
统一书号：7161.0406 定价：CNY0.29
　　本书是中国故事连环画。

J0075862

情报 常磊改编；宋武征绘
呼和浩特 内蒙古人民出版社 1984 年 62 页
有图 10×13cm 统一书号：8089.156
定价：CNY0.13
　　中国现代连环画。

J0075863

秋瑾 夏衍原著；鲍芝芳改编
上海 上海人民美术出版社 1984 年 126 页 有图
9×13cm 统一书号：8081.14029 定价：CNY0.23
　　中国现代传记连环画。收入 126 幅图。秋
瑾（1875—1907），女，女权运动家、民主革命家。
浙江山阴（今绍兴）人。曾赴日留学，先后加入
光复会和同盟会。提倡女权，宣传革命。代表作
品有《秋瑾诗词》《秋女士遗稿》《秋女烈士遗稿》
《秋瑾集》等。

J0075864

秋瑾 陈贻恩编；丁世弼绘
上海 上海人民美术出版社 1984 年 126 页
19cm（32 开）定价：CNY0.53
　　本书是中国近代人物故事连环画。

J0075865

秋瑾 （上）午言改编
北京 中国电影出版社 1984 年 93 页 10×13cm
定价：CNY0.21
　　根据同名电影改编的连环画。

J0075866

秋瑾 （下）午言改编
北京 中国电影出版社 1984 年 125 页 10×13cm
定价：CNY0.26
　　根据同名电影改编的连环画。

J0075867

秋葵 萧也牧原著；张新改编；崔建社绘
天津 天津人民美术出版社 1984 年 94 页 有图
10×13cm 统一书号：8073.30860 定价：CNY0.13
　　中国现代连环画。

J0075868

秋夜 映岚改编；木土制作
西安 陕西人民美术出版社 1984 年 30 页
13cm（64 开）统一书号：8199.604 定价：CNY0.13
　　本书包括《秋夜》和《在列车上》两个故事。

J0075869

囚歌 陈建豪等编；冯正梁等绘
上海 上海人民美术出版社 1984 年 75 页 有图
10×13cm 统一书号：8081.14003 定价：CNY0.18

（革命诗歌故事 二）

中国现代连环画。绘者冯正梁（1954—　），画家、教授。生于上海，上海师范大学艺术学士，美国弗吉尼亚州莱德佛大学艺术硕士。美国水彩画会、中国水彩画会、美国色粉画协会会员，莱德佛大学教授。

J0075870

囚徒——棋王　（奥）斯蒂芬·茨威格原著；陶静波改编；赵淑钦，郑林华绘

广州 岭南美术出版社 1984年 104页 13cm（64开）统一书号：8260.1032 定价：CNY0.24

（外国文学作品选）

根据奥地利文学名著改编的连环画。

J0075871

求索——青少年时代的毛泽东　郭忠呈改编；潘鸿海绘

杭州 浙江人民美术出版社 1984年 158页 19cm（32开）定价：CNY0.57

毛泽东青少年时代故事连环画。

J0075872

球王——贝利　南辕编；俞晓夫绘

天津 天津人民美术出版社 1984年 102页 13cm（64开）定价：CNY0.18

外国体育人物故事连环画。作者俞晓夫（1950—　），画家。江苏常州人，毕业于上海戏剧学院美术系。上海油画雕塑院教授、副院长，中国美术协会会员。代表作品有《一次义演》《拍卖古钢琴》《我轻轻地敲门》等。

J0075873

球星的悲剧　胡小明原著；东霞改编；李锦德等绘

北京 人民体育出版社 1984年 110页 13cm（64开）统一书号：8015-109 定价：CNY0.17

（体育连环画册）

J0075874

屈原的传说　封秋昌改编；张亚力绘画

石家庄 河北美术出版社 1984年 23页 有图 10×13cm 统一书号：8087.846 定价：CNY0.12

中国现代连环画。作者张亚力（1950—　），编辑。吉林长春人，毕业于鲁迅美术学院附中。

吉林美术出版社编辑室主任、副编审。插图作品《死神》《神秘的女人》《港台小说》等，书籍装帧作品《水浒人物》《书刊插图艺术集》，作品有《克韦尔》《巴巴》《瓜亚萨明》《苏轼二赋》等。

J0075875

屈原的米和谷　丁犁等改编；周长春绘

福州 福建人民出版社 1984年 82页 有图 10cm（64开）统一书号：8173.854 定价：CNY0.15

中国现代连环画。

J0075876

瞿秋白　高煌，丁德邻编文；朱丹绘画

南京 江苏美术出版社 1984年 182页 有图 10×13cm 统一书号：8353.3.015 定价：CNY0.28

中国现代连环画。绘者朱丹，美术理论家、画家和书法家、诗人。

J0075877

取东都　李剑雄编；刘斌昆绘

上海 上海人民美术出版社 1984年 142页 13cm（64开）统一书号：8081.14133 定价：CNY0.28

（唐代历史故事 4）

J0075878

取金陵　杨春峰编；苏西映绘

北京 中国文艺联合出版公司 1984年 121页 13cm（64开）定价：CNY0.23

（明代开国英烈传 4）

绘者苏西映（1940—　），河南光山人。光山县文化馆美术师，河南省美术家协会会员，大别山书画研究院名誉院长。作品有《深山古树》《荷花舞》《玉莲公主》《中华魂》等。出版有《唐伯虎智圆梅花梦》《玉蜻蜓》。

J0075879

群侠大破铜网阵　郑力强改编；张家福，王树林摄影

北京 中国戏剧出版社 1984年 125页 13cm（64开）定价：CNY0.23

中国戏剧故事连环画。

J0075880

群仙围攻金兜魔　（明）吴承恩原著；郭子宣

改编；周申绘

济南　山东美术出版社　1984 年　新 1 版　102 页
13cm（60 开）统一书号：8332.211 定价：CNY0.17
（西游记故事选 4）

J0075881

人参娃娃　王纪厚等原著；王纪厚编；苏正刚绘
上海　上海人民美术出版社　1984 年　118 页
10×13cm　统一书号：8081.14034 定价：CNY0.18
　　本书是中国现代民间故事连环画。收入 118
幅图。

J0075882

人到中年　谌容著；王素改编；龙劲东绘
北京　人民美术出版社　1984 年　73 页　17×18cm
统一书号：8027.8771 定价：CNY1.90
　　本书是根据同名小说改编的中国现代连环
画。收入 73 幅图。作者采用写实手法，深刻地
刻画了故事中不同人物的形象。

J0075883

人到中年　王逸改编
北京　中国电影出版社　1984 年　157 页　13cm（64 开）
统一书号：8061.2281 定价：CNY0.26
　　根据同名电影故事改编连环画。

J0075884

人逢佳节　徐明德，刘容天编；陈军绘
太原　山西人民出版社　1984 年　126 页　13cm（64 开）
定价：CNY0.25
　　根据中国现代小说改编的连环画。

J0075885

人鬼鉴　鸣迟改编；晓丁摄影
北京　中国戏剧出版社　1984 年　125 页　13cm（64 开）
统一书号：8069.557 定价：CNY0.23
　　本书是中国现代连环画册。内容是根据《聊
斋》故事《陆判》改编，由宁夏京剧团演出剧目。

J0075886

人生　马慧改编；高廷智，张省莉绘
西安　陕西人民美术出版社　1984 年　108 页
13cm（64 开）定价：CNY0.19
　　根据中国现代小说改编的连环画。

J0075887

人与虫　贾克刚改编；张永典绘画
天津　天津人民美术出版社　1984 年　78 页　有图
10×13cm　统一书号：8073.30945 定价：CNY0.19
　　中国现代连环画。

J0075888

忍辱著史　胡家辉改编；丁德邻绘
沈阳　辽宁美术出版社　1984 年　126 页　13cm（64 开）
定价：CNY0.20
　　根据北京京剧院京剧《司马迁》改编的连环
画。作者丁德邻（1943—　　），画家。江苏南京人，
毕业于南京艺术学院。中国美术家协会会员，常
州市美术家协会副主席，原常州刘海粟美术馆副
馆长。主要作品有《水》《山那边》《后山》等。

J0075889

日月潭的传说　杨荔编；朱维明绘
西安　陕西少年儿童出版社　1984 年　53 页
13cm（64 开）统一书号：R8303.14 定价：CNY0.11
（台湾民间传说画丛）

J0075890

荣华记　何翔改编；张亚力绘
长春　吉林人民出版社　1984 年　94 页　13cm（64 开）
定价：CNY0.16
（儒林外史故事）

J0075891

如来显神　阿蕾改编；张宝松绘
北京　中国文艺联合出版公司　1984 年　14 页
13cm（60 开）定价：CNY0.14
（《西游记》故事 10）

J0075892

阮氏丁香　徐怀中原著；陈德全改编；蒋宜勋
绘画
成都　四川人民出版社　1984 年　127 页　有图
10×13cm　统一书号：8118.1739 定价：CNY0.21
　　中国现代连环画。

J0075893

阮氏丁香　徐怀中原著；孙逸文改编；乐明祥
绘画
天津　天津人民美术出版社　1984 年　110 页　有图

10×13cm 统一书号：8073.30859 定价：CNY0.15
中国现代连环画。

J0075894
塞万提斯与勒邦德海战　（西班牙）埃·索蒂
略斯原著；李德恩编
北京 海洋出版社 1984 年 264 页 13cm（64 开）
统一书号：8193.0288 定价：CNY0.45
根据西班牙同名原著改编的连环画。

J0075895
三败高俅　施耐庵，罗贯中原著；子聪改编；
黄全昌等绘画
北京 人民美术出版社 1984 年 123 页 10×13cm
统一书号：8027.7928 定价：CNY0.19
（《水浒》26）

J0075896
三拜花堂　王惠文，李梓鑫改编；孙宏华摄影
北京 中国戏剧出版社 1984 年 156 页 13cm（64 开）
定价：CNY0.28
中国戏剧连环画。

J0075897
三打白骨精　晓欣改编；张宝松绘
北京 中国文艺联合出版公司 1984 年 15 页
13cm（60 开）定价：CNY0.14
（《西游记》故事 18）
绘者张宝松（1961—　），画家。出生于河
南禹州市。毕业于中央美术学院。中国画创作
研究院研究员、人物画创作室主任，国家一级美
术师。

J0075898
三打祝家庄　施耐庵，罗贯中原著；傅扬改编；
孟庆江绘画
北京 人民美术出版社 1984 年 243 页 有图
9×13cm 统一书号：8027.7916 定价：CNY0.35
（水浒 14）

J0075899
三盗合欢瓶　吴时学改编；肖天智绘
福州 福建人民出版社 1984 年 106 页 13cm（64 开）
统一书号：8173.728 定价：CNY0.17
根据同名川剧改编的现代连环画作品。

J0075900
三盗九龙杯　晓丁改编摄影
北京 中国戏剧出版社 1984 年 124 页 13cm（64 开）
定价：CNY0.23
中国戏剧连环画。作者晓丁，擅长摄影。主
要作品有连环画《封神榜》《阿 Q 正传》《少帅张
学良》。

J0075901
三斗杨跛扈　元昌改编；王海涛绘
北京 农村读物出版社 1984 年 60 页 13cm（64 开）
定价：CNY0.15
（民间故事连环画库·苗族民间故事）

J0075902
三渡兵匪关　鲁人改编；刘志刚绘画
呼和浩特 内蒙古人民出版社 1984 年 62 页
有图 10×13cm 统一书号：8089.157
定价：CNY0.13
中国现代连环画。

J0075903
三访"野人区"　赵剑改编；骆耀棠绘
西安 陕西人民美术出版社 1984 年 158 页
13cm（64 开）统一书号：8199.726 定价：CNY0.26
根据彭荆风原著小说《鹿衔草》改编的连
环画。

J0075904
三个臭皮匠　包蕾编；钱逸敏绘
上海 上海人民美术出版社 1984 年 62 页 有图
10×13cm 统一书号：8081.13720 定价：CNY0.10
本书是中国现代连环画册。收入 62 幅图。
绘者钱逸敏，画家。上海人。毕业于上海大学美
术学院工艺系，擅长连环画、插图。曾任上海人
民美术出版社编辑，中国美术家协会上海分会
会员，上海连环画研究会会员，上海编辑学会会
员，全国低幼读物研究会会员。作品有《红楼梦
故事》《故事大王画库》《变形金刚》等。

J0075905
三个呆子　纪春编；黄强根等绘
上海 上海人民美术出版社 1984 年 118 页
13cm（64 开）统一书号：8081.13727
定价：CNY0.15

（笑话 6）

　　本连环画包括14个笑话故事。

J0075906

三个和尚　筱篁改编
北京 中国电影出版社 1984年 45页 13cm（64开）
定价：CNY0.30
（电影连环画册）
　　作者筱篁，主要改编的连环画作品有《白鸽》
《霍元甲》《三个和尚》等。

J0075907

三个小伙子　王志冲编译；胡宁娜绘画
南京 江苏美术出版社 1984年 70页 有图
10×13cm 统一书号：8353.3.086 定价：CNY0.14
　　意大利民间故事翻译改编的连环画。作者
王志冲（1936—　　），翻译家。籍贯上海，笔名冰
火、天飞。中国翻译家协会会员、作协会员。译
作有《第一个劳动日》《冒名顶替》《海底外星人》
《酸奶村的冬天》《入地艇》《忘却城》等。

J0075908

三国归晋　罗贯中原著；孙新元改编；郭邦等绘
西安 陕西人民美术出版社 1984年 142页
13cm（60开）定价：CNY0.23
（《三国演义》连环画 20）

J0075909

三家福　曹豹文，林祥庆改编；王继权绘
福州 福建人民出版社 1984年 74页 13cm（64开）
定价：CNY0.13
　　根据同名芗剧改编的连环画。

J0075910

三家福　丁宪武等改编；刘昌华绘
南京 江苏美术出版社 1984年 68页 有图
10×13cm 统一书号：8353.3.079 定价：CNY0.14

J0075911

三节烈　张殿贵，杨厚忠改编；高建，耿克非
摄影
北京 中国文艺联合出版公司 1984年 93页
13cm（64开）统一书号：8313.12 定价：CNY0.18
　　明史演义连环画。

J0075912

三借芭蕉扇　冯文彬改编；林震等绘
沈阳 辽宁美术出版社 1984年 32页 19cm（32开）
定价：CNY0.49
　　本书是依据中国古典小说《西游记》改编的
现代连环画。

J0075913

三借芭蕉扇　晓欣改编；张宝松绘
北京 中国文艺联合出版公司 1984年 15页
13cm（60开）定价：CNY0.14
（《西游记》故事 15）

J0075914

三军战中原　陈铁英编；高志岳绘
天津 天津人民美术出版社 1984年 124页
13cm（64开）统一书号：8073.30882
定价：CNY0.21
（中国历史演义故事画《宋史》16）
　　这套《中国历史演义故事·宋史连环画》，主
要根据《宋史通俗演义》《宋史纪事本末》《中国
通史》等著作编绘的。全套分20册陆续出版。

J0075915

三毛流浪记　（一）张乐平原著；包蕾，阿达
改编
广州 岭南美术出版社 1984年 250页 13cm（64开）
定价：CNY0.29
（电视系列片连环画）

J0075916

三气周瑜　罗贯中原著；陈策贤改编；王重圭，
王重英绘
西安 陕西人民美术出版社 1984年 124页
13cm（60开）定价：CNY0.21
（《三国演义》连环画 10）

J0075917

三请诸葛　罗贯中原著；行远改编；王培波等绘
西安 陕西人民美术出版社 1984年 190页
13cm（60开）统一书号：8199.682 定价：CNY0.30
（《三国演义》连环画 6）

J0075918

三十九级台阶　晓黎改编

北京 中国电影出版社 1984 年 176 页 13cm(64 开)
定价: CNY0.30

　　根据英国同名电影改编的连环画。

J0075919

三月雪　李知光改编; 赵希玮等绘
长沙 湖南少年儿童出版社 1984 年 110 页 有图
10 × 13cm 统一书号: R8280.114 定价: CNY0.17
(朝华画库)

　　根据同名广播剧改编的连环画。

J0075920

三战华园　林泉改编; 李万春绘
成都 四川人民出版社 1984 年 126 页 13cm(64 开)
统一书号: 8118.1801 定价: CNY0.21

　　根据中国现代小说改编的连环画。

J0075921

三找伯伯　古木改编; 陈玉先绘
北京 中国少年儿童出版社 1984 年 62 页 有图
10 × 13cm 统一书号: R8056.401 定价: CNY0.11

　　根据同名广播剧改编的连环画。绘者陈玉
先(1944—　)，国画家、美术家。安徽淮南人。
历任《解放军报》副主编、中国美术家协会艺术
委员会副主任。代表作品《井冈山斗争》《红灯
记》《红色娘子军》《草原儿女》。专著《速写技法》
《陈玉先插图作品选》《陈玉先中国画》。

J0075922

三桩难活　周健改编; 赵阳绘画
成都 四川少年儿童出版社 1984 年 30 页 有图
7 × 10cm 统一书号: R8247.136 定价: CNY0.06
(《阿叩登巴的故事》2)

　　根据同名广播剧改编的连环画。

J0075923

森林剿匪记　李迪编; 刘永凯绘画
北京 人民美术出版社 1984 年 206 页 有图
10 × 13cm 统一书号: 8027.9059 定价: CNY0.24

　　根据同名广播剧改编的连环画。作者李迪
(1950—　)，河北滦南县人。中国作家协会会员。
著有《遥远的槟榔寨》《野蜂出没的山谷》《这里
是恐怖的森林》等。绘者刘永凯(1927—　)，画
家。又名阿刘。黑龙江齐齐哈尔人，毕业于中央
美术学院。人民美术出版社美术编辑、连环画创

作组副组长。代表作品《石林湖畔》《西双版纳》
《渔夫和金鱼的故事》《中国古代神话故事》《清
宫演义》等。

J0075924

杀四虎　蔡家骏改编; 赵仁年绘画
上海 上海人民美术出版社 1984 年 102 页 有图
10 × 13cm 统一书号: 8081.14072 定价: CNY0.16
(水浒故事)

J0075925

沙漠救险　魏忠才改编; 张宝蔚绘
郑州 河南人民出版社 1984 年 134 页 13cm(64 开)
定价: CNY0.25

　　本书是中国故事连环画。绘者张宝蔚
(1939—　)，画家。江苏苏州市人，毕业于南京
师范大学美术系。中国美术家协会会员。出版
有《张宝蔚画集》等。

J0075926

沙山伏兵　刘梦山改编; 孙福林，乔长义绘
哈尔滨 黑龙江美术出版社 1984 年 155 页
13cm(64 开) 统一书号: 8358.110 定价: CNY0.26
(《烈火金钢》故事 4)

　　本书是中国革命故事连环画。

J0075927

山道弯弯　王金改编; 林树昭，杨风绘
沈阳 辽宁美术出版社 1984 年 102 页 13cm(64 开)
定价: CNY0.17

　　根据中国现代小说改编的连环画。

J0075928

山的儿子　邢菊花改编
北京 中国电影出版社 1984 年 93 页 13cm(64 开)
定价: CNY0.17

　　根据罗马尼亚同名电影改编的连环画。

J0075929

山河镇争夺战　杨友园改编; 马廷奎，马铭绘
北京 人民美术出版社 1984 年 182 页 13cm(64 开)
统一书号: 8027.9227 定价: CNY0.45

　　根据话剧《同志，你走错了路》改编的连
环画。

J0075930

山鲁佐德入宫 冉红, 张福三改编; 张炳德绘
乌鲁木齐 新疆人民出版社 1984年 76页
13cm(64开) 定价: CNY0.15
(《一千零一夜》故事选)

　　据阿拉伯国家民间文学名著改编的连环画。
作者张炳德, 贵州人民出版社美术部主任。

J0075931

山坪脱险 安可君改编; 刘永凯, 孙慕龄绘
兰州 甘肃人民出版社 1984年 78页 13cm(64开)
统一书号: 8096.1054 定价: CNY0.15
(三打五龙镇 3)

　　根据现代小说改编的连环画。

J0075932

山鼠"敢死队" 陈元山改编; 姜一鸣绘画
上海 上海人民美术出版社 1984年 39页 有图
9×11cm 统一书号: 8081.14092 定价: CNY0.08

　　中国现代连环画。

J0075933

山月不知心里事 周克芹原著; 范友联改编;
白德松绘
天津 天津人民美术出版社 1984年 34页
13cm(64开) 定价: CNY0.37

　　根据长篇小说改编的连环画。

J0075934

珊瑚岛的秘密 延军编文; 矫振明绘画
长春 吉林人民出版社 1984年 62页 有图
10×13cm 统一书号: 8091.1637 定价: CNY0.12

　　根据阿拉伯少年惊险小说改编的连环画。

J0075935

闪光的足迹 崔凯, 祥文编; 孙德明等绘
沈阳 辽宁美术出版社 1984年 102页 13cm(64开)
统一书号: 7161.0400 定价: CNY0.17

　　中国优秀共产党员故事的连环画。

J0075936

闪亮的金星 (张海迪的故事) 何培新改编;
许章茹绘
杭州 浙江人民美术出版社 1984年 94页
13cm(64开) 定价: CNY0.16

　　中国优秀青年故事的连环画。

J0075937

闪战歼敌 王吉厚, 赵永森改编; 孙明绘
哈尔滨 黑龙江美术出版社 1984年 157页
13cm(64开) 定价: CNY0.26
(《烈火金钢》故事 7)

　　根据中国现代革命故事改编的连环画。

J0075938

陕甘星火 刘艺, 青冬改编; 李振坤绘
北京 人民美术出版社 1984年 138页 13cm(64开)
统一书号: 8027.9307 定价: CNY0.37

J0075939

商三官 (清)蒲松龄原著; 刘见改编; 吴大成
绘
天津 天津人民美术出版社 1984年 86页
13cm(64开) 定价: CNY0.19

　　本书是《聊斋志异》连环画之一。

J0075940

商鞅变法 刘延龄编; 陈涤绘
长春 吉林人民出版社 1984年 62页 13cm(60开)
定价: CNY0.12
(东周列国 15)

J0075941

上尉的女儿 孙锦常改编; 杨恺力, 杨逸麟绘
天津 天津人民美术出版社 1984年 172页
13cm(64开) 统一书号: 8073.30937
定价: CNY0.34
(外国文学名著选编)

J0075942

少华封王 晓明改编; 继英, 继兰绘
北京 中国文艺联合出版公司 1984年 126页
13cm(64开) 定价: CNY0.28
(再生缘 5)

　　本书是依据中国古典小说改编的现代连
环画。

J0075943

少林弟子破金兵 吴经农写; 关守信绘画
郑州 河南少年儿童出版社 1984年 62页 有图

7×10cm 统一书号：8302.19 定价：CNY0.07

　　中国现代连环画。作者关守信（1945—　），画家。山东青州人。青岛出版社编审、教授，山东美协书院特聘画师。代表作品《24 孝图》《扇面百图》《绘画世界童话文库》等。

J0075944

少林和尚 （一）楠明编；刘萱堂等绘

长春 吉林人民出版社 1984 年 120 页 13cm（64 开）定价：CNY0.23

　　根据《少林寺民间故事》改编的连环画。

J0075945

少林和尚 （二）楠明编；刘萱堂等绘

长春 吉林人民出版社 1984 年 138 页 13cm（64 开）定价：CNY0.23

　　根据《少林寺民间故事》改编的连环画。

J0075946

少林梦 西岭改编；张鹏绘画

西安 陕西人民美术出版社 1984 年 62 页 有图 10×13cm 统一书号：8199.771 定价：CNY0.13

　　中国现代连环画。

J0075947

少林梦 齐锡宝改编；孙昌一摄影

北京 中国文联出版公司 1984 年 125 页 13cm（64 开）定价：CNY0.23

　　根据同名电视剧改编连环画。

J0075948

少林小子 孔淑霞编文；兰岚绘

广州 科学普及出版社广州分社 1984 年 95 页 13cm（64 开）统一书号：8051.60191 定价：CNY0.17

　　根据同名电影剧本改编的连环画。

J0075949

少林小子 郝力文改编；傅伯星等绘

杭州 浙江少年儿童出版社 1984 年 142 页 13cm（64 开）统一书号：8318.40 定价：CNY0.20

　　根据同名电影剧本改编的连环画。绘者傅伯星（1939—　），浙江湖州人。毕业于浙江美术学院附中。杭州市美术家协会理事，曾任浙江日报社主任、美术编辑。主要作品有《菊花》《兴唐

传》等。

J0075950

少年爆炸队 鲁江改编；雨田绘画

上海 少年儿童出版社 1984 年 126 页 有图 10×13cm 统一书号：R8024.48 定价：CNY0.16

　　中国现代连环画。

J0075951

少年将军夏完淳 刘天平编文；詹敏绘

南昌 江西人民出版社 1984 年 116 页 13cm（64 开）定价：CNY0.19

（中国古代近代名人青少年时期故事丛书）

J0075952

少年武术家 石景麟改编；马寒松绘画

上海 上海人民美术出版社 1984 年 62 页 有图 9×11cm 统一书号：8081.14088 定价：CNY0.08

　　本书是中国现代连环画册。收入 62 幅图。作者石景麟，著有《音乐家的故事》，与孙铁生合绘有连环画《东进序曲》，改编有连环画《女娲补天》《肖尔布拉克》。绘者马寒松（1949—　），画家。天津人。历任中国美术家协会会员，天津美术家协会理事，红桥区政协书画家联谊会副会长，天津人民出版社任美术编辑、副编审。代表作品《聪明的青蛙》《兔娃娃》《豹子哈奇》《封神演义》等。

J0075953

少帅传奇 钱志清改编；江云，林苓绘

广州 岭南美术出版社 1984 年 150 页 13cm（64 开）定价：CNY0.30

　　根据赵云声、李政原著同名小说改编的连环画。

J0075954

少帅传奇 王金中改编；季平等绘

银川 宁夏人民出版社 1984 年 142 页 13cm（64 开）定价：CNY0.25

　　根据同名小说改编的连环画。

J0075955

少帅传奇 李政等原著；何文义等改编；小禾等摄影

天津 天津人民美术出版社 1984 年 139 页 有图

10×13cm 统一书号：8073.30906 定价：CNY0.28

　　中国现代连环画。

J0075956

猞猁木尔兹 （苏联）比安基原著；于淑媛改编；
江云绘

上海 上海人民美术出版社 1984 年 134 页 有图
10×13cm 统一书号：8081.13975 定价：CNY0.30

　　本书是根据苏联猎人兼作家比安基的作品
《木尔兹》改编的连环画。收入 134 幅图。

J0075957

佘太君挂帅 赵群，郝琳水改编；岳石绘

哈尔滨 黑龙江人民出版社 1984 年 158 页
13cm（60 开）统一书号：8093.979 定价：CNY0.26
（杨家将故事）

　　本书是依据中国古典小说《杨家将演义》改
编的现代连环画。

J0075958

蛇王洞 范光森改编；赵星绘

兰州 甘肃人民出版社 1984 年 78 页 13cm（64 开）
定价：CNY0.12

　　根据藏族民间故事改编的连环画。

J0075959

舍己救人的农民——李永国 刘文先，王晓
伍原作；龙光沛改编；宋承志，马荣华绘

贵阳 贵州人民出版社 1984 年 48 页 13cm（64 开）
定价：CNY0.07

　　中国人物故事连环画。

J0075960

深山奇猎 石林编；郭慈绘

广州 岭南美术出版社 1984 年 124 页 13cm（64 开）
统一书号：8260.1030 定价：CNY0.27

　　本书是中国民间故事连环画。

J0075961

神行太保 王逸改编

北京 中国电影出版社 1984 年 125 页 13cm（64 开）
定价：CNY0.23

　　根据同名电影改编的连环画。

J0075962

神力王 （上）汪佩琴，江连编；秀公等绘

南京 江苏人民出版社 1984 年 134 页 13cm（60 开）
定价：CNY0.22

　　中国民间故事连环画。

J0075963

神力王 （下）汪佩琴，江连编；聂聪，聂磊绘

南京 江苏人民出版社 1984 年 268 页 13cm（60 开）
定价：CNY0.22

　　中国民间故事连环画。

J0075964

神秘的旅蒙商 邢然改编；若希绘

呼和浩特 内蒙古人民出版社 1984 年 166 页
13cm（64 开）统一书号：18089.4 定价：CNY0.28

　　本书是中国民间故事连环画。

J0075965

神秘的马队 吴荆父改编；兆前，小册绘

广州 广东人民出版社 1984 年 142 页 13cm（64 开）
定价：CNY0.24

（少年连环画库）

J0075966

神秘的使者 刘玉戈等原著；文刃编；林百石绘

长春 吉林人民出版社 1984 年 182 页 13cm（60 开）
定价：CNY0.28

J0075967

神秘的使者 杨益言等原著；郑之同改编，邱
明文绘画

重庆 重庆出版社 1984 年 126 页 有图
10×13cm 统一书号：8114.102 定价：CNY0.20
（《大后方》五）

　　中国现代连环画。

J0075968

神秘的松布尔 白嘉荟，赵克标改编；赵克标绘

广州 岭南美术出版社 1984 年 125 页 13cm（64 开）
统一书号：8260.0986 定价：CNY0.21

J0075969

神秘的箫声 （贵州剿匪斗争故事）盛作卿改
编；张炳德绘

贵阳 贵州人民出版社 1984年 90页 13cm（64开）
定价：CNY0.17

作者张炳德，贵州人民出版社美术部主任。

J0075970

神奇的水晶镜　张锡昌改编；毛用坤绘画
上海 上海人民美术出版社 1984年 62页 有图
9×11cm 统一书号：8081.14086 定价：CNY0.08
中国现代连环画。

J0075971

神奇的土地　梁晓声原著；孺牛改编；邵家声绘
长沙 湖南美术出版社 1984年 86页 13cm（64开）
统一书号：8233.581 定价：CNY0.15

J0075972

神奇的雪花莲　于速改编；于速摄影
北京 中国戏剧出版社 1984年 14页 13cm（折
叠）（64开）定价：CNY0.14

中国现代故事连环画。摄影者于速，擅长摄
影。主要年画作品有《双阳公主》《雁门关》《姐
妹缘》等。

J0075973

神奇的药球　高云原著；竺乾华改编；刘文颉绘
天津 天津人民美术出版社 1984年 62页
13cm（64开）定价：CNY0.11
（古奥运会传奇）

世界体育运动史连环画。

J0075974

神枪刘黑仔　江萍编；骆耀棠绘
广州 岭南美术出版社 1984年 114页 10×13cm
统一书号：8260.0986 定价：CNY0.20
（广东革命根据地传奇）

本书是中国现代连环画册。

J0075975

**神坛前的女子——奥运史上第一次女子运
动会**　高云原著；董艳朝改编；徐锡林绘
天津 天津人民美术出版社 1984年 62页 有图
10×13cm 统一书号：8073.30941 定价：CNY0.15
中国现代连环画。

J0075976

神童甘罗　袁其龙，吴超改编；姜燕摄影
南京 江苏美术出版社 1984年 102页 13cm（64开）
定价：CNY0.23
中国古代故事连环画。

J0075977

神腿　姚玉霞，石友权改编；姜吉维等绘
北京 人民体育出版社 1984年 190页 13cm（64开）
统一书号：8015-150 定价：CNY0.32

J0075978

神腿传奇　季一德，王亚法改编；柒万里，周
度其绘
南宁 广西人民出版社 1984年 102页 13cm（64开）
定价：CNY0.28

本连环画描写近代武术家杜心武先生的故
事。绘者柒万里（1954—　），苗族，教授，画家。
生于广西南宁，毕业于广西艺术学院美术系。广
西艺术学院设计学院院长、教授、硕士研究生导
师，兼任新岭南书画研究院院长，广西美术家协
会副主席，广西民族书画院副院长。编著有《最
新人体线描引导》《仕女白描画谱》《山水白描画
谱》《黑白画》等。绘者周度其（1955—　），教师。
湖南湘潭人，毕业于广西艺术学院。广西艺术学
院美术系讲师、副教授，广西艺术学成人教育学
院院长，中国美协广西分会会员。代表作品有《徐
向前元帅》《戎马生涯贺元帅》《战争年代》《烽
火岁月角力场》《送往前线的粮食》等。

J0075979

神腿杜心五　万天石原著；侯钟琪改编绘画
北京 中国文联出版公司 1984年 94页
13cm（64开）定价：CNY0.21

本书包括《神腿杜心五》《金剑惩递》两个
故事。

J0075980

神之恋　高云改编；徐锡林绘
天津 天津人民美术出版社 1984年 61页 有图
10×13cm 统一书号：8073.30892 定价：CNY0.12
中国现代连环画。作者高云（1956—　），国
家一级美术师。毕业于南京艺术学院中国画专
业。历任中国美术家协会理事，中国画艺委会
委员，全国美术馆专委会副主任，江苏省美协副

主席，江苏省美术馆馆长，南京艺术学院客座教授。作者徐锡林，擅绘连环画。主要作品有《吝啬鬼》《危险的路》《岳母刺字》等。

J0075981

生财有道　涂家宽改编

北京 中国电影出版社 1984 年 177 页 13cm（64 开）

定价：CNY0.33

　　根据同名电影改编的连环画。作者涂家宽（1940— ），摄影师、导演。湖北武汉人。毕业于北京电影学院摄影系。北京电影制片厂高级摄影师，中国电影家协会会员，电影摄影师学会理事。拍摄影片有《女飞行员》《三朵小红花》《水兵之歌》《南征北战》《侦察兵》等。

J0075982

生命交响曲　余吕楚，吉鸟改编；李平野，吕楚绘

广州 科学普及出版社广州分社 1984 年 126 页 13cm（64 开）统一书号：8051.60283

定价：CNY0.22

　　根据中国现代故事改编的连环画。

J0075983

失去权力的将军　（上）武剑青原著；李宝靖改编；周度其等绘

南宁 广西人民出版社 1984 年 202 页 13cm（64 开）

定价：CNY0.26

　　根据中国现代故事改编的连环画。

J0075984

失去权力的将军　（下）武剑青原著；李宝靖改编；周度其等绘

南宁 广西人民出版社 1984 年 206 页 13cm（64 开）

定价：CNY0.27

　　根据中国现代故事改编的连环画。

J0075985

诗人涅克拉索夫　白岳，沈和年编；刘希立绘

南昌 江西人民出版社 1984 年 13cm（64 开）

统一书号：8110.888 定价：CNY0.13

（外国古代近代名人青少年时期故事丛书）

　　外国优秀人物故事连环画。

J0075986

狮皮与英雄　滕文治改编；陈柏荣绘

天津 天津人民美术出版社 1984 年 62 页

13cm（64 开）定价：CNY0.15

（古奥运会传奇）

　　世界体育运动史连环画。

J0075987

狮身人面　（美）罗宾·科克原著；方亮改编；刘泰，雷新绘

广州 花城出版社 1984 年 168 页 13cm（64 开）

统一书号：8261.81 定价：CNY0.30

（旅伴连环画库）

　　据美国文学名著改编的连环画。

J0075988

狮子楼　施耐庵，罗贯中原著；子聪改编；戴敦邦，戴红倩绘画

北京 人民美术出版社 1984 年 139 页 有图

10×13cm 统一书号：8027.79111 定价：CNY0.22

（水浒 9）

J0075989

十二英烈　陈廷一改编；刘丰杰绘

石家庄 河北美术出版社 1984 年 102 页 有图

10×13cm 统一书号：8087.600 定价：CNY0.15

　　中国现代连环画。绘者刘丰杰（1942— ），装帧艺术家、美术理论家、画家。字济森。河北定州人，毕业于天津美术学院。历任天津人民出版社编审、美编室主任，中国版协装帧艺术委员会常务委员。著有《书籍美术》《插图艺术欣赏》《装帧易理阴阳论》等。

J0075990

十二只雁　（外国民间故事）纪华，晓荣改编；聂昌硕绘

北京 人民美术出版社 1984 年 84 页 13cm（64 开）

统一书号：8027.9246 定价：CNY0.21

　　据外国民间故事改编的连环画，包括《十二只雁》《魔衬衫》两个故事。

J0075991

十五岁的船长　（法）儒勒·凡尔纳原著；纪宝辉改编；徐应厚绘

南京 江苏美术出版社 1984 年 158 页 有图

10×13cm 统一书号：8353.3.053 定价：CNY0.25
中国现代连环画。

J0075992
十五小豪杰　刘扳盛改编；张自强等绘画
广州 广东人民出版社 1984 年 158 页 有图
10×13cm 统一书号：8111.2435 定价：CNY0.26
（少年连环画库）
　　中国现代连环画。作者张自强（1933—
2014），字子牛，甘肃秦安人。陕西师范大学原
档案馆副馆长，副研究馆员，中国老年书画研究
会，中国书画艺术家协会，陕西国际书画篆刻研
究会会员，陕西省华夏文化艺术交流中心书画研
究员，陕西师大书画研究会理事，湖南省直机关
书画协会高级书画师，香港东方文化中心馆员。

J0075993
十字军的覆灭　（上集）黎服兵改编；黄云松，
张昌洵绘
广州 岭南美术出版社 1984 年 171 页 13cm（64 开）
统一书号：8260.0989 定价：CNY0.31
　　据外国历史故事改编的连环画。

J0075994
十字军的覆灭　（下集）黎服兵改编；黄云松，
张昌洵绘
广州 岭南美术出版社 1984 年 158 页 13cm（64 开）
统一书号：8260.0990 定价：CNY0.28
　　据外国历史故事改编的连环画。

J0075995
石猴出世　晓鹰改编；陆远绘
北京 中国文艺联合出版公司 1984 年 14 页
13cm（60 开）定价：CNY0.14
（《西游记》故事 1）

J0075996
石匠与美女　纪元瑶改编；赵贵德绘
石家庄 花山文艺出版社 1984 年 78 页
13cm（64 开）统一书号：8286.13 定价：CNY0.12
　　根据贺宜的《年轻的石匠》改编的连环画。

J0075997
石榴花　宋宁奇编绘
上海 上海人民美术出版社 1984 年 126 页 有图

10×13cm 统一书号：8081.14076 定价：CNY0.26
中国现代连环画。

J0075998
石门二柳　储福金原著；黑梅改编；潘小庆绘画
南京 江苏美术出版社 1984 年 62 页 有图
10×13cm 统一书号：8353.3.090 定价：CNY0.12
　　中国现代连环画。

J0075999
石清虚　王季改编；张大川绘
成都 四川人民出版社 1984 年 63 页 12×13cm
统一书号：8118.1697 定价：CNY0.16
（《聊斋》故事）

J0076000
石头人复活　（《一千零一夜》故事选）章林改
编；周宪彻绘
广州 广东人民出版社 1984 年 103 页 13cm（64 开）
定价：CNY0.18
　　根据阿拉伯国家民间文学名著改编的连
环画。

J0076001
石娃的传说　张宝松编绘
北京 中国文艺联合出版公司 1984 年 93 页
19cm（小 32 开）定价：CNY0.34
　　中国民间故事连环画。作者张宝松
（1961—　），画家。出生于河南禹州市，毕业于
中央美术学院。中国画创作研究院研究员，人物
画创作室主任，国家一级美术师。

J0076002
石像的追寻　孙翔改编
北京 中国文联出版公司 1984 年 125 页
13cm（64 开）定价：CNY0.32
　　根据中国现代故事改编的连环画。

J0076003
拾荒者的足迹　慧明改编
北京 中国电影出版社 1984 年 157 页 13cm（64 开）
定价：CNY0.28
　　根据同名电影改编的连环画。

J0076004

拾婴记　李必大编；单德和摄影
南京 江苏美术出版社 1984 年 125 页 13cm（64 开）
统一书号：8353.3.040 定价：CNY0.21
　　根据中国电影故事改编的连环画。

J0076005

使命与情网　朱传雄改编；廖宗怡绘
北京 解放军文艺出版社 1984 年 158 页
13cm（64 开）定价：CNY0.28
　　根据柯兴同名小说改编的连环画。绘者廖
宗怡（1937—　　），画家、国家一级美术师。广东
汕头人，广州美术学院进修。中国美术家协会会
员，中国书法家协会会员，广州军区政治部创作
室创作员。代表作品有《最高的奖赏》《广州农
民运动讲习所》《阵地午餐》《山中那十九座坟
茔》等。

J0076006

市长的报应　（西班牙）亚拉尔孔原著；周金灼
改编；黄增立绘画
广州 岭南美术出版社 1984 年 114 页 有图
10×13cm 统一书号：8260.1005 定价：CNY0.22
（外国文学作品选）
　　中国现代连环画。

J0076007

侍王的故事　孙瑞荣等编文；徐修余绘画
南京 江苏美术出版社 1984 年 126 页 有图
10×13cm 统一书号：8353.3.099 定价：CNY0.21
　　侍王李世贤是太平天国后期的卓越军事将
领。这本连环画描绘了他的一生。

J0076008

试剑石　（中国名城·苏州的故事）乔平改编；
王小斌等绘
广州 花城出版社 1984 年 104 页 13cm（64 开）
定价：CNY0.25
（环球旅游 8）
　　本书是中国民间故事连环画。

J0076009

是我错　陶贤原编剧；宁光改编；梁成、英军
摄影
北京 中国戏剧出版社 1984 年 126 页 13cm（64 开）
统一书号：8069.550 定价：CNY0.23
　　中国现代戏剧故事连环画。

J0076010

手枪队在行动　顾元翔编；缪群飞绘
上海 上海人民美术出版社 1984 年 62 页 有图
9×10cm 统一书号：8081.14089 定价：CNY0.08

J0076011

书林里的战斗　欧阳文彬原著；王毓如改编；
梁启德绘
杭州 浙江人民美术出版社 1984 年 166 页
13cm（64 开）定价：CNY0.26
　　中国现代连环画。

J0076012

树的故事　狐玉林编；王錞，亢佐田绘
太原 山西人民出版社 1984 年 10cm（64 开）
统一书号：8088.1762 定价：CNY0.27
　　本连环画包括了有关树的 14 个神话传说、
民间故事。

J0076013

耍猴阿虎　林明远，李松安改编；孙恩道绘
武汉 湖北美术出版社 1984 年 142 页 13cm（64 开）
定价：CNY0.32

J0076014

摔倒了自己的冠军　肖杉改编；喻晓建摄影
北京 中国戏剧出版社 1984 年 125 页 13cm（64 开）
定价：CNY0.23
　　中国现代戏剧连环画。

J0076015

双钉冤　（包公故事）王亚东改编；桑国振，马
樯绘
郑州 河南人民出版社 1984 年 102 页 13cm（64 开）
定价：CNY0.17
　　中国古代民间故事连环画。

J0076016

双塔情仇　汛雄改编；谢从荣绘
福州 福建人民出版社 1984 年 130 页 13cm（64 开）
统一书号：8173.906 定价：CNY0.26
　　中国现代连环画。

J0076017

双塔镇传奇 （上）杨佩瑾原著；毛志毅等编；
陈长贵绘
长春 吉林美术出版社 1984 年 134 页 13cm（64 开）
定价：CNY0.26
　　　中国现代连环画。

J0076018

谁是"蟑螂"？ 叶咏芳原著；吉国祥编；冯正
梁绘
上海 上海人民美术出版社 1984 年 166 页 有图
10×13cm 统一书号：8081.13940 定价：CNY0.25
　　　中国现代连环画。

J0076019

水 罗文斌，杨益言原著；周原等改编；周琳绘
画
成都 四川人民出版社 1984 年 124 页 有图
10×13cm 统一书号：8118.1781 定价：CNY0.24
（《红岩》连环画集）

J0076020

水落石出 峻青原著；袁海庭改编；王启民，
袁大仪等绘
天津 天津人民美术出版社 1984 年 94 页 有图
10×13cm 统一书号：8073.30912 定价：CNY0.15
　　　中国现代连环画。

J0076021

说岳全传 马保超改编；赵贵德等绘
郑州 河南人民出版社 1984 年 8 册 10×13cm
定价：CNY1.80
　　　这套连环画共 8 册， 包括《岳母刺字》《爱
华山》《战洞庭》《牛头山》《黄天荡》《王佐断
臂》《风波亭》《抗金凯旋》。

J0076022

死城的传说 刘兴诗原著；陈英改编；韩颐绘
乌鲁木齐 新疆人民出版社 1984 年 93 页
13cm（64 开）统一书号：8098.197 定价：CNY0.17
　　　本书是中国民间故事连环画。

J0076023

死里逃生 吴一声改编；孙明绘
哈尔滨 黑龙江美术出版社 1984 年 155 页

13cm（64 开）定价：CNY0.26
（异国飘零记 1）
　　　根据中国现代革命故事改编的连环画。

J0076024

死囚女 路志纯编；张正刚绘
合肥 安徽人民出版社 1984 年 94 页 13cm（64 开）
定价：CNY0.17
　　　根据中国现代革命故事改编的连环画。

J0076025

死守扬州 廉俊生改编；黄小金绘
杭州 浙江人民美术出版社 1984 年 122 页
13cm（64 开）统一书号：8156.695 定价：CNY0.26
　　　根据儿童文学《忘忧草》及有关历史资料改
编的连环画。

J0076026

死者不会控诉 （日）土屋隆夫原著；阿莲改
编；赵俊生绘
北京 人民美术出版社 1984 年 86 页 有图
10×13cm 统一书号：8027.9216 定价：CNY0.14
　　　本书是中国现代连环画册。

J0076027

四不象回祖国 刘新编文；潭湘等绘
南京 江苏美术出版社 1984 年 62 页 有图
10×13cm 统一书号：8353.3.105 定价：CNY0.14
　　　中国现代连环画。

J0076028

四渡赤水 （上）王逸改编
北京 中国电影出版社 1984 年 125 页 13cm（64 开）
定价：CNY0.23
　　　根据同名电影改编的连环画。

J0076029

四进白云山 张东辉改编；瞿希耀绘画
昆明 云南人民出版社 1984 年 142 页 有图
10×13cm 统一书号：R8116.1213 定价：CNY0.24
（云南民兵战斗故事）
　　　参考毋其卫同名故事编绘的连环画。

J0076030

四猛八大锤 翟志华改编；成立，崔沛君绘

呼和浩特 内蒙古人民出版社 1984 年 142 页
13cm（64 开）统一书号：8089.170 定价：CNY0.25
（《薛刚反唐》15）

　　本书描写唐代永徽元年至神龙元年武则天
参政、篡位到垮台的历史故事，全套共计 16 册。

J0076031
四十八天歼灭战　戚宏改编；吴绪经绘
合肥 安徽人民出版社 1984 年 78 页 13cm（64 开）
定价：CNY0.12
　　根据中国现代革命故事改编的连环画。

J0076032
松花姑娘　尹其超改编；黄大华绘
济南 山东美术出版社 1984 年 70 页 13cm（64 开）
定价：CNY0.13
（道德教育丛书）
　　本书是中国道德教育连环画。绘者黄大华
（1934—　），水彩画家。浙江鄞县人。中国美术
家协会会员，上海人民美术出版社编辑，上海百
草画院常务副院长。从事连环画创作，编辑出版
连环画近三百种。

J0076033
松江歼匪记　孔令嘉改编；许旭奎，许葵绘
广州 岭南美术出版社 1984 年 178 页 13cm（64 开）
定价：CNY0.38
　　根据木青小说《幼林里的墓碑》改编的连
环画。

J0076034
宋慈　王宏甲编；邹越非，邹越清绘
南京 江苏美术出版社 1984 年 141 页 10×13cm
定价：CNY0.23
（中国古代科学家）
　　中国古代优秀科学家故事连环画。

J0076035
宋江杀惜　施耐庵，罗贯中原著；瞿昙改编；
高适绘画
北京 人民美术出版社 1984 年 83 页 有图
10×13cm 统一书号：8027.7910 定价：CNY0.14
（水浒 8）

J0076036
宋金和战　张钟龄，郑荣华编；刘向平绘
天津 天津人民美术出版社 1984 年 116 页
13cm（64 开）统一书号：8073.30872
定价：CNY0.18
（中国历史演义故事画《宋史》18）

J0076037
宋庆龄和孩子们　任德耀编剧；刘安古等编；
曹震云摄影
上海 上海人民美术出版社 1984 年 173 页 有图
10×13cm 统一书号：8081.13829 定价：CNY0.31
　　中国现代连环画。

J0076038
宋应星买书　邵丽珍编文；邹越非绘画
南京 江苏美术出版社 1984 年 62 页 有图
10×13cm 统一书号：8353.3.102 定价：CNY0.14
　　中国现代连环画。

J0076039
苏丹与皇帝　茅茸等编剧；森林改编；叶天荣
等摄影
上海 上海人民美术出版社 1984 年 173 页 有图
10cm（64 开）统一书号：8081.14213
定价：CNY0.34
　　中国现代连环画。摄影者叶天荣，擅长摄影。
主要作品有《杭州云溪》《巾帼英雄》《鼓浪屿之
春》等。

J0076040
苏武牧羊　胜利编；杨晓晖绘
南京 江苏美术出版社 1984 年 70 页 13cm（64 开）
定价：CNY0.13
　　中国古代故事连环画。绘者杨晓晖
（1942—　），江苏南通人，毕业于南京师大美术
系。中国国画家协会理事，南通大学艺术学院教
授。代表作有《百猫图》《万蝶图》《中国画的题
款和钤印》等。

J0076041
素秋　（清）蒲松龄原著；张法银，孙克传改编；
王经春绘
济南 山东美术出版社 1984 年 70 页 13cm（64 开）
统一书号：8332.242 定价：CNY0.13

（《聊斋志异》连环画丛书 聊斋志异故事选 39）

J0076042

隋室二帝　砚子编；张万夫，郭占魁绘
南宁 广西人民出版社 1984年 156页 13cm（64开）
定价：CNY0.22
（中国历史故事连环画 31）

J0076043

孙敬修爷爷讲的故事
成都 四川少年儿童出版社 1984年 214页 有图
10×13cm 统一书号：R10247.250 定价：CNY0.32
　　中国现代连环画。

J0076044

孙悟空智降黄妖　于越改编；史殿生绘
沈阳 辽宁美术出版社 1984年 162页 13cm（60开）
统一书号：7161.0427 定价：CNY0.25
　　根据古典名著《西游记》中的一段故事改编。

J0076045

锁国秘事　郑渊洁原著；亚旗改编；刘泽岱
绘画
天津 天津人民美术出版社 1984年 76页 有图
10×13cm 统一书号：8073.30958 定价：CNY0.15
（系列童话《魔方大厦》6）
　　中国现代连环画。

J0076046

他是活着，还是死了？　（美）马克·吐温原
著；刘颖改编；雷似祖绘
天津 天津人民美术出版社 1984年 84页
13cm（64开）统一书号：8073.30846
定价：CNY0.14
　　根据美国文学名著改编的连环画。

J0076047

太湖传奇　卜方明改编；盛亮贤，郑波绘
福州 福建人民出版社 1984年 180页 13cm（60开）
定价：CNY0.32
　　根据中国现代小说改编的连环画。绘者盛
亮贤（1919—2008），画家。上海青浦人。曾从
事电影动画及中学美术教学工作，后任职上海
新美术出版社、上海人民美术出版社连环画创
作室科长。连环画作品有《三字经》《枯木逢春》

《木匠迎亲》《寻人》《三国演义》等。绘者郑波
（1957—　），艺术家。山东人。毕业学于鲁迅美
术院油画系，留校任教。代表作品有《冰球》《在
和平的环境里》《到敌人后方去》《自然、生命、
和谐》《天狗》等。

J0076048

太监安德海之死　杨丁改编；晓丁摄影
北京 中国戏剧出版社 1984年 123页 13cm（64开）
统一书号：8069.714 定价：CNY0.25
　　中国戏曲连环画。

J0076049

太空历险记　杨光中等编文；姜启才绘画
南京 江苏美术出版社 1984年 86页 有图
10×13cm 统一书号：8353.3.035 定价：CNY0.15
　　中国现代连环画。

J0076050

太平王燕帖木儿　祝璋编；裴国骧绘
天津 天津人民美术出版社 1984年 116页
13cm（64开）定价：CNY0.25
（中国历史演义故事画《宋史》7）
　　绘者裴国骧（1946—　），一级美术师。出生
于无锡，祖籍浙江省宁波市。南京艺术学院附
中美术科毕业。历任无锡市文联美术创作室，无
锡市书画院，无锡市美协副主席兼秘书长。作品
有《补天》《包孕吴越》《春夜》等。

J0076051

太宗换太子　徐哨编；朱维践，王宁绘
上海 上海人民美术出版社 1984年 102页
13cm（64开）统一书号：8081.14137
定价：CNY0.22
（唐代历史故事 8）

J0076052

贪泉　周成为改编；卢延光，蒙复旦绘
石家庄 河北美术出版社 1984年 98页
19cm（32开）定价：CNY0.30
　　根据《晋书·良吏·吴隐之》改编的连环画。

J0076053

谭嗣同就义　唐卫寰，吴其柔编；杨春瑞，肖
玉绘

上海　上海人民美术出版社　1984 年　174 页
13cm（60 开）定价：CNY0.30
（中国近代历史故事）

　　中国近代革命家故事连环画。收入 174 幅图。

J0076054
汤姆历险记　（美）马克·吐温原著；林莘改编；
隋奇，肖田绘
上海　上海人民美术出版社　1984 年　110 页
13cm（60 开）统一书号：8061.2096
定价：CNY0.24

　　根据美国文学名著改编的连环画。

J0076055
汤姆叔叔的小屋　闻兆煌改编
北京　中国电影出版社 1984 年 157 页 13cm（64 开）
统一书号：8061.2096 定价：CNY0.26

　　根据同名电影改编的连环画。

J0076056
唐代文学故事　冷文等选注编译；李世南等
绘画
郑州　河南人民出版社 1984 年 259 页 19cm（32 开）
统一书号：8105.1288 定价：CNY1.90
（古文画丛）

　　中国现代连环画。

J0076057
唐僧收徒　何棱改编；严林绘
成都　四川少年儿童出版社　1984 年　60 页
9cm（128 开）定价：CNY0.06
（小小连环画 第 7 辑《西游记》故事 3）

J0076058
唐僧误陷盘丝洞　（明）吴承恩原著；郭子宣
改编；季鑫焕绘
济南　山东美术出版社　1984 年　新 1 版　100 页
13cm（60 开）定价：CNY0.17
（西游记故事选 2）

　　绘者季鑫焕（1943—　），教授。生于江苏
南通，毕业于无锡轻工业大学设计学院。曾任山
东纺织工学院实用美术系教师，青岛大学实用美
术系副主任、教授，中国美术家协会山东分会会
员。代表作有《当代连环画精品集·季鑫焕》。

J0076059
唐太宗与魏徵　林林编；马方路绘
上海　上海人民美术出版社　1984 年　142 页
13cm（64 开）定价：CNY0.28
（唐代历史故事 7）

J0076060
螳螂拳演义　（1 长安雪耻）张炳斗原著；张
振和改编；周申绘
济南　山东美术出版社 1984 年 124 页 13cm（60 开）
统一书号：8332.345 定价：CNY0.33

　　中国武术拳术连环画。

J0076061
螳螂拳演义　（2 义杀杰英）张炳斗原著；张
振和改编；周永生绘
济南　山东美术出版社 1984 年 134 页 13cm（60 开）
统一书号：8332.343 定价：CNY0.35

　　中国武术拳术连环画。

J0076062
螳螂拳演义　（3 血染张宅）张炳斗原著；张
振和改编；于守万绘
济南　山东美术出版社 1984 年 126 页 13cm（60 开）
统一书号：8332.344 定价：CNY0.33

　　中国武术拳术连环画。

J0076063
螳螂拳演义　（4 夜擒刺客）张炳斗原著；张
振和改编；李承东绘画
济南　山东美术出版社 1985 年 126 页 15cm（40 开）
统一书号：8332.544 定价：CNY0.32

　　中国现代连环画。

J0076064
螳螂拳演义　（5 初战嵩山）张炳斗原著；张
振和改编；李承东绘画
济南　山东美术出版社 1985 年 126 页 15cm（40 开）
统一书号：8332.545 定价：CNY0.32

　　中国现代连环画。

J0076065
螳螂拳演义　（8 乔装惩凶）张振和改编；周
胜等绘画
济南　山东美术出版社　1985 年　15cm（40 开）

统一书号：8332.548 定价：CNY3.25
　　中国现代连环画。

J0076066
螳螂拳演义（6 中岳除奸）张炳斗原著；张振和改编；李承东绘画
济南 山东美术出版社 1985年 126页 15cm（40开）
统一书号：8332.546 定价：CNY0.32
　　中国现代连环画。

J0076067
螳螂拳演义（7 山寨鏖战）张振和改编；史正绘画
济南 山东美术出版社 1985年 126页 15cm（40开）
统一书号：8332.547 定价：CNY0.33
　　中国现代连环画。

J0076068
螳螂拳演义（9 大战巴府）张振和改编；周胜绘画
济南 山东美术出版社 1985年 126页 15cm（40开）
统一书号：8332.549 定价：CNY2.33
　　中国现代连环画。

J0076069
螳叶隐形　周中民改编；郭兵等绘
上海 上海人民美术出版社 1984年 125页
13cm（64开）定价：CNY0.20
（笑话 7）
　　中国现代笑话连环画。

J0076070
逃亡（日）田中光二原著；沈泳改编；于成业绘
杭州 浙江人民美术出版社 1984年 182页
13cm（64开）定价：CNY0.38
　　据日本文学名著改编的连环画。绘者于成业（1950— ），画家。山东文登市人。曾任中国美术家协会广东分会会员、人民日报神舟书画院画师。代表作品有《五洲乐》《千禧年》《古堡女奴》等。

J0076071
淘气鬼王小椿　赵镇琬编绘
石家庄 河北人民出版社 1984年 237页 有图
10×13cm 统一书号：8086.1709 定价：CNY0.35

中国现代连环画。绘者赵镇琬（1938— ），漫画画家、出版家。生于山东莱阳，毕业于山东省省立莒县师范。历任中国少儿期刊工作者协会第二届副会长、全国少儿读物工作委员会第一届副主任、世界儿童读物联盟大会中国分会第二届副会长、全国儿童图书插画装帧设计研究会第一届会长。作品有《借问酒家何处有》等。出版有《山羊回家了》《奇怪不奇怪》等。

J0076072
忒修斯的故事　小戈改编；徐锡林绘
天津 天津人民美术出版社 1984年 134页
13cm（64开）统一书号：8073.30865
定价：CNY0.19
　　根据希腊神话故事改编的连环画。作者小戈。主要连环画作品有《杨广下扬州》《对花枪》《胭脂》《火烧河楼》等。绘者徐锡林，擅绘连环画。主要作品有《吝啬鬼》《危险的路》《岳母刺字》等。

J0076073
特别的记者　陈刚改编；师英杰，朱世昆摄影
北京 中国文联出版公司 1984年 189页
13cm（64开）定价：CNY0.46
　　中国现代故事连环画。

J0076074
特派员虎口脱险　王荣辉改编；崔君沛，于业广绘
哈尔滨 黑龙江人民出版社 1984年 128页
13cm（64开）定价：CNY0.22
　　中国现代革命故事连环画。

J0076075
特殊身份的警官（上集 借刀除奸）由尹佳改编；张仁康等绘
福州 福建人民出版社 1984年 118页 13cm（60开）
统一书号：8173.752 定价：CNY0.19
　　中国现代革命故事连环画。绘者张仁康，连环画家。绘有《沟》《龙潭波涛》《群英会画库（3）》等。

J0076076
特殊身份的警官（中集 巧计夺枪）由尹桂改编；张仁康等绘

福州 福建人民出版社 1984 年 166 页 13cm（60 开）
统一书号：8173.845 定价：CNY0.24
　　中国现代连环画。

J0076077

特殊身份的警官 （下集 血溅聚丰楼）由尹
佳改编；张仁康等绘
福州 福建人民出版社 1984 年 154 页 13cm（60 开）
统一书号：8173.869 定价：CNY0.25
　　本书是中国现代连环画册。

J0076078

特殊身份的警官 姚自豪，毛一昌原著；杨鹏
南改编；崔海，邓枚绘
广州 岭南美术出版社 1984 年 166 页 13cm（60 开）
定价：CNY0.27
　　中国现代革命故事连环画。

J0076079

特殊使命 刘玉戈等原著；吴文焕改编；江云绘
重庆 重庆出版社 1984 年 125 页 13cm（64 开）
统一书号：8114.238 定价：CNY0.23
　　中国现代革命故事连环画。

J0076080

天波府 李清洲改编；童介眉绘画
北京 北京出版社 1984 年 138 页 有图
10×13cm 统一书号：8071.514 定价：CNY0.25
（杨家将故事 六）
　　中国现代连环画。

J0076081

天鹅王子 雪莎改编；范崇岷绘
西安 陕西人民美术出版社 1984 年 94 页
13cm（64 开）定价：CNY0.17
　　根据丹麦安徒生童话《野天鹅》改编的连
环画。

J0076082

天国悲剧 （清）黄小配原著；吴镕等改编；温
国良等绘
南京 江苏美术出版社 1984 年 126 页 13cm（64 开）
统一书号：8353.3.051 定价：CNY0.20
（洪秀全演义 5）
　　本书是依据中国古典小说《洪秀全演义》改

编的现代连环画。

J0076083

天国春秋 （上） 金乃千改编；孙宏华摄影
北京 中国戏剧出版社 1984 年 125 页 13cm（60 开）
统一书号：8069.512 定价：CNY0.23
　　话剧《天国春秋》剧照连环画。

J0076084

天国春秋 （下）金乃千改编；孙宏华摄影
北京 中国戏剧出版社 1984 年 125 页 13cm（60 开）
统一书号：8069.513 定价：CNY0.23
　　话剧《天国春秋》剧照连环画。

J0076085

天国序幕 （清）黄小配原著；吴镕等改编；马
建邦，蔡素绘
南京 江苏美术出版社 1984 年 126 页 13cm（64 开）
统一书号：8353.3.029 定价：CNY0.20
（洪秀全演义 1）

J0076086

天骄 王逸改编
北京 中国电影出版社 1984 年 125 页 13cm（64 开）
定价：CNY0.26
　　根据同名影片改编的连环画。

J0076087

天京风云 （清）黄小配原著；吴镕等改编，马
建邦等绘画
南京 江苏美术出版社 1984 年 126 页 有图
10cm（64 开）统一书号：8353.3.049
定价：CNY0.20
（洪秀全演义 三）
　　中国现代连环画。

J0076088

天山行 殷宝华改编；邵殿英选片
沈阳 辽宁美术出版社 1984 年 13cm（64 开）
统一书号：7161.0340 定价：CNY0.24
　　根据同名影片改编的连环画，电影根据李斌
奎短篇小说《天山深处的大兵》改编而成。

J0076089

天使的遭遇 江涓改编；朱植仁，魏新燕绘

杭州　浙江人民美术出版社　1984 年　166 页
13cm（64 开）定价：CNY0.29

　　根据美国西德尼·谢尔顿原著改编的连
环画。

J0076090

天之娇女　魏峨改编；陈春轩等摄影
上海　上海人民美术出版社　1984 年　173 页
13cm（64 开）统一书号：8081.14038
定价：CNY0.34

　　根据浙江越剧一团创作的同名越剧改编的
连环画。

J0076091

天竺梦　（上）鲁艺改编；范爱全等摄影
天津　天津人民美术出版社　1984 年　150 页
13cm（64 开）统一书号：8073.30977
定价：CNY0.40

　　本书是中国现代电影故事连环画。

J0076092

天竺梦　（下）鲁艺改编；范爱全等摄影
天津　天津人民美术出版社　1984 年　159 页
13cm（64 开）统一书号：8037.30978
定价：CNY0.44

　　本书是中国现代电影故事连环画。

J0076093

田螺姑娘　里斌改编；沈在召绘
福州　福建人民出版社 1984 年 92 页 13cm（64 开）
统一书号：8173.719　定价：CNY0.15

　　中国民间故事连环画。

J0076094

甜甜的刺莓　孙健忠原著；可蒙改编；桑麟康
绘画
上海　上海人民美术出版社　1984 年　166 页　有图
10×13cm　统一书号：8081.13648　定价：CNY0.20

　　本书是中国现代连环画册。收入 166 幅图。

J0076095

跳来跳去的女人　（俄）契诃夫原著；魏世刚
改编；赵隆义，孙愚绘
天津　天津人民美术出版社　1984 年　77 页
13cm（64 开）定价：CNY0.13

（外国文学名著选编）

　　据俄国著名文学作品改编的连环画。绘者
赵隆义（1931—　），编审。上海人。中国美术家
协会会员。作品有《小城春秋》《贺龙的故事》《杨
开慧》《圆眼睛》等。绘者孙愚（1937—　），画家。
浙江温州人。中国美术家协会会员。曾在上海
人民美术出版社从事连环画创作，兼任上海大学
巴士学院美术专业基础课程教师。著有《钢笔画
起步》，连环画《野猫》《巴黎圣母院》《海底两万
里》《圣经的故事》《孤岛历险记》等。

J0076096

铁道小交通　晓业改编；朱新龙绘
南京　江苏美术出版社　1984 年　94 页　有图
10×13cm　统一书号：8353.3.073　定价：CNY0.17

　　中国现代连环画。

J0076097

铁骨忠魂　莫少云改编；彭石根绘画
长沙　湖南少年儿童出版社　1984 年　118 页　有图
10×13cm　统一书号：R8280.117　定价：CNY0.18
（朝华画库）

　　本连环画介绍中国共产党早期领导人之一
蔡和森烈士的光辉事迹。

J0076098

铁甲英雄　晨光等编；牟健兵绘画
石家庄　河北美术出版社　1984 年　94 页　有图
10×13cm　统一书号：8087.869　定价：CNY0.16

　　中国现代连环画。

J0076099

铁脚女中锋　庄之明编著；王金泰绘
北京　人民体育出版社　1984 年　123 页　13cm（64 开）
统一书号：8015-111　定价：CNY0.19
（体育连环画册）

J0076100

铁流　水清改编；梁启德绘
杭州　浙江人民美术出版社　1984 年　150 页
13cm（64 开）定价：CNY0.19

　　根据苏联绥拉菲摩维支原著改编的连环画。

J0076101

铁面人　李成葆编

广州 花城出版社 1984 年 125 页 13cm（64 开）
定价：CNY0.30
（影视世界丛书）
　　根据同名电影改编的连环画。

J0076102

铁面人　（英）威·巴斯特编剧；施佳木等改编
南京 江苏美术出版社 1984 年 118 页 有图
10×13cm 统一书号：8353.3.114 定价：CNY0.26
　　根据同名英国故事片改编的连环画。

J0076103

铁木儿和他的队伍　（苏）盖达尔原著；代学
改编；高宝生绘
沈阳 辽宁美术出版社 1984 年 118 页 13cm（64 开）
统一书号：7161.0428 定价：CNY0.19
　　本书是苏联现代儿童文学故事改编的连环
画。作者高宝生（1944—　），连环画家。曾用笔
名高禾。北京人，北京艺术学院附中毕业。中
国少年儿童出版社从事连环画创作。代表作品
《铁木儿和他的队伍》《两只小孔雀》《聪明的药
方》等。

J0076104

铁桥三传奇　（上册）黄加良改编；杜友农
摄影
广州 岭南美术出版社 1984 年 122 页 13cm（64 开）
定价：CNY0.26
（中国武术连环画）

J0076105

铁桥三传奇　（下册）黄加良改编；杜友农
摄影
广州 岭南美术出版社 1984 年 110 页 13cm（64 开）
定价：CNY0.26
（中国武术连环画）

J0076106

铁塔的故事　（中州风物故事）邵雯编；夏莹，
郑士仰绘
郑州 河南人民出版社 1984 年 61 页 13cm（64 开）
定价：CNY0.12
（中州风物志）
　　本书是中国古代民间故事连环画。

J0076107

铁蹄下的勇士　夕车，武志改编；武志绘
郑州 河南人民出版社 1984 年 6 册 13cm（64 开）
定价：CNY1.00
（连环画套书）
　　中国现代革命故事连环画，共 6 册：《智炸
军列》《巧取图纸》《狠捣敌营》《除奸救友》《勇
送伤员》《夜袭船坞》。

J0076108

铁头英雄　汪涛改编；孙昌茵绘
杭州 浙江人民美术出版社 1984 年 150 页
13cm（64 开）统一书号：8156.681
定价：CNY0.23
　　根据文秋、柯蓝原著《蔺铁头》改编的中国
现代革命故事连环画。

J0076109

通缉令　姚青改编；鲁冬青摄影
北京 中国文联出版公司 1984 年 141 页
13cm（64 开）定价：CNY0.33
　　根据同名电影改编的连环画。

J0076110

通天河　吴承恩原著；何棱改编；葛桂云绘画
成都 四川少年儿童出版社 1984 年 61 页 有图
7×10cm 统一书号：R8247.170 定价：CNY0.06
（《西游记》故事 十一）
　　根据中国古典小说《西游记》改编的现代连
环画作品。

J0076111

同学之间　李日君改编；王树枫，赵家传绘
济南 山东美术出版社 1984 年 62 页 13cm（64 开）
定价：CNY0.12
（共产主义道德教育丛书）
　　根据杨福庆小说《投影》改编的连环画。

J0076112

铜马皇帝　雷磊编；姚耐，石夫绘
福州 福建人民出版社 1984 年 186 页 13cm（60 开）
统一书号：8173.725 定价：CNY0.29
（通俗前后汉演义 22）
　　本书是依据中国古典小说《通俗前后汉演
义》改编的现代连环画。

J0076113
偷吃仙桃 小力改编；李林琢绘
北京 中国文艺联合出版公司 1984 年 14 页
13cm（60 开）定价：CNY0.14
《西游记》故事 7）
　　本书是依据中国古典小说《西游记》改编的
现代连环画。

J0076114
偷拳（续） 石丙春等编；姜吉维等绘
北京 人民体育出版社 1984 年 165 页 13cm（64 开）
统一书号：8015–110 定价：CNY0.24
（体育连环画册）

J0076115
偷师学拳记 陈克吾改编；陈允康，马克政绘
广州 广东人民出版社 1984 年 126 页 13cm（64 开）
定价：CNY0.24
　　本连环画讲的是武林豪杰拜师学艺、除暴安
良的故事。

J0076116
偷太阳的人 何为改编；雷虹绘
成都 四川少年儿童出版社 1984 年 94 页
13cm（64 开）定价：CNY0.22
　　据高彦德翻译的同名小说改编的连环画。

J0076117
透光镜的故事 施光国改编；王奇志绘
南昌 江西人民出版社 1984 年 78 页 13cm（64 开）
统一书号：8110.826 定价：CNY0.14

J0076118
图唐卡门王陵秘辛 闪居良改编；姬德顺绘
广州 花城出版社 1984 年 82 页 13cm（64 开）
统一书号：8110.826 定价：CNY0.16
（环球旅游 4 古文明之谜）
　　根据外国文学名著改编的连环画。

J0076119
团团转 杨天飞等编剧；高仲欣改编
南京 江苏美术出版社 1984 年 148 页 有图
10×13cm 统一书号：R8353.3.027 定价：CNY0.25
　　据无锡市滑稽剧团演出本编绘的连环画。

J0076120
鸵鸟牧羊 （狒猴游非洲之一）嵇鸿等原著；
崇娜改编；徐力等绘画
上海 上海人民美术出版社 1984 年 46 页
有彩图 10×13cm 统一书号：8081.13977
定价：CNY0.19
　　中国现代连环画。

J0076121
瓦岗寨 义俊编；陆华，马方路绘
上海 上海人民美术出版社 1984 年 142 页
13cm（64 开）定价：CNY0.28
（唐代历史故事 2）
　　本书是根据中国唐代历史故事改编的连
环画。

J0076122
外国笑话 陶侯武编绘
广州 岭南美术出版社 1984 年 126 页 13cm（64 开）
定价：CNY0.21
　　根据《外国笑话集锦》改编的连环画。

J0076123
外国寓言选 （连环画册）华尘，林征编；何岸
等绘
广州 岭南美术出版社 1984 年 64 页 25cm（16 开）
精装 统一书号：8260.1026 定价：CNY2.20
　　本书是根据外国著名寓言改编的画册，收
入 64 幅图。外文书名：Selections from Foreign
Fables. 作者何岸（1957— ），画家。广东广州人。
进修于广州美术学院油画系，南海舰队军人俱乐
部美术员。代表作品有《关怀》等。

J0076124
外戚揽权 卜福顺改编；郭德福绘
沈阳 辽宁美术出版社 1984 年 142 页 13cm（60 开）
统一书号：7161.0283 定价：CNY0.22
（前汉演义 25）
　　本书是依据中国古典小说《前汉演义》改编
的现代连环画。

J0076125
弯弯的金竹塘 王桂清编文；张增木绘画
长春 吉林人民出版社 1984 年 78 页 有图
10×13cm 统一书号：8091.1636 定价：CNY0.13

中国现代连环画。

J0076126
万里寻母记　（上）夏雨改编；雅辛等绘
杭州　浙江少年儿童出版社 1984 年 190 页
13cm（60 开）定价：CNY0.33
　　根据中国文学著作改编的连环画。

J0076127
王成　（清）蒲松龄原著；许金文改编；郑庆衡绘
天津　天津人民美术出版社 1984 年 70 页
13cm（64 开）统一书号：8073.30877
定价：CNY0.12
（《聊斋》故事）
　　本书根据我国古典文学名著《聊斋志异》编
绘。绘者郑庆衡（1939—1996），教授。河北玉田
县人。历任中国美术家协会会员，南开大学教授，
东方文化艺术系主任，天津市美术家协会理事。
出版有《郑庆衡画集》。

J0076128
王尔烈传奇　晓亭改编；思雨，秋友绘
沈阳　辽宁美术出版社 1984 年 158 页 13cm（64 开）
定价：CNY0.24
　　根据陶重华原著改编的中国革命故事连
环画。

J0076129
王后复仇记　徐家仪改编；陈湘年绘
广州　广东人民出版社 1984 年 118 页 13cm（64 开）
统一书号：8111.2436 定价：CNY0.20
（少儿连环画库）
　　根据德国中世纪史诗《尼伯龙根之歌》改编
的连环画。

J0076130
王六郎　（清）蒲松龄原著；李庆洪改编；陆成
法，陆小弟绘
济南　山东美术出版社 1984 年 新 1 版 62 页
13cm（64 开）定价：CNY0.12
（《聊斋志异》连环画丛书 聊斋志异故事选）

J0076131
王莽篡位　卞福顺改编；王守宜绘
沈阳　辽宁美术出版社 1984 年 106 页 13cm（60 开）

定价：CNY0.17
（前汉演义 26）

J0076132
王莽赶刘秀　洛康编；解永钧，罗敬箴绘
石家庄　河北美术出版社 1984 年 158 页
13cm（64 开）统一书号：8087.867 定价：CNY0.23
　　根据民间传说改编的连环画。

J0076133
王涛支队　李岍山改编；林三本，刘衍绘
福州　福建人民出版社 1984 年 92 页 13cm（64 开）
定价：CNY0.16
　　根据中国现代小说改编的连环画。

J0076134
王羲之和王献之　袁浩兴，小康编文；潘小庆绘
南昌　江西人民出版社 1984 年 96 页 13cm（64 开）
定价：CNY0.16
（中国古代近代名人青少年时期故事丛书）
　　本书是中国历代名人青少年时期故事连
环画。

J0076135
王孝和　大鲁改编；华三川绘
上海　上海人民美术出版社 1984 年 2 版 174 页
10cm（100 开）定价：CNY0.28
　　本书是中国革命英雄故事连环画。绘者华
三川（1930—2004），画家。浙江镇海人。中国美
协会员，上海美术家协会理事，上海少年儿童出
版社专业画家，上海市文史研究馆馆员。代表作
品《华三川仕女画集》《华三川绘新百美图》《锦
瑟年华》等。

J0076136
工运先锋——罗登贤烈士的故事　（雨花台
革命烈士故事）杨光中编；龚东明绘
南京　江苏美术出版社 1984 年 86 页 13cm（64 开）
统一书号：8353.3.107 定价：CNY0.19
　　本书是中国现代连环画册。

J0076137
王子与贫儿　（上）（美）马克·吐温原著；叶惠
元，贺书昌改编；丘玮绘
沈阳　辽宁美术出版社 1984 年 98 页 13cm（64 开）

定价: CNY0.16

　　根据美国文学名著改编的连环画。

J0076138

王子与贫儿 （下）（美）马克·吐温原著; 叶惠元, 贺书昌改编; 丘玮绘

沈阳 辽宁美术出版社 1984 年 98 页 13cm（64 开）定价: CNY0.16

　　根据美国文学名著改编的连环画。

J0076139

忘忧草 少舟改编

北京 中国电影出版社 1984 年 147 页 13cm（64 开）统一书号: 8061.2347 定价: CNY0.29

　　根据同名电影改编的连环画。

J0076140

望穿秋水 东明改编

北京 中国电影出版社 1984 年 157 页 13cm（64 开）定价: CNY0.26

　　根据同名电影改编的连环画。

J0076141

威逼咸阳 冯玉如改编; 王建, 梁平绘

杭州 浙江人民美术出版社 1984 年 174 页 13cm（64 开）定价: CNY0.27

J0076142

威伏拳王 黄启茂, 柴立杨改编; 闭克, 梁宝光绘

南宁 广西人民出版社 1984 年 102 页 13cm（64 开）统一书号: 8113.981 定价: CNY0.15

　　中国武术连环画。

J0076143

威尼斯面包师的儿子 闻兆煃, 杨莲娣编

天津 天津人民美术出版社 1984 年 118 页 13cm（64 开）定价: CNY0.28

　　根据法国、意大利联合摄制的同名影片改编的连环画。

J0076144

威震长坂坡 罗贯中原著; 钟为编绘

西安 陕西人民美术出版社 1984 年 158 页 13cm（60 开）定价: CNY0.26

（《三国演义》连环画 7）

J0076145

围常州 杨春峰编; 陈军绘

北京 中国文艺联合出版公司 1984 年 94 页 13cm（64 开）统一书号: 8313.42 定价: CNY0.18 （明代开国英烈传 5）

　　中国明代历史故事连环画。

J0076146

伟大的先驱 胡月伟改编; 宗文龙绘

杭州 浙江人民美术出版社 1984 年 110 页 19cm（小 32 开）定价: CNY0.45

　　中国人物故事的连环画。

J0076147

伪君子 （法）莫里哀原著; 刘耀中改编, 胡克之绘

上海 上海人民美术出版社 1984 年 142 页 有图 10×13cm 统一书号: 8081.14063 定价: CNY0.22

　　本书是根据法国 17 世纪古典主义喜剧作家莫里哀的同名喜剧编绘的中国现代连环画。收入 142 幅图。

J0076148

尉迟恭出世 黄微编; 鲁枫绘

北京 中国曲艺出版社 1984 年 126 页 13cm（64 开）统一书号: 8227.036 定价: CNY0.20 （传统评书连环画《兴唐传》29）

J0076149

渭水之战 罗贯中原著; 杜维轩改编; 赵仁年, 毛国荣绘

西安 陕西人民美术出版社 1984 年 118 页 13cm（60 开）定价: CNY0.20

（《三国演义》连环画 11）

J0076150

文成公主 单超编; 高延绘

北京 中国民间文艺出版社 1984 年 190 页 13cm（64 开）定价: CNY0.30

　　本书是中国历史故事连环画。

J0076151

闻太师西征 王益砾编; 谢春彦等绘

杭州 浙江人民美术出版社 1984 年 142 页
13cm（64 开）统一书号：8156.448 定价：CNY0.18
（《封神演义》故事 3）

　　本书是依据中国古典小说《封神演义》改编
的现代连环画。

J0076152

我不么　（日）中川李枝子原著；大朋改编；温
泉源绘画

北京 人民美术出版社 1984 年 192 页 有图
13cm（60 开）统一书号：8027.9070 定价：CNY0.13

　　根据［日］中川李枝子《不么园》编译的连
环画。

J0076153

我国第一个铁道工程师——詹天佑　周佐
愚改编；杨劲松绘

广州 科学普及出版社广州分社 1984 年 94 页
13cm（64 开）定价：CNY0.18

　　中国人物故事连环画。

J0076154

我们的田野　王逸改编

北京 中国电影出版社 1984 年 156 页 13cm（64 开）
统一书号：8061.2134 定价：CNY0.28

　　根据同名电影改编的连环画。

J0076155

卧虎山招亲　崔祥改编；许全群绘

呼和浩特 内蒙古人民出版社 1984 年 111 页
13cm（64 开）定价：CNY0.21

（《薛刚反唐》2）

　　根据新编传统评书《薛刚反唐》改编的连环
画。描写唐代永徽元年至神龙元年武则天参政、
篡位到垮台的历史故事，全套共计 16 册。

J0076156

卧牛岭歼敌　晓涛编文；杨晓晖绘画

呼和浩特 内蒙古人民出版社 1984 年 70 页
有图 10×13cm 统一书号：8089.154
定价：CNY0.15

　　中国现代连环画。作者杨晓晖（1942— ），
教授。江苏南通人，毕业于南京师大美术系。任
中国国画家协会理事、南通大学艺术学院教授等
职。代表作有《百猫图》《万蝶图》《中国画的题

款和铃印》等。

J0076157

卧薪尝胆　董子畏改编；陆华绘画

上海 上海人民美术出版社 1984 年 118 页 有图
10×13cm 统一书号：8081.13830 定价：CNY0.15
（东周列国故事）

　　中国现代连环画。作者董子畏（1911—
1962），浙江海宁人。笔名田衣，又名秉璋。定
居上海。肄业于上海光华大学中文系。曾任华
东人民美术出版社（后改为上海人民美术出版
社）连环画脚本编辑、连环画编辑科副科长等职。
编有《铁道游击队》《屈原》《风波》《地下少先
队》等。绘者陆华（1939— ），笔名雁父。出生
于江苏盐城建湖县，毕业于南京江苏新闻专科学
校。历任新疆人民广播电台记者，《光明日报》新
疆记者站记者，江苏《新华日报》编辑，《扬子晚
报》副刊《繁星》主编、主任编辑。现为江苏省作
家书画联谊会副会长，南京古鸡鸣寺书画院副院
长，江苏省古陶瓷研究会顾问，中国作家协会会
员。著有散文随笔《名人·风情·掌故》，诗画集《陆
华诗画小品》，报告文学《天堂凡人赞》等。

J0076158

乌鸡国　何棱改编；胡进庆，陆青绘

成都 四川少年儿童出版社 1984 年 62 页
9cm（128 开）定价：CNY0.06
（小小连环画 第 7 辑《西游记》故事 11）

　　根据中国古典小说《西游记》改编的现代连
环画作品。

J0076159

诬陷伸冤　陈健改编；胡勃绘画

呼和浩特 内蒙古人民出版社 1984 年 86 页
有图 10×13cm 统一书号：8089.158
定价：CNY0.16

　　中国现代连环画。作者胡勃（1943— ），教
授。字冲汉，笔名野风。山东莱州人，内蒙古师
范大学美术系毕业，留校任教，中央美术学院教
授，中国美术家协会会员。代表作品有《夜色》
《蓝色的早晨》《湘溪》《静影沉碧》等。

J0076160

无底洞　周桓改编；孙宏华摄影

北京 中国戏剧出版社 1984 年 141 页 13cm（64 开）

统一书号：8069.587 定价：CNY0.26

中国戏曲连环画。

J0076161

无事生非 （英）莎士比亚原著；褚伯承改编；姜荣根绘

上海 上海人民美术出版社 1984年 142页 13cm（64开）定价：CNY0.22

据英国戏剧文学名著改编的连环画。作者姜荣根（1953— ），教师、画家。生于上海。中国美术家协会会员，上海美术家协会会员，少年宫教师。作品有《春天的故事》《西皮快板》等，连环画作品有《童第周》《黑水英魂》《王子复仇记》《克兰德尔的命运》《罗宾汉》等。

J0076162

无头骑士 晓莲改编；沈勇绘

呼和浩特 内蒙古人民出版社 1984年 142页 有图 10×13cm 统一书号：18089.14 定价：CNY0.24

J0076163

吴门秋 蓉湖改编；张宝蔚，张淮绘

南京 江苏美术出版社 1984年 150页 13cm（64开）统一书号：8353.3.071 定价：CNY0.25

中国现代连环画。

J0076164

吴越春秋 远祁编；辽莎，竹人绘

南宁 广西人民出版社 1984年 168页 13cm（64开）定价：CNY0.23

（中国历史故事连环画 14）

J0076165

吴越恩仇记 徐长山改编；吴声，于水绘

哈尔滨 黑龙江美术出版社 1984年 165页 13cm（64开）定价：CNY0.28

根据东周列国时期有关吴国和越国之间的战争史料编写的连环画。

J0076166

吴越风云 刘延龄编文；冯子润绘画

长春 吉林人民出版社 1984年 70页 有图 10×13cm 统一书号：8091.1639 定价：CNY0.12

（东周列国 13）

中国现代连环画。

J0076167

五彩带 苏胜兴等编文；吴冰玉绘画

上海 上海人民美术出版社 1984年 102页 10×13cm 统一书号：8081.13913 定价：CNY0.16

少数民族民间故事连环画。

J0076168

五行山 （明）吴承恩原著；励艺夫改编；邓柯绘画

北京 人民美术出版社 1984年 118页 有图 10×13cm 统一书号：8027.9194 定价：CNY0.34

根据明代吴承恩《西游记》改编的连环画。

J0076169

五龙风云 吕振光编文；丁晓峰绘画

南京 江苏美术出版社 1984年 126页 有图 10×13cm 统一书号：8353.3.061 定价：CNY0.20

中国现代连环画。

J0076170

五女拜寿 谷英改编；恺斐，李本荣摄影

北京 中国戏剧出版社 1984年 157页 13cm（64开）定价：CNY0.30

中国戏曲连环画。

J0076171

五指山传奇 吴之编；蔡仰颜，蔡枫绘

广州 岭南美术出版社 1984年 162页 10×13cm 统一书号：8260.0998 定价：CNY0.27

（广东革命根据地传奇）

本书是中国现代连环画册。

J0076172

武当 欧阳尧佳改编；潘正沂绘

广州 岭南美术出版社 1984年 148页 13cm（64开）定价：CNY0.27

（中国武术连环画）

根据同名电影改编。

J0076173

武当 （一）

北京 中国电影出版社 1984年 117页 13cm（60开）定价：CNY0.22

中国电影连环画。

J0076174
武当 （二）
北京 中国电影出版社 1984年 117页 13cm（60开）
定价：CNY0.22
　　中国电影连环画。

J0076175
武当剑谱　陈祖杰改编；孙永才摄影
武汉 长江文艺出版社 1984年 158页 13cm（64开）
统一书号：8107.552 定价：CNY0.32
　　根据同名电视剧改编的连环画。

J0076176
武当拳 （上）陈祖杰，何宏业改编；孙永才
摄影
北京 中国文艺联合出版公司 1984年 93页
13cm（60开）定价：CNY0.18
　　根据同名电视连续剧改编的连环画。

J0076177
武当拳 （下）陈祖杰，何宏业改编；孙永才
摄影
北京 中国文艺联合出版公司 1984年 93页
13cm（60开）定价：CNY0.18
　　根据同名电视连续剧改编的连环画。

J0076178
武当山传奇 （一 官逼民反）碧青改编；邹建
平，谢伦和绘
长沙 湖南美术出版社 1984年 134页 13cm（64开）
定价：CNY0.22
　　本书是中国民间故事连环画。作者邹建平
（1955— ），生于湖南新化，毕业于湖南师范大
学，进修于广州美术学院油画系，现任职湖南美
术出版社副社长，湖南美术家协会副主席，中国
美术家协会会员，北京圣之空间董事。

J0076179
武当山传奇 （二 威震武当）碧青改编；邹建
平，谢伦和绘
长沙 湖南美术出版社 1984年 134页 13cm（64开）
定价：CNY0.22
　　本书是中国民间故事连环画。

J0076180
武当山传奇 （三 智斗猴帅）碧青改编；蒋太
禄绘
长沙 湖南美术出版社 1984年 126页 13cm（64开）
定价：CNY0.21
　　本书是中国民间故事连环画。

J0076181
武当山传奇 （四 血溅山河）碧青改编；蒋太
禄绘
长沙 湖南美术出版社 1984年 134页 13cm（64开）
定价：CNY0.22
　　根据岳啸同名评词改编的连环画。

J0076182
武当英杰　蔡衡编；卢德平，晓明绘
广州 花城出版社 1984年 126页 13cm（64开）
统一书号：8261.90 定价：CNY0.28
（旅伴连环画库）

J0076183
武后临朝　杨根相编；于骏治绘
上海 上海人民美术出版社 1984年 126页
13cm（64开）定价：CNY0.26
（唐代历史故事 9）
　　本书是根据中国唐代历史故事改编的连
环画。

J0076184
武林奇女　刘绍棠原著；张企荣改编；杜滋龄，
刘世铎绘
重庆 重庆出版社 1984年 142页 13cm（64开）
统一书号：8114.211 定价：CNY0.24
　　中国武术连环画。

J0076185
武林英豪　胡霜改编；徐东林绘
南昌 江西人民出版社 1984年 102页 13cm（64开）
定价：CNY0.17
　　中国武术连环画。

J0076186
武林志　于兰改编
石家庄 花山文艺出版社 1984年 184页
13cm（64开）定价：CNY0.20

中国武术连环画。

J0076187

武林志 华勋,谢洪原著;胡霜改编;丁世弼绘

杭州 浙江人民美术出版社 1984年 150页

13cm(64开)统一书号:8156.464 定价:CNY0.23

　　中国武术连环画。作者丁世弼(1939—
2018),画家、国家一级美术师。字仲宜,江西南
昌人。中国美术家协会会员,江西省美术家协会
副主席。代表作有《渔岛怒潮》《秋瑾》《陈赓大
将》《红楼梦》等。

J0076188

武王伐纣 王益砾改编;谢春彦等绘

杭州 浙江人民美术出版社 1984年 134页

13cm(64开)定价:CNY0.17

(《封神演义》故事 5)

　　本书是依据中国古典小说《封神演义》改编
的现代连环画。

J0076189

武王灭纣 水登改编;施大畏绘

上海 少年儿童出版社 1984年 62页 13cm(64开)

定价:CNY0.10

(封神榜人物故事 12)

　　本书是依据中国古典小说《封神演义》改编
的现代连环画。作者水登(1930—),画家。原
名廖其澄,四川达县人。曾任绵阳市文联副秘书
长、市美协主席,绵阳市书画院二级美术师。绘
画作品有《山寨》《草原上的格桑花》《披查尔瓦
的老人》等。出版有《廖其澄水彩画集》《廖其澄
花鸟画集》。绘者施大畏(1950—),画家,浙
江吴兴人,毕业于上海大学美术学院国画系。国
家一级美术师,曾任上海国画院执行院长、中国
美术家协会副主席、中国美协国画艺委会委员、
上海美协国画艺委会主任、上海大学美术学院兼
职教授等职。代表作《暴风骤雨》《国殇》《皖南
事变》《归途——西路军妇女团纪实》。

J0076190

误笔成蝇 李光羽改编;施大畏等绘

上海 少年儿童出版社 1984年 104页 13cm(64开)

统一书号:R8024.52 定价:CNY0.19

(中国古代画家的故事 1)

　　中国古代优秀画家故事连环画。

J0076191

误失街亭 罗贯中原著;邹洪根改编;大仁,
邹越非绘

西安 陕西人民美术出版社 1984年 158页

13cm(60开)定价:CNY0.26

(《三国演义》连环画 17)

J0076192

悟空大破双魔洞 (明)吴承恩原著;郭子宣
改编;焦岩峰绘

济南 山东美术出版社 1984年 新1版 123页

13cm(60开)定价:CNY0.20

(西游记故事选 1)

J0076193

悟空独闯麒麟山 (明)吴承恩原著;郭子宣
改编;窦世魁,窦世伟绘

济南 山东美术出版社 1984年 新1版 94页

13cm(60开)定价:CNY0.16

(西游记故事选 7)

J0076194

悟空降服犀牛怪 (明)吴承恩原著;郭子宣
改编;季鑫焕绘

济南 山东美术出版社 1984年 102页 13cm(60开)

定价:CNY0.16

(西游记故事选 10)

J0076195

悟空巧胜三仙师 (明)吴承恩原著;郭子宣
改编;于麟绘

济南 山东美术出版社 1984年 新1版 102页

13cm(60开)定价:CNY0.17

(西游记故事选 3)

J0076196

悟空智擒天王女 (明)吴承恩原著;郭子宣
改编;焦岩峰绘

济南 山东美术出版社 1984年 108页 13cm(60开)

定价:CNY0.18

(西游记故事选 5)

J0076197

雾都十三夜 舟石改编;王征绘

济南 山东美术出版社 1984年 126页 13cm(64开)

统一书号：8332.164 定价：CNY0.20

　　根据《泰晤士河风云》改编，描写孙中山在伦敦蒙难的故事的连环画。

J0076198
西湖公主　（清）蒲松龄原著；孙克传，张法银改编；孙雨田绘
济南 山东美术出版社 1984年 新1版 70页
13cm（64开）定价：CNY0.13
（《聊斋志异》连环画丛书 聊斋志异故事选 18）

J0076199
西孟的爸爸　莫泊桑原著；韩旭改编；张美玲绘画
天津 天津人民美术出版社 1984年 92页 有图
10×13cm 统一书号：8073.30897 定价：CNY0.17
　　中国现代连环画。

J0076200
西游记　（计收猪八戒）邹忆青等改编；刘大健摄影
北京 中国广播电视出版社 1984年 147页
13cm（64开）定价：CNY0.34
（电视系列剧连环画）

J0076201
西游记　（三打白骨精）邹忆青等改编；刘大健摄影
北京 中国广播电视出版社 1984年 147页
13cm（64开）定价：CNY0.32
（电视系列剧连环画）

J0076202
西子姑娘　王逸改编
北京 中国电影出版社 1984年 125页 13cm（64开）
统一书号：8061.2455 定价：CNY0.23
　　根据同名电影改编的连环画。

J0076203
席方平　（清）蒲松龄原著；鸿雪改编；展之余绘
济南 山东美术出版社 1984年 新1版 78页
13cm（64开）统一书号：8332.226 定价：CNY0.14
（《聊斋志异》连环画丛书 聊斋志异故事选 10）

J0076204
洗染匠和理发师　孙法智改编；潘直亮绘画
北京 人民美术出版社 1984年 62页 有图
10×13cm 统一书号：8027.9225 定价：CNY0.11
　　中国现代连环画。

J0076205
洗衣妇　（丹）安徒生原著；桑仁改编；赵大鹏绘画
北京 人民美术出版社 1984年 54页 有彩图
13cm（60开）统一书号：8027.9288 定价：CNY0.51
　　根据《她是一个废物》改编的连环画。

J0076206
喜鹊姑娘　郭述祖编文；豁志绘画
北京 北京美术摄影出版社 1984年 58页 有图
10×13cm 统一书号：8328.34 定价：CNY0.13
　　根据田启宇搜集整理的同名故事改编的连环画。

J0076207
喜鹊岭茶歌　燕枫改编
北京 中国电影出版社 1984年 147页 13cm（64开）
统一书号：8061.2137 定价：CNY0.28
　　根据故事片《喜鹊岭茶歌》改编的连环画。

J0076208
喜盈门　童欣改编；高洪成绘
沈阳 辽宁美术出版社 1984年 126页 13cm（64开）
定价：CNY0.20
　　本书是中国故事连环画。

J0076209
细柳　（清）蒲松龄原著；童继贤改编；杨文仁绘
济南 山东美术出版社 1984年 70页 13cm（64开）
定价：CNY0.14
（《聊斋志异》连环画丛书 聊斋志异故事选 41）

J0076210
虾球传　张元锦改编；李蕾，宋建社绘
福州 福建人民出版社 1984年 182页 13cm（60开）
定价：CNY0.26
　　作者宋建社（1955— ），教授。浙江人。毕业于上海大学美术学院油画系。上海纺织高等专科学校服装艺术系副主任，中国美术家协会

会员。代表作品有《水粉画》《创作与设计》《鞋
与路》《湘西情》《梦萦水乡》等。

J0076211

侠骨杜心五　刘笃平原著；倪曦红改编；刘启
端绘
广州 岭南美术出版社 1984 年 158 页 13cm（64 开）
统一书号：8260.1001 定价：CNY0.28
（中国武术连环画）

J0076212

峡谷夺枪　安可君改编；刘永凯，孙慕龄绘
兰州 甘肃人民出版社 1984 年 62 页 13cm（64 开）
定价：CNY0.13
（三打乌龙镇 4）

J0076213

峡谷烽烟　邹洪根改编；张之光等绘画
西安 陕西人民美术出版社 1984 年 126 页 有图
10×13cm 统一书号：8199.826 定价：CNY0.28
　　中国现代连环画。

J0076214

夏倍上校　甘礼乐改编；徐芝耀，晓烨绘
沈阳 辽宁美术出版社 1984 年 174 页 13cm（64 开）
统一书号：7161.0333 定价：CNY0.25
　　根据法故巴尔扎克原著同名小说改编的连
环画。

J0076215

夏明翰　（湖南革命先辈故事）蒋昭芒改编；吴
国威绘
长沙 湖南美术出版社 1984 年 118 页 13cm（64 开）
定价：CNY0.20
　　中国革命家故事连环画。作者吴国威
（1939— ），中国著名版画家。别名吴卓宇。湖
南常宁人，肄业于湖南文艺学院。常宁市文联主
席，副研究馆员。中国美术家协会会员，中国版
画家协会会员。湖南省美协四届理事，湖南省美
协版画艺委会成员，湖南省版画研究会副会长，
衡阳市美协主席。作品有《欢乐的山谷》《同心
同德》《福在人间》《瑶家风情》等。获得了全国
版画界最高奖——鲁迅版画奖。

J0076216

仙罐　龚达文，郑明明改编；刘端绘
合肥 安徽人民出版社 1984 年 94 页 13cm（64 开）
统一书号：8102.1490 定价：CNY0.18
　　本书是中国民间故事连环画。

J0076217

仙奶泉　孙锦常改编；思泽等绘画
广州 岭南美术出版社 1984 年 46 页 有图
10×13cm 统一书号：8260.1029 定价：CNY0.21
（台湾民间传说）
　　中国台湾民间传说连环画。

J0076218

仙奶泉　孙锦常改编；思泽等绘
广州 岭南美术出版社 1984 年 91 页 13cm（64 开）
定价：CNY0.21
　　本书是中国台湾民间故事连环画，包括两个
故事。

J0076219

仙女山之子　赵新禄编；刘根生绘
长春 吉林人民出版社 1984 年 166 页 13cm（64 开）
统一书号：8091.1622 定价：CNY0.26
　　根据长篇小说《伞》改编的连环画。

J0076220

乡音　筱篁改编
北京 中国电影出版社 1984 年 125 页 13cm（64 开）
定价：CNY0.23
　　根据同名影片改编的连环画。作者筱篁，主
要改编的连环画作品有《白鸽》《霍元甲》《三个
和尚》等。

J0076221

相逢在车上　王定华改编
上海 上海人民美术出版社 1984 年 78 页 有图
10×13cm 统一书号：8081.13688 定价：CNY0.15
（电视剧）
　　中国现代电视剧连环画。

J0076222

相逢在车上　程林改编
北京 中国电影出版社 1984 年 116 页 13cm（64 开）
定价：CNY0.23

据同名电影改编的连环画。

J0076223

香岛幻梦　李大发改编；林滨帆绘

成都 四川人民出版社 1984 年 94 页 13cm（64 开）

定价：CNY0.17

J0076224

香港内外　徐建光，何兆欣改编；兆欣，钟鸣
摄影

南京 江苏美术出版社 1984 年 180 页 13cm（64 开）

定价：CNY0.30

J0076225

香玉　（清）蒲松龄原著；雪松改编；周申绘

济南 山东美术出版社 1984 年 新 1 版 78 页

13cm（64 开）统一书号：8353.3.087

定价：CNY0.14

（《聊斋志异》连环画丛书 聊斋志异故事选 8）

J0076226

湘江侦察　吕青林，李惠华原著；原水改编；
钱贵苏绘

北京 人民美术出版社 1984 年 2 版 134 页

13cm（64 开）定价：CNY0.16

　　本书是中国革命战斗故事连环画。

J0076227

项链　（法）莫泊桑原著；韩旭改编

天津 天津人民美术出版社 1984 年 84 页

10×13cm 统一书号：8073.30910 定价：CNY0.16

　　据法国名著改编的连环画。

J0076228

象护与金象　伯里文编；李明强绘

兰州 甘肃人民出版社 1984 年 61 页 13cm（64 开）

统一书号：8096.1046 定价：CNY0.10

（敦煌壁画故事连环画）

J0076229

肖飞买药　刘梦山改编；于凤超绘

哈尔滨 黑龙江美术出版社 1984 年 154 页

13cm（64 开）定价：CNY0.26

（《烈火金钢》故事 5）

　　本书是中国现代连环画，根据《烈火金钢》

改编。

J0076230

肖显写匾　郭述祖编；李文斗绘

北京 北京美术摄影出版社 1984 年 58 页

13cm（64 开）统一书号：8328.35 定价：CNY0.13

　　根据刘蜀永、田启宇整理的故事改编的连
环画。

J0076231

小安子伏法记　李乔原著；侯愚改编，杨德树
绘画

石家庄 河北美术出版社 1984 年 78 页 有图

10×13cm 统一书号：8087.905 定价：CNY0.14

　　据中国历史故事改编的连环画。

J0076232

小包公　周建一改编

郑州 黄河文艺出版社 1984 年 页 13cm（64 开）

中国戏曲连环画。

J0076233

小包公　（一）周建一改编；孙宏华摄影

北京 中国戏剧出版社 1984 年 92 页 13cm（64 开）

定价：CNY0.20

　　中国戏曲连环画。

J0076234

小包公　（二）周建一改编；孙宏华摄影

北京 中国戏剧出版社 1984 年 92 页 13cm（64 开）

定价：CNY0.20

　　中国戏曲连环画。

J0076235

小包公　（三）周建一改编；孙宏华摄影

北京 中国戏剧出版社 1984 年 92 页 13cm（64 开）

定价：CNY0.20

　　中国戏曲连环画。

J0076236

小表姐　陈显荣改编；刘成湘绘

济南 山东美术出版社 1984 年 62 页 13cm（64 开）

统一书号：8332.246 定价：CNY0.12

（道德教育丛书）

　　根据罗辰生同名小说改编的连环画。

J0076237

小城故事　谢鲁渤原著；方文改编；朱黎黎绘

南京 江苏美术出版社 1984 年 62 页 有图

10×13cm 统一书号：8353.3.063 定价：CNY0.11

　　本书是依据中国现代同名小说改编的现代
连环画。

J0076238

小刺猬奏鸣曲　晓黎改编

北京 中国电影出版社 1984 年 125 页 13cm（64 开）

统一书号：8061.2091 定价：CNY0.21

（电影连环画册）

J0076239

小豆儿　一丁改编；张建华绘

济南 山东美术出版社 1984 年 78 页 13cm（64 开）

定价：CNY0.14

（共产主义教育丛书）

　　根据夏有志同名小说改编的连环画。作者
一丁（1974—　），书画家。原名聂磊，字瑞之，
号桃城居士。河北省工艺美术大师。代表作品
有《心经》《兰亭序》《三字经》《百家姓》《千字
文》等。

J0076240

小儿城　何棱改编；熊南清绘

成都 四川少年儿童出版社 1984 年 62 页

9cm（128 开）定价：CNY0.06

（小小连环画 第 8 辑《西游记》故事 16）

　　根据中国古典小说《西游记》改编的现代连
环画作品。

J0076241

小号兵传奇　曾纪荣改编；周昌华等绘画

成都 四川人民出版社 1984 年 95 页 有图

10×13cm 统一书号：8118.1744 定价：CNY0.16

　　本书是依据中国现代同名故事改编的现代
连环画。

J0076242

小号兵的秘密　刘坚等原著；西岭改编；徐小
昆绘画

西安 陕西人民美术出版社 1984 年 46 页 有图

10×13cm 统一书号：8199.781 定价：CNY0.17

　　本书是依据中国现代同名故事改编的现代

连环画。

J0076243

小猴皮皮　（意）卡·科洛迪原著；陶雪改编，
冯健男绘

上海 上海人民美术出版社 1984 年 86 页 有图

10×13cm 统一书号：8081.14099 定价：CNY0.16

　　本书是依据意大利同名故事改编的现代连
环画。

J0076244

小猴学本领　周锐写；施邦鹤画

南京 江苏少年儿童出版社 1984 年 28 页

有彩图 13cm（60 开）统一书号：R8352.3.011

定价：CNY0.15

　　本书是依据中国同名故事改编的现代连
环画。

J0076245

小灰兔子买唱片　王治华编绘；张宝林改写

天津 天津人民美术出版社 1984 年 12 页

有彩图 13cm（60 开）统一书号：8073·30934

定价：CNY0.13

　　本书是依据中国同名故事改编的现代连环
画。作者张宝林，选编的主要作品有中国历代名
家绘画撷珍《马》《猫》《鸽》等。

J0076246

小记者采访记　霍达原著；枫坤改编；方堃绘画

西安 陕西人民美术出版社 1984 年 94 页 有图

10×13cm 统一书号：8199.773 定价：CNY0.17

　　根据霍达小说《我不是猎人》改编的连环画。

J0076247

小金鱼　金世腾选编；应福康摄影

上海 上海人民美术出版社 1984 年 110 页 有图

10×13cm 统一书号：8081.14206 定价：CNY0.23

　　上海电影制片厂供稿，张骏祥艺术顾问，艾
明之编剧，李歇浦、王洁导演，根据电影改编的
连环画。

J0076248

小喇叭花　王良莹改编；成立等绘

上海 上海人民美术出版社 1984 年 86 页

13cm（64 开）定价：CNY0.14

（少年儿童画库）

J0076249

小马戏演员　（南）米·武雅契奇原著；陈元山
改编；韩伍绘
上海 上海人民美术出版社 1984 年 166 页 有图
10×13cm 统一书号：8081.13721 定价：CNY0.20
　　本书是依据南斯拉夫同名故事改编的现代
连环画。

J0076250

小铁道游击队员　刘知侠原著；毛亮英改编；
蔡世明，武忠平绘
合肥 安徽人民出版社 1984 年 118 页 13cm（64 开）
统一书号：8102.1468 定价：CNY0.20
　　根据中国现代小说改编的连环画。作者刘
知侠（1918—1991），作家。河南省卫辉人，代表
作品《铁道游击队》《芳林嫂》《沂蒙飞虎》《战地
日记》。

J0076251

小仙女　吴望文等编；吴望文绘
上海 上海人民美术出版社 1984 年 94 页 有图
10×13cm 统一书号：8081.14060 定价：CNY0.15
　　根据南斯拉夫民间故事改编的连环画。

J0076252

小巷幽兰　王丛疏改编
北京 中国电影出版社 1984 年 157 页 13cm（64 开）
统一书号：8061.2429 定价：CNY0.28
　　根据中国同名电影故事改编的连环画。

J0076253

小小得月楼　卢萍选编
上海 上海人民美术出版社 1984 年 110 页
13cm（64 开）定价：CNY0.20
　　根据中国现代故事改编的连环画。

J0076254

小熊猫学木匠　江河改编
北京 中国电影出版社 1984 年 45 页 13cm（64 开）
定价：CNY0.30
　　根据中国同名电影故事改编的连环画。

J0076255

小英雄毛弟　韦志彪，王培堃编文、绘画
南宁 漓江出版社 1984 年 102 页 13cm（64 开）
统一书号：8256.151 定价：CNY0.14
　　根据毛南族民间故事改编的连环画。

J0076256

小英雄张锦辉　赖平，胡大新编；俞梦彦绘
福州 福建人民出版社 1984 年 102 页 13cm（64 开）
定价：CNY0.18
　　本书是中国现代革命故事连环画。作者俞
梦彦（1943—　　），教授。浙江杭州人，毕业于福
建师大美术学院。福建师大美术系副教授，中国
美术家协会会员，福建省教育画院院常委会副主
任。出版有《工笔人物画技法》《俞梦彦画集》《俞
梦彦速写选》《俞梦彦专辑》。

J0076257

笑面人　陆和荪改编；梁平波绘
杭州 浙江人民美术出版社 1984 年 198 页
13cm（64 开）定价：CNY0.30
　　根据法国雨果同名原著改编的连环画。

J0076258

笑语满场　乔典运原著；王保源改编；马国强绘
郑州 河南人民出版社 1984 年 62 页 13cm（64 开）
统一书号：8105.1362 定价：CNY0.13
　　中国现代故事连环画。

J0076259

谢玄　授昭编；李绍然绘
南昌 江西人民出版社 1984 年 100 页 13cm（64 开）
定价：CNY0.17
（中国历代名将故事）
　　中国古代军事家故事连环画。作者李绍然
（1939—2017），画家。字昭昭，别号齐东野叟、
东鲁画痴、登州布衣、胶东客等。山东烟台人，
毕业于浙江美术学院中国画系。上海美术家协
会会员，上海连环画研究会会员，中国电影家协
会会员。代表作品有《勇敢机智打豺狼》《红枫
岭上》等。

J0076260

谢瑶环　思今改编；晓丁摄影
北京 中国戏剧出版社 1984 年 117 页 13cm（64 开）

统一书号：8069.521 定价：CNY0.23

中国戏剧故事连环画。

J0076261

心血与鲜花 余廉洁改编；尹庆芳绘

天津 天津人民美术出版社 1984 年 78 页 有图

10×13cm 统一书号：8073.30952 定价：CNY0.19

本书是依据中国同名故事改编的现代连环画。

J0076262

辛亥风云录 （一 风云初会）张永改编；钟增亚绘

长沙 湖南少年儿童出版社 1984 年 157 页

19cm（小 32 开）定价：CNY0.46

（朝花画库）

根据伍光椿同名历史小说改编。全书共分六册。它再现了孙中山、黄兴、宋教仁、蔡锷等资产阶级民主革命家为反对封建专制、建立民国而浴血奋战的英雄形象和光辉业绩。

J0076263

辛亥风云录 （二 羊城喋血）张永改编；张清渠绘

长沙 湖南少年儿童出版社 1984 年 102 页

19cm（小 32 开）定价：CNY0.32

（朝花画库）

本书是中国辛亥革命故事连环画。

J0076264

辛亥风云录 （三 武昌首义）张永改编；姜堃，律平绘

长沙 湖南少年儿童出版社 1984 年 246 页

19cm（小 32 开）定价：CNY0.68

（朝花画库）

本书是中国辛亥革命故事连环画。

J0076265

辛亥风云录 （四 江浙烽烟）张永改编；音子，肖雨绘

长沙 湖南少年儿童出版社 1984 年 124 页

19cm（小 32 开）定价：CNY0.38

（朝花画库）

本书是中国辛亥革命故事连环画。

J0076266

辛亥风云录 （五 民国诞生）张永改编；冯椒生绘

长沙 湖南少年儿童出版社 1984 年 150 页

19cm（小 32 开）定价：CNY0.44

（朝花画库）

本书是中国辛亥革命故事连环画。

J0076267

辛亥风云录 （六 护国讨袁）张永改编；郦渊等绘画

长沙 湖南少年儿童出版社 1984 年 134 页 有图

10×13cm 统一书号：R8280.126 定价：CNY0.22

本书是依据中国同名历史故事改编的现代连环画。

J0076268

辛十四娘 （清）蒲松龄原著；张剑萍改编；黄山绘

济南 山东美术出版社 1984 年 新 1 版 78 页

13cm（64 开）定价：CNY0.14

（《聊斋志异》连环画丛书 聊斋志异故事选 16）

J0076269

新方世玉 蓝飞编；方平摄影

广州 花城出版社 1984 年 156 页 13cm（64 开）

统一书号：8261.101 定价：CNY0.36

（影视世界丛书）

中国电影故事连环画。

J0076270

新来的副官 李学才改编；孔喜，良菲绘

哈尔滨 黑龙江美术出版社 1984 年 13cm（64 开）

定价：CNY0.22

本书是中国革命故事连环画。

J0076271

新老清水店 （家乡事）魏树海原著；黄嘉善改编；徐小龙绘

郑州 河南人民出版社 1984 年 86 页 13cm（64 开）

定价：CNY0.15

本书是中国故事连环画。作者徐小龙（1945— ），教师、画家。河南巩义人，任职于巩义市人民文化馆，中国美术家协会会员，中国美术家协会河南分会会员。出版有《中原画风·徐

小龙国画卷》《杜甫行迹》《北宋九朝帝王》《河洛民俗风情画卷》等。

J0076272
新天方夜谭　张万鸿改编；郁芷芳绘
上海　上海人民美术出版社　1984 年　149 页
13cm（64 开）统一书号：8081.13915
定价：CNY0.23
　　根据英国同名影片编绘的连环画。

J0076273
星孩　（英）王尔德原著；徐学廉编绘
贵阳　贵州人民出版社　1984 年　62 页　13cm（64 开）
定价：CNY0.16

J0076274
星星草　凌力原著；吉衣改编；陈一文绘
南昌　江西人民出版社　1984 年　2 册（126；126 页）
13cm（64 开）定价：CNY0.40（全两册）

J0076275
星星星　午言改编
北京　中国电影出版社　1984 年　147 页　13cm（64 开）
统一书号：8061.2341　定价：CNY0.28
　　根据同名电影改编的连环画。

J0076276
刑警队长　王亚平原著；孟阳，范永信改编；
杜滋龄，季源业绘
石家庄　河北美术出版社　1984 年　190 页
13cm（64 开）定价：CNY0.25
　　根据中国现代故事改编的连环画。

J0076277
刑警队长　（上）祥文改编；卢士耀等绘画
沈阳　辽宁美术出版社　1984 年　130 页　有图
10×13cm　统一书号：7161.0396　定价：CNY0.21
　　本书是依据中国同名故事改编的现代连环画。

J0076278
刑警队长　（下）祥文改编；卢士耀等绘画
沈阳　辽宁美术出版社　1984 年　146 页　有图
10×13cm　统一书号：7161.0397　定价：CNY0.23
　　本书是依据中国同名故事改编的现代连

环画。

J0076279
兴师北伐　（清）黄小配原著；吴镕等改编；温
国良等绘
南京　江苏美术出版社　1984 年　126 页　13cm（64 开）
统一书号：8353.3.031　定价：CNY0.20
（洪秀全演义　4）
　　本书是依据中国古典小说《洪秀全演义》改编的现代连环画。

J0076280
兄妹同仇　（上）沈耀庭编；张伟健，真侣绘
广州　科学普及出版社广州分社　1984 年　124 页
13cm（60 开）统一书号：8051.60277
定价：CNY0.22
　　根据中国现代革命故事改编的连环画。

J0076281
兄妹同仇　（下）沈耀庭编；张伟健，真侣绘
广州　科学普及出版社广州分社　1984 年　156 页
13cm（60 开）统一书号：8051.60278
定价：CNY0.27
　　根据中国现代革命故事改编的连环画。

J0076282
雄枪退周兵　邓德胜改编；张万夫等绘画
呼和浩特　内蒙古人民出版社　1984 年　79 页
有图　10×13cm　统一书号：8089.173
定价：CNY0.17
（薛刚反唐　十二）
　　本书是依据中国同名历史故事改编的现代连环画。

J0076283
熊猫姑娘　何云，王治改编；王东军等摄影
北京　中国广播电视出版社　1984 年　125 页
13cm（64 开）统一书号：8236.139　定价：CNY0.28
　　中国现代电视剧连环画。

J0076284
熊猫历险记　晓临改编
北京　中国电影出版社　1984 年　147 页　13cm（64 开）
定价：CNY0.28
　　中国电影故事连环画。

J0076285

秀姑山和彭佳屿　杨荔编；邹继德绘
西安　陕西少年儿童出版社 1984 年 62 页
13cm（64 开）定价：CNY0.12
（台湾民间传说画丛）
　　本书是中国台湾民间故事连环画。

J0076286

绣襦记　谭力改编；徐晓平绘
天津　天津人民美术出版社 1984 年 98 页
13cm（64 开）统一书号：8073.30904
定价：CNY0.17
　　根据同名剧本改编的中国戏剧故事连环画。

J0076287

虚设雷音　吴承恩原著；庄努等改编，赵秀如绘画
成都　四川人民出版社 1984 年 78 页 有图
10×13cm 统一书号：8118.1125 定价：CNY0.15
（《西游记》故事 十三）

J0076288

玄武门　徐哨编；于骏治，徐谷安绘
上海　上海人民美术出版社 1984 年 126 页
13cm（64 开）统一书号：8081.14135
定价：CNY0.26
（唐代历史故事 6）

J0076289

薛刚反唐　崔祥等编；刘永凯等绘
呼和浩特　内蒙古人民出版社 1984 年 16 册
13cm（64 开）盒装 定价：CNY4.20
　　根据新编传统评书《薛刚反唐》改编的连环
画。描写唐代永徽元年至神龙元年武则天参政、
篡位到垮台的历史故事，全套共计 16 册。

J0076290

薛刚反唐　张铁华改编；于速绘画
北京　中国文艺联合出版公司 1984 年 157 页
有图 10×13cm 统一书号：8313.180
定价：CNY0.28
　　本书依据中国大连市京剧团演出本改编的
现代连环画。

J0076291

薛刚闹花灯　崔祥改编；陈都绘
呼和浩特　内蒙古人民出版社 1984 年 151 页
13cm（64 开）统一书号：8089.160 定价：CNY0.27
（《薛刚反唐》1）
　　本书描写唐代永徽元年至神龙元年武则天
参政、篡位到垮台的历史故事，全套共计 16 册。

J0076292

雪花飘飘　杨朔原著；陈耀华，魏忠才改编；
吴懋祥绘
郑州　河南人民出版社 1984 年 94 页 13cm（64 开）
定价：CNY0.16
　　本书是中国故事连环画。绘者吴懋祥
（1932—　），画家，国家一级美术师。擅长中国
画、连环画。河南温县人。别名彼岸，字铁矛。
曾任《河南日报》社美术组组长，高级编辑。中
国美术家协会会员，中国连环画研究会理事，中
国美术家协会河南分会理事，河南省中国人物画
研究会名誉会长，郑州画院顾问，河南书画院院
外画师，嵩阳书画院副院长。画作《老石工》《栋》
《修渠人》《麦收季节》《六个老头》《鹤舞》等入
选全国美展，连环画《志愿军救活金蝴蝶》入选
莱比锡"世界图书博览会"，《战火中的青春》《人
欢马叫》《月婆婆》等作品在全国连环画评奖中
获奖。

J0076293

雪里红梅　陈洪冈改编；冼励强绘
岭南　岭南美术出版社 1984 年 157 页 有图
10×13cm 统一书号：8260.1028 定价：CNY0.33
　　根据电影剧本《永远是春天》改编的连环画。

J0076294

雪原碧血　施弥改编；陈湘年绘画
广州　花城出版社 1984 年 92 页 有图
10×13cm 统一书号：8261.51 定价：CNY0.18
　　根据罗沙叙事诗《卧狼山》改编的连环画。

J0076295

雪原前哨　项华改编；叶建荣等绘画
武汉　长江文艺出版社 1984 年 126 页 有图
10×13cm 统一书号：8107.548 定价：CNY0.21
　　本书是中国现代连环画册。

J0076296

血，总是热的　午言改编

北京 中国电影出版社 1984 年 157 页 13cm（64 开）

统一书号：8061.2464 定价：CNY0.28

　　根据同名电影改编的连环画。

J0076297

血仇　刘广惠改编；杨超绘

哈尔滨 黑龙江美术出版社 1984 年 157 页

13cm（64 开）定价：CNY0.26

　　根据中国现代革命故事改编的连环画。

J0076298

血溅驸马府　鲁西改编；杨春瑞，于水绘

北京 中国曲艺出版社 1984 年 126 页 13cm（64 开）

统一书号：8227.040 定价：CNY0.22

（传统评书连环画《朱元璋演义》3）

J0076299

血溅津门　（上）柏立改编；陈忠林绘

哈尔滨 黑龙江美术出版社 1984 年 134 页

13cm（60 开）定价：CNY0.23

　　本书是中国现代连环画册。

J0076300

血溅聚丰楼　李凤山改编；崔君沛，小林绘

哈尔滨 黑龙江美术出版社 1984 年 149 页

13cm（64 开）定价：CNY0.25

　　本书是中国现代连环画册。

J0076301

血溅琵琶　杨光改编；晓丁摄影

北京 中国戏剧出版社 1984 年 125 页 13cm（64 开）

统一书号：8069.718 定价：CNY0.25

　　中国戏剧连环画。

J0076302

血泪恩仇　蒙锦治编；李慧光，曾红鹰绘

南宁 广西人民出版社 1984 年 86 页 13cm（64 开）

定价：CNY0.13

　　根据中国现代革命故事改编的连环画。

J0076303

血染北市场　沈默改编；静波，恒东绘

哈尔滨 黑龙江美术出版社 1984 年 149 页

13cm（64 开）定价：CNY0.25

（夜幕下的哈尔滨　1）

　　根据中国现代革命故事改编的连环画。

J0076304

血染淮阴城　李人毅编绘；钱大经封面画

南京 江苏美术出版社 1984 年 94 页 有图

10×13cm 统一书号：8353.3.041 定价：CNY0.16

　　本书是中国历史故事连环画。

J0076305

血染马字刀　李长华原著；梅初编文；朱小冈，

方国文绘

重庆 重庆出版社 1984 年 110 页 13cm（64 开）

统一书号：8114.237 定价：CNY0.22

　　根据中国现代革命战斗故事改编的连环画。

J0076306

血染扬州城　张兆年改编绘图

福州 福建人民出版社 1984 年 93 页 13cm（64 开）

定价：CNY0.16

　　根据中国战斗故事改编的连环画。作者张

兆年（1946—　），画家。天津人，毕业于天津工

艺美校。天津工艺美术设计院创作室二级美术

师。获奖作品有《数不清》《踏歌图》《傻伲少女》

等，壁画作品有《海河晨光》《津门十景》《中国

古代科技文明之光》《生命之路》等。

J0076307

血染夜明珠　林戈明，初露改编；晓丁摄影

北京 中国戏剧出版社 1984 年 93 页 13cm（64 开）

统一书号：8069.739 定价：CNY0.18

　　中国戏剧连环画。

J0076308

血项链　谢春望改编；陈政趾绘画

广州 岭南美术出版社 1984 年 158 页 有图

10×13cm 统一书号：8260.1019 定价：CNY0.33

　　根据黄海源、刘嘉越同名小说改编的连

环画。

J0076309

血疑　（第一册）蔡成，杨玉编；李晓，雷明摄影

广州 花城出版社 1984 年 188 页 13cm（64 开）

定价：CNY0.33

（影视世界丛书）

据日本同名电视连续剧改编的连环画。

J0076310

血疑（第二册）蔡成，杨玉编；李晓，雷明摄影
广州 花城出版社 1984 年 188 页 13cm（64 开）
定价：CNY0.33
（影视世界丛书）

据日本同名电视连续剧改编的连环画。

J0076311

血疑（第三册）蔡成，杨玉编；李晓，雷明摄影
广州 花城出版社 1984 年 188 页 13cm（64 开）
定价：CNY0.33
（影视世界丛书）

据日本同名电视连续剧改编的连环画。

J0076312

血疑（第四册）蔡成，杨玉编；李晓，雷明摄影
广州 花城出版社 1984 年 188 页 13cm（64 开）
定价：CNY0.33
（影视世界丛书）

据日本同名电视连续剧改编的连环画。

J0076313

血疑（第五册）蔡成，杨玉编；李晓，雷明摄影
广州 花城出版社 1984 年 188 页 13cm（64 开）
定价：CNY0.33
（影视世界丛书）

据日本同名电视连续剧改编的连环画。

J0076314

血冤　曲晨，于广陵改编；颜小行，程军摄影
北京 广播出版社 1984 年 125 页 13cm（64 开）
统一书号：8236.108 定价：CNY0.24
（电视戏曲片连环画）

J0076315

血战八大集　峻青原著；震钦等改编；季源业
等绘
天津 天津人民美术出版社 1984 年 126 页 有图
10×13cm 统一书号：8073.30875 定价：CNY0.16
（海啸 中集）

本书是中国革命故事连环画。

J0076316

血战梅河口　肖玉原著；张新改编，陈军绘
天津 天津人民美术出版社 1984 年 156 页 有图
10×13cm 统一书号：8073.30922 定价：CNY0.32

本书是中国革命故事连环画。

J0076317

血战屏风山　龚知敏改编；李德钊，蒙显刚绘
南宁 广西人民出版社 1984 年 121 页 13cm（64 开）
统一书号：8113.933 定价：CNY0.21

根据中国现代革命战斗故事改编的连环画。

J0076318

血战吴淞口　蜀人改编；张治华绘
长沙 湖南美术出版社 1984 年 134 页 13cm（64 开）
定价：CNY0.22

根据电影文学剧本《黑水帮》改编的连环画。

J0076319

血战一江山　陆和苏改编；钱贵苏绘
杭州 浙江人民美术出版社 1984 年 174 页
13cm（64 开）定价：CNY0.21

根据陆柱国原著改编的战斗连环画。

J0076320

寻找巴山游击队　杨益言等原著；谷雨改编，
王以时绘画
重庆 重庆出版社 1984 年 134 页 有图
10×13cm 统一书号：8114.202 定价：CNY0.21
（《大后方》三）

本书是中国革命故事连环画。

J0076321

寻找快活幸福的人　余蜀改编；林滨帆绘
广州 岭南美术出版社 1984 年 139 页 13cm（64 开）
统一书号：8260.1024 定价：CNY0.28
（外国文学作品选）

根据法国法郎士原著小说《衬衫》改编的连
环画。

J0076322

哑和尚复仇　竺乾华改编；张正刚绘
贵阳 贵州人民出版社 1984 年 79 页 13cm（64 开）
定价：CNY0.15

本书是中国民间故事连环画。

J0076323

雅典的泰门 （英）莎士比亚原著；沙铁军改编；张达平绘

上海 上海人民美术出版社 1984 年 164 页 13cm（64 开）定价：CNY0.20

英国戏剧文学作品改编的连环画。作者莎士比亚（William Shakespeare, 1564—1616），英国伟大的戏剧家、诗人。全名威廉·莎士比亚，出生于英国中部斯特拉福特镇。著有《罗密欧与朱丽叶》《哈姆雷特》《奥赛罗》《李尔王》《麦克白》等。改编者沙铁军（1942—　），编审。江苏如皋人，毕业于南京大学中文系。湖北人民出版社文史编辑部主任，武汉作家协会会员，中国连环画研究会会员，湖北连环画研究会理事。代表作品有《中国古代战争》《长江三部曲》《青春之歌》《中国古代战争》《六十年的变迁》等。绘者张达平（1945—　），广西博白人。师从著名岭南派画家黄独峰。曾任广西美术出版社副总编、广西书画研究会副会长、广西文物收藏家协会副会长等职。主要作品有《苗山新绣》《狼孩》《木偶奇遇记》等。

J0076324

亚米德寻宝奇遇 于玉生编；郑志岳，郑志明绘

上海 上海人民美术出版社 1984 年 141 页 有图 10×13cm 统一书号：8081.13562 定价：CNY0.17 （1001 夜丛书）

本书是中国现代连环画册。

J0076325

胭脂 （清）蒲松龄原著；张峻声改编；窦世魁绘

济南 山东美术出版社 1984 年 新 1 版 62 页 13cm（64 开）定价：CNY0.12 （《聊斋志异》连环画丛书 聊斋志异故事选 3）

J0076326

严贡生与严监生 丁国联改编；陈国强绘

上海 上海人民美术出版社 1984 年 110 页 13cm（64 开）统一书号：8081.14013 定价：CNY0.24

根据古典文学名著《儒林外史》改编的连环画。

J0076327

严贡生与严监生 丁国联改编；陈国强绘

上海 上海人民美术出版社 1985 年 110 页 19cm（32 开）统一书号：8081.14012 定价：CNY0.68

根据古典文学名著《儒林外史》编绘的连环画。

J0076328

严氏兄弟 何翔编文；王犁犁绘画

长春 吉林人民出版社 1984 年 78 页 有图 10×13cm 统一书号：8091.1645 定价：CNY0.14 （儒林外史故事选编）

本书是依据中国古典小说《儒林外史》改编的现代连环画。

J0076329

盐民游击队 刘广惠改编；王恒东绘

哈尔滨 黑龙江人民出版社 1984 年 152 页 13cm（64 开）定价：CNY0.26

J0076330

燕儿窝之夜 魏继新原著；晓虹编；邵勋绘

上海 上海人民美术出版社 1984 年 110 页 有图 10×13cm 统一书号：8081.13914 定价：CNY0.17

本书是中国现代连环画册。

J0076331

燕帕生波 晓明改编；许金国绘

北京 中国文艺联合出版公司 1984 年 126 页 13cm（64 开）统一书号：8355.12 定价：CNY0.32 （再生缘 6）

本书是依据中国古典小说改编的现代连环画。

J0076332

扬州夺玉玺 李云编文；傅伯星，来汶阳绘

北京 中国曲艺出版社 1984 年 126 页 13cm（64 开）定价：CNY0.20 （传统评书连环画《兴唐传》26）

J0076333

杨家将 张惠民，孙长江改编；李维定，李宁远等绘

郑州 河南人民出版社 1984 年 10 册 13cm（60 开）盒装 定价：CNY2.30

本书是依据中国古典小说《杨家将演义》改

编的现代连环画，这套连环画共10册，包括：《金刀杨令公》《杨七郎打擂》《闯幽州》《两狼山》《夜审潘琪》《威震三关》《天波楼》《杨排风》《穆桂英下山》《大破天门阵》。

J0076334

杨家将出征　郝琳水，赵永祥改编；柴宇放绘
哈尔滨 黑龙江人民出版社 1984年 152页
13cm（60开）统一书号：8093.991 定价：CNY0.26
（杨家将故事）
　　本书是依据中国古典小说《杨家将演义》改编的现代连环画。

J0076335

杨乃武与小白菜　潘兆坤改编；孙大钧绘
沈阳 辽宁美术出版社 1984年 154页 13cm（64开）
定价：CNY0.23
　　中国戏剧连环画。

J0076336

杨乃武与小白菜　潘兆坤改编；孙大钧绘
沈阳 辽宁美术出版社 1996年 154页 9×13cm
ISBN：7-5314-1541-0 定价：CNY2.30
　　本书是中国现代连环画册。

J0076337

杨业归宋　李清洲改编；徐全群绘
北京 北京出版社 1984年 137页 10cm（64开）
统一书号：8071.509 定价：CNY0.26
（杨家将故事 1）
　　本书是依据中国古典小说《杨家将演义》改编的现代连环画。

J0076338

野店　李培森改编；苗再新绘
北京 解放军文艺出版社 1984年 78页
13cm（64开）定价：CNY0.18
　　根据李钧龙同名小说改编的连环画。

J0076339

野蜂出没的山谷　李迪原著；吴龙编，宋治平绘
上海 上海人民美术出版社 1984年 154页 有图
10×13cm 统一书号：8081.13558 定价：CNY0.18
　　本书是中国现代连环画册。

J0076340

野马　一草改编；张涵毅摄影
上海 上海人民美术出版社 1984年 158页
13cm（64开）统一书号：8081.13897
定价：CNY0.28
　　根据薛恩厚、刘敏庚同名评剧改编的中国戏剧故事连环画。

J0076341

野猪林　施耐庵，罗贯中原著；石红改编；赵宏本等绘画
北京 人民美术出版社 1984年 107页 10×13cm
统一书号：8027.7905 定价：CNY0.17
（水浒 3）
　　本书是依据中国古典小说《水浒传》改编的现代连环画。作者赵宏本（1915—2000），连环画家。号赵卿，又名张弓，生于上海，原籍江苏阜宁。中国美术家协会会员，中国美协上海分会常务理事，中国连环画研究会副会长。主要作品有《孙悟空三打白骨精》《水浒一百零八将》《小五义》《七侠五义》等。

J0076342

叶挺　张广昌改编；晓露，元元绘
武汉 湖北美术出版社 1984年 158页 13cm（64开）
定价：CNY0.36
　　本书是中国革命将领历史故事连环画。

J0076343

夜明珠　邓士伏编绘
郑州 河南人民出版社 1984年 62页 13cm（60开）
定价：CNY0.13

J0076344

夜明珠
北京 中国电影出版社 1984年 2张 76cm（2开）
定价：CNY0.36

J0076345

夜潜敌穴　抚今改编；子悦，广文绘
哈尔滨 黑龙江美术出版社 1984年 108页
13cm（64开）统一书号：8358.105
定价：CNY0.20
（《烈火金钢》故事 3）

J0076346
夜审潘仁美　李清洲改编；晓迪绘画
北京 北京出版社 1984 年 138 页 有图
10×13cm 统一书号：8071.512 定价：CNY0.26
（杨家将故事 4）
　　本书是依据中国古代小说改编的现代连
环画。

J0076347
夜探敌营　王桂安编；赵勋，赵庆祥绘
沈阳 辽宁美术出版社 1984 年 86 页 13cm（64 开）
定价：CNY0.15
　　本书为中国现代连环画。

J0076348
夜袭岳庄　曲延钧编；郑凯军绘
长春 吉林人民出版社 1984 年 134 页 13cm（64 开）
定价：CNY0.22
（古城游击队 2）

J0076349
一杯醉　（贵州民间故事）阳祖玉改编；宋剑峰绘
贵阳 贵州人民出版社 1984 年 65 页 13cm（64 开）
定价：CNY0.17
　　中国民间故事连环画。

J0076350
一打白骨精　晓欣改编；张宝松绘
北京 中国文艺联合出版公司 1984 年 14 页
13cm（60 开）统一书号：8313.171 定价：CNY0.14
（《西游记》故事 16）
　　本书是依据中国古典小说《西游记》改编的
现代连环画。

J0076351
一个和八个　何毕来改编；黄家恒绘
广州 花城出版社 1984 年 142 页 13cm（64 开）
定价：CNY0.25
　　根据郭小川同名叙事诗改编的连环画。

J0076352
一件怪事　（美）马克·吐温原著；王根泉改编；
汪观清绘
上海 上海人民美术出版社 1984 年 2 版 94 页
10cm（64 开）定价：CNY0.13

据美国文学名著改编的连环画，1962 年 9
月第 1 版。作者汪观清（1931— ），艺术家。号
耕莘堂主，安徽歙县人。上海人民美术出版社副
编审，中国美术家协会会员，上海市美术家协会
理事。出版有《汪观清画集》《怎样画牛》《名家
教画》等。

J0076353
一借芭蕉扇　晓欣改编；张宝松绘
北京 中国文艺联合出版公司 1984 年 15 页
13cm（60 开）定价：CNY0.14
（《西游记》故事 13）
　　本书是依据中国古典小说《西游记》改编的
现代连环画。

J0076354
一盘没有下完的棋　文飘改编
北京 中国电影出版社 1984 年 177 页 13cm（64 开）
定价：CNY0.30
　　本书根据同名电影故事改编连环画。

J0076355
一匹牺牲的斑马　嵇鸿等原著；崇娜改编；姜
一民绘画
上海 上海人民美术出版社 1984 年 46 页
有彩图 10×13cm 统一书号：8081.13979
定价：CNY0.19
（狓猴游非洲 三）
　　本书是依据中国现代故事改编的连环画。

J0076356
一曲难忘　武琳改编；丁新媛绘
合肥 安徽人民出版社 1984 年 102 页 13cm（64 开）
统一书号：8102.1470 定价：CNY0.17
　　根据同名电影故事改编连环画。

J0076357
一升黄豆　（大巴山红军传说）槐山改编；李
万春绘
成都 四川人民出版社 1984 年 40 页 13cm（64 开）
定价：CNY0.10
　　中国红军革命故事连环画。

J0076358
一文钱小隙造奇冤　方霁改编；王柏生绘

福州 福建人民出版社 1984 年 122 页 13cm（60 开）
定价：CNY0.19
（古代白话小说连环画）

J0076359
一箱玉罗汉　张泊华编绘
天津 天津人民美术出版社 1984 年 124 页
13cm（64 开）统一书号：8073.30899
定价：CNY0.21
　　　中国古代民间故事连环画。

J0076360
伊利亚特的故事 （上下集）徐淦改编；庞邦
本等绘
北京 人民美术出版社 1984 年 2 册（354 页）
13cm（64 开）统一书号：8027.8888
定价：CNY0.66
　　　本书是根据英国丘尔契节写本《伊利亚特的
故事》等改编的连环画。作者徐淦，主要改编的
连环画作品有《镜花缘》《奇妙的公鸡》《熙凤弄
权》《祝福》等。绘者庞邦本（1936— ），画家，
编辑。江苏无锡人。曾任华东军区政治部创作
员，美术编辑、编辑室主任、总编辑助理，中国
连环画出版社副编审，《中国连环画》月刊副主
编，中国连环画研究会副秘书长，中国美术家协
会会员。

J0076361
依卜与克丽斯汀——安徒生童话　彦芳改
编；孟昭胜绘
沈阳 辽宁美术出版社 1984 年 94 页 13cm（64 开）
定价：CNY0.15
　　　根据丹麦童话名著改编的连环画。

J0076362
依呀鸟　肖丁三编；梁惠统绘
南宁 广西人民出版社 1984 年 92 页 13cm（64 开）
统一书号：8113.929 定价：CNY0.14
　　　本书是中国民间故事连环画。

J0076363
遗产风波　舒瑛编文；曾平等绘画
南京 江苏美术出版社 1984 年 94 页 有图
10×13cm 统一书号：8353.3.052 定价：CNY0.16
　　　本书是依据中国现代故事改编的连环画。

J0076364
艺苑传奇　王启中改编；乔保华绘
石家庄 河北美术出版社 1984 年 102 页
13cm（64 开）定价：CNY0.15
　　　根据邓有梅小说《寻访"画儿韩"》改编的连
环画。

J0076365
异星人瑟勒娜 （西）柯蒂斯·加兰原著；郑荣
华改编；禾斗绘
天津 天津人民美术出版社 1984 年 94 页
13cm（64 开）统一书号：8073.30862
定价：CNY0.15
　　　根据西班牙文学名著改编的连环画。

J0076366
易北河畔的秘窟　傅杰改编；刘德友，张万杰绘
哈尔滨 黑龙江美术出版社 1984 年 145 页
13cm（64 开）定价：CNY0.25
　　　中国现代翻译作品连环画。

J0076367
驿站长 （俄）普希金原著；于义改编；刘国辉绘
沈阳 辽宁美术出版社 1984 年 82 页
19cm（小 32 开）定价：CNY0.48
　　　据俄国文学名著改编的连环画。作者刘国
辉（1940— ），教师、画家。江苏苏州人，毕业
于浙江美术学院中国画系研究生班。浙江美术
学院副教授，中国美术学院教授，学术委员会委
员，中国人物画高级研修班工作室导师。出版有
《刘国辉画集》。

J0076368
羿之死　邹向前改编；曹永绘
沈阳 辽宁美术出版社 1984 年 130 页 13cm（64 开）
定价：CNY0.21
　　　本书是中国古代故事连环画。

J0076369
银冰鞋 （美）玛丽·道奇原著；徐淦，姚钧改
编；李冠国绘
南宁 广西人民出版社 1984 年 149 页 13cm（64 开）
定价：CNY0.20
　　　美国文学名著改编的连环画。

J0076370

银冰鞋　（美）玛丽·道奇原著；张厚瑾改编；姚正富绘

上海　上海美术出版社　1984 年　102 页　有图

10×13cm　统一书号：8081.13722　定价：CNY0.24

　　本书是依据美国故事改编的连环画。

J0076371

隐身草　陶林编；余方绘

济南　山东美术出版社　1984 年　62 页　13cm（64 开）

定价：CNY0.12

　　本书是中国民间故事连环画。

J0076372

英雄小铁牛　边子正原著；葛修瀚改编，张崇政等绘画

南京　江苏美术出版社　1984 年　102 页　有图

10cm（64 开）统一书号：8353.3.072

定价：CNY0.18

　　本书是依据中国故事改编的连环画。

J0076373

英勇的小黑马　蔡崇武编；徐海鸥画

南京　江苏少年儿童出版社　1984 年　28 页　有图

13cm（60 开）统一书号：R8352.3.020

定价：CNY0.15

　　本书是依据中国故事改编的连环画。

J0076374

英勇就义　沈默改编；王纯信，王绘绘

哈尔滨　黑龙江美术出版社　1984 年　146 页

13cm（64 开）定价：CNY0.25

（夜幕下的哈尔滨 2）

　　本书是中国现代革命故事连环画。作者王纯信（1939—　　　），画家。吉林通化人，毕业于通化教育学院。吉林省通化师范学院美术系主任，通化市美术家协会主席，中国书法家协会会员，吉林省美术家协会理事。作品有《福到农家》《长白山天池》《山民夜话》等。

J0076375

樱桃时节　（法）茹尔·瓦莱斯原著；佟韦，辛冰改编；沈尧伊绘

天津　天津人民美术出版社　1984 年　142 页

13cm（64 开）统一书号：8073.30938

定价：CNY0.29

　　根据法国同名原著改编的连环画。

J0076376

鹰笛　杨伯达编；叶毓中绘

成都　四川美术出版社　1984 年　130 页

19cm（小 32 开）定价：CNY0.48

　　本书是中国现代连环画册。

J0076377

鹰拳　冯骥才原著；牛素琴，张弛改编；何保全绘

石家庄　河北美术出版社　1984 年　78 页

13cm（64 开）统一书号：8087.884　定价：CNY0.13

　　中国武术拳术连环画。

J0076378

鹰拳却贼　任壬改编；梁祥绘

岭南　岭南美术出版社　1984 年　100 页　有图

10×13cm　统一书号：8260.0995　定价：CNY0.20

　　本书是依据中国故事改编的连环画。

J0076379

应该谢谁　陶春生写；克宣善春画

北京　人民美术出版社　1984 年　14 页　有彩图

13cm（60 开）统一书号：8027.9022　定价：CNY0.14

　　本书是依据中国故事改编的连环画。

J0076380

勇敢的人　可茵改编；刘石父绘画

成都　四川少年儿童出版社　1984 年　156 页　有图

10×13cm　统一书号：R8247.193　定价：CNY0.27

　　本书是依据中国故事改编的连环画。

J0076381

勇截象群　沈石溪原著；陈洪冈改编；雷坦绘

广州　岭南美术出版社　1984 年　126 页　13cm（64 开）

统一书号：8260.0988　定价：CNY0.21

J0076382

勇气　（法国农民故事）姚钧改编；冰火绘

北京　农村读物出版社　1984 年　51 页　13cm（64 开）

定价：CNY0.12

　　据法国农民故事改编的连环画。

J0076383

幽灵岛　王川改编；曾佑瑄绘

天津　天津人民美术出版社　1984 年　110 页　13cm（64 开）定价：CNY0.15

J0076384

邮缘　三岛选编

上海　上海人民美术出版社　1984 年　158 页　有图　10×13cm 统一书号：8081.14207 定价：CNY0.31

　　本书是依据中国故事改编的连环画。

J0076385

油轮海盗　黄珍编译；马德生绘画

北京　中国文联出版公司　1984 年　62 页　有图　10×13cm 统一书号：8355.94 定价：CNY0.15

（卡通连环画选）

J0076386

游侠传奇　朱晓婷译；易豫选编

上海　上海人民美术出版社　1984 年　126 页　13cm（64 开）统一书号：8081.14078

定价：CNY0.26

　　根据美国同名电影改编的连环画。

J0076387

有趣的舌头　王坚编；钱欣等绘

上海　上海人民美术出版社　1984 年　46 页　有图　10×13cm 统一书号：8081.13543 定价：CNY0.18

　　本书是依据中国故事改编的连环画。

J0076388

于谦奋战保京师　艺冰改编；季鑫焕绘

济南　山东美术出版社 1984 年 86 页 13cm（64 开）统一书号：8332.187 定价：CNY0.15

（历史英雄人物故事 3）

　　据赵秀玲、王晓东原著改编的连环画。

J0076389

鱼公主　姚钧改编；何能绘

昆明　云南人民出版社 1984 年 118 页 13cm（64 开）定价：CNY0.20

（云南民族民间故事画丛）

　　根据傣族民间故事改编。

J0076390

鱼龙花港　春陆等改编；董炽强等绘

广州　花城出版社 1984 年 85 页 13cm（64 开）定价：CNY0.23

（旅伴连环画库 中国风物传说选）

　　本书包括《鱼龙花港》《凤凰山》两个传说故事。

J0076391　张雷原著；可蒙改编，汪绚秋绘画

鱼水情

上海　上海人民美术出版社 1984 年 2 版 158 页 有图 10×13cm 统一书号：8081.5283

定价：CNY0.24

（变天记 二）

　　本书是依据中国故事改编的连环画。

J0076392

渔童　筱篁改编

北京　中国电影出版社 1984 年 93 页 13cm（64 开）统一书号：8061.2439 定价：CNY0.51

　　中国电影故事连环画。作者筱篁，主要改编的连环画作品有《白鸽》《霍元甲》《三个和尚》等。

J0076393

羽毛蛇秘密　（法）勒内·迪夏托原著；盛济坤改编，绘

贵阳　贵州人民出版社 1984 年 144 页 13cm（64 开）定价：CNY0.23

　　根据法国文学名著改编的连环画。

J0076394

雨后　午言改编

北京　中国电影出版社 1984 年 117 页 13cm（64 开）定价：CNY0.21

　　根据同名电影改编的连环画。

J0076395

玉山蟒头岩　杨荔编；佟振国绘

西安　陕西少年儿童出版社 1984 年 54 页 13cm（64 开）统一书号：R8303.8 定价：CNY0.11

（台湾民间传说画丛）

　　中国台湾民间故事连环画。

J0076396

浴血睢阳 （上册）夏祥镇改编；张文忠绘
贵阳 贵州人民出版社 1984 年 144 页 13cm（64 开）
定价：CNY0.28
　　本连环画是描写唐代"安史之乱"时期，历史名将张巡坚守睢阳城的壮烈故事。此书未出版下册。

J0076397

浴血睢阳 （1）曹晓波编文；宗静草等绘画
南京 江苏美术出版社 1984 年 126 页 有图
10×13cm 统一书号：8353.3.067 定价：CNY0.21
　　本书是依据中国历史故事改编的连环画。

J0076398

浴血睢阳 （2）曹晓波编文；徐海鸥绘
南京 江苏美术出版社 1984 年 126 页 13cm（60 开）
定价：CNY0.21
　　本书是依据中国历史故事改编的连环画。

J0076399

浴血睢阳 （3）曹晓波编文；宗静草绘
南京 江苏美术出版社 1984 年 126 页 13cm（60 开）
定价：CNY0.27
　　本书是依据中国历史故事改编的连环画。

J0076400

浴血睢阳 （4）曹晓波编文；徐海鸥等绘画
南京 江苏美术出版社 1984 年 126 页 有图
10×13cm 统一书号：8353.3.070 定价：CNY0.21
　　本书是依据中国历史故事改编的连环画。

J0076401

遇险的女兵 邓友梅原著；李新娟改编，吴懋祥绘画
石家庄 河北美术出版社 1984 年 158 页 有图
10×13cm 统一书号：8087.887 定价：CNY0.24
　　本书是依据中国现代故事改编的连环画。

J0076402

寓言画片 （3）江东编辑；李克能绘画
重庆 重庆出版社 1984 年 10 页 有彩图
13cm（60 开）统一书号：8114.95 定价：CNY0.30
　　本书是依据中国寓言故事改编的连环画。

J0076403

鸳鸯 潘彩英改编；丁世弼绘
沈阳 辽宁美术出版社 1984 年 70 页
19cm（小 32 开）定价：CNY0.25
（《红楼梦》人物故事）
　　绘者丁世弼（1939—2018），画家、国家一级美术师。字仲宜，江西南昌人。中国美术家协会会员，江西省美术家协会副主席。代表作有《渔岛怒潮》《秋瑾》《陈赓大将》《红楼梦》等。

J0076404

鸳鸯铁屐桃 周镇昌，杨景文原著；林超改编；杜应强，陈再殿绘
广州 岭南美术出版社 1984 年 108 页 13cm（64 开）
统一书号：8260.1020 定价：CNY0.29
（中国武术连环画）

J0076405

鸳鸯铁屐桃 朱明铿改编；郑庆各，郑家声绘
北京 人民体育出版社 1984 年 94 页 13cm（64 开）
定价：CNY0.27
　　本书是中国故事连环画。

J0076406

元吴兴兵 陈冠英编；孟庆江绘
天津 天津人民美术出版社 1984 年 124 页
13cm（64 开）定价：CNY0.21
（中国历史演义故事画《宋史》8）

J0076407

园丁和主人 龙铭深改编；蔡志明绘
广州 科学普及出版社广州分社 1984 年 62 页
13cm（64 开）统一书号：8051.60276
定价：CNY0.12
　　根据安徒生童话改编的连环画。

J0076408

原始森林历险记 王晓鸥改编；韩伍绘画
上海 上海人民美术出版社 1984 年 62 页 有图
9×11cm 统一书号：8081.14090 定价：CNY0.08
　　本书是中国现代连环画册。

J0076409

月球探险记 （比）埃尔热原著；陈用今，钱颂光译；劳诚烈编；金轶强等复制改画

杭州 浙江少年儿童出版社 1984 年 190 页
13cm（64 开）定价：CNY0.26
　　根据比利时漫画家埃尔热原著改编的连
环画。

J0076410
岳家小将 （1 双锤小将）贾秉恒编；矫玉章绘
长春 吉林人民出版社 1984 年 63 页 13cm（60 开）
统一书号：8091.1608 定价：CNY0.12
　　本书是依据中国古典小说《说岳全传》改编
的现代连环画。

J0076411
岳家小将 （2 七宝镇）张鸿林编；关鉴绘
长春 吉林人民出版社 1984 年 63 页 13cm（60 开）
定价：CNY0.12
　　本书是依据中国古典小说《说岳全传》改编
的现代连环画。

J0076412
岳家小将 （3 瓜州脱险）张鸿林编；史建期，
陈石庵绘
长春 吉林人民出版社 1984 年 63 页 13cm（60 开）
定价：CNY0.12
　　本书是依据中国古典小说《说岳全传》改编
的现代连环画。

J0076413
岳家小将 （4 岳雷祭坟）张鸿林编；林百石绘
长春 吉林人民出版社 1984 年 63 页 13cm（60 开）
定价：CNY0.12
　　本书是依据中国古典小说《说岳全传》改编
的现代连环画。

J0076414
岳家小将 （5 南宁结义）张建辉编；张亚力绘
长春 吉林人民出版社 1984 年 63 页 13cm（60 开）
定价：CNY0.12
　　本书是依据中国古典小说《说岳全传》改
编的现代连环画。作者张建辉（1955—　），一
级美术师。字乐石，静心斋主。中华炎黄文化
研究会同根同梦文化委员会会员。绘者张亚力
（1950—　），编辑。吉林长春人。毕业于鲁迅美
术学院附中。吉林美术出版社编辑室主任，副编
审。插图作品《死神》《神秘的女人》《港台小说》

等，书籍装帧作品《水浒人物》《书刊插图艺术
集》，作品有《克韦尔》《巴巴》《瓜亚萨明》《苏
轼二赋》等。

J0076415
岳家小将 （6 闯关招亲）张鸿林编文；王犁
犁等绘
长春 吉林人民出版社 1984 年 63 页 有图
10×13cm 统一书号：8091.1613 定价：CNY0.12
　　中国现代连环画。

J0076416
岳家小将 （7 岳霆打擂）张建辉编；张鸿飞绘
长春 吉林人民出版社 1984 年 63 页 13cm（60 开）
定价：CNY0.12
　　本书是依据中国古典小说《说岳全传》改编
的现代连环画。

J0076417
岳家小将 （8 蛮龙兴兵）张建辉编文；张鸿
飞等绘
长春 吉林人民出版社 1984 年 63 页 有图
13cm（60 开）统一书号：8091.1615 定价：CNY0.12
　　中国现代连环画。

J0076418
岳家小将 （9 岳雷挂帅）张建辉编；肖琳绘
长春 吉林人民出版社 1984 年 63 页 13cm（60 开）
定价：CNY0.12
　　本书是依据中国古典小说《说岳全传》改编
的现代连环画。

J0076419
岳家小将 （10 激战朱仙镇）张建辉编；史建
期，陈全胜绘
长春 吉林人民出版社 1984 年 63 页 13cm（60 开）
定价：CNY0.12
　　本书是依据中国古典小说《说岳全传》改编
的现代连环画。

J0076420
岳家小将 （11 大战山狮驼）张绍旻编文；关
键，林百石绘
长春 吉林人民出版社 1984 年 63 页 有图
10×13cm 统一书号：8091.1618 定价：CNY0.12

中国现代连环画。作者张绍旻，改编有连环画《西游记》等。作者林百石（1946—　　），画家。吉林临江人，毕业于吉林艺术学院美术系。历任长春市美术家协会副主席，吉林日报社美术部主任编辑、书画院副秘书长，中国美术家协会会员，中国出版工作者协会装帧艺术研究会会员。作品有《秋声》《悟道图》《观沧海》等。

J0076421

岳家小将 （12 界山之战）张绍旻编；王犁犁绘
长春 吉林人民出版社 1984年 63页 13cm（60开）
定价：CNY0.12
　　本书是依据中国古典小说《说岳全传》改编的现代连环画。

J0076422

岳家小将 （13 智取牧羊城）张绍旻编；张亚力绘
长春 吉林人民出版社 1985年 63页 13cm（60开）
定价：CNY0.12
　　现代中国连环画。

J0076423

岳家小将 （14 靥华江决战）张绍旻编；关鉴，林百石绘
长春 吉林人民出版社 1985年 63页 13cm（60开）
定价：CNY0.12
　　中国现代连环画。

J0076424

岳家小将　翟庆明改编摄影
北京 中国戏剧出版社 1984年 189页 13cm（64开）
定价：CNY0.33
　　中国戏剧连环画。

J0076425

岳家小将 （上）午言改编
北京 中国电影出版社 1984年 117页 13cm（60开）
统一书号：8061.2477 定价：CNY0.26
　　本书是依据中国古典小说《说岳全传》改编的现代连环画。

J0076426

岳家小将 （下）午言改编
北京 中国电影出版社 1984年 92页 13cm（60开）

统一书号：8061.2478 定价：CNY0.21
　　本书是依据中国古典小说《说岳全传》改编的现代连环画。

J0076427

岳家小将 （1 初战金弹子）梅初编文；罗希贤等绘
重庆 重庆出版社 1984年 134页 有图
13cm（60开）统一书号：8114.203 定价：CNY0.21
　　中国现代连环画。

J0076428

岳家小将 （2 大战牛头山）梅初编文；施大畏绘
重庆 重庆出版社 1984年 125页 有图
10×13cm 统一书号：8114.204 定价：CNY0.20
　　中国现代连环画。绘者施大畏（1950—　　），画家，浙江吴兴人。毕业于上海大学美术学院国画系。国家一级美术师，曾任上海国画院执行院长、中国美术家协会副主席、中国美协国画艺委会委员、上海美协国画艺委会主任、上海大学美术学院兼职教授等职。代表作《暴风骤雨》《国殇》《皖南事变》《归途——西路军妇女团纪实》。

J0076429

岳家小将 （3 岳云之死）梅初编；崔君沛绘
重庆 重庆出版社 1984年 110页 13cm（60开）
定价：CNY0.18
　　本书是依据中国古典小说《说岳全传》改编的现代连环画。绘者崔君沛（1950—2008），画家。广东番禺人。上海人民美术出版社专职画家，中国美术家协会上海分会会员，上海老城厢书画会副会长，中国艺术研究院特邀书画师。出版有《三国人物绣像》《崔君沛画集》《红楼人物册》《李自成·清兵入塞》《南原激战》等。

J0076430

岳家小将 （4 三英战柴王）梅初编；赵仁年绘
重庆 重庆出版社 1984年 110页 13cm（60开）
定价：CNY0.18
　　本书是依据中国古典小说《说岳全传》改编的现代连环画。

J0076431

岳家小将 （5 岳雷上坟）梅初编；黄全昌等绘

重庆 重庆出版社 1984 年 134 页 13cm（60 开）
定价：CNY0.25
　　本书是依据中国古典小说《说岳全传》改编
的现代连环画。

J0076432
岳家小将 （6 岳雷探母）梅初编文；熊孔成绘
重庆 重庆出版社 1984 年 118 页 有图
10×13cm 统一书号：8114.234 定价：CNY0.23
　　本书是中国古代故事连环画。

J0076433
岳家小将 （7 岳霆打擂）梅初编；徐有武绘
重庆 重庆出版社 1984 年 126 页 13cm（60 开）
定价：CNY0.20
　　本书是依据中国古典小说《说岳全传》改编
的现代连环画。

J0076434
岳家小将 （8 岳雷挂帅）梅初编；叶雄绘
重庆 重庆出版社 1984 年 118 页 13cm（60 开）
定价：CNY0.19
　　本书是依据中国古典小说《说岳全传》改编
的现代连环画。绘者叶雄（1950—　），连环画家。
笔名夏草、古寅。上海崇明人，毕业于上海大学
美术学院国画系专科。中国美术家协会上海分
会会员，上海连环画研究会理事，上海黄浦画院
画师，上海老城厢书画会常务理事。代表作品有
《竹林七贤图》《子夜》《郑板桥造像》《咆哮的黑
龙江》等。

J0076435
岳家小将 （9 岳震盗图）梅初编；张修竹绘
重庆 重庆出版社 1984 年 118 页 13cm（60 开）
定价：CNY0.23
　　本书是依据中国古典小说《说岳全传》改编
的现代连环画。

J0076436
岳家小将 （10 威震盘龙山）梅初编；任兆祥绘
重庆 重庆出版社 1984 年 110 页 13cm（60 开）
定价：CNY0.19
　　本书是依据中国古典小说《说岳全传》改编
的现代连环画。

J0076437
岳母教子 何永魁改编；傅伯星，王重英绘
福州 福建人民出版社 1984 年 88 页 10×13cm
统一书号：8173.843 定价：CNY0.15
（《说岳全传》之九）
　　本书是根据古典小说《说岳全传》改编的中
国现代连环画册。

J0076438
云萝公主 （清）蒲松龄原著；郭庚才改编；李
宁远，李宜远绘
南京 江苏美术出版社 1984 年 94 页 13cm（64 开）
定价：CNY0.16
　　本书根据我国古典文学名著《聊斋志异》
编绘。

J0076439
再次较量 吴君，王刚改编；鲁向祖摄影
北京 中国文联出版公司 1984 年 69 页 有图
10×13cm 统一书号：8355.22 定价：CNY0.13
（南疆侦察兵 二）
　　本书是中国现代故事连环画。

J0076440
再攻开封 姚雪垠原著；江水改编；崔君沛绘画
上海 上海人民美术出版社 1984 年 173 页 有图
10×13cm 统一书号：8081.13891 定价：CNY0.21
（《李自成》连环画 21）

J0076441
在被告后面 高洪宝改编
北京 中国电影出版社 1984 年 157 页 13cm（64 开）
统一书号：8061.2466 定价：CNY0.28
　　根据同名电影改编的连环画。

J0076442
在敌人警察厅里 郑重改编；阴衍山绘
哈尔滨 黑龙江美术出版社 1984 年 154 页
13cm（64 开）定价：CNY0.26
　　根据中国现代革命故事改编的连环画。

J0076443
在金皇冠的阴影下 沈良其改编；费嘉绘
上海 上海人民美术出版社 1984 年 86 页
13cm（64 开）定价：CNY0.16

本书是根据中国现代故事改编的连环画。收入 86 幅图。

J0076444

在伦敦的澳洲客　杨集富，王云改编；李冰之绘
广州 岭南美术出版社 1984 年 94 页 13cm（64 开）
定价：CNY0.17

　　根据英国梅·艾登原著小说《紫罗白纻》改编的连环画。

J0076445

在密林，在山岗　史菲改编
北京 中国电影出版社 1984 年 93 页 13cm（64 开）
统一书号：8061.2029 定价：CNY0.17

　　本书是中国现代电影故事连环画。

J0076446

在密林中　杨胜利等原著；赵万顺改编；玮丹绘
天津 天津人民美术出版社 1984 年 118 页 有图
10×13cm 统一书号：8073.30930 定价：CNY0.25

　　本书是中国现代故事连环画。

J0076447

在热带雨林里　张笑天等原著；石舟编，蔡超绘
上海 上海人民美术出版社 1984 年 110 页 有图
10cm（64 开）统一书号：8081.14103
定价：CNY0.20

　　根据小说《生物圈》改编的连环画。

J0076448

咱们的牛百岁　袁学强编剧；金肇渠选编
上海 上海人民美术出版社 1984 年 158 页 有图
10×13cm 统一书号：8081.14059 定价：CNY0.31

　　据上海电影制片厂供稿的同名电影改编的连环画。

J0076449

糟糠情　李存志改编；田涌泉摄影
北京 中国戏剧出版社 1984 年 124 页 13cm（64 开）
统一书号：8069.564 定价：CNY0.23

　　中国戏剧故事连环画。

J0076450

诈骗犯之死　北星，金星改编；高志英绘
哈尔滨 黑龙江美术出版社 1984 年 72 页

13cm（64 开）定价：CNY0.15

　　根据小说《敦厚的诈骗犯》改编的连环画。

J0076451

瞿秋白　任其钟编；林加冰，贝加骧绘
合肥 安徽人民出版社 1984 年 142 页 13cm（64 开）
定价：CNY0.24
（革命先辈故事丛书）

　　中国现代优秀革命家故事连环画。

J0076452

瞿秋白　高煌编；丁德邻，朱丹绘
南京 江苏美术出版社 1984 年 182 页 13cm（60 开）
定价：CNY0.28

　　中国现代优秀革命家故事连环画。作者丁德邻（1943—　　），画家。江苏南京人，毕业于南京艺术学院。中国美术家协会会员，常州市美术家协会副主席，原常州刘海粟美术馆副馆长。主要作品有《水》《山那边》《后山》等。作者朱丹，美术理论家、画家、书法家、诗人。

J0076453

战斗在敌人心脏　杨学改编；刘德璋绘画
广州 广东人民出版社 1984 年 121 页 有图
10×13cm 定价：CNY0.22
（少年连环画库）

　　据同名中国现代少年故事改编的连环画。

J0076454

战斗在九三八点二高地　王彬原著；嘉迅改编；刘铁泉绘
沈阳 辽宁美术出版社 1984 年 86 页 13cm（64 开）
统一书号：7161.0388 定价：CNY0.15
（志愿军英雄谱）

J0076455

战斗在书丛里　欧阳文彬等原著；赵吉南改编；何纬仁等绘画
南宁 广西人民出版社 1984 年 170 页 有图
10×13cm 统一书号：8113.985 定价：CNY0.28

　　据同名中国现代故事改编的连环画。

J0076456

战火中的青春　陆柱国等原著；庄宏安改编，罗兴绘

上海 上海人民美术出版社 1984 年 2 版 166 页
有图 10×13cm 统一书号：8081.5302
定价：CNY0.20
　　据同名中国现代革命故事改编的连环画。

J0076457
战开封　王恩国改编；苗再新绘
沈阳 辽宁美术出版社 1984 年 174 页 13cm（64 开）
定价：CNY0.26

J0076458
战胜芬格尔魔鬼　（英）凯·菲德勒原著；黄莺
改编；华百灵绘
岭南 岭南美术出版社 1984 年 126 页 有图
10×13cm 统一书号：8260.1044 定价：CNY0.27
　　据同名英国故事改编的连环画。

J0076459
战争恶魔　绕翠岚改编；雷德祖绘
南宁 广西人民出版社 1984 年 126 页 13cm（64 开）
统一书号：8113.959 定价：CNY0.17

J0076460
张邦昌卖国　黄育娜改编；傅伯星，李健光绘
福州 福建人民出版社 1984 年 100 页 10×13cm
定价：CNY0.17
（《说岳全传》之八）
　　本书是根据古典小说《说岳全传》改编的中
国现代连环画册。

J0076461
张灯结彩　午言改编
北京 中国电影出版社 1984 年 147 页 13cm（64 开）
定价：CNY0.28
　　根据同名电影改编的连环画。

J0076462
张衡　殷敦煌选编
上海 上海人民美术出版社 1984 年 158 页
13cm（64 开）定价：CNY0.28
　　根据同名电影改编的连环画。

J0076463
张衡　索立改编
北京 中国电影出版社 1984 年 157 页 13cm（64 开）

定价：CNY0.28
　　根据同名电影改编的连环画。

J0076464
张良拜师　盛海源改编；笑雨绘
武汉 长江文艺出版社 1984 年 13cm（64 开）
统一书号：8107.440 定价：CNY0.20
　　中国古代人物故事连环画。

J0076465
张良智斗楚霸王　鹤仙改编；金稼仿绘
上海 少年儿童出版社 1984 年 142 页 13cm（64 开）
定价：CNY0.22
　　中国历代战争故事连环画。

J0076466
张玉良传　石楠原著；王正改编；高万佳绘
合肥 安徽人民出版社 1984 年 158 页 13cm（64 开）
定价：CNY0.26
　　本书是根据同名长篇传记小说改编的连环
画。收入 158 幅图。

J0076467
长鼻子老大　颂民编；梁洪德绘
石家庄 河北美术出版社 1984 年 62 页
13cm（64 开）定价：CNY0.11
　　中国民间故事连环画。

J0076468
长平激战　袁川编；万里等绘
南宁 广西人民出版社 1984 年 156 页 13cm（64 开）
统一书号：8113.941 定价：CNY0.22
（中国历史故事连环画 17）

J0076469
长尾巴的孩子　中国电视剧制作中心供稿
北京 中国广播电视出版社 1984 年 157 页
13cm（64 开）定价：CNY0.34
　　根据同名电视剧改编连环画。

J0076470
丈夫变羊　曹欣渊编；张新国等绘
上海 上海人民美术出版社 1984 年 126 页
13cm（64 开）定价：CNY0.20
（笑话 5）

本连环画包括 18 个笑话故事。

J0076471

召树屯　石叠等整理；马定忠改编，张恢绘画
上海　上海人民美术出版社　1984 年　86 页　有图
10×13cm　统一书号：8081.13905　定价：CNY0.14
（少年儿童画库·少数民族民间故事）
　　本书是据同名中国少数民族民间故事改编
的连环画。收入 86 幅图。

J0076472

赵国烽烟　刘延龄编；张连贵绘
长春　吉林人民出版社　1984 年　94 页　13cm（60 开）
统一书号：8091.1647　定价：CNY0.16
（东周列国 17）
　　本书是依据中国古典小说《东周列国志》改
编的现代连环画。

J0076473

这里的黎明静悄悄　中国电视剧制作中心供稿
北京　广播出版社　1984 年　2 册（157；157 页）
13cm（64 开）定价：CNY0.64（全二册）
　　根据苏联文学名著改编的连环画。

J0076474

这里的黎明静悄悄　（苏）鲍里斯·瓦西里耶
夫原著；浅草改编；雨中等绘
南京　江苏美术出版社　1984 年　166 页　13cm（64 开）
统一书号：8353.3.043　定价：CNY0.26
　　根据苏联文学名著改编的连环画。

J0076475

这里的黎明静悄悄　华阳改编；马光剑，刘学
伦绘
成都　四川少年儿童出版社　1984 年　158 页
13cm（64 开）统一书号：R8247.179
定价：CNY0.26
　　根据苏联文学名著改编的连环画。

J0076476

贞观之治　王文智编；李峰山，大成绘
长春　吉林人民出版社　1984 年　206 页　13cm（64 开）
定价：CNY0.31
　　据中国唐代历史故事改编的连环画。

J0076477

针　（英）肯·福莱特原著；小白改编；周建志，
孟昭胜绘
沈阳　辽宁美术出版社　1984 年　134 页　13cm（64 开）
定价：CNY0.21
　　根据英国文学名著改编的连环画。

J0076478

珍珠　（美）约翰·斯坦倍克；舒杭丽改编；蚁
美楷绘
北京　人民美术出版社　1984 年　78 页　有图
10×13cm　统一书号：8027.9195　定价：CNY0.17
　　据同名美国故事改编的连环画。绘者蚁美
楷（1938—　），画家。广东澄海人，毕业于北京
艺术师范学院。曾任吉林艺术学院美术系教师，
广州美术学院副教授。代表作品《打稻场上》《待
鱼归》《炎黄子孙》等。

J0076479

珍珠　阎为民改编；宋维成绘
乌鲁木齐　新疆人民出版社　1984 年　94 页
13cm（64 开）定价：CNY0.18
　　据中国文学作品改编的连环画。

J0076480

珍珠恨　丰力改编；原守俭，孙明绘
哈尔滨　黑龙江美术出版社　1984 年　82 页
13cm（64 开）　统一书号：8358.129　定价：CNY0.16
　　据中国文学作品改编的连环画。

J0076481

珍珠绣花巾　敦谦改编；贾铭绘
石家庄　河北美术出版社　1984 年　74 页
13cm（64 开）定价：CNY0.13
　　根据《珍珠疙瘩绣花巾》改编的连环画。

J0076482

真假丁香　白家荟改编；岑圣权，岑圣雄绘
广州　岭南美术出版社　1984 年　157 页　13cm（64 开）
统一书号：8260.0859　定价：CNY0.26
（特区文学选）

J0076483

真假猴王　何棱改编；严林绘
成都　四川少年儿童出版社　1984 年　62 页

9cm（128 开）定价: CNY0.06
（小小连环画 第 8 辑《西游记》故事 13）

J0076484
真假经文 平平改编; 张宝松绘
北京 中国文艺联合出版公司 1984 年 15 页
13cm（60 开）统一书号: 8313.174 定价: CNY0.14
（《西游记》故事 19）

J0076485
真假美猴王 葛文良, 稽宁改编; 郁芷芳, 彭
药绘
合肥 安徽人民出版社 1984 年 118 页 13cm（64 开）
定价: CNY0.17
　　根据同名京剧改编的中国戏剧故事连环画。

J0076486
真假美猴王 午言改编
北京 中国电影出版社 1984 年 117 页 13cm（64 开）
定价: CNY0.23
　　根据同名电影改编的连环画。

J0076487
真假杨六郎 段剑秋, 郝琳水改编; 付鹏志,
李济勇绘
哈尔滨 黑龙江美术出版社 1984 年 157 页
13cm（60 开）定价: CNY0.26
（杨家将故事）

J0076488
阵地争夺战 柏石山改编; 刘恩斌绘
沈阳 辽宁美术出版社 1984 年 94 页 13cm（64 开）
统一书号: 7161.0349 定价: CNY0.16
（志愿军英雄谱）
　　本书是中国革命战斗故事连环画。

J0076489
震惊世界的 SOS 淑华等改编; 钱志林绘
成都 四川人民出版社 1984 年 74 页 13cm（64 开）
定价: CNY0.18
　　本书是中国故事连环画。

J0076490
争夺声音的战斗 华夏改编; 乔德珑, 龙康华绘
贵阳 贵州人民出版社 1984 年 88 页 13cm（64 开）

定价: CNY0.16
　　本书是中国现代连环画册。

J0076491
征黑闼 仓阳卿编; 张新国绘
上海 上海人民美术出版社 1984 年 102 页
13cm（64 开）统一书号: 8081.14134
定价: CNY0.22
（唐代历史故事 5）
　　本书是根据中国唐代历史故事改编的连
环画。

J0076492
郑板桥卖画 黄俶成编文; 顾宝新绘画
南京 江苏美术出版社 1984 年 118 页 有图
10×13cm 统一书号: 8353.3.095 定价: CNY0.20
　　据同名中国历史故事改编的连环画。

J0076493
郑板桥卖画 王才博, 王爱红改编; 于水, 吴
声绘
广州 岭南美术出版社 1984 年 126 页 13cm（64 开）
定价: CNY0.23
　　中国优秀人物故事连环画。

J0076494
郑成功 方白原著; 温福华改编; 梁伟明等绘画
广州 岭南美术出版社 1984 年 124 页 有图
10×13cm 统一书号: 8260.1013 定价: CNY0.23
　　根据方白原著改编的同名中国历史故事连
环画。

J0076495
郑和下西洋 朱祖贻改编; 邵士骧, 邓钧照摄影
北京 海洋出版社 1984 年 168 页 13cm（64 开）
定价: CNY0.35
　　根据同名电影改编的连环画。

J0076496
直插敌巢 王毅等改编; 王刚等摄影
北京 中国文联出版公司 1984 年 87 页
72 开（72 开）统一书号: 8355.23 定价: CNY0.16
（南疆侦察兵 3）
　　据同名文学作品改编的连环画。

J0076497

智闯伏龙泉　关胜武改编；孙承民，望海绘
哈尔滨　黑龙江人民出版社　1984年　151页
13cm（64开）定价：CNY0.26
　　本书是中国革命故事连环画。

J0076498

智逮穿山甲　（边防军战斗故事）傅建中原著；
浅草改编；余伟雄绘
南宁　广西人民出版社　1984年　94页　13cm（64开）
定价：CNY0.17
　　本书是中国革命战斗故事连环画。

J0076499

智逮穿山甲　傅建中；黄莺改编；廖宗怡绘
广州　岭南美术出版社　1984年　126页　有图
10×13cm　定价：CNY0.21
　　中国现代故事连环画。绘者廖宗怡
（1937—　），画家、国家一级美术师。广东汕头
人，在广州美术学院进修。历任中国美术家协会
会员，中国书法家协会会员，广州军区政治部创
作室创作员。代表作品有《最高的奖赏》《广州
农民运动讲习所》《阵地午餐》《山中那十九座坟
茔》等。

J0076500

智盗玄明镜　冯同军改编；晁锡弟绘
呼和浩特　内蒙古人民出版社　1984年　127页
13cm（64开）定价：CNY0.23
（《薛刚反唐》7）
　　本书描写唐代永徽元年至神龙元年武则天
参政、篡位到垮台的历史故事，全套共计16册。

J0076501

智斗黑风怪　阿蕾改编；张宝松绘
北京　中国文艺联合出版公司　1984年　14页
13cm（60开）定价：CNY0.14
（《西游记》故事　12）

J0076502

智夺盐船　凤山改编；胡明江绘
哈尔滨　黑龙江美术出版社　1984年　62页
13cm（64开）统一书号：8358.154　定价：CNY0.12
　　本书是中国革命故事连环画。

J0076503

智激美猴王　周桓改编；张家福，王树林摄影
北京　中国戏剧出版社　1984年　125页　13cm（64开）
定价：CNY0.25
　　中国戏剧故事连环画。

J0076504

智判金玉镯　叶南改编；徐麟如绘
南昌　江西人民出版社　1984年　94页　13cm（64开）
统一书号：8110.892　定价：CNY0.16
　　中国民间故事连环画。

J0076505

智擒"独眼龙"　刘天平，杜之训编；葛志仁绘
合肥　安徽人民出版社　1984年　102页　13cm（64开）
定价：CNY0.15
（革命先辈故事丛书）
　　本书是中国革命战斗故事连环画。

J0076506

智擒捉蛇佬　（边防军战斗故事）龚智敏编；
蒙显刚，李德钊绘
南宁　广西人民出版社　1984年　132页　13cm（64开）
统一书号：8113.982　定价：CNY0.18
　　本书是中国革命战斗故事连环画。

J0076507

智取二龙山　王少堂原著；王延海改编；刘道
绘
沈阳　辽宁美术出版社　1984年　154页　13cm（64开）
定价：CNY0.24
（武松　3）
　　本书是依据中国古典小说《水浒全传》改编
的现代连环画。

J0076508

智取汉中　罗贯中原著；赵岗改编；樊玉民绘
西安　陕西人民美术出版社　1984年　158页
13cm（60开）统一书号：8199.689　定价：CNY0.26
（《三国演义》连环画　13）

J0076509

智取生辰纲　施耐庵等原著；徐滢改编；罗中
立绘画
北京　人民美术出版社　1984年　130页　有图

10×13cm 统一书号：8027.7908 定价：CNY0.20
（水浒 6）

　　本书是依据中国古典小说《水浒传》改编的现代连环画。

J0076510

智袭荆州　　白纯熙编；中流绘

武汉 长江文艺出版社 1984 年 92 页 13cm（64 开）
定价：CNY0.17

（中国历代战争故事画丛）

　　作者白纯熙（1929—　），笔名白丁，河南方城人。曾任中南人民文艺出版社美术编辑、湖北人民出版社美术编辑，历任湖北省美术家协会漫画委员会副主任、武汉摄影学会副主席、湖北连环画研究会理事等职。

J0076511

智斩鲁斋郎　（包公故事）庄宏安改编；杨杰绘

郑州 河南人民出版社 1984 年 94 页 13cm（64 开）
定价：CNY0.16

　　中国民间故事连环画。作者庄宏安，连环画编辑。改编的连环画有《原野》（辽宁版）《延安保卫战》《战上海 / 星火燎原系列连环画》《中国连环画优秀作品读本》等。绘者杨杰（1959—　），浙江少年儿童出版社文艺室美术编辑。

J0076512

中国姑娘　曹欣渊改编；先伟、晓阳绘画

成都 四川人民出版社 1984 年 142 页 有图
10×13cm 统一书号：8118.1489 定价：CNY0.23

　　根据中国故事改编的连环画。

J0076513

中国古人勤学的故事　（一）陈志远改编；蔡江宇等绘

武汉 长江文艺出版社 1984 年 13cm（64 开）
定价：CNY0.20

　　中国古代民间故事连环画。

J0076514

中国古人勤学的故事　（二）陈志远改编；李井涛绘

武汉 长江文艺出版社 1984 年 13cm（64 开）
定价：CNY0.31

　　中国古代民间故事连环画。

J0076515

中国连环图画史话　　阿英编著

北京 人民美术出版社 1984 年 2 版 52 页
21cm（32 开）定价：CNY0.57

　　本书是中国连环画史。作者阿英（1900—1977），现代著名剧作家、文艺批评家。安徽芜湖人，别名钱杏邨、钱德赋。著有诗歌、小说、散文，尤以戏剧成就最高，代表作品有历史剧《李闯王》等，著有《阿英文集》。

J0076516

中国旅行家潘德明徒步、骑自行车周游世界　（上册）雪梦改编；潘衡生绘

北京 人民体育出版社 1984 年 126 页 19cm（32 开）
定价：CNY1.20

　　本连环画真实地描写 30 年代中国青年潘德明徒步、骑自行车周游世界的故事。绘者潘衡生（1949—　），本名潘蘅生，画家。上海人。曾任黑龙江省京剧团美术设计、《剧作家》杂志美术编辑，中国美术家协会会员，黑龙江省美术家协会副主席。兼擅连环画、油画、水墨画。出版有《潘蘅生油画作品精选》《美术家潘蘅生》等。

J0076517

中国旅行家潘德明徒步、骑自行车周游世界　（上册）雪梦改编；潘衡生绘

北京 人民体育出版社 1984 年 126 页 13cm（64 开）
定价：CNY0.29

（体育连环画）

　　据中国现代故事改编的连环画。

J0076518

中国旅行家潘德明徒步、骑自行车周游世界　（下册）雪梦改编；潘衡生绘

北京 人民体育出版社 1984 年 126 页 19cm（32 开）
统一书号：8015–135 定价：CNY1.20

　　本连环画真实地描写 30 年代中国青年潘德明徒步、骑自行车周游世界的故事。

J0076519

中国旅行家潘德明徒步、骑自行车周游世界　（下册）雪梦改编；潘衡生绘

北京 人民体育出版社 1984 年 126 页 13cm（64 开）
统一书号：8015–136 定价：CNY0.29

（体育连环画）

据中国现代故事改编的连环画。

J0076520

中国人　仇学宝原著；徐志强改编；梁启德绘

南宁 广西人民出版社 1984 年 174 页 13cm（64 开）

统一书号：8113.947 定价：CNY0.29

据中国现代故事改编的连环画。

J0076521

中学古文连环画 （第五册）仓阳卿等编文；项维仁等绘

上海 上海人民美术出版社 1984 年 126 页

19cm（32 开）统一书号：8081.13461

定价：CNY0.31

本书选用全日制中学语文课本中古诗文和部分课外阅读材料编绘，按年级、学期的顺序分册。全书共 12 册。

J0076522

中学古文连环画 （第二册）仓阳卿等编；冯远等绘

上海 上海人民美术出版社 1985 年 140 页

19cm（32 开）定价：CNY0.61

作者冯远（1952— ），教授、画家。生于上海，祖籍江苏无锡。作品有《望夫妹》《母子图》《新疆风情写生》《今生来世》，出版有《二十一世纪中国艺术家·冯远》《笔墨尘缘》。

J0076523

中学古文连环画 （第四册）甘礼乐等编；黄全昌等绘

上海 上海人民美术出版社 1985 年 19cm（32 开）

统一书号：8081.14041 定价：CNY0.75

作者甘礼乐（1923— ），连环画家。上海人，曾用笔名余峥。作品有普希金的《驿站长》，巴尔扎克的《夏倍上校》等。绘者黄全昌（1937—2017），连环画家。浙江镇海人。曾任上海人民美术出版社创作员、副编审，上海美术家协会艺委会委员，上海书画院特聘画师，上海百草画院副院长。代表作品有《海瑞罢官》《打渔杀家》等。

J0076524

中学古文连环画 （第六册）张企荣等编；程十发等绘

上海 上海人民美术出版社 1985 年 156 页

19cm（32 开）定价：CNY0.70

作者张企荣，连环画艺术家。作品有《中国四大古典文学名著》（连环画·袖珍版）和《杨宗保之死》等。绘者程十发（1921—2007），画家。出生于上海金山，毕业于上海美术专科学校国画系。代表作品有《丽人行》《迎春图》《列宁的故事》《孔乙己》等，出版有《程十发近作选》《程十发花鸟习作选》《程十发作品展》。

J0076525

忠魂长存　（清）黄小配原著；周凡等改编；温国良等绘

南京 江苏美术出版社 1984 年 126 页 有图

10cm（64 开）统一书号：8353.050 定价：CNY0.20

本书由中国历史故事改编的连环画。

J0076526

钟楼谍影　曹积三改编；刘国辉绘

哈尔滨 黑龙江美术出版社 1984 年 155 页

13cm（64 开）统一书号：8358.101 定价：CNY0.26

J0076527

重大风云　杨益言等原著；傅丹改编，周昌华绘

重庆 重庆出版社 1984 年 126 页 有图

10×13cm 统一书号：8114.103 定价：CNY0.20

（大后方 2）

本书由中国历史故事改编的连环画。

J0076528

重耳称霸　李扬发改编；叶永森绘

南昌 江西人民出版社 1984 年 94 页 13cm（60 开）

定价：CNY0.16

根据《晋文公》一书改编的连环画。

J0076529

周处除害　郑远明，徐鹰改编；施忠平绘画

长沙 湖南少年儿童出版社 1984 年 118 页 有图

10×13cm 统一书号：R8280.86 定价：CNY0.20

本书由中国历史故事改编的连环画。

J0076530

周处除三害　黄明正编绘

南昌 江西人民出版社 1984 年 70 页 13cm（64 开）

统一书号：8110.767 定价：CNY0.14

中国古代民间故事连环画。

J0076531

周刚杀霸 （上）王吉祥改编；鲁飒等绘
石家庄 河北美术出版社 1984 年 102 页 有图
10×13cm 统一书号：8087.885 定价：CNY0.16
　　根据李长华《花轿传奇》改编的连环画。

J0076532

周刚杀霸 （下）王吉祥改编；鲁飒，英博绘
石家庄 河北美术出版社 1984 年 118 页
13cm（64 开）定价：CNY0.18
　　本书根据李长华《花轿传奇》改编的连环画。

J0076533

周三畏挂冠 赵闻庆编；戴宏海绘
杭州 浙江人民美术出版社 1984 年 126 页
13cm（60 开）统一书号：8156.354 定价：CNY0.16
　　本书是依据中国古典小说《说岳全传》改编
的现代连环画。

J0076534

纣师大败 王益砾改编；谢春彦等绘
杭州 浙江人民美术出版社 1984 年 142 页
13cm（64 开）定价：CNY0.18
（《封神演义》故事 4）

J0076535

宙斯计划破灭记 杨卫平，金晓明改编；赵力
中，陈龙生绘
昆明 云南人民出版社 1984 年 19cm（小 32 开）
定价：CNY0.42

J0076536

朱陈鄱阳之战 张习孔原著；李巧玲改编；王
重圭等绘
西安 陕西人民美术出版社 1984 年 84 页
13cm（64 开）统一书号：8199.600 定价：CNY0.16
（中国古代战争故事 6）
　　中国历代战争故事连环画。

J0076537

朱军长夜探红军医院 李平画；蒋石麟文
西宁 青海人民出版社 1984 年 46 页 有图
10×13cm 统一书号：8097.529 定价：CNY0.08
　　本书由中国革命故事改编的连环画。

J0076538

朱润斋连环画选《三国演义》百图 朱润斋绘
北京 人民美术出版社 1984 年 58 页 17×18cm
定价：CNY0.77
（连环画艺术研究丛书）

J0076539

朱砂痣联婚 冯同军改编；刘永凯，孙慕龄绘
呼和浩特 内蒙古人民出版社 1984 年 151 页
13cm（64 开）定价：CNY0.27
（《薛刚反唐》6）
　　本书描写唐代永徽元年至神龙元年武则天
参政、篡位到垮台的历史故事，全套共计 16 册。

J0076540

朱小彬 刘同兴等原著；婴林编；秦霖华绘
上海 上海人民美术出版社 1984 年 102 页 有图
10×13cm 统一书号：8081.14177 定价：CNY0.19
　　本书由中国现代故事改编的连环画。

J0076541

朱小星的童年 兰纪先改编；刘柏荣等绘
郑州 河南人民出版社 1984 年 158 页 有图
10×13cm 统一书号：8105.1269 定价：CNY0.28
　　本书由中国现代故事改编的连环画。

J0076542

朱元璋 张治龙编文；苏西映绘画
北京 中国文艺联合出版公司 1984 年 120 页
有图 9×13cm 统一书号：8313.50
定价：CNY0.23
（明代开国英烈传 一）
　　本书由中国明代故事改编的连环画。绘者
苏西映(1940—　)，河南光山人。曾任光山县文
化馆美术师，河南省美术家协会会员，大别山书
画研究院名誉院长。作品有《深山古树》《荷花
舞》《玉莲公主》《中华魂》等，出版有《唐伯虎
智圆梅花梦》《玉蜻蜓》。

J0076543

猪八戒逛星城 郭治编；毛用坤，杜建国绘
北京 科学普及出版社 1984 年 126 页 13cm（64 开）
统一书号：8051.1044 定价：CNY0.26
　　中国现代连环画。

J0076544

猪八戒星城奇遇记　郭治原著；张志光改编；
绍雄等绘
广州　科学普及出版社广州分社　1984年　94页
13cm（64开）定价：CNY0.17
　　中国现代连环画。

J0076545

猪八戒遇险铁鹫岭　阎正改编；刘壮安等绘
北京　农村读物出版社　1984年　64页　13cm（60开）
定价：CNY0.15
　　本书依据中国古典小说《西游记》改编的现
代连环画。

J0076546

逐鹿中原　石山编；王红，王卫绘
北京　中国文联出版公司　1984年　94页
13cm（60开）统一书号：8355.19　定价：CNY0.22
（明代开国英烈传9）
　　中国明代历史故事连环画。

J0076547

装在罐头里的爸爸妈妈　郑渊洁原著；亚旗
改编；刘泽岱绘画
天津　天津人民美术出版社　1984年　76页　有图
10×13cm　统一书号：8073.30954　定价：CNY0.15
（系列童话《魔方大厦》2）
　　本书由中国童话故事改编的连环画。

J0076548

壮别天涯　山岳改编；岑圣权，岑圣雄绘
广州　岭南美术出版社　1984年　185页　13cm（64开）
统一书号：8260.1022　定价：CNY0.36
　　根据曹硕龙的同名传记文学改编的连环画。

J0076549

状元与乞丐　方晨改编；傅以新绘
呼和浩特　内蒙古人民出版社　1984年　78页
13cm（60开）定价：CNY0.15
　　本书由中国古代故事改编的连环画。绘者
傅以新（1943—　），画家、教授。生于山西寿阳，
毕业于中央美术学院中国画系。历任天津美术
学院、中央民族大学教授，中国美术家协会、书
法家协会会员。代表作品有《故城夕照》《夜河
奔骥》《云浓山醉》《清光万里》。

J0076550

追　小戈改编；赵静东绘
天津　天津人民美术出版社　1984年　94页　有图
10×13cm　统一书号：8073.30853　定价：CNY0.13
　　本书由中国现代故事改编的连环画。作者
小戈。主要连环画作品有《杨广下扬州》《对
花枪》《胭脂》《火烧河楼》等。绘者赵静东
（1930—　），人物画家，天津人，毕业于中央美
术学院。历任北京通俗读物出版社编辑、天津人
民美术出版社副编审。作品《中华女儿经》《战
斗的青春》《连心镇》《儿女风尘记》等。出版有
《赵静东人物画选》《五个儿童抓特务》等。

J0076551

追捕"二王"　《周末》画报编辑部编
岭南　岭南美术出版社　1984年　126页　有图
10×13cm　统一书号：8260.1049　定价：CNY0.27
　　本书是由中国现代故事改编的连环画。

J0076552

追捕妖魔　黄敬业改编；陈庆心绘
广州　科学普及出版社广州分社　1984年　94页
13cm（64开）定价：CNY0.17

J0076553

追光的人　许德贵改编；魏明阳绘
成都　四川人民出版社　1984年　63页　13cm（64开）
统一书号：8118.1800　定价：CNY0.13
　　介绍蒋筑英的动人事迹的连环画。

J0076554

追鱼　程逸汝改编；韩伍等绘画
石家庄　河北美术出版社　1984年　86页　有图
10×13cm　统一书号：8087.599　定价：CNY0.13
　　根据同名剧本编绘的连环画。

J0076555

浊水溪　杨荔编；吴永良绘
西安　陕西少年儿童出版社　1984年　62页
13cm（64开）定价：CNY0.12
（台湾民间传说花丛）
　　本书是中国台湾民间故事连环画。绘者吴
永良（1937—　），画家、教授。浙江鄞县人，毕
业于浙江美术学院中国画系人物画科。历任中
国美术家协会会员，浙江美术学院教授。代表作

品有《鲁迅肖像》《水乡集市》《华夏颂》《潘天寿肖像》《西泠印踪》等。

J0076556

子弟兵的母亲 （当代英雄）涂万松文；徐小龙图

郑州 河南人民出版社 1984 年 62 页 13cm（64 开）定价：CNY0.15

　　本连环画描绘了"爱国拥军模范"赵趁妮的动人事迹。作者徐小龙（1945— ），教师、画家。河南巩义人。任职于巩义市人民文化馆，中国美术家协会会员，中国美术家协会河南分会会员。出版有《中原画风·徐小龙国画卷》《杜甫行迹》《北宋九朝帝王》《河洛民俗风情画卷》等。

J0076557

子夜 缪德璋，缪喆改编；孙彬，张自启绘

兰州 甘肃人民出版社 1984 年 182 页 10cm（64 开）统一书号：8096.982 定价：CNY0.29

　　本书是依据中国现代文学名著改编的连环画。

J0076558

姊妹花店 李凝祥改编；唐西林绘

银川 宁夏人民出版社 1984 年 54 页 13cm（64 开）定价：CNY0.11

J0076559

紫钗奇梦 水登改编；张福祺，肖鸿摄影

北京 中国戏剧出版社 1984 年 154 页 13cm（64 开）定价：CNY0.28

　　中国戏剧故事连环画。

J0076560

宗泽交印 刘毅改编；孙宏华摄影

北京 中国戏剧出版社 1984 年 156 页 13cm（64 开）统一书号：8069.539 定价：CNY0.28

　　中国戏剧连环画。

J0076561

足下留情 浦旭，陈宗汉原著；刘伟改编

郑州 河南人民出版社 1984 年 78 页 有图 10×13cm 统一书号：8105.1268 定价：CNY0.16

　　中国现代连环画。

J0076562

最后的选择 吕薇选编；张元民摄影

上海 上海人民美术出版社 1984 年 142 页 有图 10×13cm 统一书号：8081.14004 定价：CNY0.25

J0076563

最后的一拳 章挥改编；凌承纬绘

重庆 重庆出版社 1984 年 126 页 13cm（64 开）定价：CNY0.20

　　根据罗马尼亚格里戈雷斯库小说《拳击场上》改编的连环画。绘者凌承纬（1944— ），编审。重庆永川人。中国美术家协会四川分会理事，重庆美术家协会艺术理论委员会主任，红岩文学杂志美术编辑。出版有《四川新兴版画发展史》《画笔下的寻找》《现实主义之路》《时代与艺术》《传承·求索》等。

J0076564

罪恶的录像 秀月撰文；苏家杰绘

广州 花城出版社 1984 年 158 页 13cm（64 开）统一书号：8261.87 定价：CNY0.34

（旅伴连环画库）

　　绘者苏家杰（1947— ），画家。广州美术学院版画系结业。广东省美术家协会会员，花城出版社美术编辑室主任。作品有《百猫图谱》《友谊花开》等。

J0076565

昨天的战争 陈沫改编；范正隆等绘

哈尔滨 黑龙江美术出版社 1984 年 158 页 13cm（64 开）定价：CNY0.26

J0076566

"A·P"案件侦破记 张震钦改编；魏钧泉绘

天津 天津人民美术出版社 1985 年 149 页 10×13cm 定价：CNY0.35

　　根据同名电影故事改编中国现代连环画。

J0076567

"白蜈蚣"落网记 傅玲改编；郭怀仁，栗华绘

北京 中国文联出版社 1985 年 126 页 10×13cm 统一书号：8355.328 定价：CNY0.33

　　中国现代连环画作品，根据中篇小说《春光护卫者》编绘。

J0076568
"刁钻"之谜　丁建顺原著；侯豫立改编；周申绘
天津　天津人民美术出版社　1985 年　94 页　有图
10×13cm　统一书号：8073.30995　定价：CNY0.24
　　中国现代连环画。

J0076569
"金环蛇行动"的覆灭　王肇庆改编；王肇庆，
齐玉芳绘
北京　人民美术出版社 1985 年 126 页 13cm（60 开）
统一书号：8027.9395　定价：CNY0.28
　　根据电影剧本《通向零公里》改编的现代连
环画作品。

J0076570
"连珠箭"逞强　熊孔成编绘
郑州　河南美术出版社 1985 年 62 页 10×13cm
统一书号：8386.236　定价：CNY0.17
　　本书是中国现代连环画册。

J0076571
"杀人伞"案件　何香翠改编；宋飞等绘
广州　岭南美术出版社 1985 年 94 页 10×13cm
ISBN：8060.1066　定价：CNY0.23
　　根据同名科幻小说改编的中国现代连环画。

J0076572
"燕子"李三全传　（一 王府奇踪）文治改编；
郭占魁等绘画
呼和浩特　内蒙古人民出版社 1985 年 106 页
15cm（40 开）统一书号：18089.35 定价：CNY0.30
　　中国现代连环画。

J0076573
"燕子"李三全传　（二 李三出世）文治改编；
郭占魁等绘画
呼和浩特　内蒙古人民出版社 1985 年 118 页
15cm（40 开）统一书号：18089.36 定价：CNY0.32
　　中国现代连环画。

J0076574
"燕子"李三全传　（三 巧退银票）文治改编；
刘丰杰，刘艺青绘画
呼和浩特　内蒙古人民出版社 1985 年 110 页
15cm（40 开）统一书号：18089.37 定价：CNY0.30

中国现代连环画。

J0076575
"燕子"李三全传　（四 夜盗马府）文治改编；
蔡延年，陶家元绘画
呼和浩特　内蒙古人民出版社 1985 年 94 页
15cm（40 开）统一书号：18089.38 定价：CNY0.27
　　中国现代连环画。

J0076576
"燕子"李三全传　（五 飞探涵园）文治改编；
陶家元，蔡延年绘画
呼和浩特　内蒙古人民出版社 1985 年 110 页
15cm（40 开）统一书号：18089.39 定价：CNY0.30
　　中国现代连环画。

J0076577
"燕子"李三全传　（六 缩骨脱身）文治改编；
郭占魁等绘画
呼和浩特　内蒙古人民出版社 1985 年 94 页
15cm（40 开）统一书号：18089.40 定价：CNY0.27
　　中国现代连环画。

J0076578
"燕子"李三全传　（七 燕飞江南）文治改编；
李明等绘画
呼和浩特　内蒙古人民出版社 1985 年 110 页
15cm（40 开）统一书号：18089.41 定价：CNY0.30
　　中国现代连环画。

J0076579
"燕子"李三全传　（八 英雄赴难）文治改编；
张耀来等绘画
呼和浩特　内蒙古人民出版社 1985 年 94 页
15cm（40 开）统一书号：18089.42 定价：CNY0.27
　　中国现代连环画。

J0076580
《C—3》之谜　（上）况浩文原著；江人改编；
沈建德，金稼仿绘
沈阳　辽宁美术出版社 1985 年 170 页 10×13cm
统一书号：7161.0454　定价：CNY0.33
　　本书是中国现代连环画册。

J0076581
《C—3》之谜 （下）江人改编；沈建德绘
沈阳 辽宁美术出版社 1985 年 154 页 10×13cm
统一书号：7161.0455 定价：CNY0.30
　　本书是中国现代连环画册。

J0076582
《吕蓓卡》密码 （英）肯·福莱特原著；代明改
编；徐学廉绘
贵阳 贵州美术出版社 1985 年 110 页 10×13cm
统一书号：8396.0011 定价：CNY0.28
　　本书是中国现代连环画册。根据英国同名
小说改编。

J0076583
《周末》画报作品选集 （第一集 香岛华灯下）
《周末》画报编辑部编
广州 岭南美术出版社 1985 年 64 页
26cm(16 开)统一书号：8260.0724 定价：CNY0.43
　　本书系中国现代连环画作品选集。

J0076584
518 案件 李南改编；孙玉方等绘
北京 朝花美术出版社 1985 年 126 页 有图
10×13cm 统一书号：8028.2143 定价：CNY0.35
（惊险侦探画丛 12）
　　本书是中国现代连环画册。

J0076585
阿珺 江南改编；俞文云等绘画
西宁 青海人民出版社 1985 年 81 页 有图
10×13cm 统一书号：8097.559 定价：CNY0.20
　　根据程乃珊小说《欢乐女神的故事》改编的
连环画作品。

J0076586
阿婆山的传说 林希原著；刘杨改编；屈凌君
绘画
西安 陕西人民美术出版社 1985 年 23 页
有彩图 17×19cm 统一书号：8199.827
定价：CNY0.55
　　中国现代连环画。

J0076587
阿信 （少女篇 第一集）余超英改编；崔汉文，

邓平摄影
太原 山西人民出版社 1985 年 125 页 10×13cm
统一书号：8088.2023 定价：CNY0.33
　　根据日本同名电视连续剧改编的连环画。

J0076588
阿信 （少女篇 第二集）余超英改编；崔汉文，
邓平摄影
太原 山西人民出版社 1985 年 126 页 10×13cm
统一书号：8088.2023 定价：CNY0.37
　　根据日本同名电视连续剧改编的连环画。

J0076589
阿信 （少女篇 第三集）孙玉祥改编；崔汉文，
邓平摄影
太原 山西人民出版社 1985 年 118 页 10×13cm
统一书号：8088.2023 定价：CNY0.31
　　根据日本同名电视连续剧改编的连环画。

J0076590
阿信 （少女篇 第四集）溪贝改编；崔汉文，
邓平摄影
太原 山西人民出版社 1985 年 94 页 10×13cm
统一书号：8088.2023 定价：CNY0.26
　　根据日本同名电视连续剧改编的连环画。

J0076591
阿信 （少女篇 第五集）溪贝改编；崔汉文，
邓平摄影
太原 山西人民出版社 1985 年 134 页 10×13cm
统一书号：8088.2023 定价：CNY0.33
　　根据日本同名电视连续剧改编的连环画。

J0076592
阿信 （少女篇 第六集）秦蒲改编；崔汉文，
邓平摄影
太原 山西人民出版社 1985 年 126 页 10×13cm
统一书号：8088.2023 定价：CNY0.33
　　根据日本同名电视连续剧改编的连环画。

J0076593
阿信 （少女篇 第七集）孙玉祥改编；崔汉文，
邓平摄影
太原 山西人民出版社 1985 年 142 页 10×13cm
统一书号：8088.2023 定价：CNY0.37

根据日本同名电视连续剧改编的连环画。

J0076594
阿信 （少女篇 第八集）侯昊天改编；崔汉文，邓平摄影
太原 山西人民出版社 1985 年 165 页 10×13cm
统一书号：8088.2023 定价：CNY0.42
　　根据日本同名电视连续剧改编的连环画。

J0076595
爱的复活　刘文琦原著；绽云霞改编，陆保绘
西宁 青海人民出版社 1985 年 94 页 有图
10×13cm 统一书号：8097.554 定价：CNY0.22
　　中国现代连环画。

J0076596
爱的复活　黄珏改编；马树茂绘
成都 四川民族出版社 1985 年 121 页 10×13cm
统一书号：M8140.104 定价：CNY0.36
　　中国现代连环画。

J0076597
爱的权利　孺牛改编；律平绘
长沙 湖南美术出版社 1985 年 118 页 有图
10×13cm 统一书号：8233.747 定价：CNY0.26
　　根据李少言、钱道远、杨应章的电影文学剧本《妈妈，你在哪里》改编的连环画。

J0076598
爱国人物动画片　（连环画）清文绘画
重庆 重庆出版社 1985 年 ［6］套 有彩图
7×13cm 统一书号：8114.299 定价：CNY0.30
　　中国现代连环画，有文天祥、岳飞、林则徐

J0076599
爱金子的国王　宇海，波涛改编；陈波绘
广州 科学普及出版社广州分社 1985 年 62 页
10×13cm 统一书号：8051.60331 定价：CNY0.14
　　中国现代连环画

J0076600
安娜·卡列尼娜　（上）王海城改编
长春 北方妇女儿童出版社 1985 年 146 页
15cm（64 开）ISBN：8377.26 定价：CNY0.35
　　根据俄罗斯同名小说改编的中国现代连

环画。

J0076601
安娜·卡列尼娜　（下）王海城改编
长春 北方妇女儿童出版社 1985 年 126 页
15cm（64 开）统一书号：8377.27 定价：CNY0.30
　　根据俄罗斯同名小说改编的中国现代连环画。

J0076602
安庆保卫战　台益燕编；陈光华绘
合肥 安徽美术出版社 1985 年 158 页 10×13cm
统一书号：8381.119 定价：CNY0.35
　　中国现代连环画。

J0076603
暗杀令下达之后　牛牛改编；化石，子楚绘
广州 广东人民出版社 1985 年 157 页 10×13cm
统一书号：8111.2539 定价：CNY0.40
　　中国现代连环画。

J0076604
暗杀希特勒　曾法文编；于成业绘
广州 岭南美术出版社 1985 年 150 页 10×13cm
统一书号：8260.1078 定价：CNY0.34
（反侵略战争故事）
　　中国现代反战连环画作品。

J0076605
鳌山庙　周汉平改编；杨敦仪绘
长沙 湖南美术出版社 1985 年 134 页 10×13cm
统一书号：8233.788 ISBN：7-5356-0081-6
定价：CNY0.35
（太平隐义之四）
　　本书是中国现代连环画册。

J0076606
鏖战爱华山　高翔改编；王井绘
福州 福建人民出版社 1985 年 136 页 10×13cm
统一书号：8173.1017 定价：CNY0.30
（《说岳全传》之十三）

J0076607
鏖战九头虫　柏石山改编；陆新森绘
长春 吉林人民出版社 1985 年 31 页 19cm（32 开）

定价：CNY0.22
（《美猴王》连环画　34）
　　中国现代连环画。

J0076608
八大山人　　涂介华编；萧海春绘
上海　上海人民美术出版社　1985 年　134 页
13cm（60 开）统一书号：8081.14800
定价：CNY0.58
　　本书是介绍大画家八大山人的中国现代连
环画。收入 134 幅图。绘者萧海春（1944—　），
画家、工艺美术大师。别署抱雪斋、烟云堂。江
西丰城人，毕业于上海工艺美术学校。中国美术
家协会上海分会会员，上海中国画院兼职画师。
代表作品有《落日故人情》《清清小河水》《山居
图》等。

J0076609
八仙过海　（1）长工改编；张营，小丙摄影
济南　明天出版社　1985 年　126 页　15cm（40 开）
统一书号：333.68 定价：CNY0.38
　　根据同名电视连续剧改编的连环画。作者
长工，原名张联培（1941—　），工艺美术师，著
名画家。字长工，生于湖南，祖籍河北。洪湖市
书画研究会副会长，湖北省书画研究会会员，中
国书法艺术研究院艺术委员会理事。作者张营，
有连环画《风雪夜林冲上梁山》，改编有《花和尚
救助豹子头》《林教头误入白虎堂》等。

J0076610
八仙过海　（2）长工改编；张营，小丙摄影
济南　明天出版社　1985 年　118 页　15cm（40 开）
统一书号：333.6 定价：CNY0.35
　　中国现代连环画。

J0076611
八仙过海　（3）长工改编；张营，小丙摄影
济南　明天出版社　1985 年　118 页　15cm（40 开）
统一书号：8333.70 定价：CNY0.35
　　中国现代连环画。

J0076612
八仙过海　（4）长工改编；张营，小丙摄影
济南　明天出版社　1985 年　126 页　15cm（40 开）
定价：CNY0.35

中国现代连环画。

J0076613
八仙过海　（5）长工改编；张营，小丙摄影
济南　明天出版社　1985 年　126 页　15cm（40 开）
统一书号：8333.72 定价：CNY0.35
　　中国现代连环画。

J0076614
八仙过海　（6）长工改编；张营，小丙摄影
济南　明天出版社　1985 年　126 页　15cm（40 开）
统一书号：8333.73 定价：CNY0.35
　　中国现代连环画。

J0076615
八仙过海　（7）长工改编；张营，小丙摄影
济南　明天出版社　1985 年　126 页　15cm（40 开）
ISBN：8333.74 定价：CNY0.35
　　中国现代连环画。

J0076616
八仙过海　（8）长工改编；张营，小丙摄影
济南　明天出版社　1985 年　118 页　15cm（40 开）
统一书号：8333.75 定价：CNY0.35
　　中国现代连环画。

J0076617
八仙过海　（9）长工改编；张营，小丙摄影
济南　明天出版社　1985 年　126 页　15cm（40 开）
统一书号：8333.76 定价：CNY0.35
　　中国现代连环画。

J0076618
八仙过海　（10）长工改编；张营，小丙摄影
济南　明天出版社　1985 年　126 页　15cm（40 开）
统一书号：8333.77 定价：CNY0.35
　　中国现代连环画。

J0076619
八仙过海　（11）长工改编；张营，小丙摄影
济南　明天出版社　1985 年　126 页　15cm（40 开）
统一书号：8333.78 定价：CNY0.35
　　中国现代连环画。

J0076620

八仙过海 （12）长工改编；张营，小丙摄影
济南 明天出版社 1985 年 126 页 15cm（40 开）
统一书号：8333.79 定价：CNY0.35
　　中国现代连环画。

J0076621

八仙过海 （13）长工改编；张营，小丙摄影
济南 明天出版社 1985 年 126 页 15cm（40 开）
统一书号：8333.80 定价：CNY0.35
　　中国现代连环画。

J0076622

八仙过海 （14）长工改编；张营，小丙摄影
济南 明天出版社 1985 年 126 页 15cm（40 开）
统一书号：8333.81 定价：CNY0.35
　　中国现代连环画。

J0076623

八仙过海 （15）长工改编；张营，小丙摄影
济南 明天出版社 1985 年 126 页 15cm（40 开）
统一书号：8333.82 定价：CNY0.35
　　中国现代连环画。

J0076624

八仙过海 （7）长工改编；张营，小丙摄影
济南 明天出版社 1986 年 158 页 13cm（64 开）
定价：CNY0.43
　　本书是中国现代连环画册。

J0076625

八仙过海 （8）长工改编；张营，小丙摄影
济南 明天出版社 1986 年 158 页 13cm（64 开）
定价：CNY0.43
　　本书是中国现代连环画册。

J0076626

八仙过海 李光羽编；马得绘
上海 少年儿童出版社 1985 年 62 页 13cm（60 开）
定价：CNY0.33
　　中国现代连环画。

J0076627

八仙人东海闹龙宫 木易编；任梦龙摄
北京 中国文联出版社 1985 年 126 页 13cm（60 开）

统一书号：8355.516 定价：CNY0.33
（八仙的传说之七）
　　中国现代连环画。作者任梦龙（1942—
1989），教师。河北束鹿人，北京工艺美术学校高
级讲师，中国工艺美术协会会员。代表作有《蔡
文姬》《杨宗保与穆桂英》《窃符救赵》等。

J0076628

八小战边关 张企荣编；卢汶，张新国绘
重庆 重庆出版社 1985 年 150 页 13cm（60 开）
统一书号：8114.353 定价：CNY0.28
（《杨家小将》之十三）
　　中国现代连环画。作者张企荣，连环画艺术
家。作品有《中国四大古典文学名著》《连环画·袖
珍版》和《杨宗保之死》等。绘者卢汶（1922—
2010），连环画家。原名卢世宝，出生于上海市，
籍贯浙江鄞县。代表作品《蜀山剑侠传》《三国
演义》。绘者张新国（1962—　），画家。生于河
北平山县。中国美术家协会河北分会会员，中
韩文化艺术专家委员会委员，平山画院名誉院
长。作品有《快乐的家园》《柏坡春晖》《荷塘清
趣》等。

J0076629

巴陵女侠 新吾改编；谢鹏程绘
长沙 湖南美术出版社 1985 年 134 页 13cm（60 开）
统一书号：8233.784 定价：CNY0.35
　　中国现代连环画。

J0076630

巴陵女侠 李明友改编；德江等绘
南京 江苏少年儿童出版社 1985 年 166 页
13cm（60 开）统一书号：R8352.3.150
定价：CNY0.41
　　中国现代连环画。

J0076631

巴陵女侠 （上册）林超，吴绿星改编；高空，
家斌绘
广州 岭南美术出版社 1985 年 131 页 13cm（60 开）
统一书号：8260.1058 定价：CNY0.36
（中国武术连环画）

J0076632

巴陵女侠 （下册）林超，吴绿星改编；高空，

家斌绘
广州 岭南美术出版社 1985 年 133 页 13cm（60 开）
统一书号：8260.1058 定价：CNY0.36
（中国武术连环画）

J0076633
巴陵女侠 （上）丁履瑞改编；岳海波等绘
济南 山东少年儿童出版社 1985 年 190 页
13cm（60 开）统一书号：8333.46 定价：0.48
　　中国现代连环画。

J0076634
巴陵女侠 （下）丁履瑞改编；岳海波等绘
济南 山东少年儿童出版社 1985 年 402 页
13cm（60 开）统一书号：8333.47 定价：CNY0.54
　　中国现代连环画。

J0076635
巴陵女侠 （上册）大博，可人改编；红生等绘
延吉 延边人民出版社 1985 年 134 页 13cm（60 开）
统一书号：8136.653 定价：CNY0.34
　　中国现代连环画。

J0076636
巴陵女侠 （下册）大博，可人改编；红生等绘
延吉 延边人民出版社 1985 年 134 页 13cm（60 开）
统一书号：8136.654 定价：CNY0.34
　　中国现代连环画。

J0076637
爸爸 （上）黄晓慧等改编；顾晓康等绘画
武汉 湖北少年儿童出版社 1985 年 158 页 有图
10×13cm 统一书号：8305.66 定价：CNY0.34
　　本书根据德国电视连续剧改编的连环画。

J0076638
爸爸 （下）黄晓慧，许维明改编；顾晓康，丁
建平摄影
武汉 湖北少年儿童出版社 1985 年 158 页
13cm（60 开）统一书号：8305.67 定价：CNY0.34
　　中国现代连环画。

J0076639
白葱头与红葱头　童心编；南燕等绘
广州 岭南美术出版社 1985 年 13cm（60 开）

统一书号：8260.1075 定价：CNY0.39
（东南亚民间故事 5）
　　中国现代连环画。

J0076640
白狗闹洞房　村汜等改编；鲁津，高超绘
天津 天津人民美术出版社 1985 年 110 页
13cm（60 开）统一书号：8073.31114
定价：CNY0.27
（济公传之十一）
　　中国现代连环画。

J0076641
白莲女侠 （上集）晓阳改编；石虎等绘
太原 山西人民出版社 1985 年 158 页 13cm（60 开）
统一书号：8088.2025 定价：CNY0.46
　　中国现代连环画。绘者石虎（1942—　），画
家。出生于河北徐水县，就读于北京工艺美术学
校和浙江美术学院。任职于人民美术出版社创
作室。出版有《石虎画集》。

J0076642
白莲女侠 （下集）晓阳改编；石虎等绘
太原 山西人民出版社 1985 年 158 页 13cm（60 开）
统一书号：8088.2017 定价：CNY0.46
　　中国现代连环画。

J0076643
白眉王传奇　卞福顺改编；赵奇绘
沈阳 辽宁美术出版社 1985 年 182 页 13cm（60 开）
定价：CNY0.47
　　本书根据李波小说改编的连环画。

J0076644
白蘑菇计划　黄钟改编；李韬，童蔚制作
北京 朝花美术出版社 1985 年 124 页 13cm（60 开）
定价：CNY0.35
（特别行动队之六）
　　本书是根据南斯拉夫电视剧《黑名单上的
人》改编的连环画。

J0076645
白奴 （美）希尔德烈斯原著；戴晓权改编；雨
中等绘
南京 江苏美术出版社 1984 年 182 页 13cm（60 开）

统一书号：8353.3.054 定价：CNY0.28
　　中国现代连环画。

J0076646
白色死神　李迪改编；马刚等绘
北京 朝花美术出版社 1985 年 126 页 13cm（60 开）
统一书号：8028.2133 定价：CNY0.35
（惊险侦探画丛之二）
　　中国现代连环画。

J0076647
白蛇传　（汉英日对照）戴敦邦等绘画；申屠奇改编
杭州 浙江人民美术出版社 1985 年 111 页
19cm（32 开）统一书号：8156.538 定价：CNY4.20
　　中国现代连环画。

J0076648
白蛇后传　刘景泉改编；木辛摄影
北京 中国文联出版公司 1985 年 157 页 有图
10×13cm 统一书号：8355.439 定价：CNY0.43
　　据大连市京剧团演出本改编的连环画。

J0076649
白太官毒心害子　黄鹤之改编；汪观清，汪大维绘
福州 福建美术出版社 1985 年 61 页 13cm（60 开）
统一书号：8421.135 定价：CNY0.18
　　中国现代连环画。

J0076650
白雪公主　（格林童话）罗解东编绘
成都 四川美术出版社 1985 年 80 页 13cm（60 开）
统一书号：8373.423 定价：CNY0.22
　　中国现代连环画。

J0076651
白衣侠女　（上）董庆东改编；朱光玉，盛亮贤绘
上海 上海人民美术出版社 1985 年 150 页
13cm（60 开）统一书号：8081.14525
定价：CNY0.33
　　中国现代连环画。根据同名小说改编，着力塑造了白莲教总教师、义军八路兵马总指挥、女英雄王聪儿的形象。绘者朱光玉（1928—　　），连环画家。生于上海，祖籍江苏盐城。作品有《岳飞传》《苏妓娇》《一代名优》《宋景诗》《林则徐》等。绘者盛亮贤（1919—2008），画家。上海青浦人。曾从事电影动画及中学美术教学工作，任职于上海新美术出版社，后任上海人民美术出版社连环画创作室科长。连环画作品有《三字经》《枯木逢春》《木匠迎亲》《寻人》《三国演义》等。

J0076652
白衣侠女　（下）董庆东改编；朱光玉，盛亮贤绘
上海 上海人民美术出版社 1985 年 158 页
13cm（60 开）统一书号：8081.14526
定价：CNY0.36
　　根据同名小说改编中国现代连环画。

J0076653
百蝶香柴扇　王剑改编；陈艾雄绘
福州 福建人民出版社 1985 年 118 页 13cm（60 开）
统一书号：8173.902 定价：CNY0.28
　　中国现代连环画。

J0076654
百人手枪队　（大别山革命传奇）曹金铸，程洪全编；何保全绘
合肥 安徽美术出版社 1985 年 102 页 13cm（60 开）
统一书号：8381.91 定价：CNY0.24
　　中国现代连环画。

J0076655
柏林间谍战　（上）亦华改编；以青绘
济南 山东美术出版社 1985 年 125 页 13cm（60 开）
ISBN：8332.575 定价：CNY0.33
　　中国现代连环画。

J0076656
柏林间谍战　（下）亦华改编；以青绘
济南 山东美术出版社 1985 年 125 页 13cm（60 开）
定价：CNY0.33
　　中国现代连环画。

J0076657
拜师学艺　于秀溪改编；张煤绘画
呼和浩特 内蒙古人民出版社 1985 年 140 页
13cm（60 开）定价：CNY0.38
（《神跤甄三》之一）
　　中国现代连环画。绘者张煤，连环画艺术家。

作品有连环画《小仙女》《宴婴使楚》(张煤、陈者),绘画连环画《神跤甄三》等。

J0076658
班超定远　沈毅编;姚耐等绘
福州 福建人民出版社 1985 年 158 页 13cm(60 开)
统一书号:8173.1020 定价:CNY0.36
(通俗前后汉演义之二十六)
　　　中国现代连环画。

J0076659
斑点带子案　竺乾华改编;林滨帆绘
成都 四川美术出版社 1985 年 92 页 13cm(60 开)
定价:CNY0.28
(福尔摩斯探案故事)
　　　中国现代连环画。

J0076660
半夜鸡叫　彦芳改编;吴成槐,吴禅绘
沈阳 辽宁美术出版社 1985 年 62 页 13cm(60 开)
统一书号:7161.0408 定价:CNY0.17
(语文辅助读物)
　　　中国现代连环画。

J0076661
邦昌献女　何永魁改编;傅伯星绘
福州 福建人民出版社 1985 年 116 页 10×13cm
统一书号:8173.1014 定价:CNY0.26
(《说岳全传》之十一)
　　　绘者傅伯星(1939—　　),浙江湖州人。毕业于浙江美术学院附中。杭州市美术家协会理事,曾任浙江日报社主任、美术编辑。主要作品有《菊花》《兴唐传》等。

J0076662
棒槌姑娘　潘彩英改编;赵洪武绘
沈阳 辽宁美术出版社 1985 年 50 页 19cm(32 开)
定价:CNY0.80
　　　中国现代连环画。绘者赵洪武(1930—　　),画家。辽宁沈阳人,笔名洪武。曾任沈阳市文化局美术服务部副主任,《沈阳日报》美编,沈阳市美协主席。主要作品有《永乐长寿图》《棒槌姑娘》。

J0076663
包公　(一 赴试遇险)冯冠军改编;梁银强摄影
郑州 河南美术出版社 1985 年 125 页 15cm(40 开)
定价:CNY0.30
　　　中国现代连环画。

J0076664
包公　(二 科场斗奸)谢奇园改编;梁银强摄影
郑州 河南美术出版社 1985 年 164 页 15cm(40 开)
定价:CNY0.36
　　　中国现代连环画。

J0076665
包公　(三 古寺冤案)崔光远改编;梁银强摄影
郑州 河南美术出版社 1985 年 125 页 15cm(40 开)
定价:CNY0.30
　　　中国现代连环画。

J0076666
包公上疏　(第一集 庞籍贺寿)崔祥编;陈继荣,雷金池绘
呼和浩特 内蒙古人民出版社 1985 年 107 页 13cm(60 开)定价:CNY0.30

J0076667
包公上疏　(第二集 三口御铡)崔祥编;陈继荣,雷金池绘
呼和浩特 内蒙古人民出版社 1985 年 91 页 13cm(60 开)定价:CNY0.27

J0076668
包公上疏　(第三集 小倩之死)崔祥编;陈继荣,雷金池绘
呼和浩特 内蒙古人民出版社 1985 年 107 页 13cm(60 开)定价:CNY0.30

J0076669
包公上疏　(第四集 刀铡国舅)崔祥编;陈继荣,雷金池绘
呼和浩特 内蒙古人民出版社 1985 年 107 页 13cm(60 开)定价:CNY0.30

J0076670
包公上疏　(第五集 宫娥谏君)崔祥编;陈继荣,雷金池绘

呼和浩特 内蒙古人民出版社 1985 年 91 页
13cm（60 开）定价：CNY0.27

J0076671
包公上疏 （第六集 封堂大审）崔祥编；陈继
荣，雷金池绘
呼和浩特 内蒙古人民出版社 1985 年 139 页
13cm（60 开）定价：CNY0.38

J0076672
宝剑该给谁 钮胜利编文；胡宁娜绘画
南京 江苏少年儿童出版社 1985 年 21 页 有图
10cm（64 开）统一书号：R8352.3.123
定价：CNY0.07
　　中国现代连环画。

J0076673
宝图之谜 于秀溪改编；姜吉维绘画
呼和浩特 内蒙古人民出版社 1985 年 140 页
13cm（60 开）定价：CNY0.38
（《神跤甄三》之二）
　　中国现代连环画。

J0076674
宝物失踪 柏立改编；赵俊生绘
沈阳 辽宁美术出版社 1985 年 134 页 13cm（60 开）
统一书号：8161.0025 定价：CNY0.35
（福尔摩斯探案故事）
　　中国现代连环画。

J0076675
保安司令 （上）张企荣改编；庞先健等绘
合肥 安徽美术出版社 1985 年 158 页 13cm（60 开）
定价：CNY0.38
　　中国现代连环画。作者张企荣，连环画艺术
家。作品有《中国四大古典文学名著》（连环画·袖
珍版）《杨宗保之死》等。绘者庞先健（1951—　　），
画家。浙江杭州萧山人。擅长中国画、连环画。
中国美协连环画艺术委员会委员。作品有《明
清故事精选》《中国风俗图像解说》《三国大计
谋》等。

J0076676
保路风云 文升改编；刘晓忠，贾兴桐绘画
四川 四川美术出版社 1985 年 109 页 有图

13×13cm 统一书号：8373.305 定价：CNY0.39
　　中国现代连环画。

J0076677
保卫郭村 （中 挺进苏北）夏耘编；鞠伏强绘
北京 中国曲艺出版社 1985 年 126 页 13cm（60 开）
统一书号：8227.043 定价：CNY0.28
　　中国现代连环画。

J0076678
爆米花的黑大 远乡改编；何述平，杨述绘
成都 四川美术出版社 1985 年 60 页 13cm（60 开）
统一书号：8373.255 定价：CNY0.19
　　中国现代连环画。

J0076679
爆炸私酒厂 范新生改编制作
广州 岭南美术出版社 1985 年 154 页 13cm（60 开）
统一书号：8260.1511 定价：CNY0.39
（通天奇兵）
　　中国现代连环画。

J0076680
悲欢王爷府 王东升改编；耀伟等绘
福州 福建人民出版社 1985 年 130 页 13cm（60 开）
统一书号：8173.922 定价：CNY0.26
　　中国现代连环画。

J0076681
北伐途次 葛修翰改编；钱生发绘
南京 江苏美术出版社 1985 年 134 页 13cm（60 开）
统一书号：8353.3.133 定价：CNY0.32
（郭沫若的故事之四）
　　中国现代连环画。

J0076682
北海神兵 李继港改编；王启民等绘
济南 明天出版社 1985 年 134 页 13cm（60 开）
统一书号：8333.44 定价：CNY0.35
　　中国现代连环画。

J0076683
北极贼 马罕茂德·萨里姆原著；惠锡华改编；
刘禾绘
福州 福建人民出版社 1985 年 94 页 13cm（60 开）

统一书号：8173.907 定价：CNY0.20
　　中国现代连环画。

J0076684
被控告的人　李桦原著；郑谋梅编，黄统荣绘
上海 上海人民美术出版社 1985 年 110 页 有图
10×13cm 统一书号：8081.14278 定价：CNY0.22
　　本书是中国现代连环画册。收入 110 幅图。
作者黄统荣(1943—)，二级美术设计师。生于
浙江。广东省电影家协会常务副主席，广东省电
影录像资料馆馆长。美术作品有《海外赤子》《逆
光》《山菊花》等。

J0076685
奔雷手遭难　吴青改编；陈亚非绘
合肥 安徽美术出版社 1985 年 166 页 13cm(60 开)
统一书号：8381.153 定价：CNY0.38
(《书剑恩仇录》之二)
　　中国现代连环画。

J0076686
逼上翠云峰　村沚等改编；杨佩章绘
天津 天津人民美术出版社 1985 年 118 页
13cm(60 开) 统一书号：8073.31115
定价：CNY0.29
(济公传之十二)
　　中国现代连环画。

J0076687
比干叹无心　水登改编；韩硕绘
上海 少年儿童出版社 1985 年 62 页 13cm(60 开)
统一书号：R8024.93 定价：CNY0.18
(封神榜人物故事之四)
　　中国现代连环画。作者水登(1930—)，画
家。原名廖其澄，四川达县人。曾任绵阳市文联
副秘书长、市美协主席，绵阳市书画院二级美术
师。绘画作品有《山寨》《草原上的格桑花》《披
查尔瓦的老人》等。出版有《廖其澄水彩画集》
《廖其澄花鸟画集》。绘者韩硕(1945—)，上海
人。先后就学于浙江美术学院、上海大学美术学
院。中国美术家协会会员，中国连环画研究会理
事，上海少年儿童出版社美术编辑室副主任。主
要作品有《亲人》《汇报》《好老师》等。

J0076688
比武招亲　禾子改编；汶阳等绘画
杭州 浙江少年儿童出版社 1985 年 134 页
13cm(60 开) 统一书号：R8318.98 定价：CNY0.34
(《射雕英雄传》之四)
　　中国现代连环画。

J0076689
碧海遗恨　汉耀等编；王立志，展之玉绘
济南 山东美术出版社 1985 年 110 页 13cm(60 开)
统一书号：8332.495 定价：CNY0.28
　　中国现代连环画。

J0076690
碧血黄沙　郑禾改编；吴立等绘
哈尔滨 黑龙江美术出版社 1985 年 200 页
13cm(60 开) 统一书号：8358.94 定价：CNY0.53
(《大唐英豪》之五)
　　中国现代连环画。

J0076691
碧血剑　(1)仁可，丁一改编；树昭等绘
延吉 延边人民出版社 1985 年 190 页 15cm(40 开)
统一书号：8136.631 定价：CNY0.42
　　根据金庸同名章回武侠小说改编的连环画。

J0076692
碧血剑　(2)仁可，丁一改编；树昭等绘
延吉 延边人民出版社 1985 年 190 页 15cm(40 开)
定价：CNY0.42

J0076693
碧血剑　(3)仁可，丁一改编；树昭等绘
延吉 延边人民出版社 1985 年 158 页 15cm(40 开)
定价：CNY0.38

J0076694
碧血剑　(4)仁可，丁一改编；树昭等绘
延吉 延边人民出版社 1985 年 158 页 15cm(40 开)
定价：CNY0.38

J0076695
避婚救虎　芹子改编；袁吉中绘
成都 四川美术出版社 1985 年 126 页 13cm(60 开)
统一书号：8373.315 定价：CNY0.35

（《玉娇龙》之四）
　　中国现代连环画。

J0076696

边陲举义　　梁羽生原著；安其改编；王显宗，任伯言绘

广州　科学普及出版社广州分社　1985 年　126 页
13cm（60 开）统一书号：8051.60369

定价：CNY0.28

（《七剑下天山》之七）
　　中国现代连环画。

J0076697

边防大捷　　阿申编文；孙建东绘画

昆明　云南人民出版社　1985 年　102 页　有图
10×13cm　统一书号：R8116.1322　定价：CNY0.23

（历代爱国人物故事画丛）
　　中国现代连环画。绘者孙建东（1952—　），
画家。出生于上海，毕业于云南艺术学院美术系。
云南艺术学院美术学院中国画专业教授，中国美
术家协会会员，中国美协第七次全国代表大会代
表，第六届云南美术家协会副主席。代表作品有
《孔雀红梅》《流沙河之歌》《共同的希望》

J0076698

边关烽烟　　刘延令改编；吴立等绘

哈尔滨　黑龙江美术出版社　1985 年　210 页
13cm（60 开）统一书号：8358.88　定价：CNY0.55

（《大唐英豪》之三）
　　中国现代连环画。

J0076699

鞭打神弹子　　乐兰改编；尚金生绘画

天津　天津人民美术出版社　1985 年　78 页
13cm（60 开）统一书号：8073.31003

定价：CNY0.21

（《神鞭》之二）
　　中国现代连环画。

J0076700

别动队诞生　　黄钟改编；李韬童蔚制作

北京　朝花美术出版社　1985 年　124 页　有图
10×13cm　统一书号：8028.2044　定价：CNY0.35
　　中国现代连环画，系特别行动队系列之一。

J0076701

冰绡剑女　　刘娇改编；汉中，蔡青绘

长沙　湖南少年儿童出版社　1985 年　158 页
13cm（60 开）统一书号：R8280.161

定价：CNY0.33
　　中国现代连环画。

J0076702

兵分两路　　凌力原著；王音等改编，赵立柱等绘画

北京　北京美术摄影出版社　1985 年　128 页　有图
10×13cm　统一书号：8328.41　定价：CNY0.35

（《星星草》三）
　　中国现代连环画。

J0076703

兵困汴梁城　　戴英改编；张辉，张立旗绘

沈阳　辽宁美术出版社　1985 年　186 页　13cm（60 开）
统一书号：8161.0020　定价：CNY0.48

（小将呼延庆之五）
　　中国现代连环画。

J0076704

兵困锁阳城　　林泉改编；王世贵绘

成都　四川美术出版社　1985 年　158 页　13cm（60 开）
统一书号：8373.405　定价：CNY0.43

（薛丁山征西之一）
　　本套连环画系根据《薛丁山征西》新编评书
及传统演义改编，分 8 册编绘出版。

J0076705

兵书宝剑峡　　杨鸿举改编；杨麟翼绘

成都　四川人民出版社　1985 年　15 页　15cm（40 开）
统一书号：8118.1433　定价：CNY0.20

（三峡民间故事）
　　中国现代连环画。

J0076706

兵营枪声　（上）柏英改编；黎明，鄂野摄影

武汉　湖北美术出版社　1985 年　157 页　13cm（60 开）
统一书号：8399.185　定价：CNY0.40
　　中国现代连环画。

J0076707

兵营枪声　（下）柏英改编；黎明，鄂野摄影

武汉 湖北美术出版社 1985 年 157 页 13cm（60 开）
统一书号：8399.186 定价：CNY0.40
　　中国现代连环画。

J0076708
并蒂莲　王海燕改编；王可伟绘
北京 人民美术出版社 1985 年 86 页 13cm（60 开）
统一书号：8027.9740 定价：CNY0.23
　　根据叶永烈同名科幻小说改编的连环画。

J0076709
博古小猫　崔恒勤作
天津 天津人民美术出版社 1985 年 2 张
76cm（2 开）定价：CNY0.42
　　本书是中国现代连环画册。

J0076710
跛腿水鹿　张震中编文；张汝为绘画
南京 江苏少年儿童出版社 1985 年 20 页 有图
13cm（60 开）统一书号：R8352.3.120
定价：CNY0.20
　　中国现代连环画。作者张震中，北京市美术
家协会会员，燕都书画社常务理事。绘者张汝为
（1944—　），画家，国家一级美术师。浙江镇海
人。历任中国美术家协会会员，天津美协顾问，
天津画院专职画家。主要作品有《共产主义是千
秋万代的崇高事业》《大海的女儿》等。

J0076711
不能自拔　梁晓瑜改编；谢舒弋等绘
北京 朝花美术出版社 1985 年 126 页 13cm（60 开）
统一书号：8028.2153 定价：CNY0.35
（《恶梦的设计者》之四）
　　中国现代连环画。绘者谢舒弋（1951—　），
连环画家。江苏徐州人，毕业于北京师范学院美
术系。中国国际广告公司创意总监，中国广告协
会学术委员会委员。代表作《脸上的红月亮》《山
兰花》《柯棣华》《当代连环画精品集·谢舒弋》。

J0076712
不平静的太平洋　金正磐编；张欣欣，李晓伟绘
南昌 江西人民出版社 1985 年 144 页 13cm（60 开）
统一书号：8110.889 定价：CNY0.28
　　中国现代连环画。

J0076713
不畏冷枪的战士　吴一文编；张瑞林，沈林绘
合肥 安徽美术出版社 1985 年 110 页 13cm（60 开）
统一书号：8381.29 定价：CNY0.28
（革命先辈故事丛书）
　　中国现代连环画。

J0076714
布达拉宫的枪声　岑歌改编；侯德剑等绘画
南京 江苏少年儿童出版社 1985 年 158 页 有图
10×13cm 统一书号：R8352.3.171 定价：CNY0.36
　　中国现代连环画。

J0076715
布港谍影　郭植嘉编；谢志高，宋雅丽绘
郑州 河南美术出版社 1985 年 118 页 13cm（60 开）
统一书号：8386.430 定价：CNY0.28
　　中国现代连环画。

J0076716
彩凤凰　张企荣改编；赵贵德绘
天津 天津人民美术出版社 1985 年 134 页
13cm（60 开）统一书号：8073.31046
定价：CNY0.32
　　中国现代连环画。作者张企荣，连环画艺术
家。作品有《中国四大古典文学名著》（连环画·袖
珍版）《杨宗保之死》等。绘者赵贵德（1937—　），
满族、国家一级美术师。生于北京。中国美术家
协会理事，河北省美术家协会名誉主席。代表作
品有《激流》《春潮》《大风歌》《神骏图》等，著
有《怎样才能画好速写》。

J0076717
残局　许还汉等改编；赵国经等绘
郑州 河南美术出版社 1985 年 13cm（60 开）
统一书号：8386.221 定价：CNY0.22
　　中国现代连环画。

J0076718
沧州大侠　毕山改编；武渭绘
沈阳 辽宁美术出版社 1985 年 157 页 13cm（60 开）
统一书号：8161.0042 定价：CNY0.39
　　中国现代连环画。

J0076719

沧州侠　张玉培改编；曹小冬，冯忆南绘

南京 江苏少年儿童出版社 1985 年 126 页

13cm（60 开）统一书号：R8352.3.156

定价：CNY0.32

　　中国现代连环画。

J0076720

藏珍寺除奸　莘莘改编；钟长清绘

成都 四川美术出版社 1985 年 110 页 13cm（60 开）

统一书号：8373.352 定价：CNY0.32

（济公全传之十一）

　　中国现代连环画。

J0076721

曹露进京　李荣标改编；于友善绘

南京 江苏美术出版社 1985 年 158 页 有图

10×13cm 统一书号：8353.3.128 定价：CNY0.39

　　中国现代连环画。

J0076722

草莽　刘绍棠原著；古月改编；陈安民绘画

长沙 湖南美术出版社 1985 年 126 页 有图

10×13cm 统一书号：8233.776 定价：CNY0.28

　　中国现代连环画。

J0076723

草莽英豪　侯明志，陈万清改编；万佳等绘画

合肥 安徽美术出版社 1985 年 190 页 13cm（60 开）

统一书号：8381.120 定价：CNY0.43

（中国武术故事连环画）

J0076724

草莽英雄　胡翀改编；周波绘

广州 岭南美术出版社 1985 年 150 页 13cm（60 开）

统一书号：8260.1497 定价：CNY0.36

　　根据刘绍棠小说《草莽》改编的连环画。作

者周波（1940—　　），画家。曾用名周胤波。广

东潮阳人，毕业于广州美术学院中国画系。广州

美术学院国画系教师，广东及中国美术家协会会

员。主要作品有《蕉鸭图》《戏水图》《退潮》等。

J0076725

草莽英雄　吴山，晓文改编；姚羽等绘

杭州 浙江人民美术出版社 1985 年 182 页

13cm（60 开）统一书号：8156.1067 定价：CNY0.46

（《人猿泰山》之七）

　　中国现代连环画。

J0076726

草原雏鹰　杨际萱改编；许勇等绘

北京 人民美术出版社 1985 年 102 页 13cm（60 开）

统一书号：8027.9312 定价：CNY0.27

　　本书根据孟左恭小说《草原的儿子》改编的

连环画。

J0076727

草原剿匪　晓涛编文；孙海晨绘画

呼和浩特 内蒙古人民出版社 1985 年 78 页

有图 10×13cm 统一书号：18089.70

定价：CNY0.23

　　中国现代连环画。

J0076728

草原绿林　庞镇等编；李俊琪绘

哈尔滨 黑龙江美术出版社 1985 年 126 页

13cm（60 开）定价：CNY0.31

（绿林将军传奇之一）

　　中国现代连环画。绘者李俊琪（1943—　　），

教授。号大道轩主人，河北乐亭人。天津美术家

协会副主席，中国美术家协会会员，天津南开大

学教授、研究生导师，美国传记研究院研究员。

著作有《中国历代诗家图卷》《中国历代兵家图

卷》《中国历代文学家画传》《李俊琪画集》等。

J0076729

草原血战　（上）丁少改编；李俊琪绘

沈阳 辽宁美术出版社 1985 年 190 页 13cm（60 开）

统一书号：7161.0460 定价：CNY0.43

　　中国现代连环画。

J0076730

草原血战　（下）丁少改编；李俊琪绘

沈阳 辽宁美术出版社 1985 年 190 页 13cm（60 开）

统一书号：7161.0461 定价：CNY0.43

　　中国现代连环画。

J0076731

柴荣治国　陈昌国编；秦云海绘

郑州 河南美术出版社 1985 年 126 页 13cm（60 开）

定价：CNY0.22
（中州风物故事）
　　　中国现代连环画。

J0076732
忏悔　年青山改编；李萌，任竹绘
哈尔滨　黑龙江美术出版社　1985 年　178 页
13cm（60 开）定价：CNY0.33
　　　中国现代连环画。绘者李萌（1957—　　），中
国广播电视出版社美术编辑，中国出版工作者协
会装帧艺术研究会会员。

J0076733
厂长今年二十六　刘家振改编摄影
北京　中国广播电视出版社　1985 年　125 页
13cm（60 开）统一书号：8236.158　定价：CNY0.28
　　　本书根据陈冲同名小说改编的连环画。

J0076734
朝日大海战　田士男编；王庆生绘
北京　海洋出版社　1985 年　93 页　13cm（60 开）
统一书号：8193.0618　定价：CNY0.30
（外国海战故事连环画画库）

J0076735
车上的战斗　黄钟改编；李韬，童蔚制作
北京　朝花美术出版社　1985 年　124 页　13cm（60 开）
定价：CNY0.35
（特别行动队之八）
　　　中国现代连环画。

J0076736
陈半仙落网记　童咏芹编；黄珂绘
长沙　湖南美术出版社　1985 年　102 页　13cm（60 开）
统一书号：8233.762　定价：CNY0.23
　　　中国现代连环画。

J0076737
陈赓将军　褚福章改编；王永志绘
西安　陕西人民美术出版社　1985 年　190 页
13cm（60 开）定价：CNY0.40
　　　中国现代连环画。

J0076738
陈金刚大闹佛山堡　（上）吕由编；家斌等绘

广州　广东人民出版社　1985 年　94 页　13cm（64 开）
定价：CNY0.26
　　　中国现代连环画。

J0076739
陈金刚大闹佛山堡　（下）吕由编文；家斌等
绘画
广州　广东人民出版社　1985 年　94 页　有图
10×13cm　统一书号：8111.2557　定价：CNY0.26
　　　中国现代连环画。

J0076740
陈三两　沙铁军编；童介眉绘
合肥　安徽美术出版社　1985 年　118 页　13cm（60 开）
定价：CNY0.28
　　　中国现代连环画。作者沙铁军（1942—　　），
编审。江苏如皋人，毕业于南京大学中文系。历
任湖北人民出版社文史编辑部主任，武汉作家协
会会员，中国连环画研究会会员，湖北连环画研
究会理事。代表作品有《中国古代战争》《长江
三部曲》《青春之歌》《中国古代战争》《六十年
的变迁》等。绘者童介眉（1940—　　），浙江镇海
人。人民美术出版社副编审，《连环画报》副主
编，中国美术家协会会员，中国出版协会连环画
艺术委员会常务委员兼副秘书长。出版《世界人
体化妆艺术》《现代外国插图艺术》等画集。作
品有油画《把木材运往建设工地》，中国画《花开
时节》，连环画《队长的娘》等。

J0076741
陈惜惜之死　王恩国改编；才孝文绘
沈阳　辽宁美术出版社　1985 年　85 页　13cm（60 开）
定价：CNY0.24
（沈阳故宫传说之六）
　　　中国现代连环画。

J0076742
陈真　惠静等改编；肖宇等摄
北京　人民体育出版社　1985 年　8 册　13cm（60 开）
定价：CNY3.00
　　　中国现代连环画。

J0076743
陈真传　（一 雄狮英风）范云兴，劲波改编；
刘永新等摄

北京 朝花美术出版社 1985 年 126 页 13cm（60 开）
定价：CNY0.35
　　中国现代连环画。

J0076744
陈真传 （二 擂台比武）范云兴, 劲波改编；
刘永新等摄
北京 朝花美术出版社 1985 年 126 页 13cm（60 开）
定价：CNY0.35
　　中国现代连环画。

J0076745
陈真传 （三 情深义重）范云兴, 劲波改编；
刘永新等摄
北京 朝花美术出版社 1985 年 126 页 13cm（60 开）
定价：CNY0.35
　　中国现代连环画。

J0076746
陈真传 （四 重整旗鼓）范云兴, 劲波改编；
刘永新等摄
北京 朝花美术出版社 1985 年 126 页 13cm（60 开）
定价：CNY0.35
　　中国现代连环画。

J0076747
陈真传 （五 斩妖除魔）易普, 劲波改编；易
普等摄
北京 朝花美术出版社 1985 年 126 页 13cm（60 开）
定价：CNY0.35
　　中国现代连环画。

J0076748
成仙 （清）蒲松龄著；石志亮改编；贾忠景绘
济南 山东美术出版社 1985 年 70 页 13cm（60 开）
定价：CNY0.19
（聊斋志异故事选 40）
　　中国现代连环画。

J0076749
城楼剑影 朱吉成改编；龙康华绘画
贵阳 贵州美术出版社 1985 年 93 页 13cm（60 开）
统一书号：8396.0004 定价：CNY0.25
　　中国现代连环画。

J0076750
程咬金全传 （上）于干改编；雷著华绘
重庆 重庆出版社 1985 年 157 页 13cm（60 开）
定价：CNY0.29
（《说唐》人物谱）
　　中国现代连环画。

J0076751
程咬金全传 （中）于干改编；陈政斌绘
重庆 重庆出版社 1985 年 142 页 13cm（60 开）
定价：CNY0.27
（《说唐》人物谱）
　　中国现代连环画。

J0076752
程咬金全传 （下）于干改编；陈政斌, 柳毅潮绘
重庆 重庆出版社 1985 年 125 页 13cm（60 开）
定价：CNY0.24
（《说唐》人物谱）
　　中国现代连环画。

J0076753
惩奸除恶 连力改编；晓海, 黄穗中绘画
广州 岭南美术出版社 1985 年 204 页 15cm（40 开）
统一书号：8260.1056 定价：CNY0.51
（武术家霍东阁 5）
　　中国现代连环画。

J0076754
赤壁斗智 （上）古力改编；张志民摄影
北京 中国广播电视出版社 1985 年 157 页
15cm（40 开）定价：CNY0.39
（电视连续剧连环画《诸葛亮》）

J0076755
赤壁斗智 （下）古力改编；张志民摄影
北京 中国广播电视出版社 1985 年 157 页
15cm（40 开）定价：CNY0.39
（电视连续剧连环画《诸葛亮》）

J0076756
赤壁之战 谢真改编；付朋志, 李济勇绘
哈尔滨 黑龙江美术出版社 1985 年 121 页
13cm（60 开）定价：CNY0.29
（中国古代战争故事）

中国现代连环画。

J0076757

冲出哈尔滨　百合改编；高九龄等摄影

北京 中国文联出版公司 1985 年 125 页 有图

10×13cm 统一书号：8355.322 定价：CNY0.35

（夜幕下的哈尔滨 7）

　　中国现代连环画。

J0076758

仇敌与情侣　平衡改编；秋枫，高鹏绘画

石家庄 河北美术出版社 1985 年 142 页

13cm（60 开）定价：CNY0.38

（《神力王》之四）

　　中国现代连环画。

J0076759

丑小鸭　（安徒生童话）刘惠林改编；耿志远绘

沈阳 辽宁美术出版社 1985 年 58 页 13cm（60 开）

定价：CNY0.18

　　中国现代连环画。

J0076760

出奇制胜　莫默改编；黄启明绘

广州 岭南美术出版社 1985 年 174 页 13cm（60 开）

统一书号：8260.1045 定价：CNY0.39

　　根据长篇小说《东方欲晓》改编的连环画。

J0076761

出膛的子弹　魏忠才编；曹新林绘

郑州 河南美术出版社 1985 年 62 页 13cm（60 开）

定价：CNY0.17

　　中国现代连环画。绘者曹新林（1940— ），

画家。湖南望城县人，毕业于广州美术学院油画

系，曾任河南省书画院副院长，河南省美术家协

会副主席，河南油画学会会长。主要作品有《粉

笔生涯》《江边》等，出版有《曹新林绘画作品选》

专集。

J0076762

初出少林　丁履瑞改编；森林等绘

济南 山东少年儿童出版社 1985 年 126 页

13cm（60 开）定价：CNY0.33

　　中国现代连环画。

J0076763

初会寒江女　林泉改编；王世贵绘

成都 四川美术出版社 1985 年 158 页 13cm（60 开）

统一书号：8373.408 定价：CNY0.43

（薛丁山征西之四）

　　中国现代连环画。

J0076764

初试锋芒　王恩国编；戴成友等绘

长春 吉林美术出版社 1985 年 150 页 13cm（60 开）

定价：CNY0.35

（《淮海春秋》之二）

　　中国现代连环画。

J0076765

初战雄州城　张企荣编；崔君沛，成立绘

重庆 重庆出版社 1985 年 126 页 13cm（60 开）

定价：CNY0.24

（《杨家小将》之三）

　　中国现代连环画。

J0076766

除奸易帜　齐传禄改编；亦可绘

沈阳 辽宁美术出版社 1985 年 118 页 13cm（60 开）

统一书号：7161.0484 定价：CNY0.28

（少帅传奇之五）

　　中国现代连环画。

J0076767

除妖受骗记　敦篁改编；王永扬绘

石家庄 河北美术出版社 1985 年 62 页

13cm（60 开）定价：CNY0.19

　　中国现代连环画。绘者王永扬（1934— ），

画家。浙江鄞县人，出生于上海，杭州艺术专科

学校绘画系毕业。中国美术家协会会员，中国版

画家协会会员，天津美术家协会常务理事。作品

有《白求恩》《农村小景》《今天苦战为了万年幸

福》《灯芯绒》等。

J0076768

闯虎穴三杀纪献唐　丁黎编；郭东健，林木绘

画

福州 福建美术出版社 1985 年 102 页 13cm（60 开）

定价：CNY0.28

（《十三妹》全本之四）

中国现代连环画。

J0076769

闯三关　郑之同改编；龙国跃绘
重庆　重庆出版社　1985 年　142 页　13cm（60 开）
定价：CNY0.27

　　中国现代连环画。

J0076770

春　高铁林，王力军改编；杨雨青等绘
北京　人民美术出版社 1985 年 294 页 13cm（60 开）
定价：CNY0.59

　　根据著名作家巴金的长篇小说《春》改编。
收入 294 幅图。绘者杨雨青（1944—　　），国家一
级美术师。出生于江苏无锡，毕业于南京艺术学
院附中。中国美术家协会会员，无锡市书画院国
家一级美术师，专业从艺 60 载。代表作品有《红
肚兜儿》《水牛图》《卖驴》等。

J0076771

春蚕　可蒙改编；韩和平绘
上海　上海人民美术出版社　1985 年　100 页
19cm（32 开）定价：CNY0.54

　　根据同名小说改编的中国现代连环画，收入
100 幅图。

J0076772

春江月　任佳改编；尹福康，叶天荣摄影
上海　上海人民美术出版社　1985 年　158 页
15cm（40 开）定价：CNY0.43

　　中国现代连环画。摄影者尹福康
（1927—　　），摄影家。江苏南京人。曾任上海人
民美术出版社副编审、上海市摄影家协会副主席
等职。主要作品有《烟笼峰岩》《向荒山要宝》《晒
盐》《工人新村》等。摄影者叶天荣，擅长摄影。
主要作品有《杭州云溪》《巾帼英雄》《鼓浪屿之
春》等。

J0076773

慈禧墓盗案　毕耕改编；陈泽新绘
北京　中国文联出版社 1985 年 126 页 13cm（60 开）
统一书号：8355.389　定价：CNY0.33

　　中国现代连环画。绘者陈泽新（1954—　　），
美术编辑。生于北京，祖籍广东汕头。历任南京
《周末》报美术编辑。

J0076774

雌雄剑恩仇记　（第一集　义拳碧血）董乃德
改编；袁晖等绘画
济南　明天出版社　1985 年　158 页　15cm（40 开）
定价：CNY0.41

　　中国现代连环画。

J0076775

雌雄剑恩仇记　（第四集　勇斗奸寇）杨青禄
改编；陈国诚绘画
济南　明天出版社　1985 年　114 页　15cm（40 开）
定价：CNY0.30

　　中国现代连环画。

J0076776

雌雄剑恩仇记　（第五集　雌雄合璧）董乃德
改编；于守万绘画
济南　明天出版社　1985 年　158 页　15cm（40 开）
定价：CNY0.41

　　中国现代连环画。

J0076777

聪明的蜗牛　紫辰改编；尹中等绘画
北京　人民美术出版社　1985 年　有彩图　10×13cm
统一书号：8027.9540　定价：CNY0.44

　　根据《中国动物故事》改编的连环画，内容
包括：《野猪的经验》《山羊和骆驼》《巧嘴燕子》
《竹鸡》等故事。

J0076778

聪明的小母鸡　雷丹译；谷照恩等绘画
石家庄　河北少年儿童出版社　1985 年　有彩图
15cm（40 开）统一书号：R8366.25 定价：CNY0.27

　　中国现代连环画。

J0076779

聪明的一休　（2）林磊改编；解力摄影
哈尔滨　黑龙江美术出版社　1984 年　51 页
13cm（64 开）定价：CNY0.35

　　根据日本儿童系列动画片改编，描写日本一
位高僧的童年故事。

J0076780

聪明的一休　（3）陈忠琪改编；李华，彤新摄影
哈尔滨　黑龙江美术出版社　1985 年　［114 页］

13cm（60 开）定价：CNY0.28

　　根据广东电视台、辽宁电视台联合译制的同名日本儿童系列动画片改编的连环画。

J0076781

聪明的一休 （4）刘明学，马健改编；李华，彤新摄影

哈尔滨 黑龙江美术出版社 1985 年 139 页

13cm（60 开）定价：CNY0.37

　　根据广东电视台、辽宁电视台联合译制的同名日本儿童系列动画片改编的连环画。

J0076782

聪明的一休 （5）谢铮等改编；李华，彤新摄影

哈尔滨 黑龙江美术出版社 1985 年 ［110 页］

13cm（60 开）定价：CNY0.30

　　根据广东电视台、辽宁电视台联合译制的同名日本儿童系列动画片改编的连环画。

J0076783

聪明的一休 （6）李唯青，德成改编；李华，彤新摄影

哈尔滨 黑龙江美术出版社 1985 年 132 页

13cm（60 开）定价：CNY0.36

　　根据广东电视台、辽宁电视台联合译制的同名日本儿童系列动画片改编的连环画。

J0076784

聪明的一休 （7）孙玉杰等改编；李华，彤新摄影

哈尔滨 黑龙江美术出版社 1985 年 160 页

13cm（60 开）统一书号：8358.192 定价：CNY0.40

　　根据广东电视台、辽宁电视台联合译制的同名日本儿童系列动画片改编的连环画。

J0076785

聪明的一休 （8）傅弘，修真改编；李华，彤新摄影

哈尔滨 黑龙江美术出版社 1985 年 134 页

13cm（60 开）定价：CNY0.34

　　根据广东电视台、辽宁电视台联合译制的同名日本儿童系列动画片改编的连环画。

J0076786

聪明的一休 （9）德成，凤君等改编；李华，

彤新摄影

哈尔滨 黑龙江美术出版社 1985 年 122 页

13cm（60 开）定价：CNY0.34

　　根据广东电视台、辽宁电视台联合译制的同名日本儿童系列动画片改编的连环画。

J0076787

聪明的一休 （10）唯青，郑禾改编；李华，彤新摄影

哈尔滨 黑龙江美术出版社 1985 年 113 页

13cm（60 开）定价：CNY0.30

　　根据广东电视台、辽宁电视台联合译制的同名日本儿童系列动画片改编的连环画。

J0076788

聪明的一休 （11）抚今，章丰改编；李华，彤新摄影

哈尔滨 黑龙江美术出版社 1985 年 90 页

13cm（60 开）定价：CNY0.29

　　根据广东电视台、辽宁电视台联合译制的同名日本儿童系列动画片改编的连环画。

J0076789

聪明的一休 （12）王力军等改编；李华，彤新摄影

哈尔滨 黑龙江美术出版社 1985 年 122 页

13cm（60 开）定价：CNY0.33

　　根据广东电视台、辽宁电视台联合译制的同名日本儿童系列动画片改编的连环画。

J0076790

聪明的一休 （13）吴湘军等改编；李华，彤新摄影

哈尔滨 黑龙江美术出版社 1985 年 137 页

13cm（60 开）定价：CNY0.34

　　根据广东电视台、辽宁电视台联合译制的同名日本儿童系列动画片改编的连环画。

J0076791

聪明的一休 （14）马建华等改编；李华，彤新摄影

哈尔滨 黑龙江美术出版社 1985 年 137 页

13cm（60 开）定价：CNY0.35

　　根据广东电视台、辽宁电视台联合译制的同名日本儿童系列动画片改编的连环画。

J0076792
聪明的一休 （15）刘明学，陈宗琪改编；李华，彤新摄影
哈尔滨 黑龙江美术出版社 1985 年 188 页
13cm（60 开）定价：CNY0.43
　　根据广东电视台、辽宁电视台联合译制的同名日本儿童系列动画片改编的连环画。

J0076793
从大禹到夏桀 徐淦改编；戴仁绘
北京 人民美术出版社 1985 年 86 页 13cm（60 开）
定价：CNY0.25
（中国历史故事）
　　中国历史故事连环画。作者徐淦，主要改编的连环画作品有《镜花缘》《奇妙的公鸡》《熙凤弄权》《祝福》等。绘者戴仁（1934— ），浙江温州人。中国美术家协会会员，浙江省美术家协会理事，浙江省科普艺术协会理事。主要作品有连环画《三个勇士》《棠棣之花》《胭脂》等。

J0076794
从魔窟里逃出来的人 肖冰改编；张玉敏绘
济南 山东美术出版社 1985 年 新 1 版 70 页
13cm（60 开）统一书号：8332.020 定价：CNY0.20
　　根据刘博的小说《塔拉斯的火炬》改编的连环画。

J0076795
搭错车 方讳改编；江之绘
广州 广东旅游出版社 1985 年 126 页 13cm（60 开）
定价：CNY0.33
（旅游画库）
　　中国现代连环画。

J0076796
搭错车 易蓉改编；谭晓春，邱百平绘
北京 人民美术出版社 1985 年 124 页 13cm（60 开）
定价：CNY0.28
　　中国现代连环画。

J0076797
妲己乱朝 斯人改编；张培成绘
太原 希望出版社 1985 年 118 页 13cm（60 开）
定价：CNY0.35
（封神演义之二）

中国历史故事连环画。

J0076798
打店 张振原著；杨云庆改编，龙山农绘
天津 天津人民美术出版社 1985 年 82 页 有图
10×13cm 统一书号：8073.31075 定价：CNY0.22
　　中国历史故事连环画。

J0076799
打赌 顾榕编文；徐海鸥绘画
南京 江苏少年儿童出版社 1985 年 21 页 有图
10cm（64 开）定价：CNY0.07
　　中国现代连环画。

J0076800
打雪仗的风波 罗辰生原著；凌涵芬改编；汤继明绘
南京 江苏美术出版社 1985 年 142 页 有图
10×13cm 统一书号：8353.130 定价：CNY0.34
　　中国现代连环画。

J0076801
打渔杀家 王肇岐编；黄全昌绘
上海 上海人民美术出版社 1985 年 110 页
19cm（32 开）定价：CNY0.58
　　中国现代连环画。绘者黄全昌（1937—2017），连环画家。浙江镇海人。上海美术家协会艺委会委员，上海人民美术出版社创作员、副编审，上海书画院特聘画师，上海百草画院副院长。代表作品有《海瑞罢官》《打渔杀家》等。

J0076802
大摆地雷阵 王释非改编；陆华等绘
上海 上海人民美术出版社 1985 年 118 页
13cm（60 开）统一书号：8081.14485
定价：CNY0.28
（吕梁英雄传之五）
　　中国现代连环画。

J0076803
大败粘金罕 何绵山改编；来汶阳，林云屏绘
福州 福建人民出版社 1985 年 90 页 10×13cm
定价：CNY0.22
（《说岳全传》之十五）

J0076804

大刀王五 （上册）邱祖泰，刘汉江编；生发，古寅绘

长春 吉林美术出版社 1985 年 118 页 13cm（60 开）定价：CNY0.32

中国历史故事连环画。

J0076805

大刀王五 （下册）邱祖泰，刘汉江编；生发，古寅绘

长春 吉林美术出版社 1985 年 142 页 13cm（60 开）定价：CNY0.38

中国历史故事连环画。

J0076806

大刀王五 （上）忠多改编；王民，炬容绘

西安 未来出版社 1985 年 158 页 13cm（60 开）定价：CNY0.38

中国历史故事连环画。

J0076807

大刀王五 （下）忠多改编；冬彬，兴昌绘

西安 未来出版社 1985 年 158 页 13cm（60 开）定价：CNY0.38

中国历史故事连环画。

J0076808

大刀王五 （上）晓苑改编；一南，小苹绘

北京 中国文联出版公司 1985 年 94 页 13cm（60 开）定价：CNY0.26

中国历史故事连环画。

J0076809

大刀王五 （下）晓苑改编；一南，小苹绘

北京 中国文联出版公司 1985 年 94 页 13cm（60 开）定价：CNY0.26

中国历史故事连环画。

J0076810

大盗贼第一次出现 （德）奥·普雷斯勒原著；肖远改编；赵隆义，申慰绘

杭州 浙江少年儿童出版社 1985 年 94 页 10×13cm 统一书号：R8318.121 定价：CNY0.25

德国儿童故事连环画，作者创作的总名为《大盗霍震波》（中译又作《大盗霍真普洛兹》）三

部曲中的第一部，发表于 1962 年。

J0076811

大盗贼第二次出现 （德）奥·普雷斯勒原著；沙南改编；赵隆义，申慰绘

杭州 浙江少年儿童出版社 1985 年 94 页 10×13cm 统一书号：R8318.122 定价：CNY0.25

德国儿童故事连环画，作者创作的总名为《大盗霍震波》（中译又作《大盗霍真普洛兹》）三部曲中的第二部，发表于 20 世纪 60 年代。

J0076812

大盗贼第三次出现 （德）奥·普雷斯勒原著；吉提改编；赵隆义，申慰绘

杭州 浙江少年儿童出版社 1985 年 94 页 10×13cm 统一书号：R8318.121 定价：CNY0.25

德国儿童故事连环画，作者创作的总名为《大盗霍震波》（中译又作《大盗霍真普洛兹》）三部曲中的第三部，发表于 20 世纪 60 年代。

J0076813

大地恩情 （第一部）马岱编；何孟，张嘉摄影

广州 花城出版社 1985 年 189 页 15cm（40 开）定价：CNY0.41

（影视世界丛书）

本书是中国现代连环画册。

J0076814

大反攻前夜 晓春改编；李蕙等绘画

广州 岭南美术出版社 1985 年 118 页 有图 10×13cm 统一书号：8260.1491 定价：CNY0.31

根据小说《蓝凌江波涛》改编的连环画。

J0076815

大褂的故事 劲松改编；毛用坤，郑岩绘

南京 江苏人民出版社 1985 年 94 页 13cm（60 开）统一书号：8100.065 定价：CNY0.25

本书是中国现代连环画册。

J0076816

大脚夫人 张秀芬改编；徐世庞等摄影

北京 中国文联出版公司 1985 年 125 页 有图 10×13cm 统一书号：8355.410 定价：CNY0.35

据四川省崇庆县川剧团演出本改编的连环画。

J0076817

大魔王传奇 （上）原野改编；晓波等摄
延吉 延边人民出版社 1985 年 157 页 13cm（60 开）
统一书号：8136.675 定价：CNY0.43
　　　本书是中国现代连环画册。

J0076818

大魔王传奇 （下）原野改编；晓波等摄
延吉 延边人民出版社 1985 年 157 页 13cm（60 开）
统一书号：8136.676 定价：CNY0.43
　　　根据许金焰、张大光小说改编的连环画。

J0076819

大漠射雕 禾子改编；汶阳等绘画
杭州 浙江少年儿童出版社 1985 年 150 页
13cm（60 开）统一书号：R8318.97 定价：CNY0.37
《射雕英雄传》之三）
　　　本书是中国现代连环画册。

J0076820

大漠勇士 何琼编；胡明亮绘
广州 广东人民出版社 1985 年 132 页 13cm（60 开）
定价：CNY0.35
　　　本书是中国现代连环画册。绘者胡明亮
（1951—　），漫画家。北京和平里四小美术高级
教师，中国美协北京分会会员。

J0076821

大闹峨眉山 邵林改编；赵克标，蒙复旦绘
广州 广东旅游出版社 1985 年 158 页 13cm（60 开）
定价：CNY0.35
　　　本书是中国现代连环画册。

J0076822

大闹福帅府 沙地改编；冰麟等绘
杭州 浙江少年儿童出版社 1985 年 190 页
13cm（60 开）统一书号：R8318.111 定价：CNY0.46
《飞狐外传》之五）
　　　本书是中国现代连环画册。

J0076823

大闹国术馆 刘延龄改编；林百石等绘
长春 北方妇女儿童出版社 1985 年 126 页
13cm（60 开）定价：CNY0.34
（东方大侠 3）

本书是中国现代连环画册。作者林百石
（1946—　），画家。吉林临江人，毕业于吉林艺
术学院美术系。长春市美术家协会副主席，曾任
吉林日报社美术部主任编辑，书画院副秘书长，
中国美术家协会会员，中国出版工作者协会装帧
艺术研究会会员。作品有《秋声》《悟道图》《观
沧海》等。

J0076824

大闹胡廷 高文改编；亚朋，廖伟彪绘画
北京 朝花美术出版社 1985 年 126 页 15cm（40 开）
定价：CNY0.35
（唐宫恩怨之八）
　　　本书是中国现代连环画册。

J0076825

大闹禁宫 白岑改编；童介眉等绘画
杭州 浙江少年儿童出版社 1985 年 158 页
13cm（60 开）定价：CNY0.39
《射雕英雄传》之八）
　　　本书是中国现代连环画册。

J0076826

大闹娘娘宫 冯育楠编；赵静东，赵茵绘画
天津 天津人民美术出版社 1985 年 78 页
15cm（40 开）统一书号：8073.31085
定价：CNY0.21
《津门大侠霍元甲》之一）
　　　本书是中国现代连环画册。

J0076827

大闹秦相府 庄宏安改编；罗希贤，罗忠贤绘
杭州 浙江人民美术出版社 1985 年 109 页
13cm（60 开）定价：CNY0.31
（山海经画库 济公活佛之二）
　　　本书是中国现代连环画册。

J0076828

大闹铁佛寺 朱羽改编；郑波，盛亮贤绘
福州 福建少年儿童出版社 1985 年 123 页
13cm（60 开）定价：CNY0.31
（济公全传之六）
　　　中国现代连环画。作者朱羽，连环画艺术家。
作品有《近代中国演义》（下）、《中国传统连环画
精选》《林则徐戒烟》《大闹铁佛寺》《现代故事

画库·坪寨风雷》等。绘者郑波(1957—　)，艺术家。山东人，毕业于鲁迅美术院油画系，留校任教。代表作品有《冰球》《在和平的环境里》《到敌人后方去》《自然、生命、和谐》《天狗》等。绘者盛亮贤(1919—2008)，画家。上海青浦人。曾从事电影动画及中学美术教学工作，任职于上海新美术出版社、上海人民美术出版社连环画创作室科长。连环画作品有《三字经》《枯木逢春》《木匠迎亲》《寻人》《三国演义》等。

J0076829

大闹万珍楼　学文改编；朱宇楠绘

福州 福建少年儿童出版社 1985 年 82 页 13cm(60 开) 定价: CNY0.22

(济公全传之九)

　　中国现代连环画。

J0076830

大闹万珍楼　村汢等改编；赵静东绘

天津 天津人民美术出版社 1985 年 126 页 13cm(60 开) 定价: CNY0.30

(济公传之九)

　　中国现代连环画。绘者赵静东(1930—　)，人物画家。天津人，毕业于中央美术学院。历任北京通俗读物出版社编辑、天津人民美术出版社副编审。作品有《中华女儿经》《战斗的青春》《连心镇》《儿女风尘记》等，出版有《赵静东人物画选》《五个儿童抓特务》等。

J0076831

大炮的眼睛　莫少云编文；赖征云绘

广州 岭南美术出版社 1985 年 94 页 有图 10×13cm 统一书号: 8260.1064 定价: CNY0.25

　　中国现代连环画，描写反侵略战争的故事。

J0076832

大破青龙关　林泉改编；李犁，庆生绘

成都 四川美术出版社 1985 年 158 页 13cm(60 开) 统一书号: 8373.409 定价: CNY0.43

(薛丁山征西之五)

　　中国现代连环画。

J0076833

大破天门阵　李清洲改编；于绍文绘

北京 北京出版社 1985 年 138 页 13cm(60 开)

定价: CNY0.37

(杨家将故事之九)

　　中国现代连环画。绘者于绍文(1939—　)，画家。山东烟台人。曾任人民文学出版社美术编辑室副主任、副编审。代表作品有《贫嘴张大民的幸福生活》《陈毅之帅》《佛教画藏》等。

J0076834

大破祥瑞寺　安文龙，张成林改编；墨林，艺海绘

哈尔滨 黑龙江美术出版社 1985 年 124 页 13cm(60 开) 统一书号: 8358.408 定价: CNY0.31

(《魔影》之六)

　　中国现代连环画。

J0076835

大破云鹤镇　怀珠改编；徐东林绘

重庆 重庆出版社 1985 年 124 页 有图 10×13cm 统一书号: 8114.334 定价: CNY0.23

　　中国现代连环画。

J0076836

大菩萨的传说　白雨改编；晋泽绘

石家庄 河北美术出版社 1985 年 78 页 13cm(60 开) 统一书号: 8087.1223 定价: CNY0.23

　　中国现代连环画。

J0076837

大善寺　(太平隐义　一)周汉平改编；李光耀绘画

长沙 湖南美术出版社 1985 年 102 页 有图 10×13cm 统一书号: 8233.785 定价: CNY0.28

　　《太平隐义》系反映太平天国失败后，部分湘籍将士返湘继续斗争的长篇连环画。全套四册。

J0076838

大唐开国　小戈编；高志岳，韩力绘

北京 中国曲艺出版社 1985 年 126 页 13cm(60 开) 定价: CNY0.20

(传统评书《兴唐传》之二十七)

　　中国现代连环画。

J0076839

大王蛇搜索队　李送今改编；孙泽良绘画

广州 广东人民出版社 1985 年 106 页 有图
10cm（64 开）统一书号：8111.2474 定价：CNY0.28
（少年连环画库）

　　绘者孙泽良（1950—　　），天津人。天津新蕾
出版社编辑。创作漫画、连环画及中国画。作品
有《姜子牙》《济公外传》《弃匾图》《市井图》等。

J0076840
大仙桃历险记　钱志清改编；张兆年绘
福州 福建少年儿童出版社 1985 年 114 页
13cm（60 开）定价：CNY0.27

　　根据《小詹姆和大仙桃》改编的连环画。作
者钱志清，改编有连环画《现代戏剧连环画典藏
本》《中国历代画家》《红楼梦》等。绘者张兆
年（1946—　　），画家。天津人，毕业于天津工艺
美校。天津工艺美术设计院创作室二级美术师。
获奖作品有《数不清》《踏歌图》《傻伲少女》等，
壁画作品有《海河晨光》《津门十景》《中国古代
科技文明之光》《生命之路》等。

J0076841
大象孵蛋　袁茵编文；周翔绘画
南京 江苏少年儿童出版社 1985 年 20 页 有图
13cm（60 开）统一书号：R8352.3.119
定价：CNY0.20

　　中国现代连环画。

J0076842
大战红孩妖　（明）吴承恩著；徐德荣改编；林
震等绘
沈阳 辽宁美术出版社 1985 年 33 页 19cm（32 开）
统一书号：R8161.0003 定价：CNY0.68

　　中国现代连环画。

J0076843
大战混星玻璃花　彩罕娜改编；蔡延年绘画
天津 天津人民美术出版社 1985 年 73 页
13cm（60 开）定价：CNY0.21
（《神鞭》之一）

　　中国现代连环画。

J0076844
大战前夕　关胜武改编；杜晓亮，明志绘
哈尔滨 黑龙江美术出版社 1985 年 174 页
13cm（60 开）定价：CNY0.38

　　中国现代连环画。

J0076845
大战四魔　斯人改编；刘建平绘
太原 希望出版社 1985 年 125 页 13cm（60 开）
定价：CNY0.38
（封神演义之八）

　　中国现代连环画。

J0076846
大战肖天佐　张企荣编；李维定绘
重庆 重庆出版社 1985 年 118 页 13cm（60 开）
定价：CNY0.23
（《杨家小将》之七）

　　中国现代连环画。

J0076847
大侦探小卡莱　（瑞典）林格伦原著；慧子设
计；王铭，刘牛绘
南京 江苏少年儿童出版社 1985 年 142 页
13cm（60 开）统一书号：R8352.3.109
定价：CNY0.34

　　中国现代连环画。

J0076848
代号"123"　孙保明改编；曹威业，郑宏摄影
上海 上海人民美术出版社 1985 年 142 页
15cm（40 开）定价：CNY0.39

　　中国现代连环画。

J0076849
代号"白牡丹"　青山改编；张士南，王琪绘
哈尔滨 黑龙江美术出版社 1985 年 172 页
13cm（60 开）定价：CNY0.38

　　中国现代连环画。

J0076850
岱宗侠影　乃德改编；众威绘
济南 山东美术出版社 1985 年 150 页 13cm（60 开）
定价：CNY0.39

　　根据管新生同名小说改编的连环画。

J0076851
带血的十字项链　毛志毅，何文义改编；佳
平，家禄摄影

天津 天津人民美术出版社 1985 年 174 页
13cm（60 开）统一书号：8073.30992
定价：CNY0.46
　　中国现代连环画。

J0076852
戴维历险记　邝明改编；冯鸣，潘若琼绘
广州 岭南美术出版社 1985 年 158 页 13cm（60 开）
定价：CNY0.36
（世界文学名著）
　　中国现代连环画。

J0076853
丹青恨　庄宏安改编；李绍然绘
上海 上海人民美术出版社 1985 年 182 页
13cm（60 开）定价：CNY0.40
　　中国现代连环画。收入 182 幅图。作者庄
宏安，连环画编辑。改编的连环画有《原野》（辽
宁版）《延安保卫战》《战上海／星火燎原系列连
环画》《中国连环画优秀作品读本》等。绘者李
绍然（1939—2017），画家。字昭昭，别号齐东野
叟、东鲁画痴、登州布衣、胶东客等。山东烟台
人，毕业于浙江美术学院中国画系。上海美术家
协会会员，上海连环画研究会会员，中国电影家
协会会员。代表作品有《勇敢机智打豺狼》《红
枫岭上》等。

J0076854
单雄信招亲　辛冰编；傅伯星，来汶阳绘
北京 中国曲艺出版社 1985 年 126 页 13cm（60 开）
定价：CNY0.26
（传统评书《兴唐传》之二十八）
　　中国现代连环画。作者辛冰，擅长连环画改
编。主要作品有《单雄信招亲》《战斗的青春》《巧
布迷魂阵》等。

J0076855
蛋糕里的阴谋　黄珍，岳冰编译；朱孟描绘
北京 中国文联出版公司 1985 年 78 页
13cm（60 开）统一书号：8355.379 定价：CNY0.23
　　本书为中国现代连环画 ，包括《蛋糕里的
阴谋》和《马戏团表演》两个故事。

J0076856
党锢之祸　沈毅编；史鉴等绘

福州 福建人民出版社 1985 年 185 页 13cm（60 开）
定价：CNY0.42
（通俗前后汉演义之二十九）
　　中国现代连环画。

J0076857
刀光虎影　童心改编；李乃宙绘
石家庄 河北美术出版社 1985 年 158 页
13cm（60 开）定价：CNY0.40
　　中国现代连环画。

J0076858
刀劈女狐　芹子改编；李万春绘
成都 四川美术出版社 1985 年 110 页 13cm（60 开）
定价：CNY0.32
（《玉娇龙》之三）
　　中国现代连环画。

J0076859
捣毁美人窟　刘映波改编；蒋太禄绘
长沙 湖南美术出版社 1985 年 134 页 13cm（60 开）
统一书号：8233.774 定价：CNY0.29
　　本书根据邱刃的小说《东方美人窟》改编的
连环画。

J0076860
盗海图　（上集）傅昷菁改编；肖天智绘
贵阳 贵州人民出版社 1985 年 110 页 13cm（60 开）
定价：CNY0.25
　　中国现代连环画。

J0076861
盗海图　（下集）傅昷菁改编；肖天智绘画
贵阳 贵州人民出版社 1986 年 114 页 13cm（64 开）
定价：CNY0.26
　　本书是中国现代连环画册。

J0076862
道姑劫法场　雪蕾改编；任梦强绘画
北京 中国文联出版公司 1985 年 126 页
15cm（40 开）定价：CNY0.33
（白衣侠女之二）
　　根据长篇历史小说《白衣侠女》编绘的中国
现代连环画。

J0076863

灯影侠　杨鸿举改编；徐廉明绘

成都 四川人民出版社 1985年 19页 15cm（40开）

定价：CNY0.22

（三峡民间故事）

　　中国现代连环画。

J0076864

地下战线　杨春兴编；安学贵绘

长春 吉林美术出版社 1985年 118页 13cm（60开）

定价：CNY0.29

　　中国现代连环画。作者安学贵（1940—　），画家。辽宁辽阳市人。中国同泽书画研究院书画家。吉林省通榆县文化馆馆员，中国美术家协会会员。主要作品有《礼物》等。

J0076865

第九个售货亭　姜天民原著；蒋新苓改编，杨宏富绘图

上海 上海人民美术出版社 1985年 86页 有图 10×13cm 统一书号：8081.14223 定价：CNY0.18

　　中国现代连环画。

J0076866

雕花镜框的秘密　于歌今编；肇毓厚，谢鹏绘

长春 吉林美术出版社 1985年 182页 13cm（60开）

统一书号：8390.33 定价：CNY0.41

　　本书根据中篇小说《淡紫色的迷雾》改编的连环画。

J0076867

吊孝风波　代学改编；羊牧绘

沈阳 辽宁美术出版社 1985年 102页 13cm（60开）

定价：CNY0.25

（少帅传奇之三）

　　中国现代连环画。

J0076868

谍报员　取火改编；陈安民绘

长沙 湖南美术出版社 1985年 158页 13cm（60开）

定价：CNY0.28

　　根据刘泉、刘琼、石勇的电影文学剧本改编的连环画。

J0076869

谍报员遇难　黄钟改编；李韬，童蔚制作

北京 朝花美术出版社 1985年 124页 13cm（60开）

定价：CNY0.35

（特别行动队之十一）

　　中国现代连环画。

J0076870

丁丁捕盗记　雪松改编；吴冰玉绘

上海 上海人民美术出版社 1985年 110页 13cm（60开）定价：CNY0.22

（少年儿童画库）

J0076871

东方大魔王　傅玲改编；董志斌，赵慧丽绘

北京 中国文联出版公司 1985年 158页 13cm（60开）统一书号：8355.121 定价：CNY0.34

　　中国现代连环画。

J0076872

东方大侠　丁国联改编；魏忠善等绘

上海 上海人民美术出版社 1985年 3册（410页）13cm（60开）定价：CNY0.94

　　本书是中国现代连环画册。收入410幅图。作者魏忠善（1950—　），画家。江苏人，进修于上海戏剧学院。曾任职于上海劳动局宣传教育中心、华东师范大学艺术教育系、上海市美术家协会创作展览部。代表作品有《王家坪桃林茶馆》，连环画《三字经》《康熙大帝画传》等。

J0076873

东陵大盗　苏华改编；思涛，韦海绘

广州 岭南美术出版社 1985年 158页 13cm（60开）

定价：CNY0.38

　　中国现代连环画。

J0076874

东陵盗宝　陈洪新改编；刘宜等绘

北京 人民美术出版社 1985年 3册 13cm（60开）

定价：CNY0.95

　　中国现代连环画。

J0076875

东陵盗宝案传奇　石峰改编；王金泰绘

北京 群众出版社 1985年 225页 13cm（60开）

统一书号：8067.25 定价：CNY0.50

中国现代连环画。绘者王金泰（1945—　　），当代名画家。号甫元，生于北京，祖籍山东。曾任中国少年儿童出版社《中学生》杂志美术编辑，中国美术家协会北京分会会员，中华孔子学会会员，中国书画家联谊会理事。出版有《中华少年精英百图》《古诗童趣图》《金泰画集》《中华佛禅文化百图》等。

J0076876

东陵窃案　张忠符，泽康改编；袁吉中绘
成都　四川少年儿童出版社　1985 年　93 页
13cm（60 开）定价：CNY0.27

根据小说《慈禧墓珍宝失窃案》改编的连环画。

J0076877

东溪风波　曾秀仓原著；秀云改编；丁世弼绘画
天津　天津人民美术出版社　1985 年　158 页　有图
10×13cm　统一书号：8073.30982 定价：CNY0.32
（太阳从东方升起　上）

中国现代连环画。

J0076878

东洋女谍　万焕奎改编；李家衡，王良瑜绘
成都　四川科学技术出版社　1985 年　124 页
13cm（60 开）统一书号：8298.2 定价：CNY0.35
中国现代连环画。

J0076879

东游记　（八仙的传说　上）金大漠编；秋宝绘
北京　工人出版社　1985 年　126 页　13cm（60 开）
统一书号：8007.6 定价：CNY0.37

本书以"东游记"为主线，通过铁拐李、吕洞宾等群仙点化凡人曹国舅成仙的故事，揭露人间不平、救贫济困、扶正祛邪。天上人间、神仙凡人浑然一体。

J0076880

东游记　（八仙的传说　下）金大漠编；秋宝绘
北京　工人出版社　1985 年　126 页　13cm（60 开）
统一书号：8007.6 定价：CNY0.37

J0076881

斗牛士之死　易学钿改编；刘仁毅绘

广州　岭南美术出版社　1985 年　148 页　13cm（60 开）
定价：CNY0.36

根据小说《血与沙》改编的连环画。

J0076882

窦天佑打擂　大民改编；谢立堂绘画
石家庄　河北美术出版社　1985 年　82 页
15cm（40 开）定价：CNY0.24

中国现代连环画。

J0076883

窦宪赐死　沈毅编；石夫等绘
福州　福建人民出版社　1985 年　145 页　13cm（60 开）
定价：CNY0.34
（通俗前后汉演义之二十七）

中国现代连环画。

J0076884

毒贩子落网记　年青山改编；王临友，哈淑洁绘
哈尔滨　黑龙江美术出版社　1985 年　141 页
13cm（60 开）定价：CNY0.34

中国现代连环画。

J0076885

毒品海洛因　晓梁改编；刘家峰等绘
北京　朝花美术出版社　1985 年　126 页 13cm（60 开）
定价：CNY0.35
（惊险侦探画丛之十三）

中国现代连环画。

J0076886

赌据的风波　张丽英，李章庭改编；吴绍人绘
石家庄　河北美术出版社　1985 年　94 页
19cm（32 开）定价：CNY0.62

中国现代连环画。

J0076887

赌据的风波　张丽英，李章庭改编；吴绍人绘
石家庄　河北美术出版社　1985 年　94 页
13cm（64 开）统一书号：8087.1148 定价：CNY0.27

本书是描述复原军人东升改变农村落后面貌的中国现代连环画。

J0076888

杜甫梦游凤凰台　黄英编；李鼎元绘

兰州 甘肃人民出版社 1985年 84页 13cm(60开)
定价: CNY0.18
(甘肃民间故事连环画)

J0076889
杜鹃女　愚马改编
北京 文化艺术出版社 1985年 141页 13cm(60开)
定价: CNY0.34
　　中国现代连环画。

J0076890
段太尉逸事　柳宗元原著; 沈百昌改编; 高适绘
北京 人民美术出版社 1985年 78页 有图
10×13cm 统一书号: 8027.9385 定价: CNY0.23
　　根据柳宗元《段太尉逸事状》改编的连环画。

J0076891
断尾巴的老鼠　中国电视剧制作中心制作
长沙 湖南人民出版社 1985年 78页 13cm(60开)
定价: CNY0.18
　　中国现代连环画。

J0076892
对虾仙女　张辉改编; 刘惠汉等绘
广州 科学普及出版社 1985年 13cm(60开)
统一书号: 8051.60374 定价: CNY0.18
(秦皇岛海洋动物故事 第一集)
　　中国现代连环画。

J0076893
多尔衮摄政　文竹风改编; 杨宝恒绘
沈阳 辽宁美术出版社 1985年 85页 13cm(60开)
定价: CNY0.24
(沈阳故宫传说之四)
　　中国现代连环画。

J0076894
夺襄阳　小戈编; 傅伯星, 来汶阳绘
北京 中国曲艺出版社 1985年 126页 13cm(60开)
定价: CNY0.26
(传统评书《兴唐传》之三十三)
　　中国现代连环画。

J0076895
恶梦惊醒　梁晓瑜改编; 谢舒弋等绘

北京 朝花美术出版社 1985年 126页 13cm(60开)
定价: CNY0.35
(《恶梦的设计者》之五)
　　中国现代连环画。绘者谢舒弋(1951—),
连环画家。江苏徐州人,毕业于北京师范学院美
术系。中国国际广告公司创意总监,中国广告协
会学术委员会委员。代表作《脸上的红月亮》《山
兰花》《柯棣华》《当代连环画精品集·谢舒弋》。

J0076896
恶魔导演的战争　王颖改编; 孙荣山, 黄少玲绘
北京 昆仑出版社 1985年 126页 13cm(60开)
统一书号: 8282.1 定价: CNY0.30
　　根据刘亚洲同名报告文学改编的连环画。

J0076897
恶战熊本　冯育楠编; 来汶阳, 王重义绘画
天津 天津人民美术出版社 1985年 94页
15cm(40开) 定价: CNY0.24
　　中国现代连环画。

J0076898
恩怨相报　舒扬改编; 秀公等绘
南京 江苏人民出版社 1985年 126页 13cm(60开)
定价: CNY0.35
(《龙凤剑》之三)
　　中国现代连环画。

J0076899
恩珠萍的遭遇　沈鹰改编; 培良等摄影
南京 江苏美术出版社 1985年 176页 有图
10×13cm 统一书号: 8353.3.126 定价: CNY0.45
　　本书根据沪剧《断线风筝》改编。

J0076900
儿女风尘记 (上) 张孟良原著; 于式金改编;
赵静东绘画
天津 天津人民美术出版社 1985年 141页 有图
10×13cm 统一书号: 8073.31117 定价: CNY0.34
　　中国现代连环画。绘者赵静东(1930—),
人物画家。天津人,毕业于中央美术学院。历
任北京通俗读物出版社编辑、天津人民美术出版
社副编审。作品《中华女儿经》《战斗的青春》《连
心镇》《儿女风尘记》等。出版有《赵静东人物画
选》《五个儿童抓特务》等。

J0076901

儿女风尘记 （下）张孟良原著；于式金改编；
赵静东绘画
天津 天津人民美术出版社 1985 年 126 页 有图
10×13cm 统一书号：8073.31118 定价：CNY0.30
　　中国现代连环画。

J0076902

儿女英雄 百合改编；高九龄摄影
北京 中国文联出版公司 1985 年 125 页
有图
10×13cm 统一书号：8355.319 定价：CNY0.35
（夜幕下的哈尔滨 四）
　　中国现代连环画。

J0076903

二度姻缘 林贵祥编；张修竹绘
成都 四川美术出版社 1985 年 62 页 13cm（60 开）
定价：CNY0.20
　　中国现代连环画。

J0076904

二号太平间 树华改编；金星绘
北京 工人出版社 1985 年 125 页 13cm（60 开）
统一书号：8007.5 定价：CNY0.37
　　中国现代连环画。

J0076905

二十六个姑娘 袁征改编；赵燕潮等绘
天津 天津人民美术出版社 1985 年 102 页 有图
10×13cm 统一书号：8073.30931 定价：CNY0.26
　　中国现代连环画。

J0076906

凡尔登大屠杀目睹记 樊光平编；鲁忱，杨
威绘
广州 广东人民出版社 1985 年 93 页 13cm（60 开）
定价：CNY0.26
　　中国现代连环画。

J0076907

反"EG"行动 晋川改编；汪长东绘
长沙 湖南美术出版社 1985 年 118 页 13cm（60 开）
定价：CNY0.26
　　根据魏杰小说《爆炸性事件》改编的连环画。

J0076908

反维持 王释非改编；金稼仿等绘
上海 上海人民美术出版社 1985 年 134 页
13cm（60 开）统一书号：8081.14482
定价：CNY0.32
（吕梁英雄传之二）
　　中国现代连环画。

J0076909

放生 察森敖拉改编；胡明，张庆云绘
西宁 青海人民出版社 1985 年 88 页 13cm（60 开）
定价：CNY0.20
　　中国现代连环画。

J0076910

飞行的尸体 蔚兰改编；李法民，米兰绘
北京 朝花美术出版社 1985 年 126 页 13cm（60 开）
定价：CNY0.35
（惊险侦探画丛之三）
　　中国现代连环画。

J0076911

飞来峰 （中英日文本）吴山明绘画；朱承斌改编
杭州 浙江人民美术出版社 1985 年 55 页
18cm（15 开）统一书号：8156.606 定价：CNY2.10
（西湖民间故事彩色连环画）

J0076912

飞木马 竺少华改编；薛建华，庄根生绘
上海 上海人民美术出版社 1985 年 94 页
13cm（60 开）定价：CNY0.18
（《一千零一夜》丛书）
　　中国现代连环画。

J0076913

翡翠城的奇遇 徐景芝改编；何南昌绘
沈阳 辽宁美术出版社 1985 年 116 页 13cm（60 开）
统一书号：7161.0387 定价：CNY0.28
（童话世界画库）
　　本书是根据美国著名长篇童话《绿野仙踪》
改编的连环画。

J0076914

分道扬镳 连力改编；何岸等绘画
广州 岭南美术出版社 1985 年 205 页 15cm（40 开）

定价: CNY0.51

（武术家霍东阁 4）

中国武术连环画。绘者何岸（1957—　），画家。广东广州人，进修于广州美术学院油画系。南海舰队军人俱乐部美术员。代表作品有《关怀》等。

J0076915

分道扬镳　　连力改编；何岸等绘画

广州 岭南美术出版社 1985 年 204 页 有图 10×13cm 统一书号: 8260.1055 定价: CNY0.51

（武术家霍东阁 4）

中国武术连环画。

J0076916

粉碎"巴巴罗沙计划"　　叶建森, 董树岩编；叶建森, 叶海燕绘

北京 气象出版社 1985 年 94 页 13cm（60 开）统一书号: 8194.0254 定价: CNY0.28

中国现代连环画。

J0076917

风暴岛　　张正义改编；周大正绘

兰州 甘肃人民出版社 1985 年 93 页 13cm（60 开）定价: CNY0.22

（反法西斯战争英雄故事连环画）

绘者周大正（1941—　），教授。湖北沙市人，毕业于浙江美术学院油画系。历任甘肃临夏州展览馆美术干部，西北民族学院艺术系美术教研室主任、教授。作品有《手牵黄河上高山》《希望》《清清夏河水》《夏河风情》《哈族婚礼》《进军腊子口》等，出版有《周大正画选》。

J0076918

风雪夜林冲上梁山　　张营改编；高力强摄影

济南 山东美术出版社 1985 年 139 页 13cm（60 开）定价: CNY0.37

（水浒传电视剧《林冲》4）

根据水浒传电视剧改编的现代连环画作品。作者张营，作品有连环画《风雪夜林冲上梁山》，改编有《花和尚救助豹子头》《林教头误入白虎堂》等。

J0076919

风雨侦察兵　　林冬冬改编；江恩莲绘

广州 科学普及出版社 1985 年 62 页 13cm（60 开）定价: CNY0.14

中国现代连环画 2。

J0076920

疯僧戏县主　　莘莘改编；昊寿石绘

成都 四川美术出版社 1985 年 110 页 13cm（60 开）统一书号: 8373.344 定价: CNY0.32

（济公全传之三）

中国现代连环画，根据《济公全传》改编。

J0076921

烽火孤儿　　（上）杨野改编；李俊生等绘

哈尔滨 黑龙江美术出版社 1985 年 162 页 13cm（60 开）定价: CNY0.36

中国现代连环画。

J0076922

烽火孤儿　　（下）杨野改编；李俊生等绘

哈尔滨 黑龙江美术出版社 1985 年 168 页 13cm（60 开）定价: CNY0.38

中国现代连环画。

J0076923

烽火征程　　庞镇等编；赵勋, 周苑绘

哈尔滨 黑龙江美术出版社 1985 年 126 页 13cm（60 开）定价: CNY0.31

（绿林将军传奇之二）

中国现代连环画。

J0076924

凤凰娶亲　　华英改编；张文斌, 韩兴业绘

呼和浩特 内蒙古人民出版社 1985 年 107 页 13cm（60 开）统一书号: 18089.17 定价: CNY0.30

中国现代连环画。

J0076925

复原脸型　　蔚兰改编；张天民, 赵志洋绘

北京 朝花美术出版社 1985 年 126 页 13cm（60 开）定价: CNY0.35

（惊险侦探画丛之一）

中国现代侦探连环画。

J0076926

富春江画报连环画精选　　（1）富春江画报编

杭州　浙江人民美术出版社　1985 年　176 页
19cm（32 开）定价：CNY2.40

J0076927

富春江画报连环画精选　（2）富春江画报编
杭州　浙江人民美术出版社　1985 年　176 页
19cm（32 开）定价：CNY2.40

J0076928

富春江画报连环画精选　（3）富春江画报编
杭州　浙江人民美术出版社　1987 年　176 页
19cm（32 开）定价：CNY5.20
　　本书是中国现代连环画册。

J0076929

富春江画报连环画精选　（4）富春江画报编
杭州　浙江人民美术出版社　1987 年　176 页
19cm（32 开）定价：CNY5.20
　　本书是中国现代连环画册。

J0076930

蝮蛇　国磊，定兴改编；曹勇绘
天津　天津人民美术出版社　1985 年　125 页
13cm（60 开）统一书号：8073.30981
定价：CNY0.30
（外国文学名著选编）
　　中国现代连环画。

J0076931

甘罗十二为丞相　鹤仙改编；赵仁年绘
上海　少年儿童出版社　1985 年　70 页　13cm（60 开）
定价：CNY0.19
　　中国现代连环画。

J0076932

甘罗十二为使臣　宋捷文编剧及改编；曹忆
勇摄影
上海　上海人民美术出版社　1985 年　85 页 +79 页
有图　9×13cm　统一书号：8081.14578
定价：CNY0.45
　　中国现代连环画。本书由《甘罗十二为使臣》
《花木兰替父从军》合订。

J0076933

港九枪声　邓会光改编；祝林恩绘

哈尔滨　黑龙江美术出版社　1985 年　165 页
13cm（60 开）定价：CNY0.37
　　中国现代连环画。

J0076934

高老头　殷西改编；徐通潮绘
北京　人民美术出版社　1985 年　182 页 13cm（60 开）
统一书号：8027.9531　定价：CNY0.48
　　根据法国巴尔扎克同名小说改编的连环画。

J0076935

高山下的花环　唐洪根改编；周福星等摄
上海　上海人民美术出版社　1985 年　174 页
13cm（60 开）定价：CNY0.47
　　中国现代连环画。

J0076936

高山下的花环　赵毅改编；陈玉先等绘
成都　四川人民出版社　1985 年　182 页 13cm（60 开）
定价：CNY1.35
　　根据李存葆同名小说改编的连环画。绘者
陈玉先（1944—　），国画家、美术家。安徽淮南
人。历任《解放军报》副主编、中国美术家协会
艺术委员会副主任。代表作品《井冈山斗争》《红
灯记》《红色娘子军》《草原儿女》，专著《速写技
法》《陈玉先插图作品选》《陈玉先中国画》。

J0076937

高唐女　杨鸿举改编；徐志文绘
成都　四川人民出版社　1985 年　26 页 15cm（40 开）
统一书号：8118.1431　定价：CNY0.30
（三峡民间故事）
　　中国现代连环画。

J0076938

告诫　（杜大恺连环画作品）杜大恺绘
北京　人民美术出版社　1985 年　26cm（16 开）
统一书号：8027.9439　定价：CNY0.40
（新美术画库 6）
　　中国现代连环画。

J0076939

戈壁歼匪记　杨野改编；张鸿飞绘
哈尔滨　黑龙江美术出版社　1985 年　147 页
13cm（60 开）定价：CNY0.36

中国现代连环画。

J0076940
搁笔记　曾宪均编；查加伍绘
武汉 湖北美术出版社 1985 年 58 页 13cm（60 开）
统一书号：8399.147 定价：CNY0.16
（黄鹤楼诗词故事画丛）
　　中国现代连环画。

J0076941
革命母亲夏娘娘　黄钢编；马海方绘
北京 人民美术出版社 1985 年 98 页 有图
10×13cm 统一书号：8027.9308 定价：CNY0.28
　　中国现代连环画。

J0076942
阎罗号　武矛改编；王社林，陈和西绘
长沙 湖南少年儿童出版社 1985 年 166 页
13cm（60 开）定价：CNY0.35
　　中国现代连环画。

J0076943
格达活佛　吴时学，王天柱改编；任兆祥绘
成都 四川民族出版社 1985 年 120 页 13cm（60 开）
定价：CNY0.36
　　本书系根据电影文学剧本《远方的星》改编
的连环画。

J0076944
格里什卡和他的熊　董耀根改编；徐庚生绘
上海 上海人民美术出版社 1985 年 110 页
13cm（60 开）统一书号：8081.14262
定价：CNY0.25
　　本书根据法国勒内·吉约原著改编的连
环画。

J0076945
公主的羽衣　崔合美改编；庞邦本绘
长沙 湖南少年儿童出版社 1985 年 190 页
13cm（60 开）定价：CNY0.33
（《天方夜谭》之一）
　　中国现代连环画。

J0076946
公子扶苏　羽放改编；于水绘

南京 江苏美术出版社 1985 年 158 页 19cm（32 开）
定价：CNY0.85
　　中国现代连环画。

J0076947
攻击塔兰托　宛翊编；李鸣鸣绘
北京 海洋出版社 1985 年 94 页 13cm（60 开）
定价：CNY0.20
（外国海战故事连环画画库）

J0076948
攻克淮安　马常忠编；李人毅绘
南京 江苏人民出版社 1985 年 92 页 13cm（60 开）
定价：CNY0.25
　　中国现代连环画。

J0076949
攻取沈阳城　王琴改编；郭德福绘
沈阳 辽宁美术出版社 1985 年 70 页 13cm（60 开）
定价：CNY0.20
（沈阳故宫传说之二）
　　中国现代连环画。

J0076950
孤胆英雄　曾昭仁改编；陈有吉绘
哈尔滨 黑龙江美术出版社 1985 年 141 页
13cm（60 开）统一书号：8358.329
定价：CNY0.28
（《烈火金钢》故事之一）
　　中国现代连环画。

J0076951
孤岛奇遇记　卢荣泽译编；潘宝兴绘
上海 上海人民美术出版社 1985 年 158 页
13cm（60 开）定价：CNY0.30
　　中国现代连环画。

J0076952
孤儿与金草鞋　徐淦改编；于成业绘
福州 福建人民出版社 1985 年 106 页 13cm（60 开）
定价：CNY0.22
　　中国现代连环画。作者徐淦，主要改编的连
环画作品有《镜花缘》《奇妙的公鸡》《熙凤弄权》
《祝福》等。绘者于成业（1950—　），画家。山东
文登市人。中国美术家协会广东分会会员，人民

日报神舟书画院画师。代表作品有《五洲乐》《千禧年》《古堡女奴》等。

J0076953
孤军血泪　庞镇等编；王聪等绘
哈尔滨 黑龙江美术出版社 1985 年 98 页
13cm（60 开）定价：CNY0.26
（绿林将军传奇之四）
　　中国现代连环画。

J0076954
姑娘的心　郭明仁编绘
乌鲁木齐 新疆青年出版社 1985 年 62 页
13cm（60 开）统一书号：M8124.32 定价：CNY0.16
中国现代连环画。

J0076955
古堡迷案　黑梅编；洪佩奇绘
南京 江苏人民出版社 1985 年 150 页 13cm（60 开）
定价：CNY0.37
（译林画库）
　　中国现代连环画。绘者洪佩奇（1948—　），画家，装帧艺术家。江苏南京人。从事外国文学插图、书籍装帧和图书编辑等工作，曾画过大量油画、插图和连环漫画。著作有《美国连环漫画史》《美国连环漫画名家》等。

J0076956
古代画家的故事　谢金生编；贺友直等绘
石家庄 河北美术出版社 1985 年 13cm（60 开）
统一书号：8087.1201 定价：CNY0.38
　　中国现代连环画。

J0076957
古都春晓　王育生编文；马增千画
太原 山西人民出版社 1985 年 146 页 有图
9×13cm 统一书号：8088.1803 定价：CNY0.32
　　中国现代连环画。

J0076958
古都风云　（上）刘绳改编；孟喜元绘
石家庄 河北美术出版社 1985 年 102 页
13cm（60 开）定价：CNY0.28
　　中国现代连环画。

J0076959
古都风云　（下）刘绳改编；孟喜元绘
石家庄 河北美术出版社 1985 年 102 页
13cm（60 开）定价：CNY0.28
　　中国现代连环画。

J0076960
古庙怪影　邹宛香改编；韩伍，生发绘
贵阳 贵州人民出版社 1985 年 126 页 13cm（60 开）
定价：CNY0.26
　　中国现代连环画。

J0076961
古庙怪影　陈宗琪改编；杨松杰，高群绘
哈尔滨 黑龙江美术出版社 1985 年 153 页
13cm（60 开）定价：CNY0.35
　　根据马歌今同名小说改编的连环画。

J0076962
古庙魔影　傅汉清改编；熊三仔绘
北京 工人出版社 1985 年 94 页 13cm（60 开）
定价：CNY0.29
　　中国现代连环画。

J0076963
古桥激战　黎耘，黄宗信改编；梁任岭，刘克清绘
南宁 广西人民出版社 1985 年 70 页 13cm（60 开）
统一书号：8113.1061 定价：CNY0.18
　　中国现代连环画。

J0076964
古诗童之路　招明改编；周道银绘
北京 人民美术出版社 1985 年 有图 10×13cm
统一书号：8027.9407 定价：CNY0.64
　　本书系中国古代儿童故事连环画，包括铁杵磨针、画沙学书、断斋划粥、神童变愚、锦囊佳句、后者居上。

J0076965
古寺疑案　仝咏改编；梁银强摄影
北京 中国文联出版公司 1985 年 125 页
15cm（40 开）定价：CNY0.32
（包公审案之三）
　　根据中国包公故事改编的连环画。

J0076966

古塔魔影 张杰，刘文阁改编；王希弟，韩玉梅绘

哈尔滨 黑龙江美术出版社 1985 年 142 页 13cm（60 开）定价：CNY0.32

中国现代连环画。

J0076967

古镇奇兵 王志强改编；徐宝铭画

哈尔滨 黑龙江美术出版社 1985 年 143 页 13cm（60 开）统一书号：8358.337 定价：CNY0.33

根据中国战斗故事改编的连环画。

J0076968

骨肉相残 （秦王李世民的故事）张启太改编；程洪绘

哈尔滨 黑龙江美术出版社 1985 年 151 页 13cm（60 开）定价：CNY0.35

根据中国历史故事改编的连环画。

J0076969

蛊惑仔与小毛孩 鲁林改编；苏家芬绘

广东 广东旅游出版社 1985 年 158 页 有图 10×13cm 统一书号：8272.34 定价：CNY0.38

根据中国通俗故事改编的连环画。绘者苏家芬（1945— ），女，讲师。广东新会人，毕业于广州美术学院工艺系。广东轻工职业技术学院副教授，中国美协会员，广东美协理事。作品有《何芷故事选》《煤油灯下的欢乐》《猎鲨者》《笑画》《苏家芬水彩画集》等。

J0076970

瓜棚女杰 赵穗萍改编；张锡钧摄影

广州 岭南美术出版社 1985 年 164 页 15cm（40 开）统一书号：8260.1068 定价：CNY0.43

根据中国通俗故事改编的连环画。

J0076971

怪船 唐蕾改编；刘崇军绘

成都 四川少年儿童出版社 1985 年 126 页 13cm（60 开）定价：CNY0.34

根据豪夫童话改编的连环画。

J0076972

怪杰神功 梁羽生原著；坤宜改编；庞先健，庞先强绘

广州 科学普及出版社广州分社 1985 年 126 页 13cm（60 开）定价：CNY0.28

（《七剑下天山》之三）

根据中国武侠故事改编的连环画。

J0076973

关东响马 （下）众志改编；王伯良等绘画

南京 江苏少年儿童出版社 1985 年 150 页 有图 10×13cm 统一书号：R8352.3.162 定价：CNY0.35

根据中国武侠故事改编的连环画。

J0076974

光明行 绕翠岚改编；丁世谦绘

成都 四川美术出版社 1985 年 126 页 13cm（60 开）定价：CNY0.33

本书是中国现代连环画册。

J0076975

鬼生子峡谷报仇 鲁周改编；晋拔等绘画

广州 岭南美术出版社 1985 年 182 页 13cm（60 开）统一书号：8260.1494 定价：CNY0.43

（中国武术连环画）

J0076976

刽子手 何蜀改编；郭文华绘

重庆 重庆出版社 1985 年 78 页 13cm（60 开）定价：CNY0.17

根据中国现代故事改编的连环画。

J0076977

贵妇还乡 （瑞士）杜伦马特原著；任宝贤改编；高燕绘

沈阳 辽宁美术出版社 1985 年 102 页 13cm（60 开）定价：CNY0.28

根据瑞士杜伦马特原著改编的连环画。

J0076978

国宝奇遇 郭华改编；郑绍敏绘

石家庄 河北美术出版社 1985 年 74 页 13cm（60 开）定价：CNY0.22

根据中国民间故事改编的连环画。

J0076979

国会纵火案 樊光平编；小奇，鸿斌绘

广州 广东人民出版社 1985 年 109 页 13cm（60 开）
定价：CNY0.30
　　根据德国历史事件改编的连环画。

J0076980
国王的秘密　童心编；杜大恺等绘
广州 岭南美术出版社 1985 年 13cm（60 开）
定价：CNY0.41
（东南亚民间故事 6）
　　根据各国民间故事改编的连环画。

J0076981
哈姆莱特　（英）莎士比亚原著；任正先改编；
苏正刚绘
沈阳 辽宁美术出版社 1985 年 168 页 13cm（60 开）
统一书号：7161.0485 定价：CNY0.43
　　根据英国戏剧故事改编的连环画。

J0076982
还我山河　人子改编；高九龄等摄影
北京 中国文联出版公司 1985 年 125 页
有图
10×13cm 统一书号：8355.316 定价：CNY0.35
（夜幕下的哈尔滨 一）
　　中国现代连环画。

J0076983
海盗　（1）吴一声改编；郭桢，谷文达绘
哈尔滨 黑龙江美术出版社 1985 年 147 页
13cm（60 开）定价：CNY0.36
　　中国现代连环画。

J0076984
海盗　（2）犀利改编；吴献生，吴学锋绘
哈尔滨 黑龙江美术出版社 1985 年 158 页
13cm（60 开）定价：CNY0.38
　　中国现代连环画。

J0076985
海盗　（3）高铁林改编；马小娟，刘亚平绘
哈尔滨 黑龙江美术出版社 1985 年 172 页
13cm（60 开）定价：CNY0.40
　　中国现代连环画。

J0076986
海盗　（4）竹梅改编；王庆明，甘正伦绘
哈尔滨 黑龙江美术出版社 1985 年 149 页
13cm（60 开）定价：CNY0.36
　　中国现代连环画。绘者王庆明（1933—　），
女，教授。江苏太仓人，毕业于中央美术学院，
留校任教。西泠书画院研究员，中国美术家协会
会员。出版有《王庆明画集》《结构素描》。绘者
甘正伦（1937—　），中国美术学院副教授，中国
美术家协会会员。

J0076987
海盗　（5）邓会光改编；郭修林等绘
哈尔滨 黑龙江美术出版社 1985 年 167 页
13cm（60 开）定价：CNY0.40
　　中国现代连环画。

J0076988
海盗　（上集）新吾改编；邵劭等绘
长沙 湖南美术出版社 1985 年 126 页 有图
10×13cm 统一书号：8233.765 定价：CNY0.28
　　根据胡正言同名小说改编的连环画。

J0076989
海盗　（下集）新吾改编；邵劭等绘
长沙 湖南美术出版社 1985 年 126 页 有图
10×13cm 统一书号：8233.766 定价：CNY0.28
　　根据胡正言同名小说改编的连环画。

J0076990
海盗　（上）王双恩改编；侯德剑等绘
南京 江苏美术出版社 1985 年 166 页 13cm（60 开）
定价：CNY0.41
　　中国现代连环画。

J0076991
海盗　（第一册）林子改编；张庆华等摄影
广州 新世纪出版社 1985 年 158 页 有图
10×13cm 统一书号：8430.12 定价：CNY0.40
　　中国现代连环画。

J0076992
海盗　（第二册）林子改编；张庆华等拍摄
广州 新世纪出版社 1985 年 166 页 13cm（60 开）
定价：CNY0.42

中国现代连环画。

J0076993

海盗 （第三册）林子改编；张庆华摄影
广州 新世纪出版社 1985 年 146 页 有图
10×13cm 统一书号：8430.14 定价：CNY0.38
　　中国现代连环画。

J0076994

海灯法师 豁志改编；陈以忠，吴树新绘
郑州 河南美术出版社 1985 年 158 页 13cm（60 开）
定价：CNY0.32
　　中国现代连环画。

J0076995

海灯法师 潘明编；孟庆龙绘
武汉 湖北美术出版社 1985 年 109 页 13cm（60 开）
定价：CNY0.28
　　中国现代连环画。

J0076996

海灯法师 （上）王梦改编；张治华绘
长沙 湖南美术出版社 1985 年 142 页 13cm（60 开）
定价：CNY0.23
　　中国现代连环画。

J0076997

海灯法师 （下）王梦改编；蒋太禄绘
长沙 湖南美术出版社 1985 年 150 页 13cm（60 开）
定价：CNY0.24
　　中国现代连环画。

J0076998

海灯法师 （上集）蔡崇武编；少柴，哗夫绘
南京 江苏少年儿童出版社 1985 年 142 页
13cm（60 开）定价：CNY0.36
　　中国现代连环画。

J0076999

海灯法师 （下集）蔡崇武编；少柴，哗夫绘
南京 江苏少年儿童出版社 1985 年 284 页
13cm（60 开）定价：CNY0.36
　　中国现代连环画。

J0077000

海灯法师 李树全改编；世仁绘
沈阳 辽宁美术出版社 1985 年 130 页 13cm（60 开）
统一书号：7161.0450 定价：CNY0.26
　　中国现代连环画。

J0077001

海灯法师 王亚法编；胡博综，高云绘
上海 少年儿童出版社 1985 年 134 页 13cm（60 开）
定价：CNY0.33
　　中国现代连环画。

J0077002

海底激战 吴文焕改编；胡赤骏绘
广州 岭南美术出版社 1985 年 158 页 13cm（60 开）
定价：CNY0.36
　　中国现代连环画。

J0077003

海河浮尸案 戈文改编；杨春瑞，穆永瑞绘
北京 昆仑出版社 1985 年 78 页 13cm（60 开）
统一书号：8282.16 定价：CNY0.23
　　根据李颖捷中篇小说《海河浮尸》改编的连
环画。

J0077004

海河擂台 冯育楠编；胡均，险之绘画
天津 天津人民美术出版社 1985 年 86 页
15cm（40 开）定价：CNY0.22
（《津门大侠霍元甲》之五）
　　中国现代连环画。

J0077005

海上擒特记 方荣欣改编；徐东林绘
南昌 江西人民出版社 1985 年 106 页 13cm（60 开）
定价：CNY0.22
　　中国现代连环画。

J0077006

海神行动 （美）莫利斯·威斯特原著；邵波编
译；黄炜改编；杨思陶绘
厦门 鹭江出版社 1985 年 126 页 13cm（60 开）
统一书号：8422.05 定价：CNY0.32
　　中国现代连环画。

J0077007

海湾风暴　浅草改编；雷似祖，雷宪祖绘
昆明 云南人民出版社 1985 年 2 册 13cm（60 开）
定价：CNY0.72
　　根据峻青长篇小说《海啸》改编的连环画。

J0077008

海峡雷爆　鲁燕编；崔维画
北京 海洋出版社 1985 年 62 页 13cm（60 开）
定价：CNY0.15
（外国海战故事连环画画库）

J0077009

海仙花　陈涛改编；蚁美谐等绘
广州 科学普及出版社广州分社 1985 年
13cm（60 开）统一书号：8051.60375
定价：CNY0.18
（秦皇岛海洋动物故事 第二集）
　　中国现代连环画。

J0077010

海啸　（上 黑店遇海匪）峻青原著；贺惠群等
改编绘
西安 陕西人民美术出版社 1985 年 158 页 有图
10×13cm 统一书号：8199.731 定价：CNY0.34
　　中国现代连环画。

J0077011

韩老大斗"荞麦皮"　逢之改编；谢志高绘画
天津 天津人民美术出版社 1985 年 62 页 有图
10×13cm 统一书号：8073.31071 定价：CNY0.17
　　中国现代连环画。

J0077012

韩愈　李鸣球编；陈慧苏绘
南京 江苏美术出版社 1985 年 158 页 13cm（60 开）
统一书号：8353.3.134 定价：CNY0.39
（中国古代文学家的故事）
　　中国现代连环画。

J0077013

汉高祖刘邦　石山编；李乃蔚绘
北京 人民美术出版社 1985 年 126 页 13cm（60 开）
定价：CNY0.34
（中国历史故事）

中国现代连环画。绘者李乃蔚（1957—　），
画家。生于重庆，籍贯北京，毕业于湖北美术学
院。武汉画院一级美术师，中国美术家协会会员，
中国画学会创会理事，中国工笔画学会理事，湖
北省美协理事，武汉市美协副主席。出版有《新
世纪中国艺术家画库李乃蔚》。

J0077014

汉宫怨　王希平改编；骆仲琦摄影
北京 中国戏剧出版社 1985 年 125 页 15cm（40 开）
定价：CNY0.26
　　中国现代连环画。

J0077015

汉文皇后　初露改编；晓丁摄影
北京 中国戏剧出版社 1985 年 125 页 15cm（40 开）
定价：CNY0.26
　　中国现代连环画。

J0077016

汉钟离·曹国舅　木易编；苏西映绘
北京 中国文联出版社 1985 年 94 页 13cm（60 开）
定价：CNY0.26
（八仙的传说之六）
　　中国现代连环画。绘者苏西映（1940—　），
河南光山人。曾任光山县文化馆美术师，河南省
美术家协会会员，大别山书画研究院名誉院长。
作品有《深山古树》《荷花舞》《玉莲公主》《中华
魂》等。出版有《唐伯虎智圆梅花梦》《玉蜻蜓》。

J0077017

何仙姑义救七女　木易编；任梦强绘
北京 中国文联出版社 1985 年 94 页 13cm（60 开）
统一书号：8355.512 定价：CNY0.26
（八仙的传说之三）
　　中国现代连环画。

J0077018

河神娶媳妇　崔恋改编；姚延林画
北京 人民美术出版社 1985 年 14 页 有彩图
13cm（60 开）经折装 统一书号：8027.9529
定价：CNY0.18
　　中国历史故事连环画。绘者姚延林，主要绘
制的连环画作品有《霸王别姬》《养牛的人》《河
神娶媳妇》等。

J0077019

河西传奇　郑碧玉改编；陈羽绘

福州 福建人民出版社 1985年 86页 13cm（60开）

定价：CNY0.21

　　中国历史故事连环画。

J0077020

黑岛偷袭计划　谭源改编；潘雷，冯鸣等绘

广州 新世纪出版社 1985年 142页 13cm（60开）

定价：CNY0.35

　　中国现代连环画。

J0077021

黑店捕盗　甸儿改编；张兆年绘

福州 福建少年儿童出版社 1985年 126页

13cm（60开）定价：CNY0.31

（济公全传之三）

　　中国现代连环画。绘者张兆年（1946—　），

画家。天津人，毕业于天津工艺美校。天津工艺

美术设计院创作室二级美术师。获奖作品有《数

不清》《踏歌图》《傻佬少女》等，壁画作品有《海

河晨光》《津门十景》《中国古代科技文明之光》

《生命之路》等。

J0077022

黑猫警长破案记　（科普知识）赵岗改编；邢

子云，高魁云绘

沈阳 辽宁美术出版社 1985年 126页 13cm（60开）

统一书号：8161.0063 定价：CNY0.28

（小学生画库）

J0077023

黑山谷之谜　徐珣编；高撼绘

郑州 河南美术出版社 1985年 70页 13cm（60开）

定价：CNY0.19

　　中国现代连环画。

J0077024

黑手在行动　黄钟改编；李韬童蔚制作

北京 朝花美术出版社 1985年 124页 有图

10×13cm 统一书号：8028.2046 定价：CNY0.35

（特别行动队 三）

　　中国现代连环画。

J0077025

黑网下的星光　（上）枫叶改编；金伟展绘

北京 中国文联出版公司 1985年 126页

13cm（60开）定价：CNY0.33

　　中国现代连环画。

J0077026

黑网下的星光　（中）枫叶改编；范怡光等绘画

北京 中国文联出版公司 1985年 126页

有图

10×13cm 统一书号：8355.26 定价：CNY0.33

　　中国现代连环画。

J0077027

黑网下的星光　（下）枫叶改编；李鸣鸣绘

北京 中国文联出版公司 1985年 126页

13cm（60开）定价：CNY0.33

　　中国现代连环画。

J0077028

黑影　闻云芳改编；李存庄绘

成都 四川美术出版社 1985年 109页 13cm（60开）

统一书号：8373.364 定价：CNY0.32

　　根据张昆华同名小说改编的连环画。

J0077029

黑云压城　辛大明编；李鸣鸣绘

北京 农村读物出版社 1985年 158页 13cm（60开）

定价：CNY0.43

（鸦片战争演义之四）

　　中国历史故事连环画。

J0077030

哼哈二将　水登改编；谌孝安绘

上海 少年儿童出版社 1985年 62页 13cm（60开）

统一书号：R8024.95 定价：CNY0.18

（封神榜人物故事之八）

　　中国神话故事连环画。作者水登（1930—　），

画家。原名廖其澄，四川达县人。曾任绵阳市文

联副秘书长、市美协主席，绵阳市书画院二级美

术师。绘画作品有《山寨》《草原上的格桑花》《披

查尔瓦的老人》等。出版有《廖其澄水彩画集》

《廖其澄花鸟画集》。绘者谌孝安（1956—　），画

家。出生于上海。历任上海人民美术出版社美

术创作员，中国美术家协会会员。代表作品《三

棵树》。

J0077031

横扫毒蝎党　司徒绵改编及制作
广州　岭南美术出版社　1985 年　154 页　有图
10×13cm　统一书号：8260.1505　定价：CNY0.39
（通天奇兵）
　　根据美国同名电视系列片改编的连环画。

J0077032

横纹鞋印　蔚兰改编；马永进，亚娜绘
北京　朝花美术出版社　1985 年　126 页　13cm（60 开）
统一书号：8028.2146　定价：CNY0.35
（惊险侦探画丛之十五）
　　中国侦探故事连环画。

J0077033

轰炸东京　赵淑玲编；沈耀华绘
北京　海洋出版社　1985 年　62 页　13cm（60 开）
定价：CNY0.15
（外国海战故事连环画画库）

J0077034

红河龙　（广西民间故事）韦文俊，刘志坚编；
郑君里绘
南宁　广西人民出版社　1985 年　94 页　13cm（60 开）
定价：CNY0.17
　　中国广西民间故事连环画。

J0077035

红河枪声　陈廷一编；胡斌绘
石家庄　河北美术出版社　1985 年　90 页
13cm（60 开）统一书号：8087.1163
定价：CNY0.26
　　中国战斗故事连环画。

J0077036

红楼十二官　（上集）刘雨尘改编；王军摄影
北京　中国戏剧出版社　1985 年　122 页　15cm（40 开）
定价：CNY0.34
　　根据清代小说《红楼梦》改编的戏剧连环画。

J0077037

红楼十二官　（下集）刘雨尘改编；王军摄影
北京　中国戏剧出版社　1985 年　93 页　15cm（40 开）

定价：CNY0.27
　　根据清代小说《红楼梦》改编的戏剧连环画。

J0077038

红楼夜审　张健改编；任志新摄影
上海　上海人民美术出版社　1985 年　110 页
15cm（40 开）定价：CNY0.31
　　根据清代小说《红楼梦》改编的戏剧连环画。

J0077039

红罗女　彦芳改编；邸维忠绘
沈阳　辽宁美术出版社　1985 年　58 页　13cm（60 开）
统一书号：8161.0060　定价：CNY0.18
　　中国现代连环画。

J0077040

红螺女　白岩原著；毛蓉蓉，毛国荣改编绘画
呼和浩特　内蒙古人民出版社　1985 年　94 页
有图　10×13cm　统一书号：18089.8
定价：CNY0.27
　　中国现代连环画。

J0077041

红庄的恶魔　黎明改编；姜吉维，陈勃绘
北京　朝花美术出版社　1985 年　126 页　13cm（60 开）
定价：CNY0.35
（惊险侦探画丛之四）
　　中国现代侦探连环画。作者黎明（1929—　　），
原名黎国安，生于澳门，祖籍广东佛山。香港春
潮画会会长，广东省美术家协会第九届副主席。
绘有《黎明画集》。绘者陈勃（1925—2015），摄影
家。河北阜北人。历任中国摄影学会副秘书长、
《中国摄影》杂志主编、中国图片社经理等。代表
作品《雨越大干劲越大》《金鱼》《妙不可言》等。
著作有《简明摄影知识》。

J0077042

洪湖赤子　晓音改编；朱训德，展源绘
长沙　湖南少年儿童出版社　1985 年　186 页
13cm（60 开）定价：CNY0.38
　　中国现代少年儿童连环画。作者朱训德
（1954—　　），教授。笔名释然。湖南湘乡人，毕
业于湖南师范大学艺术系学习，留校任教。中国
画研究室主任及美术系主任、教授，中国美术家
学会理事。代表作品有《春花集锦》《洞庭吟月》

《朝天辣》《晚炊》等。

J0077043
猴拳 蒋星煜原著；郑妙昌改编；吴绪经绘画
南宁 广西人民出版社 1985 年 102 页 15cm（40 开）
统一书号：8113.1042 定价：CNY0.18
　　中国现代拳术连环画。

J0077044
猴拳王 （上集）林挹改编；何保全绘画
合肥 安徽美术出版社 1985 年 134 页 15cm（40 开）
定价：CNY0.33
　　中国现代拳术连环画。

J0077045
猴拳王 （下集）林挹改编；何保全绘画
合肥 安徽美术出版社 1985 年 134 页 15cm（40 开）
定价：CNY0.33
　　中国现代拳术连环画。

J0077046
猴王 王良莹改编；罗希贤绘
上海 少年儿童出版社 1985 年 118 页 有图
10×13cm 统一书号：R8024.77 定价：CNY0.29
　　中国现代少年儿童连环画。

J0077047
呼家将 （之一 忠良蒙难）奚海改编；崔存忠绘
石家庄 河北美术出版社 1985 年 129 页
13cm（60 开）定价：CNY0.38
　　本书根据刘书琴、刘济祥、刘琳的同名长篇
章回评书编绘的连环画。全套共 17 册。

J0077048
呼家将 （之二 肉丘坟祭祖）刘树强改编；刘
业通绘
石家庄 河北美术出版社 1985 年 142 页
13cm（60 开）定价：CNY0.39
　　中国现代连环画。

J0077049
呼家将 （之三 呼延庆打擂）张建辉改编；张
恩礼，姜凌涛绘
石家庄 河北美术出版社 1985 年 126 页
13cm（60 开）定价：CNY0.38

本书根据传统评书《呼家将》编绘的连环画，
全套共 20 册。

J0077050
呼家将 （之四 汴京脱险）王良改编；刘惠君绘
石家庄 河北美术出版社 1985 年 126 页
13cm（60 开）统一书号：8087.1246 定价：CNY0.38
　　中国现代连环画。

J0077051
呼家将 （之五 大战齐平山）尚羡智改编；永
钧，敬箴绘
石家庄 河北美术出版社 1985 年 142 页
13cm（60 开）定价：CNY0.39
　　中国现代连环画。

J0077052
呼家将 （之六 钢叉山除害）封秋昌改编；张
洁绘
石家庄 河北美术出版社 1985 年 110 页
13cm（60 开）定价：CNY0.34
　　中国现代连环画。

J0077053
呼家将 （之七 截囚车）王计祥改编；史惠芳绘
石家庄 河北美术出版社 1985 年 126 页
13cm（60 开）定价：CNY0.38
　　中国现代连环画。

J0077054
呼家将 （之八 校场比武）谷岳改编；赵拴造绘
石家庄 河北美术出版社 1985 年 126 页
13cm（60 开）定价：CNY0.38
　　中国现代连环画。

J0077055
呼家将 （之九 刘玉萍夺帅印）刘仲武改编；
王树立绘
石家庄 河北美术出版社 1985 年 126 页
13cm（60 开）定价：CNY0.38
　　中国现代连环画。

J0077056
呼家将 （之十 小将闹东京）冯宝秋改编；崔
爱民绘

石家庄 河北美术出版社 1985 年 126 页
13cm（60 开）定价：CNY0.38

J0077057
呼家将 （之十一 彰德府诓兵）曹治淮改编；
赵金鸽绘
石家庄 河北美术出版社 1985 年 126 页
13cm（60 开）定价：CNY0.37
　　中国现代连环画。

J0077058
呼家将 （之十二 幽州寻父）李新娟改编；刘
振源绘
石家庄 河北美术出版社 1985 年 118 页
13cm（60 开）定价：CNY0.36
　　中国现代连环画。作者刘振源（1953—　　），
河北昌黎人，号紫云斋主人。出版个人专辑《中
国美术成就——刘振源（1911—2011 百年书画名
家专辑)》。

J0077059
呼家将 （之十三 北国认亲）张庆锟改编；夏
连雨绘
石家庄 河北美术出版社 1985 年 118 页
13cm（60 开）统一书号：8087.1330 定价：CNY0.36
　　中国现代连环画。

J0077060
呼家将 （之十四 延平斗石虎）张汝川改编；
李耀华绘
石家庄 河北美术出版社 1985 年 134 页
13cm（60 开）定价：CNY0.39
　　中国现代连环画。

J0077061
呼家将 （之十五 "斗羊会"激战）李亮改编；
陈洪亮绘
石家庄 河北美术出版社 1985 年 126 页
10×13cm 统一书号：8087.1332 定价：CNY0.38
　　中国现代连环画。

J0077062
呼家将 （之十六 大破连环阵）万珍改编；郭
富贵绘
石家庄 河北美术出版社 1985 年 126 页

13cm（60 开）定价：CNY0.37
　　中国现代连环画。

J0077063
呼家将 （之十七 昭雪除奸）张鸿林改编；张
冰洁绘
石家庄 河北美术出版社 1985 年 134 页
13cm（60 开）定价：CNY0.39
　　中国现代连环画。

J0077064
呼家将 （之一 呼家遭害）钱兴凤改编；马方
路，朱玲绘
上海 上海人民美术出版社 1985 年 118 页
13cm（60 开）定价：CNY0.28
　　中国现代连环画。

J0077065
呼家将 （之二 呼延庆出世）丁国联改编；黄
平山绘
上海 上海人民美术出版社 1985 年 134 页
13cm（60 开）定价：CNY0.32
　　本书是根据传统评书《呼家将》编绘的连环
画，全套共 20 册。

J0077066
呼家将 （之三 呼延庆下山）徐啸改编；魏忠
善，魏志善绘
上海 上海人民美术出版社 1985 年 126 页
13cm（60 开）定价：CNY0.31
　　本书根据传统评书《呼家将》编绘的连环
画，全套共 20 册。绘者魏忠善（1950—　　），画
家。江苏人，进修于上海戏剧学院。曾任职于上
海劳动局宣传教育中心、华东师范大学艺术教育
系、上海市美术家协会创作展览部。代表作品有
《王家坪桃林茶馆》，连环画《三字经》《康熙大帝
画传》等。绘者魏志善（1957—　　），教授。上海
人，毕业于上海师范大学艺术系。任教于上海师
范大学行知艺术学院，出版有《三字经》《康熙大
帝》等连环画，著有《国画》《人物速写》《风景
速写》等。

J0077067
呼家将 （之四 相国寺打擂）田彩改编；陈宁，
定东绘

上海 上海人民美术出版社 1985 年 110 页
13cm（60 开）定价：CNY0.27
　　中国现代连环画。

J0077068
呼家将 （之五 力劈凶僧）吴文焕改编；奚文
渊，倪基民绘
上海 上海人民美术出版社 1985 年 118 页
13cm（60 开）定价：CNY0.28
　　中国现代连环画。

J0077069
呼家将 （之六 棺底藏身）向和吟改编；钱自
成，任秋绘
上海 上海人民美术出版社 1985 年 110 页
13cm（60 开）定价：CNY0.27
　　中国现代连环画。

J0077070
呼家将 （之七 遇难齐平山）可蒙改编；王伟
义绘
上海 上海人民美术出版社 1985 年 118 页
13cm（60 开）定价：CNY0.28
　　中国现代连环画。

J0077071
呼家将 （之八 刘飞龙抢亲）陈元山改编；朱
唯践绘
上海 上海人民美术出版社 1985 年 118 页
13cm（60 开）定价：CNY0.28
　　中国现代连环画。

J0077072
呼家将 （之九 计杀刘飞龙）大鲁改编；张新
国，孔国华绘
上海 上海人民美术出版社 1985 年 125 页
13cm（60 开）定价：CNY0.31
　　中国现代连环画。

J0077073
呼家将 （之十 冯家店救母）林林改编；张纪
平，朱唯践绘
上海 上海人民美术出版社 1985 年 118 页
13cm（60 开）定价：CNY0.28
　　中国现代连环画。

J0077074
呼家将 （之十一 枪挑金天雷）易乙改编；峻
之，胡钧绘
上海 上海人民美术出版社 1985 年 117 页
13cm（60 开）定价：CNY0.28
　　中国现代连环画。

J0077075
呼家将 （之十二 刘玉萍夺印）张企荣改编；
丁筱芳绘
上海 上海人民美术出版社 1985 年 142 页
13cm（60 开）定价：CNY0.33
　　中国现代连环画。

J0077076
呼家将 （之十三 夜战汴梁城）甘礼乐改编；
任耕生绘
上海 上海人民美术出版社 1985 年 126 页
13cm（60 开）定价：CNY0.31
　　中国现代连环画。

J0077077
呼家将 （之十四 彰德府诳兵）曹欣渊改编；
钱定华，吴耀明绘
上海 上海人民美术出版社 1985 年 134 页
13cm（60 开）定价：CNY0.32
　　中国现代连环画。

J0077078
呼家将 （之十五 赤手过连营）范若由改编；
裴向春等绘
上海 上海人民美术出版社 1985 年 102 页
13cm（60 开）定价：CNY0.25
　　中国现代连环画。

J0077079
呼家将 （之十六 幽州城认父）汪文娟改编；
李维定绘
上海 上海人民美术出版社 1985 年 102 页
13cm（60 开）定价：CNY0.25
　　中国现代连环画。

J0077080
呼家将 （之十七 呼延平比武）赵吉南改编；
刘斌昆，刘事明绘

上海　上海人民美术出版社 1985 年　118 页
13cm（60 开）定价：CNY0.28

　　本书是根据传统评书《呼家将》编绘的连环
画，全套共 20 册。

J0077081

呼家将 （之十八　威震斗羊会）黄培衍改编；
桑麟康绘
上海　上海人民美术出版社 1985 年　118 页
13cm（60 开）定价：CNY0.28

　　中国现代连环画。

J0077082

呼家将 （之十九　大破连环阵）钱志清改编；
邹越非，倪基民绘
上海　上海人民美术出版社 1985 年　150 页
13cm（60 开）统一书号：8081.14523
定价：CNY0.35

　　中国现代连环画。

J0077083

呼家将 （之二十　雪仇除奸）吴其柔改编；茅
芙影，徐谷安绘
上海　上海人民美术出版社 1985 年　110 页
13cm（60 开）定价：CNY0.27

　　本书是根据《呼家将》改编的连环画。

J0077084

呼延庆打擂 张佳讯改编；李芒，毕建勋绘
沈阳　辽宁美术出版社 1985 年 182 页 13cm（60 开）
定价：CNY0.47

　　本书是根据传统评书《呼家将》编绘的连环
画，全套共 20 册。

J0077085

葫芦告状 克安改编；刘端，刘亚彪绘
石家庄　河北美术出版社 1985 年　86 页
13cm（60 开）定价：CNY0.25

　　中国现代连环画。

J0077086

虎腹掏胆 杜春雷改编；张家纯，习勤绘
哈尔滨　黑龙江美术出版社 1985 年　155 页
13cm（60 开）定价：CNY0.38

　　中国现代连环画。

J0077087

虎姐 崔言俊改编；杜庆元绘
沈阳　辽宁美术出版社 1985 年 134 页 13cm（60 开）
统一书号：8161.0011 定价：CNY0.32

　　中国现代连环画。

J0077088

虎口拔牙 凌辉编；毛国保绘
长沙　湖南少年儿童出版社 1985 年　126 页
13cm（60 开）定价：CNY0.23

　　中国现代少年儿童连环画。

J0077089

虎口救战友 黄钟改编；李韬，童蔚制作
北京　朝花美术出版社 1985 年 124 页 13cm（60 开）
定价：CNY0.35
（特别行动队之十二）

　　中国现代连环画。

J0077090

虎口屋 华英编文
呼和浩特　内蒙古人民出版社 1985 年 38＋53 页
有图 10×13cm 统一书号：18089.18
定价：CNY0.27

　　本书根据民间文学《聊斋汉子》改编的连环
画。包括：《虎口屋》张增木绘画；《狐狸媳妇》郝
存祥绘画。

J0077091

虎门大战 辛大明编；李鸣鸣绘
北京　农村读物出版社 1985 年 126 页 13cm（60 开）
统一书号：8267.71 定价：CNY0.35
（鸦片战争演义之三）

　　中国古典小说连环画。

J0077092

虎跑泉 （汉英日对照）朱承斌改编；刘国辉
绘画
杭州　浙江人民美术出版社 1985 年　63 页
19cm（32 开）统一书号：8156.563 定价：CNY2.40

　　本书为中国现代连环画，汉英日文对照本。

J0077093

虎山喋血 舒扬改编；秀公等绘
南京　江苏人民出版社 1985 年 126 页 13cm（60 开）

定价:CNY0.35

(《龙凤剑》之一)

　　中国古典小说连环画。

J0077094

虎穴除飞虎　徐剑飞编;罗玉江绘

沈阳 辽宁美术出版社 1985年 70页 13cm(60开)

统一书号:7161.0458 定价:CNY0.15

　　中国现代连环画。

J0077095

虎穴买药　李志寅编;李丰田绘

石家庄 河北美术出版社 1985年 78页

13cm(60开) 定价:CNY0.23

　　中国现代连环画。作者李丰田(1939—　),画家。山西平定人。历任中国美术家协会会员,河北日报主任编辑,山西省美协副秘书长。代表作品有《南滚龙沟》《迎亲图》《山村小店》等,出版有《李丰田速写集》《李丰田画集》《西洋绘画名作选集》等。

J0077096

虎穴设卡　殷志扬改编;吴锦渝,康自强绘

南京 江苏美术出版社 1985年 70页 13cm(60开)

定价:CNY0.18

　　中国现代连环画。

J0077097

虎穴逃生　杨艺编;王征绘

济南 山东美术出版社 1985年 新1版 118页

13cm(60开)统一书号:8332.470 定价:CNY0.30

　　本书是中国现代连环画,山东人民出版社1980年10月第1版。

J0077098

虎穴英魂　余众改编

重庆 重庆出版社 1985年 有图 10×13cm

统一书号:8114.339 定价:CNY0.34

　　中国现代连环画,包括:《虎穴英魂》(周昌华绘画)、《火中的凤凰》(葛振刚绘画)、《双枪老太婆》(邱明文绘画)、《记者笔下一点墨》(葛振刚绘画)。

J0077099

虎穴英雄　芹子改编;张文忠绘

成都 四川美术出版社 1985年 144页 13cm(60开)

定价:CNY0.38

　　根据报告文学《无名七杰》改编的连环画。

J0077100

琥珀罗汉　徐缓编;世平,钟鸣摄影

北京 中国文联出版公司 1985年 125页

13cm(60开) 定价:CNY0.34

　　中国现代连环画。

J0077101

护标　李信明等改编;董全德摄影

北京 测绘出版社 1985年 58页 13cm(60开)

定价:CNY0.20

　　中国现代连环画。

J0077102

花和尚救助豹子头　张营改编;高力强摄影

济南 山东美术出版社 1985年 156页 13cm(60开)

统一书号:8332.476 定价:CNY0.42

(水浒传电视剧《林冲》2)

　　据《水浒传》电视剧改编的现代连环画。作者张营,有连环画《风雪夜林冲上梁山》,改编有《花和尚救助豹子头》《林教头误入白虎堂》等。

J0077103

花和尚鲁智深　(上)王延海改编;赵明钧绘

沈阳 辽宁美术出版社 1985年 162页 13cm(60开)

定价:CNY0.31

(《水浒传》人物故事)

J0077104

花和尚鲁智深　(下)王延海改编;李德庆绘

沈阳 辽宁美术出版社 1985年 162页 13cm(60开)

定价:CNY0.31

(《水浒传》人物故事)

J0077105

花仙子　(第一集)电视月刊编辑部改编

武汉 湖北少年儿童出版社 1985年 156页

13cm(60开) 定价:CNY0.38

　　根据日本儿童系列动画片改编的连环画。

J0077106

花仙子　(第二集)电视月刊编辑部改编

武汉　湖北少年儿童出版社 1985 年 158 页
13cm（60 开）定价：CNY0.38

　　根据日本儿童系列动画片改编的连环画。

J0077107

花仙子 （第三集）电视月刊编辑部改编
武汉　湖北少年儿童出版社 1985 年 158 页
13cm（60 开）定价：CNY0.38

　　根据日本儿童系列动画片改编的连环画。

J0077108

花仙子 （第四集）电视月刊编辑部改编
武汉　湖北少年儿童出版社 1985 年 156 页 有图
10cm（64 开）统一书号：8305.78 定价：CNY0.38

　　根据日本儿童系列动画片改编的连环画。

J0077109

花仙子 （第五集）电视月刊编辑部改编
武汉　湖北少年儿童出版社 1985 年 158 页
13cm（60 开）定价：CNY0.38

　　根据日本儿童系列动画片改编的连环画。

J0077110

花仙子 （第六集）电视月刊编辑部改编
武汉　湖北少年儿童出版社 1985 年 158 页
13cm（60 开）定价：CNY0.38

　　根据日本儿童系列动画片改编的连环画。

J0077111

花仙子 （第七集）电视月刊编辑部改编
武汉　湖北少年儿童出版社 1985 年 158 页
13cm（60 开）定价：CNY0.38

　　根据日本儿童系列动画片改编的连环画。

J0077112

花仙子 （第八集）电视月刊编辑部改编
武汉　湖北少年儿童出版社 1985 年 158 页
13cm（60 开）定价：CNY0.38

　　根据日本儿童系列动画片改编的连环画。

J0077113

花仙子 （第九集）电视月刊编辑部改编
武汉　湖北少年儿童出版社 1985 年 158 页
13cm（60 开）定价：CNY0.38

　　根据日本儿童系列动画片改编的连环画。

J0077114

花仙子 （第十集）电视月刊编辑部改编
武汉　湖北少年儿童出版社 1985 年 158 页
13cm（60 开）定价：CNY0.38

　　根据日本儿童系列动画片改编的连环画。

J0077115

花园街五号　姜节安改编摄影
北京　中国文联出版公司 1985 年 157 页
13cm（60 开）统一书号：8355.277 定价：CNY0.43

　　中国现代连环画。

J0077116

华佗与曹操　李新娟改编；费声福绘
石家庄　河北美术出版社 1985 年 138 页
13cm（60 开）定价：CNY0.37

　　根据中国古典小说《三国演义》改编的现代
连环画。

J0077117

华云龙伏法　朱羽改编；金驼等绘
福州　福建少年儿童出版社 1985 年 142 页
13cm（60 开）定价：CNY0.34
（济公全传之七）

　　根据中国古典小说《济公全传》改编的现代
连环画。作者朱羽，连环画艺术家。作品有《近
代中国演义（下）》《中国传统连环画精选》《林则
徐戒烟》《大闹铁佛寺》《现代故事画库•坪寨风
雷》等。

J0077118

华子良传奇　（一）南北改编；任国新绘
北京 中国青年出版社 1985 年 158 页 13cm（60 开）
定价：CNY0.34

　　据中国现代小说《红岩》改编的现代连环画。

J0077119

华子良孤身脱险记　竺乾华改编；李福金绘
成都 四川美术出版社 1985 年 126 页 13cm（60 开）
统一书号：8373.380 定价：CNY0.35

　　据中国现代小说《红岩》改编的现代连环画。

J0077120

画魂　邵梦龙编绘
西安　陕西人民美术出版社 1985 年 158 页

13cm（60开）定价：CNY0.36

　　本连环画册描绘了张玉良从一个孤儿、小妾成长为中外知名艺术家的故事。

J0077121

桦林霸　　王释非改编；魏忠善等绘

上海　上海人民美术出版社　1985年　150页　13cm（60开）统一书号：8081.14481

定价：CNY0.37

（吕梁英雄传之一）

　　据中国现代小说《吕梁英雄传》改编的现代连环画。作者魏忠善（1950— ），画家。江苏人，进修于上海戏剧学院。曾任职于上海劳动局宣传教育中心、华东师范大学艺术教育系、上海市美术家协会创作展览部。代表作品有《王家坪桃林茶馆》，连环画《三字经》《康熙大帝画传》等。

J0077122

淮海大战　（上册）沙铁军改编；王其钧绘

合肥　安徽美术出版社　1985年　166页　13cm（60开）

定价：CNY0.32

　　中国现代连环画。

J0077123

淮海大战　（一　决战之前）黄德明编写；张正刚绘

长沙　湖南美术出版社　1985年　110页　19cm（32开）

定价：CNY0.82

　　中国现代连环画。

J0077124

淮海大战　（一　决战之前）黄德明编写；张正刚绘

长沙　湖南美术出版社　1985年　110页　13cm（60开）

定价：CNY0.25

　　中国现代连环画。

J0077125

欢乐女神　　姚振起改编；朱世明绘

武汉　湖北少年儿童出版社　1985年　62页　13cm（60开）定价：CNY0.17

　　根据程乃珊的同名小说改编的连环画。

J0077126

幻灭　（法）巴尔扎克原著；淑均改编；广军绘

北京　人民美术出版社　1985年　190页　13cm（60开）

定价：CNY0.55

　　中国现代连环画。

J0077127

患难结姻缘　　郭自清改编；肖翰，蒋平绘

合肥　安徽美术出版社　1985年　166页　13cm（60开）

统一书号：8381.157　定价：CNY0.38

（《书剑恩仇录》之五）

　　中国现代连环画。

J0077128

荒村野店　　白岑改编；谢汕等绘画

杭州　浙江少年儿童出版社　1985年　158页　13cm（60开）定价：CNY0.39

（《射雕英雄传》之九）

　　中国现代连环画。

J0077129

荒山恶战　　昌蒲改编；汶阳等绘画

杭州　浙江少年儿童出版社　1985年　150页　13cm（60开）定价：CNY0.37

（《射雕英雄传》之二）

　　中国现代连环画。

J0077130

荒野的呼唤　　浅草，易寒改编；黄云松，张昌洄绘

杭州　浙江少年儿童出版社　1985年　126页　13cm（60开）统一书号：R8318.66　定价：CNY0.23

　　中国现代连环画。

J0077131

皇姑风云　　王恩国改编；白三绘

沈阳　辽宁美术出版社　1985年　102页　13cm（60开）

定价：CNY0.25

（少帅传奇之一）

　　中国现代连环画。

J0077132

皇冠血　　郑之同改编；高济民绘

广州　科学普及出版社广州分社　1985年　110页　13cm（60开）定价：CNY0.25

　　根据科幻小说《女总督谢蒂塔》改编的连环画。

J0077133

皇母宫的钟声　陈祖根改编；刘秉贤等绘

福州 福建少年儿童出版社 1985 年 161 页

13cm（60 开）定价：CNY0.39

中国现代连环画。

J0077134

皇母宫的钟声　陈良杰，杨福根编；学礼，叶生绘

长春 吉林美术出版社 1985 年 134 页 13cm（60 开）

定价：CNY0.32

中国现代连环画。

J0077135

皇太极谋权　张月华改编；石庆寅绘

沈阳 辽宁美术出版社 1985 年 86 页 13cm（60 开）

统一书号：7161.0491 定价：CNY0.24

（沈阳故宫传说之三）

中国现代连环画。

J0077136

黄巾起义　沈毅编文；邹越非等绘画

福州 福建人民出版社 1985 年 133 页 有图

10×13cm 统一书号：8173.1046 定价：CNY0.31

（通俗前后汉演义 30）

中国现代连环画。绘者邹越非（1934—　），连环画家。生于江苏镇江，就读于上海连环画学习班。曾任上海美术家协会创作员、上海教育出版社美术编辑、上海社会科学院出版社美术编辑。代表作品有《蔷薇花案件》《孙小圣与猪小能》，出版有《龙江颂》《通俗前后汉演义》。

J0077137

黄金案　松夫改编；邹建平等绘

长沙 湖南美术出版社 1985 年 134 页 13cm（60 开）

定价：CNY0.25

根据李波的同名小说改编的连环画。作者邹建平（1955—　），生于湖南新化，毕业于湖南师范大学，修业于广州美术学院油画系。湖南美术出版社副社长，湖南美术家协会副主席，中国美术家协会会员，北京圣之空间董事。

J0077138

黄龙荡大战　雪蕾改编；翟煜平等绘

北京 中国文联出版公司 1985 年 126 页

13cm（60 开）统一书号：8355.506 定价：CNY0.33

（白衣侠女之三）

中国现代连环画。

J0077139

黄袍加身　刘耀中编；苏西映绘

郑州 河南美术出版社 1985 年 86 页 13cm（60 开）

定价：CNY0.22

（中州风物故事）

中国现代连环画。作者刘耀中，画家，代表作有《风雪配》等。绘者苏西映（1940—　），河南光山人。曾任光山县文化馆美术师，河南省美术家协会会员，大别山书画研究院名誉院长。作品有《深山古树》《荷花舞》《玉莲公主》《中华魂》等。出版有《唐伯虎智圆梅花梦》《玉蜻蜓》。

J0077140

黄桥决战　张振和改编；许震凯绘

济南 山东美术出版社 1985 年 新 1 版 158 页

13cm（60 开）定价：CNY0.38

本书是中国现代连环画，山东人民出版社1981 年 10 月第 1 版。作者张振和（1944—　），笔名江河。毕业于山东大学中文系。历任菏泽日报社党委书记、总编辑，高级编辑。山东省散文学会副会长，中国地市报研究会副会长，市人大常委，市作家协会名誉主席，中国作家协会会员。著有《鲁西南史话》《贫困地区的翻身之路》《古今三十名人传》，合著《水泊梁山民间故事》《历史大观园》《中国古典诗词大词典》《中国古代文章学词典》《历代散文大观》等。

J0077141

黄桥决战　（下 挺进苏北）夏耘编；鞠伏强绘

北京 中国曲艺出版社 1985 年 126 页 13cm（60 开）

定价：CNY0.28

中国现代连环画。

J0077142

黄色方案　川雄改编；田野，路原图片

北京 昆仑出版社 1985 年 158 页 13cm（60 开）

定价：CNY0.40

（美国电视剧连环画《战争风云》之二）

J0077143

黄天荡　李遵义改编；王建，梁萍绘

沈阳 辽宁美术出版社 1985 年 110 页 10×13cm
定价: CNY0.30
(《岳飞传》之七)

　　本书是根据古典小说《岳飞传》改编的中国
现代连环画册。

J0077144

黄土岗打店　　峻青原著; 许岱等改编, 袁峰等
绘画
北京 人民美术出版社 1985 年 150 页 有图
10×13cm 统一书号: 8027.9758 定价: CNY0.34
(海啸 一)

　　根据峻青长篇小说《海啸》改编的连环画。

J0077145

黄土岗打店　　峻青原著; 许岱, 招明改编; 袁
峰, 侯德健, 赵建明绘
北京 人民美术出版社 1987 年 134 页 有图
10×13cm ISBN 号: 7-102-00222-X
定价: CNY0.38
(海啸 一)

　　根据峻青长篇小说《海啸》改编的连环画。

J0077146

黄英　　刘耀中改编; 熊孔成绘
成都 四川美术出版社 1985 年 48 页 12×13cm
定价: CNY0.35
(《聊斋》故事)

　　中国现代连环画。

J0077147

灰阑记　　陈铁英改编; 庞先健绘
天津 天津人民美术出版社 1985 年 86 页 有图
10×13cm 统一书号: 8073.31069 定价: CNY0.22

　　中国现代连环画。

J0077148

徽宗与李师师　　庄宏安改编; 庞先健, 张峰松绘
福州 福建人民出版社 1985 年 118 页 13cm(60 开)
统一书号: 8173.891 定价: CNY0.25
(金瓯缺之四)

　　中国现代连环画。

J0077149

回师北上　　刘金岭改编; 朱忠福绘

沈阳 辽宁美术出版社 1985 年 154 页 13cm(60 开)
定价: CNY0.35

　　中国现代连环画。

J0077150

慧梅之死　　孙亚男改编; 张义潜绘
西安 陕西人民美术出版社 1985 年 30 页
19cm(32 开) 统一书号: 8199.879
定价: CNY0.55

　　中国现代连环画。

J0077151

昏君试探　　晓明改编; 佐侠绘
北京 中国文联出版公司 1985 年 126 页
13cm(60 开) 定价: CNY0.32
(再生缘之四)

　　中国现代连环画。作者晓明, 主要改编的
连环画作品有《中计脱靴》《昏君试探》《狱中曙
光》等。

J0077152

混世魔王　　史生改编; 其丹绘
广州 岭南美术出版社 1985 年 67 页 13cm(60 开)
定价: CNY0.19
(福尔摩斯探案选)

　　中国现代连环画。

J0077153

活猴　　芊里改编; 于守万绘
济南 明天出版社 1985 年 134 页 13cm(60 开)
定价: CNY0.36

　　中国现代连环画。

J0077154

活捉胡司令　　孙舒改编; 施邦鹤绘
北京 中国文联出版社 1985 年 70 页 13cm(60 开)
统一书号: 8355.400 定价: CNY0.21

　　中国现代连环画。

J0077155

活捉黄斑虎　　李树权改编; 刘廷相, 黎浩绘
沈阳 辽宁美术出版社 1985 年 194 页 13cm(60 开)
定价: CNY0.40

　　中国现代连环画。

J0077156
火山石　叶文玲原著；姚钧等改编；赵雁潮绘
北京　人民美术出版社　1985 年　62 页　有图
10×13cm　统一书号：8027.9552　定价：CNY0.18
　　中国现代连环画。

J0077157
火烧赤壁　何泥改编；张成胜绘
沈阳　辽宁美术出版社　1985 年　98页　13cm（60 开）
定价：CNY0.27
（小学生画库　语文辅助读物）

J0077158
火烧大碑楼　老马改编；方金河，竹啸翁绘
福州　福建少年儿童出版社　1985 年　131 页
13cm（60 开）统一书号：8367.18　定价：CNY0.33
（济公全传之一）
　　中国现代连环画。

J0077159
火烧大碑楼　吴秀英改编；季源业，季津业绘
天津　天津人民美术出版社　1985 年　126 页
13cm（60 开）定价：CNY0.30
（济公传之二）
　　中国现代连环画。

J0077160
火烧大碑楼　庄宏安改编；罗希贤，罗忠贤绘
杭州　浙江人民美术出版社　1985 年　126 页
13cm（60 开）统一书号：8156.760　定价：CNY0.33
（山海经画库　济公活佛之一）
　　中国现代连环画。

J0077161
火烧合欢楼　莘莘改编；吴绪经绘
成都　四川美术出版社　1985 年　126 页　13cm（60 开）
定价：CNY0.35
（济公全传之九）
　　*中国现代连环画。绘者吴绪经（1945—　　），
教授。生于四川成都。四川省教育学院美术系
教授，中国美术家协会会员，中国电影家协会会
员。作品有《竞技图》《虎门销烟》《一个共产党
员的送葬行列》等。*

J0077162
火烧合欢楼　村沚等改编；方晨，章文绘
天津　天津人民美术出版社　1985 年　118 页
13cm（60 开）定价：CNY0.29
（济公传之十）
　　中国现代连环画。

J0077163
火烧魔刹　李烈帮编；梁元楷摄影
广州　岭南美术出版社　1985 年　118 页　15cm（40 开）
统一书号：8260.1478　定价：CNY0.30
（红豆连环画丛书）

J0077164
火烧乌龙桥　金桥改编；邓显尧绘
武汉　湖北美术出版社　1985 年　100 页　13cm（60 开）
定价：CNY0.23
　　中国现代连环画。

J0077165
火药　袁海庭，王正编；严启生绘
上海　上海人民美术出版社　1985 年　86 页
13cm（60 开）定价：CNY0.18
　　中国现代连环画。

J0077166
霍东阁　（一）陈祖杰等改编；孙永才等摄影
武汉　湖北美术出版社　1985 年　190 页　15cm（40 开）
定价：CNY0.45
　　中国现代连环画。

J0077167
霍东阁　（二）陈祖杰等改编；孙永才等摄影
武汉　湖北美术出版社　1985 年　190 页　15cm（40 开）
定价：CNY0.45
　　中国现代连环画。

J0077168
霍东阁　（三）陈祖杰等改编；孙永才等摄影
武汉　湖北美术出版社　1985 年　190 页　15cm（40 开）
定价：CNY0.45
　　中国现代连环画。

J0077169
霍东阁　（四）陈祖杰等改编；孙永才等摄影

武汉 湖北美术出版社 1985 年 190 页 15cm（40 开）
定价：CNY0.45
　　中国现代连环画。

J0077170
霍东阁 （五）陈祖杰等改编；孙永才等摄影
武汉 湖北美术出版社 1985 年 190 页 15cm（40 开）
定价：CNY0.45
　　中国现代连环画。

J0077171
霍东阁 （六）陈祖杰等改编；孙永才等摄影
武汉 湖北美术出版社 1985 年 190 页 15cm（40 开）
定价：CNY0.45
　　中国现代连环画。

J0077172
霍东觉 祁秀绢编；亚力，莫南绘画
长春 吉林美术出版社 1985 年 150 页 15cm（40 开）
统一书号：8390.4 定价：CNY0.35
　　中国现代连环画。

J0077173J0078947（1）
霍东觉 （上）江河改编；众威绘画
济南 山东美术出版社 1985 年 180 页 15cm（80 开）
统一书号：8322.236 定价：CNY0.39
　　中国现代连环画。

J0077174
霍东觉 （下）江河改编；众威绘画
济南 山东美术出版社 1985 年 158 页 15cm（40 开）
统一书号：8322.237 定价：CNY0.39
　　中国现代连环画。

J0077175
霍元甲 （一）山西人民出版社［改编］
太原 山西人民出版社 1985 年 122 页 15cm（40 开）
定价：CNY0.29
　　根据香港电视连续剧改编的连环画。

J0077176
霍元甲 （二）山西人民出版社［改编］
太原 山西人民出版社 1985 年 94 页 15cm（40 开）
定价：CNY0.23
　　根据香港电视连续剧改编的连环画。

J0077177
霍元甲 （三）山西人民出版社［改编］
太原 山西人民出版社 1985 年 118 页 15cm（40 开）
定价：CNY0.28
　　根据香港电视连续剧改编的连环画。

J0077178
霍元甲 （四）山西人民出版社［改编］
太原 山西人民出版社 1985 年 94 页 15cm（40 开）
定价：CNY0.23
　　根据香港电视连续剧改编的连环画。

J0077179
霍元甲 （五）山西人民出版社改编
太原 山西人民出版社 1985 年 94 页 有图
10×13cm 统一书号：8088.1998 定价：CNY0.23
　　根据香港电视连续剧改编的连环画。

J0077180
霍元甲 （六）山西人民出版社［改编］
太原 山西人民出版社 1985 年 126 页 15cm（40 开）
定价：CNY0.29
　　根据香港电视连续剧改编的连环画。

J0077181
霍元甲 （七）山西人民出版社改编
太原 山西人民出版社 1985 年 126 页 有图
10×13cm 统一书号：8088.1998 定价：CNY0.29
　　根据香港电视连续剧改编的连环画。

J0077182
霍元甲 （八）山西人民出版社［改编］
太原 山西人民出版社 1985 年 126 页 15cm（40 开）
定价：CNY0.29
　　根据香港电视连续剧改编的连环画。

J0077183
霍元甲 （九）山西人民出版社改编
太原 山西人民出版社 1985 年 126 页 有图
10×13cm 统一书号：8088.1998 定价：CNY0.29
　　根据香港电视连续剧改编的连环画。

J0077184
霍元甲 （十）山西人民出版社［改编］
太原 山西人民出版社 1985 年 125 页 15cm（40 开）

定价: CNY0.29

　　根据香港电视连续剧改编的连环画。

J0077185

鸡蛋的灾难　黄珍, 岳冰编译; 刘澄描绘

北京 中国文联出版公司 1985 年 78 页

13cm（60 开）定价: CNY0.23

（卡通连环画选）

J0077186

激战飞鹰岩　张国信改编; 亦可, 萌思绘画

石家庄 河北美术出版社 1985 年 138 页

13cm（60 开）统一书号: 8087.888 定价: CNY0.37

（《神力王》之一）

　　中国现代连环画。

J0077187

激战蜂娘洞　司号改编; 盛增祥绘

福州 福建少年儿童出版社 1985 年 174 页

13cm（60 开）定价: CNY0.40

　　根据张熙、杨韩小说《瑶山密林》改编的连环画。

J0077188

激战沙浪河　（上）张余改编; 王景祥绘

哈尔滨 黑龙江美术出版社 1985 年 126 页

13cm（60 开）定价: CNY0.31

　　中国现代连环画。

J0077189

激战沙浪河　（下）张余改编; 王景祥绘

哈尔滨 黑龙江美术出版社 1985 年 123 页

13cm（60 开）定价: CNY0.31

　　中国现代连环画。

J0077190

激战四明山　吴渊改编; 赵燕侠, 陈淦绘

杭州 浙江人民美术出版社 1985 年 158 页

13cm（60 开）统一书号: 8156.728 定价: CNY0.33

　　中国现代连环画。

J0077191

激战太平桥　陈寓中等改编; 李俊琪, 赵立柱绘

北京 北京美术摄影出版社 1985 年 138 页

13cm（60 开）定价: CNY0.35

（《星星草》之一）

　　中国现代连环画。

J0077192

激战乌龙口　沈沫改编; 崔君沛, 翁家澎绘

哈尔滨 黑龙江美术出版社 1985 年 156 页

13cm（60 开）定价: CNY0.38

（三打乌龙镇之一）

　　中国现代连环画。

J0077193

吉万山打擂　（武林故事）文雕龙等改编; 龚金福等绘

福州 福建人民出版社 1985 年 82 页 13cm（60 开）

定价: CNY0.23

　　中国现代连环画。

J0077194

即将发出逮捕令　右草改编

北京 工人出版社 1985 年 117 页 13cm（60 开）

统一书号: 8007.29 定价: CNY0.40

　　中国现代连环画。

J0077195

计惩花太岁　庄宏安改编; 暑寒绘

杭州 浙江人民美术出版社 1985 年 142 页

13cm（60 开）定价: CNY0.37

（山海经画库 济公活佛之七）

　　中国现代连环画。

J0077196

计打提督　夏祥镇改编; 钱筑生绘

贵阳 贵州人民出版社 1985 年 78 页

13cm（60 开）定价: CNY0.20

　　中国现代连环画。

J0077197

计歼东洋虎　甘成光改编; 蒋晓东绘

南宁 广西人民出版社 1985 年 94 页 13cm（60 开）

定价: CNY0.21

　　中国现代连环画。

J0077198

计擒华云龙　村沚等改编; 尚金生绘

天津 天津人民美术出版社 1985 年 126 页

13cm（60 开）定价：CNY0.30

（济公传之七）

　　中国现代连环画。

J0077199

计杀袁崇焕　　川江改编；李中录，王立贤绘

沈阳 辽宁美术出版社 1985 年 70 页 13cm（60 开）

定价：CNY0.20

（沈阳故宫传说之七）

　　中国现代连环画。

J0077200

济颠坐花轿　　莘莘改编；朱白云绘

成都 四川美术出版社 1985 年 110 页 13cm（60 开）

统一书号：8373.348 定价：CNY0.32

（济公全传之七）

　　中国现代连环画。

J0077201

济公代嫁　　碧笙改编；罗盘，罗洁绘

福州 福建少年儿童出版社 1985 年 110 页

13cm（60 开）定价：CNY0.28

（济公全传之八）

　　中国现代连环画。

J0077202

济公斗蟋蟀　　夕遥改编；方金河，竹啸翁绘

福州 福建少年儿童出版社 1985 年 106 页

13cm（60 开）定价：CNY0.27

（济公全传之十二）

　　中国现代连环画。

J0077203

济公斗蟋蟀　　王晓秋改编；匈棣绘

杭州 浙江人民美术出版社 1985 年 70 页

13cm（60 开）定价：CNY0.20

（山海经画库济公活佛之一）

　　中国现代连环画。

J0077204

济公救徒　　毛履鄂改编；刘淼绘

福州 福建少年儿童出版社 1985 年 85 页

13cm（60 开）定价：CNY0.22

（济公全传之十一）

　　中国现代连环画。

J0077205

济公上吊　　小戈改编；刘建平，姚仲新绘

天津 天津人民美术出版社 1985 年 126 页

13cm（60 开）定价：CNY0.30

（济公传之一）

　　本连环画采用了民间传说的形式编写而成。

济公这一扶弱救病，专管人间不平事的人物形象

在我国流传了三百余年。

J0077206

济公戏秦相　　甸儿改编；施友义绘

福州 福建少年儿童出版社 1985 年 100 页

13cm（60 开）统一书号：8367.19 定价：CNY0.26

（济公全传之二）

　　中国民间故事连环画。绘者施友义

（1947— ），画家。笔名石奇，福建平潭人。中

国美术家协会福建分会会员，曾任福建出版集

团编审、华艺出版社副社长。出版有《施友义国

画选》《侯官县烈女歼仇》《千里送京娘》《千古

名媛》。

J0077207

家　（上）戴英改编；李树基，李木林绘

沈阳 辽宁美术出版社 1985 年 146 页 13cm（60 开）

定价：CNY0.28

　　根据巴金同名小说改编的连环画。

J0077208

家　（下）戴英改编；吴云华绘

沈阳 辽宁美术出版社 1985 年 154 页 13cm（60 开）

定价：CNY0.30

　　本书根据巴金同名小说改编的连环画。绘

者吴云华（1944— ），国家一级美术师。出生于

黑龙江省，祖籍辽宁辽阳。毕业于鲁迅美术学院。

中国美术家协会会员，中国油画学会理事，辽宁

省美术家协会副主席，辽宁画院副院长。代表作

品油画《采铜尖兵》《粮官奶奶》《1976 年唐山》

等，国画《我该是中国的一部分·斯诺》等，创作

油画作品《抗美援朝 跨过鸭绿江》。画作《萌》

获首届体育美展铜奖，并被中国奥委会收藏。出

版有《吴云华油画自选集》。

J0077209

家　赵吉楠改编；侯德剑，沈启鹏绘

上海 上海人民美术出版社 1985 年 270 页

13cm（60 开）定价：CNY0.49

　　本书根据巴金同名小说改编的连环画。绘者侯德剑（1949— ），画家，江苏南通人。历任南通书法国画研究院院长、南通市美术家协会主席，中国美术家协会会员，国家一级美术师，江苏省政协书画室特聘画师。擅长中国画、连环画。作品有连环画《东进、东进》，中国画《牛戏图》等。绘者沈启鹏（1946— ），画家。历任南通美术家协会主席、南通书画研究院院长。代表作品《大汛》《海子牛》《二月二回娘家》。

J0077210

家　徐淦改编；徐恒瑜绘
成都 四川美术出版社 1985 年 166 页 19cm（32 开）
定价：CNY2.50
（中国现代文学名著连环画）

　　本书根据巴金同名小说改编的连环画。

J0077211

甲金斗土司　黄紫改编；董健，戴福林绘
天津 天津人民美术出版社 1985 年 62 页
13cm（60 开）统一书号：8073.31102
定价：CNY0.17

　　本书根据民间故事改编的连环画。

J0077212

假帝君显圣　严岩改编；谢艺，逸云绘
北京 中国曲艺出版社 1985 年 126 页 13cm（60 开）
定价：CNY0.26
（传统评书《朱元璋演义》）

　　本书根据徐雯珍整理的传统评书《朱元璋演义》改编的连环画。

J0077213

假面具下的爱情　（法）巴尔扎克原著；张企荣改编；徐刚绘
上海 上海人民美术出版社 1985 年 150 页
13cm（60 开）定价：CNY0.29

　　本书由法国名著改编的连环画。

J0077214

驾鹤记　曾宪均编；汪国新绘
武汉 湖北美术出版社 1985 年 68 页 13cm（60 开）
统一书号：8399.148 定价：CNY0.18
（黄鹤楼诗词故事画丛）

　　本书由中国诗词故事改编的连环画。

J0077215

架小桥　武玉桂编；王树忱绘
北京 人民美术出版社 1985 年 21 页 有图
10×13cm 统一书号：8027.9410 定价：CNY0.19

　　中国现代连环画。

J0077216

剪春罗　时雨改编；廖正华绘
长沙 湖南美术出版社 1985 年 126 页 有图
10×13cm 统一书号：8233.769 定价：CNY0.32

　　中国现代连环画。绘者廖正华（1946— ），画家。湖南益阳人，结业于浙江美院国画系。湖南省美术家协会理事，湖南省连环画艺术委员会副主任，湖南省益阳市美术家协会主席，湖南益阳群众艺术馆副研究馆员，益阳市美协主席。主要作品《边城》《万朵花开四月八》《醉乡》《芙蓉镇》等作品。

J0077217

剪刀案　潘彩英改编；陈全胜绘
沈阳 辽宁美术出版社 1985 年 186 页 19cm（32 开）
统一书号：7161.0472 定价：CNY0.95

　　中国现代连环画。

J0077218

剑　李莉，梁益谦编；李新华绘
郑州 河南美术出版社 1985 年 86 页 19cm（32 开）
定价：CNY0.30

　　中国现代连环画。

J0077219

剑　李莉，梁益谦编；李新华绘
郑州 河南美术出版社 1985 年 86 页 13cm（60 开）
定价：CNY0.22

　　中国现代连环画。

J0077220

剑短情长　高文改编；李德钊，冯鸣绘画
北京 朝花美术出版社 1985 年 126 页 15cm（40 开）
定价：CNY0.35
（唐宫恩怨之四）

　　中国现代连环画。

J0077221

剑南侠士　韩双东改编；康怀宇绘画
西安 陕西人民美术出版社 1985 年 142 页
13cm（60 开）定价：CNY0.35
　　中国现代连环画。

J0077222

剑王斗魔　史策改编；颜福海绘画
重庆 重庆出版社 1985 年［134 页］13cm（60 开）
统一书号：8114.326 定价：CNY0.25
　　中国现代连环画。

J0077223

江南七怪　昌蒲改编；汶阳等绘画
杭州 浙江少年儿童出版社 1985 年 158 页
13cm（60 开）定价：CNY0.39
（《射雕英雄传》之一）
　　本书是根据金庸著长篇武侠小说改编的连
环画。

J0077224

江桥保卫战　王汝惠编文；韩家悦绘画
沈阳 辽宁美术出版社 1985 年 118 页 有图
10×13cm 统一书号：7161.0433 定价：CNY0.24
　　中国现代连环画。

J0077225

江桥激战　庞镇等编；赵勋，周苑绘
哈尔滨 黑龙江美术出版社 1985 年 126 页
13cm（60 开）统一书号：8358.411
定价：CNY0.31
（绿林将军传奇之三）
　　中国现代连环画。

J0077226

将军出少林　杨学等改编；李德钊绘画
广州 广东人民出版社 1985 年 158 页 有图
10×13cm 统一书号：8111.2479 定价：CNY0.37
（少年连环画库）

J0077227

将军吟　辛夫改编；张永太绘
长沙 湖南美术出版社 1985 年 198 页 13cm（60 开）
定价：CNY0.41
　　本书根据莫应丰荣获"茅盾文学奖"同名小

说改编的连环画。绘者张永太（1940—2014），画
家。曾用名张焕瑾，笔名陆岩，字子瑜，别号潇
河散人。 山西榆次人，毕业于广州美术学院。
中国艺术研究院创作员、调研员，中国美术家协
会会员，中国连环画研究会理事，美协山西分会
理事。作品有《太行凯歌》《洪浪丹心》《爱民模
范谢臣》等，连环画作品有《阿妈尼》等。

J0077228

姜女坟的传说　孙汝举改编；高同宝绘
石家庄 河北美术出版社 1985 年 61 页
13cm（60 开）定价：CNY0.19
（中国民间传说故事）
　　本书是中国民间孟姜女故事的连环画。作
者孙汝举（1936— ），原玉田县文教局副局长，
唐山市散文学会副会长，中国作家协会河北分会
会员。绘者高同宝（1937— ），美术编辑。曾用
笔名高鹏。河北晋州市人，毕业于河北美术学院
（现天津美术学院）。曾在河北美术出版社、河北
教育出版社做美术编辑。主要作品有《无底洞》
《龙宫借宝》《流沙河》《高同宝画集》等。

J0077229

姜子牙拜相　水登改编；施大畏，邵鲁江绘
上海 少年儿童出版社 1985 年 62 页 13cm（60 开）
定价：CNY0.18
（封神榜人物故事之二）
　　中国神话故事连环画。

J0077230

讲科学破迷信　江苏省科学技术协会主编；江
苏省科普美术创作协会绘画
常州 江苏科学技术出版社 1985 年 155 页 有图
10×13cm 统一书号：3196.003 定价：CNY0.35
　　中国科普故事连环画。

J0077231

绞索下的交易　百合改编；陈军绘
北京 中国文联出版社 1985 年 158 页 13cm（60 开）
统一书号：8355.161 定价：CNY0.40
　　中国现代连环画。

J0077232

绞刑架下的报告　（捷）尤利乌斯·伏契克著；
范若由改编；杜凤宝绘

沈阳 辽宁美术出版社 1985年 62页 13cm（60开）
定价：CNY0.17

　　本书为捷克斯洛伐克革命家斗争故事的现代连环画。绘者杜凤宝（1946— ），插图画家。辽宁辽阳市人，毕业于鲁迅美术学院。辽宁春风文艺出版社美术编辑室主任，中国美术家协会会员。

J0077233
矫鹰与火狐　阎为民改编；蒋振立绘
南宁 广西人民出版社 1985年 57页 13cm（60开）
统一书号：8113.1047 定价：CNY0.11

　　本书根据日本户川幸夫的小说《鹰匠和他的鹰》改编的连环画。

J0077234
教父　许宏盛改编；雷坦绘
广州 岭南美术出版社 1985年 181页 13cm（60开）
定价：CNY0.43
（百花连环画丛书）

J0077235
教堂魔窟　古月改编；刘忠臣，沈建国绘
沈阳 辽宁美术出版社 1985年 142页 13cm（60开）
定价：CNY0.37
　　中国现代连环画。

J0077236
劫狱记　（上）郑南改编；李万春绘
北京 人民美术出版社 1985年 142页 13cm（60开）
定价：CNY0.31

　　根据马识途的长篇小说《清江壮歌》改编的连环画。

J0077237
劫狱记　（下）郑南改编；李万春绘
北京 人民美术出版社 1985年 126页 13cm（60开）
定价：CNY0.28
　　中国现代连环画。

J0077238
结婚进行曲　陈白尘原著；宋鹰改编；范爱全摄影
南京 江苏美术出版社 1985年 172页 有图 10×13cm 统一书号：8353.3.137 定价：CNY0.44

中国现代连环画。

J0077239
姐妹俩　（下）余雍和改编；曹震云等摄影
上海 上海人民美术出版社 1985年 157页 有图 10×13cm 统一书号：8081.14665 定价：0.43
（沪剧电视连续剧）

　　本书系沪剧电视连续剧连环画。上海沪剧院演出，上海文化录音录像中心提供。

J0077240
姐妹奇缘　罗易，鲁荷改编；蚁美楷，黄昆仑绘
广州 岭南美术出版社 1985年 118页 13cm（60开）
定价：CNY0.30
（百花连环画丛书）

　　作者蚁美楷（1938— ），画家。广东澄海人，毕业于北京艺术师范学院。曾任吉林艺术学院美术系教师，广州美术学院副教授。代表作品《打稻场上》《待鱼归》《炎黄子孙》等。

J0077241
姐妹缘　华申改编；晓丁摄影
北京 中国戏剧出版社 1985年 125页 15cm（40开）
统一书号：8069.825 定价：CNY0.34
　　中国现代连环画。

J0077242
解放古城　曲延钧编；郑凯军绘
长春 吉林人民出版社 1985年 158页 13cm（60开）
定价：CNY0.34
（古城游击队之四）

　　中国现代连环画。绘者郑凯军（1948— ），浙江黄岩人。中国美术家协会浙江分会会员。

J0077243
解放汉家山　王释非改编；金稼仿等绘
上海 上海人民美术出版社 1985年 126页 13cm（60开）统一书号：8081.14488
定价：CNY0.30
（吕梁英雄传之八）
　　中国现代连环画。

J0077244
解放仙阁岛　（上）柴茂荣，张林改编；李重新，柴茂荣绘

石家庄 河北美术出版社 1985年 118页
13cm（60开）定价：CNY0.32
　　中国现代连环画。

J0077245
解放仙阁岛 （下）柴茂荣，张林改编；李重新，柴茂荣绘
石家庄 河北美术出版社 1985年 118页
13cm（60开）定价：CNY0.32
　　中国现代连环画。

J0077246
金边牡丹 华士明编；黄培忠绘
南京 江苏美术出版社 1985年 54页 13cm（60开）
定价：CNY0.86
　　中国现代连环画。根据民间故事编绘的彩色连环画。

J0077247
金鞭传 陶端庄等改编；吴懋祥等绘
呼和浩特 内蒙古人民美术出版社 1985年
10册 13cm（60开）定价：CNY3.30
　　本套连环画共10册，（1）奸妃害忠良；（2）火烧大王庄；（3）大闹双龙街；（4）秀女斗凶僧；（5）兵围天官府；（6）齐平山被擒；（7）二寨主抢亲；（8）长蛇峪败阵；（9）昌平寨劫车；（10）校场夺帅印。

J0077248
金刀记 （上）建元改编；东源绘
济南 明天出版社 1985年 126页 13cm（60开）
定价：CNY0.33
　　中国现代连环画。

J0077249
金刀记 （下）建元改编；东源，圣日绘
济南 明天出版社 1985年 126页 13cm（60开）
定价：CNY0.33
　　中国现代连环画。

J0077250
金顶会盟 高文改编；黄文庆绘画
北京 朝花美术出版社 1985年 126页 13cm（60开）
定价：CNY0.35
（唐宫恩怨之二）

中国现代连环画。

J0077251
金兜山魔王弄法 王恩国改编；李家伟绘
长春 吉林人民出版社 1985年 31页 19cm（32开）
定价：CNY0.22
（《美候王》连环画 23）

J0077252
金发艾斯南 张秋菊改编；韩伍，黄英浩绘
石家庄 河北美术出版社 1985年［102页］
13cm（60开）统一书号：8087.1194
定价：CNY0.28
　　本书根据苏联达格斯坦童话改编的连环画。

J0077253
金方昌 朱华堂等编；张永太绘
北京 人民美术出版社 1985年 94页 有图
10×13cm 统一书号：8027.9380 定价：CNY0.16
　　中国现代连环画。

J0077254
金粉世家 （上）向志中改编；宋剑峰绘
贵阳 贵州美术出版社 1985年 126页 13cm（60开）
定价：CNY0.29
　　中国现代连环画。

J0077255
金粉世家 （下）向志中改编；宋剑峰绘
贵阳 贵州美术出版社 1985年 126页 13cm（60开）
定价：CNY0.29
　　中国现代连环画。

J0077256
金峰女杰 木易改编；侯钟琪绘画
北京 中国文联出版公司 1985年 126页
13cm（60开）定价：CNY0.26
　　中国现代连环画。

J0077257
金刚传奇 曹志龙编；于善英绘
济南 山东少年儿童出版社 1985年 70页
13cm（60开）统一书号：8333.25 定价：CNY0.20
　　中国现代连环画。

J0077258

金鸡冠的公鸡　佳平改编；姜成安绘画
沈阳 辽宁少年儿童出版社 1985年 有彩图
15cm（40开）统一书号：8289.83 定价：CNY0.22
　　幼儿园教材故事连环画册。

J0077259

金箭行动　李允编；刘剑华，李国庆绘
郑州 河南美术出版社 1985年 158页 13cm（60开）
统一书号：8386.421 定价：CNY0.35
　　中国现代连环画。

J0077260

金龙寺遇险　吴若增改编；刘棣绘
天津 天津人民美术出版社 1985年 102页
13cm（60开）定价：CNY0.26
　　中国现代连环画。绘者刘棣（1948—　），画
家。别名刘怀山。辽宁锦州人，毕业于内蒙古师
范学院艺术系美术专业。主要作品有《伯乐相马》
《破晓》《大漠行》等。

J0077261

金马奇案　（第一册 金马出世）郑荣华改编；
郭占奎等绘
天津 天津人民美术出版社 1985年 102页
13cm（60开）定价：CNY0.26
　　中国现代连环画。

J0077262

金马奇案　（第二册 大石棚聚义）郑荣华改
编；郭占奎等绘
天津 天津人民美术出版社 1985年 134页
13cm（60开）定价：CNY0.32
　　中国现代连环画。

J0077263

金马奇案　（第三册 金马诱敌）郑荣华改编；
蔡延年，肖海绘
天津 天津人民美术出版社 1985年 110页
13cm（60开）定价：CNY0.27
　　中国现代连环画。

J0077264

金马奇案　（第四册 怪人之谜）郑荣华改编；
陈九如，张跃来绘

天津 天津人民美术出版社 1985年 110页
13cm（60开）定价：CNY0.27
　　中国现代连环画。作者陈九如（1955—　），
教授。天津人。天津美术学院版画系主任，中国
美术家协会会员、中国版画家协会会员。出版有
《陈九如水彩人体画选》《一代画风——当代中青
年水彩画家作品集》《素描五十讲》等。

J0077265

金马奇案　（第五册 兰水滩之战）王欣改编；
郭占奎等绘
天津 天津人民美术出版社 1985年 86页
13cm（60开）定价：CNY0.22
　　中国现代连环画。

J0077266

金门桥命案
广州 岭南美术出版社 1985年 50页 13cm（60开）
统一书号：8260.1514 定价：CNY0.51
　　根据同名美国电影改编的连环画。

J0077267

金坛子　童心编；长河等绘
广州 岭南美术出版社 1985年 42页 13cm（60开）
（东南亚民间故事 2）
统一书号：8260.1072 定价：CNY0.41
　　中国现代连环画。

J0077268

金指头　如如改编；胡永凯绘画
南京 江苏少年儿童出版社 1985年 21页 有图
10cm（64开）定价：CNY0.07
　　中国现代连环画。绘者胡永凯（1945—　），
画家。生于北京。历任中国美术家协会会员，中
国国家画院研究员，中央文史研究馆书画院艺术
委员会委员，文化部国韵文华书画艺委会副主
席，中国人民对外友好协会艺术交流院研究员，
香港新美术学会创始会长。代表作品有《消夏》
《荷韵》《小米碗》《雪狮子》等。

J0077269

紧急护航　刘家驹改编；田野，路原图片
北京 昆仑出版社 1985年 158页 13cm（60开）
定价：CNY0.40
（美国电视剧连环画《战争风云》之四）

J0077270

进京行刺　高文改编；罗远潜等绘画
北京　朝花美术出版社　1985年　126页　15cm（40开）
定价：CNY0.35
（唐宫恩怨之三）

　　中国现代连环画。绘者罗远潜（1943—　），画家、一级美术师。广西合浦人，毕业于华南师范大学历史系和广州美术学院版画系研究生班，留校任教。曾任《广州美术研究》主编，中国美术家协会会员，广东美协常务理事，广州市美协副主席，广州画院画家，中国美术家协会、中国版画家协会会员。代表作品有《观沧海》《天马歌》《鸿门宴》等。

J0077271

晋阳秋　（上集）李大发改编；傅琳，柴山林绘
太原　山西人民出版社　1985年　2版　126页
19cm（32开）定价：CNY1.30

　　本书为中国现代连环画。

J0077272

晋阳秋　（下集）李大发改编；傅琳，柴山林绘
太原　山西人民出版社　1985年　2版　126页
19cm（32开）定价：CNY1.30

　　本书是中国现代连环画，1983年8月第1版。

J0077273

京都奇盗　吴汉改编；高云等绘
广州　岭南美术出版社　1985年　165页　13cm（60开）
统一书号：8260.1476　定价：CNY0.40
（《周末》画报作品选集）

　　中国现代连环画。作者吴汉（1937—　），书法家。广西那坡县人，广西书法家协会会员、中国书法家协会会员。代表作《吴汉书法选集》。绘者高云（1956—　），国家一级美术师。毕业于南京艺术学院中国画专业。中国美术家协会理事，中国画艺委会委员，全国美术馆专委会副主任，江苏省美协副主席，江苏省美术馆馆长，南京艺术学院客座教授。

J0077274

精变　雪松改编；姜伟摄影
济南　山东美术出版社　1985年　142页　13cm（60开）
定价：CNY0.35

　　根据香港华文影片公司同名电影改编拍摄的连环画。摄影姜伟（1932—　），摄影家。江苏涟水人。山东人民出版社从事摄影工作，中国摄影家协会、中华全国新闻工作者协会会员。

J0077275

精武英豪　冯育楠编；庞先健绘画
天津　天津人民美术出版社　1985年　70页
15cm（40开）统一书号：8073.31091
定价：CNY0.19
（《津门大侠霍元甲》之七）

　　中国现代连环画。

J0077276

警犬灵灵　张企荣改编；盛增祥绘
上海　上海人民美术出版社　1985年　102页
13cm（60开）定价：CNY0.24

　　本书为中国现代连环画册。收入102幅图。作者张企荣，连环画艺术家。作品有《中国四大古典文学名著》（连环画·袖珍版）、《杨宗保之死》等。绘者盛增祥（1941—　），画家。浙江海门人，毕业于浙江美术学院版画系。擅长版画、连环画。上海人民美术出版社美术创作员。作品有《倪焕之》《门》《为奴隶的母亲》等。

J0077277

警长与杀人狂　（上集）华尘改编制作
广州　岭南美术出版社　1985年　150页　13cm（60开）
定价：CNY0.37

　　根据美国电影《邋遢哈利》改编的连环画。

J0077278

警长与杀人狂　（下集）华尘改编制作
广州　岭南美术出版社　1985年　115页　13cm（60开）
定价：CNY0.31

　　中国现代连环画。

J0077279

镜花缘　（连环画　上）（清）李汝珍著；范若由改编；陈冬至绘
天津　天津人民美术出版社　1985年　114页
17×18cm　统一书号：8073.31078　定价：CNY1.00
　　中国现代连环画。

J0077280

镜花缘　（连环画　下）（清）李汝珍著；范若由改编；陈冬至绘
天津　天津人民美术出版社　1985年　115页

17×18cm 统一书号：8073.31079 定价：CNY1.00
　　中国现代连环画。

J0077281

力挫熊岛　胡源改编；孙玉方，秦晓秋绘画
呼和浩特 内蒙古人民出版社 1985年 124页
13cm（60开）统一书号：18089.33 定价：CNY0.34
《神跤甄三》之五）
　　中国现代连环画。

J0077282

九福官护宝　钮胜利编文；赵建明等绘
南京 江苏少年儿童出版社 1985年 70页 有图
10×13cm 统一书号：R8352.3.148 定价：CNY0.19
　　中国现代连环画。

J0077283

九福官护宝记　吴其柔改编；罗希贤，罗忠贤绘
广州 岭南美术出版社 1985年 66页 13cm（60开）
统一书号：8260.1475 定价：CNY0.31
（《周末》画报作品选集）
　　中国现代连环画。

J0077284

九公主与乾隆　郭文霞编；徐晓摄影
南京 江苏美术出版社 1985年 172页 15cm（40开）

定价：CNY0.44
　　中国现代连环画。摄影者徐晓，擅长摄影。主
要作品有《真假唐伯虎》《金玉满堂》《金鸡独立》等。

J0077285

九颗夜明珠　王金中改编；孙永印绘
石家庄 河北美术出版社 1985年 70页
13cm（60开）定价：CNY0.21
　　中国现代连环画。

J0077286

九龙杯传奇　（科学幻想侦探故事）李亚平，
吴国梁编；刘文颉绘
合肥 安徽科学技术出版社 1985年 126页
13cm（60开）统一书号：8200.15 定价：CNY0.28
　　中国现代连环画。

J0077287

九龙杯奇案　尹其超，徐晖改编；李承东绘
济南 山东美术出版社 1985年 86页 13cm（60开）
统一书号：8332.518 定价：CNY0.22
　　本书是根据李亚平、吴国梁小说《九龙杯传
奇》改编的连环画。